辖区面积：

辖四县（肥东、肥西、长丰、庐江）、一市（县级巢湖市）、四区（瑶海、庐阳、蜀山、包河），并拥有合肥高新技术产业开发区、合肥经济技术开发区、合肥新站综合开发试验区、合肥巢湖经济开发区四大开发区。

截至2012年底，全市共有84个乡镇、43个街道（另有5大社区、4个中心），14个园区，406个城市社区、294个农村社区（另有8个居委会）、1077个村。

全市总面积11445.1平方公里（含巢湖水面770平方公里），其中合肥市区面积925.2平方公里，建成区面积378平方公里。

人口民族：

常住人口757.2万人，其中合肥市区常住人口370万人。

全市有43个少数民族，少数民族人口4.8万人，约占全市总人口的0.6%。

经济发展：

全年实现地区生产总值（GDP）4164.3亿元，比上年增长13.6%；

省会经济首位度提高到24.2%；

人均生产总值达到55186元（折合8742美元）；

三次产业结构调整为5.5∶55.3∶39.2；

全社会固定资产投资完成4001.1亿元，增长23.7%；

全年农作物总播种面积为75.54万公顷；

全年粮食总产量303.38万吨；

规模以上工业企业2087户，实现工业增加值1653.54亿元，增长17.4%；

社会消费品零售总额1293.62亿元，增长16.7%；

进出口总额176.42亿美元，增长43.3%；

入境旅游人数37.5万人次，增长13.0%；

旅游外汇收入2.3亿美元，增长11.9%；

国内游客5360万人次，增长20.2%；

国内旅游收入444.63亿元，增长20.0%；

星级饭店 82 家，其中五星级 9 家、四星级 20 家；

A 级旅游景点 47 家；

全年财政收入 694.36 亿元，增长 11.3%；

其中地方财政收入 389.50 亿元，增长 15.1%。

教育科技：

全市各类高等院校 60 所，其中普通高校 48 所；

普通高中 113 所，普通初中 250 所，小学 964 所。

全年新认定国家高新技术企业 120 家，国家高新技术企业总数达 615 家；

已建国家重点实验室 7 家，省部级重点实验室和工程实验室 120 家；

国家级工程技术研究中心（含分中心）7 家，省级工程技术研究中心 87 家；

国家级企业技术中心 18 家，省级企业技术中心 115 家。

文化卫生：

全市共有文化馆 12 个，公共图书馆 9 个，博物馆 18 个，各级各类档案馆 12 个。

全国重点文物保护单位 3 处，省级重点文物保护单位 39 处，市（县）级重点文物保护单位 245 处。

国家级非物质文化遗产项目 4 项，省级非物质文化遗产项目 11 项，市级非物质文化遗产项目 59 项。

全市共有卫生机构 2100 个，其中医院、卫生院 260 个，妇幼保健院（所、站）12 个，卫生防疫和防治机构 11 个，社区卫生服务机构 216 个。

生态环保：

城市公园 48 个，占地面积 2276 公顷，人均公园绿地面积 12.8 平方米；

新增绿地面积 990.28 公顷，城市绿地率 40.3%；

绿化覆盖面积 15288 公顷，建成区绿化覆盖率达 45.2%。

污水集中处理率 98.7%，生活垃圾无害化处理率 100%。

居民生活：

城镇居民人均可支配收入 25434 元，增长 13.2%；

农民人均纯收入 9081 元，增长和 15.5%。

匡河风景线（赵乐为摄）

美丽合肥

建设中的滨湖新区（王志诚摄）

美丽合肥

天上人间天鹅湖（张振芳摄）

美丽合肥

绿色大圩（王吉良摄）

美丽合肥

蜿蜒清澈南淝河（张全胜摄）

美丽合肥

绿色逍遥津（李嘉固摄）

美丽合肥

2012 年 9 月 3 ~ 4 日，中共中央政治局常委、中央政法委书记周永康在合肥视察期间，到滨湖新区滨湖明珠社区考察并与群众亲切交谈

领导关怀

2012年2月23日，中共中央政治局委员、中央政法委副书记、中央综治委副主任王乐泉考察合肥格力电器

2012年5月31日，中共中央政治局委员、国务院副总理回良玉视察合肥滨湖新区建设与发展

领导关怀

2012年9月19日，全国人大常委会副委员长、全国妇联主席陈至立在合肥双凤开发区考察

2012年5月28日，最高人民检察院检察长曹建明（右二）在合肥考察

2012年5月19日，国务院副秘书长、中央联席会议办公室主任、国家信访局局长王学军（右二）在合肥考察

领导关怀

2012 年 6 月 6 日，国家人口计生委主任王侠（前右二）在合肥调研人口计生工作

2012 年 6 月 20 日，文化部副部长项兆伦（前右一）一行在合肥调研文化产业发展情况

2012 年 7 月 26 日，住房和城乡建设部部长姜伟新（中）在合肥市包河区大圩镇沈福村调研美好乡村建设工作

2012 年 8 月 8 日，以住房和城乡建设部副部长郭允冲（前中）为组长的中央信访工作督导组在合肥督导信访工作

领导关怀

2012年9月15日，全国政协人口资源环境委员会副主任张基尧（中）率调研组在合肥巢湖湿地调研

2012年10月22日，人力资源和社会保障部副部长、国家外国专家局党组书记、局长张建国（前右）一行，到合肥调研中国电子科技集团公司38所引进国外智力工作

2012 年 1 月 18 日，省委书记张宝顺调研合肥市公安局工作

2012 年 4 月 5 日，省长李斌在合肥调研

领导关怀

2012 年 1 月 14 日，省委常委、组织部长王炯（中）出席合肥招聘会

2012 年 7 月 28 日，省委书记张宝顺（右六），中科院院长白春礼（右四），省长李斌（右二），省委常委、合肥市委书记吴存荣（右五），合肥市市长张庆军（右七）等在中国科学技术大学调研

2012年1月10日，十四届人大五次会议开幕

2012年1月9日，政协十二届五次会议开幕

政务活动

2012 年 2 月 3 ~ 5 日，中共合肥市委中心组理论学习会议在巢湖市召开

2012 年 3 月 2 日，安徽省巢湖管理局揭牌仪式在巢湖市举行

2012年3月26日，“12345政府服务直通车”启动仪式在市第二办公区举行，省委常委、省纪委书记王宾宜（前排中），省委常委、市委书记吴存荣（前排右），中纪委监察部监察专员崔扬（前排左）出席仪式并共同启动仪式水晶球

2012年4月19日，市政协主席董昭礼（中）率队调研全市植树造林工作

政务活动

2012年5月2日，吴存荣接见首届“合肥青年五四奖章”获得者和市青联委员、学联代表

2012年5月5日，青海省委书记、省人大常委会主任强卫（前左二）率青海省党政代表团考察合肥经济社会发展和城市建设情况

2012年7月14日，河南省委常委、郑州市委书记吴天君（前右二）率郑州市党政代表团，到合肥考察经济社会发展和城市建设情况

2012年7月18日，合肥市公安局特警新基地揭牌暨警用直升机首航仪式在市公安局特警新基地举行

政务活动

2012 年 1 月 30 日，吴存荣（左四）在市政务中心会见中国新闻出版传媒集团有限公司党委书记、董事长姜军（左三）一行

2012 年 8 月 9 日，六安市党政代表团到合肥考察经济社会发展和城市建设情况

2012年8月29～30日，省委常委、市委书记吴存荣率市党政代表团先后赴铜陵市、池州市、芜湖市、马鞍山市学习考察

在铜陵市座谈

在池州市考察

在芜湖市座谈

在马鞍山市考察

政务活动

2012年10月18日，吴存荣在肥东县调研

2012年10月18日，市人大常委会主任黄同文（前右三）率视察组在滨湖新区视察合肥国际金融后台服务基地建设情况

2012 年 11 月 1 日，吴存荣率队赴颍上县调研扶贫开发工作

2012 年 11 月 11 日，市长张庆军（右四）在副市长韩冰（右五）及有关部门负责人陪同下在江苏考察光伏企业

政务活动

2012年11月28日，渡江战役纪念馆开馆仪式在滨湖新区举行

2012年12月4日，法制宣传日活动在合肥举行

2012 年 1 月 3 日，庐江县举行重大基础设施和重点工业项目集中开工仪式

2012 年 1 月 30 日，合肥光谷项目集中开工仪式在庐阳工业区举行

经济建设

2012 年 2 月 16 日，阜阳市及阜阳合肥现代产业园区与省及阜阳市农发行签署战略合作协议

2012 年 2 月 26 日，合肥高新区工业项目集中开工仪式

2012年2月26日，晶澳太阳能合肥基地投产仪式

2012年3月29日，宝湾（合肥）国际物流园项目签约仪式在合肥市政务中心举行

经济建设

2012 年 3 月 30 日，吴存荣赴合肥蜀山经济开发区调研

2012 年 4 月 2 日，合肥市与浙江省知名企业家圆桌会议恳谈会在杭州举行

2012年5月7日，“魅力合肥·阳光地产”2012年中国·合肥（深圳）经营性用地推介会在深圳举行

2012年5月16日，吴存荣、张庆军调研阜阳合肥现代产业园建设

经济建设

2012 年 6 月 1 日，中国合肥·上海投资环境推介会在上海举行

2012 年 6 月 14 日，吴存荣在合肥高新技术产业开发区调研帝元生物科技公司

2012年7月17日，中国信达（合肥）灾备及后援基地建设项目奠基典礼在滨湖新区举行

2012年7月20日，深圳证券交易所与合肥高新区战略合作协议签约仪式在合肥举行

经济建设

2012年7月28日，中国科学技术大学先进技术研究院开工仪式在合肥高新区举行

2012年8月17日，合肥统一一分厂项目签约仪式在市政务中心举行

2012年8月21日，合肥出口加工区举行封闭监管和开关运作启动仪式，省委常委、市委书记吴存荣（前左），副省长花建慧（前右）按动启动仪式水晶球

2012年9月29日，2012年合肥新能源汽车上市推广发布暨江淮第三代电动车首批用户交车仪式在江汽集团举行

经济建设

2012年10月17日，吴存荣率队参加全市都市产业园现场观摩活动

2012年10月30日，广东万和新能源项目落户双凤开发区签约仪式在市政务中心举行

2012 年 1 月 3 日，春满庐州——2012 合肥市“送文化下乡”活动启动仪式在庐江县举行

2012 年 1 月 8 日，吴存荣到瑶海区调研文化建设工作

科教文化

2012年2月22日，合肥市第三十五中学西藏班举行藏历水龙新年庆祝活动。图为省委常委、省纪委书记王宾宜（二排左七），省委常委、市委书记吴存荣（二排左八）等与学生合影

2013年3月28日，《合肥市志（1986～2005）》首发式举行，市长张庆军（右一）向有关部门赠书

2012 年 4 月 1 日，仇多馥纪念碑揭幕仪式暨清明纪念英烈活动在大蜀山烈士陵园举行

2012 年 4 月 1 日，《合肥晚报》创刊五十五周年庆祝活动

科教文化

2012 年 5 月 21 日，合肥市防震减灾科普教育馆在市地震监测中心开馆

2012 年 5 月 23 日，第二届"包公杯"全国反腐倡廉曲艺作品征集活动颁奖典礼暨文艺演出在合肥举行

2012 年 5 月 25 日，“江淮情”走进合肥大型慰问演出在滨湖新区举行

2012 年 5 月 31 日，省委书记张宝顺（右）在华府骏苑小学慰问少年儿童

科教文化

2012年6月27日，吴存荣（右）赴肥东县陈集镇阳光小学走访慰问校长陈万霞（左）和全校师生

2012年7月8日，吴存荣（右三）与“中科大杰出校友合肥行”成员座谈

2012 年 8 月 28 日，合肥市第十届运动会开幕

2012 年 9 月 10 日，省长李斌（中）赴蜀山区南岗镇侯店小学看望师生员工

科教文化

2012年9月20日，第六届中国（合肥）国际文化博览会在合肥开幕

2012年11月，庆祝合肥、原州结好十周年，中韩艺术家在安徽大剧院同台演出

2012年1月16日，合肥市第二人民医院新区开诊仪式

2012年1月16日，慈善超市向全市低保户发放慰问品

社会民生

2012年1月19日，省长李斌走访慰问合肥百大集团合家福超市员工

2012年2月2日，合肥市举办第八届滨湖新区大型招聘会

2012年3月21日，“食品安全庐州行”启动仪式在老市府广场举行

2012年5月15日，吴存荣在绿缘农贸市场调研文明创建工作

社会民生

2012年6月5日，张庆军检查城市防涝和防汛准备工作

2012年6月28日，吴存荣赴合肥经济技术开发区调研天门湖公租房项目工作

2012 年 7 月 24 日，市委市政府召开合肥市第七次荣获全国双拥模范城总结表彰大会

2012 年 9 月 16 日，省暨合肥市万户家庭低碳行动启动仪式在合肥举行

社会民生

2012 年 9 月 27 日，合肥市 2012 年度慈善助学活动启动仪式在市政务中心举行

2012 年 11 月 23 日，第三届"中国合肥技工节"在安徽国际会展中心举办。图为省政府副秘书长黄晓武（中）、市委副书记熊建辉（左二）、市政协主席董昭礼（右二）、市委常委、组织部部长凌云（左一）、省人社厅副厅长任予赞（右一）共同启动开幕式拉杆

编辑说明

《合肥年鉴》是一部全面记述合肥自然、政治、经济、文化、社会等方面情况的年度资料性文献，由合肥市政府主办，市地方志编纂委员会办公室编纂。《合肥年鉴》2000年创刊，之后逐年编纂，2013年卷是连续编纂出版的第14卷。

年鉴编纂坚持以马克思列宁主义、毛泽东思想、邓小平理论和“三个代表”重要思想为指导，贯彻落实科学发展观。年鉴坚持存真求实，确保质量，全面客观反映市情，在服务各级领导科学决策，为社会各界提供地情参考等方面发挥了重要作用。2013《合肥年鉴》主要有特载、专记、总述、大事记、区域经济、开发园区、政治、经济、文化、金融、社会与民生、县（市）区等35个类目。全书采用分类编辑，主体内容分为类目、分目、条目三个层次，少数条目下设子目。本年鉴记述时限为2012年，图片时间截至2013年6月底。

年鉴编纂以“质量第一、常编常新”为原则，拓宽组稿方式，丰富题材内容，不断增强规范，力求突出年度特点和地方特色。全书突出反映2012年度市委、市政府的重要发展举措、重大发展成果，反映全市各行各业、各个领域的主要业绩；“专记”记载了合肥创业促就业工作新模式，合肥推进社区服务管理等在全省乃至全国有创新、有影响的“合肥经验”。

2013《合肥年鉴》采用的文稿、图片由全市各部门、各单位、各县区以及驻肥省、部属相关单位提供，文稿及有关图表、数据、资料均经供稿单位审核。使用的统计数据以市统计部门公布的数据为准，凡市统计部门未提供的，则以单位提供的数据为准。

目 录

特 载

专 记

总 述

大事记

中国共产党

人民代表大会

人民政府

人民政协

纪检监察

民主党派 工商联

人民团体

法　治

军 事

国土 环境

城乡规划、建设及管理

交流与合作

国民经济发展

区域经济

开发园区

工业经济

信息业

建筑与房地产业

农业与新农村建设

园林 旅游

商贸 服务业

交通运输 邮政

财政 税务

银行 证券 保险

非公有制经济

经济监督管理

教育 科技

文化 传媒

卫生 体育

社会与民生

人物　荣誉榜

县（市）区

附　　录

索　　引

CATALOGUE

（曹建社）

特 载

市委常委会工作报告（摘要）

2012年12月28日

吴存荣

市委十届二次全会以来，在省委的坚强领导下，我们坚持以邓小平理论、“三个代表”重要思想、科学发展观为指导，以迎接党的十八大、学习党的十八大、贯彻党的十八大为动力，团结带领全市广大党员干部群众，全力实施省市党代会部署和“十二五”规划，着力在稳增长、调结构、抓改革、惠民生、促和谐上下功夫，全市经济、政治、文化、社会以及生态文明建设和党的建设取得了新的进展，呈现出“经济增速较快、效益明显提升、转型成效显著、民生持续改善、社会和谐稳定”的良好态势，迈出了“科学发展新跨越，主要指标进十强”的新步伐，翻开了打造“大湖名城、创新高地”的新篇章。

预计，全年实现地区生产总值超过4100亿元，增长13.5%左右；规模以上工业增加值1650亿元，增长17%以上；固定资产投资突破4000亿元，增长23.6%；财政收入688亿元，增长10.3%，其中地方财政收入380.9亿元，增长12.5%；社会消费品零售总额1290亿元，增长16.5%以上；城镇居民人均可支配收入超过25400元，增长13%以上；农民人均纯收入达到9200元，增长17%左右。主要经济指标增速继续位居全国省会城市前列。1-11月份，全市固定资产投资及工业投资、进出口及出口总额等一些指标总量已进入全国省会城市前十位，规模以上工业增加值、地方财政收入总量位居第11位。

一年来，我们重点抓了以下几个方面工作：

一、全面落实中央和省委部署要求，“喜迎十八大召开、贯彻十八大精神”成为全市上下的自觉行动

党的十八大是在我国进入全面建成小康社会决定性阶段召开的一次十分重要的会议。市委常委会强调，各级各部门要坚决贯彻落实中央和省委的部署要求，把“喜迎十八大召开、贯彻十八大精神”贯穿于全年各项工作中。

围绕迎接党的十八大召开，我们以高度的政治责任感和历史使命感，圆满完成了我市出席党的十八大代表的提名、推荐工作。始终强化发展这个“第一要务”和稳定这个“第一责任”，以科学发展、和谐稳定的实际成效，以加强党的建设新成绩，迎接党的十八大胜利召开。特别是，认真学习贯彻胡锦涛同志“7·23”重要讲话精神，为迎接党的十八大召开营造了良好的思想舆论氛围。

党的十八大胜利闭幕后，我们坚持把学习宣传和全面贯彻落实党的十八大精神，作为当前和今后一个时期的首要政治任务，及时召开全市学习贯彻大会、市委中心组理论学习会议，研究部署学习宣传贯彻意见，并召开系列辅导报告会、组建宣讲团，深入推动学习十八大精神。这次市委十届四次全会，就是要紧密结合实际，进一步作出部署，提出具体要求，更好地推动全市深入学习宣传贯彻党的十八大精神。

二、不断彰显行政区划调整后续效应，形成科学发展新格局

市委常委会认为，行政区划调整是合肥发展的重大机遇，同时合肥拥有科教、区位和综合交通等良好的基础条件。为充分发挥行政区划调整后续效应和合肥综合优势，我们围绕省市党代会确立的新的更高目标定位，在深刻分析把握

合肥建设与发展面临的新机遇、新挑战的基础上；在年初市委中心组理论学习会上明确提出“十二五”时期实现“科学发展新跨越，主要指标进十强”的目标，并进而提出打造“大湖名城、创新高地”的城市发展总体构想，得到全市上下的广泛响应，激发了广大干部群众对合肥美好未来的憧憬。我们坚持以规划为引领，面向全球招标，完成《合肥市城市空间发展战略及环巢湖地区生态保护修复与旅游发展规划》以及《半汤、汤池国际温泉度假区总体规划和城市设计》，启动了《合肥市土地利用总体规划(2006—2020年)》修编工作。在谋划全局的基础上，我们坚持以重点突破之功取推动全局之效，坚持以生态宜居、城湖共生和产城一体的理念，谋划推动了环巢湖生态示范区、中科大先进技术研究院两大龙头项目。

面对建设与发展的新任务、新要求，着眼全市发展大局，我们要求肥东、肥西、长丰继续提升在全省、全国的发展位次，巢湖、庐江要提升目标、对标追赶，努力打造工业发展的主战场、城乡统筹的新典范；四大开发区要开拓思路、奋力前行，努力打造工业发展的主引擎、创新发展的新高地；四个城区要转变理念、转型发展，努力打造首善之区和辐射源；各部门要围绕“新跨越、进十强”提高服务效能，推动全市形成了你追我赶、竞相发展的良好态势。

三、牢牢把握发展大局和工作主动权，稳增长、调结构、促转型不断取得新成效

面对复杂多变的宏观经济环境，我们牢牢把握稳中求进的主基调，把落实宏观调控政策与合肥实际结合起来，着力求“进”、以“进”促“稳”。坚持每月研判经济形势，加强对项目建设等重点工作的调度，及时出台38条促进经济平稳较快发展的政策意见，并采取有效措施帮助小微企业解决融资难等问题。扎实开展“企业服务年”活动，对重点产业和企业实施个性化帮扶，引导光伏企业与西部地区开展战略合作。高度重视投融资工作，与各大金融机构深化合作，加大企业上市工作力度，积极运用企业债、短期融资券、中期票据等方式融资。企业效益稳步提升，1-11月份，规模以上工业企业实现利润同比增长13.8%，分别高于全国、全省平均增幅的10.8和4．5个百分点。

在着力稳增长的同时，突出做大总量与调整结构并重。坚持创新与承接并举，发挥政策引导作用，修订完善了“四大政策体系”。出台工业用地集约利用、存量商业用地升级改造及盘活存量建设用地“三大政策”。推进中心城区工业优化布局转型发展，马(合)钢搬迁改造、都市产业园建设等取得突破性进展。扎实开展国家创新型试点市建设，承办全国首届创新型试点城市工作座谈会，成功举办省第四届创新创业大赛，合肥跻身全国十大创新型城市。创新平台建设取得新突破，基本建成示范核心区“一中心、三基地”，与高校、科研院所合作不断深化，中科大先进技术研究院揭牌运行，智能制造技术研究院正谋划组建。稳步实施30家企业股权和分红激励试点改革，获批国家科技金融结合试点。预计全年实现高新技术产业增加值超过900亿元，高新技术企业和创新型企业突破1000户，居全国省会城市前十位；战略性新兴产业产值突破1570亿元，实现增加值425亿元以上、增长21%。同时，金融、旅游、物流、会展和文化创意、电子商务、服务外包等新兴现代服务业加速发展，滨湖新区金融后台服务基地入驻机构达14家。推动农业科技进步，不断提升农业综合生产能力，农业结构调整成效明显，特色高效农业产值占农业总产值比重接近80%。提升农业现代化水平，农业园区建设和市场主体培育走在全省前列，食品和农产品力加工业成为全市六大主导产业之一。

突出扩大有效投入。谋划一批新项目，华能巢湖电厂二期、华南城等项目前期工作取得积极进展，江汽纳威司达发动机等项目获得核准；推进一批大项目，鑫晟8.5代线、联想(合肥)产业基地、 日立建机3万台挖掘机、大陆轮胎二期、合肥电厂6#机组等开工建设；联宝、花王、友达光电、晶弘、晶澳一期以及“黄山”精品线易地技术改造等项目建成投产。预计全年实现工业投资1550亿元，增长23%以上。家电、汽车和平板显示、太阳能光伏、装备制造等产业总体运行相对较好；新能源汽车、量子通信等产业取得新突破，电子信息、智能制造和住宅产业化等正在成为新的增长点。

四、坚持城湖共生，彰显生态文明，努力打造宜居宜业的美好家园

高起点规划建设环巢湖生态示范区，探索全国大型湖泊治理新路径，打造安徽“生态强省”的典范和重要支点，努力把合肥建设成为生态宜居之城和最美丽的省会城市之一。目前，在先行启动巢湖综合治理“八大工程”的基础上，总投资500多亿元，包括水利等7大类113个项目的环巢湖生态示范区建设项目，已全面展开。继续推进水

环境综合治理，《巢湖流域水污染防治“十二五”规划》和国家水生态系统保护与修复试点获批实施，编制完成环巢湖乡镇污水处理总体方案，二十埠河上游河道整治竣工，王小郢污水处理厂提标改造进展顺利，陶冲污水处理厂前期工作基本完成。重新编制实施环巢湖旅游项目。加大节能减排工作力度，实施市区PM2.5监测点位数据发布，主要污染物排放量削减幅度以及全年能耗降幅全面完成省控目标。积极创建国家生态园林城市和国家森林城市，启动今冬明春绿化大会战，将新增森林33.34亩。

继续强力推进大建设，不断提升城市综合承载力和辐射带动力。1-11月份，续建、新建大建设工程811项，其中，已完成295项，在建516项，完成投资190.3亿元。新桥国际机场即将投入运营，徽州大道与高铁南站衔接工程、机场高速公路工程、包河大道高架工程等一批重大项目按时竣工；派河、店埠河航道提升改造、合裕航道整治及配套港口建设加快推进；铜陵路高架、阜阳北路高架、合肥枢纽南环线及南客站、轨道交通一号线等重点工程进展顺利；轨道交通2号线、合铜路、巢庐路等项目前期工作有序推进。

坚持把大建设作为最大的民生工程来抓，同步推进新区开发与老城改造、高标准建设与高效能管理，全面展开城市支路建设，大力推进小街巷改造，加快实施城市老旧小区改造。水、电、气、热等城市基础设施建设同步推进。以创建全国文明城市为抓手，加强对夜市、“五小”行业、“三无”小区的规范和管理，加大对非法和到期户外广告、违章停车、砍树毁绿、黑头车等治理工作的力度，营造了良好的城市环境。

坚持城乡一体化发展，不断加大城乡统筹力度。特别是，以美好乡村建设为契机，重点推进规划编制、中心村建设、环境整治、产业发展和要素保障，努力打造都市美好乡村、农民幸福家园。各县市发展定位不断清晰，发展热情持续高涨。特别是，巢湖、庐江坚持体制机制等高对接，“十大工程”初显成效。农村危房改造工程加快推进。农田水利建设和中小河流治理有序展开。初步建成了连接城乡的交通体系和供水网络，农村综合环境整治深入推进。统筹城乡资源配置，城乡建设用地增减挂钩试点、工矿废弃地复垦试点和农村土地整治规范展开。

五、坚定不移深化改革开放，不断激发发展的活力和动力

坚持用改革的办法解决发展中的问题。积极推进新站区、合肥巢湖经开区等园区管理体制机制创新。在规划、土地和招投标等管理制度上，强力推进县市区全面等高对接。全国节约集约用地试点市建设工作进入中期评估阶段。完成市政管养体制改革，顺利推进园林绿化管养体制改革。稳步推进“营改增”试点工作。国库集中支付范围进一步扩大，公务卡改革和县乡财政一体化管理扎实推进。积极推进金融改革创新，各县市信用联社、农村合作银行改制为农村商业银行有序推进。农村经营体制机制改革稳步实施，土地流转规模和面积不断扩大，在全省率先开展农村林权、集体建设用地、土地承包经营权、涉农商标抵押贷款试点。

全方位提升对外开放水平。与长三角、珠三角及环渤海地区交流合作不断深化，合肥承接产业转移集中示范园区获批。始终狠抓招商引资“第一要事”，充分发挥百名县处级干部和招商小分队的作用，成功举办家博会、文博会等重大经贸文化活动，深入推进与央企、知名民企合作发展，加强对跨国公司、世界500强企业的联系与招商。参加广交会等重点招商活动取得实效，成功举办“活力澳门推广周”，与美国友城哥伦布市及富兰克林郡结对加入中美绿色合作伙伴计划。预计全年招商引资总量2102亿元，增长24%，其中外商直接投资16亿美元，增长23%；进出口总额165亿美元，增长34%。

不断加强区域合作发展，合肥经济圈一体化步伐加快，“圈带聚合效应”进一步彰显。深入落实省委省政府决策部署，与皖北结对合作不断深化，阜阳合肥现代产业园区建设加快推进，与寿县、霍邱县合作领域不断拓宽，定点扶贫颍上县工作扎实推进。援藏、援疆工作扎实开展。

六、坚持以人为本、执政为民，在改善民生、创新管理中加强社会建设

牢固树立发展惠民、发展维稳的理念，在改善民生上做“加法”，在解决问题上做“减法”，让人民群众在共享建设与发展成果中，不断增强归属感和幸福感。全年财政民生支出增长25%，占全市财政支出总量的75%。

启动实施城乡居民收入“倍增计划”，多渠道增加城乡居民收入。深入推动国家级创业型城市建设，预计全年城镇新增就业14万人，城镇登记失业率控制在4.5%以内，合肥被授予“全国创业先进城市”称号。加大新一轮扶贫开发力度，实施消除农村“零就业”家庭工程。社会保障不断提标扩面，提前半年实现城乡居民养老保险制度

全覆盖目标，养老、失业、医疗、工伤四项基本保险实现全市统筹。构建和谐劳动关系，农民工工资维权等工作得到国务院和省委省政府的肯定。实施“33+7”项民生工程，各级财政预计投入76亿元左右，合肥连续五年被省政府评为民生建设先进单位。认真落实房地产市场调控政策措施，积极探索保障房建设融资新模式，开工建设各类保障性住房75353套，启动棚户区改造项104个。

坚持以项目化方式深入推进全国社会管理创新试点市建设，着力强化基层基础，创新体制机制，试点阶段23个项目基本完成，全面推进阶段的46个项目正在实施。在中央和省委的领导下，“11•15”重大案件在合肥成功办结。坚持把做好群众工作与建设“平安合肥”、“法治合肥”融为一体，深入扎实做好安全生产、食品安全管理等工作。整合资源，在全国首创开通了“12345政府服务直通车”，在全省率先创办“问政合肥•政风行风面对面”电视栏目，集中整治市属媒体虚假违法广告，切实维护消费者合法权益。实行建设项目竣工联合验收，探索推行行政审批节点式管理改革。在全国一系列的幸福城市排行榜中，合肥均位居前列。

大力发展教育、卫生、体育等各项事业，不断提高公共服务均等化水平。今年投入使用的新建中小学校24所、改扩建学校5所，农民工随迁子女定点学校达175所。学前教育改革、义务教育均衡发展加速推进，职业教育规模和质量不断提升。近三年基本公共卫生服务均等化项目和实施的重大项目全面完成，县级公立医院改革全面推开，药品销售全部实现零差价，医药卫生体制综合改革扎实推进。成功举办市第十届运动会，圆满承办亚洲轮滑锦标赛。流动人口计生基本公共服务均等化试点成效突出。

七、扎实推进文化强市建设，城市文明程度和文化软实力不断提升

深入学习贯彻党的十七届六中全会和省委九届三次全会精神，坚持人民群众的需求就是努力的方向和工作的重点，大力推进文化强市建设，着力提升城市文明程度和文化软实力。

深入开展社会主义核心价值体系学习教育。广泛深入宣传“开明开放、求是创新”的城市精神，加强理想信念教育。坚持团结稳定鼓劲、正面宣传为主，加强主题宣传，创新网络管理，妥善处理突发事件，内聚人心、外树形象，进一步巩固了主流舆论强势。加强思想道德建设，深入持久开展“合肥好人”评选活动，组建“千家道德讲堂”联盟，举办思想道德建设“合肥论坛”，在全社会倡导良好的道德风尚，我市共有64人(群体)入选“中国好人榜”，居全国省会城市前列，涌现出“最美乡村教师”陈万霞、优秀选派干部金岚岚等先进人物。

深入推进全国文明城市、全国未成年人思想道德建设工作先进城市、全国卫生城市“三城同创”工作，掀起争创全国文明城市新一轮热潮。深化群众性精神文明创建活动，广泛开展关爱他人、关爱社会、关爱自然志愿服务活动，大力提升城市文明程度。在全国城市文明程度指数测评中，我市成绩优良。

坚持文化事业与文化产业共进。不断深化文化体制改革，连续两次被评为全国文化体制改革先进地区。城乡公共文化服务体系不断健全，渡江战役纪念馆等一批重大文化设施相继建成并投入使用；坚持省市共建共享，谋划推进一批重大文化艺术项目，积极盘活存量设施资源；各县市区投资近60亿元推动重大基本公共文化设施建设，“社区书屋”、“农家书屋”基本实现全覆盖；广播电视综合覆盖通播率位居全省首位。群众文化丰富多彩，举办各类群众性文化活动3000多场次。精品文化亮点纷呈，歌曲《追寻》获全国“五个一工程”奖。牢牢把握文化产业发展规律，实施集群化战略，大力推进文化与科技、工业、旅游、城市建设融合发展，获批全国首批文化与科技融合发展示范基地。预计全年文化产业增加值260亿元，占GDP比重超6%。

八、坚持正确政治方向，社会主义民主政治建设不断取得新进步

坚持党的领导、人民当家作主、依法治国有机统一，总揽全局、协调各方，营造了政通人和的良好氛围。

坚持和完善人民代表大会制度，支持人大及其常委会围绕全市工作大局依法履行职责。支持人大地方立法工作，支持人大代表开展调研、视察活动，进一步提高建议的处理质量，规范议案的办理。大力推进依法治市，深入开展“六五”普法，以纪念现行《宪法》颁布实施30周年为契机，深入开展了社会主义法治理念教育等多项活动。

坚持和完善中国共产党领导的多党合作和政治协商制度，召开全市政协工作会议，支持政协围绕团结和民主两大主题履行政治协商、民主监督、参政议政职能。加大党外干部培养选拔和配备力度，支持和协助市各民主党派、工商联加强

自身建设，做好无党派人士和非公有制经济人士工作。支持市政协办好“合肥之友”，充分发挥其在招商、引智和宣传推介中的作用。

加强对工会、共青团、妇联等人民团体的领导，支持它们依照法律和各自章程开展工作。加强基层民主政治建设，提高村务公开和民主管理整体水平。民族、宗教、对台、侨务、外事工作取得新进展。加强国防和后备力量建设，荣获全国双拥模范城“七连冠”，军政军民团结的局面进一步得到巩固和发展。

九、不断提升党的建设科学化水平，为绘就合肥宏伟蓝图提供坚强政治保证

落实省市党代会部署，实现“十二五”目标任务，关键在党，关键在人，关键在干部队伍。我们深入贯彻中央和省委部署，把干部队伍建设作为完成中心任务的根本保证来抓，鲜明提出了“讲大局、强责任、提能力、抓落实”的总体要求，推动全市形成了良好的政治生态和工作局面。

切实加强党员干部的思想政治建设。不断加强和改进各级党委(党组)中心组学习，深入开展“保持党的纯洁性、迎接党的十八大”主题教育实践活动，部署开展学习宣传贯彻党的十八大精神工作。实施“百千万”干部教育培训工程，开展全市乡镇党政干部大培训、全市党政正职党性教育理论武装培训等活动，干部队伍思想政治素质和履职能力全面提升。

突出抓好领导班子和干部队伍建设。圆满完成县乡人大、政府和县级政协换届任务，扎实推进市人大、政府、政协换届工作。开展市县联合公选领导干部工作，扩大公选范围，改进竞职方式。积极探索扩大干部初始提名权，对23个正县职领导岗位进行了公推提名。进一步加强干部交流和竞争性选拔的常态化管理，加强对年轻干部的历练，选派一批优秀年轻干部到巢湖、庐江以及阜阳、六安等地挂职、任职。启动“人才特区”建设，在管理体制、政策法规、公共服务和综合环境等方面实现了重点突破。特别是，以中科大先进技术研究院和十大战略性新兴产业研究院等为平台，广泛吸引国内外高层次人才和工程技术人才。目前我市各类“千人计划”入选者达77人，居中部省会城市前列。

大力加强党员干部作风建设。深入开展“五级书记带头大走访”活动，帮助群众解决了一些实际困难和问题。同时，加强长效机制建设，出台切实精简会议、文件和领导同志事务性活动的规定。深入推进机关效能建设，不断提高党政机关服务发展的能力和效率。目前，正在认真贯彻落实中央关于改进工作作风、密切联系群众的“八项规定”，结合实际制定实施办法，推动各级领导干部以更多的时间深入基层、深入群众，用更多的精力谋划发展、推动工作。

不断创新基层党建工作。历时两年多的创先争优活动，成果丰硕，受到了中央和省委的充分肯定。以“五大工程”为抓手，开展基层组织建设年，不断创新组织设置、扩大组织覆盖面。实施非公企业党建“双千计划”，全市非公企业党组织组建率达99.6%，始终位居全省首位。在农村基层党组织和农村经济组织中开展“双任双促”工作，推进“双培双带”百千万先锋工程，选派第五批190名年轻干部担任后进村“第一书记”，新聘173名大学生村官到村任职，基层党建工作水平不断提升。

高度重视反腐倡廉建设，严格落实党风廉政建设责任制，加快推进惩防体系建设。进一步加大执法监察力度，全面推行行政处罚群众公议制度，深化行政效能建设，坚决查处违纪违法案件，深入推进廉政风险防控、干部预警、巡查等工作，建立重大项目纪检监察派驻制度，集中开展“阳光村务工程”建设“回头看”，化解村级债务1.9亿元。建立健全制度执行监督和问责机制，提高制度执行力。成功举办第二届“包公杯”全国反腐倡廉曲艺作品征集活动和颁奖、巡演活动，“包公”廉政文化成为响亮品牌。

在总结工作的时候，我们也分析了存在的不足和问题，对进一步加强和改进工作进行了思考。大家认为，当前和今后一个时期，要把学习宣传贯彻落实党的十八大精神作为首要政治任务，更好地把思想和行动统一到党的十八大精神上来，把智慧和力量凝聚到落实党的十八大作出的各项部署上来。要坚持中国特色社会主义道路，按照“五位一体”总体布局，紧密联系合肥实际，进一步提升目标、完善思路，为全面建成小康社会而奋斗；要进一步解放思想、改革开放、凝聚力量、攻坚克难，扎实推进“四化同步”，在推动转型发展方面探索新路子，加快实现“新跨越、进十强”目标；要进一步促进城乡统筹发展，推进美好乡村建设，加快城乡一体化进程；要坚持不懈地推进城乡基础设施大建设，全力打造现代化新兴中心城市，早日建成“太湖名城、创新高地”；要不断增进人民福祉，努力在加大民生投入、改善群众生活、促进社

会和谐方面取得新成绩；要顺应形势发展、事业需要、人民期待，进一步增强忧患意识、创新意识、宗旨意识、使命意识，牢牢把握加强党的执政能力建设、先进性和纯洁性建设这条主线，不断提高党的建设科学化水平。

政府工作报告（摘要）

——2013年1月5日在合肥市第十五届人民代表大会第一次会议上

张庆军

一、过去五年及2012年工作回顾

本届政府任期的五年，我们以科学发展观为指引，在省委省政府和市委的坚强领导下，奋力抢抓中部崛起、产业转移等重大机遇，积极应对复杂多变的宏观经济环境，紧紧围绕大发展大建设大环境的工作主题，深入实施工业立市、县域突破、创新推动、东向发展、可持续发展战略，完成了各项既定目标任务，实现了经济社会又好又快发展，取得了跨越赶超、争先进位的辉煌业绩，把合肥发展推上了一个更高的起点。

——这五年，是综合实力大幅跃升的五年。全市生产总值达到4100亿元以上，由全国26个省会城市第18位升至第15位，年均增长16%以上，成为全国发展最快的省会城市。规模以上工业总产值达到6600亿元；增加值1650亿元、年均增长23.7%，总量由省会城市第15位升至第11位。财政收入达到694.4亿元、年均增长24.6%，其中，地方财政收入达到389.5亿元、年均增长28.3%，总量进入省会城市前10位。全社会固定资产投资突破4000亿元，总量由省会城市第9位升至第7位，累计完成15300亿元、年均增长29.6%。社会消费品零售总额达到1290亿元、年均增长20%，总量由省会城市第18位升至第16位。城镇居民人均可支配收入达到25400元，农民人均纯收入达到9200元，年均分别增长13.6%和17.2%。

——这五年，是产业层次显著提升的五年。坚持走新型工业化道路，建立完善“四大政策体系”，加快发展与转型发展同步并进。推进信息化与工业化融合发展，成为国家级两化融合试验区和电子信息国家高技术产业基地。工业投资累计完成5438亿元、年均增长37.2%，其中技改投资2872亿元。京东方6代线、大陆轮胎、联想产业基地等一大批标志性大项目落地生效，家电、汽车、装备制造、食品及农产品加工等支柱产业主导作用更加突出，新型平板显示、太阳能光伏、新能源汽车、公共安全等战略性新兴产业占据全国领先地位。建筑业发展壮大，增加值占全市生产总值12%以上。服务业蓬勃发展，增加值达到1600亿元、年均增长12%。金融体系日趋完善，本外币各项贷款余额突破6000亿元，上市公司达到30家、居省会城市第9位，滨湖国际金融后台服务基地入驻机构达到14家；现代商贸业提质扩量，入选国家现代物流技术应用和共同配送试点城市，电子商务、服务外包、连锁超市等快速发展；会展经济长足发展，跻身中国“十大节庆城市”；旅游业增长迅速，年收入突破400亿元。文化产业实现增加值260亿元，占全市生产总值比重超过6%。

——这五年，是城市建设快速拓展的五年。行政区划调整圆满成功。坚持规划引领、交通先行，老城提升、新区开发、组团展开同步推进，大建设如火如荼，累计完成1629项工程、总投资1886亿元，建成道路1035公里、桥梁134座，城市建成区面积扩大到360平方公里，城区人口突破350万，城镇化率达到65%。区域性综合交通枢纽加速建设，新桥国际机场全面建成，合蚌高铁开通运营，高速公路形成“一环六射”格局，航运通江达海能力得到提升。轨道交通一号线全面建设、二号线正式开工。市区道路形成“两环七射加方格网”，主城区与各组团实现“一刻钟快速交通”。滨湖新区路网围合面积34平方公里，常住人口突破40万；政务文化新区全面建成；各组团产城一体加快推进。市政公用事业全面发展，水电气热等供应能力显著提升，公交车数量增至近4000标台。环境保护和生态建设成效明显，新建、续建11座污水处理厂，建成城区污水主干管1628公里、覆盖率达98%，基本实现污水全收集全处理，巢湖总体水质由劣V类转为V类，城市建成区绿化覆盖率增至45.2%，全市森林覆盖率达到22.2%。

——这五年，是农村面貌发生巨变的五年。坚持“三化同步”，城乡统筹、融合发展迈出坚实步伐，新农村建设走在全省前列。县域经济发展迈上快车道，总量达到1300亿元、年均增长16.2%，肥西跻身全国百强，肥东、长丰进入中部百强，巢湖、庐江大建设“十大工程”初显成效、发展提速提质。农业转型升级成效明显，土地流转突破200万亩，蔬菜瓜果面积达到180万亩，农业科技进步贡献率达到58%，肥西苗木花卉、长丰草莓等特色产业享誉全国。农业产业化经营水平跃上新台阶，农民专业合作组织超过2000家，年销售收入10亿元以上龙头企业达到14家，新增庐江郭河等省级以上现代农业园区40个。进一步加大对“三农”的投入，农村基础设施全面改善，公路通车里程达到1.46万公里，村村通水泥（油）路；农村防洪保安、水源保障能力显著增强，建成一批重点水利工程；“清洁家园、绿化乡村”富有成效，整治村庄497个，改造危房161.3万平方米，建设集中居住和农民新型社区440万平方米；土地综合整治整村推进成为全国样板。

——这五年，是科技创新实现突破的五年。大力推进国家创新型试点城市、合芜蚌自主创新综合试验区建设，示范区“一中心、三基地”一期工程全面建成。城市基础科研实力跃居全国前列，创新发展形成领先优势。改进科学技术进步奖励办法，设立市政府质量奖。深入实施创新型企业培育计划，高新技术企业增至615家，居全国省会城市第8位；工程（技术）研究中心、企业技术中心、重点实验室等研发机构增至680家。建立公共安全、新能源汽车等十大战略性新兴产业研究院。全社会科技研发投入占全市生产总值2.3%，高新技术产业增加值占全市生产总值22%，在全国同类城市中均居前列。科技金融试点取得新进展，引进一批国内外知名风投创投机构。大力实施合芜蚌人才特区等人才工程，建成一批留学生创业园、“海智”基地和院士工作站。加强自主品牌建设，成为首批国家商标战略实施示范城市。

——这五年，是改革开放纵深推进的五年。相继实施“十九项改革”、“八项开放”举措，充分释放发展活力。新一轮国企开放式改革重组取得突破，非公有制经济加快发展，各类市场主体超过30万户。“六分开”的城市建设管理体制更加完善，“借、用、还”一体的投融资新体制良性运转，招投标管理体制成为走向全国的“合肥模式”，节约集约用地试点市建设成效显著。推进全省城乡一体化综合配套改革试验区建设，农村改革取得新进展。大力推进行政审批制度改革，率先开门“三定”政府机构职能、编制预算和实行行政处罚群众公议、听政等制度，效能革命和政务公开全面深化，公务员转任实现法制化、常态化。加强承接产业转移示范区建设，坚持大招商、招大商，累计招商引资6880亿元、年均增长29.7%，新引进境外世界500强企业13家，与央企、知名民企合作发展取得重大成效。成功承办中博会、自主创新要素对接会、家博会等重大经贸展会，大力支持“合肥之友”打造国际化招商平台。对外贸易不断扩大，累计进出口额达到529亿美元、年均增长16.4%。成为长三角城市经济协调会成员和长江沿岸中心城市经济协调会常任主席方。加快合肥经济圈一体化建设，积极推进与六安市霍邱县、寿县结对合作，阜阳合肥现代产业园区加快建设。援疆、援藏工作取得新成效。

——这五年，是群众生活明显改善的五年。坚持从发展和创富的角度抓民生，不断增进人民福祉。累计民生工程投入211.7亿元，完成项目32269个，惠及700万人次以上。新建、改扩建各类中小学校、幼儿园近千所，校舍安全工程全面完成，义务教育均衡发展、推进素质教育和学前教育改革试点走在全国前列；职教城初具规模，地方高等教育迈上新台阶。成功创建国家级创业型城市，新增城镇就业56.8万人，动态消除“零就业家庭”。社会保险体系日益健全，各类保险待遇稳步提高。城乡救助体系基本形成，实现城乡低保、医疗保险和合作医疗、困难群众医疗救助全覆盖。建立价格调节基金制度，完善价格上涨与特困群体生活补贴联动机制，价格总水平保持基本稳定。整治老旧小区157个，改造城中村、危旧房75个，建设各类保障性住房15.8万套，城镇居民人均住房面积增至36.7平方米。实施农村饮水安全工程328处，解决153.7万人饮水安全问题。基层医药卫生体制改革创全国样板，医疗卫生资源大幅扩充。四级公共文化服务网络基本形成，渡江战役纪念馆等一批大型公益文化设施建成开放，歌曲《追寻》获全国“五个一工程奖”，成功承办第20届全国金鸡百花电影节等重大文化活动。第四届全国体育大会、第十五届亚洲轮滑锦标赛等全国性、洲际赛事圆满成功，参赛奥运会、亚运会等取得佳绩，全民健身运动蔚然成风。

——这五年，是社会管理不断创新的五年。扎实推进法治合肥、平安合肥、和谐合肥建设，保持政通人和、稳定有序的良好局面。坚持依法行政，自觉接受人大法律监督和政协民主监督，累计办结人大代表议案和建议、政协提案3019件。建立项目推进机制，顺利完成全国社会管理创新综合试点任务。完善治安防控体系，八类案件发案率位列省会城市最低水平，五获全国社会治安综合治理优秀城市，再次确认“长安杯”。积极推行重大决策项目社会稳定风险评估，深入开展“大接访”，完善矛盾纠纷排查化解机制。全面推进网格化、组织化、信息化、服务化，和谐社区建设成效明显。应急管理机制逐步建立，应对各类突发事件能力进一步增强。深入开展重点行业和“三车”交通安全等专项整治，强力推进乡镇安全监管规范化、企业安全标准化建设，安全生产形势持续稳定。文明创建深入开展，四次蝉联创建全国文明城市工作先进市。加强国防动员和后备力量建设，实现全国双拥模范城“七连冠”。人防工程及民防建设走在全国前列。人口计生、防震减灾、民族宗教、外事侨务、地方志、科普、气象、统计、档案、保密、社科等工作水平实现新提升，工会、共青团、妇女儿童、老年人、残疾人和关心下一代等工作取得新进步。

刚刚过去的2012年，面对经济下行的压力，我们牢牢把握稳中求进的工作总基调，全面贯彻落实党的十八大和省市党代会精神，主动调整转型，保持发展势头，实现争先进位。预计，全市生产总值增长13.5%以上；规模以上工业增加值增长17%以上；财政收入增长11.3%，其中，地方财政收入增长15%；全社会固定资产投资增长23.6%；社会消费品零售总额增长16.5%以上；城镇居民人均可支配收入增长13%以上，农民人均纯收入增长17%；城镇登记失业率控制在4.5%以内；居民消费品价格指数上涨2.4%。

一是加强经济运行调节。出台38条促进经济平稳较快发展的政策措施，加大对企业帮扶支持的力度。新开工亿元以上项目420个，完成投资800亿元。江汽-纳威司达发动机、泥河铁矿等项目获得核准；鑫晟8.5代线、合肥电厂#6机组等开工建设；晶弘电器、晶澳太阳能一期等建成投产。与国开行等金融机构战略合作取得新成效，新增贷款超过1000亿元。美亚光电挂牌上市，另有3家待发、9家在审；鑫城、海恒、高新集团、巢湖城镇投、肥西桃花工业园、合肥中小企业等6支企业债券获批发行。积极争取各类建设用地指标，确保重大项目需求。存量建设用地升级改造三大政策效果明显，房地产市场保持稳定。大力帮助骨干企业解决生产经营难题，积极引导光伏企业开拓西部市场。

二是加快产业转型发展。实施工业“新跨越、进十强”、中心城区工业优化布局转型发展、百家高成长性企业培育工程等政策意见，开展质量强市活动和标准化等工作，推动支柱产业转型升级、新兴产业加速壮大。六大支柱产业完成产值3850亿元、占工业总产值58.3%，战略性新兴产业实现增加值425亿元、增长21%。现代服务业集聚发展，华南城等一批重大项目成功签约。开工建设中科大先进技术研究院，谋划筹建合工大智能制造技术研究院，首批国家级文化和科技融合示范基地挂牌，全球首个46节点的城域量子通信网运行，“十城千辆”、“十城万盏”、“金太阳”等示范应用推广工程走在全国前列。

三是提升城市建设和管理水平。编制了城市空间发展战略及环巢湖地区生态保护修复与旅游发展、半汤和汤池国际温泉旅游度假区等重大规划。新一轮市、县、乡三级土地利用总体规划分别获国务院和省政府批准。全年新建、续建大建设工程840项，完成投资217亿元。铁路枢纽南环线、高铁南站以及合马路、军二路等改造工程加快推进；机场高速、南淝河大桥等建成通车；阜阳北路、铜陵路等高架桥建设进展顺利。铺设污水管网210公里，完善排水设施网格890个；六水厂二期、七水厂一期、燃气应急调峰工程等快速推进；固定电话号码完成升8位；提高了公交IC卡折扣率；新建老城区停车位7000个。掀起“三城同创”热潮，全国文明城市创建测评取得优秀成绩。查处违法建设和整治“五小行业”、砍树毁绿、有烟烧烤、户外广告、“黑头车”等取得实效。

四是启动美好乡村建设。出台美好乡村建设实施意见，深入推进“三新工程”和“亮化工程”。启动实施董铺和大房郢水库水源地、庐江汤池、新桥国际机场周边三大土地整治项目，规范展开城乡建设用地增减挂钩试点和工矿废弃地复垦试点。粮食生产实现“九连增”，环城都市、环湖观光、丘陵生态等三大农业产业带建设初见成效，新建万亩现代农业示范区31个、各类现代农业科技示范园区18个，完成植树造林24.4万亩。疏堵并举推进秸秆禁烧，秸秆综合利用率达到80%。开展“农田水利建设高潮年”活动，重点实施了水库加固、圩堤达标、灌区配套等十大工程。

五是推进巢湖治理开发。《巢湖流域水污染防治“十二五”规划》和国家水生态系统保护与修复试点获批实施。扎实推进巢湖综合治理“八大工程”；高起点规划建设环巢湖生态示范区，首批113个项目开工建设，总投资超过500亿元。环巢湖道路全面动工、北岸建成通车；巢湖闸复线工程、裕溪船闸扩建工程建成试航；兆西河整治及黄湾闸工程开工；234个环巢湖生态农业项目启动实施。

六是加大改革开放力度。国通管业等一批国有企业完成战略重组，建投集团、巢湖城投、科农行等完成增资扩股，国有资产实现保值增值。出台企业股权和分红激励试点“6+1”政策，32家企业参加试点。加快实施滨湖新区、合巢经开区管理体制改革，顺利完成市政和园林管理体制下划。市招投标中心年交易额突破1000亿元。稳步推进“营改增”试点。全面推开县级公立医院改革，药品全部实现零差率销售。农村商业银行基本实现全覆盖，农村产权抵质押融资试点进展顺利。“百名县处级领导干部大招商”活动深入开展，赴境内外系列招商推介取得实效，全年完成招商引资2102亿元，引进工业和现代服务业大项目87个。进出口总额达到165亿美元、增长34%。合肥出口加工区正式封关运行，申报设立综合保税区取得重大进展。

七是扎实推进社会建设。“33+7”项民生工程全面推进，各级财政投入76亿元。启动公建幼儿园“管办分离”改革试点，在全国率先取消城区普通高中择校，在全省率先免除义务教育阶段学生书本费。新增城镇就业14万人。社会保障提标扩面，城乡居民养老保险制度实现全覆盖；城乡居民医保和新农合统筹并轨，报销比例提高到55%以上。建设各类保障性住房7.53万套，实施城中村、危旧房改造47个，整治老旧小区36个。改革物业综合服务收费管理，80%的居民小区实行“一费制”。首批4个省市重大文化项目启动建设；第七届中国曲艺牡丹奖比赛、市十运会等重大文体活动圆满成功；《合肥通史》启动编撰，《合肥市志》即将发行。大力开展重点隐患排查整治，加快烟花爆竹生产企业有序退出。重拳打击非法传销成效明显，食品药品等市场秩序进一步规范。

八是积极改进政务服务。加强政府立法，提请市人大常委会审议地方性法规2件，制定、修改政府规章5件。完善《政府工作规则》，出台《政府重大行政决策程序规定》。在全国省会城市率先推进政务服务中心标准化建设、整合开通“12345政府服务直通车”。建立重大项目驻点监察制度，推行建设工程竣工联合验收。创新开展“问政合肥-政风行风面对面”媒体联动活动，积极引导网络舆情。实施行政执法自由裁量权试点，全面推开廉政风险防控管理工作，建立县处级干部廉政档案，健全经济责任审计管理制度，加大行政问责力度。加强增收节支，“三公”经费保持“零增长”。强化政策谋划和储备，严格精简会议、文件、简报和领导同志事务性活动。

五年来，我们始终以忠于人民的高度自觉和敢为人先的创新精神，走出了一条符合市情的科学发展之路，既创造了丰硕的物质成果，也积累了宝贵的精神财富，从合芜蚌自主创新综合试验区到皖江城市带承接产业转移示范区，从国家创新型试点城市到国家企业股权和分红激励试点，从国家节约集约用地试点市到全国社会管理创新试点市，推出了一批在全国具有示范作用的“先行之作”，先后获得全国科技进步先进市、全国创业先进城市、全国文化体制改革先进地区、全国推进义务教育均衡发展先进地区等75项国家级或全国性荣誉，极大地增强了全市人民的自豪感和归属感，显著地扩大了合肥在全国的知名度和影响力，不断地提升了合肥在全国发展格局中的地位和作用。

同时，我们也要清醒看到，发展中还存在许多不足和问题，主要是：综合实力仍然不够强，产业层次不够高，服务业发展相对滞后；资源环境约束趋紧，节能减排压力加大，巢湖综合治理开发任务艰巨；城乡居民收入水平还有待进一步提高，基本公共服务不够均衡，社会矛盾不断增多，社会管理难度加大；民营经济和中小企业发展不够充分，开放型经济发展水平不高，国际化程度较低；城区经济转型不快，县域经济实力不强，城乡统筹、区域协调发展任务繁重；政府职能转变、效能提升还存在薄弱环节，一些领域消极腐败现象还不同程度存在。对这些不足和问题，我们要高度重视，认真加以解决。

二、今后五年的目标任务

综合判断，复杂多变的宏观经济环境将长期存在，但合肥发展处于大有可为的黄金发展期没有变，工业化、城镇化加速推进的阶段性特征没有变，加速崛起的大趋势没有变。今后五年，我们要在新一轮世界工业革命的起跑线上抢抓先机、占据前沿，在全国区域发展格局战略调整中勇挑重担、提升地位，在安徽“三个强省”建设中示范引领、多作贡献，全面建成小康社会，开创建设现代化新兴中心城市的新局面。这是时代赋予我们的历史使命，这是省委省政府授予我们的政治责任，这是全市人民寄予我们的热切期待。只要我们全面把握机遇，沉着应对挑战，就一定能够争取主动、增创优势、赢得未来，就一定能够实现建设美好合肥的宏伟蓝图！

今后五年，政府工作的指导思想是：高举中国特色社会主义伟大旗帜，以科学发展观为指导，深入贯彻落实党的十八大和省市党代会精神，紧紧围绕“新跨越、进十强”的总体要求和“大湖名城、创新高地”的战略定位，深化改革开放，强化创新驱动，转变发展方式，建设生态文明，加强民生保障，统筹推进工业化、信息化、城镇化和农业现代化，加快建设现代化新兴中心城市，并朝着在全国有较大影响力的区域性特大城市方向阔步迈进，在美好安徽建设中充分发挥核心辐射带动作用，率先全面建成小康社会。

今后五年的主要奋斗目标是：全市生产总值达到8500亿元、年均增长12%以上；财政收入年均增长10%；规模以上工业增加值年均增长14%以上；全社会固定资产投资年均增长16%；社会消费品零售总额年均增长15%；居民收入增幅高于经济增幅；人口年均自然增长率控制在7‰以内；节能减排目标任务全面完成。

今后五年，我们要着力在七个方面实现新跨越：

在现代产业基地建设上实现新跨越。坚持“新优融合、高端引领、做大总量、加速转型”，着力打造6个千亿元、若干个五百亿元级产业，培育发展3~5家产值超500亿元、50家产值超百亿元的龙头企业集团，发展壮大一批“精、优、特、新”的中小企业。加快发展电子信息及新型平板显示、新能源及太阳能光伏、新材料、高端装备制造、新能源汽车、节能环保、生物、公共安全等战略性新兴产业，提升发展家电、汽车、装备制造、食品及农产品加工等优势主导产业，全面建成全国重要的现代产业基地。推动生产性服务业集聚化、生活性服务业便利化发展，建成一批特色现代服务业聚集区，形成区域性金融、物流、会展、商贸、旅游、信息服务中心。大力发展现代设施农业、优质高效农业、绿色生态农业、休闲观光农业，建设一批现代农业产业园，加快农业现代化进程。

在城市建设管理上实现新跨越。坚持走集约、智能、绿色、低碳的新型城镇化道路，以“1331”的市域空间布局为引领，进一步完善城镇体系，城镇化率达到75%。优化提升主城区，积极发展副中心城市和新产业基地，分类建设特色小城镇。中心城区面积拓展到500平方公里，常住人口达到500万。滨湖新区建成全省行政中心、文化中心和金融商务中心。全面完成二环以内老旧小区整治和城中村、旧城改造。完善新桥国际机场功能，建成合福、商合杭客运专线和庐铜铁路，加快推进合六、合巢芜、合安、合宁等城际铁路建设，升级改造合铜、合安、合淮、合六等国省干线公路，完成“五河一湖”航道网建设，轨道交通建成一、二号线、启动中长期建设，城市路网进一步完善，形成全国重要的综合交通枢纽。争创全国文明城市，加快建设智慧城市、信用城市，推进城市管理科学化、法制化、规范化，打造整洁、有序、美观、舒适的城市人居环境。

在自主创新上实现新跨越。加快国家创新型试点城市、合芜蚌自主创新综合试验区建设，着力构建以企业为主体、市场为导向、产学研用相结合的技术创新体系。加强协同创新，强化人才支撑，大力推进与名校、大所的战略合作，着力打造“中科智城”，形成中国科技创新资源集聚发展的新高地。加大名牌产品、驰（著）名商标的培育和保护，打造一批具有自主知识产权和核心竞争力的合肥品牌。高新技术产业产值突破9000亿元，累计发明专利授权量突破万件，全社会科技研发投入占全市生产总值3.3%，在全国率先建成创新型城市。

在改革开放上实现新跨越。

深化国有企业改革，加快产权多元化和资源整合步伐。制定特殊政策，采取有效措施，全面优化环境，推动非公有制经济大发展。大力推进投融资、财税、金融、土地、招投标等改革，建立健全统一开放的资本、技术和人力资源等各类要素市场。深化户籍、就业、农村产权等制度改革，加快农民市民化进程。深化行政体制改革，加快推进教育、文化、卫生等事业单位分类改革。抢抓中部崛起的战略机遇，加强承接产业转移示范区建设，进一步扩大招商引资，加强与央企、知名民企、跨国公司和上市公司的合作发展，拓展和深化区域合作发展的领域和内容，支持有条件的企业“走出去”，大力提升国际化发展水平。加快推进合肥经济圈一体化发展，打造具有全国影响力的都市圈品牌。

在城乡一体发展上实现新跨越。完善强农惠农富农政策体系，在发展规划、产业布局、基础设施、基本公共服务等方面加大统筹力度，形成以工促农、以城带乡、工农互惠的长效机制，打造全省乃至全国城乡一体化发展示范区。加强县城和重点镇规划建设管理，提升产业发展、公共服务、吸纳就业、人口集聚功能。全面推开美好乡村建设，大规模开展土地整治，加快建设一批布局合理、环境优美、设施配套、功能完善的新型农村社区。大力推进新一轮扶贫开发，加快贫困乡村发展。全面推动县域经济发展取得新突破，肥西力争进入全国百强县50强，肥东、长丰、巢湖、庐江力争进入全国百强。

在生态文明建设上实现新跨越。坚持生态环保优先和资源节约集约利用，着力推进绿色发展、循环发展、低碳发展，建设全国著名的生态城，打造天蓝、地绿、山青、水净的美好家园。环巢湖生态示范区建设争取上升到国家战略层面，着力打造城湖共生、生态宜居的典范。坚持“治湖先治河、治河先治污”，有效控制和消减点源面源内源污染，实现巢湖水环境持续改善。依托湖光山色、历史文化等资源，加快建设以大湖、温泉、湿地、名镇等为特色的国际滨湖度假旅游目的地。大力创建国家生态园林城市、国家森林城市，扎实推进“森林增长工程”和城区绿化美化工程，城市绿化覆盖率达到46.5%，全市森林覆盖率达到30%以上。

在幸福合肥建设上实现新跨越。坚持以人为本、富民优先，大力推进以保障和改善民生为重点的社会建设，不断提高全市人民的幸福感。大力实施城乡居民收入倍增计划，努力增加居民工资性、经营性、财产性、转移性收入。加大民生投入，加快构建终身教育、就业服务、社会保障、医疗卫生、住房保障、社会养老等服务体系，促进基本公共服务均等化、优质化。以重大项目、重大活动、重大展会为抓手，完善公共文化服务体系，大力发展文化产业，推动文化与科技、旅游、体育等深度融合，加快建设文化强市。全面推进社会管理创新，着力构建公共安全体系，全力维护社会和谐稳定，努力建成全国社会管理示范城市。

三、2013年政府工作

2013年，是全面贯彻党的十八大精神的第一年，是新一届政府的开局之年，是实施“十二五”规划承前启后的关键之年，做好今年工作意义重大。我们要坚持以科学发展观为指导，以提高经济增长质量和效益为中心，按照“平中见奇、稳中求快、调整转型、夯实基础”的要求，保持经济持续健康较快发展和社会和谐稳定，扎扎实实开好局、起好步。

综合考虑，2013年经济社会发展主要目标是：全市生产总值增长12%以上；财政收入增长10%，其中地方财政收入增长8%；全社会固定资产投资增长20%以上；规模以上工业增加值增长14%以上；社会消费品零售总额增长15%；城镇居民人均可支配收入增长13%，农民人均纯收入增长14%；城镇登记失业率控制在4.5%以内；人口自然增长率控制在7‰以内；居民消费价格指数涨幅控制在3.5%左右；群众安全感指数保持在90%以上；节能减排达到省控目标。

今年，要着力做好十个方面工作：

（一）扩大有效需求

加大投资力度。围绕巢湖综合治理开发、支柱产业、新兴产业、城乡基础设施、节能环保、民生工程等重点领域，谋划和实施一批超50亿元的重特大项目，不断优化投资结构。加强省“861”、市“1346”行动计划重大项目调度，确保完成全社会固定资产投资4600亿元。推进银企对接，深化与国开行等战略合作，引导各类金融机构扩大信贷投放，全年新增间接融资1200亿元。鼓励支持企业发行债券、短期融资券、中期票据等，大力实施“百家企业上市工程”，力争直接融资400亿元以上。通过市县联动、推动金融创新，打通县（市）融资途径。加强与深圳前海合作，开辟境外人民币回流的有效渠道。深化节约集约用地试点，用足用好年度用地指标，大力实施“增减挂”和工矿废弃地复垦等，深入推进存量建设用地挖潜。

努力开拓市场。认真落实品牌促进、节能补贴等扩大消费政策，促进汽车、家电、太阳能光伏等地产品销售。着力推进连锁经营、集中配送，提升“万村千乡”和“新网”工程，培育文化体育、旅游休闲等新兴消费。广泛开展农超、农校等对接，加快粮食产业化载体建设，完善便民惠民蔬菜流通体系。制定开放型经济发展政策，设立支持企业“走出去”专项资金，加快出口加工区建设，争取获批设立综合保税区，全年实现进出口总额180亿美元。

优化企业服务。完善“四大政策体系”，落实各项扶持政策，加强政策谋划储备，进一步增强政策的超前性、针对性和有效性。实施结构性减税，清理各项收费项目，切实减轻企业负担。加强煤电油气运等调度，保障企业正常生产经营。深入企业开展帮扶，一企一策缓解骨干企业经营困难，多措并举解决中小微企业融资、用地、用工等难题。

（二）做大做强产业

做强优势产业。大力推进家电、汽车、装备制造、食品及农副产品加工等优势主导产业加速向产业链两端延伸、价值链高端攀升，增强核心竞争力。全面建成国家家用电器产品质检中心。加快TCL冰洗生产基地、江汽-纳威司达发动机、广银铝业、南车轨道车辆制造维修等一批重大项目建设，力争再打造1~2个千亿级产业集群。

壮大新兴产业。实行分类指导，量身定制扶持政策，一手抓企业发展和项目建设，一手抓示范和应用推广，加快鑫晟8.5代线、豪威光电、彩虹蓝光LED等重特大项目建设，推进量子通信、新型平板显示、半导体、云计算、集成电路等电子信息全产业链发展，加快太阳能光伏、新能源汽车、智能装备等产业发展壮大，全年战略性新兴产业产值达到2000亿元、增长20%以上。积极申报国家新型显示、硅基功能材料、智能装备制造等新兴产业集聚发展试点。

提升服务业。加快滨湖国际金融后台服务基地建设，积极引进各类金融保险、证券基金、风投创投等来肥设立分支机构。优化商圈规划布局，建设一批特色街区和功能区，打造一批高端商贸综合体。围绕建设全国流通领域现代物流示范城市，加快华南城、南翔万商、宝湾物流、农产品国际物流园等重大项目建设。加快发展环巢湖旅游，大力推进万达文化旅游城、国际帆船俱乐部等重大项目建设。围绕创建国家电子商务示范城，着力打造一批产业集聚区。大力发展会展经济，全年举办各类大型展会170场以上。围绕建设服务外包示范城市，重点打造呼叫、共享等服务中心。

推进园区转型发展。制定转型发展的政策措施，促进园区优化升级。按照产城一体的要求，大力推动经开区、高新区、新站区、合巢经开区等四大开发区完善功能、提升品质、持续发展。加快都市产业园建设，每个城区兴建一批标准化厂房，大力发展移动互联网、物联网、总部经济以及研发设计等新业态，形成都市产业发展新高地。加快肥东经开区、肥西桃花工业园、长丰双凤工业园扩容升级步伐，加强居巢经开区、庐江经开区等基础设施建设，进一步提升县域工业园区产业承载力和产业集中度。

（三）推进城市建设

加快综合交通枢纽建设。启用新桥国际机场。制定新一轮城市轨道交通建设规划，加快一号线建设，全面推进二号线建设，积极启动中长期建设前期工作。积极推进商合杭客运专线、庐铜铁路和合宁、合安、合六等城际铁路前期工作。加快铁路枢纽南环线、高铁南站及枢纽配套工程、合福客运专线以及店埠河、兆河、合裕航道升级改造、合肥港综合码头二期等工程建设。开工建设合铜、合淮、合安路等升级改造工程，推进合六路、军二路、环巢湖道路等建设，力争完成合马路、206国道改线段等主体工程，加快中心城区与副中心城市快速交通建设。

加强市政设施建设。完善城市骨干路网，建成铜陵路高架、阜阳路高架、怀宁北路等工程，打通望江西路，启动繁华大道东延、铜陵北路、肥西路等主次干道建设。加强微循环交通改造，推进一批支路工程建设，改造一批城区小街巷。加强城市慢行设施规划建设，加快建设老城区停车场，启动地下空间开发。大力创建“国家公交都市”，新增公交运力600台，适量投放一批城市出租车。积极推进龙河口引水工程，建成六水厂二期和七水厂一期工程。大力推进“气化合肥”，加快车辆“油改气”推广示范、分布式能源和管道天然气项目建设。

提升城市管理水平。全面建成“数字城管”工程，全力推进城区城市管理重心下移，进一步发挥街道主体作用，强化网格管理，夯实城市管理基础。按照“一街一主题、一路一特色”的要求，开展试点路段立面景观整治，推出一批示范街、特色街。继续保持打击非法营运的高压态势，加大火车站等重点区域综合整治力度。提升摊点精细化管理水平，打造一批特色高品质夜市、摊点群。巩固完善新型物业管理机制，积极改进无物管小区管理办法。

（四）加强自主创新

提升企业创新能力。完善企业初创、成长、发展等不同阶段的支持政策，分类实施创新领航企业、创新小巨人、科技型小微企业培育计划，全年新增高新技术企业、创新型企业100家，培育“创新小巨人”企业100家，新建企业工程（技术）研究中心、重点实验室、检测中心等研发机构100家，孵化初创型科技企业100家，实施重点产学研合作项目100项，转化科技成果100项。

大力推动协同创新。建成中科大先进技术研究院一期工程，组建一批国家联合实验室和工程中心，申报未来网大科学中心。推进合工大智能制造技术研究院建设，争取设立国家电动汽车及分布式能源协同创新中心。国家、省市联手，推动语音产业快速发展。加强十大战略性新兴产业研究院建设，提升实体化、开放式运作水平。进一步完善“一中心、三基地”成果展示、创新服务等功能，加快二期工程建设。启动“中科智城”规划建设。

全面优化创新环境。完善深化科技体制改革、推进创新体系建设的政策措施，大力推进企业股权和分红激励试点，积极鼓励科技成果出资入股。加强知识产权保护，不断优化科技创新的法治环境。健全多元化科技创新投入机制，推进国家科技金融结合试点，积极争取高新区列入“新三板”扩容试点，引导发展一批产业专业投资基金。加强创新人才基地、载体建设，新建10家院士和博士后工作站。

（五）统筹城乡发展

全面建设美好乡村。加大投入，创新机制，高标准规划建设中心村150个，整治自然村1000个，改造农村危房12000户。积极谋划环巢湖流域土地整治重大工程，加快实施董铺和大房郢水库水源地、庐江汤池、新桥国际机场周边三大项目和10个国家级示范项目，完成土地整治20万亩。加强农村基础设施建设，完成水库除险加固51座、县乡道升级改造工程150公里、村村通提级延伸联网工程100公里、危桥加固改造35座。大力开展农村环境综合整治，创建一批星级乡镇。

加快县域经济发展。坚持工业立县主战略，积极承接产业转移，引导优势骨干企业快速扩张，吸引更多大项目落户，加快形成和壮大县域主导产业。制定支持政策，加快县域城镇化步伐，提升县城建设品位和管理水平，启动实施15个中心镇和三河、长临、下塘、中庙、汤池等5个镇级市规划建设，推进工业园区与城镇协同发展。按照等高对接、融合发展的要求，加大“十大工程”和“十大政策”的实施力度，加快巢湖华能电厂二期、庐江钒资源开发和综合利用、罗河铁矿等重大工业项目和半汤、汤池温泉旅游度假区建设，支持经开区、高新区等国家级开发区与巢湖、庐江开发园区合作共建一批投资大、就业多、效益好的标杆性大项目，全力推动巢湖、庐江迈出更快更大的发展步伐。

大力发展现代农业。新增特色高效农业10万亩，打造10个年产值超10亿元的特色产业集群。加快庐江郭河、肥东现代牧业、巢湖中粮综合体等现代农业园区建设，新增各类农业示范园区20个。加快培育新型农业经营主体，着力打造一批年销售收入10亿元以上的农业产业化龙头企业。大力推进农民专业合作社示范社建设，全面完善基层农技推广服务体系。

（六）深化改革开放

实施改革攻坚。加速国有企业战略重组步伐，优化国有资产布局，实现保值增值。强化政策支持，鼓励引导民间资本进入市政、教育、卫生、金融、环保、养老等领域，大力扶植一批非公有制骨干企业。深化地方金融体系改革，探索建立股权融资、融资担保、资本项目对接三大金融创新体系，壮大建投集团等政府基础设施投融资平台，完善兴泰控股等综合性金融产业平台，做优工投公司等新型工业服务平台，积极争取组建地方金融资产管理公司。加强政府债务管理，确保风险合理可控。巩固扩大“营改增”试点成效，推进税源专业化管理试点。深化招投标管理创新，积极构建区域性公共资源交易大市场。加快推进以“二标五权”为重点的农村产权制度改革，全面完成县级公立医院综合改革，稳步开展事业单位分类改革。

扩大对外开放。完善政策引领，依托“合肥之友”等招商平台，深化“百名县处级领导干部大招商”活动，瞄准世界500强、中国500强、行业100强、上市公司以及央企、知名民企，突出长三角、珠三角以及欧美、东南亚、港澳台等重点区域，开展高密度系列招商推介活动。更加注重定点招商、产业链招商、园区招商，提高招商活动的针对性和有效性。全年引资2510亿元、增长20%，其中，外商直接投资18.4亿美元、增长15%；引进工业大项目20个、现代服务业大项目30个。推进与美国富兰克林郡绿色合作伙伴计划，加强与哥伦布、戴瑞滨等国际友城的交往。加强区域合作发展，推进合肥经济圈建设，深化与阜阳市和六安市霍邱县、寿县结对合作，加快合肥阜阳现代产业园区、寿县蜀山现代产业园区建设。加大援疆、援藏工作力度。

（七）推进文化强市建设

繁荣文化事业。实施“文化基础设施提升工程”，坚持省市共建共享，打造一批标志性、基础性文化设施，积极服务省重大文化艺术项目建设。实施“文化惠民工程”，推进乡镇综合文化站、标准化档案室、农村电影“2131”、广播电视“村村通”和社区图书室、职工书屋、公共电子阅览室等建设。实施“文化品牌打造工程”，整合社会资源，推出一批在全国有影响的文化精品力作。

壮大文化产业。实施“文化产业跨越工程”，坚持重大项目带动，推进国家级文化和科技融合示范基地建设，加快文化产业园区发展，扶持市文广集团、报业集团、演艺集团等一批骨干企业做大做强。编制新兴文化产业发展规划，在文化创意、动漫游戏、数字出版、影视制作等方面加快打造一批特色产业集群。办好文博会、巢湖国际旅游节等文化会展活动。实施“文化发展环境优化工程”，创新工作推进机制，完善文化产业政策，加强人才引进和培养，造就一批文化领军人物和拔尖人才。

创建文明城市。以创建全国文明城市为目标，以提升市民素质为核心，全面深化群众性精神文明创建活动，扎实推进“三城同创”。大力建设社会主义核心价值体系，广泛开展道德模范、身边好人等先进典型的评选表彰和“三个倡导”宣传教育活动，积极创建全国未成年人思想道德建设先进城市。深入开展“文明劝导行”、“城管微博”等各类志愿服务活动，提升志愿服务常态化水平。加强信用体系建设，积极争取国家信用城市建设试点。创新网络出版监管模式，完善网络舆情监测体系。

（八）加强生态城市建设

建设环巢湖生态示范区。积极推进《巢湖流域管理条例》制定工作，加快编制环巢湖生态示范区建设规划。按照截污减负、增容复苏、修复共生“三大路径”，实施入湖口截污、生态修复、通江航道等“八大工程”。强化入湖河流综合治理，加快沿河沿湖岸边居民生态搬迁和湖滨带保护修复。大力推进环巢湖生态示范区一期项目建设，积极谋划二期项目，重点实施现有污水处理厂提标改造和国家规划的环湖污水处理厂建设，同步推进配套的400公里管网建设。加大水环境监管力度，实施巢湖“水专项”课题试验项目。加强矿产资源勘察保护和合理开发利用，加大矿山整治和生态修复力度，建设环巢湖地区矿山地质环境治理示范工程。

创建国家森林城市。大力实施“森林增长工程”，掀起新一轮植树造林热潮，完成植树造林33万亩、新增和提升绿化面积1200万平方米。大力推进江淮分水岭脊线、巢湖边岸等重点区域集中造林，加快机场高速、合安高速、各组团之间、十五里河等绿色生态廊道建设。扎实推进农村“五个一”绿化工程，深入开展城区绿化大会战，提高社会绿化水平。推进坝下河、丝绸、滨湖等7个新公园建设，扩建和提升环城、花冲、包公等6个公园。

加强节能减排和环境保护。大力推广绿色建筑等先进节能模式，积极开展能耗对标、合同能源管理活动，推进清洁生产，实施一批畜禽养殖减排等重点项目。加强扬尘治理，实时发布PM2.5监测数据，限行“黄标车”，严处“冒黑烟”机动车。加强垃圾无害化处理，建成生活垃圾焚烧发电厂，开工建设餐厨垃圾处理厂。加大固体废弃物处置力度，严格控制城市噪音污染。

（九）加强民生保障

提高居民收入。大力实施城乡居民收入倍增计划，深化收入分配制度改革，努力实现居民收入增长和经济发展同步、劳动报酬增长和劳动生产率提高同步。制定社会服务“四大政策”，出台实施基本公共服务体系“十二五”规划。扎实推进民生工程，强化后续管理，切实解决好人民群众最为期盼又带有普惠性、制度性的民生项目。加大扶贫开发力度，设立专项资金，着力构建产业扶贫、行业扶贫和社会扶贫新格局。

优先发展教育。完成学前教育“三年行动计划”，加大普惠幼儿园建设力度，新建、改扩建幼儿园45所。推进城乡义务教育均衡发展，新建、改扩建中小学10所。加快合肥七中新校区建设，启动合肥十中新校区建设。推进基础教育课程改革，提高素质教育水平。加快职教基地建设，大力推进幼儿师专、经贸旅游学校、工业学校二期工程建设。加强合肥学院、合肥职业技术学院建设，省市共建安徽艺术学院，支持中央、省在肥高校发展。

推动创业就业。实施就业优先战略，大力鼓励创业，完善扶持政策体系，重点做好高校毕业生、农村转移劳动力和退役军人就业工作，建成一批示范性创业孵化基地，帮助“零就业”家庭成员、“4050”人员、残疾人等困难人群实现再就业，全年新增城镇就业岗位12万个。强化职业技能培训，提升就业创业能力，增强就业稳定性。加强就业服务和管理，构建和谐劳动关系。

加强社会保障。完善城镇职工基本养老保险及城乡居民养老保险制度，切实保障失地农民、失业人员等低收入群体基本生活。加强社会救助体系建设，提高优抚对象、城乡低保、农村五保、医疗救助、生育保险等待遇水平，农村五保供养标准提高到每人每年不低于2200元。大力发展老龄服务事业和产业，建立完善居家养老为基础、社区养老为依托、机构养老为支撑的养老服务体系。实施安居工程，开工各类保障性住房和棚户区改造3.35万套，完成老旧小区环境综合整治120个，实施城中村和旧城改造40个。优化商品房供应结构，推进住宅产业化，促进房地产市场平稳健康发展。

推进全民健康。广泛开展爱国卫生运动，积极争创全国卫生城市。加强公共卫生服务体系建设，加大食品药品安全监管力度。完善城镇职工、居民基本医疗保险及大病救助制度，全面推进基本医疗保险门诊统筹。大力开展全民健身系列主题活动，打造“十分钟健身圈”，推动群众体育与竞技体育全面发展。加强人口和计划生育工作，巩固扩大全国流动人口计划生育基本公共服务均等化试点成果。

（十）促进社会和谐稳定

加强社会管理创新。创新手段和方式，改进流动人口和特殊人群管理服务，实行流动人口居住证统一管理，强化实有人口、实有房屋、社会组织、虚拟社会管理。加快城乡社区服务体系和信息化建设，推进社会管理精细化、高效化。大力培育新兴社会组织，提高非基本公共服务水平。全面推进社会稳定风险评估，深入开展矛盾纠纷排查化解，完善处理疑难复杂信访问题工作机制。支持工会、共青团、妇联等人民团体广泛参与社会管理及公共服务，扎实做好防震减灾、民族宗教、地方志、科普、气象、统计、保密、对台、侨务、社科等工作，推动慈善事业加快发展，积极创建“全国残疾人文化建设示范市”。

加强公共安全体系建设。加快实施“天网”、“地网”、“虚拟网”三网工程，继续大力整治“三无”小区和“五小行业”，强力推进打防管控一体化，积极构建数字化、智能化、立体式的社会治安防控体系。深入实施“六五”普法工作，提高法制宣传教育成效。加强应急救援队伍、装备和物资储备体系建设，增强应对突发事件能力。严格落实安全生产责任制，完善隐患排查治理体系，大力开展烟花爆竹企业退出、非煤矿山整顿关闭以及危险化学品、建筑施工、特种设备、道路交通、消防等专项整治，确保安全生产态势平稳。加强国防动员和民兵预备役建设，争创全国双拥模范城“八连冠”，全面推进人防民防“进社区”工作。

四、加强政府自身建设

面对新形势、新任务，我们要更加自觉地以科学发展观武装头脑，严格落实中央“八项规定”，坚持做到“讲大局、强责任、提能力、抓落实”，大力建设学习型、创新型、服务型政府。

进一步提升创新理政水平。坚持解放思想，善于用改革的办法、开放的思路和创新的举措破解发展难题。加强和改进调查研究，深入基层了解真实情况，准确把握客观发展规律，提高科学决策、民主决策能力。树立全球视野，强化战略思维，深刻认识战略机遇期内涵和条件的重大变化，因势利导，顺势而为。坚持开拓创新，以敢作为、勇担当的胆略，用好用活各项“先行先试权”，再创一批在全省乃至全国具有示范意义的“先行之作”。

进一步提升为民执政水平。自觉把人民放在最高位置，始终与群众心心相印、同甘共苦、团结奋斗。坚持问政于民、问需于民、问计于民，确保各项决策和工作更加符合群众意愿。深入推进效能革命，进一步深化行政审批制度改革，推行审批窗口首席代表制，完善重大投资项目全程代理制。整合政务服务资源，完善“12345政府服务直通车”运行机制，形成上下联动、层级清晰、覆盖城乡的政务服务体系，促进政务服务均等化、规范化、高效化。大力推行建设项目收费“一表制”，巩固完善建设工程竣工联合验收制度。严格绩效管理、行政问责，坚决治庸、治懒、治散。

进一步提升务实施政水平。弘扬真抓实干的工作作风，完善重大事项和重点工作跟踪落实机制，做到每一项工作任务都有责任领导和责任部门，每一个工作环节都有责任岗位和责任人员。牢固树立艰苦奋斗、勤俭节约的思想，严格控制“三公”消费，力戒奢靡之风，杜绝铺张浪费。精简会议和文件，开短会、讲短话、行短文。严格控制各类检查、评比，从简、务实举办各类展会和节庆活动。各级政府部门特别是领导干部要腾出更多的精力谋大事、谋发展，集中更多的时间抓具体、抓落实。

进一步提升依法行政水平。自觉接受人大法律监督和政协民主监督，认真办理人大代表议案、建议和政协提案，充分听取各民主党派、工商联、无党派人士及各人民团体的意见，广泛接受社会公众和新闻舆论监督。加强政府立法，继续做好规章、规范性文件清理工作。严格落实重大行政决策程序规定，全面推进行政处罚群众公议制度和行政首长出庭应诉工作。完善政务公开制度，健全新闻发布和发言人制度，拓宽电视、广播、报纸、网络“四位一体”的政民互动渠道。

进一步提升廉洁从政水平。全面推进惩治和预防腐败体系建设，严格落实党风廉政建设责任制。加强领导干部经济责任审计，完善反腐倡廉举报受理机制，严肃查处工程建设、土地管理、政府采购、产权交易和行政审批等领域违法违纪案件。深化重点领域专项治理，坚决纠正损害群众利益的不正之风。完善纪检监察“全派驻”和重大项目纪检监察派驻制度。健全教育培训、选调交流、激励约束等机制，着力打造一支想干事、会干事、干成事的公务员队伍。

实现科学发展新跨越任重道远，建设幸福美好新合肥催人奋进。让我们紧密团结在以习近平同志为总书记的党中央周围，在省委、省政府和市委的坚强领导下，紧紧依靠全市人民，继往开来，团结奋进，为实现“新跨越、进十强”，打造“大湖名城、创新高地”，加快建设现代化新兴中心城市和区域性特大城市而努力奋斗！

塘西河水街

推进社区管理体制改革

社区是社会的细胞，是社会管理的最前沿和各种矛盾的交汇点，也是为居民提供公共服务和社会服务的主要基层平台。合肥作为全国社会管理创新综合试点城市之一，将社区服务管理作为社会管理创新的重要抓手，推进社区服务管理“四化”（网格化、组织化、信息化、服务化）建设，取得了突出成效。

一、社区管理体制改革的“四个模式”

合肥市本着“结合实际、分类实施、整合资源、重心下移”的原则，积极探索具有合肥特色的社区管理体制改革模式，并取得了一定成效。

在新区全面实行“大社区”管理模式。合肥三个开发区、滨湖新区均实行不同形式的大社区管理模式，不设或者撤销街道，成立社区管理委员会或中心，共设立14个“大社区”。改革后，大社区逐步剥离原来的规划、工程建设、融资、财政等经济职能，工作重心转移到辖区综治维稳、社会保障、社区建设等公共服务和社会管理事务上来。

比照街道办事处成立参公事业单位性质的“社区管理委员会”或“社区服务中心”，负责承担社区行政管理和公共服务职能，负责统筹推进社区社会服务和居民自我服务。如新站区将辖有的一园、一街、一乡、一镇、一新区进行统一整合，改设为5个社区管理委员会，这5个“大社区”统一设置为6个内设科室，内设机构从66个减少到30个，精简率54%。总人数从243人减少到173人，人数减少70人，减少率29%。实行大科室制，变过去的“事出多门”为现在的“一门办结”，形成分工合作、职责清晰、运转协调的机构设置和职能配置新格局。

在老城区试点推行街道社区整合模式。2008年，蜀山区在全省最早开展“街居管理体制改革”，主要内容是“社区区划调整”、“街道内设机构整合”、“社区议行分设”、“网格化管理”、“自治组织强化”。

“社区区划调整”主要是适当扩充并调整原有社区区划，优化社区人口与资源配置，与社区服务管理任务相匹配；“街道内设机构整合”主要是将原来与区直各条口相对应的科室精简合并为6个，将联系紧密、性质相近的工作任务统一归口，既强化了对区直条口的任务承办执行能力，又提升了对下辖社区的统筹协调能力；“社区议行分设”主要是成立专门承接行政管理与公共服务职能的“社区工作站”，既提升了社区服务管理效能，又减轻了社区居委会的行政负担与压力；“网格化管理”主要是通过运用信息技术与设置网格员，推进社区服务管理功能向下全覆盖延伸；“自治组织强化”主要是通过成立“社工服务站”开展居民服务和发动居民参与社区事务，为每个社区居委会配备有1名专职主任、1名专职委员和1名专职社工，负责反映社情民意、开展居民服务、进行监督评议等工作，既增强了社区社会服务与居民自我服务能力，又提升了社区居民自治意识与自我管理能力。

全面推进社区网格化管理模式。为健全社区管理队伍，实现服务力量下沉，在2008年，蜀山区在全省率先试点开展社区网格化管理的基础上，2011年合肥市全面推行社区网格化管理，提出将人、地、物、情、事、组织全部纳入网格进行管理，实行“多网合一，一网多格；一格多员，全员参与；同格同责，同奖同罚”。市已实现城区网格化管理全覆盖，在全国省会城市中尚为数不多，全市共设立3262个网格，有网格责任人5716人。

探索推进社区组织新模式。6月，市委、市政府下发《关于推进全市社区服务管理创新工作的实施意见》，要求在社区服务工作机制方面进行大胆探索。蜀山区和包

4月17日，合肥市社工协会成立大会召开

河区选择部分街道启动“两委两站五中心”社区组织新模式试点，即在社区党组织委员会领导和社区居委会指导监督下，建立社区工作站，承接政府主导的公共行政服务项目，实现公共服务专业化和效能化；建立社区社会工作服务站，借助志愿者、社会组织等社会资源，承接居民个性化、社会化服务项目，实现社会服务项目化、品牌化。同时成立社区事务受理、综治、卫生、生活、文化五大中心，将社区各类服务集中整合到五大平台。

通过以上四项改革探索，街道实现去经济功能化和去行政化，真正实现了职能转变，成为服务社区、服务居民的实体。社区力量得到全面加强，并通过网格化、扁平化的管理方式和专业化、项目化的服务方式，整合各方资源，较好地解决原来管理效率不高、为民服务不精细的问题，实现重心下沉、服务优化的目标。

二、社区服务体系建设的“四种方式”

社区服务是社区建设的方向，近年来，合肥市以群众满意为目标，通过“平台化、标准化、信息化、项目化”四种方式，大力推进社区服务体系建设，强化社区服务功能，取得突出成效。

社区服务平台化建设。就是指在街道（大社区）建立事务受理中心（行政办事大厅）、社会工作服务中心（社会服务中心）等分类专业化的行政管理、公共服务或社会服务平台；或者是指在社居委建立社区工作站（一站式办事大厅）、社会工作服务站（居民服务站）等分类专业化的行政管理、公共服务或社会服务平台。

为推进社区服务平台化建设，仅2009年以来3年间，市、区财政直接投入社区建设的经费超过5000万元，其中市财政投入1600多万元。为确保社区工作和活动用房落实到位，合肥市坚持“规划先行，验收确认，制度保障”。全年编制完成《合肥市城市社区配套设施建设规划》（荣获“全省优秀规划设计”一等奖），规划中把社区配套设施建设同时纳入城市公建配套项目，实行“同步规划、同步建设、同步发展”，并对社区管理、社区治安、社区卫生、社区福利、社区文体五大类配套服务设施的面积、功能等做详细规定，该《规划》的制订出台为全国首创。同时，从2009年起合肥市出台文件，明确民政部门负责新建住宅区社区工作和活动用房的专项验收，已有106个新建住宅区项目通过验收，无偿新增社区工作和活动用房近5万平方米。市城市社区用房平均面积达537平方米，比2003年增长6倍，截至目前，全市建有区级社区服务中心6个、街道（大社区）级社区服务中心61个、社区工作站336个，社区卫生服务站163个，社区警务室348个，社区社工服务站20个。

社区服务标准化建设。2009年6月，市和谐社区建设联席会议出台《关于开展标准化示范社区建设的意见》，提出具有合肥特色的标准化指标体系（“4410”标准，即在组织队伍方面达到4个“不低于”、在规章制度方面健全“四项制度”、在阵地设施方面要求“十个有”），实行“四统一”（统一规划、统一标准、统一组织、统一实施），全面启动标准化示范社区建设工作。2009至2011年，合肥市共投入近5000万元（其中市财政投入1500多万元），建成64个功能完备、服务完善、特色鲜明的城市示范社区和15个农村标准化示范社区。通过创建，使各社区的服务理念得到深化，品位得到提升，功能得到拓展，内涵得到丰富，实现打造精品社区、树立全市标杆的工作目标。2012年，合肥市结合社会管理创新综合试点市建设，继续推进第四批共13个城市标准化示范社区建设和第二批共16个农村标准化示范社区建设。同时还将启动全市社区标识标牌统一工作。

社区服务信息化建设。社区信息化建设是社区服务的技术支撑。截至2012年，全市共有180个社区建立社区网站（含QQ群、博客等），占全市社区总数的49.8%。庐阳、蜀山、经开等区（县）建立全区统一的社区管理服务信息平台，其他部分区、街道也初步建立社区管理服务信息平台。2011年，在庐阳区开展社区信息化建设试点，以社区户况人口信息为基础，以744个社区网格为依托，统筹公安、计生、社保、房产、卫生、教育、工商等部门相关信息资源，做到“地不漏房、房不漏户、户不漏人、人不漏项”，建立统一的社区基础信息数据库，全区数据信息“一口采集、多口使用”，实现对社区“人、地、物、情、事、组织”底数清、情况明、管得住、服务好。该区还开通便民服务外网，设置“城市服务110”、“便民在线办事大厅”等服务模块，在区、街道、社区全面建立以“两网一屏”（工作内网、服务外网、触摸屏）为内容的社区信息化网络。在试点的基础上，全面开展社区信息化建设，不断提升优化，逐步建立全市统一的社区服务和综合管理信息平台。

社区管理服务项目化建设。项目化是指结合社区行政、公共服务、社会服务、居民自我服务等服务内容，通过政府财政拨付或筹集社会公益资金，分步骤、有侧重地建设一批群众需求紧迫、社会影响力大的重点服务项目，主要分布在居家养老、康复助残、社会救助、就业创业、儿童教育、社区文化等领域。2011年，全市在18个街道140个社区建设并推广居家养老服务项目。2012年，市政府投入2000多万元，将社区“老少活动家园”和“智能化便民服务亭”两项社区服务项目列入市政府“33+X”民生工程，标志着合肥市社区服务项目化建设进入从抓点到扩面、从阶段性建设到长期性建设的历史新阶段。

三、社会管理和服务体系建设存在的问题及对策

由于多种因素影响，在基层社会管理和服务体系建设方面还存在一些困难和问题。在社区管理方面，主要是社区管理体制不顺，社居委工作负担重、街道、社区“行政化”倾向等问题。例如，社区承担的各类常规任务达150多项，此外还有一些临时性、突击性任务。蜀山区竹荫里社区干部反映：“社居委承担的工作有166项，其中，17项是社区自治工作，12项是社区服务工作，137项是政府各部门进社区的工作以及协助政府和街道办事处的工作。”社区干部由服务居民变成了服务部门，遇事不是向居民负责，而是向部门、街道办负责。作为居民自治组织的社居委的工作带有浓厚的行政色彩，变成政府的“派出机构”，严重影响了社居委自治功能的有效发挥。在社区服务方面，主要存在社区服务主体单一、社区服务内容不全等问题。社区服务重点以政府部门下派工作为主，而居民日常生活大量需要的养老、托幼、保健、家政等方面的服务还有所欠缺，同时政府和社区包揽了许多应由市场提供的服务项目，新型社区服务业尚未形成规模，在引导各类公益性社会组织发挥作用方面有待加强，也缺乏专业服务人才和可持续的居民服务项目。

针对以上问题，现提出以下对策：

（一）深入推进“322”社区管理体制改革　总结完善前期各区试点探索经验，紧紧围绕安徽省确定的目标和内容，建议从以下五个方面进一步推进社区管理体制改革，力争尽快形成具有时代特征、省会特点、合肥特色的城市基层社会管理新格局：1.完善“大社区”管理模式。在三个开发区和滨湖新区继续完善原有的“大社区”管理模式，重点是理清关系，分清职能，即将公共行政性服务项目集中到社区管理委员会（大社区）办理，使居委会集中精力开展社会化、个性化服务项目和组织居民自治、居民监督。2.扩大街道、社区整合范围。根据《合肥市社区配套设施建设规划》，除庐阳区外，在老城区尚有一些街道、社区规模过小，同时不少街道存在机构臃肿、人员过剩的情况，可逐步通过街道、社区合并的方式，推动街道职能转变、机构精简、人员下沉，从而壮大社区、强化网格，将人、财、物更多向基层倾斜，全面实行扁平化管理，提高管理效率。3.健全社区网格化管理配套制度。为充分发挥社区网格化管理的作用，要

求各区认真总结前期网格化管理实践经验，逐步建立健全网格化管理流程、网格员岗位职责及考核奖惩等相关配套制度，并结合社区信息化建设，形成科学、高效的社区工作机制，实现社区工作与居民需求全面对接。4.创新社区组织模式。支持、指导部分区、街道继续探索“两委两站五中心”等社区组织新模式，重点是通过整合社区资源，有针对性地构建多元化服务平台，完善社区公共服务体系、社区市场化服务体系、社区义务服务体系，不断提高社区服务的质量和效果。评估其试点成效，成熟后可逐步向全市推广。5.开展减少管理层级试点。按照省里要求，选择1个区进行以撤消街道，由区直接管理和服务社区为内容的改革试点，鉴于巢湖市城市人口较少，现仅有5个街道，建议在巢湖市开展此项改革试点。

（二）全面加强社区居民自治“三有”建设　通过推进社区管理体制改革，切实减轻社居委的负担，充分发挥社居委的自治和监督功能，实现社居委职能归位。在社居委的统一组织指导下，全面加强社区居民自治“三有”建设：一是有居民自治平台。通过召开社区议事会、听证会、评议会及各类联席会议等方式，或充分利用网络资源创办“网上居委会”“网上聊天室”等平台，畅达基层民意，反映合理诉求；二是有居民自治组织。整合社区各方资源，在社居委下成立“社区自治协调委员会”、“居民监督评议委员会”等协调、监督组织，实现资源整合、力量综合、人心聚合；三是有居民自治活动。培养一批社区自治带头人，建立群众自治队伍，开展帮困助弱、纠纷调解、治安巡逻、文明巡访、心理疏导、文体娱乐等自治活动，或每月集中组织一次文艺汇演、社区论坛等主题活动，由社区居民自己策划、组织，从而营造氛围，凝聚人心。通过深化居民自治，推动和谐社区建设，进一步推动政府一元化治理模式向政府、社会、市场共同参与的多元化治理模式转变。

（三）深入推进社区服务体系“三化”建设　推进社区公共服务标准化。落实新出台的《合肥市社区配套设施建设规划》，要求各区参照制订本辖区的详细规划，在新区建设和旧城改造中，须按照《规划》要求落实相应标准的社区配套服务设施，实现全市社区公共服务配套设施的标准化、均衡化。同时，逐步统一全市各社区的标识、标牌，并在路口树立指示牌，树立全市社区统一的外部形象。未来时机成熟，将逐步推进社区公共服务各项制度甚至工作人员着装标准化。

推进社区社会服务项目化。每年选择一批居民群众需求量大、可操作性强、社会效益显著的社区服务项目，由相关部门申报，市政府审批后将其纳入民生工程，进行规范管理，长期运作。通过项目化服务，不仅能满足社区居民的实际需求，增加居民对社区的凝聚力和归属感，还能在项目运作过程中，探索“义工+社工”、服务外包、市场化运作等社区组织模式和服务模式，进一步完善多样化社区服务体系。

推进社区服务方式社会化。参照广州、上海等地经验，推动政府职能转变，走出“养人养机构服务水平低”的传统模式，试点推进政府购买社区服务，通过这种方式，政府从以往社区服务工作的组织者角色解脱出来，转为管理与监督，把大量的基层居民服务交给专业性社会工作服务机构来做，通过“项目制”、“招标制”等多种方式，购买特色服务项目，实现“小政府大社会”目标，尽量做到“少花钱多服务”，切实改善居民生活质量，探索一条“政府购买、民间运作、居民享受”的新路子。建议在部分街道、社区先行试点，也可在部分服务项目（如居家养老）上进行试点。取得成效后向全市推广，并将政府购买社区服务经费列入各级财政预算。

（袁　荔）

推进国家级创业型城市建设

2008年以来，全市累计投入各类就业专项资金25.47亿元，实现城镇新增就业59.08万人，帮扶5.4万名就业困难人员实现就业，动态消除城镇“零就业家庭”4201户，城镇登记失业率控制在4.5%以内。2012年，全市实现城镇新增就业13.98万人，失业人员实现再就业4.59万人，就业困难对象再就业1.36万人，分别完成省下达全年目标任务的162%、159%和162%。城镇登记失业率3.65%，实现控制在4.5%以内的目标。2012年7月17日，在北京人民大会堂召开的全国就业创业工作表彰大会上，合肥市被国务院表彰为“全国创业先进城市”，市人社部被国务院授予“全国就业创业先进工作单位”称号。

创业促就业工作新模式

近年来，合肥市用活、用好国家积极的就业政策，创新工作手段，将减税免费、小额贷款、创业培训、创业场地（百帮园、街）

等，有机结合起来，探索出一条全省、乃至全国独创的创业促就业工作新模式。各县（市）、区（开发区）均成立创业服务中心，积极落实税费减免、小额贷款等各项优惠政策，组建由112名各类专家组成的创业服务专家志愿团和创业导师团，设立全省首创的创业服务大厅、创业实训基地。从2008年开始，又将各类创业扶持政策，向包括高校毕业生、返乡农民工等在内的各类创业人员开放。至2012年底，全市已建成8个综合性创业孵化基地、32个农民工创业园、46条创业街、26个大学生创业园（区、孵化器），孵化基地总面积超过100万平方米，建立创业示范点150个，累计创办各类创业组织（实体）8543个，累计吸纳就业6.3万人，孵化成功企业3221户，带动就业4.65万人，上缴利税达2.4亿元。

确保就业形势的平稳

面对宏观经济形势变化对就业工作带来的影响，按照市委、市政府部署，将“帮企业、保就业、促稳定”放在一切工作的首位，及时通过现场调研、召开座谈会、问卷调查等形式，了解困难企业对劳动保障工作的建议和要求，有针对性地开展 “一企一议”、“一企一策”的帮扶措施，通过社保政策帮扶、给予部分困难企业岗位补贴和培训补贴、做好企业失业人员失业保障和就业服务、帮助有用工需求的企业做好信息发布和人员招聘、帮助企业化解劳动纠纷等，全力以赴开展工作。2009至2012年，全市认定困难企业942户，涉及在职职工27.84万人；共缓缴养老保险费3.24亿元、医疗保险费1.23亿元、失业保险费218.3万元、工伤保险费127.99万元、生育保险费117.28万元；落实困难企业岗位补贴、培训补贴资金3.88亿元。2012年，按照市委、市政府部署要求，积极主动配合市经信委等部门，研究制订强化企业用工服务、支持小微企业发展等政策措施。市政府《关于进一步提高就业水平强化企业用工服务的意见》、《关于印发支持小微企业健康发展若干意见的通知》下发后，积极会同市财政部门，研究制订实施意见，着重从帮助企业解决用工问题、扩大劳动密集型小企业贴息贷款规模、给予企业“五缓”“三补贴”政策等方面，进一步加大对企业的帮扶力度，促进企业发展，从而带动更多的劳动者就业。

深化充分就业社区创建

全市城区有42个街道、13个乡镇（工业园区）、364个社区，均建立了就业保障事务所、工作站，共有就业保障专职工作人员1145人。创建“充分就业社区”工作得到不断深化，全市已有5个城区、37个街道、301个社区达到充分就业标准，充分就业社区达到全市社区总数的56%。组织开展对全市60万户居民家庭、160余万人口的就业保障信息采集工作，每户涉及基础信息20多项，每人涉及信息71项。依托街道社区劳动保障工作平台，合肥市建立了近10万名就业困难群体的帮扶台账，并通过开发社区就业岗位，帮助4201户“零就业家庭”、5644名家庭成员，实现了“出现一户、援助一户、稳定一户”的目标。2011年，为进一步加强社区平台建设，根据省人社厅《关于开展2011年省级充分就业星级社区评选认定工作的通知》精神，合肥市提前谋划，精心部署，有序开展省级充分就业星级社区评选工作。经过共同努力，推荐省级充分就业星级社区123个，推荐数占全市社区总数的23.08%，圆满完成县（市）、区（开发区）申报和市级评选的各项任务。

开展就业援助工作

针对就业困难群体不同的自身条件以及不同的就业需求，充分发挥创业孵化基地、公益性岗位、街道劳务型服务公司和社区平台“四大抓手”作用，因人而异、分类施策。对有一技之长、希望通过创业实现再就业的创业者，帮助其成立创业实体，加入百帮创业基地，通过创业实现就业；对“4050”就业困难群体中就业能力相对较强的，通过公益性岗位推荐安置；对“4050”就业困难群体中年龄偏大、技能较弱者，由街道劳务型服务公司实行托底安置；对虽未达到“4050”年龄条件但就业确有困难的其他就业困难群体，通过社区工作平台开发社区服务岗位予以帮助安置。截至2012年，通过百帮创业基地，共帮助6.3万人实现创业和就业；通过公益性岗位，共帮助1.2万人实现就业；通过街道劳务型服务公司，共帮助4.12万人实现就业；通过社区平台，共帮助3.27万人实现社区“家门口”就业。与此同时，合肥市通过组织实施“春风行动”、“就业援助百日帮扶活动”、“就业援助主题周活动”，通过就业政策进社区、就业援助进家庭、就业岗位送上门、帮扶措施送到人等“两进、两送”活动，重点帮扶大龄下岗失业人员、新出现的城镇“零就业家庭”和农村“零转移农户”等实现就业。2012年，全市举办各类公益性专场招聘会500多场，近3万户企业进场招聘，30万人次求职者进场求职，近10万名求职者现场达成就业意向。

（市人力资源和社会保障局）

总　述

合肥概况

合肥市是安徽省省会，全省政治、经济、文化、信息、交通、金融和商贸中心，全国重要的科研教育基地，长三角城市经济协调会会员城市。合肥地处江淮之间、环抱巢湖，因东淝河与南淝河均发源于此而得名。司马迁《史记》载："合肥受南北潮，皮革、鲍、木输会也。"这是历史典籍中首次出现合肥地名。合肥市辖四县（肥东、肥西、长丰、庐江）、一市（县级巢湖市）、四区（瑶海、庐阳、蜀山、包河），并拥有四大开发区（合肥高新技术产业开发区、合肥经济技术开发区、合肥新站综合开发试验区、合肥巢湖经济开发区）。截至2012年12月，全市总面积11445.1平方公里（含巢湖水面770平方公里），其中合肥市区面积925.2平方公里，建成区面积378平方公里；常住人口757.2万人，其中合肥市区常住人口370万人。全市有43个少数民族，少数民族人口4.8万人，约占全市总人口的0.6%。2012年，合肥市实现地区生产总值4164.3亿元，比上年增长13.6%；实现财政收入694.36亿元，增长11.3%，其中地方财政收入389.5亿元，增长15.1%；全社会固定资产投资完成4001.1亿元，增长23.7%；城镇居民人均可支配收入25434元，农民人均纯收入9081元，分别增长13.2%和15.5%；省会经济首位度提高到24.2%。

合肥的城市精神是"开明开放，求是创新"。合肥市树为广玉兰，市花为桂花、石榴花，市鸟为喜鹊。合肥引以自豪的城市名片有：全国首个也是唯一一个科技创新型试点市，全国首个节约集约用地试点市，世界科技城市联盟（WTA）会员城市，中国服务外包示范城市，国家动漫产业基地，国家级汽车及零部件出口基地城市，加工贸易梯度转移重点承接城市，全国科技进步先进市，全国科技兴贸重点城市，全国专利工作试点城市，全国制造业信息化重点城市，全国城市信息化试点城市，国家知识产权示范城市创建市，全国文明城市工作先进城市，全国社会治安综合治理"长安杯"，全国首批园林城市，全国优秀生态旅游城市，全国社会管理创新综合试点市，政务环境最受关注城市，等等。合肥市围绕"新跨越，进十强"的奋斗目标，全力打造"大湖名城，创新高地"，努力建设现代化新兴中心城市，并朝着在全国有较大影响力的区域性特大城市方向迈进，为在全国提前、在全省率先全面建成小康社会而奋斗。

【历史沿革】 合肥历史悠久。早在新石器时代，就有人类在此活动，有文字记载的历史长达4000余年。春秋战国时期，先后属楚、吴、越，后又属楚。秦始设郡县，合肥属九江郡。西汉武帝时改淮南王国为九江郡，辖合肥等县。东汉光武帝建武元年（25年），改合肥县为合肥侯国。汉献帝建安五年（200年），废合肥侯国，复改为合肥县，扬州治合肥。东晋咸和五年（330年）在合肥侨置汝阴郡、县及陈郡。后赵建武十一年（345年），合肥县属扬州淮南郡。东晋永和六年（350年）复属东晋豫州汝阴郡、合肥同治。南朝宋永初三年（422年），合肥县为侨置的汝阴县所取代，直至隋开皇三年（583年）恢复合肥县，属庐州，为州治。此后至清末，合肥一直为庐州、府、路治所，故合肥又别称为"庐州"。清咸丰三年至十一年（1853～1861年），安徽巡抚治于合肥。民国元年（1912年），庐州府废，合肥县直属安徽省。民国34年（1945年），抗日战争胜利后，安徽省省会由立煌县（今金寨县）迁至合肥。1949年1月21日，合肥解放。2月1日，根据江淮区党委的决定，将合肥县分为合肥市、肥东县和肥西县，合肥市人民政府成立，合肥市为江淮解放区直辖市。4月，皖北行署驻地设合肥，合肥为皖北行署直辖市。1952年8月17日，中央人民政府批

合肥市建置沿革表

时代	统 部	专 辖	县（市）
秦		九江郡	秦始皇废分封，立郡县，属九江郡。县名无考
西汉	扬州 汉武帝置	九江郡 初为九江王国，后改淮南国，武帝元狩元年（公元前122）废国为郡	合肥县、浚遒县、成德县、橐皋县
东汉	扬州 汉献帝时治所设在合肥	九江郡	合肥侯国、浚遒县、成德县 橐皋县并入浚遒县
三国·魏	扬州	淮南郡	合肥县、浚遒县（后废）、成德县
晋	扬州 东晋时为豫州	淮南郡	合肥县（330～422年与汝阴县同治）、成德县、浚遒县（重立浚遒县后更名）
南朝·宋	南豫州	南汝阴郡	汝阴县、慎县 成德县废，郡县以侨置更名
南朝·齐	豫州	南汝阴郡 治所设在慎县	慎县、汝阴县
南朝·梁	合州 初置南豫州，治所设在汝阴县，后迁出，又置合州。以后州郡军府治所均设在所辖首县	汝阴郡	汝阴县、慎县
北朝·北魏	合州	汝阴郡、南梁郡	汝阴县、慎县
北朝·东魏	合州及汝阴郡、汝阴县属南朝梁	平梁郡 此郡《魏志》没有记载，领郡之州无考	慎县
北朝·北齐	合州	汝阴郡、北陈郡	汝阴县 北陈郡所属之县与魏异同无考，郡治也设在今合肥地，慎县有无也无考
南朝·陈	合州	汝阴郡、梁郡	汝阴县、慎县
隋	庐州 开皇年间设，治所在合肥县		合肥县、慎县
		庐江郡 隋炀帝时改州为郡	合肥县、慎县
唐	淮南道 后为淮南节度	庐州 入唐改庐江郡为庐州	合肥县、慎县
五代·后周	保信军 此前吴置德胜军，南唐为庐州	庐州 吴、南唐同	合肥县、慎县
宋	淮南西路 初为淮南路，后分东路、西路	庐州保信军	合肥县、慎县（后改为梁县）
元	淮西江北道	庐州路	合肥县、梁县
明	初置江淮行省，后改南京直隶	庐州府	合肥县（梁县并入）
清	江南安徽布政使司、安徽省 初为江南布政使司，后分	庐州府	合肥县
中华民国	安徽省 民国34年（1945年）省会迁至合肥县		合肥县
中华人民共和国	安徽省 1949年2月合肥市成立 1952年8月定合肥市为省会	合肥市	肥东县（1958年，1983年） 肥西县（1958年，1983年） 长丰县（1964年） 庐江县（2011年） 巢湖市（2011年）

准合肥市为省辖市和安徽省省会。肥东县、肥西县隶属关系几经调整，1983年7月复属合肥市。1964年，由肥东、肥西、寿县和定远四县各一部分新建长丰县，隶属合肥市。2011年8月，安徽省实施部分行政区划调整，撤销原地级巢湖市，原居巢区改设县级巢湖市，由安徽省直辖、合肥市代管，庐江县划入合肥市。

自东汉末年以来，合肥数为州郡治所，一直是江淮地区重要的行政中心和军事重镇，素以“淮右襟喉、江南唇齿”，“江淮首郡、吴楚要冲”著称，历来是重要商埠和兵家必争之地。西汉时，合肥是全国除长安外十八大商贸市场之一。三国时，合肥成为“恩化大行”、“官民有畜”的江淮“巨镇”。隋唐时期，合肥社会繁荣，百姓殷富。宋元时期，合肥为江淮之间首屈一指的政治军事重镇。南宋筑斗梁城，城中“百货骈集，千樯鳞次”，金斗河（南淝河流经城区的一段）两岸“悉列货肆，商贾喧阗”。直到鸦片战争前，合肥的经济社会发展水平和全国大部分地区相比，仍毫不逊色。

近现代合肥发生过许多重大而有影响的历史事件。清咸丰八年(1858年)，太平天国将领陈玉成、李秀成率部在三河（春秋战国时期吴楚相争的“鹊岸之战”发生地，今肥西县境内）合围李续宾的湘军悍旅，鏖战5天5夜，取得了近代史上有名的“三河大捷”。1949年4月，渡江战役总前委进驻瑶岗（今肥东县境内），在这里指挥了“百万雄师过大江”的渡江战役。1978年，肥西县山南地区在全国率先实行包产到户责任制，由此揭开了中国农村改革的序幕，山南的改革探索得到邓小平充分肯定。勤劳勇敢的合肥人民用智慧和汗水建设着人类的文明。在合肥这块土地上，诞生了世界第一台VCD、第一台仿生搓洗式全自动洗衣机、第一个超导核聚变人造太阳和中国第一台微型计算机、第一台窗式空调、第一台万亿次高性能计算机、第一台激光大气污染检测雷达、第一台直写式光刻机等，对推动人类科技领域革命产生了重大影响。

【行政区划】 1949年2月1日合肥正式建市时，划市区为第一区、第二区、第三区和第一直辖镇、第二直辖镇。同年4月，两直辖镇合并成立第四区；9月，撤销4个区，分设大东门、车站、西门、北门、南门5个派出所辖区。1951年11月，撤5个派出所，成立车站、东市、西市3个区。1960年3月，改车站区为东市区，原东市区改为南市区。1963年8月，改南市区为中市区。1951年1月，从肥东县和肥西县划进8个乡置郊区，以后几次向四周扩展。1958年7月，肥东县、肥西县、巢县划归合肥市。1961年4月，三县划出。1959年5月，从巢湖周围4个县沿湖地带划出部分农村，设立巢湖（水上）

2012年合肥市行政区划一览表

县（市）区	乡镇、街道数	辖乡镇、街道名
肥东县	18	店埠镇　梁园镇　撮镇镇　桥头集镇　古城镇　石塘镇　八斗镇　白龙镇　陈集镇　元疃镇　长临河镇　包公镇　众兴乡　张集乡　马湖乡　响导乡　杨店乡　牌坊乡
肥西县	14	丰乐镇　上派镇　桃花镇　花岗镇　山南镇　官亭镇　小庙镇　三河镇　高刘镇　紫蓬镇　严店乡　铭传乡　柿树岗乡　高店乡
长丰县	14	水湖镇　双墩镇　岗集镇　下塘镇　杨庙镇　吴山镇　朱巷镇　庄墓镇　陶楼乡　杜集乡　造甲乡　左店乡　义井乡　罗塘乡
庐江县	17	庐城镇　冶父山镇　汤池镇　万山镇　金牛镇　石头镇　郭河镇　白山镇　同大镇　盛桥镇　龙桥镇　白湖镇　矾山镇　泥河镇　罗河镇　乐桥镇　柯坦镇
巢湖市	18	烂杆集镇　苏湾镇　庙岗乡　柘皋镇　夏阁镇　中垾镇　烔炀镇　黄麓镇　槐林镇　坝　镇　散兵镇　银屏镇　卧牛山街道　天河街道　凤凰山街道　亚父街道　中庙街道　半汤街道
瑶海区	16	大兴镇　三里街街道　大通路街道　和平路街道　明光路街道　红光街道　长淮街道　城东街道　方庙街道　七里站街道　胜利路街道　铜陵路街道　车站街道　三十头镇　磨店乡　七里塘街道
庐阳区	11	大杨镇　三十岗乡　海棠街道　林店街道　亳州路街道　逍遥津街道　三孝口街道　杏林街道　杏花村街道　双岗街道　四里河街道
蜀山区	10	井岗镇　南岗镇　稻香村街道　三里庵街道　南七街道　五里墩街道　西园街道　琥珀街道　荷叶地街道　笔架山街道
包河区	9	淝河镇　大圩镇　义城街道　烟墩街道　望湖街道　芜湖路街道　包公街道　常青街道　骆岗街道

区。1961年4月，巢湖区撤销。1964年10月，划寿县4个区和定远、肥东、肥西县各1个区，共7个区、55个公社，建置长丰县，属合肥市辖。1983年7月，肥东县、肥西县复归合肥市辖。2002年3月，合肥市区划调整，大致以南淝河、板桥河、老环城路、金寨路为界，将原东市区、中市区、西市区、郊区分别调整更名为瑶海区、庐阳区、蜀山区、包河区。2004年6月，长丰县有2个镇和5个乡划归淮南市管辖。

2011年8月，安徽省行政区划调整，撤销原地级巢湖市，原居巢区改设县级巢湖市，由安徽省直辖、合肥市代管，庐江县划入合肥市。截至2012年底，全市共有84个乡镇、43个街道（另有5大社区、4个中心），14个园区，406个城市社区、294个农村社区（另有8个居委会）、1077个村委会。

【区位交通】 合肥市域介于北纬 30°56′～32°33′、东经116°40′～117°58′之间，分别与淮南、滁州、马鞍山、芜湖、安庆、六安等六市接壤。合肥区位优势明显，居中靠东、承东启西、连南接北，紧邻最具活力的“长三角”经济圈，是沿海的腹地、内地的前沿。以合肥为圆心、半径500公里范围，基本涵盖中国东、中部7省1市近5亿人口。

合肥对外交通便捷，境内铁路、公路、航空、水运交通发达，形成一个纵横交错、四通八达的立体化交通网络，是国家规划建设中的区域性综合交通枢纽。合宁、合武等6条铁路和合宁、合徐等7条高速公路在此交汇，使得合肥与长三角地区、环渤海地区和中部地区的交通更为便捷通畅，实现1个小时到南京，2个小时到武汉、上海，3个多小时到北京。启动了江淮运河和合肥港综合码头建设，未来合肥将成为沟通长江和淮河的水运中心。合肥机场为国家一级大型机场，开通了全国30多个大中城市的营运航班，并开通了直飞香港、澳门、新加坡、首尔、台北的每周固定航班。总投资43亿元、设计年旅客吞吐量为1100万人次的4E级合肥新桥国际机场于2013年正式启用。合肥发生了由一个“通过式的交通节点”向“放射式的交通枢纽”的转变。

合肥对内交通设施完善。经过多年的建设发展，城区道路骨架实现“十”字型向“井”字型格局转变，形成“三环多放射”的城市动脉交通网。金寨路高架、长江西路高架、裕溪路高架、南北高架一号线、合作化南路高架、蒙城北路、徽州大道等外向骨干道路建成通车，中环全部打通，一环畅通、二环改造主体工程基本完成，包河大道高架、阜阳北路高架、轨道交通一号线试验段等一批新型交通工程加快建设。7条出城口道路改造基本完成，主城区通向四个组团（城市副中心）和滨湖新区的“一刻钟快速交通网”初步形成。

【自然环境和资源】 合肥地处江淮之间，环抱全国五大淡水湖之一巢湖，通过南淝河、巢湖和裕溪河，可以通江达海。境内有丘陵岗地、低山残丘、低洼平原三种地貌，以丘陵岗地为主，江淮分水岭自西南向东北横贯全境。全市海拔多在15～80米之间，平均海拔20～40米。主城区地势由西北向东南倾斜，岗冲起伏；西南部属大别山余脉，层峦叠嶂；最高海拔为境西的牛王寨595米。合肥地处中纬度地带，属亚热带季风性湿润气候，季风明显，四季分明，气候温和，雨量适中。年均气温15.7℃，年均降水量约1000毫米，年日照时间约2000个小时，年均无霜期228天，平均相对湿度为77%。

合肥自然环境优美，名胜古迹众多，具有鲜明的园林生态环境，四度获得“中国人居环境范例奖”，城中有园，园中有城，是国家首批命名的3个全国园林城市之一，也是全国优秀生态旅游城市。环城公园长8.7公里，总面积137.6公顷，包括逍遥津公园、杏花公园、琥珀潭景区、西山景区、银河景区、包公园以及若干带状景区，被誉为合肥的“翡翠项链”，营造了“城在园中，园在城中，城园交融”的独特美景。市区较大的公园还有东部和东北部的花冲公园、瑶海公园、生态公园，西部和西北部的大蜀山森林公园、野生动物园、蜀峰湾公园、植物园、墨荷园，南部和西南部的徽园、天鹅湖、翡翠湖、南艳湖和匡河景区。至2012年底，全市森林覆盖率26.69%（剔除水面达32.7%），城区绿化覆盖率45.2%，绿地率40.3%，人均公共绿地面积12.8平方米。

合肥市域内巢湖市自然景观绮丽，人文景观丰富，是著名的风景旅游疗养区，河、湖、山、泉、洞并存，相映生辉，以水见长。湖光、温泉、山色是巢湖市风景“三绝”。八百里巢湖波光帆影，景色万千，沿湖山峦耸立，湖中孤岛突兀，湖光山色交相辉映，旅游资源十分丰富。已开发利用的有中庙风景旅游区、半汤温泉度假疗养区、鼓山寺风景区、银屏山仙人洞风景区。其他著名自然人文景点有滨湖旅游观光大道、姥山岛、银屏牡丹、王乔古洞、紫微洞、双井洞、仙人洞、龟山广场、亚父范增墓、望湖塔、汉代古墓、相隐寺、三将军故居、龟山塔、银山猿人化石和槐林神墩遗址等。

合肥自然条件优越，水资源、土地资源、矿产资源丰富。合肥地处亚热带季风气候区，降雨丰沛，可利用水资源充裕，且成本较低，天然水资源总量为38.63亿立方米。地表水系较为发达，以江淮分水岭为界，岭北为淮河水系，岭南为长江水系，淮河水系主要有东淝河、沛河、池河等，长江水系主要有南淝河、派河、丰乐河、杭埠河、滁河、裕溪河、兆河、柘皋河、白石天河、西河等。境内巢湖是全国五大淡水湖之一，东西长54.5公里，南北宽21公里，水域面积770平方公里，号称"八百里巢湖"，湖底海拔5米，湖水容量随水位高程的不同而不同，当水位高程达14米时，湖水容量为63.7亿立方米。

全市总面积11445.1平方公里，其中耕地面积840万亩（合56万公顷）。合肥市区925.2平方公里面积中，可建设用地超过50%，土地承载能力强。

合肥的矿产资源丰富，有白云石、花岗石、磷、铁、铅、锌、银、明矾石、石膏、灰岩、矿泉水等。其中，肥东县磷矿储量居全省第二位；庐江县素有"地下聚宝盆"之称，铅、锌、硫铁矿、明矾石储量居全省首位，铜矿居第二位，其硫铁矿储量占全省二分之一，铁矿储量占全省三分之一。

【历代名人】 合肥人杰地灵，从古到今孕育了无数杰出人物，在历史上产生了重要影响。

政治、军事方面主要有：楚汉相争时著名谋士"亚父"范增，三国名将周瑜，"五代十国"时期吴国缔造者杨行密，北宋著名清官包拯，清初历任刑、兵、礼部尚书的龚鼎孳，历任工、刑、兵、吏部尚书及武英殿大学士的李天馥，晚清重臣、洋务派首领李鸿章，两广总督张树声，台湾首任巡抚刘铭传，直隶提督聂士成，抗法名将刘秉璋，北洋军阀皖系首领段祺瑞，北洋海军提督丁汝昌，民国初期总理李经羲、龚心湛、贾德耀，辛亥革命时期上将倪映典、吴旸谷、范鸿仙，爱国将领冯玉祥，抗日名将卫立煌、孙立人、郭寄峤，"和平将军"张治中，共产党隐蔽战线卓越领导人李克农，国民党高级官员吴忠信，革命英烈柯武东、刘敏、徐百川、童宜仙、陈原道等。

科技方面主要有：三国时期天文学家王蕃，著名数学家郑大章、杨武之，诺贝尔物理学奖获得者杨振宁，中科院院士刘盛纲、彭一纲、周本谦、李家洋、吴新智等，中国工程院院士王正国、李道增、徐克勤等，纽约科学院院士黄德双等。

文化方面主要有：西汉教育家文翁，"五代十国"诗人伍乔，晚清诗人龚心铭、周龙光、江云龙，民国初期著名学者、一代国学大师刘文典，著名历史学家唐德刚，旅美女词人阚家蓂，新金陵画派后期代表人物亚明，著名书法家葛介屏，以诗词曲画见长的张氏四姐妹：张元和、张允和、张兆和、张充和，朦胧诗代表人物之一梁小斌，京剧大师杨宝森，金石画家童雪鸿，著名作家鲁彦周等。

【名胜古迹】 悠久的历史为合肥留下了众多名胜古迹。三国遗迹有教弩台、逍遥津、飞骑桥、藏舟浦、筝笛浦、斛兵塘、三国合肥新城等。在市区东部大兴镇西南侧不到半公里的范围内，曾安葬3位彪炳史册的合肥人：北宋清官包拯、明朝"理学儒臣"蔡悉、清末重臣李鸿章，人称"一里三公"（包孝肃公、蔡文毅公、李文忠公）。遗存的著名古迹还有五代十国时期吴王杨行密墓，包拯少年读书处香花墩，南宋词人姜夔流寓处赤阑桥，明朝庐州知府徐钰所建思惠楼，清初重臣龚鼎孳故宅龚万巷以及其弟龚鼎孚所建稻香楼等。

合肥古有"蜀山雪霁"、"淮浦春融"、"巢湖夜月"、"四顶朝霞"、"藏舟草色"、"教弩松阴"、"镇淮角韵"、"梵刹钟声"八处著名景观，统称"庐阳八景"。1995年，"包河秀色"、"教弩梵钟"、"逍遥古津"、"琥珀流光"、"花园艺苑"、"环城翡翠"、"庐州灯火"、"蜀山春晓"、"吴王遗踪"和"五里飞虹"当选为"合肥十景"。2006年，"包园清风"、"三河古镇"、"李府春秋"、"翡翠环城"、"天鹅湖畔"、"逍遥古津"、"墨荷琼林"、"蜀山览胜"、"科学绿岛"、"瑶岗风云"当选"合肥新十景"。

合肥著名的人文景观有：国家AAAA级旅游景区包公园；"融八皖文化于一体，汇安徽名景于一园"的大型综合性纪念观光园徽园；三国古战场逍遥津、教弩台和建立在"三国新城"遗址上的三国遗址公园；晚清军政重臣李鸿章故居和享堂；台湾首任巡抚刘铭传故居；千年水乡三河古镇；荟萃安徽历代杰出人物的安徽名人馆；全国重点文物保护单位渡江战役总前委旧址——瑶岗等。巢湖素以优美绮丽的风光而闻名，湖面烟波浩淼，帆樯如画，美不胜收，宛如一面宝镜镶嵌在江淮大地；姑山、姥山矗立于湖心，湖光山色交相辉映，被誉为“两颗宝石”；中庙傍湖凌空而建，与姥山岛隔水相望，称“湖天第一胜景”；巢湖四周有半汤、汤池、香泉三大温泉，终年喷涌、冷暖合流，富含多种对人体有益的化学元素，可谓华东一绝；太湖山、鸡笼山、冶父山、天井山四个国家森林公园，并称“四块翡翠”；仙人洞、紫薇洞、王乔洞等溶洞点缀巢湖沿岸，犹如“众星捧月”，组成了一幅绝妙的立体山水画。环巢湖综合治理、综合开发加快推进，合肥正全力打造“休闲之都”、“度假胜地”。此外，合肥居皖之中，与黄山、九华山、太平湖以及天柱山、琅琊山等著名旅游景点连为一体，使合肥成为名副其实的皖中旅游中心，并日益成为全省旅游中心城市和面向长三角地区、面向全国、面向全球的旅游度假休闲养生的目的地。

（储戌仁）

合肥市国民经济和社会发展

2012年，在市委、市政府的坚强领导下，全市人民坚持以科学发展为主线，牢牢把握稳中求进的总基调，紧紧围绕“新跨越，进十强”的奋斗目标，深化改革，优化结构，提升效益，改善民生，全市经济保持平稳较快增长，各项社会事业取得新的进步，为打造“大湖名城、创新高地”奠定了良好基础。

一、综 合

初步核算，全年生产总值（GDP）4164.34亿元，按可比价格计算，比上年增长13.6%。其中，第一产业增加值229.05亿元，增长5.4%；第二产业增加值2303.91亿元，增长15.4%；第三产业增加值1631.38亿元，增长12.3%。三次产业结构调整为5.5∶55.3∶39.2，其中工业增加值占GDP的比重为43.6%，比上年提高0.7个百分点。人均生产总值达到55186元（折合8742美元）。

2012年全市生产总值及其增长速度

单位：亿元

指　标	绝对数	比上年增长%
生产总值	4164.34	13.6
第一产业	229.05	5.4
第二产业	2303.91	15.4
工业	1813.91	17.0
建筑业	490.00	9.5
第三产业	1631.38	12.3
交通运输、仓储和邮政业	165.06	8.9
批发和零售业	320.62	11.5
住宿和餐饮业	55.38	9.3
金融业	214.56	17.6
房地产业	223.72	6.4
营业性服务业	264.69	16.6
非营业性服务业	387.35	12.8

全年居民消费价格上涨2.2%，涨幅比上年回落3.5个百分点。工业生产者出厂价格下降0.1%，工业生产者购进价格下降2.3%。

2012年居民消费价格比上年涨跌幅度

单位：%

指　标	涨跌幅度
居民消费价格	2.2
其中：食品	3.0
烟酒	2.8
衣着	1.7
家庭设备用品及维修服务	2.4
医疗保健和个人用品	1.8
交通和通信	-0.3
娱乐教育文化用品及服务	2.8
居住	2.0

年末全市从业人员484.9万人，比上年增加8.6万人。其中，第一产业106.5万人，减少8.8万人；第二产业164.5万人，增加7.7万人；第三产业213.9万人，增加9.7万人。城乡私营企业从业人员和个体劳动者103.0万人，增加1.2万人。全年城镇新增就业14.0万人，下岗失业人员再就业4.5万人。年末城镇登记失业率为3.65%，比上年下降0.28个百分点。

二、农 业

全年农作物总播种面积为75.54万公顷，比上年增长0.6%。其中，粮食作物48.32万公顷，增长1.7%；棉花3.31万公顷，下降3.3%；蔬菜8.0万公顷，增长12.2%；瓜果2.3万公顷，增长0.2%；油料13.0万公顷，下降8.2%。

全年粮食总产量303.38万吨，比上年增加14.17万吨，增长4.9%。

其中，稻谷243.27万吨，增长4.6%；小麦43.56万吨，增长6.8%。棉花产量3.36万吨，降低5.3%。蔬菜产量190.7万吨，增长19.5%。瓜果产量54.4万吨，增长4.3%。油料产量33.47万吨，增长35.9%。

全年生猪存栏量138.07万头、出栏量283.07万头，比上年分别增长2.8%和5.2%。肉类总产量47.21万吨，增长5.5%。禽蛋产量19.28万吨，增长6.6%。牛奶产量11.17万吨，增长6.7%。水产品产量21.57万吨，增长6.3%。

年末全市农业机械总动力378.37万千瓦，比上年增长5.7%。农用拖拉机21.6万台，增长0.6%；排灌动力机械13.8万台，增长0.1%；农用运输车1.7万辆，下降1.2%。机耕面积631.34千公顷，占农作物播种面积的比重达83.6%，比上年提高2.9个百分点；当年机械播种面积99.95千公顷，占农作物总播种面积的13.23%，提高4.4个百分点；机械收割面积424.03千公顷，占56.13%，提高3.6个百分点。农村用电量14.44亿千瓦时，增长4.0%。化肥施用量（折纯）31.42万吨，降低0.5%。

全年农林牧渔业总产值401.18亿元，按可比价计算增长5.4%。

2012年主要农产品产量及其增长速度

单位：万吨

指　标	绝对数	比上年增长%
粮食	303.38	4.9
油料	33.47	35.9
其中：油菜籽	26.05	47.2
棉花	3.37	-5.3
蔬菜	190.7	19.5
瓜果	54.4	4.3
肉类	47.21	5.5
其中：猪牛羊肉	24.09	5.2
牛奶	11.17	6.7
蛋类	19.28	6.6
水产品	21.57	6.3

2012年六大主导产业增加值及其增长速度

单位：亿元

指　标	绝对数	比上年增长%
六大主导产业	951.60	15.9
汽车	145.78	3.2
装备制造	288.84	19.7
家用电器	298.86	12.5
食品及农副产品加工	154.46	20.2
新型平板显示	33.96	44.2
新能源及光伏	29.71	41.3

三、工业和建筑业

年末全市规模以上工业企业2087户，全年实现工业增加值1653.54亿元，比上年增长17.4%。其中，轻工业增加值653.28亿元，增长16.5%；重工业增加值1000.26亿元，增长18%。战略性新兴产业完成产值1598.74亿元，比上年增长24.6%。

全市36个工业行业增加值全部实现增长，六大主导产业实现增加值951.60亿元，比上年增长15.9%。其中，新型平板显示、新能源及光伏、食品及农副产品加工、装备制造产业增加值增长均高于工业平均增速。全年规模以上工业出口交货值419.79亿元，比上年下降1.9%。

主要工业产品产量中，房间空调器增长18.1%，微波炉增长18.5%，叉车增长9.5%，合成洗涤剂增长14.5%，水泥增长3.7%。

规模以上工业企业主营业务收入6002.74亿元，比上年增长28.6%；利润总额358.55亿元，增长22.7%；亏损企业亏损额15.46亿元，下降35.1%。电气机械和器材制造业、通用设备制造业、专用设备制造业、金属制品业、汽车制造业等11个行业利润均超过10亿元，累计实现利润285.26亿元，占全部规模以上工业利润的79.6%。

全年全社会建筑业增加值490.00亿元，比上年增长9.5%。纳入统计范围的具有建筑业资质等级的总承包和专业承包建筑施工企业835户，比上年增加32户；实现利润总额81.56亿元，增长16.7%。全年房屋建筑施工面积16050.66万

2012年主要工业产品产量及其增长速度

产品名称	单 位	绝对数	比上年增长%
卷烟	亿支	313.93	2.2
化学纤维	万吨	5.27	9.2
农用化肥（折纯）	万吨	11.15	-27.1
合成洗涤剂	万吨	48.20	14.5
橡胶轮胎外胎	万条	1853.04	0.3
塑料制品	万吨	47.87	10.3
水泥	万吨	1585.46	3.7
生铁	万吨	149.03	2.1
粗钢	万吨	161.07	-2.0
钢材	万吨	238.49	-15.9
汽车	万辆	49.86	-2.1
其中：轿车	万辆	13.73	-6.2
叉车	万辆	6.16	9.5
挖掘机	万台	1.40	-34.9
变压器	万千伏安	3061.31	-9.5
彩色电视机	万台	414.34	4.0
其中：液晶电视	万台	412.95	8.3
家用洗衣机	万台	1459.42	-9.4
家用电冰箱	万台	2271.61	-12.9
房间空气调节器	万台	1422.32	18.1
微波炉	万台	37.15	18.5
发电量	亿千瓦时	152.32	-3.3

2012年房地产开发和销售主要指标完成情况及其增长速度

指 标	单 位	绝对数	比上年增长%
投资额	亿元	913.80	3.8
其中：住宅	亿元	578.50	-9.1
其中：90平方米及以下	亿元	230.15	57.5
房屋施工面积	万平方米	6071.64	7.5
其中：新开工	万平方米	1488.75	-21.4
房屋竣工面积	万平方米	921.02	40.6
商品房销售面积	万平方米	1242.48	-0.3
其中：住宅	万平方米	1117.33	4.8
其中：90平方米及以下	万平方米	414.74	53.7
本年土地购置面积	万平方米	476.41	5.9

平方米，比上年增长14.3%，其中新开工面积6548.28万平方米，下降11.5%；房屋竣工面积5470.25万平方米，增长17.4%。年末建筑业从业人员72.34万人，比上年增长1.8%。建筑企业劳动生产率33.07万元/人，增长25.7%。

四、固定资产投资

全年全社会固定资产投资4001.10亿元，比上年增长23.7%。分产业看，第一产业投资56.63亿元，增长77.0%；第二产业投资1579.02亿元，增长23.6%，其中工业投资1551.40亿元，增长23.5%；第三产业投资2365.45亿元，增长22.9%。分投资主体看，民间投资2292.40亿元，增长16.2%；国有投资1477.14亿元，增长34.1%；外商及港澳台商投资231.56亿元，增长43.3%。分行业看，食品及农副产品加工业、装备制造业、汽车制造业、家用电器制造业累计完成投资691.36亿元，占工业投资44.6%，比上年增长36.7%，高于工业投资增速13.2个百分点；六大高耗能行业完成投资253.31亿元，增长13.3%，低于工业投资增速10.2个百分点。城市基础设施完成投资689.77亿元，增长24.1%。

全年房地产开发投资913.80亿元，比上年增长3.8%。其中，住宅投资578.50亿元，同比下降9.1%；商业营业用房投资142.02亿元，增长18.9%。商品房新开工面积1488.75万平米，下降21.4%，竣工面积921.02万平米，增长40.6%。商品房销售面积1242.48万平方米，下降0.3%，其中住宅销售面积1117.33万平方米，增长4.8%。商品房待售面积190.68万平方米，增长5.7%。全年实际新开工各类保障性住房75353套，竣工26077套。

全年投资施工项目4831个，

比上年增加641个，施工项目计划总投资6336.88亿元，增长37.8%。其中，亿元以上项目852个，比上年增加139个，计划总投资4840.65亿元，增长30.5%。竣工项目3643个，比上年增加676个。

五、国内贸易

全年社会消费品零售总额1293.62亿元，比上年增长16.7%。按消费形态分，商品零售额1191.61亿元，增长16.7%；餐饮收入102.01亿元，增长16.1%。按经营单位所在地分，城镇零售额1260.06亿元，增长17.0%；乡村零售额33.56亿元，增长6.5%。

年末全市限额以上批发零售和住宿餐饮企业1202户，实现零售额899.99亿元，比上年增长26.9%。其中，汽车类零售额236.61亿元，增长19.1%；家具类8.92亿元，增长43.4%；建筑及装潢材料类24.12亿元，增长31.5%。

全年共举办各类展览活动168场，比上年增长3%，展览面积150万平方米，增长7%。

六、对外经济和旅游

全年进出口总额176.42亿美元，比上年增长43.3%。其中，出口136.28亿美元，增长74.3%；进口40.14亿美元，下降10.6%。加工贸易出口额21.74亿美元，下降3.9%。机电产品出口49.90亿美元，增长87.7%。高新技术产品出口14.32亿美元，增长10.5%。

全年新批外商投资企业63户，实际利用外资16.56亿美元，与上年持平。其中，外商直接投资16.01亿美元，增长23.1%。全年对外经济合作新签合同额12亿美元，完成营业额22.6亿美元，劳务合作年末在外人员1.5万人。年末境外世界500强企业在合肥投资设立42家外资企业，新增3家。

全年入境旅游人数37.5万人次，比上年增长13.0%，旅游外汇收入2.3亿美元，比上年增长11.9%。国内游客5360万人次，增长20.2%，国内旅游收入444.63亿元，增长20.0%。年末全市星级饭店达82家，其中五星级9家、四星级20家。共有A级旅游景点47家。

2012年旅客运输量和货物运输量及其增长速度

指　标	单 位	绝对数	比上年增长%
旅客运输量	万人	34417.1	18.0
其中:公路	万人	31858	18.5
铁路	万人	2245.5	11.8
民航	万人	286.6	19.5
水运	万人	27	14.5
货物运输量	万吨	33720.1	15.1
其中:公路	万吨	31525	18.9
铁路	万吨	152.8	-16.5
民航	万吨	2.3	21.9
水运	万吨	2040	-21.5

七、交通和邮电

全年交通运输、仓储和邮政业增加值165.06亿元，比上年增长8.9%。

全年旅客运输量3.44亿人，比上年增长18.0%。货物运输量3.37亿吨，增长15.1%。

年末民用汽车拥有量66.55万辆，比上年增长20.9%，其中私人汽车48.65万辆，增长28.1%。民用轿车拥有量38.84万辆，增长29.3%，其中私人轿车33.47万辆，增长33.2%，占轿车拥有量的86.2%。

全年邮电业务总量74.45亿元，比上年增长11.8%。其中，邮政业务总量5.29亿元，增长35.6%；电信业务总量69.16亿元，增长10.4%。年末固定电话用户190.69万户，比上年减少13.49万户。其中，城市128.89万户，减少12.29万户；农村61.80万户，减少1.20万户。移动电话用户615.47万户，增加40.78万户。基础电信运营企业计算机互联网接入用户93.39万户，增加5.99万户。

八、财政、金融、证券和保险

全年财政收入694.36亿元，比上年增长11.3%，其中地方财政收入389.50亿元，增长15.1%。财政支出572.10亿元，比上年增长20.5%。其中，社会保障与就业支出增长14.6%，教育支出增长48.5%。

年末全市金融机构人民币各项存款余额6913.84亿元，比上年末增加1157.54亿元，增长20.1%；其中城乡居民储蓄存款余额2065.57亿元，增长22.3%。金融机构人民币各项贷款余额6136.03亿元，比上年末增加879.1亿元，增长16.7%。其中，短期贷款余额1521.96亿元，增长12.7%；中长期贷款余额4370.36亿元，增长14.4%，中长期贷款中个人贷款余额1306.09亿元，增长12.9%。

全年首发上市公司1家，融资8.5亿元。年末全市共有30家境内

2012年末金融机构人民币存贷款余额及其增长速度

单位：亿元

指　标	年末数	比上年末增长%
各项存款余额	6913.84	20.1
其中：单位存款	4320.67	16.9
个人存款	2125.19	23.6
其中：储蓄存款	2065.57	22.3
各项贷款余额	6136.03	16.7
其中：短期贷款	1521.96	12.7
中长期贷款	4370.36	14.4

上市公司。全年债券融资236.55亿元。证券营业部59个，比上年增加12个，证券交易量4995.86亿元，从业人员2697人。期货营业部18个，比上年增加6个，期货交易量122188.26亿元，从业人员621人。

全年保险公司保费收入89.33亿元，比上年增长31.4%。其中，财产险保费收入40.02亿元，增长29.1%；人身险保费收入49.31亿元，增长33.4%。支付各类赔款及给付29.98亿元，比上年增长40.4%。其中，财产险赔款与给付20.11亿元，增长48.6%；人身险赔款与给付9.87亿元，增长26.4%。

九、教育和科技

全市各类高等院校60所，其中普通高校48所。普通高中113所，普通初中250所，小学964所。专任教师8.68万人，其中普通高校2.33万人、普通中学2.83万人、小学2.37万人。各类中等职业教育（不含技工学校）在校生14.09万人，特殊教育在校生964人。幼儿园在园幼儿20.54万人。高中阶段毛入学率106.31%，初中阶段适龄人口入学率117.76%，小学学龄儿童入学率102.3%。全市义务教育经费保障机制改革惠及学生64.3万人，其中城市25.5万人，农村38.8万人。

全年新认定国家高新技术企业120家，国家高新技术企业总数达615家。新增国家级重点新产品26个、省级高新技术产品410个。全市规模以上工业高新技术产业完成产值3533.74亿元，比上年增长18.9%；实现增加值895.81亿元，增长18.6%，占全市生产总值的21.5%，比上年提高1.3个百分点。

2012年全市各类教育发展情况

单位：人

指　标	招生数	在校生数	毕业生数
研究生	11708	33226	8678
普通高等教育	132354	425137	113669
成人高等教育	33407	73664	24392
中等职业教育	45977	140926	50159
普通高中	53170	155976	47365
普通初中	73662	238768	95949
小学	69606	406715	74485

已建国家重点实验室7家，省部级重点实验室和工程实验室120家；国家级工程技术研究中心（含分中心）7家，省级工程技术研究中心87家；国家级企业技术中心18家，省级企业技术中心115家。

全年受理专利申请15142件，其中发明专利4748件，增长31.2%；授权专利9639件，其中发明专利1242件，增长63.4%。签订各类技术合同5160项，成交金额42.3亿元，增长26.9%。全市有6项成果获国家科技奖，其中国家自然科学二等奖3项、科技进步二等奖3项。

十、文化、卫生和体育

年末全市共有文化馆12个，公共图书馆9个，博物馆18个，各级各类档案馆12个。全国重点文物保护单位3处，省级重点文物保护单位39处，市（县）级重点文物保护单位245处。国家级非物质文化遗产项目4项，省级非物质文化遗产项目11项，市级非物质文化遗产项目59项。图书馆总藏量697.05万册（件），其中图书325.10万册，比上年分别增长42.0%和4.6%。各级国家档案馆馆藏档案资料214.42万卷，增长67.9%。电影院26家，全年票房收入1.85亿元，增长41.2%。各类动漫企业85家，具有原创能力和代表作品的企业35家。年末广播综合人口覆盖率和电视综合人口覆盖率均达100%。

年末全市共有卫生机构（含村卫生室）2100个，其中医院、卫生院260个，妇幼保健院（所、站）12个，卫生防疫和防治机构11个，社区卫生服务机构216个。卫生机构床位数3.72万张，其中医院、卫生院床位3.47万张。专业卫生技术人员4.04万人，其中执业（助理）医师1.53万人，注册护士1.82万人。每千人拥有卫生技术人员5.33人，拥有医院、卫生院床位4.58张。婴儿死亡率5.93‰，产妇住院分娩率99.98%。城市社区卫生机构覆盖率达95%，城乡居民新农合参合率达100.37%。

全年成功组织2项大型赛事和18项市级体育赛事。我市体育健儿参加各种赛事获得13枚金牌、5枚银牌和7枚铜牌。全市完成260个农民体育健身工程和70个全民健身苑工程建设。

十一、人口、人民生活和社会保障

年末全市常住人口757.2万人，比上年增加5.1万人。城镇化率为66.4%，比上年提高1.8个百分点。年末全市户籍人口710.5万人，比上年增加4.37万人，其中市区户籍人口222.2万人。全年人口出生率12.56‰，死亡率7.94‰，自然增长率4.62‰。

全年城镇居民人均可支配收入25434元，比上年增长13.2%。人均消费性支出18758元，增长19.5%。其中，食品支出增长7.6%，衣着支出增长6.0%，医疗保健支出增长6.0%，交通和通信支出增长36.3%，教育文化娱乐服务支出增长19.4%。城镇居民家庭恩格尔系数34.2%，比上年下降3.8个百分点。城镇居民人均现住房总建筑面积28.8平方米。

全年农村居民人均纯收入9081元，比上年增长15.5%。人均生活消费支出5253元，增长17.3%，其中，食品支出增长9.3%，衣着支出增长18.0%，居住支出增长40.5%，医疗保健支出增长25.0%，交通和通信支出增长23.5%，文化教育娱乐服务支出增长36.5%。农村居民家庭恩格尔系数45.0%，比上年下降3.3个百分点。农村居民人均住房使用面积34.2平方米。

市区最低月工资标准为1010元。年末参加企业职工基本养老、医疗、失业、工伤、生育保险人数分别为132.42万人、135.41万人、98.28万人、109.5万人和92.98万人。城镇居民基本医疗保险参保人数173.38万人，城乡居民养老保险参保人数317.1万人。

年末全市各类收养性社会福利机构188个，拥有床位3.09万张，收养人员2.31万人。城镇建立各种社区服务中心（站）463个，其中乡镇、街道及县（市、区）级社区服务中心91个。农村五保户集中供养率为52.0%，城市“三无”人员全部纳入社会救助。城乡居民最低生活保障对象23.18万人，其中城市5.43万人，农村17.75万人；累计发放城市低保金2.28亿元，农村低保金2.95亿元。实施城乡医疗救助31.03万人次，发放救助金1.01亿元。全年销售社会福利彩票11.72亿元，筹集公益金1.23亿元，全市慈善组织募集各类善款1652.36万元。

十二、生态环保和安全生产

2012年末，全市共有市县（区）级环境监测站6个。区域噪声等效声级54.8分贝，道路交通噪声等效声级67.5分贝，保持稳定。全年有48天空气质量级别Ⅰ级（优），283天空气质量级别Ⅱ级（良），空气质量优良天数达331天，优良率90.4%。二氧化硫、二氧化氮均达到国家环境空气质量一级标准。巢湖西半湖及主要入湖河流水质总体保持稳定，部分河流有所好转，饮用水源地水质达标率100%。辐射环境质量良好。

年末城市公园48个，占地面积2276公顷，人均公园绿地面积12.8平方米；新增绿地面积990.28公顷，城市绿地率40.3%；绿化覆盖面积15288公顷，建成区绿化覆盖率达45.2%。污水集中处理率98.7%，生活垃圾无害化处理率100%。

全年发生各类道路交通事故2367起，造成380人死亡，2661人受伤；道路交通万车死亡人数为3.19人，比上年下降14.5%。亿元GDP生产安全事故死亡人数为0.105人，下降3.9%。工矿商贸企业从业人员十万人生产安全事故死亡人数为0.89人，下降3.3%。

注释：

1. 本公报数据为初步统计数。

2. 全市生产总值和各产业增加值绝对数按现价计算，增长速度按可比价格计算。

3. 恩格尔系数是指居民食品消费支出占全部消费性支出的比重。

（合肥市统计局 国家统计局合肥调查队）

合肥向“大湖名城”奋进

2011年8月，经国务院批准，安徽实施行政区划调整，合肥面积增至1.14万平方公里，人口增至752万人，开始由“滨湖”到“环湖”、“临江”的嬗变。在承前启后中，合肥踏上建设“大湖名城”的新征程。

“承前”——合肥有着坚实的发展基础。尤其自“十一五”以来，亟待解决“发展不足”的合肥，不断在“跳起来摘桃子”中刷新“合肥速度”，加速建设现代化滨湖大城市。经过

“十一五”的厚积薄发，合肥多项经济发展指标领跑全国省会城市。进入“十二五”，合肥进一步完善发展思路，创新发展举措，加速实现“新跨越、进十强”。“启后”——合肥承载着太多的使命。“龙头作用要更强一点，带动力要更大一点。”在省第九次党代会上，省委明确要求合肥进一步增强在全省的龙头带动和引领发展作用。站在区划调整后的新起点，放眼科学发展的未来，无论是自身发展，还是示范、引领、带动，均迫切需要合肥在现代化滨湖大城市的基础上，建设“大湖名城”，打造“创新高地”，建设现代化新兴中心城市，朝着在全国有较大影响力的区域性特大城市迈进。

建设“大湖名城”

2012年上半年，合肥建成并试运行量子通信试验示范网，成为全球首个拥有规模化量子通信网络的城市。1至10月，合肥科学研究和技术服务业完成投资75.16亿元，增长2倍。国家工信部、财政部公布的2012年国家技术创新示范企业名单，合肥美菱和科大讯飞两家公司榜上有名。

科技创新是推动科学发展、转型发展的必由之路。合肥正在加快技术更新换代，加快科技创新步伐，努力在新一轮国际产业转移和分工协作中占据有利地位，赶上全球发展的“国际航班”。7月，全国科技创新大会在合肥召开，合肥作为2004年即被批准的“国家科技创新型试点市”，再次吹响打造“创新高地”的号角。

11月20日，在合肥公共安全技术研究院，再次感受到了“魂芯一号”的神奇。作为首个填补国内空白的高性能芯片，“魂芯一号”4月已顺利通过工信部合同验收。除“魂芯一号”外，还新建国家大科学工程“稳态强磁场实验装置”等一批重量级设施，至11月，已建设工程（技术）研究中心等研发机构564家，形成一批国内乃至国际具有领先水平的优势产业技术。全市发明专利年授权量突破千件，5年增长4倍。根据英国《自然》杂志发布的《自然出版指数2011中国》报告，合肥的城市科研实力跃居全国第三，仅次于北京、上海。在创新引领发展中，合肥高新技术企业数量已跻身全国省会城市第8位，全市年技术合同交易额达到42亿元，年均增长28%。

随着“创新高地”的发力，国家创新型试点城市、合芜蚌自主创新综合试验区、十大创新型城市、全国科技进步先进市、全国科技兴贸重点城市、全国城市信息化试点市、全国社会管理创新综合试点市……一串串金字招牌正在聚集，政策叠加效应持续放大。

成就“大湖名城”

2012年8月14日，中国社科院城市与环境研究所发布《中国城市发展报告（2012）》蓝皮书，在环境友好排行榜中，合肥以82.15分位居中部第一。“大湖名城应是生态之城，要绿色经济来支撑。”尤其自区划调整以来，合肥加速新型工业化进程中绿色经济的发展。

在产业规划上，做好减法与加法大文章。在减法上，关停环保不达标企业，淘汰落后产能，将一大批亟待改造升级的“老工业”转移出城市核心区。在加法上，通过技术创新加速传统产业升级改造的同时，大力发展战略性新兴产业。招商引资中，严格坚持环评优先，杜绝高能耗和高污染企业，优中选优。项目建设上，以一系列扶持政策和高效的政府服务，优化发展环境，加速高新技术产业和战略性新兴产业的发展繁荣。

在伦敦奥运期间，一批“合肥制造”的崭新安凯红色敞篷观光巴士，以其低碳和环保的风采绽放泰晤士河畔。在滨湖合肥国际金融后台服务基地，已有14家金融企业入驻，预计总投资超200亿元，就业人口达10万人。蜀山合肥国际电子商务产业园是全国首批国家级电子商务示范基地之一，已培育8家营业额超亿元的企业。在合肥高新技术产业开发区，国家生态工业示范园区成为首家通过省级考核验收园区。这些，仅是合肥绿色产业的缩影。

在“绿色经济”推动“大湖名城”建设的进程中，尤其是随着新型平板显示、新能源、新能源汽车、公共安全等一批新兴绿色产业集群初步形成，1至10月，战略性新兴产业完成产值1290.6亿元，增加值350.4亿元，同比增长26%，高于全市工业增速8.9个百分点。合肥高新技术产业产值占工业总产值的比重已超过55%，处于全国同类城市领先水平。绿色经济，日益成为合肥转型发展的中流砥柱。

建设森林合肥

加快冲刺国家森林城市

合肥人对绿色的追求从未停息，近两年更是加快了步伐。

2010年11月，合肥市委、市政府提出了“十二五”植树造林100万亩、创建国家森林城市的宏伟目标。2011年，合肥完成植树造林16.86万亩，相当于过去五年的总和；2012年再进一步，植树造林更是达到了24.4万亩。两年间，合肥累计完成造林42.3万亩，规模之大、标准之高、效果之好、机制之新、发动之广泛、社会反映之良好，在合肥植树造林史上是前所未有的。

森林合肥为“大湖名城”添彩

“大湖”因森林合肥建设更加美丽，“名城”因森林合肥建设更加宜居，“创新”因森林合肥建设更加丰富，“高地”因森林合肥建设更加完美。

省市领导参加义务植树活动

合肥市抢抓全省实施千万亩森林增长工程和绿道建设等重大历史机遇，切实加快森林合肥建设。在八个方面实现新突破，一是以森林合肥建设为统揽，在创新发展理念上取得新突破；二是以“五森工程”为核心，在推进森林增长上取得新突破；三是以城市绿道和重点项目建设为载体，在提高城区绿化规划建设水平上取得新突破；四是以湿地保护开发和山体修复为抓手，在环巢湖生态示范区建设上取得新突破；五是以机制创新为灵魂，在提高绿化管养水平上取得新突破；六是以依法行政和推进林权配套改革为重点，在资源保护和管理上取得新突破；七是以促进产业和行业发展为方向，在兴林富民惠民上取得新突破；八是以抓班子带队伍为根本，在打造风清气正劲足的效能上取得新突破。

合肥市围绕江淮分水岭森林长城及丘陵增绿突破，环巢湖生态示范区，山地造林攻坚，平原农田防护林提升，森林城市、森林城镇、森林村庄、森林长廊创建，围绕营造纪念林和绿地认建认养，以及千名林业园林技术人员进村入户、护绿使者行动等，共举办了50多场义务植树和爱绿护绿活动，全市参加人数14.3万人，植树66.9万株，造林0.8万亩。

开展护绿使者志愿服务活动

10月底启动开展了护绿使者志愿服务活动，紧紧围绕合肥市争创“国家森林城市”和“生态园林城市”总目标，进一步增强广大市民的参与意识和爱绿护绿意识。全市共有2200人左右报名成为护绿使者。

根据《合肥市护绿使者志愿服务工作实施方案》，“合肥市护绿使者志愿服务支队”和“大队”将统一使用护绿使者志愿服务活动标识，制作印有护绿使者志愿服务活动标识的队旗。合肥市护绿使者志愿服务支队每半年至少开展1次爱绿护绿志愿服务集体活动，并组织全市最佳护绿使者评比等工作。各志愿服务大队将适时组织辖区内开展林业园林法律法规的宣传、爱绿护绿巡查活动，提高市民爱绿、护绿意识，保护合肥市绿化成果。

合肥“三农”

合肥坚持城乡一体化发展战略，勇于创新，开拓进取，为打造全省乃至全国城乡一体化发展示范区打下坚实基础。以工促农，以城带乡。2012年，全市农业农村工作呈现出农业增产、农民增收、农村发展的喜人态势，开创了扶贫开发、美好乡村建设和城乡一体化发展“三个新局面”。

城乡一体化发展

在城乡一体化发展上，合肥创新城乡规划、基础设施建设、社会事业发展、资源配置的体制机制，编制完成新一轮市域发展规划。

2012年，合肥市加大农村建设投入，农村非农户、个体投入分别达到110.7亿元、23亿元，同比分别增长19.6%、35.9%。加强农村道路、水利、生态等基础设施建设，建成环巢湖旅游大道64公里，新建400公里通村公路，完成6个乡镇、91个村新农村电气化建设，除险加固中小型水库51座，解决27万农民饮水安全问题。城乡低保、五保、医保、新农合进一步提标扩面，212.5万人次享受农村低保，发放农村低保金2.95亿元。

合肥市在农村产权制度、户籍制度等改革上取得新进展，下塘、汤池等一批新市镇建设进一步加快，产业、人口集聚度进一步提升。

建设美好乡村

在美好乡村建设上，合肥市建立了美好乡村建设工作推进机制，出台了美好乡村建设实施意见，大力实施“三新工程”和“三亮工程”，并在全市确定136个中心村先行先试。

2012年，合肥市、县两级设立美好乡村建设专项资金4.8亿元，完成县（市）域村庄布点规划修编和首批中心村建设规划编制工作。实施董铺水库和大房郢水库水源地、庐江汤池、新桥国际机场周边三大区域14个土地综合整治和整村推进项目，惠及150个村（居）、38.1万农民。健全规范农村土地流转与服务机制，农村土地流转面积突破200万亩，占全市耕地面积

40%以上。全面推进农村社区网格化管理，建成农村标准化示范社区16个，全市农村城镇社区覆盖率达到89%。通过实施美好乡村建设，合肥进一步加快了农村休闲旅游发展。2012年，合肥市创建全国农业旅游示范点4个，全市乡村旅游共接待游客1350万人次，实现旅游收入11.6亿元。

加强扶贫开发

在农村扶贫开发上，合肥以城乡一体、统筹发展的思路谋划扶贫开发工作，制定了《关于进一步加强农村扶贫开发工作的若干意见》。2012年，合肥市大力实施贫困村“整村推进”战略，加强56个重点贫困村基础设施建设，改造农村危房11888户。实施“零转移农户”帮扶工程，全市新转移农村劳动力就业8.05万人，全市预计减少农村贫困人口7.4万人。

合肥贫困地区基础设施明显改善，公共服务能力全面提升，基本社会保障实现全覆盖。

合肥市“为农民办十件实事”惠及百万农民

推广种植超级稻促进粮食增产　合肥市推广超级稻210万亩，全年粮食总产达到60.68亿斤，增产2.84亿斤，节本增效3亿元，其中，水稻平均亩产475.27公斤，同比增加16.47公斤。

实施蔬菜“富民工程”　合肥市共实施各类蔬菜生产项目383个，投入奖补资金5272.65亿元，新增蔬菜瓜果12.01万亩，全市蔬菜瓜果总种植面积153.44万亩，亩均单产首次突破1500公斤，达到1587.58公斤，增加91.04公斤。

开展农产品产销活动　合肥市相关部门积极组织各类产销对接活动，销售总额突破120亿元。在全市设立4家公益性直销菜市场、100家社区蔬菜直销店、50辆平价蔬菜流动车、2家蔬菜网络直销配送机构。

建设现代农业园区带动农业增效农民增收　合肥新增特色农业园区81个，全市特色农业园区总数发展到305个。全市“一村一品”特色专业村发展到388个，新增78个，其中，省级“一村一品”示范村发展到14个。

实施农业科技进村入户“百千万”行动　合肥各级农业部门组织877名基层农技人员开展包村联户农技推广服务，推广主导品种104个、主推技术62项，建设试验示范基地15个，培育科技示范户5765户，使全市农业先进实用技术入户率、到位率达95%以上。

实施新型农民培训工程

合肥全面实施农村实用人才培养“111”工程与新型农民培训工程，培养农村生产经营服务人才共2.55万人。实施农村沼气工程建设是十件实事之七。2012年，全市新建户用沼气4150户，使用率达到93.4%；新增养殖场沼气工程、农村生活污水净化工程共150处。

推广实施测土配方施肥技术　合肥在全市32个乡镇、559个村实行测土配方整建制推进，全市测土配方施肥面积达901万亩次，覆盖面积占作物播种面积的90%以上，推广配方肥18.21万吨，配方肥施用面积508万亩次，累计节本增效3.15亿元。

着力维权，减轻负担　“加大农资市场监管力度，切实维护农民利益；加强农民负担监管，严防农民负担反弹。”2012年，合肥市不折不扣落实中央、省市支农惠农政策，通过“一卡通”为全市农民累计发放各类涉农补贴17.17亿元；审批通过了2844个一事一议建设项目，财政奖补资金达1.92亿元。合肥全年共出动执法人员2574人次，检查农资生产企业、经营户5838个次，整顿农资市场581个次，查获假劣农资83吨、货值金额120万元，受理举报案件22起，立案查处违规经营农资行为113起，为农民挽回经济损失1100余万元。

精神文明与生态文明建设

精神文明建设

合肥市精神文明建设紧扣社会主义核心价值体系建设这个根本，深入推进群众性精神文明创建活动，取得新的重大突破，在2012年全国城市文明程度指数测评中名列提名资格城市第4位。

建立健全组织领导、监督考核和责任追究机制。大力实施“三城同创”，统筹推进全国文明城市及未成年人思想道德建设工作先进城市、卫生城市创建工作。大力实施“美好乡村”建设，开展清洁示范村、文明生态村、绿色小康村、移风易俗示范村“四创”活动，不断推进文明创建城乡一体化。坚持开展创建文明村镇、文明集市、十星级文明户活动，提升乡村文明程度。深入开展文明交通劝导活动，努力营造安全有序畅通的交通环境，推进城市交通文明。夯实文明创建基层基础工作，成功创建全国全省文明单位120家。

组建全国首个“千家道德讲堂”联盟。成功举办第二届思想道德建设“合肥论坛”，“君子之城、道德之都”影响日盛，城市文明蔚成风尚。道德培育春风化雨，广泛开展“做一个有道德的人”、中华经典诵读和爱国主义读书教育活动，全市近60万学生参与，并在全国比赛中取得历史最好成绩。未成年人工作全面加强，全年建设完成学校少年宫53所、未成年人心理健康辅导站7所，命名市爱国主义教育基地42个。典型感化潜移默化，道德模范不断涌现，推出诸如“最美教师”陈万霞、“百姓的好书记”金岚岚等先进典型，全市共有68名个人或群体入选“中国好人榜”，居全国省会城市前列。志愿服务依法推进，出台《合肥市志愿服务条例》，建立志愿服务项目体系和信息查询系统，统筹推进“讲文明、树新风”、学雷锋和志愿服务活动。经开区建设“爱心银行”，受到中央媒体关注；徐辉假日服务小分队，获得2012年度“全国优秀志愿服务组织”称号。

广泛开展“开明开放、求是创新”城市精神宣传教育活动，加强庐州讲坛建设，不断完善面向不同群体的讲坛体系，积极构建覆盖全市的形势政策教育平台。组织开展“十大杰出母亲”、“十大环保卫士”、“十大女杰”等评选表彰活动，营造崇尚先进、学习先进、争当先进的浓厚氛围。成功举办省暨合肥市“三下乡”集中活动，培育扎根基层、群众参与、富有生命力的群众性精神文明建设活动品牌，服务城乡一体化发展。

生态文明建设

行政区划调整后，合肥“揽湖入怀”，迎来发展良机，提出打造“大湖名城、创新高地”的城市发展总体构想，在“城湖共生”中彰显生态文明。

坚持“城湖共生”，彰显生态文明。 “建设生态文明，是关系人民福祉、关乎民族未来的长远大计。”党的十八大报告提出，大力推进生态文明建设，努力走出社会主义生态文明新时代。合肥，这个在全国唯一环抱五大淡水湖之一巢湖的省会城市，正在积极贯彻落实党的十八大精神，大力推进生态文明建设，高起点规划建设环巢湖生态示范区，探索全国大型湖泊治理新路径，打造安徽“生态强省”的典范和重要支点，努力把合肥建设成为生态宜居之城和最美丽的省会城市之一。

为了让巢湖明珠更璀璨，合肥面向全球招标，完成了《合肥市城市空间发展战略及环巢湖地区生态保护修复与旅游发展规划》，谋划推动了环巢湖生态示范区项目建设。2012年11月3日，投资500多亿元、7大类113个项目的环巢湖生态示范区建设项目集中开工，合肥在先行启动巢湖综合治理“八大工程”的基础上，把环巢湖生态建设推向高潮。

合肥继续推进水环境综合治理，重新编制实施环湖旅游项目。《巢湖流域水污染防治“十二五”规划》和国家水生态系统保护与修复试点获批实施，编制完成环巢湖乡镇污水处理总体方案，二十埠河上游河道整治竣工，王小郢污水处理厂提标改造进展顺利，陶冲污水处理厂前期工作基本完成。

合肥加大节能减排工作力度，实施市区PM2.5监测点位数据发布，主要污染物排放量削减幅度以及全年能耗降幅全面完成省控目标。此外，合肥还积极创建国家生态园林城市和国家森林城市，深入推进“绿化大会战”，将新增森林33.34万亩。

强力推进大建设，城乡一体化发展。 合肥一边治大湖，一边建名城，强力推进大建设，不断提升城市综合承载力和辐射带动力。2012年1～11月份，合肥续建、新建大建设工程811项，其中，已完成295项，在建516项，完成投资190.31亿元。

新建的新桥国际机场即将投入运营，徽州大道与高铁南站衔接工程、机场高速公路工程、包河大道高架工程等一批重大项目按时竣工；派河、店埠河航道提升改造、合裕航道整治及配套港口建设加快推进；铜陵路高架、阜阳北路高架、合肥枢纽南环线及南客站、轨道交通1号线等重点工程进展顺利；轨道交通2号线、合铜路、巢庐路等项目前期工作有序推进。

长期以来，合肥都坚持把大建设作为最大的民生工程来抓，同步推进新区开发与老城改造、高标准建设与高效能管理，全面展开城市支路建设，大力推进小街巷改造，加快实施城市老旧小区改造。水、电、气、热等城市基础设施建设同步推进。以创建全国文明城市为抓手，加强对夜市、“五小”行业、“三无”小区的规范和管理，加大对非法和到期户外广告、违章停车、砍树毁绿、黑头车等治理力度，营造了良好的城市环境。

对于大建设，合肥并不局限在城市，而是坚持城乡一体化发展，不断加大城乡统筹力度。特别是2012年下半年，合肥以美好乡村建设为契机，重点推进规划编制、中心村建设、环境整治、产业发展和要素保障，努力打造都市美好乡村、农民幸福家园。

组织机构负责人名录

（截至2013年7月）

一、省、市级领导

吴存荣　省委常委、合肥市委书记

张庆军　市委副书记，市政府市长、党组书记

凌　云　市委副书记、市委党校校长

杨思松　市委常委、市委秘书长

林存安　市委常委、市委宣传部部长

汪卫东　市委常委、市委组织部部长

张　进　市委常委、市委政法委书记

张海林　市委常委，市纪委书记，市政务服务中心党工委书记（兼）

韩　冰　市委常委，市政府常务副市长、党组副书记，市政务服务中心主任（兼）

江　洪　市委常委

韦　弋　市委常委、市委统战部部长，市政协党组成员

周善武　市委常委，市政府副市长、党组成员

姜宗健　市委常委，合肥警备区政治委员、党委书记

李武好　市委常委，巢湖市委书记

熊建辉　市人大常委会主任、党组书记

宋家伟　市人大常委会副主任、党组副书记（保留正市级待遇）

杜昌寿　市人大常委会副主任、党组副书记

陈　栋　市人大常委会副主任，九三学社安徽省委常委、合肥市委主委，省政协常委，合肥一中校长

陈葆华　市人大常委会副主任，民进合肥市委副主委

阚建华　市人大常委会副主任、党组成员

张长淮　市人大常委会副主任、党组成员

孔向阳　市人大常委会副主任、党组成员

吴春梅　市政府副市长，致公党安徽省委副主委

程　瀚　市政府副市长、党组成员，市公安局局长、党委书记

吴建国　市政府副市长、党组成员

陈晓波　市政府副市长、党组成员

董昭礼　市政协主席、党组书记

满铭安　市政协副主席、党组副书记

储昭平　市政协副主席，农工党安徽省委副主委、合肥市委主委，省政协常委

李晓梅　市政协副主席，民革安徽省委副主委、合肥市委主委，省人大常委

程晓舫　市政协副主席，致公党合肥市委主委，中国科学技术大学教授、博士生导师

倪建华　市政协副主席、党组成员

许天锡　市政协副主席

奚芝英　市政协副主席，民盟合肥市委副主委，省政协常委

金其武　市政协副主席、党组成员

华　艾　市政协副主席、党组副书记

王贤泰　市政协副主席、党组成员

陈再忠　合肥警备区司令员

许　建　市中级人民法院院长、党组书记

张　棉　市人民检察院检察长、党组书记

李　兵　合肥高新技术产业开发区管委会主任、党工委书记

姚卫东　合肥经济技术开发区管委会主任、党工委书记

王爱华　合肥巢湖经济开发区管委会主任、党工委书记

安　列　安徽省住房和城乡建设厅巡视员，阜阳合肥现代产业园区管委会主任、党工委书记

杜平太　滨湖新区建设指挥部指挥、办公室党工委书记，市巢湖风景名胜区管委会党组书记

余忠勇　安徽省巢湖管理局局长、党委书记

陶登松　市委督查组组长

王传运　市委督查组副组长（保留副厅级待遇）

蔡敬民　合肥学院党委副书记、院长

郑永红　合肥学院党委委员、副院长

陈　啸　合肥学院党委委员、副院长

丁　明　合肥学院党委委员、副院长

洪家友　合肥学院党委委员、纪委书记

陈　秀　合肥学院副院长

丁家康　合肥职业技术学院党委书记

方志斌　合肥职业技术学院党委副书记、院长

二、市纪委领导班子成员

余小平　市纪委常务副书记，市监察局局长

张　平　市纪委副书记

何家荣　市纪委副书记

刘　浏　市纪委副书记

孟凡农　市纪委常委，市监察局副局长

刘　清　市纪委常委

舒世勇　市纪委常委

赵鹏程　市纪委常委

刘先莲　市纪委常委

张　明　市纪委常委、秘书长

三、市直单位主要负责人

刘观宝　市人大常委会秘书长、党组成员、办公厅党组书记

杨　伟　市政府秘书长、党组成员、办公厅党组书记

袁文长　市政协秘书长、党组成员、办公厅党组书记

周大跃　市委副秘书长、办公厅主任

李茂凯　市人大常委、副秘书长，办公厅主任、党组副书记

秦继平　市政府副秘书长，办公厅主任、党组副书记

程习龙　市政协常委、副秘书长，办公厅主任、党组副书记

柴修发　市委组织部常务副部长

胡守祝　市委宣传部常务副部长

束道银　市委统战部常务副部长

司胜平　市委副秘书长、市委政策研究室主任

蒋　烽　市直机关工委书记

郭苏梅　市委组织部副部长，市机构编制委员会办公室主任，市人大常委会人事代表选举工作委员会主任

马谟荣　市委组织部副部长、市委老干部工作局局长

徐延安　市委台湾工作办公室（市政府台湾事务办公室）主任

吴松保　市委保密办（市国家保密局）主任（局长）

吴和平　市巢湖老干部服务管理局局长

许道和　市委政法委副书记，市社会治安综合治理委员会办公室主任

陈　飚　市委政法委副书记，市委防范和处理邪教问题领导小组办公室主任

魏常年　市委政法委副书记，市维护稳定工作领导小组办公室主任

李尚才　市档案局（档案馆）局长（馆长）

王家贵　市委党史研究室主任

徐静平　市委副秘书长，市机关事务管理局（接待办）局长（主任）、党组书记

李卫国　市委组织部副部长（兼）、市公务员局局长

宋道军　市发展和改革委员会主任、党组书记

王文松　市政府副秘书长，市经济和信息化委员会主任、党委副书记

李海鹰　市经济和信息化委员会党委书记

何　杰　市农业委员会主任、党组书记

常先米　市政府副秘书长，市城乡建设委员会主任、党委书记

方东玲　市教育局局长、党委书记，合肥幼儿师范高等专科学校校长、党委书记

朱　策　市科学技术局（知识产权局）局长、党组书记，合肥高新技术产业开发区管委会副主任

陆　平　市民族事务委员会（宗教事务局）主任（局长）、党组书记

张　炜　市民政局局长、党委书记

刘晓文　市司法局局长、党委书记

吴利林　市财政局局长、党组书记

朱正跃　市人力资源和社会保障局局长、党组书记

高国忠　市国土资源局局长、党组书记，市土地储备中心党组书记

方正杰　市交通运输局局长、党委书记

徐春雷　市水务局局长、党组书记

梅国胜　市林业和园林局局长、党委书记

蓝　天　市商务局局长、党组书记

罗　平　市文化广电新闻出版局（版权局）局长、党组书记

张晓庆　市卫生局（食品药品监督管理局）局长、党委副书记

胡国春　市卫生局（食品药品监督管理局）副局长、党委书记

查　凯　市人口和计划生育委员会主任、党组书记

程　林　市审计局局长、党组书记

吴爱国　市规划局局长、党组书记

王道荣　市城市管理局局长、党组书记

王　斌　市环境保护局局长、党组书记

时利民　市外事侨务办公室

（市政府港澳事务办公室）主任，市外事侨务办公室党组书记

汪菊喜　市房地产管理局局长、党组书记

李　殊　市体育局局长、党组书记

王亚斌　市统计局局长、党组书记

翟新明　市安全生产监督管理局局长、党组书记

张　林　市物价局局长、党组书记

夏伦平　市畜牧水产局局长、党组书记

桑林兵　市旅游局局长、党组书记

王　强　市委、市政府副秘书长，市委、市政府信访局局长、党组书记

李　虹　市人民政府法制办公室主任、党组书记

程耀广　市人民防空办公室(民防局)主任(局长)、党组副书记，市政府应急管理办公室第一副主任

靳民斌　市人民防空办公室(民防局)党组书记

朱明峰　市政府国有资产监督管理委员会主任、党委书记

张世军　市粮食局局长、党组书记

王毓江　市政府研究室主任、市政府咨询委员会办公室主任

刘正义　市供销社主任、党组书记

秦远望　市招商局局长、党组书记

葛　斌　市重点工程建设管理局局长、党组书记

葛　锐　市金融工作办公室主任、市财政局党组成员

谢　涛　市土地储备中心主任、党组成员

黄卫东　市招标投标监督管理局局长、党组书记

张　立　市地震局局长、党组书记、总工程师

胡玉兰　市地方志编纂委员会办公室主任、党组书记

刘福享　市残疾人联合会理事长、党组书记

方世文　市政务文化新区指挥部办公室主任、党工委书记，合肥政务文化新区开发投资有限公司董事长、党委书记、总经理

宁　波　市滨湖新区建设指挥部办公室主任、党工委副书记，市巢湖风景名胜区管委会主任、党组副书记，市滨湖新区建设投资有限公司董事长

朱达利　市政府副秘书长，市政府政务服务中心常务副主任、党工委副书记

王庆斌　市政府驻北京联络处(北京招商处)主任

杜亚宏　市政府驻上海联络处(上海招商处)主任

叶和章　市总工会主席、党组书记

吴娅娟　共青团合肥市委书记、党组书记

王兴梅　市妇联主席、党组书记

周要武　市科协主席、党组书记

王　浩　市委宣传部副部长，市文明办主任

陈　飚　市文联党组书记、常务副主席

王道才　市委宣传部副部长、市社科联主席(讲师团团长)

方　玲　市侨联主席，市外事侨务办公室党组成员

罗　勇　市委统战部副部长，市工商业联合会（市总商会）党组书记、第一副主席

王厚亮　阜阳合肥现代产业园区管委会副主任、党工委副书记

四、县市区党政主要负责人

杨宏星　肥东县委书记

路　军　肥东县委副书记、县长

汤传信　肥西县委书记

胡明文　肥西县委副书记、县长

李　军　长丰县委书记

许　华　市委副秘书长，长丰县委副书记、代县长

王民生　庐江县委书记

刁吉润　庐江县委副书记、县长

李武好　合肥市委常委，巢湖市委书记

罗兆好　巢湖市委副书记、市长

汪德满　瑶海区委书记

常业军　瑶海区委副书记、区长

吴　劲　庐阳区委书记

邓真晓　庐阳区委副书记、区长

李学明　蜀山区委副书记（正县职，主持区委工作）

张思扬　蜀山区委副书记、区长

胡启生　包河区委书记

耿延强　包河区委副书记、区长

大事记

1月

1日 省暨合肥市迎新年健身走、合肥市第52届元旦越野赛跑活动在奥体中心举行。副省长谢广祥，市委副书记、代市长张庆军出席活动启动仪式。

3日 庐江县重大基础设施和重点工业项目集中开工仪式在庐江县陈埠高速道口建设现场举行。省委常委、市委书记吴存荣出席开工仪式并宣布项目开工，并在仪式结束后主持召开庐江县"十大工程"汇报会。张庆军在开工仪式上讲话并出席汇报会。

4日 中共合肥市委十届二次全体会议在市政务中心召开。会议主要任务是，深入贯彻落实党的十七届六中全会、省第九次党代会、市第十次党代会和中央、全省经济工作会议精神，研究部署2012年及今后一个时期工作，动员全市各级党组织和广大党员干部群众，进一步坚定信心、抢抓机遇、乘势而上、奋发进取，在加快建设现代化滨湖大城市的基础上，为打造现代化新兴中心城市，并朝着区域性特大城市方向迈进，作出新的更大贡献。会议由市委常委会主持。会议传达学习了全省经济工作会议精神；受市委常委会委托，吴存荣向全委会作工作报告并作总结讲话，张庆军作关于当前工作的讲话。

5日 中共合肥市委举行民主协商会，邀请市各民主党派、工商联负责人和无党派人士代表，就即将召开的市第十四届人民代表大会第五次会议有关人事安排情况进行民主协商，听取意见和建议。市委副书记熊建辉出席会议。

市委召开推荐提名省出席党的十八大代表工作会议，传达贯彻中央和省、市委部署要求，对全市推荐提名省出席党的十八大代表候选人工作进行安排部署。市委副书记熊建辉出席会议并讲话。

6日 吴存荣在市政务中心会见德国CMIT投资股份公司董事长、巢湖中德环湖旅游综合开发公司董事长约克·森尼西一行。

合肥市属国有企业184片生活区移交辖区工作完成，全面实行社区管理。

6～7日 吴存荣走访慰问省军区、劳动模范、困难群众、敬老院、环卫工人和老干部，深入企业调研并慰问一线职工，衷心感谢大家对合肥经济社会发展给予的关心和支持，并向他们致以新春问候和节日祝福。市委常委、秘书长杨思松，市委常委、组织部长凌云，市委常委、常务副市长魏晓明，市委党委、警备区司令员孙建辉陪同。

7日 "中环杯"首届合肥青年创业大赛决赛暨颁奖典礼在合肥广电中心举行。张庆军出席并致辞。团省委副书记王琦出席活动。

第四届中国·合肥旅游迎春购物节暨年货采购展览会在安徽国际会展中心开幕。张庆军宣布开幕。

8日 吴存荣调研全市文化建设并召开调研座谈会，听取相关情况汇报，讨论和研究进一步推进贯彻落实党的十七届六中全会精神和省市党代会、市委十届二次全会关于文化建设的措施。

合肥桃花工业园经济发展有限公司申请的8亿元公司债券获得国家发改委批复，成为安徽省首个县区级融资平台发行的公司债券。

8～12日 中国人民政治协商会议合肥市第十二届委员会第五次会议召开。

8日 市政协十二届五次会议中共党员委员和党员列席人员会议在市政务中心小会堂举行。熊建辉出席会议并讲话，韦弋主持会议。

9日 中国人民政治协商会议合肥市第十二届委员会第五次会议（以下简称"市政协十二届五次会议"）在市政务中心大会堂开幕。来自全市各条战线的748名委员共商合肥加快发展、奋力崛起的大计，共绘美好蓝图。

10日 市政协十二届三十六次主席会议在梅山饭店召开。会议审议了市政协十二届五次会议决议（讨论稿）、市政协十二届五次会议提案审查情况报告。市政协主席董昭礼主持会议。

吴存荣参加工商联、经济企业一组讨论，听取政协委员意见和建议。

11日　市政协十二届五次会议举行第二次大会。13位委员分别代表各党派、团体和个人，围绕高新技术产业发展、教师队伍建设、巢湖治理、文明创建等方面发表真知灼见，为我市经济社会发展、民计民生改善建言献策。董昭礼出席会议。

12日　市政协十二届二十次常委会议召开。会议听取了市政协十二届五次会议大会秘书处关于小组讨论情况的综合汇报；审议市政协十二届五次会议决议（草案）；通过了市政协十二届五次会议提案审查情况报告。市政协主席董昭礼主持。

市政协十二届五次会议在市政务中心大会堂闭幕。会议表彰了十二届四次会议以来优秀提案、提案承办先进单位及先进个人，通过了市政协十二届五次会议决议。

9～13日　合肥市第十四届人民代表大会第五次会议召开。

9日　合肥市第十四届人民代表大会第五次会议（以下简称“市十四届人大五次会议”）预备会议举行。市十四届人大常委会主任黄同文主持会议并讲话。

市十四届人大五次会议主席团举行第一次会议。会议推选了大会主席团常务主席；通过了大会主席团执行主席分组名单；决定了大会副秘书长人选；通过了大会主席台就座人员名单；通过了大会会议日程；通过了关于代表议案和建议、批评、意见的处理办法；通过了选举办法草案，提交代表团讨论。会议还布置了各代表团推选监票人的任务。黄同文主持会议。

10日　市十四届人大五次会议在安徽大剧院开幕。代市长张庆军作市人民政府工作报告。会议审查了市2011年国民经济和社会发展计划执行情况及2012年计划草案的报告，审查了市2011年预算执行情况和2012年预算草案的报告。黄同文主持会议。

11日　市十四届人大五次会议主席团举行第二次会议。会议听取了大会秘书处关于代表团审议政府工作报告情况的汇报；听取了关于政府工作报告修改情况的说明，并修改通过，印发代表；审议通过计划草案审查结果的报告和预算草案审查结果的报告，印发代表；听取了大会秘书处关于代表团讨论市十四届人大五次会议选举办法草案情况的汇报，并修改通过，印发代表，提请全体会议表决；通过了总监票人、监票人建议名单，提请全体会议通过。黄同文主持会议。

12日　市十四届人大五次会议在市政务中心大会堂举行第二次全体会议。市人大常委会主任黄同文作市人大常委会工作报告，市中级人民法院院长许建作市中级人民法院工作报告，市人民检察院检察长满铭安作市人民检察院工作报告。会议通过了市十四届人大五次会议选举办法，通过了总监票人、监票人名单。杜昌寿主持会议。

市十四届人大五次会议主席团举行第三次会议。会议听取了市委副书记熊建辉关于候选人建议名单的说明；提名通过了候选人建议名单，并提请代表团酝酿讨论；听取了大会秘书处关于两项确认市人大常委会组成人员决定草案的说明，并讨论通过决定草案，提请代表团审议。黄同文主持会议。

市十四届人大五次会议主席团举行第四次会议。会议听取了各代表团汇报讨论酝酿候选人建议名单的情况；讨论通过了关于提名正式候选人的决定，提请代表团酝酿讨论；通过了计票工作人员名单；讨论通过了关于六项工作报告决议草案，提交代表团审议；审议通过了关于代表议案和建议、批评、意见处理意见的报告，印发代表。黄同文主持会议。

13日　张庆军代表参加审议市中级人民法院、市人民检察院工作报告，并听取人大代表对政府工作的意见和建议。

市十四届人大五次会议主席团举行第五次会议。会议听取了大会秘书处关于代表团审议市人大常委会、市中级人民法院、市人民检察院工作报告情况的汇报；听取了各代表团审议六项工作报告决议草案和两项确认决定草案情况的汇报，并修改通过，印发代表，提请全体会议表决；听取了各代表团酝酿讨论正式候选人名单的情况汇报，通过正式候选人名单，提请大会选举。黄同文主持会议。

市十四届人大五次会议在市政务中心大会堂举行第三次全体大会。会议表决通过了关于确认市人大常委会副主任的决定，确认了苏宇光、陈葆华、叶祥所、阚建华为市十四届人大常委会副主任；表决通过了关于确认市人大常委会委员的决定；审议和批准了关于市人民政府工作报告的决议、关于市人大常委会工作报告的决议、关于市中级人民法院工作报告的决议、关于市人民检察院工作报告的决议；审查并批准了关于合肥市2011年国民经济和社会发展计划执行情况及2012年计划报告的决议、关于合肥市2011年财政预算执行情况及2012年财政预算报告的决议；选举张庆军为合肥市人民政府市长，选举杜平太、安列为合肥市第十四届人民代表大会常务委员会副主任，选举汪洋为合肥市第十四届人民代表大会常务委员会委员，确认左吉安、乐家俊、边建国、吕晓斌、刘进竹、孙泉、吴玲玲、吴福胜、汪支华、张自平、陈来安、陆奎山、金东华、周加玉、郑化尧、姚长蕙、袁业勤、钱光荣、梅俊、曹建新、储长斌、释智文为合肥市第十四届人民代表大会常务委员会委员。熊建辉主持会议。

市十四届人大五次会议主席团举行第六次会议。会议听取了选举结果汇报，通过了大会主席团公告。 黄同文主持会议。

11日 合肥警备区党委四届二十一次全体（扩大）会议召开。会议传达学习南京军区、省军区党委（扩大）会议精神，分析部队建设形势，部署年度工作任务，表彰先进集体和个人。省委常委、市委书记、合肥警备区党委第一书记吴存荣出席会议并讲话。他强调，要开拓进取，扎实工作，有效履行我军使命任务，奋力推进合肥科学发展新跨越，以优异成绩迎接党的十八大胜利召开。孙建辉代表警备区党委作工作报告。

13日 省委副书记、新桥国际机场建设工作协调推进领导小组组长孙金龙主持召开机场建设领导小组第十一次会议，听取机场建设情况汇报，研究部署下一步工作推进措施。省委常委、市委书记、机场建设领导小组副组长吴存荣，省政府秘书长、机场建设领导小组副组长梁卫国出席。机场建设领导小组办公室主任、机场建设指挥部指挥长安列汇报了机场建设情况。

14日 合肥政策咨询协会成立大会在市政务中心举行。省人大常委会委员、预算工委主任庄立权，市委常委、常务副市长魏晓明出席会议。

合肥市小额贷款公司协会第一次会员大会暨协会成立大会在梅山饭店召开。

15日 2012年中共合肥市委、合肥市人民政府慰问部分皖籍、合肥籍在京人士暨“合肥之友”北京理事会大会召开，并举行招待活动。吴存荣主持会议。

16日 武警合肥市支队党委一届十八次全体（扩大）会议召开。会议传达学习省武警总队党委二届十五次全体（扩大）会议精神，总结2011年工作，部署2012年任务，表彰先进集体和先进个人。省委常委、市委书记吴存荣，武警安徽省总队总队长、少将朱永和出席并讲话。副市长、武警合肥市支队第一政委程瀚出席。武警合肥市支队支队长张正敏主持会议，并传达省武警总队党委扩大会议精神。

合肥东区最大的三级甲等医院——市第二人民医院新区（广德路院区）开诊。吴存荣出席开诊仪式并宣布新区开诊。

17日 共青团合肥市十三届四次全委（扩大）会议在市政务中心举行。会议确认了原巢湖团市委委员、候补委员、常委转任名单，审议通过了团市委委员、候补委员卸职递补确认案。熊建辉出席会议并讲话。

合肥市第三次全国文物普查总结暨表彰大会在市政务中心举行。会议宣读了关于合肥市第三次全国文物普查先进个人表彰的通知，对20名先进个人颁发了荣誉证书。

18日 合肥市依托江淮汽车的国家电动客车整车系统集成工程技术研究中心和依托合肥美亚光电的国家农产品智能分选装备工程技术研究中心获批准组建。

19日 全市国资系统新春茶话会在梅山饭店举行。市委副书记、市长张庆军出席茶话会，与市属国有企业主要负责人、离退休老同志、劳动模范、先进工作者和一线职工代表欢聚一堂，共谋发展。

20日 2012年合肥市新春团拜会在天鹅湖大酒店举行。吴存荣、张庆军、黄同文、董昭礼、熊建辉与全市各界人士欢聚一堂，共享丰收喜悦，互致新春祝福。吴存荣主持团拜会。市委常委，市人大、市政府、市政协负责同志，合肥警备区主要负责同志，市法院院长、市检察院检察长，合肥学院主要负责人，地市级干部参加团拜会。

合肥市获得省政府2011年度全省粮食生产先进市通报表彰。这是合肥市首次获得该项荣誉。

21日 吴存荣赴周谷堆农产品批发市场、安徽安能热电股份有限公司、徽州大道与高铁南站衔接工程建设工地，看望慰问一线职工，感谢他们为合肥建设与发展作出的贡献。市领导张庆军、杨思松、周善武参加。

27日 农业部、国家旅游局公布新认定全国休闲农业与乡村旅游示范县和全国休闲农业与乡村旅游示范点，合肥市包河区大圩镇荣膺“全国休闲农业与乡村旅游示范点”称号。

29日 由中国软件评测中心、人民网等多家单位共同举办的“2011年中国政府网站绩效评估”中，“中国·合肥”门户网站进入全国省会城市“十强”，并在中国社会科学院信息化研究中心和北京互联信息顾问有限公司主办的中国特色政府网站评选中荣获品牌栏目奖。

30日 “合肥光谷”暨庐阳区2012年工业项目集中开工仪式在庐阳工业区举行。吴存荣宣布项目开工，并在仪式前调研了合肥晶桥光电有限公司蓝宝石晶体一期项目。市领导张庆军、杨思松、卢仕仁，省科技厅副厅长任鸣陪同调研。

31日 市政府第十一次全体会议召开。会议传达了省政府第十七次全体会议精神，通报了2011年主要经济指标和重点工作完成情况，并讨论了2012年《政府工作报告》中75项重点工作及责任分解、调整《合肥市人民政府工作规则》有关条款等事项。张庆军出席会议并讲话。

张庆军主持召开市政府第94次常务会议，原则通过出台我市《推进企业股权和分红激励试点暂行办法》，并听取关于创建“城市水环境改善”示范城市等有关情况的汇报。会议讨论了续修《合肥市志》、合肥市2010～2020年妇女儿童发展纲要编制工作、“第三批合肥市非遗名录项目”等相关事项。会议批准出版《合肥市志（1986-2005）》，同意调整市地方志编纂委员会成员名单。

2月

1日 合肥市政府召开新闻发布会，宣布《关于促进存量商业用地升级改造提高土地利用效率的意见》、《关于盘活存量建设用地提高土地利用效率的意见》和《关于促进工业用地集约利用的意见》实施。

2日 市总工会十四届九次全委（扩大）会议在市政务中心小会堂举行。会议听取了工会有关工作报告，宣读了2011年度工会工作目标责任制考核和推进“两个普遍”工作先进单位、先进个人表彰通报，各县、市、区、开发区分别签订重视支持工会目标责任书。市委副书记熊建辉，省总工会党组副书记、常务副主席李维勇出席会议并颁发“全国优秀工会工作者”荣誉证书和奖牌。

3日 张庆军主持召开市政府与市总工会第十二次联席会议，通报交流2011年市政府和市总工会工作情况，研究解决事关职工切身利益的具体问题。

3～5日 中共合肥市委中心组理论学习会议在巢湖市召开。会议采取自学和集中学习相结合的方式进行。3日，与会同志进行自学；4～5日，开展集中学习。会议围绕“讲大局、强责任、提能力、抓落实”主题，认真学习毛泽东、邓小平、江泽民、胡锦涛同志关于大局、责任、能力、落实方面的论述，深入贯彻党的十七届六中全会、十七届中央纪委七次全会、省市党代会和中央、全省经济工作会议精神，全面落实市委十届二次全会部署，进一步锤炼能力和作风，营造更加浓厚的干事创业氛围，动员全市各级党组织和广大党员干部群众，进一步解放思想、真抓实干、开拓进取，奋力实现科学发展新跨越、主要经济指标进入全国省会城市前十强，在加快建设现代化滨湖大城市的基础上，全力打造现代化新兴中心城市，朝着区域性特大城市方向迈进，为建设美好安徽贡献力量，以优异成绩迎接党的十八大胜利召开。吴存荣主持会议并讲话。张庆军出席并讲话。市委常委，市人大常委会主任、市政协主席，市政府副市长，市委、市政府秘书长出席会议。

5日 市委召开全市领导干部会议，对市直单位部分空缺的正县职领导岗位进行公推提名。吴存荣主持会议并讲话。

7日 市十四届人大常委会第67次主任会议在市政务中心举行。会议听取了关于市人大常委会2012年制定地方性法规计划（建议）的汇报；关于市人大常委会2012年工作要点的汇报；关于“食品安全江淮行”活动方案（草案）的汇报；关于市十四届人大常委会第三十一次会议议程（草案）、日程（草案）的汇报。黄同文主持会议。

8日 张庆军主持召开第一次编委会，会议听取并研究我市贯彻全国编办主任会议和全省机构编制工作会议精神的意见等14项议题。

9日 市政协召开第六期主席读书会暨市县区政协主席联席会议。会议主题是贯彻落实市委中心组理论学习会议精神，围绕实现“新跨越、进十强”目标，研究制定市政协2012年工作安排。董昭礼主持会议。

11日 安徽省第十一届人民代表大会第五次会议在合肥开幕。省委书记、省人大常委会主任张宝顺出席合肥市代表团会议，与代表们一起审议代省长李斌所作的《政府工作报告》。他勉励合肥市几大班子要团结带领全市人民，进一步坚定信心、抢抓机遇、稳中求进、改革开放，继续开拓进取、扎实奋斗，在新起点上实现合肥新发展、新跨越。合肥市代表团审议会议由吴存荣主持。

13日 代省长李斌参加省十一届人大五次会议合肥市代表团会议，与代表们一起审议《政府工作报告》。她勉励，合肥作为省会城市，作为皖江城市带承接产业转移示范区和合芜蚌自主创新综合试验区的核心城市，要进一步巩固良好发展势头、发挥龙头带动作用，开拓进取、埋头苦干，为加快建设美好安徽作出新的更大贡献，以优异成绩迎接党的十八大胜利召开。吴存荣主持。

14日 张庆军主持召开市政府第95次常务会议，原则通过了《合肥市“十二五”高成长性企业百家培育工程实施意见》，讨论确定了首届合肥市政府质量奖获奖企业名单。

国家档案局、中央档案馆在北京人民大会堂召开全国档案工作暨表彰先进会议。合肥市档案局（馆）荣获“全国档案系统先进集体”称号。这是市档案局（馆）继2007年之后，再次获得这一荣誉。

15～16日 甘肃省酒泉市委书记马光明率市党政考察团，来合肥市考察经济社会发展和城市建设情况。吴存荣主持座谈会并讲话。

16日 首届合肥市政府质量奖揭晓，安徽江淮汽车股份有限公司和格力电器（合肥）有限公司摘得全市质量领域的最高奖项，并各获50万元奖励。

阜阳市人民政府——中国农业发展银行安徽省分行、阜阳合肥现代产业园区——阜阳市农业发展银行金融战略合作协议签约仪式在市政务中心举行。省委副书记孙金龙，省委常委、市委书记吴存荣出席并见证签约。

17日 市委召开常委扩大会议，专题传达学习省十一届人大五次会议、省政协十届五次会议精神，结合实际研究贯彻落实工作。吴存荣主持会议，并传达了省《政府工作报告》和张宝顺书记、李斌省长在参加省十一届人大五次会议合肥市代表团审议时的讲话精神。

市政协召开十二届三十七次主席会议。会议听取了市政协各厅室委关于推进落实今年各项工作的汇报，审议通过了《市政协2012年工作要点》。

海润光伏科技股份有限公司在上海证券交易所成功复牌登陆中国A股市场。

18日 2010～2011年度“中国医改新闻人物”颁奖典礼在合肥举行。全国人大常委、中国工程院院士、中华预防医学会会长王陇德出席颁奖典礼。

20日 第三届合肥仲裁委员会成立大会在市政务中心小会堂举行。市人大常委会主任、第三届合肥仲裁委员会主任黄同文出席会议。

21日 中国共产党合肥市第十届纪律检查委员会第二次全体会议在市政务中心召开。雍成瀚代表中共合肥市第十届纪律检查委员会常务委员会作工作报告，会议审议通过了工作报告和《中国共产党合肥市第十届纪律检查委员会第二次全体会议决议》。吴存荣出席会议并讲话。他强调，要认真贯彻落实胡锦涛总书记在十七届中央纪委七次全会上的重要讲话和省委张宝顺书记在省纪委九届二次全会上的讲话精神，按照市委部署要求，扎实做好反腐倡廉建设各项工作，为实现“新跨越、进十强”目标提供有力保证，以经济社会发展的优异成绩迎接党的十八大胜利召开。

全市组织部长会议在市政务中心召开。吴存荣出席会议并讲话。他强调，全市各级党委和组织部门、广大组工干部，要进一步振奋精神、开拓进取，不断开创党的建设和组织工作新局面，为早日实现“新跨越、进十强”目标提供坚强的组织保证，以优异成绩迎接党的十八大胜利召开。熊建辉主持会议。

22日 合肥三十五中西藏班藏历水龙新年庆祝活动在三十五中多功能厅举行。省委常委、省纪委书记王宾宜，省委常委、市委书记吴存荣，省人大常委会副主任文海英出席庆祝活动，看望慰问该校西藏班学生，向他们致以亲切问候和新年祝福。

荣事达三洋年产400万台冰箱项目一期投产暨二期开工典礼在高新区南岗科技园举行。吴存荣出席典礼并宣布项目一期投产暨二期开工。

《合肥市水环境保护条例》新闻发布会在市政务中心举行。会议通报了条例的立法过程、实施细则和工作目标，解答了媒体记者提问。市领导张庆军、黄同文、周善武出席发布会。

23日 中共中央政治局委员、中央政法委副书记、中央综治委副主任王乐泉来肥视察。省委副书记、省长李斌，省委副书记孙金龙，省委常委、政法委书记、省公安厅厅长徐立全，省委常委、市委书记吴存荣陪同视察。

24日 全市宣传工作会议在市政务中心召开。会议传达了全国、全省宣传工作会议精神，表彰了2011年度全市外宣工作先进单位、先进个人和新闻发布工作先进单位。吴存荣出席会议并讲话。他强调，宣传思想文化战线要进一步提高认识，按照高举旗帜、围绕大局、服务人民、改革创新的总要求，紧密结合实际，更好地做好各项工作。

全市政法工作会议在市政务中心召开。吴存荣出席会议并讲话。他强调，全市各级政法机关要进一步提振精神、凝聚力量、扎实工作，不断开创政法工作新局面。

省长李斌赴新桥国际机场调研指导工作，并主持召开调研汇报会，听取有关情况汇报，研究推进机场建设运行的各项工作。省委副书记、新桥国际机场建设工作协调推进领导小组组长孙金龙，省委常委、常务副省长詹夏来，省委常委、市委书记、机场建设领导小组副组长吴存荣陪同调研。

26日 省委副书记、省合肥新桥国际机场建设运行领导小组组长孙金龙主持召开机场建设运行领导小组第一次会议，听取合肥新桥国际机场建设运行有关情况汇报。省委常委、常务副省长、机场建设运行领导小组副组长詹夏来出席会议并就机场建设运行工作提出具体要求。市长、机场建设运行领导小组副组长张庆军出席会议。市人大常委会副主任、机场建设运行领导小组办公室主任、指挥部指挥长安列汇报了机场建设运行任务的安排。

26～27日 合肥市工商业联合会（总商会）第十三届会员代表大会在稻香楼宾馆开幕。市工商联主席陈先保致开幕词并向大会作报告，大会审议通过了合肥市工商联第十二届执委会工作报告，选举产生了第十三届执行委员会；第十三届执委一次会议选举产生了第十三届执行委员会主席（会长）、副主席、副会长、秘书长和常务委员。省委统战部副部长、省工商联党组书记、第一副主席陈翔，市委副书记熊建辉出席会议并讲话。

27日 市十四届人大常委会第68次主任会议在市政务中心举行。会议听取了关于人事任免事项的汇报、关于2011年市人大常委会组成人员联系走访代表收集的意见、建议情况的汇报。黄同文主持。

在全国双拥模范城（县）命名暨双拥模范单位和个人表彰大会上，合肥市被全国双拥工作领导小组、国家民政部、解放军总政治部联合表彰为“全国双拥模范城”。至此，合肥已蝉联全国双拥模范城“七连冠”。

28～29日 市十四届人大常委会第三十一次会议在市政务中心举行。会议听取了关于《合肥市消防条例（草案）》修订情况的说明和修订草案审议结果的报告；《合肥市人大常委会2012年工作要点（草案）》（书面）；人事任免事项的报告。会议通过了《合肥市消防条例》、《合肥市人大常委会2012年工作要点》和人事任免事项。

29日 合肥市2011～2020年妇女儿童发展纲要颁布实施。

3月

1日 张庆军主持召开市政府第96次常务会议，原则通过《关于建立12345政府服务直通车的实施意见》、《合肥市政府工作创新奖评选暂行办法》、《合肥市老旧小区综合治理工作实施意见》等。

2日 市十四届人大常委会第69次主任会议在市政务中心举行。会议听取了关于市人大常委会主任、副主任、秘书长分工情况的汇报。黄同文主持。

吴存荣赴巢湖市调研，主持召开座谈会，并和张庆军共同为安徽省巢湖管理局揭牌。杨思松主持揭牌仪式、宣读中编办批文和省编委通知，市委常委、副市长周善武陪同调研并出席揭牌仪式，副市长、巢湖管理局筹备处主任江洪陪同调研并在揭牌仪式上致辞。

张庆军主持召开2012年市外事领导小组会议，听取2011年外事工作汇报，部署2012年重点工作。会议审议了《合肥市因公出国（境）管理规定》等。熊建辉参加会议。

全市年鉴工作会议在市政务中心召开。会议总结了2011年全市年鉴工作情况，部署了2012年年鉴工作任务。省地方志办公室副主任刘成典，市人大常委会副主任梁虹，副市长杨增权，市政协副主席程晓舫出席会议。刘成典、杨增权出席会议并讲话。

3日 省暨合肥市“弘扬雷锋精神，建设美好安徽”实践活动启动仪式在肥举行。省委副书记孙金龙出席并讲话。

5日 中共中央政治局常委、全国人大常委会委员长吴邦国，来到十一届全国人大五次会议安徽代表团，与全体代表共同审议政府工作报告。会后，应合肥代表的请求，吴邦国委员长为《合肥日报》题写报名。

6日 参加第十一届全国人民代表大会第五次会议的全国人大代表、省委常委、市委书记吴存荣，接受《经济观察报》、《21世纪经济报道》等省内外媒体采访。他说，合肥区划调整后，正以“新跨越、进十强”为奋斗目标，全力打造现代化新兴中心城市，朝着全国有较大影响力的区域性特大城市方向迈进。

7日 吴存荣在京拜访三星集团中国总部，并与三星集团大中华区总裁张元基就合作事宜进行了座谈。魏晓明参加座谈。

央视财经频道发布“中国最幸福城市”榜单，合肥名列第三。张庆军应邀赴京出席发布晚会并发表“幸福城市”市长感言。

4D电影《渡江突击队》开机仪式在苏州太湖举行。影片由中共合肥市委宣传部与中央新闻纪录电影制片厂（集团）联合摄制。中央电视台副台长、中央新影集团总裁高峰，市委常委、宣传部长林存安出席开机仪式。

8日 市十四届人大常委会第70次主任会议在市政务中心召开。会议听取了庐阳区关于调至庐阳区街道行政管辖范围而已命名方案的汇报。黄同文主持。

吴存荣应邀做客中央人民广播电台，畅谈科技创新的“合肥之路”。

9日 庐阳区公布街道行政管辖范围调整方案。根据方案，老城区内三牌楼、县桥、安庆路、光明、益民5个街道撤销，将老城区内6个街道整合为逍遥津和三孝口2个街道。增设四里河、林店两个街道。调整后，庐阳区辖1乡、1镇、9个街道，街道总数减少2个。

6~10日 张庆军在京先后拜会海关总署、铁道部、住房和城乡建设部、国家发改委、国家能源局、中国银行间市场交易商协会、中国五矿集团公司等国家部委和央企有关负责人，协调推进项目，深化交流合作。

11日 统计数据显示：2011年，全市GDP达到3636.6亿元，同比增长15.4%，增幅分别高于全国、全省平均增速6.2和1.9个百分点，实现争先进位。

12日 合肥市少工委二届六次全委（扩大）会议在市政务中心举行。会议听取了市少工委工作报告，并向获全国、省少工委表彰的先进典型颁奖。杨增权出席会议。

13日 由市政府主办，市商务局、合肥三元联创投资管理有限公司承办的“魅力合肥 电商之春——艺龙旅行网等电商入驻合肥签约仪式暨新闻发布会”在北京举行。吴存荣、张庆军出席新闻发布会。

合肥市创建国家森林城市万人签名活动暨庐阳区成立十周年千人义务植树活动在三十岗乡举行。市委常委、统战部长韦弋，副市长江洪出席。

16日 十一届全国人大五次会议精神传达学习会在市政务中心举行。全国人大代表、市委副书记、市长张庆军传达了十一届全国人大五次会议精神，详细解读了政府工作报告、计划报告和预算报告、全国人大常委会工作报告、“两院”工作报告等在大会上批准和通过的各项决议、报告，通报了2012年我国在经济发展、改善民生等方面的重点工作和具体目标，并介绍了安徽代表团的参会情况。黄同文主持会议。

由省委常委、市委书记吴存荣带队的省委第十二检查考核组，来我市对2011年度推进惩治和预防腐败体系建设暨落实党风廉政建设责任制和省管干部履职情况进行集中检查和考核。

合肥市2011年度推进惩防腐败体系建设检查暨落实党风廉政建设责任制和省管干部考核述职述德述廉会在市政务中心召开。吴存荣主持会议并讲话。张庆军代表市委、市政府领导班子作工作总结。

17日 2012年省暨合肥市综治集中宣传启动仪式在黑池坝广场举行。省委常委、政法委书记、省综治委主任徐立全，省人大常委会副主任陈先森，省高级人民法院院长周溯，省人民检察院检察长崔伟，市领导张庆军、张进、陈葆华、杨力仁出席启动仪式。

市属庐阳区青少年活动中心在全国中小学德育工作经验交流会上被授予“全国县级示范性青少年校外活动场所”称号。

18日 科技部、中国人民银行、中国银监会、中国证监会、中国保监会公布首批国家促进科技和金融结合试点地区，合芜蚌自主创新综合试验区成功入选。

截至2011年底，全市60岁以上老年人口接近105万人，占总人口的14.9%。

17~19日 吴存荣出席中国发展高层论坛2012年会，并在“对话城市领导人”经济峰会上作题为《依托创新推动 加快结构调整 建设现代化新兴中心城市》的演讲。吴存荣在简要介绍了合肥基本市情后指出，近年来，合肥市坚持科学发展、强化创新推动，着力以新型工业化带动城市化，战略性新兴产业高速发展，主导产业特色更加鲜明，产业结构不断优化，产城一体化发展取得初步成效。通过全力做大做强优势产业，合肥进入了科学发展的快车道。

19日 市人大常委会与“一府两院”联席会议在市政务中心举行。会议通报了2012年市人大常委会工作要点。市人大常委会、市政府、市中级人民法院和市人民检察院主要负责同志进行了交流座谈。

市政府与中国节能环保集团公司在北京签订战略合作协议。省委常委、市委书记吴存荣，中国节能环保集团公司董事长出席签约仪式，并就双方合作事宜举行会谈。

国务院扶贫办在官方网站公布新调整的国家扶贫开发工作重点县名单。长丰县根据安徽省内部调整，调出国家扶贫开发工作重点县名单。

吴存荣赴百度总部考察，与百度总裁李彦宏及其夫人马东敏博士、副总裁朱光进行深入交流。

20日 省委第五巡视组巡视工作见面会和动员会在市政务中心召开。吴存荣主持会议，并代表市级领导班子对巡视工作作表态讲话。省委第五巡视组组长夏望平通报了巡视目的、任务、内容、形式与方法等，并作巡视工作动员讲话。张庆军代表市委市政府作工作报告，并汇报个人工作情况。

全市农村工作会议在市政务中心召开。部分会议代表现场观摩学习了包河区现代农业建设情况，并举行了环巢湖综合治理生态农业项目集中开工仪式，吴存荣出席开工仪式并宣布项目开工并讲话。

21日 合肥熔安动力机械有限公司与中铁隧道装备制造有限公司在市政务中心签署战略合作协议暨首台盾构机合作生产协议。卢仕仁出席签字仪式。

22日 市委召开常委扩大会议，专题传达学习全国“两会”精神，结合实际研究贯彻落实工作。省委常委、市委书记吴存荣主持会议，并传达了大会盛况、会议主要精神、吴邦国委员长参加安徽代表团审议时的重要讲话精神、安徽代表团参会情况；传达了省委书记张宝顺同志在省传达全国“两会”精神大会上提出的要求。他强调，全市各级各部门各单位要把学习贯彻全国“两会”精神作为当前一项重要政治任务，按照省传达全国“两会”精神大会的要求，周密安排，务求实效，奋力推进合肥“新跨越、进十强”。会议还听取了全市投资、招商引资、工业经济运行和财税等工作情况汇报，深入分析当前形势，研究部署下一步工作推进措施。

市自主创新工作领导小组召开2012年第一次会议，学习贯彻全国、全省科技工作会议，以及国家技术创新工程试点省暨合芜蚌自主创新综合试验区工作推进领导小组会议精神，会议听取了2011年自主创新工作总结及2012年工作安排，以及企业股权和分红激励试点、新能源汽车推广试点和安徽科技创新成果展示中心合肥展区布展方案情况汇报。吴存荣主持会议并讲话。

市政协召开十二届三十八次主席会议。会议听取了市政协2012年主席、副主席、专委会督办重点提案安排情况的汇报；审议通过了市政协《关于开展“提升政协工作科学化水平，为实现‘新跨越、进十强’贡献力量”主题实践活动的意见》；审议了市政协专门委员会副主任、市政协专门委员会委员增补名单（草案）、市政协十二届二十一次常委会议议程（草案），听取了关于市政协老委员联谊会五届五次会员大会筹备方案的汇报。董昭礼主持会议并讲话。

23日 市人大常委会第71次主任会议召开。会议听取市人大常委会农工委关于植树造林视察方案情况的汇报。

25日 渡江战役纪念馆工程建设汇报会在滨湖新区召开。吴存荣出席汇报会并于汇报会前现场察看了渡江战役纪念馆建设。熊建辉、杨思松、林存安、魏晓明出席汇报会并陪同察看。

26日 “12345政府服务直通车”启动仪式在市政务中心第二办公区举行。省委常委、省纪委书记王宾宜，省委常委、市委书记吴存荣，中纪委监察部监察专员崔扬出席仪式，共同按动启动球，并察看工作现场、听取工作汇报。张庆军在仪式上致辞。

合肥市纪念《代表法》颁布实施20周年座谈会在市政务中心召开。会前，纪念《代表法》颁布实施20周年书画展开展式在市政务中心阳光大厅举行。吴存荣出席座谈会并讲话，参观了书画展。黄同文出席座谈会、宣布开展并讲话。

27日 市委常委扩大会议专题听取关于全市争创全国文明城市工作情况的汇报，研究部署下一步工作推进措施。专题研究了命名第四届市级爱国主义教育基地和申报省第四届爱国主义教育基地工作，决定将“渡江战役总前委旧址纪念馆”等42家单位命名为市级基地，并从中确定“合肥蜀山烈士陵园管理处”等20家单位申报省级基地。吴存荣主持会议并讲话。

全市依法行政工作暨合肥市依法行政研究会换届会议召开。会议听取了合肥市第一届依法行政研究会的工作报告，选举产生了第二届依法行政研究会的理事、常务理事、秘书长、会长等人选，并对研究会章程进行了修改。魏晓明出席会议。

市委办公厅、市人民政府办公厅联合下发《关于市社会治安综合治理委员会更名为市社会管理综合治理委员的通知》，将合肥市社会治安综合治理委员会更名为合肥市社会管理综合治理委员会。

《有巢氏的传说》、《赤阑桥的传说》、《范增的传说》被确定为合肥市第三批市级非物质文化遗产名录。

28日 张庆军主持召开市政府第97次常务会议，原则通过了我市民生工程及居民收入倍增规划实施、财政支持经济发展四大政策修订等有关事项。两名市人大代表应邀列席会议。

市政协十二届二十一次常委会议在市政务中心召开。全国政协委员、省政协副主席李宏塔，全国人大代表、市委副书记、市长张庆军应邀出席会议，并分别传达了全国政协十一届五次会议和十一届全国人大五次会议精神。会议通报了《政协合肥市委员会2012年工作要点》和市政协《关于开展“提升政协工作科学化水平，为实现‘新跨越、进十强’贡献力量”主题实践活动的意见》；审议通过了市政协部分专门委员会副主任增补名单。董昭礼出席会议并讲话。

在北京大学举行的首届中国传媒论坛及2011中国传媒年度责任品牌评选活动上，合肥报业传媒集团获评“2011中国责任传媒·年度地市报”称号，是全国唯一一家获此殊荣的地市报。

29日 全市投资招商引资统计暨效能建设工作大会在市政务中心大会堂举行。吴存荣出席会议并讲话。

全市财税金融投融资暨民生工程工作会议在市政务中心召开。吴存荣出席会议并讲话。他强调，全市各级财税金融和投融资战线的干部职工，要深入贯彻市委“讲大局、强责任、提能力、抓落实”的要求，提振信心，开拓创新，在生财聚财理财用财中执政为民，为“新跨越、进十强”作出新的更大贡献。魏晓明作工作报告。

宝湾（合肥）国际物流园项目签约仪式在市政务中心举行。吴存荣、杨思松、魏晓明，中国南山开发（集团）股份有限公司总经理田俊彦出席并见证签约。双凤经济开发区负责人与中国南山集团副总经理、宝湾物流控股有限公司董事长范肇平代表双方签约。

30日 全省人口和计划生育工作电视电话会议举行。我市荣获“2011年度全省人口和计划生育工作先进市”称号。张庆军在合肥分会场出席会议。

合肥轨道交通2号线项目可行性研究报告通过专家评估。根据可研报告，2号线将全部为地下线，所有车站全部为地下车站。

31日 全市党政正职党性教育理论武装培训班开班式在市委党校举行并进行第一次集中授课。吴存荣出席并以“当好让党放心让人民满意的‘一把手’”为题讲授第一课。他强调，“一把手”责任重大、作用关键，要以蓬勃向上的朝气、改革创新的锐气、敢为人先的勇气，进一步真抓实干、奋力拼搏，当好让党放心让人民满意的“一把手”，引领广大党员干部群众，为实现“新跨越、进十强”目标团结拼搏。400多名市直单位、县市区和乡镇、街道党政正职，县市区公检法机关主要负责同志参加。凌云主持。

市十四届人大常委会第72次主任会议在市政务中心举行。会议听取了关于开展《合肥市学前教育管理条例》执法检查方案的汇报；关于地方性法规行政强制清理情况的汇报；关于市十四届人大常委会第三十二次会议议程（草案）、日程（草案）的汇报。会议决定，市十四届人大常委会第三十二次会议于2012年4月26日举行。黄同文主持会议。

全省“五级书记带头大走访”活动总结电视电话会议在合肥召开。市领导张庆军、林存安、雍成瀚、凌云、吴春梅在合肥分会场出席会议。

合肥之友江苏理事会成立暨中国·合肥投资项目推介大会在南京举行。会议举行了投资项目签约仪式，共签约项目27个，投资金额达269.7亿元（其中包括8000万美元）。南京市卫生局与合肥市卫生局签署了《南京市卫生局、合肥市卫生局关于合肥市医疗卫生单位的合作备忘录》。

4月

1日 《合肥晚报》创刊55周年盛典举行。吴存荣讲话并为“最美合肥55人”代表颁奖。董昭礼出席并为“最美合肥55景”代表颁奖。中国晚报协会执行会长、《新民晚报》总编辑陈保平，合肥报业传媒集团负责人分别致辞。市领导林存安、凌云出席。

全市党政正职党性教育理论武装培训班在市委党校举行第一次集中授课，进行第二、三讲。黄同文作题为《关于当前群众工作》的专题报告；魏晓明作题为《目前的形势与合肥的发展》专题报告。

2日 合肥市与浙江省知名企业家圆桌会恳谈会在杭州市举行。吴存荣出席并讲话。张庆军介绍了合肥市经济社会发展情况。浙江省知名企业家圆桌会秘书长贾辛宁致欢迎辞。市领导杨思松、刘烈东、谢刚、杨治茂出席。

3日 吴存荣在杭州分别会见信雅达董事长郭华强，杭州天畅网络科技公司董事长郭羽，天搜网董事长石高涛，德意控股集团董事长高德康，伯瑞铭控股集团董事长程堂刚。

4日 国家工信部发布《关于深化工业企业品牌培育试点工作的通知》，合肥市安徽叉车集团有限责任公司、安徽安利合成革股份有限公司、合肥美菱股份有限公司、合肥荣事达三洋电器股份有限公司4家企业被列为国家品牌培育试点企业。

截至2011年年底，全市实有个体工商户180205户、注册资金1040467.03万元；实有私营企业

72874户、注册资金18687608.66万元。

5日 省长李斌来合肥深入重点企业、科研院所调研，并主持召开座谈会。她强调，各级各部门要积极适应形势变化，加快产业结构调整步伐，打牢实体经济稳定增长基础，努力促进全省经济又好又快发展。吴存荣陪同调研并出席座谈会。市领导张庆军、杨思松陪同。

合肥市保障市场供应稳定物价工作联席会议在市政务中心举行。会议审议了建立2012年价格调控目标责任制及深入推进“惠民菜篮子工程”的实施意见。魏晓明出席会议并讲话。

5~6日 省委第五巡视组组长夏望平率省委巡视组赴滨湖新区开展巡视工作。熊建辉、吴春梅陪同。

6日 市委党的建设工作领导小组会议在市政务中心召开。领导小组办公室负责人汇报了《市委党的建设工作领导小组2012年工作要点》起草情况，与会领导及领导小组成员单位负责人提出了意见和建议。吴存荣出席并讲话。

市人大常委会对全市《合肥市学前教育管理条例》贯彻落实情况进行执法检查。黄同文参加检查。

张庆军主持召开2012年合肥市综治委第一次主任会议。会议听取了2012年我市社会管理综合治理工作重点和思路，研究了加强和创新社会管理工作体系建设任务分解、2011年度社会管理综合治理工作考核等事项。2012年全市将原有的23个项目充实完善为9大体系、45个项目，并计划开展扩大社区管理体制改革试点工作。张进、程瀚、杨力仁出席会议。

市政协召开十二届三十九次主席会议，专题听取《合肥市国有土地上房屋征收与补偿办法》（草案）通报，并进行协商。董昭礼主持会议并讲话。

全市推进社会稳定风险评估工作会议在市政务中心召开。张庆军强调，要大力度推进稳定风险评估工作深入开展，切实加强矛盾源头预防和化解，为合肥“新跨越、进十强”创造和谐稳定的社会环境。熊建辉、张进出席会议。

7日 张庆军主持召开市政府第98次常务会议，审议并原则通过《关于加快推进标准化工作的意见》、《关于加快推进工业“新跨越、进十强”的意见》和《关于加强行政调解工作的意见》，讨论确定了表彰合肥市优秀企业家、提高五保供养标准等有关事项，研究决定了市第二届职工技术创新成果奖推荐评选及表彰工作情况事项。

8日 由省农委和市政府主办的第二届中国安徽（合肥）畜牧业展览会在安徽国际会展中心开幕。省政协副主席夏涛宣布展览会开幕，省农委副主任周世其、副市长江洪出席开幕式。

省暨合肥市纪念爱国卫生运动60周年和第24个爱国卫生月活动启动仪式在庐阳区大杨镇举行。省卫生厅厅长高开焰，市委常委、副市长卢仕仁出席启动仪式。

9日 全市党政正职党性教育理论武装培训班在市委党校举行第二次集中授课，进行第四、五讲。雍成瀚作题为《腐败与反腐败》的专题报告；董昭礼作题为《人民政协的光辉历程与伟大实践》专题报告。

10日 全市党政正职党性教育理论武装培训班在市委党校举行第六讲。凌云作题为《提高干部工作科学化水平的理论与实践》的专题报告。

合肥市首个企业新闻发布厅在瑶海区城投公司挂牌。

11日 联想控股有限公司董事长兼总裁柳传志做客《庐州讲坛》，为全市各级干部及创新型企业相关负责人作《联想的管理与企业发展》的专题报告。张庆军会见柳传志一行并主持讲坛。

12日 合肥市十四届人大常委会第73次主任会议在市政务中心举行。会议听取了关于视察全市植树造林情况的汇报；关于《合肥市学前教育管理条例》执法检查情况的汇报；关于人事任免事项的汇报。市人大主任、副主任出席会议。

13日 市政府召开第十二次全体会议，通报2011年政府目标管理考核情况，表彰先进，分析形势，部署重点工作。张庆军出席会议并讲话。

市政府第五次廉政工作暨全市廉政风险防控工作会议召开。会议表彰了2011年政风行风评议先进单位（集体），通报了2011年度“百个重点处室”评议结果，回顾总结2011年政府廉政工作，全面部署2011年重点任务。张庆军主持会议并讲话。雍成瀚应邀出席会议并就廉政风险防控工作作动员讲话。

14日 合肥市直机关第十届登山比赛在大蜀山举行，市直机关3500多名干部职工参加比赛。

15日 2012年“紫蓬山杯”全国皮划艇（静水）春季冠军赛暨皮划艇大奖赛在紫蓬山风景区开幕。省政协副主席赵韩，国家体育总局水上运动管理中心主任王渡，市领导梁虹、杨增权、郭本道参加开幕式。

16日 吴存荣赴包河区调研，并主持召开汇报会。他强调，包河区上下要进一步提升认识水平，不断增强现代文明理念，更加扎实地工作，进一步建设好、管理好包河区，使之尽快成为安徽现代化的“首善之区”，在全市“新跨越、进十强”中发挥领头羊作用。

吴存荣在市政务中心会见台沪交流协会理事长、台湾力晶集团大陆首席代表、台湾美奥集团董事长李蜀冈一行。

16～17日 甘肃省定西市委书记杨子兴、市长常正国率定西市党政代表团，来合肥考察经济社会发展情况。吴存荣陪同。

17日 合肥市社会工作协会成立。会议通过了《合肥市社会工作协会章程》和《合肥市社会工作协会第一届理事会组成人员名单》，选举产生了协会的领导机构。董昭礼出席成立大会并当选为协会会长。

18日 “历史的跨越——纪念《澳门基本法》颁布十九周年暨澳门回归十二周年图片展”在安徽博物院举行。澳门特别行政区行政法务司司长陈丽敏，副省长花建慧出席开幕式并致辞。省政协副主席郑牧民，副市长吴建国出席。

国家人力资源和社会保障部副部长邱小平来肥调研，听取我市人社工作情况汇报并讲话。省委常委、市委书记吴存荣出席汇报会并讲话。省委组织部副部长、省人力资源和社会保障厅党组书记、厅长刘莉陪同调研。

19日 吴存荣在市政务中心会见康师傅控股有限公司总经理陈庆祚一行。吴建国参加会见。

20日 市委召开常委扩大会议，听取全市投资、招商引资、工业经济运行和财税等工作情况汇报，深入分析当前形势，研究部署下一步工作推进措施。吴存荣主持会议并讲话。

省委书记、省人大常委会主任张宝顺深入合肥市重大项目工地和重点产业园区调研指导工作，看望慰问项目建设者和一线干部群众。他强调，要以科学发展观为指导，牢牢把握稳中求进工作总基调，抢抓战略机遇，加大项目建设力度，着力扩大有效投入，加快培育现代产业基地，为全省经济社会平稳较快发展作出更大贡献。省委常委、常务副省长詹夏来，省委常委、秘书长陈树隆，省委常委、市委书记吴存荣陪同调研。

合肥市首家农民专业合作社联合社—“巢湖市联创农副产品营销农民专业合作社联合社”在巢湖市散兵镇成立。

21日 合肥兴泰控股集团与庐江县政府在市政务中心举行战略合作协议签约仪式。市领导谢刚、吴春梅、郭本道出席。

23日 市规划委员会在市政务中心召开2012年第一次全体会议，专题听取《合肥市城市空间发展战略及环巢湖地区生态保护修复与旅游发展规划》国际竞标方案汇报。省委常委、市委书记、市规划委员会主任吴存荣主持会议并讲话。评标专家组组长、国家住建部总规划师唐凯对各家方案进行总结性评价，并报告专家评审意见。市长、市规划委员会第一副主任张庆军出席会议并讲话。市领导黄同文、董昭礼、熊建辉、杨思松、林存安、雍成瀚、凌云、刘烈东、卢仕仁、韩冰、周善武、孙建辉、杜平太、杨增权、王世清出席。

合肥市首座工业水厂在合肥循环经济示范园投产，首期5万吨的日供水能力满足园区生产企业日用水量。

24日 市委召开常委会议，专题传达学习省委九届三次全委（扩大）会议、全省宣传部长座谈会精神，结合实际研究部署进一步加快文化强市建设工作。吴存荣主持会议并讲话。

市十四届人大常委会第74次主任会议在市政务中心举行。会议听取了人事代表选举工委关于人事任免事项的汇报。黄同文主持。

纪念渡江战役胜利63周年暨渡江战役纪念馆预开馆仪式在渡江战役纪念馆南广场举行。省市领导吴存荣、张庆军、黄同文、董昭礼、熊建辉、杨思松、林存安，合肥警备区副政委郑兆礼，市渡江战役纪念馆工程建设顾问许洪冰参加仪式。

省暨合肥市侵权盗版及非法出版物集中销毁仪式在市政务中心广场举行。省人大常委会副主任陈先森宣布仪式启动。省政协副主席赵韩，市领导林存安、梁虹、杨增权、严从怀出席仪式。

由中国电子科技集团三十八所承担的“十一五核高基”国家科技重大专项课题“高性能通用数字信号处理器研究”通过了工信部的合同验收。

国家人社部副部长杨志明来合肥考察乡镇人社系统基层服务平台建设情况。

吴存荣在市政务中心会见以老挝人民革命党中央委员、老挝国防部副部长占沙蒙·占雅腊少将为团长的老挝领导干部考察团一行。市委副书记熊建辉，中联部国际交流中心副主任安月军，省外办副主任黄英参加会见。

25日 第67届全国药品交易会暨第68届中国国际医药原料药、中间体、包装、设备交易会在滨湖国际会展中心开幕。省委常委、市委书记吴存荣，中国医药集团副董事长、党委书记王丽峰，市长张庆军出席开幕式。

合肥市涉法涉诉信访问题暨执法监督工作2012年第一次联席会议。会议学习了关于中政委、中纪委、中组部等八部委《关于党委政法委对政法部门执法活动进行监督的规定》以及全省党委政法委执法监督工作会议精神；听取了2011年至2012年执法监督暨涉法涉诉信访工作以及救助资金使用情况的汇报。张进主持。

酒泉·合肥光伏产业园项目在酒泉开工。甘肃省副省长虞海燕出席奠基仪式并宣布项目开工。酒泉市委书记马光明，市委副书记熊建辉分别致辞。

越南政府监察总署副总监察长吴文庆率代表团来合肥考察市行政服务中心工作情况。监察部外事局副局级监察专员李阎明，省纪委常务副书记、监察厅厅长、省预防腐败局局长吴秀兰，市委常委、市纪委书记雍成瀚陪同考察。

吴存荣在市政务中心会见国家开发银行总行评审总监樊海斌一行。

张庆军在市政务中心会见台湾太平洋集团总经理、太设股份总经理章启明一行和嘉民集团大中国区董事总经理彭菲力一行。

26日 市十四届人大常委会第三十二次会议举行。会议听取并审议了关于《合肥市学前教育管理条例》执法检查情况的报告和贯彻执行情况的报告（书面）；关于我市民族工作情况的报告和调研报告（书面）；关于全市商务工作开展情况的报告和调研报告（书面）；关于全市检察机关民事行政检察工作情况的报告和调研报告（书面）；关于人事任免事项的报告。市人大常委会主任、副主任、秘书长出席会议。

吴存荣赴庐阳区、瑶海区调研，并主持召开座谈汇报会。他强调，庐阳区要勇担重任、再接再厉，坚持高标准建设、精细化管理，不断提升城市品质，把各项工作做得更好，全力打造“首善之区”，在全市经济社会发展和城市建设中进一步发挥领头羊作用。瑶海区要继续坚持好思路好做法，坚持以人为本，充分发挥空间大、人气旺等优势，加快老城改造，提升品质形象，促进科学发展，全力打造现代化新瑶海，如期实现“三年大变样”目标。周善武陪同调研。

合肥市社区“老少活动家园”和社区“智能化便民服务亭”项目在全市新增七项民生工程中率先启动。2012年在全市设立“老少活动家园”180个，“智能化便民服务亭”安置200个。

首届“合肥青年五四奖章”终评会在市政务中心举行。韩冰出席会议。

合肥至大阪国际直航航线首航仪式在合肥骆岗国际机场举行。省政府副秘书长黄晓武，省交通运输厅厅长梅劲，市长张庆军，武警安徽省边防总队副总队长左东升参加首航仪式。

国家质检总局副局长杨刚率食品安全检查组来肥检查节前食品安全工作。副省长花建慧，市长张庆军陪同检查。

27日 张庆军主持召开《合肥通史》编纂委员会第二次全体会议，总结2011年以来编纂工作，研究部署2012年编纂任务，并确定学术指导委员会组成人员。林存安、杨增权及编纂委员会有关成员单位负责人出席会议。

淮河防洪除涝减灾模型基地在三十岗乡开工奠基。该工程是国家重点工程世行贷款淮河流域重点平原洼地治理工程中“淮河流域洪涝灾情评估及减灾决策支持系统工程”的重要组成部分，占地面积100亩，概算投资1.13亿元，模型水平比尺1∶300、垂直比尺1∶60，模拟河段长144.5千米。

28日 合肥市庆祝“五一”国际劳动节暨第二届职工技术创新成果奖表彰大会在市政务中心小会堂举行。吴存荣出席并讲话。张庆军主持大会。市领导董昭礼、熊建辉、杨思松、林存安、凌云、张进、韩冰、韦弋、周善武、孙建辉、陈葆华出席。

2012中国合肥·巢湖（国际）旅游节在巢湖中庙开幕。省委常委、市委书记吴存荣，省人大常委会副主任郭万清，副省长花建慧，省政协副主席李卫华出席开幕式并共同按动开幕式水晶球。省体育局局长冯潮，市领导董昭礼、熊建辉、杨思松参加开幕式。

联合利华合肥工业园十周年暨新牙膏厂投产庆典在合肥经开区举行。市委常委、副市长卢仕仁，联合利华北亚区总裁乔安路（Alan Jope）出席庆典仪式。

29日 大蜀山森林公园西扩工程开园仪式在大蜀山西麓举行。省市领导吴存荣、张庆军、黄同文、董昭礼、李红出席开园仪式并为大蜀山森林公园揭幕。江洪主持开园仪式。

5月

1日 由中科院合肥物质科学研究院先进制造技术研究所研发的“破拆机器人三指欠驱动手爪”通过验收。该“手爪”能抓300公斤重物。

2日 合肥市青年联合会第十届委员会第一次全体会议、合肥市学生联合会第五次代表大会开幕式在市政务中心大会堂举行。省委常委、市委书记吴存荣出席开幕式并讲话，在开幕式前接见首届“合肥青年五四奖章”获得者和市青联委员、学联代表。市长张庆军作题为《目前的形势与合肥的发展》形势报告。市领导董昭礼、杨思松、林存安、雍成瀚、凌云、张进、卢仕仁、韩冰、韦弋、周善武、安列、杨增权、王海英，团省委书记李红出席开幕式并参加接见。

全市检察机关2011年度“双先”表彰大会在市检察院召开。会议宣读了有关表彰决定和通报，并举行颁奖仪式。吴存荣出席大会并讲话。省检察院检察长崔伟，市领导黄同文、董昭礼、杨思松、凌云、张进、程瀚等出席大会。

3日 吴存荣做客“中国科大论坛”并发表演讲。他表示，合肥愿与中科大结成更紧密的互动合作关系，共创“大城名校”的美好未来。

中美绿色合作伙伴计划签字仪式在北京钓鱼台国宾馆俱乐部阳光大厅举行。国家发改委副主任解振华出席签字仪式并致辞。市长张庆军代表合肥市政府与美国俄亥俄州哥伦布市富兰克林郡郡长宝拉·布鲁克斯在关于建立绿色合作伙伴关系意向书上签字。

4日 全市工业经济暨科技创新工作会议在市政务中心召开。会议宣读了表彰通报并为功勋企业家和优秀企业家颁奖。吴存荣出席会议并讲话。市领导张庆军、黄同文、董昭礼出席。

全市国土资源工作暨节约集约用地试点再动员大会在市政务中心召开。会议表彰了2011年度国土资源管理工作先进单位，市政府与各县市区政府、各大开发区签订目标责任状。吴存荣出席会议并讲话。市领导张庆军、黄同文、董昭礼、杨思松出席。

全市人口和计划生育工作暨表彰会议在市政务中心召开。会议举行了颁奖并签订目标管理责任书。吴存荣出席会议并讲话。张庆军主持会议。黄同文、董昭礼出席。

全市信访工作会议在市政务中心召开。会议表彰了2011年度全市信访工作目标管理先进单位、先进基层单位和先进个人并颁奖。吴存荣出席会议并讲话。

5日 青海省委书记、省人大常委会主任强卫，省委副书记、省长骆惠宁率青海省党政代表团，来合肥考察经济社会发展和城市建设情况。省委书记、省人大常委会主任张宝顺，省委副书记、省长李斌，省委常委、秘书长陈树隆，省委常委、市委书记吴存荣陪同考察。

6日 甘肃省嘉峪关市委书记郑亚军率嘉峪关市党政代表团，来合肥考察经济社会发展和城市建设情况。吴存荣、张庆军、杨思松陪同考察或参加座谈会。

据天文学家测算，5月6日11点35分，月亮距离地球最近。因恰逢农历十六，又是一个满月，故被称为“超级月亮”。

7日 “承接产业转移·实现跨越发展”合肥市工业服务业投资环境说明会在深圳举行。吴存荣出席说明会，并在会前会见深圳市国泰安信息技术有限公司董事长陈工孟等客商。市领导杨思松、刘烈东、周善武出席说明会并参加会见。

“魅力合肥·阳光地产”2012年中国·合肥（深圳）经营性用地推介会在深圳举行。吴存荣出席推介会，并在会前会见中国海外宏洋集团有限公司执行董事、执行总裁陈斌等客商。

省委第五巡视组来合肥市考察民生工程实施和保障房建设情况。

8日 合肥市2012年综治委全会暨社会管理创新再动员大会召开。会议贯彻落实全国社会管理创新“南通会议”和全省社会管理创新工作会议精神，总结经验，表彰先进，部署任务。张庆军出席会议并讲话。

全市防汛抗旱工作会议在市政务中心召开。张庆军出席会议并讲话，他强调，各级各地要立足防大汛、抗大旱、救大灾，坚持科学指导，依法防控，有效应对，确保城乡供水安全，确保全市安全度汛。市领导阚建华、江洪、郭本道出席会议。

全市秸秆禁烧和综合利用工作在市政务中心大会堂举行。会议动员全市上下进一步提高认识，强化措施，加大力度，确保午季秸秆禁烧和综合利用工作任务全面完成。张庆军出席会议并讲话。

9日 市十四届人大常委会第75次主任会议在市政务中心举行。会议听取了关于开展《合肥市城市绿化管理条例》执法检查的实施方案的汇报；关于市十四届人大常委会第三十二次会议审议《合肥市学前教育管理条例》执法检查报告意见的汇报；关于市十四届人大常委会第三十二次会议审议市政府《关于全市商务工作情况的报告》意见的汇报；关于全省人大信访工作座谈会主要精神及贯彻意见的汇报。市人大常委会主任、副主任出席会议。

由新疆维吾尔自治区人大常委会副主任穆铁礼甫·哈斯木率领

的新疆民族团结进步模范代表参观团，就城市建设和文化发展等情况来合肥市参观考察。省民委（宗教局）主任（局长）孙丽芳，副市长杨增权陪同考察。

9～10日 吴存荣赴广东考察广州塔、深圳欢乐海岸和欢乐谷等文化旅游项目。

10日 全市反腐倡廉宣传教育工作联席会暨座谈会在市政务中心举行。会议对2011年市级廉政文化建设示范点进行授牌，对2012年全市反腐倡廉宣教工作进行任务分解。市委常委、宣传部长林存安出席会议并讲话。

市政府与中国铁路物资股份有限公司签署战略合作协议。市长张庆军，中国铁物执行董事、总裁李文科出席签约仪式并致辞。

11日 合肥市纪念中国共产主义青年团成立90周年座谈会在市政务中心举行。吴存荣出席座谈会并讲话。他强调，全市各级团组织和广大团员青年要认真学习贯彻胡锦涛总书记在纪念建团90周年大会上的重要讲话精神，以及省纪念建团90周年大会精神，肩负使命，勇于进取，为创造合肥更加美好的未来奉献青春和力量。团省委书记李红出席并讲话。市领导杨思松，韩冰、安列出席。

12日 《合肥市“十二五”居民收入倍增规划考核办法》出台。

13日 省暨合肥市纪念第十六届“母亲节”和“生育关怀·幸福家庭”活动推进大会召开。会议表彰了2011年度人口基金工作先进单位和个人，并向13位计生贫困母亲代表发放救助金和幸福卡，赠送家庭意外伤害保险。合肥市获2011年度人口基金工作最佳组织奖，高新区获最佳贡献奖，肥东县、长丰县两家企业获最佳示范企业（基地）称号。林存安致辞。

合肥一中学子梁泽宇作为安徽省唯一参赛选手获得第24届国际信息学奥林匹克竞赛中国队选拔赛暨精英赛全国金牌。

吴存荣在市政务中心会见英国曼彻斯特大学终身教授、国际生态城市建设理事会主席、国际人类生态学会主席、英联邦人类生态学会主席、联合国教科文组织城市未来项目负责人伊恩·道格拉斯一行。

国家能源局副局长刘琦一行来合肥调研新能源产业发展情况。省委常委、常务副省长詹夏来，市领导张庆军、卢仕仁陪同调研。

14日 吴存荣应邀做客安徽行政学院干部培训大讲堂，并作题为《解放思想 改革开放 阔步迈向区域性特大城市》的报告。安徽行政学院党委书记、常务副院长吴良仁主持大讲堂。

滨湖新区与中国房地产开发集团“滨湖新区保障性住房项目”建设合作签约仪式在市政务中心举行。省委常委、市委书记吴存荣，中房集团理事长、汇力投资基金管理有限公司董事长孟晓苏出席签约仪式并分别致辞。杨思松主持签约仪式。

15日 安徽省首本电子普通护照颁发仪式在合肥市公安局出入境管理局举行。

吴存荣在市政务中心会见中国石油天然气股份有限公司副总裁李华林一行。

16日 吴存荣和张庆军一道赴阜阳调研阜阳合肥现代产业园建设，并召开调研汇报会，研究部署下一步工作推进措施。阜阳市委副书记、市长于勇，市政协主席亓龙陪同调研。合肥市人大常委会党组副书记、副主任，园区筹备组组长、党工委书记安列汇报了园区建设与发展情况。

17日 张庆军主持召开市政府第99次常务会议，原则通过了《全市促进经济平稳较快发展的实施意见》、《合肥市关于进一步促进外贸加快发展的若干政策》、《合肥市进一步加大新能源汽车示范推广工作若干意见》、《合肥市老龄事业发展“十二五”规划》等，研究决定了授予2位外籍人士“合肥市荣誉市民”称号和建立重大项目廉政建设派驻监察制度等有关事项。

吴存荣专题调研环巢湖建设与发展，并乘船巡察环巢湖生态保护和旅游等业态建设。他强调，要坚持生态优先，突出规划引领，强化区域协同，以加强生态建设、挖掘人文内涵、满足人们需求为重点，以特色镇村、生态群落、景点开发为依托，从一件件具体事做起，推进统筹布局，搞好以线串点，扎实做好环巢湖旅游开发。市领导杨思松、韩冰陪同调研。

全市首次非公有制企业党组织书记示范培训班开班仪式在市委党校举行。

《合肥市政风行风监督员管理办法》出台。《合肥市政风行风监督员管理办法》明确监督员具有调查权、建议权和评价权。

国家粮食局党组书记、局长任正晓来合肥调研粮食产业发展情况。省粮食局局长孙良龙、副市长吴建国陪同调研。

18日 第七届中国中部投资贸易博览会高峰论坛2012在长沙举行。省长李斌出席论坛并与其他五省省长共商中部地区开放崛起、绿色发展之路。市领导张庆军、吴建国出席高峰论坛。

吴存荣在市政务中心与安庆市委常委、桐城市委书记王强一行举行座谈，就合肥经济圈建设及两市深化合作进行交流。

合肥市中小企业服务大厅在政务文化新区祁门路振业大厦启用。省委常委、市委书记吴存荣，省经信委副主任吴韦人共同推动服务大厅启用杆。杨思松、卢仕仁出席启用仪式。

吴存荣在市政务中心会见以台湾合肥之友联谊会执行会长、台湾青商总会2002总会长刘灿树为荣誉团长，台湾合肥之友联谊会顾问、台湾青商总会2012副总会长郭辉鸿为团长的台湾合肥之友2012年经贸考察交流团全体成员。董昭礼参加会见。

19日 全国“道德模范故事汇”基层巡演活动2012安徽合肥专场在合肥大剧院音乐厅举行。中央文明办协调组组长助理木克热木·米力克，中国文联副主席、中国曲协主席刘兰芳；省委常委、市委书记吴存荣，省文联书记处书记王章好；市领导董昭礼、林存安、梁虹观看演出。

国务院副秘书长、中央联席会议办公室主任、国家信访局局长王学军来合肥考察。吴存荣介绍了合肥市有关工作情况。中央联席会议办公室副主任、国家信访局副局长李皋参加考察。省政府秘书长韩先聪，市领导杨思松、张进、程瀚陪同考察。

“可持续发展市长论坛-2012市长与跨国公司对话会”在湖南株洲召开。张庆军就城市可持续发展畅谈看法，与跨国公司对话。

“无限极2012世界行走日”合肥站活动在合肥滨湖轮滑场举行。省体育局巡视员高维岭，市领导杜昌寿、杨增权、汤先觉出席启动仪式。

20日 省暨合肥市纪念“5·20世界计量日”暨“质监惠民社区行”活动启动仪式在杏花公园广场举行。省人大常委会副主任沈卫国，市人大常委会副主任谢刚出席启动仪式。

21日 市委召开常委扩大会议，听取全市投资、招商引资、工业经济运行和财税等工作情况汇报，深入分析当前形势，研究部署下一步工作推进措施。吴存荣主持会议并讲话。

第八次全省地方志工作会议在合肥召开。中国地方志指导小组常务副组长朱佳木为大会发来贺信。省委书记张宝顺对此次会议做出重要批示，省长李斌会前会见了与会代表，并发表即席讲话。会议宣读了《关于表彰全省地方志系统先进集体和先进工作者的决定》，并向获奖单位和个人颁发奖牌和证书；省地方志办公室主任朱文根代表省地方志办公室向省图书馆赠送地方志成果并作工作报告，报告总结了第七次会议以来12年的地方志工作情况和基本经验，明确了今后几年的主要任务。省政府副省长谢广祥、省委副秘书长王信、省人大副秘书长董介林、省政府秘书长韩先聪、省政协副秘书长魏志光，各市分管副市长出席会议。

全市争创全国文明城市工作总结表彰暨动员大会在市政务中心大会堂召开。省委常委、市委书记、市文明委主任吴存荣出席大会并作动员讲话。他强调，要以这次大会为新的起点，迅速行动起来，举全市之力，汇万众之心，扎实推进各项工作，为合肥争创全国文明城市、全国未成年人思想道德建设工作先进城市和全国卫生城市而不懈努力。市委副书记、市长、市文明委第一副主任张庆军作工作报告。市领导黄同文、董昭礼、杨思松、雍成瀚、凌云、刘烈东、张进、韩冰、周善武、杨增权、程瀚、江洪、吴建国、严从怀出席大会。市委常委、宣传部长、市文明委常务副主任林存安主持大会。

《合肥通史》学术指导委员会第一次会议召开。市委副书记、市长、《合肥通史》编委会主任张庆军出席会议并向学术指导委员会成员颁发聘书。省委宣传部副部长、省社科联主席黄传新出席会议。市委常委、宣传部长林存安宣读《关于成立〈合肥通史〉学术指导委员会的通知》。杨增权主持会议。

合肥市防震减灾科普教育馆开馆。省地震局局长张鹏，市领导谢刚、杨增权、奚芝英出席开馆仪式。

吴存荣在市政务中心会见广东万和集团有限公司董事长、广东万和新电气股份有限公司董事长卢础其一行。

22日 全市政协工作会议在市政务中心召开。吴存荣出席会议并讲话。他强调，推进合肥科学发展、跨越赶超，人民政协重任在肩；开创合肥美好未来，人民政协大有可为。我们要同心同德，群策群力，团结奋进，不断提升政协工作科学化水平，为“新跨越、进十强”，为打造“三个强省”、建设美好安徽，凝聚强大力量。张庆军主持会议。董昭礼出席会议并讲话。市领导黄同文、杨思松、凌云、刘烈东、张进、卢仕仁、韩冰、韦弋、周善武、孙建辉、杨力仁、王海英、储昭平、李晓梅、程晓舫、郭本道、许天锡、严从怀、汤先觉、奚芝英出席。

合肥市荣获全国公安系统先进集体、先进个人座谈会在市政务中心召开。吴存荣出席并讲话。他强调，全市公安系统要认真学习贯彻全国公安系统英雄模范立功集体表彰大会精神和省委张宝顺书记的重要讲话精神，珍惜荣誉、再接再厉、再创佳绩，扎扎实实做好各项工作，为合肥“新跨越、进十强”，为服务美好安徽建设，营造更加安定和谐的社会环境。

市人大常委会对《合肥市城市绿化管理条例》贯彻执行情况进行执法检查。黄同文参加执法检查。

22～23日 全国人大常委会委员、全国人大华侨委员会副主任委员李祖沛率调研组来合肥市调研归侨侨眷权益保护工作。全国人大华侨委员会委员、解放军第二炮兵原副司令员张瑞，全国人大华侨委员会法案室主任毛起雄参加调研；省人大常委会副主任胡连松，市人大常委会副主任阚建华陪同调研。

23日 全省廉政文化建设推进会在肥召开。省委常委、纪委书记王宾宜出席会议并讲话。省纪委副书记车建军作全省廉政文化建设工作报告。张庆军在会上致辞。

安徽省与中央企业深化合作发展会议合肥市工作组工作情况汇报会在市政务中心召开，动员各有关责任单位积极行动，落实责任，确保各项筹备工作顺利推进。张庆军出席会议并讲话。

第二届“包公杯”全国反腐倡廉曲艺作品征集活动颁奖典礼暨文艺演出在合肥大剧院举行。中纪委副书记李玉赋，省委常委、省纪委书记王宾宜，省委常委、市委书记吴存荣出席。

24日 合芜蚌自主创新综合试验区与北京中关村国家自主创新示范区战略合作协议签署仪式在北京国际饭店举行。北京市市长郭金龙，安徽省省长李斌出席签字仪式。省委常委、常务副省长詹夏来，省委常委、市委书记吴存荣出席签字仪式。

由中国曲艺家协会、市纪委共同主办的“清风颂廉”第二届“包公杯”全国反腐倡廉曲艺作品进社区演出在蜀山区南七街道洪岗社区举行。中国曲协副秘书长曲华江，省纪委副书记车建军，市委常委、市纪委书记雍成瀚出席。

由合肥学院、省科学技术协会、市科技局、省环境科学学会、德国罗斯托克大学、德国哥廷根应用科学大学、美国北卡罗来纳州立大学联合举办的“第四届环境技术及知识转化国际会议”在合肥召开。

全市党政正职党性教育理论武装培训班在市委党校举行第三次集中授课。国家发改委宏观经济研究院副院长、研究员马晓河作《当前经济形势》专题报告。中国创造学会副会长唐殿强作《政府管理创新》专题报告。

25日 “江淮情”走进合肥大型慰问演出在滨湖新区举行。省委常委、宣传部长唐承沛，省委常委、市委书记吴存荣，省人大常委会党组副书记、副主任臧世凯与广大群众一起观看演出。张庆军观看演出并接受主持人现场采访。

张庆军在市联合接访中心接待信访群众。听取群众关于房产纠纷、噪音污染和非法传销等问题的反映。

纪念合肥—久留米友好美术馆建馆20周年馆藏精品展开幕式暨馆藏作品集出版首发式举行。省文联党组书记、书记处第一书记庄保斌，省外事侨务办公室巡视员沙林森出席并共同为《合肥—久留米友好美术馆馆藏作品集》出版发行揭彩绸。日本久留米市市长代表、教育长堤正则，市委常委、宣传部长林存安，省美术家协会副主席、副秘书长杨国新致辞。

26日 合肥经开区项目集中开工仪式在区南部工业园举行。雍成瀚宣布开工，市领导谢刚、吴建国、许天锡出席开工仪式。

合肥市少年宫建宫三十周年庆典在安徽大剧院举行。省人大常委会副主任朱维芳，市领导韩冰、韦弋、陈葆华、杨增权出席庆典活动，并观看文艺演出。

27日 张庆军在市政务中心会见日立制作所执行役副社长、中国亚太区总裁森和广一行。

28日 2012年长三角区域侨联工作创新会议在合肥召开。吴存荣会见前来出席会议的中国侨联副主席乔卫一行。

合肥市政府与中铁四局集团战略合作签约仪式在市政务中心举行。中国中铁股份有限公司副总裁段秀斌出席仪式并讲话。市长张庆军与中铁四局集团有限公司总经理许宝成签订协议。

合肥市第七水厂开工。周善武出席开工仪式。七水厂位于高新区南岗工业园大别山路和将军岭路交口，总建设规模40万立方米/日，占地面积192.5亩。

吴存荣在市政务中心会见中国节能环保集团公司党委书记、副董事长陈津恩一行，中国中材集团有限公司党委书记于世良一行，中国石油天然气股份有限公司董事长、党组书记蒋洁敏一行。

张庆军在翡翠湖迎宾馆会见前来参加安徽省与央企深化合作发展会议的中国南车股份有限公司董事长赵小刚一行。

29日 第28届直辖市、副省级市、省会城市、经济特区和沿海开放城市综合统计信息交流年会在合肥召开。张庆军出席会议并致辞。

安徽新徽联总商会企业家总部办公基地等18个重点建设项目集中开工仪式在包河区包河工业园举行。省政协副主席、省工商联主席李卫华出席开工仪式，黄同文宣布项目开工，吴春梅致辞。

滨湖新区保障性住房——滨湖竹园项目开工。中国房地产开发集团理事长、汇力投资基金管理有限公司董事长孟晓苏，市长张庆军分别致辞。周善武主持开工仪式。

合肥市区城乡居民社会养老保险金发放仪式在滨湖和园小区举行。卢仕仁出席仪式并致辞。

在由国家商务部和北京市政府主办的中国（北京）电子商务大会开幕式上，蜀山经济开发区被授予“国家电子商务示范基地”。

安徽省与央企深化合作发展会议召开期间，吴存荣会见前来参会的中粮集团董事长宁高宁一行和中国兵器装备集团公司董事长、党组书记徐斌一行；张庆军会见前来参会议的武汉邮电科学研究院党委书记、院长童国华一行，中国保利房地产（集团）股份有限公司总经理朱铭新一行，以及美国洛基山集团董事长黄天文一行。

30日 张宝顺在省委常委、秘书长陈树隆，省委常委、市委书记吴存荣，副省长谢广祥陪同下到市华府骏苑小学和合肥特殊教育中心，看望慰问师生，并向全省各族少年儿童致以节日的祝贺，向广大少年儿童工作者表示诚挚的慰问。省委副秘书长、办公厅主任闵光辉，省委副秘书长、政研室主任任泽峰；市领导杨思松、杨增权陪同。

闽商国贸中心暨瑶海区第二批项目集中开工仪式举行。省人大常委会副主任沈卫国，南京军区联勤部副部长向孝民，安徽边防总队总队长张智源出席。张庆军宣布项目正式开工。

合肥市“文明上网·争做微时代依法守德的合格网民”千人倡议活动启动仪式在和平广场举行。此活动属全国首次。国家互联网信息办公室十一局副局长赵建国，市委常委、宣传部长林存安出席启动仪式。

合肥市在市政务中心召开推进合肥国家级文化和科技融合示范基地建设工作会议。林存安主持会议并讲话，吴春梅介绍全市荣获首批国家文化和科技融合示范基地称号的有关情况。

由市委宣传部、市教育局、共青团合肥市委员会、市妇联共同举办的以“建设幸福中国”为主题的合肥市第十八届青少年爱国主义读书教育活动小学生讲故事比赛、中学生演讲比赛在市图书馆举行。

吴存荣在市政务中心会见中国铁道建筑总公司副总经理、中国铁建股份有限公司副总裁张宗言一行。

31日 中共中央政治局委员、国务院副总理回良玉视察合肥建设与发展。他强调，合肥今天的发展成绩来之不易，一定要倍加珍惜；下一步，要瞄准定位，奋力拼搏，不断实现新的跨越。

“合肥市第八届少儿艺术节”优秀节目展演在市政务中心小会堂举行。市领导林存安、梁虹、杨增权与广大少年儿童及家长一起观看了演出。

第五届“庐州放歌”百场文艺下基层巡演活动在蜀山区汇林阁广场启动。林存安出席启动仪式并按动启动球。

6月

1日 张庆军主持召开市政府第100次常务会议，审议并原则通过《合肥市残疾人事业“十二五”发展纲要》、《合肥市优待扶助残疾人规定》，讨论确定了表彰2011年度合肥市科学技术奖励结果等有关事项，研究决定了出台《贯彻〈安徽省人口与计划生育条例〉有关奖励规定》等事项。

中国合肥·上海投资环境推介会在上海举行。推介会上举行了合肥光谷（庐阳）创意产业园项目战略合作签约仪式。黄同文出席会议并讲话。

合肥市轨道交通1号线工程开工。本期开工建设的合肥站至大东门站段长约2.813公里。按照计划，轨道交通1号线于2016年12月31日开通试运营。

2日 希腊合肥之友联谊会在雅典郊外卡潘德里蒂市成立。中国驻希腊大使杜起文、政务参赞赵丽莹出席仪式，市政协主席、合肥之友联谊会会长董昭礼介绍合肥及合肥之友发展情况。

5日 合肥市开展纪念“6·5”世界环境日暨第二届“十大环保卫士”表彰仪式在老市府广场举行。省环保厅副巡视员高家珍，市委常委、副市长周善武出席活动。

6日 国家人口计生委主任王侠来肥考察调研人口计生工作。省委常委、市委书记吴存荣，省政府副秘书长程中才，省人口计生委主任孙爱民陪同考察调研。

合肥市中小学校舍安全工程领导小组会议在市政务中心举行。

会议听取全市校安工程进展情况汇报，研究解决校安工程存在的问题。张庆军出席会议并讲话。

7日 2012年安徽省“投贷结合、助力中小、合作共赢”银企对接会在合肥滨湖国际会展中心开幕。省长李斌、招商银行行长马蔚华、科技部副部长王伟中出席开幕式并讲话。省委常委、常务副省长詹夏来，省委常委、市委书记吴存荣，招商银行副行长唐志宏，中国城建集团董事长于炼，海通证券董事长王开国出席开幕式。

第十届中国呼叫中心产业高峰论坛暨第十届中国最佳呼叫中心及最佳管理人颁奖大会在合肥市召开。中国信息化推进联盟副理事长兼秘书长刘献军，副市长吴建国出席论坛开幕式。

8日 第二届中国物业管理（中部）长江论坛在肥开幕。中国物业管理协会会长谢家瑾，住建部房地产市场监管司副司长王玉平，市委常委、副市长周善武出席论坛。

市直行政事业单位经营性房产清理划转动员大会在市政务中心召开。周善武出席会议并讲话。

9日 中共中央委员、全国政协社会和法制委员会副主任黄晴宜率全国政协社会和法制委员会考察组来我市考察家政服务业发展情况。省政协副主席李宏塔，市政协主席董昭礼陪同考察。

10日 2012省暨合肥市节能宣传周活动启动仪式在蜀山区法治文化广场举行。省委常委、常务副省长詹夏来宣布活动启动，省人大常委会副主任郭万清，省政协副主席李卫华，市委常委、副市长卢仕仁出席仪式。

省暨合肥市第十一个安全生产月咨询日及送安全文化进企业活动在杏花公园举行。省政府副秘书长宓建毅、黄晓武，市委常委、副市长卢仕仁出席启动仪式。

11日 合肥市食品安全周活动启动仪式在老市府广场举行，市领导卢仕仁、梁虹、奚芝英出席启动仪式。

12日 市十四届人大常委会第76次主任会议在市政务中心举行。会议听取并审议关于市十四届人大五次会议议案办理进展情况的汇报；关于授予科勒先生和凯乐博士“合肥市荣誉市民”称号议案的汇报；关于审议市检察院民事行政检察工作报告意见的汇报；关于部门决算审查报告的汇报；关于《合肥市城市绿化管理条例》执法检查情况的汇报；关于市十四届人大五次会议代表议案建议对口督办事项的汇报；关于审议合肥市民族工作情况报告意见的汇报；有关人事任免事项；市十四届人大常委会第三十三次会议议程（草案）、日程（草案）的汇报；关于全省人大宣传工作座谈会情况的汇报（书面）。市人大常委会主任、副主任出席会议。

合肥市行政服务中心国家级服务标准化试点项目评估首次会议在市政务中心召开。国家标准委党组成员、副主任孙波，省质监局党组书记、局长朱琳，副市长吴建国出席会议。

2012年第15届亚洲轮滑锦标赛签约仪式暨新闻发布会在市政务中心举行。国家体育总局群众体育司司长、亚洲轮滑联合会会长、中国轮滑协会主席盛志国出席并讲话。国家体育总局社会体育指导中心副主任、亚洲轮滑联合会秘书长邹积军与副市长杨增权代表承办合作双方进行签约。

13日 市委召开常委扩大会议，学习贯彻中共中央政治局委员、国务院副总理回良玉视察合肥重要讲话精神，听取全市投资、招商引资、工业经济运行和财税等工作情况汇报，深入分析当前经济形势，研究部署下一步工作推进措施。吴存荣主持会议并讲话。

张庆军主持召开市政府第101次常务会议，就民间融资的规范和引导问题进行了专题学习。会议审议并原则通过了出台《合肥市建设“1144便民菜篮子”工程实施意见》，讨论并通过了修订《合肥市城乡规划条例（草案）》，并决定提交市人大常委会审议，研究决定出台合肥市城市绿地控制规划（第二批）等事项

14日 吴存荣赴肥西县调研，并召开座谈汇报会听取肥西县工作汇报。他强调，要以科学发展观为指导，牢牢把握稳中求进工作总基调，千方百计上项目扩投入，狠抓工业经济发展和生态环境建设，为促进全市经济持续平稳较快发展作出更大贡献。

吴存荣赴高新区调研，并召开座谈汇报会听取高新区工作汇报。他强调，要科学分析当前经济形势，辩证分析面临困难，担负起在全市发展大局中的重任，勇于开拓、奋力前行，确保全面完成全年任务。

全市集体林权制度改革工作座谈会在市政务中心召开。熊建辉出席会议。

2012中国（合肥）国际旅游商品暨创意礼品展览会在安徽国际会展中心开幕。省旅游局副局长时林华，市领导陈栋、杨增权、许天锡出席开幕式。

15日 市工商联（总商会）第十三届一次常委（扩大）会在市政务中心小礼堂召开。吴存荣应邀

为参会的民营企业家作经济形势报告。他强调，市委市政府对全市民营经济发展充满信心，对广大企业家寄予很大期望，让我们坚定信心、奋力前行，在推进“新跨越、进十强”的进程中，再攀事业发展新高峰；在迈向区域性特大城市的征程上，续铸企业发展新辉煌。韦弋主持报告会。

16日 第二届中国·长丰南瓜节在长丰县吴山镇开幕。省长助理邵国荷，市委副书记熊建辉出席开幕式。

合肥市2012“江淮普法行”广场法律咨询服务活动在老市府广场举行。省人大常委会副主任陈先森，市委常委、政法委书记张进出席活动。

中国·三河第五届水文化节暨三河地区传统龙舟赛开幕式在古镇三河举行。市领导叶祥所、杨增权、许天锡出席开幕式。

17日 “宣酒杯”首届环巢湖全国自行车邀请赛在巢湖之滨拉开帷幕。市领导林存安、杨增权出席开幕式。

18日 张庆军在市政务中心会见中国工程院院士、武汉大学水利学院教授茆智一行。

19日 合肥市第四次妇女儿童工作会议在市政务中心举行。会议总结了全市《2001-2010年妇女儿童发展纲要》实施情况，部署了《2011-2020年妇女儿童发展纲要》工作任务，并对实施“两纲”先进集体、先进个人进行表彰。省妇联主席黄红、市长张庆军出席会议并讲话。

20日 市人大常委会开展《合肥市志愿服务条例（草案）》立法调研。市领导黄同文、苏宇光、杜昌寿、梁虹、陈葆华、叶祥所、阚建华参加调研。

合肥出口加工区通过由国家海关总署、国家发改委、财政部等九部委组成的联合验收小组验收。副省长花建慧，国家海关总署加工贸易司副司长吴海平，市领导黄同文、吴建国出席验收会议。

19～21日 中央纪委驻水利部纪检组组长董力率领中央加快转变经济发展方式检查组来肥，重点检查水利改革发展、保障性安居工程建设、节能减排和环境保护、耕地保护和节约用地等政策措施落实情况。

20～21日 由中国饭店协会、安徽省商务厅、合肥市人民政府主办，合肥市商务局、肥西县人民政府、合肥市餐饮（烹饪）行业协会等单位承办的第二中国（合肥）餐饮产业大会暨展览会在肥西花木城会展中心举行。20日开幕，安徽省政协副主席王鹤龄、中国饭店协会会长韩明，市领导韩冰、杜昌寿、杨增权出席开幕式。

21日 市十四届人大常委会第77次主任会议在市政务中心举行。会议听取并审议了关于设立合肥市人大常委会预算工作委员会相关事项的汇报；关于提请审议《合肥市志愿者服务条例（草案）》议案的汇报；人事任免事项。黄同文主持。

市长、市综治委主任张庆军赴北京参加中央综治委第二次全体会议。会议由中共中央政治局常委、中央政法委书记、中央社会管理综合治理委员会主任周永康主持。

22日 由市文明办、庐阳区文明委和市交警支队共同主办的“珍爱生命，文明出行”大型义演宣传活动在杏花公园广场举行。林存安出席活动。

23日 合肥市第十届运动会首个比赛项目——龙舟比赛在政务文化新区天鹅湖赛场举行。市长张庆军，省体育局巡视员高维岭出席开幕式并观看比赛。

24日 省委常委、宣传部长曹征海来肥调研宣传思想文化工作。省委常委、市委书记吴存荣，省委宣传部常务副部长叶文成，市领导张庆军、杨思松、林存安、杨增权陪同调研。

25日 安徽省副省长花建慧来合肥调研合肥海峡两岸交流基地建设情况。省政府副秘书长张武扬，副市长江洪陪同调研。

合肥市文物管理处网站（www.hfww.org）上线开通，是全市第一个文物管理网站，也是全省第一个地方文物行政管理部门的独立网站。

25～26日 市十四届人大常委会第33次会议在市政务中心举行。会议听取并审议了关于《合肥市志愿服务条例（草案）》起草情况的说明和审查意见报告（书面）；关于《合肥市城市规划管理办法（修改草案）》的说明和审查意见报告（书面）；关于《合肥市城市绿化管理条例》执法检查情况的报告和贯彻执行情况的报告（书面）；关于2011年市级财政决算的报告和2011年市级财政决算草案审查结果的报告；关于2011年市级预算执行和其他财政收支的审计工作报告。会议通过了关于批准合肥市2011年市级财政决算的决议；关于批准授予科勒先生和凯乐博士合肥市荣誉市民称号的决定；关于设立合肥市人大常委会预算工作委员会的决定；人事任免事项；市人大常委会预算工作委员会组成人员名单。市人大常委会主任，副主任，秘书长出席会议；市委常委、常务副市长魏晓明，市法院院长许建，市检察院检察长满铭安列席会议。

26日 全市庆祝建党91周年党的建设工作座谈会在市政务中心召开。吴存荣出席会议并讲话。他强调，要不断解放思想、改革创新，坚持不懈加强党的建设，充分发挥基层党组织战斗堡垒作用和共产党员先锋模范作用，为推进“新跨越、进十强”提供坚强保障，全力打造“大湖名城、创新高地”。熊建辉主持座谈会。市领导杨思松、林存安、雍成瀚、凌云出席。

张庆军主持召开大建设调度会，总结2012年上半年大建设推进情况，部署下一阶段工作任务。市领导魏晓明、周善武出席会议。

合肥市总工会十四届八次常委会议和市总工会十四届十次全委会议在市总工会会议室召开。会议审议了即将召开的市工会第十五次代表大会有在关事项。

《合肥市电子商务“十二五”发展规划》经市政府同意，颁发实施。

27日 市政协十二届四十次主席会议在市政务中心召开。会议审议了市政协“大力发展文化产业、促进文化大发展大繁荣”三个子课题调研报告及《关于加快发展我市文化产业的建议》（草案）；审议了市政协十二届二十二次常委会会议议程（草案）。董昭礼主持会议并讲话。

吴存荣在市政务中心先后会见百联集团总裁贺涛一行，五洲龙电源科技有限公司总经理曾垂松等来肥参加全国电动汽车用电池标准工作会议客商代表。

全市党政机关办公室主任会议在市政务中心召开。会议传达了全国、全省党委秘书长会议精神，号召全市党政机关办公厅（室）工作人员围绕落实省市党代会精神和“十二五”规划目标任务，不断提升办公厅（室）“三服务”科学化水平，为推进合肥“新跨越、进十强”，阔步迈向区域性特大城市，作出新的更大贡献。熊建辉出席会议并讲话。

由中国文联、中国曲艺家协会、市政府主办，市委宣传部、市文广新局承办的第七届中国曲艺牡丹奖全国曲艺大赛（合肥赛区）开赛，共有来自全国各地的49个节目参赛。

省委常委、市委书记、市文明委主任吴存荣赴肥东县陈集镇阳光小学，慰问陈万霞和全校师生，出席市学习陈万霞先进事迹座谈会并讲话。省委宣传部副部长、省文明办主任贺懋燮出席座谈会并讲话。市委常委、宣传部长、市文明委常务副主任林存安陪同并主持座谈会。

28日 第六次全省妇女儿童工作会议在合肥市召开。合肥市妇女儿童工作委员会荣获“安徽省实施2001～2010年妇女儿童发展纲要先进集体”称号。杨增权代表市妇儿工委作题为《倾心尽力 尽职履职 全力促进妇女儿童发展》的交流发言。

合肥市“讲大局、强责任、提能力、抓落实”主题演讲比赛（决赛）在市政务中心小会堂举行。省市领导吴存荣、熊建辉、杨思松、林存安、雍成瀚、凌云观看演讲比赛。

29日 合肥市庆祝中国共产党成立91周年暨创先争优表彰大会在市政务中心大礼堂举行。吴存荣出席大会并讲话。他强调，科学发展奔涌向前，合肥崛起时不我待。我们要更加紧密地团结在以胡锦涛同志为总书记的党中央周围，高举中国特色社会主义伟大旗帜，以邓小平理论和“三个代表”重要思想为指导，深入贯彻落实科学发展观，团结带领全市人民，抢抓新机遇、勇担新使命，加强党的建设、深入创先争优，为建设区域性特大城市而努力奋斗，以优异成绩迎接党的十八大胜利召开。张庆军主持大会。熊建辉宣读《中共合肥市委关于表彰全市创先争优先进基层党组织、优秀共产党员和创先争优活动先进县（市）区党委的决定》。市委常委，市人大常委会、市政府、市政协、合肥警备区负责同志；市委督查组组长，合肥学院院长，市法院院长、市检察院检察长，武警合肥支队支队长、政委出席大会。

全市“保持党的纯洁性、迎接党的十八大”主题教育实践活动动员大会在市政务中心举行。吴存荣出席会议并讲话。他强调，要在省委的坚强领导下，以高度负责的态度、改革创新的精神、求真务实的作风，深入开展好主题教育实践活动，扎实做好保持党的纯洁性各项工作，更好地团结带领全市人民，抢抓新机遇、勇担新使命，奋力谱写合肥科学发展新篇章，以优异成绩迎接党的十八大胜利召开。张庆军主持会议。熊建辉宣读《关于在全市集中开展“保持党的纯洁性、迎接党的十八大”主题教育实践活动实施方案》。市领导董昭礼、杨思松、林存安、雍成瀚、凌云、魏晓明、张进、卢仕仁、韩冰、韦弋、周善武、孙建辉、杜平太、杜昌寿、谢刚、阚建华、江洪、吴建国出席会议。

全市防震减灾科普示范学校创建工作现场会在瑶海区和平小学东校区举行。省地震局副局长刘欣，副市长杨增权出席会议。

30日 合肥市最大的公租房项目—平板显示基地配套公租房

项目开建。该项目规划用地约115亩，总建筑面积25.5万平方米，居住套数4856套。

7月

1日 第七届中国曲艺牡丹奖全国曲艺大赛（合肥赛区）颁奖晚会在合肥大剧院举行。省委常委、宣传部长曹征海，省委常委、市委书记吴存荣，中国文联党组成员、副主席杨承志出席颁奖晚会，并与广大观众一起观看节目演出。

2日 公安部“破案会战”督察专员赵炜到合肥督察指导“破案会战”工作。省厅督察总队政委金东升，副市长、市公安局长程瀚陪同。

合肥市委副书记、市长张庆军率合肥市党政和企业代表团赴新疆乌鲁木齐考察。新疆生产建设兵团党委书记、政委车俊会见代表团一行。合肥市委常委、安徽省援疆指挥部指挥长、和田地委副书记聂爱国参加会见。

3日 合肥市总工会第十五次代表大会在市政务中心小会堂开幕。省委常委、市委书记吴存荣，省政协副主席、省总工会主席王秀芳出席会议并讲话。市领导董昭礼、杨思松、雍成瀚、凌云、魏晓明、张进、韩冰、韦弋、周善武、安列出席。熊建辉主持会议。

合肥市争创全国文明城市暨道德领域突出问题专项教育和治理推进会在市政务中心举行。林存安出席会议。

全市城市社区“两委”统一换届选举工作会议在市政务中心召开。市领导熊建辉、凌云、张进出席会议。

4日 吴存荣在市政务中心会见中国化工集团农化总公司常务副总裁、首席运营官刘跃，以色列马克西姆-阿甘公司全球副总裁利承斯坦·陈一行。杨思松参加会见。

5日 市政协十二届22次常委会议在市政务中心召开。会议听取了市政协“大力发展文化产业、促进文化大发展大繁荣”三个子课题调研报告；审议通过了《关于加快发展我市文化产业的建议》。杨增权参会并通报2012年上半年全市经济社会发展及文化产业发展情况。董昭礼出席会议并讲话。

6日 张庆军率合肥代表团出席第十八届兰州投资贸易洽谈会。全国人大常委会副委员长华建敏出席开幕式并宣布第十八届兰洽会开幕。甘肃省委书记、省人大常委会主任王三运致辞。

张庆军率队赴嘉峪关市考察经济社会发展和城市建设情况。

7日 吴存荣在市政务中心会见台湾广达集团中国区达丰电脑董事长黄健堂一行。杨思松参加会见。

8日 吴存荣在高新区会见以全美合肥之友联谊会会长、美国华盛顿大学机械工程系和生物工程系终身正教授、“长江学者”和“百人计划”专家高大勇等为代表的“中科大杰出校友合肥行”成员。杨思松参加会见。

9日 吴存荣率合肥市党政代表团赴桐城市学习考察。考察其间，举行了合肥-桐城合作发展工作座谈会，并签署了《合肥市-桐城市合作发展备忘录》。市领导张庆军、熊建辉、杨思松参加学习考察。

安徽省少数民族实用技术培训基地授牌仪式在合肥举行。省民委（宗教局）主任（局长）孙丽芳为合肥桂和农牧渔业发展有限公司培训基地揭牌。省民委（宗教局）副主任（副局长）白和平，副市长杨增权出席仪式。

10日 合肥市首个社区“道德讲堂”在瑶海区铜陵路街道泗州路社区挂牌。

11日 市政府与光大银行合肥分行战略合作协议签约仪式在市政务中心举行。市长张庆军、光大银行总行副行长马腾出席签约仪式并致辞。

第三届中国（天津滨海）国际生态城市论坛暨博览会合肥市座谈会在市政务中心举行。天津市滨海新区人大常委会主任张家星介绍了滨海新区基本情况。吴春梅主持座谈会。

12日 市十四届人大常委会第78次主任会议在市政务中心举行。会议听取并审议了关于明确市人大常委会财经工委和预算工委对口联系部门的汇报；关于城市道路交通安全工作视察方案的汇报；关于全市文化体制改革情况视察方案的汇报；关于《合肥市城市绿化管理条例》执法检查报告的审议意见的汇报；关于市政府2011年市级预算执行和其他财政收支审计工作报告的审议意见的汇报。黄同文主持。

吴存荣在市政务中心会见来肥参加合肥市助推中小企业成长百度“翔计划”启动仪式的百度公司副总裁朱光一行。杨思松参加会见。

在北京召开的国家高新技术产业开发区工作会议上，合肥高新区被授予“国家高新区建设20年先进集体”荣誉称号。

11～13日 中共合肥市委中心组理论学习会议召开。会议主要任务是学习贯彻全国科技创新大会精神，按照省委常委会部署，以党的先进性和纯洁性，进一步推动合肥国家创新型城市建设，更好地依托创新推动、加快转型发展，为实现“新跨越、进十强”目标、全力打造现代化新兴中心城市、朝着区域性特大城市方向迈进提供不竭动力，以优异成绩迎接党的十八大胜利召开。 会议分为自学和集中学习研讨两个阶段，13日下午，在市政务中心开展集中学习研讨，吴存荣主持会议并讲话，张庆军出席会议并讲话，林存安、卢仕仁发言。市委常委，市人大常委会主任、市政协主席，市政府副市长，市委督查组组长，市政府秘书长出席会议。市人大常委会副主任、市政协副主席，市法院、市检察院主要负责人，市人大常委会、市政协秘书长，市委、市政府副秘书长，各县市区党委、政府和各大开发区主要负责人，市直各单位、省部属驻肥有关单位主要负责人列席会议。

13日 市委召开常委扩大会议，传达贯彻省委常委会议关于2012年下半年经济工作的部署精神，听取全市投资、招商引资、工业经济运行和财税等工作情况汇报，深入分析当前经济形势，研究部署下一步工作推进措施。吴存荣主持会议并讲话。

合肥东凌旭铸件工业项目在肥西桃花工业园拓展区举行开工仪式。张庆军出席并宣布项目开工。市领导谢刚、许天锡出席开工仪式。

14日 河南省委常委、郑州市委书记吴天君率郑州市党政代表团，来合肥考察经济社会发展和城市建设情况。吴存荣、张庆军、黄同文、董昭礼陪同考察。

14～15日 中国建筑培训协会在合肥举办“城市园林绿化评价标准及园林绿化施工养护技术培训班”，推广《国家园林城市标准》。

15日 合肥市2012年市县联合公开选拔领导干部笔试在合肥学院举行。1717名考生以“人机对话”方式参加考试。吴存荣、张庆军、黄同文、董昭礼、熊建辉、凌云前往考场巡视。中组部领导干部考试和测评中心副巡视员潘海峰对考试工作予以现场指导。

16日 市政府向人大代表通报政情会议在市政务中心召开。张庆军通报了2012年以来全市经济社会发展情况。黄同文主持会议。

安徽省合肥市全国城市文明程度指数模拟测评情况通报会在市政务中心召开。市长、市文明委第一副主任张庆军，省委宣传部副部长、省文明办主任贺懋燮出席会议并讲话。省文化厅党组成员、纪检组长宰学明反馈合肥城市文明程度指数测评情况。市委副书记、市文明委副主任熊建辉，市人大常委会副主任、市文明委副主任梁虹出席。林存安主持。

中国信达（合肥）灾备及后援基地建设项目奠基典礼在滨湖新区举行。吴存荣出席典礼并宣布项目开工。中国信达资产管理股份有限公司总裁臧景范，副市长孙斌出席典礼并分别致辞。省金融办主任周建春，中国人民银行合肥中心支行行长刘伟建，省银监局局长陈琼，省建行行长戴跃明，市委常委、秘书长杨思松出席典礼。

新站区规模最大的拆迁安置小区新店花园一标段开建。项目位于新蚌埠路与淮南大道交口处，规划用地面积279432平方米，总建筑面积576375平方米，工程概算总投资约9.5亿元，满足近1.6万居民的住房需求。

17日 在全国就业创业工作表彰会议上，合肥市被国务院评为“全国创业先进市”，是首次获国务院表彰。同时，市人力资源和社会保障局被国务院授予“全国就业先进工作单位”称号。

市政府与国家开发银行安徽省分行共同推进巢湖生态示范区建设工作对接会在市政务中心举行。市长张庆军、国家开发银行安徽省分行行长宋伟农出席会议并讲话。

省发改委来合肥调研经济形势座谈会在市政务中心召开。省发改委党组书记、主任张韶春，市长张庆军，魏晓明出席会议并讲话。

18日 合肥市公安局特警新基地揭牌暨警用直升机首航仪式在市公安局特警新基地举行。省委副书记孙金龙，省委常委、副省长陈树隆，省委常委、市委书记吴存荣，市委副书记、市长张庆军出席仪式并为新基地揭牌。

19日 全市人大宣传工作座谈会在市政务中心举行。会议学习传达全省人大宣传工作座谈会和市委主要领导批示精神，表彰了合肥市第十九届宣传人大制度好新闻、好论文，并为获奖作者颁奖。黄同文、林存安出席会议并讲话。

吴存荣赴安徽江淮汽车集团有限公司调研，深入生产一线了解情况，慰问干部职工，并召开调研汇报会与企业共谋发展大计，现场协调解决企业发展中遇到的实际问题。他强调，全市上下要深入学习贯彻全国科技创新大会精神，按照省委常委会部署和市委中心组理论学习会议要求，进一步统一思想，全力以赴支持企业加强科技创新，更快地推动技术进步，政企合力共推创新发展、转型发展，更好地发挥优势、更多地开发特色产品，不断做大做强做优。市委常委、秘书长杨思松，江汽集团董事长、党委书记、总裁安进陪同调研。

20日 天鹅湖万达广场开业庆典在市政务文化新区举行。省委常委、市委书记吴存荣，全国政协常委、全国工商联副主席、大连万达集团董事长王健林出席庆典并为天鹅湖万达广场开业剪彩。市领导黄同文、董昭礼、杨思松、魏晓明、刘烈东、周善武、孙斌、吴建国，市慈善协会会长周富如，新华社安徽分社党组成员、副社长汪延出席。王健林、魏晓明分别致辞，大连万达集团向市慈善协会捐赠50万元。

深圳证券交易所与合肥高新区战略合作协议签约仪式在高新区举行。吴存荣出席仪式并会见深交所副总经理陈鸿桥一行。签约仪式由副市长孙斌主持，陈鸿桥、高新区负责人分别致辞，深交所园区推广部总监刘江红与高新区有关负责人代表双方签约。安徽证监局局长方向瑜，省金融工作办公室副主任何昌顺，市委常委、秘书长杨思松参加会见并出席仪式。

由中国渔业协会、省农委、合肥市政府联合主办，市委宣传部、市畜牧水产局、包河区政府、合肥报业传媒集团、市旅游局联合承办的2012中国（合肥）龙虾节开幕。中国渔业协会会长齐景发宣布龙虾节开幕。市委常委、宣传部长林存安，省农委党组成员、总农艺师赵颖南，农业部渔业局副局长李书民先后致辞。

合肥市“第三届特殊奥林匹克运动会暨全国第六届残疾人运动会”在市蚌埠路第四小学举行。

合肥轨道交通1号线长2140米的首段隧道在高铁南站地下开始建设。

20～21日 新疆生产建设兵团党委、兵团副秘书长，对口援疆办、经协办党组书记、主任焦明启率代表团来合肥考察经济社会发展和城市建设情况。市委常委韩冰、副市长孙斌陪同考察。

21日 以“加快科技创新 做强龙虾经济”为主题的“第六届中国·合肥龙虾经济论坛”在合肥举行。省农委党组成员、总农艺师赵颖南，副市长江洪出席论坛，并见证《渔业科技合作协议》签署。

23日 张庆军主持召开市政府第102次常务会议，审议并原则通过了出台加快光伏推广应用与产业发展、“十二五”现代物流业规划，听取并通过了巢湖市烟花爆竹生产企业有序退出等有关事项。

合肥市集中打击整治传销行动动员大会在政务中心举行。张庆军出席并讲话。他强调，打击整治传销活动事关投资环境，事关社会稳定，事关群众利益。各级各部门要以此次集中行动为契机，坚决铲除各类传销组织和传销活动，全力维护好社会稳定大局。程瀚主持会议。

合肥市推进“文明交通行动计划”动员大会在市政务中心举行。张庆军出席会议并号召广大市民，积极行动起来，用每一个人的文明行动、每一个人的爱心责任，向不文明的交通行为告别，让城市交通更加通畅文明。林存安、程瀚出席会议。

24日 市委召开常委扩大会议，专题研究关于加快文化强市建设的系列政策。会议要求，要以更大的力度，保障文化强市建设。各级各部门要像抓经济工作那样抓文化发展，领导重视要到位，政策支持要到位，责任落实要到位，努力保持并发展好全市文化体制改革的领先优势和文化发展的强劲态势，走出一条具有时代特征、体现独特魅力、展示合肥特色的文化强市建设之路，为全力打造现代化新兴中心城市、朝着区域性特大城市方向迈进作出不懈努力，以优异成绩迎接党的十八大胜利召开。吴存荣主持会议并讲话。

合肥市第七次荣获全国双拥模范城总结表彰暨争创“八连冠”动员大会在市政务中心小会堂召开。省委常委、市委书记、市双拥工作领导小组组长吴存荣出席会议并讲话。他强调，我们要更加紧密地团结在以胡锦涛同志为总书记的党中央周围，不断巩固和发展军政军民团结，争创全国双拥模范城“八连冠”，让“双拥模范城”这个展示合肥形象的“知名品牌”闪耀出更加璀璨的光芒，以优异成绩向党的十八大献礼。省军区副政委周俊出席会议并讲话。市委副书记、市长、市双拥工作领导小组第一副组长张庆军主持会议。市委副书记、市双拥工作领导小组常务副组长熊建辉作工作报告。中国人民解放军陆军军官学院政委李永生，省武警总队总队长朱永和，中国人民解放军电子工程学院院长郭玉林，合肥警备区司令员陈再忠，省双拥工委副主任、省民政厅厅长吴旭军，市领导董昭礼、杨思松、张进、程瀚、陈葆华出席会议。

25日 合肥市第一、六、八三校联招均衡派位工作完成。参与派位的共有统招生2049人，指标到校生2670人。市人大代表、政协委员代表、考生家长代表、高中校长、初中校长代表、区教育主管部门负责人、省、市新闻媒体共计350人现场观摩。

26日 市政府召开第十三次全体会议，传达贯彻省政府第十九次全体会议精神，总结分析全市2012年上半年经济社会发展情况，部署2012年下半年工作。会议通报了2012年上半年全市主要工作目标任务完成情况。张庆军出席会议并讲话。市领导魏晓明、刘烈东、周善武、杨增权、程瀚、江洪、吴春梅、孙斌、吴建国出席会议。

国家住房和城乡建设部部长姜伟新来合肥调研考察美好乡村建设工作。省委常委、市委书记吴存荣，副省长倪发科，省政府副秘书长余焰炉，省住房和城乡建设厅厅长李明陪同调研考察。国家住房和城乡建设部办公厅主任王铁宏、城乡规划司司长孙安军、村镇建设司司长赵晖、建筑节能与科技司司长陈宜明参加调研考察。

27日 张庆军主持召开市政府第103次常务会议，审议并原则通过了关于第六届中国（合肥）国际家用电器博览会合肥承委会筹备工作方案、2012中国安徽（合肥）农业产业化交易会合肥市工作方案，并就两大展会筹备工作进行了安排部署。会议还讨论并确定了合肥市城市管理主要道路和重点地区范围等有关事项。

28日 中国科学技术大学先进技术研究院开工仪式在合肥国家科技创新型试点市示范区举行。中共中央政治局委员、国务委员刘延东发来贺信，对项目开工表示祝贺。开工仪式上，省委书记、省人大常委会主任张宝顺宣布开工；中科院院长白春礼，省委副书记、省长李斌，教育部党组副书记、副部长杜玉波分别讲话；科技部副部长王伟中宣读刘延东贺信。省委常委、常务副省长詹夏来主持仪式。中科大校长、先进技术研究院院长侯建国介绍建设有关情况。先进技术研究院合作企业代表通用电气中国研发中心总裁陈向力，中科院副院长施尔畏、詹文龙，中科大党委书记许武，中国工程院院士万元熙，中科院院士俞昌旋；省委常委、秘书长唐承沛，省委常委、市委书记吴存荣，副省长倪发科、谢广祥出席仪式。

李斌主持召开中国科学技术大学先进技术研究院建设领导小组第一次会议，研究确定先进技术研究院目标定位、建设规划和运行机制等重要事项。中科院院长白春礼出席会议并讲话。中科院副院长施尔畏、詹文龙，省领导詹夏来、吴存荣、倪发科、谢广祥，中科大领导许武、侯建国，省政府秘书长韩先聪出席会议。张庆军汇报中国科学技术大学先进技术研究院建设规划和中国科学技术大学先进技术研究院建设投资有限公司组建事宜。会议通过了中科大先进技术研究院领导小组成员名单和议事规则，研究了中科大先进技术研究院建设规划和战略发展思路规划事宜。

中国科学技术大学先进技术研究院规划建设新闻发布会在高新区管委会举行。中国科学技术大学校长侯建国发布先进技术研究院发展规划相关内容。省科技厅厅长、创新办主任徐根应发布先进技术研究院规划建设总体情况，市长张庆军发布先进技术研究院建设规划相关内容。

全市维稳工作专题会议在市政务中心召开。吴存荣主持会议并讲话。他强调，各级各部门要进一步提高维稳认识、强化责任落实，确保全市大局和谐稳定，以优异成绩迎接党的十八大胜利召开。市领导熊建辉、杨思松、张进、程瀚出席。

合肥·绿色大圩第十届葡萄文化旅游节开幕。省政府副秘书长张武扬出席并宣布葡萄节开幕。省委宣传部副部长、省文明办主任贺懋燮，省旅游局副局长张雪平为大圩镇“全国文明村镇”揭牌。市领导周善武、杜昌寿为大圩葡萄“国家绿色食品A级产品”揭牌。

28～29日 国家人口计生委副主任崔丽率队来合肥市考察人口计生工作。国家人口计生委宣教司司长张建、直属机关党委常务副书记张旭光、国际合作司司长胡宏桃参加考察；省人口计生委主任孙爱民，副市长杨增权陪同考察。

29日 全市宣传部长座谈会在市政务中心举行。会议传达了全国全省宣传部长座谈会和市委常委（扩大）会议精神，各县（市、区）委宣传部、合肥报业传媒集团做了交流发言。林存安、杨增权出席座谈会。

张庆军赴深圳走访宝能投资集团有限公司，就相关合作事宜进行洽谈。

30日 吴存荣在市政务中心会见中国新闻出版传媒集团有限公司党委书记、董事长姜军，东方集团投资控股有限公司副总裁、董事会秘书孙明涛一行。林存安、杨增权会见时在座。

黄同文率队调研全市打击非法传销活动开展情况，并赴蜀山经济开发区管委会和市工商局，参观打击传销成果展，查看有关资料。

张庆军先后考察了中国平安保险（集团）股份有限公司、研祥集团、赛为智能股份有限公司、华侨城集团公司、深圳市普联技术有限公司。孙斌陪同考察。

31日 市十四届人大常委会第79次主任会议在市政务中心举行。会议听取并审议了关于市人大常委会第三十二次会议审议商务工作报告意见办理情况的汇报；关于农田水利建设情况视察方案的汇报；关于视察全市文化体制改革工作情况的汇报；关于人事任免事项的汇报；关于市十四届人大常委会第三十四次会议议程（草案）、日程（草案）的汇报；关于全省人大工作交流研讨会精神的汇报。市人大常委会主任黄同文，副主任苏宇光、杜昌寿、陈栋、谢刚、梁虹、陈葆华、叶祥所、阚建华出席会议。

省发改委和省教育厅检查组来合肥市调研指导校舍安全工程工作。调研中重点了解中央资金的使用情况，对校舍安全工程项目档案建设和中央投资节余资金规范管理提出了指导性意见。

合肥美亚光电技术股份有限公司在深交所中小板块市场挂牌交易。省人大常委会副主任郭万清、市长张庆军出席美亚光电上市仪式并敲响开市宝钟。省科技厅厅长徐根应、副市长孙斌出席仪式。

张庆军前往被誉为“中国曼哈顿”的深圳前海深港现代服务业合作区考察相关建设、发展理念及运作模式等情况，并与前海管理局局长郑宏杰进行座谈。

8月

1日 2012年市重大项目领导小组第二次调度会在市政务中心召开。会议总结了2012年上半年全市重大项目推进工作，研究安排2012年下半年工作，并对中盐合肥化工基地等4个项目建设工作进行具体调度。省委常委、市委书记、市重大项目领导小组组长吴存荣主持会议并讲话。他强调，要继续坚持稳中求进的工作总基调，把稳增长放在更加重要的位置，着力扩大有效投入，以重大项目为抓手，齐心协力，真抓实干，促进经济平稳较快发展。市领导张庆军、魏晓明、韩冰，合肥海关、安徽出入境检验检疫局、人行合肥中心支行主要负责人参加会议。

“第三届中国上市公司与城市发展投资交流会”在广州举办。广州、天津、合肥分别获得“2012中国最佳投资城市”前三名。

2日 吴存荣赴瑶海区调研，慰问生产一线职工，并召开调研汇报会。他强调，要不断解放思想、改进作风，项目前期工作要进一步深入具体；要以可利用建设用地为基础，规划功能分区，提高空间资源利用效率，强力推进项目建设。杨思松、魏晓明陪同调研并出席调研汇报会。

张庆军应邀做客人民网，畅谈合肥创新型城市建设的经验做法和下一步发展路径。他指出，“合肥经验”在于从创新型城市“顶层设计”到自主创新“政策落地”，始终坚持先行先试，全面推进体制机制创新，积极探索科技经济结合的新路径。

市人大常委会“保持党的纯洁性、迎接党的十八大”主题教育实践活动党课报告会在市政务中心举行。黄同文作题为《永葆党的纯洁性，发挥党员的先锋模范堡垒作用》的报告。

合肥市“千家道德讲堂”联盟启动仪式在市政务中心大会堂举行。林存安出席启动仪式并按动启动球。

3日 李斌调研合蚌客运专线建设情况。在合肥铁路枢纽南环线南站施工现场，慰问施工人员，现场调研铁路建设工作，并在中铁十一局合肥南站地铁工程项目部会议室主持召开铁路建设工作现场推进会。省委常委、常务副省长詹夏来，省委常委、市委书记吴存荣，上海铁路局局长安路生陪同调研并出席推进会。

“保持党的纯洁性，迎接党的十八大”主题教育实践活动专题党课在市政务中心举行。吴存荣作题为“始终保持纯洁性，不断展示先进性，为区域性特大城市建设提供坚强可靠保证”的党课报告。他强调，要按照省、市委部署要求，继续认真开展主题教育实践活动，扎实做好保持党的纯洁性各项工作，以实际行动，为建设区域性特大城市作出积极贡献，以优异成绩迎接党的十八大胜利召开。市委常委，市人大、市政府、市政协党员负责同志出席。熊建辉主持会议。

5日 市新闻单位负责人座谈会在市政务中心召开。吴存荣出席会议并讲话。他强调，要不断强化政治责任，始终坚持正确舆论导向，切实提高舆论引导能力，继续营造良好舆论氛围，为建设区域性特大城市作贡献，以优异成绩迎接党的十八大胜利召开。杨思松、林存安出席。

6日 中共合肥市委与市各民主党派负责同志集体谈心会在市民主党派办公楼会议室举行。吴存荣出席并讲话。他强调，加强党外代表人士队伍建设，重视民主党派后备干部队伍建设，是市委与市各民主党派的共同职责。市委高度重视，并将一如既往积极创造条件，大力支持，努力形成党外代表人士队伍人才辈出的良好局面，共同为绘就合肥宏伟蓝图、助推美好安徽建设，不断作出新的更大贡献。市领导熊建辉、杨思松、凌云、韦弋出席。

7日 吴存荣在市政务中心会见北京雪花电器集团公司总经理倪众勤一行。杨思松、韩冰参加会见。

8日 吴存荣赴巢湖市调研，深入企业了解生产经营情况，慰问一线干部职工。杨思松陪同。

吴存荣在市政务中心会见花王株式会社代表取缔役、社长执行役员泽田道隆一行。杨思松、吴建国参加会见。

9日 吴存荣在市政务中心会见中国建筑第四工程局有限公司董事长、党委书记叶浩文一行。杨思松、周善武参加会见。

六安市委书记、市人大常委会主任孙云飞率六安市党政代表团来肥，考察经济社会发展和城市建设情况。黄同文、董昭礼陪同考察。

10日 由科技部、教育部、财政部和中华全国工商业联合会共同指导的首届中国创新创业大赛（安徽）暨安徽省第四届自主创新创业大赛推介会在合肥民营科技创业服务中心举行。会议由安徽省科技厅和合肥市人民共同主办。

13日 吴存荣在市政务中心会见远大住宅工业有限公司董事长张剑一行。杨思松、周善武参加会见。

14日 由新闻出版总署、中央纪委驻总署纪检组、全国“扫黄打非”工作小组办公室联合组成的中央督查组来到合肥报业传媒集团，实地调研并听取了关于开展“打击‘新闻敲诈’治理有偿新闻专项行动”的贯彻落实情况和工作汇报。

黄同文率队视察全市农田水利建设情况。视察组听取了全市农田水利基本建设情况的汇报，并分成三组，分别赴肥东县、长丰县和庐江县的部分水库，视察农田水利工程的建设情况。江洪陪同视察。

15日 吴存荣带案下访，就有关供电类信访事项现场办公，并主持召开调度会。他强调，要进一步强化监督管理，不断破解供电保障存在的难题；要继续通过带案下访，剖析案例、举一反三，建立健全解决各类民生问题的长效机制，更好地造福人民群众。市领导杨思松、张进、周善武陪同。

吴存荣赴省出入境检验检疫局考察。省出入境检验检疫局局长姜宗亮，党组书记张明，市领导杨思松、魏晓明陪同并参加座谈。

张庆军深入集贸市场、居民小区、商业大街督查文明创建工作，并召开工作推进会。林存安、周善武陪同调研或参加推进会。

16日 市委召开常委扩大会议，听取全市投资、招商引资、工业经济运行和财税等工作情况汇报，深入分析当前经济形势，研究部署下一步工作推进措施。会议要求，要敏锐把握经济运行的趋势，做好投融资工作。吴存荣主持会议并讲话。

由市委宣传部主办、市网宣办承办的合肥市“大兴网络文明风，喜迎党的十八大”演讲比赛在市政务中心举行。省网宣办主任章理中，市委常委、宣传部长林存安出席。

16～17日 市十四届人大常委会第三十四次会议在市政务中心举行。会议听取并审议了关于《合肥市城乡规划条例（草案修改稿）》修改情况的说明，关于2012年上半年国民经济和社会发展计划执行情况及下半年工作意见的报告，关于2012年上半年预算执行情况的报告，关于提请许可对市十四届人大代表谷晓红采取刑事强制措施的报告（书面）。会议通过了《合肥市城乡规划条例》，关于许可对市十四届人大代表谷晓红依法采取刑事强制措施的决定。会议决定，任命韩冰为合肥市人民政府副市长，陈爱军挂职任合肥市人民政府副市长（挂职时间一年）；接受卢仕仁同志辞去市人民政府副市长职务的请求，并报合肥市人民代表大会备案。市人大常委会主任黄同文，副主任杜平太、苏宇光、安列、杜昌寿、陈栋、谢刚、梁虹、陈葆华、叶祥所、阚建华，秘书长周阿成出席会议。市长张庆军到会宣读人事任免相关事项。市委常委、常务副市长魏晓明，市法院院长许建，市检察院检察长满铭安列席会议。

17日 合肥统一一分厂项目签约仪式在市政务中心举行。吴存荣出席仪式并会见统一企业（中国）投资有限公司副董事长罗智先一行。张庆军与罗智先分别致辞，韩冰主持。

15～18日 由中国残联、中国残疾人协会主办的全国八城市脊髓损伤者“中途之家”推广会议在合肥市举行。

18日 授予朱江洪先生合肥市“突出贡献企业家”称号暨科勒先生和凯乐博士合肥市“荣誉市民”仪式在市政务中心举行。吴存荣在仪式上讲话并颁发荣誉证书。张庆军宣读市政府授予朱江洪先生合肥市“突出贡献企业家”称号的决定。黄同文宣读市人大常委会授予科勒先生和凯乐博士合肥市“荣誉市民”称号的决定。熊建辉主持仪式。杨思松、林存安、凌云、韩冰、许天锡出席。

19日 中央马克思主义理论研究和建设工程国情调研组来合肥调研文化事业和文化产业发展情况。省委宣传部副部长、省社科联党组书记、常务副主席徐东平，市委常委、宣传部长林存安陪同。

20日 吴存荣赴庐阳区调研，慰问一线干部群众，并主持召开调研汇报会。他强调，作为中心城区，庐阳区要继续按照市党代会部署要求，主动拉高标杆，进一步突出工作创新，全力打造首善之区，在转型发展中更好地发挥带头示范作用，为区域性特大城市建设作出新的更大贡献。杨思松、魏晓明、周善武陪同调研并出席调研汇报会。

21日 合肥市董铺水库、大房郢水库水源地保护区土地整理项目中首批居民开始搬迁。项目涉及市属庐阳区董铺水库、大房郢水库水源地保护区三十岗乡、大杨镇、林店街道3个单位21个行政村，约3.09万人。

合肥出口加工区举行封闭监管和开关运作启动仪式，标志着出口加工区完全具备服务功能，进入了实质性管理运营阶段。省委常委、市委书记吴存荣，副省长花建慧出席并共同启动仪式水晶球。省政府副秘书长张武扬，合肥海关关长赵龙池，市委常委、秘书长杨思松出席仪式。

少数民族和民族乡村“共同发展”提升行动促进会在市政务中心举行。熊建辉出席会议并讲话。

安徽省首台盾构机在合肥经开区熔安动力结构车间下线。盾构机总长约80米，总重约500吨，开挖直径为6280毫米。省发改委副主任张天培，市委常委、副市长周善武出席下线仪式。

吴存荣赴高新区调研中国科学技术大学先进技术研究院建设情况，并主持召开座谈汇报会。他强调，要按照省委省政府的部署要求，加快项目前期工作，全力以赴推进建设，倾力打造精品工程，为推动创新发展、转型发展，建设美好安徽作出积极贡献。杨思松、魏晓明、周善武陪同调研并出席座谈汇报会。

22日 市政协十二届四十一次主席会议在市政务中心召开。会议审议了市政协“巢湖综合治理开发”重点调研三个子课题调研报告及《关于巢湖综合治理保护和开发利用的建议案》（草案），审议了市政协十二届二十三次常委会会议议程（草案）。董昭礼主持会议并讲话。

23日 合肥市实施行政区划调整工作周年座谈会在巢湖市召开。吴存荣出席座谈会并讲话，座谈会前赴庐江县、巢湖市调研，慰问一线党员干部群众。吴存荣强调，事实证明，中央和省委省政府关于行政区划调整的决策部署，释放出了强大活力，得到了全市广大党员干部群众的坚决拥护，是完全正确的；希望大家继续抓住机遇、奋发进取，充分发挥行政区划调整的后续效应，加快建设区域性特大城市，以优异成绩迎接党的十八大胜利召开。张庆军出席会议并讲话。董昭礼、熊建辉、杨思松、魏晓明，雍成瀚、杜昌寿陪同调研并出席座谈会。

合肥市出台《合肥市公建民营普惠性幼儿园举办者招标投标管理办法》，“办法”明确了合肥探索公建幼儿园“管办分离”的管理模式。

24日 2012合肥企业50强发布会在市政务中心举行。市企业联合会负责人致发布词，50强企业代表宣读了《合肥市企业联合会、2012年合肥50强关于“稳增长促发展，全面完成2012年各项经济目标任务”倡议书》。吴存荣出席并讲话。市领导梁虹、韩冰、许天锡，省出版集团副总裁、市场星报社长虞海宁出席。

团市委2012年度“爱心照亮求学路”关心和帮助经济困难大学生助学基金发放仪式在市政务中心举行。熊建辉、叶祥所、杨增权、王海英出席仪式并向受助大学生发放助学基金。

合肥市城乡劳动力暨人力资源开发研究会成立大会在梅山饭店举行。会议通过了研究会章程、选举办法。熊建辉、魏晓明出席大会并为研究会揭牌。

合肥市体育总会换届大会举行。大会审议通过了合肥市体育总会第二届委员会工作报告，选举产生了合肥市体育总会第三届委员会组成人员，并审议通过了修改后的《合肥市体育总会章程》。省体育局巡视员高维岭，副市长杨增权出席大会。

合肥市投资环境说明会、鑫晟TFT-LCD8.5代生产线配套项目招商推介会、合肥2012平板显示高峰论坛举行，来自国内外近百家知名企业客商、行业专家聚集合肥，洽谈合作。

25日 “在那遥远的地方——李毅中国画作品展”在合肥举行。省委宣传部常务副部长叶文成，安徽省高级人民法院审判委员会委员、执行局局长周榕出席。林存安在开幕式上致辞。

26日 “中国创业板种业第一股”——荃银高科十年庆典暨荃银农业科学院揭牌仪式在合肥举行。农业部种子管理局副局长马淑萍，省科技厅厅长徐根应出席揭牌仪式。魏晓明出席并致辞。

安徽巨一自动化装备有限公司“汽车变速器高柔性高自动化装测生产线”等26个合肥市产品被认定为2012年度国家重点新产品。

27日 张庆军在市政务中心会见上海鹏欣集团董事局主席姜照柏一行。省政府发展研究中心主任吴克明、副市长江洪参加会见。

28日 市政协十二届二十三次常委会议在市政务中心召开。会议听取了市政协“巢湖综合治理开发”重点调研三个子课题调研情况，审议通过了《关于巢湖综合治理保护和开发利用的建议案》；会议进行了分组讨论。董昭礼出席会议并讲话。

合肥市第十届运动会开幕式暨文艺表演在合肥体育中心举行。吴存荣出席并宣布合肥市第十届运动会开幕。张庆军致开幕辞。市领导董昭礼、杨思松、林存安、梁虹、汤先觉，省体育局巡视员高维岭，合肥警备区司令员陈再忠出席开幕式。

吴存荣调研文明创建工作，并召开全市文明创建工作汇报会。他强调，要进一步行动起来，继续发扬顶真碰硬、精益求精的工作作风，推动文明创建工作不断深化，努力夺取文明创建和经济社会发展新丰收，以优异成绩向党的十八大献礼。林存安陪同调研并主持汇报会。

由市委宣传部、市社科联（市委讲师团）共同主办的“中华大地明珠、合肥的母亲湖——巢湖的保护、开发与利用”专题研讨会召开。林存安、梁虹、杨增权、严从怀出席。

合肥市商会成立并举行2012年合肥市工商联行业协会商会工作经验交流会。韦弋、阚建华、吴建国、许天锡出席。

高新区迁房项目——复兴家园二期开工建设。项目是合肥市首个应用光导照明技术的民用住宅项目。项目可提供2108套住房，总建筑面积22.5万平方米，总投资约4亿元。

张庆军赴庐江县调研，实地察看重点工程和项目进展情况，并召开调研汇报会。他强调，要加大对庐江重点项目建设支持力度，在拓宽融资渠道上下功夫，推动县域经济发展实现新突破。韩冰陪同调研。

29～30日 吴存荣率市党政代表团先后赴铜陵市、池州市、芜湖市、马鞍山市学习考察。代表团考察了铜陵市海螺水泥窑生活垃圾处理项目、池州市江南产业集中区、芜湖市新兴铸管公司、马鞍山市陈桥洲民族新村。铜陵市委书记、市人大常委会主任姚玉舟，市长侯淅珉；池州市市长赵馨群；芜湖市委书记高登榜，市长杨敬农；马鞍山市委书记、市人大常委会主任郑为文，市长张晓麟陪同考察。

省人大常委会副主任朱维芳率调研组来合肥调研食品安全工作。调研组实地查看了燕之坊食品有限公司、同庆楼庐州府酒店、麦德龙超市、合肥天恒肉类食品有限责任公司，深入厂房车间，查看食品的生产、存放、卫生等情况，并听取了市卫生局、包河区有关食品安全工作的情况汇报。省人大常委会委员、教科文卫工委主任委员贺凌，省人大常委会委员、农经委主任委员吴金山参加调研。韩冰、梁虹陪同调研。

29日 张庆军主持召开市政府第105次常务会议。会议审议并原则通过了举办第三届中国·合肥技工节、营业税改征增值税试点工作等相关事宜，讨论并确定了出台《合肥市支持三大区域土地整治项目市级预算资金整合管理办法》及修订《合肥市环境噪声质量功能区划》等有关事项。

全市非公有制党建工作“双千计划”动员会在市政务中心举行。凌云出席会议并讲话。

30日 安徽省学习胡锦涛总书记2012年7月23日在省部级主要领导干部专题研讨班上的重要讲话首场报告会暨《辩证看　务实办——2012年理论热点面对面》赠书仪式在市政务中心举行。中宣部学习出版社社长董俊山，省委宣传部副部长、省社科联党组书记、常务副主席徐东平，市领导黄同文、熊建辉、林存安、雍成瀚、凌云、张进、韦弋、杜平太、叶祥所、阚建华、江洪、吴建国、陈爱军、王海英、李晓梅、程晓舫、许天锡、汤先觉、奚芝英参加赠书仪式并聆听了报告会。

合肥市预防青少年犯罪研究会成立大会暨第一届会员大会召开。会议审议通过了《合肥市预防青少年犯罪研究会章程》，选举产生了第一届理事会，并召开理事会第一次会议。团省委副书记王琦，副市长、市重点青少年群体服务管理工作领导小组组长杨增权出席会议。

全市召开新闻发布会。会议通报了2012年7月10日以来发生的三起毁绿损绿事件。对毁绿涉事单位状元楼酒店和茂昌眼镜店分别按每棵树1000元的标准罚款，对静安·曙光雅苑毁绿涉事者合肥龙岗房地产开发公司处以共46908.2元的罚款和赔偿。

黄同文率调研组调研市政务文化新区建设发展情况。调研组先后查看了体育公园、天鹅湖公园E区和匡河北段、西段、南段绿化情况以及合肥大剧院原临设地块绿化恢复工程，并听取了市政务文化新区建设发展情况的汇报。

31日 全市市政园林管养体制改革动员大会在市政务中心召开。会议通报了《合肥市市政设施分级管养实施方案》、《合肥市园林绿化管养体制改革实施方案》。

张庆军出席会议并讲话。他强调，要坚持“以人为本”的原则，正视历史，立足当前，着眼长远，积极适应建设区域性特大城市要求，科学划分市区两级市政园林管养管理职责，理顺管理体制，全面提升市政园林管理水平。周善武、江洪参加会议。

全市深化医药卫生体制改革工作会议在市政务中心举行。会议签订了2012年度深化医药卫生体制改革责任书。韩冰出席会议并讲话。

全市首个县区级社会工作协会——庐阳区社会工作协会成立暨第一届全体会员大会举行。省社会工作协会会长陈文华，市政协主席、市社会工作协会会长董昭礼出席会议并为协会成立揭牌。

9月

1日 合肥市在全国率先全面免除城市义务教育阶段学生的课本费。至此，合肥城乡义务教育实现全免费。

2日 合肥一六八中学东校区落成暨新学期开学典礼举行。省教育厅厅长程艺、市长张庆军为合肥一六八教育集团揭牌。

合肥市北城中学举行首次迎新生开学典礼。市人大常委会副主任、合肥一中校长陈栋，副市长杨增权出席开学典礼。该校成立于2012年6月，是经省教育厅批准，长丰县政府投资建设，交由合肥一中全面自主管理和教学的一所公办寄宿制高中；规划占地面积300亩（净地），总建筑面积150000平方米，计划总投资2.4亿元

3日 市十四届人大常委会第80次主任会议在市政务中心举行。会议听取了城建工委关于对全市重点工程建设情况视察方案的汇报、内司工委关于《合肥市道路交通安全条例》视察方案的汇报、关于现行宪法公布施行30周年系列纪念活动方案的汇报、信访办关于进一步加强和改进全市人大信访工作意见的汇报。黄同文主持。

3～4日 中共中央政治局常委、中央政法委书记周永康亲临合肥视察。他强调，要认真贯彻胡锦涛总书记在省部级主要领导干部专题研讨班上的重要讲话精神，进一步提高执法办案、服务群众、管理社会的能力和水平，为建设经济繁荣、生态良好、社会和谐、人民幸福的美好安徽提供有力法治保障。

4日 由国家新闻出版总署科技与数字出版物司副司长宋建新率领的全国深化“扫黄打非”专项行动第五督查组来合肥市督查相关工作开展情况。省委宣传部副部长、省“扫黄打非”领导小组副组长庄保斌，市委常委、宣传部长、市“扫黄打非”领导小组组长林存安，副市长、市“扫黄打非”领导小组第一副组长杨增权陪同检查。

安凯新能源汽车扩建及关键动力总成制造研发一体化项目开工及奠基仪式在包河工业区举行。市委常委、副市长韩冰出席仪式并宣布项目开工。

5日 合肥之友山东理事会成立庆典暨中国·合肥投资项目推介大会在济南市举行。山东省政协副主席、省工商联主席王乃静，市政协主席董昭礼，济南市委常委、副市长苏树伟，市委常委、常务副市长魏晓明为合肥之友山东理事会成立揭牌并讲话。市政协副主席杨力仁宣读合肥之友山东理事会成立批复。山东省安徽商会会长、合肥之友山东理事会理事长、山东广联实业总公司董事长姚军致辞。

6日 第六届中国（合肥）国际家用电器博览会在滨湖国际会展中心开幕。省长李斌出席并宣布开幕。工信部副部长刘利华，中国贸促会党组成员、秘书长徐沪滨分别致辞。省委常委、市委书记吴存荣，省人大常委会副主任郭万清，副省长花建慧，省政协副主席王鹤龄出席开幕式。中国轻工业联合会副会长陶小年，国家信息化专家咨询委员会常务副主任周宏仁，市领导张庆军、杨思松、韩冰参加开幕式。

第六届中国（合肥）国际家用电器博览会——家电业两化深度融合高层论坛在市政务中心举行。国家信息化专家咨询委员会常务副主任周宏仁，市委常委、副市长韩冰参加论坛。

市人大常委会主任黄同文率市人大常委会视察组，视察全市城市重点工程建设情况。视察组听取了市政府关于2012年全市大建设工作情况汇报，并就下一步具体工作有针对性地提出了建议。视察组分为2个小组，实地查看了徽州大道与高铁南站衔接工程、铜陵路高架工程、瑶海区双窑洞改造工程、王小郢污水处理厂提标改造及除臭降噪工程、轨道交通1号线工程和阜阳北路高架工程。

7日 以“绿色·开放·创新·崛起”为主题的2012中国安徽（合肥）农业产业化交易会在安徽国际会展中心举行。全国人大常委会副委员长蒋树声宣布大会开幕。省委书记张宝顺出席开幕式。省长李斌，农业部党组成员、总经济师张玉香分别致辞。国家粮食局副局长吴子丹、中华全国合作总社监事会副主任诸葛彩华、中粮集团公司副总裁马建平、中纺集团公司副总

裁王进、江苏省副省长徐鸣、山东省省长助理周齐，罗马尼亚农业和乡村发展部部长达尼埃尔·康斯坦丁，波黑联邦能源、矿产和工业部部长埃尔达尔·特尔胡利，克罗地亚工商部部长戈尔丹·马拉斯，罗马尼亚农业和乡村发展部国务秘书达尼埃尔·杜米特鲁·鲍塔诺，马其顿农林水资源管理部国务顾问佩里察·伊万诺斯基，保加利亚农业食品部副部长茨韦坦·迪米特罗夫，省领导孙金龙、唐承沛、吴存荣、沈卫国、花建慧、李卫华，市领导张庆军、杨思松、江洪出席开幕式。

8日 “中部崛起 环湖共荣——2012新徽派美术名家学术邀请展”开幕式在中环艺术馆开幕。省人大常委会副主任郭万清宣布画展开幕。中国国家画院名誉院长龙瑞，市委常委、宣传部长林存安在开幕式上致辞。

2012合肥农业产业化科企对接会暨签约仪式在市政务中心举行。省农委副主任陈卫东出席对接会，副市长江洪主持对接会和签约仪式。

9日 合肥市庆祝第28个教师节暨师德楷模表彰大会在市政务中心举行。肥东县陈集镇阳光小学陈万霞等10位教师被授予“合肥市师德楷模”荣誉称号；肥东县石塘学区中心学校崔玉华等100位教师被授予“合肥市师德先进个人”荣誉称号；巢湖市第三中学等50个单位被授予“合肥市师德建设先进集体”荣誉称号。副市长杨增权出席表彰大会。

8～10日 省委副书记孙金龙赴肥东县元疃镇调研走访，与乡亲们共商发展大计。他强调，要顺应群众意愿，加快推进农业产业结构调整，大力发展现代农业，努力建设宜居宜业宜游的乡村，不断谱写农民群众幸福生活新篇章。吴存荣参加调研。

10日 省委第五巡视组对合肥市巡视情况反馈会在市政务中心召开。吴存荣主持会议并讲话。省委第五巡视组组长夏望平通报对合肥市巡视情况。市领导董昭礼、熊建辉、杨思松、雍成瀚、凌云、魏晓明、杜昌寿出席会议。

李斌赴肥西县东冠小学和蜀山区南岗镇侯店小学，看望师生员工，实地考察学校工作，向广大教师和教育工作者致以节日的祝贺和诚挚的问候。省委常委、市委书记吴存荣，副省长谢广祥，省政府秘书长韩先聪，市领导杨思松、魏晓明、杨增权陪同。

瑶海区和平路街道党工委“党员之家”挂牌活动启动。该街道将为社区800多户党员家庭全部挂上“党员之家”标牌，引导广大党员主动“亮身份、作表率”，参与社区建设。

11日 省委常委、常务副省长詹夏来赴合肥熔安动力机械有限公司生产一线调研企业发展情况。省政府副秘书长刘健，市委常委、常务副市长魏晓明陪同调研。

市人大常委会“食品安全庐州行”督查组督查部分食品加工企业，进行风险监测。

12日 全市人大工作交流研讨会在市政务中心举行。会议传达了省委、省人大常委会主要领导关于推动全省人大工作创新发展的批示和全省人大工作交流研讨会议精神。会上，各县市区人大常委会负责人作了交流发言。黄同文出席会议并讲话。

数字合肥地理空间框架建设成果推广会召开，国家测绘地理信息局向合肥市政府颁发了“全国数字城市建设示范市”铭牌，标志着合肥圆满完成国家数字城市地理空间框架建设的各项任务，成为全省首个数字城市建设市。会议还举行了“数字合肥地理信息公共平台”开通仪式。国家测绘地理信息局副局长李维森，省政府副秘书长余焰炉，副市长陈爱军出席会议。

13日 中央党史研究室副主任吕世光来合肥市调研渡江战役纪念馆建设及运营情况。中央党史研究室老干部工作办公室主任刘永礼，省委党史研究室主任殷光临，市领导杨思松、魏晓明陪同调研。

全市社会管理项目推进会在市政务中心召开。会议就贯彻落实《合肥市社会管理工作项目责任分工表》，动员部署新一轮社会管理创新工作。

省人大常委会副主任文海英率调研组来合肥市调研民族工作。省人大常委会委员、民宗侨外委员会主任委员汤达祥，市领导阚建华、杨增权陪同。

黄同文带队到瑶海区督促合肥长江批发市场火灾隐患议案办理情况。

14日 “关注民生 服务百姓”市人大代表座谈会在市政务中心举行。来自各县市区的市人大代表分别结合实际，交流了履行职责、关注民生问题、反映社情民意、向政府建言献策等方面的做法和体会。

15日 合肥市十佳留守（流动）儿童、十佳关爱留守（流动）儿童“五老”志愿者表彰大会在市科技馆举行。省关工委常务副主任张晓兰，市领导杜昌寿、杨增权、郭本道出席会议。

民革合肥市委举办首届“同心”论坛开幕式。省政协副主席、民革省委主委夏涛，合肥市委常委、统战部长韦弋，民革省委副主委、市政协副主席、民革合肥市委主委李晓梅分别讲话并共同按动论坛启动球。

16日 “倡导低碳生活，建设美好乡村”省暨合肥市“万户低碳家庭行动”启动仪式在庐阳区三十岗乡东瞿村举行。孙金龙出席仪式并宣布活动启动。省委常委、市委书记吴存荣，省委副秘书长张杰，市领导熊建辉、杨思松出席仪式。

内蒙古呼伦贝尔市委书记罗志虎，市委副书记、市长张利平率呼伦贝尔市党政代表团，来合肥考察经济社会发展和城市建设情况。省委常委、宣传部长曹征海，省委常委、市委书记吴存荣，省委宣传部副部长、省文明办主任贺懋燮，市领导张庆军、黄同文、董昭礼、杨思松、林存安陪同考察。

17日 合肥森林城市建设总体规划评审会在翡翠湖迎宾馆举行。与会专家对《合肥森林城市建设总体规划》项目进行了评审并一致通过。全国政协人口资源环境委员会副主任江泽慧出席并讲话。江洪出席评审会。

国务院参事室主任陈进玉来合肥考察滨湖新区建设情况。中国国学研究与交流中心副主任李文亮，省参事室主任邱江辉，市长张庆军陪同考察。

宁夏回族自治区党委原副书记马文学一行来合肥考察经济社会发展情况。熊建辉陪同考察。

18日 合肥市迎接党的十八大宣传工作会议召开。会议传达了全省迎接党的十八大宣传工作会议精神。会议要求，全市新闻宣传战线要把迎接党的十八大宣传工作作为当前首要任务，以高度的责任感和使命感，全力以赴投入工作，确保高质量、高标准地完成各项宣传任务，为党的十八大胜利召开营造团结奋进、昂扬向上的浓厚舆论氛围。

第五届中国生态文化高峰论坛在肥举行。论坛开幕式上，中国生态文化协会授予安徽省合肥市肥西县三河镇、甘肃省兰州市南北两山绿化区2个单位“全国生态文化示范基地”称号。全国政协副主席杜青林为示范基地和示范村授牌。省委副书记孙金龙，全国政协人口资源环境委员会副主任、中国生态文化协会会长江泽慧，国家林业局党组成员、中央纪委驻国家林业局纪检组组长陈述贤，市长张庆军分别致辞。

鼎宏通用航空科技与文化产业园项目签约仪式在市政务中心举行。安徽鼎宏通用航空有限公司是安徽省第一家通用航空企业，主要提供直升机飞行服务和一站式直升机运营配套服务。董昭礼、孙斌出席签约仪式。

18～19日 中央纪委驻国家林业局纪检组长陈述贤一行考察合肥市森林绿化情况。省林业厅厅长程中才，副市长江洪、陈爱军陪同考察。

19日 市政府安委会召开2012年第三次全体（扩大）会议。会议通报形势、部署任务，动员全市上下进一步增强紧迫感和责任感，齐心协力抓好2012年第四季度特别是“两节”、“十八大”期间的安全生产工作；通报了2012年1～8月全市安全生产形势，全市发生各类安全生产事故起数、死亡人数分别下降6.38%、9.66%。张庆军出席会议并讲话。周善武、韩冰、程瀚出席会议。

全市节能减排工作暨2012年领导小组第一次会议召开。会议听取了全市2011年度及2012年以来节能减排工作开展情况，市政府与各县（市）区、开发区和市直部门签订了节能减排目标责任书。张庆军强调，节能减排是大责任、硬任务，要突出重点领域，主攻薄弱环节，以更坚决、更有效的措施，打好攻坚战，确保完成全年节能减排目标任务。韩冰主持会议。

19～20日 全国人大常委会副委员长、全国妇联主席陈至立来合肥考察经济社会发展情况。省委副书记孙金龙，省人大常委会副主任陈先森，省妇联主席黄红，市领导黄同文、杨思松、杜昌寿、杨增权陪同考察。20日，吴存荣在市政务中心会见陈至立一行。

20日 市委召开常委扩大会议，听取全市投资、招商引资、工业经济运行和财税等工作情况汇报，分析当前经济形势，研究部署下一步工作推进措施。吴存荣主持会议并讲话。会议强调，要进一步强化招商引资工作，筹备好各项招商活动，努力促成一批新项目落户，培育新的经济增长点；会议要求，要进一步加强重大项目调度，市发改委、市经信委、市国土局、市规划局等部门，要积极会同相关县市区、开发区，加大工作力度，加快工作节奏，提高服务效率，全力推进一批重点项目按序时进度建设；要充分利用各方资源，紧密跟踪，推进一批项目签约落地、开工建设。

市委常委会召开扩大会议，专题传达学习全省美好乡村建设动员大会精神，紧密结合实际，研究贯彻落实工作。吴存荣主持会议、传达会议精神并讲话。他强调，合肥作为省会城市，要带头认真学习贯彻全省美好乡村建设动员大会精神，贯彻落实好省委省政府重大决策部署，举市而为、全民动员，创造农民幸福生活美好家园，为建设美好安徽作出新贡献，以优异成绩迎接党的十八大胜利召开。

第六届中国（合肥）国际文化博览会在滨湖国际会展中心开幕。省委常委、宣传部长曹征海，省委常委、市委书记吴存荣，省人大常委会副主任郭万清，省政协副主席赵韩，中国新闻出版传媒集团有限公司董事长姜军出席开幕式并共同推动启动杆。副省长谢广祥出席开幕式。省委宣传部常务副部长、省文化产业发展促进会会长叶文成，市领导张庆军、黄同文、董昭礼、杨思松、林存安、杨增权、程晓舫出席开幕式。

20～21日 市政协组织100多名市政协常委，赴庐江县、巢湖市视察经济社会发展情况。市政协主席董昭礼率领，市政协副主席王世清、郭本道、许天锡、严从怀、汤先觉、奚芝英参加视察。

21日 市十四届人大常委会第三十五次会议在市政务中心举行。会议听取并通过了人事任免事项；会议决定，任命陈晓波为合肥市人民政府副市长；因工作需要，接受安列辞去市人民代表大会常务委员会副主任职务的请求，接受江洪、杨增权辞去市人民政府副市长职务的请求。上述人事任免事项报合肥市人民代表大会备案。黄同文、杜平太、苏宇光、安列、杜昌寿、陈栋、谢刚、梁虹、陈葆华、叶祥所、阚建华出席会议。市委常委、副市长韩冰，市法院院长许建，市检察院副检察长陈峰列席会议。

合肥市"纪念现行宪法公布施行30周年"电视知识竞赛在市政府小礼堂举行。

合肥地区社科界首届季度交流会在市政务中心举行。会议主题是"提高合肥影响力：前景•差距•对策"。省政协副主席王鹤龄出席会议并讲话，副市长杨增权致辞。

21～22日 省委常委、副省长陈树隆在省委常委、市委书记吴存荣的陪同下，到合肥市先后调研顺和家园、中街•水晶城、古埂•丽景湖公园、安徽居巢经开区、北城世纪城二期、物华苑居民拆迁安置小区调研。市领导杨思松、韩冰、周善武陪同调研。

22日 中国工程院院士、中国工程院院长周济来合肥市考察合肥通用机械研究院等高新技术产业。省科技厅厅长徐根应，市委常委、副市长韩冰等陪同考察。

23～24日 吴存荣赴庐江县汤池镇调研走访，和乡亲们一起劳动、共谋发展。他强调，要带头认真贯彻全省美好乡村建设动员大会精神，在推进过程中尊重农民意愿，促进文化传承，注重因地制宜，禁止大拆大建，创造农民幸福生活美好家园，为建设美好安徽作出新贡献，以优异成绩迎接党的十八大胜利召开。杨思松陪同调研。

24日 张庆军主持召开市政府第106次常务会议，审议并原则通过了制定合肥市"突出贡献企业家"称号授予办法、编制《巢湖气象发展总体规划（2012～2020年）》以及修改《合肥市科学技术奖励办法》等相关事宜，讨论并确定了出台《加快推进养老服务体系建设的意见》等有关事项。

全省"共青火炬暖万家"志愿者社区接力共建活动启动仪式暨合肥市社区团组织集中换届选举工作现场会在滨湖新区举行。团省委书记李红，市委常委、组织部长凌云为青年志愿服务队授旗，并观摩换届选举现场会。

25日 市委在市政务中心召开全市领导干部会议，动员部署市人大、政府、政协换届考察工作。吴存荣主持会议并就贯彻落实省委部署要求作动员讲话。秦亚东出席会议并代表省委考察组讲话。张庆军代表市政府领导班子作工作总结，市人大、政协领导班子作书面工作总结，市人大、政府、政协领导班子成员和市中级法院院长、检察院检察长作书面述职述德述廉报告。会议对市政府领导班子及其成员，市中级法院院长、检察院检察长进行民主评议和民主测评；对市人大、市政协领导班子及其成员进行民主测评；对新一届市人大、政府、政协领导班子成员和市中级法院院长、检察院检察长人选进行了全额定向民主推荐。市委常委，市人大常委会、市政协主要负责同志；市人大常委会、市政府、市政协领导班子成员；市中级人民法院院长、市人民检察院检察长及其他现任副市级以上领导干部，合肥学院领导班子成员；上届以来退下来的市级老同志；市人大常委会、市政府、市政协秘书长参加会议。

中国经济时报社社长、总编辑许宝健率采访组来合肥采访调研"大湖名城"打造情况。吴存荣在市政务中心会见许宝健一行。

吴存荣在市政务中心会见美的集团创始人、美的控股公司董事长何享健，并向他颁发合肥市"突出贡献企业家"荣誉证书。张庆军、杨思松、韩冰参加会见。

26日 吴存荣在市政务中心会见交通银行党委书记、董事长胡怀邦一行。杨思松、凌云、孙斌参加会见。

27日 合肥市与中国科学技

术大学联席会议在市政务中心召开。会议听取了关于中科大先进技术研究院建设相关情况的汇报，与会领导就加快推进中科大先进技术研究院建设，以及中科大校区建设工作提出了意见和建议。吴存荣主持会议并讲话。中科大党委书记许武，校长侯建国，市长张庆军出席会议并讲话。中科大副校长陈晓剑、周先意，市领导杨思松、凌云、魏晓明出席。

全市创先争优活动总结大会在市政务中心召开。吴存荣出席大会并讲话。他强调，科学发展奔涌向前，美好前景催人奋进，我们要更加紧密地团结在以胡锦涛同志为总书记的党中央周围，在省委的坚强领导下，万众一心，踏实苦干，以创先争优的新成效，以科学发展的优异成绩，迎接党的十八大胜利召开。市领导黄同文、董昭礼、熊建辉、杨思松、林存安、雍成瀚、凌云、韩冰、江洪、韦弋、姜宗健出席大会。

全市组织系统“讲党性、重品行、作表率”活动总结暨表彰大会在市政务中心举行。会议表彰了全市组织系统“讲党性、重品行、作表率”先进集体和先进个人。凌云出席会议并讲话。

合肥市2012年度“慈善福彩圆学梦·社工义工在行动”启动仪式在市政务中心举行。150名合肥籍大一新生每人获得3000元助学金。市政协主席、市社工协会会长董昭礼，市人大常委会副主任陈葆华出席仪式。

合肥-香港经贸合作交流会在翡翠湖迎宾馆举行。市长张庆军、香港贸易发展局总裁林天福出席并分别致辞。

28日 全市各界人士中秋国庆茶话会在市政务中心阳光大厅举行。吴存荣出席并讲话。他代表市委市政府，向市各民主党派、工商联和无党派人士、各人民团体，向奋斗在全市各条战线上的广大干部群众和各界人士，向所有关心、支持合肥建设与发展的新老朋友，致以节日的问候和良好的祝愿。市领导张庆军、黄同文、董昭礼、熊建辉、杨思松、韦弋、姜宗健、陈栋、储昭平、程晓舫、郭本道、许天锡、严从怀、汤先觉、奚芝英，第九届市政协主席马学模，第十届市政协主席李培垣，第十一届市政协主席、市政协老委员联谊会会长周富如，市政协老委员联谊会副会长，市各民主党派、工商联和无党派人士、港澳台侨界代表，在肥投资的企业家代表以及各界人士代表共200余人共庆中华民族传统佳节和新中国63周年华诞。

全市美好乡村建设动员大会在市政务中心大会堂召开。会议主要任务是，传达贯彻全省美好乡村建设动员大会精神，全面总结近年来全市城乡统筹和社会主义新农村建设的成绩，深入分析形势，动员全市上下统一思想，振奋精神，全面掀起美好乡村建设新高潮，全力打造全省乃至全国城乡一体化示范区，为推动合肥“新跨越、进十强”、加快现代化新兴中心城市建设提供强力支撑，以优异成绩迎接党的十八大胜利召开。吴存荣出席大会并讲话。张庆军传达全省美好乡村建设动员大会精神。市领导黄同文、董昭礼、熊建辉、杨思松、魏晓明、江洪、叶祥所、郭本道出席大会。

“歌声引来万花开”巢湖民歌演唱会在合肥大剧院举办，庆祝中华人民共和国成立63周年。吴存荣、黄同文、林存安、杜昌寿、阚建华、吴春梅、陈晓波、程晓舫、奚芝英，合肥警备区有关领导与广大观众一起观看演出。

吴存荣深入“大建设”工地，看望慰问奋战在一线的职工，并向全市广大一线职工致以节日问候，感谢大家为合肥建设与发展作出的积极贡献。杨思松陪同。

由市委宣传部、合肥报业传媒集团主办，《今报》独家策划并承办的第三届合肥市时尚文化节暨《今报》五周年庆典，在合肥天鹅湖大酒店开幕。林存安宣布文化节开幕。

29日 合肥电视开播三十周年庆典在合肥广电中心举行。省委常委、市委书记吴存荣，省委宣传部副部长、省广电局局长车敦安，省新闻出版局局长郭永年，市领导杨思松、林存安、谢刚、梁虹、阚建华，副市长吴春梅出席庆典，并观看了情景剧《因为有爱》。

2012年合肥新能源汽车上市推广发布暨江淮第三代电动车首批用户交车仪式在江汽集团举行。吴存荣出席仪式并推动发车启动杆。省科技厅厅长徐根应、合肥工业大学校长徐枞巍，市委常委、秘书长杨思松，副市长陈晓波等出席仪式。

第七届中国（合肥）徽菜美食旅游节在徽园开幕。美食旅游节以“天天美食、人人健康”为主题，以发展合肥餐饮经济、弘扬徽菜美食文化、带动安徽旅游产业、引导合肥膳食消费、丰富人民群众饮食文化生活为目标。国家商务部服务贸易和商贸服务业司副司长万连坡、中国烹饪协会副会长李亚光、副市长吴建国分别致辞。

全市园林绿化管养体制改革人员、资产交接会议在市政务中心举行。会议将下划的人员、资产及部分绿化养管任务移交给相应的区、开发区。市委常委江洪出席会议。

30日 环巢湖旅游观光巴士开通仪式、滨湖湿地森林公园一期开园仪式在巢湖之畔举行。吴存荣宣布环巢湖旅游观光巴士正式开通，并为滨湖湿地森林公园揭牌。董昭礼、杨思松、魏晓明、吴春梅出席仪式。

10月

2日 2012年“敬老月”活动启动。目前，合肥有112万老年人，占总人口的15.87%。

3日 合肥市第二中学60周年校庆庆典大会在该校体育场举行。省长助理邵国荷出席庆典并代表广大校友致辞。市长张庆军，省教育厅总督学李明阳出席庆典并讲话。

4日 由市委宣传部、省民族管弦乐学会共同主办的安徽省第三届葫芦丝巴乌大赛颁奖晚会在安徽大剧院举行。晚会演奏了《滨湖春晓》、《沙漠之泉》、《采茶欢歌》等葫芦丝曲目。市领导林存安、魏晓明、杜昌寿、吴春梅出席颁奖晚会。

5日 合肥市第一中学1980届校友，中国空间技术研究院院长杨保华为该校学生作题为《空间技术的发展与展望》的科普报告。杨保华预测，到2020年中国将迈入航天强国的行列。

由市畜牧水产局组织编制的《环巢湖生态渔业建设和发展“十二五”规划》经市政府同意批准实施。

6日 庆祝合肥市第一中学建校110周年纪念大会在市政务中心大会堂举行。吴存荣出席大会并讲话，会前会见了出席大会的校友代表。高校代表中国科学技术大学副校长窦贤康，校友代表中国空间技术研究院院长杨保华，市人大常委会副主任、合肥市第一中学校长陈栋分别致辞。省政协副主席李宏塔，中国科学院院士刘有成，全国政协常委、国务院参事、北京大学教授李庆云，清华大学教授陶如让，西南交通大学教授杨儒贵；团省委副书记周密，淮南市副市长钱力等校友代表出席大会。市领导张庆军、黄同文、董昭礼、杨思松、林存安、吴春梅出席大会或参加会见。

9月23日至10月7日 全市启动“惠民菜篮子工程”。80家“惠民菜篮子工程定点单位”每天以低于市场同类商品平均零售价格15%以上销售20个品种的农副产品，推出不少于5个品种并且低于1元/斤的的蔬菜。

8日 由市委办公厅、市政府办公厅、市重点工程建设管理局、市档案局共同举办的“科学发展新跨越 高架建设铸辉煌——合肥高架：大湖名城彩虹飞扬”大型图片展在市政务中心阳光大厅举行。吴存荣与张庆军、黄同文、董昭礼、杨思松、周善武、杜平太、王世清等一道参观展览。

9日 全市工业经济形势分析会在市政务中心举行。会议针对今年前三季度全市工业经济的完成情况、存在问题，要求全市各县市区、开发区对照年初制定的各项目标任务，做好调度和对企业的服务，确保完成全年目标任务。韩冰参加会议。

由省文化馆选调、市文化馆报送、巢湖市文化馆组建的巢湖民歌代表队，代表安徽省参加了在广东省惠州市举行的“2012广东省渔歌精英赛暨全国渔歌邀请赛”，并获得银奖。

10日 张庆军主持召开全市审计整改工作联席会议。会议通报了对2011年度市级预算执行和其他财政收支情况审计查出的问题及整改情况，讨论了如何提升审计整改成效，并对2013年审计项目计划提出了建议；审议了《合肥市部门决算草案审签暂行办法》和《合肥市市直预算单位往来款管理暂行办法》，进一步从制度上完善预算执行审计监督。张庆军强调各成员单位要齐心协力，将审计问题整改到位，进一步推进依法行政，为全市打造“大湖名城、创新高地”保驾护航

新华社“抓住用好战略机遇期”调研组来合肥市，就新时期如何深化改革等问题开展调研工作。吴存荣在市政务中心会见新华社安徽分社社长王正忠率领的调研组一行。杨思松、林存安参加会见。

11日 中国少年先锋队合肥市第三次代表大会在市政务中心大会堂开幕。团市委有关负责人、少先队员代表作工作报告，大会为市十佳少先队员、市十佳少先队辅导员颁奖。吴存荣出席开幕式并讲话。他殷切寄语全市少先队员，牢记党和人民的嘱托，好好学习、天天向上，时刻准备着，勇当接班人，肩负起振兴中华和兴皖富民、建设合肥的历史重任，让星星火炬放射出更加灿烂的光芒。张庆军宣布大会开幕，团省委书记李红出席开幕式并致祝词。市领导黄同文、董昭礼、熊建辉、杨思松、林存安、凌云、张进、韩冰、江洪、韦弋、姜宗健、陈葆华、吴春梅、王海英出席。

市十四届人大常委会第82次主任会议在市政务中心举行。会议听取并审议了关于市十四届人大常委会第三十二次会议审议市政府民族

工作报告意见办理情况的报告；关于《合肥市志愿服务条例》修改情况的汇报；关于开展合肥市国际金融后台服务基地建设情况视察方案的汇报；关于市十四届人大常委会第三十六次会议议程（草案）、日程（草案）的汇报。黄同文主持会议。

合肥市第四届爱国主义教育基地命名表彰大会在市政务中心举行。会议宣读了市委、市政府《关于命名第四届合肥市爱国主义教育基地的决定》和《关于表彰合肥市爱国主义教育基地先进单位和个人的决定》。渡江战役总前委旧址纪念馆、瑶海区素质教育活动中心、包河区大圩镇沈福村等42个单位被命名为“第四届合肥市爱国主义教育基地”；合肥市瑶海青少年活动中心、合肥市科技馆等15个市级爱国主义教育基地被授予先进单位称号，卫永安、王兴桥等30位爱国主义先进个人受到表彰。市领导林存安、梁虹、严从怀出席大会。

12日 世界500强UPS全球服务共享中心落户安徽服务外包产业园合作备忘录签署仪式在市政务中心举行。吴建国出席仪式并见证签约。UPS亚太区服务共享中心副总裁林义在仪式上致辞。

合肥市规模最大的市级投资公租房项目——花园大道公租房工程在包河区开工。项目总占地面积91亩，将建设公租房17.8万平方米、2982套。

13日 市人大常委会迎接党的十八大胜利召开书画笔会举行。黄同文致辞，市领导董昭礼、林存安、叶祥所及市人大常委会部分老领导、省市书画家出席活动。

14日 湖北省十堰市市委书记周霁，市委副书记、市长张维国率十堰市党政代表团，来合肥考察经济社会发展和城市建设情况。张庆军主持两市交流座谈会。市领导黄同文、熊建辉、林存安、周善武、郭本道参加座谈会或陪同考察。

15日 市委召开常委扩大会议，听取全市投资、招商引资、工业经济运行和财税等工作情况汇报，深入分析当前经济形势，研究部署下一步工作推进措施。吴存荣主持会议并讲话。会议强调，要继续强化为各类企业服务，切实帮助企业解决问题、渡过难关；要坚持分类指导，加大协调力度，抓住当前施工有利时机，统筹推进各类项目建设，特别是要加快建设水利、交通、旅游、文化等项目，着力做好环巢湖生态示范区规划建设，尽快形成新的增长点；要在抓好年内各项工作的同时，超前思考和认真谋划明年的目标任务和工作重点等，继续保持全市经济社会发展又好又快的良好势头。

张庆军主持召开市政府第107次常务会议，审议并原则通过了修订《合肥市行政首长出庭应诉工作办法》、申报创建“全国残疾人文化建设示范市”相关事宜，讨论并确定了给市公安局等11个集体和李伟等23名个人记二等功、植树造林工作及提高全市公交IC卡折扣率等有关事项。

“走基层、转作风、改文风”媒体联合采访团来合肥市采访企业股权和分红激励试点工作。省委宣传部副部长郭强主持采访座谈会，光明日报安徽记者站站长李陈续及各级媒体记者参加座谈会。吴春梅介绍了有关情况。

安徽省最大的创新平台——合肥创新产业园二期工程开工建设。工程主要由科研集群基地、科技咨询基地、孵化器与加速器及公共服务中心等组成，是一项集创新创业综合服务、研发、商务办公、行政办公、会议展示等公共服务复合功能为一体的高档次、多样化、生态型的大型现代创新产业平台。工程占地287亩，总建筑面积71万平方米，总投资25亿元。韩冰出席奠基仪式并宣布开工。

16日 全市国防动员委员会第九次全体会议暨2012年冬季征兵工作会议在市政务中心召开。市国动委主任、市长张庆军出席会议并讲话。市委常委、警备区政治委员姜宗健主持会议。市国动委常务副主任、警备区司令员陈再忠，市国动委副主任、副市长程瀚，警备区副政委郑兆礼，警备区参谋长王建军，警备区政治部主任高峰出席会议。

全市非公有制企业党的建设工作会议在市政务中心召开。吴存荣接见与会代表并合影。熊建辉、杨思松、凌云、韦弋出席会议。

首届合肥市法制宣传教育书画摄影作品展在市政务中心阳光大厅举行。

合肥至蚌埠高速铁路正式开通运营。合肥至北京首发高速列车G262次7:59发车，最快4小时到达，合肥人乘车到北京实现一日往返。

17日 由国家新闻出版总署科技与数字出版物司副司长宋建新率领的全国深化“扫黄打非”专项行动第二次普遍督查第五督查组来合肥，对全市持续保持“扫黄打非”高压态势情况进行督导检查。省委宣传部副部长、省“扫黄打非”领导小组副组长庄保斌，市委常委、宣传部长、市“扫黄打非”领导小组组长林存安，副市长、市“扫黄打非”领导小组第一副组长吴春梅陪同检查。

全市都市产业园现场观摩活动举行。吴存荣参加观摩活动并在全市推进都市产业园建设汇报会上讲话。他强调，要进一步解放思想、更新观念，自我加压、奋勇争先，不断推动都市产业园区的建设与发展，为推进我市科学发展、转型发展提供更加有力的支撑和保证，在区域性特大城市建设中更好地发挥“首善之区”和辐射源的重要作用。

张庆军深入市属四个城区调研老旧小区环境综合整治及城中村危旧房改造工作。

18日 南京区域经济市场物价协调会第22届年会在合肥举行。会议就新形势下如何开展物价工作，加强区域合作，服务经济发展进行交流。省物价局副局长程双林，市委常委、常务副市长魏晓明出席会议。

全市召开创建依法行政示范单位暨进一步改进和规范行政执法工作会议。魏晓明出席会议并讲话。

19日 根据中国城市竞争力研究会发布，合肥荣获2011年中国最具竞争力100强城市和2012年中国十佳和谐发展城市、中国最具开发潜力十佳城市称号。中国城市竞争力研究会会长桂强芳专程来合肥颁发奖牌，并做客《庐州讲坛》，作《合肥城市竞争力提升策略》专题报告。

深圳赛为智能合肥基地项目在高新区科技园举行开工奠基典礼。张庆军出席并宣布项目开工。

河南省南阳市市长穆为民率市政府考察团来合肥考察经济社会发展和城市建设情况。张庆军、周善武陪同考察。

20日 合肥、绍兴两市政协文化交流活动暨陆景林书画作品展、《陆景林作品集》首发式在合肥举行。市政协主席董昭礼、绍兴市政协主席陈长兴分别致辞。

22日 全市造林绿化工作会议在市政务中心小会堂召开。吴存荣出席会议并讲话。他强调，要充分发挥省会城市的示范带动作用，抓住当前有利时机，开拓创新，真抓实干，迅速掀起造林绿化的新高潮，把合肥打造成“生态安徽”建设的一颗明珠，为创建国家森林城市和生态园林城市、建设宜居宜业的现代化新兴中心城市，作出新的更大贡献。

23日 由市委宣传部主办，合肥报业传媒集团承办，“大湖名城——航拍合肥”摄影展在市政务中心阳光大厅开幕。吴存荣、杨思松、吴春梅参观展览。

以“敬老爱老 共建共享”为主题的省暨合肥市2012年“敬老月”系列活动和“敬老文明号”创建启动仪式在杏花公园举行。省人大常委会原副主任、省关工委第一副主任张俊，市领导叶祥所、程瀚出席仪式。

24日 合肥市人民政府-中国科学技术大学全面战略合作协议暨中国科学技术大学先进技术研究院战略合作协议签字仪式、先进技术研究院揭牌仪式在高新区先后举行。省委书记、省人大常委会主任张宝顺作重要批示。省长李斌出席仪式。省委常委、常务副省长詹夏来，省委常委、市委书记吴存荣出席仪式并致辞。签字仪式上，讯飞集团捐资1000万元设立“讯飞优秀青年人才基金”；市政府、中国科大签署了全面战略合作协议；先进技术研究院与战略合作单位签署了协议。副省长谢广祥，中科院有关司局、中科院合肥物质科学研究院负责人，中国科大党委书记许武、校长侯建国，省政府秘书长韩先聪，先进技术研究院建设领导小组成员单位负责人，市领导张庆军、黄同文、董昭礼、杨思松、魏晓明、韩冰、吴春梅参加仪式。

TCL集团股份有限公司在合肥投资建设年产800万台冰洗生产制造基地战略合作协议签署。吴存荣、张庆军、杨思松出席仪式。

25日 海关总署副署长孙毅彪来合肥考察合肥出口加工区运行发展情况。副省长花建慧，合肥海关关长赵龙池，市领导张庆军、吴建国陪同考察。

26日 李斌来合肥专题调研智能制造技术，并主持召开座谈会。她强调，进一步推进智能制造产业发展，是贯彻落实全国科技创新大会精神，打造“三个强省”、建设美好安徽的具体举措。当前，要进一步提高认识、深入谋划，加强组织领导，明确主攻方向，集中力量重点突破。詹夏来、吴存荣、韩先聪、张庆军等陪同调研或出席座谈会。

全市维稳信访工作会议在市政务中心召开。会议传达贯彻中央和全省有关会议精神，研究部署当前和党的十八大期间全市维稳信访工作。熊建辉、张进出席会议并讲话。

27日 市政府召开第十四次全体会议，传达贯彻省政府第二十次全体会议精神，总结分析前三季度全市经济社会发展情况，安排部署年内各项工作。张庆军出席会议并讲话。市领导魏晓明、韩冰、周善武、吴春梅、程瀚、孙斌、吴建国、陈晓波，市政府秘书长孔向阳出席会议。江洪列席会议。

第十五届亚洲轮滑锦标赛开幕式在合肥体育中心综合体育馆举行。吴存荣出席并宣布第十五届亚洲轮滑锦标赛开幕。国家体育总局群体司司长、亚洲轮滑联合会会长盛志国，市领导张庆军、魏晓明、林存安、陈栋、阚建华、吴春梅、王海英、程晓舫、郭本道、许天锡，亚轮联中央委员会成员出席开幕式。

28日 市美好乡村建设工作领导小组第一次全体成员会议在市政务中心召开。省委常委、市委书记、市美好乡村建设工作领导小组（以下简称“领导小组”）组长吴存荣主持会议并讲话。他强调，省委省政府作出建设美好乡村的重大决策，意义深远。我们要进一步行动起来，紧扣目标要求，紧密结合实际，不断创新思路，深度发动广大农民群众参与，突出重点、整合资源，把握关键、注重细节，以加快建设美好乡村的实际行动，迎接党的十八大胜利召开。领导小组组长张庆军，领导小组副组长杨思松、魏晓明、周善武、陈晓波，常务副组长江洪出席会议。

29日 市十四届人大常委会第84次主任会议在市政务中心举行。会议听取并审议了关于全省人大代表选举工作座谈会精神的汇报；关于合肥市第十五届人民代表大会代表名额分配的决定（草案）的汇报；人事任免事项。黄同文主持会议。

30日 广东万和新能源热水产品生产基地签约落户合肥。省委常委、市委书记吴存荣，广东万和新电气股份有限公司总裁叶远璋出席签约仪式。市委常委、常务副市长魏晓明，广东万和新电气股份有限公司董事长卢础其分别致辞。

30～31日 市十四届人大常委会第三十六次会议在市政务中心举行。会议听取并审议了关于《合肥市志愿服务条例》修改情况的说明和《合肥市志愿服务条例（修改草案）》审议结果的报告；关于《合肥市公共资源交易管理条例（草案）》起草情况的说明和审查意见的报告（书面）；关于水环境治理工作情况的报告和调研报告（书面）；关于全市投资情况的报告；关于“十二五”规划修订方案的报告；关于市十四届人大五次会议议案建议办理情况的报告；关于调整2012年市本级财政预算议案的说明和审查报告；关于刑事审判工作情况的报告和调研报告（书面）；关于市十五届人民代表大会代表名额分配决定（草案）的说明；关于人事任免事项的报告。会议通过了《合肥市志愿服务条例》；关于批准“十二五”规划修订方案的决定；关于批准调整2012年市本级财政预算的决议；关于市十五届人民代表大会代表名额分配的决定；关于接受周阿成辞职请求的决定；人事任免事项。黄同文、宋家伟、杜平太、苏宇光、杜昌寿、陈栋、谢刚、梁虹、陈葆华、叶祥所、阚建华出席会议，市委常委、常务副市长魏晓明，市委常委、副市长韩冰，市法院院长许建，市检察院检察长满铭安列席会议。

省人大常委会副主任朱维芳率执法检查组来合肥市，检查《安徽省全民健身条例》贯彻执行情况。省人大常委会委员、教科文卫工委主任委员贺凌，省人大常委会教科文卫工委副主任委员韦大伟，市领导梁虹、吴春梅陪同检查。

31日 吴存荣在市政务中心会见全国人大常委会副委员长、民建中央主席陈昌智一行。民建中央秘书长张皎，民建安徽省委主委、省文化厅副厅长李修松，市领导黄同文、杨思松、韦弋参加会见。

11月

1日 根据省委省政府新一轮扶贫开发的部署安排，颍上县为省委常委、市委书记吴存荣的扶贫工作联系点。吴存荣专程赴颍上县调研扶贫开发工作，并召开调研汇报会。他强调，到颍上县开展扶贫帮扶，是贯彻落实省委省政府决策部署的具体行动，是进一步深化合肥、阜阳两市结对合作的重要举措。要进一步提高认识，明确各自职责，排出时间表，带着感情、带着责任，创造条件，竭尽所能解决实际问题，做一件成一件，不断深化合作发展。

市政府与北京万容达投资有限公司战略合作签约仪式在市政务中心举行。副市长吴建国、北京万容达投资有限公司董事长廖敏华分别在仪式上致辞。

2日 市政府召开工作务虚会，总结本届政府和2012年工作，着力谋划下一届政府和2013年工作任务。张庆军出席会议并讲话。魏晓明主持会议。

2012中国（合肥）苗木花卉交易大会在肥西县中国中部花木城开幕。国家林业局党组成员、副局长张永利，省委常委、市委书记吴存荣，副省长梁卫国共同启动开幕式水晶球。市长张庆军致辞，市委常委江洪主持开幕式。国家林业局驻合肥森林资源监督专员办事处专员薛全福，省委副秘书长张杰，市领导杨思松、叶祥所、陈晓波、郭本道出席开幕式。

市人大换届工作座谈会在市政务中心举行。熊建辉出席会议并讲话。凌云主持会议并宣读市换届工作领导小组文件。

市政协第七期主席读书会暨全市政协工作经验交流会在巢湖市召开。会议传达学习了全省政协工作经验交流会暨省辖市政协主席座谈会精神。董昭礼出席会议并讲话。

2012中国云计算应用与呼叫中心高峰论坛在合肥举行。吴存荣在市政务中心会见出席论坛的欧维特中国副总裁王倩郁一行。杨思松、吴建国参加会见。

国家新闻出版总署考察组来合肥，调研安徽数字出版基地合肥园区建设情况并召开专题座谈会。省新闻出版局副巡视员王立信，副市长吴春梅出席座谈会。

3日 环巢湖生态示范区建设项目集中开工典礼在滨湖新区派河大桥施工现场举行。省委常委、市委书记吴存荣，省人大常委会副主任沈卫国，副省长倪发科，省政协副主席李卫华共同启动水晶球。典礼前，环巢湖生态示范区建设项目集中开工动员会在市政务中心举行。吴存荣出席典礼和动员会，并在动员会上讲话。张庆军出席典礼和动员会并讲话。

4日 全市信访稳定工作会议在市政务中心召开。吴存荣主持会议并讲话。他强调，做好党的十八大期间信访稳定工作，是一项重大政治任务，是我们义不容辞的责任。我们要进一步提高认识、统一思想，以务实的工作作风、有效的工作措施，圆满完成任务，为十八大胜利召开营造和谐稳定的社会环境。市领导张庆军、熊建辉、杨思松、林存安、雍成瀚、张进、韦弋、周善武、吴春梅、陈晓波、孙斌出席。

“食品与健康”科普展览开展仪式在市科技馆举行。中国科学技术馆副馆长欧建成，省科协副主席梁寿南，市政协副主席奚芝英出席仪式。

5日 市政协召开十二届四十二次主席会议。会议审议了《关于政协合肥市第十三届委员会人事安排工作意见》；审议通过了市政协十二届二十四次常委会议程；通过了有关人事事项。董昭礼主持会议并讲话。

6日 全市“保持党的纯洁性迎接党的十八大”主题教育实践活动总结大会在市政务中心举行。会议传达贯彻了全省主题教育实践活动总结大会精神，总结了全市主题教育实践活动开展情况，并就进一步做好全市保持党的纯洁性工作作了部署。熊建辉出席会议并讲话，杨思松、凌云、雍成瀚出席会议。

市政协十二届二十四次常委会议召开。会议传达学习了全国地方政协工作经验交流会议精神；审议通过了《关于政协合肥市第十三届委员会人事安排工作意见》；通过了有关人事事项。董昭礼主持会议并讲话。

合肥市第十届青少年科技创新市长奖颁奖大会在市科技馆举行，六名学生获奖。张庆军出席并致辞。

合肥市汽车、工程机械、家电等行业产业链配套对接会在市政务中心举行。市领导韩冰、谢刚、许天锡出席对接会。

7日 合肥报业传媒集团举行第十三届记者节庆祝表彰大会。会议表彰了该集团安徽新闻奖获奖人员、第二届“十佳员工”、劳动竞赛季及记者节系列活动先进集体、先进个人。吴春梅在会上讲话，并与市委宣传部相关负责同志、合肥报业传媒集团负责人一起，为获奖者颁奖。

8日 中国共产党第十八次全国代表大会在北京开幕。张庆军、黄同文、董昭礼、熊建辉、杨思松、凌云、韦弋在市政务中心集中收看十八大直播。

7～8日 张庆军深入长丰县调研土地整治工作，并主持召开座谈会。周善武陪同。

9日 合肥市邮政管理局成立揭牌仪式在市政务中心举行。市委常委、副市长韩冰，省邮政管理局党组书记、局长方晓潜分别讲话，并为合肥市邮政管理局成立揭牌。

张庆军深入高新区调研金太阳示范工程。他强调，要把握机遇，突出“两手抓”，一手抓示范、一手抓应用，推动太阳能光伏产业健康发展。

10日 巢湖市举行首届亚父纪念节开幕式暨学术研讨会。亚父是楚汉时期著名政治家、军事家、战略家，被霸王项羽尊称为“亚父”的谋士范增，其“导演”的“鸿门宴”成为历史经典。

合肥城市轨道交通首台盾构机始发仪式在1号线繁华大道站始发井施工现场举行。张庆军出席并宣布首台盾构机始发。市黄同文、董昭礼、周善武出席始发仪式。

马鞍山市委副书记、市长张晓麟率马鞍山市党政代表团来合肥考察经济社会发展和城市建设情况。市领导张庆军、韩冰、宋家伟陪同考察。

全市开展首届“合肥慈善奖”评选活动。首届“合肥慈善奖”拟设立“慈善捐赠活动优秀组织奖”、“最具爱心单位奖”、“最具爱心企业奖”、“慈善爱心行为楷模奖”、“慈善工作先进单位（先进工作者）奖”及“优秀慈善项目奖”等表彰项目。

11～12日 张庆军赴江苏省南京市和无锡市，先后考察了天合光能、远景能源、海润光伏、爱康太阳能、振发新能源等新能源企业。韩冰陪同。

12日 出席第十一届全国政协外事委员会五年工作总结会议的代表，来合肥考察经济社会发展和城市建设情况。全国政协外事委员会主任赵启正，副主任万学远、杨多良、武大伟、赵进军、韩方明参加考察。省政协副主席郑牧民，市政协主席董昭礼陪同考察。

副省长黄海嵩主持召开合肥电话网升8位专题工作会议。省政府副秘书长黄晓武，副市长吴建国参加会议

13日 合肥-原州缔结友好城市十周年庆典在合肥举行。市长张庆军、韩国原州市市长元昌默分别致辞并签署加强友好城市间交流备忘录。

合肥市首届行业协会（商会）评估授牌仪式在市政务中心举行。市民政局对评估为3A及以上等级的9家全市性行业协会（商会）进行授牌。

14日 第三届中国·合肥技工节组委会成员单位会议在市政务中心召开。会议听取了市人社局关于第三届中国·合肥技工节的筹备情况，并就活动组织、现场安保等相关具体问题进行了研究。韩冰出席会议。

副省长谢广祥来合肥调研省暨合肥市文化场馆建设及运行情况。省政府副秘书长吴行，副市长吴春梅陪同调研。

15日 在第八届中国节庆产业年会上，合肥市获得中国“十大节庆城市”荣誉称号。

16日 黄同文率市人大常委会视察组，视察新桥国际机场建设工程进展情况。新桥国际机场建设指挥部指挥长安列汇报建设情况。

17日 全国第三届行草书展在合肥开幕。省委常委、市委书记吴存荣，副省长谢广祥，省政协副主席田唯谦，省政府副秘书长余焰炉、吴行，市长张庆军出席仪式。中国书协分党组书记、驻会副主席赵长青讲话。省高级人民法院党组副书记、副院长、省书协主席张学群，市政协主席董昭礼分别致辞。中国书法家协会副主席言恭达；省科技厅厅长徐根应，省文联党组书记陈田，市领导杨思松、梁虹、吴春梅、王世清、许天锡、奚芝英出席开幕式。

18日 全市第三届中小学文化艺术展演活动在渡江战役纪念馆广场举行。省教育厅总督学李明阳，市领导梁虹、吴春梅出席并共同启动水晶球。

国家人社部认定了首批全国15个创业孵化示范基地，合肥市庐阳百帮创业园为全省唯一的国家级创业孵化示范基地。

19日 张庆军主持召开市政府第108次常务会议，审议并原则通过了制定出台《合肥市基本建设项目费（税）收取管理办法》、《合肥市户外广告设置专项规划》等相关事宜，讨论并确定了出台《合肥市行政执法监督规定（草案）》、开展2012年“送温暖献爱心，慈善一日捐”活动及市慈善协会换届情况等有关事项。

由市委宣传部、市社科联、市委讲师团共同举办的合肥市社科理论界学习贯彻党的十八大精神座谈会在市政务中心举行。与会专家、学者结合各自的研究领域和实际工作，就如何进一步深入学习贯彻十八大精神，推动全市社科理论工作发展，提升学术研究水平和服务社会能力等方面进行了研讨。

20日 全市学习贯彻党的十八大精神大会在市政务中心召开。会议传达学习党的十八大和十七届七中全会、十八届一中全会精神，以及全省学习贯彻党的十八大精神大会精神，研究部署贯彻落实工作。吴存荣传达会议精神并讲话。他强调，认真学习宣传和全面贯彻落实党的十八大精神，是当前和今后一个时期的首要政治任务。要按照中央和省委的部署要求，迅速掀起学习宣传贯彻热潮，在党的十八大精神指引下，深入贯彻落实科学发展观，致力打造“大湖名城、创新高地”，在加快建设现代化滨湖大城市的基础上，全力建设现代化新兴中心城市，并朝着区域性特大城市方向阔步前进，努力把合肥建设好、发展好，为建设美好安徽多作贡献。张庆军主持会议。市领导黄同文、熊建辉，市委常委，市人大常委会、市政府、市政协负责同志；合肥警备区司令员；市中级人民法院院长、市检察院检察长，市委督察组组长、副组长；市委、市人大常委会、市政府、市政协秘书长和副秘书长等出席大会。

全市便民惠民蔬菜流通体系建设工作领导小组会议在市政务中心举行。市商务局汇报了全市便民惠民蔬菜流通体系建设进展情况。吴建国出席会议。

21日 市人大常委会党组理论学习中心组召开扩大会议，专题学习党的十八大精神。黄同文主持会议。

22日 市委召开常委扩大会议，进一步传达学习党的十八大和十七届七中全会、十八届一中全会精神，以及全省学习贯彻党的十八大精神大会精神，听取全市投资、招商引资、工业经济运行和财税等工作情况汇报，深入分析当前经济形势，研究部署下一步工作推进措

施。吴存荣主持会议并讲话。

由上海交通大学上海高级金融学院、合肥市工商联共同主办的“金融创新助力中部经济转型”论坛在合肥举行。韦弋出席开幕式并致辞。

“大湖名城 美丽滨湖—滨湖新区启动建设6周年图片汇报展”在市政务中心阳光大厅举行。省市领导吴存荣、董昭礼、杨思松、林存安、魏晓明、韩冰、周善武、杜平太、郭本道参观展览。

全市首批“整贷直发”小额担保贷款开始发放，总计放款额度98万元。大学生创业者孙立崇顺利拿到10万元小额贷款，成为全市享受“整贷直发”优惠政策第一人。

合肥市见义勇为基金捐赠仪式在市政务中心举行。七家企业捐助150万元。市领导张进、苏宇光、王海英出席仪式。

23日 第三届中国·合肥技工节在安徽国际会展中心开幕。省政府副秘书长黄晓武，市领导董昭礼、熊建辉、凌云出席开幕式并共同拉杆启动第三届中国·合肥技工节。

24日 市委中心组理论学习会议十八大精神学习辅导报告会暨庐州讲坛第83讲在市政务中心举行。报告会的主题是“学习贯彻党的十八大精神，深入推进党风廉政建设和反腐败斗争”。市领导黄同文、董昭礼、熊建辉、林存安、凌云、雍成瀚、魏晓明、张进、韩冰、江洪、韦弋、周善武、姜宗健、宋家伟、杜平太、杜昌寿、谢刚、梁虹、叶祥所、阚建华、吴春梅、程瀚、吴建国、陈晓波、王海英、王世清、储昭平、李晓梅、许天锡、严从怀、汤先觉、奚芝英出席会议并聆听报告。

由市文明办、市教育局联合主办的合肥市第二届“品读经典文化，践行核心价值”大型广场诵读活动在天鹅湖广场举行。林存安出席。

合肥至颍上旅游直通车正式开通。上千名合肥游客乘坐旅游大巴开赴“管仲故里”，游玩八里河、五里湖、迪沟等景区。

23～25日 中共合肥市委中心组理论学习会议召开。会议主题是认真学习宣传贯彻落实党的十八大精神，以及省委九届六次全体（扩大）会议精神，坚持学以致用、用以促学，把学习贯彻党的十八大精神体现在推动合肥“新跨越、进十强”，致力打造“大湖名城、创新高地”的实践中，在加快建设现代化滨湖大城市的基础上，全力建设现代化新兴中心城市，并朝着区域性特大城市方向阔步前进，努力把合肥建设好、发展好，为建设美好安徽多作贡献。23~24日进行自学，24日集中听取了党的十八大精神辅导报告。25日在市政务中心开展集中学习研讨，吴存荣主持会议并讲话，市领导张庆军、黄同文、董昭礼、熊建辉出席会议并讲话。市委常委，市政府副市长，市政府秘书长出席会议。市人大常委会副主任、市政协副主席，市法院、市检察院主要负责人，市委督查组负责人，市人大常委会秘书长，市政协秘书长，市委、市政府副秘书长，各县市区党委、政府和四大开发区主要负责人，市直各单位、省部属驻肥有关单位主要负责人等列席会议。

26日 张庆军主持召开市政府第109次常务会议，审议并原则通过了推进“气化合肥”工作和制定出台《关于进一步加快建筑业发展的意见》、《关于进一步加快建筑业发展的若干政策（试行）》，讨论并确定了其他有关事项。

市政协委员资政会在市政务中心召开。会上，吴春梅、江洪分别通报了文化产业发展和巢湖综合治理开发情况，12位政协委员围绕议题提出了诸多建设性的意见和建议。张庆军主持并讲话，董昭礼就发挥资政会参政议政“直通车”作用提出要求。市领导孙斌、吴建国、陈晓波，王海英、王世清、储昭平、李晓梅、程晓舫、郭本道、许天锡、严从怀、汤先觉、奚芝英出席会议。

全市宣传系统学习宣传贯彻党的十八大精神会议在市政务中心举行。会议就宣传思想文化战线学习宣传贯彻十八大精神作出具体安排。林存安出席会议并讲话。

27日 合肥市美好乡村建设规划编制工作会议在巢湖市召开。江洪出席会议。

滨湖地区区域化党建联盟成立大会举行。凌云出席大会并为党建联盟揭牌。

28日 渡江战役纪念馆开馆仪式在滨湖新区举行。省委副书记孙金龙，南京军区副政委、中将吴刚，总政治部宣传部副部长、少将黎国如，北京军区原副司令员、中将粟戎生，省委常委、省军区政委宋海航，省委常委、市委书记吴存荣，中央党史研究室副主任吕世光，国防大学科研部副部长、少将周立存，军事科学院战争理论与战略研究部副部长、少将曲爱国，省军区司令员许伟，省人大常委会副主任陈先森，副省长谢广祥，省政协副主席李宏塔出席仪式并剪彩。

合肥经济圈建设领导小组办公室主任联席会议在市政务中心召开。省发改委主任张韶春主持会议并讲话。省直相关部门负责人，合肥市市长张庆军、淮南市市长曹勇、六安市副市长王翔、桐城市及定远县负责人出席会议。

合肥市“食品安全庐州行”总结表彰大会在市政务中心举行。会议表彰了2012年“食品安全庐州行”活动先进集体和先进个人。省人大常委会教科文卫工委副主任韦大伟，市人大常委会副主任梁虹出席表彰会并颁奖。

合肥市淮河路步行街商会第一届会员代表大会暨成立仪式举行。省工商联党组成员、秘书长李俊波出席，市领导韦弋、阚建华、许天锡出席成立仪式。

省直管1300多户企业移交合肥市管理仪式在市政务中心举行。省工商局副局长吴良斯、副市长吴建国参加移交仪式。

29日 市十四届人大常委会第85次主任会议在市政务中心举行。会议听取了市政务文化新区关于水环境治理情况的汇报；关于视察我市民生工程方案的汇报；关于召开市十五届人大一次会议有关事项的汇报；关于市十四届人大常委会第三十七次会议议程（草案）、日程（草案）的汇报；关于人事任免事项的汇报。黄同文主持会议。

省政府新闻办召开合肥市本地电话网固定电话用户号码升8位新闻发布会。省政府副秘书长黄晓武、省通信管理局局长江勇，市委常委、副市长韩冰出席发布会。

30日 市政府公布《合肥市国民经济和社会发展第十二个五年规划纲要（修订）》。修订后的规划，将成为合肥打造“大湖名城、创新高地”，实现“新跨越、进十强”奋斗目标的行动纲领。

合肥庐剧院成立60周年纪念大会在合肥广电中心举行。中国文联主席团委员、中国电影家协会分党组书记、常务副主席康健民，中华关公文化基金会主席郑博元，市政协主席董昭礼出席。吴春梅致辞。

市环保局举行新闻发布会，宣布合肥市启用空气质量新标准AQI（环境空气质量指数），在市环保局官方网站实时动态发布包括PM2.5等项目在内的空气质量数据。

12月

1日 华南城合肥项目签约仪式在稻香楼宾馆举行。省长李斌出席仪式，并在仪式前会见了华南城控股有限公司董事长郑松兴一行。吴存荣在仪式上讲话并参加会见。张庆军主持仪式并参加相关会见。

省委常委、常务副省长詹夏来来合肥调研城乡一体化住户调查记账工作。省政府副秘书长刘健，国家统计局安徽调查总队总队长骆飞，市委常委、副市长韩冰陪同调研。同日，全省城乡住户一体化调查户开始记账。

2日 中国共产党合肥警备区第五次代表大会召开。大会听取和审议了中共合肥警备区第四届委员会工作报告；听取和审议了中共合肥警备区纪律检查委员会工作报告；选举产生了中共合肥警备区第五届委员会和中共合肥警备区纪律检查委员会。省委常委、省军区政委宋海航，省委常委、市委书记、合肥警备区党委第一书记吴存荣出席大会并讲话。市委常委、警备区政委姜宗健主持大会。

李斌赴安徽江淮汽车集团有限公司调研企业生产经营和自主创新情况，并主持召开座谈会。她强调，要认真学习宣传贯彻党的十八大精神和习近平总书记在参观《复兴之路》展览时的重要讲话精神，坚持实干兴邦、实业报国，坚持不懈地把自主品牌汽车产业培育成具有国际竞争力的主导产业，为打造“三个强省”、建设美好安徽，全面建成小康社会作出更加积极的贡献。詹夏来陪同调研并出席座谈会。省政府秘书长韩先聪，市长张庆军，江汽集团董事长、党委书记、总裁安进陪同。

3日 2012年第四季度大建设调度会议在市政务中心召开。吴存荣出席会议并讲话。他强调，要在党的十八大精神指引下，进一步提高认识、改进方法，更好地发扬连续作战、艰苦奋斗、攻坚克难、敢于担当的光荣传统，带着对群众的深厚感情，继续强力推进大建设，致力打造“大湖名城、创新高地”，为建设美好安徽作出新的更大贡献。魏晓明、周善武出席会议。

张庆军主持召开市政府第110次常务会议，讨论并原则通过关于合肥市2012年推进城乡居民收入倍增规划工作的报告，并决定提交市人大常委会审议。

全市2012年度经济责任审计工作领导小组会议举行。会议听取了《关于2012年度经济责任审计工作情况和2013年度工作安排的汇报》，审议通过了2013年经济责任审计项目计划安排及领导干部经济责任审计初步综合评价结果。市委副书记、市经济责任审计工作领导小组组长熊建辉主持会议并讲话。雍成瀚、凌云出席会议。

4日 省委宣讲团学习贯彻党的十八大精神报告会在市政务中心举行。党的十八大代表、省委宣讲团成员、省直机关工委书记张国富作宣讲报告。吴存荣主持报告会，并在报告会前会见了张国富一行。张庆军、黄同文、董昭礼、熊建辉、林存安等出席报告会。市委常委，市人大、市政府、市政协负责同志；市法院、市检察院主要负责人，市委督查组组长、副组长，合肥学院主要负责人；市委、市人大、市政府、市政协秘书长和副秘书长；市直各单位和省部属驻肥有关单位负责人和系统干部职工代表等参加报告会。

合肥市第五次归侨侨眷代表大会在市政务中心小会堂开幕。吴存荣出席大会并讲话。他勉励广大归侨侨眷和海外侨胞，以学习宣传贯彻党的十八大精神为动力，继续发扬爱国爱乡光荣传统，拥抱“大湖名城、创新高地”梦想，在积极投身合肥科学发展的生动实践中，不断贡献出自己的智慧和力量。

2012年市重大项目领导小组第三次调度会在市政务中心召开。会议总结了近一阶段全市重大项目推进情况，对全市2012年中央预算内投资计划执行情况以及合肥天麦生物科技公司胰岛素项目等4个项目进行具体调度。省委常委、市委书记、市重大项目领导小组组长吴存荣主持会议并讲话。市领导张庆军、韩冰、周善武，合肥海关关长赵龙池，人行合肥中心支行副行长戴季宁，安徽出入境检验检疫局副局长戴永华等出席。

国家广电总局批复同意在合肥市包河区设立国家广播影视科技创新实验基地。该基地是全国唯一一家国家级的广播影视科技创新实验基地。

5日 市十四届人大常委会第三十七次会议在市政务中心举行。会议听取并审议了关于召开市十五届人大一次会议有关事项的报告；关于2011年度市级预算执行和其他财政收支审计查出问题整改情况的报告；关于2012年推进城乡居民收入倍增规划工作的报告；关于人事任免事项的报告。会议通过了关于召开市十五届人大一次会议的决定；市十五届人大一次会议议程（草案）、日程（草案）；人事任免事项；关于接受苏宇光辞职请求的决定。会议决定，市十五届人大一次会议于2013年1月5日召开，会期6天。黄同文主持会议。副市长陈晓波，市检察院检察长满铭安，市法院副院长袁开平列席会议。

合肥市科学技术协会第七次代表大会在市政务中心小会堂开幕。大会表彰了市科协系统先进集体、先进工作者。吴存荣出席大会并讲话。他勉励广大科技工作者和全市各级科协组织，要在党的十八大精神指引下，进一步增强责任感、使命感，同心同德、开拓进取，发扬成绩、扎实工作，推动合肥科协事业发展再上新台阶，为绘就合肥宏伟蓝图、助推美好安徽建设，创造更加辉煌的业绩。省科协党组书记、常务副主席周建强出席大会并讲话。市领导董昭礼、熊建辉、凌云、魏晓明、张进、江洪、韦飞、韩冰姜宗健出席。

“气化合肥”合作框架协议签约仪式在市政务中心举行。吴存荣出席仪式，并在仪式前会见中国石油天然气集团公司副总经理廖永远一行。张庆军致辞并参加会见。

吴存荣在市政务中心会见美国昂飞公司全球副总裁迈克尔·雷恩泽一行。魏晓明参加会见。

张庆军在市政务中心会见美国国务院副国务卿罗伯特·霍尔迈茨一行，就合肥市与哥伦布市/富兰克林郡绿色合作伙伴结对合作进行深入洽谈。韩冰会见时在座。

6日 第四届中国城市国资委主任联席会议在合肥召开。会议围绕“转型升级，创新发展”主题，对城市国资国企转型升级的思路探索和应对挑战的做法进行交流。国务院国资委副主任、党委副书记邵宁出席会议。

长江沿岸中心城市经济协调会第十五届市长联席会议在上海市召开。来自上海、重庆、武汉、南京、合肥等27个成员城市共商合作发展大计。张庆军作为下一届市长联席会议东道主城市市长在会上发言。

7日 市委常委会召开会议，传达中央政治局关于改进工作作风、密切联系群众的八项规定，以及省委常委会精神，研究全市贯彻落实意见。吴存荣主持会议并讲话。

合肥市本地电话网固定电话用户号码升8位仪式在合肥电信枢纽楼举行，省政府副秘书长黄晓武，市委常委、副市长韩冰出席仪式并共同启动水晶球。自8日零时起，合肥固定电话号码升至8位，原合肥地区固定电话号码前加“6”，巢湖市和庐江县固定电话号码前加“8”，区号统一使用0551，原有0565取消。

8日 文化部文化科技司司长、教授于平，在合肥作题为《推动文化发展需要增强创新活力——党的十八大精神对文化发展的启示》的专题报告。省文化厅厅长杨果主持报告会。吴春梅等参加报告。

中国新四军研究会第一副会长、中将徐承云，中国新四军研究会常务副会长、少将张宝康，以及省新四军历史研究会部分成员来合肥考察渡江战役纪念馆。林存安陪同。

8~9日 在全省粮食产业化工作会议上，合肥市39家粮油加工企业被评为新一轮省粮食产业化龙头企业，龙头企业数量位列全省第二。

9日 安徽省暨合肥市“喜颂

十八大”文艺下基层和2013年文化科技卫生“三下乡”启动仪式在长丰县吴山镇举行。省委常委、宣传部长曹征海宣布活动启动。省“三下乡”活动领导小组组长、省委宣传部副部长郎涛，市长张庆军分别讲话。

9～10日 合肥市妇女第十一次代表大会在市政务中心小会堂开幕。市妇联第十届执行委员会作《工作报告》。大会表彰了第三届合肥十大女杰、合肥市城乡妇女岗位建功先进集体。吴存荣出席大会并讲话。他勉励广大妇女和妇联组织，要在党的十八大精神指引下，进一步解放思想、开拓创新，自强不息、奋力拼搏，续写妇女事业发展的绚丽篇章，为实现“新跨越、进十强”目标，打造“大湖名城、创新高地”，助推美好安徽建设，作出新的更大贡献。省妇联主席黄红出席大会并讲话。市领导董昭礼、熊建辉、杨思松、凌云、张进、韩冰、韦弋、杜昌寿、梁虹、王海英、李晓梅、奚芝英等出席。10日下午，合肥市妇女第十一次代表大会审议通过了《关于合肥市妇女联合会第十届执行委员会工作报告的决议》，选举产生了合肥市妇联第十一届执行委员会和新一届市妇联领导班子。

10日 全市组织部长学习贯彻党的十八大精神座谈会在市政务中心召开。凌云出席会议。

省暨合肥市2012年新兵启运欢送仪式在合肥举行。省军区副司令员陈德亮出席仪式并讲话。程瀚主持仪式。

10～11日 2012中国国际人才交流大会在深圳会展中心举行。中组部副部长、人力资源和社会保障部部长尹蔚民出席大会，并巡视了合芜蚌试验区·合肥经济圈等展馆。10日下午，合芜蚌试验区·合肥经济圈在深圳会展中心举办招才引智、招商引资推介会。人力资源和社会保障部副部长、国家外国专家局局长张建国出席大会并在推介会上致辞。吴存荣代表中方与会代表在大会开幕式上致辞。吴春梅就城市的创新创业环境和人才政策等进行推介。省委组织部副部长、省人社厅厅长刘莉，省科技厅厅长徐根应，合肥市领导魏晓明、吴春梅，芜湖市领导丁祖荣，蚌埠市领导操龙灿，淮南市领导王诚，六安市领导付新安以及桐城市领导出席大会和推介会。

11日 吴存荣在深圳会见中科大华南校友企业家。吴春梅陪同会见。

12日 市政协召开十二届四十三次主席会议。会议学习贯彻了中共中央政治局关于改进工作作风、密切联系群众的八项规定；审议了市政协第十二届委员会常务委员会工作报告（草案）和市政协第十二届委员会常务委员会提案工作报告（草案）；审议通过了市政协十二届五次会议优秀提案、提案承办先进单位、提案承办先进个人、十二届市政协优秀提案突出贡献奖名单；审议通过了《政协合肥市委员会关于建言立论成果转化提案的暂行办法》；审议了市政协十三届一次会议议程、日程（草案）及有关会务安排。董昭礼主持会议。

13日 合肥市第三届“挑战杯”创业项目征集大赛评选结果揭晓，总计产生了39个创业“金点子”，其中，品牌企业电子商务外包服务项目荣获特等奖。

合肥市老龄办统计，全市100岁及100岁以上的老人数量达到349人。

位于长丰县岗集镇卧龙山的合肥非物质文化遗产园和位于包河区的合肥大圩生态农业旅游景区通过了全国旅游景区质量等级评定委员会的组织评定，获评国家4A级旅游景区。

14日 张庆军主持召开市政府第111次常务会议。会议讨论并原则通过了修订《合肥市政府质量奖管理办法（试行）》，出台《关于开展质量强市活动的实施意见》等相关事宜。《合肥市政府质量奖管理办法（试行）》调整了奖项设置、申报条件、奖励额度等多个方面内容。从第二届起，市政府质量奖获奖企业将增加至3家，奖励标准也由50万元提高至60万元。

2012年度全市部分县以上领导班子成员理论学习抽查测试在市政务中心举行。熊建辉、林存安、雍成瀚、凌云到场巡视。

美国知名综合性政策研究机构布鲁金斯学会发布2012年度《全球都市圈监测报告》，将安徽合肥“圈”入全球300个都市经济体版图。报告中显示，2007年至2011年5年间，合肥凭借人均GDP增速15.3%和新增就业率3%的成绩，在全球300个都市经济体中分别排名第一和第二。

在全国轻工业特色区域和产业集群工作会议上，合肥市家电产业集群被评为全国轻工业特色区域和产业集群建设先进集体。

15日 全市招标投标协会成立。魏晓明出席。

16日 中国城市竞争力研究会在香港发布2012年中国城市竞争力排行榜并举行颁奖礼。合肥市被评为“十佳和谐发展城市”和“中国最具开发潜力十佳城市”，位居中国城市成长竞争力排行榜第17名、中国最安全城市排行榜第20名、中国区域中心城市排行榜第13名。

17日 在中国软件测评中心举办的2012年政府网站绩效评估中，“中国·合肥”门户网站在省会城市中排名第9位。

18日 中国南车集团合肥轨道车辆制造维修基地项目签约仪式在市政务中心举行。张庆军出席仪式，并在仪式前会见了中国南车集团总裁刘化龙一行。

“合肥国际机场年旅客吞吐量突破500万人次新闻发布会”在骆岗机场宾馆举行。省政府副秘书长宓建毅，副市长孙斌出席发布会。

合肥市第一个产业综合体项目——联东U谷·合肥包河产业综合体项目签约。项目建成后，将引进约700家优质企业，带动就业人口2万人。

19日 全省义务教育均衡发展暨“两基”工作总结表彰电视电话会议召开。合肥市多个县市区、部门和个人受到表彰。张庆军、吴春梅在合肥分会场出席会议。

省政协副主席王鹤龄看望在合肥的省政协委员并召开座谈会，征求省政协委员及市政协负责人对2013年省政协工作的建议和意见。省政协副秘书长魏志光，市政协副主席王海英等出席座谈会。

20日 张庆军主持召开市政府第112次常务会议。会议讨论并原则通过了出台《合肥市国土资源管理规定（试行）》和2013年元旦、春节送温暖活动安排等相关事宜；会议讨论并确定了调整全市被征土地上青苗、房屋及附着物补偿标准等有关事项。

市政府安委会召开第四次全体（扩大）会议，通报情况、分析形势、总结部署，动员全市上下进一步增强紧迫感和责任感，齐心协力抓好今冬特别是“两节”、“两会”期间的安全生产工作。张庆军出席会议并讲话。韩冰、周善武出席会议。

合肥市中共党史学会第一次会员代表大会在市政务中心举行。杨思松出席会议并讲话。

“安徽城市英雄榜”揭晓。在全省“科学发展指数”总指标、资源利用效率指数和社会和谐发展指数排名中，合肥名列全省第一。

21日 市政府召开第十五次全体会议，讨论即将提交市十五届人大一次会议审议的《政府工作报告》，安排部署当前工作。张庆军主持会议并讲话。市领导魏晓明、韩冰、周善武、程瀚、孙斌、吴建国、陈晓波，市政府秘书长孔向阳出席会议。江洪列席会议。

22日 全市事业单位、社会团体、民办非企业单位、基金会、律师事务所、会计师事务所等单位要参加工伤保险，缴费费率为0.5%。参照公务员法管理的事业单位、社会团体工作人员，因工作遭受事故伤害或患职业病的由所在单位支付费用。

合肥一六八中学建校10周年庆典大会在该校艺术礼堂举行。市领导林存安、陈栋、梁虹、吴春梅、汤先觉，省旅游局副局长张雪平出席。

23日 2011年1月至2012年12月全市第三届“反腐倡廉十件大事”评选结果揭晓。分别是：市纪委监察局荣获“全国纪检监察系统先进集体”荣誉称号；实行廉政风险防控管理，深化反腐倡廉制度建设；注重把握重点，查办案件工作成果丰硕；开展保持党的纯洁性教育，迎接党的十八大胜利召开；电视问政面对面，解决问题心贴心；12345政府服务直通车打造服务群众新平台；强力整治虚假广告，还消费市场一片纯净；第二届包公杯成功举办，廉政文化精品工程效应扩大；创新举措，提速招商项目建设；开展廉政家访，推进家庭助廉。

24日 张庆军主持召开市政府第113次常务会议。会议讨论并原则通过了出台《市委市政府关于进一步加强农村扶贫开发工作的若干意见》、城市生活垃圾处理费征收方式改革，讨论并确定了出台《合肥市大型活动临建设施安全管理规定》等有关事项。

《安徽省旅游业发展总体规划（2012—2020）》（征求意见稿）公布。合肥被定位为全省旅游中心城市和旅游交通枢纽。

25日 市政协十二届四十四次主席会议召开。会议协商了市政协第十三届委员会委员名单（草案）；协商了市政协十三届一次会议列席人员范围和名单（草案）；协商了市政协十三届一次会议委员、列席人员分组方案（草案）；协商了市政协十三届一次会议主席团成员和秘书长名单（草案）；协商了市政协十三届一次会议三次大会执行主席和主持人名单（草案）；协商了市政协十三届一次会议领导工作分工安排表（草案）；审议了市政协十三届一次会议大会发言安排；审议通过了市政协十二届二十五次常委会议议程、日程（草案）。董昭礼出席并主持会议。

合肥市2012年军转安置工作会议在市政务中心召开。会议传达贯彻全国、全省军队转业干部安置工作电视电话会议精神，研究部署2012年军转安置工作任务。熊建辉、凌云、魏晓明、姜宗健、杜昌寿出席会议。

26日 由光明日报社与合肥市委共同举办的2012年思想道德建设合肥论坛在市政务中心举行。论坛以“城市发展中的道德力量·诚信文化”为主题，开展深入研讨和广泛交流。光明日报社总编辑何东平出席并讲话。吴存荣出席并作主题发言。林存安主持论坛。

合肥市社情民意座谈会在市政务中心召开。全市社会各界的政协委员代表建言献策，共谋发展大计。吴存荣、董昭礼、熊建辉出席会议并讲话。

市政府召开与民主党派、工商联、无党派人士座谈会，围绕《政府工作报告》（征求意见稿）征求意见和建议。张庆军出席会议并讲话。

26～27日 市十四届人大常委会第三十八次会议在市政务中心举行。会议听取了关于《合肥市公共资源交易管理条例（草案）》修改情况的说明和关于《合肥市公共资源交易管理条例（修改草案）》审议结果的报告；关于调整合肥市区划拨土地使用权最低价款征收范围的议案的说明（书面）；关于市十五届人大代表的代表资格审查报告；关于市十五届人大一次会议各项建议名单的说明；市人大常委会工作报告（草案）（书面）；关于人事任免事项的报告。会议通过了《合肥市公共资源交易管理条例》；关于批准调整合肥市区划拨土地使用权最低价款征收范围的决定；市十四届人民代表大会常务委员会公告；市十五届人大一次会议各项建议名单；人事任免事项。黄同文、宋家伟、杜平太、杜昌寿、陈栋、谢刚、梁虹、陈葆华、叶祥所、阚建华出席会议；吴春梅、满铭安，市法院副院长袁开平列席会议。

27日 市政协十二届二十五次常委会议在市政务中心召开。会议决定市政协十三届一次会议于2013年1月4日～8日举行，会期5天。会议审议通过了市政协十三届一次会议议程、日程（草案）及有关会务安排；协商通过了市政协十三届一次会议人事安排；审议通过了市政协第十二届委员会常务委员会工作报告（草案）和提案工作报告（草案）；讨论了市政府工作报告（征求意见稿）；表彰了市政协十二届五次会议优秀提案、提案承办先进单位和先进个人，市政协十二届优秀提案突出贡献奖。董昭礼主持会议并讲话。

环巢湖地区生态保护修复项目金融合作签约仪式在合肥举行。省委常委、市委书记吴存荣，国家开发银行评审总监樊海斌出席签约仪式并见证签约。国家开发银行安徽省分行行长宋伟农，市长张庆军代表双方签约。

联宝（合肥）电子科技有限公司投产仪式在位于合肥出口加工区的厂区举行。省委常委、市委书记吴存荣，联想集团董事长兼CEO杨元庆，仁宝集团总经理陈瑞聪，联宝电子首席执行官张晖出席仪式并为吉狮点睛。

合肥综合客运枢纽站、国道206改线段、省道S319军二路庐江段改建三大工程开工仪式在合肥综合客运枢纽站建设工地举行。张庆军宣布项目开工。

28日 中国共产党合肥市第十届委员会第四次全体会议在市政务中心召开。会议主要任务是，认真学习贯彻党的十八大、中央经济工作会议和省委九届六次全体扩大会议、全省经济工作会议精神，回顾总结2012年以来各项工作，安排部署2013年及今后一个时期的工作任务，动员全市各级党组织和广大党员干部群众，在党的十八大精神指引下，进一步解放思想、抢抓机遇、改革开放、奋发进取，为加快合肥“新跨越、进十强”，打造“大湖名城、创新高地”，建设区域性特大城市而努力奋斗。会上书面传达学习了中央、全省经济工作会议精神，吴存荣代表市委常委会向全委会作工作报告并作总结讲话。会议由市委常委会主持。市委委员、市委候补委员出席会议。

合肥市与恒大集团项目签约仪式在稻香楼宾馆举行。合肥国际金融中心、合肥文化旅游城、合肥明光路商业综合体等三个项目完成签约。李斌、吴存荣、倪发科，恒大集团董事局主席许家印出席仪式。

安徽省气象系统首个气溶胶质量浓度监测站（主要仪器为GRIMM180颗粒物监测仪）在合肥建成并投入业务试运行。该站标志着合肥市实现了PM2.5（是指大气中直径小于或等于2.5微米的颗粒物，也称为可入肺颗粒物）质量浓度的自动观测。

29日 合肥市第四次律师代表大会召开。会议审议通过了合肥市律师协会第三届理事会工作报告和会费收支情况报告，审议通过了新制定的《合肥市律师协会章程》，选举产生了新一届市律协领导集体，并对合肥市第二届律师“十佳”系列评选产生的先进集体和先进个人进行了表彰。市领导张进、陈葆华、程瀚出席。

30日 全市2012年度科学技术奖评审工作启动，评审中首次设立“科技合作奖”。

31日 2012首届合肥市包河区道德模范颁奖典礼在安徽大剧院举行。贺懋燮、林存安出席颁奖典礼。

合肥市首届农民工文化节歌咏比赛暨农民工文化节闭幕式在市政务中心小会堂举行。林存安出席。

（市志办）

中国共产党

中共合肥市委员会

【综述】 2012年，在省委的坚强领导下，中共合肥市委坚持以邓小平理论、“三个代表”重要思想、科学发展观为指导，以迎接党的十八大、学习党的十八大、贯彻党的十八大为动力，团结带领全市广大党员干部群众，全力实施省市党代会部署和“十二五”规划，着力在稳增长、调结构、抓改革、惠民生、促和谐上下功夫，全市经济、政治、文化、社会以及生态文明建设和党的建设取得新的进展，呈现出“经济增速较快、效益明显提升、转型成效显著、民生持续改善、社会和谐稳定”的良好态势，迈出了“科学发展新跨越，主要指标进十强”的新步伐，翻开了打造“大湖名城、创新高地”的新篇章。

迎接党的十八大召开并做好十八大精神贯彻工作。围绕迎接党的十八大召开，以高度的政治责任感和历史使命感，圆满完成市出席党的十八大代表的提名、推荐工作。认真学习贯彻胡锦涛“7·23”重要讲话精神，为迎接党的十八大召开营造良好的思想舆论氛围。十八大胜利闭幕后，坚持把学习宣传和全面贯彻落实党的十八大精神，作为当前和今后一个时期的首要政治任务，及时召开全市学习贯彻大会、市委中心组理论学习会议，研究部署学习宣传贯彻意见，并召开系列辅导报告会、组建宣讲团，深入推动学习十八大精神。

发挥行政区划调整后续效应，谋划科学发展新格局。围绕省市党代会确立的新的更高目标定位，坚持以规划为引领，面向全球招标，完成《合肥市城市空间发展战略及环巢湖地区生态保护修复与旅游发展规划》以及《半汤、汤池国际温泉度假区总体规划和城市设计》，启动了《合肥市土地利用总体规划（2006—2020年）》修编工作。坚持以生态宜居、城湖共生和产城一体的理念，谋划推动了环巢湖生态示范区、中科大先进技术研究院两大龙头项目。着眼全市发展大局，要求肥东、肥西、长丰继续提升在全省、全国的发展位次，巢湖、庐江要提升目标、对标追赶，努力打造工业发展的主战场、城乡统筹的新典范；四大开发区要开拓思路、奋力前行，努力打造工业发展的主引擎、创新发展的新高地；四个城区要转变理念、转型发展，努力打造首善之区和辐射源；各部门要围绕“新跨越、进十强”提高服务效能，推动全市形成了你追我赶、竞相发展的良好态势。

围绕大局主动作为，稳增长、调结构、促转型取得新成效。坚持每月研判经济形势，加强对项目建设等重点工作的调度，及时出台38条促进经济平稳较快发展的政策意见，并采取有效措施帮助小微企业解决融资难等问题。高度重视投融资工作，与各大金融机构深化合作，加大企业上市工作力度，积极运用企业债、短期融资券、中期票据等方式融资。发挥政策引导作用，修订完善“四大政策体系”。出台工业用地集约利用、存量商业用地升级改造及盘活存量建设用地“三大政策”。推进中心城区工业优化布局转型发展，马（合）钢搬迁改造、都市产业园建设等取得突破性进展。扎实开展国家创新型试点市建设，承办全国首届创新型试点城市工作座谈会，成功举办省第四届创新创业大赛，合肥跻身全国十大创新型城市。从全市来看，家电、汽车和平板显示、太阳能光伏、装备制造等产业总体运行较好；新能源汽车、量子通信等产业取得新突破，电子信息、智能制造和住宅产业化等正在成为新的增长点。

坚持城湖共生，打造宜居宜业的美好家园。高起点规划建设环巢湖生态示范区并全面展开项目建设，继续推进水环境综合治理，《巢湖流域水污染防治“十二五”规划》和国家水生态系统保护与修复试点获批实施。重新编制实施环巢湖旅游项目。加大节能减排工作力度，实施市区PM2.5监测点位数据发布。积极创建国家生态园林城市和国家森林城市。继续强力推进大建设，不断提升城市综合承载力和辐射带动力。新桥国际机场即将投入运营，徽州大道与高铁南站衔接工程等一批重大项目按时竣工。同步推进新区开发与老城改造，全面展开城市支路建设，大力推进小街巷改造，加快实施城市老旧小区改造。水、电、气、热等城市基础设施建设同步推进。以创建全国文明城市为抓手，加强对夜市、“五小”行业、“三无”小区的规范和管理，加大对非法和到期户外广告、违章停车、砍树毁绿、黑头车等治理工作的力度，营造良好的城市环境。坚持城乡一体化发展，不断加大城乡统筹力度。特别是，以美好乡村建设为契机，重点推进规划编制、中心村建设、环境整治、产业发展和要素保障，努力打造都市美好乡村、农民幸福家园。

深化改革开放，激发发展活力和动力。积极推进新站区、巢湖经开区等园区管理体制机制创新。在规划、土地和招投标等管理制度上，强力推进县（市）区全面等高对接。完成市政管养体制改革，顺利推进园林绿化管养体制改革。稳步推进“营改增”试点工作。公务卡改革和县乡财政一体化管理扎实推进。积极推进金融改革创新，各县（市）信用联社、农村合作银行改制为农村商业银行有序推进。农村经营体制机制改革稳步实施，土地流转规模和面积不断扩大，在全省率先开展农村林权、集体建设用地、土地承包经营权、涉农商标抵押贷款试点。与长三角、珠三角及环渤海地区交流合作不断深化，合肥承接产业转移集中示范园区获批。成功举办家博会、文博会等重大经贸文化活动，深入推进与央企、知名民企合作发展，加强对跨国公司、世界500强企业的联系与招商。不断加强区域合作发展，合肥经济圈一体化步伐加快，“圈带聚合效应”进一步彰显。与皖北结对合作不断深化，阜阳合肥现代产业园区建设加快推进，与寿县、霍邱县合作领域不断拓宽，定点扶贫颍上县工作扎实推进。

坚持在改善民生、创新管理中加强社会建设。启动实施城乡居民收入“倍增计划”，多渠道增加城乡居民收入。深入推动国家级创业型城市建设，合肥被授予“全国创业先进城市”称号。社会保障不断提标扩面，提前半年实现城乡居民养老保险制度全覆盖目标。构建和谐劳动关系，农民工工资维权等工作得到国务院和省委省政府的肯定。实施“33+7”项民生工程，各级财政预计投入76亿元左右，全年财政民生支出增长25%，占全市财政支出总量的75%。合肥连续五年被省政府评为民生建设先进单位。认真落实房地产市场调控政策措施。坚持以项目化方式深入推进全国社会管理创新试点市建设，着力强化基层基础，创新体制机制。实行建设项目竣工联合验收，探索推行行政审批节点式管理改革。大力发展教育、卫生、体育等各项事业，不断提高公共服务均等化水平。在全国一系列的幸福城市排行榜中，合肥均位居前列。成功举办市第十届运动会，圆满承办亚洲轮滑锦标赛。

扎实推进文化强市建设。加强理想信念教育。深入开展社会主义核心价值体系学习教育。广泛深入宣传“开明开放、求是创新”的城市精神。创新网络管理，妥善处理突发事件，进一步巩固了主流舆论强势。举办思想道德建设“合肥论坛”，在全社会倡导良好的道德风尚，合肥市先后涌现出“最美乡村教师”陈万霞、优秀选派干部金岚岚等先进人物。深入推进全国文明城市、全国未成年人思想道德建设工作先进城市、全国卫生城市“三城同创”工作，掀起争创全国文明城市新一轮热潮。在全国城市文明程度指数测评中，合肥市成绩优良。坚持文化事业与文化产业共进，不断深化文化体制改革，连续两次被评为全国文化体制改革先进地区；城乡公共文化服务体系不断健全，渡江战役纪念馆等一批重大文化设施相继建成并投入使用；坚持省市共建共享，谋划推进一批重大文化艺术项目，积极盘活存量设施资源；大力推进文化与科技、工业、旅游、城市建设融合发展，获批全国首批文化与科技融合发展示范基地。

推进社会主义民主政治建设。坚持和完善人民代表大会制度，支持人大及其常委会围绕全市工作大局依法履行职责。支持人大地方立法工作。大力推进依法治市，深入开展社会主义法治理念教育等多项活动。坚持和完善中国共产党领导的多党合作和政治协商制度，支持政协围绕团结和民主两大主题履行政治协商、民主监督、参政议政职能。加大党外干部培养选拔和配备力度，支持和协助市各民主党派、工商联加强自身建设，做好无党派人士和非公有制经济人士工作。支持市政协办好“合肥之友”，充分发挥其在招商、引智和宣传推介中的作用。加强对工会、共青团、妇联等人民团体的领导，支持它们依照法律和各自章程开展工作。加强基层民主政治建设，提高村务公开和民主管理整体水平。民族、宗教、对台、侨务、外事工作取得新进展。加强国防和后备力量建设，荣获全国双拥模范城“七连冠”，军政军民团结的局面进一步得到巩固和发展。

不断提升党的建设科学化水平。切实加强党员干部队伍的思想政治建设。不断加强和改进各级党委（党组）中心组学习，深入开展“保持党的纯洁性、迎接党的十八大”主题教育实践活动，部署开展学习宣传贯彻党的十八大精神工作。突出抓好领导班子和干部队伍建设。圆满完成县乡人大、政府和县级政协换届任务，扎实推进市人大、政府、政协换届工作。开展市县联合公选领导干部工作，扩大公选范围，改进竞职方式。积极探索扩大干部初始提名权，对23个正县职领导岗位进行公推提名。进一步加强干部交流和竞争性选拔的常态化管理，加强对年轻干部的历练。大力加强党员干部作风建设。深入开展“五级书记带头大走访”活动，帮助群众解决实际困难和问题。认真贯彻落实中央“八项规定”，结合实际制定实施办法。深入推进机关效能建设，不断提高党政机关服务发展的能力和效率。不断创新基层党建工作。历时两年多的创先争优活动受到了中央和省委的充分肯定。以“五大工程”为抓手，开展基层组织建设年，不断创新组织设置、扩大组织覆盖面。实施非公企业党建“双千计划”，全市非公企业党组织组建率达99.6%，始终位居全省首位。高度重视反腐倡廉建设，严格落实党风廉政建设责任制，加快推进惩防体系建设。坚决查处违纪违法案件，建立重大项目纪检监察派驻制度，集中开展“阳光村务工程”建设“回头看”。成功举办第二届“包公杯”全国反腐倡廉曲艺作品征集活动和颁奖、巡演活动。

【市委重要会议】 1月4日，市委召开十届二次全体会议。会议主要任务是深入贯彻落实党的十七届六中全会、省第九次党代会、市第十次党代会和中央、全省经济工作会议精神，研究部署2012年及今后一个时期工作，动员全市各级党组织和广大党员干部群众，进一步坚定信心、抢抓机遇、乘势而上、奋发进取，在加快建设现代化滨湖大城市的基础上，为打造现代化新兴中心城市，并朝着区域性特大城市方向迈进，作出新的更大贡献。

2月3日至5日，市委召开市委中心组理论学习会议。会议围绕“讲大局、强责任、提能力、抓落实”主题，认真学习毛泽东、邓小平、江泽民、胡锦涛同志关于大局、责任、能力、落实方面的论述，深入贯彻党的十七届六中全会、十七届中央纪委七次全会、省市党代会和中央、全省经济工作会议精神，全面落实市委十届二次全会部署，进一步锤炼能力和作风，营造更加浓厚的干事创业氛围，动员全市各级党组织和广大党员干部群众，进一步解放思想、真抓实干、开拓进取，奋力实现科学发展新跨越、主要经济指标进入全国省会城市前十强，在加快建设现代化滨湖大城市的基础上，全力打造现代化新兴中心城市，朝着区域性特大城市方向迈进，为建设美好安徽贡献力量，以优异成绩迎接党的十八大胜利召开。

2月5日，市委召开全市领导干部会议，对市直单位部分空缺的正县职领导岗位进行公推提名。会议强调，公推提名工作是市委坚持德才兼备、以德为先用人标准，树立“三个注重”用人导向的重要体现，是改进和完善重要岗位提名推荐办法、提高初始提名民主性和科学性的重要方式，是实现合肥科学发展新跨越的具体措施。

2月17日，市委召开市委常委扩大会议，专题传达学习省十一届人大五次会议、省政协十届五次会议精神，结合实际研究贯彻落实工作。会议强调，要以学习贯彻省“两会”精神为动力，高举科学发展大旗，明确努力方向，强化目标意识，突出工作重点，统筹推进各项工作，不断夺取合肥建设与发展的新胜利。

2月21日，市纪委十届二次全会在合肥市召开。会议强调，要认真贯彻落实胡锦涛总书记在十七届中央纪委七次全会上的重要讲话和省委张宝顺书记在省纪委九届二次全会上的讲话精神，按照市委部署要求，扎实做好反腐倡廉建设各项工作，为实现“新跨越、进十强”目标提供有力保证，以经济社会发展的优异成绩迎接党的十八大胜利召开。

2月21日，合肥市召开全市组织部长会议。会议强调，全市各级党委和组织部门、广大组工干部，要进一步振奋精神、开拓进取，不断开创党的建设和组织工作新局面，为早日实现“新跨越、进十强”目标提供坚强的组织保证，以优异成绩迎接党的十八大胜利召开。

2月24日，合肥市召开全市宣传工作会议。会议强调，宣传思想文化战线要进一步提高认识，按照高举旗帜、围绕大局、服务人民、改革创新的总要求，紧密结合实际，更好地做好各项工作，为实现“新跨越、进十强”目标作出新的更大贡献，以优异成绩迎接党的十八大胜利召开。

2月24日，合肥市召开全市政法工作会议。会议强调，全市各级政法机关要进一步提振精神、凝聚力量、扎实工作，不断开创政法工作新局面，为推进合肥“新跨越、进十强”再立新功，以优异成绩迎接党的十八大胜利召开。

3月16日，合肥市召开2011年度推进惩防腐败体系建设检查暨落实党风廉政建设责任制和省管干部考核述职述德述廉会。会议强调，要以检查考核为契机，进一步抓好党风廉政建设责任制的贯彻落实。各级党委、政府要按照党风廉政建设和反腐败领导体制、工作机制的要求，加强组织领导，严格监督检查，扎扎实实地做好落实责任制的各项工作。

3月20日，合肥市召开全市农村工作会议。会议强调，要紧紧抓住“双轮驱动”，在“三化同步”中开创农村工作新局面，在工业化、城镇化深入发展中推进农业现代化；发挥五县（市）优势，更好地配置城乡资源，加快建立有利于城乡一体化的体制机制，进一步释放城乡统筹发展的生机活力。

3月22日，市委召开市委常委扩大会议，专题传达学习全国“两会”精神，结合实际研究贯彻落实工作。会议强调，全市各级各部门各单位要把学习贯彻全国“两会”精神作为当前一项重要政治任务，按照省传达全国“两会”精神大会的要求，周密安排，务求实效，奋力推进合肥“新跨越、进十强”，以优异成绩为建设美好安徽多作贡献、迎接党的十八大胜利召开。

3月29日，合肥市召开全市投资招商引资统计暨效能建设工作大会。会议强调，面对新形势、新任务、新要求，要坚定发展信心，保持昂扬的精神状态，以超常规的方法、超常规的手段，创新思路，大胆改革，推动全面转型，扎实做好各项工作，在协调推进中共创科学发展新辉煌，为全市“新跨越、进十强”作出新的更大贡献，迎接党的十八大胜利召开。

3月29日，合肥市召开全市财税金融投融资暨民生工程工作会议。会议强调，全市各级财税金融和投融资战线的干部职工，要深入贯彻市委“讲大局、强责任、提能力、抓落实”的要求，提振信心，开拓创新，在生财聚财理财用财中执政为民，为“新跨越、进十强”作出新的更大贡献，以优异成绩迎接党的十八大胜利召开。

4月24日，市委召开市委常委会议，专题传达学习省委九届三次全委（扩大）会议、全省宣传部长座谈会精神，结合实际研究部署进一步加快文化强市建设工作。会议强调，要充分认识到合肥在落实省第九次党代会精神、打造“三个强省”、建设美好安徽中的责任和使命，从深入贯彻党的十七届六中全会精神、打造文化强省的高度，进一步提升认识，高点站位，强化举措，加快建设文化强市。

4月28日，合肥市召开庆祝“五一”国际劳动节暨第二届职工技术创新成果奖表彰大会。会议隆重表彰了荣获市第二届职工技术创新成果奖、五一劳动奖状、五一劳动奖章、工人先锋号、金牌职工和劳动竞赛优秀组织单位荣誉称号的单位、集体和个人。

5月4日，合肥市召开全市信访工作会议。会议表彰了2011年度全市信访工作目标管理先进单位、先进基层单位和先进个人。会议强调，要同心合力促进社会和谐稳定，为推进“新跨越、进十强”作出更大贡献，为党的十八大胜利召开营造良好环境。

5月4日，合肥市召开全市人口和计划生育工作暨表彰会议。会议强调，各级党委政府要自觉把人口计生工作纳入经济社会发展全局，加强组织领导，精心部署实施，在保持先进水平的基础上争先进位，为实现“新跨越、进十强”目标作出更大贡献，以优异成绩迎接党的十八大胜利召开。

5月4日，合肥市召开全市工业经济暨科技创新工作会议。会议强调，工业经济和科技创新事关全市发展大局，是合肥加快发展、转型发展的战略支撑力量，要狠抓项目建设，强化运行调度，更好地为企业服务、助企业发展。要按照“讲大局、强责任、提能力、抓落实”的要求，以更加饱满的精神、高昂的斗志、必胜的信念，进一步开创工业经济发展和科技创新工作的新局面。

5月4日，合肥市召开全市国土资源工作暨节约集约用地试点再动员大会。会议强调，要按照国家和省里有关部署要求，积极探索、大胆实践，着力围绕项目用地保障，坚持开源与节流并举，积极开创国土资源管理工作新局面。

5月21日，合肥市召开全市争创全国文明城市工作总结表彰暨动员大会。会议强调，要以这次大会为新的起点，迅速行动起来，举全市之力，汇万众之心，扎实推进各项工作，为合肥争创全国文明城市、全国未成年人思想道德建设工作先进城市和全国卫生城市而不懈努力。

6月29日，合肥市召开庆祝中国共产党成立91周年暨创先争优表彰大会。会议强调，要深化对党的先进性和纯洁性建设规律的认识，推动基层党组织和广大党员深入持久开展创先争优活动，为实现“新跨越、进十强”目标，建设区域性特大城市，提供强大动力和坚强保证，以优异成绩迎接党的十八大胜利召开。

6月29日，合肥市召开全市“保持党的纯洁性、迎接党的十八大”主题教育实践活动动员大会。会议强调，要在省委的坚强领导下，以高度负责的态度、改革创新的精神、求真务实的作风，深入开展好主题教育实践活动，扎实做好保持党的纯洁性各项工作，更好地团结带领全市人民，抢抓新机遇、勇担新使命，奋力谱写合肥科学发展新篇章，以优异成绩迎接党的十八大胜利召开。

7月11日至13日，市委召开市委中心组理论学习会议。会议主要任务是学习贯彻全国科技创新大会精神，按照省委常委会部署，以党的先进性和纯洁性，进一步推动合肥国家创新型城市建设，更好地依托创新推动、加快转型发展，为实现“新跨越、进十强”目标、全力打造现代化新兴中心城市、朝着区域性特大城市方向迈进提供不竭动力，以优异成绩迎接党的十八大胜利召开。

7月11～13日，中共合肥市委中心组理论学习会议召开

7月24日，合肥市召开第七次荣获全国双拥模范城总结表彰暨争创“八连冠”动员大会。会议强调，要更加紧密地团结在以胡锦涛同志为总书记的党中央周围，不断巩固和发展军政军民团结，争创全国双拥模范城“八连冠”，让“双拥模范城”这个展示合肥形象的“知名品牌”闪耀出更加璀璨的光芒，以优异成绩向党的十八大献礼。

9月20日，市委召开市委常委扩大会议，专题传达学习全省美好乡村建设动员大会精神，紧密结合实际，研究贯彻落实工作。会议强调，合肥作为省会城市，要带头认真学习贯彻全省美好乡村建设动员大会精神，贯彻落实好省委省政府重大决策部署，举市而为、全民动员，创造农民幸福生活美好家园，为建设美好安徽作出新贡献，以优异成绩迎接党的十八大胜利召开。

9月25日，市委召开全市领导干部会议，动员部署市人大、政府、政协换届考察工作。会议强调，要积极营造风清气正的换届环境，每位领导干部都要切实增强遵守换届纪律工作的自觉性和坚定性，带头贯彻中央和省、市委关于换届工作的各项要求，从严要求自己，从严管理队伍。要继续扎实做好当前各项工作，坚持两手抓、两促进，在认真抓好换届工作的同时，继续扎实做好当前各项工作；正确处理好换届和保持正常工作秩序的关系，通过换届凝聚人心、增进团结、振奋精神。各级领导干部要立足岗位，强化职责，全力做好改革发展稳定的各项工作，以实际行动创造新业绩、营造好氛围、迎接十八大。

9月27日，合肥市召开全市创先争优活动总结大会。会议强调，科学发展奔涌向前，美好前景催人奋进，全市上下要更加紧密地团结在以胡锦涛同志为总书记的党中央周围，在省委的坚强领导下，万众一心，踏实苦干，以创先争优的新成效，以科学发展的优异成绩，迎接党的十八大胜利召开。

9月28日，合肥市召开全市美好乡村建设动员大会。会议的主要任务是，传达贯彻全省美好乡村建设动员大会精神，全面总结近年来我市城乡统筹和社会主义新农村建设的成绩，深入分析形势，动员全市上下统一思想，振奋精神，全面掀起美好乡村建设新高潮，全力打造全省乃至全国城乡一体化示范区，为推动合肥“新跨越、进十强”、加快现代化新兴中心城市建设提供强力支撑，以优异成绩迎接党的十八大胜利召开。

10月22日，合肥市召开全市造林绿化工作会议。会议强调，要充分发挥省会城市的示范带动作用，抓住当前有利时机，开拓创新，真抓实干，迅速掀起造林绿化的新高潮，把合肥打造成“生态安徽”建设的一颗明珠，为创建国家森林城市和生态园林城市、建设宜居宜业的现代化新兴中心城市，作出新的更大贡献。

11月20日，合肥市召开全市学习贯彻党的十八大精神大会。会议传达学习党的十八大和十七届七中全会、十八届一中全会精神，以及全省学习贯彻党的十八大精神大会精神，研究部署贯彻落实工作。会议强调，认真学习宣传和全面贯彻落实党的十八大精神，是当前和今后一个时期的首要政治任务。要按照中央和省委的部署要求，迅速掀起学习宣传贯彻热潮，在党的十八大精神指引下，深入贯彻落实科学发展观，致力打造“大湖名城、创新高地”，在加快建设现代化滨湖大城市的基础上，全力建设现代化新兴中心城市，并朝着区域性特大城市方向阔步前进，努力把合肥建设好、发展好，为建设美好安徽多作贡献。

11月23日至25日，市委召开市委中心组理论学习会议。会议主题是认真学习宣传贯彻落实党的十八大精神，以及省委九届六次全体（扩大）会议精神，坚持学以致用、用以促学，把学习贯彻党的十八大精神体现在推动合肥“新跨越、进十强”，致力打造“大湖名城、创新高地”的实践中，在加快建设现代化滨湖大城市的基础上，全力建设现代化新兴中心城市，并朝着区域性特大城市方向阔步前进，努力把合肥建设好、发展好，为建设美好安徽多作贡献。

12月7日，市委召开市委常委会议，传达中央政治局关于改进工作作风、密切联系群众的八项规定，以及省委常委会精神，研究合肥市贯彻落实意见。会议强调，要把贯彻执行八项规定作为领导干部学习贯彻党的十八大精神的硬要求，坚决杜绝工作讲排场、走过场，切实去“虚”除“浮”，特别是要严格机构编制管理，进一步优化机构设置；要把贯彻执行八项规定作为改进工作作风、密切联系群众的硬杠杠，尽快制定具体的贯彻落实办法，并严格抓好执行，要把贯彻执行八项规定作为推动合肥建设与发展的硬措施，促进各级领导干部带头改进工作作风，以作风改进和实际行动取信于民，以建设与发展的更大成效造福于民。

12月28日，市委召开十届四次全体会议。会议主要任务是，认真学习贯彻党的十八大、中央经济工作会议和省委九届六次全体扩大会议、全省经济工作会议精神，回顾总结今年以来各项工作，安排部署明年及今后一个时期的工作任务，动员全市各级党组织和广大党员干部群众，在党的十八大精神指引下，进一步解放思想、抢抓机遇、改革开放、奋发进取，为加快合肥“新跨越、进十强”，打造“大湖名城、创新高地”，建设区域性特大城市而努力奋斗。

【重大决策】 1．加快推进合肥巢湖经济开发区的建设与发展。为了有利于合肥巢湖经开区轻装上阵、加快发展，有利于巢湖市统一规划、建设，有利于统筹经济建设和加强社会管理，市委市政府出台《关于合肥巢湖经济开发区体制改革的实施意见》，决定深化合肥巢湖经开区管理体制和运行机制改革。主要内容有：按照“发展经济、强化服务，属地管理、明确职责，以人为本，维护稳定”的原则，强化开发区经济发展职能，将社会事务管理移交巢湖市政府；规划、审批、征地、拆迁、安置、环保等实行属地管理；合肥巢湖经开区南区划归巢湖市；探索建立“精简、高效、服务”的开发区管理新机制。

2．加快农业科技进步推进农业现代化建设。为落实“三化同步”、促进城乡统筹协调发展，市委市政府出台《关于加快农业科技进步推进农业现代化建设的若干意见》。主要内容包括：推进农业现代化建设，提升现代农业发展水平；加快农业科技进步，推动农业科技创新体系建设；加强农业设施建设，增强现代农业发展能力；加强农产品市场建设，搞活农产品流通；实施农民收入倍增计划，持续改善农村民生；强化组织领导，优化农业农村发展环境。

3．加快推进文化强市建设。为深入贯彻党的十七大、十七届六中全会和省委九届三次全会精神，全面落实市第十次党代会的部署要求，市委市政府出台《关于加快建设文化强市的若干意见》。《意见》指出，要以文化体制机制创新为动力，以建设社会主义核心价值体系为根本，以满足人民群众的精神文化需求为出发点和落脚点，坚持“文化引领、以人为本、统筹兼顾、普及提高、项目支撑”的原则，不断提升我市文化软实力，力争到“十二五”末，城市文化建设的主要指标和综合实力居中部省会城市前列，文化产业增加值占全市GDP10%以上，成为我市重要的战略性支柱产业之一，为实现“新跨越、进十强”目标，打造现代化新兴中心城市，朝着区域性特大城市方向迈进，提供强大的精神文化支撑。

4．大力建设“合肥人才特区”。为贯彻落实安徽省和市第十次党代会精神，大力提高合肥市自主创新能力和竞争优势，市委市政府出台《关于建设“合肥人才特区”的实施意见》。《意见》指出，通过实施领军人才引进培育、创新创业平台提速、科技成果转化扶持、创新创业政策支撑、人才环境提升等五大工程，并实行好26项具体措施，在“十二五”期间，面向海内外引进100名左右掌握国际领先技术、引领战略性新兴产业发展的领军人才，培育1000名左右从事主导产业关键核心技术研发、重大科技成果转化的高端人才，集聚数万名素质较高、结构合理的创新创业人才队伍，为合肥“新跨越、进十强”，打造“大湖名城、创新高地”提供人才支撑。

5．全面推进美好乡村建设。为深入贯彻落实省委省政府文件精神，市委市政府出台《关于全面推进美好乡村建设的实施意见》。《意见》强调，坚持“农民主体、城乡统筹、规划先行、生态优先、因地制宜、以县为主”的原则，通过实施规划建设、环境整治、产业发展、土地综合整治、社会管理创新、基层组织建设等工程，努力打造城乡共存、功能互补、全省一流、合肥特色的都市美好乡村、农民幸福家园。

【领导考察调研活动】 2月24日，省委副书记、省长李斌来到新桥国际机场调研指导工作，看望慰问建设者，并主持召开调研汇报会，听取有关情况汇报，研究推进机场建设运行的各项工作。李斌指出，新桥国际机场的建设是事关安徽发展全局的一件大事，也是全省人民多年期盼的一件大事。高水平建设这座现代化的国际机场，对于加速安徽崛起、建设美好安徽，具有重大而深远的意义。新机场是合肥建设区域性特大城市的重要标志，也为合肥经济圈的构建注入了新鲜动力，机场是一个城市的名片，必须从战略的、全局的高度，进一步增强责任感和使命感。要加强组织领导，确保各项工作任务的落实。领导小组要把建设运行的各项任务，一条一条地梳理出来，落实具体的责任单位和责任人，确保点对点跟进。要确保质量和安全，不论是机场的建设还是运行，都必须把质量和安全放在第一位，杜绝安全上的任何漏洞。要加强协调配合，保持与各方的对接，争取更大的支持，建设运行中涉及的有关事项，各部门必须全力支持配合、各担其责、密切协作，形成工作合力；要强化问责机制，必须保质保量地完成任务，检查督促各责任单位抓好任务落实。要掌握工作量，倒排时间表，明晰工作路线，每个环节、每个阶段的工作都要力求节奏更快，为下一个环节的工作留足时间，确保环环相扣、快速推进。

2月23日，中共中央政治局委员、中央政法委副书记、中央综治委副主任王乐泉来肥，深入滨湖新区、合肥京东方、科大讯飞、合肥格力、庐阳公安分局杏林派出所、市检察院视察。王乐泉指出，合肥经济质量很好，在全省的经济首位度不断提升，与先发地区的差距不断缩小，后发优势明显，发展后劲很足，潜力很大、前途无量；同时，高度重视民生，在就业、覆盖城乡居民的社会保障体系建设等方面做了大量工作。要充分学习借鉴部分先发地区的经验，立足未来、着眼长远，稳步推进社会保障体系建设，使之与经济社会发展相适应，进一步促进其持续、健康发展；要继续保持旺盛的工作热情、争先恐后的发展精神和蒸蒸日上的发展势头，不断推进经济社会又好又快发展，为安徽省乃至全国经济社会发展作出新的更大贡献。

3月7日，省委常委、市委书记吴存荣在京拜访了三星集团中国总部，并与三星集团大中华区总裁张元基就合作事宜进行座谈。吴存荣指出，三星集团对中国市场的认识，符合中国实际和发展趋势。近年来，受要素、成本、市场等影响，沿海产业向中西部地区梯度转移愈发明显，对合肥更是青睐有加。这几年，通过开放引进，成功打造全国最大的白色家电产业基地，率先发展新型平板显示等新兴产业，工程机械产能进入全国前列，电子信息产业发展势头良好，金融、商贸等服务业日益繁荣。希望中国三星把合肥作为一个重要的合作伙伴，合肥将全力做好服务。

3月8日，省委常委、市委书记吴存荣拜访了中国兵器装备集团公司，并与公司党组副书记、副总经理徐留平，就深化合作事宜进行会谈。吴存荣指出，央企是共和国的长子，是结构调整、创新发展、转型发展的主力军。加强与央企的合作，汽车产业是合肥重点打造的支柱产业，已经形成集聚发展的态势。作为中部省会城市，合肥在交通、人才、服务、政策、综合商务成本等方面具有很多优势，后发效应渐显，发展潜力巨大。希望中国兵器装备集团公司以合肥基地一期建成运营为新起点，把合肥作为重点布局城市，更加紧密地携手合作。

3月19日，市政府与中国节能环保集团公司在北京签订战略合作协议。省委常委、市委书记吴存荣，中国节能环保集团公司董事长、党委副书记王小康，党委书记、副董事长陈津恩等出席签约仪式，并就双方合作事宜举行会谈。吴存荣指出，节能环保是合肥市“十二五”重点发展的产业之一，与央企合作是开放合作的重点所在。中国节能环保集团公司实力雄厚、技术领先，与合肥发展有着很高的契合度。希望双方进一步创新思路，拓宽合作领域，重点在新能源、水环境深度治理、固废处理、建筑节能等方面推进深入合作。同日，吴存荣拜访了百度公司总部，与百度公司总裁李彦宏及马东敏博士、朱光副总裁等高管进行座谈，并就百度在肥推进支持中小企业发展的“翔计划”及云计算研发基地建设等进行深入交流和沟通。

4月5日，省委副书记、省长李斌来肥深入合肥海润光伏科技有限公司、彩虹（合肥）液晶玻璃公司、江淮汽车研发中心、安徽量子通信技术有限公司、联想（合肥）产业基地等重点企业和中科院合肥物质科学研究院、合肥公共安全技术研究院等科研院所调研，并主持召开座谈会。李斌强调，作为省会城市，合肥在全省起着举足轻重的带动作用，要进一步坚定发展信心。各级各部门要积极适应形势变化，加快产业结构调整步伐，打牢实体经济稳定增长基础，努力促进全省经济又好又快发展。

4月20日，省委书记、省人大常委会主任张宝顺，深入双维伊士曼醋酸纤维丝束项目、联想（合肥）产业基地项目、中国长安合肥基地项目、大蜀山森林公园西扩工程、景智电子（合肥）有限公司项目、中建材（合肥）新能源产业基地项目、3M太阳能电池组件背板和涂覆研磨产品项目、合肥光谷项目、合肥鑫晟光电科技有限公司项目、合肥国际金融后台服务基地、合肥（蜀山）国际电子商务产业园等我市重大项目工地和重点产业园区调研指导工作，看望慰问项目建设者和一线干部群众。他强调，要以科学发展观为指导，牢牢把握稳中求进工作总基调，抢抓战略机遇，加大项目建设力度，着力扩大有效投入，加快培育现代产业基地，为全省经济社会平稳较快发展作出更大贡献。

5月8日，省委常委、市委书记吴存荣赴深圳先后拜访了华南城控股有限公司、港中旅集团、华侨城集团公司、平安集团、招商局集团。吴存荣指出，此次在深圳召开推介会和说明会，就是诚邀更多理念新、实力强、信誉好的各类企业参与合肥建设与发展。希望大家更多关注合肥、选择合肥、投资合肥，共同见证一座“大湖之城”的快速成长。

5月9日，省委常委、市委书记吴存荣赴广州考察广州塔，拜会广发银行董事长、党委书记董建岳和保利集团党委常委、保利地产董事长宋广菊等。吴存荣指出，金融是市场经济的命脉。合肥工业化、城市化进程不断加快，需要现代金融更强有力的支持，也为包括商业开发在内的各类优势企业来肥发展创造了广阔空间。合肥滨湖国际金融后台服务基地建设已经取得重大突破，包括工商银行、农业银行、中国银行、建设银行、交通银行“五大行”在内的14家金融机构综合基地落户，欢迎广发银行早日来肥发展，进一步丰富我市金融业态、健全金融体系；希望保利地产进一步加大在肥投资力度，在推进合作中结出更多硕果。

5月16日，省委常委、市委书记吴存荣和市委副书记、市长张庆军一道，赴阜阳调研阜阳合肥现代产业园建设，并召开调研汇报会，研究部署下一步工作推进措施。吴存荣指出，共建园区是两市贯彻落实省委省政府决策部署，进一步发挥合肥省会城市辐射带动作用，加快阜阳皖西北区域性中心城市建设的重要举措，也是新形势下探索加快皖北振兴、实现区域协调发展的重要实践。要尽快建立健全规章制度，做好公共服务，加强社会管理等，以适应项目陆续落地的要求，尽快建立规范、高效的建设管理运行机制，下大力气营造良好的投资发展环境，以全方位、大开放的理念加大招商引资力度，不断完善两市联动招商机制，吸引更多优势企业早日落户园区。

5月30日，省委书记、省人大常委会主任张宝顺来到合肥市华府骏苑小学和合肥特殊教育中心，亲切看望慰问师生，并向全省各族少年儿童致以节日的祝贺，向广大少年儿童工作者表示诚挚的慰问。张宝顺指出，做好进城务工人员子女教育工作，既关系到一座城市的发展、关系到美好安徽建设，更关系到国家和民族的未来。要继续让进城务工人员子女享受无差别的教育，需要全社会的重视关心，形成合力。各级党委政府要从制度上、政策上、经费上和物质设施上给予保障，同时要进一步加大宣传力度；广大教师要立足自己的岗位教书育人，同时不断探索创新，以更宽广的胸怀、更努力的工作，把孩子们教育好。同时要为更多的残疾儿童创造更好的环境和条件。

5月31日，中共中央政治局委员、国务院副总理回良玉来肥，深入合肥京东方6代线项目、包河区大圩现代都市农业示范区、滨湖新区视察。回良玉指出，这几年，合肥真正在不断做大、做强、做美、做优、做福，“做福”即提高老百姓的幸福指数。合肥的发展是实实在在、真真切切的。合肥要在现有的良好基础之上，准确把握形势，瞄准自身定位，乘势而上、奋力拼搏、开拓进取，不断实现新的跨越。无论是从全国还是从安徽、合肥的情况来看，要牢牢把握稳中求进的工作总基调。“进”是对事业最好的负责，是对老百姓最好的负责，是对上负责和对下负责的最好统一。希望合肥市委市政府在省委省政府的坚强领导下，不断取得新的进步。

7月9日，省委常委、市委书记吴存荣、市委副书记、市长张庆军率合肥市党政代表团，专程赴桐城市学习考察。其间，举行了合肥—桐城合作发展工作座谈会，并签署《合肥市—桐城市合作发展备忘录》。吴存荣指出，当前和今后一个时期，要认真贯彻落实省委省政府的决策部署，深入推进合肥经济圈建设；要以这次两市签署的备忘录为总揽，抓紧抓好最现实、最迫切、最容易办成的事项，使合作发展在短时间内取得实实在在的成果。特别是，要积极推进产业发展联动、交通基础设施对接、旅游文化教育合作、联合招商引资平台搭建、干部人才交流、要素市场一体化建设等方面工作。希望合肥、桐城两市，在已有的良好基础之上，进一步强化互利合作、携手发展的意识，合力拓展更加广阔的合作空间，共同创造更加美好的未来，让两市人民共享一体化、同城化带来的便捷与实惠，充分发挥圈带聚合效应，不辜负省委省政府的重托。

7月9日，合肥市党政代表团赴桐城市学习考察

8月3日，省委副书记、省长李斌来到合肥铁路枢纽南环线南站施工现场，看望慰问施工人员，现场调研铁路建设工作，并在中铁十一局合肥南站地铁工程项目部会议室主持召开铁路建设工作现场推进会。李斌指出，推进铁路建设大发展，对于发挥省区位优势、构建综合交通枢纽、提升对外开放水平、加速安徽崛起进程具有十分重大的意义。要从打造“三个强省”、建设美好安徽的全局和战略高度出发，把握政策导向，抢抓发展机遇，把加快铁路建设摆上紧要的日程。要突出客运通道建设，突出货运系统建设，突出城市轨道交通建设，推进合肥等有条件的城市建设地铁、地面轻轨等城市及市郊轨道交通建设，包括合肥的城市地铁、与新桥机场的轨道交通连接等，同时也要超前谋划合肥经济圈内的快速通道。

8月29日至30日，省委常委、市委书记吴存荣率市党政代表团，先后赴铜陵市、池州市、芜湖市、马鞍山市学习考察。吴存荣指出，和兄弟城市一样，合肥“十一五”以来实现了又好又快发展。这是在科学发展观指引下，在省委省政府坚强领导下，市委市政府带领全市人民团结奋斗的结果，其中也离不开兄弟城市的支持和帮助。作为皖江示范区城市，希望在已有基础上，不断加强交流合作，相互学习、共同成长，携手做大做强做优皖江城市带承接产业转移示范区，充分发挥圈带聚合效应，携手为安徽崛起作出新的更大贡献。

9月3日至4日，中共中央政治局常委、中央政法委书记周永康来到合肥市中级人民法院、市人民检察院、市公安局特（巡）警支队、滨湖新区滨湖明珠社区和蜀山区五里墩街道司法所、合肥京东方光电科技有限公司、彩虹（合肥）液晶玻璃有限公司、中国电子科技集团第三十八研究所视察。周永康强调，要认真贯彻胡锦涛总书记在省部级主要领导干部专题研讨班上的重要讲话精神，进一步提高执法办案、服务群众、管理社会的能力和水平，为建设经济繁荣、生态良好、社会和谐、人民幸福的美好安徽提供有力法治保障。安徽各级党委、政府要认真贯彻落实中央决策部署和省第九次党代会精神，围绕科学发展主题和全面转型、加速崛起、兴皖富民主线，更加自觉地走科学发展之路，努力实现稳中求进、快中更好；用改革开放之初探索农村改革的勇气和魄力创新社会管理，不断提高城乡居民的安全感、幸福感、满意度，使江淮大地更加充满活力、更加和谐稳定。

9月10日，省委副书记、省长李斌来到肥西县东冠小学和蜀山区南岗镇侯店小学，亲切看望师生员工，实地考察学校工作，向广大教师和教育工作者致以节日的祝贺和诚挚的问候。李斌指出，教育大计，教师为本。有高水平的教师，才有高水平的教育，才能办出人民满意的教育。教师是一个非常光荣、责任重大的岗位。要忠诚党的教育事业，树立科学的教育理念。要注重自身的品德修养，做到为人师表、以德为先。要业务精湛，在教学上精益求精，练就扎实的基本功。要有爱心、耐心和恒心，做一个好教师，

9月19日至20日，全国人大常委会副委员长、全国妇联主席陈至立来肥，深入安徽国科电力保护设备有限公司、合肥京东方光电科技有限公司、滨湖新区和政务文化新区考察经济社会发展情况。在肥期间，陈至立对安徽、合肥经济社会发展取得的成绩给予了高度评价，对安徽、合肥妇女工作给予充分肯定。她指出，近年来，安徽、合肥经济社会发展很快，城乡面貌变化很大，步入了科学发展的快车道。安徽、合肥妇女工作有特色、有亮点、有成效，特别是在帮扶留守妇女、支持妇女创业等方面创造了许多好经验、好做法。各级各部门要进一步关注创业者中的女性群体，结合新形势和企业发展需要，引领更多的女性投身创业大潮，不断壮大女企业家群体。同时女企业家们也要再接再厉，为促进区域经济发展作出更大贡献。

10月26日，省委副书记、省长李斌来肥专题调研智能制造技术，并主持召开座谈会。李斌强调，进一步推进智能制造产业发展，是贯彻落实全国科技创新大会精神，打造“三个强省”、建设美好安徽的具体举措。要进一步提高认识、深入谋划，加强组织领导，明确主攻方向，集中力量重点突破。

10月31日，省委常委、市委书记吴存荣在市政务中心会见了全国人大常委会副委员长、民建中央主席陈昌智一行。陈昌智指出，发展高新技术产业，对于优化经济结构、节约能源、减少污染等，都具有十分重要的意义。无论是对于一个国家，还是对于一个地方，要实现由“大”向“强”转变，都必须依靠科技创新。合肥大力发展战略性新兴产业，在高端产业上狠下功夫，而且见到了明显成效，很不容易。特别是，安徽省、合肥市把科研力量很好地整合起来，创造了许多好的思路和做法。希望合肥市更加注重质量和效益，实现更大更好发展。民建合肥市委要紧紧围绕中共合肥市委、市政府的中心工作和人民群众关心的热点难点问题，充分发挥优势，主动开展工作，积极建言献策，作出新的更大贡献。

12月12日至23日，省委常委、市委书记吴存荣率市经贸代表团赴新加坡、马来西亚、泰国三国开展经贸招商考察活动。吴存荣一行此次赴东南亚开展经贸招商考察活动，进一步增进了双方了解，促进了相关项目加快落实，密切了合肥市与东南亚相关企业的友好合作，取得了圆满成功。

（张炳辉）

组织工作

【概况】 在市委的坚强领导和省委组织部的大力指导下，全市组织系统以迎接党的十八大为主线，以服务合肥“新跨越、进十强”为中心，紧扣领导班子思想政治建设和执政能力建设、干部人事制度改革、人才特区建设、基层组织建设年等重点工作，改革创新、锐意进取，各项工作取得新进展新成效。特别是在一线培养选拔年轻干部、抓好换届后干部教育培训、加强高技能人才队伍建设等方面的创新举措，得到有关领导和上级组织部门的充分肯定。

【干部教育培训】 坚持以服务科学发展、服务干部成长为导向，大力实施“百千万”干部教育培训工程，增强换届后各级领导班子和干部队伍思想政治素质和领导能力。全年共组织8000名干部参加脱产培训，12500多名党员干部参加网络培训。

加强领导干部理论武装培训。组织开展“全市党政正职党性教育理论武装”专题培训，对450名市直单位、县（市）区和乡镇（街道）党政正职及县（市）区公检法主要负责人进行集中培训，增强“一把手”的党性修养；十八大召开后，及时对全市县处级干部进行十八大精神专题培训，促进十八大精神贯彻落实。

强化干部队伍能力提升培训。围绕“发展新型业态”、“招商引资”、“社会管理创新”等8个事关合肥经济社会发展的重点问题开设专题班，培训各级干部400人；举办2期青年干部培训班、清华总裁高级研修班和各类纪检、交通等各类专题、部门业务培训班，共计培训干部350多人；为加快皖北发展，深化合肥阜阳结对合作，举办企业家交流研讨班，340多名阜阳企业家在肥进行为期一周的培训；利用境外优质教育资源，在香港开展廉政建设专题培训和企业管理高级研修班，在新加坡举办环境与城市发展专题培训班，帮助干部开阔国际视野、树立世界眼光。

扎实开展干部网络培训。制定

《合肥市干部在线学习管理暂行办法》，利用“安徽干部教育在线”培训平台，组织开展“百日集中学习竞赛”活动，全市12500多名干部上线学习，实现全市干部网络培训“全覆盖”，干部在线学习人均学时、学分以及通过率均位居全省前列。突出重点对象实施“差异化”培训的具体做法被中组部《组工信息》刊发，人民网、新华网对干部教育培训“百千万”计划进行了专题宣传报道。

【干部人事制度改革】 贯彻民主、公开、竞争、择优方针，不断深化干部人事制度改革，干部工作科学化水平和选人用人公信度不断提高。

积极扩大选人用人民主。完善干部初始提名方式，先后2次在全市领导干部会议上，对县区委书记、市直单位正职等23个岗位进行公推提名；采取差额提名、差额推荐、差额考察的办法，选任27名市管干部；严格执行市委常委会讨论任用干部票决制，全年共14次，对366人次市管干部任用（不含政策干部任免）进行票决，选择10个市直单位开展干部任用票决制试点工作。着眼在全市范围内统筹配置干部资源，推进干部交流常态化、制度化，全年共交流市管干部108人次，干部资源配置得到进一步优化。

不断完善竞争性选拔方式。采取市县联动方式，面向社会公开选拔94名县处级、科级领导干部。笔试创新采用“人机对话”方式，变考“知识记忆”为考“实际能力”，让“能干的也会考”，面试全市统一组织实施，提高选人用人公信度；借鉴人才“猎头”先进经验，通过组织推荐、个人自荐、专家举荐、业绩评估等办法，面向社会公开选调巢湖职业教育中心校长；制定出台《关于进一步做好市直机关中层科级领导干部竞争上岗工作的通知》，明确规定市直机关内部新提拔中层科级领导干部，原则上都要通过竞争性方式选拔产生。

强化干部实践锻炼。深入开展“百名县处级干部赴一线、抓招商、促发展”活动，选派18名市直机关干部赴巢湖、庐江挂职锻炼，选派5名干部到中科大先进技术研究院任职，选派10名年轻干部到滨湖新区任职，选派19名干部赴阜阳合肥现代产业园区工作，让干部在重点岗位、到基层一线、到艰苦地区经受锻炼，提升他们领导科学发展、解决实际问题的能力。组织召开全市年轻干部座谈会，激发了全市年轻干部奋发进取、干事创业的激情。

加强干部队伍综合分析研判。开展市管班子以及乡镇、街道班子数据统计分析，形成《全市干部队伍建设分析研究报告》，在干部推荐、评价、选择上运用量化分析成果进行分析判断，提高了干部选拔任用的科学化水平。成立全省首家党政领导干部考试与测评中心，探索利用现代人才测评技术服务选人用人，通过建立完备的测评程序，构建科学的测评模型，先后为省工商银行、安徽中烟公司及省内65家单位200多个职位提供干部人才考试测评服务，受到企业和人才的普遍欢迎。

坚持从严管理干部。完成7家单位主要负责人经济责任审计，首次授权巢湖、庐江审计部门对7名市管干部进行经济责任审计；加强干部日常管理监督，严格执行谈心谈话、领导干部任前公示、个人有关事项报告、民主生活会、述职述廉等制度。

此外，坚持严肃换届纪律，着力营造风清气正的换届环境，圆满完成市人大、市政府、市政协换届人事安排及选举等工作。认真做好干部档案、军转干部安置、公务员考录与管理、选调生管理、领导干部年度考核以及女干部、少数民族干部、党外干部的培养选拔等工作。扎实开展老干部工作“优质服务年”活动，离退休干部服务管理的质量和水平得到进一步提升。

【人才工作】 以“人才特区”建设为契机，不断创新机制，优化环境，切实加强各类人才引进、开

11月5日，市委常委、组织部长凌云（右）参加双墩镇马庙村村级活动场所建成揭牌仪式

发和服务，为建设“大湖名城、创新高地”提供人才支撑。

强力推进“人才特区”建设。突出先行先试，制定出台《关于建设“合肥人才特区”的实施意见》及一系列配套政策，着力在人才管理体制、政策法规、公共服务等方面实施重点突破；开展企业股权和分红激励试点工作，32家企业先后列入试点范围。

重点抓好高端人才的引进。扎实推进“百人计划”、“228”产业创新团队等人才工程建设，积极开展柔性引才、外出引才。推荐符合条件的39名人才申报省“百人计划”和国家“千人计划”，组织24家企业申报省“115”产业创新团队。合肥市各类“千人计划”入选者达77人，省“115”产业创新团队达53个。深化市校合作，引进第四批中国人民大学博士来肥挂职，组织52名清华大学、合肥工业大学等名校研究生来肥开展58项科技服务。

统筹推进各类人才队伍建设。牵头合芜蚌和合肥经济圈，组团参加2012中国（深圳）国际人才交流大会；成功举办第三届“中国·合肥技工节”，全年新增高级技师、技师1129人、高级工15711人。

优化人才发展环境。加强创新创业平台建设，新增院士工作站3家、国家级博士后科研工作站10个、国家级检测中心1个、省部级重点实验室2个，新组建省级工程技术研究中心和企业技术中心30家。中国科技大学先进技术研究院开工建设，高层次人才的吸纳集聚能力进一步提升。制定《合肥市高层次创新创业人才“一站式”服务暂行办法》，为高层次创新创业人才提供子女入学、社保、家属安置等服务。开展创新创业领军人才、国省贴专家和市拔尖人才等表彰奖励，全年市本级发放各类人才资助、津贴达1000万元。

【基层组织建设】 紧扣“强组织、增活力，推进新跨越，喜迎十八大”主题，创新实施“520”行动计划，深入开展“堡垒”、“先锋”、“素质”、“暖心”、“共建”五大工程，全面推进20项工作任务，整体提升基层组织建设水平。严格执行程序，充分发扬民主，坚持选好选优，圆满完成十八大代表的推荐提名工作。

突出加强带头人队伍建设。全市379个社区党组织顺利完成换届，社区党组织班子结构进一步优化，凝聚力战斗力明显增强。创新开展“双任双促”活动和“双培双带”先锋工程，119名村党组织负责人与117名农业龙头企业及农民专业合作社党员负责人实现互派任职，命名首批126家“双培双带”示范基地，村党组织带领群众致富、促进经济发展的能力进一步增强。开展全市社区、规模以上非公企业党组织书记轮训，选派第五批190名年轻干部担任后进村“第一书记”，新聘173名大学生村官到村任职，评选首届“十佳大学生村官”，深入开展向金岚岚同志学习活动，基层党组织书记队伍整体素质进一步提升。

狠抓党组织覆盖和工作覆盖。深化“两新”组织“大排查、大组建、大提升”活动，实施非公企业党建“双千计划”，从机关选派1000名党员干部“点对点”帮扶1000户非公企业开展党建工作，全市新建“两新”组织党组织2500多个；推行街道大工委、社区大党委制，进一步完善城区党建工作领导体系，健全党的基层组织网络；对全市12317个基层党组织逐一进行分类定级，扎实推进整改升级；对原巢湖市9200多个党组织进行名称变更及隶属关系调整，党组织设置得到进一步优化。

继续开展创先争优活动。深化“把服务对象当亲人”主题实践活动，引导广大党员干部在推动工作、为民服务中创先进争优秀，涌现出一大批先进典型，肥东县委、供水集团党委、财富广场楼宇党委、联华实业党委以及燃气集团徐辉同志受到中组部创先争优活动专项表彰，占全省受表彰总数13.9%。“五色连心卡”、“贴心小棉袄”、“徐辉假日小分队”、“邓玲工作法”、“李祥斌车组”等一大批在全省乃至全国具有较大影响力的优秀典型和先进经验不断涌现。

扎实推进党员电教和远程教育工作。依托“先锋在线”，深入开展“周末远教课堂”活动，累计开设9600多场，为14余万名农村党员群众提供教育培训、科普娱乐等服务；实施基层站点“达标升级”工程，创建100个市级“星级站点”、1000个县级示范站点，新建远教文化广场22个、示范基地26个，基层站点运行进一步规范。

同时，制定《党代表联系服务党员群众暂行办法》，建成党代表工作室448个，120多名县市区代表应邀列席党委全会，党代表的作用得到进一步发挥；广泛开展走访慰问生活困难党员、老党员活动，切实加强流动党员服务管理，不断加大党员教育培训力度，党员管理服务工作再上新台阶。

【自身建设】 广泛开展“一迎双争”活动，坚持从严治部、从严带队伍，组织部门自身建设有新的提高。

1月14日，省委常委、组织部长王炯（中）出席合肥招聘会

注重以主题活动为抓手，深入开展党性教育活动。深入开展“讲党性、重品行、做表率”、“讲大局、强素质、提能力、抓落实”、“保持纯洁性、迎接十八大”等系列主题教育活动，促进组工干部进一步增强党性观念，强化宗旨意识，立足岗位创先争优。

注重联系基层、服务干部群众，切实改进工作作风。建立健全组工干部联系基层、服务群众制度。部领导率先垂范，带头深入到县（市）区、企事业单位和基层一线，先后与600多名领导干部谈心谈话；组建9个检查调研组深入到各有关单位，和“两代表一委员”谈心交心，听取对干部队伍建设的意见建议，共梳理归纳出意见建议233条；部机关全体党员干部深入36个“两新”组织联系点，广泛开展走访调研，结对帮扶企业党建工作。

注重学习培训，努力提升能力水平。加强学习培训，开展组织系统十八大精神轮训和组工业务专题培训，选调6名部机关干部参加市委党校主体班学习；加强工作研究，形成干部、党员、人才等队伍建设研究报告、领导班子思想政治建设成果汇编、大学生村官队伍建设研究等多项成果，有力推进学习型、研究型组织部门建设；连续第三年开展部机关竞争上岗，创新采用公推竞职方式，2名年轻干部脱颖而出；选派2名中层干部赴中科大先进技术研究院任职、选派1名年轻干部到农村任职，让组工干部在发展前沿、基层一线锻炼成长。

注重营造氛围，加强组工宣传。加强和改进组工宣传，在中组部《组工信息》共刊发10篇正刊，信息工作连续第二年全省县（市）区综合排名第一，同时，包河区首次获得全省综合排名第一。改版《合肥日报·党建周刊》，改进《合肥组工》杂志和《时代报告》电视栏目内容和形式，加强门户网站建设，宣传效果进一步提升。策划实施“两满意”组织部门、联合公选、迎接党的十八大等一系列主题宣传，举办组织部门开放日活动，组织部门与社会各界的沟通联系更加紧密，与党员群众的距离更加贴近。

（市委组织部）

宣传思想文化工作

【概况】 2012年，在市委、市政府的坚强领导下，全市宣传思想文化战线高举旗帜、围绕大局、服务人民、改革创新，深入贯彻党的十七届六中全会、十八大和全国全省宣传工作会议精神，按照年初工作部署，紧扣“一个主题”，贯穿“一条主线”，突出“三大重点”，各项工作取得明显成效，先进文化引领风尚、教育人民、服务社会、推动发展的作用更加彰显。

【理论武装】 紧扣“新跨越、进十强”目标，坚持“三化”联动，推动理论武装不断向纵深发展，为打造“大湖名城、创新高地”提供强大的思想保证和智力支撑。

市委常委中心组率先垂范，坚持以正在做的事情为中心，学以致用，用以促学，提出“新跨越、进十强”的奋斗目标，做出打造“大湖名城、创新高地”的高端定位，开辟了合肥科学发展新境界。建立健全中心组学习服务管理和考核评价机制，实施派员旁听、抽查测试、专题调研等制度，推动全市各级党委中心组学习制度化、规范化、常态化。深入开展“讲大局、强责任、提能力、抓落实”主题教育活动，大力推进学习型党组织建设，各级党员干部领导和推动科学发展的能力显著提升，科学发展、加速崛起的共同思想理论基础进一步夯实。

积极构建领导干部、专家学者和基层宣讲员各显其能、各善其长、各尽其力的理论宣讲体系，不断完善专家讲理论、干部讲政策、群众讲身边事的立体化宣讲格局，大力实施对象化、分众化、互动化宣讲，努力做到内容科学权威、形式生动活泼、群众喜闻乐见，推动党的创新理论进校园、进企业、进村居，让群众看到、听到、知道、用到。组建上下结合的各级党委宣讲团，广泛开展十七届六中全会、十八大和省市党代会精神主题宣传宣讲活动，着力打造“理论政策下基层”、“书记讲党课”、“社科知识普及月”等活动品牌，全年开展宣讲活动近300场，受众近10万人次。不断拓宽理论宣传渠道，出版《实现新跨越、奋力进十强——2012年合肥市干部群众理论学习读本》，编写《社会知识与百姓生活》科普丛书（第三辑），办好《合肥日报》理论版和理论广播讲座。指导基层创新理论宣传，瑶海区组建“80后宣讲团”，庐阳区开展“百场千人万家”活动，蜀山区开创“微党课”，包河区成立“百家讲堂”联盟，受到媒体广泛关注。

坚持学以咨政，整合社科资源，加强特约研究员队伍建设，充分发挥社科理论界思想库和智囊团作用。完成2011～2012年度社科规划课题78个，举办“巢湖的保护、开发与利用”、“回归实体，做强主业”和“提高合肥影响力”等专题研讨会，推出一批有价值、有份量的对策应用成果。抓住“南巡谈话”二十周年、胡锦涛同志“7·23讲话”和党的十八大召开等重要节点，组织社科理论界学习座谈、专题研讨，营造深化改革、攻坚克难的理论氛围。地方性重大历史文化研究项目《合肥通史》编纂工作稳步推进。

【舆论引导】 坚持团结稳定鼓劲、正面宣传为主，统筹内宣外宣，善于借势借力，精心组织策划，掌握宣传主动权，唱响合肥好声音，积聚发展正能量。市属媒体刊发各类主题宣传稿件2万余篇（条），中央及省级以上主流媒体刊发外宣稿件8万余篇（条），其中《人民日报》等中央媒体刊发头版（条）稿件60余篇（条）。

认真落实“一岗双责”要求，出台加强新闻宣传工作的《意见》，坚持属地管理，强化责任落实，不断完善大宣传格局。建立健全“三级三类”新闻发布体系，完善重大新闻事项报告、舆论监督选题预报工作机制，舆论监督不断规范，有力推动了各项政策措施的贯彻落实。出台突发性公共事件新闻报道应急办法，及时妥善处理少女毁容案、儿童福利院购豪车等突发公共事件，正确有效引导了钓鱼岛事件、薄谷开来案件审判等敏感事件，保持健康有序的舆论态势。新闻工作者协会成功换届，行业自律不断加强，行业管理水平切实提高。

紧扣中心，明确定位，突出重点，精心策划，战役式推进，主题宣传策划运作机制不断完善。全年策划主题宣传50余次，推出一批影响广泛的宣传佳作，大大提升了合肥的知名度和美誉度。“区划调整一周年”、“承接产业转移在皖江·合肥行”、“走进合芜蚌自主创新试验区”、“财政大发展、民生大改善”等主题宣传浓墨重彩，凝聚起跨越发展强大合力。“创新型城市建设”、“环巢湖生态示范区建设”、“加快推进文化与科技融合”、“节能减排”等主题宣传声势浩大，强化了转型发展舆论引领。“合肥环境友好中部第一”、“合肥民营企业在成长”、“百年大公看合肥”等主题宣传反响强烈，营造了和谐发展外部环境。媒体协同联动宣传不断增强，在美国纽约时报广场、香港亚洲电视和天安门广场等平台播放合肥宣传片，合肥良好形象广为传播。

高度重视新兴媒体的建设、管理和运用，积极把握网络宣传管理规律性，增强网络宣传管理前瞻性和预见性，有效提高网络引导水平，不断优化网络舆论环境。继续加强新媒体传播能力建设，改进提升合肥在线、合肥新闻网及各级政府门户网站，开通各级政府政务微博，及时发布权威信息，回应社会关切，宣传合肥形象。加强对属地网站监管和网络舆情监测力度，不断完善社会舆情汇集、监测和研判、引导机制。实行网络舆情监管24小时值班制度，及时收集分析处置舆情，不断提高网络宣传管理水平。

【文化强市建设】 树立高度自觉自信，贯彻文化强国强省战略，坚持把群众需求作为努力方向和工作重点，完善政策体系，实施整体推动，加快建设文化强市。

在全面完成重点改革任务的基础上，纵深推进文化体制改革，文化发展活力迸发，蝉联全国文化体制改革先进地区称号。修订加快文化产业发展若干意见、“十二五”文化发展规划纲要，制定文化发展等相关配套政策，不断优化文化发展环境。各县市区认真贯彻落实市委市政府部署，不断完善上下联动、左右互动的文化工作格局，肥东县、肥西县、庐江县、瑶海区、蜀山区等通过设立文化奖项和文化建设资金，大力推进文化建设。公益性文化事业单位内部改革进一步深化，文化馆、图书馆、科技馆服务力和影响力逐步提升。打破政府

"包办"局面，引进市场化办法，对渡江战役纪念馆等重大公益性文化资源实行专业化管理运营。

大力推进文化惠民工程，覆盖城乡、惠及全民的公共文化服务体系不断完善，年初部署的24个文化项目扎实推进。坚持省市共建共享，积极谋划一批与"大湖名城、创新高地"相匹配的重大文化设施，加强资源整合、推进资源共享，全年完成80所学校体育设施向社会开放。组建市民合唱团、市民交响乐团，举办市民合唱音乐周、校园轻音乐会等活动，举办亚明先生、刘海粟作品展及"城市·艺痕"等系列画展，大大提升了城市品位。广泛开展群众性文化活动，首次举办全市基层文艺调演、大学生文化艺术节、巢湖民歌演唱会等活动，开展"庐州放歌"、"走向文明"、"快乐周末"等文艺下基层活动，深受群众喜爱。大力弘扬传统文化，举办新春文化庙会、楹联QQ文明大拜年等活动。基层文化活动广泛开展，巢湖市举办了2012年庐剧演唱会，庐阳区举办了第七届三国文化节，包河区"江淮情"大型慰问演出取得圆满成功等。

大力实施精品工程，推出一批精品力作，打造文艺创作高地，大大提升合肥文化高度。歌曲《追寻》获全国"五个一工程"奖，广播剧《左手的军礼》、文学作品《坚守：1941》、戏剧《女村长》、《荠菜花》等荣获省"五个一工程"奖。围绕经济社会发展大局推出报告文学《民生至上》等，大力弘扬立党为公、执政为民的主旋律。大力推进合肥地域文化研究和非遗保护开发利用，编辑出版《人文合肥》等文化丛书、编排大型现代庐剧《荠菜花》，着力培育合肥文化特色。准确把握文化经济一体化发展趋势，面向市场推出一批精品，电视剧《坝上街》、电影《洒满阳光的路上》正在或即将在央视播出，原创动漫《淮南子》、《黑脸大包公之忠肝义胆》已成功登陆央视，打入海外市场，文化竞争力显著提升。

紧紧把握产业发展规律，不断完善政策、服务、人才和产业体系，大力推进文化与科技、工业、城市建设融合发展，成功入选首批国家级文化和科技融合示范基地。加快建立较为完善的现代文化产业发展体系，实施集群化发展战略，引导集群发展，着力培育龙头企业。2012年，报业集团经营收入2.98亿元、广电集团经营收入5.8亿元、网络公司经营收入3.3亿元，全年文化产业增加值达到260亿元，占全市GDP比重超过6%。文化产业招大引强成果喜人，"滨湖之星·电视观光塔"、合肥巢湖国际帆船俱乐部等重大文化项目成功签约。成功举办第六届文博会，布展面积15万平米，标准展位10000个，5000余家文化企业参展，超过54万人次参观展览，交易总额12.2亿元，均创历届之最。

6月24日，省委常委、宣传部长曹海征（右）来合肥调研宣传思想文化工作

【自身建设】 强化人才"第一资源"意识，加强文化人才政策落实，着力打造"三支队伍"，为文化强市建设提供强有力的人才保障。

落实"讲、强、提、抓"的要求，着力打造一支素质高、能力强、作风好的文化干部队伍，打造一支业务精、能创作、有影响的专业技术队伍，打造一支懂经营、善管理、出效益的经营管理队伍。出台《关于进一步加强全市宣传文化队伍建设的意见》和《关于加强全市县（市、区）和城乡基层宣传文化队伍建设的实施意见》，不断加强基层队伍建设，蜀山区成立了区文联，恢复镇街园文化站并配备文化站长；包河区紧扣"选用育创"四个环节，加大基层宣传文化队伍建设。认真开展干部教育培训工作，开办集中培训，组织外出学习，对全市宣传文化干部进行教育培训，不断提高干部人才队伍的整体素质。

编制全市宣传文化人才发展规划，树立市场配置资源的"大人才观"，不求所有，但求所用，更求所得。打破体制、身份、年龄、学历、地域等界限，广泛引进各类高端人才，不断扩大人才总量，优化人才队伍结构。加大文化人才建设和文化人才政策宣传力度，营造崇尚知识、爱才惜才、重才用才的良好氛围，努力创造宽松的政策环境，为各类人才创造施展才华的空间，真正做到人才引得进、留得住、用得好、发展快，大大提高文化强市建设人才保障水平。

深入开展机关责任文化建设，以为合肥发展鼓与呼为己任，强力激发人人思进，激情干事的责任情怀，宣传干部昂扬向上的精神状态不断焕发。大力推进学习型机关建设，以学风促作风，强化干部修身养德意识，提升人生境界，清白做人、干净做事理念深植人心。深入开展“走转改”活动，深入基层、深入群众、深入生活，密切联系群众，大兴求真务实之风，宣传干部亲民务实的良好形象树立于外。扎实开展“调查研究年”活动，切实加强执行力建设，不断提升抓落实水平，力求宣传思想文化工作在推动发展、促进和谐上干在实处，走在前列。

（李平原）

统战工作

【概况】 2012年，全市统一战线深入学习贯彻落实党的十八大精神，在服务科学发展、助推经济转型、改善基层民生、创新社会管理中奉献才智，为合肥市奋力实现“新跨越、进十强”目标，全力推进“大湖名城、创新高地”建设，做出积极贡献。在全省统战系统评比中，市委统战部被评为先进集体，实践创新和理论创新成果分别受到表彰。

【同心工程】 大力实施“同心”工程，促进民主党派政治交接。市委主要负责同志高度重视换届后的民主党派建设，先后两次到民主党派机关召开座谈会，交流思想，听取意见和建议。市委坚持就全市重大问题召开民主协商会、座谈会和通报会，同时，以市委名义召开社情民意座谈会，以市政府名义召开资政会，畅通了民主党派参政议政的渠道。市委统战部印发《“同心”工程实施意见》，各民主党派自觉贯彻“同心”思想，分别制定具体办法，围绕全市中心工作开展调查研究、建言献策；围绕自身建设健全党派机关工作制度、调整内部组织结构、成立巢湖基层组织、开展新成员培训，强化党史和传统教育；围绕民主监督发挥特约人员和对口联系机制的监督作用；围绕服务社会开展系列“三下乡”活动和资助社会弱势群体工程，捐赠款物近100万元，服务群众4000余人次，从思想和行动上激发民主党派成员参与合肥建设的热情，促进了政治交接。

【民族工作】 召开全市少数民族和民族乡村共同发展推进会，确定民族乡村经济发展规划和总体目标，积极为民族乡村经济社会发展争取政策，市级少数民族发展资金由2011年的150万增至170万，各县、区也分别建立配套资金。广泛开展“和谐民族乡村”创建和民族团结宣传月活动，集中展示了“十一五”以来全市少数民族和民族乡社会经济发展取得的成就。

【宗教工作】 深入贯彻全国及全省宗教工作会议精神，积极构建统战、宗教、公安等部门参加的联动机制、会议机制和县、区、乡镇（街道）、村（居）四级管理网络责任制，完善《涉及民族方面的群体性突发事件应急预案》，多次召开联席会议，妥善处置多起民族宗教突发事件。规范宗教活动场所财务监督管理和宗教教职人员管理，宗教教职人员全部纳入社会保障。行政区划调整后，主动协助做好原巢湖市各爱国宗教团体的合并工作，保持了宗教领域的稳定。

【非公经济人士和海外统战】 按照服务党委政府中心工作、服务非公经济“两个服务”的要求，抓好班子建设，圆满完成市工商联换届工作。协助市领导联系重点民营企业，积极搭建非公经济人士与党委、政府、人大、政协四大班子领导沟通联系的平台，为非公企业排忧解难开通直通车。以“大走访”为载体，深入非公企业走访、调研，收集意见和建议，帮助协调、解决实际困难。积极组织小微企业实施“走出去”战略，引导民企调整结构、促转型。努力帮助非公企业开展法律维权，依法做好非公企业纠纷仲裁工作，为几十家企业解决了实际困难。继续推进“新徽商回报社会感恩行动”，引导非公经济人士自觉履行社会责任，发扬光彩精神，向社会各界捐赠款物200余万元，7名非公经济人士被评为全省优秀中国特色社会主义事业建设者。

主动做好港澳台和海外统战工作，召开海外联谊会换届大会，接待多批港澳台和海外朋友近300人次，宣传了合肥，凝聚了人心。

【政协换届人事工作】 在市委的领导下，市政协换届人事安排领导小组统筹兼顾，合理安排。在认真摸清十二届市政协委员留退情况的基础上，充分掌握各方面人选资料，及时召开市政协换届人事工作会议，部署有关人事安排。严把政治关，规范做好委员的协商提名工作。在实际操作中，坚持委员人选的进步性和代表性的统一，首次采取自下而上差额推荐、上下结合两轮协商的办法在全市范围内提名推荐，努力做到好中选优。十三届政协委员规模624名，一次会议安排委员614名（预留10名作为届中增补），委员中留任293名，占48%；新推荐321名，占52%。其中中共党员233名，占委员总数38%；非中共人士381名，占委员总数62%；常委规模为124名，一次会议安排119名，其中中共常委40名，占常委总数34%，非中共常委79名，占常委总数66%。委员平均年龄46.8岁。常委、委员中女性均不少于15%，少数民族占一定比例。委员的学历水平明显提高，大专以上学历590人，占96%，博士24人，占4%。

【信息宣传调研工作】 召开全市统战信息工作会议，对统战工作信息的编审、直报、专报等工作进一步规范。全年编发统战工作信息18期，专报28期，直报16期，编发信息近300条。《完善工作机制，开创信息工作新局面》在中央统战部信息调研工作座谈会上交流。社区统战工作等多篇经验材料在《安徽统战》刊登。邀请中央统战部宣传办及中央新闻媒体来肥采访，宣传社区统战工作，扩大了合肥市统一战线工作的社会影响。组织开展民主党派工商联专题调研成果评审，召开总结表彰会议，形成制度化、规范化的有效机制，进一步提高民主党派工商联专题调研水平，体现了参政议政的成效。

【社区统战工作】 在分步推进城市社区统战工作的基础上，结合社会管理创新试点市建设，着力推进社区统战工作制度化、常态化。通过深入基层开展社区统战知识培训、召开社区统战经验交流会、表彰先进街道社区、组织外出考察学习等方式，不断提高基层干部做好工作的能力和水平，努力在结合上做文章，在渗透上动脑筋，在推动社会管理创新上下功夫，为构建文明和谐新型社区起到积极的促进作用。社区统战工作在城市社区全面展开，成为基层党组织创新社会管理、建设文明、和谐社区的重要抓手。

（邓仁增）

5月29日，市委常委、统战部长韦弋等到杏林街道调研

政法工作

【概况】 2012年，全市政法战线以科学发展观为指导，以为党的十八大胜利召开营造良好的社会环境为首要政治任务，以促进区域性特大城市建设为中心，着力维护省会和谐稳定，强力推进全国社会管理创新综合试点市建设，大力开展政法干警核心价值观教育实践活动，各项工作取得新的成绩。在中央电视台、国家统计局组织的全国“最具幸福感城市”评比中，合肥市位列第三；在中国城市竞争力研究会评比中，合肥市荣获“十佳和谐发展城市”、“最安全城市”第20名；市委政法委荣获由省委组织部、省委政法委、省人社厅组织评比的第二届“全省优秀政法单位”。

【服务经济发展】 全市政法部门发挥职能作用，服务和促进经济社会又好又快发展。围绕为党的十八大胜利召开营造和谐稳定的社会环境，市委政法委统筹协调组织，在全国全省“两会”、“涉日保钓”、“国庆”等重要时期，深入组织排查，强化信息研判，落实包保责任，确保了省会城市安全稳定，营造了安全稳定的社会环境。市公安机关破获各类经济犯罪案件1488起，依法打击非法集资等涉众型经济犯罪，捣毁传销窝点，保障了竞争有序的市场环境。市法院全年执结案件13605件，市检察院开展预防职务犯罪咨询887次，市公安机关出台11项便民服务措施，市司法局受理法律援助案件5827起，市民政局积极打造为民便民“15分钟生活圈”，营造了优质高效的服务环境。

【维护社会稳定】 维护社会稳定工作坚持风险评估、信息研判、隐患化解、应急处置相结合，对各类不稳定问题努力做到发现在早、防范在先、处置在小，确保社会大局稳定。抓风险评估。以应评尽评、评深评透、“十个必评”为目标，深入推进重大事项社会稳定风险评估。全年评估重大事项175件，其中准予实施146件、暂缓实施13件、不予实施2件、部分实施14件，有效预防和减少了大量矛盾隐患，有效保障了重大决策和重大项目顺利实施。中央维稳办推广了合肥的经验做法。

抓研判预警。市维稳办坚持情报引导，充分发挥维稳信息网作用，超前获取深层次、内幕性、预警性、行动性情报信息，全年发布预警信息950余条，为领导决策和部门处置提供依据。抓化解稳控。针对涉稳突出问题，市维稳办组织开展为期5个月的攻坚化解行动，重点督办56件，化解突出矛盾210余件；针对涉军群体，做到落实政策与帮扶解困相结合，疏导教育与包保稳控相结合，实现全年无一人进京访；针对“老字号”群体，落实属地和主管部门稳控责任，确保该群体平稳可控；针对涉众案件群体，加强沟通协调，加快处理进度，推进问题解决。

抓应急处置。全市建立专辅结合的应急队伍212支、6750余人，配备应急车辆220余辆，稳妥处置各类群体性事件72起。

【创新社会管理】 2012年，合肥市较好完成全国社会管理创新综合试点市任务，启动新一轮社会管理创新项目举措，全国综治会议转发了合肥市《平安托举幸福城》的经验做法。

构建工作格局。在组织构架上，成立高规格的领导小组，对市综治委（办）进行更名；在职责分工上，建立8个专项工作组，明确了相关单位的职责；在政策保障上，制定出台73个政策性文件。

推进项目落实。坚持项目化管理，市委出台了46个新项目，抓项目与规划、财政、考评的对接，抓项目的市场化、信息化、社会化运作，抓项目的指导督促和检查验收。

强化平安举措。严厉打击犯罪，全年破获各类刑事案件19123起，实现命案全破、要案全结、侵财案全降、群众安全感提升的目标。强力排查整治，确立73个重点地区和10个重点地段，对18处治安乱点进行挂牌整治。创新防控模式，全市现有专业巡防队员11457名，占总人口万分之十四；城市和农村技防覆盖率分别达到100%和80%以上；开展三类可防性案件考核评比，全市可防性案件发案数同比下降18.83%。倡导见义勇为，募集资金150万元，对23位见义勇为先进个人进行表彰奖励。服务特殊人群。对全市158万流动人口实行“1+16”服务管理工作机制；对14153名刑释解教人员妥善安置帮教；对1986名重性精神病人落实“排查、治疗、救治”三机制，中央《综治动态》转发了合肥市做法；服刑在教人员未成年子女预防犯罪工作两次在全国介绍经验。

夯实基层基础。合肥市社区建设“四四管理”模式，得到张宝顺书记肯定并在全省推广。在全市建立4166个网格，在140个乡镇街道建立基层综治工作中心，1815个村（居）建立了综治工作站；组建一支18类35.6万人的社区志愿者队伍；建立156个行业性专业性调解委员会，拥有16300多名调解员队伍。

【加强执法监督】 市委政法委贯彻落实中政委34号文件精神，出台了《涉法涉诉信访问题暨执法监督联席会议制度》，协调督办重点案件82件，重点信访批示件43件。深化案件评查，评查案件1100件，依法纠正瑕疵案件67起，促使117起信访案件息诉罢访。化解信访积案，中央和省交办案件21起全部息诉罢访，自排重点案件79起全部办结，化解率全省领先。完善工作平台，强化涉法涉诉联合接访服务中心效能建设，接待群众来访1479批2246人；完善了涉法涉诉暨信访特困救助体系，全年累计发放救助资金54.5万元。

【政法队伍建设】 全市政法部门按照“全部政法工作中，队伍建设是根本也是保证”的要求，深入开展政法干警核心价值观教育，着力解决制约政法队伍建设的突出问题，政法队伍业务水平进一步提高、执法作风进一步改进、执法能力进一步提升。深入推进思想政治建设，广泛开展“忠诚、为民、公正、廉洁”政法干警核心价值观主题教育实践活动和保持党的纯洁性教育实践活动，合肥市“五个贯穿”做法得到中央政法委和省委政法委的充分肯定并推广。深入推进执法能力建设，市、县（区、市）两级健全了主管部门统一管理、分类指导、分级实施的教育培训工作体系，政法各部门广泛开展岗位练兵，实施素质提升工程。 深入推进党风廉政建设，建立健全政法系统廉政风险点查找和预防机制，进一步完善党风廉政建设教育制度。深入推进法学会建设，围绕重点课题开展法学理论调研和学术研讨，改选增选了市法学会成员，巢湖市、庐江县成立了法学会，市法学会荣获“全国地方法学会系统先进集体”荣誉称号。

（市委政法委）

政研工作

【文稿起草】 围绕市委的重大战略决策和重要会议，先后起草了《中共合肥市委党的建设工作领导小组2012年工作要点》和市委主要领导《在市委中心组理论学习会上的讲话提纲》、党课报告《当好让党放心、让人民满意的“一把手”》、《在“中国科大论坛”上的演讲提纲》等一批重要文稿。组织起草或参与起草、审核省市领导讲话与报告552份，其中市委书记讲话与报告499份；组织起草、审核文件72份；组织编辑《合办通报》72期；组织起草、修改、审核会议纪要23份；组织起草、审核中央领导来肥视察、省领导来肥调研、市委会议和市委书记活动新闻稿件和访谈稿件394份；组织完成并在中央和省属媒体上发表理论文章7篇。其中包括为配合对行政区划调整阶段性成就的宣传，起草《人民日报》采访提纲；作为“保持党的纯洁性、迎接党的十八大”主题教育活动和美好乡村建设领导小组成员单位，分别承担了相关的文件、领导讲话、上报材料的起草工作；认真梳理总结“十一五”以来合肥科学发展、跨越赶超的成功经验和主要做法，组织编写《开拓的辙印——合肥改革开放举措与成效》一书；根据中组部的统一部署，完成了合肥科学发展的新案例《合肥市城市建设管理体制改革》；撰写、发表了《写在实施行政区划调整一周年》等一批报道中心工作的稿件，为科学发展集聚正能量。

【调查研究】 认真做好市委常委重点调研课题的组织协调和报告起草工作，完成了吴存荣、熊建辉、杨思松和韩冰等4位常委重点调研课题的调研与报告起草工作。根据全市统一安排，牵头组织由黄同文、孙斌带队的“促进经济平稳较快发展”专题调研，形成促进高新区经济平稳较快发展调研报告《排忧解难强服务 凝心聚力促发展》。围绕市委中心工作，积极开展环巢湖生态示范区、新型城市化、美好乡村建设、农村金融创新等专题调研活动，形成《赴鄱阳湖生态经济区五市学习考察报告》、《巢湖保护与发展问题梳理》、《国内外湖泊治理典型案例和启示》、《广州市新型城市化发展考察报告》、《广州、中山两市美丽乡村建设考察报告》、《合肥市创新推动文化产业发展的主要探索与实践》、《推行互助金融 服务三农发展》等调研报告。配合省委政研室先后围绕农业产业化资金使用、公共安全产业、开发园区及小微企业发展、行政区划调整实施情况等展开调研，形成了《合肥支农资金整合的调查与思考》、《合肥公共安全产业加速发展》、《合肥市多措并举缓解小微企业经营困境》、《合肥农业物联网发展的调查与思考》、《加快合肥产业人才引进集聚的调查与思考》、《合肥经开区加快园区转型升级的实践与经验》、《合肥市行政区划调整情况汇报》等调研报告。围绕筹建中科大先进技术研究院、提升城市影响力、推进新型城市化等工作，撰写了《科技引领发展 创新成就辉煌》、《塑造城市品牌 扩大城市影响力》、《在创新中推进新型城市化》、《探索新型城市化巨笔绘现代化新兴中心城市蓝图》等理论文章。全年完成各类调研报告30多篇，在《合肥日报》、《合肥晚报》、《江淮晨报》等媒体上发表理论文章20多篇。在全省党委政研系统优秀调研成果评选中，市委政研室参评的4篇调研报告有3篇获得一等奖，1篇获得二等奖。

【载体建设】 按照指导性、综合性、时效性、权威性的办刊要求，突出“准确、深度、大气、及时”四个关键点，编辑和发行《合肥工作》，办好特色栏目，不断提高办刊质量。2012年，市委政研室围绕市委工作重点，通过“本期关注”栏目对“新跨越、进十强”、“促进经济平稳较快发展”、“建设幸福合肥”、“深化科技体制改革”、“保持党的纯洁性”、“打造环巢湖生态示范区”、“建设美好乡村”、“学习贯彻党的十八大精神”等领导关心、社会关注的重点、热点工作，进行集中宣传，多角度、多层次开展探讨和交流。《合肥工作》全年出刊12期，与全国150多个大中城市开展交流。围绕领导决策需求，编印《决策参考》，重点刊登带有全局性、前瞻性和研究性的调研报告和研究文章，全年共编印《决策参考》19期。作为展示工作的窗口和扩大影响的平台，“合肥决策咨询网”运行状态越来越好，“专题专栏”和“调研成果”栏目更新加快，可读性不断增强，成为良好的学习交流平台、形象展示窗口。编辑出版《合肥市情手册》。《合肥工作》、《决策参考》、《合肥决策咨询网》和《合肥市情手册》已成为全市各级干部学习和工作的良师益友。

【信息工作】 围绕行政区划调整实施情况、环巢湖治理、区域性金融中心、公共安全产业、服务外包、农村金融创新、经开区转型升级、小微企业发展等方面编发动态信息及要情专报40多条。其中，《省委调研组来肥行政区划调整情况相关县区和市直部门反映的主要问题》、《巢湖流域水环境治理体制机制存在三个方面问题》、《合肥公共安全产业龙头带动发展集聚效应逐步显现》、《合肥经开区加快园区转型升级》、《央视〈新闻联播〉连续报道肥东县“最美乡村女教师”事迹引起强烈反响》等信息和专报，引起了省市领导的高度关注，并作重要批示，推动有关工作的开展。信息工作在全市同类考核单位中排名第一。

（邢邦德）

机关党建

【思想建设】 2012年，市直机关工委坚持把党员的思想武装工作放在首位，认真组织广大党员干部学习中国特色社会主义理论和胡锦涛“7·23”在省部级领导干部专题研讨班上的重要讲话精神以及省市党代会精神。通过召开学习型党组织建设推进会、举办“机关大讲堂”、推荐经典书目、组织书记讲党课等活动，扎实推进学习型党组织建设。通过学习动员、交流研讨、专题调研、查摆问题、整改落实等措施和举办主题演讲比赛、党政机关公文写作比赛，深入开展“讲大局、强责任、提能力、抓落实”主题实践活动。党的十八大召开后，及时下发通知，要求购发学习辅导资料、举办报告会，迅速在市直机关掀起学习宣传贯彻十八大精神的热潮。

【组织建设】 “基层组织建设年”活动深入开展，通过会议推进、整改提升、专题调研等方式，加强对基层党组织建设中重点、难点问题的解决，全年指导和督促19个机关直属党组织进行换届和选举，并选调100名机关党务干部到非公企业开展结对帮扶党建工作。先后举办市直机关入党积极分子培训班、市直机关党务干部培训班和市直机关基层党组织负责人培训班，共培训583人。全年共审批发展新党员168人，转正党员1008人。在创先争优活动中，机关广大党员干部，结合工作职责、岗位标准、为民服务等内容，开展新一轮承诺践诺活动和群众评议活动；各窗口单位和服务行业结合实际，开展“三亮、三比、三评”等主题实践活动。45个先进基层党组织、110名优秀共产党员、50名优秀党务工作者受到工委表彰，2个先进基层党组织分别受到省市委表彰，3名优秀共产党员受到市委表彰。机关各级党组织积极创新党内激励关怀帮扶载体，建立健全党内激励关怀帮扶长效机制，及时更新完善老党员和生活困难党员台账。共走访慰问特困党员425名，发放慰问金42万余元。组织市直机关24个单位600多名党员，在市政府广场举办“学雷锋、当先锋、创先争优、服务群众”万名党员服务日活动。

【党风廉政建设】 在市直机关集中开展保持党的纯洁性主题教育活动，以“六查六看”为目标要求，认真制定整改措施，着力解决机关党员干部在思想、作风、组织、反腐倡廉、制度建设方面存在的突出问题，着力培育和树立廉洁价值理念。大力推进廉政文化进机关示范点和结对共创活动，全年申报省级示范点3个，申报市级示范点5个，命名8个市直机关示范点。深入开展“五级书记带头大走访”活动，积极创新走访载体，制定完善工作制度，形成定点走访、开门接访、带案下访等工作制度，着力构建大走访活动的长效机制，全年市直机关共走访基层单位2316个，收集整理意见2023条，解决问题927个。认真做好廉政风险防控和干部廉洁自律预警机制工作，全体人员完成《职权目录》和《权力运行流程图》的编制工作以及风险点查找和等级评定工作，工委制定《干部廉洁自律预警机制暂行办法》和《干部廉洁自律预警机制实施细则》。认真做好信访案件审理工作，全年共立案查处10名党员违纪案件，办结一起信访案件。

【群团工作】 举办工青妇组织骨干培训班，充分发挥群团组织作用。深化“职工之家”、“职工书屋”、“青年文明号”、“巾帼文明岗”、“和谐家庭”等创建活动，深入开展“争当青年岗位能手”、“青年文明号捐资助学”、志愿者服务等主题实践活动，积极组建市直机关青年工作委员会。全年，市直机关共有2人获省级劳模称号，1人获得“合肥青年五四奖章”、3个集体获市级青年文明号称号、10人获市“三八”红旗手称号。围绕“六进”，开展道德礼仪教育进机关活动，推广“文明餐桌”，制订印发《市直机关工作人员行为规范》。会同市卫生局、市献血办联合组织市直机关第四次无偿献血活动。组织300名机关干部参加渡江战役纪念馆开馆仪式。先后举办市直机关第十届三八保龄球比赛、第十届登山比赛、第五届扑克升级比赛、百大杯市直机关时装展示比赛、第九套广播体操市直机关专场比赛和市直机关书画摄影展等活动，丰富机关干部职工文化生活。

【自身建设】 为加强对市直机关党建工作目标责任考核，修订和完善了考核制度。加强对县（市）区直机关工委党建工作的指导，全年召开县市区工委党建工作经验交流会2次，促进全市机关党建工作的平衡发展。改版工委门户网站，制定网站维护和管理制度，工委门户网站、《合肥机关党建》的平台作用进一步发挥，全年通过网站编发各类党建信息600余条，编辑《合肥机关党建》3期，制作党建宣传栏4期。机关党建研究会建设进一步加强，党建调研工作深入开展，全年共收到党建调研文章41篇，先后参加南京经济区城市机关党建工作交流会和全省机关党建工作交流研讨会，并加强与兄弟城市的学习交流。

（市直机关工委办公室）

机构编制管理

【概况】 全市机构编制系统按照全国编办主任会议和全省机构编制工作会议的部署要求，紧紧围绕合肥市"新跨越、进十强"奋斗目标，强化协调，改革创新，严格管理，高效完成了省编办和市委市政府市编委交办的各项工作任务，切实解决一批影响合肥发展、制约体制机制方面的重大问题。市机构编制部门获得省机构编制工作先进集体、省机构编制信息宣传先进单位、省机构编制域名注册管理先进集体，2012年政协提案办理先进单位和市直机关优秀党组织等多项荣誉称号。

【行政体制改革】 按照市委"要把开发园区打造成为'工业发展主引擎、创新发展新高地'"的要求，牵头相关部门、研究简化对开发园区的考核方式，明确目标考核由市政府目标办牵头、一次性组织实施，最大限度减少检查评比。在高新区开展机构编制实名制管理，在新站区推进"两办合一"的管理体制改革；制定合肥巢湖经开区"三定"规定，剥离其负责社会事务职能、交属地政府管理；健全滨湖新区建设管理职能，统筹推进环巢湖区域协调发展，进一步激发开发园区发展活力。以市编委文件出台《合肥市市直机关部门职责分工协调办法》，依法协调市政府有关部门在职业卫生监管、非煤矿山行业管理及安全生产监管、城市轨道交通建设质量安全行业管理等方面的职责分工，有效解决了部门间职责交叉、责任不清、相互扯皮的现象。将市社会治安综合治理委员会更名为市社会管理综合治理委员会，健全社会管理领导机制。按照省编委"撤一建一、内部调剂、确实需要、购买服务"的指示精神，建立完善市公安局水上警察和交通警察管理机构，加强社区矫正和反渎职侵权机构设置，规范政务服务管理机构设置和人员编制配备，并会同市法院，平稳有序、按时完成原蚌埠铁路运输法院机构，编制、人员移交合肥市管理。全程指导庐阳区全面实施区街管理体制改革和包河区开展滨湖新区大社区管理体制改革，有力促进了市社会管理水平和为民服务能力。制定出台安徽省巢湖管理局"三定"规定，并结合统筹管理巢湖事务的工作实际，进一步细化巢湖管理局的工作职责。巩固事业单位清理规范成果，完成原地级巢湖市122家事业单位更名、撤销和整合。按照"编随人转"的原则，细致核定、逐一下达了划转合肥市事业单位的人员编制，并结合实际对市直相关部门的机构设置进行适当调整。会同人社、财政、卫生、教育等部门，积极做好巢湖第一人民医院移交安医大、半汤疗养院下划合肥市管理等工作，对巢湖市第一中学、第二中学和巢湖职业教育中心"市属巢管"内容做了进一步细化和明确，确保省委省政府和市委市政府重大决策部署的顺利完成。按照省编办的要求，认真指导下塘镇和小庙镇省级经济发达镇试点工作，主动加强协调沟通、按时上报实施方案，在全省8个试点发达镇中率先召开实施动员大会。跨层级调整行政编制395名（其中，调剂128名乡镇空编用于加强县（市）区直机关重点部门建设），并将省下达市直的27名军转专项编制全部调剂城区使用，缓解了基层编制紧张矛盾。

围绕省委省政府加快皖北经济振兴发展的战略部署，加快阜阳合肥现代产业园区建设步伐，高效完成阜阳合肥现代产业园区管委会的"三定"规定制定工作；指导蜀山区与六安寿县做好对接，筹建完成寿县蜀山现代产业园区管理机构，全力保障"产城一体、宜居宜业"的现代化空港新城建设。

【事业单位分类改革】 经市委常委会议和市政府常务会议审定通过了《合肥市分类推进事业单位改革试点意见》，并印发《合肥市事业单位模拟分类实施方案》，召开全市事业单位改革模拟分类工作动员大会，参照中央和省有关事业单位分类的标准和目录，部署实施并全面完成全市2623家事业单位的模拟分类测算，为下一步市事业单位分类改革打下坚实的基础。市机关事务管理局所属3家事业单位和巢湖望湖宾馆完成了事改企，撤销电大合肥分校所属劳动服务公司以及市水务局所属双墩管理所和千古庙管理所，加大市交通局、文广新局、卫生局和人社局所属事业单位整合力度，事业单位清理规范向纵深推进。城市部分公共设施实施管养分离和重心下移，市级除植物园、野生动物园、蜀山森林公园、重要桥梁和道路外，其他市管公园、城市广场、道路绿化和市政设施一律划转辖区管理，在不新增机构编制和降低行政运行成本条件下，实现了扁平化管理和市场化运行。

【规范机构编制】 全面审核市直机关事业单位《机构编制人员管理册》，更新完善实名制信息、补录新增指标项目，保证各单位具体机构设置与按规定审批的机构相一致，实有人员与批准使用的编制和职数相对应。以市委办公厅、市政府办公厅文件正式印发《合肥市机关事业单位机构编制实名制管理办法（试行）》，拟定实名制管理的配套办法和政策措施，保障了机构编制实名制规范化和长效化管理。继续加强全市机关事业单位中文域名注册管理工作，域名注册数量位居全省首位。制定《合肥市党政领导干部履行机构编制工作职责离任检查办法》、《合肥市县（市）区直机关从乡镇（街道）选调公务员办法（试行）》和《合肥市机构编制约谈警示制度（试行）》等，机构编制“关口前移、惩防并举、全程监管、完善提高”的制度体系不断健全。

开展机构编制管理规定执行情况复查和机构编制核查工作，依据复查和核查结果对部分单位存在的问题进行督促整改，并对3家单位负责人首次实施约谈警示，有力维护了机构编制的严肃性。集中3个月对全市各级党委、人大、政府、政协机关，审判、检察机关，民主党派、群众团体机关，以及纳入机构编制管理的各级各类事业单位机构编制实行专项清理，杜绝在编不在岗现象的发生。

【事业单位登记管理】 事业单位法人登记网上年检全面实施，全市网上登记单位数超额完成省下达的任务。全年共办理市直事业单位设立、变更登记131家，年检334家、年检率达98%，在部分事业单位试行年度报告公开，登记管理工作在全省各市互查中受到一致好评。

转发《安徽省事业单位法人设立及变更登记现场核查暂行办法》，现场核查制度全面推行。全年现场核查14家事业单位，改变过去事业单位设立、变更、注销登记和年检工作只审查书面材料、未实地检查核实登记信息的真实性，强化了合肥市事业单位动态监督管理。事业单位法人治理结构试点积极探索，先后在庐江县和蜀山区举办两期事业单位法定代表人培训班，多角度、深层次解读法人治理结构试点知识。分别组织全市事业单位登记局长和市直有关部门赴外学习考察事业单位法人治理结构试点工作的经验，将合肥168中学申报成功为安徽省唯一的中央编办（国家事业登记管理局）事业单位法人治理结构建设试点单位，试点工作正有序推进。

（范文通）

保密工作

【概况】 2012年，市委保密办（局）认真贯彻中央和省、市委关于保密工作的一系列指示精神和工作部署，按照“安全、服务、创新、发展”的工作要求，突出强化保密责任制落实，继续在保密宣传教育、监督管理、检查查处和技术防范等方面加大工作力度，扎实推进系统建设年活动，全年工作取得了新成效，为维护国家秘密安全，推进合肥“新跨越、进十强”，加快区域性特大城市建设提供坚强保障。

【保密责任制】 4月，市人民政府出台《合肥市人民政府目标管理考核办法》，首次将保密工作纳入政府目标管理考核体系。市委保密委印发《合肥市保密工作目标管理考核办法（试行）》，对考核范围、内容、办法、结果运用等进行规定，实行倒扣分制。市委保密办（局）制定《2012年县（市）区及市直单位保密工作目标管理考核标准》，进一步明确工作任务，细化、量化考核标准。按文件精神，完成县（市）区、开发区及市直单位的考核，促进保密工作任务的落实。

2012年，市委保密委在全省首家组织开展党政机关主要负责人与保密委主要领导签订保密工作责任书活动，全市125家党政机关和重要涉密科研生产单位主要负责同志签订了保密工作责任书。5月，根据省保密局统一部署，在全市范围内集中开展新调整的领导干部和涉密人员保密承诺书签订工作，全市126家机关、单位共3902人签订了保密承诺书。

【宣传教育】 3月，市保密局依托市委组织部、市委创先争优活动领导小组、市直机关工委举办的“万名党员服务日”活动大舞台，制作保密宣传展板、设立咨询台、发放保密法知识资料及印有保密提示语的鼠标垫，开展保密法律法规宣传活动。省委常委、组织部长王炯到保密展台进行指导，并给予好评。6月，对全市58家重点涉密单位近70名计算机信息系统保密管理人员进行保密技术检查培训，进一步规范检查内容、程序和方法，提升保密检查专业水平。全年市及县（市）区党校、行政学院共举办20个班次，对1285名学员和64名新录用公务员进行保密教育培训；市保密局还先后编辑《保密法知识手册》、《计算机信息安全知识》——“六五”保密普法宣传教育培训资料，向全市各机关、单位免费发放近4000本，供广大领导干部、涉密人员学习使用。积极利用《保密工作》、《安徽保密工作》、《合肥信息》等重点刊物和合肥日报、晚报、电视台等大众媒体进行保密工作宣传，增强保密工作“知名度”，全年共刊发各类信息30多条。

注重保密工作难点的教育培训，开展以“规范定密行为，依法科学定密”为主题的《保密法》专题学习宣传月活动。省委常委、市委书记吴存荣在市委党办系统干部座谈会上就全市定密工作作出重要指示精神。市保密局利用全市党政机关和涉密单位专项检查时机，开展定密调研，学习全国定密试点城市工作经验，召开规范定密工作座谈会，拟定《合肥市进一步规范定密工作的意见（试行）》。为配合专题活动的开展，向全市316名县处级以上领导干部、领导秘书等重点人员编发保密提醒短信，编印2期《合肥保密工作》专刊，举办全市保密业务知识培训班，对160余人进行定密业务知识培训。

【监督管理】 重点加强高、中考期间保密监督管理，制定《高、中考期间保密工作方案》、《高、中考期间突发泄密事件应急保障预案》，联合教育、公安等部门对市教育考试院等6家教育考试试卷保密室及考务工作进行保密安全检查，对符合标准的试卷保密室颁发《合格证》。坚持年度定密统计备案工作，共有27家单位产生国家秘密事项1442项13838份（件），变更和解密38项450份（件）。坚持对合肥地区涉密载体定点印制单位开展年审工作，8家单位共承印国家秘密181项8120288份（件），未发生泄密事件。坚持涉密载体集中销毁制度，全年共回收销毁各类文件资料达300吨，销毁硬盘65个、U盘8个。组建合肥地区民营军工科研生产单位保密工作协作组，指导涉密企业保密工作，依法对合肥通用制冷设备、众大科贸等6家军工单位开展前期保密业务指导服务与审核工作，并配合省认证委进行保密资格审查认证。

2012年，市保密局出台《合肥市涉密信息系统和信息设备保密管理暂行规定》，对涉密信息系统和信息设备的配备使用、管理维护、禁止行为及责任追究等进行明确规定。针对档案整理和数字化服务外包过程中保密管理出现的新情况、新问题，与市档案局联合制发《关于加强档案整理和数字化服务外包中保密工作的通知》，对此项工作的保密管理进行规范。

【检查查处】 2012年，全年共开展涉密科研项目、旧书交易市场、涉密测绘成果等各类保密检查15次，共检查单位80家，涉及内设部门290个、县处级领导干部101人，检查计算机1245台、移动存储介质56个。倡导“上门服务、免费体检、专业诊治，指导防范”和““上溯下延””的工作理念，积极帮助机关单位发现问题、堵塞漏洞、提高管理水平。

全年共受理并查处合肥爱特数据恢复中心等单位4起涉嫌泄密违规事件，督促有关单位对违规责任人依法依纪进行严肃处理，并依据有关规定，提请市政府目标管理考核领导小组对个别单位2012年度政府目标管理考核进行倒扣分。

【保密技术】 2012年，在完成全市违规外联监控系统升级基础上，对全市174家单位（其中市直机关80家、县区直机关67家、涉密企业27家）集中开展涉密计算机“三合一”配备安装工作，共安装专用系统软件356套，配备多功能导入装置222个、涉密专用优盘281个。全市保密技术防护专用系统已正式投入使用，并成功与国家保密局监控平台实现对接。

根据中保委统一部署，集中开展全市网络清理检查工作，市保密局联合市网宣办、市公安局、市国家安全局对合肥市万家热线、合肥论坛两家社会网站进行重点抽查，为党的十八大胜利召开营造了良好的安全保密环境。会同市国家安全局、市信息资源管理中心全力做好合肥市电子政务专网安全防护工作，及时阻击消除境外不明网络对市政务专网的攻击泄密隐患。

【系统建设年】 以全国保密系统开展“系统建设年”活动为契机，进一步加强队伍建设，积极推动县（市）区配齐配强保密部门干部，全市各县（市）区保密局（副）局长均配备到位，其中5个县区保密局长兼任党委办公室（副）主任。在组建市级保密检查中队基础上，县（市）区成立保密检查分队，促进保密监督检查科学化和检查队伍专业化建设。市保密局全年指导市保密工作协作组开展活动近30次，组织召开县（市）区、开发区第十三届保密工作研讨会，表彰奖励全市保密征文优秀作品14篇，提升开展调查研究、解决保密实际问题能力。

市保密局为省委第五巡视组进驻合肥巡视提供保密检查与技术服务工作，同时做好市级领导红机电话专用通信的服务保障工作；配合省党政专网局对翡翠湖迎宾馆党政专网整改情况进行复查，多次为全市重要涉密会议和重大涉密活动提供保密技术服务，确保会议和活动的安全保密。

（方开明　秦洁）

档案工作

【概况】 2012年，合肥市档案局坚持“开明立档、开放兴档、求是治档、创新强档”的发展战略，讲大局、强责任、提能力、抓落实，围绕全市中心工作，创造性的开展各项工作，全市档案事业呈现出科学发展、和谐发展、创新发展的新局面，在安徽省档案事业发展综合评估工作中取得全省第一名的好成绩，得到省市领导高度肯定。合肥市档案局（馆）再次被国家档案局、人社部授予“全国档案系统先进集体”荣誉称号。

【提升档案服务能力】 开展“讲大局、强责任、提能力、抓落实”主题活动，提升作风素质。召开“学习贯彻市委中心组理论学习会议精神”动员会，制定活动实施方案，在档案门户网开辟专栏进行宣传。活动期间召开“学习贯彻活动”专题汇报会、开展全体职工公开承诺活动、开展机关做事文化建设、在电梯等公共部位张贴警句标语、召开贯彻落实市委中心组理论学习整改落实汇报会、举办“讲大局、强责任、提能力、抓落实”主题演讲比赛、将学习贯彻情况汇编成册等一系列活动，把学习贯彻活动作为一项长期工作加以推进。

强化部门协调配合，提升“为新跨越管档、为进十强守史”的综合素质。将档案工作由“三线”推向“一线”，努力融入到全市经济社会发展大局中来，做到经济社会发展到哪里，档案服务就跟进到哪里。与大建设“六分开”部门加强合作，出台《合肥市重大项目建设档案管理暂行办法》；注重与行业主管部门的联系，与市园林和林业局联合下发《关于开展集体林权制度改革档案工作检查的通知》，加强对林业档案的管理；注重加强在当前信息技术条件下的档案管理工作，与国资委联合下发《关于加强电子文件和电子档案管理的意见》，规范全市电子文件和电子档案管理工作。

【档案三大体系建设】 加强档案资源体系建设。在档案接收利用工作方面，继续推行档案利用零收费，为机关、企事业单位和广大群众提供便捷服务。全市十个国家综合档案馆全年接收各类档案31.2万余卷（件），接待档案利用者1.4万余人次、调阅档案9万余卷（件）、复制证明材料5.1万张。全市档案总量突飞猛进发展，合肥市档案馆档案总量已超过100万卷（件）。在档案征集工作方面，征集纸质、实物、照片等档案6000余件进馆。在全市重要会议、重大活动期间，主动与主办部门联系，介入活动之中，收集相关档案资料。

加强档案安全体系建设。积极推进市档案中心建设，与发改委、财政局等部门联系协调，推动项目尽快实施，力争档案中心建成后实现档案集中、门类集群、主题集聚、功能集成、使用集约的现代管理方式。确定2012年是档案安全体系建设年，重点是档案场馆建设，推进县（市）区、市直单位档案馆室建设迈上新台阶。包河区新建3160平方米的档案馆已投入使用；长丰、蜀山区档案新馆开工建设；肥西县档案新馆建设被列入肥西县十件大事。推进重要档案异质异地备份工作，与上海市浦东新区档案馆互建档案异地备份基地，组织全市数字化档案资源异质异地备份。加强安全教育，与市机关事务管理局联合举办消防安全演练、邀请市消防支队进行消防知识讲座、开展汛期档案安全大检查、节日安全大检查等，提高档案安全意识。为应对新形势下档案安全保密中出现的新问题，与市保密局联合印发《关于加强档案管理和数字化服务外包中保密工作的通知》，加强对服务外包人员的教育培训，从制度上、管理上规范档案服务外包保密工作。

加强档案服务体系建设。加大爱国主义教育基地、现行文件服务利用中心和政府信息公开场所的建设和开放力度，举办一些富含文化信息的档案专题展览，凸显档案在文化建设中的重要作用，主动融入公共文化服务体系。科学整合档案资源，以服务民生为立足点，加强对民政、土地、房产、城建等专业档案资源的整合与开发开放力度，将民生档案置于网站显著位置，方便社会大众，服务社会大众，为老百姓解决实实在在的问题。

【规范档案工作】 加强“三个规范”建设，提升工作效能。一是规范制度。为提升机关规范化工作水平，按照《安徽省档案局工作规则》和《合肥市人民政府工作规则》，结合自身实际，制定《合肥市档案局工作规则》，并对会务、汽车管理、财务等制度进行修改完善，还编印了《合肥市档案工作规范化读本》，进一步提高工作效率、提升了服务水平。二是规范流程。编制档案信息化、档案行政执法、档案征集等各项工作流程图，严格按照流程办事，对责任人、办理过程、办理时限进行明确，有效地提升了工作透明度。三是规范行为。加强领导班子建设，班子成员带头深入学习贯彻党的十八大精神，在理论学习、“创先争优”活动和党风廉政建设中率先垂范、以身作则，形成较强的战斗力和凝聚力；加强党风廉政建设，开展反腐倡廉教育，将廉政教育纳入党员干部学习计划，构筑反腐倡廉防线；加强机关作风建设，营造风清气正、爱岗敬业的良好氛围，服务热情高涨。

加强标准化建设，服务中心工作。加强对市直机关、县（市）区、乡镇街道的指导，开展档案目标管理升级认定工作，取得很好效果。加强对行业档案进行指导，对全市80余家律师事务所进行升级认定；按照市政府重点工作部署，继续开展镇街园标准化档案室建设，制发《合肥市标准化档案室建设实施细则》和《合肥市标准化档案室建设内容及评分标准》，全年完成36个乡镇、街道、工业园区及所辖村居标准化档案室建设任务。召开全市档案业务标准化培训会议，市档案局全体人员、县（市）区档案局股级以上干部和开发区档案部门负责人参加培训，并下发《合肥市档案业务培训手册》，进行全面系统培训。加强宣传工作，扩大档案影响。利用简报、网络、新闻媒体加强宣传，全年国家级媒体报道合肥市档案工作22篇，省级媒体报道5篇，市级媒体报道12篇。利用爱国主义教育基地开展宣传，举办《合肥高架：大湖名城彩虹飞扬》大型图片展，四大班子领导前往参观并给予肯定，参观人数达7000余人次，20多家媒体给予集中报道，获得社会各界的广泛赞誉。加强档案信息化工作，提升服务效率。市档案馆馆藏档案目录数字化工作全部完成，全文数字化持续增长。馆藏文书档案机读目录完成130.5万条，全文扫描完成270万页，存储设备总容量的扩充，基本实现馆藏档案数字化、电子文件规范化、档案管理现代化、检索利用网络化的目标。积极开展馆藏声像档案的数字化加工，馆藏照片10542件、视频41374分钟，实现数字化。县（市）区数字档案资源持续增长，全市9个县（市）区中已有7个由目录数字化阶段迈入全文数字化阶段，现总量已达710多万页，档案数字资源总量在全省处于首位。市直机关档案数字化工作稳步推进，2012年提出并明确规定纸质档案与电子档案同步进馆，推动市直机关档案数字化工作的全面开展。还对合肥市档案信息网进行调整，改版后的网站全面贴近民生，新闻资讯更加丰富。

【档案创新】 创新档案法治建设。开展《合肥市档案管理条例》地方立法前期调研工作，着力从立法层面上解决档案工作失之于软、失之于散、失之于晚的问题。会同市有关部门开展调研考察，完成草案及说明的编制工作并上报市人大审议，努力使档案工作步入法治化轨道。创新档案编研工作。立足馆藏，放眼社会，创新编研思路，立足编研精品的创作。通过开展档案史料研究、编辑出版书籍等形式，开发、提炼各类档案，变“死档案”为“活信息”，使档案发挥作用、实现价值。2012年编辑印发《合肥骄傲》，《合肥晚报》等五家媒体组成采访组，对此进行大篇幅报道。创新档案培训方式。对全市档案人员在档案指导、征集编研、接收利用、信息化、宣传等方面进行全面系统的培训。采取以会代训、现场会、ppt演示、实际操作、实地观摩等多种形式，有效地提升了全市档案人员整体业务水平。还积极与县（市）区和市直部门开展联合培训，如与市人事考试中心联合进行2012年度全市档案人员岗前培训及考试工作，与市司法局联合举办律师事务所档案培训，与相关县（市）区联合举办基层档案人员培训班等等。创新档案课题研究。与省档案局联合成立“千年巢湖档案资料专题研究”和“南淝河档案史料专题研究”小组，收集相关文字材料100余万字，图片、地图500余张。

（代贵红）

党史编研

【概况】 2012年，市委党史研究室以科学发展观为指导，深入贯彻党的十八大和全国、全省、全市党史工作会议精神，紧紧围绕全市工作大局，按照“健全完整的地方党史体系，深入开展合肥特色专题研究，发挥资政育人功能”的总体思路，以参与渡江战役纪念馆建设为重点，各项工作全面推进，圆满地完成了全年各项工作任务。市委党史研究室被省委党史研究室评为2012年度党史宣传教育工作先进单位。

【征集工作】 2012年，市委党史研究室继续把党史资料的征集作为重要工作任务，制定征集工作三年规划和一年抢救性征集计划，全面开展民主革命时期、社会主义革命和建设时期、改革开放新时期的党史资料征集工作。

抢救性开展民主革命时期党史资料征集工作。对市民主革命时期的亲历者、知情者、见证者进行全面摸排，列出计划，通过联系逐一上门，采取全程录音、录像方式进行口述史资料征集。先后组织或委托有关人员采访大革命时期参加革命、合肥早期团组织负责人、原安徽工学院党委书记、现年103岁的罗平同志；1936年参加革命、合肥解放初任市委书记、原省人大副主任、现年99岁的李广涛同志；原合肥市军管会主任、安徽省副省长孙仲德同志的女儿等，获得了大量第一手宝贵的历史资料，并征集了部分珍贵党史文物。在采访的基础上，制作专题片《追寻先烈的足迹》。

开展社会主义建设时期党史资料征集工作。继完成《合肥市社会主义时期党史专题资料辑存》等征编后，又征编了《中共合肥市委社会主义时期文件汇编》，使社会主义时期党史资料更加丰富。在征集的基础上，对《中共合肥历史》第二卷进行进一步修改，形成了第四稿。

全面开展改革开放新时期的党史资料征集工作。继完成《合肥改革开放30年》一书征编后，又征编完成《改革开放30年中共合肥历史大事记》一书，在此基础上，进一步完善了《中共合肥历史》第三卷大纲。

开展专题研究工作。编制《合肥党史工作30年》画册。市委党史研究室已经成立30周年，取得了丰富的研究成果，为资政育人、加快合肥发展作出应有的贡献。为总结经验，鼓舞斗志，编印了纪念画册。征编回忆录《百年自述》。征集口述史资料，特别是合肥市委历任主要负责人的回忆录是党史五年工作规划的重要组成部分，也是专题研究的重要内容和形式。2012年，配合合肥解放初任市委书记的百岁老人李广涛同志的子女整理了这位老革命的回忆录《百年自述》。《百年自述》，不仅回顾了这位老人投身革命的光荣历程，还展示了许多革命先辈为民族独立、人民解放而献身的可歌可泣的动人事迹，更为研究合肥在革命、建设和改革开放新时期党史提供珍贵的资料。《百年自述》既是一本回忆录，也是一部党史资料，还是一部进行党史和革命传统教育的好的乡土教材。

【党史资料】 为更好地保管和利用好党史资料，2012年，对市委党史研究室的全部档案资料进行系统的登记整理，进一步完善档案管理制度，加强了档案室建设。

合肥市5县（市）全面完成了党史一卷征编工作。肥东、肥西、长丰、巢湖在完成党史一卷出版的基础上，积极开展党史二卷征编工作。肥西县已基本完成二卷专题资料汇编和初稿编写；肥东县完成社会主义时期党史专题资料编辑工作，正着手二卷大纲编写工作；巢湖市收集、整理二卷资料1000多万字，计25个卷宗；长丰县完成了《中共长丰县委大事记（1919-1995）》编辑和二卷部分专题的编写。

【渡江战役纪念馆开馆】 经过五年的努力，合肥渡江战役纪念馆在2012年4月对外预开放，并于11月份正式对外开放。围绕纪念馆建设，市委党史研究室又补充征集部分文物、图片、烈士名单。如，征集了陈毅用过的钢笔、孙仲德用过的饭盒等珍贵文物。到开馆前，共征集文物1000多件、图片1000多幅、烈士名单8000多名，进一步丰富了展出内容、提升了展出效果。

在做好陈列细目编写，文物、图片、烈士名单征集等陈列基础性工作的同时，还围绕布展，独立或配合有关部门开展一系列工作。编写了《渡江战役文物故事》、《渡江战役文物简介》、《领导人为渡江战役题词》等资料供视频展出用。《渡江战役文物故事》、《渡江战役文物简介》，向观众系统介绍了每件文物的基本情况，讲述文物背后的动人故事，增强了教育意义。《领导人为渡江战役题词》收录了200位将帅、领导人、名家对渡江战役和渡江英烈的题词，教育意义大、史料价值高。编写一本6万字的《解说词》，作为解说员的基本素材。在此基础上，根据参观的需要又编写了6000字的《自动解说词》、9000字的观众《手动解说词》供观众自主参观时用。请市外办和有关高校的专家对陈列细目和解说词进行了翻译，展出、解说实行双语。配合合肥电视台采访参加渡江战役老同志360多人，留下大量第一手珍贵的渡江战役音像、口述史资料。与有关电影制片厂、电视台购置音像资料20多小时，制作了15小时的专题片《八百将士忆渡江》供纪念馆播放。参与了4D电影《渡江突击队》的审查工作。

进一步做好渡江战役史的研究工作。根据预展中部分观众提出的意见建议，对陈列中的部分史实进行进一步核实。对重要的史实坚持采信第一手资料，以中共党史、解放军军史、《毛泽东选集》、《邓小平文选》为基本依据，以确保史实的准确。对烈士的基本情况，通过多种渠道反复核对，以确保准确无误。上墙的图片全部使用原始图片。展出的文物90%为原件，复制件也来自中央档案馆、解放军档案馆、军事博物馆等权威部门。

【开展党史教育日活动】 6月29日至7月1日，为学习党的历史，喜迎十八大召开，市委党史研究室与市委组织部、市档案局在市政务中心联合举办“学习党的历史，喜迎十八大召开”纪念七一图片展。展览通过中国共产党历次全国代表大会的珍贵图片，生动再现了党的91年光辉历程。省、市领导吴存荣、张庆军、杨思松等参观展览。

加强党史教育阵地建设。七一前，市委党史研究室和市委组织部联合命名一批党史教育基地，渡江战役纪念馆等6个重要的革命纪念场馆成为合肥市首批党史教育基地，使全市各县（市）都有了市级党史教育基地。6月28日上午，市委党史研究室和市委组织部在市政务中心联合举行纪念建党91周年座谈会暨全市首批领导干部党史教育基地授牌仪式。

（张　晔）

老干部工作

【概况】 2012年，是我国干部离退休制度建立30周年。一年来，全市老干部工作部门以迎接党的十八大召开为主线，以纪念干部离退休制度建立30周年为契机，以进一步加强离退休干部思想政治建设和党支部建设、深化离退休干部创先争优活动、改进离退休干部服务管理工作为重点，扎实推进老干部工作“优质服务年”活动，认真研究解决老干部工作面临的新情况新问题，改革创新、求真务实、狠抓落实，离退休干部服务管理的质量和水平得到进一步提升。3月1日，在全市老干部工作“双先”表彰暨老干部工作会议上，有51个“全市老干部工作先进集体”和104名“全市先进老干部工作者”受到表彰。省委常委、市委书记吴存荣接见“双先”代表，并发表重要讲话。

【政治待遇】 坚持通报情况、走访慰问、就近就地参观考察和生病住院看望等制度，使离退休干部在政治上得到应有的尊重。发挥老干部党校和离退休干部党支部等阵地作用，采取举办经济形势报告会、党课报告会和党支部书记培训班等多种形式，及时向老同志传达中央和省市委精神，宣讲党和国家的大政方针政策，通报有关情况，引导广大离退休干部科学认识国际国内形势、省情市情，正确理解中央和省市委的决策部署，辩证看待社会热点问题，自觉遵守党的政治纪律，不信谣、不传谣，始终做到政治坚定、思想常新、理想永存。十八大召开后，市委组织部、市委老干部局举办全市离退休干部党支部书记暨老干部局（处）长培训班，邀请专家解读十八大精神，交流加强离退休干部思想政治建设和党支部建设的经验做法，努力把广大离退休干部的思想和行动统一到党的十八大精神上来。市委老干部局两次组织居住在巢湖市的地市级离退休干部参观工农业生产和重点工程建设情况，进一步增强他们作为合肥人的自豪感、幸福感和责任感；下发《关于看望慰问住院、去世地市级离退休干部及其亲属的通知》，使地市级退休干部在原有基础上又多一份关爱；组织看望易地安置在省外的离休干部，送去市委市政府的关心和温暖。

【生活待遇】 在全面抓好已有政策落实的基础上，认真贯彻落实省委组织部、省委老干部局、省财政厅等部门2012年先后下发的《关于调整离休干部护理费标准的通知》、《关于调整事业单位离休人员死亡一次性抚恤金标准的通知》、《关于调整我省离休干部无工作遗属生活困难补助标准的通知》和《关于调整部分建国前参加革命工作的退职人员生活补助费标准的通知》四个文件精神，并进一步完善合肥市离休干部医疗保障管理试行办法，推动市和县市区两级对特殊困难离退休干部的帮扶工作、提高离休干部公用经费标准等，老干部生活待遇有了新的提高。特别是市委组织部、市委老干部局组织开展老干部工作“优质服务年”活动，受到广大离退休干部好评。市委老干部局向全市6500名离退休干部发放了“爱心联系卡”，畅通了离退休干部与老干部工作部门的联系渠道。登门走访285名离退休干部，为指导全市工作掌握了第一手资料；与市委保健办联合开展12次保健知识讲座和健康巡诊活动，近2000名离退休干部受益；汇报协调帮扶资金，为建立特殊困难离退休干部和离休干部无工作遗孀帮扶机制奠定坚实基础；增加离休干部公用经费，为市直各单位更好地服务离休干部提供更多的经费保障；举办以“迎接十八大、总结30年、展示新风采”为主题的书画摄影展、全市老干部系统第二届运动会和第二十五届“重阳杯”门球赛，进一步丰富了离退休干部的精神文化生活。

【调研、宣传、信息、信访工作】各级老干部工作部门围绕“做好退休干部分级分类服务管理问题研究”、“利用社区资源做好离退休干部服务管理问题研究”、“建立合肥市离休干部医疗统筹机制问题研究”等8个重点课题展开调研，形成一批价值较高的调研报告。共上报省委老干部局调研报告26篇，其中，《如何组织好离退休干部党组织和党员开展创先争优活动，有效发挥老干部作用》一文，在全省老干部工作理论研讨会上作交流发言，有10篇调研报告入选全省优秀论文集《总结与思考》。在参加全省纪念干部离退休制度建立30周年老干部工作感言征集活动中，全市共上报老干部工作感言58篇，其中有46篇入选省委老干部局编印的《心声》。市委老干部局全年在国家、省市各大媒体共宣传报道52次，其中在《中国老年报》头版刊用7篇。同时在市委老干部局网站、市政务平台发布信息32条，编发《合肥老干部工作交流》6期、《老干部工作情况反映》14期、《关工委通讯》6期、《合肥老年教育》4期，及时全面地宣传老干部工作开展情况，进一步扩大全市老干部工作的影响面。始终坚持信访工作“四个转变”和“七项制度”不动摇，切实维护老干部队伍和谐稳定。在区划调整周年之际，市委老干部局在巢湖老干部服务管理局分别召开地市级和县处级以下退休干部两个座谈会，深入做好听取意见、解疑释惑、政策宣传、消除误会、化解矛盾等工作。十八大召开前，市委老干部局组织召开全市老干部信访稳定工作会议，传达省市维稳工作有关文件和会议精神，通报一年来全市老干部信访工作情况，听取各县（市）区和部分市直单位老干部信访工作情况汇报，分析一些不稳定因素产生的原因，部署老干部信访工作任务。

【发挥阵地作用】 各级老干部工作部门以创先争优活动为抓手，在全市离退休干部中开展“一迎四争”主题实践活动，进一步激发了离退休干部的奉献热情。继续本着“服务中心，尊重意愿，量力而行，发挥特长”的原则，以关工委、老年大学、老干部活动中心为依托，积极引导、支持和鼓励广大老干部围绕全面推进经济建设、政治建设、文化建设、社会建设、生态文明建设和党的建设等发挥作用。市关工委会同市委组织部7月份出台了《关于进一步加强全市关心下一代工作组织建设的意见》，合肥市又有20多个市直部门和数十家企业新成立了关工委组织。截至2012年底，全市关工委组织已发展到3000个，会员达6万人，形成遍布城乡基层的网络体系。各级关工委全年共筹集资金876万元，帮扶贫困学生11856人，援助困难学校186所。通过开展法教、科教、家教以及“中华魂”等主题教育，把青少年社会主义核心价值体系教育继续引向深入。全市已建各类老年大学（学校）372所（其中省级示范校11所，市级示范校53所），总建筑面积4.8万㎡，在校学员近6万人，已辐射到社区、行政村、敬老院。市老年大学已发展成为拥有8个系、70个专业、162个班级、7800多名学员的一所多学科、多层次、综合性、有特色的“省级老年大学示范校”、“全国先进老年大学”。全市已建老干部活动中心（室）148个，总建筑面积2.8万㎡，日均参加活动人数达1万多人。市老年大学、市老干部活动中心全年共举办校园文化艺术节、夕阳红大型广场文艺演出等19场次，

合肥市老干部系统第二届运动会开幕式

展出书画摄影作品686幅，为群众义务写春联800多幅等。这些活动，不仅丰富了广大老同志的精神文化生活，也展现了他们老有所为的良好精神风貌。

（张继红）

党校教育

【干部教育培训】 2012年，市委党校坚持开门办学的思路，按照“大规模培训干部、大幅度提升干部素质”的要求，着力打造主体班、研究生教育、联合办学、社会讲学、在线教育五大培训平台，全年共培训各类干部45220人。其中，举办各类主体班16期，培（轮）训各级各类主体班学员1971人（全市党政正职党性教育理论武装培训班1期，全市处级领导干部学习十八大精神专题培训班1期，全市党校、行政学院骨干教师培训班1期，领导能力与管理创新专题培训班1期，绿色发展与和谐社会专题培训班1期，青干班2期，能力提升专题班6期，少数民族干部培训班1期，乡镇干部班1期，党外优秀年轻干部班1期）；坚持“教育质量第一”的办学方针，努力适应党校函授教育面临的新形势，积极探索继续教育新的出路，招收在职研究生399人，招生数位居全省党校系统第一；与社会各界联合办班76期，培训各类人员10200人次，广东、江西、福建等地都来市委党校办班；专兼职教师赴市直、乡镇（街道）开展社会培训295场，培训人员20650人；开展网络培训，完成全市机关12000人的干部在线培训任务。党校干部教育培训的主渠道、主阵地作用得到充分发挥。

3月31日，全市党政正职党性教育理论武装培训班开班

【党性教育理论武装培训】 3月31日起，全市党政正职党性教育理论武装培训班分阶段在市委党校举办，全市党政正职422人参加学习培训。省委常委、市委书记吴存荣作“当好让党放心让人民满意的一把手”专题报告。市人大主任黄同文、市政协主席董昭礼、市纪委书记雍成瀚、市委组织部长凌云、常务副市长魏晓明等分别为培训班做题为《做好群众工作是领导干部的一项基本功》、《人民政协的光辉历程与伟大实践》、《腐败与反腐败》、《关于提高干部工作科学化水平的理论与实践》、《目前的形势与合肥发展》的专题报告。此外，还邀请著名经济学家马晓河和著名专家学者唐殿强分别做《当前经济形势分析与今后宏观政策走向》、《政府管理创新》专题报告。

【主体班教学】 坚持党校教育紧密贴近市委、市政府中心工作，积极融入合肥市经济社会发展的办学思路，围绕合肥大发展、大建设开展教学。全年共开设各类教学专题223个，邀请各级领导、专家和教授到党校作报告104场，开展各种工作交流及研讨21次，军训16天，警示教育3次，拓展训练2次，各类市内调研32次，各类文体活动13次。组织各类主体班次近700人次赴国内清华、北大、复旦等著名高校以及杭州等先发地区开展“异地办学”14次。学员撰写各类论文和调研报告230篇，党性分析报告124篇。学员在校期间的学习成果编撰成《2012年主体班学员春、秋学期成果汇编》。

【教学改革】 积极深化教学改革，不断优化培训模式。围绕形势任务、组织需求、干部需求，坚持党校特色，开设了如“毛泽东思想若干问题研究”、“合肥区域性特大城市现代产业体系建设研究”、“党风廉政建设”、“国学与领导力修炼”等专题，形成以中国特色社会主义理论体系、合肥市情研究、领导干部能力提升为主要培训内容的教育培训体系。不断推进教学方式方法创新。持续开展“两地办学”，积极推行“菜单式”教学，在主体班中开展“自主选学”，广泛应用体验式、研究式、案例式等教学方法，大力开展“结构化”讨论和项目教学的运

用；与合肥电视台联手，开展“领导干部如何与媒体打交道”情景模拟教学，

让学员参与其中，受到普遍好评。不断强化教学管理。在教师中组织开展新专题竞（试）讲和集体备课，邀请专家、学者现场点评，有力地提高了教学的针对性和实效性，全年先后组织两批大规模教学竞（试）讲、6次集体备课，共有36个专题参与竞（试）讲与集体备课，2个专题在全省党校系统教学比赛高职组中分别荣获二、三等奖；坚持开展教学质量评估活动，由学员从教学态度、教学内容、教学方式、教学效果等方面对授课教师的教学进行评估，促进了教学水平的提高。坚持加强学员管理。主体班实行校委跟班、教研室包班和班主任直接管理的的立体化管理新模式，在学员中组织开展军训、警示教育、就餐“三不剩”等党性教育活动；认真执行省委党校制定的《学员党性教育考核办法》和《合肥市党政领导干部学时学分制管理办法（试行）》，对学员在校期间的综合表现进行量化考核；研究生教育从各部门抽调骨干担任班主任，实行跟班、考勤制度，学员学风得到进一步增强。

7月10日，龙岗开发区干部教育基地揭牌仪式

【四库建设】　突出案例教学的运用，切实加强“案例库”建设，开发各类教学案例 54个，涵盖城市规划与建设、经济发展、社会事业、农业发展等方面。整合社会优质教育资源，加强“师资库”建设，形成一支包括知名专家学者、企业家、党政领导相结合的专兼职教师队伍96人。围绕党性教育、经济管理和社会管理等方面建立典型教育基地，提高教育培训针对性和实效性。2012年，建有蜀山监狱警示教育、龙岗开发区、西园、城东街道、科大讯飞等教育培训基地12个，组织学员赴各类基地学习考察40次，宣讲210场。试行“菜单式”教学，通过教学竞讲和集体备课，打造精品专题库，目前，有校内与外请专家各类专题157个。

【科学研究】　全年完成省社联、省党校、省社科规划等立项课题9项（其中1项优秀），公开发表论文25篇，入选公开论文集21篇。《中共合肥市委党校学报》刊发各类理论文章76篇，交换学报1860本，在“中国知网”（CNKI）访问总量达5.4万次，下载总量2万次，国内外机构用户总数达到近4000家，其影响力和知名度进一步提升。坚持教学研一体化，不断加强社科、党建、十八大等理论和市情研究，开发了诸如”合肥通史”、”区域性特大城市建设”、“合肥创新与政策体系研究等27个理论和实践课题，“机关党建工作的几点思考”等15篇研究成果分别为党建研究会采用或在《合肥日报》理论版发表。积极组织教师参加省资本论研究会、省党史研究会等学会和大型调研活动18次，为社科联年会提交论文6篇。

【十八大宣讲】　围绕十八大报告，开发出“21世纪的自信”、“全面理解深入贯彻党的十八大精神”、“完善社会主义市场经济体制与转变经济发展方式”、“学习贯彻十八大精神，开创中国特色社会主义新局面”、“全面理解和自觉践行社会主义核心价值观”、“沿着正确方向积极稳妥推进政治体制改革”、“党的建设科学化”、“解读十八大报告新亮点，夺取中国特色社会主义新胜利”、“科学发展观视野下的生态文明建设”、“历届党代会”、“党的执政理论的探索与创新”11个专题，并组建宣讲团赴市直机关、乡镇、街道（社区）开展宣讲105场，受众面1.1万人。

【干部队伍建设】　市委党校突出“赛马不相马”用人机制，坚持“用发展衡量实绩，凭实绩任用干部”。先后有8人次到中央党校或国家行政学院学习培训，8人次参加中科大、省委党校在职和脱产研究生学习以及十八大精神培训，41人次到清华、北大、浙大、上海等国内高校以及先发地区培训，13人次到市直、企事业单位、乡镇街道、农村挂职锻炼以及参与市中心工作。4名同志经市委考核提拔为县级中层正职，对7名新任

（聘）用的中层副职进行试用期满考核。职工队伍的积极性得到进一步提高。

【业务指导】 通过会议、调查研究以及与巢湖市主要领导人交流等方式，大力推进巢湖市委党校中专体制创申工作开展，取得初步成效。3次召开全市县（市）区党校教学科研工作研讨会、全市县（市）区党校工作座谈会，交流经验，加强指导；针对县（市）区委党校发展方向，对县（市）区委党校的办学情况进行问卷调查和实地调研，促使各县（市）区委更加重视党校工作。市委党校组织的教学竞讲、教学比赛等活动，将县市区党校纳入同台竞技，并实行教学资源共享，有力地促进了教学水平的提高。

【办学承载能力】 全年累计投入1217万元，对教学楼、活动中心、培训服务中心三幢楼以及篮球场、网球场进行维修改造，校建筑面积达4万平方米，基本能够满足各类培训的需要。完成“党校信息化建设规划”，投资106万元的“合肥市委党校教育培训管理系统”正式投入运行，大大提升了教学、科研等各方面的管理水平，申报的“合肥市干部培训情景模拟教学系统”项目建设已得到市国资委批准。实现了全省党校系统虚拟专网省、市、县三级资源共建目标，有课程录制、VOD播出节目制作近100讲，录制和制作远程视频文件100多G；有各类数字资源数据库7个近120万条数据，电子期刊1300种，电子图书6万册。同时，对行政后勤工作的“利润、服务、物业、资产”四大块实行目标管理，餐厅实行服务外包，推行专业化管理，并在后勤队伍中开展绩效考核和以“作业流程、礼仪、多媒体使用”为主要内容的岗位技能大赛，服务质量不断提高。

（陈云汉）

巢湖老干部服务管理

【概况】 2012年住巢老干部工作，在市委、市政府的正确领导下，坚持以科学发展观为统领，以党的各项老干部方针、政策为依据，以落实老干部待遇、做好服务管理为主线，以开展“优质服务年”为抓手，突出“五个两”的工作重点抓落实，即：突出离休干部和市厅级老干部的两个重点，抓好党组织和思想政治两项建设，落实老干部政治和生活两个待遇，发挥活动中心和老年大学两个阵地作用，实现让党委放心和老干部满意两个目标。各项工作取得了显著成绩，为推动合肥市“新跨越、进十强”，促进社会和谐做出积极贡献。

【政治待遇】 春节前夕，市四大班子主要负责人亲自带队来巢看望慰问市厅级和生病住院老干部。市委常委、常务副市长魏晓明来巢为老干部作经济社会发展形势通报；市委常委、组织部长凌云及市政府分管领导对老干部关心的问题及时作出批示，妥善解决老干部反映的实际问题。坚持每月1次分别组织离休和市厅级退休干部集中传达和学习文件，全年共组织17场次，参加人员600余人次。组织离退休老干部党支部学习活动54次，参加人员1200余人次。分层次组织老干部1300余人次到湖南省及合肥市滨湖新区、长丰县、庐江县、肥西县、巢湖市中庙镇参观考察。

【生活待遇】 每月按时足额发放老干部生活费，及时发放离休人员特需费、护理费、通信补助、去世老干部抚恤金。及时开通离休和市厅级退休干部看病记账系统，坚持每月一次的异地居住和转院转诊离休人员医药费审核送报，直接办理离休人员医药费报销129人次72万元，为市厅级退休干部报销医药费65人次40万元。完成969名退休干部换发医保卡，办理慢性病信息登记479人；组织全体离退休老干部参加年度健康体检并建立健康档案。在春节、重阳等传统节日，以发放慰问金、慰问品等形式对全体老干部进行慰问；看望住院老干部100余人次，协助39名去世老干部家庭料理后事。

【活动开展】 全年举办“迎春文艺演出”、“庆七一舞蹈汇报演出”、“迎十八大戏曲专场演唱会”、“喜迎十八大诗歌吟诵会”等4场大型演出和1场太极系列表演，书画、摄影展3场次；组团参加全市老干部系统第二届运动会。选送57幅书画作品参加市委老干局、市直机关工委、市总工会等单位举办的书画展。组织200余名老干部参加巢湖市举办的重阳节健康老人万步行活动。全年组织老干部参加钓鱼、摘枣、观光、农家乐等休闲活动40余批1000多人次。组织老兵座谈会、慢性病保护知识交流会等特色座谈会10余场次。

【党组织建设】 建立健全离退休老干部党组织，召开局第一次党代会，选举产生了局直属机关党委领导班子，将局属1000余名党员划分为7个党总支、30个党支部，使离退休和在职党员编入党组织。组织机关干部开展党史知识竞赛，集体收看党的十八大开幕式。及时收缴党费，全年共收缴党费9万余元，其中离退休人员党费8万余元。先后组织开展保持党的纯洁性主题教育活动、“三亮三比三评”主题实践活动，创先争优和组织建设年活动。举办两期党支部书记培训班，组织300余名离退休党员参观渡江战役纪念馆、三将军故居等红色革命教育基地，组织1000余名离退休党员观看革命历史题材电影《忠诚与背叛》。

【稳定工作】 加强与老干部的沟通，全年召开各种座谈会、通报会、政策解答会、茶话会等123场次，参会老干部近2000人次。组织开展两次大规模走访活动，走访老干部近2000余人次，发放温馨卡1000多个；派出7个慰问组看望慰问居住在外地的老干部。积极为老干部排忧解难，为69名提前退休人员解决了住房公积金一次性发放问题，为380余名离休和正处以上退休人员办理了《干部保健证》，协调解决46名调研员享受干部保健有关待遇问题，基本解决了离退休人员的医疗保障。重视来信来访工作，全年共收到老干部来信58封，接待来访人员800余人次，其中接待集中来访15批280余人次，在12345政府服务直通车网上回复7人次。

【思想文化阵地建设】 按照全国老干部活动中心、老年大学工作座谈会精神，加大了活动中心、大学建设力度，为老同志开展学习、健身、娱乐等活动创造良好的环境和条件。在老干部大学建设上，围绕“学、教、乐、为”目标，健全办学机制，强化师资队伍，科学设置专业。根据老同志的特点、爱好和特长，成立诗词、书画、摄影、舞蹈队、模特队、合唱团，开展丰富多采的文娱活动。坚持把室内活动与室外活动、内部活动与社会活动、平时活动与节日活动、知识趣味性活动与健身性活动有机结合起来；改善办学条件，改造、扩建标准教室和舞蹈室各一间，投入2万元对原一、二楼的卫生间设施进行更新修缮。同时，投入3.6万元新置多媒体教学设备4套，从而发挥了活动中心应有的功能和作用。

（吴 利）

安徽省巢湖管理局

【概况】 2012年，省巢湖管理局在市委市政府的正确领导下，坚持以科学发展观为指导，紧紧围绕巢湖的规划、水利、环保、渔政、航运、旅游六大任务，按照“综合规划、综合治理、综合开发、综合利用”的根本要求，大力实施巢湖综合治理“八大工程”，认真执行巢湖水环境综合治理亚行项目，扎实开展规划编制、防汛抗旱、环境监测、渔政管理、环巢湖调研、旅游招商等工作，全面加强干部队伍的思想建设、组织建设、作风建设和能力建设，圆满实现“开好局、起好步”的预期目标。

【推进巢湖综合治理】 年初，市委、市政府就将巢湖管理局作为巢湖综合治理“八大工程”牵头单位。3月份，编制完成巢湖综合治理“八大工程”总体方案。上半年，市交通局、农委、规划局、旅游局陆续完成环巢湖道路桥梁工程、环巢湖生态修复工程、环巢湖生态农业带建设工程和环巢湖旅游开发工程规划方案编制，市水务局编制了环巢湖防洪工程可研报告。另外，环巢湖道路桥梁工程按照“先通后畅”的要求进展顺利，环巢湖南路庐江段、巢湖段、肥西段均已开工建设，环巢湖北路合肥至巢湖“十一”已通车。通江航道工程的巢湖闸复线工程、裕溪船闸扩建工程于12月31日试通航。兆西河整治工程中的兆河闸建设已完工，西河黄湾闸工程11月底正式开工。巢湖至中庙的沿湖5公里左右的农业产业结构调整完成。由市发改委牵头与国家开发银行就巢湖综合治理项目的融资工作也取得明显成效，一期贷款100多亿元。环巢湖生态示范区建设一期工程113个项目、总投资502亿元，11月3日进行项目集中开工。

【执行亚行贷款巢湖水环境治理项目】 3月，根据詹省长的两次批示，省亚行项目办由省发改委移交至巢湖管理局，由巢湖管理局负责亚行贷款项目的组织和管理。10月份省亚行项目办正式迁至巢湖管理局办公，并报请省政府同意成立省亚行项目领导小组和执行办公室。按照亚行贷款程序，接待亚行代表对项目进行最终贷款实地考察，签订备忘录。5月底邀请亚行资深专家举办“亚行贷款项目招标采购、财务支付和移民安置专题培训班”，保障项目的顺利推进。适时对六安市经济开发区、肥东县、肥西县和巢湖市的子项目进行实地考察，全面掌握和了解项目组织机构的运转情况，指导和协助开展工作。同时还完成所有14个子项目可研报告的审查审批、项目节能评估审查、项目资金申请报告编制报批工作，会同省发改委就项目资金申请报告向国家发改委外资司作专题汇报，最终获得正式批准。按照项目管理要求，配合省财政厅完成项目财政评审，并将财政评审意见书上报国家财政部。按照亚行认可程序，通过专家评审，确定采购代理机构。9月中旬与亚行就安徽巢湖流域水环境综合治理项目进行贷款谈判，并与亚行草签了《贷款协定》、《项目协议》和《项目管理手册》等多个法律文件。10月中旬完成联合国教科文组织水教育学院2位专家和葛察忠教授对巢湖管理局为期2周的实地考察任务，为巢湖管理局能力培训做好有关准备。对提前招标采购6个项目9个包进行采购准备。年内部分项目的土建部分可以开工。积极组织编制亚行贷款二期项目。

【编制专项规划】 启动《巢湖水环境治理专项规划》编制前期工作。按照市规委会2012年第六次主任专题会议精神要求，主动与市规划局联系，协调《巢湖水环境治理专项规划》编制相关事宜，并报请市政府启动规划编制的前期工作。开展《巢湖及周边地区功能区综合规划》研究，为增强流域综合治理的区域协作关系，促进巢湖流域水环境保护与资源节约利用，着手开展《巢湖及周边地区功能区综合规划》课题研究工作，并将该课题列入亚行一期巢湖管理局能力建设项目内容。联合巢湖气象灾害防御管理局开展《巢湖气象发展总体规划（2012—2020年）》编制工作，该规划9月底已通过市政府常务会议。启动《巢湖流域水运发展规划》的编制工作。根据省委常委、市委书记吴存荣指示，巢湖管理局先后赴省港投集团、省交通规划院、市规划局以及部分县（市）交通局进行对接，收集资料，并根据掌握到的情况，向吴书记作专题汇报。配合市农委、市畜牧水产局编制《合肥市环巢湖生态农业建设和发展规划》、《合肥市环巢湖生态渔业建设和发展“十二五”规划》。

【申报和实施项目】 完成水利部长委“裕溪闸除险加固工程”项目的申报工作。完成了省水利厅对裕溪闸除险加固工程安全鉴定的复审和工程初步设计报告的编报，分别通过水利部南京大坝中心对工程安全鉴定的现场审核和省水利厅的初审及水利部长委的专家复核审查、省发改委的审批。该项目立项前期工作已全部完成。工程按50年一遇洪水标准设计、100年一遇洪水标准校核，节制闸可向裕溪河上移重建。工程概算约1.69亿元。

完成黄湾闸项目筹备与实施工作。完成新建项目可研报告的设计、审查立项工作（省水利厅初审、省发改委审查），以及工程的项目用地、建设选址、水保方案、环境评价、节能评估等审查、审批工作和工程初设的编报工作。与芜湖市、无为县等相关部门就工程用地、拆迁安置反复磋商，成立了工程监管局。至10月底，工程项目法人组建和工程施工、监理招标等各项前期准备工作相继陆续完成，11月16日顺利举行开工仪式。

加快实施巢湖治理项目。继续组织实施巢湖污染治理“十一五”未完工项目，其中环城河清淤工程项目完成投资580万元。将已完工的环保项目及时移交地方政府管理，其中孙村湿地、夏阁镇农村污水处理等3个项目移交巢湖市管理。此外，还编制8个巢湖生态修复项目，积极向上申报争取国家补助资金，其中“巢湖污染底泥疏挖及处置四期工程”已获得国家补助资金630万元。

【防汛抗旱】 巢湖管理局提出“巢湖防汛抗旱调度办法”的修改意见，其中有些建议已被省防旱指挥所采纳并试运行。成立局防汛抗旱办公室（设在水利处），并落实专人负责、专人办公、专用电话、传真、电脑等各项工作。对防汛抗旱工作进行超前谋划，及时下发《安徽省巢湖管理局关于防汛抗旱准备工作的意见》，开展汛前设备检修、安全隐患排查、汛前培训、抢险演练、媒体宣传等工作。严格执行省、市防指调度指令，实施防汛调度。对闸管单位调度运行进行管理和监督，保障各闸正常安全的启闭运行。强化防汛值班和领导带班制度。从5月1日至9月30日，局水利处及各闸管单位都实行24小时值班制度，组织不定期检查和夜间电话抽查。加强汛前病险工程的及时处理，指导、督促裕溪闸对因复线船闸建设导致边墩与岸墙裂缝的安全隐患进行防渗处理和边坡浆砌石裂缝处理。新桥闸在落实岁修工程基础上，对右岸墙漏水进行应急除险。至11月6日，全系统六个闸（站）共开启14次464天，累计排泄洪水约20亿立方米。

【巢湖蓝藻应急防控】 针对6月份气温逐渐升高，巢湖蓝藻进入活跃阶段，直接影响环湖城镇居民饮用水源安全这一状况，及时下发了《关于加强巢湖蓝藻应急防控工作的紧急通知》，明确要求沿湖各县（区）、市政府要加强组织领导，切实做好蓝藻应急防控工作，确保城镇居民饮用水安全。同时，组织环境监测站加强蓝藻预警监测和巡查。全年共发布蓝藻监测专报92期，获得监测数据5520个。

【水环境监测】 加强水质监测系统建设。6月底，杭埠河和柘皋河水质自动监测站顺利通过省环保厅验收，正式投入使用。用于巢湖蓝藻预警监测和基础研究的巢湖湖区8个浮标式水质自动站和2个剖面水质监测系统，已完成仪器设备选型，准备招标。加强环境信息化建设，争取环保部将“国家信息与统计能力建设”项目地级市节点设在巢湖管理局，此外还编制了“巢湖流域污染源动态智能监管信息系统项目”和“巢湖流域重点河道水质自动监测系统”可行性研究报告。

【渔业安全生产和渔政管理】2月1日，召开巢湖禁渔动员大会，对禁渔工作作了全面部署。在渔港、渔村等渔民渔船集中地广为张贴《2012年巢湖禁渔通告》，要求大船进港、小船上岸、网具入库、机动船只机械动力一律拆卸，盆、划抬上岸实行定点倒扣。同时，各渔政站利用渔政车陆上巡岸，渔政稽查大队加强水上巡湖，水陆互通信息，密切配合，有效地防范和打击了违法违规捕捞行为，湖区渔业生产秩序井然。全年共查获渔业违法违规行为705起，其中电鱼22起，银鱼漂网37起，处理800余人，罚款40.5万元。

2～5月，共组织渔船检验人员分批分期对全湖3579条各类渔船进行全面检验，检验率达100%。通过检验，对安全存在问题的渔船下达限期整改书，全面排查渔船的安全隐患。对检验不合格的渔船，实行捕捞许可证不予年审。继续开展渔业互助保险，加大对渔民人身平安险、渔船船体综合险的承保力度，互保率达100%，确保渔民和渔船在伤亡、受损后能得到不同程度的赔偿。全年共协助理赔案件27起，其中人身险20起、赔付39.1万元，船险7起、赔付0.72万元。加强汛期生产管理。全年共开展6次执法大检查，对渔船渔民安全作业情况进行检查。实施预防和救助并重。继续无偿地为渔民提供气象信息服务和实施海事救助。全年共成功实施渔船海事救助4起，救援渔船4艘和渔民9人，挽回经济损失57.5万元。为保护生物多样性，管理局还筹措资金324万元进行增殖放流，共投放中华绒毛蟹、鲢、鳙、鳜鱼等鱼种1161万尾，移殖大银鱼受精卵3亿粒。

【环巢湖旅游开发与管理】成功举办2012巢湖牡丹观赏节。与2011年同期相比，银屏山景区2012年4月份旅游收入和接待人次分别增长45%和55%，旅游收入和接待人次创历史新高。通过整合山水、温泉、文化等环巢湖特色资源，谋划编制环巢湖旅游招商项目16个，开展旅游招商。截至11月，共接洽上海、苏州等地旅游投资商20余批次。鉴于上海宝英航运公司有意开发巢湖水上旅游项目，旅游业管理处指派专人给予协调和服务。8月份该公司分别与中庙街道办事处、三河古镇景区管委会签订了《关于船舶停靠码头及旅游合作协议》。此外，巢湖宝英航运公司与管理局旅游开发总公司合作开发巢湖市环城河水上游览项目，已于9月29日正式启动，中秋、国庆两节期间获得开门红。

（刘　芳）

巢湖中庙

人民代表大会

合肥市人大常委会

【市十四届人民代表大会第五次会议】 合肥市第十四届人民代表大会第五次会议于2012年1月10～13日举行。会议听取和审议了合肥市人民政府工作报告、合肥市2011年国民经济和社会发展计划执行情况及2012年计划草案的报告、合肥市2011年预算执行情况和2012年预算草案的报告、合肥市人大常委会工作报告、合肥市中级人民法院工作报告、合肥市人民检察院工作报告。会议通过了六项工作报告的决议。通过了确认苏宇光为合肥市第十四届人民代表大会常务委员会副主任的决定和确认左吉安等为合肥市第十四届人民代表大会常务委员会委员的决定。

【市十四届人大常委会会议】 市十四届人大常委会第三十一次会议于2月28～29日举行，会议通过了《合肥市消防条例》和《合肥市人大常委会2012年工作要点》。

市十四届人大常委会第三十二次会议于4月26～27日举行，会议审议了市人大常委会执法检查组关于《合肥市学前教育管理条例》执法检查情况的报告、关于市民族工作情况的报告、关于全市商务工作开展情况的报告、市人民检察院关于民事行政检察工作情况的报告。

市十四届人大常委会第三十三次会议于6月25～26日举行，审议了《合肥市志愿服务条例（草案）》、《合肥市城市规划管理办法（修改草案）》、市人大常委会执法检查组关于《合肥市城市绿化管理条例》执法检查情况的报告、关于2011年市级财政决算的报告、关于2011年市级预算执行和其他财政收支的审计工作报告,通过了关于批准授予科勒先生和凯乐博士合肥市荣誉市民称号的决定，关于设立合肥市人大常委会预算工作委员会的决定。

市十四届人大常委会第三十四次会议于8月16～17日举行，会议通过了《合肥市城市规划管理办法》、关于许可对市十四届人大代表谷晓红依法采取刑事强制措施的决定，审议了关于2012年上半年国民经济和社会发展计划执行情况及下半年工作意见的报告、关于2012年上半年预算执行情况的报告。

市十四届人大常委会第三十五次会议于9月21日举行，会议通过了人事任命事项。

市十四届人大常委会第三十六次会议于10月30～31日举行，会议审议了《合肥市公共资源交易管理条例（草案）》、关于水环境治理工作情况的报告、关于全市投资情况的报告、关于市十四届人大五次会议议案建议办理情况的报告、市中级人民法院关于刑事审判工作情况的报告，通过了《合肥市志愿服务条例》、关于批准“十二五”规划修订方案的决定、关于批准调整2012年市本级财政预算的决议、关于市十五届人民代表大会代表名额分配的决定。

市十四届人大常委会第三十七次会议于12月5日举行，会议审议了关于2011年度市级预算执行和其他财政收支审计查出问题整改情况的报告、关于2012年推进城乡居民收入倍增规划工作的报告，通过了关于召开市十五届人大一次会议的决定，市十五届人大一次会议议程（草案）、日程（草案）。

市十四届人大常委会第三十八次会议于12月26～27日举行，会议审议了市十五届人大代表的代表资格审查报告，通过了《合肥市公共资源交易管理条例》、关于批准调整合肥市区划拨土地使用权最低价款征收范围的决定，市十四届人民代表大会常务委员会公告，市十五届人大一次会议各项建议名单。

【立法工作】 市人大常委会在地方立法工作中始终以科学发展观为指导，围绕构建和谐社会，关注民生，注重社会领域的立法，坚持立法的民主性和科学性，一年来制定了《合肥市志愿服务条例》和《合肥市公共资源交易管理条例》，修订了《合肥市消防条例》和《合肥市城乡规划条例》，完成全国和省人大常委会13件法律、法规的征求意见工作。

根据全国人大常委会法工委的要求，及时开展地方性法规中有关行政强制规定的清理工作并如期完成，对43部现行有效的地方性法规逐个进行梳理，经主任会议同意，确定即将作出修改的1件，列入修改调研的2件，俟后修改的6件。完成编制合肥市现行法规共43部的法规汇编。

与合肥学院法律专家合作，开展对《合肥市科技进步条例》的立法后评估工作，邀请部分法学、数学专家，到科技主管部门、部分高新企业做大量调研，建立了数据模型，反映出2009年条例制定以来对合肥市科技创新工作的推动作用以及存在问题，并提出修改建议。

在制定《合肥市公共资源交易管理条例》时，从起草到论证、修改，邀请专家团队全程参与。专家团队以其扎实的专业知识和客观中立的态度增强了条例的规范性和公正性，使这部法规更加符合实际，更具操作性。这是市人大常委会首次采用委托专家立法的方式与专家合作，共同修改法规，也是在立法具体工作中的一次有益尝试。

【检查监督工作】 一年来，市人大常委会先后听取审议了2011年财政决算和2012年财政预算执行情况等工作报告16项。扎实开展《合肥市学前教育管理条例》、《合肥市城市绿化管理条例》执法检查。对市民族、商务、水环境治理、全市投资情况等工作进行视察。对巢湖规划、保护和开发，民生工程实施情况，城乡低收入群体帮扶救助、肉菜流通追溯体系建设等工作进行专题调研。全年共对市政府报送的68件规范性文件进行备案。

为促进经济健康运行和发展环境的不断改善，常委会听取审议了计划、财政、审计、十二五规划调整、全市投资、民生工程、以及金融后台服务基地建设等专项工作报告。依法加强财政预算审查监督，坚持重点审查和全面审查相结合，加强预算执行和预算编制工作调研，督促部门预算编制科学合理，预算执行严肃规范，不断推进“阳光财政”建设。

在围绕司法工作开展监督中，常委会听取审议了市中级人民法院关于刑事审判工作的报告、市人民检察院关于民事行政检察工作的报告，有力地支持和促进了“两院”公正司法。常委会进一步加强人大信访工作，开展“涉法涉诉及信访积案化解督办年”活动，加大交办、转办和督办工作力度，全年共受理群众信访事项1431件次，推动矛盾化解，维护和谐稳定，信访工作连续三年受到市委表彰。另外在省人大常委会的表彰中，市人大办公厅获得全省信访先进集体。

为配合全市绿化大会战工作，连续两年对《合肥市城市绿化管理条例》贯彻实施情况开展执法检查，连续三年对植树造林情况进行视察，提出将增加绿量作为一项长期性工作紧抓不放，明确要求进一步加强绿化工作分类指导，注重打造地方绿化特色，努力提升绿化管护水平。

开展《合肥市学前教育管理条例》执法检查，对个别幼儿园收费过高等问题进行专题剖析和跟踪检查，不仅促使该幼儿园保教费大幅下降、管理更加规范，而且推动了全市一大批幼儿园陆续纳入普惠园。

坚持把对食品安全的监督作为人大监督工作的一项重要内容，开展“食品安全庐州行”活动，建议市政府要健全监管机制，建立食品安全防控体系，逐步形成衔接紧密、上下联动、运转高效的食品安全监管格局。此外，常委会在认真组织好执法检查和视察、调研等监督活动的同时，更加注重活动后的跟踪监督。

【重大事项决定】 市人大常委会依法行使重大事项决定权，作出《关于调整合肥市区划拨土地使用权最低价款征收范围的决定》，明确规定各城区、开发区、工业园区划拨土地使用权价款的最低标准和征收范围，对于有效防范国有土地资产流失、提升节约集约用地水平起到积极有效的作用。

通过了设立合肥市人大常委会预算工作委员的决定。预算是国家管理社会经济事务、进行宏观调控的一项重要手段。加强预算管理，强化预算审查监督，直接关系到经济和社会发展。市人大常委会预算工作委员会将协助市人大及其常委会对预算进行审查、批准和监督，进一步提高审查工作质量和监督工作力度，使市人民代表大会审查通过的预算更符合实际，更能体现全市人民的利益，使批准的预算得到正确有效的贯彻实施。

通过了关于批准“十二五”规划修订方案的决定。针对行政区划调整后合肥发展基础和条件的新变化，对“十二五”规划进行修订，新增、删减了部分指标，并对部分量化指标进行调整。

【宣传工作】 市人大常委会坚持开好地方性法规新闻发布会，深入宣传新制定的地方性法规。进一步丰富宣传内容和形式，拓展宣传广度和深度，加强对常委会会议内容的报道，例如围绕“保护生态环境，共建美好家园”，开展庐州环保世纪行集中宣传活动，客观真实地报道了合肥市在水环境治理、污染物减排、巢湖湿地建设及生态恢复和保护、城市绿化等情况，大力宣传市委、市政府在推进生态文明建设方面的重要举措和社会各界关爱环境方面的先进典型和事迹，发现一些环境保护和生态建设中存在的问题，促进了政府部门对具体问题的解决和落实。

加强市人大常委会网站建设，紧扣全市发展大局和人大工作实际，认真办好《合肥人大》刊物，编辑出版了纪念《代表法》颁布实施20周年专刊。围绕全市发展大局及常委会工作重点，精心将《人大视点》打造为品牌栏目，精心选题，认真策划，制作播出了《人代会特别报道——数字民生》、《烟花爆竹：“禁放”到“限放”彰显人性化》等14期专题片，为宣传人大制度、人大工作、人大代表和全市民主法制建设发挥了积极作用。

3月26日，市人大常委会举办纪念《代表法》颁布实施20周年书画展

【换届选举】 根据省、市委和人大的工作部署，2012年10月至12月，进行市级人大换届工作，依法选举产生新一届省、市人大代表。这次人大换届选举，是选举法修改后首次城乡按相同人口比例选举人大代表，也是省行政区划发生重大调整，巢湖市、庐江县划入合肥市，继上年县乡两级人大换届选举之后的首次市级换届选举工作。市委对换届选举工作高度重视，在全市人大换届选举工作领导小组的统一领导下，市人大常委会坚持体现人人平等、地区平等、民族平等的原则，坚持进一步保障人民当家作主，发展社会主义民主政治的理念，提前谋划、积极准备、深入调研、沟通协调、督促落实。从代表名额分配、召开动员大会到代表资格的初审、二审，与省人大人选工委多次咨询请示，与各县（市）区委组织部、人大常委会充分沟通协商，把好每一个环节，保证了70名省人大代表和527名市人大代表依法顺利当选。

【发挥代表作用】 常委会不断加强与代表的联系，拓宽代表知情知政渠道，围绕经济建设和社会事业发展，组织人大代表参加各项活动。有序组织闭会期间市代表小组活动；不断完善代表小组活动载体，为闭会期间人大代表履职搭建平台；为代表列席市人大常委会、政府常务会等会议做好服务；邀请市人大代表参加政情通报会，听取市政府关于市经济社会发展及民生工程情况和年内工作安排的通报。另外，为提高代表履职水平做好保障工作，有计划地组织在肥省人大代表开展视察和调研活动；组织市人大代表集中视察和参加常委会组织的调研活动；定期寄送《中国人大》、《江淮法治》、《政府公报》等学习资料；组织代表小组组长培训，提高代表履职的法律意识。

【督办代表议案和建议】 围绕代表议案建议办理做好交办、督办及走访服务工作。2月27日，召开全市代表议案建议办理工作座谈会，交办市十四届人民代表大会第五次会议代表提出的议案和建议。注重办理过程的监督和服务，根据议案建议的内容和办理部门，依据《合肥市人大常委会关于督办市人民代表大会代表议案、建议的意见》，有针对性的实行主任会议成员领衔督办制，并由常委会各工作机构对口联系相关单位实行对口督办，在议案办理过程中进行调研。根据主任会议通过的《市十四届人大常委会组成人员2012年联系走访代表实施意见》，各位常委会组成人员走访代表，市人大常委会人选工委整理归纳收集的走访意见、建议，经主任会议审议后，交市政府办公厅办理。

【纪念活动】 2012年是《代表法》颁布实施20周年，在往年街头宣传的形式上，筹划了“四个一”工程，即在瑶海区和平广场举办一场广场宣传汇演；在《合肥晚报》开办一个专版；在阳光大厅举办一次《代表法》书画展览；《合肥人大》出版一期《代表法》宣传专刊。宣传形式多样，覆盖面广，让《代表法》走近民众，深入人心，为代表履职营造一个人人知法、护法的氛围。进一步扩大代表对政府工作的知情、参与和监督权。

【人事任免】 人大常委会严格执行《合肥市人大常委会关于任免地方国家机关工作人员办法》，把党管干部与人大依法任免有机结合。坚持对拟任命人员进行任前法律知识考试、任前供职以及向任职人员颁发任命书等程序。一方面严格依法办事，一方面主动作为，如对中级人民法院接收铁路法院的人事任免，在法律允许的范围内，与市中院多次协商，并请示省高检，采取特事特办，及时进行人事任免。市人大常委会全年共任免国家机关工作人员143人次，其中接受辞职10人，任命80人次，免职53人次。对违法市人大代表1人作出依法采取刑事强制措施的许可决定。

2月28～29日市十四届人大常委会第三十一次会议通过：决定任命刘晓文为市司法局局长；王道荣为市城市管理局局长。任命：许明权、崔萍为市人民检察院检察委员会委员、检察员；刘仁华为市人民检察院检察委员会委员、检察员，市城郊地区人民检察院检察长；王平为市城郊地区人民检察院副检察长、检察委员会委员；倪进永为合肥高新技术产业开发区人民检察院副检察长、检察委员会委员。批准任命：杨珂为肥东县人民检察院检察长；童祖权为肥西县人民检察院检察长；徐佐钧为长丰县人民检察院检察长；许蔚军为庐江县人民检察院检察长；李健为巢湖市人民检察院检察长；李军为瑶海区人民检察院检察长；晏维友为庐阳区人民检察院检察长；万山为蜀山区人民检察院检察长；潘孝峰为包河区人民检察院检察长。决定免去：沈自怀市司法局局长职务；邓真晓市城市管理局局长职务。免去陶霞市人民检察院检察委员会委员、检察员职务；吴尔理、江华、童祖权、李健市人民检察院检察员职务；许蔚军市人民检察院检察员、市城郊地区人民检察院副检察长职务；王平合肥高新技术产业开发区人民检察院检察委员会委员职务；王新民、张雷、尤伟军市城郊地区人民检察院检察委员会委员职务；钟会合肥高新技术产业开发区人民检察院检察委员会委员职务。

4月26～27日市十四届人大常委会第三十二次会议决定：接受邹吉昌辞去市十四届人民代表大会常务委员会副主任、市十四届人民代表大会法制委员会主任委员职务；董积仁辞去市十四届人民代表大会常务委员会委员、市人大常委会内务司法工作委员会主任职务；郭超辞去市十四届人民代表大会常务委员会副主任职务。任命：张海青为合肥市中级人民法院立案庭庭长、审判委员会委员；胡权明为合肥市中级人民法院刑事审判一庭庭长；曹海清为合肥市中级人民法院刑事审判二庭庭长、审判委员会委员；罗钢为合肥市中级人民法院民事审判三庭庭长、审判委员会委员；凌岩为合肥市中级人民法院民事审判四庭庭长、审判委员会委员；张利为合肥市中级人民法院审判委员会委员；王丽为合肥市中级人民法院民事审判一庭副庭长；项红为合肥市中级人民法院民事审判四庭副庭长；刘德鸿、李魁、刘亚鹏、马箭为合肥高新技术产业开发区人民法院审判委员会委员。免去：胡权明合肥市中级人民法院刑事审判二庭庭长职务；曹海清合肥市中级人民法院刑事审判一庭副庭长职务；王爱萍、陆万言、汪中全、杨皖合肥市中级人民法院审判员职务；张坦合肥高新技术产业开发区人民法院立案庭庭长、审判委员会委员职务。

6月25～26日市十四届人大常委会第三十三次会议决定：接受孙邦林辞去市十四届人民代表大会常务委员会委员、市十四届人民代表大会法制委员会副主任委员职务。任命：司盛宽为市人大常委会预算工作委员会主任。决定任命：宋道军为市发展和改革委员会主任。任命：轩银珍、王养俊、张文超、钱岚、陈思、欧健、张勇、马枫蔷、张进为市中级人民法院审判员。免去：孙邦林市人大常委会副秘书长、财经（预算）工委主任职务；司盛宽市人大常委会副秘书长职务。决定免去：王厚亮市发展和改革委员会主任职务。免去：查贵华市中级人民法院副院长、审判委员会委员职务。

8月16～17日市十四届人大常委会第三十四次会议决定：接受卢仕仁辞去市人民政府副市长职务。决定任命：韩冰、陈爱军为市人民政府副市长。任命：刘亮文、戴中保为市人大常委会副秘书长；杨艺为合肥铁路运输法院审判员、院长、审判委员会委员；崔建中为合肥铁路运输法院审判员、副院长、审判委员会委员；范红星为合肥铁路运输法院审判员、执行庭庭长、审判委员会委员；周斌、洪琳为市中级人民法院审判员；张伟平为合肥铁路运输法院审判员；沈健、陈连娣为市人民检察院检察员；王林为合肥城郊地区人民检察院副检察长、检察委员会委员。免去：杨艺合肥高新技术产业开发区人民法院审判员、院长、审判委员会委员职务；沈健、王禺市中级人民法院审判员职务；陈连娣合肥高新技术产业开发区人民法院审判员职务；许丽丽、樊文娟合肥高新技术产业开发区人民法院人民陪审员职务；洪琳、周斌市人民检察院检察员职务；吴春华合肥城郊地区人民检察院副检察长、检察委员会委员职务。通过决定：许可市公安局对谷晓红依法采取刑事强制措施。

9月21日市十四届人大常委会第三十五次会议决定：接受安列辞去市人民代表大会常务委员会副主任职务；江洪辞去市人民政府副市长职务；杨增权辞去市人民政府副市长职务。决定任命：陈晓波为市人民政府副市长。

10月30～31日市十四届人大常委会第三十六次会议决定：接受周阿成辞去市人民代表大会常务委员会秘书长职务。任命：贾庆霞为合肥高新技术产业开发区人民法院审判员、副院长、审判委员会委员；郭洪波为合肥铁路运输法院审判员、审判委员会委员；赵旭东为合肥铁路运输法院审判员、立案庭庭长、审判委员会委员；杨宝智为合肥铁路运输法院审判员、刑事审判庭副庭长；徐竟为合肥铁路运输法院审判员、审判监督庭副庭长；周迅、陈恒云、江志强、都宏、刘群、巨龙、张明、缪华生、彭国超、陈家军为合肥铁路运输法院审判员。免去：汪本金、谢玉金的市中级人民法院执行庭副庭长职务；潘志芳的市中级人民法院审判员职务；袁兴满的市人民检察院副检察长、检察委员会委员职务。

12月5日市十四届人大常委会第三十七次会议决定：接受苏宇光辞去市人民代表大会常务委员会副主任职务。任命：丁寒梅为合肥高新技术产业开发区人民法院院长、审判委员会委员；丁本华为市中级人民法院民事审判一庭庭长；杨长文为市中级人民法院审判监督庭庭长、审判委员会委员；施光远为市中级人民法院行政审判庭庭长、审判委员会委员；方涛为市中级人民法院审判员；郭洪波为合肥铁路运输法院副院长。免去：霍道明市中级人民法院副院长、审判委员会委员职务；蔡学刚市中级人民法院民事审判一庭庭长、审判委员会委员职务；李传长市中级人民法院行政审判庭庭长、审判委员会委员职务；丁本华市中级人民法院审判监督庭庭长职务；杨长文市中级人民法院执行庭副庭长职务；施光远合肥高新技术产业开发区人民法院副院长、审判委员会委员职务；方涛合肥高新技术产业开发区人民法院审判员、审判委员会委员职务；解作荣合肥高新技术产业开发区人民法院执行庭庭长、审判委员会委员职务。

12月27日市十四届人大常委会第三十八次会议决定：任命李茂凯为市人大常委会副秘书长、办公厅主任。决定任命：吴利林为市财政局局长；程林为市审计局局长；罗平为市文化广电新闻出版局（版权局）局长；张晓庆为市卫生局（食品药品监督管理局）局长。任命张棉为市人民检察院副检察长。免去：刘观宝市人大常委会办公厅主任职务。决定免去：吴利林市审计局局长职务；王节市文化广电新闻出版局（版权局）局长职务。免去：陈社新市卫生局（食品药品监督管理局）局长职务；徐振家、冯华东、王发岭、牛忠荣市人民检察院检察员职务。根据代表资格审查委员会提出的代表资格审查报告，确认527名合肥市第十五届人民代表大会代表的代表资格有效，予以公告。

（徐　佳）

天鹅湖

人民政府

合肥市人民政府

【综述】 2012年，面对经济下行压力，合肥市政府牢牢把握稳中求进的工作总基调，全面贯彻落实党的十八大和省市党代会精神，主动调整转型，保持发展势头，实现争先进位。预计，全市生产总值达到4164.34亿元、增长13.6%；规模以上工业总产值达到6600.14亿元，增加值达到1653.54亿元、增长17.4%；财政收入达到694.36亿元、增长11.3%，其中，地方财政收入达到389.5亿元、增长15.1%；全社会固定资产投资达到4001.1亿元、增长23.7%；社会消费品零售总额达到1293.62亿元、增长16.7%；城镇居民人均可支配收入达到25434元、增长13.2%，农民人均纯收入达到9081元、增长15.5%；城镇登记失业率控制在4.5%以内；居民消费品价格指数上涨2.4%。

加强经济运行调节。出台38条促进经济平稳较快发展的政策措施，加大对企业帮扶支持的力度。新开工亿元以上项目420个，完成投资800亿元。江汽—纳威司达发动机、泥河铁矿等项目获得核准；鑫晟8.5代线、合肥电厂#6机组等开工建设；晶弘电器、晶澳太阳能一期等建成投产。与国开行等金融机构战略合作取得新成效，新增贷款超过1000亿元。美亚光电挂牌上市，另有3家待发、9家在审；鑫城、海恒、高新集团、巢湖城镇投、肥西桃花工业园、合肥中小企业等6支企业债券获批发行。积极争取各类建设用地指标，确保重大项目需求。存量建设用地升级改造三大政策效果明显，房地产市场保持稳定。大力帮助骨干企业解决生产经营难题，积极引导光伏企业开拓西部市场。

加快产业转型发展。实施工业“新跨越、进十强”、中心城区工业优化布局转型发展、百家高成长性企业培育工程等政策意见，开展质量强市活动和标准化等工作，推动支柱产业转型升级、新兴产业加速壮大。六大支柱产业完成产值3850亿元、占工业总产值58.3%，战略性新兴产业实现增加值425亿元、增长21%。现代服务业集聚发展，华南城等一批重大项目成功签约。开工建设中科大先进技术研究院，谋划筹建合工大智能制造技术研究院，首批国家级文化和科技融合示范基地挂牌，全球首个46节点的城域量子通信网运行，“十城千辆”、“十城万盏”、“金太阳”等示范应用推广工程走在全国前列。

提升城市建设和管理水平。编制了城市空间发展战略及环巢湖地区生态保护修复与旅游发展、半汤和汤池国际温泉旅游度假区等重大规划。新一轮市、县、乡三级土地利用总体规划分别获国务院和省政府批准。全年新建、续建大建设工程840项，完成投资217亿元。铁路枢纽南环线、高铁南站以及合马路、军二路等改造工程加快推进；机场高速、南淝河大桥等建成通车；阜阳北路、铜陵路等高架桥建设进展顺利。铺设污水管网210公里，完善排水设施网格890个；六水厂二期、七水厂一期、燃气应急调峰工程等快速推进；固定电话号码完成升8位；提高了公交IC卡折扣率；新建老城区停车位7000个。掀起“三城同创”热潮，全国文明城市创建测评取得优秀成绩。查处违法建设和整治“五小行业”、砍树毁绿、有烟烧烤、户外广告、“黑头车”等取得实效。

启动美好乡村建设。出台美好乡村建设实施意见，深入推进“三新工程”和“亮化工程”。启动实施董铺和大房郢水库水源地、庐江汤池、新桥国际机场周边三大土地整治项目，规范展开城乡建设用地增减挂钩试点和工矿废弃地复垦试点。粮食生产实现“九连增”，环城都市、环湖观光、丘陵生态等三大农业产业带建设初见成效，新建万亩现代农业示范区31个、各类现代农业科技示范园区18个，完成植树造林24.4万亩。疏堵并举推进秸秆禁烧，秸秆综合利用率达到80%。开展“农田水利建设高潮年”活动，重点实施了水库加固、圩堤达标、灌区配套等十大工程。

推进巢湖治理开发。《巢湖流域水污染防治“十二五”规划》和国家水生态系统保护与修复试点获批实施。扎实推进巢湖综合治理“八大工程”；高起点规划建设环巢湖生态示范区，首批113个项目开工建设，总投资超过500亿元。环巢湖道路全面动工、北岸建成通车；巢湖闸复线工程、裕溪船闸扩建工程建成试航；兆西河整治及黄湾闸工程开工；234个环巢湖生态农业项目启动实施。

加大改革开放力度。国通管业等一批国有企业完成战略重组，建投集团、巢湖城投、科农行等完成增资扩股，国有资产实现保值增值。出台企业股权和分红激励试点“6+1”政策，32家企业参加试点。加快实施滨湖新区、合巢经开区管理体制改革，顺利完成市政和园林管理体制下划。市招投标中心年交易额突破1000亿元。稳步推进“营改增”试点。全面推开县级公立医院改革，药品全部实现零差率销售。农村商业银行基本实现全覆盖，农村产权抵质押融资试点进展顺利。“百名县处级领导干部大招商”活动深入开展，赴境内外系列招商推介取得实效，全年完成招商引资2102亿元，引进工业和现代服务业大项目87个。进出口总额达到165亿美元、增长34%。合肥出口加工区正式封关运行，申报设立综合保税区取得重大进展。

扎实推进社会建设。“33+7”项民生工程全面推进，各级财政投入76亿元。启动公建幼儿园“管办分离”改革试点，在全国率先取消城区普通高中择校，在全省率先免除义务教育阶段学生书本费。新增城镇就业14万人。社会保障提标扩面，城乡居民养老保险制度实现全覆盖；城乡居民医保和新农合统筹并轨，报销比例提高到55%以上。建设各类保障性住房7.53万套，实施城中村、危旧房改造47个，整治老旧小区36个。改革物业综合服务收费管理，80%的居民小区实行“一费制”。首批4个省市重大文化项目启动建设；第七届中国曲艺牡丹奖比赛、市十运会等重大文体活动圆满成功；《合肥通史》启动编撰，《合肥市志》即将发行。大力开展重点隐患排查整治，加快烟花爆竹生产企业有序退出。重拳打击非法传销成效明显，食品药品等市场秩序进一步规范。

积极改进政务服务。加强政府立法，提请市人大常委会审议地方性法规2件，制定、修改政府规章5件。完善《政府工作规则》，出台《政府重大行政决策程序规定》。在全国省会城市率先推进政务服务中心标准化建设。整合开通“12345政府服务直通车”。建立重大项目驻点监察制度，推行建设工程竣工联合验收。创新开展“问政合肥—政风行风面对面”媒体联动活动，积极引导网络舆情。实施行政执法自由裁量权试点，全面推开廉政风险防控管理工作，建立县处级干部廉政档案，健全经济责任审计管理制度，加大行政问责力度。加强增收节支，“三公”经费保持“零增长”。强化政策谋划和储备，严格精简会议、文件、简报和领导同志事务性活动。

【中科大先进技术研究院揭牌】 为充分发挥中科院和中科大的前沿科学研究、人才集聚和科教品牌资源优势，助推安徽产业转型升级、战略性新兴产业发展及国家技术创新工程试点省建设，安徽省、中科院、中科大、合肥市四方共同建设中国科学技术大学先进技术研究院（以下简称“先研院”）。先研院位于合肥国家科技创新型试点市示范区内，规划面积2000亩，总建筑面积270万平方米。一期用地575.7亩，建筑面积52.6万平方米，2012年7月28日开工建设，计划2013年9月部分建成投入使用。先研院按照“省院合作、市校共建”的建设原则设立，是开展高技术研发与应用和高端应用人才培养为主的实体机构，重点推进微电子、新能源、新材料、

10月24日，中国科学技术大学先进技术研究院揭牌仪式

医疗健康、量子信息等5大领域研发和成果转化。先研院实现“四个融合”、“四个对接”，建成“两个中心、两个基地”。“四个融合”，就是科技与教育融合、基础研究与应用研究融合、科技研发与产业发展融合、成果转化与金融投资融合；“四个对接”，就是先研院建设实现与安徽产业发展需求对接，与中国科学院系统先进成果对接，与中国科技大学海内外优质科教资源对接，与国际前沿先进技术对接；“两个中心、两个基地”，就是努力打造具有国际影响的高层次人才聚集中心、高科技产业孵化中心和先进技术成果研发基地、转化基地。先研院10月24日揭牌成立以来，已与中科院自动化所、微软、阿里巴巴等10家单位签署协议，共建“国家专用集成电路设计工程中心合肥分中心”、国家级工程实践教育中心、联合实验室等一批创新联合体，完成300名工程类研究生的招生工作，首批聘任8名具有全球战略眼光和丰富实践经验的企业管理与技术专家，引进信息、材料、工程等领域的国家“千人计划”教授5人，举办首届先进技术与资本推介会。先研院正在发起成立先进技术与产业发展基金，争取国家级科技创新平台建设，推动安徽省在中部，乃至国内外以未来网络为核心的下一代信息技术与产业发展的核心地位。

【实施环巢湖生态示范区建设】 2011年11月3日，环巢湖生态示范区建设113个项目集中开工，总投资超过500亿元，标志着环巢湖生态示范区建设正式启动。环巢湖生态示范区建设一期工程涵盖了水利、沿湖交通、环境治理、造林添绿、拆迁复建点、农业结构调整、土地整治7大类项目，其中对巢湖生态示范区的部分河道进行水利综合治理和生态修复的水利项目34个，总投资142.6亿元；涉及污水处理、湿地保护的环境治理项目19个，总投资27亿元；绿化造林项目3个，总投资51.7亿元；项目还涉及交通、农业结构调整、土地整治等多个方面。通过生态修复、旅游规划等一系列规划、建设，按照国家生态示范区标准打造巢湖。环巢湖生态示范区建设已作为打造“大湖名城”的重大工程全面推进，巢湖生态治理以及全市旅游发展、景观风貌、综合防灾等专项规划正在加快编制中。生态示范区建设根据巢湖地区生态适宜性和生态敏感性分析划出三种功能类型：禁止开发建设的生态控制区、限制开发建设的生态保育区和适度开发建设的生态协调区。

【合肥城域量子通信试验示范网建成开通】 2012年3月30日，“合肥城域量子通信试验示范网”全网开通仪式在合肥高新区“一中心三基地”成功举行。2010年7月，合肥城域量子通信试验示范网正式开工实施，市政府将其作为重大标志性科技工程列为全市自主创新重大专项，安徽量子通信技术有限公司和中科大的科研技术人员克服了一系列关键科学问题和工程技术难题，利用合肥有线电视宽带网络有限公司无偿提供的商用光纤，成功搭建起46个节点的城域量子通信网络，成为国内“首条开工、首条建成、首条使用”的城域量子通信试验示范网络，合肥市从而成为全国、乃至全球首个拥有规模化量子通信网络的城市。它的建成，标志着量子通信产业化进入中试阶段，不仅强化了我国在量子通信技术研发及产业化推进中的领先优势，而且进一步地显示出量子通信这一战略性新兴产业往纵深发展的趋势，为我国信息安全技术实现跨越式发展奠定了良好的基础。

【合肥新桥国际机场建成】 合肥新桥国际机场位于合肥市肥西县高刘镇和寿县刘岗镇交界处，距合肥市中心直线距离31.8公里。本期建设以2020年为目标年，客货吞吐量分别达到1100万人次和15万吨；远期到2040年，客货吞吐量分别达到4200万人次和58万吨。本期建设规模为：飞行区技术等级4E，建设一条长3400米、宽45米跑道和一条平行滑行道；站坪机位27个，其中近机位19个，远机位8个；航站楼建设面积10.85万平方米，配套建设通信、导航、气象、供油、供水、供电、供气、供热、航空公司基地等生产保障设施及相应的行政办公生活设施。新桥国际机场项目于2005年底启动选址以来，合肥市按照“高起点规划、高速度推进、高标准建设、高质量完成”的宗旨，全力以赴推进工程建设。2008年12月19日，新桥机场正式开工兴建。2009年5月，航站楼完成桩基工程。2010年6月，航站楼完成钢结构主体工程。2011年1月8日，新桥机场空管工程项目开建。2012年12月29日，航站楼及配套工程正式由合肥新桥机场建设指挥部移交安徽民航机场集团公司。至此，整个机场建设工程基本结束。

【园林绿化管养体制改革】 8月31日，市政府召开市政园林管养体制改革动员大会，正式启动全市园林绿化管养体制改革，9月29日，在市政务中心进行了人员、资产负债、管养任务等交接。此次改革共交接各类人员2070人，下划资产总额约4.05亿元、净资产约3.47亿元，下划绿化管养任务1533.6万平方米。新的园林绿化管养体制将于明年正式运行。此外，作为园林改革的一个内容，合肥绿叶园林工程有限公司的改制转让工作基本完成，公司100%股权转让挂牌底价900万元，最后竞拍价1810万元，溢价101%。

【重要会议】 1月31日，市政府召开第十一次全体会议。会议传达了省政府第十七次全体会议精神，通报上年主要经济指标和重点工作完成情况，讨论了《政府工作报告》中75项重点工作及责任分解、调整《合肥市人民政府工作规则》有关条款等事项。会议要求，要加快推进在建和续建项目，加快招商引资步伐，强化经济运行调节，统筹抓好春耕备耕生产，保障和改善民生，努力确保社会大局和谐稳定。

4月6日，合肥市综治委第一次主任会议召开。会议听取2012年合肥市社会管理综合治理工作重点和思路，研究加强和创新社会管理工作体系建设任务分解、2011年度社会管理综合治理工作考核等事项。会议要求，要进一步加大社会管理创新工作推进力度，创新工作理念，建立健全体制机制，在不断完善信息网络管理、推进社区管理服务创新上下功夫，切实将各项工作任务落到实处。

4月13日，市政府召开第十二次全体会议，通报上年政府目标管理考核情况，表彰先进，分析形势，部署 重点工作。会议要求，要统筹抓好重大项目建设、招商引资、结构调整、改善民生、社会稳定等各项工作。会议强调，面对严峻的发展形势，各级政府要深入推进机关“效能革命”，牢固树立“快”字当头的工作理念，具体体现到项目审批、要素保障、政策落实等政府工作的各个环节上，遇到问题多从内部找原因，多从自身找差距，多从主观找症结，以奋发有为的精神状态、高效快捷的工作节奏、动真碰硬的昂扬锐气做好政府服务工作，凝聚力量、共克时艰。

4月13日，市政府第五次廉政工作暨全市廉政风险防控工作会议召开，表彰2011年政风行风评议先进单位（集体），通报2011年度“百个重点处室”评议结果，回顾总结2011年政府廉政工作，全面部署今年重点任务。会议强调，2012年是实施“十二五”规划承前启后的关键一年，也是本届政府任期的最后一年，要继续加强对重大决策部署落实情况的监督检查，切实加强领导干部廉洁自律，坚决纠正损害群众利益的不正之风，大力加强政风建设和效能监察，进一步从严查处腐败案件，着力推进重点领域的改革和制度建设，全面推进廉政风险防控工作。

5月8日，全市防汛抗旱工作会议、秸秆禁烧和综合利用工作会议召开。会议强调，各级各地要立足防大汛、抗大旱、救大灾，坚持科学指导，依法防控，有效应对，确保城乡供水安全，确保全市安全度汛。秸秆禁烧事关大局，各级党委政府一把手务必高度重视，保持清醒头脑，牢固树立全市“一盘棋”思想，继续坚持行之有效的成功做法，确保午季禁烧期间重点禁烧区不燃一把火、不冒一处烟，确保午季秸秆禁烧和综合利用工作任务全面完成。

6月26日，市政府召开大建设调度会，总结上半年大建设推进情况，部署下一阶段工作任务。会议指出，下一步，以轨道交通、国省道公路等为标志的新一轮城市基础设施建设，将推动合肥大建设步入一个新的历史时期。会议强调，各级各部门要继续发扬优良传统和作风，按照与建设区域性特大城市相适应的要求，推进项目谋划，抓好项目建设。要进一步做好规划、融资、土地、涉铁等方面工作，为大建设又好又快推进提供坚强保障。

7月16日，市政府向人大代表通报政情会召开，市长张庆军代表市政府通报了2012年以来全市经济社会发展情况。通报中，张庆军说，全市经济社会发展保持高开稳进、全市社会大局保持和谐稳定的良好态势，基本实现“时间过半、任务过半”的目标。张庆军指出，国内外宏观经济形势复杂多变，要加强分析研判下半年，要密切关注宏观环境变化和宏观政策走势，加强经济运行调节，做到危中寻机，切实增强工作的主动性和前瞻性，努力实现逆势上扬、弯道超越，确保全面完成年初人代会确定的各项目标任务。

7月16日，市政府召开第十三次全体会议，传达贯彻省政府第十九次全体会议精神，总结分析全市上半年经济社会发展情况，部署下半年工作。会议强调，要按照年初人代会确定的“主动调整转型、保持发展势头、实现争先进位”的总体要求，加强经济运行调节，做好政策、融资、用地等方面服务保障工作，抓好大建设各项工程，加大招商引资力度，大力推进科技创新，切实保障和改善民生，维护社会稳定，确保全面完成年度目标任务，为“新跨越、进十强”奠定更加坚实的基础，向全市人民交上一份满意的答卷。

10月27日，市政府召开第十四次全体会议，传达贯彻省政府第二十次全体会议精神，总结分析前三季度全市经济社会发展情况，安排部署年内各项工作。会议强调，抓紧最后两个月时间想方设法完成。年底，市政府将对各单位完成全年目标任务情况进行“秋后算账”，做到严格考核、赏罚分明。

11月2日，市政府召开工作务虚会，总结本届政府和2012年工作，着力谋划下一届政府和明年工作任务。会议强调，明年政府工作总的基调是：保持平稳较快发展的良好势头，总的要求是：平中见奇、稳中求快、调整转型、夯实基础。各级各部门要在保证政策延续性和稳定性基础上，突出新意，开创新思路，采取新动作；要在平稳发展的基础上进一步提速，在全国省会城市中不断争先进位；要以科技创新为支撑，存量求提升，增量求引领，加快调整，主动转型，不断营造竞争新优势；要立足于打好基础，积蓄力量，加大对人才、技术、新产品、新兴产业的培育积累，抢占未来科技和产业发展制高点。

12月21日，市政府召开第十五次全体会议。会议传达贯彻省委学习贯彻中央经济工作会议精神，讨论即将提交市十五届人大一次会议审议的《政府工作报告》、《关于合肥市2012年国民经济和社会发展计划执行情况及2013年计划草案的报告》、《关于2012年预算执行情况和2013年预算草案的报告》等，并安排部署工作。会议要求，各级各部门要认真对照年初目标任务开展自查，尽快启动市政府工作创新奖评选，全力做好收尾工作；对明年工作要进一步理清思路、明确重点、细化举措，确保扎扎实实开好局。

2012年市政府共召开常务会议20次（第94次～113次），研究议题近200个，主要内容涉及经济社会发展、城市规划建设、科技创新、土地报批、区划调整、事业单位改革、农村扶贫开发、城市生活垃圾处理、人口计生、文化发展、安全生产、社会稳定等诸多领域，并作出一系列重大决策部署。

【重要文件】 2月9日，市政府印发《关于印发2012年重点工作及责任分解的通知》（合政【2012】12号），对2012年全市重点工作及责任进行分解。文件强调，根据市十四届人大五次会议审议通过的《政府工作报告》提出的目标任务，市政府确定78项需要重点推进的工作，明确各项工作的牵头负责领导、牵头责任单位和协同单位。各牵头负责领导要精心组织，周密部署，加强日常调度和检查；牵头责任单位要切实履行责任，进一步细化分解所承担的年度工作目标任务，研究制定具体的落实措施，按季度分解进度；涉及到的县（市）区和有关部门，要积极配合，主动参与，形成合力推进的工作格局。

2月14日，市政府印发《合肥市推进企业股权和分红激励试点工作暂行办法》（合政【2012】15号）。文件要求，要通过建立激励约束机制，激发广大技术人员和经营管理人员的创新积极性，大力提升招商引资、招才引智的吸引力，吸引外地科研开发机构、高新技术企业来肥发展，促进科技成果加速转化为现实生产力。“十二五”期间，计划辅导培训100家以上（含本数，下同）列入试点名单的企业，并在总结经验的基础上，力争完成30家企业的股权和分红激励试点工作。

3月2日，市政府出台《合肥市“十二五”百家高成长性企业培育工程实施意见》（合政【2012】23号）。文件强调，要以科学发展观为统领，围绕合肥“十二五”工业发展目标，以市场为导向、企业为主体，坚持“政府引导、财政支持、扶优扶强、定向培育”的原则，培育一批位居国内同行业前列的高成长性企业，促进全市工业经济又好又快发展。到2015年末，通过引导、扶持，培育壮大一批规模效益好、创新能力强、经营水平高、带动作用大的高成长性企业，使其成为全市工业发展的主力军和行业排头兵。

3月2日，市政府出台《加快中心城区工业优化布局转型发展的意见》（合政【2012】24号）。文件指出，要全面贯彻落实科学发展观，坚持走新型工业化道路，以中心城区工业转型发展和调整产业结构为主线，以优化工业产业布局为抓手，以节约集约利用土地为重点，大力实施“产城融合”发展战略，实现城区工业发展与城市建设良性互动，将中心城区建设成为新型都市工业集聚、现代服务业主导、高品质生态宜居的全省“首善之区”和辐射源。文件强调，要根据城市总体规划、土地利用规划、产业布局规划和环境保护等要求，按照统筹规划、分类指导、分批实施的原则，主要采取异地搬迁、就地转型（退二进三）、建设标准化厂房、企业自行改造、依法关闭破产等五种方式，推进中心城区工业企业优化布局、转型发展。

3月12日，市政府出台《关于印发合肥市政府工作创新奖评选暂行办法的通知》（合政【2012】33号）。办法共分为总则、评选机构、评选条件、评选程序、监督管理、附则共六个章节。办法指出，本办法适用范围为县（市）区人民政府、开发区管委会、市政府组成部门、市政府直属工作部门、市政府直属特设机构、部门管理机构和市政府直属事业单位。 政府工作创新奖以创新项目实施评选，每年评选一次。设提名奖和创新奖，创新奖在提名奖中产生，提名奖原则上每年不超过10名，创新奖原则上不超过5名。上述奖项数依每年申报项目数量和质量可适当调整，评选遵循公开、公平、公正、择优的原则。

3月16日，市政府出台《关于印发合肥市建设工程竣工联合验收实施办法（试行）的通知》（合政【2012】35号）。文件指出，该办法的适用范围为本市市区范围内政府投资的公益性项目、工业企业项目工程联合竣工验收，联合验收遵循“统一受理、集中验收、各司其职、限时办结、统一确认”的原则。

3月26日，市政府出台《关于建立合肥市12345政府服务直通车的意见》（合政【2012】41号）。文件指出，“12345政府服务直通车”的建设目标是以争创全国一流为目标，进一步整合市政府各部门及公用企业事业单位公开服务电话号码（不含110、119等特服号）和网上信箱，建立电话呼叫中心、网络受理中心、政务微博互动中心三个受理平台，开设“合肥市12345政府服务直通车”网站，并在“中国·合肥”门户网站开设投诉入口，构建集电话、网络、微博于一体的管理平台，为人民群众提供便捷、畅通、高效的服务。总体要求是：深入贯彻落实科学发展观，坚持以人为本、围绕中心、服务大局，按照“统一受理、分级处置、归口办理、限时办结、过错问责”和“首接负责制”、“办理实名制”的原则，建立群众诉求受理一体化、处理快速化、服务优质化的服务新机制，把“12345政府服务直通车”打造成市委、市政府网络问政和便民惠民的综合服务平台。

3月28日，市政府出台《关于2012年民生工程实施工作的意见》（合政【2012】1号）。文件指出，2012年，合肥市将继续认真组织实施省政府确定的33项民生工程，其中新增民生工程项目3个、提高民生工程标准5个、调整民生工程项目内容5个、退出民生工程项目3个、继续实施的民生工程项目20个，并决定在实施省政府确定的33项民生工程的基础上，增加实施群众体育设施工程、全面免收义务教育阶段学生书本费、新农村示范村村庄亮化工程、行政村专职保洁员队伍建设、社区“智能化便民服务亭”建设、社区“老少活动家园”建设、肉类蔬菜流通追溯体系建设等7项民生工程。

3月31日，市政府出台《关于印发合肥市承接产业转移促进服务业发展若干政策（试行）的通知》（合政【2012】51号）。主要内容有：金融业方面：对新引进的银行、保险等金融企业，自开业年度起，前两年缴纳的营业税，市财政给予50%的奖励等。总部经济方面：新引进国内外著名服务业企业总部、地区总部、采购中心、研发中心等，经认定后，对其自建自用办公用房，减半征收城市基础设施配套费等相关规费等。中介服务业方面：新设立注册资金100万元以上、从业人数20人以上、办公面积200m²以上的律师事务所、会计师事务所、咨询公司、科研开发、科技成果交易、人才中介等专业服务机构，其所缴纳的营业税、企业所得税本市留成部分，按其等额标准的50%奖励给企业等。物流业方面：全年主营业务收入在500万元以上的物流企业，其所缴纳的增值税、营业税、企业所得税本市留成超基数增量部分，3年内按其等额标准的50%给予奖励等。

4月7日，市政府出台《关于印发合肥市承接产业转移加快新型工业化发展若干政策（试行）的通知》（合政【2012】52号），进一步加大承接产业转移力度，促进产业结构调整优化，转变经济发展方式，推进新型工业化进程。主要内容有：设立“加快工业发展专项资金”；鼓励投资工业项目，建立《合肥市工业“双千工程”项目库》，每年上半年和下半年各发布一次“双千工程”项目计划安排，在充分征询公众意见、修订完善后，向社会公布实施；推进企业投资和技术改造，对列入《合肥市工业“双千工程”项目库》、总投资额1000万元以上的项目，在项目竣工投产纳税后，给予固定资产投资额5%的补助。加快重大项目建设进度，对2012年当年实际完成固定资产投资5亿元、10亿元以上的工业项目分别再给予100万元、200万元一次性奖励；对投资总量大、产业关联度高、牵动性强的重大工业项目，可采取“一企一议”、“一事一议”的办法给予政策支持等。

4月7日，市政府出台《关于印发合肥市承接产业转移进一步推进自主创新若干政策措施（试行的通知》（合政【2012】53号），加大承接产业转移力度，进一步提升全市自主创新能力，促进产业结构优化升级，发挥科技对经济社会发展的支撑引领作用。主要内容有：对涉及我市产业发展的相关核心技术、重大装备的研发项目，或重大引进技术、装备的消化吸收再创新项目，单个项目研发费用实际发生额超过300万元以上的，对其超额部分给予20%、最高1000万元的一次性资助；对研发投入年增长30%、占销售收入3.5%以上的规模以上工业企业，给予10万元奖励；对具有自主知识产权、有望形成爆发式增长的新兴产业和规模巨大的支柱产业的重大项目及科技创新试点市示范区建设，在资金支持上实行“一事一议”、特事特办，由市自主创新领导小组主任单位与项目单位签订目标责任书；对市外高新技术企业、创新型企业来我市落户、投资的，给予其固定资产实际投资额10%、最高500万元奖励；来我市落户的企业将研发总部迁入我市，研发总部固定资产投资超过5000万元的部分，给予投资额20%、最高1000万元的资助，专项用于研发总部建设等。

4月9日，市政府出台《关于印发合肥市人民政府目标管理考核办法的通知》（合政【2012】55号），进一步完善市政府目标管理考核机制，推进政府重大决策部署和重点工作的落实，促进各项工作目标任务的全面完成。《办法》指出，目标管理考核工作坚持突出重点、注重发展，实事求是、客观公正，定量为主、兼顾定性，分类管理、分组考核的原则，鼓励争先创优、超额完成年度目标。目标管理工作将在市政府领导下，实行行政首长负责制，日常管理考核工作由市政府督查和目标管理办公室负责组织实施。各县（市）区政府、开发区管委会和各部门主要负责人为本单位目标管理第一责任人，负责本单位目标管理考核工作的组织实施。

4月19日，市政府出台《关于加快推进工业“新跨越、进十强”的意见》（合政【2012】644号）。《意见》强调，要全面贯彻落实科学发展观，坚持走新型工业化道路，深入实施工业立市、县域突破、创新推动等战略，以“新跨越、进十强”为目标，以“做大总量、优化结构、创新发展、全面转型”为主题，以“先进制造、两化融合、品牌引领、绿色发展”为主线，以改革开放和科技创新为动力，抢抓机遇，坚定信心，奋力赶超，加快形成以战略性新兴产业为引领、高新技术产业为先导、先进制造业为主体的现代产业基地，为建设现代化新兴中心城市提供强大支撑。到2015年末，实现工业总产值15000亿元，年均增长28%，工业增加值突破3500亿元。到2014年末，工业总量提前进入全国省会城市前十强，力争到2015年末，工业总量再次实现争先进位。

4月25日，市政府出台《关于加快推进合肥市标准化工作的意见》（合政【2012】69号）。《意见》强调，要以科学发展观为指导，以推动产业转型升级、增强自主创新能力、提高核心竞争力为目标，以战略性新兴产业、先进制造业、现代农业、公共安全、环境保护、现代服务业、公共管理等领域为重点，以合芜蚌自主创新综合试验区和皖江城市带承接产业转移示范区建设为突破口，以促进标准的研制、国际国内标准的采用、标准的实施为着力点，加快标准化体系建设，完善标准实施监督机制，构建“政府推动、部门联动、市场主导、企业主体、社会参与”的标准化工作格局，力争到“十二五”末，市标准化工作达到全国省会城市领先的水平。

5月28日，市政府出台《关于促进经济平稳较快发展的实施意见》（合政【2012】92号），进一步有效应对复杂多变的经济形势，促进合肥市经济平稳较快发展，确保全面完成全年目标任务。文件主要从加大企业帮扶力度、切实扩大有效投入、加快产业转型升级、大力开拓国内外市场、提高招商引资水平、加大金融支持力度等六个方面出台了38条支持经济社会发展的政策。

6月26日，市政府出台《关于印发合肥市电子商务“十二五”发展规划的通知》（合政【2012】118号）。《规划》强调，要深入贯彻落实科学发展观，坚持先进制造业与现代服务业比翼齐飞，着力构建覆盖和影响周边区域的电子商务市场体系，着力发展区域互联网、移动互联网等新型电子商务，优化电子商务产业链，推动电子商务在各领域的广泛应用，全面提升电子商务发展水平，为合肥“新跨越、进十强”做出更大贡献。到“十二五”末，建成与现代化新兴中心城市和区域性特大城市功能定位相适应，具有鲜明地方特色，企业和居民高度参与，业态丰富、技术先进、流程合理、服务优良、人才聚集的全国电子商务产业承载和集聚基地，努力把合肥打造成为全国区域性电子商务中心城市。

9月7日，市政府出台《关于印发合肥市现代物流业发展“十二五”规划的通知》（合政【2012】172号）。《规划》强调，要坚持以科学发展观为指导，围绕建设现代化新兴中心城市和区域性特大城市的总体目标，按照“创新驱动、转型发展”的要求，把现代物流业作为发展服务经济的重要内容，以降低物流成本和提高物流效率为核心，以培育有竞争力的物流主体为重点，以物流园区建设为载体，以供应链管理和信息技术为支撑，以物流体制机制创新为动力，进一步延伸产业链条、拓宽发展空间、优化发展环境，努力建设与我市经济社会发展和广大居民消费需求相适应的现代物流体系，到2015年，把合肥初步建设成为东中部地区物流中心城市及国家级物流枢纽城市。

11月15日，市政府出台《合肥市人民政府关于印发合肥市国民经济和社会发展第十二个五年规划纲要（修订）的通知》（合政【2012】229号）。《规划》共分为发展基础和环境、指导思想、战略定位和发展目标、产业发展与布局 、城市规划建设与管理、城乡统筹与新农村建设、合肥经济圈建设与发展、自主创新与国家创新型城市建设、资源节约与环境保护、社会建设与民计民生、文化建设与城市文明、保障措施等11章。《规划》要求，“十二五”时期，要全面贯彻党的十七大和十八大精神，以邓小平理论、“三个代表”重要思想和科学发展观为指导，围绕“大湖名城、创新高地”的新定位，按照“新跨越、进十强”的新要求，顺应人民群众过上更加美好生活的新期待，以科学发展为主题，以加快转变经济发展方式为主线，以富民强市为目的，着力推动科学发展、跨越发展、和谐发展、绿色发展，实现经济繁荣、人民富足、生态良好，在加快建设现代化滨湖大城市的基础上，把合肥打造成为长三角地区继沪宁杭之后的现代化新兴中心城市，并朝着在全国有较大影响力的区域性特大城市方向迈进，充分发挥合肥在全省发展大局中的核心辐射带动作用，为建设美好安徽多作贡献。到2020年，GDP在“十二五”基础上再翻一番，人均GDP达2万美元以上，在全省率先基本实现现代化。再经过5～10年的努力，建成1000万以上人口规模的区域性特大城市。

【考察调研】 4月3日，市长张庆军率市直有关部门及新站区负责人在杭州参观考察“富通集团”。张庆军一行先后考察产品展示厅和生产车间。在考察中，张庆军不时驻足停留，详细询问相关技术和市场应用情况。在听取企业情况介绍后，张庆军对富通集团坚持自主研发、提升企业核心竞争力的经验做法给予充分肯定，并对其取得的辉煌业绩表示祝贺。他表示，近年来，合肥迈入跨越赶超、加速崛起的新阶段，合肥科教资源丰富、人才密集，聚集了中科大等一大批高校和科研院所，能够为各类高新技术企业发展提供强有力的人才支撑。富通集团在光电线缆和科技新材料领域拥有一流的生产研发水平，希望合肥在享受富通先进产品和技术的基础上，能在生产、研发、销售等方面与企业展开积极合作，实现双方共赢发展。

9月15日，省政协副主席王鹤龄（前左四）一行赴飞虹菜场观摩电子采价

4月10日，市长张庆军在高新区、经开区及市直有关部门负责人陪同下，先后调研了合肥恩斯克（NSK）有限公司、淀川PCM彩钢板项目、花王家庭日用品项目、尼普洛医疗器械项目、日立建机（中国）有限公司等日资企业发展情况，详细了解企业生产经营和项目建设情况，听取对政府工作的意见和建议。每到一处，“项目推进中还有什么困难”成了张庆军对日资企业家问得最多的一句话。他强调，合肥建设与发展的新定位、新目标，为日资企业提供了广阔的发展空间和难得的发展机遇，希望日资企业进一步加大在肥投资力度，不断发展壮大，同时，欢迎更多的日资企业来肥投资兴业，开展合作、共赢发展，合肥将全力为投资企业营造一流的发展环境，提供最优质的服务。

5月19日，在参加第七届中博会“可持续发展市长论坛-2012市长与跨国公司对话会”后，市长张庆军参观考察了株洲城市建设情况。考察中，张庆军表示，株洲作为全国重要的工业城市，不仅工业经济取得了辉煌成就，在城市建设和管理方面也有着诸多值得学习借鉴之处，希望今后两市多方位加强联系和沟通，互相取长补短，互利共赢，携手将城市建设得更加美好。

5月20日，市长张庆军率市直相关部门负责人考察长沙南站及配套工程建设情况。张庆军一行先后考察长沙南站候车大厅和站西广场，并对以“先边缘后核心、先住宅后商业”的理念打造现代服务业集散地大加赞赏。在认真听取有关负责人介绍后，张庆军表示，高铁时代的到来，将为省会城市的发展带来重大机遇。长沙南站现代感十足的空间设计、人性化的设施及健全的配套十分值得称道。合肥将学习借鉴其中的经验做法，高标准、快速度推进合肥高铁南站站房及配套工程建设，力争早日建成投入运营。

7月8日，市长张庆军率队来到位于嘉峪关市的酒钢（集团）公司进行实地考察。张庆军一行首先参观考察了酒钢东兴铝业，分别深入整流所主控室、电解铝生产车间、铸造车间，听取情况介绍，并对其先进的工艺流程给予高度评价。随后，张庆军一行来到电解铝二期施工现场。在听取工程有关情况介绍后，张庆军对酒钢发展的广阔前景表示由衷敬佩。张庆军表示，合肥市与嘉峪关市尽管相隔甚远，但近年来交流密度之大、频率之高前所未有，与嘉峪关市、酒钢（集团）公司合作潜力巨大。今后，将继续保持紧密联系，加强沟通交流，在合作交流中相互启发、相互学习。同时，热诚欢迎酒钢（集团）公司等企业来肥发展，我们将继续做好服务，营造一流的发展环境，推动两市经济、文化、旅游等多个领域的合作，携手并进，共同发展，实现互利共赢。

7月30日，张庆军先后考察了中国平安保险（集团）股份有限公司（以下简称“中国平安”）、研祥集团、赛为智能股份有限公司（以下简称“赛为智能”）、华侨城集团公司、深圳市普联技术有限公司（以下简称“普联技术”）。副市长孙斌及高新区、滨湖新区和市直相关部门负责人陪同考察。考察中，张庆军对各类企业长期以来对合肥发展的关心和支持表示感谢，并向企业家发出热情邀请。他说，合肥科教资源丰富、人才密集，拥有包括中国科学技术大学在内众多知名高校和科研院所。中科院与安徽省、合肥市与中科大四方共同组建的先进技术研究院前不久已正式开工，致力于打造高端应用人才引进和培养基地、先进技术成果转化基地、高技术产业孵化基地和战略性新兴产业高地。热忱欢迎各类优势企业、研发机构的加盟，在这一协同创新的平台上走得更远、发展得更好。

7月31日，市长张庆军率高新区及市直有关部门负责人专程前往正在建设中的前海合作区，考察了解相关建设、发展理念及运作模式等情况，并与前海管理局局长郑宏杰进行座谈。在交流座谈会上，张庆军表示，近年来，随着工业化、城市化加速推进，合肥经济社会步入跨越赶超、加速崛起的新阶段。特别是滨湖新区，经过五年多的建设与发展，一个现代化的城湖共生、独具魅力的新城已初具规模。深圳是我国改革开放的排头兵，此次国务院批复的前海政策，是比经济特区更加特殊的先行先试政策，可谓“特区中的特区”。希望通过实地考察，学习前海合作区整体开发建设的新理念、新模式，借助前海先行先试政策，寻求双方合作对接机会，推动合肥经济社会发展再上一个新的台阶。

10月17日，市长张庆军在市委常委、副市长周善武及市直有关部门负责人陪同下，深入四个城区调研老旧小区环境综合整治及城中村危旧房改造工作。在听取各城区、开发区和市直相关部门工作汇报后，张庆军指出，老旧小区环境综合整治及城中村危旧房改造是一项惠及广大老百姓的民生工程，各级党委政府和相关部门要进一步统一思想，提高认识，牢固树立以人为本、服务大众的理念，把这项工作坚定不移地向前推进，切实改善人居环境，提高百姓幸福指数，让广大人民群众共享改革发展成果。张庆军强调，全市老旧小区环境综合整治和城中村危旧房改造工程已全面展开，各级各部门要抢抓施工的黄金期，加快工程建设进度，确保年内完成各项既定任务。要按照“市支持、区为主”的原则，进一步明确工作目标，确保到2014年底完成老旧小区环境综合整治，到2015年底完成二环内城中村危旧房改造。

10月23日，市长张庆军在市委常委、副市长周善武，副市长陈晓波及市直部门相关负责人陪同下，深入庐阳区、蜀山区、肥西县调研土地整治工作。张庆军先后来到庐阳区水源地项目大杨村拆迁现场、卫庄复建点、十八岗安置点、小庙镇枣林村土地整治项目安置点调研，在现场调研和听取汇报后，张庆军强调，复建点建设要逐步过渡到“先建后拆”。要做到土地成熟一块，推出一块，解决资金周转难题，实现良性循环。要大力推进土地整治，促进城乡统筹发展，真正实现“万顷良田、碧水蓝天”。同时，可以邀请人大代表、政协委员参与项目监督检查，加快项目推进力度。

11月9日，市长张庆军在市直相关部门负责人陪同下，深入高新区调研金太阳示范工程。张庆军实地考察了金太阳示范工程屋顶光伏电站子站现场，详细了解项目实施、设备运转及光伏发电流程等。随后，来到金太阳公司集中控制室和展示室，通过视频监控察看分布在不同地点的太阳能光伏发电子站的数据及运行情况。在听取企业及相关部门汇报后，张庆军指出，要准确把握时代脉搏，抓住阶段性机遇，坚持不懈地抓好太阳能光伏企业的引进、创新和扶持工作，突出“两手抓”，即抓示范、抓应用，引领带动产业加快发展。 他强调，太阳能光伏电站一次性投入大、收益期长，但收益相对固定。要针对这一特点，进一步创新商业模式，推动已建电站实现资产证券化、未建的特别是分布式太阳能开展金融租赁。

11月11至12日，市长张庆军在市委常委、副市长韩冰以及市直有关部门负责人陪同下，赴江苏省南京市和无锡市，先后考察了天合光能、远景能源、海润光伏、爱康太阳能、振发新能源等新能源企业。每到一家企业，张庆军都仔细听取企业情况介绍，详细了解相关技术和市场应用等情况。他表示，合肥作为正在加速建设中的全国重要现代产业基地，家电、装备制造、汽车、新型平板显示、光伏产业等发展迅猛，将为各大企业来肥发展提供有利的平台和广阔的空间。热忱欢迎广大新能源企业来肥投资或进一步扩大规模，着力推动清洁能源创意园、巢湖49.5兆瓦风电场等项目加快建设，努力实现共赢发展。

11月29日，市长张庆军率市直有关部门负责人，就智能制造产业发展等问题深入科研院所和企业进行实地调研，市委常委、副市长韩冰等陪同调研。张庆军一行先后调研了合肥工业大学机械与汽车工程学院、中国科学院合肥智能机械研究所、江汽股份乘用车二期生产车间、合肥紫金钢管有限公司、合锻机床股份有限公司、雄鹰自动化工程科技有限公司、合肥百胜科技发展股份有限公司、合肥工大高科信息科技股份有限公司等企业，听到一项项先进的科研成果介绍，张庆军鼓励科研人员说，这些都是非常有前景的技术，要加快技术成果转化，与企业生产结合起来，尽快实现产业化。要加大技术研发力度，抢抓机遇，扩大生产，在做大做强企业的同时，推动合肥智能制造产业加快发展。

12月26日，市长张庆军率市城乡建委、重点局、城管局、轨道办及公安局等相关部门负责人，冒着纷飞的大雪实地察看城市道路交通状况，并调研轨道交通2号线部分站点建设准备情况。每到一处，张庆军都详细询问交通状况。他要求，要密切关注天气变化，及时发布预警信息，做好防范应对工作，千方百计确保道路交通安全畅通。在察看2号线西园路和宿州路站点后，张庆军强调，要抓住轨道交通规划建设的有利时机，精心组织施工，重点解决好徽州大道至含山路段过街等问题，要通过商场二层连廊连接道路，形成“空中走廊”，让市民出行更便利。

（方永忠）

2012年度市政府目标管理考核情况

2012年，在市委、市政府的坚强领导下，全市各级各部门以科学发展观为指导，牢牢把握稳中求进的总基调，紧紧围绕年初确定的经济社会发展目标和重点工作任务，迎难而上、狠抓落实、奋力赶超，较好完成全年各项工作目标任务，全市经济保持平稳较快发展，各项社会事业取得新的进步。

为鼓励争先创优，市政府决定，对获得“2012年度经济发展目标考核优秀责任单位”的肥东县政府、包河区政府、新站区管委会，获得“2012年度社会发展目标考核优秀责任单位”的长丰县政府、庐阳区政府，获得“2012年度目标管理考核优秀责任单位”的市发改委、经信委、城乡建委、教育局、科技局、公安局、民政局、财政局、人力资源和社保局、国土资源局、林业和园林局、规划局、城管局、环保局、统计局、旅游局、招商局、地震局、招投标管理局、住房公积金管理中心等25个单位，予以通报表彰，并按照考核结果实施奖励。

2013年是全面贯彻落实党的十八大精神的第一年，是新一届政府的开局之年，也是实施“十二五”规划承前启后的关键之年。希望受表彰的责任单位再接再厉，再创佳绩。各级各部门要以优秀单位为榜样，振奋精神、锐意进取、开拓创新、求真务实，确保全年各项目标任务完成和各项重点工作落实，为实现“新跨越、进十强”，打造“大湖名城、创新高地”，加快建设现代化新兴中心城市和区域性特大城市作出新的更大贡献。

（周明龙）

政府法制

【推进依法行政】 2012年，全市政府法制工作以贯彻落实国务院《全面推进依法行政实施纲要》、《关于加强市县政府依法行政的决定》和《关于加强法治政府建设的意见》为主线，紧紧围绕市委、市政府中心工作，齐心协力，开拓进取，为经济社会平稳较快发展，提供强有力的法制保障。全市各级、各部门坚持把推进依法行政作为“一把手”工程来抓，把贯彻落实国务院《全面推进依法行政实施纲要》作为建设法治政府的重要抓手，形成主要领导负总责、班子成员合力抓、分管领导具体抓、法制机构日常抓的运行机制。市政府常务会4次研究依法行政工作，审议通过了《2012年度市政府推进依法行政工作安排》、《合肥市行政执法监督规定》、《合肥市行政首长出庭应诉工作办法》、《关于加强行政调解工作的意见》等文件。市推进依法行政工作领导小组4次召开会议，专题研究依法行政工作思路、部署依法行政考核、推行依法行政示范单位创建、建立行政调解工作体系等工作。市政府在3月份和10月份，分别召开依法行政工作会议、创建依法行政示范单位暨进一步改进和规范行政执法工作会议。市政府法制办也多次召开工作会议和县（市）区法制办主任会议，布置任务、落实责任。

【依法行政考核】 3月份，市推进依法行政工作领导小组制发了《2012年度依法行政考核指标和评分标准》，内容涵盖依法行政组织领导、制度建设、重大行政决策执行、规范行政执法等7个方面内容。4月份，市政府常务会议决定将省巢湖管理局、市公务员局、金融办、土地储备中心、招投标监督管理局等8家单位纳入依法行政管理，考核范围进一步扩大。12月中旬，市政府派出4个考核组，并邀请市政府特邀行政执法监督员参加，对县（市）区、市直部门共63家单位依法行政工作情况进行全面考核。考核结果纳入市政府年度目标管理考核（占5%），并依据考核结果，对有关单位和个人给予表彰。

【依法行政示范工作】 2012年，在继续深化创建市级依法行政示范单位的基础上，重点推进县（市）区以行政执法权向乡镇延伸、规范行政处罚自由裁量权、乡镇依法行政示范点建设、重大行政决策合法性审查、行政听证制度建设、行政许可监管、政府合同管理等为主要内容的示范创建工作，并两次召开现场会，总结推广示范经验。省政府部署创建依法行政示范单位工作后，市政府及时出台《合肥市开展创建依法行政示范单位实施方案》，深入开展市、县（市）区政府所属部门机构、乡（镇）“三级联创”活动。

【依法行政培训】 坚持市政府常务会议学法制度，全年市政府常务会议集中学法2次；坚持专题法制讲座制度，举办《庐州讲坛》7期；坚持市委组织部、市委党校和市政府法制办联合办班培训县处级领导干部制度，全年举办6期法制建设专题班，294名县处级领导干部脱产学习15日；坚持政府法制机构工作人员业务培训制度，培训政府法制机构工作人员100余名；坚持市政府法制办与市公务员局联合培训公务员制度，全年市本级公务员参加培训达500多人次；坚持行政执法人员学法培训制度，全年行政执法人员参加培训达11000余人次。

【依法行政宣传】 把依法行政宣传工作列入“六五普法”重要内容。坚持日常宣传和集中宣传相结合，全年通过“12·4”全国法制宣传日等节点活动、《庐州讲坛》以及“合肥门户网站”、《法制日报》、《安徽日报》、《合肥日报》等载体，开展依法行政专项宣传活动100余次，发布各类法制信息1200余条，营造了推进依法行政的良好氛围。

【政府立法工作】 按照“大湖名城、创新高地”的新定位、新要求，加快地方性法规、规章立法工作，为科学发展新跨越提供有力的制度支撑。全年共提请市人大常委会审议《合肥市城乡规划条例（修订）》等地方性法规2件，制定和修改《合肥市国土资源管理规定（试行）》等政府规章4件，废止《合肥市内部审计规定》，出台了《合肥市国有土地房屋征收与补偿办法》等一系列规范性文件。还围绕产业转移、转型升级、东向发展等，修订完善新型工业化、现代农业、服务业、自主创新“四大政策体系”。

【推行开门立法】 开展立法项目有奖征集活动，在政府法制网站专门设置“立法项目建议栏目”，常年征求公众的意见和建议，并通过《合肥日报》等媒体专题征求政府立法项目意见。全年共收到社会公众提出的立法项目建议40余件，并对已采纳的加强房屋租赁、餐厨垃圾管理等立法建议者进行表彰奖励。认真落实地方性法规、规章、规范性文件草案公开征求意见制度，凡是涉及群众切身利益的，通过座谈会、论证会以及向社会公布草案等多种渠道征求意见，累计收到行业组织、社会公众提出的建设性意见和建议140余条。推行听取和采纳公众意见情况说明制度，对公众提出的意见和建议，认真做好梳理、研究、吸纳和反馈工作，同时充分发挥立法咨询员的作用。积极探索建立开放式、多元化的政府立法工作机制，不断完善政府立法专家咨询论证制度，对公共资源交易管理条例、规划管理技术规定、国土资源管理规定等专业性较强的立法项目，充分发挥专家学者在起草审查过程中的重要作用，建立了立法工作者、实际工作者和专家学者相结合的起草审查模式。

【规范性文件清理、备案】 组织完成年度规范性文件清理任务，经市政府常务会议审定，确认继续实施的规范性文件283件，废止规范性文件17件，宣布失效规范性文件22件，修改规范性文件3件，并将清理结果向社会公布，指导、监督各县（市）区政府、市直部门规范性文件定期清理工作。认真执行《安徽省行政机关规范性文件备案监督办法》，落实规范性文件备案审查制度。全年向国务院、省政府、省人大及市人大报备规章及规范性文件73件，做到应备尽备，报备率100%。所制定的规章、规范性文件均符合法律、法规和国家方针政策，没有违法设定权力和增加公民、法人和其他组织义务的情况。加强对县（市）区政府及市政府部门报备的规范性文件审查力度，共备案审查规范性文件56件，提出审查意见10件次。

【行政决策程序】 制定《合肥市重大行政决策程序规定》，完善《合肥市人民政府工作规则》等制度，着力推行依法、科学、民主决策。凡涉及国民经济和社会发展计划、总体规划、重要的区域规划、重大财政资金安排、政府性重大投资建设项目、制定或调整关系群众切身利益的公用事业、公益性服务价格等重大决策事项，均认真执行重大决策听取公众意见、专家咨询论证、风险评估、合法性审查和集体讨论决定等制度。

【政府法律顾问】 充分发挥法律顾问的决策咨询作用，建立由专家学者和知名律师组成的20人市政府法律顾问团队。市政府重要决策事项，都须经市政府法制办组织专家进行法律分析论证。以市政府名义对外签署的各类协议，都必须有市政府法制办及法律顾问出具的法律意见书。根据市委、市政府的要求，市政府法制办全年开展涉法事务法律服务202件次，出具法律意见书52件，为市直部门重大涉法事务出具法律意见书31件，提供法律咨询30余次。参与重大招商引资项目前期谈判及合同文本审查修改56件次。

【行政执法监督】 为规范行政执法行为，加强行政执法监督，修订了《合肥市行政执法监督规定》，重点在行政执法监督的内容、执法监督的方式、执法监督的权限、程序等方面进行了调整完善。为加强外部监督，有效推进社会公众参与、评议考核的执法监督机制建设，聘请3名法官、2名检察官、5位律师以及法制部门业务骨干，组成行政执法案卷评查专家组开展评查工作，常年聘请14名行政执法政风行风监督员开展行政执法监督，提高了监督能力，增强了监督实效。

【行政执法案卷评查】 坚持开展行政执法案卷评查工作，共对13个执法部门250余份执法案卷进行评查，电话跟踪回访行政相对人30多人。开展优秀案卷评查观摩活动，评出优秀行政处罚案卷、许可案卷、复议案卷40卷。加大督查整改力度，结合省政府《行政处罚法》实施情况检查，通报并督促整改有关问题22项。全年没有发生违法或者不当行政执法行为、造成严重危害后果和社会影响的案件，在省政府组织开展的行政处罚实施情况专项检查中也没有被挂牌督办的案件。

【行政处罚阳光运行】 进一步完善《合肥市行政处罚案件群众公议办法》、《合肥市行政处

5月5日，市法制办对一起复议案件进行现场调查取证

罚案件群众公议工作规则》，全面推进行政处罚案件群众公议工作。2012年，新招募普通群众公议员160名，共开展行政处罚案件群众公议活动110场次，群众公议案件508件。

【行政执法队伍建设】 清理、确认行政执法主体，确保行政执法主体的合法性。建立教育培训长效机制，行政执法人员年度培训率100%，培训合格率95%以上。推进行政执法人员精细化管理工作，对行政执法人员登记情况进行全面清理，为每位执法人员建立电子档案，通过互联网对外公开，实现网络在线查询执法人员身份信息，并安装了行政执法（监督）人员信息管理系统，实现了行政执法人员证件网上审核办理，提高了证件的管办效率。坚持行政执法人员持证上岗制度，杜绝聘用人员、临时工、合同工从事行政执法活动。

【行政复议】 进一步畅通行政复议渠道，积极引导当事人通过行政复议等法定渠道解决行政争议。依法受理、办理行政复议申请，全年市政府共收到行政复议申请95起，受理81起。积极运用和解调解方式化解行政争议，受理的行政复议案件已审结79件，其中维持61件，调解和解14件，撤销1件，驳回3件。认真做好行政复议答复和行政诉讼应诉工作，以市政府为行政复议第三人的征地批复案件6件，以市政府为被申请人的征地补偿争议案件4件，已审结案件均得到省政府维持。建立和完善了《合肥市行政复议与行政诉讼工作联系暂行规定》、《合肥市行政复议与信访工作联系规则》、《行政首长出庭应诉工作办法》等制度，行政复议与信访、行政诉讼、行政调解等纠纷解决方式衔接进一步畅通。

【行政调解】 出台《关于加强行政调解工作的意见》，成立市行政调解工作委员会，设立市行政调解工作指导中心，建立行政调解工作体系，制发行政调解文书规范文本。各级各部门按照属地管理、分级负责的原则，对发生在本区域、本部门的行政争议主动排查，全年共完成行政调解292起，切实将行政争议化解在基层、化解在矛盾初发阶段、化解在行政程序中。

（胡　杰）

公务员管理

【概况】 2012年，合肥市公务员管理紧紧围绕“新跨越、进十强”目标，按照市委、市政府关于“讲大局、提能力、强责任、抓落实”的要求，扎实加强公务员队伍日常管理、公务员考录、工资福利、军转安置等各项工作，为打造“大湖名城 创新高地”提供坚强的人才保障。

【公务员招录】 合肥市全年考试录用公务员308人。其中275名新录用公务员将全部补充到县（市）区基层一线岗位，占招考总数高达89%以上。据统计，网上报名注册总人数达21674人，通过审核人数15125人，平均考录比例约为1:48。为确保考录工作公开、公平、公正和规范、有序开展，围绕“抓环节、重程序、建机制”的具体工作要求，突出建立健全考官外聘制、代表委员巡考制、新闻媒体监督制、纪检保密监察制、异常情况预警制、考录全程公示制等“六个机制”，着力于组织、措施、责任、保障、监督、防范、公开等“七个到位”，不断提高考录工作的公信度、开放度、透明度、严密度、安全度和公开度，实现考录工作异常情况“零发生”。

【公务员培训】 公务员培训重点抓好以“四类培训”为主体，网络在线学习教育为辅助的公务员培训。举办四期262名新录用公务员集中全脱产初任培训，培训率达到100%；举办市直36个单位86名学员为期6天的专题培训；圆满承办全省公务员重点培训项目——全省文化建设与发展专题培训班，12个地市60余人参加培训。

【考核和表彰奖励】 全年办理2011年度公务员年度考核人数9351人，其中被评定优秀等次1531人（含50名机关工勤），占16%，称职7569人，基本称职3人，不定等次247人，不称职1人。严格按照上级通知要求，对原地级巢湖市划转接收人员的所在单位超过5人的实行单独组织考核，共评定优秀等次116人。以市政府名义下发了《关于进一步规范行政表彰奖励工作的意见》，进一步规范全市行政表彰奖励工作。全年共审核上报国家和省表彰28件；审核以市政府名义表彰13批次，表彰先进集体305个，先进个人714名。

【竞争上岗】 市公务员局与市委组织部联合制定出台《关于进一步做好市直机关中层科级领导干部竞争上岗工作的通知》，在市直机关全面推进中层科级领导干部竞争上岗工作，实现科级领导干部竞争上岗工作的常态化管理。明确规定市直机关每年新提拔的中层科级领导干部，原则上都要通过竞争性选拔方式产生，其中通过竞争上岗方式不得少于三分之一。将竞争上岗与依法转任工作有机结合。市直机关开展竞争上岗时，对空缺职位本单位没有合适人选的，可依据《合肥市市直机关公务员转任办法》实施跨部门转任。截至12月31日，共审批13个市直单位申报的竞争上岗工作实施方案，涉及正科领导职位23个、副科领导职位12个。

【公务员管理信息系统建设】建立完善全市公务员管理信息系统，提高公务员管理信息化水平，为全市公务员管理工作宏观规划和决策提供有力数据保障。在系统数据采集与建设中，对各县（市）区和市直共60余家单位（含参公单位）进行审核汇总共审核各类信息100多万条。全市采集行政机关公务员（含参公单位）13752人。

【工资福利与退休】 全年共审批市直机关在职及退离休人员工资（退离休费）变动13837人次；办理1882人特殊岗位津贴补贴和1150名警员工资套改审批；组织开展2012年度市直机关优秀公务员健康休养活动，共有59家市直单位的90名优秀公务员参加健康休养；“两节”慰问市直机关退休劳模、领导干部遗属和退离休干部代表共1103人。

【军转安置】 全市共接收计划安置营以下及专业技术军转干部171人（其中计划分配军转干部152人、自主择业军转干部19人）。在健全完善“安置政策、安置原则、安置办法、安置程序、安置结果”五公开制度的基础上，继续采取“考试考核、积分划线、填报志愿、计算机匹配、积分依序选岗、指令性计划分配保底”等举措，公开透明、阳光安置。《人民日报》内参在2月份专题报道了合肥市军转安置办法。进一步加强军转干部培训工作，首次开展订单式自主择业军转干部个性化培训，创新开展专题案例培训。同时，通过邀请高等院校教授讲授、已成功创业就业军转干部现身说法及赴江苏省华西村、永联村参观考察等培训方式，开阔了自主择业军转干部眼界、拓宽了思路，有效推动合肥市自主择业军转干部就业创业。

（阿丽娜）

信访工作

【概况】 2012年，全市信访形势总体平稳，总量可控，信访秩序持续好转。群众信访高位运行，全市共发生群众进京去省来市上访3108批14911人次，其中，来市上访1708批9080人次，去省上访1166批5442人次，进京正常上访152批245人次，进京非正常上访82批144人次。市信访局受理群众来信2833件次。其中，上级函转来信2143件，市领导阅批来信1119件，省局网络交办信访事项123件，办结123件，办结率100%。国家投诉办网上交办信访事项共计105件，办结105件，办结率100%。

2012年群众信访的主要特点，一是信访总体形势平稳，全年未发生大规模群体性事件，未发生有影响的极端上访事件，未发生群体性进京上访、进京非访问题，重要敏感节点平稳。二是纵向比较，在群众上访总量中以进京非正常上访上升幅度较大，去省上访尤其以集体访上升幅度最大。三是信访总量高位运行，上访区域和上访领域相对集中。四是集体上访形势严峻，诉求领域主要集中在征地拆迁安置、工程建设及房地产开发、涉法涉诉、非法集资、供电纠纷等领域以及一些“老字号”群体。五是信访老户串联现象明显。

【做好重要敏感时期信访工作】 全国全省“两会”期间，集中排查交办了168个重点稳控群体和重点稳控人员。省委巡视组驻肥期间，市委、市政府高度重视，杨思松秘书长、张进书记、程瀚副市长等市领导召开专门会议，明确责任目标。市信访局、市公安局建立联动机制，各县（市）区认真做好巡视组驻地来访接待和投诉工作，顺利完成巡视组驻地信访工作任务，得到了巡视组主要领导及市委市政府的高度认可。党的十八大期间，紧紧围绕“不发生进京集体上访、不发生极端恶性事件、不发生重大群体性事件，最大限度降低合肥市进京上访和非正常上访、去省来市集体上访数量”工作目标，坚持“两手抓”，筑牢“两道防线”，一手抓源头治理，扎实推进矛盾纠纷排查化解，深入开展领导干部接访下访和包案处理信访问题，筑牢源头预防、化解、稳控第一道防线；一手抓驻京接访劝返，做到随有随接、随接随走，筑牢维护首都社会稳定的最后一道防线，取得了全市进京“零非访”的突出成绩。

【推动“事要解决”】 坚持以“事要解决”为核心，通过重点调度、密集督查、领导包案、综合化解等形式，集中力量攻坚化解一批复杂疑难信访案件、重点信访问题，减少信访“存量”。一是重点调度，省委常委、市委书记吴存荣，市委常委、政法委书记张进先后11次约谈、调度重点地区、重点案件25件。二是密集督查，采取重点督查、跟踪督查、约谈督查和联合督查等多种方式，对全市12个县（市）区、开发区的重点信访案件和信访突出问题密集开展督查活动，督办案件62件，化解办结率为100%。三是领导包案，对交办信访积案，逐一明确县级以上领导包案，一个案件、一名领导、一套班子、一个方案、一抓到底，确保了化解成效。四是综合化解，综合运用政策、法律、经济、行政手段和教育、协商、调解、疏导、听证等办法，科学使用专项资金850万元，集中解决“特殊”、疑难案件。四是依法终结，依法报备信访事项42件。

【开展“信访积案推进年”活动】 扎实开展“信访积案推进年”专项活动，对省联席办交办的202件信访积案进行梳理、归类和交办，落实“包保”责任制。市政府副市长主持召开动员部署会，安排任务，明确要求。成立以市委常委、政法委书记任组长的市“信访积案推进年”专项活动领导小组，特殊疑难信访事项终结审核委员会和“信访积案推进年”专项活动案件审查组，切实加强组织领导，强化交办案件审查。采取以会代训方式，先后三次对19家责任单位和部分涉案经办人员进行培训，统一思想、提高认识、明确任务。交办积案，化解办结192件，化解办结率为95%。其中，进京非访38件，100%化解办结。

【领导干部接访下访】 印发《2012年市党政领导干部大接访活动实施方案》，优化党政领导干部接访工作流程、工作环节，改进工作方式方法，加大领导干部接访力度和密度，创新领导接访下访方式，重点解决好进京上访苗头性、倾向性以及群体性问题，确保上访群众进得来、谈得上，问题现场协调解决，切实增强了领导干部接访下访的针对性和实效性，领导干部接访下访工作走上常态化、制度化和规范化轨道。如：省委常委、市委书记吴存荣围绕信访老户、拆迁安置、供电纠纷等重点信访问题，先后3次专题带案下访、破解难题。市长张庆军主持信访接待5次，接待群众来访6批185人次，阅批群众来信达506件。领导干部接访下访活动中，共有20位市党政领导分别主持信访接待36次，接待来访群众75批人237次，已化解事项66件，化解率达到88%。全市12个县（市）区、开发区142位党政领导接访下访1286次，接待来访群众3421批人18295次，已经化解2766件，办结率达80.8%。

【加强基层基础工作】 强力推进社会稳定风险评估工作，全市共评估重大事项175件，其中准予实施146件、暂缓实施13件、不予实施2件，有效预防化解了风险矛盾。健全完善矛盾纠纷排查化解工作长效机制。市联席会议办公室坚持两月一次，县区每月一次，镇（街）每周一次，定期开展矛盾纠纷排查工作，做到矛盾纠纷发现在基层、发现在萌芽、化解在源头、控制在属地，从源头上预防矛盾纠纷的聚集、升级。经统计，全市共建立156个行业性、专业性调解委员会和2124个基层人民调解委员会，在册人民调解人员16394人，调解各类纠纷2371起。建立“四报”制度，通过信访信息日报、快报，信访情况专报、通报，及时反映信访情况和信访动态。加强接访劝返工作。设立市驻京接访劝返工作组，省信访局第二来访接待室、市政务中心信访总值班室，进一步健全完善驻京、驻省及市政务中心“门前清”长效工作机制，推动接访劝返工作有序开展。

【推动体制机制创新】 推行用群众工作统揽信访工作，在长丰县、庐江县、包河区、庐阳区开展试点，增挂党委群众工作部牌子，在乡镇（街道）相关机构增挂群众工作站牌子，在村（社区）设立群众工作室。实行基层信访代理，在乡镇或街道建立信访代理制度，聘请从事过调解、综治、信访、维稳等工作人员担任信访代理员，代信访人向有关部门反映诉求、提出意见和建议。新站区信访代理的成功做法在全省会议上作经验交流。成立信访学会，以此为平台团结和组织全市信访工作者和有关人士积极参与信访工作经验交流、探讨，充分发挥在政策、法规制定和重大决策中的咨询作用。开展“创先争优·能力建设活动”，结合市信访局政风行风评议建设活动，以“四个结合”为抓手，在“创”中求新、“先”中求好、“争”中求进、“优”中求实，切实加强信访干部队伍能力建设。坚持宣传引导，开辟宣传专栏，编发简报36期。开展主题调研活动，《安徽信访》采用稿件15篇，其中，《合肥市信访工作基本情况存在问题及对策建议》获全省信访系统创先争优主题调研活动优秀奖。

【编发信访信息】 全年报送《信访日报》245期、《信访快报》63期、《信访情况专报》51期，总信息达2280条，在合肥信访网站发送信息103条，“中国合肥”门户网站报送信息26条，及时反映合肥市信访工作动态。

（周世霞）

市政务服务中心

【概况】 2012年，合肥市人民政府政务服务中心共受理行政许可、非许可的行政审批及服务事项804524件，办结803842件，办结率99.92%，其中：即办件596516件，即办率74.15%。共办理并联审批项目562个，现场联合踏勘195次；12345政府服务直通车全年共受理群众诉求48.5万件，同比增加31%。其中，电话43.14万件，网络5.36万件；直办38.94万件，转办9.56万件，直办率80%。“中心”工作获得上级及社会各界的广泛认可，获得合肥市第十二届文明单位光荣称号，获得省级文明窗口称号1个、省“为民服务创先争优”活动共产党员先锋岗2人、锦旗46面。

【政府服务直通车整合】 按照“争创全国一流”的建设目标，将12345政府服务热线与“政民直通车”和“市长信箱”整合到一个平台上，实现电话和网络的全面融合，进一步畅通群众诉求渠道，方便投资者和人民群众。

12345政府服务直通车建立电话呼叫中心、网络受理中心、政务微博互动中心三个受理平台；开设“合肥市12345政府服务直通车”网站，并与“中国·合肥”门户网站投诉专栏相链接。在此基础上构建融电话、网络、微博于一体的管理平台，为社会大众提供畅通的诉求（包括咨询、投诉、建议等）渠道和便捷、高效、全方位的服务，把“12345政府服务直通车”打造成市委、市政府网络问政和便民惠民的综合服务平台。3月26日，整合后的12345政府服务直通车正式上线运行。为加强组织领导和整合后的政府服务直通车的受理、运行、监督等环节的工作流程、工作任务和责任单位，草拟了《关于建立12345政府服务直通车的意见》，确保了整合和运行的顺利实施。

整合后的12345政府服务直通车网络成员单位由原来的85个增加到110个，电话呼叫中心设40个坐席，网络受理中心设10个坐席。110个二级平台已建立，部分三级平台已建成。二级网络用户在统一管理平台实现网上办公，工作效率大幅提高。群众诉求渠道更加通畅，诉求处理更加规范，初步实现了办理资源“三集中”、办理机制“三分离”，办理过程“三监控”。

12345政府服务直通车的建立和运行得到社会各界的广泛认可，安徽省政府下发《关于深化“五级书记带头大走访”活动促进党员干部深入基层服务群众的若干规定》，明确要求“推广‘12345政府服务直通车’等做法”。

【行政服务标准化国家级试点评估】 2009年，市政务“中心”被国家标准委列为国家级服务业标准化试点单位，经过2年多的建设，搭建起以服务提供标准体系为核心，服务保障标准体系和评价改进标准体系为支持的覆盖“中心”行政许可（审批）和服务全过程的标准体系框架，共收集通用基础标准44项，制定服务提供标准618项、服务保障标准26项、服务评价和改进标准12项、手册标准15项，共计715项，初步形成“服务质量目标化、服务方法规范化、服务过程程序化”的服务新格局，促进了“中心”整体服务意识、服务能力和服务水平的稳步提高。

6月，国家标准委组织高级别专家组对市政务“中心”试点工作开展情况进行评估，试点工作以95分顺利通过，成为第一个通过国家级行政服务标准化试点项目评估的省会城市，另有“行政许可（审批）项目办理时间责任追溯矩阵流程规范”等4项标准列入省地方标准制订计划。

通过标准化建设，优化、固化了“中心”实践中形成的一系列行之有效的工作机制，促进了流程再造和环节简化，丰富和改进了监督管理的手段和方法，实现对行政许可（审批）过程的全方位监控，改善了窗口工作服务中的“一阵风”、“时冷时热”和形式主义，保证了窗口服务水平的持续稳定。

7月，“全国地方标准化工作座谈会”对合肥市行政服务标准化进行全面考察，予以充分肯定，国家标准委副主任孙波指出，合肥市行政服务标准化在全国省会城市中率先一步，树立了标杆和榜样，意义重大，对全国的服务业标准化是一个很大的推动，对全国的标准化工作做出了贡献，开创了行政服务新模式。

【“中心”自身建设】 规范名称和标识。与市编办密切沟通，正式将名称更改为“合肥市人民政府政务服务中心”，核定人员为行政编制，并对内设机构及工作人员数进行核定。“中心”根据核定的名称对大厅标识、印章及网站等进行变更。清理进驻“中心”办理事项。严格按照《关于公布2010年度市本级行政审批项目清理结果的通知》设定的办理事项目录，对进入“中心”办理的项目进行全面清理，明确办理事项的名称和数量，精简办理环节、压缩办理时限。强化窗口办理。进一步强化整建制进“中心”、审批专用章等窗口办结模式，加大“一审一核”的实施力度，严防“两头办理”、“只受理、不办理”等现象回潮。实施建设项目联合验收。与各相关部门密切协作，出台《合肥市建设工程竣工联合验收实施办法（试行）》。不断优化联合验收流程，减少联合验收申报资料，设立联合验收窗口，配备联合验收受理人员。9月1日，联合验收窗口正式运行，10月12日完成首例联合验收（滨湖假日花园项目）。全年组织建设项目联合验收56次，验收通过49个。加快推进基本建设项目联合收费。与市物价局等协同配合，详细梳理窗口收费项目及标准，按照有关法律法规严格审核，界定收费项目及标准。按照事项办理基本顺序，编制窗口联合收费流程图，制定联合收费实施办法，并于2013年元月正式启动。

【县（市）区“中心”项目清理】 市政务中心下发《关于梳理进驻事项编制办事流程图的通知》，要求各县（市）区和开发区，对进驻“中心”办理的项目按照行政许可、非许可的行政审批、公共服务和其他等四类进行清理，并对清理后的项目编制基本流程图。各县（市）区按照要求，对“中心”办理项目进行梳理，并编制办事流程图。

经“中心”统计，四县一市四区共进驻部门182个，进驻窗口207个，办理各类事项989个，其中行政许可704项，非许可的行政审批117个，公共服务类事项100项，其他类30项，转报类事项38项。989个项目均按照办理流程编制办事基本流程图，为统一市、县（市）区“中心”的进驻部门、办理事项和运行模式奠定基础。

【政务公开、政务服务】 为贯彻落实《中共中央办公厅国务院办公厅印发〈关于深化政务公开加强政务服务的意见〉的通知》和《中共安徽省委办公厅安徽省人民政府办公厅〈关于深化政务公开加强政务服务的实施意见〉》精神，按照省政务公开办和省政务服务中心要求，进一步推进合肥市政务公开和政务服务工作，与市监察局就有关工作进行深入调研，根据各方意见，草拟了市《关于深化政务公开加强政务服务的实施意见》（以下简称《意见》），

11月30日，“中心”召开各县（市）区及四大开发区服务中心主要负责人会议，广泛征求意见和建议。12月10日，再次向市直相关单位发出征求意见函，根据征求的意见和建议，先后进行3次较大幅度的修改，形成《实施意见》（代拟稿）。

《实施意见》（代拟稿）共四章20条，提出来合肥市政务公开和政务服务的总体要求和目标任务，明确政务公开和政务服务的具体工作内容及工作方法并对工作责任落实及保障作出具体要求，对市政务公开和政务服务体系建设起到重要作用。

【对外宣传】 举办新闻发布会，发布12345政府服务直通车整合消息，召开新闻通气会，介绍“中心”行政服务标准化建设情况及取得的重要重要成果，广泛宣传“中心”在优化合肥市投资环境，提升市政务服务水平方面所做的重要工作。积极配合市委宣传部，提供市政务环境建设最新工作成果，做好对外宣传工作。发挥舆论监督作用，全力做好12345政府服务直通车的宣传坚持，与合肥电视台、《江淮晨报》联办专栏261期，配合纪检（监察）部门制作“政风行风面对面”专题节目3期。全年，中央及省市各类媒体共230余篇报道“中心”工作，极大的提升了“中心”的对外形象和美誉度。

【县（市）区“中心”工作】 2012年，各县（市）区“中心”深入贯彻落实中央、省里文件精神，全面规范“中心”运行机制，按照文件规定，统一名称和基本运行模式，健全服务内容，强化“中心”功能建设，积极探索、创新适合本地区的政务服务模式，为县域经济发展作出积极贡献。全年四县一市四区办理行政审批及服务类事项104.7万件，办结率99.8%。同时，县（市）区“中心”全面建立12345服务直通车二级服务平台，建立健全办理制度，规范办理程序，办结率大幅提升，群众满意率进一步提高。

（李银发）

机关事务管理

【概况】 2012年，市机关事务管理局干部职工秉持“管理科学、服务规范、开拓创新、高效廉洁”工作理念，主动作为，攻坚克难，以改革的精神，扎实的作风，较好完成本年度各项工作任务。分别荣获“安徽省节能示范单位”、“合肥市第十二届文明单位”、“消防工作先进单位”等荣誉称号。

【机关后勤管理】 年初，市里决定启用第二办公区。为做好第二办公区入驻单位服务保障工作，组建了第二办公区管理办公室。至5月底，6个单位顺利搬迁，物业、餐饮等实施正常监管。随后，按照“按需调剂、就近分配”原则，启动政务大楼办公用房布局调整工作，通过近2个月的工作，约80%的入驻单位不同程度地缓解了办公用房紧张状况。

为加强政务大楼、民主党派综合楼、第二办公区及市委市政府宿舍日常管理，制定《合肥市机关事务管理局物业管理考核办法》，细化考核指标，对物业管理服务实施量化考核。全面升级改造政务大楼监控系统，提高技防能力。加强消防安全宣传教育，重大节日前，进行消防安全大检查，发现消防安全隐患，限期整改到位。通过招标，引进物业公司管理市委宿舍，服务满意度不断提高。

机关餐厅全年共接待近80万人次就餐，实现生产安全、卫生安全、食品安全零事故，全年满意度在85%以上。会议中心共安排会议2千余场次，接待近20万人次，实现政务会议保障、增收节支能力同步提升。圆满完成市“两会”等重要会议的服务保障工作。

【公务接待】 全年接待来宾3千余批次11万余人次，其中，二级以上警卫任务6批；省部级领导接待184批次。圆满完成“安徽省推进与中央企业合作发展会议”等一大批重要接待服务保障工作。

多措并举，降低公务接待费用。以市委、市政府办公厅文件出台《合肥市接待工作暂行规定》，规范工作程序，明确保障范围，统一审批权限，规范公务接待。从全市遴选22家酒店，签订《大客户协议书》，在保证品质前提下，享受酒店对外价格的折扣优惠，房价在低于门市价的基础上再享受大客户协议价。改变公务接待用酒模式，直接与厂家或经销商进行价格谈判，裸瓶满装直供酒店，价格低于市场零售价50%。接待用品招标实现全覆盖，有效降低采购成本。对历年积存礼品重新设计包装，充分使用。首次实现接待经费负增长。

【公共机构节能】 2012年制定出台《合肥市公共机构节能考核暂行办法》，加强公共机构节能考核。先后对市直三家单位进行建筑能耗评估，推广应用以合同能源管理模式开展的中央空调、电梯等设备的节能技术改造。会同相关部门制定政务大楼中央空调合同能源管理模式节能技术改造方案。研究制定《合肥市节能产品政府采购实施意见》（讨论稿），会同市财政局和招投标中心，加强节能产品政府采购工作，在年度政府集中采购目录中优先或强制购买节能环保产品。荣获安徽省2012年节能示范单位，并作为2013年全国公共机构节能示范单位创建对象上报国务院机关事务管理局。

【公务用车管理】 圆满完成市公务用车问题专项治理办公室的工作任务，受到中央检查组及省公车办充分肯定。重新修订完善《车辆管理制度手册》，与驾驶员分别签订《驾驶员日常纪律行为责任书》、《公务车辆安全责任书》及文明行车公约，强化禁止性规定，明确处罚措施。严格车辆维修、加油、使用管理，坚持保险政府采购、定点厂家维修、一车一卡加油。组建车辆维修技术鉴定小组，维修关口前置。加强驾驶员交通安全法规、安全行车知识教育培训，全年未出现重大交通安全责任事故。

【二级机构改制】 年初，借助中共中央国务院《关于分类推进事业单位改革的指导意见》契机，启动房管一所、二所、生活服务公司、望湖宾馆等4家事业单位改制工作。专门成立3个改制小组，实行任务承包，项目调度，整体推进。市委、市政府对此工作高度重视，多次召开协调会，对改制中涉及的困难予以大力支持。在前期扎实工作基础上，通过深入细致的宣传和思想工作，4家单位改制方案均获高票通过，截至12月底，改制工作圆满完成。

【机关内部建设】 根据工作需要，结合“三定方案”，在充分调研的基础上，2012年底，对局部分处室存在的职能交叉情况进行调整，重新编制岗位说明书，按需设岗，以岗定人。依据《劳动法》、《劳动合同法》等相关规定，重新修订《聘用人员管理办法》，从录用、管理、处分、离职、请销假等方面进一步加以规范。

（洪照辉）

地方志 年鉴编纂

【志书编纂与出版】 2012年1月31日，市政府第94次常务会批准《合肥市志》出版，并再次调整了市地方志编纂委员会，市长张庆军任编纂委员会主任。3月初，市志办将修改后的市志送方志出版社审查。与此同时，进行市志文前图片编辑工作，选定入志图片并精心设计编排。6月底，志稿修改工作基本完成；9月底，志稿修改校对工作、文前图片编辑工作全面完成；11月印制样书并做检查，12月，《合肥市志》付印并完成。

县区修志方面，《巢湖市居巢区志》、《庐江县志》、《肥西县志》、《长丰县志》、《合肥高新技术产业开发区志》、《合肥经济技术开发区志》、《合肥新站综合开发试验区志》、《合肥市蜀山区志》已出版；《合肥市瑶海区志》、《合肥市庐阳区志》、《合肥市包河区志》通过审查并进入出版程序；原地级《巢湖市志》、《肥东县志》已报送省志办审查。

【年鉴编纂与出版】 《合肥年鉴》2012卷是连续出版发行的第13部，该年鉴荣获安徽省第二届年鉴评比综合特等奖。

《合肥年鉴》主要有特载、专记、总述、大事记、区域经济、开发园区、政治、经济、文化、金融、社会与民生、县（市）区等35个类目，重点反映市委、市政府的重要发展举措及重大发展成果，反映全市各行各业、各个领域的主要业绩，突出地方特色和年度特点。

《合肥年鉴》坚持“质量第一，常编常新”的原则，2012卷对篇目框架及内容进行适当的调整和充实：“专记”突出反映合肥市完成的重大工作任务和取得的典型经验：“合肥市行政区划调整”、“招投标工作的‘合肥模式’”、“承办第20届中国金鸡百花电影节”内容；增设“国民经济发展”篇，集中记述全市国民经济总体运行情况和改革发展情况；增设“对外交流与合作”篇，集中记述合肥扩大开放，开展大招商以及外向型经济与合作；将原“财税 金融”分设为“财政 税务”、“银行 保险 证券”两篇，以突出反映合肥作为省会城市金融中心的地位；将原“城市规划建设及管理”篇改为“城乡规划建设及管理”，“农业和农村经济”改为“农业经济”，“文化 新闻”改为“文化 传媒”等，以更加符合事物发展的客观实际；充实了“文化 传媒”、“非公有制经济”、“社会与民生”等篇的内容，以突出年鉴的资料性。

1月，市政府办公厅下发关于《2012年合肥年鉴编纂大纲》的通知，部署全市年鉴编纂工作；8月，市志办完成年鉴资料征集、责任分编、主编审查、及保密出版审查等工作，10月正式出版发行。

县（市）区年鉴继巢湖市、瑶海区、高新区、长丰县、肥东县年鉴的编纂出版，2012年，肥西县、庐江县、蜀山区、经开区分别创编出版了年鉴。

【大事记编辑】 2012年起，《合肥大事记》由一季一期改为两月一期，并申请办理了内刊发行刊号。在坚持已有做法的基础上，进一步健全信息报送制度，明确各单位的信息报送联络员，进一步拓宽图片征集渠道，扩大信息含量。

【旧志整理与出版】 重新点校的《（嘉庆）庐州府志》经出版社审校，进入印刷程序。《庐州府志》为嘉庆七年（1802年）庐州知府张祥云主修，孙星衍纂修，全书54卷图1卷，分沿革志、山川志、古迹志、城署志、人物志和大事志等。

【地情资料编研】 根据安徽省地方志办公室关于编纂《安徽地区城镇历史变迁研究（城镇篇）》的部署，市志办于4月20日召开专题会议，落实承编任务。会议确定撰稿篇目，明确撰稿人和编纂要求。至6月底，合肥市中心城区、庐城镇、汤池镇、巢湖市市区、柘皋镇、烔炀镇、梁园镇、撮镇镇、店埠镇、水湖镇、下塘镇、上派镇、三河镇等13个篇目完成撰稿并上报。在此基础上，市志办发动各县（市）区地方志办公室，进一步挖掘资料，增加篇目内容，至年底共完成撰稿约38万字，另附图片上百幅，内容涵盖了合肥市中心城区、巢湖市中心城区和全市64个建制镇（包括县城4个）的发展变化概况，为编纂出版《合肥城镇》地情书打下良好基础。

同时开展合肥地区历史文化资源调研和相关资料汇编工作。参与《中国政区大典》编纂工作，承担合肥市本级有关词条的资料提供和撰稿工作。

（市志办）

人民政协

政协合肥市委员会

【概况】 2012年是合肥市巩固发展"十二五"良好开局、推进加速崛起的关键之年。市委、市政府团结带领全市人民全面贯彻落实党的十八大和省市党代会精神，锐意进取，扎实工作，经济社会发展取得令人瞩目的成就。一年来，在中共合肥市委的坚强领导下，市政协坚持以科学发展观为统领，按照"围绕大局更紧、彰显特色更优、推进举措更实、运行机制更活"的工作思路，认真履行政治协商、民主监督、参政议政职能，加强自身建设，创新工作机制，提升了政协工作科学化水平，为实现"新跨越、进十强"奋斗目标贡献力量。

【第十二届五次会议】 市政协第十二届五次会议于2012年1月9至12日举行，来自全市各条战线的748名委员参加会议。会议听取和审议了市政协第十二届委员会常务委员会工作报告和提案工作报告；听取和讨论市政府工作报告；讨论市计划工作报告、市财政工作报告和市"两院"工作报告；举行大会发言；表彰市政协十二届四次会议以来优秀提案；通过了市政协十二届五次会议提案审查情况报告；报告原巢湖市政协副主席、常委转任合肥市政协副主席、常委事项；通过了会议决议。

【常委会议】 市政协全年共召开六次常委会议。1月12日，市政协召开十二届二十次常委会议。会议听取了市政协十二届五次会议大会秘书处关于小组讨论情况的综合汇报；通过了市政协十二届五次会议决议、市政协十二届五次会议提案审查情况报告。

3月28日，市政协召开十二届二十一次常委会议。全国政协委员、省政协副主席李宏塔传达全国政协十一届五次会议精神，全国人大代表、市委副书记、市长张庆军传达了十一届全国人大五次会议精神，会议通报了《政协合肥市委员会2012年工作要点》和市政协《关于开展"提升政协工作科学化水平，为实现'新跨越、进十强'贡献力量"主题实践活动的意见》；审议通过了市政协部分专门委员会副主任增补名单。

7月5日，市政协召开十二届二十二次常委会议。会议听取了副市长杨增权关于2012年上半年全市经济社会发展及文化产业发展情况的通报，听取了市政协"大力发展文化产业、促进文化大发展大繁荣" 重点调研三个子课题调研情况；审议通过了《关于加快发展我市文化产业的建议》。

8月28日，市政协召开十二届二十三次常委会议。会议听取了市政协"巢湖综合治理开发"重点调研三个子课题调研情况；审议通过了《关于巢湖综合治理保护和开发利用的建议案》。

11月6日，市政协召开十二届二十四次常委会议。会议传达学习全国地方政协工作经验交流会议精神；审议通过《关于政协合肥市第十三届委员会人事安排工作意见》；通过了有关人事事项。

12月27日，市政协召开十二届二十五次常委会议。会议决定市政协十三届一次会议召开日期，审议通过市政协十三届一次会议议程、日程及有关会务安排；协商通过市政协十三届一次会议人事安排；审议通过市政协第十二届委员会常务委员会工作报告和提案工作报告；讨论了市政府工作报告；表彰市政协十二届五次会议优秀提案、提案承办先进单位和先进个人，市政协十二届优秀提案突出贡献奖。

【政治协商】 市政协通过全委会议全面协商、常委会议专题协商、主席会议重点协商、专委会对口协商以及各民主党派、工商联、无党派人士座谈会等形式多样的协商活动，紧紧抓住事关全市发展大局的重要问题，采取多种形式协商议政，进一步完善政治协商格局。

注重全会协商。市政协十二届五次会议期间，委员们以高度的政治责任感，对《政府工作报告》及其他报告进行协商讨论。会上，

3月31日，合肥之友江苏理事会成立庆典

50位政协委员和政协各参加单位代表，围绕高新技术产业发展、教师队伍建设、巢湖治理、文明创建等作书面发言，13位委员作口头发言。会议期间，市委、市政府领导分别听取大会发言，参加小组讨论，与委员开展深入交流。

突出专题协商。协助召开社情民意座谈会和政协委员资政会，99位委员和政协各参加单位代表，着眼优先发展城市公交、打造南淝河特色休闲街区、解决农村“空巢”老人问题、开设“生态文明教育”课程、加强市区公厕建设与管理、促进合肥市非公经济结构优化升级、发展城市商业合作社、加强重症精神疾病患者服务管理、农作物秸秆综合利用等内容，向市委、市政府主要领导面对面建言献策，积极反映社会各界的诉求和愿望。

深化对口协商。市直有关部门先后就合肥市城市客运出租车运价情况、《合肥市城市空间发展战略及环巢湖地区生态保护修复与旅游发展规划》国际招标方案等多次到政协征求意见；专委会通过召开对口联系单位座谈会、举办文化教育卫生气象情况通报会，不断加强与市直对口部门的联系，协商活动日益常态化。

探索立法协商。组织政协委员对《合肥市国有土地上房屋征收与补偿办法（草案）》、《合肥市城乡规划条例（草案）》、《合肥市基本公共服务体系“十二五”规划（征求意见稿）》开展协商座谈，促进了合肥市地方立法的民主化。市委副书记、市长张庆军充分肯定政协的协商议政成果，指出政协提交的提案和建议，是政府开展工作的重要依据之一，是政府重点任务展开的重要来源。

【民主监督】 市政协利用调研、视察、提案督办等形式，对热点难点问题加强监督，如实反映情况，实事求是提出意见和建议，促进政府工作完善。各专门委员会围绕合肥市节能工作、绿化造林情况、新型墙材的使用情况、合肥学院人才培养情况、巢湖水污染治理工作、流动人口计划生育基本公共服务均等化情况、住房公积金管理中心分中心服务环境、妇女儿童健康水平、妇幼保健机构发展现状、妇幼卫生民生工程、基本公共卫生服务均等化项目实施情况、食品安全监管工作、社区居家养老社会化服务等涉及群众切身利益的民生问题，深入开展视察监督活动，促进相关问题的解决，充分发挥政协组织在维护社会和谐稳定中的作用。组织委员参与政风行风评议、行政执法检查、项目招投标、招警体能测试等活动，充分行使民主监督职能，促进相关工作规范开展。继续坚持提案定期通报和双向评议制度，提升提案工作整体质量，探索政协民主监督的新途径。

【参政议政】 立足全市大局，紧扣经济发展和民生改善，把“大力发展文化产业、促进文化大发展大繁荣”和“巢湖综合治理开发”确定为调研议政的两大重点课题，组织市政协委员、民主党派成员和专家学者组成六个调研组，历时半年深入基层调研，充分借鉴外地好经验，形成2份总报告和6份子报告。在此基础上，两次召开常委会议专题协商，并形成两份建议，供市委、市政府决策参考。《关于加快发展我市文化产业的建议》从不断丰富文化业态，发挥文化资源特色优势，促进文化与科技的深度融合，提高文化产业规模化、集约化、专业化等方面，提出“改进文化产业的统计工作、鼓励文化企业开展创新、发挥文化资源的特色优势、促进文化和科技的深度融合、开展文化人才的引进和培养”等16条建议。《关于巢湖综合治理保护和开发利用的建议案》，从抓好顶层设计，科学编制规划，完善管理体制，加快项目建设，加强河流治理、环湖整治、污水收集处理等方面，提出“将巢湖综合治理开发上升为全市乃至全省发展战略、加强环境基础设施建设和社会管理并重，增强污染防控能力、整合各类资源，加快旅游产业发展、建立生态补偿和奖罚机制、健全治理保护监督机制”等20条建议，为推进环巢湖生态示范区建设和巢湖综合治理开发提供有益参考。材料报送市委、市政府后，市领导高度重视，分管副市长作出批示，要求认真抓好有关建议的办理。

【服务发展】 市政协组织开展“提升政协工作科学化水平，为实现‘新跨越、进十强’贡献力量”的主题实践活动，强化责任意识，突出履职重点，在服务全市经济社会发展中展现智慧和力量。开展“关爱委员、服务企业”活动，通过集体视察和走访调研相结合等方式，密切与企业的经常性联系，着力帮助企业协调解决生产经营中的困难和问题，促进企业发展壮大。围绕区划调整后合肥经济社会发展这一课题，精心做好市政协常委“区划调整周年看发展”视察调研活动。加强与市工商联、行业协会和外地在肥商会的联系，召开专题座谈会，听取本地和外来企业对合肥市投资环境、招商引资、城市建设等方面的意见建议，为合肥经济社会又好又快发展贡献才智。充分发挥“合肥之友”在招商引资、招才引智和宣传推介合肥中的作用，依托“合肥之友”平台举办投资项目推介活动，积极做好签约项目的跟踪落实。各专门委员会围绕做大做强市主导产业、商贸服务业新业态建设、庐江矿业经济发展、优化小微企业发展环境、国际金融后台服务基地建设、工业园区发展、产业链招商、出口加工区建设发展情况、外资银行发展情况、台资企业发展情况等，组织委员开展调研视察活动，提出许多富有见地的意见和建议，为促进合肥市经济持续快速发展发挥了积极作用。按照全市统一部署，市政协机关安排干部赴企业开展驻点服务，帮助协调解决企业改革发展中的问题，为企业分忧解难。

【提案工作】 全市政协委员和各参加单位全年共提交提案549件，经审查立案541件，遴选52件作为重点提案提交市委领导批办、市政府领导领办、市政协领导和专门委员会督办。一大批事关民生的提案得到很好办理。高度重视热点难点问题的关注与监督，充分利用提案督办、调研、视察等形式，积极协助党委、政府做好协调关系、化解矛盾、理顺情绪、增进共识的工作。市委办公厅、市政府办公厅印发了《关于进一步加强政协提案办理工作的意见》，提高政协提案工作的科学化水平。为促进建言立论成果转化为提案，制定《关于建言立论成果转化为提案的暂行办法》。提案委联合市政府办公厅对全市政府系统73家提案承办单位办理提案进展情况进行通报，起到了催办提案进度、促进办理质量的作用。召开重点单位提案办理情况通报会，组织提案办理工作“回头看”，积极推动承办单位提案办理工作落到实处。

【反映社情民意】 坚持问需于民、问计于民，认真倾听群众呼声，充分反映各界诉求。健全社情民意信息工作机制，创新工作理念，组织委员约谈和信息员集中研讨，完善工作网络，不断提升信息采编质量。依托《建言献策》和《社情民意》平台，积极反映政协委员提出的热点、难点问题，全年共编发信息专刊61期，内容涉及群众关注的医疗、养老、食品安全、交通管理、文明创建等方面，为党委、政府准确把握社会舆情、切实做好群众工作提供决策服务。市政协被评为2011～2012年度全省政协系统信息工作先进单位。

【合肥之友联谊会】 2012年，合肥之友联谊会先后在江苏、山东、英国、希腊、日本等地建立理事会，共签约项目44个，投资总额达412.6亿元，引资引智效果突出，受到较好评价。

紧紧围绕全市大局，广聚外部资源，精心搭建“合肥之友”平台，开创了政协组织发挥优势、助推发展的新模式。积极“走出去”，充分利用“合肥之友”，大力宣传合肥良好的发展态势和优越

7月12日，市政协领导班子考察市人防工程

的投资环境；注重“请进来”，秉承合肥之友联谊会“招商引资、招才引智、沟通信息、加强联谊”的宗旨，组织开展“心系合肥发展，共建美好家园”活动，邀请台湾合肥之友经贸考察交流团来肥考察交流，积极推进“合肥之友日本联谊会创新产业园”的筹备兴建。“合肥之友”的创新之举，得到社会各界的广泛关注和高度赞誉。《人民政协报》以《登高而呼声自远》为题，在头版头条对“合肥之友”作了充分报道。市第十次党代会报告充分肯定“合肥之友”以情会友、以友聚商的招商引资工作新模式。

【团结联谊】 牢牢把握团结和民主两大主题，充分发挥政协组织联系面广、包容性强的优势，将增进大团结、实现大联合贯穿于政协工作的全过程。认真贯彻“长期共存、互相监督、肝胆相照、荣辱与共”的方针，坚持以政协会议为平台、调研视察为载体、界别活动为纽带，努力为各民主党派、工商联和无党派人士履行职能创造良好条件。年初，市政协党组集体走访各民主党派、工商联，真诚听取意见和建议，携手同心推动政协事业发展。邀请民主党派、工商联、人民团体和无党派人士列席市政协常委会议、主席会议，参加政协的调研、座谈、视察等活动。坚持把党派提案优先列入重点提案，跟踪办理落实。9月28日，市政协与市委统战部举办“团结奋进、共谋发展”各界人士国庆茶话会，市四大班子领导与大家欢聚一堂，各界人士热情讴歌合肥日新月异的发展变化，共同畅想“大湖名城”的壮美前景。主动做好港澳台侨和外资企业的走访服务工作，加强与港澳台同胞和侨胞的联系。加强民族宗教工作，围绕少数民族干部和人才培养使用情况、少数民族乡村教育发展情况等内容开展调研，形成专题报告，及时反映诉求。召开老委员联谊会五届五次大会，开展学习座谈、参观考察等活动，积极为老委员发挥作用创造条件。热情为全国政协、省政协、兄弟城市政协来肥考察调研提供服务保障，较好完成市里大型活动的对口接待任务。主动争取省政协的指导，积极配合省政协在肥开展各种调研、视察活动，各专委会不断加强与省政协的对口联系，经常开展联谊交流活动。进一步加强与县（市）区政协的联系，召开县（市）区政协主席会议、秘书长主任会议，邀请县（市）区政协领导列席市政协会议，各专委会与县（市）区政协联合开展视察、调研活动。通过上下联动、优势互补、成果共享，增强了各级政协履行职能的整体合力。

【政协文化培育】 2012年，市政协围绕“展示政协形象、彰显政协文化”的目标，积极创新宣传工作，扩大政协工作影响，提升政协文化内涵，荣获安徽省第七届“政协好新闻”组织奖。制定实施“以‘九个一’为主线，五年政协工作总结和主题宣传”活动方案，编辑完成《政协合肥市第十二届委员会工作资料汇编》、《政协合肥市第十二届委员会图片资料汇编》、《政协合肥市第十二届委员会大事记》、《十二届市政协工作回眸》专题片、《十二届市政协优秀提案选编》、《合肥文史资料全书》、《政协论坛》专辑、《十二届市政协媒体聚焦》、《十二届市政协委员书画作品集》等九项资料，真实记录了十二届市政协的辉煌五年，展示了十二届市政协全体同志的集体智慧。《政协经纬》对办刊思路进行调整完善，坚持开放办刊、特色兴刊、文化育刊，更加注重刊物的指导性、可读性，充分展示委员履职风采和参政议政成果。秉承“关注社会热点、反映社情民意、积极建言献策、增进社会共识”的宗旨，创新探索《政协论坛》节目形式，从室内“座谈”为主转变为户外“畅谈”为主，制作水平、素材质量和文化品位不断提升，栏目收视率位居同类节目前列。圆满完成由安徽省文联、中国书法家协会、省文学艺术界联合会、市政协主办，中国书法家协会行书委员会、草书委员会，省书法家协会和合肥之友书画院承办的“全国第三届行草书展”，共征集作品1.2万余件，涵盖全国除台湾省以外的省、自治区、直辖市和香港、澳门特别行政区，另外还有来自美国、澳大利亚、秘鲁、意大利等国家和地区海外人士作品。展览的成功举办，为合肥市文化强市建设起到积极的推动作用。应邀参加全国六省十一市政协第五届、第六届书画联展，作品体现了人民政协团结包容、联系广泛的文化内涵，展示了合肥市广大政协委员精神风采以及合肥的秀美山川和风土人情。注重做好政协书画联谊的服务工作，展示了全市广大政协委员的文化素养和艺术水平，提升了城市的知名度。

【自身建设】 市政协不断创新工作思路、方法和机制，持之以恒练好内功，整体推进自身建设，构建深化党派合作、突出界别特色、发挥委员主体作用、加强专委会建设、加强机关建设的良好格局。

深化党派合作。认真贯彻“长期共存、互相监督、肝胆相照、荣辱与共”的方针，切实加强与各民主党派、工商联的合作共事。坚持定期走访、情况通报、交流谈心等制度，增进同各民主党派、工商联人士的感情。采取有力举措，坚持提案重点督办、发言重点安排、社情民意重点报送，积极为各民主党派、工商联发挥作用创造条件。

突出界别特色。高度重视界别工作，坚持把界别工作纳入年度工作要点，实行政协领导联系界别制度，依托各党派团体和专委会牵头抓总，加强对界别工作的指导和协调。根据界别自身特点，创新活动方式，在政协全体会议、常委会议期间，做好界别发言、提案、讨论等工作；闭会期间组织开展各具特色的“界别月”活动。通过不懈努力，界别工作的组织化程度有了新的提高，界别参政议政活动更加丰富多彩，界别优势得以有效彰显。

发挥委员主体作用。在全体委员中组织开展“提升政协工作科学化水平，为实现‘新跨越、进十强’贡献力量”等主题实践活动。推荐多名委员担任政府部门特约监督员，对政风行风评议、行政执法检查、财政预算评审等工作实施民主监督。每半年通报一次委员履职记录，健全完善委员履职的激励约束机制，切实增强委员参政议政的主动性和责任感。

加强专委会建设。各专委会不断创新工作机制和举措，充分发挥联络优势、组织优势和专业优势，与党政对口部门经常沟通情况，保持密切联系，结合自身特点，认真组织开展调研视察、提案督办、社情民意反映等一系列活动，形成比学赶帮、争先进位的浓厚氛围，专委会联络委员、联系界别、协调关系的基础性作用更加明显。丰富生动、活跃有序的专委会活动，增添政协工作的活力。

推进政协机关建设。坚持以“学习型机关”建设为重点，注重营造重视学习、崇尚实干、敬业奉献、奋发有为的浓厚氛围，以创建“学习型、服务型、创新型、和谐型”机关为目标，采取“每月一本书”、“兴趣小组活动日”等举措，加强对政治理论、政协业务、人文素养等知识的学习。加大对干部的培养、选拔和管理力度，建设思维开阔、志趣高雅、提笔能写、开口能讲、遇事能办的机关干部队伍。深化“进工厂、进农村、进社区”活动，密切同基层群众的感情。发挥自身优势，大力抓好机关招商引资。做好老干部服务工作，加强信息化建设，建立健全各项规章制度，不断提升机关的综合承载力和服务保障力。通过常抓不懈，机关学习之风日益浓厚，干事导向更加鲜明，工作活力不断激发，展现了良好的精神风貌。

2012年，市政协办公厅荣获全省政协系统信息工作先进单位、安徽省第七届“政协好新闻”组织奖、市拥军优属拥政爱民模范单位、市社会管理综合治理工作先进集体、全市第四批选派工作先进集体、市直机关创先争优先进党组织。

（吕　伟）

新桥夜色

纪检监察

中共合肥市纪委
合肥市监察局

【概述】 2012年，全市各级纪检监察机关在省纪委、省监察厅和市委、市政府的坚强领导下，坚持以邓小平理论、“三个代表”重要思想、科学发展观为指导，以迎接党的十八大、学习党的十八大、贯彻党的十八大为动力，以服务保障全市工作大局为统领，以完善惩治和预防腐败体系为重点，奋发进取、务实创新，整体推进反腐倡廉各项工作，全市党风廉政建设和反腐败工作不断取得新进展，为促进经济社会又好又快发展、推进合肥“新跨越、进十强”提供坚强有力的纪律保证。

【组织机构】 合肥市纪委监察局内设办公厅、监察综合室、巡查办、研究（法规）室、宣传教育室、党风廉政建设室、纠正部门和行业不正之风室（市政府纠风办）、执法监察一室、执法监察二室（市政风建设投诉受理中心、市外来投资者投诉受理中心、市台侨资企业投诉受理中心、市个体私营企业投诉受理中心）、案件监督管理室、第一纪检监察室、第二纪检监察室、第三纪检监察室、案件审理室、信访室（市监察局举报中心）、干部室等16个厅、室和机关党委，编制76人。下辖事业单位合肥市纪检监察干部培训中心。

【党风廉政建设】 由市级领导带队，组织对县（市）区和市直单位领导班子及成员年度惩防体系建设、党风廉政建设责任制进行考核。建立电子廉政档案库，对全市县处级以上领导干部勤政廉政情况实行动态管理。推进信息公开，全市15321个基层党组织全面推行党务公开。全年公开政府信息86846条，位列全国省会城市第8位。严控“三公经费”支出，重点开展党政机关和领导干部公务用车治理，清缴超标配置奥迪车27辆，奔驰商务车1辆，并对相关单位和责任人予以处理。全市行政事业单位公用经费、公务接待费、出国经费连续五年保持零增长。巩固“阳光村务工程”建设成果，深入推进农村基层党风廉政建设。在全省率先开展“阳光村务工程”建设“回头看”，通过清收债权、划转核销、盘活资产、以奖代补等方式，全市化解村级债务8.17亿元，建立乡镇公共资源交易中心96个，累计交易1353宗，节约资金3083.2万元，降低成本13%。组织开展“人民满意的村级事务监督委员会”评选活动，对77个监督委进行表彰，充分调动监督委的工作积极性。

【源头治理】 扎实开展廉政风险防控工作，着力构建权责清晰、流程规范、风险明确、措施有力、制度管用、预警及时的廉政风险防控机制。以市“四大班子”带头、重点单位集中排查为引领，全面实施廉政风险防控工作，全市共清理职权目录10万余项，排查风险点21万个，制定防控措施14万条，全市广大党员、干部尤其是各级党员领导干部规范用权、廉洁从政意识显著提高，各项规章制度进一步完善，风清气正的政治生态环境进一步形成。深化巡查、预警和行政处罚案件群众公议三项制度创新。先后完成对5个市直部门和1个市辖区的巡查，发现问题42个，提出巡查意见、建议56条；建立巡查工作定期回访和整改督查机制，巡查中发现问题整改纠正率达85%。推动预警工作向基层延伸，全市各县（市）区和44个市直单位建立预警机制，并对38名县处级领导干部、82名科级及以下党员干部实施预警。继续在市本级行政执法机关推行行政处罚案件群众公议制度，全年群众公议案件508件，同比上升87%。

【宣传教育】 在市委的领导下，牵头组织开展“保持党的纯洁性，迎接党的十八大”主题教育实践活动，紧抓领导干部和党组织两个重点，紧扣关键环节，结合创先争优、“五级书记带头大走访”活动，对照“六查六看”要求，着力解决党员干部在思想、作风、廉政方面和党组织在组织、制度建设方面存在的突出问题，共查找和解决各类问题25026个，党员干部的纯洁性、先进性意识进一步提高。开展第二届“包公杯”全国反腐倡廉曲艺作品征集活动，共征集作品1267篇，再创中国曲协征稿数量、曲种之最。成功举办“包公杯”颁奖典礼、新闻发布会、获奖作品集首发式、廉政曲艺进社区系列活动。在全省、全市开展“包公杯”廉政曲艺巡演60多场次，进一步提升了“包公杯”的影响力、渗透力。继续开展“反腐倡廉十件大事”评选和“廉政手机报”编发工作。深入推进廉政文化“六进”，先后创建省级示范点47个、市级240个，廉政教育基地7个，有效营造了“廉荣贪耻”的浓厚氛围。

【纠风治乱】 创新政风行风建设平台，创办全省首家大型电视问政节目--每月一期的“问政合肥·政风行风面对面”，实行电视、电台、报纸、网络“四位一体”的联动播出。节目采取“谁上节目您做主”的群众网络投票方式，每期关注一个政府部门的政风行风现状，公众反映问题现场解决率超过80%，节目播出后再组织媒体跟踪采访，督促整改落实，取得良好效果。及时出台《合肥市整治虚假违法广告责任追究暂行办法》，并建立由市纪委、监察、宣传、国资、工商、文广新、卫生（食药监管）等部门组成的全市整治虚假违法广告责任追究联席会议制度，对虚假违法广告发布量较大的部分市属媒体进行重点督查，并对广告违法率居高不下的市属媒体负责人进行约谈诫勉。市属媒体广告违法率控制在0.38%以下，同比下降一半以上。严肃查处教育乱收费案件8起，涉及金额229万元；着力规范涉农补贴资金发放，开展农民负担专项检查，对发现的20个问题及时责令整改；全面执行网上药品集中采购，严格规范医疗服务和收费行为；严厉打击公路“三乱”，先后3次开展联合治超专项行动，有效遏制超载超限蔓延势头。会同相关部门着力纠正大型零售企业向供应商违规收费、物流领域和金融机构乱收费、电信领域侵害消费者权益等问题，有效维护群众利益。

【执法监察】 推进中央和省、市重大决策部署贯彻落实，着力对调结构保增长、管理通胀预期、加快水利改革发展、耕地保护和节约用地、节能减排和环保、保障性安居工程等九个方面工作政策执行情况以及民生工程监督检查。在全省率先制定出台“责任追究办法”，有力保障美好乡村建设。推进工程建设领域突出问题专项治理工作。制订出台资金拨付、公共资源交易等管理办法，进一步规范大建设项目竣工结（决）算审计等程序。推动城市建设领域“六分开”监管体制向基层延伸，通过项目抽查，发现问题138个，下达整改意见书29份。印发《合肥市重大项目实施廉政建设派驻纪检监察工作暂行办法》，遴选14名同志，首批组建5个派驻组，对合肥轨道交通、阜阳路高架桥等5个重大项目实行全程驻点监管。会同市房产局、市发改委、市财政局开展保障性住房政策落实情况专项督查活动，确保各项保障性住房政策措施得到全面落实，及时纠正闲置、出租、出借、出售等违规行为。

【效能建设】 建立“12345政府服务直通车”群众诉求受理统一平台，先后受理群众诉求35万件，办结率达99%，群众满意率达95%。建立重大招商引资项目开、竣工督查机制，对836个项目进行逐一梳理，推进早开工、早建设、早投产。建立“一表式”公开、“三段式”收费模式，有效治理、规范工程建设领域收费行为。建立工程竣工联合验收机制，申报材料精简48%，办理时限缩短96个工作日。建立健全规范涉企检查长效机

10月27日，全省首家大型电视问政节目“问政合肥”开播

制，全年全市367个行政执法部门网上备案涉企检查2362次，备案率达100%，抄告并互认检查结果854次，涉企检查次数同比缩减20%。

5月23日，中央纪委副书记李玉赋出席第二届“包公杯”全国反腐倡廉曲艺作品征集活动颁奖典礼暨文艺演出

【案件检查】 全年全市各级纪检监察机关共接受信访举报1432件（次），新立案件432件，给予党政纪处分356人，移送司法机关50人。始终关注重点领域、关键环节和群众身边的腐败问题。特别是严肃查处基层行政执法领域、医疗卫生领域、征地拆迁领域，以及庐江县原县委常委、政法委书记卢荣友等严重违纪违法案件，有力惩治了腐败行为，震慑了不法分子，收到良好的政治、经济和社会效果。重拳惩腐的同时，更加注重信访件办理和信访督查，以开展“初信初访办理质量年”和“信访干部带案下访”活动为抓手，对群众反映强烈的信访突出问题进行集中督办和跟踪督办，按期报结率达96%以上。更加注重全部安全文明办案，坚持把使用“两规”措施作为办案监督工作的重点，切实加强市纪委办案场所管理，确保办案点运转安全、有序。集中对县（市）区2011～2012年自办已结案件进行全面检查，规范办案程序。积极探索建立回访教育常态化、规范化工作机制，发挥案件查处综合治本功能。

【调查研究】 紧紧围绕加强和改进新形势下纪检监察工作这一主题，认真总结工作实践，深入开展调查研究，进一步促进全市反腐倡廉建设科学化进程。2012年，全市各级纪检监察部门共组织撰写各类调研文章110篇，为市委、市政府决策和全市反腐倡廉建设提供第一手资料和依据，特别是对一些重点课题，市纪委监察局积极组织攻关，坚持调研先行，把调研工作融入工作部署、落实、创新和总结等各环节，着力提高工作的前瞻性、针对性和创新性。如，市纪委监察局回顾总结“十一五”期间全市反腐倡廉建设各项创新工作，从中遴选出效能建设、城市建设管理、行政权力阳光运行、干部选拔任用、阳光村务工程、小金库综合治理、国企改革以及义务教育管理等8个改革创新专辑，组织编写《破与立—反腐倡廉制度创新的地方实践》，进一步巩固创新成果，推进形成合肥特色工作模式。同时，成功举办“预防腐败与改革创新”专题研讨会，全市纪检监察机关干部踊跃参与，形成一批贴近实际、掌握动态、研究发展、推进创新等方面的理论研究成果。

【自身建设】 首次组织18名纪检监察干部赴香港廉政公署开展“城市化建设过程中的风险防控”培训。在清华大学举办第四期纪检监察干部培训班，在市委党校、省纪委培训中心开展乡镇新任纪检监察干部业务培训。全年共选送710人（次）参加上级纪委举办的各类培训。积极开拓“庐州讲坛”、“清风大讲堂”等学习平台，为纪检监察干部学习交流创造条件。通过各种形式的培训教育形式，不断增强全市纪检监察干部的综合素质和工作能力。坚持和完善反腐败领导体制和工作机制，统筹发挥好纪检、监察、司法、审计等机关和部门的职能作用，着力构建党委统一领导、党政齐抓共管、纪第三届“合肥市反腐倡廉十件大事”

事件名称	申报单位
市纪委监察局荣获“全国纪检监察系统先进集体”荣誉称号	市纪委监察局
实行廉政风险防控管理 深化反腐倡廉制度建设	市纪委监察局
注重把握重点 查办案件工作成果丰硕	市纪委监察局、庐江县纪委、蜀山区纪委、新站区纪工委
开展保持党的纯洁性教育 迎接党的十八大胜利召开	市纪委监察局
电视问政面对面 解决问题心贴心	市纪委监察局、市文广新局
12345政府服务直通车打造服务群众新平台	市纪委监察局、市效能办、市行政服务中心
强力整治虚假广告 还消费市场一片纯净	市纪委监察局、市纠风办、市工商局
第二届“包公杯”成功举办 廉政文化精品工程效应扩大	市纪委监察局
创新举措 提速招商项目建设	市纪委监察局、市效能办、市规划局、市物价局
开展“廉政家访” 推进家庭助廉	新站区纪工委

委组织协调、部门各负其责、依靠群众支持和参与的工作格局。坚持向市人大、市政协通报年度工作制度，并在此基础上，进一步完善市查办大要案工作联席会议、反腐倡廉宣传工作联系会议等制度，党风廉政建设和反腐败工作合力明显增强。继续实行领导班子成员分片联系、系统季度例会、机关例会等工作制度，集体分析反腐倡廉建设形势，及时总结工作中的创新经验，研究探讨存在的热点、难点问题，整体推进全市反腐倡廉建设。

【重要会议】 1月5日，全市反腐倡廉建设专题报告会在市政务中心召开，省委常委、市委书记吴存荣以“落实一岗双责，坚持廉洁从政，为推进科学发展新跨越保健护航”为主题作专题报告。

2月21日，中共合肥市第十届纪律检查委员会第二次全体会议在市政务中心召开。会议传达学习中央纪委十七届七次全会和省纪委九届二次全会精神，审议通过市委常委、市纪委书记雍成瀚代表市纪委常委会所作的工作报告。省委常委、市委书记吴存荣出席会议并讲话。

3月26日，“12345政府服务直通车”启动仪式在市政务中心第二办公区举行。省委常委、省纪委书记王宾宜，省委常委、市委书记吴存荣，中央纪委监察部监察专员崔扬按动启动球。

5月23日，第二届“包公杯”全国反腐倡廉曲艺作品征集活动颁奖典礼暨文艺演出在合肥大剧院隆重举行。中央纪委副书记李玉赋，省委常委、省纪委书记王宾宜，省委常委、市委书记吴存荣出席并为获奖作者颁奖。时任中国曲协副主席、中国文学艺术基金会秘书长姜昆，市委常委、市纪委书记雍成瀚分别致辞。

5月24日，清风颂廉·第二届“包公杯”全国反腐倡廉曲艺作品进社区演出在蜀山区华邦光明世家广场举行。中国曲艺协会党组成员、副秘书长曲华江，省纪委副书记车建军等观看演出。

6月29日，全市召开“保持党的纯洁性、迎接党的十八大”主题教育实践活动动员大会，省委常委、市委书记吴存荣出席会议并讲话。

6月10至25日，合肥市“城市化建设过程中风险防控”培训班在香港金融学院举行，市纪委副书记刘浏作开班动员，香港金融学院王中英董事长致欢迎辞。

10月27日，全省首家大型电视问政节目“问政·合肥—政风行风面对面”开播。

11月6日，全市“保持党的纯洁性、迎接党的十八大”主题教育实践活动总结大会在市政务中心举行，市委副书记熊建辉出席会议并讲话，市委常委、市纪委书记雍成瀚作总结报告。

（王　义）

民主党派 工商联

中国国民党革命委员会合肥市委员会

【概况】 2012年，中国国民党革命委员会合肥市委员会（以下简称“民革市委”）发展新党员29人,党员总数达616人，具有中级以上职称的428人，平均年龄为53.85岁。民革市委下辖3个总支部，1个基层委员会，24个基层支部。党员主要分布在教育、文化、科技、医药卫生、新闻出版等界别。党员中省人大代表3人（其中常委1人），省政协委员2人，市人大代表7人（其中常委1人），市政协副主席1人，市政协委员36人（其中常委7人），县（区）人大代表4人（其中常委2人），县（区）政协委员28人（其中副主席2人，常委6人）。党员中共有22人次担任党风党纪监督员、特约行政执法监督员、机关效能建设监督员等各类社会特约职务。

【“同心”论坛】 为准确把握以“思想上同心同德、目标上同心同向、行动上同心同行”为核心内容的“同心思想”的科学内涵，提高全市民革组织的思想理论水平，建设适应时代要求的高素质参政党，民革市委举办了“日昇康杯”首届“同心”论坛。论坛分论文征集、论坛演讲、专题培训、论文编辑、论坛实践五个阶段进行。论文征集阶段共收到四大类（理论文章、提案建议、民革自身工作、结合本职做好党派工作）稿件72篇。经过考核委员会和评审专家的初评、复评、终评，评出一等奖4篇、二等奖6篇、三等奖10篇。

9月15日，举行了首届“同心”论坛启动仪式，省政协副主席、民革省委主委夏涛，中共合肥市委常委、统战部长韦弋，市政协副主席、民革市委主委李晓梅等出席并讲话，9名论文获奖者作主题发言。当天还将支部委员分为主委组、组织组、宣传组、参政议政组进行了业务培训，并组织参会人员赴寿县考察。

10月，由李晓梅和民革省委副主委吴延利带队的联合考察组赴金寨县黄河村进行实地考察，就该村产业发展布局、结构调整和项目扶持等提出建议，并与民革六安市委举行了学习实践“同心思想”座谈会。在论坛实践阶段，各总支、支部和党员积极行动，纷纷开展了以“同心”为主题的组织活动和捐资助学、扶贫济困等社会公益活动。

“同心”论坛活动引起强烈社会反响，进一步激发了民革党员靠活动结“同心”，靠“同心”促发展的信心和决心。《团结报》、《中国商报》、《江淮时报》、《工商导报》、《合肥日报》、合肥电视台、“中国·合肥”门户网等中央、省、市级媒体相继对活动进行了报道。民革市委向中共安徽省委统战部和民革省委报送了多篇优秀论文，其中李晓梅的《关于〈中共中央关于加强党外代表人士队伍建设的意见〉的学习与思考》，被选编入民革中央《民革自身建设理论与实践回顾展望研讨会论文集》。

围绕树立和践行社会主义核心价值观活动和“同心”活动，增进了与各级各类媒体的沟通、联系和协作，营造出浓厚的舆论氛围，积极开展宣传工作。《合肥民革》内刊紧扣民革市委中心工作，同步开展“同心”论坛论文选登，刊物内容的指导性和可读性进一步增强。合肥民革网站及时更新，全方位宣传报道民革市委和基层组织的各项工作，展示党员风采。宣传工作的扎实开展，充分展示了民革组织和党员的工作业绩和良好形象，扩大了民革的社会影响。全年在中央、省、市新闻媒体上刊登宣传稿件近40篇。陈晓松获民革中央“全国宣传工作先进个人”荣誉称号。

各总支、基层委、支部和党员通过集中学习和自学等多种形式深入学习多党合作理论，学习中共十七届六中全会、中共十八大和民革十二大、省民革十二次代表大会精神。通过这些学习，民革党员思想认识水平和理论素养得到了提高，进一步夯实了与中国共产党共同团结奋斗的思想基础，增强了履行参政党职责的责任感和使命感。

【参政议政和民主监督】民革市委领导班子成员多次参加中共合肥市委、市政府、市政协和中共统战部门召开的民主协商会、情况通报会、议政会、社情民意座谈会，围绕经济社会发展、改善民生、党外代表人士队伍建设、有关人事安排等问题充分发表意见和建议，不少意见和建议得到了重视和采纳。

为集中民革组织和党员的力量，充分发挥党内人才优势，更好地开展参政议政工作，民革市委对专委会进行了调整，成立了经济委员会、社会和法制委员会、祖国和平统一促进委员会、妇女和青年委员会四个专门委员会，并制定了《民革合肥市委专委会工作制度》，明确专委会的主要任务和运行机制。

加强对专题调研工作的领导，各专委会围绕中共市委、市政府的中心工作积极建言献策，不断提高参政议政的整体水平。围绕全市经济社会发展大局，深入调查研究，精心提炼成果，完成《大力发展环巢湖休闲农业旅游，造福城乡百姓》、《积极申报知识产权投融资综合试验区，助推科技创新型中小企业加速腾飞》两个重点调研课题，调研成果都已转化为省、市政协大会发言和提案。在市政协委员资政会和市社情民意座谈会上，分别提交发言稿件2篇。

7月，在中共市委统战部各民主党派工商联2011年度专题调研总结表彰会上，民革市委的《省市合力打造统一共享、公平规范的合肥区域公共资源交易中心》、《整合中职，发展高职，加快推进合肥市职业教育改革创新》两篇调研报告获专题调研成果二等奖，《建设合肥农业高新技术产业示范区打造省级农业硅谷》获专题调研成果三等奖，民革市委获组织奖。

民革党员中的各级人大代表、政协委员，立足本职，关注经济建设和社会发展，关注民生，积极撰写提案和建议。在省政协十届五次全会上，提交个人提案7件。在市人大十四届五次全会上，提出建议3件。在市政协十二届五次全会上，提交大会发言3篇、集体提案5件、个人提案53件，其中集体提案《关于组建职教集团，创办合肥职业技术学院的建议》被列为市政协主席、副主席督办提案，刘忠平委员提交的《关于加快解决巢湖市各民主党派办公活动场所的建议》被列为中共市委、市政府领导阅批提案，方兆如委员提交的《关于加强财政资金投入项目的全程监督和管理的建议》被列为市长、副市长领办提案。

12月，市政协对优秀提案进行了表彰，桑任风委员提交的《关于政府应带头推动照明节能的建议》和陶克扬委员提交的《关于金融危机中政府在拉动地方经济与内需上应有更大作为的建议》获十二届市政协优秀提案突出贡献奖；集体提案《关于组建职教集团，创办合肥职业技术学院的建议》、黄晓平委员提交的《关于整合资源，进一步实现合肥旅游业发展新贡献的建议》、陆勤学委员提交的《关于改造农村危旧房，确保农民安全的建议》和曹冬梅委员提交的《关于在合肥市各社区设立“社区律师法律工作站”的建议》等4件提案获十二届五次全会优秀提案奖。

反映社情民意工作是履行参政议政职能的重要形式和渠道，也是调动广大民革党员力量、激发活力的重要途径和手段。民革党员全年提交社情民意反映151篇，民革市委筛选上报了129篇。

民革党员中的19名各级特邀（约）人员认真履行民主监督职能。他们在中共市委、市政府、市纪委、省（市）检察院等部门举行的有关监督、测评活动中廉洁自律，认真、严谨地履行职能，得到了主办单位的好评，树立了民革的良好形象。5月，在市政府纠风办2012年度政风行风评议动员暨表彰会上，以民革党员蒲海茵为组长的第十八监督小组被授予“2011年度优秀政风行风监督员小组”荣誉称号，张宇钢、曹冬梅获“2011年度优秀政风行风监督员”荣誉称号。

【促进祖国和平统一】促进祖国和平统一工作，是民革长期的工作重点，也是民革工作的一个主要特色。当前，两岸关系和平发展进入巩固深化的新阶段，民革市委认真贯彻促进祖国和平统一工作的“四个转变”精神（“四个转变”是指工作重心向参政议政转变、工作领域向多向型转变、工作渠道向多元化转变、工作主题向和平发展转变），发挥民革联系广泛的优势，在党员及所联系的台商台胞中积极广泛宣传两岸和平统一工作的重要性。中秋节前夕，召开国庆中秋茶话会，在合肥的部分台胞、台属、黄埔同学会老同志等欢聚一堂，畅谈与两岸亲属的联谊近况，共诉祖国早日和平统一心声。10月份，与市政协港澳台侨和外事委员会、中共市委统战部、市台办等联合召开涉台单位对台工作经验交流会。继续协助台湾华金资讯公司龚维宁开展捐资助学，对肥东和肥西两县5所学校的500名贫困学生捐助30万元，这也是自2005年后，龚维宁连续7年对家乡贫困学子进行捐助。民革市委主要负责人还经常参加省、市政协港澳台侨委员会举行的各种活动，与所联系的海外人士宣传祖国统一方针，沟通感情，增进友谊。10月，在民革全国促进祖国和平统一工作表彰会上，民革市委获“民革全国祖统工作先进集体”荣誉称号。

【基层组织换届】 民革市委根据基层支部的实际情况，按照属地原则，以合肥市行政区域划分支部属区，对支部及党员进行调整，党员原则上以工作单位所处行政区编入区属各支部。换届后，支部主委平均年龄46.9岁，全部具备大学以上学历，一批年轻、热爱民革工作、参政议政能力强的同志充实到基层支部班子中，增强了基层支部的活力和创造力，为培养民革后备干部打下了基础。11月，蜀山总支进行了换届，选举产生了由陶克扬担任主委的第二届总支领导班子。

巢湖市行政区划调整后，经民革中央批准，民革省委撤销地级民革巢湖市委，民革巢湖基层组织筹建工作列入了民革市委的重要议程。民革市委认真研究巢湖基层组织的规模和结构，充分听取各方意见，并与中共巢湖市委统战部进行了充分沟通，确定民革巢湖市基层委员会班子规模为5人。3月，在巢湖市召开了基层委员会班子人选民主推荐会，组织在巢湖的民革党员对基层委员会班子人选进行了书面推荐和口头推荐，中共巢湖市委统战部有关领导全程参加了推荐工作，这次民主推荐为确定民革巢湖基层委员会班子人选提供了重要依据。民革市委在民主推荐的人选基础上，充分考虑到班子应形成的合理结构、年龄梯次、性别比例等方面因素，体现代表性人士、专家学者、在政府任职的干部和党务工作者占有一定的比例等情况，经十届三次常委会研究，最终确定了5名候选人名单，并向中共巢湖市委统战部通报了人选情况。11月，民革合肥市巢湖基层委员会成立大会隆重召开，大会经过无记名投票顺利产生了由程素萍担任主委的巢湖基层委领导班子。基层委成立后，立即开展基层支部的筹备工作，12月，三个基层支部相继成立，并选举产生了各支部主委和委员。

【社会服务】 本着发挥优势、突出特色、尽力而为、注重实效的原则，民革市委积极开展社会服务工作。向省民革同心工程示范点金寨县天堂寨镇黄河村捐赠了价值1万元的图书，帮助村建立“同心”书屋。组织民革党员中的骨干教师到肥西县小庙中学，开展送教下乡活动。“六一”儿童节慰问合肥庆龄幼儿园的小朋友。组织党员中的医务专家到肥东县古城镇开展义诊，就诊群众100余人次。包河区总支党员为肥东县留守儿童捐资并捐赠衣服110件、书籍27本。庐阳四支部组织市第一人民医院民革党员为合肥市静安养亲苑的老人开展义诊。

结合“同心”论坛实践活动，一些党员企业家积极投身到社会服务工作中。曹国华先后两次开展捐资助学活动，对包河区大圩乡的40名贫困学生每人每年捐赠1200元，直至小学毕业。赵晓云向肥东县众兴乡贫困学生梁红萍、梁红娟双胞胎小姐妹捐赠人民币2万元，帮助她们完成初中学业。巫曙光为巢湖市庙岗乡敬老院近40名老人进行义诊，并向敬老院捐款4000元。杨燕为金寨县城关镇小南京小学出资50万元新建塑胶操场，并花费5万元为学校打井，帮助师生解决饮水难的问题。赵进捐助资金约12万元，为金寨县黄河村纸河小学新建水冲式厕所。陈邦华为瑶海区12名家境贫困的学生免费辅导英语课程。11月，民革市委获“民革全国社会服务工作先进集体”荣誉称号。

（高　虔　陈晓松）

中国民主同盟合肥市委员会

【概况】 2012年，中国民主同盟合肥市委员会（以下简称“民盟市委”）下辖1个基层委员会，4个总支部，48个基层支部，共有盟员913人。成员主要分布在教育、文化、科技、卫生、金融、法律等界别。主委张雪平，副主委奚芝英、周吉人、李广海、胡平、李雪、张宏彬、姚长蕙、项书林。民盟市委获“民盟安徽省社会服务先进集体”、“民盟安徽省组织工作先进集体”、“民盟安徽省思想宣传工作先进集体”等项荣誉，并入选《合肥骄傲》一书。

【参政议政】 民盟市委以促进科学发展作为参政议政第一要务，紧紧围绕全市中心工作和人民群众普遍关心的社会热点问题，深入实际调查研究，通过中共合肥市委、市政府、市政协召开的民主协商会、社情民意座谈会、政协委员资政会和情况通报会等多种渠道，积极建言献策，发挥参政党作用。

围绕巢湖综合治理开发、促进全市文化大发展、大繁荣，以及城乡统筹发展、民生工程、学前教育和城市建设等问题，组织开展11项专题调研，形成3份参评专题调研报告、2份市政协大会发言材料和

5份市政协提案。市政协十二届五次会议期间，民盟市委提交的关于“食品安全”的提案，受到市政府高度重视，中共市委常委、分管副市长主持召开专题会议进行布置，市、县区政府和市食品安全部门制定措施认真落实，产生了良好的社会效益。在市政协十二届二十五次常委会上，民盟市委和盟内多名政协委员受到表彰，其中《关于规范网络视频监控系统建设和运行管理，形成统一协调的动态视频监控系统的建议》、《关于举办“中国巢湖温泉之乡文化旅游节”的建议》、《关于进一步落实“公交优先”，实现合肥公交跨越式发展的建议》等提案获优秀提案奖，《关于促进我市学前教育的建议》获优秀提案突出贡献奖，民盟市委被授予“优秀提案先进单位”称号。在市政协十三届一次会议上，民盟市委提交的《关于在环巢湖各乡镇建污水处理厂的建议》被列为中共市委书记批办重点提案，盟内政协委员提出的《关于加大对引进创业人才的政策扶持力度的建议》被列为中共市委常委批办重点提案，《关于拍摄10集动画系列片〈成语中的巢湖〉的建议》被列为市政协副主席领办重点提案，《关于尽快抢救和保护北闸老街，重现千年古镇历史风韵的建议》被列为市政协专委会督办重点提案。

通过修订和完善《民盟合肥市委关于加强参政议政工作的意见》以及《民盟合肥市委关于加强反映社情民意信息工作的通知》等项制度，进一步调动盟内人大代表、政协委员和广大盟员参政议政的积极性。民盟市委和盟内人大代表、政协委员全年共提交议案、提案57件；民盟市委及基层盟组织向省市政协、统战部和民盟省委等，共提交社情民意80份。其中，盟员撰写的《关于在中小学开设“生态文明教育”课程的建议》、《关于加强重症精神疾病患者服务管理的建议》、《关于加快推进合肥高效特色农业发展的建议》、《关于加强我市校园周边小餐桌监管的建议》、《关于大美合肥之思考》、《关于加快巢湖旅游业发展的几点建议》等6篇社情民意入选中共市委社情民意座谈会大会发言，受到市领导的高度重视和媒体的广泛关注。

教育参政是民盟参政议政的特色品牌。民盟市委积极响应民盟省委的号召，广泛发动，精心组织盟员参加民盟安徽省基础教育研讨会暨第五届“兴盟杯”基础教育研讨会论文征集活动，提交的论文数量和质量均名列全省第一，民盟市委被授予优秀组织奖。

【社会服务】 民盟市委围绕同心工程，积极组织开展农村教育烛光行动、送法下乡以及为民服务进社区等一系列社会服务活动，为构建和谐社会奉献爱心。

3月16日，法律支部组织开展“送法下乡柘皋行”活动。这次活动共发放宣传资料400余份，现场解答法律咨询100余人次。盟员律师们与柘皋镇司法所工作人员和基层人民调解员进行了座谈交流，为他们答疑解惑，排忧解难。5月1日，市第一人民医院支部组织7名医疗专家利用休假时间，在蜀山区荷叶地街道开展“医疗服务进社区”义诊活动，专家们热情为患者诊断病情，耐心解答有关医疗保健方面的咨询，积极宣传常见疾病的预防和治疗，受到社区居民广泛赞誉和热烈欢迎。

11月13日，合肥学院总支组织18名盟员赴池州市贵池区马衙小学开展以“大手拉小手，助学到池州”为主题的扶贫助学活动。盟员们自购400多册正版新书和文具，帮助马衙中心小学建立课外阅览室，为孩子们送去宝贵的精神食粮。池州市政协、贵池区政府等有关领导参加了活动。12月22日，合肥市第六中学支部组织部分骨干教师冒着风雪，前往庐江县第三中学，通过随堂听课、现场点评和课后座谈讨论等形式开展支教帮扶活动，该校领导和教师深受感动。

新年伊始，文艺支部和合肥六中支部共同策划并承办了主题为“让历史走进学校、让学生感悟历史——合肥六中历史文化周”系列活动，市教育和文化主管部门高度重视并给予大力支持，学校广大师生积极配合，活动开展得十分成功，新闻媒体对此作了较为充分的宣传报道，产生了良好的社会效益。

【自身建设】 民盟市委坚持人才强盟战略，扎实推进和巩固组织建设。年初，根据工作需要，对九届市委会专委会组成人员进行重新调整，将一批热心盟务、乐于奉献，或勤于笔耕的盟务活动积极分子充实到十届市委会专委会队伍中，使新一届专委会更加充满生机与活力。

理顺区划调整后的巢湖盟组织关系是加强自身建设的一项重要工作。民盟市委先后召开3次主委会进行专题研究，主要领导带队五赴巢湖市深入调查研究。在充分民主协商的基础上，11月上旬召开民盟巢湖市基层委员会成立大会，选举产生了民盟巢湖市第一届基层委员会，为巢湖市民盟组织正常开展各项工作提供了有力的组织保障。

2012年是省市区（县）人大

和政协换届之年，民盟市委在深入调查研究的基础上，及时主动与统战部门和市直有关部门联系协商有关事宜。全市有75名盟员担任新一届人大代表和政协委员，其中省人大代表3人，省政协委员3人（常委2人），市人大代表4人（常委1人），市政协委员40人（常委7人），区县人大代表7人、政协委员28人（常委7人）。

为加强基层组织建设，制定了领导班子成员和常委联系支部相关制度，并通过牵线搭桥，推动基层组织开展形式多样的联谊活动，增强组织活力。通过加大走访力度，进一步加强民盟市委与基层组织的联系，密切基层党盟关系，推进基层组织建设。全年共走访了24个基层组织及所在单位党政领导。

以学习贯彻中共中央《关于加强党外代表人士队伍建设的意见》精神为契机，按照着力建设一支政治素质高、代表性强、结构合理、数量较为充足的后备干部队伍的要求，为盟内88名优秀代表人士建立了数据库，实行动态管理。根据中共市委组织部和统战部的文件精神，组织盟内11名担任行政科级领导及大型国企高管参加中共市委党校优秀党外青年干部培训班学习。

在坚持“两个确保”和“两个结合”（确保政治质量和确保民盟在主体界别的数量优势，坚持与后备干部队伍建设相结合和坚持与参政议政工作需要相结合）的原则下，积极稳步做好组织发展工作，全年共发展54名新盟员。其中，本科以上学历47人（硕士、博士研究生10人），教育系统30人，具有中高级职称39人，较好地体现了民盟的主体界别特点。

（张西瑞）

中国民主建国会合肥市委员会

【概况】 2012年，中国民主建国会合肥市委员会（以下简称“民建市委”） 下辖1个基层委员会（5个基层支部）和4个总支部（21个基层支部），1个老龄委员会，7个直属支部。全年共发展新会员49人，平均年龄40.1岁，研究生学历5人，本科学历17人，中级以上职称10人，女会员9人。截至年底，会员总数为723人，平均年龄49岁，中级以上职称294人，占会员总数的40%；大专以上学历608人，占会员总数的84%，女会员279人，占总数的38%。

会员中，担任全国人大代表1人，省政府参事1人，省人大代表1人，省政协委员2人，市人大代表7人（其中常委1人），市政协委员36人（其中常委6人），县（区）人大代表8人（其中副主任1人，常委3人），县（区）政协委员39人（其中副主席1人，常委14人）。会员中，担任厅局级领导职务1人，县处级领导职务9人。会员中，共有25人担任党风党纪监督员、特约行政执法监督员、机关效能建设监督员等各类社会特约职务。

【60周年会庆活动】 2012年是民建市委成立60周年，根据方案安排，民建市委和各基层支部相继开展了一系列形式多样、内容丰富的纪念活动。

组织开展“庐江行”系列活动。在行政区划调整一周年之际，民建市委组织企业家会员走进庐江，开展参观考察、座谈交流、捐资助学和登山比赛活动。活动期间，曹昌仁等22名企业家捐出15万元资助庐江县30名贫困大学生；组织企业家参观考察了庐江县，部分企业家与庐江县达成投资意向；在冶父山开展了“伟宏杯”登山比赛。

组织部分会员赴重庆瞻仰中国民主建国会成立纪念碑，寻访白象街西南实业大厦民建成立旧址，参观重庆民主党派历史陈列馆，追寻革命前辈追求真理、救国救民的足迹，接受革命传统教育和心灵的洗礼。

续修了《中国民主建国会合肥市地方组织志》（2002—2011）、编印了《风雨同舟60年》画册。以史为鉴、存史资治，进一步激励广大会员继承会的光荣传统，爱岗爱会，建功立业，为会为社会奉献才智。

隆重召开民建市委成立60周年纪念大会。李修松、熊建辉、张雪平分别代表民建省委、中共市委和市各民主党派工商联致贺词。大会还表彰了先进支部、参政议政先进个人、优秀会员、优秀会务工作者和优秀企业家；组织编排了一台精彩的文艺节目。

【参政议政】 民建市委领导高度重视参政议政工作，并注重在参政议政工作中发挥集体智慧。参政议政工作成绩显著，参政议政成果有的被政府部门直接采用，有的得到新闻媒体的广泛关注，在社会上引起较好反响，提升了民建的影响力。

民建市委围绕合肥市的中心工作，突出重点，扎实开展调研工作。形成了《关于加快合肥夜市发展的几点建议》、《将环巢湖旅游打造成我省旅游产业链上的一颗靓丽明珠》、《关于实施“旅游名市”战略的建议》、《强化PM2.5治

理 切实抓好生态文明建设》等21篇调研成果。其中转化为省政协大会提案4篇，中共市委社情民意座谈会发言2篇，市政府议政会发言2篇，市政协大会发言3篇，市政协集体提案7篇。民建市委荣获中共市委统战部各民主党派工商联2011年度专题调研优秀组织奖，有3篇调研成果获奖，《加快实施分质供水切实提高省城水资源承载力》和《引导社会资本参与公共租赁住房建设》获一等奖，《关于推进我市新市镇建设的建议》获三等奖。

在市政协十二届五次全会上，集体提案10件，会员中的政协委员共提交提案54件，其中集体提案《关于推进合肥市大调解工作的建议》、《关于做大做强互联网产业 助力我市网络经济健康发展的建议》被列为中共市委领导阅批提案；高庆云委员提交的《关于我市小微企业发展融资难问题的几点建议》和冯修传委员提交的《关于加快发展社区养老机构建设的建议》被列为市长、副市长领办提案；冯修传委员提交的《关于扩建合肥市花冲公园的建议》和王卫东委员提交的《关于进一步对无偿献血者奖励的建议》被列为市政协主席、副主席督办提案。

12月，市政协对优秀提案进行了表彰，高庆云委员的《关于和我市高等院校、科研院所进一步密切合作的建议》获“十二届市政协优秀提案突出贡献奖”；集体提案《关于我市农村生活污水处理的建议》、冯修传委员提交的《关于扩建合肥市花冲公园的建议》和王卫东委员提交的《关于进一步对无偿献血者奖励的建议》获“十二届五次全会优秀提案”奖。

全年共编发社情民意15期，其中《关于解决安徽省立儿童医院大门附近交通拥堵情况的建议》得到中共市委常委、副市长周善武批示和市政府办公厅的书面答复；《老旧小区楼道灯何时再亮起》、《关于加快合肥城市道路微循环系统建设》等被民建省委采用；《建设环巢湖旅游大道要多留生态通道》、《关于切实加强城市公交站台管理的建议》等被市政协采用。

【社会服务】 民建市委新一届领导班子明确提出做好“两个服务”的工作理念：一是为会员服务，为会员企业服务；二是要关注社会，服务社会，做好社会服务工作。

领导班子把服务型机关建设作为机关建设的重中之重，坚持从实际出发，紧紧围绕为会员、为会员企业和社会大众服务这一主线，通过完善机制、转变作风、提高效能等措施，发挥机关咨询参谋、组织协调的枢纽作用，机关同志上下一心，踏实工作，使服务型机关建设得以不断推进。市委会领导定期走访困难会员及会员企业，悉心倾听他们存在的问题和困难，为会员办实事，为企业出实招。邀请合肥市中小企业局领导为企业家会员集体解读《合肥市支持小微企业健康发展政策汇编》，帮助符合政策的会员企业获得贴息贷款；帮助美源食品公司妥善解决土地指标问题；邀请市经济和信息化委员会领导考察集黎电气公司。组织部分企业家会员赴绍兴、温州考察学习；组织企业家会员参加民建省委组织的赴美国、赴台湾考察；组织企业家会员赴新疆参加民建中央举办的2012非公经济论坛。

继续开展扶贫助学“双百工程”。会员单位华夏旅游学校在金寨、岳西等革命老区招收贫困学生400人，减免学杂费400万元；会员单位安徽涉外经济职业学院从办学经费中拿出210万元，以减免学费、发放奖（助）学金、慰问金等形式资助在校大学生750人；会员单位安徽鸿石建筑公司坚持实施“鸿石爱心助学”计划，以签协议形式，资助家庭贫困且成绩优异的学生直至完成大学学业，已达82名。还有多名企业家也纷纷对贫困学子解囊相助，如：张崎琼、王国文、周铭锜、张雨捐助8万元帮扶岳西县5户贫困家庭子女上大学；张方兵捐资捐物3万元，帮扶合肥第六十八中学和芙蓉小学的30名贫困生；夏新发、吴宏斌、司先荣、范慎益、会友张小艾捐助巢湖市第二中学10名特困生共计2万元。

三十岗敬老院是民建市委长期帮扶的对象。2012年春节前，企业家联谊会送去价值6000元的棉衣、棉鞋，捐助2万元为敬老院安装监控设施；5月份，张崎琼为老人们捐助10台空调；端午节前张凤兰为老人们送去价值万元的物品。

继续实施“结对帮扶‘三老’工程”，24名企业家会员逐一走访慰问了25名结对帮扶的“三老”人员（老革命、老党员、老劳模），送去慰问金5万元。会员曹昌仁为大杨镇照山社区6名90岁以上高龄老人和7名重大病患者捐赠3万元。

【自身建设】 民建市委坚持把加强自身建设作为重要抓手，着力加强对会员的思想政治教育，不断完善基层组织建设，积极开展各项活动，自身建设水平进一步提升。

中共十八大会议期间，民建市委要求全市各级组织和广大会员认真收听收看大会盛况，研读十八大报告。常委会议和机关例会专题学习十八大报告、决议以及《人民日报》相关社论；举办十八大精神专题报告会，邀请中共市委党校副校长为会员授课。民建十大闭幕后，及时召开常委会传达学习会议精神，要求各基层组织认真学习中共中央贺词、民建中央十大报告和决议，弘扬优良传统、增进政治共识。召开十二届二次常委会专题学习中共市委中心组会议上提出的“讲大局、强责任、提能力、抓落实”精神要求。学习中共市委、市政府主要领导在中心组理论学习会上的重要讲话，并结合本职工作围绕“新跨越，进十强”展开热烈讨论。各基层支部响应市委号召及时开展了形式多样的学习研讨活动

积极筹备成立巢湖基层委员会，下半年召开了巢湖基层委员会成立大会。为方便开展活动，成立了市直机关直属支部；老年工作委员会顺利完成换届；合肥高新技术产业开发区直属支部班子进行了调整；庐阳区总支配合区行政区划调整，进一步落实《关于组建民建合肥市街道、社区基层组织的实施意见》，调整支部设置，成立了10个支部，其中有5个街道（工业区）支部。

2012年对各基层组织的会费收支情况进行了专项检查，规范了基层组织会费收支程序。通过检查进一步提高了会员缴纳会费的意识，增强了会员组织和纪律观念，促进了基层组织会费收支的公开透明，推动了基层组织活动的积极开展。不断加强会员对中国特色社会主义政党制度理论学习，加大会章会史以及统战知识的培训，强化了会员对多党合作政治制度的认识，引导会员进一步传承民建老一辈爱岗敬业、热爱会务的精神，促进会员自觉履行义务，牢固树立组织观念。

各级组织举办了丰富多彩的活动。民建市委暨企联会举办了新春联欢会；“三八”节组织女会员游览褒禅山；近百名老会员参观游览渡江战役纪念馆；召开了重阳节茶话会。包河区总支与中共包河区大圩镇委员会签署“合作共建意向文本”，探索与中共基层组织的互助共建机制；庐阳区总支组织律师会员为会员企业提供法律服务；瑶海区总支组织会员进行登山比赛、参观会员企业；蜀山区总支组织骨干会员开展座谈交流和游园活动；合肥经济技术开发区支部举行捐资助学活动；滨湖新区支部举行大型义诊活动。

为提升会刊《合肥民建》的可读性、参与性，调动更多的会员参与会刊的编印，改版后的会刊增设栏目，增加彩页，更多地展示会员风采。采用由民建市委主办，企联会、宣传部承办，部分会员企业协办的方式出刊。

全年在《团结报》、《江淮时报》、《新安晚报》、《安徽商报》、《合肥日报》、合肥电视台、合肥广播电台等媒体共发稿件40多篇；在民建中央、省级网站发稿50余篇；与市政协、合肥电视台联合制作《政协论坛》1期。

在民建安徽省委年底各项工作评比中，民建市委获组织管理信息化建设一等奖、参政议政工作先进单位二等奖和新闻宣传工作先进单位二等奖；会员毛学农获“宣传安徽先进个人”称号；张有升获“全国先进个体工商户”称号；万有瑄、王莉英、刘永平、范世珍、唐定杰、夏新发、龚存玲在庆祝民建安徽省委成立55周年活动中被评为“优秀会务工作者”；《浅议中华民族文化多元一体》获民建省委2012年度重点理论研究课题优秀成果二等奖。

（任 众）

中国民主促进会合肥市委员会

【概况】 2012年，中国民主促进会合肥市委员会（以下简称“民进市委”）下辖1个基层委员会，6个总支部委员会，49个支部委员会、1个小组，发展新会员8名，共有会员633人，平均年龄52.6岁。会员中大学本科以上学历的占89.5%，中高级职称的占80%。会员界别分布为：高等教育、普通教育、科学技术、医药卫生、文化艺术、新闻出版、公有制经济、新的社会阶层、司法机关、政府机关、党派机关和团体等。全会共有13人次应邀担任党风党纪监督员、行政执法监督员、特约审计员、机关效能建设监督员等各类社会特约职务。

民进市委第六届委员会有委员33人，常务委员12人。主委安岚，副主委陈葆华、郑小能、陈杰、韩一民、裴学文、程自堂。下设五个专门委员会：参政议工作委员会、妇女工作委员会、社会服务工作委员会、艺术工作委员会、老龄工作委员会。

【参政议政】 围绕中共合肥市委、市政府中心工作，民进市委深入调查研究，多渠道全方位地开展参政议政工作，全年形成调研报告22篇。

市政协十二届五次会议上，民进市委有7篇调研报告被列为大会交流材料，其中安岚撰写的《关于加快合肥地方金融体系建设的几点建议》由杨晓代表民进市委在大会上作口头发言，辛国芳撰写的《关于进一步加强我市食品安全监

管的建议》、宋玉荣撰写的《积极应对人口老龄化，大力发展养老服务业》、陈杰撰写的《关于进一步做好民生工作的建议》、马建敏撰写的《关注我市少数民族流动人口生活，维护民族团结，创建和谐城市》、陈远杰撰写的《关于开发合肥“城市矿山”的建议》、刘焕安撰写的《规范林地征占用，控制林地非法流失》等6篇被列为大会书面交流材料。

在合肥市各民主党派工商联专题调研评比中，安岚撰写的《关于加快合肥地方金融体系建设的几点建议》、陈远杰撰写的《关于开发合肥“城市矿山”的建议》、宋玉荣撰写的《积极应对人口老龄化，大力发展养老服务业》分别被评为专题调研成果二等奖；民进市委获组织奖。

市政协十二届五次会议期间，民进市委共提交提案36件，其中集体提案7件，有7件提案被列为市相关领导和部门批办、督办提案。杨晓撰写的《关于新医改后如何缓解“看病难、看病贵”问题的建议》被列为中共市委常委、副市长卢仕仁阅批提案；刘焕安撰写的《关于进一步加强全市矿山整治及生态修复工作的建议》和姚大全撰写的《关于集约用地破解土地“瓶颈”制约的建议》被列为副市长闫刚领办提案；方咸兵撰写的《关于发展合肥市旅游业的建议》被列为副市长杨增权领办提案；戴平撰写的《关于建立金融中介平台，解决中小企业资金困境的建议》被列为市政协副主席倪建华领衔督办提案；毛晓斌撰写的《关于积极治理PM2.5，改善大气质量的建议》被列为市政协副主席许天锡领衔督办提案；杨晓撰写的《关于新医改中我市应重点培养一批本土的健康“守门人”的建议》被列为市政协教体文卫专委会督办提案。

在省十一届人大五次会议上，郑小能提交了《关于解决大学生学习（上课）与就业矛盾的建议》和《关于进一步提升我省城市建设视觉艺术特色的建议》2件议案，并接受媒体采访，议案内容被《新安晚报》、《江淮晨报》、《合肥晚报》、“中安在线”等多家媒体刊登、转载。

在县、市、区两会上，民进会员人大代表、政协委员积极履职。民进巢湖基层委员会刘宗祥撰写的《关于加强农村环境整治力度，助力推进美好乡村建设》由张梅等10名代表提交巢湖市人代会，成为大会的一号议案。庐阳总支王昌余撰写的《关于加快三十岗湿地公园建设的建议》被列为庐阳区政协主席督办提案。瑶海总支汪昌柱代表和平路街道代表团在瑶海区人代会上作《关注农民工子女就学问题》大会发言。胡楠、姚进、方二妹、马红兵等市、区政协委员在“两会”上的发言引起了强烈反响。

10月，安徽省政协召开表彰大会，安岚撰写的《继续加强区域教育改革，促进区域教育均衡发展》获优秀提案奖。12月，市政协表彰了十二届五次会议之后的优秀提案、提案承办先进单位、提案承办先进个人和十二届市政协优秀提案突出贡献奖。韩一民撰写的《关于打造合肥文化品牌，促进文化产业发展的建议》获十二届市政协优秀提案突出贡献奖。杨晓撰写的《关于新医改后如何缓解“看病难、看病贵”问题的建议》、刘焕安撰写的《关于进一步加强全市矿山整治及生态修复工作的建议》、毛晓斌撰写的《关于积极治理PM2.5，改善大气质量的建议》被评为优秀提案。

民进市委加大社情民意信息工作力度，下发《民进合肥市委关于报送社情民意信息员的通知》，要求每个基层支部专人负责信息工作，并对市委委员和基层支部的信息报送量作出明确要求。在2012年合肥市社情民意座谈会上，民进市委报送的2篇材料被列为口头发言，6篇材料被列为书面交流材料，占总量的六分之一。其中，刘焕安撰写的《推进林木种苗管理，创建国家森林城市》、刘宗祥撰写的《加强合肥市区公厕建设与管理》被列为口头发言，辛国芳撰写的《杜绝“地沟油”流入餐饮业供应环节》、杨晓撰写的《推进县级公立医院改革，创新“合肥样本”》、汪倩撰写的《统一合肥市养老服务工作领导机构的建议》、阚少杰、毛晓斌撰写的《试行免费幼儿教师，提高学前师资素质》、刘宗祥撰写的《关于加快发展合肥现代物流业的建议》和《加速环巢湖旅游开发，打造国际度假旅游目的地》被列为书面交流材料。在市政协委员资政会上，刘宗祥撰写的《合肥温泉：“胜地”如何全力“制胜”》被列为口头发言，刘焕安撰写的《加强巢湖流域生态和水环境治理与保护，为合肥经济健康发展创造良好生态与社会环境》被列为书面交流材料。陈葆华撰写的《关于保护利用我省地热资源的建议》被中共安徽省委统战部采用，全文刊登在《安徽统一战线》2012年第11期上。安岚、刘红梅、刘新强等会员撰写的多篇社情民意材料被市政协采用，分别刊登在《社情民意》和《建言献策》等刊物上。

刘宗祥在资政会上作的关于合肥温泉问题的发言被《合肥晚

报》、《江淮晨报》、《环湖晨刊》等用大篇幅刊登。刘宗祥在社情民意座谈会上关于合肥老旧小区公厕布点的发言，受到中共省委常委、市委书记吴存荣的重视，引起与会人员的共鸣，《新安晚报》、《安徽商报》、《合肥日报》、《合肥晚报》、《江淮晨报》均给予重点报道。安徽电视台公共频道“夜线60分”栏目以“合肥公厕建设亟待完善”为题进行了8分钟的专题报道。《新安晚报》、《江淮晨报》、《安徽商报》分别以“巢湖旅游资源‘养在深闺少人知’”、“亮出更多巢湖‘宝贝’”、“抵制地沟油，餐修企要安装油水分离机”、“免费培养幼儿教师” 为题，对刘宗祥、辛国芳、阚少杰、毛晓斌的书面发言进行了报道。市政协《合肥文史资料全集》由安徽人民出版社出版，韩一民任副主编，参与全书的编辑。

民进市政协委员在政协年会分组讨论中积极发言，被各大媒体争相采访，王少泉的发言“统一校车的车种及配备规格和标准，让校车共享公交专用道”，刘宗祥的发言“高架等建筑外墙不建议做装饰”、“‘一公里’车程，给自行车设置大型停车场”、“设立公众开放日”等被《江淮晨报》分3期大篇幅刊登。

【社会服务】 民进市委本着发挥优势、突出特色、尽力而为、注重实效的原则，围绕“同心示范工程”，积极开展社会服务活动。市直总支在长丰县罗塘乡举行大型义诊活动，为当地农民免费检查身体、赠送常用药品。蜀山总支赴长丰县杜集乡大李小学捐资助学，慰问留守儿童，捐赠价值万元的教体用品。合肥学院总支联合庐阳总支赴肥东长临河镇送教下乡，分别给教师和学生作《教师心理健康的自我维护》和《趣味化学》专题讲座，并捐赠了一批体育器材。庐阳总支到长丰县夏店小学开展送教活动，并捐赠了一批体育运动器材。合肥市第八中学支部到肥东县桥头集中学帮扶献爱心，捐赠图书和学习资料。韩一民作为民进中央指派的安徽省唯一一名书画家参加中共中央统战部号召的“多彩贵州，魅力金沙”文化公益活动，赴贵州举办漫画讲座，帮助当地发展文化及教育事业，中央电视台、新华网、《人民政协报》、《江淮时报》、《合肥日报》均报道了此事。韩一民义务为市人民政府绘制了2012年合肥民生工程宣传册，发行数十万册，在社会上产生了广泛影响。韩一民获第四届安徽省美术大展金奖。

【组织建设】 民进市委按照科学发展观要求，不断加强基层组织建设，优化组织结构。巢湖市行政区划调整后，民进中央于2012年4月9日撤销地级民进巢湖市委员会。经请示民进安徽省委并与中共合肥市委统战部协商，决定成立民进巢湖市基层委员会。3月14日，召开六届二次主委会，成立筹备工作领导小组，研究通过《民进巢湖市基层委员会成立工作实施意见》。4月13日，民主推荐委员候选人，根据推荐结果，与各方面充分协商，确定5位委员候选人。10月30日，召开成立大会，成立民进巢湖市基层委员会，选举产生了第一届基层委员会领导班子，张梅为主委，刘宗祥为副主委，陈实、韩兵、胡祥怀为委员。12月12日，经六届五次主委会研究，同意民进巢湖市基层委员会下设五个基层支部：民进巢湖市基层委第一支部、民进巢湖市基层委第二支部、民进巢湖市基层委第三支部、民进巢湖市基层委第四支部、民进巢湖市基层委第五支部。任命张梅、陈实、胡祥怀、韩兵、刘宗祥分别兼任民进巢湖市基层委五个基层支部的主委，副主委由支部会员大会选举产生。

民进市委认真学习贯彻中共中央《关于加强新形势下党外代表人士队伍建设的意见》精神，推动后备干部队伍建设。全年共推荐骨干会员13人次参加民进中央、中共省委统战部、中共市委组织部、中共市委统战部举办的各类培训班，为骨干会员、后备干部提供各类学习进步的机会。7月，推荐10名会员参加由中共市委组织部和统战部联合举办的党外年轻干部培训班。瑶海总支积极向区政府推荐优秀会员，有2名会员被推荐担任区属学校副校长，多名会员被推荐到学校中层岗位。民进市委以省市人大和政协换届为契机，秉承高度的政治责任感，把一批年富力强、德才兼备、热爱组织的民进代表人士推荐为人大代表和政协委员。全市民进会员中有省人大代表1名，省政协委员2名（其中常委1名）；市人大代表4名（其中市人大常委会副主任1名），市政协委员24名（其中常委6名）；各县、市、区人大代表、政协委员35名（其中区人大常委会副主任1名，区政协副主席1名，区人大常委2名，区政协常委4名，县政协常委1名）。

【自身建设】 民进市委以学习践行社会主义核心价值体系活动、“同心”活动为抓手，发挥领导班子表率作用，带领全市民进会员认真学习贯彻中共十八大、民进十一大、省民进七大等重要会议精神，不断加强会内思想建设。在学习践行社会主义核心价值体系活动中，涌现出一批取得突出成绩、作出突出贡献的先进集体和个人。在民进中央召开的“学习践行社会主义核心价值体系总结表彰暨工作推动会”上，民进合肥市直总支被授予“民进学习践行社会主义核心价值体系先进集体”称号。

紧密结合时事政治，适时召开各类学习座谈会，举办各类培训班，组织开展形式多样的教育活动。4月，联合民进安徽省委向会员传达全国两会精神。中共十八大召开后，召开常委扩大会，共同学习十八大报告、决议及相关文件精神。各基层组织积极响应民进市委号召，以学习十八大精神为主题开展了形式多样的讨论活动。瑶海总支、市第三中学支部等多个基层组织收看十八大直播，召开学习研讨会，巢湖基层委、庐阳总支、学院总支、包河总支、市直总支纷纷举办各类庆祝活动，喜迎十八大的胜利召开。10月，在全会开展以“热爱祖国、热爱党、积极履行参政党职能”为主要内容的“同心同行，喜迎十八大”主题征文活动，各基层支部和会员积极响应，踊跃投稿，在会内营造了积极奉献、奋发向上的良好氛围。12月25日，召开庆祝十八大胜利闭幕文艺汇演，民进安徽省委、中共合肥市委统战部、市各民主党派、中共巢湖市委统战部以及各区委统战部等相关单位的主要负责人与全市200多名民进会员共同观看了演出。会员在欣赏节目的同时，也接受了一次思想教育，进一步认清了形势，明确了方向，坚定了与中国共产党团结奋斗的决心和信念。

围绕中心工作，以网站、会刊为宣传平台，增进与各级各类媒体的沟通、联系和协作，积极开展宣传工作，创造浓厚的思想舆论氛围。创新宣传工作方法，发挥基层组织的宣传主体作用，加大对基层组织的报道，各基层组织全年报送宣传稿件40余篇，有力地调动了基层组织的积极性，增强了基层组织的活力和凝聚力。全年在中央、省、市新闻媒体上刊登宣传稿件20余篇，各类报刊对报道参政议政成果、政协委员履职成绩20余次。王伟获合肥市政协宣传工作先进个人荣誉称号。

按照“理论研究与实际工作相互促进”的要求，以应用理论研究为重点，积极推进理论研究工作。3月，成立以程自堂为组长的课题组，积极参与民进中央参政党理论研究会的课题招标，就会员关心的重大理论问题和参政党建设及履行职能中亟待解决的现实问题，组织会员开展理论研究活动，撰写理论研究论文，及时报送研究成果，为指导民进市委开展工作起到了积极的推动作用。

开展内容丰富、形式多样的活动。“三八”节组织女会员参观响洪甸水库，重阳节组织老会员游览中国合肥非物质文化遗产园，为会员印制民进会员书画作品台历，春节前慰问101名70岁以上的老会员，组织开展主题征文活动，举办文艺演出等。瑶海总支以及合肥三中等8个基层支部召开学习中共十八精神座谈会，包河总支举办大圩葡萄采摘活动，庐阳总支组织会员参观刘铭传故居，包河二支部开展滨湖湿地森林公园游，市直五支部举办大型义诊，蜀山一支部开展重阳节慰问老会员活动，瑶海三支部组织会员参观省地质博物馆，职教支部为老会员举办金婚纪念活动等。

（王　伟）

中国农工民主党合肥市委员会

【概况】 中国农工民主党合肥市委员会（以下简称“农工党市委”）全年发展新党员29人，其中本科以上学历22人，高级职称6人，平均年龄38岁，医药卫生界13人，教育界7人，律师2人。党员总数为710人，其中医卫界429人，占60.4%；文化教育界109人，占15.3%；其他界别占24.3%。在人大、政协的换届选举中，全市农工党员当选省人大代表2人，省政协委员4人（其中常委2人），市人大代表5人（其中常委2人），市政协委员31人（其中副主席1人，常委6人），区人大代表3人，区政协委员22名（其中副主席1人，常委7人）。

【参政议政】 农工党市委积极参加中共合肥市委、市政府、市政协召开的各类协商会、通报会、座谈会以及各类考察视察活动，就经济建设、社会发展以及“十二五”规划和重要人事安排等，听取情况通报，倾听基层呼声，参与政治协商，坦诚建言献策。

深入基层，开展专题调研工作。先后在巢湖水环境整治与生态修复、发展小吃经济、优先发展公共交通、进一步加强职业病防治力度、完善孤独症儿童教育养护体系和在城市规划建设中如何彰显文化特色等6个方面开展考察调研。先后走访了市公交公司、市安全生产监督管理局、市职业病防治院、市卫生监督所、市疾控中心、市残联康复中心、市教育局、市特殊教育学校、安徽医科大学第一附属医院小儿神经科以及“春芽”、“蓝天”、“欢乐屋”等4家孤独症专业康复中心，了解情况，听取意见和建议。召开两次专题座谈会，邀请中共市委宣传部、市文化广电新闻出版局、市委政研室、市规划局、市发展和改革委员会、市旅游局、市环境保护局、市林业和园林局、市规划设计院、市城乡建设委员会、政务文化新区、合肥学院等十多家单位代表座谈。实地考察了城隍庙、霍邱路老旧宿舍、1956年茶餐厅、合钢老厂房、红四方老厂房等处，电话采访了6家民生工程孤独症定点康复机构，为调研搜集第一手材料。在充分论证的基础上，完成了6篇专题调研报告。这些调研报告经整理转化，分别作为市政府政协委员资政会、中共市委社情民意座谈会和市政协十三届一次会议发言材料。遴选了3篇专题调研报告“在城市规划建设中彰显文化特色的调查与思考”、“完善我市孤独症儿童教育养护体系的思考”、“进一步加强职业病防治力度，保护劳动者身体健康”报送中共市委统战部，参加年度全市统战系统调研成果评选。《关于在我市推行城市生活垃圾分类试点的调查与思考》和《进一步完善合肥市流动人口服务管理的若干思考》两篇调研报告获2011年度市民主党派工商联专题调研成果一等奖，这也是连续第六年获得调研成果一等奖，农工党市委获组织奖。

在市政协十二届五次会议期间，共提交提案47件，反映全市经济社会发展中的重要问题和关系人民群众切身利益的热点难点问题，许多建议得到了有关部门的重视和采纳。其中，“关于进一步改变会风的建议”被列入中共市委、市政府领导阅批提案；“关于进一步加强出租车管理，缓解市民出行难的建议”被列入市长、副市长领办提案，并获市政协优秀提案奖；“关于积极治理PM2．5，改善大气质量的建议” 被列入市政协主席、副主席督办提案；“关于在合肥市口腔医院建立外宾口腔诊疗中心的建议”被列入市政协专委会督办提案。向农工党省委报送提案材料中有6篇被选用，“关注农村留守儿童，完善留守儿童之家”的建议，被选为农工党省委的重点提案，在省政协十届五次会议上提出，得到中共安徽省委领导的重视，省委副书记孙金龙作了批示，被省政协评为优秀提案。

积极反映社情民意信息，提供解决问题的办法和思路，为决策部门了解情况、制定政策提供参考。年初召开宣传信息员工作会议，加强与宣传信息员的沟通，对全年信息工作要点和任务提出要求。全年共征集社情民意信息30余件，编辑、整理并向农工党省委、市政协和中共市委统战部报送社情民意信息30件，多数稿件被采用并向有关方面转报，有9篇社情民意信息稿件在省市媒体上刊登。“允许初中生自备上午课间餐的建议”被省政协《社情民意》专刊采用；“增加安徽省博物馆新馆人性化设施的建议”被中共省委统战部评为优秀信息；“关于加强公共垃圾桶卫生管理的建议”和“关于在西二环与天达路路口设置红绿灯的建议”、“健康体检要因人而异”、“加强在校学生的礼仪教育”被市政协《社情民意》专刊采用。在全市统战系统信息统分情况通报中，农工党市委名列前茅，被评为社情民意信息工作先进集体，机关一名专职工作人员被评为先进个人。艺术支部秘婉婉在市政府政协委员资政会上作了题为“传承城市中的味觉记忆 发展舌尖上的小吃经济”的发言；副主委林莉在中共市委社情民意座谈会作了题为“优先发展城市公交，满足百姓出行需求”的发言；市第三人民医院支部陈立在市政协十三届一次全会上作了题为“老建筑：在城市文化传承和发展中不可或缺”的发言。这些发言均取得了良好效果，有的得到了市领导的现场点评，有的作为合肥电视台“政协论坛”栏目的拍摄题材，《江淮时报》、《合肥日报》、《合肥晚报》和《江淮晨报》均对发言的主要内容作了宣传报道，发言的主题被作为媒体报道的主标题。

【社会服务】 农工党市委组织党员开展送医送药、义诊、法律咨询和助残扶贫等多项社会服务活动。作为第五届“中国环境与健康宣传周”系列活动，联合农工党省委在蜀山区三里街街道开展“养生讲座进社区”健康教育活动，近百人到场听讲。在巢湖市举办一期基层医务人员培训班，由市第一人民医院总支副主委、医学博士刘尚全为巢湖市基层医务人员讲授糖尿病人的用药知识，巢湖市社区卫生服务中心和乡镇卫生院的80余名基层医务工作者参加培训。联合市少儿图书馆赴金寨县张冲乡黄畈村中心小学，赠送少儿书籍2000余册、书架十余副，并给寄宿的孩子们带去中秋月饼和其他食品。

各基层支部积极开展形式多样的社会服务活动。新春佳节之际，在全市供血紧张的情况下，市中心血站支部响应站内号召，倡议站内符合献血条件的农工党员们义务献血。市妇幼保健所支部多次组织骨干党员参加专业知识培训活动，部分党员分批次对全市各县妇幼保健机构、乡镇卫生院、社区卫生服务中心所有的儿童保健医师，进行儿童心理卫生保健适宜技术培训。市第三人民医院支部组织农工党一线医务专家赴包河区敬老院义诊，为九十余名老人进行了多科综合性诊查，提供慢性病控制治疗方案，发放健康知识资料。艺术支部党员画家走进市刑警支队，参加由市刑警支队举办的“书画进警营”活动。艺术支部党员画家一行15人还应邀走进合肥市第六十二中学，参加由合肥高新技术产业开发区社会事业局、市美术家协会和该校共同举办的“书画进校园”活动，现场挥毫作画，并指导学生作画。蜀山支部联合蜀山区残疾人联合会组织合肥锦雯言语康复中心、合肥春芽残疾人互助协会的150多名残疾儿童参观合肥野生动物园，让孩子们度过了一个愉快的节日。庐阳支部联合庐阳区政协科教文卫组，组织医疗卫生专家赴大杨镇义诊，为当地居民进行了多科目检查和咨询服务，免费发放了健康教育资料300余份。市中心血站赴金寨老区开展捐资助学活动，为贫困地区留守儿童传递一份爱心，共捐献书包和文具50套、文学名著等课外读物420本、运动器械60副，胡晓玉等5人与5名贫困学生进行“一对一”捐资助学，并对他们的学习和生活情况长期关注。

【自身建设】 农工党市委深入学习贯彻中共十七届六中全会精神、胡锦涛“七一”讲话精神和在纪念辛亥革命100周年大会上的讲话精神，推进社会主义核心价值体系“学与行”活动。召开十届三次全委会，专题学习中共十八大会议精神，与会人员踊跃发言，畅谈学习体会，并分别提交书面学习心得。通过学习，全体党员的思想认识进一步提高，切实把思想和行动统一到中共中央的决策和部署上来，进一步坚定了坚持中国特色社会主义道路的信念，多党合作的思想政治基础更加巩固。

进一步建立健全领导班子理论学习制度、会议制度和述职评议制度。坚持民主集中制原则，领导班子团结和谐，促进了各项工作的全面发展。后备干部队伍建设继续加强。

区划调整后，按照农工党省委的部署，在中共市委统战部的指导和协助下，成立了农工党巢湖市基层委员会，选举产生了领导班子，并由基层委组建3个支部。由于机构调整，撤销市第八人民医院支部，其原有农工党员并入市第二人民医院总支。鉴于市第一人民医院总支、市第二人民医院总支退休人员多、在职人员工作忙、活动安排协调难等原因，在两总支内部分别成立退休支部。

关心老党员生活，成立老党员专委会。指定一名机关人员担任老委会专职工作人员。建立例会制度，研究安排老委会工作。老委会全年看望慰问党员31人次，送出各类慰问金12000多元。开展骨质疏松免费检测活动，参检党员近百人，筛查出骨质疏松党员40余人，免费发放了治疗药品，价值30余万元。组织老党员提出社情民意信息20余条。

（卞华玉）

中国致公党合肥市委员会

【概况】 中国致公党合肥市委员会（以下简称“致公党市委”）下设1个基层委员会、3个总支部委员会、12个支部委员会，设有参政议政、海外联谊和社会服务3个专门委员会。截至2012年底，全市共有致公党员206人，分布在高等教育、普通教育、职业教育、医疗卫生、文化艺术、新闻出版、法律、金融、司法、非公有制经济、政府机关等界别。其中，本科以上学历159人，占党员总数的77.18%；高级职称72人；市级以上人大代表6人；市级以上政协委员11人。

【思想建设】 致公党市委通过举办学习会、研讨会、报告会等形式，认真组织党员学习贯彻中共十八大和致公党安徽省第五次代表大会精神。组织党员参加中共省、市委统战部举办的民主党派市级组织负责人培训班和党外年轻干部培训班。按照“同心工程”工作要求，制作《致公党合肥市委会四届任期规划》、《致公党党史》等课件，由致公党市委主要领导带队，赴各市属组织向广大党员宣讲规划、解读文件，让党员重温党史，由党员介绍海外工作、联谊经历。

【参政议政】 致公党市委成立了新一届参政议政专委会，按照“工作积极、能力公认、成绩突出”的原则，选择参政议政素质高的党员担任专委会成员。明确专委会成员职责，规范专委会工作流程，让专委会成员既有压力又有动力。同时要求全体党员每年至少提交一篇社情民意信息，鼓励党员积极参与课题调研，规定参与调研成绩突出的党员经申请批准后可加入参政议政专委会队伍。

精心准备社情民意座谈会和政协大会发言材料。在市政协十二届五次会议上，致公党政协委员共提交大会发言、提案20件，其中

《关于在我市大力发展云计算的建议》、《关于大蜀山做好规划并科学管理的建议》被列为市长、副市长领办提案。《构建和谐劳动关系》、《合肥市战略性新兴产业发展特点、存在问题及对策思考》分获市民主党派工商联专题调研成果二、三等奖。主委程晓舫参加了“致公党浙沪皖苏长三角区域合作发展论坛”，在大会上作《为何研究开发难以独立成为一个行业》报告，受到与会专家、领导的好评。

致公党市委多次召开专题会议，成立专项课题调研组，采用“市委会领导牵头协调、参政议政专委会成员执笔、广大党员积极参与”的方式开展调研。课题组分别赴安庆、蚌埠、滁州、凤阳等地就养老机构建设、巢湖畜禽养殖业污染防治、家政服务行业发展、农业专业合作社发展等社会热点问题深入调研。期间还邀请定居美国的华人教授到市委会介绍国外的养老模式。形成《巢湖流域畜禽污染防治的调研》、《家政服务行业调研》2篇调研报告。

【社会服务】 致公党市委持续开展“四个一工程”（即每年培训一批弱势群体人员、慰问一次敬老院、帮扶一户困难侨眷、资助一批困难学生），确定天堂寨前畈村农家乐项目为社会服务工作基地。

各基层组织积极开展社会服务活动。蜀山总支部7月为蜀山区统战系统义务开展办公自动化培训；8月为蜀山区贫困残疾人开展为期一周的实用技术培训；12月组织党员参加国际志愿者日义务服务。庐阳总支部2月从庐阳区侨务局争取2000元和总支活动结余的经费1000多元，购买礼物，看望7名归侨、侨眷和台属老党员，带去组织对他们的问候和关爱；3月，向淮南市谢家集区孤堆岗小学捐款18000元，用于解决该校图书馆图书不足的问题。包河支部12月前往大圩镇沈福村看望留守儿童，并捐赠了书籍和体育用品。

9月，副主委盛吉琛被致公党中央授予“社会服务工作先进个人”称号。

【海外联谊】 根据致公党党员中归侨多的特点，致公党市委成立了“海外工作运行小组”，专门负责海外联谊工作。认真梳理党员中的海外关系和留学归来情况，出台《关于进一步促进、支持基层组织开展海外联谊工作的暂行办法》，指导市属组织出国访问，使海外联谊活动实现从“一花独秀”向“百花争艳”转变。在致公党市委指导下，巢湖基层委员会于8月15日赴台湾进行为期8天的交流访问，拜访台湾地区新洪门党，受到新洪门党主席蔡龙坤的热情欢迎，从而实现基层组织海外联谊活动的新突破。9月，致公党市委拜访皖籍台湾友人汪慎之等，就发展两岸关系、加强两岸青年交流等话题展开广泛深入的交流。10月，与致公党省委海外联谊专委会联合举办晚会。12月，参与市归国华侨联合会换届工作，2名致公党员当选新一届侨联委员。

【组织建设】 适时推动新的基层组织设立，发挥民主党派的职能和作用。3月，致公党市委批准成立省立友谊医院（后更名为“省立第二医院”）支部。10月，成立巢湖市基层委员会，下设3个支部。

经过7、8、9月近三个月的努力，搜集资料、调研走访，编写了1万多字的《中国致公党合肥市委员会简史》，完整地总结了建党15年来在组织建设、参政议政、海外联谊、社会服务等方面的工作，保存了大量珍贵的史料。

开展基层组织工作方法大讨论。11月，致公党市委开展“基层组织建设之我见”征文、演讲、评选活动，就市委会—总支—支部架构下，如何做好基层组织工作这一主题开展讨论，通过广大党员的集思广益，对市委会、总支、支部三个层面如何分工协作、各司其职，完成市委会各项工作，提升组织的凝聚力、向心力有了更深的认识，有较强的指导意义。

（王　青）

九三学社合肥市委员会

【概况】 2012年，九三学社合肥市委员会（以下简称“九三学社市委”）共发展新社员33人，其中，高级职称14人、博士6人。截至年底，社员总数428人，平均年龄52.38岁，高级职称234人，占社员总人数的54.4%；女社员164人，占38.14%。

自2011年区划调整后，巢湖市九三学社65名社员整体划入九三学社合肥市委（之后，1人转至九三学社芜湖市委，2人转至九三学社省委）。2012年10月，九三学社巢湖市基层委员会成立。12月，巢湖市对原来的4个支社进行调整，形成4个新的支社。因人数较多，庐阳区新增1个支社（第六支社）。九三学社市委下设瑶海、庐阳、蜀山、包河区和巢湖市5个基层委员会、1个机关直属小组、22个支社，有科技经济、教育医卫、妇女、老年4个专门委员会。

全市社员中担任九三学社中央委员1人，九三学社省委委员2人

（常委1人），省人大代表1人，省政协常委1人，市人大代表3人（市人大副主任1人、常委1人），市政协委员17人（常委4人），县区人大代表4人（县人大副主任1人），区政协委员16人（副主席1人、常委4人）。在实职安排方面，有1人任市科学技术协会专职副主席、1人任区政府副区长。

【思想建设】　九三学社市委通过会议等形式，传达学习国家、省、市重要会议和文件精神，提高领导班子及广大社员的政治觉悟和思想水平。2月16日，召开主委扩大会议，传达学习中共市委中心组理论学习会议精神。8月1日，召开机关办公会议，学习胡锦涛总书记7月23日在省部级主要领导干部专题研讨班上的重要讲话精神。11月8日，九三学社市委机关人员集体收看中共十八大开幕式；9日，召开七届五次主委扩大会议，专题学习胡锦涛总书记所作的题为《坚定不移沿着中国特色社会主义道路前进，为全面建成小康社会而奋斗》的报告。

以开展向杨佳、刘瑞玉同志学习活动为切入点，深入开展树立和践行社会主义核心价值体系活动。向九三学社中央上报学习杨佳征文6篇，其中，阚春秀撰写的《跌倒了　站起来》入选九三学社中央编印的《心灵之光——向杨佳同志学习活动征文选集》。12月，九三学社市委被九三学社中央授予“学习践行社会主义核心价值体系全国先进集体”称号。

加强对领导班子、基层骨干、新社员和机关人员学习培训。7月，推荐8名中青年骨干社员，参加由中共市委组织部和市委统战部在市委党校举办的党外干部培训班学习。同月，副主委何庆瑞、刘进竹、丁爱农参加中共省委统战部在省社会主义学院举办的省市民主党派负责人培训班学习。11月，副主委刘进竹、秘书长范恒碧和社员戴绍平参加九三学社省委在安庆举办的参政议政和信息工作研讨培训班学习交流。12月，主委陈栋、副主委何庆瑞分别参加中共省委组织部、宣传部、统战部联合举办的全省党外干部学习贯彻十八大精神市厅级和县处级轮训班学习。同月，对基层组织骨干、机关工作人员和2011年6月以后入社的新社员进行社史和参政议政工作培训，九三学社省委宣传部部长李建华、参政议政部部长卢明霞分别主讲，40余人参加培训。此外，机关人员也积极参加各种业务培训学习。

【参政议政】　九三学社市委始终把参政议政工作作为各项工作的重中之重。4月，召开参政议政工作座谈会，研究2012年参政议政工作计划，确定专题调研课题。7月，九三学社省委副主委檀莉、市委主委陈栋等一行赴九三学社江苏省委调研参政议政工作，听取九三学社江苏省委、南京市委参政议政工作经验介绍，特别是信息工作的经验和做法。8月，九三学社省委、市委联合邀请全国人大代表、九三学社亳州市委主委徐景龙作参政议政专题讲座。

9月，九三学社省委、市委赴河南省平顶山市专题调研新型农村社区建设。11月，九三学社市委调研组就巢湖治理课题前往水利部太湖流域管理局调研；就新能源汽车课题赴安徽江淮汽车集团调研。12月，形成关于新型农村社区建设、巢湖治理、新能源汽车等调研报告10篇。其中，《加快发展新型农村社区　推进合肥美好乡村建设》作为市政协十三届一次会议大会书面发言，并作为九三学社省委招标课题，转化为省政协十一届一次会议书面发言。《关于加强我市工业遗产保护利用的调研报告》、《关于强力促进合肥市纯电动新能源汽车推广应用的建议》和《重视耕地质量，确保粮食安全，促进农业可持续健康发展》等3篇均转化为省政协十一届一次会议提案；《关于强力促进合肥市纯电动新能源汽车推广应用的建议》作为市政协十三届一次会议口头发言。

11月，市政府召开政协委员资政会，副主委许桂宝作题为《关于建设合钢1956/1958工业文明博览暨文化创意产业园的建议》口头发言，《合肥日报》、《合肥晚报》等媒体予以报道。12月，中共市委召开社情民意座谈会，许桂宝、凌红兵分别作题为《关于进一步加强事业单位非税收入管理的建议》和《将南淝河两岸（寿春路桥—当涂路桥段）打造成特色休闲街区》口头发言。

九三学社市委2011年调研报告《建立健全企业职工工资正常增长和支付保障机制的建议与对策》获市民主党派、工商联专题调研成果二等奖，《关于我市蔬菜产业结构现状与调整策略》、《加强和完善我市“村村通”公路建设管理的建议》两篇获三等奖。《关于建立健全企业职工工资正常增长和支付保障机制的建议》获九三学社省委参政议政课题成果二等奖，另两篇获三等奖。

九三学社市委及社内各级人大代表、政协委员共提交议案、提案60多件。许桂宝的《关于尽快制定区域性特大城市规划的建议》作为中共省委常委、市委书记吴存荣阅批提案，王向阳的《关于对我市无偿献血工作的几点建议》作为市政协副主席奚芝英督办提案。九三学社市委的《关于建立健全企业职工工资正常增长和支付保障机制的建议》，王向阳的《关于对我市无偿献血工作的建议》被评为市政协优秀提案。金维平的《关于统筹规划，科学治理巢湖的建议》、许桂宝的《关于合肥市区划调整后规划建设的建议》获市政协“优秀提案突出贡献奖”。九三学社市委获“合肥市政协十二届五次会议优秀提案先进单位”称号。

全年向九三学社省委、市政协、中共市委统战部等部门报送信息70多篇。戴绍平的《关于修订〈生产安全事故报告和调查处理条例〉的建议》被九三学社中央采用，另有3篇被省政协采用、6篇被中共省委统战部采用。其中，范媛媛的《加强城市公共场所禁烟管理的建议》和戴绍平的《地方政府BT项目中存在的主要问题》等2篇获省长李斌批示。

社内30多名各级各类监督员，认真履行职责，受到好评。其中，许桂宝被评为市“优秀政风行风监督员”，杨祖梅、童家云为“优秀政风行风监督员小组”成员。

许桂宝被九三学社中央授予“2011-2012年度参政议政先进个人”称号。

【社会服务】 九三学社市委积极发挥社内优势，认真开展“同心工程”、“讲科普”等社会服务工作。

在主委、合肥市第一中学校长陈栋的倡导与努力下，合肥一中积极响应并大力支持“同心工程”活动的开展，为金寨县果子园乡中心学校2012年度初三毕业生提供了5个免费就读名额，还给予每名学生一定的经费资助。7月，张其旺、张家梁、董曙光、韦翔宇等4名社员精心准备5幅作品，参加中共省委统战部组织的“同心”书画大赛。赛后作品公开拍卖用于设立“同心”文化基金，支持全省统一战线开展文化活动，帮助有关地区进行文化建设。陈晓春、戴绍平等社员作为九三学社省委专委会成员，多次前往六安、金寨、寿县等地，调研考察，为当地社会经济发展献计献策。

10月，社员孔祥云、金杰、陈群、刘泽、刘珉燕、罗晓革、唐敏、程乐华、康辉等9人，为长丰县城关中学、庐江县乐桥镇初级中学等四县一市四区10所中小学的2200多名学生，讲授极地与极地环境科学、微量元素与人体健康、现代生活与化学品污染等科普知识。

为认真开展第二十四届“国际科学与和平周”活动，11月，九三学社省委、市委组织社内医疗专家赴巢湖市夏阁镇敬老院，为近60名老人体检，并送去价值近万元的棉衣棉被等慰问品。

【建功立业】 全市社员在各自岗位上扎实工作，取得佳绩。社员方明、刘泽获“安徽省科学技术奖一等奖”；张献获“2010-2011年度省院共建科学岛突出贡献奖二等奖”， 吴启超获省财政厅授予的“先进工作者”称号，陈兵获“安徽省对口支援松潘县恢复重建工作先进个人”称号，马先发获“安徽省污染减排工作先进个人”称号， 姚玲玲获首届“安徽省优秀女律师”称号，朱海燕获农业部环境监测总站授予的“2012年度全国农业资源环境监测先进个人”称号，张其旺获中国纺织工业联合会授予的“教育教学成果三等奖”，谢中平获中石化联合会颁发的“科技进步二等奖”以及中国轻工业联合会授予的“‘十一五’科技创新先进个人”称号，许朝阳获省住房和城乡建设厅、省人力资源和社会保障厅联合授予的“安徽省工程勘察大师”称号，田虹获“安徽省治理‘小金库’专项工作先进个人”称号，陈茜获“安徽省第三届大学生艺术展演活动高校艺术教育科研论文二等奖”、“指导节目获三等奖”，吴醒生获“安徽省优秀项目总监理工程师”称号。

【宣传交流】 全年有60多篇宣传稿件被九三学社中央、中共省委统战部、九三学社省委等网站刊物和新闻媒体采用。其中，九三学社中央网站刊登30余篇，中共省委统战部网站刊登10余篇，九三学社市委网站刊发宣传稿件60多篇、图片百余张。

通过调研等方式，加强与外省、市九三学社的交流。6月，九三学社合肥市委、马鞍山市委、亳州市委赴淮南学习交流，并与九三学社淮南市委进行座谈。九三学社蚌埠市委主委苏学云一行、九三学社营口市委副主委赵福江一行分别于5月和10月到九三学社合肥市委调研座谈。

【开展活动】 九三学社市委、各区基层委开展了大量不同形式的活动。9月2日，九三学社省委、市委共同举办九三学社成立67周年纪念大会，九三学社市委主委陈栋主持，九三学社省委主委赵韩出席并讲话，九三学社省委副主委陈乾旺、李溢湘、檀莉，中共市委统战部常务副部长束道银等参加。陈乾旺作题为《纳米技术与人类健康》主题报告。大会还安排了文艺演出。

“三八”妇女节组织女社员游安庆巨石山，重阳节组织老年社员游滨湖湿地森林公园。瑶海区基层委组织社员参观巢湖姥山岛、中庙和滨湖新区。庐阳区基层委组织社员游中国合肥非物质文化遗产园。蜀山区基层委组织社员游褒禅山。包河区基层委组织社员赴长丰摘草莓，游杜集鸟岛，参观五七干校旧址，游大圩和烟墩滨湖现代农业开发区，游歙县古城等。

（范恒碧）

合肥市工商业联合会

2月25～27日，合肥市工商联（总商会）第十三届会员代表大会召开

【概况】　2012年，合肥市工商业联合会（以下简称“市工商联”）各项工作取得了较好的成绩，先后获全省服务非公经济先进单位、全省信息工作先进单位、全市双拥工作先进单位、提案工作先进单位、调研工作优秀组织奖、“中国（合肥）家电博览会”保障工作先进单位、合肥慈善奖等多项荣誉称号和奖项。

2月25～27日，市工商联（总商会）第十三次会员代表大会在稻香楼宾馆召开。省市领导吴存荣、张庆军、陈翔、熊建辉等出席会议，参会代表410名，选举产生了新一届领导班子，确认了原地级巢湖市工商联转任合肥市工商联人员名单。合肥华泰集团董事长陈先保当选为市工商联（总商会）主席（会长），市委统战部副部长、市工商联党组书记罗勇当选为市工商联（总商会）第一副主席（副会长）。市工商联有副主席38名，总商会有副会长31名，秘书长1名，常委、执委共277名。

截至年底，市工商联有会员26887个，其中企业会员13329个；行业协会商会（包括团体会员）63个，省级团体会员9个、市级45个、县区级8个。市工商联联系、指导的行业协会29个，合肥异地商会25个，异地合肥商会2个，市场商会5个，其他类1个。

【思想建设】　市工商联开展“走基层、转作风、改文风”活动，自觉落实思想工作“三贴近”（贴近实际、贴近生活、贴近群众）要求。市工商联主办的刊物《合肥民商》深入宣传中共十八大精神、省市关于扶持非公有制经济健康发展的系列政策、意见等，全年出版发行14期，以“封面人物”的形式对12名企业家进行了专访，对引导民营企业转型升级、推动企业做大做优做强发挥了积极作用。

构建多元宣传平台，不断优化服务，用正确的舆论引导和推动非公有制经济发展环境建设。中共十八大召开前夕，市工商联与市委宣传部合作，在《合肥日报》、《合肥晚报》、《江淮晨报》以及合肥广播电视台、“合肥在线”网推出了“迎接十八大民营经济茁壮成长”系列报道，14个会员企业登上《合肥日报》头版。市工商联机关活动和非公有制经济领域的宣传报道出现在平面媒体上有一百余次，电视台影像资料八十多分钟。全市非公有制经济领域的重要报道有两次出现在《合肥日报》头版头条。

市工商联开展了“保持党的纯洁性”主题教育实践活动和创先争优活动，组织机关人员、企业家深入学习贯彻中共十八大精神和中央关于改进作风建设的八项规定，认真做好春节、重阳节慰问老会员、老工商业者和离退休老干部活动。

【参政议政】　市工商联认真做好工商联界别政协委员和优秀社会主义建设者推荐工作。在新一届人大代表、政协委员队伍中，市工商联有市人大代表23名、市政协委员70名，省人大代表5名、省政协委员8名。推荐7个单位参加省优秀中国特色社会主义建设者评选。通过县区推荐，评选出合肥市第四届优秀社会主义建设者85人。

在市政协十二届五次会议上，工商联界别委员和会员委员共提交提案30件。其中，王光太委员提交的“关于促进房地产行业健康稳定发展的建议”由市长张庆军批办；王正前委员提交的“关于推动新兴文化产业发展的建议”由副市长吴春梅领办。省委常委、市委书记吴存荣在政协会议上，认真倾听工商联界别委员们的意见建议，指示工商联要组织活动，推动解决巢湖市、庐江县融入大合肥和中小企业“两难两高”（融资难、用工难、成本高、税费高）等重点问题。6月上旬，市工商联组织30多名企业家，参与讨论合肥市新一轮规划方案，促成了新规划的局部调整。市工商联先后撰写了《大力发展城市商业合作社、解决我市小微企业融资困难》、《关于农作物秸秆综合利用的思考》、《科学规划、重点建设、把合肥建成全国重要的电子商务基地》、《立足本土特色、加快我市民营文化产业的发展》、《为外来务工者营造美好家园——关于加强我市企业人文关怀的思考与建议》、《继续抓好效能建设 进一步优化投资经营环境 促进我市非公经济持续快速健康发展》等意见或建议，分别在政府资政会议、市委社情民意会议以及政协大会上发言。市工商联全年主办、会办提案3件，向市政协提交2份团体提案，另向省工商联提交了关于推广城市商业合作社的提案，在省政协会议上得到采用。

市工商联撰写的《关于发展我市现代物流业的调研报告》受到省委常委、市委书记吴存荣高度重视，由副市长吴建国牵头成立专项工作领导小组，指导加强全市物流业建设。完成了百家非公有制企业问卷调查、合肥市商贸服务业调查，配合省委统战部、市委统战部开展非公有制企业党建工作调研，完成了合肥市2011年非公有制经济发展报告。市工商联获得了市委统战部“2011年度合肥市民主党派工商联专题调研工作优秀组织奖”。钢贸商会、工程机械商会、厨具商会、建材商会等行业协会商会开展行业内调查研究，撰写了行业发展报告多篇。

【经贸服务】 市工商联实施“大走访”活动，把解决企业实际困难、招商引资、经贸交流和换届考察等结合起来，全年分批次走访企业330余个，基本做到执委以上企业全覆盖。协调解决四季青服装商会、液化石油汽公司因市政施工而引发的道路问题、五金机电商贸城业主办理营业执照和福州商会会员子女入学难等问题，受到企业好评。

开展“民企进巢庐”活动，促进企业与地方的投资合作。全年先后组织260多人次民营企业家、商会协会会长赴巢湖市、合肥巢湖经济开发区、庐江县进行投资考察。先后多次陪同市莆田商会、国购集团等十多个企业商会赴巢湖、庐江考察，为企业与巢湖、庐江合作打下了坚实基础。

发挥联络优势，开展形式多样的经贸活动。组织会员积极参加“中国合肥·上海投资环境推介会”、“合肥之友”联谊会、广州中小企业博览会、安徽佳禾与合肥工业大学联合开发的节能建筑材料推介会等，与庐阳区工商联联合举办商会协会及会员总部经济基地对接会。

接待了美国德克萨斯州达拉斯市政府暨达福地区台湾商会中国经贸访问团，组织企业家与达拉斯市副市长艾金斯一行座谈交流。陪同安徽利华塑业赴荷兰、比利时考察德华科空调项目。组团赴美国、加拿大实地考察农业产业化及民间商会建设。组织行业协会商会秘书长赴香港考察学习商会组织。陕西省、青岛市、莆田市、泉州市等地工商联先后派员到合肥市工商联考察交流工作，天津市河西区工商联与合肥市工商联签订了友好商会协议。

开展银企对接，为企业融资做好服务。配合民生银行合肥分行在市五金商会、汽配商会、泉州商会、服装商会、物流商会等成立“城市商业互助合作社”，为企业搭建有效的融资平台。2012年民生银行合肥分行、兴业银行合肥分行为市各行业协会商会会员企业发放贷款20多亿元。

开展民营企业百强排序、人才招聘、科技奖项申报等工作。有167个企业申报“民营企业百强”，有36个企业进入省“民营企业百强”名单，有18个企业进入“五十强”名单，其中国购集团、绿宝集团、龙桥矿业、光太集团、华泰集团和文一集团等6个企业进入“十强”名单。组织企业申报全国工商联科学技术奖、卓越绩效奖，安徽安利合成革股份公司获二等奖。

【维权维稳】 市工商联积极参与新经济组织服务管理创新工作，完成新经济组织服务管理创新项目验收；充分发挥商会在调解民商事纠纷方面的优势，依法灵活做好调解工作，切实推进“和谐企业”、“平安企业”建设，并将成功案例在《合肥日报》、《合肥民商》上广泛宣传。如，圆满化解望湖城美家居市场纠纷，较好地维护了市场稳定；帮助安徽光明槐祥有限公司解决企业改制遗留的补偿金问题，协调金额达1200多万元。此外还积极帮助东昌置业、金路置业等协调市国土、规划部门解决土地转换、规划等问题，调解鸿翔皮具公司与供电部门、包河加油站与有关部门的用地纠纷，帮助林旭幼教集团在新站区协调办学场所等。全年共协调解决企业纠纷案件40余件。

【光彩事业】 市工商联组织

各县（市、区）工商联、各行业协会商会和会员企业积极开展光彩捐赠、“慈善一日捐”和助学活动。市泉州商会向社会困难群体捐款135万元，宁波商会向市光彩事业促进会捐赠衣服价值40万元，莆田商会向市慈善协会捐款10万元。为充实合肥市见义勇为基金会资金，以华泰集团为代表的7个会员企业共捐资150万元。全年有200多家会员企业自觉投身到美好乡村同心示范工程、希望工程和新徽商回报社会感恩行动中。近5年会员企业累计捐款捐物折合人民币达1.9亿元。

8月28日，合肥市工商联行业协会商会工作经验交流会召开

【组织建设】 市工商联按照不求数量、注重质量的原则，全年新发展会员397个，其中团体会员9个。一批经济实力强、思想觉悟高、热爱工商联工作、热心社会公益事业的非公有制经济代表人士入会。

着力加强行业协会商会建设。全年新组建协会商会11个。合肥籍企业家在省外成立了第一家异地商会——温州市合肥商会。由原地级巢湖市划转隶属合肥市工商联的商会协会2个：合肥市福建商会、巢湖经济文化促进会。完成了市无为商会、市泉州商会、市石材商会、市厨具商会、市淮南商会、市温州商会等的换届指导工作。指导成立了北京市合肥商会、天津市合肥商会筹备组。8月底，召开了在合肥的行业协会商会工作经验交流会，市领导韦弋、阚建华、吴建国、许天锡等出席会议，表彰了市钢贸商会等10个先进单位和12名商会工作先进个人。

搭建平台，多渠道培训企业家，提升企业家队伍整体素质。组织了EMBA高级经济管理人才培训班、北大“第二课堂”等讲座。与市委组织部联合举办了企业家香港高级研修班，邀请著名经济学家许小年作题为“全球和中国经济的艰难调整”的演讲。组织企业参加合肥论坛以及科学家企业家讲坛等。全市各级工商联组织累计培训企业家3000多人次。6月中旬，在市工商联常委扩大会议上，省委常委、市委书记吴存荣为企业家作了精彩的经济形势报告。7月，市工商联申请市财政拨款20万元，组织55名企业家代表赴北京大学研修培训，收到良好效果。

市工商联关心企业家健康，将5月份定为“2012年民营企业家健康服务月”。由企业自愿报名，组织了近30名企业家到上海瑞金医院，进行多个项目的健康体检，建立个人健康档案。此外，与安徽金喜投资担保公司共同举办了“如何过高品质健康生活”专题讲座。7月，组织30多名企业家在安徽医科大学第二附属医院进行体检。

（杨贤成）

2012年合肥市工商业联合会会员发展统计表

	小计	农、林、牧、渔业	采矿业	制造业	电力、燃气及水的生产和供应业	建筑业	交通运输、仓储和邮政业	信息传输、计算机服务和软件业	批发和零售业	住宿和餐饮业	金融业	房地产业	租赁和商务服务业	科学研究、技术服务、地质勘查业	水利、环境和公共设施管理业	居民服务和其他服务业	教育	卫生、社会保障和社会福利业	文化、体育和娱乐业
私营独资企业	3530	186	87	534	79	232	200	212	538	521	89	140	83	55	105	249	24	40	156
私营合伙企业	391	2	21	72	21	12	12	12	46	38	14	27	21	11	23	16	11	15	17
私营有限责任公司	3634	232	33	392	40	279	195	162	456	935	88	159	213	106	57	144	49	49	45

接上表

	小计	农、林、牧、渔业	采矿业	制造业	电力、燃气及水的生产和供应业	建筑业	交通运输、仓储和邮政业	信息传输、计算机服务和软件业	批发和零售业	住宿和餐饮业	金融业	房地产业	租赁和商务服务业	科学研究、技术服务、地质勘查业	水利、环境和公共设施管理业	居民服务和其他服务业	教育	卫生、社会保障和社会福利业	文化、体育和娱乐业
私营股份有限公司	1448	20	5	216	7	80	16	50	735	51	13	138	3	3	0	82	1	2	26
港澳台合资企业	1			1															
港澳台合作企业	4			2		2													
港澳台独资企业	7			2					1							2		2	
港澳台股份有限公司	4					1												3	
中外合资企业	1					1													
中外合作企业	1			1															
外资企业	5					2										1		2	
外商股份有限公司	0																		
国有企业	0																		
集体企业	260	8	3	55	2	13	17	11	81	15	3	26	12	3	2	5	1	1	2
股份合作企业	56	5		1						3	47								
联营企业	6					4		2											
其他有限责任公司	3789	193		756	112	287	356	175	958	256	98	134	113	24	112	156	21	9	29
其他股份有限公司	135	4	6		8		89	3		5			4	8	3	2		2	1
其他企业	57	3	4		3		6	4	7	8			7	4	3	3	2	2	1
企业会员小计	13329	653	159	2032	272	913	891	631	2822	1832	352	624	456	214	305	660	109	127	277

团体会员小计	63	私营企业协会		个体劳动者协会		外商投资企业协会	33	乡镇企业协会	10	行业组织	20	其它	
个人会员小计	13495	个体工商户	12497	原工商业者“三小”	205	非公企业投资经营者	485	港澳台侨知名人士	21	经济工作者	152	经济理论工作者	2
		法律工作者	5	有关部门负责人	41	工商联干部	87	其他					
会员数总计	26887												

2012年合肥市工商业联合会基层组织统计表

分类 项目	乡商（分）会	镇商（分）会	街道商（分）会	街道小组	其他组织							合计
					异地商会			市场商会	开发区商会	联谊会	其他	
					省级	地市级	县级					
现有数	39	63	27			20	28	5	2	2		186
新建数						2			1			
减少数												0

2012年合肥市工商业联合会基层组织统计表

分类 项目	地级			县级			地级市辖区		筹备组			合计
	地级市工商联	自治州工商联	地区（盟）工办商事联处	县级市工商联	县（旗）	自治县（旗）	工商联	办事处	地 级	县级	地级市辖区	
现有数				10			1	1				12
新建数				3			1					4
减少数												0

2012年合肥市行业商会（同业公会、协会）统计表

项目 数字	行业商会（同业公会、协会）	已在民政部门登记为社团法人
市级	24	22
县级	21	16
乡镇	3	3
合计	48	41

2012年合肥市新成立商会协会一览表

序号	商会（协会）名称	会　　长		成立时间
1	合肥市亳州商会	郑家虎	中行长江建设工程有限公司安徽分公司总经理	
2	合肥市莆田商会	吴凤祥	安徽省明杰市场管理公司董事长、总经理	
3	合肥市南安商会	洪文龙	合肥上五自控阀门有限公司总经理	
4	温州市合肥商会	谈友声	温州周天保健养生按摩有限公司总经理	
5	合肥市商会	陈先保	合肥华泰集团股份有限公司董事长	
6	合肥市服装商会	邵　伟	安徽万国投资管理有限公司董事长	
7	合肥市职业经理人协会	张耀峰	安徽章鸿商贸有限公司董事长	
8	合肥市四季青市场商会	陶祥云	上海派豪服饰有限公司总经理	2012年4月
9	合肥市建筑租赁商会	王　震	合肥百盛钢管租赁公司总经理	2012年3月
10	合肥市民间投融资商会	胡家宇	安徽创赢投资担保有限公司董事长	2012年10月
11	合肥市百货流通协会	王自福	合肥云峰厨具有限责任公司董事长	2012年12月

合肥市总工会

【概况】 2012年，合肥市总工会紧紧围绕“新跨越、进十强”，加快建设区域性特大城市的奋斗目标，在服务跨越发展、全面提升职工素质等方面扎实推进，成效显著，荣获全省创先争优先进基层党组织、全省工会系统目标责任制考核特等奖、全省市级工会经审工作规范化建设考核特等奖等称号。

【合肥市工会第十五次代表大会召开】 2012年7月3日至5日，市工会第十五次代表大会召开。出席大会正式代表570人，特邀代表20人。叶和章代表市总工会十四届委员会作了题为《勇担新使命　再创新业绩　团结动员全市职工为加快建设区域性特大城市而奋斗》的工作报告。省委常委、市委书记吴存荣，省政协副主席、省总工会主席王秀芳出席会议并讲话。市领导董昭礼、杨思松、雍成瀚、凌云、魏晓明、张进、韩冰、韦弋、周善武、安列等出席。市委副书记熊建辉主持会议。人民团体代表和驻肥部队代表先后致辞。大会选举市总工会十五届委员会委员52人，选举市总工会十五届经审委员会委员9人。市总工会十五届一次全委会选举常务委员10人，选举叶和章为主席，梁晨光、戴建军、张晓亚、高华群为副主席。

吴存荣说，“十一五”以来，是合肥科学发展、跨越赶超的重要阶段，也是合肥工会工作取得显著成绩、实现更大作为的重要时期。合肥的每一步发展、每一个进步，无不凝聚着全市各行各业广大职工的智慧和力量，无不饱含着全市各级工会组织和广大工会干部的心血和汗水。实践充分证明，合肥工人阶级和广大劳动群众不愧为合肥市改革发展稳定的主力军，不愧为推动经济发展和社会进步的中坚力量；各级工会组织不愧为党和政府联系职工群众的桥梁和纽带，不愧为广大职工群众充分信赖的“职工之家”。

吴存荣指出，劳动创造历史，奋斗铸就辉煌。在阔步迈向区域性特大城市的历史进程中，希望全市广大职工继续发扬光荣传统，勇于担当，不辱使命，进一步增强主动性、发挥创造性、发展先进性。要争当科学发展的忠实践行者，立足本职岗位，创造一流业绩；要争当社会和谐的坚定促进者，倍加顾全大局、珍视团结、维护稳定，自觉维护好全市来之不易的大好局面；要争当先进文化的积极传播者，在实现社会主义文化大发展、大繁荣的伟大实践中，勇立潮头；要争当素质一流的新型劳动者，使工人阶级的先进性更加彰显、力量更加强大，更好地肩负起合肥科学发展的历史重任。

吴存荣要求，各级党委要不断加强和改进党对工会工作的领导，定期研究工会工作，支持工会依照法律和章程创造性地开展工作；各级党委政府要及时研究解决工会工作中的重大问题，为工会事业发展创造更好环境。各级人大要加强对涉及职工权益和工会工作的执法检查，各级政协要积极开展有关职工权益的视察和调研。要加强工会领导班子和干部队伍建设，积极宣传各级工会组织的创造性实践。全市各级工会组织要进一步开拓创新，更好地履职尽责、担当重任，在围绕中心、服务大局上有新作为，在心系职工、依法维权上有新进步，在强化自身、锤炼队伍上有新提升，充分发挥工会的优势和作用，不断提高工会工作科学化水平，开创合肥市工会工作新局面。

【服务跨越发展彰显主力军作用】 市总工会组织开展形式多样的党的十八大精神学习宣传活动，铸牢广大职工为全面建成小康社会共同奋斗的思想基础。紧密结合重大工程、实事项目、重点工作，组织动员全市1万多家企业深入开展创建“工人先锋号”等建功立业劳动竞赛。举办第二届合肥市职工技术创新成果奖评比表彰活动，从353个申报项目中评出获奖项目

合肥市工会第十五次代表大会召开

96项，受到市委、市政府表彰，毕权武、孙如兰等职工创新项目在海峡两岸职工创新成果展上荣获金奖。选树评选先进典型，大力弘扬新时代劳模精神，积极推动劳模主题公园建设的前期选址筹备工作。全心全意服务劳模，为704位劳模办理公交免费乘车卡，为675名劳模进行免费体检，发放劳模“三金”511万元。

【“两个普遍”深入推进】

在市委、市政府的高度重视和大力支持下，“两个普遍”（依法推动企业普遍建立工会组织、依法推动企业普遍开展工资集体协商工作）取得突破进展。坚持“实名制建会、台账式管理”建会模式，以开发区、工业园区、工业聚集区和“两新”组织为重点领域，以农民工、劳务派遣工为重点对象，全市新建工会企业7269家，新发展会员12.5万人。合肥市作为全省唯一全总组建行业工会联合会工作试点市，畜牧、水产养殖、蔬菜等五个行业率先开展工会组建工作，涵盖农业企业、农业合作社568家，覆盖职工1万多人。全市工会组织达14478家，涵盖法人单位21930家，会员91.5万人，全总工会组织建设核查组在随机抽查考核中给予高度评价。基层建家活动深入开展，全年选树30个四星级职工之家、13个五星级职工之家；乡镇（街道）工会组织规范化建设水平稳步提高，评选验收26家合格乡镇（街道）工会，22家先进乡镇（街道）工会；深入开展工会主席百分百轮训活动，全年开展15期基层工会干部培训班，培训1085人。集体协商集体合同制度建设扎实推进。市委办公厅、市政府办公厅出台《关于进一步推进工资集体协商工作的意见》，明确将工资集体协商工作纳入党委、政府年度工作目标考核内容。建立市级工资集体协商指导员队伍，第一批70名指导员已走上岗位。全市当年新签订集体合同企业6264家，覆盖职工31.6万人，累计签订集体合同的企业达10136家，覆盖职工65.55万人。在年底召开的全国工会工资集体协商经验交流会上，合肥市作为七个发言单位之一在会上作经验交流。

【全面提升职工素质】 以“共铸理想信念、共促科学发展”为主题，在职工中深入开展社会主义核心价值观和爱国主义教育。积极推进职工文化建设，成立市职工文体发展研究会，组织开展省暨合肥市“双走访、三服务”进工地慰问演出活动、喜迎十八大“永远跟党走”职工感言征集活动、职工书画大赛、职工摄影展、职工歌咏展演等活动。加强职工书屋建设，全市新建市职工书屋82家，建成全国、省、市三级职工书屋（吧）554家；大力开展职业技能培训，依托市职工大学、县（市）、区（开发区）职工学校和企业培训学校三级网络，全年培训职工2万多人次，培养选树金牌职工193名。在全国工会系统率先举办农民工文化节，开幕式暨“农民工·我的兄弟姐妹”全国摄影大赛图片展、农民工象棋、歌咏、征文等比赛和为农民工免费放电影活动，深受农民工喜爱。以“优化服务、增强效能”为重点，开展“提升服务水平、树立窗口标杆”文行创建行动月等系列活动，打造出“徐辉假日服务小分队”、“邓玲志愿者服务队”、“小鲍雷锋服务队”等窗口行业品牌。

合肥市第二届职工技术创新成果奖

特等奖（2个）：

1. 茶叶智能色选机（安徽捷迅光电技术有限公司　毕权武）

2. 智能配变监控终端（安徽中兴继远信息技术有限公司　智建立）

一等奖（5个）：

1. 超级奥氏体不锈钢耐强腐蚀铸件（安徽应流机电股份有限公司 林欣）

2. 50FHD研发及产业化（安徽鑫昊等离子显示器件有限公司　鄢海彬）

3. 椭圆齿轮流量计LC-B（合肥精大仪表股份有限公司 彭丹丹）

4. 盘圆料墩坯制造夹片（安徽金星预应力工程技术有限公司　徐先俊）

5. 泡沫沥青冷再生水稳施工技术（合肥市公路桥梁工程有限责任公司 李承章）

二等奖（10个）：

1. 早熟优质丰产抗病南瓜系列品种的中试与示范（安徽江淮园艺科技有限公司 方宏建）

2. 经皮激光腰椎间盘减压术激光照射量的临床研究（合肥市第三人民医院　杨祖华）

3. 合肥市首款直下式32寸TV用背光源模组开发（合肥京东方显示光源有限公司 刘同敏）

4. 太阳能电池组件层压后削边工作台（合肥中南光电有限公司　李宗琪）

5. ¢28.6钢绞线锚具（安徽金星预应力工程技术有限公司　高会洋）

6. 合肥市数字图书馆远程访问平台（合肥市图书馆　李永刚）

7. 微压壶（节能水壶）（合肥蓝绿节能科技有限责任公司　孙如兰）

8. 凹板辊双面IN-LINE涂布技术应用于光学级聚酯薄膜生产（合肥乐凯科技产业有限公司　刘长丰）

9. 轴承零件锻后智能控冷技术及装备（合肥市远大轴承锻造有限公司　秦守斌）

10. 石英舟石墨舟清洗机改造（赛维LDK太阳能高科技（合肥）有限公司　杨坤）

三等奖（20个）：

1. 一种与钢帘布裁断机配合的薄胶片挤出生产联动机构（安徽佳通轮胎有限公司　沈爱华）

2. 有线电视双向网络监控管理系统（合肥有线电视宽带网络有限公司　蒲俊）

3. 多用直线运动教学演示仪（合肥市第八中学　张健）

4. ODFPS-334000/500电力变压器（天威保变（合肥）变压器有限公司　张庆）

5. 冷却塔节能改造项目（安徽皖维集团有限责任公司　王家东）

6. 和悦（B926）仪表板发泡报废率降低6sigma项目（延锋伟世通（合肥）汽车饰件系统有限公司　刘鹏）

7. 手动旋压式钢管调直机（中建七局第二建筑有限公司　游兴荣）

8. 一种浮箱履带式伸缩液压挖掘机（熔盛机械有限公司　冯先宝）

9. 城区复杂路径220KV大截面高压电缆敷设技术（安徽送变电工程公司　薛慧君）

10. 多功能现场校验仪支架的研制（安徽电力庐江供电有限责任公司　何文庆）

11. 纳米复合贮能材料在冰箱上的应用（安徽尊贵电器集团有限公司　胡庆生）

12. 年产1500万平方米高分子材料环保板生产线项目（安徽利华塑业科技有限公司　赵家菊）

13. 新型插秧机（安徽天信现代农业开发有限公司　孙禄全）

14. 缺陷管理在供电企业生产经营中发挥的作用（安徽电力长丰供电有限责任公司　王祥耀）

15. 电动客车整车调试、标定及诊断平台（安徽安凯汽车股份有限公司　陈顺东）

16. 某产品燃烧室加工手段的技术创新（安徽东风机电科技股份有限公司　丁平）

17. 高效低输出漏电流逆变器（合肥索维能源科技有限公司　蒋劲松）

18. 改善多晶制绒绒面均匀性项目（赛维LDK太阳能高科技（合肥）有限公司　崔理想）

19. J系列1-1.8吨电瓶叉车驱动桥（合肥海源机械有限公司　周章华）

20. 合肥市城乡建委“平安工地”多媒体信息发布系统（中国电信股份有限公司合肥分公司　王剑）

（周咏亮）

共青团合肥市委员会

【团的自身建设得到加强】2012年共青团合肥市委依靠党建带团建，创新乡镇街道团的组织格局，并争取各级党委政府大力支持，市级积极争取设立200万元“以奖代补”专项经费，县级按照每个乡镇街道每年不少于2万元的标准，将团的工作经费纳入财政预算，加快了工作桥头堡向乡镇街道推进的速度。以组织覆盖为抓手，做好区划调整后团的组织关系确定和工作对接，扎实开展“两新组织”团建，做好村级团组织和社区团组织换届选举，认真实施乡镇实体化“大团委”建设。全年新增“两新组织”建团1000多个，在305个社区完成团组织换届，建立乡镇直属团组织2366个，圆满完成1373个村级团组织的集中换届选举。同时，成立了市青年创业者协会，完成市青年联合会、市学生联合会同步换届，召开了市第三次少代会。加强市青年企业家协会、市青年志愿者协会等核心青少年组织建设，扩大了对青年的组织覆盖和工作覆盖。以带队伍为关键，通过专题学习、以会代训、走访座谈等方式，加强团干部教育培训，举办团干部培训班4期，培训团干部1000多人次，在全系统深入开展创先争优活动和“大走访”活动，加强团干部作风建设，提高团干部执行能力。

【青少年思想教育得到提升】在学校以繁荣红色校园文化为切入点，在企业侧重青工成长发展，在城市注重强化服务和引导，在农村突出青年就业创业服务，在活动和工作中运用社会主义核心价值体系分类引导青少年。团市委召开了五四运动93周年、建团90周年等纪念表彰大会和座谈会，开展“讲大局、强责任、提能力、抓落实”主题教育活动、“红领巾心向党”庆六一主题队会、“保持党的纯洁性、迎接党的十八大”主题教育活动等。同时，研究运用微博、QQ等新媒体引导青年，开通了合肥在线青少年之家和合肥手机报青年版，编发手机报78期，受众350多万人次，增强了新形势下青少年思想教育工作的针对性、适用性和普遍性。

【青年创业就业有新推进】团市委坚持把促进青年创业就业作为全市团的工作重中之重，进一步强化举措，搭建载体，整合资源，把合肥的创新文化转为青年的创新创造之举，着力构建促进和服务青年创业就业的工作格局。组织青年创业大赛、创业论坛等10多场，评选表彰了首届合肥青年五四奖章、合肥青年创业奖等，举办SYB创业培训班2期、培训青年60名，实用技术、职业技能培训班20多期、培训青年2000多人，组织青年人才公益招聘会50多场，2000多家企业提供就业岗位40000多个。累计建立青年就业创业见习基地91家，提供见习岗位近3000个，实施青年创业信贷扶持计划，累计发放青年创业贷款2亿多元，扶助1000多名青年创业发展，带动2万多人就业。

【志愿服务精神得到弘扬】围绕党政关注、社会所需，积极开展志愿服务活动，打造志愿服务品牌。通过抓队伍建设，形成了多层级志愿者组织网络，初步形成了覆盖全市、管理有效的志愿服务组织体系，成立多个专业志愿者队伍，全市注册志愿者人数超过33万。通过抓品牌建设，以项目化、流程化的方式设计、实施、推动大型赛会志愿服务工作，累计招募选拔赛会志愿者8000多人次，组织50多次专题培训，开展20多项主题活动，提供志愿服务时长超过15万小时，受到省、市有关部门的多次表彰。通过抓机制建设，健全完善志愿服务制度，建立了常规志愿服务的接力机制，加强志愿者注册管理，评选表彰了一批杰出（优秀）青年志愿者，创建20多个青年志愿者服务基地，为城市的文明进步和社会和谐积极贡献力量。

【青少年权益维护取得新成果】积极协助政府做好青少年事务，牵头五类重点青少年群体服务管理工作，分类确定了责任单位，创造性地开展服刑在教人员未成年子女服务管理和预防犯罪全国试点工作，探索出具有推广价值的工作经验，多次在全国性会议上作典型交流发言，中央电视台2次来合肥拍摄专题片，中央综治办转发合肥市3期工作简报，新华社来合肥进行了采访。成立市预防青少年违法犯罪研究会，实现了工作标准化和服务项目化，并在全国首创并不断深化未成年人刑事案件社会调查工作，推动少年司法制度建设，累计完成166件刑事案件中520名未成年被告人的调查，且定期举办志愿社会调查员论坛活动。此外，扎实做好希望工程和爱心助学工作，面向社会广泛筹资，建立多个助学基金等，组织开展一系列助学活动，累计接收社会各界捐款3621万元，资助贫困大中小学生1.2万人，援建希望小学12所。通过新建市少儿活动中心，推进“12355”青少年服务中心建设，深化优秀青少年维权岗创建活动，协同开展网吧整治行动，优化青少年成长环境。

【学习宣传十八大精神掀起新热潮】团市委按照团省委和市委的部署和要求，将学习宣传贯彻党的十八大精神作为全市共青团组织的首要政治任务，结合学习贯彻省第十三次团代会精神，在全市上下广泛深入开展了学习宣传活动。通过开展专题学习活动，让团干部结合工作深入思考，并充分交流、研讨和培训，谈体会、碰问题、触思想，加强团干部党性锻炼和成长观教育。通过大力开展主题宣讲活动，邀请领导干部、专家学者深入企业、农村、学校、机关和社区，以创新的表现形式、综合的展示手段为广大团员青年科学解析十八大精神。通过普遍开展主题团日活动，积极整合各种有效形式和载体，统一时间，上下联动，在基层团组织中实现学习领会十八大精神的集中覆盖。通过开展新媒体系列活动，依托网站、QQ、微博、手机报等载体，采用网络微访谈、微直播、话题互动、微博编创、短信彩信编发等多种方式，传播十八大精神和青年学习十八大精神的感悟，形成积极学习、广泛传播、认真讨论、深入交流的态势。通过不断扩大宣传和理论研究，在各级各类团属宣传舆论阵地中牢牢把握正确导向，开辟专栏、专版、专题，集中发表一批重点评论和理论文章，推出了一批有深度的综述、专访，更深层次地引导广大团员青年深刻领悟十八大精神的内涵实质，掀起了全市共青团事业蓬勃发展的新高潮。

（方　鼎）

合肥市妇女联合会

【概况】 2012年，合肥市妇联以建设“坚强阵地”和“温暖之家”为主线，以“四项行动一项建设”为载体，以党群共建创先争优为动力，将服务妇女群众、凝聚妇女人心、发挥妇女作用贯彻始终，求真务实，创新举措，推动全市妇女儿童事业取得新发展。先后被授予安徽省实施2001—2010年妇女儿童发展纲要先进集体、市民生工程实施工作杰出奖、合肥市第十二届文明单位、全市未成年人思想道德建设工作先进单位、市社会管理综合治理优秀单位等称号。

【合肥市妇女第十一次代表大会召开】 12月8-10日，合肥市妇女第十一次代表大会召开，来自全市各条战线500名妇女代表相聚一堂，共商合肥市妇女发展大计。省委常委、市委书记吴存荣，省妇联主席黄红出席大会并作重要讲话。受市妇联第十届执行委员会委托，王兴梅作了题为《凝心聚力 勇担使命 团结动员全市妇女为加快建设区域性特大城市而奋斗》的工作报告。报告总结了过去五年全市妇女发展和妇女工作的成就，提出了今后五年妇女工作的主要任务，即实施女性素质提升工程、巾帼创业促进工程、维权帮扶援助工程、文明家庭创建工程、妇女儿童关爱工程和组织建设强固工程等“六大工程”，促进妇联在妇建服务党建中发挥新作用。大会号召全市妇女“巾帼创新业，建功新时代”。大会选举产生市妇联第十一届执行委员会、常务委员会和新一届市妇联领导班子，王兴梅当选主席，耿茹、陈晓虹、王良凤、胡静当选副主席。

吴存荣要求全市广大妇女紧跟时代步伐，凝聚强大力量，在全面建成小康社会的生动实践中，创先争优、建功立业。要高举伟大旗帜，在投身合肥改革开放和现代化建设火热实践中成就精彩事业；要大力弘扬美德，在促进社会主义精神文明与和谐社会建设中实现更大价值；要注重素质提升，在勇于超越自我中发挥聪明才智。希望全市各级妇联组织在党的十八大精神的指引下，团结动员广大妇女，把思想和行动进一步统一到党的十八大精神上来，把智慧和力量进一步凝聚到推动合肥科学发展的实践中来，争创一流新业绩，争做时代新女性，用撑起“半边天”的实际行动，谱写无愧于时代的崭新篇章。

【实施妇女创业行动】 广泛开展各类妇女实用技术培训，共举办各类培训班544期，培训妇女52952人。实施妇女小额担保贷款项目，为580名妇女发放贷款3500余万元。开展“优秀成功女性进高校”、“女企业家庐江行”投资考察活动，举办女性专场招聘会45场次及家政服务“大篷车”、“五月风”招聘服务活动，介绍女性就业9565人。深入开展家政服务业调研，指导家政业发展，建成合肥市皖嫂家政服务中心，举办5期巾帼家政服务和育婴师技能培训班，300余人获得技术证书并上岗，《关于促进我市家政服务业发展的建议》获省妇联系统调研活动二等奖与市政协优秀提案奖。在全市窗口单位、服务行业深入开展“服务创一流、巾帼展风采”创先争优主题活动。以巾帼示范村、巾帼文明岗创建为抓手，累计培育市以上巾帼示范村31个、双学双比科技示范基地148个、妇女专业合作社（协会）60个、“妇字号”龙头企业121个。全国人大常委会副委员长、全国妇联主席陈至立和全国政协调研组先后来合肥考察，对合肥市妇联工作给予了充分肯定。

【实施妇女维权行动】 参与制定新一轮妇女儿童发展纲要，市政府于2月29日召开新闻发布会，正式颁行2011—2020年妇女儿童新两纲，并通过举办培训班、广场宣传咨询、知识竞赛等多种形式，广泛开展宣传解读。召开全市第四次妇女儿童工作会议，省妇联主席黄红及市长张庆军出席会议并作重要讲话，对于推动各级政府进一步加强妇女儿童工作、社会各界进一步关注妇女儿童发展起到了积极的作用。利用“三八”维权月、“综治宣传月”、“反家庭暴力日”、“12·4法制宣传日”、“6·26禁毒日”等时机，开展面向广大市民的宣传活动，营造全社会依法维护妇女儿童权益的良好氛围。开展“亿万家庭学法律，户户平安促和谐”法制宣传、“春晖行动”探监帮教、“远离毒品 共创和谐”禁毒讲座等活动。加强对留守流动儿童关爱、农村妇女土地权益保护、农村老龄妇女等问题调研，向人大、政协提交议案、提案，在市委社情民意座谈会上建言献策，助推妇女儿童热点难点问题得以解决。建立市妇女儿童维权法律服务站、妇女维权律师团、“110”家庭暴力救助中心、心理健康指导中心，共有基层妇女维权站717个，招募妇女维权志愿者1974人，“12338”妇女维权热线覆盖全市，“马大姐”信箱家喻户晓，全年办理信访698件（次），为妇女儿童提供法律援助19起，为受害人挽回经济损失265万元，集信访接待、法律援助、人民调解、心理疏导于一体的工作模式已经形成。

【实施妇女文明行动】 举办合肥十大女杰、十大杰出母亲、“三八”红旗手（集体）、文明家庭·健康宝宝等评选表彰活动。开展向“最美乡村老师”陈万霞、“中国好人”李孝香、刘士圣学习的活动，为全市广大妇女树立学习榜样。立足家庭深化文明和谐创建活动，万户低碳家庭行动、家庭文化艺术节、和谐邻里节、妇女健身展示等吸引全民参与，才艺家庭登陆央视展示风采。深入开展巾帼志愿行动，全市380支巾帼志愿服务队1万余名巾帼志愿者遍布城乡。出台家庭教育五年规划，建立社区（村）家长学校269所，构建覆盖城乡的家庭教育指导服务体系，《新形势下社区家庭教育组织形式和指导模式》课题报告获全国家庭“十一五”课题二等奖。完善妇女儿童公共文化服务设施，在政务文化新区新建成的合肥市妇女儿童活动中心3月对外开放。

【实施妇女关爱行动】 开展农村及城市低保妇女“两癌”免费检查项目试点工作，累计筛查妇女2万余人，争取15万元全国专项资金，使全市部分贫困患病妇女得到救助。在23个乡镇建设留守流动儿童活动室，出台了《合肥市留守流动儿童活动室建设实施办法》、《合肥市留守流动儿童活动室后续管理办法》，完善活动室各项制度及职责，指导县（市区）规范实施民生工程。开展“爱心一帮一 公益音乐梦”关爱留守流动儿童系列大型公益行动，捐建“爱心音乐教室”3座。留守流动儿童关爱工作涌现出在全国有影响的首个留守儿童寄宿制村级小学——肥东阳光小学，中央电视台《新闻联播》连续播出肥东阳光小学校长陈万霞的爱心事迹，在全国引起强烈反响。组织慰问学校幼儿园、留守流动儿童之家（室）415所，单亲、贫困、留守儿童1205名，赠送慰问品慰问金合计价值153.94万元。接受春蕾计划捐款19.7万元，233名特困女童得到资助完成学业，女企业家“巾帼助学行动”捐资20.8万元，使88名贫困女大学生迈进大学校门。通过人大、政府、政协等渠道，积极呼吁重点关注妇女劳动就业、社会保障、身心健康等生存发展问题，以及失业失地妇女、病残妇女儿童、留守流动儿童、老年妇女、单亲母亲等弱势群体，向贫困妇女儿童发放救助资金13万元。

【推进妇联组织建设】 依托村（社区）活动场所，实现“妇女之家”全覆盖，为妇女儿童提供集综合维权、创业就业、家庭教育和帮扶救助等为一体的有效服务。成立合肥市妇女文体协会，有效延伸妇女工作的手臂。全市妇联扎实开展“下基层、访妇情、办实事”活动，下基层妇联干部608人次，下基层的村和社区660个，直接联系妇女群众5900人次，为妇女群众办实事、做好事、解难事822件。先后举办全市妇联系统学习贯彻市委中心组理论学习会议精神培训班、全市妇女干部春季培训班、妇女干部法律知识讲座、新两纲、妇女专项经费项目及新进村“两委”女干部等多场培训，当年共有651名新进村“两委”女干部得到培训，有效提升了各级妇女干部理论和业务水平。

（赵晓晖）

合肥市科学技术协会

【合肥市科学技术协会第七次代表大会召开】 2012年12月4-6日，市科学技术协会第七次代表大会召开。出席会议的正式代表344人、特邀代表39人。大会审议并通过了市科协第六届委员会工作报告、《〈中国科学技术协会章程〉合肥市科学技术协会实施细则》，选举产生了市科协第七届委员会和新一届市科协领导班子，表彰了合肥市科协系统20个先进集体和80位先进工作者。市委常委及四大班子主要负责人参加会议，市政协主席董昭礼，市委副书记熊建辉，市委常委、组织部长凌云，市委常委、常务副市长魏晓明，市委常委、政法委书记张进，市委常委江洪，市委常委、统战部长韦弋，市委常委、合肥警备区政委姜宗健等出席。市委常委、副市长韩冰宣读中国科协贺信。市总工会负责人代表各人民团体致贺词，市科技局负责人代表市科技界致贺词。大会表彰了市科协系统先进集体、先进工作者。省委常委、市委书记吴存荣，省科协党组书记、常务副主席周健强，市委副书记熊建辉在大会上分别作重要讲话。

吴存荣代表市四大班子，向全市广大科技工作者致以诚挚问候，向长期以来关心、支持合肥建设与发展的省科协和社会各界表示衷心感谢。他说，市委市政府长期以来高度重视科技工作。市科协第六次代表大会以来的这些年，是合肥科学发展、跨越赶超的重要时期，其中，科技发挥了极其重要的支撑作用。这一时期，合肥科教兴市和人才强市战略深入实施，科技进步对全市经济社会发展的贡献不断提高；全市各级科协组织和广大科技人员，做了大量卓有成效的工作，取得了显著成绩。

吴存荣指出，推进科技与经济紧密结合，是科技创新的重点，也是合肥的特色和优势。党的十八大报告强调，“科技创新是提高社会生产力和综合国力的战略支撑，必须摆在国家发展全局的核心位置。”特别是，报告把“实施创新驱动发展战略”作为一个标题，醒目、突出地对这一战略作出了明确部署，要求“把全社会智慧和力量凝聚到创新发展上来”。这些对合肥来说，是难得的机遇。但同时也要清醒地看到，我们还面临着严峻的挑战，在体制机制、思维方式等方面仍然存在差距。我们必须居安思危，始终保持强烈的危机感，抢抓机遇、发挥优势、迎接挑战，不断把合肥建设得更美、发展得更好。

吴存荣要求，全市广大科技工作者要更加自觉主动地推动自主创新，以创新的思维、科学的方法不断创新体制机制，大力促进科技与经济融合，把创新的重点落实到企业去；要更加自觉主动地弘扬创新文化，大力弘扬敢为人先、敢闯敢试、敢冒风险的精神，勇于创新、宽容失败，在全社会形成崇尚科学、尊重人才的良好风尚；要更加自觉主动地推动市民科学素质提升，推动全社会形成讲科学、爱科学、学科学、用科学的良好风尚。全市各级党委要进一步加强对科协工作的领导，加强科协领导班子和干部队伍建设，继续关心支持科协工作；全市各级科协组织要以这次大会为新的起点，充分发挥“科技工作者之家”的作用、自主创新的先导作用、科普工作的主力军作用；在科技工作的广阔舞台上，广大科技工作者要大显身手，特别是青年科技工作者要勇于担当、甘于奉献，不断创造新的业绩。

【开展合肥市第二次公民科学素质调查】 2012年6月至12月31日，合肥市科学技术协会、中国科学技术大学联合开展了第二次公民科学素质调查工作。本次调查采取三阶不等概抽样方法，按照区划调整后的全市人口数千分之一比例抽取7500份样本。调查结果显示，全市18-69周岁公民具备基本科学素质比例为4.77%，比2008年提高1.41个百分点，比全国2010年第八次公民科学素质调查数据3.27%高

合肥市科学技术协会第七届委员会主席名单

职务	姓名	工作单位及职务
主席	周要武	市科学技术协会主席、党组书记，市政协常委
专职副主席	金维平	市科学技术协会副主席，市政协副秘书长（正县级）
	尹维堂	市科学技术协会副主席、党组成员（正县级）
	李　雪	市科学技术协会副主席、民盟合肥市委副主委，市政协常委
	郭邓节	市科学技术协会副主席、党组成员
兼职副主席	丁爱农	市农业委员会副主任，市政协常委
	王杰才	市教育局副局长、党委委员
	包　玮	合肥水泥研究设计院副院长、总工程师
	朱长飞	中国科学技术大学副校长
	朱启星	安徽医科大学副校长
	刘庆峰	安徽科大讯飞信息科技有限公司总裁
	杨俊斌	安徽富煌建设有限责任公司董事长
	肖亚中	安徽大学科技处处长
	吴剑旗	中电集团第三十八所副所长
	余为一	安徽农业大学教授、博士生导师
	张　羽	合肥京东方光电科技有限公司副总经理
	张　琴	安徽荃银高科种业股份有限公司董事长
	陈　伟	市科技局副局长、党组成员
	陈　伟	市财政局副局长、党组成员
	陈　秀	合肥学院副院长
	陈学东	合肥通用机械研究院院长
	胡　浩	合肥正阳光电科技有限公司董事长
	胡国春	市卫生局（食品药品监督管理局）副局长、党委委员
	姚本伦	市规划设计研究院院长
	凌英济	市科学技术协会兼职副主席
	韩江洪	合肥工业大学教授、博士生导师
	靳素华	安徽江淮汽车股份有限公司技术中心副主任
	蔡伟平	中科院合肥物质科学研究院副院长

1.5个百分点。

【科普阵地和设施建设】 启动社区“科普之家”建设，选取瑶海区全椒路社区、庐阳区龚湾社区、蜀山区奥林花园社区、包河区蓝鼎社区为试点，建设社区科普之家，标志着合肥市社区科普由传统科普进入现代科普。其中，瑶海区明光路街道启动建设全省首个街道社区科普馆。肥西县依托乡镇（园区）文化活动中心、14个乡镇和2个园区，建设科普活动室。长丰县在全县15个乡镇共建15个科普工作站，统一挂牌。巢湖市科协投资24万元，一次性兴建12个120米长科普画廊。瑶海区新建六座近200米标准科普画廊，其中肥东路社区、金大塘社区的科普画廊分别长达八十米和三十余米。

【开展青少年系列竞赛活动】 3月10日，合肥市第二十七届青少年科技创新大赛在合肥市科技馆举办，大赛共收到竞赛作品1000多件，参与学生2万多人。187件学生竞赛作品、24件教师项目进入决赛，14项科技实践活动参加展示。在安徽省2012年青少年科技创新大赛中，合肥市选手共获得8个一等奖、14个二等奖、11个三等奖的好成绩，科技辅导员项目获奖6项，创造了本市在省级大赛中的最好成绩。在全国第二十七届青少年科技创新大赛中，合肥市选手获得一等奖1个、二等奖8个、三等奖9个、单项奖2个，蜀山区教育体育局获得基层赛事优秀组织单位奖。在全国第十二届“明天小小科学家”评比中，合肥六中的唐肖潇同学荣获全国一等奖，填补了全市在此奖项上一等奖的空白。在全国第三届青少年科学影像节中，合肥市获得7个一等奖、15个二等奖、13个三等奖的优异成绩，蜀山小学的《我们身边的惯性》获得优秀多媒体制作奖；《隔夜茶能喝吗》夺得科研之星大奖，蜀山区教育体育局和蜀山小学获得省级以下优秀组织奖。

4月6日，合肥市第四届青少年机器人竞赛在合肥一中体育馆盛大开幕，本次比赛共有55所学校的498支代表队1200多名代表和110多名教练员参加竞赛，参赛人数创历史新高。在安徽省第十二届青少年机器人大赛中，合肥市选手再次展示了超强的实力，在15个组别项目最终胜出的17个一等奖中，合肥市获得了15个一等奖的好成绩。在全国第十二届青少年电脑机器人大赛中，合肥市选手一举夺得8枚金牌、5枚银牌、6枚铜牌，再创历史佳绩，安居苑小学、红星路小学分别荣获FLL项目、VEX项目冠军。两支队伍将代表中国参加2013年世锦赛，标志着合肥市青少年电脑机器人竞赛水平稳定于国内领先水平。

【第十届青少年科技创新市长奖】 12月6日，第十届青少年科技创新市长奖颁奖仪式在市科技馆举行，合肥市第一中学朱泽文、李子璇、殷昊，合肥市第四十五中学张迪畅、黄欣茂，合肥市第六中学柴业钦获得由张庆军市长亲笔签名并颁发的证书、奖杯和奖金，表彰了42名2012年合肥市优秀科技辅导员。新华网、安徽电视台、新安晚报、合肥日报、中安在线等多家媒体参与活动报道或转载了活动消息。“市长奖”评选活动已经成为合肥市青少年科普教育工作的重要品牌活动，成为创新型城市建设的重要内容之一，营造了优良的创新文化，为培养和造就优秀科技后备人才打下坚实基础。

【开展多层次的学术交流活动】 2012年市科协及所属学会等基层组织共组织开展各类学术交流活动550余场（次），参加科技人员8万余名，交流、评选、表彰优秀学术论文1200余篇。围绕“推动科技创新，服务经济发展方式转变”主题，组织开展“2012年合肥市科协重点学会学术活动”，规划学会等30个单位举办了百余个学术项目活动；申报并成功举办安徽省科协年会合肥分会场活动“国际粉体技术与应用论坛”；举办中国·合肥科学家企业家讲坛136至155期共20期讲坛；组织申报第七届安徽省自然科学优秀学术论文评审表彰活动，共申报208篇论文，87篇获奖；委托合肥人物研究会编印《合肥科技专家名录》，《医药卫生卷》等4卷已发行，收录科技专家资料3325人，印刷8300册，赠送基层1000册，系统完整地建立全市科技专家人才库，对于传播科学、创造未来、更好服务广大科技工作者具有重要意义。

【实施“5612”工程】 组织科技人员面向企业和基层开展各种形式的科技服务，引导创新要素向企业基层集聚。召开工作会议总结回顾、部署安排“5612”工程申报工作，共组织申报“温拌沥青混合料应用技术研究”等20余个项目，组织申报“实验室信息管理系统”等“金桥工程”项目28个。依托企业科协开展群众性技术创新活动，新成立神马集团企业科协，组织企业科技人员立足岗位，开展技术革新、工艺改进、专利申报等100多项科技活动。

【开展建言献策】 市科协自2009年以来，积极组织开展调查研究、畅通科技工作者反映诉求和呼声的渠道，为科学决策建言献策，在决策咨询方面积累了一定的工作基础和经验，被省科协列为全省唯一地市科协省级科技思想库试点单位，经市委批准，新增科技思想库专项经费，积极争取申报国家级科技思想库试点。共完成“基层医改工作调研”等20余篇调研课题，对调研成果进行评审、表彰，通过“以奖代补”方式予以资助，“外来进城务工子女学习现状调查”等18篇调研成果受表彰，汇编《科技工作者建言献策文集》。通过政协提案、大会发言、资政会、社情民意、“七大”代表建议等形式服务决策咨询。部分调研成果获省、市领导批示，被纳入职能部门工作安排之中，或促成、影响相关政策文件出台。

【加强自身建设促发展】 化学、食用菌、咨询业、消防、野生动物保护、巢湖市气象、航海等协会进行改选换届或理事会调整。护理、化工等学会召开理事会、座谈会等各类工作会议，研究部署学会工作。老科协召开“江淮分水岭畜牧产业发展研讨会”、“学习十八大座谈会”等。药学会等积极发展新会员。消防协会吸收企业等单位会员100余家。地理等学会做好会员重新登记。与民政部门联合开展学会年检工作，受到好评。召开学会工作会议、“提升学会能力、推动创新发展”秘书长沙龙、全国科技创新大会传达会议等，传达学习中国科协、省科协等有关重要精神，回顾总结工作成绩，部署推进重点工作。2012年2月，合肥市科协获安徽省民间组织管理工作领导小组颁发的“全省社会组织管理工作先进单位”称号。

市科协获得2012年“全国科普日活动先进集体”称号。长丰县下塘铺里富硒农产品协会、肥东县义昂禽业生态养鸡协会、肥西县珍稀食用菌协会、合肥市桃蹊生态农业示范基地和庐江县夏金仓、瑶海区和平路街道当涂路社区、包河区包公街道美湖社区获得2012年全国“科普基层行动计划”表彰，奖励资金105万元。瑶海区和平路街道当涂路社区、包河区包公街道美湖社区、巢湖市烔炀镇凤凰村获得2012年安徽省百·万工程表彰奖励，获得奖励经费30万元。

【推动科技成果转化为现实生产力】 2012年合肥科学技术咨询中心承接“四技”（即技术转让、技术开发、技术咨询、技术服务）服务合同80多项，实现合同金额700万元以上，创税68万元以上。

“金桥工程”是由中国科协组织实施的一项为经济建设服务的实践活动。实施“金桥工程”促进了科技与经济有效结合，促使科技成果向现实生产力转化。2012年合肥地区共组织申报“实验室信息管理系统”等省级“金桥工程”项目28项，现已全部获省科协、省金桥办批准立项，其中电力、电子、信息工程、新能源等高新技术项目所占比重较大，项目的质量和技术含量也较以往有所提高。各项目累计预计年新增利税3亿多元，经济社会效益十分显著。

【海智计划】 “海智计划”全称“海外智力为国服务行动计划”，由中国科协贯彻科教兴国、人才强国战略，发挥科协的桥梁纽带作用，吸引和组织海外科技工作者以多种方式为国服务，实现报国志向，推动我国经济社会发展，实现中华民族的伟大复兴贡献智慧和力量。

合肥科学技术咨询中心积极开展市科协“海智计划”活动，启动了“中国科协海智计划合肥工作基地”海外建站工作，邀请海外领军人才、高端人才以海外科技社团或海外民间组织的形式，建立“中国科协海智计划合肥工作基地海外引智工作站”。共同促进海外技术项目、海外高端人才，努力为合肥开发园区、企业等开展民间技术转移达成合作协议。通过电子邮件等各种方式沟通，已与27家海外华人社团、留学生组织初步达成建立海外引智工作站意向。

8月，邀请并陪同中国科协海智专家，美国瀚能科技公司CEO，国际华人科技工商协会主席，美国凯思比海外创业投资公司董事长，美国东方银行董事李大西博士来合肥洽谈、考察。

【组织承办“企业创新方法培训”活动】 为贯彻落实中国科协事业发展“十二五”规划纲要和国家四部门《关于加强创新方法工作的若干意见》及全国科技创新大会精神，进一步促进科协为企业自主创新服务、增强企业自主创新能力，由合肥市科学技术协会主办，合肥科学技术咨询中心、合肥金桥工程办公室承办的“企业创新方法培训”活动，2012年9月在合肥举行。高新技术开发区、新站综合试验开发区部分企业负责人、总工程师、技术总监，相关企业科协负责人、“金桥工程”项目实施单位相关人员等60余人参加了这次培训活动。

此次培训的主要内容是“企业创新理论、方法与应用”。通过培训，对提高自身的创新理论知识和创新思维能力，对开拓思路、提升变革创新的能力大有帮助，受培训人员表示要把学到的知识应用到推进企业技术创新的实践中去，为增强企业自主创新能力作贡献。

【《生物学杂志》】 2012年生物学杂志社继续开展了优秀论文评选工作，共评选出优秀论文一等奖2名，二等奖3名，三等奖12

名，并对获奖作者给予奖励。通过论文评选活动，不仅引导和鼓励作者投寄高质量的稿件，也扩大了《生物学杂志》的影响力和知名度。该杂志再次被评为“华东地区优秀期刊”。

生物学杂志社承办了“探求生命本源，感悟自然魅力——2012年合肥市生物科技夏令营”活动，为同学们精心安排了动植物标本馆参观、大别山民俗馆参观、科普知识讲座、植物和昆虫标本采集制作及成果展示、篝火晚会等一系列丰富多彩的活动，夏令营活动进一步激发青少年学习生物的积极性。通过开展公益性科普教育活动，树立了《生物学杂志》良好的社会形象。

（周志荣）

合肥市社会科学界联合会（市委讲师团）

【深入学习宣传贯彻党的十八大精神】 围绕迎接学习宣传贯彻党的十八大精神为主线，合肥市“理论政策下基层”宣讲团深入社区、村镇、企业、学校开展宣讲，举办报告会24场，受众2万余人。聘任了第三批“合肥市理论宣讲家”32人，在全市开展宣讲100多场。积极指导各县区广泛开展宣讲活动，在全市上下形成了学习党的创新理论、掌握党的方针政策、领会省市决策部署的大宣讲格局。

【编写出版《实现新跨越 奋力进十强》】 合肥市社科联（市委讲师团）编写的《实现新跨越 奋力进十强——2012年合肥市干部群众理论学习读本》（以下简称“读本”），旨在帮助全市广大党员干部群众了解国情、省情、市情的社科普及读物，由安徽人民出版社出版发行。

读本坚持以科学发展观为指导，既宣传普及党的科学理论，又阐释各级党委政府的决策部署，重点是解读和展示合肥科学发展的新成就，力求适合广大党员干部阅读，又适合对普通群众进行形势政策教育。全书共分为伟大征程篇、美好安徽篇、实力合肥篇、和谐合肥篇、魅力合肥篇和活力合肥篇六个章节。编写体例实用通俗，根据当前经济社会发展实际，科学设置问题，采用问答式编写，语言平实易懂，内容明白畅晓，侧重数据说明，避免空洞说教。为提高读本的可读性，对一些背景材料采取了链接和推荐阅读的方式进行编排，读者可根据需要延伸阅读。同时配发了部分图片，对解读内容、生动阅读起到了一定的帮助作用。

【编写出版《巢湖保护、开发与利用研究》】 本书是合肥市社科联（市委讲师团）围绕巢湖治理开发工作编写的科普类书籍，46万字，汇编了安徽省、合肥市社科理论界专家学者的优秀社科调研成果，由安徽人民出版社出版发行。

全书站在理论调查研究的高度，以科学普及的视角力求全方位向读者展示和剖析巢湖。从巢湖的综合环境、巢湖水环境、环巢湖产业布局和发展、巢湖流域农业发展、巢湖流域历史文化、环巢湖地区旅游业态等方面解读了巢湖的独特魅力，理性分析了推进巢湖的治理开发工作中和实现巢湖的可持续发展道路上的障碍和问题，并对症下药提供了一系列措施建议。书中引用大量经典案例及详实的数据图表资料，特别是在介绍巢湖流域文化时，引经据典，对巢湖的历史和文化遗产作了深刻的挖掘和探析，极大地增强了可读性和参考性。

【办好《合肥日报》理论版】 《合肥日报》理论版由市委宣传部、合肥日报社、市社科联、市委讲师团共同主办，两周出版一期。2012年共出刊25期，刊用稿件100余篇。《合肥日报》理论版已经成为全市宣传党的创新理论的重要平台和阵地。

【举办专题理论研讨会】 为促进金融支持实体经济的发展，市社科联与市经信委举办了“回归实体，做强主业——中小微企业发展论坛”。市直有关部门负责人，省市专家学者60多人与会，对当前中小企业发展壮大面临的困境和问题进行了探讨、研究，并提出了对策和建议。承办合肥地区社科界首届季度交流会暨“提高合肥影响力”论坛。组织专家学者及有关领导共50多人，以“提高合肥影响力：前景·差距·对策”为主题，从全国乃至世界经济发展的高度研究合肥，为提高合肥影响力和发展合肥经济圈提出了很多有价值的见解和建议。

【举办“安徽人文讲坛”】 合肥市社科联与安徽省社科联等单位联合主办“安徽人文讲坛”，坚持每月一讲，已成为社科普及的一个品牌，被市民誉为安徽“百家讲坛”。2012年共举办12讲。

【特约研究员理论新成果】 为了拓宽理论视野和拓展研究深度，2012年对特约研究员进行了调整充实。新一批30名特约研究员组建以来，一批研究合肥、宣传合肥的成果在中央、省级重点党报党刊上发表。

【学会工作】 为加强对学会工作的指导与管理，推动学会规范化建设，市社科联下发《关于建立学会工作联系点的通知》，在全

2012年中国·合肥科学家企业家讲坛概况

序号	主题	演讲人	举办日期
136讲	《易经》的智慧	苗怀青	1月7日
137讲	青春期教育	沈德斌	1月14日
138讲	修身为本，与企共赢	余夕仁	2月18日
139讲	创业/二次创业与融资	崔毅	2月25日
140讲	如何制定绩效考核目标	Dr. Antony Hii	3月17日
141讲	中国的航天——缅怀钱学森先生	黄吉虎	3月25日
142讲	如何解读与分析财务报表	陈炬遽	4月21日
143讲	孙子兵法与将胜之道	沈德斌	5月5日
144讲	新兴产业（合肥发展集成电路的机遇/现代表面处理技术及应用）	陶鸿　刘万青	5月10日
145讲	民营企业融资难的法律思考	蔡元庆	5月12日
146讲	老年体育与健康	陈拥权	5月22日
147讲	走好高中第一步	王　勇	6月24日
148讲	企业环境健康安全及风险控制	戴伟平	7月14日
149讲	中国海权局势与经济安全对策	姜　安	7月21日
150讲	将文化资源拓展成文化价值链	宣繁秋	8月11日
151讲	关于初中物理教育改革的思考与研究	何润伟	9月2日
152讲	基于位置的服务及其在移动互联网上的应用	Z. George MouPh. D	9月29日
153讲	经济金融形势分析及合肥市金融业政策解读	葛　锐	11月24日
154讲	助你成长：小微企业互助合作基金详解	荣亚菲	12月22日

2012年安徽人文讲坛简表

时　间	主　题	主讲人
1月8日	透视文化繁荣中的影视伦理	潘小平
2月12日	《管子》与大国崛起之道	周　飞
3月11日	佛教文化蕴含的人生启迪	李　霞
4月8日	朱元璋的传奇人生	王世华
5月13日	幸福到底有多远	崔跃松
6月10日	解读三国名将周瑜	夏冬波
7月8日	优等生是怎样炼成的	王世民
8月12日	激活社会进步的细胞	徐东平
9月9日	杨振宁的学问人生	戴　健
10月14日	安徽地域文化的特点	翁　飞
11月11日	还保险一片真实的蓝天	李加明
12月9日	孔子和儒家的当前境遇	张允熠

2012年合肥市社科特约研究员理论成果一览表

发表报刊	标　题	作　者
3月5日安徽日报	从发展道路维度认识“南方谈话”深远意义	宋　宏
4月16日安徽日报	支持小微实体经济发展的政策创新	沈友华　凌　斌
4月16日安徽日报	全方位优化中小微企业发展环境	刘德旺
4月16日安徽日报	提升中小企业金融服务能力的对策	董少广
4月16日安徽日报	重视小额贷款公司可持续发展	汪　芹　徐　娜
8月23日安徽日报	贯彻科学发展观 推进新型城市化——学习胡锦涛总书记7·23重要讲话	夏毓平
9月17日安徽日报	环巢湖流域产业生态化发展路径	程惠英
9月17日安徽日报	构造环巢湖经济带与生态屏障共建机制	吴　明
9月17日安徽日报	巢湖污染治理的对策思路	张谋贵　吴晓妹
10月9日安徽日报	以“四大体系”推进文化科技融合发展	王立群　杨　超
10月9日安徽日报	巢湖保护、开发与利用研讨会综述	宋雁冰　宣馨馨

市社科界学会中建立联系点，开展结对联系。按照学会工作制度，每季度确定主题召开一次学会例会。12月28日举办了合肥市社科界学会第三届学术年会，收到论文83篇，评出一等奖4篇，二等奖6篇，三等奖12篇。

【举行第三届公祭包孝肃公大典】 继2008年和2009年公祭包公大典后，合肥市包公精神传承研究会策划举行了第三届公祭包孝肃公大典。2012年9月19日上午9时19分，来自全国各地的300多名包氏后裔及200多名各界民众，满怀对包拯的崇敬之情，来到他的家乡——合肥，相聚在包公墓园内，共同参加第三届公祭包孝肃公大典活动。

上午8时30分，所有参加公祭大典的包氏后裔在包公祠照壁前排队集合，开始启程，徒步前往包公墓园。主祭人——包公第三十六代后人包训安手捧鲜花在前，8名司仪队员紧随簇拥其后。4名包公后裔抬着包公的巨幅画像也朝着包公墓前行，主祭官、司仪及包公后裔们组成的祭祖大军，浩浩荡荡地沿着芜湖路朝包公墓行走。大典引起了沿途不少市民驻足观看。

上午9时10分，所有祭拜人员行走到包公墓园，每个人在指定位置肃立。9时19分，包公墓前，公祭大典正式开始。鸣号三声过后，合肥市包公精神传承研究会会长、第三届公祭大典活动组委会总指挥包训安，代表包氏家族担任此次公祭大典的主持人。他左手拿香，右手扶香，开始点燃首根香火。跪拜后，进香。八面大鼓的敲击，震撼着参加祭祀大典的每一人。随后，87岁高龄的安徽碑文专家、合肥学院教授许有为恭读了大典祭文。这次大典由包公三十五代后裔包先友和三十六代后裔包哲秋担任主祭官。他们拿着香火进行公祭。以琼浆玉液敬献、叩首清正廉明的包青天。随后，各地包氏后人代表家族地域组织依次向先祖敬献花篮。

10时19分，所有参祭人员开始敬香，行三拜九叩大礼。整个公祭活动进行中，许多市民被现场的情景所感动，不约而同地纷纷低头鞠躬，燃香火叩拜，向包公表达心中的敬仰之情。

（李平原）

合肥市文学艺术界联合会

【开展文化惠民活动】

2012年，按照中央和省市委的统一部署，合肥市文联所属10多个文艺家协会和5个事业单位及《未来》杂志社，积极举办一系列“为人民抒写，为人民放歌”的文化惠民活动。元旦春节期间，开展“送欢乐、下基层”系列活动，市书法家协会组织会员义务为民写春联5000多幅，亚明艺术馆和合肥·久留米美术馆举办百幅名家书画进入百姓家活动。市美术家协会举办“携手丹青——书画进警营”和“携手丹青——书画进校园”文化活动。市书画院组织了书画艺术慰问共建活动。市书法家协会主办的“锲而不舍——龙图印社2012走进校园篆刻展”，首站在中国科技大学现代艺术中心开幕。市音乐舞蹈家协会扶持银杏苑小区成立小区艺术团，并参加各类演出。

市文联及各文艺家协会以合

肥·久留米美术馆和亚明艺术馆为平台，举办各类展览达五十多场。先后举办合肥市优秀青年美术、书法、摄影作品展览，龙年新春乐——百幅名家书画迎春展，皖籍省外书法家作品展，省书协主席团暨各市书协主席作品展，故宫珍藏——历代经典书画作品复制品展，中国中部六省书法联展，皖军书法——楷书、行书、隶书二十家作品展，问道·水墨——当代中国画十家作品展等。

市摄影家协会主办了“徽韵水乡，生态古镇”合肥三河摄影大赛。为提高各艺术家协会会员的艺术水准，市文联各艺术家协会纷纷举行了艺术培训和学术座谈等活动，为广大会员提供交流切磋的平台。

【完颜海瑞捐赠文集】 2012年9月12日上午，由合肥市委宣传部、安徽省作家协会和合肥市文联共同主办、合肥市图书馆协办的《完颜海瑞文集》赠书仪式在市图书馆举行。市委常委、宣传部长林存安，省作协主席季宇分别在仪式上讲话。省文联书记处书记吴雪、市人大常委会副主任杜昌寿、副市长杨增权等出席捐赠仪式。省市文艺、社科、出版、教育界的专家学者、省市媒体、省市图书馆和在合肥高校图书馆人员出席捐赠仪式。

完颜海瑞是合肥市文联主席，中国作家协会会员，中国戏剧家协会会员，国家一级编剧，享受国务院特殊津贴，从事文学创作50年来，笔耕不辍，成果丰硕，是合肥文艺界领军人物，在全国有一定影响。长篇小说《归去来兮》、《天子娇客》出版后，好评如潮，不仅受到全国读者的欢迎和喜爱，也受到省内外业界人士的高度评价，全国各大媒体争相报道，《人民日报》、《文艺报》、《文学报》、《新民晚报》等数十家报刊，发表多位国内著名文学评论家专题文学评论，普遍认为小说思想深刻，艺术精湛，小说语言的文学性很强，是“历史小说的新进展”、“历史小说的新高峰”。《归去来兮》在第二届安徽省社科文艺奖评选中获一等奖；《天子娇客》在第一届安徽省社科文艺奖评选中获二等奖（一等奖空缺）。长篇历史小说《神鹰》1993年获全国历史文学作品二等奖。

《完颜海瑞文集》2009年由安徽文艺出版社出版，全书八卷本，300多万字，一至四卷为长篇小说卷，包括长篇历史小说《归去来兮》、《天子娇客》、《神鹰》、《神剑》；第五卷为散文《江山空锁》，收入作者在省内外报刊发表的历史散文等数十篇；第六卷是诗词卷《抱冰斋吟》，收集作者自上世纪六十年代至2007年的诗词300余首；第七卷是传记文学卷，包含《翻开尘封的档案》、《庐剧演员丁玉兰》等四部；第八卷有戏剧、曲艺和电视剧文学剧本《常金花》、《女儿志》、《梅姐》、《黄山传奇》等多部。文集出版后，2011年获“2009—2010安徽省社科文艺出版奖”二等奖。

【文学创作结硕果】 《暗枪》、《淝上风情》、《从容月色》、《白山》、《牛殇》、《圈

《完颜海瑞文集》捐赠仪式

里圈外》、《毕业之后》、《但问君心不问天》、《水摇莲花的海》等近20部长篇小说、散文集已经出版或正式出版中。由市文学艺术创作研究所组织创作的300首《新时代儿歌》初步被列入幼儿教材。《未来》杂志有计划推出“作家风景线”，全年介绍18位合肥作家。裴章传作品《大清重臣李鸿章》经改写后出版，并被选中全国50部评书工程，在中央、省、市及全国20多家广播电台播出。市文研所组织30名作家集体创作《文化长丰》一书。

【《老合肥：庐州记忆》出版发行】 市文联《未来》杂志责任编辑王贤友潜心5年创作的散文集《老合肥：庐州记忆》，2012年由中国文联出版社出版。

《老合肥：庐州记忆》作为“老合肥三部曲”之一，由第一辑“淝滨夜话”、第二辑“老城觅踪”、第三辑“天生我才”、第四辑“激扬山水”、第五辑“一地风情”5个部分组成，约15万字，收录了《合肥之痒》、《合肥的气质》、《请不要为合肥“填词”》、《消失的合肥老城门》、《脚步声外城隍庙》、《镇淮角韵》、《最后的闺秀》、《合肥水经注》、《老合肥的夜市》、《漫话庐阳花布》、《风雨飘摇一祠堂》、《是英雄请上台来》、《山水巢湖》、《画出清明别样天》、《一碗吃尽合肥味》、《端午粽子香》等30多篇文章、图片118幅。

王贤友是安徽省民俗学会副会长兼秘书长，安徽省作家协会会员，中国民间文艺家协会会员，曾发表文学作品1000余篇，创作出版了散文诗集《脚板的行歌》、《野火与柔情》及《合肥民谣里的女性形象》，被誉为“乡土的忠实歌者”、“合肥民谣的保护人”。

【本土大剧《坝上街》登陆央视】 由合肥市委宣传部、合肥电视台、合肥八方集团联合拍摄，安徽籍作家胡正言、裴章传编剧，王建荣导演的长篇电视连续剧《坝上街》经过两年多时间的拍摄、修改、制作，在中央电视台八套播出。

《坝上街》选材精当，从小处切入，大处着眼，是一部全景式反映安徽合肥改革开放30年奋斗史的电视连续剧。该剧以安徽肥西小井庄包产到户为切入口，以合肥坝上街普通百姓的众生相为“舞台”，精心塑造了“三老甩”、汪邦强等一大批“坝上街人”，在改革开放大潮中奋勇搏杀、艰难创业、改造自我、与时俱进的故事，全方位展现并热情讴歌了改革开放的伟大功绩，生动反映了这30年中国人的精神面貌发生的天翻地覆变化。

【长篇小说《沿河湾的月亮》问世】 合肥市公安系统乡土作家杨俊生38万字的长篇小说《沿河湾的月亮》，2012年由中国文联出版社出版。杨俊生除在报刊发表了反映农村题材的中短篇小说20多万字以外，陆续出版了25万字的中短篇小说集《李庄躺在古沿河上》、33万字的长篇小说《太阳挂在河边》，《沿河湾的月亮》是他的“沿河三部曲”第三部。

杨俊生的作品思想敏锐，着力关注“三农”问题，文字中透着浓厚的乡土气息。《沿河湾的月亮》以反映“三农”问题为重大历史背景，也是合肥市迄今第一部以农村公安派出所生活为题材的文学作品。小说以生动朴实的乡土语言，叙述了在农村改革大环境下，一个基层公安派出所发生的故事。通过对一群农村基层公安派出所民警年复一年、日复一日“忙”的描述，真实地再现了广大基层民警常年处于“险、累、忧、思、乐”的生活状况，折射出农村改革的另一幅美好画面，赞美了一群活跃在农村改革第一线的平民英雄——基层人民警察恪尽职守，无私奉献的形象。小说通过广大农民群众对公安派出所的不了解、不理解、埋怨、疏远，进而渐渐了解、理解、亲近、牵挂、依赖过程的描述，深刻揭示了基层人民警察和农民群众之间那种鱼水相依，血脉相连，息息相通的亲密关系。故事真切感人，在歌颂一群贫民英雄的同时，无情地鞭挞了社会中的丑事恶人。

【艺术创作和品牌展示】 推人才、出作品、育品牌是文化工作的主要任务。2012年以来，合肥市的文艺活动和文艺创作取得了一定的成果：在第四届中国书法兰亭奖中，合肥市作者凌海涛获得一等奖，取得了全市书法史上“零的突破”。在全国“五个一工程”评比中，歌曲《追寻》获得优秀作品奖。在全省“颂歌献给党”歌曲征集活动中，《中国好人》入选10首歌词。市音舞协组织创作的歌曲《一字歌》（陈频词，何合浓曲）；《你就是雷锋》（陈频词，童方曲）；《你是这样亲切》（王广力、陈频、白春好词，肖燕曲），被省市电台多次播出受好评。在“乐博杯”安徽首届钢琴大赛中，市音舞协组织的代表队获金奖1个、银奖3个、优秀奖5个，协会获优秀组织奖。市音舞协组织合肥代表队参加省舞协举办的第五届安徽省“杜鹃花”中老年社区舞蹈展演，选送的5个节目在大赛中获特等奖1个、金奖1个、铜奖3个，市音舞协会获优秀组织奖。

由合肥·久留米美术馆承办的“传承经典——当代中国画名家学术邀请展”入选“全国2011年优秀展览项目”，获得文化部通报表彰。在文化部2012年全国美术馆馆藏精品展出季活动中，亚明艺术馆申报的“笔墨·世界——亚明欧亚风情写生作品展”成功入选，并一举在全国28个入选馆中脱颖而出，荣获文化部通报表彰。

合肥市书画院组织的以古庐州风情民俗、历史名胜、名人等为主题的系列创作取得重要进展，全部命题创作共41幅作品，已完成38幅单幅画命题创作，先后在《合肥日报》、《江淮晨报》、《合肥晚报》刊发专版。《新安画派论坛》征稿发行在社会上产生了广泛的学术影响。

【对外文化艺术交流】 文艺因交流而丰富，因交融而多彩。开展文艺的“请进来”和“走出去”，对于提高合肥市的文艺创作水准大有裨益。6月和11月，市文联两次接待了韩国大田文化艺术代表团来合肥访问，双方签订了友好备忘录，商定于2013年举办两市书画联展及互访活动。8月，为庆祝合肥·久留米美术馆建馆20周年，日本久留米市代表团一行6人来合肥参加各项纪念活动，举办纪念合肥·久留米友好美术馆建馆20周年馆藏精品展，并出版了馆藏作品集。

由中共合肥市委宣传部、合肥市文联、中共常州市委宣传部、常州市文广新局、常州市文联主办，亚明艺术馆、刘海粟美术馆承办的“亚明先生中国画作品展”5月在常州刘海粟美术馆开展。“走近大师——刘海粟作品展”11月在亚明艺术馆展出。11月，举办由14个城市参加的“城市·艺痕——合肥与国内友好城市暨中部省会城市艺术联展”，12月，参与主办了在上海展览中心展出的“江海交融——上海、武汉、南京、合肥市美术作品交流展”。合肥市美协组织的40多件美术作品首次规模化在上海展出。

【“文化庐州、盛世合肥”亮相美国哥伦布亚洲节】 为实施文化“走出去”战略，推进合肥对外文艺交流，应美国哥伦布市国际友城协会邀请，经市政府批准，5月24日，合肥市文化代表团在市中华文化促进会副主席项贤峻率领下，赴美国哥伦布市参加“亚洲艺术节”，举办“文化庐州、盛世合肥”图片展，交流展示中国书法、剪纸等艺术作品。

艺术节开幕式当天，合肥展台人头攒动，哥伦布市民和在美华侨对于美轮美奂的中国传统艺术流连忘返，他们对书法艺术和剪纸造诣表示惊叹。哥伦布市美术馆收藏了剪纸《清明上河图》和书法卷轴各一幅以及合肥图片展板。

【合肥孩子寒冬穿夏装上演“合肥震撼”】 2012年1月2日，合肥市上演了令人“震撼”的一幕：数十个来自不同学校的学生身着夏装，在室外踢球、跳绳、转呼啦圈、打排球、打羽毛球……而此时的室外温度仅为 5℃。但孩子们经过一番热身后，已顺畅地完成了心理和生理上的调适过程，轻松自然地进行户外运动。

寒冬夏装“合肥震撼”强健体魄磨练意志活动，由合肥市文联小作家协会、市家庭教育培训工作委员会主办。现在的孩子普遍缺乏吃苦磨练。这不仅是合肥，也是当下中国相当部分孩子急需补上的一课。从小培养孩子具备坚强的意志品质，是中华民族的传统美德。令人遗憾的是，调查结果显示：95%以上的孩子目前不敢接受“韩式震撼”的挑战，而这次寒冬夏装的调适过程，科学地实现了“合肥震撼”，它的成功践行意义重大。

（陶　媛）

美国哥伦布市观众参观合肥画展

合肥市文联所属各协会2012年获奖一览表

协会名称	作品名称	类别	作者	展赛名称	奖次	主办单位
市美协	清静世界	中国画	刘　辉	2012年中国工笔画展	入选	中国美协
市美协	禽鸟图	中国画	刘　辉	“未来的歌谣”锦绣中原全国中国画展	入选	中国美协
市美协	紫霄云上九重天	中国画	金　杰	“话说武当”全国中国画展	优秀奖	中国美协
市美协	溪山行旅图	中国画	金　杰	全国工笔山水画展	入选	中国美协
市美协	晨曲	中国画	孙跃宏	全国工笔山水画展	铜奖	中国美协
市美协	家山寻梦	中国画	胡家龙	“未来的歌谣”锦绣中原全国中国画展	入选	中国美协
市美协	家山积翠	中国画	胡家龙	八荒通神——哈尔滨中国画双年展	优秀奖	中国美协
市美协	家山凝翠	中国画	胡家龙	吴冠中艺术馆开馆暨全国中国画展	入选	中国美协
市美协	清风绿语	中国画	胡家龙	2012年全国中国工笔画展	优秀奖	中国美协
市美协	春山净空图	中国画	胡家龙	2012年全国中国画展	优秀奖	中国美协
市美协	家山静远图	中国画	胡家龙	“荆浩杯”中国画双年展	优秀奖	中国美协
市美协	海上清风	中国画	胡家龙	全国第三届工笔山水画展	入选	中国美协
市美协	玉兰栖羽图	中国画	张志能	2012年全国中国画展	优秀奖	中国美协
市美协	窗外	中国画	张志能	翰墨新象全国中国画展	入选	中国美协
市美协	雨后西街	水粉画	高清泉	全国第十届水彩、水粉画展	入选	中国美协
市美协	家山九里霁苍雪	中国画	金　杰	2012年全国中国画展	入选	中国美协
合肥·久留米美术馆	美术作品	美术展览	吴　蒙	城市·艺痕—合肥与国内友好城市暨中部省会城市艺术联展	全国美术馆优秀展览项目奖	文化部
市书协	金冬心题画记	书法	凌海涛	第四届中国书法兰亭奖	一等奖	中国书协
市书协	凸斋论艺	书法	凌海涛	孔子艺术奖全国书法展	优秀奖	中国书协
市书协	禅意书法的学术基础初探	论文	陈　智	全国行草书暨江淮书风研究论坛		中国书协
市书协	书法作品	书法	杨玉能	庆祝中国人民解放军建军85周年全国书画大赛	金奖	长沙军旅之歌书画院等
市书协	书法作品	书法	杨玉能	第九届“中华杯”庆祝共和国63华诞全国书画大赛	银奖	中国收藏家交流协会等
市书协	书法作品	书法	杨玉能	第二届天砚山杯全国书画作品大展赛	入选	天砚山杯全国书画作品大展赛组委会
市书协	书法作品	书法	杨玉能	“东方美”全国诗联书画大赛	一等奖	中国解放区文学研究会等
市书协	书法作品	书法	杨玉能	“华夏情”全国诗文书画大赛	一等奖	羲之书画报等
市书协	书法作品	书法	杨玉能	“伟大旗帜”纪念邓小平同志逝世15周年暨小平南巡讲话20周年全球华人书画名家大赛	金奖	“伟大旗帜·小平颂”全球华人书画名家作品典藏编委会
市书协	书法作品	书法	杨玉能	“祖国颂”全国书画摄影诗歌大赛	金奖	“祖国颂”全国书画摄影诗歌大赛组委会
市音舞协	追寻	歌曲		全国“五个一工程”	优秀作品奖	中国音协
市民协	和谐图	木雕作品	张参忠	安徽省工艺美术作品大展	金奖	省经信委
市民协	元春省亲		张参忠	安徽省工艺美术作品大展	金奖	省经信委
市民协	船模	木雕作品	吴　培	安徽省工艺美术作品大展	金奖	省经信委
市民协	坐看风云起	木雕作品	彭劲杰	安徽省剪纸暨手工技艺大展	金奖	省文联等

合肥市归国华侨联合会

【合肥市第五次归侨侨眷代表大会召开】 2012年12月4-5日，合肥市第五次归侨侨眷代表大会召开。省委常委、市委书记吴存荣，市委副书记、市长张庆军，市委副书记熊建辉，市委常委、常务副市长魏晓明，市委常委江洪，市人大常委会副主任叶祥所，市政协副主席奚芝英出席开幕式并接见与会代表。

吴存荣发表重要讲话：广大归侨侨眷、海外侨胞和各级侨联组织为全市经济社会又好又快发展作出了重要贡献。实践证明，广大归侨侨眷和海外侨胞不愧为推进合肥科学发展的重要力量，各级侨联组织不愧为值得信赖的“归侨侨眷和海外侨胞之家”。侨联组织是党和政府密切联系广大归侨侨眷和海外侨胞的桥梁和纽带，全市各级侨联要在党的十八大精神指引下，毫不动摇地坚持党的领导，深入贯彻落实科学发展观，牢记使命、勇于担当，发挥优势、履职尽责，努力在围绕中心、服务大局上有新作为，在服务侨胞、促进和谐上有新成效，在加强联谊、促进交流上有新突破，在组织起来、活跃起来上有新局面。

方玲代表市侨联四届委员会向大会作工作报告。大会选举产生了市侨联五届委员会领导班子，方玲当选主席，周慧、周强、余竹云、曹建社当选副主席。

【推动合肥市县区侨联基层组织建设】 随着改革开放深入进行，合肥市出国留学工作及回国创业人员不断增多，全市在海外人员已达数万，国内亲属约有15万人。他们大部分学有所成，形成了在学术上有造诣，经济上有实力，社会上有影响的一批人士。根据《中国侨联章程》要求建立基层侨联组织，市侨联工作人员多次前往各县区进行调研，了解他们成立侨联组织方面的想法和困难。在肥西县、包河区、蜀山区先后成立侨联的情况下，其他县区建立侨联组织工作在不断推进中。基层侨联成立后，全市侨务工作局面有了很大改善，对工作对象的掌握更加全面，扩大合肥人影响力。进一步增强了与广大归侨侨眷的联系，增进了友谊，加深了感情，并通过他们向海外的华人华侨宣传合肥，扩大合肥的影响力。

【招商引智工作】 市侨联利用自身优势，开拓各种渠道，紧紧依托省侨联的侨务资源，广泛与海外的华侨华人社团及回国工作探亲人员取得联系，向他们宣传介绍来肥投资创业的政策、环境，盛情邀请他们参观考察。2012年共接待有投资意向的华侨华人及侨商近百人次，本届侨联完成招商引资，已引进资金累积近10亿元。

【实施“走出去”战略】 多年来，受观念和经费等多方面因素制约，市侨联从未组织过代表团进行出访活动。侨联在海外联谊方面有独特的民间优势，转变观念，创新机制，是侨联工作开创新局面的重要保证。以地缘、血缘、业缘为纽带，大力开展与海外社团的交流互访活动，宣传创新开放的大合肥是侨联必须坚持的一项长期工作。2012年“侨团联谊及招商引资”考察团，赴欧洲进行考察，拜访了意大利华侨华人总商会，瑞士商会等侨团组织。通过与海外华人华侨的交流联系，不但加深了与老朋友的感情，也结识了很多新朋友，真正做到了“以情感人，以心交友”。极大地拓展了“以侨引资，以侨引智”的渠道，引导广大海外侨胞积极参与合肥市改革开放及经济建设。

【侨爱心工程得到进一步加强】 积极争取侨界的捐赠和支持，是侨联公益事业发展的重要着力点。马来西亚常青集团《星洲日报》热心读者捐款助养合肥市217名贫困家庭小学生，每人每学年720元，这项工作已连续做了6年，共接受善款82万元，使部分贫困学生家庭生活得到改善。香港金龙科技集团董事局主席胡国瓒捐赠合肥市三十五中西藏班100万元人民币。加拿大华侨吴道荣捐赠长丰县造甲乡恒生侨心小学教学楼一座，改善那里的办学条件。由台湾籍海外侨胞成立的“新华爱心基金会”捐助，依托合肥一六八中学创办高中“珍珠班”。3个班共有150名学生，每人每学年得到6000元资助。上海华侨事业发展基金会向庐江县“侨爱心”学校公益项目捐赠20万元，基金会理事长沈伟娟来合肥参加捐赠仪式期间，受到市有关领导接见。开展持续性的走访慰问活动，一年来共走访慰问归侨、侨眷近百人次，发放慰问金、慰问品价值总计5万元。

【举办长三角地区侨联创新工作会议】 2012年5月，一年一度的长三角地区侨联创新工作会议在合肥市召开。长三角地区是我国综合实力最强的区域，而侨界力量是长三角地区发展的重要资源，加强区域侨联创新工作交流是推动长三角地区经济文化合作的重要途径。为建立长三角地区侨联创新工作交流平台，推进合肥滨湖大城市发展的步伐。会议由合肥市侨联承办，以“创新、合作、发展”为主题，共商加强联动协作、携手发展、服务和谐社会建设。此次会议邀请了中国侨联副主席乔卫出席并讲话。

（吴俊亭）

合肥市残疾人联合会

【概况】 2012年，合肥市残联系统紧紧围绕“新跨越、进十强”，以加强残疾人社会保障体系和服务体系建设为主线，奋力开拓，锐意进取，全市残疾人事业呈现出健康快速发展的势头。合肥市荣获“十一五期间全国无障碍建设先进城市”称号，市残联获得“2012年全国两刊征订宣传工作市级先进”、“2011年度全省新一轮残疾人状况监测工作先进集体”、“2011年度民生工程组织实施工作杰出单位”、“全市社会管理综合治理优秀单位”和“合肥市第十二届文明单位”等称号。

市政府第107次常务会议审议通过《合肥市创建“全国残疾人文化建设示范市”实施方案》，并以合政办50号文下发。组织县（市）区申报创建全省残疾人工作示范县（市）区，包河区、庐阳区、长丰县、瑶海区、肥东县等5个县区被确定为全省第一批创建县（市、区）。

【政策建设】 贯彻落实《中共合肥市委、合肥市人民政府关于进一步加快推进残疾人事业发展的实施意见》，相继出台《合肥市残疾人事业“十二五”发展纲要》、《合肥市优待扶助残疾人规定》等政策性文件，并下发《关于对残疾人实行若干优待扶助政策的通知》，在有线电视、电信、水电气等方面给予贫困残疾人更多更具体的优惠。依据中宣部、中残联等11部门《关于加强残疾人文化建设的意见》，会同全市13个部门，在全省乃至全国省会城市中，第一个制发《合肥市关于加强残疾人文化建设的意见》。

【民生工程】 全市得到生活特别救助的贫困重度残疾人39238名，超任务数1431名；白内障患者得到复明手术的1764名，超任务数734名；受到药费补助的精神残疾人7098名，超任务数109名；贫困残疾儿童接受抢救性康复的752名，超任务数98名。部分县区积极提标扩面，努力帮助更多的困难残疾人。

【就业工作】 全市残疾人就业保障金征收1.1亿元，按比例就业6600人。组织残疾人计算机应用、插花等技能培训23期，培训城镇残疾人和农村残疾人分别达969人次、1121人。组织就业援助月活动，求职登记202人，推荐就业178人次。举办残疾人就业招聘会8场，发布招聘信息116条，就业回访484人次。探索残疾人自主创业社会保险补贴和残疾人创业基地项目补贴，为41名残疾人提供自主创业社会保险补贴2000元/人，为6个残疾人创业基地提供项目补贴2万元/个。举办合肥市第八届残疾人职业技能大赛，117名选手参加11个项目竞赛。组团参加第五届安徽省残疾人职业技能竞赛，获得团体总分第二名和优秀组织奖。进一步推进万人就业扶持工程，扶持残疾人个人创业1900名，扶持超比例安排残疾人就业企业17家。

【康复托养】 重点实施低视力康复、辅助器具适配等基础项目，适配助视器412人，配发辅助器具1019件，捐赠轮椅550辆。建立健全贫困残疾儿童抢救性康复项目转介安置机制，为143名残疾儿童提供术后康复训练。合肥市被中残联纳入全国 8 个脊髓损伤者“中途之家”建设试点市，并作为全国推广会议现场参观点，获得了中残联及其它市残联的好评。下发《合肥市易肇事肇祸精神病人住院补助项目实施方案》，为700余人次贫困精神残疾人提供5000元/人/年住院补贴救助。实施“阳光家园计划”，为900名智力、精神和重度残疾人提供居家托养补贴。

【宣传文体工作】 修订完善《合肥市残联宣传报道奖励办法》，全年在市级以上宣传媒体刊发稿件4308篇。继续办好合肥电视台手语新闻、合肥广播电台《共有一片蓝天》节目。在全省残疾人事业好新闻评选中获优秀组织奖，并获1个一等奖和2个二等奖。组织残疾人文化周活动，推进“文化进社区”项目，重点培育以蜀山区青阳路社区等为代表的残疾人文化进社区示范社区。围绕“加强残疾人文化服务，保障残疾人文化权益”主题，举办“全国助残日文化讲座暨残障人士读书文化日”等系列文化助残活动，每期均有200多名残疾人朋友及残疾人工作者参加了活动。选拔137名残疾人运动员。选送5名盲人运动员代表安徽省参加全国盲人跳绳比赛并获好成绩。举办合肥市第三届特奥运动会。组团参加全省第三届特奥会，获得14块金牌、10块银牌、6块铜牌，金牌数和奖牌数均名列全省第一。鏖战伦敦残奥会，合肥市残疾人运动员刘美丽获金牌、铜牌各1块，为祖国和人民争了光。

【教育扶贫】 推进残疾人事业专项彩票公益金助学项目（学

前教育），为48名0-6周岁残疾儿童提供每人每年3000元的补贴。出台《合肥市高等教育阶段家庭经济困难残疾学生和经济困难残疾家庭学生资助办法》，资助506名大学生。指导和督促县（市）区开展省特教中专招生工作。贯彻落实《农村残疾人扶贫开发纲要（2011-2020年）》，推进16个农村残疾人扶贫基地建设，帮助298名残疾人从事种养殖业、手工业和各种经营，促进残疾人增收。完成244户贫困残疾人家庭无障碍改造。

【组织建设】 以市委办公厅、市政府办公厅名义下发《关于做好全市各级残联换届工作的实施意见》、《关于召开合肥市残疾人联合会第六次代表大会的意见》，推进市、县（市、区）、乡镇（街道）三级残联换届工作。推进基层残疾人组织规范化建设，对县（市、区）、乡镇（街道）残联理事长和残疾人专职委员进行轮训，覆盖面达100%和85%。下发《合肥市残疾人协（助）理员管理考核暂行办法》。加快残疾人证核发工作，及时下发《关于进一步加强残疾人证办理与管理工作的通知》，全市残疾人证核发率较上年增长10.5%。建立助残服务联系站，各县（市、区）都按要求组建了助残志愿者队伍和志愿者登记注册，为残疾人提供助残志愿服务。

【信访维权】 坚持“属地管理、分级负责”和“谁主管、谁负责”的原则，变“上访”为“下访”，变“接访”为“约访”，畅通信访渠道，主动化解矛盾，最大程度帮助残疾人解决实际困难，全年接待来访残疾人923人次、处理残疾人来信16件，办理“12345”政府直通车94件、来信15件。落实机动轮椅车燃油补贴政策，为2646名符合条件的残疾人提供补贴。积极做好残疾人正三轮车长效管理。办理免费公交卡1575人，年审514人。

（刁松山）

合肥市红十字会

【积极推进组织机构建设】 2012年，合肥市红十字会以科学发展为主线，紧紧围绕服务全市工作大局，突出以人为本，以组织建设和基础建设为重点，扎实开展人道主义救助、救护、志愿服务等重点工作，为全市红十字事业的可持续发展奠定了坚实的基础。

为推动新时期红十字事业可持续发展，进一步加强红十字会组织机构建设，积极争取市委、市政府支持，全力推进县（市）区红十字会管理体制理顺工作，按照全省的统一部署和要求，市辖五个县（市）编办正式下文，完成了红十字会组织机构独立建制。

【“博爱送温暖”活动】 元旦、春节期间，市红十字会筹集价值15万元的慰问物资，组织开展了“红十字博爱送万家活动”启动仪式，在全市范围开展了困难家庭扶危济困送温暖活动，受益群众达3000余人。为配合政府关注民生，救助社会弱势群体，全年筹集社会各类捐款67万元，为19名白血病儿童申请获得人道救助金59万元，获得全市首届慈善捐赠活动优秀组织奖。

【广泛普及应急救护知识】 市红十字会落实市政府《关于开展应急救护培训工作的通知》要求，正式启动了导游从业人员应急救护知识岗前培训工作。全年共培训红十字志愿者骨干、公安消防、导游、酒店、电力系统等高危行业红十字救护员2000余名；组织对全市9000余名高一新生开展红十字青少年应急救护知识普及宣传活动。安排了24场次、近1万余人参加的群众性应急救护知识普及宣传活动。

【强化应急备灾救灾能力】 为了全面提升红十字系统参与自然灾害紧急救援的应急能力，按照中国红十字总会备灾救灾仓储库的功能建设要求，市红十字会完成了市级备灾救灾仓储库对外工程改造建设项目设计招标、工程验收与决算审计等项目建设工作。同时，积极争取政府集中采购，完成了备灾救灾物资的储备，有效提升了合肥市红十字会应急备灾救灾能力。

【不断扩大志愿服务影响】 组织召开了全市红十字志愿服务工作会议，专题部署“红十字关爱生命志愿服务行动”。共动员申报了15项志愿服务活动项目。开展红十字志愿服务队和基层红十字会组织进学校、进社区，举行应急救护知识普及宣传、助老敬残、健康教育知识普及等各类志愿服务活动。参与志愿服务共1268人次，服务18340人次，红十字会的影响力不断提升，并获得市文明委2012年文明创建总结工作会议表彰。

（孙　轶）

合肥中华职业教育社

【概况】 2012年，合肥中华职业教育社（以下简称“市职教社”）发展个人社员3名，个人社员总数达145名，主要分布在教育、文化、工商等界别，社员中各级人大代表、政协委员13人；

发展团体社员1个，团体社员总数达28个，主要为职业院校和关心支持职教事业的民营企业。主任李晓梅，副主任束道银、王杰才、王世保、盛吉琛、李缜、谭福翰（兼任秘书长）。

在2012年10月召开的省中华职业教育社第五次社员代表大会上，市职教社主任李晓梅当选省中华职业教育社副主任，社务委员李志平当选省中华职业教育社社务委员。12月，由市职教社提名推荐考察的社务委员刘甫圣当选市十三届政协委员。2012年，市职教社工作首次编入《合肥年鉴》。

【调研建言】 3月，市职教社组织部分社务委员赴云南省红河州、泸西县专题调研中华职教社地方组织建设、社务活动及温暖工程开展情况。4～5月，参加省中华职业教育社“校企合作办学”课题调研，先后赴安徽职业技术学院、安徽建设学校、安徽合肥服装学校、合肥职业教育中心等院校考察，参加3次与校企双方相关负责人进行的专题座谈会，完成调研的阶段性任务。12月，赴市电大专题调研市开放大学筹备情况，形成调研报告《加快构建我市终身教育体系 推进学习型城市建设的建议》。12月底，社副主任、秘书长谭福翰陪同中共安徽省委统战部副巡视员、省中华职业教育社常务副主任裴民宪一行赴团体社员肥西花岗职业高级中学调研农村职业教育。

市职教社于年初形成的《关于调整现行中职招生政策的几点建议》、《组建职教集团，创办合肥职业技术学院，加快发展我市职业教育》、《对我市公办技工学校的发展问题的建议》等3份提案，由李晓梅和市民革提交省、市政协。市政协在主席督办《组建职教集团，创办合肥职业技术学院，加快发展我市职业教育》提案时特别邀请了市职教社领导参加。省教育厅办理提案《关于调整现行中职招生政策的几点建议》时充分肯定所提出的意见和建议。市经济和信息化委员会办理提案《对我市公办技工学校的发展问题的建议》时采纳了提案的意见。

【温暖工程】 市职教社“同心·温暖工程助学计划”正式启动，肥西县铭传乡2名贫困学生接受团体社员安徽轻工业技师学院资助入院学习。市职教社参与省中华职业教育社“同心·温暖工程双助项目”的策划，为该项目的实施做了部分前期准备工作。

【宣传交流】 市职教社与重庆渝中区职教社、云南省泸西县职教社等省外职教社组织建立了交流联系。全年共编辑发送电子版《合肥社讯》5期，向中华职业教育社《社讯》传送各类新闻稿件6篇，向中共合肥市委统战部报送信息10篇。推荐团体社员学校4名校长、2名教师作为中华职业教育社黄炎培职业教育专项奖候选人。社员李涤新撰写的《职业教育在建设学习型社会中的功能与作用》、社员张超撰写的《关于我国终身教育发展的若干思考》两篇文章入选第三届海峡两岸（西宁）终身教育论坛文集。

【自身建设】 7月，市职教社首次推荐4名社员参加由中共合肥市委组织部和统战部联合举办的2012年党外干部培训班。8月初，组织部分社员赴青海省西宁市参加由中华职业教育社和台湾成人及终身教育学会联合主办的第三届海峡两岸终身教育论坛。11月中旬，组织部分社务委员、社员、社机关工作人员及部分团体社员学校的中层干部、学生共计40余人参加由市民革举办的十八大专题讲座。11月底，组织人员参加中华职业教育社在深圳举办的黄炎培职业教育思想研究年会及“中华职业教育名师名家大讲堂”系列活动。

【社员工作】 团体社员合肥机电技工学校正式升格为安徽合肥机电技师学院，该校还被合肥经济技术开发区纳入“人力资源输入基地”。团体社员安徽轻工业技师学院整合3所市属公办技工学校。安徽合肥机电技师学院、安徽轻工业技师学院作为协办单位参与“中国·合肥第三届技工节”。团体社员合肥国轩高科动力能源有限公司与其合作伙伴共同在全省推广纯电动轿车近5000辆、纯电动大巴车近1000辆，圆满完成“十城千辆”推广任务。安徽合肥神行太保教育集团、合肥东文工贸有限公司等团体社员单位向文化、医卫等多元经营方向发展。安徽神行太保教育集团参与文化部艺术服务中心等单位联合举办的“盛世欢歌——第二届中国中老年文艺汇演”并获金奖。安徽神行太保教育集团董事长、社副主任盛吉琛获“中国歌武表演第一人称号”。社务委员马云峰创办的安徽徽韵人才市场正式挂牌运营。社副主任、秘书长谭福翰出席在北京召开的中华职业教育社成立95周年纪念大会，并获中华职业教育社优秀社务工作者荣誉证书。

（章　进）

法治

公安

【概况】 2012年，合肥市社会治安环境持续良好平稳。37起现行命案全部侦破，命案发破数在全国省会城市仅高于海口、拉萨；八类主要刑事案件占全部刑事案件总量比重仅为2.34%，在全国省会城市中处于最低行列；破获刑事案件数，抓获刑事犯罪嫌疑人数、刑事拘留数、提请逮捕数、移送起诉数同比上升28.9%、27.38%、19.3%、16.69%、24.3%；“打四黑除四害”、“打击假冒伪劣产品”、“破案会战”等专项行动战果位居全国省会城市前列。在安徽省统计局开展的2012年群众安全感满意度调查中，合肥群众安全感达90.51%，对公安工作满意度97.14%，成为合肥市荣膺2012年中国幸福城市之首的重要依据之一。

公安行政管理服务更加便民高效。出台“POS”机收取交通事故“预交金”等11项便民利民服务措施。“三访三评”活动为群众办实事、做好事、解难事19118件，化解信访积案182个，“语音回访与短信评警系统”满意率达92.25%；交通事故死亡人数同比下降10.25%，重特大道路交通事故仅发生4起；火灾事故起数、火灾损失同比下降46.04%、49.66%，仅造成3人死亡；未发生危爆物品安全事故和造成严重社会影响的群死群伤安全事故。全市公安机关为合肥在全国294个地级以上城市“社会公平”评选中名列第一、跻身“中国最佳投资城市”前三甲作出了突出贡献。

全市公安精神面貌奋发向上。全局84个集体、276名民警受到上级公安机关表彰奖励。其中3个先进集体和5名先进个人受到全国公安系统英模大会表彰。11个集体、23人受到市政府记功表彰。中央、省、市各级媒体正面宣传市公安机关的稿件达1.5万篇，合肥公安的知名度和美誉度进一步提升。

【刑事犯罪侦查】 市公安局牢固树立“合成战、信息战、科技战、证据战”的科学理念，采取坚决有力措施，严厉打击各类刑事犯罪活动。全年37起杀人案件全部破获，命案侦破率达100%，位于全国31个省会城市及管辖市第一。深入开展打黑除恶专项斗争，全年共打掉恶势力团伙38个，一审判决380人。以“清网行动”为重点，大力开展“追逃”工作，共计抓获各类网上逃犯3304人。精密组织“打拐”工作，破获拐卖妇女儿童案件132起，打击处理嫌疑人90人，解救妇女儿童125人。探索跨区域办案协作机制，加大力度打击多发性侵财案件。全年共利用协作平台，破获外地案件450起，破获本市案件796起，打掉团伙28个。与此同时，加强情报信息主导侦查工作机制建设，加强刑事执法规范化建设，加强刑事技术基础建设。特别是2012年11月24-25日，合肥市公安局刑事技术实验室首次通过国家认可委的认可评审，标志着合肥市公安刑事技术管理应用水平达到了国际标准。

【经济犯罪侦查】 市公安局以“破案会战”为龙头，多次开展专项行动和集群战役，严打各类突出经济犯罪活动，全力维护合肥经济发展秩序。全年共受理各类经济犯罪案件2198起，同比增长212.7%；共立案2155起，同比增长188.5%；共破案1488起，同比增长102.7%；共抓获违法犯罪人员1039人，同比增长188%；共挽回经济损失3.48亿元，同比增长93%。在公安部统一部署的“破案会战”中，结合合肥实际，先后开展以打击加盟代理为名进行合同诈骗犯罪的“春雷一号”行动，共打掉4个团伙、20家公司，拘留逮捕犯罪嫌疑人18人，破获合同诈骗案件170余起；开展以打击非法传销犯罪的“春雷二号”行动，共捣毁盘踞在合肥区域的传销窝点94处，抓获传销人员570余人，查扣帐户资金2200余万元，刑事拘留54人；开展以打击商业贿赂犯罪为重点的“春雷三号”行动，破获商业贿赂案件37起，依法处理20人。“破案会战”的突出做法和成绩，四次受到公安部通报表彰。在常规工作中，切实以“解决民生问题”为宗旨，快侦快破113起群众反映强烈、党委政府重视、社会各界关注的大案要案，其中中央领导批示案件1起，公安部督办案件21起，省公安厅督办案件1起，取得了良好的法律效果和社会效果。

【治安管理】 一是夯实基层基础工作，推进城乡社区警务战略向纵深发展。积极推动在全市基层派出所建立“警民联调、公调对接”，进行矛盾纠纷调解新机制；出台深化户籍制度改革意见，探索建立流动人口管理服务新办法；规范城乡社区民警基础信息采集工作意见，使全市11个类目的基础信息采集率，由过去的72.38%上升至90.56%。

二是加强治安防控体系建设，进一步提升社会治安管理能力。强力推进视频监控“天网”工程建设，形成“公共区域政府建、场所内部单位建、商业门面业主建、居面小区物业建”的建设格局，启动项目建设，整合现有资源，开展探头布点优化论证，完成选点标注1.8万个。加强派出所三级巡控网建设，充实专业巡防力量，构建市区一、二、三级治安巡控“网格化”格局。目前，市区共有专职巡防力量2823人，义务巡防力量11390人，有效地压降了可防性案件的发案。加强单位内部防范和行业场所的阵地管控，对全市705家重点单位、154家大型商贸场所、1063家自助银行等金融营业网点，实行技防措施100%覆盖，并全部与“110”指挥中心联网；对全市5521家旅馆、254家娱乐场所、130家废旧收购企业、81家典当行，全部安装了信息系统，全年共利用信息系统抓获各类逃犯524名，同比上升69.58%，连续6年排名全省第一。

三是严格社会面安全防范管控措施，强力整治治安突出问题。依托社区管理系统，落实对全市1.8万余名治安重点人的常态化管理措施，使治安重点人的管控率由过去的64.9%提升至98.4%。联合主管部门，全年共19次检查整顿非法矿山，责令停产停业1家；9次检查61家涉爆单位，发现整改隐患19起，检查36家剧毒化学品单位、41家放射源单位，检查1538处重点单位和部位，发现隐患249处，整改182处，下发限期整改通知书70份，并处警告处罚。始终保持对“黄赌”违法犯罪的“严打”高压态势，全年共查获黄赌案件2031起，其中侦办刑事案件405起，查处治安案件1626起，刑事拘留636人、逮捕318人、起诉550人、劳教60人，治安拘留4295人。纵深推进“打四黑除四害”专项斗争，全年共办理“四黑四害”案件2099起，其中刑事案件488起、行政案件1611起；共刑事拘留805人、治安拘留4163人、取保候审249人，并成功侦破公安部挂牌督办案件2起，省公安厅挂牌督办案件3起。精心部署开展“春霆7号”、“春霆9号”社会治安集中整治统一行动，重点整治治安乱点、解决治安突出问题。在以缉枪治爆为重点的“春霆7号”行动中，共出动警力2747人次，查处行政案件301起，刑事拘留5人，治安拘留11人，抓获逃犯1人；收缴各类枪支897支、子弹1778发、管制刀具549把、弩19支、雷管2345枚、索类爆炸物2500米、黑火药5259公斤、易制爆化学品31500公斤。在以娱乐场所大清查和公共复杂场所打非治违为重点的“春霆9号”行动中，共出动警力2161人次，清查各类场所5474处，破获刑事案件25起，刑事拘留21人；查处治安案件80起，治安拘留79人；摧毁团伙2个，抓获逃犯2人。

四是圆满完成各项大型活动安全保卫工作。坚持“风险评估、科学用警、确保安全、促进和谐”的原则，积极推进安保工作社会化进程，规范两级受理审批、分类分等级管理流程，建立安检志愿者人才储备库和大型活动高危人群信息库，制定科学的票证管理办法，圆满完成省、市党代会、“两会”、“全国农交会”、“家电博览会”等65项大型活动安保任务，共出动安保力量1.8万余人，确保了155万参与者的安全。

【公共交通安全管理】 为了优化群众的乘车环境，市公安局推行反扒窃常态化、实战化机制，坚持全天候、运动式的打击模式，屯警街面；实行弹性工作制，把警力向案件高发时段、高发线路和区域倾斜，增加布警密度、提高防控能力；结合警情研判、适时有针对性地开展反扒整治行动，不断加大打击扒窃犯罪工作力度。全年共破获刑事案件170起，抓获各类违法犯罪人员228人，其中刑拘99人、起诉41人、逮捕33人、劳教17人，追缴赃款赃物14.23万元；打掉扒窃犯罪团伙1个，打击处理团伙成员3人，破获团伙扒窃案件5起。同时积极对犯罪人员涉及的部分行业、场所加强侦控，搜集违法犯罪情报信息，查证犯罪线索及证据，并组织专项行动精确打击。通过多措并举，有力地打击了扒窃犯罪的嚣张气焰，使全市公交车扒窃案件发案率呈逐年下降趋势，2012年比上年下降了19%。

【互联网安全保卫】 市公

安局以构建和谐网络环境为目标，妥善处置网上影响社会稳定的各种问题和突发事件。全年共发现、处置各类违法有害信息67398条，比上年同期增长77%，及时处置率达99%；通报异地专项违法信息4.9万余条，位居全省第一。加强网络案件侦办，严厉打击各类涉网违法犯罪活动。成功侦破公安部督“皖投服务器被入侵案”、“2·09”非法买卖个人信息案、“3·25”网络组织卖淫案、“4·21”网络赌博案、“4·28”网上贩卖枪支案，“6·1”组织买卖人体器官案等一批有影响的大案要案。抓获网上逃犯106名，其中命案逃犯3名，历年逃犯5名，外省逃犯23名。

【毒品查禁】 坚持以“破大案、缉毒枭、推网络、缴毒资”为目标，强化侦察经营意识，广辟情报信息来源，不断提升打击涉毒犯罪能力。全年共破毒品刑事案件431起，抓获犯罪嫌疑人432名，成功侦办1起公安部毒品目标案件和9起省公安厅毒品目标案件，摧毁一批毒品入皖通道。贯彻“预防为主”的方针，推陈出新地开展面向社会、面向全民的禁毒宣传工作，全年共开展以“六进”为内容的禁毒宣传活动2000余次，举办“2012合肥防范合成毒品”知识竞赛，共有社会各界群众6307人参与竞赛；在互联网上开辟阵地，设立“合肥公安禁毒在线”新浪微博，发布宣传微博1600余条，拥有“粉丝”近2万人；组织开展“2012青少年禁毒宣传教育进学校”行动，在62所高校开展了形式多样的宣传活动；在车站、人才市场等公共场所开展“禁毒宣传流动课堂”专项活动10次，发放资料5万余份，受教育群众6万余人次。围绕十八大安全保卫工作，加大吸毒人员排查管控与收戒力度，全年共查处吸毒人员1739人，同比增长39.26%。其中新发现吸毒人员890人，同比增长18.51%；强制隔离戒毒171人，同比增长47.41%；社区戒毒223人，同比增长75.59%；社区康复83人，同比增长176.67%。加强协调，争取支持，落实社区康复、强制隔离戒毒措施，推动吸毒康复人员就业率，推进禁毒专职职工队伍建设。

【道理交通管理】 全程跟进保障道路“大建设”，及时做好交通评估、保障预案、社会宣传引导、交通设施搬迁、交通组织和指挥疏导、交通诱导信息发布等各项工作，全力维护交通秩序，保障群众出行，最大限度地减轻不利影响，确保封闭施工的13条在建道路未发生大范围的拥堵。集中整治车辆乱停乱放，在172处重点车道和人行道增设5500个挡车柱等隔离设施，提高交通管理效能；在金寨路等路段新增1156个临时泊车位，缓解停车难；共查处乱停乱放车辆16.7万起，罚款1662.8万元；查处“三无车”和行人乱穿行行为15.1万起，罚款170.3万元。推进道路交通信息化建设，升级改造智能交通集成平台，建成9条智能交通示范路；完成车驾管监控中心建设并投入使用；共建成道路视频监控636处，交通流量检测137处、“电子警察”255处、闯禁行20处、雷达测速16处、智能卡口22处；567个灯控路口有142个路口实现了交通信号可控可联；长江中路等17条道路实现了交通信号联网集控和交通警卫特勤控制；徽州大道等25条道路形成了层级化指路系统。从严查处严重交通违法，开展136次全市及区域性集中整治行动，严查重处无牌无证、酒后驾车、“三超一疲劳”等严重影响交通安全的违法行为，其中查处醉酒驾车308起，全年共查处各类交通违法行为142.2万起，罚款1.67亿元，记分207.3分，吊销驾驶证1007本，行政拘留262人。强化车驾管源头监管，严把车辆、驾驶人注册登记关，正式启用“科目三”道路考试智能评判系统，驾驶人各科目考试全部实现电子化；会同交通运管部门，在各驾校推行驾驶人培训计算机管理与考评制度；会同教育部门，推动完成全市1051所小学、247所初中和114所高中共851辆校车的建档和常态化管理。全年共办理机动车新车入户13.8万辆、年度审验30.2万辆；办理驾驶人考试86.1万人次、年度审验10.7万人次，新发驾驶证16.3万本。截至2012年底，市区及四县一区机动车和驾驶人保有量分别达到96.3万辆、121万人，其中市区为52.5万辆车和63.9万驾驶人。竭诚为民高效服务，深入实施节假日正常办理车驾管业务、开通“96598”热线服务、自学考试自主预习等利民便民措施，共为群众提供17.3人次的咨询查询服务；在全市推广通过银行POS机收取交通事故预交金；通过手机短信平台、省市交通电台等载体，及时发布和播报交通违法、机动车审验、交通路况等信息，方便群众办事和出行。

【出入境管理】 2012年，市公安局共办理出入境证件209386人次，比上年同期增长36.06%；其中办理出国64916人次、赴港澳128967人次、到台湾15503人次，同比分别增长35.91%、32.48%、76.63%。为外国人办理各类证件2897人次，比上年同期增长22.83%。其中访问登记255人次、旅游登记448人次、居留许可1718人次。批准台湾居民各类证件、签注共436人次，同比增长43%，其中来往大陆签注351人次，居留签注72人次，一次有效台胞证13人次。临时入境境外人员64639人次，同比增长1.6%；其中华侨及港澳同胞6699人次，台湾同胞10041人次，临时入境外国人47899人次。常住境外人员2310人次，比上年同期增长10.57%。共办理涉外“三非”案件25起，其中非法就业1起，非法居留24起；协助其他警种部门调查涉外事件9起。强化亲民服务，加强出入境管理创新。首次推行签发电子普通护照；推行赴港澳再次旅游签注自助受理新举措，将过去25分钟的办理时间缩短为10秒钟；推行省内居民跨户籍地就近申领出入境证件，试行一年来，共受理省内居民跨户籍地就近申办出入境证件100余人次。加强基础建设和安全防范，确保在肥外国人底数清、情况明；建立“涉外单位”等级分离制，加强对涉外机构的日常考核管理，并将考核结果直接与考评挂钩。目前，全市433家涉外单位，已有412家进行了备案，备案率达95%。制定对非法居留违法行为处置隐瞒的实施纲要，进一步规范自由裁量权，使每一起涉外行政案件都经得起法律检验，至今未发生一起行政复议，“三非”案件数同比下降50%。

（杨安青）

消　防

【概况】　2012年，合肥市消防支队取得了十八大消防安保综合考核、打造消防铁军比武竞赛、政工岗位练兵、执法质量考评“四个全省第一”，执法规范化建设被公安部表彰，给养业务竞赛荣获全国第三名，财务会审获全省先进，51人荣立三等功，60个（次）集体、62人（次）被公安部消防局、安徽省公安厅、省消防总队、合肥市委市政府表彰，涌现出“全国特级优秀人民警察”徐长青、市政府二等功单位蜀山大队等一大批先进集体、个人。

【社会消防管理】　提请合肥市人大常委会颁布实施《合肥市消防条例》。吴存荣、张庆军、程瀚等省市领导多次听取消防工作汇报，破解发展“瓶颈”。提请召开全市消防工作会议，13个区（县、市）政府共召开15次常务会、46次联席会，专题研究消防工作，24家省市级督办的重大火灾隐患销案摘牌。率先在全省启动“网格化”试点建设，全市共投入千万元推进“网格化”建设，创建20个消防体验中心，1万余名干部群众、3000余名公安民警和保安巡防队员参与网格化管理工作，“网格化”管理体系在全市范围逐步铺开。

【灭火救援能力】　市消防支队率先在全省编制跨区域重、特大火灾和灾害事故应急救援预案。举行在校学生消防疏散及灭火应急演练、喜来登大酒店灭火演练暨建筑消防设施示范性测试、跨区域集结拉动和地震救援演练。全年共制作预案2006份，开展演练1368次，实施测试590次，战训业务视频授课18期。圆满完成铁军中队创建，举行全市消防运动会和年终业务大比武。组建短波电台通信网和卫星电话通信网，完善指挥中心建设。2012年支队共接警出动5510次，抢救被困人员744人，疏散被困人员2220人，抢救财产价值6663万元。成功处置两次蚌埠八一化工厂火灾跨区域增援、“8·20”排涝救援等灭火救援任务，圆满完成“两节”、“两会”和十八大保卫在内的系列安保工作。

【消防安全环境】　深入推进万人大培训工作，举办消防培训班51期，培训12000人，督促620名消防控制室从业人员通过特有工种职业技能鉴定。配合中央电视台《天网》栏目制作两期专题片，利用98个LED屏、270块户外楼宇广告和520处社区宣传长廊开展消防宣传。先后开展打非治违、清查易燃易爆场所、春霆系列行动等专项整治，共出动监督人员8.8万人次，整改隐患19万处，责令“三停”360家，临时查封505处，罚款1032.7万元，拘留183人，消防安全责任制有效落实，社会消防工作基础全面提升，消防安全形势持续平稳。

召开全市消防装备建设评估论证会，编制《2013－2015年支队装备建设规划》，建立长效机制。新增17辆消防车、2.2万件（套）器材装备，救援巡逻警用直升机落户合肥。搜救犬中队建成投入执勤，双凤、龙脊、蜀麓等消防站相继竣工，临泉路消防站正式开工，消防站布局进一步优化。

【大型抢险救援】　2012年8月20日晚至21日凌晨，合肥地区突降暴雨，城市老旧小区及低洼地带形成了内涝，对人民群众的生命财产安全造成极大威胁。合肥消防部队官兵迅速响应，连续奋战，有效保卫了人民群众的生命和财产安全。

蜀山区石油库居民区内的池塘及排水渠水位暴涨，洪水已淹没至胸部。消防官兵利用导向绳往返10余次，成功救出包括老人、小孩在内的30多名被困人员。经济开发区部分地段积水超过1米，全区进入紧急防汛状态。在文景新城与报业园区，数辆轿车被淹，人员被困形势危急，消防官兵果断破拆，成功解救车上被困人员。朝霞园小区地势低洼积水暴涨，部分水深近1.7米，多户居民被困，消防官兵排除艰险，深入小区共营救被困人员12人。

暴雨中，高新区街道、小区及交通主干线“积流成河”，消防官兵冒雨转移物资、疏散人员、抽排污水。兴园小区居民众多，内涝严重，消防官兵不辞辛劳，连续奋战3个多小时，共转移群众100余人。

合肥全体消防官兵连续奋战、排险解难，受到了人民群众的高度赞誉。中央电视台《朝闻天下》、中央人民广播电台《央广新闻》等中央主流媒体与省市媒体，在第一时间对合肥消防官兵暴雨中抢救人民生命财产安全的英勇事迹进行了专题报道；各大主流网络媒体和门户网站纷纷以新闻、主页、视频等形式，全面介绍了支队官兵的救援过程。

（谢　林）

检　察

【依法保障和促进经济又好又快发展】 2012年，全市检察机关始终把检察工作放在全市大局中谋划、推进和检验，以执法办案为基本方式和途径，着力为全市经济社会科学发展营造良好的法治环境。

依法打击各类刑事犯罪，成功办理了在国内外有重大影响的“11·15”系列案件，即：依法审查批捕、起诉了“薄谷开来、张晓军涉嫌故意杀人案”，依法立案侦查、审查起诉了“郭维国等四人涉嫌徇私枉法案”，依法侦查了“王立军涉嫌渎职犯罪案”，受到中央领导和高检院领导的充分肯定。

着力服务和优化经济发展环境。积极参与“整顿和规范市场经济秩序”等专项活动，依法打击走私、生产销售伪劣产品、金融诈骗、非法集资、非法传销等破坏市场经济秩序犯罪。共批捕涉嫌破坏市场经济秩序犯罪365人、起诉406人。服务“大湖名城、创新高地”建设，加大对生态环境的司法保护，批捕涉嫌破坏环境资源犯罪1人、起诉25人。强化知识产权司法保护，保障和促进企业自主创新，共批捕涉嫌侵犯知识产权犯罪18人、起诉64人。

着力服务和保障民生。扎实开展严肃查办危害民生民利渎职侵权犯罪专项工作，积极参与关系人民生命健康和国计民生重要产品质量安全的专项整治，严厉打击危害食品药品安全犯罪。共批捕涉嫌生产销售伪劣商品犯罪3人、起诉6人。积极配合有关部门加强对涉及民生工程重大建设项目资金使用的监督，保障民生工程顺利实施。依法打击侵害农民利益、危害农业生产、影响农村稳定的犯罪活动，推动强农惠农政策落实。依法打击发生在社会保障、劳动就业、征地拆迁等领域的职务犯罪，共立案查处侵吞征地补偿款、五保户养老金等案件33件59人，占立案人数的48.7%。切实加大查办涉农惠民领域贪污贿赂等职务犯罪案件力度，查办涉农惠民领域职务犯罪案件21件40人。通过办案，保障了中央和地方涉农惠民政策资金落实，维护了农民的切身利益。

【依法查办和积极预防职务犯罪】 全市两级检察机关始终把查办和预防职务犯罪工作摆在突出位置，认真贯彻党委和上级院决策部署，充分发挥检察机关在反腐倡廉建设中的重要职能作用。

坚持突出重点，加大对人民群众反映强烈的贪污贿赂犯罪的打击力度。共立案侦查各类职务犯罪案件88件121人。其中大案71件，占立案案件件数的80.7%；要案8人，占立案案件总人数的6.6%。通过办案为国家挽回经济损失5715万元。其中市检察院办理的毋保良（正处级）受贿案，涉案金额1084.4万元；包河区检察院办理的曾庆嵩（正处级）受贿大要案，涉案金额175万元；蜀山区检察院办理的刘华安（副处级）受贿大要案，涉案金额300万元；庐阳区检察院办理的卢荣友（副处级）受贿大要案，涉案金额350万元。查处窝串案取得新的成效，全市共办理窝串案77件109人，其中庐江县检察院查处了城市执法系统窝串案11件11人，瑶海区检察院查处了瑶海工业园区窝案3件3人等。积极参加工程建设领域突出问题专项治理工作，查办商业贿赂类职务犯罪案件70件85人，查办工程建设领域职务犯罪案件62件79人。

坚持抢抓机遇，全面提升反渎职侵权工作水平。全市共立案侦查渎职侵权犯罪案件21件25人，较上年同期件数同比上升50%，人数同比上升38.9%，其中大案13件，要案6人。全市10个办案主体单位5月份即已全部消灭立案空白，其中6个办案单位提前完成了全年办案基数，为全年工作目标的实现打下了良好的基础。针对上半年全市重大安全事故较多的情况，市检察院反渎局安排人手主动介入安监部门的调查，深挖事故背后的渎职犯罪，先后对巢湖和肥东两起重大责任事故介入调查，通过深挖一举突破事故背后渎职犯罪4件4人。

坚持标本兼治，努力从源头上预防和遏制腐败现象的发生。全市检察机关提出预防检察建议326件，被采纳并回复的有306件；开展预防调查129件，通过调查发现职务犯罪线索并立案42件；开展犯罪分析282件；开展警示教育649次；开展预防咨询887次；两级检察院完成年度综合报告工作，为党委、人大、政府提出具体有效的职务犯罪预防对策建议，为上级机关领导提供决策依据。市检察院应省卫生厅要求，先后到省立儿童医院、滁州市人民医院、马鞍山市人民医院等单位开展警示教育讲座。

【强化对诉讼活动的法律监督】 切实加强刑事诉讼监督。受理公安机关应当立案而不立案的案件43件，监督公安机关立案34件。受理公安机关不应当立案而立案的案件136件，已纠正135件。在审查逮捕和审查起诉环节中，纠正漏捕294人，纠正漏诉353人。提出书面纠正侦查活动违法82件次，同比上升13.9%。提出纠正公安机关侦查活动违法104件次，同比上升32.3%。

积极开展民事审判和行政诉讼监督。全市民事行政检察部门进一步畅通申诉渠道拓宽案源，加大办案力度，全市两级检察院共受理各类民事行政申诉案件496件，立案363件，市检察院依法向市中级人民法院提出抗诉13件，市检察院提请省检察院抗诉27件。两级检察院共发出再审检察建议9件，检察建议31件，支持起诉2件，督促起诉231件，刑事附带民事诉讼2件，执行监督111件。4月，市人大常委会听取和审议市检察院民事行政检察工作专项报告，给予了高度评价。

认真履行刑罚执行和监管活动监督职能。加强对刑罚执行和监管活动的监督，加强对刑讯逼供、超期羁押、体罚虐待被监管人等侵权行为的监督。共审查呈报裁定、决定减刑、假释、暂予监外执行案件6658人，先后参加3803名罪犯的减刑、假释、保外就医审理会，发现并纠正呈报减刑不当40人，呈报假释不当3人，参加监狱狱情分析会30余次，对合肥市劳教办审批的128份153人的劳教决定进行监督。

【深入化解社会矛盾】 紧紧抓住影响社会和谐稳定的源头性、基础性问题，努力化解涉检信访积案，全市检察机关共受理来信来访1160件，其中举报480件，控告申诉案件680件。全市办理刑事赔偿案件14件，两级检察院控申部门对33名举报有功人员进行了奖励。两级检察院把认真做好群众来信来访工作作为控申部门的一项重要任务来抓，以处理涉检信访工作为重点，不断探索和建立各项工作机制，深入推进下访、巡访制度，注重加强民意沟通，将矛盾化解在基层，有效预防和减少涉检信访问题的产生。包河区检察院坚持实行定期接访、预约接访、带案下访、联合接访等多种形式的检察长接待制度。瑶海区检察院加强下访巡访平台建设，联合预防、公诉等多部门，深入乡镇、社区和企业，构建多渠道、多层次、立体化的下访巡访工作平台。长丰县检察院实行接待干警、控申科长和检察长三级接待。庐阳区检察院在辖区13个乡、镇、街道、社区设立了“检察官信箱”，方便群众举报申诉，为群众排忧解难。积极探索解决疑难信访案件的新方法和新措施，对于疑难复杂涉检信访积案，尝试由三级检察院集体“会诊”把脉，破解信访难题。省检察院、市检察院、肥西县检察院控申部门针对一起信访积案进行分析研判，达成一致意见，为化解此起信访积案打下了扎实的基础。

【全面夯实检察工作发展根基】 大力加强思想政治建设和职业道德建设。认真开展创先争优、“建设学习型党组织、创建学习型检察院”活动，努力提高检察机关党的建设科学化水平。以中央政法委员会统一部署的核心价值观教育实践活动为载体，采取丰富有效的教育形式，全面提升检察人员的政治业务素质和职业道德操守。突出抓好领导班子建设。进一步完善和落实党组会议、检察长办公会议和院务会议制度，提高院领导班子的思想理论水平、法律政策水平和指挥决策水平，增强把握大局、解决问题、驾驭工作的能力。加强队伍的专业化建设。实施人才强检战略，着力培养高层次、专家型人才，有效推进全员轮训，推行突出实战、实务技能的主题式岗位练兵和技能训练，充分发挥业务部门在岗位练兵和业务竞赛活动中的主导作用，重点开展修改后刑事诉讼法、民事诉讼法学习培训活动。共举办专项业务培训和岗位技能培训45期，培训干警1926人次。开展了案例评析、检察建议书、侦查技能、反渎案件侦查终结报告等6个业务竞赛活动。圆满完成了合肥、滁州、六安等地新进检察人员600余人的培训任务。高度重视自身反腐倡廉建设。两级检察机关全面推行廉政风险防控机制。认真落实党风廉政责任制，106名领导干部进行了述职述廉，167人报告了个人重大事项，开展任前廉政谈话76人次、诫勉谈话2人次，提高了领导干部执行廉洁自律规定的自觉性。

（汪　峰）

审　判

【概况】 2012年，合肥市两级法院坚持科学发展，坚持与时俱进，继续巩固创先争优成果，立足岗位再建新功，做中国特色社会主义事业的建设者和捍卫者，法院各项事业全面推进，为合肥“新跨越、进十强”、全面打造现代化新兴中心城市和在全国有较大影响力的区域性特大城市作出了贡献。全市法院全年案件总数达75983件，同比上升25.67%；结案76083件，同比上升25.53%，连续五年实现98%结案；人均结案62.8件，审判人员人均结案133.7件，同比上升17.2%和18.1%；市中院收案16886件，增长49.7%；结案16859件，上升49.8%；案件平均审执时间60.6天，缩短3.4天；法定审限内结案率98.7%，上升2.13个百分点。

全市法院有4个集体和25人受到国家和最高人民法院表彰奖励，有56个集体和107人获得省级市级表彰；市中院被评为“全省查办司法不公背后职务犯罪专项行动先进集体”，再次被评为“全省优秀法院”，在“全国优秀法院”的基础上又被最高法院授予“集体一等功”；瑶海区法院被授予“全国模范法院”称号，并被最高法院指定为“全国法院法官培训现场教学基地”；肥西县法院被最高法院确定为全国“诉调对接”试点法院，合肥法院“全省领先、全国一流”的地位得以进一步巩固和提升。周永康、孟建柱、周本顺、张宝顺、李斌、沈德咏、南英、孙金龙、徐立全、吴存荣等国家和省领导先后来院视察指导，并对合肥法院的工作给予了充分肯定。

【能动司法】 全面发挥审判职能。深入贯彻落实宽严相济刑事政策，突出打击重点，严惩严重刑事犯罪，严厉打击各种经济犯罪，严惩公务人员职务犯罪，先后审理了举世瞩目的薄谷开来、张晓军故意杀人案和郭维国、李阳、王鹏飞、王智徇私枉法案、合肥蜀山新村碎尸案、合肥少女毁容案、陶茂桥偷越国（边）境案、陈志愿等56人组织领导特大传销案等案件，一批犯罪分子得到法律的惩处。加强司法领域的人权保护，对具有法定从轻、减轻处罚情节的犯罪分子，依法从宽处理，判处缓刑2818人，对1名被告人依法宣告无罪。对服从监规、积极接受改造的部分罪犯依法予以减刑、假释，审理减刑、假释案件9059件。

服务经济社会发展。深刻认识国内外形势对合肥发展的影响，准确把握合肥区划调整后的发展需求，主动开展司法应对，先后出台了《服务合肥十二五经济社会发展若干意见》、《服务合肥“新跨越、进十强”工作意见》、《关于融资性担保公司开展诉讼保全担保业务管理办法》，不断提高服务大局水平。成立高新区明珠法庭，继续完善滨湖法庭和新站法庭，为合肥经济发展重点区域提供驻点司法服务。开展“讲大局、强责任、提能力、抓落实”、“新跨越、进十强法律服务月”等主题实践活动，深入辖区企业，先后走访百大电器、格力电器、江淮汽车、永辉股份等多家企业，通过案件回访、召开座谈会、举办法律讲座等方式，加强对企业风险防范指导。审慎审理买卖、金融、民间借贷、房地产等案件22710件，先后审理了安徽省科苑集团股份有限公司证券虚假陈述赔偿纠纷系列案、葛某等九股东诉合肥宝汇丰小额贷款有限公司解散纠纷案、安徽金牛典当有限公司诉李某典当纠纷案、京穗公司恶意清算注销公司案等，鼓励和促进市场交易，充分发挥司法评价、引导和规范功能，推动建立社会诚信体系。妥善审理企业劳动争议案件2209件，平等保护双方合法权益，推动和谐劳资关系形成；服务合肥科技创新型试点市建设和加快转变经济发展方式的需要，省内率先实行知识产权“三审合一”，不断提升知识产权保护水平，全年依法审理各类知识产权案件511件。

注重参与社会管理创新。主动顺应合肥市全国社会管理创新综合试点市要求，不断强化社区矫正、安置帮教、司法建议等工作，大力化解社会矛盾纠纷，全力推进社会管理创新，积极营造和谐社会环境，市中院被评为“全市社会管理综合治理先进集体”。继续保持未成年人工作在全国领先地位，全面推行“社会调查员”、“监护人温情陪护”、“圆桌法庭”制度，不断强化“妈妈法庭”、“未成年人合议庭”功能，进一步注重对未成年人罪犯教育、感化和挽救的实效性。加强涉诉信访工作，继续深入开展“集中清理涉诉信访案件”活动，落实首访责任制、领导包案制，全年共接待和处理涉诉信访154件。充分发挥行政审判职能，支持和监督行政机关依法行政，全年审理各类行政案件724件，推动优化政务环境。

【阳光司法】 强化法制宣传教育。继续运用合肥法院网内外网站、《合肥晚报·庐州法苑》、《庐州审判》杂志等法院宣传平台，不断加强同电视、广播、报纸、网络等社会媒体的合作沟通，多途径、全方位地及时公布法院工作和案件信息，便于社会及时准确了解法院工作动态，内网年点击量为120万次，外网点击总量达28万次，中央电视台、新华社、人民法院报、法制日报等中央级媒体、省市级媒体对合肥法院工作予以报道。先后与《中安在线》网站、合肥广播电台、合肥电视台《都市直通车》等合作，法官在线说法，为民答疑解惑，有效扩大了合肥法院的影响力。

增强司法公开效果。继续大力推行审判执行工作内部公开，继续推行严格的审判监督管理，严格执行案件审限规定，完善以审判流程管理为核心的催办、督办、通报制度，继续推行审判质效公开排名制度，促进审判人员增强责任意识和质量效率意识。深入开展案件质量评查，建立常态化的案件质量评查机制，推行瑕疵案件实名通报，减少错判和审判瑕疵，确保案件公正审判。全市扎实深入开展“庭审、裁判文书两评查”活动，通过“卷宗大评比”、“审委会委员齐找茬”、“百名书记员竞赛”、“岗位大练兵”等形式，大力改进审判作风和司法能力，全年评查裁判文书3656篇，评查庭审1149次。

拓展司法公开平台。继续自觉接受社会监督，持续推进网络庭审直播和裁判文书上网工作，通过推行法庭开放日、新闻发布会、旁听庭审等措施，自觉接受人民群众监督，同时，设立了投诉电话、举报箱和网上举报邮箱，广泛收集社会各界的意见、建议。促进司法公开透明。继续推行公开摇号确定司法鉴定机构、委托招投标中心进行司法拍卖，全年共办理委托评估、拍卖案件186件，涉及金额近10亿元。主动接受人大的法律监督和政协的民主监督，完善与人大代表、政协委员日常联络机制，及时向人大常委会报告法院审判的特大案件和社会关注的案件，并专题汇报法院刑事审判工作情况。

【和谐司法】 倾力化解社会矛盾纠纷。坚持将“司法为民”贯穿审判执行工作的始终，重点关注涉及民生、民权、民利的案件，加大对劳动争议、社会保障、土地权益、规划许可、房屋买卖租赁、拆迁补偿、婚姻家庭、民间借贷、损害赔偿等民事和行政案件的审理力度，充分保障群众合法权益，全市法院全年审理此类案件25058件。坚持“调解优先，调判结合”工作原则，强调办好“和谐案”，更加注重案件审执的社会效果，将调解贯穿于立案、审判、执行全过程，全面加强民事案件调解、刑事附带民事调解、轻微刑事案件和解、执行案件和解等调解工作，努力增进社会稳定和谐，全市共调解撤诉结案22638件，调解撤诉率达48.85%。继续破解执行难题，推进和完善执行联动、威慑机制和分段集约执行管理，积极探索建立司法查控网，全市全年执结案件13605件，执行到位财产60.02亿元；加大对执行老赖处罚力度，在报纸和网站设立曝光台，全年曝光被执行人1085人次。

加强司法便民利民举措。按照布局合理、设施齐备、功能完善、制度健全、服务便民、队伍精干的要求，继续加强以诉讼事务中心、立案窗口和信访窗口为主的便民利民平台建设，不断提升服务功能，合理配置资源，完善服务机制，得到了人民群众的高度评价。继续完善便民诉讼机制，积极试点和推广民事案件小额速裁工作，继续推行基层法院向重点村镇、社区派驻法官、设立交通速裁庭、法院调解室，预约立案、周末开庭、网上案件查询等便民措施，及时化解纠纷矛盾，有效减轻群众诉累。

关注社会特殊群体诉讼。实行特殊群体特别对待，先后设立“老年人合议庭”、“残疾人合议庭”、“农民工合议庭”，“少年审判庭”、“妈妈法庭”，大力开辟特殊群体绿色通道，对特殊群体给予特别保护，妥善审理好涉及老人、妇女、儿童、残疾人等特殊群体的民生案件。认真落实司法救助制度，全市法院全年为1517名经济确有困难的当事人减、缓、免诉讼费703.12万元。

2012年合肥法院十大案例

一、薄谷开来、张晓军故意杀人案

【案例简介】 被告人薄谷开来及其子薄某某与被害人尼尔·伍德因经济利益发生矛盾，薄谷开来认为尼尔·伍德威胁到薄某某的人身安全，决意将其杀害。2011年11月13日晚，薄谷开来在重庆某酒店与尼尔·伍德饮酒、喝茶。趁尼尔·伍德醉酒呕吐后要喝水之机，薄谷开来向张晓军要来事先交给其携带的毒药，倒入尼尔·伍德口中。15日，尼尔·伍德在房间内被发现死亡。经公安部物证鉴定中心毒化检验，尼尔·伍德的死亡原因符合氰化物中毒所致。

合肥中院一审认为，被告人薄谷开来采用投毒手段故意非法剥夺他人生命，其行为构成故意杀人罪。被告人张晓军明知薄谷开来准备毒杀尼尔·伍德而陪同前往，帮助其携带、传递犯罪工具，为薄谷开来实施杀人犯罪提供帮助，其行为亦构成故意杀人罪。故一审判决被告人薄谷开来犯故意杀人罪，判处死刑，缓期二年执行，剥夺政治权利终身；被告人张晓军犯故意杀人罪，判处有期徒刑九年。

二、郭维国等四人徇私枉法案

【案例简介】 2011年11月15日，英国公民尼尔·伍德在重庆某酒店被发现死亡。被告人郭维国受时任重庆市公安局局长王立军的指派，赶到现场负责该案的办理，并安排关系较近的被告人李阳、王鹏飞、王智赶到现场参与处置，在现场勘查和走访过程中，四被告人发现薄谷开来有作案的重大嫌疑，遂商议设法掩盖其到过现场的事实，11月15日至18日，四被告人故意实施了伪造、隐匿、毁灭相关证据及向薄谷开来通风报信等一系列包庇行为，以使薄谷开来不受刑事追究。

合肥中院一审认为，郭维国等四人徇私枉法，使薄谷开来的杀人行为得以掩盖，未被追究刑事责任，造成了极其恶劣的社会影响，属情节特别严重，故一审以徇私枉法罪判处被告人郭维国有期徒刑十一年；被告人李阳有期徒刑七年；被告人王鹏飞、王智各有期徒刑五年。

三、合肥蜀山新村碎尸案

【案例简介】 被告人王继伦与被害人陈某系旧识，案发前两人一直保持联系。2011年11月14日晚，被告人王继伦发短信邀请被害人陈某到其住处合肥市蜀山区蜀山新村，后因琐事两人在室内发生争执和打斗，被告人王继伦用手扼住被害人陈某颈部致其当场窒息死亡，并用作案工具分解被害人尸体后抛尸至市区多处路边垃圾桶。

合肥中院一审认为，被告人王继伦无视国法，不能正确冷静处理与他人的矛盾纠纷，竟然故意非法剥夺他人生命，且抛尸匿迹，情节特别恶劣，罪行极其严重，依法应予严惩。故一审判决被告人王继伦犯故意杀人罪，判处死刑，剥夺政治权利终身。赔偿附带民事诉讼原告人经济损失人民币389290.5元。

四、合肥少女毁容案

【案例简介】 被告人陶某某与周某系同学关系，两人在交往过程中产生矛盾，陶产生报复心理。2011年9月17日18时许，陶某某携带作案工具来到周某家中，后双方发生争执，陶某某将打火机油泼洒在周某的面颈部及身上，用打火机点燃，致周某面颈部、耳部、双前臂及手背等多处烧伤，损伤程度构成重伤，伤残等级综合评定为五级。

包河区法院一审认为，被告人陶某某在与周某交往过程中，不能正确处理相互间的矛盾，采取极端方式，以特别残忍手段毁人容貌，致周某重伤并造成严重残疾，其行为构成故意伤害罪。故一审判决被告人陶某某犯故意伤害罪，判处有期徒刑十二年一个月。

五、陶茂桥组织他人非法偷越国境案

【案例简介】 2005年4月至7月，被告人陶茂桥在明知未取得对外劳务合作经营资格的情况下，对外招聘出国务工人员，伙同张某某、蔡某某先后三次组织144人以旅游形式出境赴蒙古国非法务工，共收取费用人民币217.42万元，非法所得198万余元。务工人员抵达蒙古后，陶茂桥将务工人员安排在“蒙古大东阳公司”工作，并限制工人外出，后因工资无法兑现，致部分工人到我国驻蒙古国大使馆上访，造成负面国际影响。

合肥中院一审判决，被告人陶茂桥为获取非法利益，以输出务工人员到蒙古国务工为目的，通过办理旅游签证方式多次组织他人出境，非法获利90余万元，其行为构成组织他人偷越国境罪，依法应予惩处；故一审判决被告人陶茂桥犯组织他人偷越国境罪，判处有期徒刑十年，并处罚金人民币十万元。

六、安徽金牛典当有限公司诉李某典当纠纷案

【案例简介】 2011年6月2日，安徽金牛典当有限公司（以下简称“金牛公司”）与李某签订《典当合同》，约定李某以其自有房产为当物向金牛公司借款1100万元，同时双方还就当物签订了一份《房产抵押合同》。两份合同签订后，金牛公司如约向李某发放当金1100万元。借款期满后，李某未能偿还借款，既未续当也未赎当。金牛公司遂诉至法院，请求判令李某立即归还当金本金及综合费用、利息，李某则以“典当法律关系不成立”、“预扣综合费用不合法”、“当期届满后不能连续计算综合费用、利息”等为由进行抗辩。

合肥中院经审理后认定：典当法律关系成立；金牛公司预扣综合费用不合法，应以实际发放的款项为当金本金；当期届满后，金牛公司不能连续计算综合费用和利息。故判决：李某立即归还金牛公司当金本金1010.9万元；金牛公司对本

案所涉当物（即房产）享有优先受偿权。

七、京穗公司恶意清算注销公司案

【案例简介】　2004年11月12日，陈某某、何某某共同出资成立合肥市京穗游艇设备有限公司（以下简称“京穗公司”），王某在该公司从事机器设备维修与销售工作，双方未订立书面劳动合同。2009年2月15日，王某乘坐京穗公司所有的客车时发生交通事故，致王某受重伤，生活完全不能自理，经鉴定伤残程度为Ⅰ级。后王某因赔偿纠纷将京穗公司诉至法院，该公司则一方面通过不断诉讼、行政复议等方式，意图逃避责任；另一方面，陈某某、何某某两股东自成清算组对公司进行清算，向工商和税务部门隐瞒实情办理注销登记，且没有告知王某公司清算注销事宜，造成王某的工伤债权未能获得清偿。包河区法院依法判决：一、陈某某、何某某于判决生效之日起10日内向王某赔偿损失1512503.45元；二、驳回王某的其他诉讼请求。

合肥中院二审认为，依据相关法律规定，劳动者因工致残的，应享受工伤保险待遇。因原京穗公司已被注销，其民事主体资格已经消灭，王某起诉要求原京穗公司股东及清算组成员陈某某、何某某承担清算责任，符合法律规定，故二审判决驳回上诉，维持原判。

八、法国轩尼诗公司诉郑维平、昌黎轩尼诗酒庄有限公司等侵犯商标专用权及不正当竞争纠纷案

【案例简介】　原告法国轩尼诗公司是世界著名的酒类生产企业。近来，该公司在市场上发现一款名为“Hennessy”的侵权葡萄酒及有关产品宣传册，在产品、产品包装、宣传册、网络宣传上使用了与其注册商标相同或近似的“HENNSEEY”及“手持战斧图形”商标。该产品外包装上显示：“轩尼诗酒庄葡萄酒”、“中国战略推广商：上海华晋贸易有限公司”（以下简称“华晋公司”）、“轩尼诗酒庄葡萄酒授权秦皇岛玛歌葡萄酿酒有限公司（以下简称“玛歌公司”）灌装”。原告认为，法定代表人郑维平、昌黎轩尼诗酒庄有限公司（以下简称“昌黎公司”）、华晋公司、玛歌公司四被告共同生产、经营“Hennessy”系列侵权葡萄酒，已经构成针对原告的共同商标侵权，且被告昌黎公司将“轩尼诗”注册为企业字号并用于经营，其行为已构成对原告的不正当竞争。原告请求判令，四被告停止侵权行为，赔偿经济损失，并消除影响。

合肥法院一审判决，被告华晋公司停止侵犯原告法国轩尼诗公司对“Hennessy”商标、“轩尼诗”商标、“手持战斧图形”商标拥有的注册商标专用权的行为；被告昌黎公司停止在企业名称中使用“轩尼诗”字样；华晋公司停止使用hensy.cn域名，赔偿原告经济损失人民币12万元；并在《法制日报》上就其侵权行为刊登声明，消除影响；驳回原告的其他诉讼请求。

九、大学生状告母校退学处理案

【案例简介】　韩某系安徽某知名大学艺术学院2007级导演专业学生，2010年3月1日至3月19日期间未参加学校的教学活动。同年4月13日该大学作出《关于取消韩某同学学籍并作退学处理的决定》（以下简称“决定”）。韩某认为，学校在尚未充分调查研究情况下，作出取消学籍的决定明显处罚过重，且作出上述决定的程序错误。请求法院判令撤销学校对其作出的取消学籍并作退学处理的决定。

合肥中院二审认为，该大学对其作出的具体行政行为负有举证责任。其认定韩某在未经请假的情况下连续两周以上时间未参加学校规定的教学活动，但提供的证据不能证明其认定的事实。韩某在其它时间未参加学校规定的教学活动的证据和具体行政行为发生后收集的证据，不能作为证明其被诉具体行政行为合法的证据，故该大学作出的决定主要证据不足。遂二审判决撤销该大学作出的决定。

十、“合肥彭宇”撞伤老人赔偿纠纷案

【案例简介】　2011年10月24日下午5时许，原告李某某在合肥市金寨路某书店前看他人下象棋，被告夏某某也在现场观看，期间被告孔某某、邹某前来寻找雇主夏某某有事，三人互相推搡，不慎撞到李某某，使其摔倒。被告夏某某随即扶起李某某坐上凳子，并打电话通知其家人，后与孔某某、邹某及李某某家人将李某某送至合肥市第三人民医院检查，诊断为：右股骨粗隆间断粉碎性骨折。李某某住院期间，夏某某先后缴纳了3000元住院费，夏某某等三人分别携带礼品探望过李某某。后医院催讨医药费18000元，李某某遂诉至法院，要求被告夏某某等三人赔偿医疗费4865.4元及精神抚慰金3000元。

包河区法院审理认为，夏某某等三名被告与原告素不相识，且在有原告家人在场的情况下，为原告预交住院费并前去探望，有违常理。加之，被告在原告提供的一段在派出所的录音资料中也承认

其撞到了原告，故一审判决，被告夏某某、孔某某、邹某于判决生效之日起十日内连带赔偿原告医药费4865.4元；驳回原告的其他诉讼请求。

2012年合肥法院知识产权司法保护十大典型案例

一、微软公司诉安徽某科技公司侵犯计算机软件著作权案

【案情简介】 Microsoft Office系列软件由微软公司在美国完成并首次出版，微软公司系Office系列软件的著作权人。法院诉讼保全的证据反映，在抽取检查的安徽某科技公司的部分电脑中，均安装了Microsoft Office软件。诉讼中，该公司未提出其安装使用的涉案软件具有合法来源的证据，且不能证明证据保全涉及的电脑部分属于其他企业，故法院认为，该公司出于商业目的，未经软件著作权人许可，使用Microsoft Office软件，构成侵权，应承担停止侵权、赔偿损失的民事责任。一审宣判后，被告提出上诉，二审法院驳回上诉，维持原判。

二、合肥某公司诉安徽某公司等侵害作品放映权系列案件

【案情简介】 安徽某公司等被告在其经营场所，未经授权向公众提供放映合肥某公司享有著作权的音乐电视作品，也未支付使用费而被诉法庭。该批案件涉及合肥市区、肥东、巢湖等地数十家知名KTV经营企业。涉诉之初，被告对构成侵权认识不够，认为权利人恶意诉讼，对立情绪较大，后经一二审法院释法、调解，绝大部分被告均与权利人达成了调解或和解协议，支付了使用费。

三、法国轩尼诗公司诉上海某贸易有限公司、郑某某等侵犯商标专用权及不正当竞争案

【案情简介】 法国轩尼诗公司在我国先后注册了“Hennessy”、“轩尼诗”、“手持战斧图形”等商标。上海某贸易有限公司通过网址为http://www.hensy.cn的网站，以法国轩尼诗公司在中国的营运中心、中国战略推广商等名义，宣传、销售标识有法国轩尼诗公司“Hennessy”等商标的葡萄酒类产品。法国轩尼诗公司还在合肥市从上海某贸易有限公司法定代表人郑某某处公证购得涉案葡萄酒产品。法国轩尼诗公司认为，郑某某、上海某贸易有限公司等共同生产、经营“Hennessy”系列葡萄酒，构成商标侵权及不正当竞争，故诉至法院。法院经审理判决，上海某贸易有限公司等停止商标侵权及不正当竞争行为，赔偿原告经济损失，并在《法制日报》刊登声明，消除影响。

四、上海某食品公司诉合肥某公司侵害商标专用权案

【案情简介】 2002年4月17日，海南某农业开发公司（以下简称“海南公司”）作为甲方与乙方“合肥某公司（詹某某）”（以下简称“合肥公司”）签订《加盟合同书》，约定由甲方授权乙方在安徽省内使用“上岛”商标、招牌、代理加盟业务等。同日，“杭州上岛陈某某”（以下简称“杭州公司”）向拟成立的合肥公司出具了收到安徽省代理加盟费40万元的收条。同年5月30日，“上岛及图”组合商标由海南公司核准转让给上海某食品公司（以下简称“上海公司”）。2002年7月1日，合肥公司注册成立，詹某某系股东之一。2006年11月10日，上海公司出具函件，称在安徽省开设上岛咖啡西餐厅须有杭州公司及陈某某授权。同年11月15日，杭州公司和陈某某向合肥公司及詹某某出具委托书，委托该公司在安徽省内发展“上岛咖啡”西餐厅的加盟及营运管理业务。合肥公司自2002年起在安徽省内开展加盟和营运管理业务，加盟店在门店招牌和经营用品上使用了“上岛及图”商标。为此，上海公司诉至法院，请求判令合肥公司禁用“上岛”作为企业字号并赔偿经济损失。

法院经审理认为，《加盟合同书》及委托书确认了合肥公司取得了在安徽省境内发展开设“上岛咖啡”西餐厅的加盟及营运管理业务的权利，而注册商标即包含在授权的经营资源之内，故其采用的经营模式未侵犯上海公司注册商标专用权；合肥公司取得特许经营权在前，其使用“上岛”字号不具有恶意。据此，一审法院判决驳回了上海公司的诉讼请求。二审在维持原判的同时，考虑到上海公司现为“上岛及图”商标持有人的现状，为防止合肥公司对外许可加盟权利的过度行使可能导致该商标权遭受割裂和削弱，要求合肥公司自判决生效之日起，不得再对外实施新的许可加盟行为。

五、深圳某公司诉安庆某公司等侵害发明专利权案

【案情简介】 深圳某公司为“全棉无纺布医用敷料的生产方法”发明专利权人，该专利独立权利要求描述了专利生产方法的七个步骤的技术特征。被告安庆某公司生产全棉无纺布运用的生产工艺虽然在权利人专利技术的工艺流程中增加了若干工序，但按照专利侵权判定的“全面覆盖原则”，仍落入了专利权的保护范围，构成使用

侵权。同时该公司通过宣传画册作出销售侵权产品的意思表示，其许诺销售、销售依照涉案发明专利方法直接获得的产品的行为成立。据此，法院判决被告安庆某公司停止使用专利方法并停止使用、销售、许诺销售依照专利方法直接获得的产品。

六、河南某医药公司诉江西某制药公司等不正当竞争案

【案情简介】　河南某医药公司主要从事疑难皮肤性疾病的防治与研究，该公司一品牌高分子透骨贴产品独特、显著的产品名称、包装、装潢，在全国市场享有较高的知名度。该公司在市场调查中发现，江西某制药公司擅自在食人蚁筋骨贴上假冒该公司的厂名、厂址、产品名称及注册证号，在全国多个地区大量进行批发销售，造成相关公众对商品来源产生了混淆、误认。为此，该公司以江西某制药公司等构成不正当竞争为由提起诉讼，并向公安机关举报。该案经法院调解，江西某制药公司承诺停止侵权，收回流入市场的假冒产品，并赔偿了该公司的经济损失。

七、安徽某水稻研究所诉福建某种业公司等侵犯植物新品种权案

【案情简介】　安徽某水稻研究所（以下简称“安徽研究所”）拥有水稻品种“1892S”的植物新品种权。2011年3月22日，合肥某农科所（以下简称“合肥农科所”）与福建某种业公司（以下简称“福建公司”）签订合同，由农科所将两系杂交中稻“两优996”（其母本为“1892S”）的生产、销售、使用和标记权以独占实施的方式，许可给福建公司实施。合同同时约定，“两优996”组合的母本使用权问题由农科所负责与母本品种权人安徽研究所协商解决。此后，合肥农科所和福建公司分别致函安徽研究所，要求取得使用“两优996”的母本“1892S”的授权，但该所未予同意。2012年3月23日，安徽研究所通过公证取证的方式，从衡某某处购买了福建公司生产的“两优996”杂交水稻种子。

法院经审理认为，福建公司生产、销售以“1892S”为母本的“两优996”杂交水稻种子，未经母本品种权人安徽研究所授权，且该品种也未经审定，故侵犯了该品种母本权利人安徽研究所的植物新品种权。据此，法院分别判令福建公司和衡某某承担停止侵权和赔偿损失的民事责任。

八、合肥某种业有限公司诉合肥某公司侵犯植物新品种权案

【案情简介】　合肥某种业有限公司（以下简称“种业公司”）系“广占63S”植物新品种权人，“开优8号”水稻品种是以“广占63S”为母本，“淮恢06”为父本，杂交配组而成。2009年，被告合肥某公司因未经种业公司授权，以商业目的经营、推广“开优8号”被法院认定侵权。此后，该公司仍生产并公开销售该品种稻种，主观过错明显，侵犯了种业公司享有的“广占63S”的植物新品种权。本案最终经法院调解，双方达成调解协议，合肥某公司承诺停止侵权并向种业公司赔偿了经济损失。

九、程某某侵犯著作权罪案

【案情简介】　2011年4月，执法部门在程某某租赁的房屋内查获《中国秘密战》等426种5936册盗版图书。同年10月，执法部门再次对程某某所租房屋进行搜查时，现场查获《大案要案》等盗版图书30种775册。经安徽省版权局鉴定，上述图书均系盗版。法院认定被告人程某某犯侵犯著作权罪，对其判处有期徒刑一年零七个月，并处罚金2万元。

十、合肥某食品公司假冒注册商标罪案

【案情简介】　合肥某食品公司未经安庆市高平老奶奶食品有限责任公司授权，在其生产的花生米炒货的包装袋上，使用与安庆市高平老奶奶食品有限责任公司的核心注册商标“老奶奶lao nai nai ”相同的标识，在东北三省等地销售产品。法院经审理认定，被告人单位合肥某食品公司犯假冒注册商标罪，判处罚金13万元；该公司法定代表人马某某对假冒注册商标的行为负有直接的主管责任，也构成假冒注册商标罪，判处有期徒刑两年零七个月，宣告缓刑三年，并处罚金7万元。

（周　冬）

司法行政

【概况】　2012年，合肥市司法局以发展提升为主题，以加强和创新社会管理为主线，以开展专项活动为抓手，充分发挥法律保障、法制宣传、法律服务三大职能，全面加强干部队伍建设，为合肥经济社会发展提供了优质的法律服务和坚强的法律保障。该局荣获“全国司法考试工作先进集体”、“全省司法行政系统先进集体”等地市级以上集体表彰24个，获得地市级以上个人表彰26人次。8月，以市政府办公厅名义下发《关于进一步加强人民调解工作的意见》、《关于进一步加强社区矫正工作的意见》，以市委、市政府办公厅转发市社会治安综合治理委员会文件

形式下发《关于加强刑满释放解除劳教人员安置帮教工作的意见》，标志着全市性人民调解、社区矫正和安置帮教工作机制基本形成。9月，社会矛盾化解机制建设、刑释解教人员安置帮教和社区矫正工作、法制宣传教育被纳入全市社会管理项目。

【监狱劳教工作】 义城监狱、市劳教所牢固树立安全稳定首位意识，强化安全排查、安全防控、应急处置和领导责任四项机制，筑牢人防、物防、技防三道防线，扎实开展“场所安全稳定年”、“教育矫治特色年”、“基础工作突破年”建设，推进以指挥中心为“龙头”的警务运行新模式，确保了监所的安全稳定。大力开展政策形势、传统文化、心理矫治和职业技能教育，不断增强教育改造和矫治效果。全年开展各类课堂化教育720课时，助学活动62场次；362名服刑、在教人员获得国家职业技能证书。

【法制宣传教育】 充分发挥市普法办的统筹协调作用，扎实组织实施“六五”普法规划，大力推进社会法治建设。5月，举办全市“六五”普法第一期骨干培训班，140余名普法骨干参加了培训班。10月16日至19日，举办全市首届法制宣传教育书画摄影作品展，共征集书法、绘画、摄影作品298幅。省委常委、市委书记吴存荣等省市领导亲临现场观看作品展览。以服务科学发展为主题，深入推进法律“六进”，组织大型校园普法巡讲、“千名学子送法进万家”等活动，出台全市领导干部和公务员学法用法工作意见。抓住重要节点，开展“3·15国际消费者权益日”、“6·26禁毒日”、“12·4法制宣传日”和江淮普法行等大型法制宣传活动。完善传统普法形式的基础上，在《合肥日报》开设《普法你我帮》专栏，在安徽手机报上开设《合肥普法天地》栏目，进一步扩大法制宣传教育覆盖面、增强影响力。开展民主法治示范村创建活动，全市命名表彰了11个市级民主法治示范村、23个市级民主法治示范社区。推行“一县（区、市）一品”普法工程，积极构建富有地方特色的法制宣传格局。

【人民调解】 发挥人民调解职能优势，推进社会矛盾纠纷化解体系建设，构筑起维护社会和谐稳定的“第一道防线”。编织“纵向到底”人民调解组织网络。至2012年底，全市已建设人民调解委员会2041家，在册人民调解员16137人，共调解纠纷72805件，防止群体性上访595件。编织“横向到边”专业和行业调解组织网络。全市已建立行业性、专业性人民调解委员会287个，受邀参与调解工作的各类行业专家、法律专家、调解专家达到1899名。编织“联防联调”的调解衔接网络。各级司法行政机关主动与公安、法院、信访、劳动等部门联系、沟通，建立诉调对接、检调对接、公调对接、访调对接等工作机制，全市大调解工作格局初步形成。采取“先个别试点，再集中观摩，然后逐步铺开”的方式，在全市全面推广驻所调解和警民联调为主的公调对接模式、人民调解个案补贴机制等社会管理的创新做法。

【安置帮教】 按照“一县市区一示范点，一乡镇一安置点”的原则，积极建立方便就地就业的安置体系。截至2012年底，肥东县、庐江县、长丰县都以政府投入的方式，建立了县级过渡性安置基地；包河区、巢湖市的基地也在积极建设之中。此外，全市还依托社会企业建立过渡性安置基地91个。全市新接收刑释解教人员865名，帮教率达100%，其中落实责任田444人、组织技能培训22人、推荐就业63人。

【社区矫正】 以《社区矫正实施办法》颁布实施为契机，着力构建社区矫正工作体系，规范工作流程，提升管理教育和帮扶水平。2012年10月，市编办出台《关于进一步明确我市社区矫正工作机构的通知》，明确了全市社区矫正机构的编制和职数。市司法局社区矫正工作机构和县（市）区社区矫正管理机构都已成立。同时，积极引入社会力量参与社区矫正，构建了一支专兼职相结合的社区矫正工作队伍，全市从事社区矫正社会志愿者共有2535人。全年新接收社区矫正人员2186名。

【律师管理】 律师行业引导律师积极参与信访、维稳、经济建设等全市中心工作，开展“担当社会责任、保障改善民生”、“千名律师解千难”等专项实践活动；引导律师参加社会公益活动，选派律师参加全国“1+1”法律援助志愿行动，组织女律师参加“爱心妈妈情系高墙——走进未管所”公益帮教活动。在全市范围全面推广“（城市市区）社区律师”和“（农村乡镇）巡访律师”。广大律师采取定期坐堂咨询、预约登门服务的方式，走入基层为群众提供法律服务、化解矛盾纠纷。全市第四次律师代表大会召开，律师协会顺利实现新老交替。全市第二届律师“十佳”系列评选活动圆满落幕，塑造了新的行业典型。继续推进档案管理达标升级活动，全市100家律师事务所档案目标管理达到省二级以上标准。2012年，全市律师行业共办理各类案件15290件，参与信访事件处理1023件，直接参与接访接待810人次，其中陪同领导接访109人次。

【公证管理】 公证管理部门深入开展质量事故“零容忍”活动，出台《关于强化公证质量的指导意见》，进一步强化公证质量，提升公证机构综合实力。公证行业围绕全市重点项目和重大工程建设，积极做好旧城改造、房屋拆迁安置等法律文书的公证工作；采取市局直属机构与县（市）区业务机构结对帮扶方式，定期开展业务评查，提升业务质量和管理水平，促进市直与县域机构的均衡发展。2012年，共办理公证业务68857件，同比增长2.7%。

【司法鉴定】 司法鉴定管理部门通过开展季度巡查和案卷质量评查活动，与市中院建立联席会议制度等方式，对司法鉴定质量进行评价；继续完善《合肥市司法鉴定机构年度综合考评办法》、《合肥市“三大类”司法鉴定机构年度考评标准》和《合肥市“其他类”司法鉴定机构年度考评标准》，按照全覆盖、全过程、全方面的要求，对认证认可、能力验证、系统运用等重点工作进行重要考评。司法鉴定行业大力挖掘行业典型人物，发挥带动引领作用，合肥精神病医院司法鉴定所张晓莉作为全省司法鉴定行业唯一代表，入选2012安徽司法行政年度榜样人物。全年全市司法鉴定机构共办理各类鉴定事项19880件，同比增长24.6%。

【法律援助】 法律援助机构深入开展为民服务创先争优年活动，进一步加强法律援助便民服务窗口建设，完善法律援助服务网络，在市总工会、市残联、市妇联、监所、部队等相关单位及乡镇街道法律服务所、市直律师事务所设立法律援助工作站（便民服务站）216个，形成了法律援助“半小时服务圈”；在岁末年初开展农民工维权专项行动，为农民工讨回工资1566万元。法律援助机构认真落实法律援助首问告知、“点援制”、听庭评议、案件回访和归档管理制度，从源头、过程、结果三个方面加强对法律援助案件质量的监管。全年全市法律援助机构共受理法律援助案件5827件，案件数量同比增长12%。

【司法考试】 司法考试工作始终坚持“从严治考、热情服务”，连续11年顺利完成国家司法考试工作。2012年，合肥考区共有4504人报名参加考试。

【148法律服务】 开展“流动148，服务你我他”和“服务合肥发展，148在行动”两项主题活动。全年“12348”法律服务热线共接听咨询电话20917个，接待来访531批次，开展法律服务公益活动19场。

（朱庆坤）

天鹅湖畔

军 事

合肥警备区

【概述】 2012年，解放军总部和南京军区报刊先后4次反映合肥警备区部队学习十八大的情况。合肥警备区坚持党委中心组理论学习和“六有”机制，党的创新理论武装持续深化。深入开展创先争优活动，4个党支部和22名党员受到表彰，杨俊方荣获2012年度“安徽青年五四奖章”。大力加强先进军事文化建设，结合纪念建军85周年，广泛开展群众性文化活动，参加安徽省军区“军歌嘹亮”歌咏通讯赛、“军魂永驻”读书演讲比赛分别获二等奖和第二名，庐江县、庐阳区人武部和干休五所分别组织了庆“八一”文艺汇演。突出意识形态领域防范，3次印发政治纪律规定，专题开展“严守政治纪律，强化军魂意识”教育，官兵理想信念坚定、思想道德纯洁。

落实《战备工作条例》和军区《战备工作规定》，开展日常战备整治，及时修订防汛抢险、抗震救灾、维稳处突等应急预案，完善四级战备情报机制，推广包河区人武部信息化建设先行做法。牵头召开市国防动员工作第九次会议，扎实开展民兵整组“三个拓展”。大抓军事训练，突出首长机关训练，认真组织专武干部集训和民兵营连长集训，参加省军区专武干部集训取得个人总分、综合理论2个第一名和3个单项名次的好成绩。突出民兵演训，完成各类演练任务，遂行任务能力进一步提升。强化兵役机关职能作用，完成新兵征集任务。完成退役士兵“优录”任务。

开展创“三好”活动，坚持党委理财，落实部财区管，搞好经费物资保障，财经秩序更加正规。全力推进市国防动员指挥中心工程建设，规范工程招投标，严格施工管理，加强质量监督，3次接受军区工程建设监测考评，优良率均达到90%以上。投入27万元整修办公楼、改造机关食堂、修缮公勤队宿舍、整治营院环境、新建武器库食堂。肥西县人武部指挥中心工程启动建设。

按照“一点问题都不出”的政治要求，始终保持抓安全稳定不松劲的强力态势。坚持把强化条令意识、纪律意识、号令意识贯穿安全管理全过程，深入开展“多做贡献为荣、干扰添乱为耻”专题教育，组织安全法规学训，引导官兵始终保持清醒头脑、遵规守纪。坚持正规“四个秩序”，规范车辆派遣、周日视频抽点、日交班、副团干部住库值班等制度，8次组织安全形势分析研判，集中开展隐患排查整治。庐江县人武部坚持精细化管理，日常秩序规范。突出管控重点，紧紧盯住人、车、枪、弹、密，摁住“两个以外”，始终把官兵职工纳入组织监管之中，顺利完成民兵武器仓库转隶任务，3次接受军区、省军区安全检查，实现了民兵武器仓库37年安全无事故。

加强基层武装工作，组织基层武装部第一部长述职，军地联合开展专武干部考评，推进基层武装规范化建设，省专武干部集训班先后观摩了蜀山区井冈镇武装部和包河区烟墩街道武装部规范化建设情况。落实《民兵政治工作规定》，在民兵整组训练中广泛开展创先争优和主题教育活动，巢湖市建立了民兵政治教育基地，庐阳区民兵网络心理战分队建设与训练成效明显，警备区政治部被总部表彰为民兵预备役刊授教育先进单位。贯彻《干休所条例》，对照军区《达标细则》抓建设促规范，两个干休所同时被军区通报表彰为首批达标干休所；开展创“三先”活动，3名工休人员受到省军区表彰；发挥“三个中心”服务保障功能，持续开展“三化”服务竞赛活动，干休五所卫生所被表彰为“全军先进干休所卫生所”。

落实党管武装制度，各县（市、区）通过召开议军会等方式，推动后备力量建设新发展。庐阳区人武部组织200余名党政领导过“军事日”，强化了各级管武装建武装的意识。落实“金寨会议”

精神，积极开展扶贫参建和结对助学，落实10个帮扶点，与107名贫困生结成助学对子，捐赠助学资金9万余元，肥东县人武部和庐江县人武部长刘锡贵分别被省军区表彰为先进单位和个人。推进双拥共建，组织民兵预备役人员2.8万余人次参与抢险救灾、治安巡逻、秸秆禁烧、“美好乡村”建设等重大活动，长丰县人武部发动民兵参与“军民共建幸福路”建设，庐江县严格落实“双拥”先进单位考核考评，军政军民关系更加密切。蜀山区人武部被军区表彰为法律服务协作机制工作先进单位。创新全民国防教育方法手段，肥东县创办全省首家国防教育专刊，瑶海区创建公交线路流动国防教育课堂，庐江县“国防园”启动建设，市（县、区）先后举办10场国防形势报告会，国防教育公益广告征集活动受到省国教委表彰。

【党委班子自身建设】 开展“弘扬传统为什么，创建特色靠什么，破解难题抓什么”大讨论，统一思想、凝聚力量，叫响“四个带头”，胜利召开了警备区第五次党的代表大会。加强民主集中制建设，坚持集体领导，规范议事程序，确保科学决策、民主决策、依法决策。巢湖市人武部党委班子抓全面建设的作用发挥明显，2012年被省军区树为全面建设标兵单位。加强党性修养，讲政治、讲大局、讲原则。落实《廉政规定》，开展防止“三个插手”、抓好“四个行业规范”活动，在干部、工程、经费等敏感问题上公开透明。持续掀起岗位练兵热潮，制定《军事训练奖惩暂行办法》，重奖练兵成绩突出的单位和个人，干部队伍能力素质明显提升。广泛开展谈心交心活动，坚持严格管理与真诚关爱相统一，专门拿出20余万元，帮助解决实际困难。

【聚合精力抓训练】 警备区按照“科学组训、突出重点、严格管控、综合保障”的思路，严格落实党委议训制度，做到：在抓军事训练上用心使劲、在投入精力上向军事训练聚力、在经费保障上向军事训练倾斜。按照党委统揽、主官上阵、机关合力的要求，主要领导带头组训、带头教学，亲自组织重大演训活动。警备区常委下基层检查工作，坚持把军事训练落实情况作为必查内容之一。坚持每季召开军事业务会，验收部署军事训练工作，坚持逢训必查制度，实时督导训练落实。机关牢固树立“一盘棋”思想，司令部主抓组织计划、督导落实，政治部主抓思想教育、宣传报道，后勤部主抓经费落实、补贴发放，各部门积极协调配合，加强训练管控、严格按纲施训，严肃考风考纪。

【民兵水上抢险骨干集训】 5月14日至5月23日，警备区在巢湖市民兵训练基地组织民兵水上抢险骨干进行了为期10天的集训。训练采取理论授课、示范教学、技能训练、考核验收的方法，进行了冲锋舟操作、编队航行、障碍驾驶、离靠岸、打捞与救护及各种情况处置等内容的训练。通过训练，使参训人员进一步熟悉和掌握了操作规程与要领、打捞与防护的一般方法、水上抢险行动的组织与实施，提高了民兵水上抢险骨干的综合素质和组训任教能力，为各县（市）、区培养了人才。

【战备和工作落实】 警备区采取“十个一”措施，促进战备和安全稳定工作落实。战备前，组织一次战备教育，一次战备规定学训，一次依案应急处突指挥流程模拟，一次战备值班分队拉动演练，一次民兵武器装备仓库与地方110联动应急演练，一次安全保密大检查，一次车辆技术状况检修；战备期间，利用3G移动视频每天组织一次战备值班视频检查，值班首长每天召集作战和通信、机要各要素值班员进行一次当日战备工作情况汇报讲评；战备结束后，组织一次战备和安全稳定工作小结讲评。实现战备秩序规范化、安全稳定长效化、工作落实制度化，确保警备区部队安全稳定。

【推进信息化建设】 合肥警备区认真贯彻《安徽省军区信息化建设实施意见》，按照“需求牵引、立足现实、总体规划、注重实用”的原则，逐步完善集指挥控制、国防动员、业务应用于一体的信息体系，着力规范各类信息网络和军事信息系统建设与应用，有效推动了警备区信息化建设科学发展。全年高标准完成信息化建设“九项任务”：召开警备区信息化建设现场会；开通巢湖干休所、武器仓库军用电话和干休五所视频会议、军用电话、军事综合信息网接入；组织两级指挥信息系统业务培训；完善网络教室和规范信息中心建设；推广网上办公系统运用；完成3G移动视频通信系统搭建；完善指挥专网一体化平台建设。

【退役士兵就业招聘周活动】 为深入贯彻省军区党委全会精神，做好退役士兵就业优录工作，及时协调成立合肥市退役士兵优录试点工作领导小组，会同市民政局拟制了《退役士兵就业与企业用工单位对接实施方案》，结合民兵整组调查摸底，组织专武干部、民兵营（连）长进村入户，对2580名退役士兵进行了面对面宣传教育，基本摸清了全市大中型企业用工需求和退役士兵数质量“两个底数”。3月16至22日，协调举行省暨合肥市退役士兵就业招聘周活动，全市600余名退役士兵参加招聘活动，最终达成就业意向348人，圆满完成了省军区赋予的试点任务。

【国防动员工作会议】 10月16日，协调召开合肥市第九次国防动员工作会议，合肥市国动委领导、成员单位，各县（市）、区国动委主任、人武装部主官、副部长共120人参加会议，市国动委主任、市长张庆军同志莅临会议并作重要指示。会议传达学习了军区、安徽省国动委会议精神，总结了合肥市近年来国防动员工作，部署了合肥市“十二五”民兵组织建设调整改革任务。

【冬季征兵工作】 市征兵工作坚持以提高兵员质量为目标，按照“数量一个不少，质量一个不差，无事故案件、无违规违纪”的要求，积极适应新形势、新要求，扎实抓好冬季征兵工作。年初以来先后两次召开征兵工作形势研判会，研判今冬征兵形势，立足早筹划、早准备、早发动，强力推行按级负责的征兵工作机制，结合民兵整组、务工人员返乡、学生放假等时机，尽早展开兵役登记，切实摸清征集底数，打牢征兵工作基础；在运用广播、电视、报纸、网络等载体开展征兵宣传的同时，充分发挥区位优势，在新生入学军训、重大节假日和国防教育日等时机，深入学校开展主题班会、国防形势教育、征兵政策宣讲活动，不断拓展宣传手段，浓厚参军入伍报国氛围；征兵工作展开前，市征兵办多次专门组织对口业务会，采取以会代训的方式，加强业务培训，进一步强化征兵工作人员的政策法规意识和履职尽责意识；征兵期间，周密筹划部署，严格规范征集程序，狠抓廉洁征兵，较好的完成了2012年冬季新兵征集任务。

【小散单位规范化建设】 坚持“软硬”两手抓，硬件上，先后投入20余万元，为机关公勤队和民兵武器装备仓库修缮建设战士宿舍，新增安装了监控报警及消防设备，检测维修了避雷设施及电力系统，配备购置了各类工作生活设施；软件上，制定《机关公勤队日常管理实施细则》和各类新建场所的制度规定，明确了一日生活、军容风纪、值班会议、目标奖惩等各项管理要求，并认真组织战士学习，同时为便于记背，将制度规定编印成“口袋书”发放至每个战士。通过规范化整治，着力改善小散单位生活条件、营造栓心留人环境，进一步夯实安全管理工作基础。

警备区不断加大对小散远单位的基础设施的投入力度，4月份组织武器库水电线路维修改造，新建了武器库食堂，更新了生活设施设备；5月份，组织了机关公勤队宿舍改造和搬迁，购置了战士生活、学习和娱乐设施；6月份，对机关食堂和餐厅进行维修改造，统一购买了就餐用具，增添了消毒设施，共投资约20万元，有力促进了小散远单位正规化建设。

【安全管理】 警备区两级牢固确立“发展是政绩、安全稳定也是政绩”的安全发展理念，以“一点小事都不出”为根本目标，从强化职责、完善措施、狠抓落实入手，采取超常措施，在做好全面防范的基础上，突出安全工作重点和季节性事故防范，加大人员管控力度，狠抓车辆安全管理，抓好小散远单位秩序规范，严格安全管理制度落实，摁住关节点、把好预防关，加强部队内治外控，确保了十八大前后部队高度集中统一和安全稳定。

【开展教育活动】 学习教育活动着眼迎接党的十八大胜利召开，紧紧围绕“讲政治、顾大局、守纪律”这一主题，采取调研准备、动员辅导、集中读书、典型介绍、大会交流、对照检查、边整边改等方法，引导广大党员干部结合实际查找不足解决问题，达到了教育预期目的。教育期间，所有人员集中在视频会议室读书讨论、每天点名签到；人人撰写学习体会，形成书面党性分析材料，对照检查比较深刻；大会交流，人人准备，警备区首长随机抽点发言；警备区党委常委分头参加了团单位党委民主生活会；学习教育结束后，出了一期学习专栏。集中学习教育后，警备区各单位又利用2天时间，开展了“严守政治纪律、强化军魂意识”专题教育。

根据省军区统一部署，4月25日至28日，警备区两级同步开展了“赞颂科学发展成就、忠实履行历史使命”主题教育。活动采取统分结合、两级联动的方式，在参加省军区集中教育活动的基础上，警备区本级组织观看了合肥市“大建设、大发展”成就专题片和成果图片展，参加了“渡江战役纪念馆”开馆仪式，参观了京东方光电科技有限公司六代液晶面板生产线，开展了“赞成就、思源头、颂党恩、践使命”群众性赞颂会，集中组织了讨论辨析会，进一步统一了思想，深化了认识，振奋了精神，“身在好环境、更要干出好事业”的思想意识显著提高，教育效果较好。

学习贯彻军委总部和军区、省军区关于做好安全稳定工作一系列指示要求，牢牢把握召开党的十八大对军队提出的特殊政治要求，扎实开展“多做贡献为荣、干扰添乱为耻”专题教育。两次印发政治纪律口袋书，重申严守政治纪律“九个严禁”、“十个不准”、“七个绝不允许”，广泛开展谈心交心，教育引导官兵职工高举旗帜、听党指挥，确保官兵理想信念坚定、思想道德纯洁，确保部队高度集中统一和安全稳定，用对党忠诚、不负重托、不辱使命的实际行动迎接党的十八大胜利召开和顺利进行。

【学习贯彻党的十八大精神】 党的十八大召开后，警备区党委认识高、行动快，坚决贯彻习主席“军队要努力走在前列”的重要指示，把学习十八大精神作为首要政治任务来抓，紧密联系警备区部队实际，采取切实有力措施，持续兴起学习报告的热潮，有力地推动了学习宣传贯彻深入开展。坚持大事大抓，研究制定了《迅速兴起学习宣传贯彻党的十八大精神热潮》，专门就学习宣传贯彻十八大提出具体要求，层层思想发动，周密筹划组织。坚持原原本本学报告，抓好个人精读、分组研读、领导解读，在把握精神实质上下功夫求实效。注重丰富形式方法，运好网络资源、浓厚学习氛围、注重检查督导，确保学习效果。创办《学习动态》，及时反映各单位学习十八大的经验做法，激发了官兵职工的学习热情。采取多种形式积极反映部队学习情况，总部和军区报刊先后4次报道警备区领导和部队学习十八大的情况。

【召开党代会】 12月2日，警备区第五次党的代表大会在合肥召开，52名党代表出席大会，省军区党委书记、政委宋海航同志亲临大会指导，市委书记、警备区党委第一书记吴存荣同志参加大会并作了讲话。大会高举中国特色社会主义伟大旗帜，以邓小平理论、“三个代表”重要思想、科学发展观为指导，深入贯彻党的十八大精神，牢牢把握主题主线，解放思想、实事求是、凝聚力量、勇于创新。大会充分肯定了警备区第四届党的委员会所做的工作，总结了警备区部队和后备力量建设的经验，提出了警备区部队建设今后五年的主要目标和任务。会议认真审议通过了警备区第四届党委工作报告和警备区党的纪律检查委员会工作报告，选举产生了警备区第五届党的委员会和新一届党的纪律检查委员会。警备区第五届党的委员会由29人组成，常务委员会委员由吴存荣、姜宗健、陈再忠、郑兆礼、王建军、高峰、刘玉富7名同志组成，吴存荣任第一书记，姜宗健任书记，陈再忠任副书记。新一届党的纪律检查委员会由7人组成，郑兆礼任书记，高峰、刘玉富任副书记。大会号召全区各级党组织、全体党员、广大官兵、职工和民兵预备役人员，要高举中国特色社会主义伟大旗帜，深入学习贯彻党的十八大精神，坚决听从党中央、中央军委和习主席的指挥，在省军区党委和合肥市委的坚强领导下，解放思想，振奋精神，凝聚力量，攻坚克难，为全面推进部队和后备力量建设而努力奋斗！

【开展大讨论】 警备区党委班子调整后，紧紧抓住党委班子自身建设这个关键，围绕“序列排第一、工作争第一”和“树好窗口形象、当好省军区代表队”要求，10月12日利用1天时间开展了“弘扬传统为什么，创建特色靠什么，破解难题抓什么”大讨论，明确提出“带头解放思想，带头提高标准，带头提振精气神，带头保持工作连续性”，确立了“序列排第一、工作争第一，瞄准一流抓建设、军民融合促发展，创业有目标、干事有标准”的思想观念，较好地统一了两级党委的思想，激励了奋发有为的干劲，找到了创新发展的突破口。

【民兵政治工作】 认真贯彻工作重心下移、以主要精力做好民兵预备役工作的指导要求，推动基层民兵政治工作落实。深入贯彻落实《民兵政治工作规定》，召开民兵政治工作推进会，在民兵整组训练中广泛开展创先争优和主题教育活动，警备区政治部被总部表彰为民兵预备役刊授教育先进单位，巢湖市建立了民兵政治教育基地。大力加强专武干部队伍建设，各县（市、区）人武部协调地方组织部门，组织全区专武干部开展年终综合考评。大力加强基层武装工作，组织基层武装部第一部长述职，推进基层武装规范化建设，规范村居社区青年民兵之家，省专武干部集训班先后观摩了蜀山区井冈镇武装部和包河区烟墩街道武装部规范化建设情况。

【双拥共建】 认真落实党管武装制度，发挥双重领导优势，营造武装工作良好外部环境，推动军民融合发展。深入推进双拥共建，组织官兵职工和民兵预备役人员投身合肥市“大湖名城、创新高地”、“美好乡村”建设，积极参与抢险救灾、治安巡逻、秸秆禁烧等重大活动，长丰县人武部发动民兵参与“军民共建幸福路”建设，庐江县双拥领导小组严格“双拥”先进单位考核考评标准，军政军民关系更加密切，蜀山区人武部被军区表彰为法律服务协作机制工作先进单位。协调地方有关部门落实家属就业、子女入学、干部转业安置等政策规定，解决了现役军人子女中考加5分优待政策。落实“金寨会议”精神，积极开展扶贫参建和结对助学，落实10个帮扶点，与107名贫困生结成助学对子，捐赠助学资金9万余元，肥东县人武部和庐江县人武部长刘锡贵分别被省军区表彰为先进单位和个人。

【纪念建军系列活动】 大力加强先进军事文化建设，结合纪念建军85周年，广泛开展群众性文化活动，庐江县、庐阳区人武部和干休五所分别组织了庆“八一”文艺汇演。周密组织“八一杯”篮球赛，警备区12支队伍开展比赛，庐阳区人武部获得第1名；选拔尖子队员，建强警备区篮球队，7月下旬参加了省军区比赛。积极组织官兵职工和老干部创作书画作品，参加省军区“情系长城”摄影书画巡回展，以及“南京军区庆祝建军85周年美术作品展”。参加省军区“军歌嘹亮”歌咏通讯赛、“军魂永驻”读书演讲比赛分别获二等奖和第二名。

【国防教育】 认真贯彻中央8号文件精神，落实省《关于加强新形势下全民国防教育工作的实施意见》，创新全民国防教育方法手段，坚持以领导干部、青少年学生和民兵预备役人员为重点，带动和促进全民国防教育的宣传普及。以庆祝建军85周年为契机，先后举办10场国防形势报告会，警备区评选表彰了14名情系国防“好军嫂”。瑶海区创建公交线路流动国防教育课堂，合肥市人民政府、合肥警备区联合命名公交118线为“民兵先锋号线路”。根据南京军区部署，投资近10万元摄制了《旌旗南指大江边》——瑶岗渡江战役总前委旧址纪念馆录像片，丰富了国防教育内容。渡江战役纪念馆被评为国家级爱国主义教育基地，包河区人武部在讲解员队伍中建立了民兵分队。肥东县创办全省首家国防教育专刊，庐江县“国防园”启动建设，合肥市国防教育公益广告征集活动受到省国教委表彰。8月31日，《新安晚报》集中两个整版对市全民国防教育工作进行全面报道。

【干休所达标建设】 深入学习贯彻《干休所工作条例》和《干休所建设达标考评细则》，指导干休五所和巢湖干休所加强党组织建设，牢固确立标杆意识和作为意识，进一步完善“三个中心”，扎实开展“三化”服务竞赛和创“三先”活动，落实部所挂钩帮带机制，深入开展“忆党恩、颂党情、跟党走”主题教育实践活动，服务保障和教育管理水平不断提高，3名工休人员受到省军区表彰，两个干休所同时被军区通报表彰为首批达标干休所，干休五所卫生所被表彰为“全军先进干休所卫生所”。

【清查治理】 合肥市大力加强市场军服销售清查治理力度，组织各县、区开展军服销售点摸查工作，对涉嫌军服销售的营业网点做好登记和政策宣传工作，将警备区印制的《宣传手册》发到军服销售经营户手里。9月20日，会同省市工商局、公安厅、省军区相关人员，对合肥市3家涉嫌07式军服销售的经营户进行执法检查，收缴涉嫌仿制07式军服、服饰103件套，并当场下达了行政处罚意见书。

【官兵义务献血】 警备区积极参加“我们都是志愿者”大型无偿献血活动，2月份，组织近100名官兵义务献血，共献血近20000毫升，有效的缓解了合肥市临床用血紧张。5月份，被合肥市文明办、卫生局、文广新局联合表彰为“协作共建单位”。

【新营区建设】 警备区新营区建设工作在警备区党委首长的正确领导下，办公综合楼工程与3月27日破土动工，9月21日顺利封顶，11月26日完成主体施工，并一次性通过军区质量监督站验收。期间，主动协调军区和地方落实建设计划面积和经费保障，多次组织专家评审工程建设事宜，有效节约建设投资，确保了新营区建设工程的顺利进展。

肥东县人武部

【防汛勘察】 县人武部认真分析防汛形势，科学制定防汛抢险预案，6月8日，县委常委、县人武部部长张守福带领机关人员会同担负长江无为大堤防汛任务的八个乡镇负责同志到现地勘察和任务区分，对长江无为大堤责任段进行了现地勘察，张部长对各单位的责任区段和任务进行了现地明确。县委常委、常务副县长李志奎同志对各单位的防汛准备工作进行了强调。要求各单位一定要做好思想、人员和物资器材的充分准备，确保一有情况，迅即出动，防患于未然。

【安徽水利水电学院武装部成立】 9月14日，县人武部在安徽水利水电职业技术学院组织武装部成立揭牌仪式。在辖区院校成立武装部，是认真贯彻上级上级关于把武装工作向“三区”及科研院所拓展的指示精神，积极适应形势任务发展需要。对师生进行军事训练和国防教育，不断提高大学生的军政素质，积极传承爱国主义精神，有着积极而深远的意义。同时也为上级军事机关和地方党委、政府开辟新的武装工作阵地，进一步走军民融合式发展的路子，提供了有力保证。

【征兵形势分析会】 9月，全县征兵工作形势分析会在县人武部召开。县委常委、县人武部部长张守福参加会议、县人武部政委吴文祥主持会议。县人武部副部长夏传乐传达了省市有关会议精神，全县武装战线的同志和县卫生局、公安局参加政审的同志对征兵工作进行了深入细致的研讨。大家一致认为适龄青年基数减少、应征青年参军热情不高、兵役法规执行力度不够、招生、招工争兵员日趋激烈，优抚、安置政策吸引力下降、全民国防观念淡化，部队吸引力不强等问题，是形成征兵冷的深层次原因。会上，各基层武装部长对去冬征兵工作取得的成绩和存在的问题进行了总结发言，对2012年度征兵工作进行了研判，对《肥东县征兵工作奖惩办法》进行了研究讨论完善，各基层单位就如何抓好年度征兵工作进行了表态性发言。最后，张守福部长就去冬征兵工作存在的主要问题、去冬退兵原因分析、对今冬征兵工作的基本研判及下步征兵工作的几点意见四个方面作了强调。

【征兵工作奖惩办法】 针对当前征兵冷、参军热情不高的形势，肥东县人武部为保障征兵工作的顺利实施，确保新兵质量，根据国家法律、法规和有关规定，结合本县实际，制定出台了《肥东县征兵工作奖惩实施办法》。该实施办法共4章19条，分为总则、奖励、处罚和总则四章，对完成任务好的单位和个人进行表彰和奖励，对完不成任务的单位进行处罚，特别是对逃避兵役的应征青年除罚款外，两年内不得在县内参加国家公务员或参照公务员管理的事业单位招录，不得录用为国有企业和事业单位职工，不得办理出国出境、升学手续；原是机关、团体、企事业单位及其他组织职工的，不予复工、复职；原是全日制高等学校学生的，不得恢复学籍；到县外参加招录的，县各有关部门不予出具证明和办理相关手续。《办法》的出台，从根本上减少了逃避兵役现象的发生，也为基层对逃避兵役者的处罚从法规上的提供重要依据。

【民兵应急分队拉动】 2月4日“龙灯节”，肥东县城店埠镇桥头集路至振东大道观看龙灯的群众达万人，为了避免现场秩序出现混乱，县人武部立足一方平安，和谐稳定，突击拉动了店埠镇、撮镇镇、包公镇、石塘镇等乡镇民兵共110人，在桥头集路“龙灯节”现场维持秩序，引导疏散观看“龙灯节”的群众，让群众能安全、平安、顺利地观看，取得了较好的效果，受到当地群众的交口称赞。

【扶贫参建】 9月10日，县人武部吴文祥政委在金寨县参加了省军区召开的定点扶贫20周年经验交流会。县人武部被省军区评为“扶贫参建工作先进单位”。县人武部充分发挥职能部门作用，带领民兵带头致富，在完成急难险重任务中打头阵，“扶贫参建”工作取得了实实在在的成果。利用各种会议和媒体平台宣传扶贫参建工作，表彰先进集体和个人，增强了广大民兵扶贫参建的热情。定期分析参建形势，总结问题不足。宣扬一批“扶贫参建”的先进典型，涌现出了如原马湖乡小陶村民兵营长陈长贵等一批省级先进典型。在抗雪救灾、森林防火、清洁家园、秸秆禁烧、抗旱保苗和防台防汛工作中，广大民兵始终奋战在一线，为建设“平安肥东、幸福肥东、和谐肥东”做好突出贡献。邀请技术专家讲授致富知识，开办“民兵学堂”，受到广泛好评。结对帮扶的八斗镇民兵邵世发、张集乡民兵徐传胜、徐永付、牌坊乡民兵许勇等一批致富典型正逐渐发挥着酵母作用，带动周边群众发家致富，收到了良好的社会和经济效益。县人武部干部长期结对帮扶贫困学生，为他们捐款捐物，帮助他们完成学业，产生了良好的社会反响。

【《肥东国防教育专刊》出版】 建军85周年之际，肥东县人武部创办了《肥东国防教育》专刊，成为全省首家国防教育专刊。专刊由县国防教育委员会主办，县人武部、县双拥办协办，每月1日印发。共分四版，一版时政要闻、二版民兵动态、三版军事之窗、四版国防园地，面向全县人民，让更多人从身边了解武装，关心武装，支持武装，透过这个窗口，领略军事大观，感受军事信息。

【帮扶活动】 5月份，正是一年一度的午收季节，很多留守老人和妇女忙碌在收割一线，来不及抢收。县人武部积极开展结对帮扶活动，全体干部职工深入田间地头，帮助困难群众抢收油菜。同时，各基层武装部组织500多民兵前往村间地头，抢收一线，开展抢收活动，进行昼夜巡逻，细化工作任务，确保粮食及时归仓，确保秸秆禁烧取得成效。

【武装工作会议】 2月28日，全县武装工作会议在县人武部二楼视频会议室召开。县委、县人大、县政府、县政协主要领导，县委、县政府联系武装工作负责人，县人武部党委班子成员，县国动委“八办”成员单位负责人，基层武装部第一部长，全县专武干部，肥东预备役57高炮营营长参加了会议。县委常委、组织部长张生主持会议，会议传达了上级党委会议精神，总结了2011年度武装工作，部署2012年度工作任务，并对年度工作先进单位和个人进行了表彰。包公镇、白龙镇、长临河镇、桥头集镇、古城镇、牌坊乡等6个单位武装部第一部长在会上进行了述职。县委书记、县人武部党委第一书记杨宏星同志作了总结讲话。

【县委常委议军会】 10月13日，中国肥东县委在县人武部二楼会议室召开了县委常委第十四次会议，专题研究了武装工作。县委书记、县人武部党委第一书记杨宏星同志主持会议，县委副书记、县长路军等9名常委出席会议，县人大、县政府、县政协主要领导及县直单位相关部门负责人列席了会议。会上，与会同志观看了形势教育录像片。并就如何进一步提升全县武装工作质量，推动经济建设与国防后备力量建设协调发展提出了很好的意见和建议。会议还就县人武部提出的亟需解决的问题和困难，进行了讨论，并形成了决议。

【后勤规范化建设】 围绕发展核心，研究制订车辆管理办法、物资采购、物资使用保管措施、接待规定、现金使用规定、部务公开规范等后勤保障机制，严格财务管理，促使保障工作制度化。围绕年度中心任务，合理安排物资经费投向，结合工作实际，及时调整保障计划，促使武装工作全面发展。

肥西县人武部

【秸杆禁烧巡查】 5月上旬至6月下旬，县人武部组织民兵应急分队60余人，开展了多个批次的秸杆禁烧巡查活动。在县秸杆禁烧关键时期，根据县委、县政府统一指挥部署，县人武部组织民兵应急分队在秸杆禁烧重点区域的上派镇、花岗镇、三河镇、严店乡、小庙镇等开展连续巡查活动，县人武部孙根友部长、王华臣政委亲自部署、亲自指挥，围绕县政府赋予的任务，带领民兵昼夜实施，严密组织，共扑灭大火点11处，小火点30余处，安全圆满完成禁烧巡查任务，受到县领导高度评价。

【征兵工作】 针对近年来出现的“当兵冷”、“征兵难”的不利形势，按照“一季征兵，全年准备”的工作思路，通过广泛宣传发动、实行编号体检、深入走访调查、严格集体定兵和县领导逐单位点名承诺、签订目标责任书等有力举措，2012年圆满完成上级下达的征集任务。征兵中，副市长、县委书记陈晓波、县长胡明文高度重视、亲自发动、亲自部署、亲自调度，副县长金成俊亲自与各乡镇签订征兵目标责任书，县四大班子领导亲自出席体检开检仪式和新兵欢送大会，军地合力抓好年度征兵任务的圆满完成。

【安全管理】 围绕党的十八大胜利召开，县人武部以更加敏感的态度、更加严厉的要求、更加严格的标准、更加务实的作风，牢固树立安全发展理念，确保“四个管出”、“三个不出”和“一点小事也不出”安全目标实现。广泛开展“学法规、抓规范、保安全”和正规化建设达标活动，突出人、车、密、酒、网、财和出租房、营建施工的安全管控。依据条令条例制定出台和进一步完善了《肥西县人武部规范化建设实施细则》、《日常管理规定》、《正规值班秩序规定》、《职工管理规定》、《车辆管理规定》、《食堂就餐管理规定》和《接待管理规定》等，以制度规范抓管理规范，以管理规范提升单位建设发展的层次标准。

【民兵训练基地建设】 前几年，先后完成了民兵训练基地建设主体变更、规划许可证、用地意见书申报领取，土地产权确认，总平面图和施工图纸设计、审核、报批，临时帐户开设和工程招标、施工企业报名等工作。4月19日，省军区宋海航政委和合肥市委政法张进书记来人武部视察时，提出了明确要求。县委、县政府对工程建设高度重视，分别召开县委常委会、县政府常务会进行专门研究，书记、县长亲自过问、亲自召开调度会，并成立领导小组，由胡明文副书记亲自挂帅、亲自督办，组织领导有力，工程建设启动速度明显加快。营建工作改为“参代建”模式实施后，工程建设很快交地圈围墙、签协议、招投标。11月22日，警备区郑兆礼副政委、刘玉富部长参加了部营区建设开工典礼。

【国防教育】 围绕“热爱人民军队，共筑钢铁长城”主题，先后以县委名义印发了《关于进一步加强肥西县国防教育工作的实施意见》（肥发〔2011〕18号），以县国教委名义印发了《肥西县2012年国防教育活动实施方案》（肥国教〔2012〕5号），明确了“七个一”系列活动内容。7月28日，县人武部牵头，邀请陆军军官学院曹书成教授为县四大班子领导、县国教委成员单位领导及县直单位负责人，乡镇党委书记、乡镇长和全体专武干部作了一场专题国防形势报告会。9月13日县人武部在三河镇组织召开“肥西县国防教育工作推进会”，并组织全县专武干部参观退役684号猎潜艇爱国主义教育基地。9月15日在第十二个全民国防教育日当天，县人武部在四十埠广场组织一场全民国防教育暨征兵宣传活动，进一步浓厚全民国防教育氛围。9月中旬和10月上旬，人武部和县教育局先后分两批组织全县共7000余人的高一新生军训，并结合军训开展“国防在我心中”国防知识竞赛活动。

【党庆活动】　参加军地组织的党史军史知识竞赛、网上征文、红歌会、优秀党员和先进党组织评选、全国道德模范评选等系列活动，注重利用网络、电视、广播电台等大众媒体和灯箱、展板、橱窗等传统宣传手段努力营造浓厚氛围，进一步加深了全体干部职工对我们党91年的光辉历程和伟大业绩的理解，强化了对中国特色社会主义理论体系的学习，切实打牢了高举旗帜、听党指挥、履行使命的思想政治根基。

【开展扶贫参建活动】　积极参与“三个文明”建设，人武部现役干部结对助学9名贫困学生，慰问特困复退军人16名，组织爱心捐款1.8万元，发动基干民兵1500多人次参加秸杆禁烧、防洪护堤、抗旱保苗、植树造林和美好乡村创建等活动。在争创全国文明县城的活动中，人武部动员组织900多名民兵参加畅通道路、清洁家园活动，赢得了县委、县政府和驻地群众的好评。

长丰县人武部

【年终考评】　县人武部根据县委、县政府年度目标考核办法，制定了年度武装工作考核标准和实施细则，并于12月下旬，对全县16个单位武装工作进行全面考核和验收，依据年度考核成绩和专武干部考评情况进行了评比，对全县3个单位和8名专武干部进行了通报表彰。

【冬季征兵】　按照警备区提出确保兵员质量、确保廉洁征兵、确保征兵安全、确保完成任务的要求，针对征集对象主体调整变化的实际，确立了早动员、早准备的指导思想，重视抓好征兵准备工作，严格征兵中的每个环节，落实体检负责制，严格政审责任制，坚持集体定兵，坚持“四优先”原则，圆满完成新兵征集任务。

【安全管理】　人武部牢固树立安全发展理念，按照军区“四个管出”要求，严格落实人员、车辆、保密等各项管理规定，积极开展“双四一”活动，做到组织教育与纪律约束、自我管理与家庭监督相结合，确保人员不失控，人人签定安全管理目标责任书，扎实开展安全隐患排查工作，确保部队安全稳定。

【第十二个全民国防教育日活动】　在今年开展“第十二个全民国防教育日”活动中，全县分东西路线及南北城区，以点带面，共设立国防教育宣传点10个，悬挂宣传横幅、张贴宣传标语及宣传画170余幅，展出宣传图板70余块，并在县电视台重点时段播放公义宣传广告；扎实开展好国防教育工作，5月份由政工科长王益平在陶楼楼乡中心小学组织一场别开生面的国防形势报告会；在县委党校积极举办国防知识讲座，利用移动、联通、电信等信息平台，群发短信国防教育短信，并在县LED宣传平台上播放国防教育片，有效浓厚了“富国强军、共筑长城”的氛围，激发了全县广大干部群众关心国防、支持国防的热情。

【助学帮困活动】　人武部坚持开展“助学帮困”活动，“六一”儿童节，牵头组织县直机关6家单位到左店相关小学进行走访慰问，给留守儿童送去学习用品；8月份，我们分别到造甲乡、下塘镇和义井乡开展扶贫活动，共拿出2.5万元，用于资助6名贫困学生，2名特困军烈属，14户贫困家庭。10月份在县妇联的牵头下，人武部和其它几家单位积极到造甲乡敬老院走访慰问，并送去2000元的慰问金。年末人武部拿出2万多元对辖区内团以上现役军官进行慰问。

【参加文明建设】　组建抗旱保苗突击队，为伤病残军人、军烈属和无劳动力家庭无偿提供抗旱保苗服务；8月28日，部长徐金刚率领全县400多名基干民兵在左店乡左沛路段开展“军民共建幸福路”活动，以最低的成本、最快的速度、最好的效果，为群众修一条安全路、幸福路，得到县委主要领导的肯定和沿路群众的称赞；积极组织民兵参加文明县城创建活动，3月份组织50名民兵到水湖镇辖区敬老院整理卫生。

【党委议军会】　9月25日召开了县委议军会，县委常委、人大、政协主要领导，县人武部党委班子成员，县政府办公室主任，财政局、民政局、建设局、规划局、县委党校等相关领导，计30人参加会议。

庐江县人武部

【国防教育】　县国防教育委员会利用各种有效手段深入全县各

街道、厂矿企事业单位、大中小学举行一系列全民国防教育活动。结合庆祝建国61周年，县“国教办”成员单位组成4支宣传队伍深入各乡镇，举办一系列国防知识讲座；县电视台专门开设国防教育专题栏目，开展“固国防、爱祖国”系列报道；政府网站开设国防教育专题网页，向广大网民开展国防教育；分管武装工作的县委常委、常务副县长程习龙在县电视台发表题为《增强国防教育的使命感》电视讲话。与此同时，还在全县设立6个宣传站，悬挂过街横幅36条，张贴标语400多幅，组织百余名民兵走上街头散发国防知识宣传单；为辖区手机用户发送国防教育短信1万余条，从而进一步增强了广大人民群众的国防知识和国防观念。据不完全统计，全年共有20万余人次接受了国防教育，全民国防观念明显增强，大大提升了国防软实力，真正实现了国防教育“无缝渗透”。

【防汛抗旱】 5月至8月，县人武部根据军分区《2012年防汛工作指示》电报精神，及时修订完善了《抗洪抢险行动方案》。5月上旬，刘锡贵部长率领军事科有关人员对辖区内主要河流、水库等险工险段进行了现地勘察，及时修订了抗洪抢险应急预案。县人武部成立抗洪抢险指挥部，各基层武装部也成立相应了相应组织，进行了责任明确和细化分工，落实防汛措施。采取积极协调县水务局购置和自购相结合的方式，补充完善物资器材。6月初，利用召开各乡镇专武部长例会时机，对县乡两级方案进行对接，确保职责明、任务清。

【民兵护林护路】 柯坦镇武装部充分发挥民兵组织机能作用，组织民兵参加护林、护路、护村，维护社会治安。该镇武装部针对所辖山区林业山场面积大和合九铁路、沪蓉高速公路贯穿全镇交通安全因素，在沿线村、社区组成6个民兵联防队，听从人武部调遣指令，随时参加森林灭火，制止拦截非法偷砍林木事件，开展执勤巡逻、维护交通安全，确保道路畅通。今年以来，该民兵组织累计参加扑灭山火，维护社会秩序、协助交通部门开展道路清障等50多次，成为治安管理中的一支重要力量。

【民兵治安分队】 县人武部为充分发挥民兵组织保障能力与战斗作用，配合公安部门维护社会治安,打击违法犯罪。在全县各乡镇组建100支由基干民兵和预备役2000多人组成的民兵治安分队。这支群众性的地方武装组织，训练有素、保障有力、快速集结、反应迅速，配合地方组织参与打击违法犯罪、扑灭山火、紧急救援、抢险救灾等重要活动，成为维护辖区安全，维护社会治安，保障地方经济建设的一支重要力量。

【征兵工作】 为深入抓好今冬征兵工作，在早计划、早安排和早摸底的基础上注重在“四抓四到位”上下功夫，即：抓宣传做到发动到位、抓典型做到示范到位、抓措施做到奖惩到位、抓廉洁做到监督到位。利用宣传车及报纸、广播和电视在全县广泛宣传征兵政策法规，深入厂矿、学校和有关单位向适龄青年散发征兵宣传材料；在全县大力宣扬征兵工作先进的的做法及经验，组织开展“现役军人风采展”、“十佳模范军人家属”评选表彰等活动，充分发挥典型的示范作用；在广泛调研的基础上，与县政府联合制定颁发了《征兵工作奖惩规定》、《廉洁征兵工作“十不准”》等多项规定；严格执行征兵工作纪律规定，在电视台滚动播放公告，公布标准条件、举报途径，在全县各乡镇和县城繁华地段设立举报箱，对举报情况及时查处，做到有落实、有回音；纪检部门派人全程参与、全程监督、全程查处。

【基层武装部规范化建设】 7月中旬，县人武组织机关人员深入基层，对各乡镇武装部进行面对面指导，并依据基层武装部规范化建设标准，认真对照检查，制订改进措施。协调县政府筹措资金10万多元，给乡镇武装部统一配备办公设备，有效提升了乡镇武装部规范化建设质量。

巢湖市人武部

【巢湖市人武部揭牌】 6月5日上午10时举行巢湖市人武部揭牌仪式，警备区郑兆礼副政委主持，王修尧参谋长宣读命令，高峰主任宣读干部任命命令，陈再忠司令员与巢湖市罗兆好市长共同揭“安徽省巢湖市人民武装部”牌，警备区刘玉富部长与人武部章义苗政委共同揭“安徽省巢湖市国防动员委员会”牌，人武部机关全体人员、基层专武部长、民兵突击队共约70人参加了仪式。

【国防教育】 9月15日，市人武部建立起巢湖市国防动员信息中心，并开通了巢湖市国防教育网。9月28日上午，市人武部举办全民国防教育专题报告会，市科以上干部、驻巢部队营以上军官以及中央、安徽省、合肥市驻巢各单位负责同志共980余人集结于巢湖市政府礼堂，聆听军事科学院世界军事研究部原副部长罗援少将关于国家安全和国防教育授课辅导。

【执勤保障任务】 市民兵快

速反应突击队30人参与了合肥中庙国际旅游节执勤保障任务，确保了旅游节的顺利召开。

瑶海区人武部

【民兵规范化建设】　区人武部在巩固原有基层规范化建设成果的基础上，采取抓弱项、带中间、培尖子的方法，各镇、街道基层武装部配齐了电脑、相机、对讲机等办公、指挥器材和钢盔、警棍、救生衣等防暴防汛器材，达到建用一致、配套齐备，有效规范基层武装部建设。

【创征兵服务新模式】　区人武部针对当兵报名有所下降的实际，坚定信心，主动作为，迎难而上，破解困局，加快征兵工作方式转变，于9月中旬，深入基层一线，走村入户，实施“上门预征，开设“兵役登记服务站”的征兵新模式。采取“三推进”工作方式，即向社区推进、向学校推进、向家庭推进，将征兵工作由原来被动“坐等报名”向主动“上门预征”转变，开设“兵役登记服务站”为报名应征快捷通道，把登记站、咨询点、报名点和初审点融为一体，提高工作效率，向应征青年敞开“绿色通道”，争取更多的适龄青年报名应征，确保圆满完成去冬征兵工作。

【民兵器材仓库正规化建设】5月份，在警备区指导下，瑶海区人武部开展为期一个月的库房物资清查、整理工作，着力提升民兵应急分队各类库室战备建设水平。一是在深入学习省军区日常战备综合整治明确的库室建设标准基础上，按照“两齐”（物资摆放整齐、库容干净整齐）、“三清”（品种清、数量清、质量清）、“四定位”（按房间号、按货架号、按货架层数、按货架方格数定位）要求规整摆放，做到既符合战备要求，又便于物资器材领取、发放。二是借鉴公安机关“户籍式”登记管理人口的办法，建立物资器材数据库，将每一件物资器材与对应存放位置统一建立登记册，录入电脑数据系统，实现物资器材定位精确、归位清晰、查找迅速、管理精细，大大缩短了民兵应急分队出动领取物资器材时间。

【安全管理】　区人武部牢固树立科学发展理念，用上级指示精神统一思想，用规章制度规范行为，狠抓作风养成打基础，安全管理工作取得显著成效。紧密结合季节特点、节日战备和工作实际，及时组织安全教育和安全常识学习；结合人武部实际编写《人武部工作手册》，规范各类人员职责和办事程序，促进各项工作规范有序运行；加大安全设施投入，一次性投入近5万元，对战备库室进行全面改造；扎实抓好安全隐患排查整治，从事故苗头中查问题、找原因、定对策。

【全民国防教育举措创新】7月份，积极协调合肥公交集团，在公交车上开展“民兵号公交线路、民兵号公交班组”的公益性国防知识宣传活动。公交集团安排了15条公交线路，150台次公交车悬挂“热爱人民军队、共筑钢铁长城”等宣传标语进行国防教育宣传，安排了11条线路88台次车上悬挂“民兵号公交线路、民兵号公交班组”标牌。118路公交线被合肥市委市政府命名为“民兵先锋号”。

【征兵工作】　征兵工作开始后，连续3次组织召开全区专武干部和民兵营长动员培训大会，进行征兵政策辅导和征兵动员宣传教育；9月15日，协调区委宣传部在和平广场组织征兵宣传活动，利用广场的HD大屏幕播放征兵宣传片，发放征兵宣传单4000份、展板45块、悬挂52条宣传横幅，并向全区预征青年发送《致预征青年及家长的一封信》；加强跟踪问效，组织机关干部及时深入各街道、社区和磨店职教城对全区征兵宣传进行全面检查、督查。

庐阳区人武部

【征兵工作】　区人武部紧紧围绕兵员质量这个核心，强化组织领导，科学统筹安排，坚持规范程序、廉洁征兵，扎实抓好征兵工作。在宣传发动上，协调区委宣传部制作了一部征兵宣传短片，在辖区主要广场和路口高清电子屏幕上滚动播放；开展“庐阳籍军旅英才”巡回宣传展播；要求各乡镇、街道悬挂不少于10条的征兵宣传横幅；制作一组展板，在辖区主要广场、商业区、闹市口进行展出；群发一组信息，依托电信、移动和区政务平台发放2万多条征兵公益短信，扩大了宣传动员的覆盖面。同时，重点做好征兵工作“八个一”活动，即：征兵人员每人签定一份廉洁征兵承诺书；每个基层单位制作一部征兵工作录相片；每个基层单位挖掘一个应征青年典型，并长期跟踪；每个基层单位组织应征青年进行为期一周的文明创建活动；基层单位在走访期间给每位应征青年家庭送一份礼品；人武部给每位入伍青年赠送一份纪念品；组织一场新兵欢送大会，组织一次欢送新兵书画联谊会。

【扶贫帮困】 区人武部组织部机关和基层武装部结对帮扶10多名特困优抚对象，先后慰问了辖区5名特困户，按照机关干部每人1名的标准，与辖区7名贫困学生结成了助学对象，在地方产生了良好的社会效益。年底，被合肥市委、市政府表彰为“拥政爱民模范单位”。

【文明创建工作】 各基层武装部以“三城同创”（全国文明城市、全国卫生城市、全国未成年人思想道德建设城市）、服务社区居民生产生活基本需求为出发点，积极开展学雷锋活动、“清洁家园人人行动，干干净净喜迎佳节”为主题的爱国卫生大扫除活动、文明交通劝导活动，充分实践“服务他人、奉献社会”的宗旨，受到了社会及广大群众的广泛认同和赞誉。

【全民国防教育】 区人武部分两期组织全区党政领导干部和基层武装部“第一部长”过“军事日”活动，通过组织轻武器实弹射击，观摩部队正规化建设及现代化武器装备，提高全区党政机关领导干部的国防意识，在全区兴起心系国防、党管武装的良好氛围。结合我国第十二个全民国防教育日、纪念“九一八”事变81周年和建军85周年，以“热爱人民军队、共筑钢铁长城”为主题，采取LED大屏幕播放国防教育公益广告、举办文艺演出、悬挂横幅、制作橱窗图板、散发传单、群发短信、设立宣传咨询站等形式，广泛宣传国防法规、兵役政策和先进典型，增强广大干部群众的国防意识和忧患意识，进一步营造关心国防、支持国防的良好氛围。

【党管武装工作】 区人武部坚持以科学发展观为指导，以省军区、警备区党委扩大会议精神为依据，认真学习领会区委、区政府关于打造“首善人武”的新要求，积极探索了“听党指挥、融合发展、履行使命、发挥作用”的“首善人武”基本内涵，坚持常委议军会议、国防动员会议、党政领导过“军事日”等制度，主动为驻军部队排忧解难。

蜀山区人武部

【思想政治工作】 人武部党委以迎接党的十八大召开为主线，以“讲政治、顾大局、守纪律”教育活动和“赞颂科学发展成就，忠实履行历史使命”主题教育为抓手，并通过一次建设图片展、一次赞家乡建设成就主题演讲、一次“喜看家乡巨变，缅怀革命先烈”参观见学活动、一次心得体会展评的“四个一”活动，大力加强思想政治建设，不断夯实听党指挥、履行使命的思想政治根基。

【基层规范化建设】 人武部紧紧围绕“平战结合、应急优先、配套齐全、建用一致”原则，重点抓好所属基层武装部和民兵营（连）部规范化建设，并下发了《蜀山区民兵营（连）部规范化建设两年规划》、《蜀山区民兵营（连）部规范化建设标准》和《规范化建设指导手册》，对硬件设施、物资器材、上墙内容、制度规定、资料设置、微机配置等建设标准进行统一规范，切实在抓基层、打基础上下功夫，在抓全面、促规范上见成效。5月份，省军区政治部在区井岗镇召开省委党校专武干部培训班学员基层武装部规范化建设现场观摩会。

【信息化建设】 人武部坚持把信息化建设当作提高人武部办公信息化水平、推动人武部各项建设科学发展的重要抓手，力求建出特色、建出实效。特别是警备区在包河人武部召开信息化建设现场会以后，人武部就严格按照规定的时间节点和标准要求，制订了《蜀山区人武部信息化建设实施方案》，并向区里主要领导进行了汇报，正式全面启动人武部信息化建设。在信息化建设过程中，紧密结合部办公用房和硬件建设实际，本着“量力而行、实用管用”的原则，稳步推进信息化建设。目前，已投入信息化建设资金近20万元。主要建立起了3G移动视频指挥系统，完善了各类设备系统终端。添置了电子白板和笔记本电脑，建成网络教室。另外，为便于查阅资料、登陆政务网，更好地与地方办公接轨，还加强了互联网络室建设。

包河区人武部

【民兵活动】 根据区政府统计表部署，年内区人武部先后组织民兵分队参加了“三城同创”城市文明创建、大张圩湿地森林公园环境整治、城市拆迁、打击传销等活动，投入民兵4200人次。

【国防教育宣传活动】 9月15日，区国教办在区政务中心集中举办了第十二个全民国防教育日暨征兵宣传、“三法下基层”系列活动。先后展出各类展板98块，468人接受了教育。

【武装工作考评】 1月5日至9日，区人武部、区委组织部联合对全区9个街镇武装工作进行年终考评，主要组织了专武部长述职、民主测评、理论考核、软件资料检查、基层营连部规范化建设达标检查，总评成绩优良。

（合肥警备区）

武警合肥市支队

【概述】 2012年，合肥支队牢牢把握稳中求进总基调和“三保一谋”总要求，同心合力、锐意进取、狠抓落实，部队建设稳步发展。支队被武警部队表彰为连续21年预防事故案件工作先进单位，被总队表彰为基层建设先进支队、执勤工作先进单位、密码工作先进单位和新闻工作先进单位。二、三大队被总队评为基层建设先进大队，九中队被总队评为基层建设标兵中队，肥东县、四、五、合肥市、肥西县中队被总队评为基层建设先进中队，5个党支部被总队评为先进党支部，1名同志被总队树为“党员标兵”，158个集体和个人立功受奖。

【思想政治建设】 坚持用党的创新理论武装官兵，培育当代革命军人核心价值观。开展“讲政治、顾大局、守纪律”和“赞颂科学发展成就，忠实履行职责使命，永远做党和人民忠诚卫士”两项教育活动。采取集中传达、专题教育、宣讲辅导、舆论宣传等办法，兴起学习贯彻党的十八大精神热潮。加强经常性思想工作、心理法律服务工作和基层文化工作，防范政治性问题，应对热点敏感事件，抵制各类政治谣言，保持部队政治坚定、思想纯洁。加强先进军事文化建设，突出政治环境规范化建设和警营网络文化建设，开展迎盛会系列文化活动，励志铸魂。组织基层思想骨干和安全员培训，开展新兵“三查”和思想隐患分析排查做法被总队转发。

【履行职责使命】 探索并推动力量建设、执勤方式改革、战斗力生成模式转变等工作。落实执勤战备，推进“四防一体化”建设，开展“三共”、“三个一遍”活动，调整新建改建目标勤务，固定目标安全。组织新兵教育训练考核，组织狙击手、教练员培训和执勤分队勤训轮换、专勤专训、“五小”练兵、实兵演习，提高部队遂行多样化任务能力。参加武警总部抽考的执勤分队总评成绩优秀；在武警总部组织的遂行任务能力和机关干部体能考核中成绩优异。严密组织重大任务，完成临时警卫、押运押解、重大安保、“11.15”专案、城市武装巡逻等临时性勤务900余起。

【正规化建设】 狠抓两个正规化管理规定落实，组织提振“精气神”现场观摩会和正规化建设试点，健全各类库室，规范物品摆放，建立机关干部上下班考勤和卫生检查等制度，部队秩序正规。开展“条令学习月”和“迎盛会、严纪律、树形象、保安全”教育整顿活动，纠治官兵作风养成上“常见病”、“多发病”。组织“安全教育和隐患排查”、“百日安全竞赛”等活动。结合支队实际抓好“十防”，管好“九类人员”，推出“四评”活动有效抓手。防范重大安全问题、加强士官管理的做法被总队推广。围绕手机、私家车等管理重难点问题开展专项整治，部队保持安全稳定。

【基层建设】 贯彻武警总部、安徽省总队基层建设工作会议精神，通过“夜校”、集中培训、以会代训等形式，开展“大练基本功”活动，提高各级按纲抓建能力。落实每季度按纲建队考评，8次组织领导机关下基层蹲点帮扶，帮带工作成效明显。利用全委会重点帮建大队党委。召开专门帮扶工作会议，研究制定对连续五年以上未进入先进中队帮扶措施。拿出30多万元对先进单位和“十十佳”个人进行表彰，激发各级创先争优热情。

【综合保障能力】 围绕“四化一提高”目标，有序推进现代后勤建设。加强应急保障力量体系建设，探索自给保障与社会化保障相结合供应保障机制。组织实兵实装训练演练，提高应急保障能力。加强基层“四项设施”建设，投入56万余元为所属基层单位配发给养器材，改造一大队、王铁、大蜀山执勤点营房和生活设施；新机关顺利搬迁，基层中队新建营房筹建工程进展顺利。加强后勤规范化管理，坚持党委（支部）理财，加大审计监督力度，发展农副业生产，深化伙食精细化管理，开展安全行车活动，提高综合保障效能。

【党委机关建设】 抓好“讲政治、顾大局、守纪律”学习教育活动，2次组织召开党委民主生活会，研究制定《加强党委自身建设措施》和《关于“抓班子、强队伍、正风气”的措施》，深化学习教育经验做法被安徽省总队转发。落实民主集中制，每季度召开全委会讲评班子建设情况，明确抓建“八条责任”，党委机关工作作风更加务实。组织部门以上领导当兵锻炼，掌握队情、体察兵情，支队常委累计蹲点、当兵320天，树立良好形象。紧抓干部队伍建设，提升干部能力素质；从严教育管理，加强干部在岗履职和八小时之外监督，增强干部队伍事业心责任感。

【武装巡逻】 支队担负合

肥4辖区武装巡逻任务，出动官兵近2.2万人次，协助公安民警成功处置6起抢劫，100次设卡，完成城市昼夜巡逻任务。官兵2次拾金不昧，多次扶老助残，被群众誉为活雷锋、守护神。

【搬迁庆典】 6月7日，支队机关由芜湖路28号搬迁至宿松路与繁华大道交口东北角。7月28日，支队举行进驻新机关庆典仪式。省委副书记孙金龙，省政法委书记徐立全，总队总队长朱永和、政治委员贺海涛等领导出席庆典，并参观支队战备物资库、文化活动室、通信中心等场所，对支队硬件设施建设、部队秩序、正规化管理给予肯定。

【一级专机警卫】 6月18日至21日，中共中央政治局常委、全国人大常委会委员长吴邦国来皖视察工作，支队出动45名官兵，完成一级专机警卫任务。

9月3日至4日，中共中央政治局常委、中央政法委书记周永康，国务委员、公安部部长孟建柱一行来肥视察。支队出动215名官兵，完成周永康一行在肥视察期间的路线警卫和一级专机警卫勤务。

【演唱会安保】 4月1日，“张学友1/2世纪演唱会·合肥站”大型演唱会在合肥市体育中心主体育场举行，现场近2万余名观众，场外1万余名歌迷；5月23日、24日，“王菲2012巡回演唱会”在合肥市滨湖国际会展中心主展馆拉开序幕；7月21日，“陈奕迅合肥演唱会”在合肥市体育中心主体育场举行，现场近2万多观众；9月23日，“王力宏合肥演唱会”在合肥市体育中心举行，现场观众2万多人；11月10日，“五月天合肥演唱会”在合肥奥体中心举行。支队出动官兵1000人次，完成5次演唱会现场安保任务。

【临时勤务】 2月8日至16日，安徽省十一届人大五次会议和政协十届五次会议在合肥召开。支队出动55名官兵，495人次，完成会议代表住地警卫和会场外围警戒任务。

4月25日，第67届全国药品交易会暨68届中国国际医药交易会在合肥滨湖国际会展中心举行。18个国家和地区的4400多家企业，约7万名参展商和采购商参加活动。支队出动100名兵力，完成“药交会”现场安保任务。

6月3日，“安徽省2012年公开焚烧毒品行动大会”在滨湖国际会展中心广场举行。活动旨在提高人民群众禁毒意识，宣传营造全省禁毒氛围。支队出动40名官兵，完成活动外围警戒任务。

9月6日，第六届中国国际家用电器博览会开幕式在合肥市滨湖国际会展中心举行。李斌、刘利华、徐沪滨、吴存荣等领导以及外国驻华使节、有关省市代表、境内外参展企业代表出席开幕式。现场车多、人杂、出入口拥挤。支队出动60名官兵，完成开幕式现场安全警戒和贵宾通道礼宾等任务，展现了威武之师、文明之师的良好形象，受到普遍赞誉。

【“11·15”专案勤务】 3月27日至4月10日，支队出动20名官兵，担负北京至合肥2次“11·15”专案押解勤务。4月11日至9月18日，支队出动13名同志，担负“11·15”专案看护勤务和执勤人员“两规”勤务能力培训。7月27日至9月18日，支队出动30名官兵，担负“11·15”专案涉案人员看守勤务以及庭审、宣判期间警戒和押解勤务。官兵遵规守纪，严守秘密，妥善处理各种情况，圆满完成任务，受到中纪委和总队首长肯定。

【专列警戒】 5月29日，司法部“1206”调犯专列，停靠合肥火车站；6月14日，“1212”调犯专列停靠合肥火车站；6月28日，“1214”调犯专列停靠合肥火车站。支队出动官兵300人次，完成3次专列停靠期间安全警戒任务。

【先进文化育人】 6月30日，支队开展“红色文化”系列活动庆祝建党91周年。组织召开纪念建党91周年党员队伍建设讲评暨表彰大会。挖掘驻地“红色文化”资源，组织官兵瞻仰大蜀山烈士陵园、参观渡江战役纪念馆。300多名官兵在大蜀山烈士陵园聆听先烈生平事迹。100多名党员在省爱国主义教育基地——渡江战役纪念馆广场伟人群雕前重温入党誓词，在烈士祠前向纪念碑敬献花篮，在展厅回顾渡江战役战斗历程。

8月25日，支队组织50名官兵，参加省广播电视台在合肥政务新区合肥大剧院举办的“新安读书月”活动，积极借用地方平台打造“学习型、知识型、成才型”警营。活动中，许多著名学者、作家先后登台辅导授课，引导听众如何在读书学习中提高，官兵们受益匪浅。

【基层建设工作会议代表观摩】 8月24日，总队政治委员贺海涛率总队部门以上领导、各处室负责人以及基层建设工作会议代表100余人，到支队机关观摩。参观库室，了解设施功能、内部装修、正规化建设等情况，对支队建设给予肯定。

【外军观摩】 8月18日，阿尔及利亚、巴基斯坦、约旦、马里、罗马尼亚、也门等发展中国家反劫持理论研讨会成员一行12人到支队机关参观调研。观摩团参观电视会议室、党委会议室、后勤战备物资库、图书阅览室、体育馆、文化活动中心等场所，详细了解内卫部队执勤战备、教育管理、工作学习等情况。观摩团一行对支队设置规范、管理正规、秩序良好以及官兵昂扬精神面貌赞不绝口。

【精细化管理】 6月支队搬入新机关，支队党委从细处入手，多次召开专题会议研究精细化管理，在搞好硬件管理基础上，突出软件建设。购买《细节决定成败》、《有一种态度叫细节》等学习书籍，教育引导官兵增强主人翁意识。细化落实《机关正规化管理规定》，规范统一办公设施，建立长效机制，坚持管、用、修结合，形成“人人有责任、事事有人抓、物物有人管”局面。开展“节约一粒粮、一度电、一滴水、一滴油、一分钱”活动，提升精细化管理水平。

（张　何）

人防　民防

【概况】 2012年，围绕履行战时防空、平时防灾、应急救援使命任务，扎实推进各项建设，在军事斗争准备趋紧的形势下，集中精力谋大事、抓要事，全市人防民防工作呈现出稳中求进、重点突破、整体提升的良好态势，荣获了“全国人民防空信息化建设先进单位”、“《中国人民防空》杂志通讯报道先进单位”“全省人民防空教育先进单位”、“合肥市对外宣传工作先进单位”、“合肥市行政服务中心先进窗口”等称号。

【重要活动和会议】 2月2日，全省人防基层建设现场会在合肥召开。参加全省人防主任会议、基层建设现场会、宣传会议和人防协会会议的全省代表参观了合肥市长丰县岗集镇人防办机构建设和高新区民防进社区情况。省人防办主任黄亚洲盛赞此会形式好、内容好、组织好。

2月13日，全市人防民防工作会议在政务中心举行。省办副主任陶海，分管副市长程瀚，警备区参谋长王修尧以及市人大、政协等领导参会。市政府秘书长孔向阳主持大会。市人防办主任程耀广作工作报告。大会对全市人防民防年度先进集体和个人进行了表彰，对2012年工作进行了部署。

2月16日，经办领导班子会议研究决定，在全市人防民防系统开展“讲大局、强责任、提能力、抓落实”有奖征文活动。

3月8日，为加强市国防后备力量建设，市人防办会同合肥警备区、市应急办在政务中心召开合肥市人防综合应急营组编会议。传达了市政府、合肥警备区《关于做好2012年民兵组织整顿工作的通知》精神，全市22家单位出席了会议并按要求做好组编工作。

3月21日，合肥市区重要经济目标调查布置会在政务中心召开。四区和三大开发区人防办、人武部以及公安、供电等相关部门参加了会议。议题是贯彻全省会议精神，布置开展市区重要经济目标调查工作。

3月29-30日，程耀广主任赴芜湖参加2012年度南京战区六省市人防民防办主任联席会议并就合肥市基层民防建设成果作经验介绍。

3月31日，合肥市城市防空袭预案修订工作会议在政务中心召开，市政府副秘书长陈明等领导作了讲话，市城市防空袭预案修订工作领导小组成员单位70余人参加了会议。会议要求各单位要结合实际，突出重点，修订科学适用的城市防空袭预案。

4月7日，市长张庆军主持召开市政府第98次常务会议。听取了市人防办关于贯彻落实全国全省人民防空工作会议精神的情况汇报。会议认为，随着全市经济社会发展和城市建设的体量增加，要继续加强人防与民防的结合，加强防战、防空与防灾、避灾的结合，提高全市范围特别是主城区防灾避险场所的规划，提高老百姓防灾减灾的意识、技能和知识，提高应急处置的有效性、规范性和程序性。会议确定，市人防办会同应急办、地震局等相关部门要对照合肥建设区域性特大城市的发展目标，谋划好、研究透应急、防灾、安全生产等一系列工作，制定中长期发展规划，确保老百姓能在安全的环境中生产生活。

4月16日，省军区举行拉动点验，市人防办人防应急营120人快速集结，参加点验，受到好评。

4月18日，总参作战部副部长、国家人防办副主任王克斌，国家人防办副主任柳庆森在有关领导陪同下，视察了市肥西等基层社区民防工作。王克斌一行充分肯定了市人防部门在新形势下主动融入经济社会发展大局中所取得的成绩，同时强调，人防工作努力找到实现“两防一体化”和人防平战结合切入点，在增强自身科学发展能力的同时，真正做到“战时靠得住，平时用得上”。

4月19日，安徽行政学院、安徽经济管理（干部）学院党委副书记刘皓率领第一期省直机关副处级公务员任职培训班的全体学员50多人，来到合肥市人防指挥所参观交流，并开展了现场教学活动。

5月29日，市人防办首次参与军地联合抗洪抢险演练。安徽省预备役师联合人防等部门千余人在巢湖举行抗洪抢险综合演练。省委常委、省军区政委宋海航，副省长梁卫国等省、市领导到场观摩了演练。今年，省军区依托全省防空防灾应急抢险专业力量，在全区组建了7支2万余人机动支援力量，市人防办全程参加，靠前保障，动用了人防（民防）应急机动通信、海事卫星终端、移动视频指挥系统等先进技术设备，保证了与省防指和灾区的实时联通，实现了军地指挥并轨运行，其“特别能吃苦、特别能战斗、特别守纪律”的优良作风，得到了充分肯定，受到了军地领导的接见。

6月15日，根据省人防办暨省军区民兵预备役高炮部（分）队实弹战术演训命令，市人防办副主任汪国平率信息保障中心“动中通”等先进装备，赴江苏射阳全程参与了演习并将模拟战场的演习现场视（音）频图像实时传回后方指挥部，确保了演习顺利进行并为演习指挥员决策提供了依据。此次人防机动指挥通信系统参加部队演训保障尚属首次。既展示了人防装备和水平，又锻炼了人防应急保障队伍，拓展了军地通信互联互通联合保障的方法路子。为此，安徽省军区政委宋海航在视察省参演部队时，特别对人防机动指挥通信保障工作给予了高度评价。

6月20日，市人防办举办“七一”专题党课。办党组书记靳民斌以《认清形势，凝心聚力，不断推进我市人防民防工作上新的台阶》为主题给全体党员上了一堂生动的党课。

7月12日，市政协主席董昭礼一行人15人，到市人防地下指挥所、滁州路人防免费纳凉点、张洼路人防开发利用工程视察人防工作和议案落实情况，对市人防办积极落实政协提案，充分利用人防工程开办免费纳凉点予以充分肯定。

8月9日，全省人防工程建设质量推进年活动阶段性总结会议在霍山召开。市人防办主任程耀广到会并作经验交流发言。

8月22日，市人防办（民防局）党组中心组理论学习扩大会议暨全市人防民防半年工作总结会议举行。传达学习胡锦涛总书记在省部级主要领导干部专题研讨班开幕式上的讲话和全省人防霍山会议精神，总结分析上半年以来全市人防民防主要工作开展情况，研究部署下半年工作。各县（市）区、开发区人防民防负责人以及人防办机关和事业单位负责人参加了会议。

9月3-7日，全国人防信息化集训在南昌举行。解放军总参谋部副总参谋长章沁生，南京军区副司令员王教成，解放军总参谋部作战部副部长、国家人防办副主任王克斌出席开幕式。市人防办程耀广主任作为省会人防一类设防城市的代表参加了集训。集训围绕全面构建信息化条件下人防综合防护体系建设，总结交流建设成果，明确今后发展路线，值得一提的是，在全国人防信息化建设评比中，合肥市人防办（民防局）被总参和国家人防办评为全国人防信息化建设先进单位。

11月12日，南京战区人防主任交流会在上海浦东召开。程耀广主任与会并作了经验交流发言。

11月21日，市人大常委会副主任谢刚一行来市人防办专题调研人防部门预算编制工作。听取了市人防办年度收支和预算编制等情况，希望人防多做百姓关心、政府关注的事情。

11月26-27日，市人防办在长丰举行全市人防民防系统“学习十八大，率先进十强”务虚会。总结今年工作，分析问题，查找差距，谋划明年打算。程耀广主任发言时要求全系统人员切实把思想和行动统一到十八大精神上来，把握好发展机遇，紧密联系实际，争取“五个率先”；靳民斌书记在讲话中要求大家进一步增强学习、大局、责任、创新、团结“五种意识”，率先进入全国省会城市人防前十强。

12月22日，市人防办召开站北广场建设项目推进会。从人力、财力、施工现场协调多方面入手，加大项目推进力度，在确保工程质量的前提下，力争春运开始前全部项目竣工。

【人防工程建设】 2012年，市人防办加大依法行政宣传力度，坚持政务公开、权力在阳光下运行，通过下放行政审批事项、简化办理流程、开展大走访活动、出台支持城建七项政策等措施，实现人防工程“建、缴”双增收，总量继续占全省的三分之一以上，超额完成了省办下达合肥市的人防工程建设面积和易地费征收年度目标任务。特别是“推进人防工程产权制度改革，有序开发和合理利用地下空间”列入合肥市政府工作报告和重要督办事项。人防工程产权制度改革取得重大突破。成立了以分管副市长为组长的领导小组，起草了《合肥市城市地下空间开发利用管理办法》草案，广泛征求意见并列入政府规章制定计划。

《合肥市城市人民防空工程专项规划》编制工作正在进行，为使专项规划与城市总规相统一，待合肥市城市总体规划修订调整完成后一并出台。另外，市人防办还编制了《合肥市人防工程产权管理实施意见书》草案，完善人防工程产权配套管理的相关规定。办领导还专门向市主要领导做专题报告，提出了有针对性的建议，得到了充分肯定。3月1日，省委常委、市委书记吴存荣在《合肥市人防办（民防局）关于进一步支持合肥建设发展相关措施的报告》上批示："这份报告很好，望努力落实到位，切实支持合肥更多发展。"

窗口单位行政审批。一是以人防结建工程审批为重点，深化行政审批制度改革，规范和优化审批流程，推进"节点式"管理，开展上门服务、百家企业走访等活动。完善人防服务热线、政民直通车与人防主任网上信箱的直达，形成覆盖人防系统，资源共享，便捷高效，保障有力的综合公共服务平台。二是坚持"三个严格"。即严格执行人防结建审批政策、严格人防工程防护等级和战时功能核定、严格易地人防建设费收取。把好新建民用建筑并联审批、人防工程施工图审查和竣工备案三个环节，做到一个窗口对外，一站式服务和一把尺子量到底，真正实现了"应建尽建、尽收尽收"。三是将原来各县必须到市人防办办理的审批业务全部下放到各县（市），减少县域项目单位长途申报，提高了办事效率。四是出台了七项支持性政策，力促合肥市"大湖名城"建设。

人防工程标识设计招标安装等工作超额完成。下半年全面落实人防工程标识安装，并将标识安装纳入新建人员掩藏工程竣工验收内容，截止年底，共安装400套，比年底前完成30%（130套）的工作目标任务，超额了60%以上。

【人防平战结合】 结合市二院新区急诊医技大楼项目，市人防办配套修建了人防专业队工程，不仅创造了省内多项第一，而且添补了全市没有"人防战时急救医院"的空白。

结合人防早期工程治理，市人防办投资数十万元将位于滁州路的人防06干道改造成市民免费纳凉点，受到群众的欢迎，新华网、安徽电视台等予以了报道。

结合市政工程，市人防办投资三千多万建设的火车站北广场和南北地下通道，2013年春运前正式投入使用，不仅缓解了站前广场交通压力，方便了旅客出行，而且完善了火车站功能配套，提升城市形象。这也是市人防办继逍遥津公园改造、省歌舞团地下停车场工程后又一平战结合、为民造福工程。

【人防指挥通信建设】 人防应急指挥通信保障和信息化建设得到进一步加强。市民防应急指挥中心获准建设，按照张庆军市长"超前规划，扩大规模，立足'十二五'，放眼'十三五'"的批示，已完成选址、土地划拨等工作，整个项目主要由民防应急指挥中心、民防教育馆、应急物资储备库、国防教育基地及专业队集结用房、防空地下室等六个部分，总建筑面积近8万平方米。投资400万元购置了机动卫星通信车"动中通"并与公安指挥平台资源共享；投资新增了25台防空防灾两用大功率多功能警报器，使新型电声警报器数量首次突破70%，全市警报音响覆盖率达到96%以上；投资对现有人防信息网设备设施进行了升级改造，市级指挥所实现三网融合，辅助决策和空情接收一体化，人防信息化正向县域城区推进。市区成立人防综合应急营，组编300人，包括医疗救护、抢险抢修、防化防疫、通信等专业分队，整个人防民防应急指挥通信保障和信息化建设建成后，城市防空防灾抗毁承载能力将极大提高。

【人防民防宣传】 每月两期合肥晚报"人防专版"、每天清晨合肥人民广播电台"人防之声"和遍布街头巷尾的"徽风报亭"防灾减灾宣传栏已成为品牌栏目，加上互联网合肥人防24小时点击和民防"进社区、进学校、进机关"等五进活动，全市人防民防宣传已实现全方位、全覆盖。

全市中学生人防民防教育普及率达100%。今年在巩固已有防灾减灾宣传教育成果的基础上，加大了人防教育力度，会同市教育局下发了《关于加强初级中学人防民防教育的通知》和《举办2012年度人防民防教师培训的通知》，全年共投入人防教育资金近200万元。通过成立领导小组、举办教师培训和开展小手牵大手等活动，提升人防民防教育普及率。另外，市人防办与市政府应急办共同编印了《合肥市民防灾避险应急手册》，首批4万本已发放到市民手中，受到极大欢迎，增印的33万本也即将发放。

"3.1"国际民防日开展的有声有色。按照市人防办统一部署，民防日当天，全市开展了声势浩大的纪念国际民防日活动。合肥50中的近200名学生参与防空疏散演习；庐阳区近百人开展高层消防救人演练；庐江、长丰、肥东等县人防办联合供电、防疫、消防等十余家单位同时走上街头散发宣传材料；包河区依托乡镇聘请30名民防志愿者走乡串户、走进社区上门宣传，三大开发区组织社区开展宣传疏散演练，进一步提高了市民防灾减灾意识。

“9.18”防空警报试鸣内容更加丰富。试鸣前，市人防办在全市开展了为期一周的“人民防空宣传周”活动。围绕“八个一”（悬挂一条宣传横幅、集中一次街头宣传、组织一次图片展览、播放一次防空影片、举行一次媒体采风、发送一条公益短信、组织一次疏散演练、开展一次民防五进活动），为试鸣活动预热。试鸣当天，市人防办在合肥市域开展了声势浩大的防空警报试鸣和防空防灾应急疏散演练活动。主会场设在蜀山区望龙学校，市公安、卫生、消防、民政、交通、应急办等十多个部门参加，由副市长程翰下达防空警报试鸣命令，全市城乡联动，防空警报齐响，近三万名师生参加了应急疏散演练。庐江、长丰、包河区、高新区等十二个试鸣分会场的活动也精彩纷呈，特别是市人防办指导庐江县组织了建县以来规模最大的一次防空警报试鸣和机关、学生应急疏散演练，极大增强了城乡居民居安思危意识。

【基层人防建设】 2012年全市基层人防民防建设在巩固提高基础上，安排数百万元专项配套资金，突出抓好县、区、开发区人防指挥平台、疏散基地建设和早期人防工整治理。其中人防应急指挥平台建设实现了零突破：肥东、肥西、巢湖人防指挥平台已实现常态化运行；长丰县人防移动指挥平台建成开通；庐江县人防应急指挥系统建设全面启动，城区和三大开发区应急平台项目已列入预算，人防信息化建设由省、市正向县区延伸，成效显著，被国家人防办授予全国人防信息化建设先进城市。2012年初步建成人防疏散基地12个，治理人防早期工事近10万平方米，各疏散基地能够实现“三通六能”标准，即通水、通电、通路，能生产、能生活、能医疗、能学习、能通信。为战时防空和平时防灾提供了安全保障。

【人防队伍建设】 2月，赴肥东开展为期三天的人防准军事化训练，办领导和人防系统骨干全程参与，通过队列训练、理论学习、野营拉练等锤炼作风，磨练意志。3月，开展“学雷锋、树新风”活动。4月，举办“讲大局、强责任、提能力、抓落实”征文比赛。5月，成立青年工委，做好对青年职工和聘用人员的思想政治教育。6月，结合党风廉政建设开展百家企业走访，接受社会监督。7月，组织党员赴延安学习参观，撰写心得体会，坚定理想信念。9月，开展创选争优和保持党的纯洁性主题教育实践活动。10月，修订完善规章制度，形成以制度管人、管权、管钱、管事的长效机制。12月，推动节约型机关建设，厉行节约，反对铺张浪费。

（王普宁）

滨湖新区

国土 环境

国土资源管理

【概况】　市国土资源局紧抓节约集约用地试点市建设机遇，以“332”（建立闲置土地清理、批而未供土地清理和违法用地清理“三大战役”长效机制，以学习型机关建设为抓手，实施工作机制、工作作风、工作质量“三大改进”，着力实现全民全社会合法合规用地意识和节约集约用地意识“两个提高”）战略为统揽，以保障发展、保护资源、维护权益、服务社会为准则，提高服务水平和能力，提升“双保”水平，为合肥“新跨越、进十强”，建设区域性特大城市提供有力支撑。

【征地报批】　省政府下达合肥市用地计划1646.7公顷。保障全市经济社会快速发展。市国土资源局以“提高报件质量，加快报批速度”为抓手，获批各类项目用地3253.3公顷。保障了联想笔记本电脑、日立挖掘机、佳海工业园、中建材、轨道交通一号线等一批项目落地。

【耕地保护】　推进基本农田建设工作，完成全年41940公顷的建设任务，其中，纳入高标准基本农田建设任务的30个土地整治项目全部实施完成，面积19273.3公顷；16个稍加改造的项目全部实施完工，面积10080公顷；16个其他部门项目全部实施完工，面积12586.7公顷。全市217个土地整治补充耕地项目通过省国土资源厅验收，确认新增耕地面积881.6公顷，连续14年实现耕地占补平衡。全年45个批次建设用地增减挂项目（含置换、先行复垦）竣工并通过省国土资源厅验收，归还周转指标1224.7公顷。

【土地整治】　启动董铺和大房郢水库水源地保护、新桥机场周边和汤池温泉土地整治三大项目，总规模达到95446.7公顷。截至当年底，已启动实施13个、面积7206.7公顷的子项目建设，首批开工的6个拆迁安置点开始建设。肥西县、长丰县的10个整体推进农村土地整治示范项目整理部分完工，长丰县造甲凤楼、凤群安置点完工，陶楼乡陶西村、水湖镇兴隆村、岗集镇新元村、肥西县小庙镇枣林村、高刘镇红塘村5个项目安置点进入主体施工阶段，其它4个示范项目安置点处于规划设计或组织工程招标阶段。10个示范项目中4个旧村拆迁完成，已进行复垦。

【节约用地】　国土资源部对合肥市节约集约用地试点市建设进行中期评估。国土资源部徐绍史部长在皖考察期间，对合肥节约集约用地工作给予了“科学规划、有序开发，不损害资源环境、不产生社会矛盾、不发生历史欠账，真正践行了科学发展观，是区别于其他地方的‘最独到之处’！”的高度评价。

【规划修编】　全市“市、县、乡”三级新一轮土地利用总体规划修编工作全面完成，实现土地利用总体规划全覆盖。与规划修编前相比，合肥市建设用地总规模调增为218100公顷，新增53200公顷；中心城区建设用地规模调增为36000公顷，净增13500公顷。

【阳光地产】　“魅力合肥·阳光地产”影响日益扩大，全市成交经营性用地134宗、面积864.9公顷，成交金额307.8亿元。其中，市本级成交经营性用地83宗、面积708.4公顷，成交价款267.56亿元。全市工业用地缴纳出让金29.8亿元；划拨补办出让和规划调整补缴土地出让金7.25亿元。全年全市土地出让成交总价款合计达到344.85亿元。

【土地供应】　全市供应各类建设用地1096宗，面积5945.5公顷。其中：以划拨方式供地503宗、面积3717.1公顷（保障性住房用地84宗、面积274.8公顷，基础设施用地219宗、面积2326.5公顷，文教卫体用地34宗、面积83.2公顷，其他用地166宗、面积1032.6公顷）；以出让方式供应各类建设用地593宗、面积2228.4公顷。

【执法监察】 在全面落实动态巡查“四个一”（一张巡查线路图、一份巡查职责、一份巡查记录、一个证明人）制度的基础上，全力打击违法用地。在第十二次土地和矿产卫片执法检查中，全市违法用地比例下降到0.74%，并顺利通过省国土资源厅验收，为实现“零约谈、零问责”、维护合法合规用地大环境奠定了基础。

【矿产地质】 《合肥市矿业权设置方案》通过省国土资源厅审查。集中开展打击非煤矿山非法生产经营行为专项行动，规范全市矿山开采经营行为。总结推广庐江泥河铁矿整装勘查模式，得到国土资源部主要领导认可。完成“地质灾害群测群防十有县”创建工作，并通过省国土资源厅验收。完善地质灾害群测群防网络，维护人民生命财产安全。

【数字合肥】 9月12日，全市数字合肥地理空间框架建设项目顺利通过国家测绘地理信息局验收，并荣膺“全国数字城市建设示范市”称号。“数字合肥”项目的应用为政府决策提供技术支持，为社会各行各业提供服务，推进市信息化建设再上新台阶。

【党风廉政建设】 结合“保持党的纯洁性，迎接建设党的十八大”主题教育实践活动，狠抓党风廉政建设。7月25日，市国土资源局被国土资源部评为“全国国土资源系统纪检监察先进集体”。

（王效辉）

土地储备

【概况】 全市土地储备工作坚持“大合肥、大储备”发展战略，坚持“以规划为支撑、以招商为先导、以安置为根本、以项目为抓手”的工作思路。全年入库土地693公顷，超额完成市政府下达收储400公顷土地的年度目标任务，计划执行率达173.33%。上市成交储备土地642公顷，成交总价254.48亿元，超额完成了年度上市167公顷土地、实现100亿元土地出让收入的目标任务，计划执行率达到385.04%和254.48%，创历史最好成绩。实施47个城中村和老旧小区拆迁改造，投入资金55亿元，拆迁房屋328万平方米，建设安置房40万平方米。其中，双窑洞、海西广场等10个项目完成土地供应，开创了合肥市城中村和老旧小区拆迁改造当年实施、当年上市的先河。

【发展战略】 土地储备在空间领域和产品类型上得到扩展，市辖各区、开发区、巢湖市及肥东、肥西、庐江部分县域土地均纳入市级储备；储备土地类型覆盖省市行政机关、部队、教育、医疗、科研单位、城中村、旧城改造以及企业土地盘活、开发园区土地资源整合等各个领域。储备土地的资源保障作用、资金扶持作用、市场调节作用和民生服务功能得到充分体现。

【创新机制】 “净地收储、熟地出让”政策减少交地矛盾，缩短开发建设周期，为企业尽快实现产品销售争取了宝贵时间，丰富了“阳光地产、魅力合肥”的内涵，为“双向约束”机制增添了新的内容。根据市场需求，合理调控土地供应节奏、规模和产品结构，着重规划研究，不断完善产品设计，不但提高了土地成交率，维护了市场稳定，而且挖掘了土地潜力，促进了土地集约节约利用和城市规划功能完善。

【招商推介】 受区划调整等因素影响，全市住宅刚性需求旺盛，但大多数企业因资金短缺，虽有投资意向，但拿地能力普遍不足。为此，及时调整招商策略，一方面紧盯大项目、大企业，加快土地上市，与其他城市共同争夺有限的资金和市场份额，另一方面不断完善产品结构，市场供应以普通住宅和中小规模商业办公用地为主，吸引非房地产行业资金进入市场。万科、绿地、祥源、联创智融、海亮、铜陵有色金属、东莞颂其等知名企业的强势介入，使全市土地市场一派繁荣，对房地产市场开发产生拉动作用。

【民生工程】 为加快城中村和老旧小区拆迁改造，市委市政府加强项目调度，市领导多次实地踏勘改造现场，协调解决拆迁过程中存在的重大问题，进一步完善拆安机制、设计改造思路，明确改造方向，加快改造进程；市直各部门、各区政府密切协作，落实改造政策，确保资金拨付，督促改造进度，在较短时间内启动47个城中村和老旧小区拆迁改造，超额完成38个改造项目的年度目标任务，改造项目数量、投入资金和拆迁面积均居历年之首。下半年，对二环以内城中村和老旧小区情况进行详细调查摸底，并在此基础上组织成本测算，初步确定116个项目为合肥市未来3—5年内的改造重点。

【政银合作】 8月30日，市土地储备中心与国开行签订第4批次借款合同，合同金额26.6亿元。至此，全市土地储备借款总额已达70亿元。其中，当年借款60亿元，提前4个月完成年度融资任务。

【服务巢湖】 市土地储备中心巢湖分中心积极投入巢湖市城

市建设和经济社会发展，先后拟草《巢湖市城市规划区征地工作导则》和《巢湖市征收土地丈量导则》，修订《城区被征土地上房屋、其他附着物及青苗补偿标准》，出台新的《巢湖市城市规划区土地及房屋征收青苗和地上附着物补偿费标准》，为规范巢湖市土地征收、房屋拆迁和青苗补偿工作做出了贡献。根据巢湖市城市建设需要，分中心牵头组织征地，全年共完成32宗311公顷集体土地征收，为巢湖市大建设提供资源保障，为搭建土地融资平台奠定坚实基础。

（市土地储备中心办公室）

环境保护

【环境质量】　合肥城市空气质量优良天数331天，优良率90.4%，环境质量总体稳定。可吸入颗粒物为主要污染物，年均值为0.107毫克/立方米；二氧化硫年均值为0.022毫克/立方米，符合环境空气质量二级标准；二氧化氮年均值为0.031毫克/立方米，符合环境空气质量一级标准。巢湖西半湖水质保持稳定，南淝河及其支流、十五里河、派河等河流水质无明显变化；城市饮用水水源地董铺水库、大房郢水库水质109项全项指标均达到《地表水环境质量标准》（GB3838－2002）规定标准，达标率100%。城市区域噪声等效声级为54.8分贝，道路交通噪声等效声级为67.5分贝，符合功能区标准要求；全市辐射环境质量保持在天然本底水平。

【主要污染物总量减排】　经认定，全市化学需氧量排放量比上年下降3.48%，氨氮排放量比上年下降7.44%，二氧化硫排放量比上年下降7.44%，氮氧化物排放量比上年下降8.67%，超额完成省下达的目标任务。市政府召开了全市节能减排暨领导小组会议，分解年度目标任务；制定“十二五”总量减排综合性方案；继续把减排纳入目标责任考核，目标责任单位增至39家。完善减排项目的督查、通报和预警机制，定期召开项目调度会，约谈重点企业负责人，推动畜禽养殖、氮氧化物减排等难点环节工作取得突破。安排89个减排项目，皖能合肥电厂和华能巢湖电厂发电机组脱硝、马钢（合肥）公司烧结机脱硫工程均建成投运；大江水泥和中材水泥脱硝工程投入运行，小仓房污水处理厂通过阶段性验收。合肥桂和农牧渔、安徽安泰种猪育种公司减排项目先后投入试运行。

【污染防治】　市政府成立水污染防治工作领导小组，改善环境质量，加大项目调度频次，加快规划项目实施进度，截至到当年底，规划项目完工14个，调试3个，在建27个；董大水库水源地土地整治项目全面启动，已搬迁20个村民组近8000人；颁布施行《合肥市水环境保护条例》；建立“河长”制，明确14条河流“河长”，河流巡查范围扩大到17条，督促整改违规排污行为60多个；建立蓝藻监测预警机制，建成蓝藻打捞应急处置项目。贯彻落实空气质量新标准，10个空气自动监测点位均配备PM2.5监测设备，11月30日起对外发布PM2.5等新增指标的监测数据；全市共拥有机动车环检站10家、检测线42条（其中稳态工况法32条），建成机动车排气污染监管信息系统，核发机动车环保标识31万张。通过媒体公布225家重点排污企业名单，56家企业签订清洁生产审核合同，26家重点企业通过省清洁生产审核验收。印发“十二五”改造重金属污染防治实施方案，改造安徽天辰化工深度脱吸除汞项目，合肥万达蓄电池厂、安徽海容电源动力通过清洁生产审核验收。

【环境监管】　市各级环保部门加大执法监管力度，解决突出环境问题，执法监管取得显著成效。以重金属排放企业、危险废物企业和重点减排项目为重点开展环保专项行动，以危险化学品、饮用水水源地、工业园

3月9日，全市环境保护工作会议在市政务中心召开

区、尾矿库为重点开展环境安全百日大检查，出动环保执法人员约9200人次，检查企业约3300家次，共下达限期整改通知书60份，取缔3家“小电镀”工厂，公开曝光存在严重环境问题单位17家，挂牌督办严重环境违法单位9家。全年处理环境信访投诉5785件，查处率100%，结案率88%，化解信访重点难点积案11件，12369环境投诉受理中心被环保部表彰为创先争优为民服务先进窗口；修订合肥市突发环境事件应急预案，投入百万元建成环境应急处置物资储备库；加强中高考“禁噪”，从重从快处理噪声污染投诉273件。全面使用排污费征收管理系统，完成排污申报2102家，排污申报率100%，超额完成年度征收目标任务；完善污染源在线自动监控系统建设，安装污染源自动监控设备144台套；国控省控重点污染源达标排放，废气达标排放率100%，废水达标排放率100%。

【农村环境保护】 市各级环保部门开展农村环境连片整治，进行生态创建，自然生态和农村环境保护得到加强。编制全市农村环境连片整治项目库，2011年，肥西县山南镇项目通过验收，肥东县长临河镇、长丰县岗集镇、庐江县郭河镇、柯坦镇项目主体工程完成；2012年，庐阳区三十岗乡、巢湖市烔炀镇、黄麓镇、中庙街道4个乡镇项目和肥西县铭传乡鸽子笼村整治项目进入尾声。开展生态创建，肥西县铭传乡、长丰县杨庙镇、庐江县同大镇被授予第六批省级生态乡镇荣誉称号，长丰县陶楼乡新丰村等5个村被授予第六批省级生态村；组织申报21个乡镇、村候选第七批省级生态镇、生态村，截至到当年底，全市共创建国家级生态乡镇5个、省级生态乡镇24个、省级生态村45个。推动畜禽养殖污染防治，市政府出台《关于加强畜禽养殖减排工作的通知》，分解畜禽养殖减排目标任务，对长丰县伊利乳业宋岗牧场和陈刘牧场进行挂牌督办，对40个规模化畜禽养殖场实施减排工程；加大秸秆禁烧执法力度，未出现大面积焚烧现象。

【环评和“三同时”管理】 各级环保部门妥善处理环评把关与服务、效率和质量的关系，以环境准入来引导发展，以环保服务来助推发展。强化规划环评，建立规划环评与建设项目环评的联动机制，对未开展规划环评的园区建设项目，其环评文件不予受理，在16家开发区、产业园区中，15家完成规划环评。协调服务重大项目建设，轨道交通2号线环评报告、龙桥铁矿年产300万吨采选扩建工程等一批重点项目通过环保部环评审批和验收，省“861”及市重大项目均顺利通过环评审批和验收。规范环评和“三同时”管理，严格把好准入关口，坚决从源头控制污染，共审批建设项目环评3370个；加强调度、通报和考核，验收安徽江淮客车有限公司客车生产新基地等建设项目1187个。排查化工石化类等存在环境风险的和社会关注度高的建设项目170个，督促合肥福瑞德生物化工等4家企业完善环境风险防范设施和应急措施，督促安徽金顺化工等3家企业制定环境风险应急预案；开展生活垃圾焚烧发电项目试行环境监理。

【危险废物和辐射环境管理】 严格危险废物和辐射环境监管，加强危废产生、处置和利用的全过程监管，组织四轮危废专项检查，完成医疗机构及医疗废物处置单位专项检查。全年安全转移处置医疗废物4536吨，危险废物15187吨，危险废物集中处置率100%。吴山危险废物处置中心二期工程通过环保验收。举办市级以上医疗机构医疗废物规范化管理培训班。组织开展核技术利用单位辐射安全综合检查专项行动、废旧金属回收熔炼企业辐射安全监管专项行动，现场检查核技术利用单位287家、废旧金属回收熔炼企业35家，检查安保用X射线装置60台。安徽冰雁辐化有限公司84枚钴源退役环评通过审查。

【基础工作】 推进环境监测、规划、宣传、信息化和科研等工作。环境宣教成效明显，命名第二届“十大环保卫士”和“优秀环保卫士”；举办“倡导绿色消费、践行低碳生活”宣传展、“环保开放日”等活动；30所学校通过市级绿色学校评估，17个社区、13家企业分别创建市级绿色社区和绿色企业。41个项目获中央流域补助资金1.05亿元，拨付市级环保专项资金2713万元支持20个治污项目。全面完成地表水环境质量监测、饮用水源地水质监测，国控、省控、市控重点污染源监测等监测任务、出具监测数据26万个；10个空气质量自动监测子站新增PM2.5、CO、O3指标监测能力。完成新一轮门户网站改版，机动车尾气排放在线监控、大气环境质量信息发布等系统先后建成投用。修订发布第三版《合肥市环境噪声功能区划》。环境保护及相关产业调查完成数据填报。“十二五”“水专项”巢湖流域5个课题陆续启动。

（孔　健）

大湖名城
創新高地

肥东县

2012年2月11日，省长李斌（前右一）接见肥东县鸿汇集团董事长纪鸿（前右二）

2012年9月8日，省委副书记孙金龙（前右二）到元疃镇调研美好乡村建设工作

2013年4月8日，省委常委、市委书记吴存荣（前右二）在肥东县调研长临古街旅游景点建设情况

2013年2月28日，市委常委、常务副市长魏晓明（前右二）到肥东调研

2012年5月7日，“2012·幸福肥东”文化节暨《肥东手机报》创刊新闻发布会隆重举行

2013年3月10日，县委书记杨宏星（后右二）主持召开东城新市镇和睦公园景观设计方案讨论会

肥东县美好乡村艺术团首场演出

肥东县美好乡村艺术团首场演出

现代牧业肥东牧场牛奶生产车间

蔡永祥纪念馆

居民生活小区——瑞士花园

店埠镇东城公园

白龙镇商冲花圃苗木基地

南淝河大桥

中盐红四方东区

肥西县

2012年4月20日，省委书记张宝顺（前右一）到肥西新港工业园调研指导工作

2012年8月9日，六安市委书记、市人大常委会主任孙云飞（前右一）率六安市党政代表团到肥西考察，省委常委、市委书记吴存荣（前右二）等陪同考察

2012年10月24日，肥西县与TCL集团股份有限公司就建立冰洗基地签署了合作框架协议

彩色潭冲河畔

县城风貌

桃花镇翡翠社区幸福大街

合肥华南城效果图

新桥机场夜景

民生工程文艺晚会

联保（合肥）公司笔记本电脑车间

肥西三河水乡古镇

美的洗衣机流水生产线车间

桃花工业园

紫蓬山名流高尔夫球场

长丰县

2012 年 9 月 22 日，省委常委、市委书记吴存荣（左二）陪同省委常委、副省长陈树隆（左三）在长丰县调研指导工作

2012 年 11 月 7 日，市长张庆军（左三）调研长丰县土地整治工作

2012 年 10 月 30 日，“万和”新能源产品生产基地落户长丰县

2012 年 11 月 23 日，长丰县双凤开发区第四季度亿元以上项目集体开工

长丰县城水湖公园广场

长丰县北城新区一角

长丰县造甲乡宋岗村新农村建设新貌

2012年2月24日，第七届世界草莓大会暨（中国长丰）草莓高峰论坛在长丰县城举行

2012年12月20日，长丰县下塘工业园广银铝业5号车间举行试投产仪式

2012年4月28日，长丰县开展庆"五·一"迎"十运"全民健身健步走活动

2012年9月2日，与合肥一中合作办学的北城中学举行开学典礼

县城水家湖高铁站

穿境而过的合淮阜高速公路

改造一新的双向八车道合水公路

庐江县

省委常委、合肥市委书记吴存荣（右二）在庐江调研

市委副书记、市长张庆军（右二）在庐江调研

中国合肥·庐江首届巢湖开湖节开幕式

中国（安徽）第六届茶博会暨（合肥）庐江第五届茶文化节隆重开幕

庐江县环巢湖旅游大道开工

神皖合肥庐江发电厂 2×1000MW 机组工程初步可行性研究报告评审会

安徽省庐江中学新校区

城东新区水体公园

庐江花香藕基地

安徽庐江台湾农民创业园兰之洲生态园蝴蝶兰种植基地一角

安徽海神黄酒被评为中国驰名商标

重庆啤酒罐装下线

马钢罗河铁矿即将投产

安徽吉新照光电科技股份有限公司落户庐江

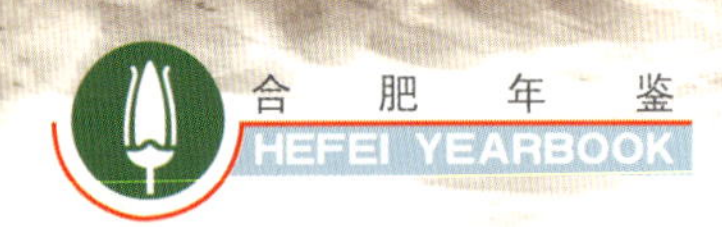

巢湖市

2012 年 3 月 2 日，省委常委、合肥市委书记吴存荣（前左三）检查巢湖大建设工作

2012 年 12 月 14 ~ 15 日，巢湖市市委书记余忠勇（右三）等赴浙江招商

2012 年 10 月 26 日，巢湖市市长罗兆好（右）会见光大银行合肥分行行长王彪一行

2012 年 5 月 30 日，上海巢湖商会成立大会暨巢湖市招商项目推介会在沪召开

《魅力巢湖》旅游文化丛书出版发行

牡丹观赏节开幕现场

黄麓葡萄节

十大巢湖名菜评选

首届环巢湖全国自行车邀请赛各路选手比赛中

首届巢湖龙舟竞赛

2012 年 4 月 18 日，合肥壹号游轮首航巢湖

旅游节水上表演

巢湖湿地白鹭飞

半汤温泉

合肥市瑶海区

2012年8月2日，省委常委、市委书记吴存荣（前右三）在瑶海区调研

2012年10月17日，市长张庆军（前左三）在瑶海区调研

合肥物联网科技产业园揭牌

2012年9月21日，奥运冠军邓琳琳与农民工子弟快乐互动

整治后的二十埠河

建设中的中国合肥农产品国际物流园

宝业东城广场

建设中的合肥轨道交通一号线

新建的铜陵路高架桥

建设中的都市科技工业园

整治后的窑湾小区

建设中的坝上街环球中心

建设中的幸福花园拆迁恢复点项目

建设中的大兴新居

合肥市庐阳区

2012年5月30日，省委书记张宝顺（前中）到庐阳区看望慰问特教中心师生

2012年1月18日，省长李斌（前右一）看望慰问庐阳区环卫工人

2012年10月17日，省委常委、市委书记吴存荣（中）到庐阳工业区调研

2012年10月17日，市长张庆军（前右三）到庐阳区调研指导老旧小区改造工作

2012年6月2日，市委常委、副市长周善武（中）到庐阳区调研大建设工作

2012年2月1日，"合肥光谷"暨庐阳区工业项目集中开工仪式

2012年5月27日，合肥市庐阳区第二届“走进社区，走向文明”文艺巡演

女人街

主城之基——老报馆

银泰中心

庐阳区廉租房建设

大杨镇蓝斯凯花卉基地

合肥市蜀山区

2012年9月4日，中共中央政治局常委、中央政法委书记周永康（前中）视察蜀山社会管理创新工作

2012年6月12日，国家计生委主任王侠（前中）视察蜀山人口计生工作

2012年5月30日，省委书记张宝顺（左三），省委常委、市委书记吴存荣（左一），副省长谢广祥（左二）看望蜀山区小学师生

2012年5月28日，长安汽车综合体项目开工建设

城区重要节点绿化增量提质

电子商务产业品牌集聚、蓬勃发展

方大郢“城中村”改造项目拆迁现场

皇冠假日五星级酒店、贝斯特韦斯特精品酒店正式开业

食品安全监管工作常抓不懈

水源保护区村庄搬迁工作强势启动、快速推进

加大投入构建三无老旧小区立体防护网

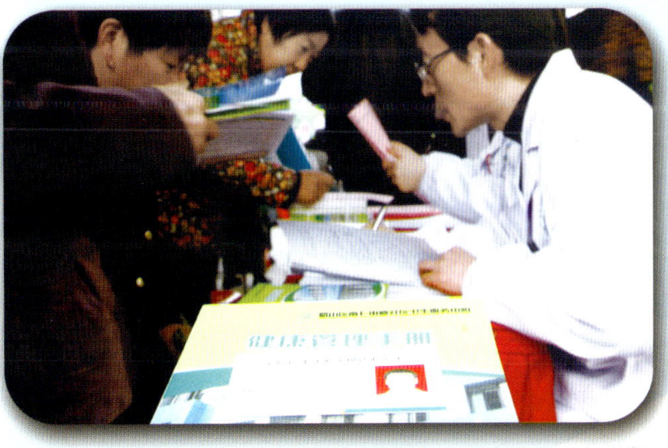

签约式家庭医生为社区百姓提供优质便捷的医疗卫生服务

社区文化活动贴近群众、深入民心

蜀山区北部生态休闲区“天然氧吧”

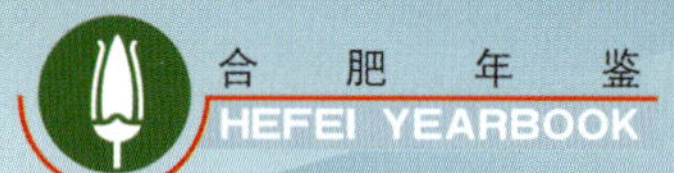

合肥市包河区

2012年2月23日，中共中央政治局委员、中央政法委副书记、中央综治委副主任王乐泉（前左三）在滨湖明珠社区听取网格化管理演示汇报

2012年5月31日，中共中央政治局委员、国务院副总理回良玉（前中）在包河区大圩现代都市农业示范区视察

2012年5月19日，国务院副秘书长、中央联席会议办公室主任、国家信访局局长王学军（左二）一行，考察包河区领导干部大接访工作

2012年6月7日，国土资源部部长徐绍史（前右二）在包河区大圩土地整理项目区现场考察

2012年7月27日，住房和城乡建设部部长姜伟新（前中）调研考察包河区美好乡村建设

2013年5月18～19日，省委常委、市委书记吴存荣（前中）调研包河区经济社会发展情况

2013年4月29日，市委副书记、市长张庆军（左五）出席滨湖湿地森林公园二期开园仪式

2012年4月27日，区委书记胡启生（左三）、区长耿延强（左二）、区政协主席郝力群（右一）、区人大常委会常务副主任刘宗言（左一）视察生态环境建设

2012年3月20日，环巢湖生态治理农业项目开工仪式举行

2012年5月29日，包河区2012年重点项目建设集中开工仪式隆重举行

2013年2月1日，省内首个街道级社区——滨湖世纪社区成立

合肥高新技术产业开发区

2012年2月22日，合肥三洋年产400万台冰箱项目一期竣工投产暨二期开工典礼举行

2012年2月26日，晶澳太阳能合肥生产基地投产仪式举行

2012年7月20日，深圳证券交易所与合肥高新区举行战略合作协议签约仪式

2012年7月28日，中国科学技术大学先进技术研究院开工仪式在高新区举行

2012年10月15日，合肥高新区创新产业园二期项目开工仪式举行

合肥高新区荣获“国家高新技术产业开发区建设二十周年先进集体”称号

合肥经济技术开发区

2012 年 4 月 20 日，省委书记张宝顺（前右二）调研安徽省最大的电子信息产业——联想（合肥）产业基地建设发展情况

2012 年 6 月 20 日，合肥经开区管委会主任姚卫东（左）接收国家海关总署等 9 部委联合验收出口加工区合格证书，坐落经开区的合肥出口加工区正式获准，合肥再获一个对外开放和承载高端产业的基地

2012 年 12 月 27 日，联想（合肥）产业基地项目投产，该项目从签约到开工仅用了 11 天，从开工到投产仅用 13 个月，刷新了“合肥速度”

2012 年 5 月 26 日，合肥经开区项目集中开工仪式举行，大筑机械、大明电子等 7 个项目集中开工，投资总额达 58.4 亿元

2012 年 8 月 21 日，安徽省首台盾构机在合肥经开区熔安动力结构车间正式下线

2012 年 9 月 19 日，合肥经开区在全省首个以“零租金”方式举办的临湖社区祥园幼儿园正式开园

合肥新站综合开发试验区

2012年9月4日，中共中央政治局常委周永康（前左二）在新站区视察

2012年2月23日，中共中央政治局委员、中央政法委副书记、中央综治委副主任王乐泉（前左二）在新站区视察

2012年9月19日，国务委员陈至立（前左二）视察新站区

2012年12月18日，中国南车集团合肥动车设备制造维修基地项目签约

建设中的鑫晟 TFT-LCD8.5 代线厂房

海润光伏生产车间

乐凯光学薄膜生产线

合肥巢湖经济开发区

2012年4月24日，合肥市委常委、副市长周善武（左三），市政协副主席郭本道（左四）在合肥巢湖经开区党工委书记张小樵（左二）的陪同下调研经济发展情况

2012年5月15日，合肥巢湖经开区举行年产10万吨超高压输变电设备等6个项目开工仪式

合肥巢湖经开区举行2012年首次项目集中开工仪式，合肥市委常委、副市长刘烈东（中）出席

2012年7月6日，合肥巢湖经开区党工委深入开展“保持党的纯洁性，喜迎党的十八大”主题教育实践活动之一——机关党员“缅怀先烈、学习党史”活动

2012年8月14日，合肥市委常委、组织部长凌云（左二）到合肥巢湖经开区调研

2012年12月19日，半汤温泉度假区重点项目——巢湖深业温泉假日度假酒店开业

合肥市政务文化新区

2012 年 7 月 20 日，合肥天鹅湖万达广场盛大开业

2012 年 4 月 21 日，红星美凯龙合肥政务区商场开业

2012 年，合肥大剧院上演各类演出 257 场，其中自营演出 88 场

2012 年，合肥体育中心举办各类活动 70 场，其中体育赛事及群体活动 35 场

2012 年 10 月 10 日，安徽省地质博物馆新馆开馆，参观者络绎不绝

天鹅湖南岸，一名建筑工人在临湖在建的写字楼楼顶作业

龙岗开发区

2012年4月26日，省委常委、市委书记吴存荣（右二）视察龙岗开发区城中村改造工作

2012年7月10日，市委副秘书长、市委党校常务副校长张长淮（左二）和瑶海区委书记汪德满（右一）为合肥首个园区干部培训基地揭牌

2013年3月25日，瑶海区区委书记汪德满（左二）调研龙岗开发区榆梓坎城中村改造项目

2012年7月18日，瑶海区区长常业军（前右一）调研龙岗开发区复建点建设工作

2012年4月5日，龙岗开发区党工委书记、管委会主任张伦武（中）就城中村改造问题与群众交流意见

2012年3月31日，瑶海都市科技工业园首个入驻项目正式签约

2012年5月30日，全市最大的留守流动儿童之家揭牌

2013年5月18日，龙岗开发区文化进社区主题活动——“中国梦·琥珀情”盛大演出

龙岗开发区扎实开展城乡居民医保、养老和基本公共卫生服务等保障工作

合肥庐阳工业区

2012年4月20日，省委书记张宝顺（前右二）在庐阳工业区晶桥光电公司调研

2012年9月21日，省委常委、市委书记吴存荣（前左二）在“工投·兴庐科技产业园”衣大福考察

2012年1月30日，省委常委、市委书记吴存荣（前左三），市长张庆军（前左四）为合肥光谷奠基

省委常委、市委书记吴存荣（前左二），市长张庆军（前左三），市委常委、副市长卢仕仁（前左四），市委常委、秘书长杨思松（前左五）一行视察庐阳工业区

志邦厨柜厂区

开发区大有希望

45中工业区分校

合肥蜀山经济开发区

2012年4月20日，省委书记张宝顺（右三）在合肥（蜀山）国际电子商务产业园调研

2013年5月7日，由山西省委书记袁纯清（前右四），省长李小鹏（前右三）率领的山西省党政代表团在代省长王学军（前右五）的陪同下，考察合肥（蜀山）国际电子商务产业园

2012年3月30日，省委常委、市委书记吴存荣（前右二）在合肥（蜀山）国际电子商务产业园调研

2012年9月19日，副省长花建慧（前左二）在合肥（蜀山）国际电子商务产业园调研

2013年2月18日，市委副书记、市长张庆军（右四）调研合肥（蜀山）国际电子商务产业园

2013年3月2日，合肥（蜀山）国际电子商务产业园携手百强电子商务企业举办大型人才专场招聘会。图为蜀山区委副书记李学明（主持全面工作）（右二）调研招聘现场

2012年7月18日，蜀山区委副书记、区长张思扬（右二）在合肥（蜀山）国际电子商务产业园调研

2013年5月25日，由省教育厅、蜀山区委、区政府主办的“魅力合肥·百所高校蜀山行”活动在合肥（蜀山）国际电子商务产业园举行

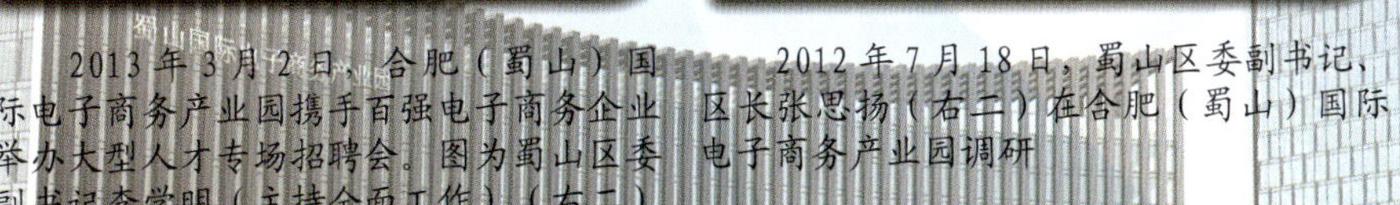

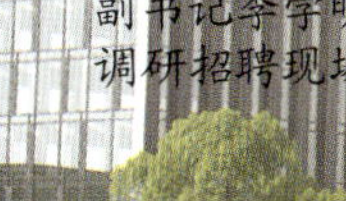

合肥市中级人民法院

2012年9月3日，中央政治局常委、中央政法委书记周永康（左二），安徽省委书记张宝顺（左一）在合肥中院调研

成功审理“被告人薄谷开来、张晓军故意杀人案件”

2013年3月19日，省委常委、市委书记吴存荣出席合肥中院荣立集体一等功暨全市法院“双先”表彰大会

坚持阳光司法，法官走进电视节目普法

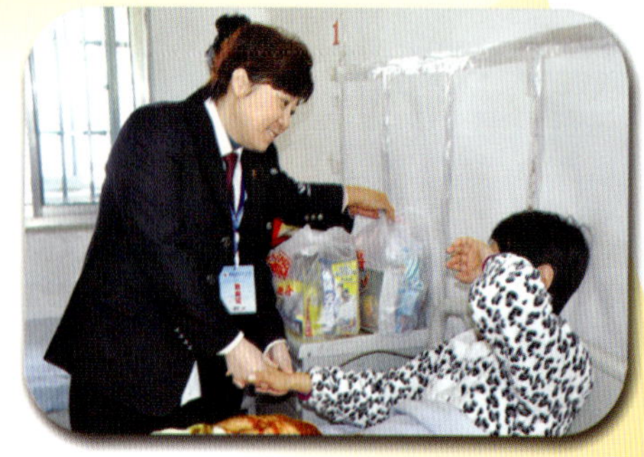

“法官妈妈”温情回访，未成年犯感动落泪

开展书记员技能练兵暨竞赛

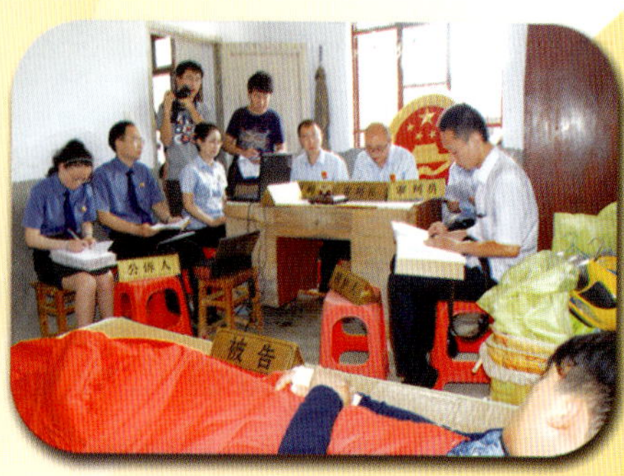

病床前的庭审：温情演绎司法为民情怀

合肥市公安局

忠诚／公正／尚学／奉献

2012年7月18日，合肥公安特警新基地揭牌暨警用直升机首航仪式在合肥公安特警新基地举行

2012年5月22日，市委、市政府举行合肥市荣获全国公安系统先进集体、先进个人座谈会

2012年5月23日，便衣支队民警破获一起公交车上盗窃案件。图为办案民警将追回的现金交给受害人

"警民联调、公调对接"矛盾纠纷调节新机制

充实专业巡防力量

以赛促练，以练促战

金盾高歌向明天——合肥公安机关2012迎春文艺晚会

合肥市司法局

2012年，合肥市司法局新一届领导班子接过了推进司法行政良性循环发展常态化的接力棒，提出了要在发展中提升、在提升中发展，在保持全省一流的基础上，放眼全国谋发展、争位次，扩大影响力和带动力，为全市经济社会发展提供更加坚强的法律保障和优质的法律服务。市司法局在全省系统内综合考评连续5年第一，先后荣获“全国司法考试工作先进集体”、“全省司法行政系统先进集体”等地市级以上集体表彰24个，荣获地市级以上个人表彰26人次。

2012年10月16日，省市领导参观合肥市首届法制宣传教育书画摄影展

2012年9月22日，省司法厅党委书记孙建新（左二）巡视2012年度国家司法考试合肥考区考务工作

市司法局召开党委中心组理论学习（扩大）会议，传达贯彻市委中心组理论学习会议精神

2012年，公证行业继续推行目标责任制管理，组织开展质量事故“零容忍”活动，实现了业务量和质量的同步提高。全年共办理公证案件68857件

2012年，全市法律援助机构深入开展为民服务创先争优年活动，全年办理法律援助案件6223件，同比增长24.1%

2012年，全系统进一步健全完善矛盾纠纷化解体系，共调解矛盾纠纷72805件，防止群体性上访595件，充分发挥维护社会稳定的“第一道防线”作用

2012年，市司法局在系统总结包河区试点经验的基础上，在全市推广“律师进社区”工作

合肥市林业和园林局

2012年4月20日，省委书记张宝顺（左一）视察大蜀山森林公园

2013年3月8日，全省千万亩森林增长工程重点县植树造林调度会在合肥召开

2012年9月18日，第五届中国生态文化高峰论坛在合肥召开

2012年11月2日，2012中国·合肥苗木花卉交易大会召开

2012年10月22日，全市造林绿化工作会议

2012年9月17日，合肥森林城市建设总体规划评审会

2012年4月29日，大蜀山森林公园（西扩）开园

合肥市房地产管理局

2012年10月17日，市长张庆军、副市长周善武率各区政府及市直部门负责人共30多人，调研合肥市老旧小区环境综合整治及城中村危旧房改造情况

2013年4月24日，省住建厅厅长李明（前中）在市房产局负责人陪同下，先后在中科大先进技术研究院人才公寓、专家楼施工现场和远大住工安徽公司PC构件生产基地调研住宅产业化工作

2012年11月初，由合肥市纪委、监察局、纠风办和广播电视台主办的“问政合肥——政风行风面对面”第一期市房产局专场节目成功播出。图为局领导班子现场与媒体和群众互动交流

2012年11月8日，局党组书记、局长汪菊喜（左二）深入双岗街道白一巷新华印刷厂小区，就“问政合肥——政风行风面对面”群众反映的问题进行回访

2012年11月17日，国务院发展研究中心一行6人，在合肥调研住房保障供应体系和投融资方式等情况，认为合肥保障性住房运行很有特色，走在全国前列

2012年3月6日，住建部房地产市场监管司在合肥调研房地产调控政策落实情况，对合肥市促进房地产市场平稳发展措施给予肯定

2013年7月1日，市房产局直属机关党委组织党员参观“渡江战役纪念馆”，并就地举行“重温入党宣誓”活动

合肥市体育局

省委常委、市委书记吴存荣宣布第十五届亚洲轮滑锦标赛开幕

市委副书记、市长张庆军（左二）接见合肥籍运动员吴亚男

省人大常委会副主任朱维芳（右一）视察合肥市全民健身工作

2012年奥林匹克日长跑活动

合肥市第十届运动会开幕式

第十五届亚洲轮滑锦标赛比赛瞬间

合肥市旅游局

2012年9月30日，巢湖旅游观光巴士开通仪式在滨湖新区隆重举行

2012年4月26日，合肥至大阪国际直航航线首航仪式在合肥骆岗国际机场举行

2012年4月28日，2012中国合肥·巢湖（国际）旅游节在巢湖中庙开幕

2012年6月14日，2012中国（合肥）国际旅游商品暨创意礼品展览会在安徽国际会展中心隆重开幕

2012年6月21日，“合肥经济圈”武汉旅游推介会在美丽的江城武汉举行

合肥市招标投标监督管理局

2012年3月23日，全市招投标工作会议

2012年6月18日，安徽省人民法院涉诉资产交易中心网开通暨首次网上司法拍卖会

2012年10月25日，合肥招投标中心投标保证金管理系统签约暨上线仪式

2012年12月15日，合肥市招标投标协会成立大会

2013年1月23日，市政府主持召开2012年度合肥市招标投标管理委员会全体会议

2013年4月18日，市人大常委会视察招标投标管理局国库集中收付工作

2013年6月2日，中科大管理学院与合肥招标投标中心公共资源交易模式研究签约

合肥市总工会

深入学习贯彻党的十八大精神

合肥市工会第十五次代表大会胜利召开

圆满完成合肥市第二届职工技术创新奖评选表彰工作

隆重举办首届农民工艺术节

大力推进基层工会组织建设和"面对面、心贴心、实打实"服务职工在基层活动

深入推进"双走访、三服务"活动

合肥報業传媒集团

合肥日報
吴邦国题
2012年3月5日

2012年，合肥报业传媒集团坚持以党的十八大、省市党代会以及市委中心组理论学习会议精神为指引，继续深化内部改革、巩固扩大发展成果，创先争优、争先进位，采编、经营、管理等各方面工作都取得新的进展，顺利完成上级下达的社会效益和经济效益考核指标，并荣获了全省文化体制改革先进单位荣誉称号。

2012年5月29日至6月6日，传承江姐精神践行“走转改”——合肥报业记者团走进江姐故里

2012年6月17日，集团主办的“宣酒杯”首届环巢湖全国自行车邀请赛在巢湖市顺利举行

2012年9月14日，“合晚家园号”首飞，正式启动“大湖名城 航拍合肥”活动

2012年6月6日，合肥晚报改版

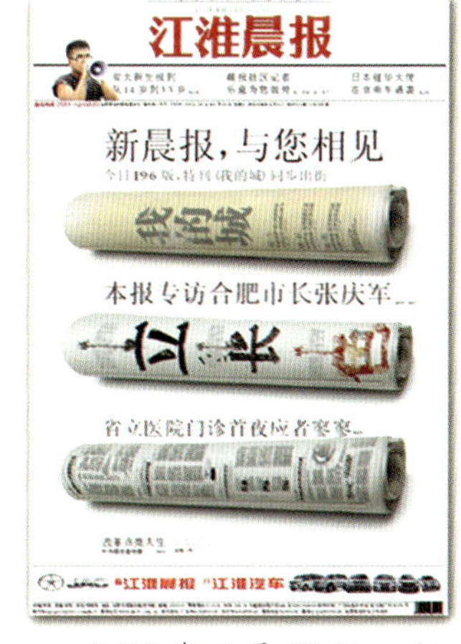

2012年8月28日，江淮晨报改版

2012年11月13日、11月28日，集团先后与工行安徽省分行营业部、交行安徽省分行签署战略合作协议

国家电网
STATE GRID

合肥供电公司

2012年3月3日，省委副书记孙金龙（左一）慰问正在开展志愿服务活动的“邓玲志愿者服务队”

2012年7月26日，副省长黄海嵩（前左三）到公司调研电力迎峰度夏工作

市供电公司见事早、行动快，措施实，确保省委省政府重大决策部署落实，值得表扬。
吴存荣
8/29

2012年8月29日，省委常委、市委书记吴存荣作出批示：“市供电公司见事早、行动快、措施实，确保省委省政府重大决策部署落实，值得表扬”

2012年7月11日，市委副书记、市长张庆军（前左一）到公司走访调研，慰问迎峰度夏保供电和电网建设一线员工

2012年9月27日，市委常委、副市长韩冰（中左二）到公司调研电力安全和保障工作，慰问供电员工

2012年11月26日，国家电网公司党组成员、副总经理曹志安（前中）对公司“三集五大”体系建设进行综合验收

2012年7月18日，华东电监局局长丘智健（中）到公司调研指导居民用电优质服务示范区建设工作

2012年12月14日，省公司总经理路书军（左二）到公司调研指导工作

中国电信合肥分公司

合肥固定电话升 8 位庆典仪式

十八大代表参观合肥电信

天翼合肥通商用仪式

苹果 5 首发仪式

送 3G 下乡

智慧家庭（电信最新业务）

合肥燃气集团有限公司

合肥燃气集团始建于1982年，是集天然气储配与销售、燃气设计、管道安装、燃气具制造于一体的市属国有独资大型企业。公司总资产35亿元，在岗职工1500余名，天然气民用户达95万户，工业、商业和公建用户3700户，燃气管网建成3100公里，管道天然气供应规模和城市气化率在全省城市供气行业中排名第一。

荣誉榜

- 全国文明单位
- 全国五一劳动奖章
- 全国模范劳动关系和谐企业
- 全国“安康杯”竞赛活动示范单位
- 全国优质服务品牌文化奖
- 燃气职工徐辉先后荣获全国道德模范、全国劳动模范、全国优秀共产党员等荣誉称号，并光荣当选党的“十八大”代表

全国道德模范、全国劳动模范徐辉光荣当选党的十八大代表

全国道德模范、全国劳动模范徐辉荣获“全国创先争优优秀共产党员”称号后载誉归来

燃气集团大力推进管网建设，切实保障天然气平稳供应

燃气集团积极举办第九届“燃气安全服务进万家”活动启动仪式

燃气集团设立道德讲堂并定期开展主题活动

燃气集团与安徽寿县举行的新桥国际产业园管道燃气特许经营协议签约仪式现场

徐辉假日服务小分队深入社区，常年坚持开展志愿义务服务

合肥供水集团有限公司

“贴心小棉袄”服务热线提供24小时全天候服务

“贴心小棉袄”志愿服务全城大行动

“贴心小棉袄”志愿服务队员与老人话家常

改造后焕然一新的营业大厅

提前4年，实现106项新国标

岗位练兵强实力，技能比武促服务

供水职工日夜兼程忙施工

供水职工提供上门服务

合肥兴泰控股集团有限公司

合肥市首场银企对接会上，省委常委、市委书记吴存荣（左二）巡视兴泰典当展台

2012 年 4 月，兴泰控股集团与庐江县政府正式签署战略合作协议，进一步加强政银合作，服务区域经济发展

合肥兴泰控股集团与上海市住房置业担保公司在市政务中心举行战略合作签约仪式

兴泰控股集团董事长孙立强应邀参加伦敦商学院商界领袖活动，并发表主题演讲

合肥兴泰控股集团总裁、合肥市兴泰小额贷款有限公司董事长程儒林（左二），赴兴泰小贷客户——安徽大国地板集团公司调研

合肥兴泰控股集团有限公司

博士后科研工作站

（创新实践基地）

POSTDOCTORAL PROGRAMME

安徽省人力资源和社会保障厅

二〇一二年一月

2012 年 1 月，兴泰控股集团获批成立市属企业唯一一家金融服务博士后工作站

新年伊始，兴泰控股集团领导率领慰问组赴干休所、肥东孙埠小学等地，开展“送温暖、献爱心”活动

2012 年 9 月，《兴泰控股十年金融文集》出版

合肥市工业投资控股有限公司

2012年10月12日，省委书记张宝顺（前中）视察位于阜阳合肥现代产业园的“工投·阜阳中小企业园”

2012年10月17日，省委常委、市委书记吴存荣（前右四）率领市直单位及各县区、开发区负责人在“工投·兴庐科技产业园”召开全市都市产业园现场观摩会

市工投公司开展“育鹰”行动，扶植小微企业成长

2012年4月12日，市工投公司及所属合肥市中小企业融资担保有限公司举办“回归实体　做强主业”中小微企业发展论坛

市工投公司所属合肥工投工业科技发展有限公司开发的首个都市产业园项目“工投·立恒工业广场”

2013年1月18日，市工投公司所属合肥市地方铁路投资建设有限公司建设的合肥循环经济示范园铁路专用线正式开通运行

合肥市市政工程管理处

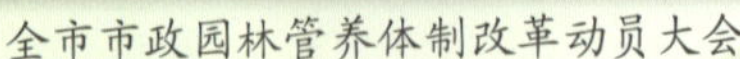
全市市政园林管养体制改革动员大会

荣誉

荣获第九届“安徽省文明单位”称号

荣获“扁鹊杯”全国城镇养护示范设施奖

畅通一环灯饰亮化，璀璨合肥夜空，荣获省建设工程“黄山杯”奖

合肥市市政工程管理处与合肥市人民政府灯饰工程建设管理办公室一个机构、两块牌子。主要负责全市市政设施管养行业监管、信息化建设管理和绩效考核、全市市政设施挖掘修复工程的行政许可；负责市管道路、桥梁、照明等设施的养护维修、负责全市灯饰工程建设管理、市管设施公共应急保障及其他政府指令性工作。

“月亮部队”夜间施工，保障市政设施完好，把对交通和市民出行影响降到最低

创新社会管理，聘请200名市政设施义务巡查监督员，倡导“人民城市人民管”的理念

实施冬季应急铲冰除雪，确保全市桥梁和快速交通体系畅通

开展全市窨井盖专项整治活动，提供安全出行环境

市政管理处党委开展“为民办实事”活动，党员志愿者义务为社区修路

做好防汛排涝工作，确保一环下穿和高架桥梁无内涝

合肥公交集团有限公司

合肥公交集团有限公司共有公交营运车辆 3226 台，线路 137 条，线路总长 2112.5 公里，线网总长 860 公里。集团下设 12 个营运车队、1 个专线车队等主营运单位，共有 5 个停保场、5 个保修车间、1 个大修车间以及与公交相关的配套服务机构，下辖白马公司、东祥公司、宿州星辰公司等子公司。

集团不断深化企业改革，加大管理力度，狠抓成本控制，提高运营保障能力。优化线网结构，大力发展干线公交、快速公交，加快构建“干线＋快线＋支线”三级公交运营服务网络，逐步形成干支协调、互为补充、高效快捷的一体化公交体系。

2012 年 1 月 18 日，省长李斌（中）视察合肥市公共交通建设，对公交集团双星工程给予高度评价

首批 200 台 LNG 公交车上线运营

双层空调公交车驶上一环路

推广新能源车辆，一批混合动力公交车上线服务

截至 2012 年 6 月底，所有公交线路实现智能化调度

清源路等 16 个首末站投入使用

开展星级驾驶员、星级线路创建活动。金立军、许梅成为首对五星级夫妻车驾驶员

举办驾驶员节能、修理工维修技术大赛

举办消防运动会，提高员工安全消防意识

安徽省无线电管理委员会办公室合肥管理处

省经信委副主任张德山、无线电管理处处长刘成全视察新监测机房

省经信委副主任曹晓武参加合肥市无线电管理工作座谈会

省经信委副主任曹晓武检查考试防作弊无线电安全保障工作

合肥管理处处长邱小江在合肥市公安局进行台站核查

邱小江在巢湖凤凰山广播电视发射机房核查台站

对全市卫星地球站进行现场核查

合肥市中心血站

2012 年 5 月 16 日，“我是志愿者”第二届启动仪式

合肥市中心血站是合肥地区唯一的临床采供血专业机构，于 2006 年增挂安徽省“血液中心”牌子，履行省血液中心职能，是集采供血的质量监控、科学研究、信息交流、人才培训、技术指导等为一体的综合性现代化公益性事业单位。

血站坚持“科学先导，精益求精，严格执行血液标准；以人为本，服务至上，不断满足社会需求”的质量方针，采用国际通行的管理手段，通过 ISO9001 质量体系认证，确保血液安全。

血站近年来先后获得省、市文明单位，省、市卫生先进单位，安徽省卫生先进集体，合肥市综合治理先进单位，合肥市卫生应急先进单位，合肥市卫生部门新闻宣传先进单位，合肥市十佳“巾帼文明岗”等称号，多项科研项目获省、市科学技术进步奖。

2012 年 7 月 13 日，爱心车队向市民开放

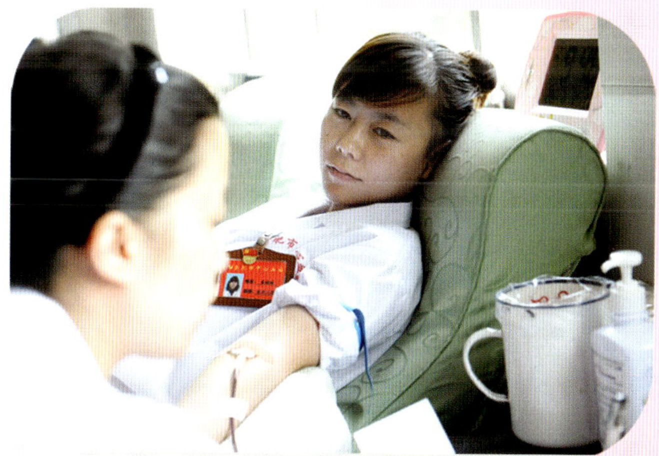

2012 年 8 月 7 日，合肥市中心血站职工参加夏季无偿献血活动

2012 年 9 月 30 日，中心在包河区万达广场举办第六届“我为祖国献热血”大型现场活动

2012 年 10 月 16 日，“无偿献血乡村行”活动再次走进三河古镇

2012 年 12 月 22 日，大唐国际望潜店爱心献血屋启用

合肥市第三人民医院

合肥市第三人民医院院长：王伟

合肥市第三人民医院位于合肥市望江东路204号，是集预防、医疗、急救、康复、教学、科研、社区服务为一体的大型综合性医院，也是合肥市唯一承担职业病防治工作的职业病防治院。是国家级爱婴医院、国家执业医师（中医）实践技能考试基地、全国颅内血肿微创清除技术协作医院、安徽医科大学合肥第三临床学院、合肥市诚信医院、平安医院。

医院有职工1100余人，硕士学历以上70余人，各类专业技术人员900余人。医院医疗用房面积52680平方米，开放床位749张。医院有临床科室30个，医技科室12个，其中职业病科为省临床特色专科，妇产科、骨科为市级重点学科，中医科为市级重点扶持学科，另有8个院级重点学科，8个院级重点扶持学科，“国家级示范社区卫生服务中心”1个。2012年门诊量60.4万人次，急诊量2.5万余人次，年出院病人2.2万余人次，手术例数9000余台次。

为有效提高医院的硬件水平，加强医院装备建设，医院斥巨资引进了高端全自动检验设备、16排螺旋CT、1.5T核磁共振成像仪、数字减影血管造影（DSA）等一系列高新设备和全省唯一的体外膜肺氧合系统（ECMO），硬件建设的提升加速了医院整体诊疗水平的升级。

医院领导班子

党委书记、院长	王　伟（中）		
副院长	袁竹庭（右二）	纪委书记	苏家明（左二）
副院长	陈文胜（右一）	工会主席	陆伟良（左一）

省市领导调研文明创建工作

定期开展丰富多彩的职工文化活动

温馨洁净的现代化病区

手术室内通道

大型流动体检车

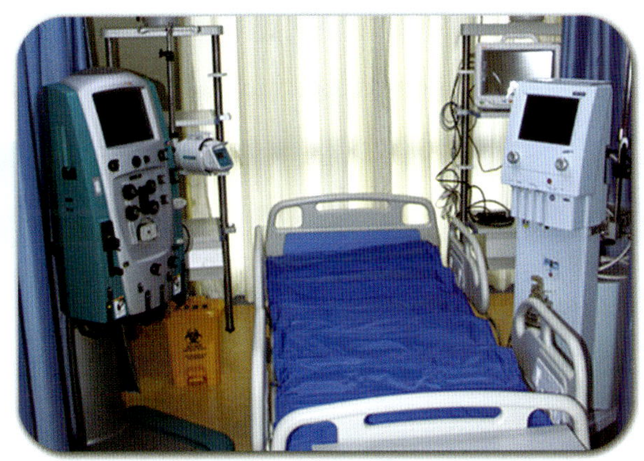
血液净化系统

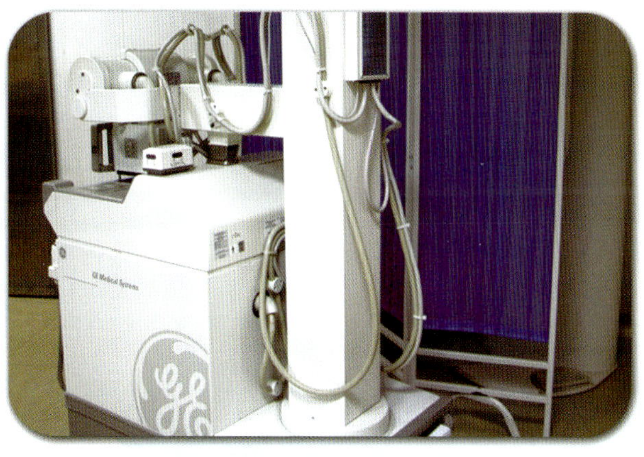
数字化移动 X 光机

静脉药物配置中心

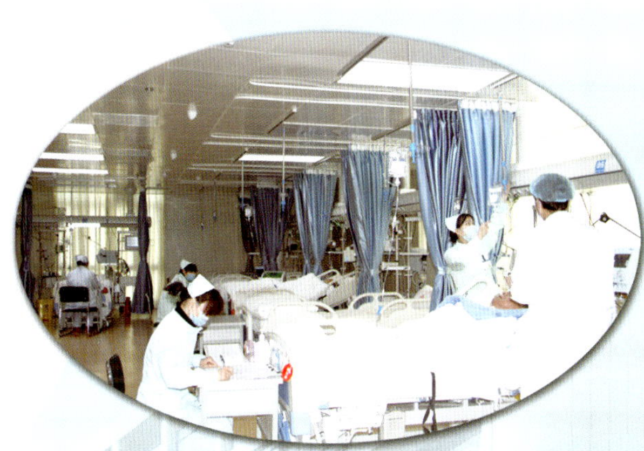
综合 ICU

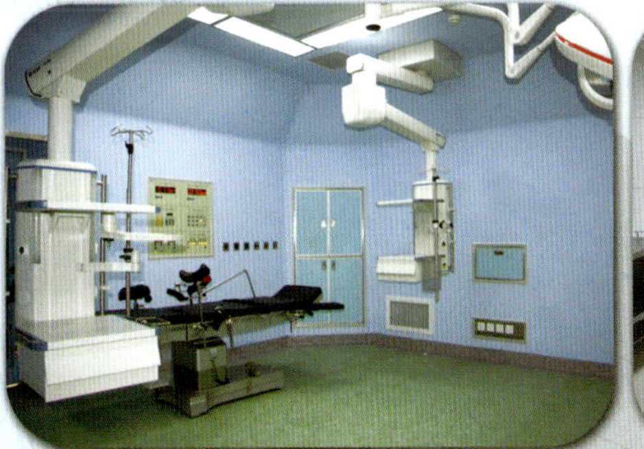
净化层流手术室

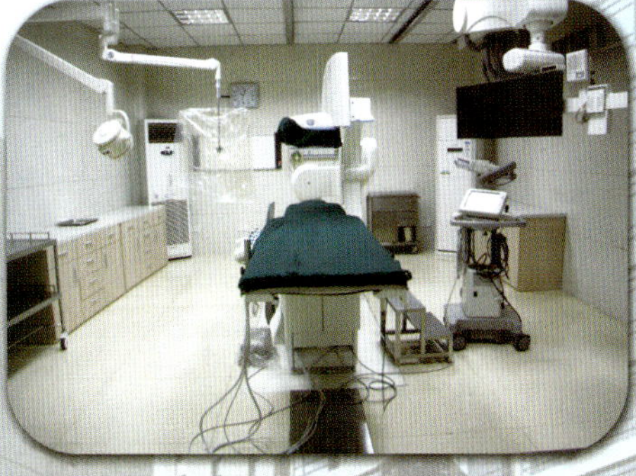
数字减影血管造影（DSA）

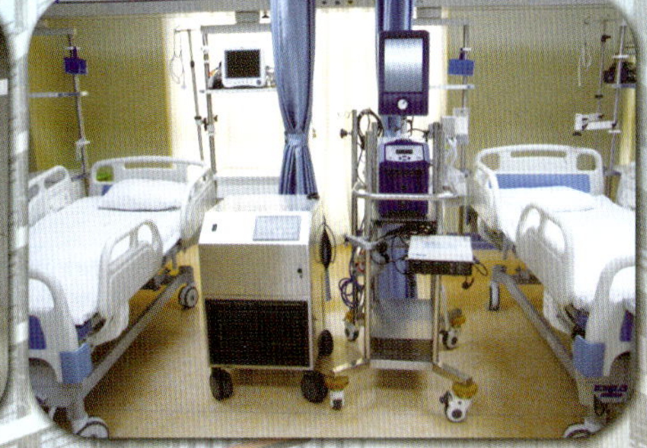
体外膜肺（ECMO）

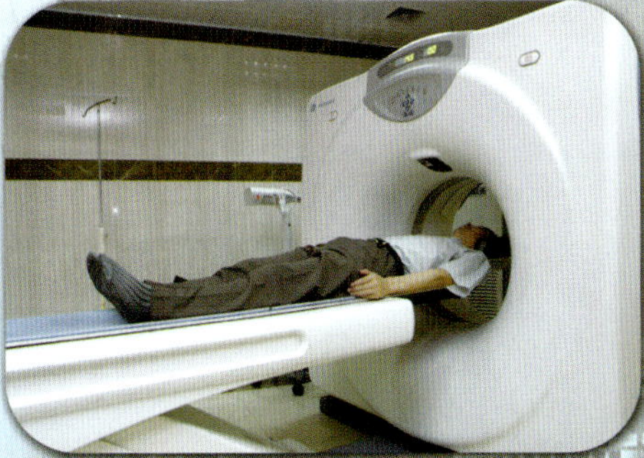
16 排螺旋 CT

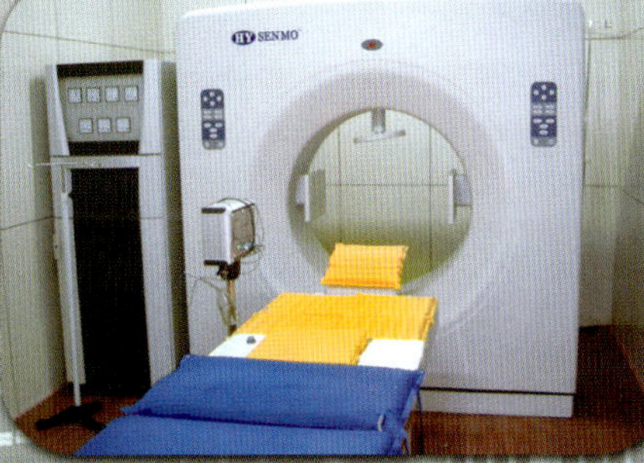

Hy700 射频肿瘤热疗机

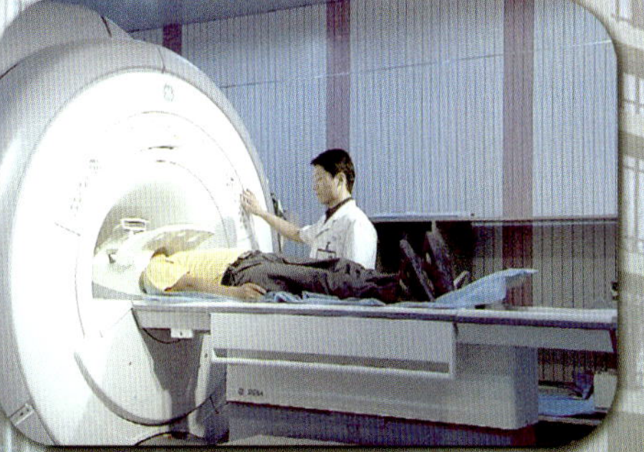
1.5T 核磁共振

合肥市卫生局卫生监督所

合肥市卫生局卫生监督所于 2003 年 12 月 15 日挂牌成立，隶属于合肥市卫生局。主要职能是依法监督管理餐饮、化妆品、消毒产品、生活饮用水及涉及饮用水卫生安全产品；依法监督管理公共场所、职业、放射、学校卫生等工作；依法监督传染病防治工作；依法监督医疗机构和采供血机构及其执业人员的执业活动；打击非法行医和非法采供血行为；承担法律法规规定的其他职责。建所 10 年来共获 50 多项荣誉称号。

市委常委、市纪委书记雍成瀚专程到市卫生监督所调研行政处罚案件群众公议工作开展情况

合肥市打击无证行医收缴药品销毁仪式现场，合肥市卫生局党委书记胡国春在仪式上讲话

2012 年 5 月 4 日，一名老人带着他的孙子到市卫生监督所送上“服务为本、真心为民”锦旗，市卫生监督所举报投诉工作深受群众好评

2012 年 6 月 11 日，在“共建诚信家园 同铸食品安全”食品安全宣传周活动现场，合肥市食品安全委员会主任、副市长卢仕仁（左一）到市卫生监督所展台前和卫生监督员交流

2012 年，合肥市派员参加“首届安徽省卫生监督技能竞赛”，获总分第一名、团体一等奖，王勇获个人二等奖

2012 年 11 月 10 ~ 11 日，卫生部督组在卫生部卫生监督中心副主任高小蔷带领下，对合肥市近两年生活饮用水卫生监督监测工作进行督查

合肥职业技术学院

合肥职业技术学院前身为巢湖职业技术学院，2012 年 3 月和 4 月，安徽省人民政府和国家教育部相继批准更名为合肥职业技术学院。

学院位于风景秀丽的巢湖之滨，占地面积 52.3 公顷，有教职工 545 名，专任教师 328 人，学院图书馆有纸质图书 32.7 万册，电子图书 133 万册，校内外实验实训室、基地 134 个，拥有校园网、学术报告厅、多媒体教学系统、学生公寓、礼堂，体育馆、田径场、篮排球场等教学、生活及体育设施。

学院以三年制高等职业教育为主，有医学分院、经济贸易系、计算机应用技术系、生物应用技术系、汽车应用技术系、安徽广播电视大学合肥职业技术学院分校、基础部等 7 个教学系部，开设护理、医学检验、会计、工程造价、汽车检测与维修技术、计算机网络技术等 25 个专业，在校生达 9600 人。学院坚持“以人为本，尚德重技，质量兴校，特色发展”的办学理念，走校企合作、产学结合的发展道路，以就业为导向，培养面向生产建设、管理和服务一线的高素质、技能型人才。

2012 年 6 月 13 日，学院班子全体成员出席更名新闻发布会

2012 年 12 月 6 日，创业孵化基地开园，党委书记丁家康（前左三）、院长方志斌（前左四）剪彩

2013 年 3 月 9 日，青年志愿者进社区

2012 年 5 月 5 日，欢送实习生文艺晚会

2013 年 5 月 16 日，毕业生招聘会

2012 年 6 月，参加 2012 年安徽省及全国职业院校职业技能大赛获奖选手

合肥北城中学

合肥北城中学成立于2012年5月，是安徽省“861”行动计划重点工程。校区位于合肥市蒙城北路与龙湖北路交叉口，规划占地面积20公顷，学生规模5000人，教职工400人，是省内领先，全国一流的现代化公办寄宿制示范高中。

合肥北城中学以“名校办学、名师执教”为办学方针，首开安徽省基础教育公办学校委托管理模式的先河，委托百年名校合肥一中全权管理，由长丰县投资建设。学校师资力量雄厚，既有合肥一中优秀骨干教师亲临执教，同时面向全国招聘来自华东师范大学、西南大学等“985工程”院校的免费师范生。学校坚持“因材施教，分层管理”的教学理念，坚持“质量立校、特色扬名”的办学方向，培养具有“渊博的学识、闪光的才智、儒雅的气质、庄严无畏的独立思想和洒脱自信的人生态度”的学生，使自己成为“学生一生回眸、教师一生坚守、社会一致尊崇”的“大学预科，英才摇篮”。

导师制活动

德育公开课

修学旅行

模拟联合国协会

教师指导学生参加社会实践活动研究

体育自助餐活动

食堂内实景

庐江县公安局

市委常委、政法委书记张进（前右二），庐江县委书记王民生（前右一）视察县公安局庐城派出所

2012年5月11日，副市长、市公安局局长程瀚到庐江指导工作

2012年9月7日，召开全县公安基础工作暨执法场所应用现场观摩会

庐江民警定期看望多年资助的“闺女”

交通安全宣传

庐江城区“三警联巡”

注重训练

车辆排队等候检测

桃花镇

桃花镇千亩桃园

桃花镇玉兰大道

肥西县最大的安置小区——桃花镇顺和社区

城市化公交

肥西县桃花镇毗邻合肥高新技术产业开发区和合肥经济技术开发区，是合肥西南副中心组团的重要组成部分。镇域面积41平方公里，人口7.2万人，辖5个社区。2012年，综合实力继续位居“合肥市科学发展先进乡镇”一类镇前列，全镇实现规模以上工业产值307亿元，占全县总量34.3%；固定资产投资95亿元，占全县总量25.81%；招商引资59亿元，占全县总量32.59%；财政收入14.6亿元，占全县总量32.39%；农民人均纯收入12058元。

好学的小读者们在镇综合文化站读书

欢天喜地庆六一

新社区健身休闲场所

大建设

中科光电车间一角

美的冰洗厂流水线作业

庐城镇

庐城镇领导视察工业建设

庐城镇是庐江县委、县政府所在地，区域面积163平方公里，人口16.3万人。辖11个村，12个社区。

庐城区位优越、历史悠久、人文深厚、物产丰饶。境内有周瑜墓、小乔冢、魁星阁等古迹名胜；河、渠、库、坝，星罗棋步；铅锌、叶腊石、石灰岩，储量丰厚；大米、油料、蔬菜、莲藕远近闻名。素有“皖中重镇、莲藕之乡”之美誉。位于庐城三环路以北的庐城镇高新产业园现已拓展至2平方公里，机械电子、玩具制造、建材加工、纺真丝绸等四大产业基地初步建成，电子、新材料、LED等三大新兴产业异军突起，服装家具、长毛绒玩具、锁具、非晶器材等产品远销世界各地。

近年来，镇党委政府立足新起点，全力打造现代庐城、文明庐城、富裕庐城、和谐庐城。GDP年增长率等主要经济指标多年保持全县前列。先后荣获全县工业发展先进镇、“全县双拥模范镇”、农村基层组织建设工作一等奖、科学发展先进镇一类镇第一名、第二名等一系列荣誉称号。

群众文艺活动

工业项目签约

“南藕北花”一万亩花香藕基地

城东新区规划建设

罗埠新型社区建设

汤 池 镇

汤池镇是省级风景名胜区，并获全国生态镇、全国创建文明村镇工作先进镇、省最佳旅游乡镇等荣誉称号，金孔雀度假村是国家 AAAA 级旅游景区。汤池的美、汤池的雅、汤池的静，体现在“六个最”：最绝的温泉、最美的乡村、最高的山峰、最优的名茶、最纯的文化、最近的旅游景区，是合肥市最具魅力的温泉旅游镇。

2012 年 4 月 23 日，老挝人民民主共和国少将、中央委员、国防部副部长占沙蒙·占雅腊（左三）率考察团到汤池镇访问

2012 年 7 月 18 日，德国自民党代表团到汤池镇参观考察

2012 年 9 月 23 ~ 24 日，省委常委、合肥市委书记吴存荣（前左二）在庐江县汤池镇调研

2013 年 6 月 1 日，“国礼徽茶”杯中国（安徽）第六届国际茶产业博览会暨合肥（庐江）第五届文化节在合肥举行，原省委书记卢荣景（右三）出席活动

2012 年 11 月 15 ~ 17 日，第 24 届世界模特小姐在汤池镇开展巡游活动

2013 年 4 月 29 日，合肥市“百万市民游庐江”仪式在庐江县汤池镇启动

2013 年 3 月 29 日，镇举办争创“五美女性”、“五好家庭”支持美好乡村建设活动

烔炀镇

省委常委、市委书记吴存荣（前右三）到烔炀镇调研美好乡村建设

千年古镇烔炀，地介巢庐，倚山临湖，是传奇将军——李克农的故里。全镇面积159平方公里，下辖17个村（社区），总人口6.8万人。烔炀是安徽省首批扩权强镇试点镇，是合肥市“1331”城市空间布局定位的环湖十大特色风情小镇之一，是合巢工业走廊上重要的卫星城镇。

镇党委、政府树立差异化、错位式发展理念，突出放大区位、资源优势，主攻培育支柱产业。围绕打造“宜居宜业宜游”的滨湖新市镇的发展目标，先后引进了14个融有机经果、花卉苗木、餐饮休闲、生态旅游为一体的的生态农业示范园项目。烔炀是著名的“草莓之乡”，注重打造特色农产品品牌，申报注册“烔炀草莓”商标和标识，并获得无公害草莓生产基地认证。

2012年，烔炀镇先后荣获省生态乡镇、合肥市第一届文明乡镇、合肥市农业农村工作先进单位、合肥市农村基层组织建设“五个好”乡镇党委等荣誉。

烔炀镇中心敬老院落成典礼

草莓喜获丰收，农民展现幸福颜

田园中的滨湖新市镇

传奇将军 —— 李克农故居

美好乡村建设中心村 —— 中李村

徽风皖韵 —— 保存完整的明清古民居

生态大湖，美丽烔炀 —— 月亮湾•烔炀河湿地公园

和平路街道

2012年6月，省委常委、市委书记吴存荣（前左二）到和平路当涂路街道社区调研“基层组织建设年”工作

瑶海区和平路街道地处和平路东段，是原安纺等国有老工业企业集中的地区。辖区面积2.5平方公里，人口2.8万，辖当涂路、裕溪路、肥东路、茂林路4个社居委。

街道立足实际，牢固树立以人为本理念，全面推行“零距离工作法”，着力完善“零距离”服务体系，打造“零距离服务”品牌。先后获得“全国先进基层党组织”、“全国和谐社区建设示范街道”、“全国科教进社区先进集体”、“全国妇联基层组织建设示范街道”等荣誉称号。

2012年12月，中国科协书记处书记徐延豪（左二）到和平路街道当涂路社区调研指导社区科普工作

和平路街道被中共中央组织部表彰为“全国先进基层党组织”

每两年举办一次和平路地区“邻居节”

2012年9月，利用街道综合文化中心，开办了瑶海区和平艺术学校

2012年9月，街道开展“党员之家”挂牌活动

2013年3月，街居工作人员为棚户区改造排队交房的居民发放免费早餐

2013年6月，和平路街道当涂路社区科普之家正式开馆

西园街道

XIYUAN 西园街道 COMMUNITY

西园街道辖区范围东至合作化南路，西与井岗镇接壤，南至黄山路，北至长江西路，面积3.431平方公里，人口6.2万人。辖光明、美虹、安居苑、汉嘉、七里塘、岳西新村6个社区。街道先后荣获“全国和谐社区建设示范街道”、“省文明单位”、“省级社区教育示范街道”、“省先进基层党校”、“省卫生先进单位”、“省机关档案工作目标管理省一级单位”以及市区等多项荣誉称号。

近年来，西园街道围绕“抓两头、保中间”（东抓总部、西抓商务、中间保居住），大力加强体制机制创新，积极探索建立基层公共服务体系，基本建立起完善的基层公共服务体系，探索出基层公共服务运行新模式，社会管理创新工作走在了全市乃至全省的前列。

街道领导班子成员强学习、谋发展

2012年6月13日，全省首家街道社工协会暨社会工作服务中心揭牌

2013年4月17日，西园街道社会工作服务项目启动仪式暨社会工作协会年会举行

2013年3月21日，蜀山区社会工作人才培训基地暨西园街道社区教育学院揭牌

2012年7月1日，《西园人》创刊发行

2013年5月10日，元件五厂生活区改造回迁房型征求意见会

合肥市测绘设计研究院

合肥市测绘设计研究院隶属于合肥市规划局，1995年被国家测绘局首批批准为甲级测绘资质单位，2001年通过ISO 9001质量管理体系认证，2006年被安徽省档案局评定为“机关档案工作目标管理”省特级单位，2010年被评为高新技术企业，持有土地规划乙级资质和城乡规划丙级资质。院主要业务范围为工程测量、大地测量、摄影测量与遥感、行政区域界线测绘、房产测绘、地籍测绘、地图编制、地理信息系统开发与数据库建设、互联网地图服务；土地规划、城乡规划咨询服务等。

院技术力量雄厚，仪器设备先进，拥有GPS接收机、全站仪、电子水准仪、管线探测仪、全数字摄影测量系统等先进设备。全院在职员工百余人，专业技术人员占职工总数的85%以上，其中高级职称20余名（含正高3名），中级职称30余名，国家注册测绘师16人，注册城市规划师3人，获“合肥市青年科技带头人”称号和享受市政府特殊津贴各1人，国家级测绘技术能手1人。

院长期服务于城乡规划、建设、管理工作，近年来先后承担完成了合肥新桥国际机场项目、合肥市轨道交通1号线工程、肥市奥体中心精密工程、合卫星定位综合服务系统、合肥之窗地理信息服务互联网站、合肥市三维城市规划辅助决策系统等一大批重点工程项目测绘及地理信息应用研发任务，为合肥市各个历史时期的规划、建设、管理工作做出了突出贡献。

院将紧紧把握时代发展方向，建立健全信息化测绘体系，进一步丰富产品类型，提高公益服务水平，履行好基础测绘为政府提供决策依据和公共服务的职责，履行好城市测绘为政府管理和经济社会发展提供技术支撑和服务保障的职责，以多元化、优质的服务来满足各行各业对测绘地理信息业务的需求。

“十二五”期间目标：

1 个体系：构建一个完善的信息化测绘体系；

2 业并举：大力发展测绘事业和努力拓展地理信息产业；

3 轮驱动：进一步深化改革、科技创新、优化管理；

4 大目标：建设一个适应发展需要的新的测绘生产科研基地，发展一个以地理信息产业为主的新的测绘事业，构建一个现代企业管理体制的新的科技型单位，培养一支掌握专有技术和核心技术的新的人才队伍。

地址：合肥市阜南路 136 号 / 邮编：230061/ 电话：0551-62670392
网址：www.hfchy.com（测绘院网站）

测绘大厦

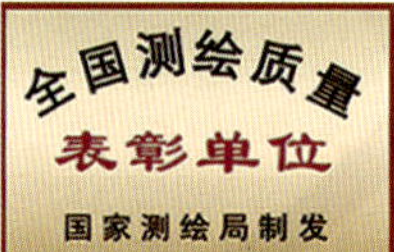

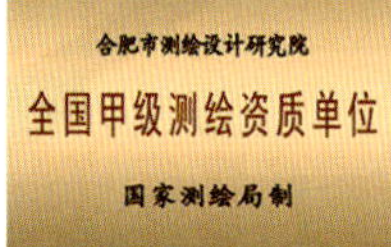

城市三维地理信息系统建设

精心测绘　技术领先　质量至上

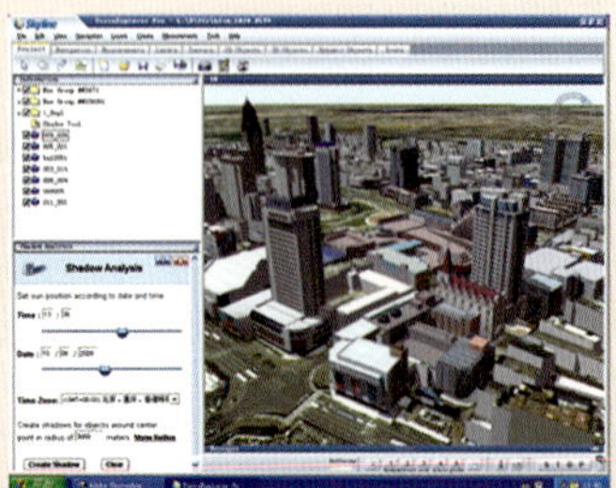

滨湖新区三维景观

政务新区三维景观

城市三维仿真系统能够全方位、直观、真实地展示城市建设风貌及社会经济发展信息，为城市规划决策提供更加科学的依据。“合肥城市三维建模与仿真系统”采用虚拟现实技术，把城市三维地面模型、数字正射影像以及城市街道、建筑物、市政设施等三维立体模型融合在一起，构造数字化的城市三维景观，系统广泛地应用于城市规划、旧城改造、环境监测、消防安全、旅游交通等领域。项目获安徽省科学技术三等奖。

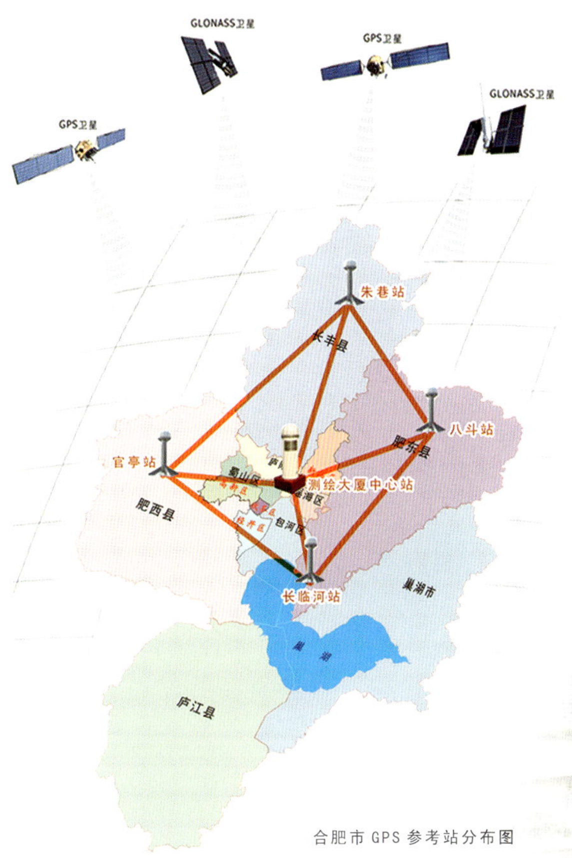

合肥市 GPS 参考站分布图

合肥市现代测绘基准体系

为加快信息化测绘体系建设、实现地理空间数据获取的实时化与自动化，合肥市测绘设计研究院于 2011 年 11 月建成了合肥市现代测绘基准体系，体系由合肥市卫星定位连续运行参考站系统、高精度 GPS 控制网、高精度水准网、高精度大地水准面模型以及基于 2000 国家大地坐标系（CGCS2000）的基准转换模型等五部分组成，构建了覆盖合肥市域 1 万余平方公里、精度达到国际先进水平（厘米级）的高精度、三维、动态、统一的现代测绘基准体系。该体系的建立，将全面提升测绘地理信息工作为城乡规划建设、国土资源管理、社会经济发展和科学研究的服务保障能力。该项目获 2012 年安徽省科学技术三等奖。

诚信服务　节能减排　安全生产　以人为本　持续改进

合肥大建设　测绘排头兵

近年来，合肥市测绘设计研究院先后完成了合肥市滨湖新区200余平方公里数字航空摄影与1/1000地形图测绘、合肥市政务文化区规划测绘、金寨路高架桥及其它数百条市政道路工程测量、合肥体育中心精密工程测量等城市重点建设工程测绘工作，为合肥市现代化滨湖大城市建设提供了优质高效服务。

主控机房

道路测绘

地图产品　服务社会

为满足社会各界和人民群众的需要，进一步丰富测绘产品，院近年来不断拓展地图产品种类，先后编制了《合肥市区航空影像地图集》、《合肥交通游览图》、《合肥市地图》、《合肥市区影像图》、《合肥之窗—城市多媒体地理信息应用光盘》、《合肥市地名规划专题地图》等图种，受到社会各界广泛好评。

三维地图

丰富的地图产品

合肥市地方志编纂委员会办公室

2012 年 11 月 21 日，市政府主持召开全市地方志工作执法检查座谈会

2012 年 7 月 31 日，省、市志办在肥东调研

2013 年 5 月 21 日，市志办在巢湖市召开地情调研座谈会

2013 年 4 月 2 日，市人大教科文工委到市志办走访调研

城乡规划、建设及管理

城乡规划

【概况】　市规划局围绕“新跨越、进十强”目标和“大湖名城、创新高地”发展战略，按照“生态优先、中心提升、组团拓展、区域协同、特色彰显”的思路，精心编制城乡规划，强化服务保障，加快推进区域性特大城市建设步伐。

【规划编制】　通过专家领衔、公众参与和国际招标，完成《合肥市空间发展战略规划和环巢湖生态保护及旅游发展规划》，确定区划调整后“1331”市域空间发展新格局；完善提升主城区“141”布局，编制完成《合肥市东部组团规划》、《合肥市西部组团概念规划》、《一山两湖城市设计》、《中国科学智慧城市概念规划》、《西合肥市南组团战略规划》、《合肥经开区产城融合规划》、《合肥新站区总体规划》等，推动城市各组团中心形成；以国际化水准打造滨湖新区城市名片，邀请美国SOM公司等国内外知名设计单位开展滨湖中心主轴线、沿湖岸线、徽州大道、庐州大道、包河大道等九条轴线城市设计，科学引领滨湖新区开发建设；启动环巢湖生态示范区建设规划编制，完成“123520”生态修复和保护行动计划，划定环巢湖生态保护区范围，确定环巢湖及市域基本生态空间、水资源保护及调配方案，为城市可持续发展提供法定依据。编制完成《合肥市绿道网络规划和建设导则》、《南淝河、十五里河生态轴线及沿河景观设计》、《蜀山森林公园》、《滨湖森林公园》、《南艳湖风景区》、《少荃湖风景区》、《王咀湖风景区》等园林风景区规划，向社会公示33个公园和52块绿地控制规划；完成《半汤、汤池国际温泉度假区概念规划及城市设计》，统筹温泉资源，高起点、高标准、高品质地对温泉度假区进行综合一体化保护和开发；坚持控规在城市新区、重点地区、出让土地三个百分百覆盖。完成市辖各区拟出让用地、城中村改造、危旧房改造、工业用地升级改造等152个项目的控规编制。创新开展瑶海区三里街地区、庐阳区四里河周湾片区、蜀山区片区等单元规划编制。完成高铁站片区规划、空港新城、华南城、京商城、茶博城、中科大、中科院先进研究院等重点片区规划和城市设计；编制美好乡村建设和民生工程规划，完成各县（市）域城镇体系规划和17个重点镇总体规划编制。依据安徽省美好乡村总体规划，编制《合肥市美好乡村规划导则》，完成五县市村庄布点规划和美好乡村首批157个中心村建设规划。完成城区城中村、危旧房改造规划修编任务，完成中小学、学前教育、养老机构、体育设施等专项规划。

【服务大建设】　完成《合肥市近期建设规划（2011～2015）综合交通工程项目库》编制和繁华大道东延工程规划方案、集贤路、龙川路、繁华大道和环巢湖旅游大道等20个项目的方案审查；完成轨道交通1号线轨道交通站点方案设计，梳理完成轨道2号线站点布置与建设方式，配合市轨道办优化轨道2号线总体方案报告；完成机场炎刘至上派一级公路的规划方案研究；完成巢湖市规划项目、路网梳理及巢湖市巢湖北路、长江西路（S105）、安成路、南环路等道路的方案设计审查，保障重点项目顺利实施。组织开展合肥市高速公路通道、慢行系统、十八公里专用线和老淮南线改造等规划研究。完善供电网络、城市防洪、水利、老城区停车场布点等规划，开展地下空间综合利用规划编制。

【规划管理】　组织修订《合肥市城乡规划条例》，经省、市人大常委会审议通过。结合实际，修订合肥规划管理相关技术规定，开展《合肥市控制性详细规划通则》、《合肥市建筑景观控制导则》、《合肥市市政规划导则》、《合肥市工业厂房规划与建筑设计导则》、《合肥市社区中心规划与建筑设计导则》、《合肥市绿色交通导则》、《合肥市街道家具设计导则》、《合肥市新农村生态居住区规划技术导则》、《合肥市建筑退让道路空间景观设计导则》等系列导则编制，编制成果紧扣行业标准和国家、省、市的具体要求，为提高建设项目规划设计和管理水平提供指导。全年办理项目选址51个，建设用地规划许可证91个（总用地面积421.2万平方米），规划方案217个，设计条件282个，建设工程规划许可证工业536个（总建筑面积668.4万平方米）。规划窗口牵头召开并联会236次，开展建设项目竣工联合验收，组织联合验收项目56个，顺利通过联合验收49个。召开规委会等各类会议76次，审议研究各类议题452项，其中：组织召开市规委会全委会2次，审议5项议题；组织召开主任专题会9次，审议33项议题。组织召开市规委会主任办公会22次，共审议建设项目110个，对253个建设项目进行前期研究；组织召开市规委会专家咨询会43次，邀请省、市规划、建筑、景观等方面的专家对51个建设项目进行咨询和评审。

【公众参与】 推行“阳光规划”，在空间战略规划、温泉规划、滨湖岸线等重大规划编制过程中，组织公众参与，在市政务新区阳光大厅、市规划局展示大厅、市府广场等处布展，对方案进行展示解说，现场解答群众疑问，开展问卷调查，共收回问卷20万份，现场接待咨询3300人次。邀请工程院院士、规划与建筑专家接受合肥电视台专访，组织召开部分市人大代表、政协委员、企业家代表等座谈会，充分听取意见和建议，畅通参与规划渠道。认真做好规划公示工作，全年完成网站信息发布选址意见书发证公告24期、148个项目，用地规划许可证发证公告24期、178个项目，建设工程规划许可证副本发证公告24期、912个项目，建设工程规划许可证发证公告24期、1411个项目，建设工程竣工规划核实合格证发证公告24期、1076个项目，市规委会主任会审定议题4期、28个项目，规划公示牌网上公示项目145个项目，控规及专项规划公示40个，规划方案展示100个项目。

【规划监督】 落实“一图一书一表”项目开竣工管理制度，全年共督查项目207个，其中，已开工项目193个，未开工项目14个。通过督查及时掌握督促工程进度，协调解决建设单位遇到的困难，提高项目落地和实施进度。强化建设项目品质督查，对建筑立面、外墙材质、建筑色彩等品质要素跟踪检查，明确建设项目督查的责任主体，建立督查工作的责任追究制度。对政务区前城大厦、包河区广福花园、盛大德馨府复建点等项目进行外立面整改。会同设计单位、建设单位对新地中心、1912、乐客来等项目的外立面效果进行现场定样。对蜀山森林公园、翡翠湖周边等项目进行实地场景调研，慎重评估项目对景观环境的影响。

【信息化建设】 利用信息化技术手段辅助规划管理，开展“规划一张图”子系统及建设项目规划电子报批系统建设。进一步完善“合肥市基础地理信息管理系统”和“合肥市三维城市规划辅助决策系统”，为规划决策、建设、管理提供有力技术支撑和服务保障。规划电子校核系统开发项目并通过专家组验收，完成“规划一张图”子系统及项目规划电子报批子系统软件的开发招标工作。全年完成17个开发项目的规划方案（建筑面积约470万平方米）、253个建筑单体施工图（建筑面积约210万平方米）的规划电子校核。

（市规划局办公室）

城乡建设

【概况】 2012年，合肥市续建、新建大建设工程822项，完成376项，在建446项，完成投资218.35亿元，较上年增长1.2%。包河大道高架、徽州大道与高铁衔接工程、铜陵路高架南段、繁华大道等一批重点工程竣工；阜阳北路高架、铜陵路高架北段、轨道交通一号线、胜利路畅通工程、环巢湖道路、团肥路、生活垃圾焚烧发电等一批重大工程进展顺利；城市支路建设和小街巷改造工作成效显著，续建和新开工支路网工程44项，总长度约43.69公里。

城市路桥建设

【南二环（齐云路—匡河路）改造工程】 南二环改造工程西接匡河路，东至齐云路与南二环交口，全长2.35公里，路线整体呈东西走向，道路等级为城市快速路，道路红线宽60米，设计时速主线60公里/小时，辅道40公里/小时。

【胜利路畅通工程】 胜利路畅通工程，起点位于包河公园水系桥，与马鞍山路对接；终点接站前路，道路整体呈南北走向，全长3.02公里，红线宽50～60米，沿线共与9条道路相交。设计时速主线60公里/小时，辅道40公里/小时。

全线布置地面交织段2组：寿春路下穿与明光路下穿之间布置一组地面交织段，方便主线与明光路及寿春路之间的交通转换；琅琊山路口处设置一组地面交织段，主要解决主线与明光路及凤阳路之间的交通转换。

【怀宁北路工程】 怀宁北路位于合肥市主城区西部，介于一环二环之间，南起政务新区匡河路，北至北二环路，是合肥市南北向交通的重要通道。本次实施的怀宁北路为北二环路至长江西路。工程总长4.3公里，道路红线宽度45米，双向六车道。工程起点位于北二环路交口，利用北二环路预留的交口位置与现状北二环路相接，终点为长江西路，利用长江西路预留的交口位置与长江西路地面辅道平交。同步实施跨南淝河桥、怀宁北路上跨清溪路桥。工程于2012年2月开工建设。

【临泉东路工程】 临泉东路工程西起二十埠河桥，东至祥和路，全长7.2公里，红线宽50米，按45米实施，道路等级为城市一级主干路。沿线现状分为四段：二十埠河-王岗路段，西接二十埠河接线，往东至王岗路路段为双向4车道砼路面，沿线路面破损严重，两侧为商业和民用住宅建筑，沿线居民出行不便；王岗路-大众路路段，北侧规划为恒大城小区（在建），南侧规划为圣地亚哥小区（在建）；大众路-经四路路段，沿线为农田及民房，道路两侧规划为绿化用地；经四路-祥和路路段，两侧为荒地、民房及沟渠等，道路两侧规划为商业及居住用地。沿线河流有小板桥河西支流、小板桥河东支流、三十埠河西支流和三十埠河东支流。

【新安江路工程】 新安江路工程西起广德路，东至祥和路，全长6.2公里，红线宽60米，道路等级为城市一级主干路。沿线现状分为四段：起点-龙岗路段，两侧以建成小区为主，有部分民房，道路跨二十埠河；龙岗路-王岗路段，两侧以零散、杂乱的民房为主，拆迁量较大，道路跨小板桥河，沿线有池塘、农田及高压铁塔；王岗路-大彭路段，沿线主要以农田、沟渠为主，无拆迁；大彭路-铁路（东侧）段，沿线以民房、农田及沟渠为主，道路与合宁、淮南线相交；铁路（东侧）-终点段，沿线以农田及沟渠为主，道路跨三十埠河。沿线河流有二十埠河、小板桥河和三十埠河。

【阜阳北路高架工程】 阜阳北路是合肥市“六横六纵”快速路网体系中的“中纵”的一部分，是合肥市南北向快速通道的组成部分，也是合肥市北向重要的出城口道路。阜阳北路北端通向北绕城高速和长丰县。阜阳北路高架起点为东方大道以北500米，与新建成的合水路连接，终点为沿河路，出城方向高架起点为沿河路北，进城方向高架终点为临泉路北。全线与铁路相交两处，其中东方大道交口南侧现状铁路专用线平交口处，设计高架上跨，地面辅道与铁路平交；跨合九、合武等铁路线处，对现状跨铁路桥拆除新建以满足铁路净空，同时新建辅道桥。该工程道路总长9.3公里，高架道路总长9.01公里，道路红线宽度北二环以内45米，北二环以外50米，在匝道、港湾和交叉口处红线宽度拓宽。高架为双向四至六车道；六车道高架道路标准段宽25.5米，四车道高架道路标准段宽23米；地面道路为双向六车道。全线共设置六对上下匝道，在北二环路交口处根据互通立交总体方案预留互通立交接口。辅道采用地面型式，标准段双向6车道。工程全线均设置非机动车道和人行道。工程于2012年4月1日开工建设。

【徽州大道高架与高铁南站衔接工程】 徽州大道高架（水阳江路-西宁路）主线长3.5公里，道路宽度：南二环以北红线宽55米，南二环以南红线宽度80米；高架桥长2.1公里；南二环（立交、地面道路）改造段长1.62公里；庐州大道地面道路改造段长0.48公里；匝道7条总长2.69公里。南二环以北段道路现状双向八车道（含BRT），南二环以南段道路现状双向十车道（含BRT）。道路中央布置BRT线路，宽度10米，站台为侧式站台，上下行交错布置。工程于2011年11月开工建设，2012年10月1日竣工。

【高铁路工程】 高铁路工程分为两段：屏山路-徽州大道段长度为1.1公里，庐州大道-包河大道段长度为1.4公里；道路红线为60米，近期按40米实施。高铁路连接高铁站房高架落客平台的相关匝道合计总长度约9.3公里。拟建道路现状为耕地、施工区、村庄及水塘、沟渠等，高差起伏较大，城市建城区高程（吴淞零点，以下同）为12～15米，少数沿河洼地高程为10～12米。高铁南站区位于宿松路以东，南二环路以南，包河大道以西，繁华大道以北，总体地势北高南低，西高东低。

市政基础设施

【市政设施养护】 合肥市政管理处连续开展“春季集中养护”

和“精细化养护”主题行动，出台精细化养护规范和质量标准，创建养护示范设施。全年完成人行道养护6.9万平方米、沥青路面养护6.6万平方米，混凝土路面养护5.3万平方米；维修路灯5964盏次，养护各类桥梁303座次。西一环路和飞龙桥达到全国城镇养护示范设施“扁鹊奖”申报标准。开展第四次城市市政设施状况普查，完成175条道路和89座桥梁常规检测工作，数据采集道路里程1522公里，首次使用道路综合智能检测车和雷达探测车进行数据采集，检测出4处路面基础空洞，消除了路面塌陷隐患。检测结果：PCI指数为A级的道路占81.1%；BCI指数为A级的桥梁占63.3%。

【城市照明】 合肥市政管理处对110台微机监控系统实施路灯半夜灯控制，试点安装28台节能柜。安装LED光源路灯715盏，金寨路景观改造工程使用LED光源4000盏。一环路桥梁景观亮化工程全面建成，共使用LED景观灯17000盏，工程荣获市“庐州杯”并申报省市政工程“黄山杯”。市灯饰办荣获“安徽省节能示范单位”荣誉称号，当年节能减排工作通过国家住建部年度检查。

【市政设施大修】 合肥市政管理处对17条砼道路、16条沥青道路，30条人行道进行了维修，其中维修砼路面7.7万平方米，沥青路面11.7万平方米，人行道7.7万平方米。维修沪汉蓉桥桥面6000平方米；完成金寨路高架桥落水管改造40000米；改造维修三里庵等四座人行天桥桥面系及栏杆；改造20余座桥梁的伸缩缝，更换栏杆并进行防腐处理。安装配电柜58台，电缆14000米，灯具1366盏。完成桥梁护栏、隔离桩设置、五里墩、机场路绿化等附属工程。累计完成投资6387万元。

【应急处置】 合肥市政管理处对市管桥梁积雪进行清除，共出动各类除雪机械设备和车辆500多台次，撒布融雪剂500吨，保证全市桥梁畅通无阻。重新修订2012～2013年冬季应急除雪预案，成功应对冬季雨雪冰冻天气。实施包公大道（当涂路-文忠路）和金寨路（环城南路-芜湖路）两条道路应急维修工程。组织望湖南路与庐州大道交口、望江路（省立儿童医院）两处交通渠化改造工程。

【市政设施分级管养体制改革】 2012年8月31日，市政府召开市政园林管理体制改革动员大会，正式启动市政设施分级管养改革，至10月25日改革任务全部完成。改革取得5项成果：科学界定设施管养范围，53.2%的设施下划到市属各区，实现重心下移；强化区级管理力量，下划人员233人、机械设备100台套、经费1.16亿；调整精简市级管理机构，下属单位由原来的11个调整为4个；加强行业监管职能，新增加5项统筹全市市政管养行业职能；确立考核奖惩机制，市财政核定全市养护管理绩效考核资金2000万元，专门用于考核奖补。

【义务巡监品牌】 合肥市政管理处新增50名义务巡查监督员，建立了百人义务巡监队伍，形成巡查、下单、养护、督察、反馈闭合体系。人民日报、新华网、凤凰网等主流媒体多次进行报道，“义务巡查监督员”成为合肥一个特色品牌。

灯饰亮化效果

城市排水管理

【城市污水集中处理率】 合肥市王小郢等10座城区污水处理厂共处理污水3.27亿吨，完成COD削减量7.4万吨，NH3-N削减量0.8万吨。处理污泥16.98万吨，补入中水19905.6万吨，监测污水处理厂进出水、河道断面、湖塘水体数据35081次。

【城市排水设施管理】 全市累计清捞检查井31333座（次）、收水井117766座（次），疏通排水管网1933.05公里，清捞污泥4080吨，更换、维修各类井盖（座、箅）1965只（套），处置降噪井盖122座（次），处理道路污水漫溢232次；疏通管道为1957.44公里，日常维修泵站设备共194122余台（次）；泵站前池清淤3637立方米；处置市长热线284起；对南淝河等市区河道进行4次生态补水，共补水1995万立方米；清运南淝河河面垃圾25602立方米。

【城市防洪】 成功应对8次大的强降雨，确保城市安全度汛。开展6次防汛大检查，印发防汛隐患整改函62份，召开防汛队伍业务培训会和进行多科目抢险应急演练，制定24小时值班制、汛情发布和突发情况应急处置等制度。汛期共出动各类巡查小分队、应急抢险队约1000人次，每次投入各类巡查、抢险车辆、移动泵站和机械设备2000余车，每次处理不同程序路面积水260余处，50座排涝泵站相继开机排涝，共排出积水1456万立方米。

【排水设施】 根据市委、市政府统一部署，市排水管理办公室配合各辖区开展排水设施普查，并派出4个现场服务组深入各辖区提供技术指导和现场服务，协调解决推进过程中遇到的各种问题。网格划分总数2894个，网格化普查1359个，网格化整改515个。核发排水设计条件74件，排水许可183件。

市政处市政设施分级管养在编人员调配工作动员会

【污泥处置】 合肥市污泥处置中心处置污水处理厂污泥11.67万吨，日均处置污泥319吨，保障了王小郢等五座污水处理厂正常运行。

【城市河道管理】 合肥市排水管理办公室共出动各类船只3245次，共打捞水面垃圾、水草、漂浮物等2635立方米；清理河道两岸护坡杂草800立方米；修剪养护草皮35万平方米，安装、维修、更换灯饰4584盏次；更换电缆9185米；维修、油漆、焊接出水口护栏杆共500多米，焊接下游护栏杆1800米；市区河道设施维修及时率达100%，灯饰亮化率达98%，被合肥市灯饰办评为“2012年度合肥市城市照明节能先进单位”称号。

【水环境治理】 合肥市排水管理办公室完成水环境等项目（前期）17项。参加大建设道路排水设计审查76次，提前完成市政府关于水环境项目年度目标任务和市建委年度目标责任制绩效考核内容。王小郢污水处理厂、朱砖井污水处理厂提标改造开工建设；十五里河污水处理厂二期、陶冲污水处理厂新建工程、南淝河清淤及许小河河道综合治理、板桥河上游支流工程、二十埠河上游支流等工程前期工作完成。国家“十二五”水专项课题研究及试点工作稳步推进，三个课题科研及示范工程启动。

节　水

【概况】 合肥市节水办完成6次计划考核；对100家新增用水大户，纳入计划用水管理；编制城市节水管理培训资料、节水管理100问教材，举办业务培训班及以会代训3期200人；实现城市节水量1211

万立方米；向用户免费赠送节水器具1500套（件）；全年有9家单位获得市级节水型称号。

【节水宣传周】 5月13日，围绕“倡导低碳绿色生活，推进城镇节水减排”主题，合肥市节水办在人民广场举行全国第21个城市节水宣传周启动仪式，市领导和安徽农业大学、合肥工业大学、安徽大学江淮学院、安徽建筑工业学院、安徽警官职业学院等5所高校志愿者参加仪式和广场宣传活动。现场发放宣传资料2000份，宣传手提袋1000个；全年赠送抽水马桶节水配件和节水型龙头达到1500套（件）。市区主要街道、社区、沿街商业网点悬挂宣传横幅500余个，电子屏幕宣传数百处，放置彩虹门、气球60个，各区、街道发放宣传资料上万份。组织开展节水进校园、进小区、进企业宣传活动。荣获由中国水协节水委颁发的“节水宣传周优秀组织奖”。

【节水器具推广与管理】 合肥市节水办开展节水器具进小区活动，免费赠送节水器具1512套（件）；对居然之家等建材市场进行节水器具市场抽查2次，对和平广场、巢湖路等公厕进行节水器具检查，督促用水大户自查整改，提高节水器具普及使用水平。

房屋征收拆迁

【概况】 《合肥市国有土地上房屋征收与补偿办法》及相关补偿标准颁布施行，同步在阜阳北路高架、胜利路畅通工程及轨道交通一号线、科大东西校区下穿等市政项目先期启动房屋征收，获得90%以上群众认同，保证了建设项目顺利实施。在全国房屋征收拆迁形势严峻、规模普遍缩小的情况下，完成房屋征收拆迁总面积648.79万平方米，其中市辖区及三大开发区完成房屋征收拆迁面积478.65万平方米。

村镇建设

通过“以奖代补”方式，重点支持新农村建设示范镇、省重点镇、中心镇的基础设施项目建设，建成吴山镇合淮路、烔炀镇兴烔路等15个乡镇基础设施项目，提升了村镇承载力。推进城市市政公用设施向县城、乡镇延伸。组织建成16个乡镇农村清洁工程。截止到当年底，合肥市农村清洁工程覆盖率达74%。完成省住建厅下达全市农村危房改造任务，共11888户，工程总投资1.428亿元。

（宣秋华）

重点工程建设

【概况】 合肥市重点工程建设管理局贯彻落实科学发展观，以精细化管理为突破，按照“完善功能、改善环境、提高品位”的建设思路，全年承担各类工程共123项，总投资约449亿元，当年内峻工67项，累计完成投资101亿元，代扣代缴各类税款1.43亿元。

【市政路桥】 加快城市路网升级改造，共承担市政路桥工程31项，总投资131.2亿元，完成包河大道高架、徽州大道与高铁南站衔接工程、铜陵路高架和平路以南段、东部组团路网和森林公园片区路网等15项工程，当年内建成道路里程32.8公里。轨道交通一号线工程建设启动。

【水环境治理】 全年承建水环境治理项目9项，总投资11亿元，完成二十埠河上游综合治理、唐桥河综合治理、小仓房配套管网、潜山路与史河路排水治涝等6项工程。精心做好“水文章”和“绿文章”。

【公益性房建】 加大文教卫等民生工程建设力度，续建及新开工房建项目44项，房屋总面积398万平方米，总投资118.5亿元。完成十五里河片区复建点、合肥学院南艳湖校区、阜阳技师学院等25项工程，总建成面积169.5万平方米。

【滨湖新区建设】 全力推进滨湖新区基础设施建设，累计承担滨湖新区项目38项，完成环湖北路、金斗路、塘西河生态补水工程、合肥渡江战役纪念馆等20项工程，其中市政路桥13项，建成道路总长21.6公里，房建项目4项，建成面积45万平方米，水环境治理项目3项。

【重点工程简介】 铜陵路高架 铜陵路高架桥工程南起南二环，北至北二环，全长约8.05公里，宽50米，主线桥宽25.5米。其中：和平路以南段于2011年11月26日开工建设，长约4.2公里，建设内容包括上跨南二环和望江东路处设置一组匝道，与已建成的南北高架一号线相接，滨河路、和平路下穿铜陵路以及铜陵路下穿裕溪路桥，该路段于当年11月峻工放行。和平路以北段于2012年5月5日开工，建设内容包括上跨合宁铁路线，长江东大街处设置北下匝道、长江东路设置北上匝道、临泉路设置上下匝道、站前路处设置A、B匝道。

包河大道高架　包河大道高架工程北起繁华大道（312国道以南200米），南至金斗路南，道路整体呈南北走向，全长约8.5公里，红线宽80米，路幅宽60（64）米，主线桥宽25.5米，沿线共与22条道路相交。项目在繁华大道、锦绣大道处修建互通立交，在方兴大道处修建枢纽型全互通立交。

方兴大道　西起包河大道东侧，东至福建路，分别下穿方兴湖和上海路，全长1800米。其中，方兴湖下穿隧道全长820米，双向八车道，净跨度为16.45米，是目前国内最宽的湖底隧道。

王小郢污水处理厂提标改造和除臭降噪　王小郢污水处理厂位于铜陵南路与太湖路交口西北侧。通过对王小郢污水处理厂的提标改造及除臭降噪，提升污水处理厂出水标准，改善周边居民的居住环境，工程主要包括氧化沟改造、除臭降噪、深度处理三部分。

朱砖井污水处理厂提标改造　朱砖井污水处理厂位于广德路与新安江路交口东南角，污水日处理能力5.5万吨，主要服务于二十埠河流域的污水收集与治理，范围为合淮铁路、张洼路、大众路、淮南东路四路环抱区域，服务面积达43.4平方公里。本次提标改造包括生化系统改造、深度处理和除臭降噪三个部分，改造后出水水质达到国家一级A排放标准，工程包括生物池改造、新建活性砂滤池、加氯接触池、甲醇储罐及投加间、生物除臭滤池、混凝反应池等。

十五里河综合治理　十五里河综合治理工程自312国道至巢湖河口，全长约18公里。工程按百年一遇防洪标准设防，堤防工程级别为1级，设计河底宽20～50米，河口宽度控制不小于30米，底高程6～14米，建设内容包括河道整治及建筑物工程、景观工程、截污工程等。

中科大先进技术研究院　中科大先进技术研究院位于合肥国家科技创新型试点市示范区内，一期工程于当年11月开工建设，分为高层次人才培养、先进技术研发、先进技术转化和公共服务设施四大单元，建设内容包括：综合主楼、研发实验楼、国际交流中心、运动场以及12栋专家楼、3栋人才公寓、1座学生食堂。其中，综合主楼为地上12层、地下2层，总建筑面积13.8万平方米，地下室面积3.56万平方米。

合肥学院南艳湖校区二期工程　工程位于合肥经济开发区的核心发展地带，城市主干道锦绣大道与始信路交口东南角，紧邻经开区南艳湖风景区。建设内容包括主教学楼、教学实验组团、实习组团、学生公寓、教职工值班休息用房、生活服务综合楼、行政办公楼、学术交流中心、运动场地、配电房等，总建筑面积约23.66万平方米。工程于当年8月交付使用。

合肥工业学校和经贸旅游学校（一期）工程　工程位于职教

中科大先进技术研究院效果图

基地，总建筑面积546875平方米，其中一期工程建筑面积114068平方米，主要建设内容包括财经楼、机械楼、学生公寓、后勤服务中心、食堂、运动场等建筑单体。

高铁南站北广场 工程位于徽州大道与庐州大道之间，为合肥高铁南站综合交通枢纽重要配套工程，长191米，宽218米，地上1层、地下2层，主体建筑面积约8.66万平方米，其中：负一层为高铁站房北换乘厅及地下停车库；负二层为社会车辆停车库，面积约20000平方米。

合肥要素大市场 工程位于滨湖新区南京路与玉龙路交口，地下一层，地上七层，高35.92米，外立面层层叠挑，高空俯瞰呈“回”字形，总建筑面积约21.5万平方米，不仅是合肥市单体建筑面积最大的公共建筑，也是全国首个大型综合型生产要素市场。

滨湖顺园 工程位于嘉陵江路与西藏路交口西南角，占地约35公顷，总建筑面积约104万平方米，是继滨湖家园、滨湖和园、滨湖康园、滨湖欣园四个拆迁安置小区后，滨湖新区第五个拆迁安置小区，主要用于因滨湖新区项目建设涉及经开区、烟墩镇、义城镇9920户被拆迁群众的安置。

新桥国际机场 合肥新桥国际机场位于合肥市肥西县高刘镇和寿县刘岗镇交界处，距合肥市中心直线距离31.8公里，属江淮分水岭地带，净空条件好，毗邻合六叶高速和合淮阜高速以及312国道和宁西、淮南、合九铁路，交通便捷，可满足机场近期建设和远期发展需要。其中，一期工程按照满足2020年客货吞吐量分别达到1100万人次和15万吨设计，货运、航空食品、供油等配套设施按照2015年需要建设；远期到2040年，客货吞吐量分别达到4200万人次和58万吨。合肥新桥国际机场一期工程总占地面积500公顷，航站楼建筑面积10.86万平方米，投资37.28亿元，建设规模包括：飞行区技术等级4E，建设一条长3400米、宽45米跑道和一条平行滑行道；站坪机位27个，其中近机位19个，远机位8个；配套建设通信、导航、气象、供油、供水、供电、供气、供热、航空公司基地等生产保障设施及相应的行政办公生活设施。完成新桥国际机场一期工程，当年底实现竣工移交。2013年5月转场运营。

（方月文）

轨道交通

【综述】 合肥市委市政府贯彻科学发展观，提出建设以轨道交通为核心的城市公共交通体系。2007年6月，合肥市城市轨道交通线网规划和近期建设方案编制工作启动。2008年11月，合肥市城市轨道交通近期建设规划及其支撑性文件，上报国家发改委和住建部。2010年7月，合肥市城市轨道交通近期建设规划（2009-2016）获得国务院批复，从上报到获批，合肥用时20个月完成申报历程，成为全国第27个获批建设轨道交通的城市。

合肥城市轨道交通总体规划线路12条，线网总长322.5公里，其中市区线路7条全长215.3公里；市域线5条，全长107.2公里，其中1条机场专用线。合肥城市轨道交通近期建设项目由1、2号线组成。1号线是南北向骨干线路，快速联系老城区与滨湖新区，途经新站区、老城区、滨湖新区等城市重要发展区域，覆盖主要客流走廊，引导并促进滨湖新区发展。2号线是一条东西方向的骨干线，东西向贯通中心城区，联系老城区、高新区、科学城，引导和促进高新区和科学城的发展。2012年，市轨道交通建设取得突破性成果，也是进入建设阶段的开局之年。6月1日，轨道交通1号线开工建设。当年底，轨道交通2号线也具备开工条件。

【轨道交通1号线】 6月1日，土建3标大东门站工程封闭施工，标志着合肥市轨道交通1号线工程开工建设。7月12日，合肥市轨道交通1号线项目跟踪审计工作启动。8月15日，市重大项目纪检

6月1日零时，轨道交通1号线开工建设

2号线潜山路站封闭施工

监察派驻工作组进驻合肥市轨道交通1号线项目。8月18日，轨道交通1号线2、3标工程及胜利路畅通工程（站前路至寿春路段）开工建设。10月16日，轨道交通1号线4、5标工程（大东门站南端-望湖城站西端）开工建设。11月10日，合肥市轨道交通首台盾构机“合肥地铁1号”在1号线繁华大道站始发。11月19日，中国铁道科学研究院中标合肥轨道交通1号线一、二期工程车辆咨询及监造项目，标志着合肥轨道交通1号线设备系统建设启动。截至当年底，1号线已累计完成投资18到68亿元。截至2013年3月，1号线全线23座车站有8个车站完成主体结构工程，其余土建施工已全面开工建设。

远景规划线路一览表

轨道层次	线路编号	长度（km）	备　注
市区线	1	28.8	近期线路
	2	27.2	近期线路
	3	37.5	远期线路
	4	32.6	远期线路
	5	33.7	远期线路
	6	21.3	远期线路
	7	34.2	远景线路
	小计	215.3	
市城延伸线	2A	21.7	远景线路
	3A	17.8	远景线路
	5A	25.4	远景线路
	5B	19.8	远景线路
	8	22.5	远景机场专用线
	小计	107.2	
合计		322.5	

轨道交通线网远景规划示意图

【轨道交通2号线】 3月30日，《合肥市轨道交通2号线工程可行性研究报告》通过专家评估。10月13～14日，《合肥市轨道交通2号线总体设计》通过专家审查。12月7～9日，《合肥市轨道交通2号线初步设计》通过省发改委组织的专家审查。在先后完成安评、能评、环评、国土预审、地震地质灾害评审等支撑性文件审批以及历经5个国家部委、14个司局的会签程序后，可行性研究报告于12月21日获得国家发改委批复。2013年2月19日，2号线首批控制性节点工程——土建潜山路站工程封闭施工。

【轨道交通运营筹备】 根据城市轨道交通建设和发展需要，借鉴先发地区经验，合肥市轨道交通项目运营筹备工作与土建工程建设同步展开。上半年，通过公开招标，合肥城市轨道交通有限公司委托南京地铁公司开展1号线运营筹备总体计划、运营机构组织架构和定员方案、招聘和培训方案、薪酬和绩效管理方案、维保模式、票务工作方案等研究。9月8日，架构和定员、薪酬、招聘及培训、筹备总体计划等方案顺利通过专家评审，按计划开展维保模式、票务政策方案咨询研究工作。通过对其他城市轨道公司及相关高职院校的实地考察，市轨道公司编制了运营筹备总体计划和运营人员订单培养人员需求计划。截至到当年底，已与武汉铁路司机学校等6所合作院校组建8个订单班、313名学生。

【新一轮规划】 9月19日，合肥市轨道交通第二轮建设规划顺利开标，标志着全市轨道交通第二轮建设进入前期规划研究阶段。

（轨道办）

供　电

【概况】　合肥供电公司贯彻落实科学发展观，转变电网发展方式和公司发展方式，以安全稳定为基础，以坚强智能电网建设为重点，开展“服务大湖名城，点亮美好生活”活动，最大限度地创造经济、社会和环境综合价值，电网安全运行水平、供电服务水平、科技创新能力持续提升，保障了合肥经济社会发展的电力供应。公司荣获“全国电力行业优秀企业”，“居民用电服务质量监管专项行动地市级先进单位”、“安徽省电力公司‘三集五大’体系建设先进单位”、“合肥市行风评议先进集体”等荣誉。

【供电保障】　供电公司把建设坚强智能电网作为履行社会责任的基石，高度重视区域性特大城市供电规划研究，确保电力发展融入地方经济社会发展。全年完成电网建设投资18.2亿元，新建续建110千伏及以上主网重点工程27项，新增变电容量262万千伏安，投产输电线路281公里；实施100余项主配网大修技改工作及基建配套工程，完成500千伏肥西变综合技改、220千伏肥竹双线扩能，以及110千伏中心变、火车站变综合改造等复杂工作；新建调整10千伏配网线路117回，新增开闭所70座；完成农网升级改造项目263个。协调1000千伏“淮上线”特高压建设，推进长三角重大能源工程“皖电东送”。加强电网安全管理，完成迎峰度夏期间及第六届中国国际文化博览会等重大活动的保电任务。

【优质服务】　促进发展成果与客户、员工、伙伴和社区共享，将责任根植于公司使命、发展战略和业务流程，努力为社会创造更大价值。围绕合肥市行政区划调整，完成巢湖市、庐江县供电业务调整。坚持“你用电、我用心”，在全省率先开展市县两级居民用电优质服务示范区建设；创新推出10分钟交费圈，增加650余处交费网点；在国内率先开展24小时送电服务、供电与行政业务并联审批等优质服务举措；深化“邓玲工作法”、“供电一刻钟”等服务品牌建设；配合支持合肥市大建设和城乡安居提升工程，保障新桥国际机场送电工程建设，完成铜陵路、包河大道、阜阳北路高架、轨道交通一号线等129项市政、铁路建设杆线迁移，以及22处保障房电力建设和43处老旧小区供电改造；服务县域发展和美好乡村建设，加快农网升级改造，推动新农村电气化，使170余万农村居民过上电气化生活。

【经营管理】　转变公司发展方式，高质量完成“三集五大”（人财物集约化，大规划、大建设、大运行、大检修、大营销）体系建设并通过国家电网公司验收，实现公司运营管理效率大幅提高。全年完成供电量185.8亿千瓦时，同比增长8.89%；综合线损率6.94%，同比下降0.63个百分点；EVA（经济增加值）指标14.54亿元，同比增长76.43%；全员劳动生产率93.1万元/人·年，同比提高13.26%。受理业扩报装342万千伏安，同比提高17.16%；高压客户平均接电时间缩短2.5天；深化同业对标体系研究，综合管理及4个专业管理均获省公司第一；建立财务与业务协同机制，财务管理工作获省公司系统先进单位；建立主动响应物资需求的调配机制，完成“清仓利库”工作；实施居民阶梯电价政策；建成营销稽查监控体系。坚持依法从严治企，深化协同监督和廉政风险管控，完成车辆清理整顿任务，完善集体企业法人治理结构。推动农电专业管理，肥东公司被评为“国家电网公司新农村电气化建设先进单位”，肥西公司农网营配调管理模式优化试点工程获国家电网公司高度评价，长丰公司“国网一流”创建和新农村电气化县建设通过验收。

【绿色发展】　供电公司积极服务于合肥创新型城市建设，将绿色低碳理念融入电网建设运行全过程，重视环保节约，实施绿色生产，并依托智能电网作为清洁能源高效开发利用的重要平台，发挥产业带动作用，营造绿色发展氛围。在滨湖新区建成地区首座220千伏智能变电站，打造全省首个20千伏高可靠性配电环网。落实国家电网公司分布式光伏发电并网相关意见，配合合肥市打造全国“光伏发电之都”战略，推进“金太阳示范工程”以及家庭光伏发电并网服务工作。支撑合肥市新能源汽车“全国双试点”城市推广工作，建成和运营8座大型电动汽车充（换）电站和536个乘用车充电桩，保障全市3000余辆新能源电动汽车正常运行。注册管理创新课题32项，实施科技项目14个。公司被评为“国家电网公司信息通信先进集体”。

【和谐发展】　认真学习贯彻党的十八大精神，开展“基层组织建设年”活动，持续提升党建工作科学化水平，党建工作经验在全市工作会议上交流。着力打造共产党员服务队，建立创先争优活动长效机制，公司党委被授予“全省创先争优先进基层党组织”。坚持党建带团建，注重激发群团活力，公司团委荣获“安徽省五四红旗团委”称号。严格落实党风廉政建设责任制，积极践行“诚信、责任、创新、奉献”的核心价值观，推动国家电网公司统一的企业文化融入“开明、开放、求是、创新”的城市精神。认真履行企业责任，坚持依法经营，做到诚实守信，公司被评为“安徽省廉政文化进企业示范点”。关爱社会，热心公益，开展困难帮扶、“青春光明行”、“善小志愿者”等活动。搭建公司与社会公众的沟通桥梁，重视行风纠建，营造供用电和谐关系。坚持以人为本，实施人才强企战略，搭建员工干事创业平台，追求员工与企业共同成长。参与合肥市争创全国文明城市工作，公司被评为“安徽省创建文明行业工作先进单位”。

（常　江）

供　水

【概况】　合肥供水集团坚持“以安全生产为第一要务，打造‘贴心小棉袄’精品品牌；以ISO9001质量管理体系认证为抓手，精干主业，在全市城市公用事业企业中争创一流”的工作思路，以保障供水为主线，做好安全生产和优质服务两篇文章，推进员工培训、师带徒和人才梯队建设三项创新，开展创先争优、招投标、增收节支和基础设施建设四个重点工作，发挥“动车组团队”精神，完成了全年各项目标任务。全年共完成供水量3.5亿立方米，同比增长12.2%；出厂水质合格率100%；漏损率12.16%；水费回收率99.3%；人均供水量31.6万立方米；全市直径75mm以上供水管道3560公里，比去年同期增加400公里；全市水表总数100.7万只，户表总数96.4万只；全年最高日供水量达到118万立方米，未发生一起人员伤亡和突发责任性停水事故。

【供水管网建设】　实行领导督办重点工程，主动与市城乡建委、市重点局、新站区、高新区、滨湖区、双凤工业园区对接，建设六水厂配套出水管、七水厂配套出水管、铜陵路高架、阜阳路高架等供水管道迁移和铺设等系列工程。共完成管道工程改造新建72项，铺设直径300毫米以上管道总长约76公里，其中改造管道约11公里，新建管道约65公里。

【供水服务】　合肥供水集团秉承“怀着一颗感恩的心，做用户‘贴心小棉袄’”的庄严承诺，成立“贴心小棉袄”志愿服务队，坚持每个周末进社区，零距离服务用户。“贴心小棉袄”志愿服务队总人数300多人，受惠用户达百万余人，实现维修及时率100%，用户满意度100%。倾心打造“五个一”（一个电话、一声问候、一张名片、一次回访、一份满意）温馨牌；针对空巢老人、残障人士和孤寡老人办理业务不方便等问题，发放印有队员名字和联系方式的“贴心卡”，提供24小时服务。提升“贴心小棉袄”服务热线64422666，实现30路电话同时交互进出，具有自助查询、三方通话、自动派单、服务质量考评等多项功能。率先开通微博与博客，及时向用户传递供水信息和企业动态；落实首问负责制，实行一次性告知、一站式服务，切实做到“事前主动办”、“事中热情办”、“事后跟踪办”；启用“用户即时评价系统”，以用户评价赢得用户满意。2012年3月2日，中央电视台《新闻联播》报道了“贴心小棉袄”志愿服务活动；3月5日，《中央创先争优活动简报》第2030期，以《争做用户的“贴心小棉袄”——安徽

合肥供水集团有限公司第六水厂

省合肥市供水集团着力打造为民服务品牌》为题，专题报道了合肥供水集团紧紧围绕“争做用户‘贴心小棉袄’”主题活动。6月28日，合肥供水集团有限公司党委被授予“全国创先争优先进基层党组织”荣誉称号。

【重点项目】 3月28日，六水厂二期工程开始施工，扩建规模为30万立方米/日，投资约4.06亿元，建成后日供水能力达到60万立方米。5月28日，七水厂一期工程开工，日供水20万立方米，工程总建设规模40万立方米/日，投资约7.65亿元，供水范围辐射高新区及西部组团区域，为赛维、大陆轮胎、中建材等重大项目提供供水服务保障。6月9日，巢湖市二水厂取水口迁移项目开工。巢湖第三水厂建设明确由中南设计院设计，并通过巢湖市发改委立项批复。全面落实首问负责制，实行一次性告知、限时办结、一站式服务，对各工业园区及“121”重大工业项目开通绿色通道，重点协调万达、世纪城、中科大先进技术研究院等项目，提供全程跟踪服务。

【供水管理】 按照“时间服从质量”的部署要求，4月25日至9月30日分别对集团公司及7个子公司共44亿元资产、14亿元负债、51亿元所有者权益及其他数万个明细项目分类进行清理。集团营业中心共受理各类业务29.1万件，限时办结率100%，即时系统评价率99%，服务对象满意率99.8%。全年督办处理用户投诉、咨询1730件。8月23日，供水集团成立二次供水管理中心，专门对已移交的二次供水泵房进行统一管理。将原“采购供应中心”更名为“招标中心”，实现管理集中化，加强现场管理与控制。各水厂通过各项技改，创新技术，节能降耗，减少支出240余万元；各区所查找并修复漏点900余处；招标中心通过吸引多家意向方参与招投标，节约采购成本1.53亿元；供水监察中队纠正和查处违章案件60起；监察审计部严把工程审计关，共完成审计决算80项，节约资金233.7万元。

【人才培养】 探索校企办学模式，采取“请进来”、“送出去”的形式，联合复旦大学、安徽行政学院等高校资源优势，举办中层管理人员培训班；依托“合肥市高技能人才培训基地”，开展水厂自动化、信息技术、水质检测、抄表服务等专题培训近40项；成功承办合肥市第十三届职业技能大赛（管道工、水表安装工），选拔出44名优秀技能人才；与安徽电气工程技术职业学院合作，26名维修电工技师班学员完成理论和实操考核；49名员工通过成人教育、自考等方式取得本科学历，39人获得研究生学历。对水质检验、供水管道维修、供水设备维修岗位11名职工进行出师鉴定考核，对8名听漏岗位职工进行年度综合考核，确保“师带徒”活动取得实效。

（合肥供水集团有限公司）

制水工岗位大练兵

燃　气

【概况】 合肥燃气集团围绕市“新跨越 进十强”和打造“大湖名城、创新高地”的发展目标，全年完成天然气供应3.13亿立方米，比上年增长16.98%；实现主营业务收入8.89亿元，比上年增长12.35%。截至到当年底，居民用户突破90万户，工商用户达3497户，天然气管网达2949公里。第五次荣获“全国安康杯竞赛优胜企业”称号，徐辉同志荣获“全国创先争优优秀共产党员”称号，并光荣当选“十八大”代表。合肥市燃气管理处修订完善液化气行业重大安全事故应急救援预案和CNG加气站应急救援预案；与市区16家燃气经营企业和10家CNG供气企业签订安全生产目标管理责任书，全年燃气行业无安全生产事故发生；制订燃气行业安全服务标准，推行燃气行业标准场站建设，对燃气行业场站及服务网点的硬件、软件建设提出硬性要求，要求各燃气企业对照标准全面达标。全年新建8座CNG加气站。

【市场发展】 取得寿县新桥国际产业园区燃气特许经营权，并推进庐江川东燃气项目，市场发展突破市域限制，赢得发展空间和机遇。发展乐凯工业园、天鹅湖万达广场等一批导向性、支撑性强的重大项目，提升供气规模，优化用气结构。承担老旧小区燃气改造任务，完成62个老旧小区燃气项目改造，惠及3万多户家庭。

【优质服务】 在全市范围内开展回馈社会活动，为燃气用户免费提供安检、维修、安全宣传等便民服务。“徐辉假日服务小分队”全年累计开展义务服务次数155次，参加活动人员1634人，服务用户10429户，发放燃气安全宣传单46524份，实现用户满意率、维修及时率、安全无事故率三个100%，荣获“2012年全国优秀志愿服务组织”荣誉称号。全年蓝焰热线共计受理用户来电38万余户次，办结率100%，回访率100%，用户满意率99.8%；办理12345政府服务直通车转办单206起；全年累计有效投诉40起，同比下降8%。

【燃气保障】 贯彻落实国务院《关于进一步加强安全生产工作的通知》等相关法律法规，推动安全管理标准化、专业化，不断完善安全生产长效机制，完成“两节”、“两会”等重大节日活动期间燃气安全保障工作。根据合肥市域范围不断扩大的状况，积极推进服务站点布局，完成桃花服务所、南部抢险中心建设并投入使用，扩大抢险维修覆盖面，增强抢险和服务保障能力。组织“安全月”活动，开展隐患排查治理，组织一系列天然气应急预案演练活动，提高事故应急处理能力，保障全年安全平稳供气。开展第九届燃气安全进万家活动，全年累计完成近2000个小区62万户用户的两轮安全检查，预防了户内燃气安全事故的发生。

【工程建设】 实现川气高压联络线与习友路储配站并网供应，提高城市管网供气能力和应急调峰能力。外环高压管网工程完成工程招标，进入管网铺设阶段。北城LNG应急调峰气源项目完成规划红线审查、土地勘界、项目建议书编制和相关评估备案工作。完成肥东天然气门站改造工程和储配站球罐防腐工程。

【内部管理】 开展质量管理体系（ISO9001）、环境管理体系(ISO14001)、职业健康安全管理体系(OHSAS18001)“三标一体化”认证，获得“三标一体”认证证书。开展内部控制体系建设，颁布《合肥燃气集团内部控制手册》，提升企业经营管理水平和风险防范能力。强化培训工作管理，建立培训工作目标责任管理制度，分类别、多层次开展覆盖全员的培训课程。

【和谐文化】 高度重视构建企业和谐文化，连续2年坚持开展工资集体协商，连续4年向女职工赠送特殊疾病保险，连续5年向全体职工赠送意外伤害保险，连续8年向一线班组赠送报刊读物，通过多种途径构建和谐企业。在集团公司成立30周年之际，开展文艺演出、书画展览等系列文化活动，并向全体职工发放纪念品和纪念画册，对从业30年的职工进行特别奖励，强化职工的幸福感和归属感。响应合肥市“千家道德讲堂”活动，邀请专家、学者开展道德礼仪、中国传统文化等专题讲座，开展唱歌曲、学模范、诵经典活动，营造道德文化气氛。

【燃气经营许可证换发】 合肥市燃气管理处按照国家住房和城乡建设部统一制定有关燃气经营许可证格式文本，对样本、编号、发放等提出具体要求，全市88家燃气经营企业经过重新考核，完成经营许可证的换发工作。

【燃气安全检查】 合肥市燃气管理处在全市燃气行业开展为期半年的安全检查进万家专项活动，要求各燃气经营企业根据企业实际自行决定入户安全检查的方式、内容，并形成检查记录，由用户签字后存档备查，重点检查饭店、宾馆、食堂等商业公建用户，确保全市燃气安全供应。

（卢亚东　宣秋华）

热　电

【概况】 合肥市新增供热面积55.1万平方米，新增负荷180.41t/h,其中工商业等优质负荷占79.5%。全年销售蒸汽255.49万吨（含金源70.59万吨）；集团发电27831.05万kwh（含金源13142.82万kwh）；集团实现主营业务收入8.14亿元（含金源1.76亿元）；截至到当年底，热电集团共有供热小区144家，非居民用户（含混合）315家，居民集中供热面积1359万平方米（含金源）；集团锅炉容量2300t/h（含金源660t/h）；集团发电机组装机容量159MW（含金源75MW）；集团总资产达到33.22亿元（含金源10亿元）。根据市国资工作领导小组2012年第5次组长会议纪要精神，自当年11月1日起，金源热电公司由市热电集团负责经营管理，合肥热电产业实现统一。 热电集团获中华全国总工会颁发的“全国五一劳动奖状”、合肥市第十二届文明单位、12345政府服务热线优秀成员单位、合肥市国资委纪检监察工作先进集体、纪检监察工作先进集体、合肥市城乡建设系统先进单位等荣誉。

【节能减排】 全年蒸汽销售量由2009年的134万吨增长到184万吨，增长了38.08%；吨汽耗煤量由2009年的338kg下降到230kg，降幅达到32%，全年共节约原煤16万吨，年节约成本超过1.2亿元；供热损耗由2009年的24.4%下降至17.9%，每年为企业减少损失1500万元；全年实现减排二氧化碳11250吨，削减排放二氧化硫1572.7吨，粉尘40981吨、氮氧化物 960.96吨。

【便民服务】 推出“专工服务队”和“小鲍流动营业厅”两个服务品牌，组织“小鲍流动营业厅”进小区便民服务，提供“一站式”服务，累计开展40余场、600余人次，直接服务用户达10000余人次；全年为居民用户办理业务4000余户次，抄表下单30000余户次；冷暖热线962666接听用户咨询、报修来电32732次，转接转办12345市长热线348次，并及时答复处理；上门维修10011次，用户满意率98.96%；针对供热服务技术含量高的行业特点，组织专工服务队上门服务4050次，满意率达到99.99%。热电集团先后获赠锦旗、用户电话或书面表扬达144次。

【重点项目】 东方热电污泥处置项目于3月16日获得市发改委批复。该项目位于新站工业园，占地面积约1.06公顷，项目设计脱水污泥（含水率80%）处理能力为500吨/天，其中一期建设规模为300吨/天。完成EPC总包单位及监理招标，一期工程于2013年10月建成投运。南区供热汽改水能源系统优化改造项目总投资5190.56万元，占地面积约3186平方米，规划建设一座换热中心及相关附属设施，完成立项、规划、土地预审、可研、环评及能评等前期工作。北部热区配套供热管网一期工程总投资约1亿元，建设蒸汽管网13公里，属于市政府大建设项目，由市建投集团筹措融资。Ⅰ标段（阜阳北路）除过铁路段外全部完工，Ⅱ标（耀远路）具备施工条件的路段完工；管网优化连通项目总投资约3800万元。管网连通项目有三条：铜陵路连通管工程中新建管网完工，剩余部分改造工程与道路建设工程同步实施；阜阳北路连通管工程中新建管网完工，改造部分与道路建设工程同步实施；银保大厦连通管工程全线完工。集团铁路专用线工程拟建于新站工业园区，位置于泗水路以南约180米，合肥东编组站以北；该工程专用线从合肥东站接轨，铁路长度约4公里，占地面积12.1公顷，总投资约为20414.2万元，其中技术经济指标为3864.86万元/铺轨公里；9月28日经上海铁路

热电集团获“全国五一劳动奖状”授牌仪式

12月12日，合肥东方污泥处置EPC总承包项目签约仪式

局评审通过，并取得上海铁路局下达的《关于合肥热电集团有限公司铁路专用线可研技术方案的审查意见》和《关于合肥热电集团有限公司铁路专用线在合肥枢纽合肥东站与国铁接轨的意见》；完成地质灾害评估、用地预审、可研消防意见、区域压覆矿产资源的手续，于2013年下半年将相关批文上报办理行政许可。《合肥市滨湖新区供热规划（修改版）》于10月30日通过合肥市规划委员会会议审批，随后，市发改委批复《合肥市滨湖新区集中供热一期工程项目建议书》立项；12月，完成合肥市滨湖新区集中供热一期工程项目可研、初步设计及施工图设计的招标工作，并组织编制可研报告。热源厂大修技改项目总费用211.76万元，同比去年下降49.22%。全年各热源厂共进行大修技改项目20项，其中大修项目10项，技改项目10项，所有项目在年度供暖前投运。合肥东方热电项目设计规模为六炉五机，分两期考虑，一期2×75t/h（次高温次高压循环流化床锅炉）+1×6MW（背压式汽轮发电机组）+2×130t/h（次高温次高压循环流化床锅炉）+2×12MW（背压式汽轮发电机组）；远期按2×130/h锅炉(次高温次高压循环流化床锅炉)+2×12MW(背压式汽轮发电机组)预留。一期工程分两标段实施，A标段2×75t/h+1×6MW机组，B标段2×130t/h+2×12MW机组。12月24日20点18分，东方热电热电#1机组汽轮机冲转一次达到3000转/分钟并平稳定速，并首次带负荷并网一次成功，完成机组整套启动第一阶段调试工作，于12月30日顺利通过“72+24小时”整套启动。

【内部管理】 集团于5月份开展“班组建设、制度执行、创新发展”三项活动。围绕创建“冷暖知心”服务品牌打造服务明星群体、标兵班组和服务明星，组织召开班组建设推进工作现场会和宣讲会，共申报服务明星群体有“小鲍流动营业厅”、“专工服务队”等29个，标兵班组45个，服务明星135名。学习集团规章制度共92项，并组织绘制执行流程图，制度学习与制度执行知晓率、参与率均达到100%，946人参加制度考试，分生产类、服务类、管理类、财务类四大类进行，成绩合格率达到100%，优秀率达到94.61%以上。着眼于创新型企业的发展目标，重点推进“四大创新工程”（管理创新工程、服务创新工程、技术创新工程、文化创新工程）建设，截止到当年底，共申报创新成果90项，其中管理创新39项、服务创新6项、技术创新36项、文化创新9项。加强工程及招投标管理力度，本着“五年不维修、十年不落后”的质量目标，建立工程质量保障体系，推行项目经理制；开展计量仪表检测检定、工程无损探伤检测；建立工程施工各项环节可追溯制度、材料合格供应商评价制度和工程建设四分开制度等，深化对工程质量的控制。

（合肥热电集团有限公司）

城市管理

【概况】 市城市管理局按照“新跨越、进十强”的总体部署，紧扣“内强素质、外树形象，实现全国一流城市管理目标”这条主线，经过共同努力，完成了全年工作任务。

【立面美化】 依靠市委市政府支持，强力推进到期非法户外广告整治工作，各区也依法整体推进整治工作，全市共拆除非法到期违规广告917块。成立户外广告和亭棚设置巡查办公室，全面加强日常管理与考核，坚决遏制电子屏幕、灯杆刀旗、街头亭棚设置无序的乱象。全面推进城市容貌提档升级。市、区财政共投入近2亿元专项资金，推进城市立面美化工作，景观整治试点工作取得重大进展。

【环卫管理】 推进环卫作业方式变革，在城区主要道路推行水洗马路作业和24小时清扫保洁试点工作，增配19辆洗扫车和洒水车，推动扫马路向洗马路转变。着力解决生活垃圾收运中的突出问题，针对夏季垃圾桶扎堆乱放、垃圾车污水滴漏以及将垃圾扫入窨井等严重影响环境的现象，采取源头管控的办法，全面开展夏季环卫“三项治理”，遏制垃圾收运中的二次污染。

【行政执法】 坚持疏堵结合，对流动摊贩实行集中规范管理，建立摊贩中心175处；创造性推出“划线到位，隔离到位，看守到位，处罚到位”新举措，全面规范停车秩序。开展“无新增违法建设街道（镇、社区）和查处违法建设工作重点管理街道（镇、社区）”活动，对新增违法建设“露头就打、发现就拆”。全年共拆除违法建设649处，拆除面积60831.17平方米，其中拆除新建违法建设301处，面积43172.13平方米。全面开展有烟烧烤整治工作，顺应人民群众的意愿，严格按照“取缔一批、规范一批、升级一批”的工作思路，对全市953家有烟烧烤进行全面整治，改用无烟烧烤650户，取缔303户。《人民日报》、《安徽日报》等媒体进行了专题报道。

【目标考核】 推进“强网补格”工作，探索建立网格考核奖惩制度。修订完善《合肥市城市管理精细化督察办法》，建立见事见人的责任机制。修改完善城市管理目标考核制度，加大对城市管理重点工作考核督办力度。不断完善城市管理问题快速处理机制，市、区城管指挥中心共受理、督办和处置各类城管事件17836件，办结率99.2%。

【规范渣土运输】 强化渣土运输公司的督查考核，规范渣土运输公司内部管理；强化源头治理，落实工地定岗管理措施；强化安全生产管理，重点查处渣土运输超载、超速、安全制度不落实、市区监管不到位等现象。全年共依法关停36家不达标工地，整改38个建筑工地，并将308辆违规运输渣土车列入黑名单。

【项目建设】 数字城管纳入全市信息化建设总体规划，完成建设方案征集、优化与专家评审论证工作。加强与央企合作，与中国节能集团签订垃圾焚烧项目特许经营协议，生活垃圾焚烧发电项目开工建设；启动餐厨垃圾处理项目和瑶海区朱砖井大型生活垃圾中转站建设；完成庐阳区永青大型垃圾中转站主体工程建设；推进长丰北城和庐江县垃圾处理场及巢湖垃圾处理场改造工程建设。

【农村环境整治】 农村环境整治纳入政府目标考核，市财政预算2000万元农村环境建设专项经费拨付到位；行政村专职保洁员队伍建设列入市政府民生项目，市、县（市）区两级财政补助村保洁员工资880万元。争取项目资金，购买6台垃圾压缩车，支持各县（市）农村环境工作。

【文明创建】 推出“日督查、周调度、月点评”，“一线工作法、两线督查制”，“分片督查、包联路段”等创新做法，将文明创建工作引向深入。全系统上下齐心协力、联责联动，广大干部职工顽强拼搏，及时解决一大批人民群众关心的城市管理难题，为全市在全国文明城市指数测评中荣获省会、副省级提名城市第四名作出了贡献。

【创新机制体制】 探索“大城管”格局，建立城市管理重点工作调度会和联席会议等制度。推进行政执法“三单制”、精细化督察、滨湖新区一体化管理、成立街道城管中心、执法勤务督察、执法队员与经营户“结对子”、奖励守规经营户、星级道路与星级环卫工人评比、非诉行政案件申请法院强制执行、十户轮值制、垃圾渗沥液收集装置等创新举措。

【展示新形象】 在全系统开展“讲大局、强责任、提能力、抓落实”主题教育活动。开展争创“雷锋式城管中队”、“雷锋式城管队员”活动和“环卫之星、清扫能手”评比活动，设立城管系统“道德讲坛”。组织“三项评比”，举办高级研修，推行“三单制”，实行“五严禁”，提升执法队伍素质。打造阳光城管，政风行风建设取得重要进展。加大正面宣传力度，中央、省、市主流媒体多次正面报道合肥市城管工作。“文明合肥”城管微博被新浪网评为十大最具影响力的政务微博。

（市城管局办公室）

交流与合作

招商引资

【引资总量持续提升】 2012年，合肥市面对复杂多变的经济形势，继续加大招商引资工作力度，继2009年招商引资一举冲破千亿元大关后，2012年招商引资实现2102亿元。短短四年时间里，引进的境内外资金增长1倍多，年均增幅达28.04%。从资金上看，全市招商引资总量2102亿元，同比增长24%。其中，外商直接投资16.01亿美元，同比增长23.14%，境外企业的投资平稳增长；工业实际引资1167.5亿元，占比超过50%；房地产业实际引资680.48亿元，占比较去年同期下降3.51个百分点，产业结构进一步优化。从项目上看，全市新建省外项目1367个，计划总投资2697亿元，新批外商企业63家，计划总投资16.6亿美元。其中投资规模在亿元以上的项目468个，战略性新兴产业项目61个，大项目、好项目不断增多，招商选资进一步体现。

【大项目量质齐升】 2012年，合肥市在成功引进晶澳太阳能、联想合肥生产基地、京东方8.5代线等重点项目后，继续瞄准世界500强、中国500强、央企、知名民企开展重点招商，突出招大引强。全年共引进大项目95个，总投资1231.63亿元，占全年新建及新批的1430个项目投资总额的43.96%。其中，工业大项目35个，总投资超50亿元以上的工业大项目2个，现代服务业大项目60个。江汽纳威司达发动机、统一一分厂、联宝产业配套园、中汽零（合肥）产业基地等工业项目的引进，推动了汽车及零部件、电子信息、食品及农副产品深加工等千亿元级产业的发展。在修订和完善合肥市大项目导则的基础上，2012年引进的现代服务业大项目业态更加丰富，亮点更加突出。宝湾（合肥）国际物流园总投资132.5亿元，为当年引进的单体投资最大的项目，加快了合肥市打造区域性物流中心的进程。总部经济项目异军突起，省内外大企业纷纷在合肥设立区域性总部，全年共引进10个总部经济项目，其中神华集团在合肥设立的安徽区域总部仅注册资本达到32亿元。五星级酒店、城市综合体、商业中心、餐饮美食等特色街区的建设，则使城市的配套功能更加完善，为居民休闲购物提供便利，彰显出合肥宜居宜业的城市特色。

“大湖名城”的城市定位提出之后，万达旅游地产、青岛帆船俱乐部、德国游艇等一系列围绕环巢湖旅游开发的项目正在积极洽谈之中，

【不断创新招商方式】 2012年，合肥市在坚持传统的上门拜访、邀商来合肥等方式的基础上，创新招商方式，拓宽引资渠道，吸引优质企业，扩大合肥影响。

首次开展百名县处级领导干部“赴一线、抓招商、促发展”的大规模招商活动，成立一百个招商小组，选派一百名年轻、懂经济、有激情的县处级领导干部奔赴招商一线，并取得良好效果。2012年，百名县干招商小组共搜集重点项目信息219个，涉及总投资3916.34亿元。其中，涉及总投资10亿元以上项目信息134个，涉及总投资3557.37亿元。

充分挖掘已落地的企业资源。先后协助联想举办联宝公司供应商招商大会，协助京东方举办鑫晟TFT—LCD8.5代生产线配套项目招商推介会，帮助落地企业引进配套企业，收到了服务企业，以商招商的双重效果。

开展个性化招商，紧抓大型会议带来的各种招商机遇。利用安徽省与中央企业深化合作发展会议的机会，根据央企不同的产业特点，由具有相应产业优势的县区进行接触，并制定出个性化招商手册，针对性地开展对央企的招商推介活动。利用组团参加深圳国际人才交流大会的机会，制作介绍合肥人才优势、创新优势的专题PPT，在会议期间进行宣传推介，招商引智。

【重点招商活动】 2012年5月7～9日，省委常委、市委书记吴

存荣率合肥市经贸代表团赴广东开展系列招商活动。通过举办《魅力合肥·阳光地产》经营性用地推介会、《承接产业转移·实现跨越发展》合肥市工业服务业投资环境说明会以及拜访考察部分重点企业，宣传推介合肥市优良的投资环境，推进在谈项目进展。

2012年7月29～31日，市长张庆军率团赴深圳招商，先后考察华南城控股公司、宝能集团、平安银行、研祥集团等9家企业，进一步落实了5月赴深招商时达成的华南城、华侨城、中国平安、赛为智能等企业在合肥投资的项目，同时促成宝能、研祥、普联、华安等公司投资合肥的意向。

2012年11月11～12日，市长张庆军赴江苏拜访了天合光能有限公司、海润光伏科技有限公司、爱康太阳能科技股份有限公司、振发新能源科技有限公司等4家光伏企业以及远景能源科技有限公司和天乾重工控股有限公司，就创办“智慧能源创意园”、投资光伏综合配件项目、加快建设光伏并网电站项目及进一步加深合作进行深入沟通与探讨。

（高　燃）

对外交往

【概况】 2012年，在合肥市委、市政府的正确领导下，市外事侨务办公室坚持以邓小平理论、“三个代表”重要思想和科学发展观为指导，积极服务国家总体外交，紧贴发展大局，完善管理机制，不断优化外事侨务服务，加强统筹协调，深化友城交往，拓宽合作交流领域，加大外宣力度，提升合肥城市知名度和美誉度，全市外事侨务港澳工作稳步推进，为合肥扩大对外开放和经济社会发展作出积极贡献。荣获外交部“服务国内发展突出贡献奖”、国务院侨办“全国侨办系统信访工作示范单位”、中国人民对外友好协会和中国国际友城联合会“国际友好城市交流合作奖”以及省外办“外事侨务港澳工作先进单位”等奖项。

【因公出国（境）】 2012年，办理因公出国（境）181批551人次。其中，报省政府审批34批186人次，市本级审批71批275人次，参加“双跨”团组出访76批90人次，退回、拒批各类出访团组50余批100多人次。加强因公出访中介服务管理，对因公出访团组需要委托旅行社安排境外活动的团组一律实行询价制度。加强护照收缴的内部管理和宣传工作，护照收缴率达100%。

【外事服务】 2012年，合肥市本着“外事为民”的宗旨，提供高效、便捷、优质服务，及时更新并在网站上公告《关于被授权单位办理邀请外国人来华手续的暂行管理办法》及提供《被授权单位邀请函》下载服务；会同省外办、市公安局等单位赴企业调研涉外邀请情况，宣讲办理《被授权单位邀请函》的相关规定和办理程序，简化生产型企业、大型出口企业涉外邀请审批程序。全年办理外国人来合肥邀请函件885批1277人次，其中留学签证19批47人次，工作签证159批181人次，其它各类签证707批1049人次。进一步支持民营企业“走出去”拓展海外业务，邀请省外办深入经开区、高新区等企业集中的地方，向民营企业宣讲、推介APEC商务旅行卡，已报外交部审批11个。

【对外交流】 2012年，安排市领导出访团组25个，其中包括吴存荣书记出访东南亚三国、市长张庆军出访日本等重要团组。通过吴存荣书记的出访，促成了泰国正大集团与桐山实业共同开发建设正大桐山国际购物广场、马来西亚金狮集团百盛百货新门店等项目，与新加坡裕廊国际集团等12家大公司就新桥临空产业园规划、冷链物流业务、合肥二电厂、内河港口建设、城市环境工程等20多个项目达成合作意向；通过张庆军市长的出访，促成了日本瑞穗金融集团在合肥设立分行，并与三菱东京UFJ银行商谈在合肥设立分支机构，与日本企业达成10多项合作协议，投资总额约9.65亿美元。

积极支持针对性强的境外专题招商活动，协助合肥市高新区、经开区、肥西县和庐江县等单位“走出去”开展境外专题招商活动，先后赴德国、美国、日本等发达国家举行招商引资引智说明会，吸引海外优秀学子回国创业，推进3M、普莱克斯等数十个外资项目实施，同时开拓了一批新的项目资源，通用电气、德马格起重机械、拜耳集团、大桐株式会社药品生产、臼井国际产业株式会社汽车用管路系统生产等一批项目成功签约。

邀请外国商会、世界500强企业CEO来合肥市考察。参加省政府举办的与驻沪跨国公司经贸合作恳谈会，推介投资环境，与参会的跨国公司高管对接，择机来合肥考察。积极配合家博会、农交会等大型展会，全年接洽并安排境外各类经贸代表团34个约400人，其中，由外国政府高官和驻沪总领事率领的经贸团组15个，外国大公司CEO团组16个，包括德国西门子、大陆轮胎、法国家乐福集团、美国惠而浦公司等。利用外事渠道，推进法国家乐福集团大型综合性商业中心、美国应用材料公司太阳能光伏、平板显示和LED产业研发中心、美国惠而浦公司与合肥三洋合作等项目。

【高层来访】 2012年，接待外国部级以上团组5批，其中包括美国国务院副国务卿罗伯特·霍尔迈茨、老挝中央委员、国防部副部长占沙蒙·占雅腊率领的老挝干部考察团、越南政府监察总署副总监察长吴文庆率领的越南监察总署代表团、总统首席政治顾问、缅甸资源发展协会会长吴哥哥莱率领的缅甸非政府组织和媒体考察团以及德国北威州主席兼州议会党团主席、自民党前总书记克里斯蒂安·林德纳率领的德国自民党青年政治家代表团。

4月，吴存荣书记会见来肥访问的老挝中央委员、国防部副部长占沙蒙占雅腊少将

合肥市继续与外国驻沪领事馆保持密切的友好交往。举办2012年合肥市与外国驻沪总领事馆新春联谊酒会。来自近40个国家的驻沪领事馆总领事、副总领事或官员出席酒会。时任市委常委、常务副市长魏晓明向出席酒会的各国总领事推介合肥区位优势、发展前景和良好的投资环境。

主动邀请外国驻沪领事官员来合肥考察。全年接待外国驻沪总领事团组15批约80余人，其中包括德国、英国、法国、墨西哥、以色列、斯洛伐克、新加坡、荷兰、斯洛文尼亚、爱尔兰、英国、厄瓜多尔、保加利亚、乌兹别克斯坦等国驻沪总领事以及美国等国驻沪领事官员。

积极应邀参加外国驻沪总领事馆举办的各类庆典活动。先后参加日本、英国、爱尔兰、以色列、意大利、斯洛伐克等6国驻沪总领事馆举办的各类庆典活动。

【友城交流】 2012年，合肥市与国际友城往来频繁，高层互访不断，接待来访团组28批264人次，出访友城团组共17批295人次。日本久留米市市长和议长、韩国原州市市长、美国富兰克林郡郡长以及澳大利亚戴瑞滨前市长等率团访问合肥，参加友城活动。合肥市人大、政府、政协领导同志分别率团访问丹麦奥尔堡市、德国罗斯托克市、英国贝尔法斯特市、美国哥伦布市、澳大利亚戴瑞滨市。

通过友城渠道开展经贸交流。与美国哥伦布市富兰克林郡建立绿色伙伴关系，签订“合肥市与哥伦布市富兰克林郡建立绿色合作伙伴关系意向书”，双方将在开发和使用电动交通工具（包括电池新技术）、湖泊和湿地综合治理及保护、固体废弃物/废水处理、节能建筑设计及运营以及城市环保规划等五大领域开展合作。推进罗斯托克市SIV公司环巢湖旅游项目，该项目现已完成启动区概念性规划设计，注册资本金一亿元人民币。推进与久留米市经贸交流，协助久留米市在合肥举办产品展及参加农交会，这是两市结好30周年来，积极推进经贸交流合作的主要措施。

积极利用友城平台拓展多领域交流。文化交流方面，举办“纪念合肥-久留米友好美术馆建馆20周年座谈会”，参加哥伦布建市200周年庆典活动及哥伦布亚洲节，举办“文化庐州、盛世合肥”图片展，交流展示书法、剪纸、民歌等艺术。教育交流方面，合肥市出访友城团组共计9批241人次，来访10批133人次。美国哥伦布学校、久留米牟田山中学、韩国瑞山教育代表团访问了合肥市部分中小学，合肥市教育代表团也分别访问了久留米和贝尔法斯特中小学校。体育交流方面，合肥市小学生足球队前往久留米参加中日韩小学生足球赛并摘得桂冠，两市还联合组队参加在北京举办的中日友好交流城市初中生乒乓球友谊比赛并取得优异成绩。

成功举办合肥-原州市结好十周年庆祝活动。2012年11月，合肥、原州两市联合在合肥举办结好10周年庆典，签署了加强两市友好城市间交流的备忘录，两市艺术团体在安徽大剧院联袂演出，张庆军市长和元昌默市长在合肥学院友谊林种下了象征两市世代友好的友谊树—广玉兰和银杏树，制作了结好10周年纪念册。

12月，合肥市与美国德州达拉斯市开展互访活动，签署两市建立友好合作关系备忘录，双方拟定在经济、贸易、科技、农业、文化、体育、教育等方面开展多种形式的交流与合作，促进共同繁荣与发展。同时，合肥市还与中美洲哥斯达黎加首都圣何塞市、新西兰瓦卡塔尼市商谈建立友城关系或友好合作事宜。

【侨务港澳事务】 2012年，合肥市接待华人华侨港澳同胞共56批次、352人次，办理归国华侨定居身份认定22份、归侨侨眷证10份、华侨归国定居10人次，接待来访60多人次，来信来电70余件，处理信访案件10余例，为377位困难的归侨侨眷申报省侨办补助，做到“事事有回音，件件有着落”，结案率100%。同时，大力支持侨资企业发展，向国务院侨办申报扶持资金，涉及合肥市7家涉侨企业，批准合肥芯硕半导体有限公司、合肥超科电子有限公司两家为海外重点创业团队，并予以政策及30万元资金支持。申报5家侨资企业贷款贴息。为合肥虫博士有限公司、旅匈侨领詹丽弘投资成立的庐江恒益矿业有限公司等侨属侨资企业在经营中出现的难题进行协调和帮助。

利用侨务、港澳渠道搭建经贸合作平台。全年接待来自美国、巴西、加拿大、阿联酋、波兰、法国等20多批海外华人华侨考察团，加强与香港各相关机构的联系与沟通。与香港贸发局共同举办合肥-香港经贸合作交流会。组织合肥25家企业与随团香港企业开展无缝对接，市招商局、合肥巢湖经开区、庐江县开发区等园区招商部门也主动对接推介，达成合作意向9个。承办“华商安徽行活动”。该活动由国务院侨办主办，来自20多个国家或地区70余名华侨企业家、著名侨领来合肥参观考察。

接待澳门特首崔世安率领的“活力澳门推广周”巡展团。做好配合和服务，协助举办皖澳合作项目签约仪式、皖澳商贸对接洽谈会、葡语国家投资营商环境推介会、澳门商务旅游推介会及交流晚宴、青年企业家早餐会等系列活动。

开展侨情调研，涵养侨务资源。2012年7月，专门召开全市侨务部门工作会议，部署开展国内海外侨情调研，重点是合肥籍华侨华人中从政、经商、办企业和在科技、学术等方面的优秀人才和知名人士以及侨资企业情况。采取机关单位调查和村（社区）干部入户调查相结合，普查结束后计算机录入汇总，建立档案资料库，目前已经录入美国、日本、加拿大、意大利等31个国家563位华人华侨信息

12月5日，张庆军市长会见来肥考察合肥-哥伦布富兰克林中美绿色合作伙伴关系实施情况的美国副国务卿罗伯特霍尔迈茨

【民间对外交流机制】 2012年3月，合肥市召开市友协第四届理事会，并进行换届。市委书记吴存荣、市长张庆军当选荣誉会长，市委副书记熊建辉当选会长，来自全球26个国家或地区的42位国际友人、华人华侨当选为新一届理事。同时，以市领导出访为契机，先后成立英国合肥之友、日本合肥之友和希腊合肥之友联谊会。

（李　祥）

合台交流

【概况】 2012年，合肥市委台湾工作办公室（合肥市人民政府台湾事务办公室）在市委、市政府的正确领导下，在上级台办的指导下，按照中央制定的“和平统一、一国两制”的方针政策，紧紧围绕“十二五”规划提出的目标和任务，以推进两岸关系和平发展为主题，以广泛团结台湾同胞为主线，扎实工作，开拓创新，全面开展合台间的大交流、大合作、大发展。深入开展创先争优活动，把“为经济建设服务、为招商引资服务、为台资企业服务、为台胞台属服务、为祖国统一服务”作为对台工作的重点，全面深入开展对台工作，取得明显成效。

【对台经贸合作】 2012年，合肥市台办坚持“克服困难走出去”全力做好对台经济工作，加大对台招商引资力度，以市政府驻昆

山（苏州）联络处和县处级干部招商小分队工作为平台，先后赴北京、苏州、无锡、南通、福州、宁波、厦门等地考察台资企业，拜访企业高管，推介合肥投资环境。加强合肥与台湾的经贸交流与往来，组织市直相关部门负责人赴台考察、交流、论证招商引资项目；积极参加全国副省级城市台办主任会暨系列活动、二十城市台办交流会等，学习发达地区工作经验，积累台商资源，广交台商朋友。2012年，市直相关单位，赴台湾考察台湾阜利餐厨垃圾处理等招商引资项目。高新区有关领导赴台与台一股份、太平洋建设、旺旺集团、久尹股份等企业开展深入交流。合肥市台办组织县（市）区及各开发区，先后赴昆山、南通、宁波、杭州等地开展招商引资工作，邀请台商来合肥考察参会参展；以徽商大会、对接会、农交会、家博会等重大活动为招商平台开展各类经贸活动。邀请来合肥考察投资台商、外商和重要人士25批次136人次，有联强国际、广达集团、高雄汉来大饭店、康师傅控股、向阳坊、宏立电子、太平洋建设、金至尊珠宝集团、海峡兴业资本、统一企业、冠捷科技、三一重工等企业负责人、深圳台商协会等先后来访、考察。

【加强对台交流】 2012年，合肥市台办通过多种方式，扩大合肥与台湾的经贸、社会科学、高新技术产业、教育、青少年、新闻媒体的交流与合作。全年公务赴台交流团组35批270人，因私赴台探亲等人员200多人。办理市政府经贸考察团、市人大、政协、包河区、庐阳区、蜀山区等35个赴台经贸考察团，与台湾社会各界开展广泛交流，促进两岸文化的发展。邀请经贸、教育、食品等行业和工商业者来合肥进行交流考察。原台湾地区领导人严家淦之子严隽泰夫妇在合肥举办画展，市台办与宣传部门组织台商及台属参观其画展，省市领导会见并宴请客人。接待安排2012年台胞青年千人夏令营、台北文教协会组织的教育参访团。铭传国小、国中参访团来合肥，与屯溪路小学等4所小学参观交流座谈、共同举办专场音乐会、前往肥西铭传墓园进行祭拜活动；合台两所小学签订友好学校协议书。协助省台办做好皖籍新娘回家乡大型主题活动。庐江县利用举办孙立人铜像揭幕仪式之际，邀请省、市政协、港澳台侨和外事委员会有关领导，孙立人亲属代表、铜像捐建人、雕塑人，合肥、厦门、昆山、漳州等地台商协会负责人和台商计100余人参加揭幕仪式，组织与会人员参观考察县经济开发区、城东新区等，召开对台招商引资座谈会，听取台商对庐江发展的建议和意见。

【联络工作】 2012年，合肥市台办严格把握政策，慎重稳妥做好上层联络工作。在与台湾上层人士联系的同时，扩大与香港、澳门经济界的联系，加强与上层人士交流交往。肥东县对台资源丰富，在台人员有一万多人，在台湾中层以上领导和将领有50多人，在台湾肥东籍退役陆军中将康景文、海军少将陈鸣镳等8人来合肥考察包公文化；肥东县各级利用台胞返乡探亲寻亲的机会，热情接待，真诚与其交流，向广大台胞、台商宣传肥东、宣传合肥，推介家乡的投资环境和投资政策。

【落户台资企业】 2012年，全市对台招商引资工作成效明显。引进联强国际安徽运筹中心、合肥百乐门美御殿2个项目，到位资金6700万元人民币。县处级干部招商小分队引进合肥天地元饮品有限公司，到位资金400万元人民币。签约项目4个，分别是统一合肥一分厂、久尹科技、东隆新型建材公司、阜利餐厨垃圾处理厂；在谈项目3个，分别是蓝天电脑百脑汇安徽运筹中心、康师傅饮品、馨惠馨医院。巢湖经开区对台推介洽谈项目共12个，签订投资协议1个，即台湾味丹国际集团皇品食品有限公司投资5亿元的加多宝饮料生产项目，该项目于4月6日签约，目前已投产。

【“海峡两岸交流基地”获批】 3月12日，合肥市台办全程安排省委常委、市委书记吴存荣在京拜会中共中央委员、中台办、国台办主任王毅同志。吴存荣书记重点就合肥刘铭传故居及墓园的修复工作，省、市积极做好打“铭传牌”，全面开展两岸交流情况向国台办领导作了汇报，希望国台办能将两岸交流基地落户合肥市。国台办领导表示将把合肥市作为“优先备选城市”考虑。市台办采取跟踪项目，紧盯项目的方法，按照中央台办的要求，在认真调研的基础上，及时掌握上级信息，积极创造申报条件，全力争取项目。6月9日，市委拟定了《海峡两岸交流基地请示》及时向省委呈报后，派人专程赴国台办，通过努力，在6月17日的第四届海峡论坛大会上，国台办王毅主任宣布“安徽合肥刘铭传故居”获批作为第四批海峡两岸交流基地。

【“海峡两岸交流基地”建设】 “安徽合肥刘铭传故居”获批作为第四批海峡两岸交流基地，省、市领导非常重视此项工作。6月25日，副省长花建慧、省政府副秘书长张武扬率省台办、文化厅、旅游局、国土厅等省直部门负责人专程赴肥西铭传乡调研刘铭传故

3月12日国台办主任王毅在北京会见安徽省委常委、合肥市委书记吴存荣，听取合肥对台工作及申报“刘铭传故居”作为海峡两岸交流基地的情况汇报

居被国台办确定为海峡两岸交流基地的基本情况，就相关建设规划等问题提出意见和建议。合肥市成立领导组织，副市长江洪先后两次主持召开两岸交流基地建设布置会，为基地长远的规划建设提出实施意见。江洪副市长还带领市直相关单位、肥西县委、县政府及铭传乡先后两次赴山东台儿庄考察台儿庄的海峡两岸交流基地建设，形成《赴台儿庄海峡两岸交流基地的考察报告》，借鉴兄弟城市的好作法、好经验。省台办主任朱德祥、市领导熊建辉、李晓梅等分别率相关部门专题调研刘铭传故居、墓园和淮军圩堡群，在听取海峡两岸基地建设的汇报后，提出基地建设的长远规划和思路。9月，肥西县启动刘铭传及淮军文物征集工作，以县政府的名义通过各种媒介向社会发出征集文物信息，共获得500多件文物、资料及有关信息。12月底，《刘铭传故居保护规划方案》通过国家文物局的评审。恢复建设刘铭传故居工作全面启动，交流基地建设的各项工作进展有序。

【涉台投诉协调】 2012年，合肥市台办贯彻落实《合肥市处理涉台突发事件应急预案》，全市涉台突发事件工作安全稳定，没有出现突发性、群体性事件。共受理各类涉台投诉案件32件，结案30件，结案率约93.7%。一件未结案件为涉台土地纠纷案件，且为历史积案，合肥市台办在努力协调；另一件为台资企业与工程承建方工程款纠纷案，正在进行司法程序，台办也在积极关注。

在解决投诉协调案例中，有百脑汇安徽运营中心选址，新合兴水泥、阜利餐厨处理、东隆新型建材等新项目的土地、规划等工作；协助盛州医药包装材料科技（中国）有限公司申请国家开发银行贷款；重点协调处理肥西县花园置业有限公司和智上农业开发有限公司多年土地积案，市委、市政府领导高度重视，2月23日，市政府江洪副市长主持召开会议，专题研究，使多年土地积案得以解决。此外，还协调处理湾信鼎技术服务股份有限公司在合肥参与项目招标；台胞赵茂功有关房屋拆迁；长亨公司进行厂房设备基础开挖，无深基坑工程专项设计、施工组织设计有关问题；安徽启德机械起重有限公司被占用土地有关补偿问题；合肥市台办重点做好巢湖市、庐江县台资企业摸底工作，主动排忧解难。

【吴存荣会见陈庆祚】 2012年4月19日下午，省委常委、市委书记吴存荣在市政务中心会见康师傅控股有限公司总经理陈庆祚先生一行。副市长吴建国，市委副秘书长柴修发、市台办主任徐延安、副主任丁素光及市直有关部门负责人参加会见。康师傅饮品控股有限公司经理何孟伟、康师傅控股有限公司经理王安平等会见时在座。

会见中，吴存荣书记对陈庆祚先生一行到来表示欢迎，并简要介绍合肥市经济社会发展情况。他说，合肥是中国发展最快的城市之一，近年来，在全国省会城市中合肥主要经济指标增速一直位居前列，总量位次也不断前移。全市经济社会继续保持良好发展势头；展望未来，合肥仍将延续又好又快发展的态势。来合肥投资发展，选择的是长三角的优势，享受的是中部的政策，安全、有钱赚、前景好。一万多平方公里的合肥大地，是产业发展的“高地”、企业成长的“福地”。合肥始终高度重视发展食品和农副产品加工业，已拥有世界单体最大的肉鸡加工厂、亚洲单体最大的奶牛养殖场和国内最大的粗粮食品加工企业及国内最大的炒货企业等。合肥人口基数大、集聚快，收入水平不断提高、消费能力不断攀升；交通便捷，四通八达；区位优越，辐射力强，以合肥为圆心、半径500公里范围内拥有5亿人口的庞大市场，在发展食品工业等方面优势明显。康师傅控股有限公司实力雄厚、潜力巨大，选择与合肥进一步加强合作，很有战略眼光。希望康师傅控股有限公司在前瞻性布局中抢抓机遇、加快发展，项目早落地、早开工、早见效；尊重企业决策，无障碍沟通，高效率服务，一如既往地全力支持企业发展。

陈庆祚先生在会见中简要介绍了企业发展和项目情况。他说，合肥经济社会的快速发展和突出的区位、交通等优势，给我们留下深刻印象。随着经济社会的进一步发展、城市化进程的不断加快，合肥更具吸引力。进一步谋划，争取早日落户合肥，希望通过项目合作，为合肥建设与发展作出新贡献。

【合肥百乐门盛大开幕】 2012年11月22日，合肥百乐门·美御殿盛大开幕。百乐门国际集团董事长赵世崇，全国政协委员、国际专业美容师协会主席郑明明，著名影星刘晓庆、吴静娴等400余位港台嘉宾共襄盛举。省台办主任朱德祥，市政协主席董昭礼，市委常委、市委宣传部部长林存安，市委常委、市委统战部部长韦弋，副市长吴春梅，经开区管委会主任姚卫东，市台办主任徐延安及市文广新局、市商务局等负责人应邀出席开幕仪式并为百乐门开幕剪彩。市委常委、市委宣传部部长林存安代表市委、市政府向合肥百乐门开幕表示祝贺。

百乐门是具有广泛国际影响的文化娱乐企业，作为合肥市重点文化产业项目，它的进驻将极大地提升合肥市文化娱乐业的品质品位，更好地满足人民群众多元多样的文化需求，显著增强“文化合肥”的独特魅力，成功谱写两岸文化合作的崭新篇章。

【统一企业增资兴建新厂】 8月17日上午，合肥统一一分厂项目签约仪式在市政务中心举行。省委常委、市委书记吴存荣出席仪式并会见统一企业（中国）投资有限公司副董事长罗智先一行。仪式上，市长张庆军与罗智先分别致辞，市委常委韩冰主持，统一企业总经理杨寿正与经开区负责人代表双方签约。市委常委、秘书长杨思松；市台办主任徐延安、市直有关部门及经开区主要负责同志；统一企业投资企划总监徐国耀、昆山统一企业有限公司华东区行政总监许德煌等参加会见并出席仪式。

统一企业1998年来合肥市投资兴业，现拥有6条方便面生产线、3条饮料生产线以及2条PET制瓶生产线。已经成为合肥市快速消费品产业的龙头企业。本次签约的合肥统一一分厂项目计划投资额约28亿元人民币，达产将实现产值60亿元人民币。新项目的启动建设，将使统一企业在合肥项目由单一的制造基地，向集生产、物流、行政等于一体的综合性基地转变，新项目的建设将开启统一企业在合肥发展新局面。

【严隽泰伉俪举办画展】 3月31日，“2012严隽泰伉俪大陆巡回画展” 在合肥·久留米友好美术馆举行。台湾中华工程公司荣誉董事长、油画家严隽泰（是台湾地区已故领导人严家淦先生的四子）和严许婉瑱是台湾艺术界知名画侣。严隽泰学的是理工，专长是电机，在其夫人的影响下开启了绘画之路。严许婉瑱是专业画家，早年受教于前辈艺术家李仲生，后拜刘海粟为师，并在东京艺术大学深造。严隽泰的画作巧妙融合了中国泼墨画的意象与西方油彩的技法，以抽象大气酣畅淋漓之笔锋独成一派。严许婉瑱在绘画造型上以概括写意为本，取西法而兼融东洋风格，画风优雅自然，婉约秀丽。本次画展主要展出严隽泰近年追求的“放空”心境作品，让观众领略到艺术家个人精神与内在情感的寄托。

中华文化促进会常务副主席王石、省文联书记处书记吴雪在开幕式上讲话，市委常委、宣传部长林存安致辞，省台办副主任汪泗淇、市台办主任徐延安等出席开幕式。此次画展在合肥举办，不仅向我们传播了台湾的文化艺术，而且对加强合肥和台湾两地书画界的交流，促进合肥市书画水平的提高，推动两岸文化交流与合作都产生积极的影响。谈及对合肥的印象，严隽泰表示，合肥文化博大精深，仰慕已久，希望合肥继续坚持重视规划、融自然与城市为一体的做法，打造一座美丽的宜居城市。

【联宝（合肥）产业基地建成投产】 12月27日，联宝（合肥）电子科技有限公司两千万台笔记本电脑项目投产仪式如期进行。该项目是由两家世界500强企业，台湾仁宝集团与联想集团共同出资建成的。省委常委、市委书记吴存荣，市委常委、副市长韩冰，联想集团董事长兼CEO杨元庆，仁宝集团总经理陈瑞聪，省、市、区有关领导，市台办主任徐延安，联宝电子供应商代表，联宝电子员工等约400人出席当天的活动。

联宝（合肥）产业基地占地457亩，厂房面积超过17万平米，HUB仓库超过10万平方米，将生产联想笔记本电脑和一体台式电脑。已建成18个业界先进的研发实验室，4条技术与工艺在业界居于前列的SMT生产线，已实现单月生产笔记本电脑50万台。随着该基地的入驻，12家配套企业已经在合肥建立运营中心，128家原材料供应商已将产品运送至该基地的HUB仓库。到2014年，该基地年产能达到2000万台，占居联想笔记本全球销量的一半。

投产仪式上，联宝电子执行

董事、首席执行官张晖介绍了联宝电子发展状况，对支持联宝电子发展的各界表示感谢，展望了联宝电子未来的业务与战略；仁宝集团总经理陈瑞聪对安徽省、合肥市政府及经开区领导对联宝电子的发展给予的支持表示感谢；联想集团董事长兼CEO杨元庆对于联想与仁宝的战略合作给予高度的肯定，充分认可了联宝电子管理团队与各级员工的辛勤工作，同时介绍了联想一年多来令人鼓舞的发展业绩；市委常委、副市长韩冰发表致辞，对联宝电子合肥产业基地投产启用表示祝贺，高度评价联宝电子对于合肥市经济发展及产业升级带来的巨大拉动作用。吴存荣书记与杨元庆、陈瑞聪、张晖共同为投产仪式进行吉狮点睛。

（陈　鸿）

对外经贸合作

【概况】 2012年，国际宏观发展形势依然严峻，合肥市商务局充分开拓国内国际两个市场、两种资源，大力发展外向型经济，千方百计推动利用外资、对外贸易和对外经济技术合作扩量提质，促进了全市经济外向度进一步提升。

【利用外资】 2012年，合肥市商务局在围绕全市新型工业、战略性新兴产业大力招商引资的同时，瞄准国内外知名现代服务业领军企业，着力引进高端品牌和连锁企业，推动新型商业综合体和服务业集聚区建设。积极搭建招商平台，精心组织赴商务部拜会、接待复旦大学EMBA企业家考察团、第七届中博会、第十八届兰洽会和第十四届投洽会等活动，做好重点招商项目的跟踪、协调与服务工作。全年累计实现外商直接投资16.01亿美元，同比增长23.1%。新增总投资28.48亿美元，同比增长8.9%。其中，办理增减资企业70家、净增总投资11.88亿美元；新批外商投资企业63家、总投资16.6亿美元。新引进华润集团、林德集团、台湾仁宝电脑工业股份有限公司3家境外世界500强企业。至年底，在合肥投资境外500强企业增至33家、在本市投资设立企业42家；总投资1000万美元以上外资企业达到262家，其中总投资1亿美元以上企业27家；在本市投资的国家和地区增至58个。

【外贸进出口】 2012年，合肥市努力夯实开放平台，推进“国家汽车及零部件出口基地”建设，配合合肥出口加工区完成封关运行工作，正式启动合肥综合保税区申报，新站区新一代信息技术基地和包河区新能源汽车基地同时荣获国家科技兴贸创新基地称号。加大国际市场开拓力度，圆满完成第22届华交会、第111届和112届广交会等国内外大型展会的参展组展工作。落实各级外贸促进政策，开展外贸政策大宣讲活动5场，推动市政府出台了《关于进一步促进外贸加快发展的若干政策》，编印完成收录1100余家企业的2012版合肥贸易黄页；深入一线开展服务，完善外经贸联谊会平台功能，多途径为企业提供贸易便利；建立全市进出口月度通报和调度工作制度，加强对各县（市）区、开发区进出口工作的调度。全年实现进出口总额176.42亿美元，同比增长43.3%，总量和增速在全国26个省会城市中分别位居第9位、第4位。截至年底，全市进出口企业总数达3887家，有实绩企业总数达1430家。其中，进出口过亿美元企业15家，出口超千万美元企业113家。京东方、江淮汽车、日立建机、佳通轮胎等大企业骨干作用明显，四家企业进出口占全部市属企业进出口的27%。形成以欧、美、日三大市场为主，非洲、南美、中东等新兴市场为辅，涵盖210多个国家（地区）的广阔国际市场。

【对外经济技术合作】 2012年，合肥市商务局加强对企业培训优化服务，促进企业对外投资，组织企业参与莫桑比克和津巴布韦境外经贸合作区建设，推动企业“抱团”走出去。完善与金融、保险及专业咨询服务部门的合作，充分利用“境外人民币结算试点”扩大范围的机遇，着重促进工程机械、科技研发、营销网络和资源开发等领域的海外融资并购。完善境外突发事件应急处理机制，妥善处理相关外派劳务纠纷；加强全市外派劳务公共服务平台建设，肥东县外派劳务平台建设获得国家支持资金90万元，巢湖市外派劳务平台通过省市两级审批，已报商务部待批。深入开展外向型经济调研，向市政府报送了全市外向型经济调研报告。全年全市对外经济合作新签合同额12亿美元、比上年增长39%，占全省49%；完成营业额22.6亿美元、比上年增长19%，占全省总量的75%。年末在外人数15085人、比上年增长8%，占全省64%。全市新批境外投资企业（机构）21户，7户增资，累计总投资额7349.7万美元，中方协议对外投资额6379.7万美元，实际投资额2.9亿美元。其中省外经建设集团在莫桑比克设立的鼎盛国际投资有限公司，实际投资额达1.36亿美元，是合肥市第一个实际投资额过亿美元项目。

（刘航航）

国民经济发展

综 述

2012年，面对复杂多变的外部环境，合肥上下牢牢把握稳中求进的总基调，紧紧围绕“新跨越，进十强”的奋斗目标，全力打造“大湖名城、创新高地”，继续保持经济平稳较快增长，总体呈现：经济增长较快、效益明显提升、转型成效显著、民生持续改善。

一、经济实力迈上新台阶，跨越赶超步伐稳健

（一）经济总量首超4000亿元。初步核算，2012年全市生产总值（GDP）4164.3亿元，占全省的24.2%；按可比价格计算，增长13.6%，高于全国、全省分别为5.8和1.5个百分点，增速位居全国省会城市第5、中部省会城市第1。

（二）部分指标进入省会十强。从总量看，全年固定资产投资、进出口总额、地方财政收入进入省会城市十强行列，分别位居第8、9、10位，规模以上工业增加值位居第11。

（三）主要指标首位度不断提高。全市GDP占全省比重24.2%，比上年提高0.4个百分点，其中服务业增加值占29%，提高0.3个百分点；规模以上工业增加值占21.9%，提高0.8个百分点。社会消费品零售额、进出口总额占比分别提高0.1个和5.6个百分点。

二、经济结构不断调整，人民生活持续改善

（一）工业保持较快增长，转型步伐加快。全年规模以上工业增加值1653.5亿元，比上年增长17.4%。其中，六大主导产业增长15.9%，家电、装备制造业两大产业产值超千亿。战略性新兴产业产值占规模以上工业的24.2%，提高1.2个百分点。规模以上高新技术工业产值占比53.5%，提高0.3个百分点。六大高耗能行业增加值占比17.6%，降低1个百分点。

（二）投资规模高位突破，市场规模不断扩大。全年固定资产投资突破4000亿元，达4001.1亿元，比上年增长23.7%。其中，工业投资1551.4亿元，增长23.5%；房地产投资913.8亿元，增长3.8%；亿元以上项目852个，增加139个，投资1702.5亿元，增长15.4%。全年社会消费品零售总额1293.6亿元，比上年增长16.7%，高于全国、全省分别为2.4和0.7个百分点。全年进出口总额176.4亿美元，增长43.3%。其中，出口总额136.3亿美元，增长74.3%。全年服务外包企业外包接包合同签约金额10.7亿美元，增长76.5%；接包合同执行金额7亿美元，增长79.2%。

（三）财政收支运行稳健，人民生活持续改善。全年财政收入694.4亿元，比上年增长11.3%，其中地方财政收入389.5亿元，增长15.1%。财政支出572.1亿元，增长20.5%，其中住房保障、医疗卫生、教育和社会保障就业支出分别增长61.1%、13.4%、18.5%和14.6%。

城镇居民人均可支配收入25434元，高于全国、全省平均收入869元和4410元，在中部省会城市中首次超过郑州；增长13.2%，比全国、全省增幅高0.6个和0.2个百分点。农民人均纯收入9081元，超过全国、全省平均收入1164元和1921元；增长15.5%，高于全国、全省2个和0.6个百分点。

（四）县域经济加快发展，民营经济贡献突出。五县（市）生产总值（GDP）1389.7亿元，占全市的33.4%，比上年提高1.8个百分点；增长14.4%，高于全市0.8个百分点。其中，工业增加值573.7亿元，增长23.3%，高于全市5.9个百分点。财政收入145亿元，增长31.5%，高于全市20.2个百分点。完成投资1238.4亿元，增长34.3%，高于全市10.7个百分点。规模以上工业民营企业增加值1157.6亿元，增长21.7%，高于全市4.3个百分点，对全市规上工业增长的贡献率达84%，比上年提高5.7个百分点。民间投资2292.4亿元，占全部投资的57.3%。

三、抢抓机遇开拓创新，克

服困难谋求发展

2013年，全市经济增长挑战与机遇并存，既要看到自身的优势，也要清醒认识到自身的不足。

从有利因素看，一是主要指标回升态势明显。上年三季度以来GDP、规模以上工业增加值、固定资产投资、社会消费品零售总额、外商直接投资等指标增速均有所回升。二是竣工项目奠定发展后劲。2012年全市工业竣工项目1522个，比上年增加79个；其中亿元以上竣工项目328个，增加122个。三是企业家信心指数上升。四季度企业家信心指数为137.6点，比三季度提高8.1个百分点。八大行业企业家信心指数除社会服务业外，其他比三季度均有提高，反映出企业家对发展信心较足。

从不利因素看，一是保持高速增长压力加大。投资方面，缺少大项目带动，投资保持高位运行的难度加大；消费方面，随着国家刺激消费政策效应的弱化，家电市场逐步降温，这将进一步制约市场规模的快速扩大；出口方面，2012年规上工业出口交货值下降1.9%，其中家电和汽车行业出口交货值分别下降54.7%和21.5%，预示外需回升乏力。

二是工业生产动力略显不足。从产业看，随着光伏、汽车和家电产业生产增速的放缓，2012年全市六大主导产业增幅同比回落10.9个百分点，低于同期全市工业增幅1.5个百分点。从趋势看，增长较快的新型平板显示和光伏产业增幅高开低走，增速从上半年的83.9%和275.4%快速回落至全年的44.2%和41.3%，预示工业生产动力不足。

三是资金供应矛盾较为突出。2012年，受整体经济回落、房地产调控、“营改增”以及个税、增值税、营业税起征点调整等多重因素影响，直接增加财政收入增收的难度，财政收入增幅回落11.4个百分点。直接融资占全省比重下降6.4个百分点，全年仅一家企业成功上市。人民币存贷比下滑2.5个百分点。在适度货币政策下，今年的资金供应不容乐观。

总体来看，全市经济增长的基本面是好的，持续增长的基础仍然牢固。2013年，是实施“十二五”规划承前启后的关键之年，按照“平中见奇、稳中求快、调整转型、夯实基础”的要求，保持经济持续健康较快发展和社会和谐稳定，要努力做好以下几方面工作：

（一）扩大有效需求。一要加大投资力度，推进环巢湖生态示范区建设，围绕支柱产业、新兴产业、城乡基础设施、节能环保、民生工程等重点领域，谋划和实施一批重特大项目，不断优化投资结构。鼓励支持企业发行债券、短期融资券、中期票据等。二要努力开拓市场，落实品牌促进、节能补贴等扩大消费政策，促进汽车、家电、太阳能光伏等地产品销售。着力推进连锁经营、集中配送，提升“万村千乡”和“新网”工程，培育文化体育、旅游休闲等新兴消费。

（二）做大做强产业。做强优势产业，大力推进家电、汽车、装备制造、食品及农副产品加工等优势主导产业加速向产业链两端延伸、价值链高端攀升，增强核心竞争力。壮大新兴产业，实行分类指导，量身定制扶持政策，一手抓企业发展和项目建设，一手抓示范和应用推广，加快太阳能光伏、新能源汽车、智能装备等产业发展壮大，积极申报国家新型显示、硅基功能材料、智能装备制造等新兴产业集聚发展试点。

（三）加强自主创新。提升企业创新能力，完善企业初创、成长、发展等不同阶段的支持政策，分类实施创新领航企业、创新小巨人、科技型小微企业培育计划。大力推动协同创新，国家、省市联手，推动语音产业快速发展。加强战略性新兴产业研究院建设，提升实体化、开放式运作水平。进一步完善“一中心、三基地”成果展示、创新服务等功能。

（四）加快县域发展。坚持工业立县主战略，积极承接产业转移，引导优势骨干企业快速扩张，吸引更多大项目落户，加快形成和壮大县域主导产业，通过市县联动、推动金融创新，打通县（市）融资途径。按照等高对接、融合发展的要求，加大“十大工程”和“十大政策”的实施力度，全力推动巢湖、庐江迈出更快更大的发展步伐。

（刘晓明　丁　涛）

合肥市国民经济发展

【概况】 2012年，合肥市实现地区生产总值4164.3亿元，同比增长13.6%，增速连续第8年位居中部省会城市第一；完成规模以上工业总产值6600.1亿元，实现增加值1653.5亿元，同比增长17.4%；全市居民消费价格指数累计上涨2.2%。在工业支柱产业发展方面，新型显示及电子信息、光伏及新能源、家电、汽车、装备制造、食品及农产品加工等六大支柱产业完成产值3854.0亿元，实现增加值951.6亿元，同比增长15.9%；完成装备制造业产值1058.1亿元；实现战略性新兴产业产值1598.7亿元，占规模以上工业产值的24.2%，同比提高1.2个百分点，增加值同比增长23.3%；服务业实现增加值1631.4亿元，对经济增长贡献率为35.4%，同比提高5.2个百分点。在县域经济发展方面，完成县域生产总值1300亿元，占全市生产总值的31.7%；完成规模以上工业增加值占全市相应比重的34.7%，同比提高2.6个百分点。在社会需求方面，完成全社会固定资产投资4001.1亿元，实现社会消费品零售总额1293.6亿元，实现地区进出口总额176.4亿美元，同比分别增长23.7%、16.7%、43.3%。民生事业方面，城镇居民当年人均可支配收入25434元，农民人均纯收入9081元，同比分别增长13.2%、15.5%；此外，对养老、失业、医疗、工伤、生育等社会保障事业进一步实行提标扩面，并推进教育、卫生等社会事业的发展。

【发展规划】 合肥市发改委牵头组织全市四大班子领导开展促进经济平稳较快发展专题调研活动，出台促进经济平稳较快发展的实施意见；研究制定光伏推广应用政策、现代服务业集聚发展政策，研究提出贯彻国务院关于中部崛起意见的38条具体措施；先后就皖江城市带承接产业转移示范区规划、合芜蚌自主创新综合试验区、合肥经济圈、与皖北结对合作、推进与央企合作、发展战略性新兴产业等重大问题开展研究，向市委、市政府提出对策建议。

此外，完成“十二五”规划修订，组织编制现代物流业发展规划、新能源城市、合六产业走廊、合肥经济圈县域经济、合肥经济圈轨道交通等专项规划和研究报告。

【产业发展】 合肥市发改委在支持农业发展方面，新增特色高效农业面积4万公顷、设施农业面积近2666.7公顷，全市拥有各类市级农业产业园区逾300个，实现农产品加工产值逾1000亿元。农业基础设施建设方面，完成农田水利建设投资14亿元，新增蓄水能力5953万立方米；并建设135座重点水利工程，其中74座水库除险加固工程全面完成。美好乡村建设方面，基本建立农村生活垃圾收运体系，并推进土地整治和清洁家园行动，整治村庄497个，农村清洁工程惠及16个乡镇，改造农村危旧房11888户。

工业发展方面，全市当年完成规模以上工业总产值6600.14亿元，实现工业增加值1653.54亿元，同比增长17.4%；完成装备制造业产值1058.13亿元；实现战略性新兴产业产值1598.74亿元，占规模以上工业产值的24.2%，同比提高1.2个百分点。全市当年规模以上高新技术工业企业完成产值3533.74亿元，占规模以上工业产值的53.5%，同比提高0.3个百分点。此外，全市六大高能耗行业当年实现增加值290.82亿元，占规模以上工业增加值的17.6%，同比下降1个百分点。

推动产业升级方面，推进合芜蚌自主创新综合试验区和创新型城市试点工作，新增国家高新技术企业81家，新建省级工程（技术）研究中心、实验室16个，并成功运行全球首个46节点的城域量子通信网，另启动建设中科大先进技术研究院。在提升十大战略性新兴产业研究院创新能力方面，在研项目和转化成果分别为190项和27项。此外，推进企业股权分红和激励试点工作，全市当年有两批32家企业参与试点。

促进服务业发展方面，坚持把加快服务业发展作为增强现代化新兴中心城市集聚辐射和综合服务功能的重要举措。区域性金融中心建设方面，有14家金融机构入驻滨湖国际金融后台服务基地。全国现代物流示范城市建设方面，推进获批现代物流技术应用和共同配送试点城市工作。会展产业发展方面，成功举办家博会、药交会等大型展会约160场。在旅游业发展方面，实现总收入逾400亿元。服务外包示范城市建设方面，全市拥有服务外包企业逾200家，累计接包合同执行金额逾3亿美元。

【资源环境】 合肥市发改委控制高耗能、高污染和产能过剩行业上新项目，并淘汰落后产能，执行固定资产投资项目能评制度。在工业节能、建筑节能、污水处理等节能减排重点工程建设方面，实现经开区污水处理厂二期、小仓房污水处理厂、滨湖新区塘西河再生水厂等工程完工并正式投入运行，建成马钢（合肥）公司烧结机脱硫、皖能合肥电厂和华能巢湖电厂机组脱硝等工程并投入使用，5家水泥企业全部实现低氮燃烧。此外，推广清洁能源，并推进金太阳示范工程、新能源示范城市、国家分布式光伏发电示范区等项目建设。

生态环境工程建设方面，推动环巢湖生态农业带建设，启动实施234个项目；并推进巢湖治理开发，实施巢湖综合治理“八大工程（环巢湖路桥、环巢湖防洪、通江航道、兆西河整治、环巢湖生态修复、环巢湖生态农业带建设、环巢湖入湖口截污、环巢湖旅游开发）”，开工建设环巢湖生态示范区首批113个项目，总投资逾500亿元。全市当年完成植树造林近16267公顷，实现绿化面积1218.7万平方米；完成大蜀山森林公园西扩工程并实行对外开放。

【项目投资】 合肥市发改委推进重点项目建设。省“861”、市“1346”行动计划项目分别完成投资914.3亿元、1601.2亿元，分别占年度计划的130.3%和116.1%。市发改委全年推动央企完成新签约任务1795.31亿元，新开工项目1222.12亿元，实际完成投资775.55亿元；推进市领导直接调度的112个重大项目建设，鑫晟8.5代线、联想（合肥）产业基地、豪威光电、晶澳太阳能、宝龙达电脑、滨湖国际金融后台基地、宝湾物流、华南城等产业层次高、带动力强的重大项目建设加快或建成投产。

城市建设方面，市发改委推动完成投资约217亿元，新建、续建大建设项目约840个，建成项目330个。在具体项目建设方面：1.合蚌客运专线建成通车，新桥国际机场工程进入转场准备阶段，实现机场高速、南淝河大桥、徽州大道与合肥高铁南站高架衔接等重点项目竣工；2.完成合肥汽车客运西站项目主体工程，建设合肥铁路枢纽南环线及南客站、合福高铁等项目；3.推进轨道交通一号线、二号线、铁路枢纽南环线及高铁南站、阜阳北路高架、铜陵路高架等项目建设；4.推进派河和店埠河航道提升改造、合肥港综合码头二期、合裕航道整治及配套港口工程建设等；5.推进滨湖新区、政务区建设及老城改造工程。

此外，在项目谋划储备方面，市发改委围绕支柱产业发展、战略性新兴产业培育和重大基础设施建设等，谋划遴选了384个重点项目，总投资9000多亿元，形成了建设一批、开工一批、推进一批、储备一批的梯次推进格局。

【可持续发展】 合肥市在加快发展中突出“环保优先”的方针，推进以巢湖水环境综合治理为重点的环境综合治理工作，围绕“基本不再让一滴污水排入巢湖”的目标，按照“全截污、全收集、全处理”的基本要求，实施“水环境”治理工程，累计投入46.1亿元，建设地下管网1300公里，新建污水处理厂14座，城市污水集中处理率达95%。

城市规划建设方面，市发改委当年推进优化城市空间布局工作，完成合肥市空间发展战略及环巢湖地区生态保护修复与旅游发展规划、半汤和汤池国际温泉度假区概念规划编制，并推动新一轮土地利用总体规划获国务院批准。在综合交通枢纽建设方面，实现合蚌客运专线建成通车，并推进建设合福高铁和合肥港综合码头二期工程等项目。城市基础设施建设方面，实现机场高速、南淝河大桥等重点项目竣工，推进轨道交通一号线、二号线、阜阳北路高架、铜陵路高架等项目建设。

民生及社会事业方面，市发改委当年建立和完善社会保障、医疗保障和社会安全等体系建设，庐阳等6县（区）先后进入全省教育强县（区）行列；在基层医疗卫生服务机构全面实施药品零差率销售，启动肥东县医院公立医院改革试点工作；实施33+7项民生工程，累计投入资金76亿元。在城乡低保提标扩面工作方面，市区城乡居民低保标准提高到户月人均360元、四县一市城市低保标准为户月人均320-360元，农村低保标准为年人均不低于1500元。此外，实施城中村、危旧房改造项目47个，拆迁面积496万平方米；并全面开工实施36个老旧小区环境综合整治工程，惠及22328户。

（韩　峻）

附：

合肥市国民经济和社会发展第十二个五年规划纲要

“十二五”时期，是合肥市加快发展、转型提升的重要时期，也是全面建设现代化新兴中心城市、朝着区域性特大城市迈进的关键阶段。根据行政区划调整后经济社会发展情况的变化，对《合肥市国民经济和社会发展第十二个五年规划纲要》进行修订，进一步阐明“十二五”时期的发展目标、主要任务和保障措施，描绘“十二五”发展的宏伟蓝图，使之成为引领全市人民奋力实现“新跨越、进十强”奋斗目标的行动纲领。

第一章　发展基础和环境

第一节　发展基础

“十一五”时期是我市综合实力快速提升、城乡面貌发生巨变、改革开放全面深化、人民群众生活水平显著提高的时期。五年来，在省委、省政府的坚强领导下，全市人民深入贯彻落实科学发展观，抢抓国家促进中部崛起、扩大内需和国内外产业转移等重大机遇，围绕工业化、城镇化两篇大文章，突出“大发展、大建设、大环境”的工作主题，积极实施工业立市、县域突破、创新推动、东向发展和可持续发展战略，有效应对国际金融危机冲击，经济社会发展取得巨大成就，为“十二五”时期加快发展奠定了坚实基础。

综合实力跃上新台阶。全市地区生产总值（GDP）由“十五”末的925.6亿元增加到2701.6亿元，年均增长17.9%；财政收入由130.9亿元增加到476.2亿元，年均增长29.5%；全社会固定资产投资累计完成9511亿元，年均增长44%。地区生产总值占全省比重由17.3%提升至21.9%，总量在全国省会城市中位次由第18位跃升至第15位。

结构调整迈出新步伐。三次产业结构由5.7:45.9:48.4调整为4.9:53.9:41.2，工业主导地位日益突出，高新技术产业增加值占GDP比重达到23%，战略性新兴产业增加值达到311.2亿元。金融、物流等现代服务业快速发展。自主创新能力显著增强，全社会科技研发（R&D）投入占地区生产总值2.13%。节能减排目标任务全面完成。

城市建设实现新跨越。积极实施“141”城市空间发展战略，城市建设取得重大进展。城市建成区面积由“十五”末的224平方公里扩大到339平方公里，城区人口突破335万，城镇化率达到68.2%。一批铁路、高速公路、航空、水运项目顺利实施，全国区域性综合交通枢纽初步形成。水、电、气、热等市政公用设施不断完善，综合承载力进一步增强。

县域经济取得新突破。肥东、肥西、长丰三县GDP由“十五”末的174.5亿元增加到656.8亿元，占全市GDP比重由18.9%提高到24.3%。三县进入中部百强县和全省科学发展一类县前列，肥西县跻身全国百强县。城乡一体化综合配套改革扎实推进，农村土地综合整治深入实施，整村推进成为全国样板。

生态环境得到新提升。城市污水集中处理率由“十五”末的60%提高到95%，巢湖西半湖及南淝河、十五里河、派河水质得到改善。城市建成区绿化覆盖率从37%提高到44.4%，人均公共绿地面积从8.7平方米增加到12.2平方米，基本达到国家生态园林城市标准。农村生态和农民居住环境显著改善。

居民生活得到新改善。城乡居民收入保持较快增长，城镇居民人均可支配收入、农民人均纯收入分别达到19051元、7118元，超过全国平均水平。五年新增城镇就业岗位46.6万个，基本消除“零就业”家庭，实现由劳务输出向输入的历史性转变。社会保障体系进一步完善，新型农村合作医疗参合率达98.9%。

和谐社会建设达到新高度。教育改革深入推进，义务教育均衡发展进入全国先进城市行列；医药卫生体制改革稳步开展，社区卫生服务机构实现全覆盖；文化改革与发展取得新突破，人民群众的精神文化生活需求得到更好满足；群众体育活动广泛开展，竞技体育实力不断提升。依法行政取得明显成效，社会治安保持全国最好地区之一。

改革开放取得新成就。强力实施行政审批制度、投融资体制、城市建设管理体制等改革，大力推进行政效能建设，发展活力不断增强。开放型经济水平不断提高，招商引资累计完成4360亿元，是“十五”时期的7.7倍，50余家世界500强企业落户合肥；进出口总额累计完成352.2亿美元。与长三角地区现实一体化通关，合肥出口加工区获得国务院批准。

“十一五”时期，市委、市政府带领全市人民坚持把中央精神和省委、省政府的要求同合肥实际紧密结合，不断深化对经济社会发展内在规律的认识，始终坚持解放思想、改革创新不动摇，始终坚持工业化主导不动摇，始终坚持城乡统筹发展不动摇，始终坚持扩大有效投入不动摇，始终坚持以人为本、改善民生不动摇，走出了一条符合科学发展观要求、具有合肥特色的发展路子。这一时期，主要经济指标增幅位居全国前列，社会建设更加和谐，群众生活得到明显改善，整个城市充满生机与活力，多个方面实现了历史性跨越，开创了合肥改革开放和现代化建设的新局面，为“十二五”发展奠定了基础、积累了经验。

行政区划调整后，合肥区域面积由7055平方公里增加到11430平方公里，增加62%；2010年末，常住人口规模由570.2万人增加到745.7万人，增加30.8%；地区生产总值达到2962亿元，占全省的比重由22%上升到24%。合肥发展空间更加宽广，资源更加丰富，区位优势更加凸显，城市影响力进一步提升。

第二节　发展环境

“十二五”时期，综合各方面因素看，合肥发展仍处于大有可为的重要战略机遇期。

专栏一 “十一五”规划主要目标完成情况

分类	指标名称	单位	规划目标		中期调整目标		2010年完成	
			总量	增速（%）	总量	增速（%）	总量	增速（%）
经济发展	GDP	亿元	1900	15.5	2300	—	2701.6	17.9
	人均GDP	美元	5000		6000		7000以上	
	全社会固定资产投资（累计）	亿元	4500	22	7700	35	9511	44
	其中：工业投资（累计）	亿元	1500	—	1500	—	2826.6	62.4
	社会消费品零售总额	亿元	650	15	750	18	839	20.9
	财政收入	亿元	260	15	400	25	476.2	29.5
结构调整	三次产业比	%	4:49:47		5.5:49:45.5		4.9:53.9:41.2	
	规模以上工业增加值	亿元	800	24	1000	—	1052.7	25.3
	高新技术产业增加值占GDP比	%	20		20		23	
城市建设	建成区面积	km²	300		300		339	
	市区常住人口	万人	300		300		335.2	
	城镇化率	%	60左右		60左右		68.2	
生态环境	万元生产总值能耗（累计）	吨标煤	达省控目标		达省控目标		达省控目标	
	主要污染物排放	吨	达省控目标		达省控目标		达省控目标	
	城市污水集中处理率	%	80以上		80以上		85以上	
	建成区绿化覆盖率	%	40以上		40以上		44.4	
	城市人均公共绿地	平方米	11		11		12.2	
改善民生	城镇居民人均可支配收入	元	16000	11	18600	14	19051	14.5
	农民人均纯收入	元	5500	11.5	6500	15	7118	17.3
	新增就业岗位（累计）	万个	30	—	30	—	46.6	—
	城镇登记失业率	%	4.5以内		4.5以内		4.3以内	
对外开放	进出口总额	亿美元	67	14	—	—	99.6	18.9
	实际利用外资（累计）	亿美元	40	23	40	—	56.3	28.6

说明：以上增速均为年均增速，其中地区生产总值和规上工业增加值增速按可比价计算。

从政策环境看，国家实施区域发展总体战略和主体功能区战略，推动经济布局逐步从沿海向内陆延伸，加快中西部地区发展是国家“十二五”规划的重点，合肥所在的江淮地区被列为重点开发区域；随着国家促进中部崛起战略的深入实施，皖江城市带承接产业转移示范区、合芜蚌自主创新试验区和国家创新型城市试点、合肥经济圈建设的实质性推进，诸多政策的叠加效应将在“十二五”期间集中显现。

从发展趋势看，随着沿海产业加速向中西部地区转移，良好的区位优势、较低的商务成本和日益完善的投资环境，使合肥正在成为产业转移的首选地。全球经济复苏缓慢为国内企业实施‘走出去’战略创造了有利条件。

从发展阶段看，目前合肥正处在工业化和城市化加速推进阶段，城市集聚产业和人口的功能不断提升，城乡一体化向纵深推进，产业结构加快优化升级，经济发展的后劲和内生动力进一步增强。

省委、省政府从加速安徽崛起

的战略高度，要求把合肥打造成为长三角地区继沪宁杭之后的现代化新兴中心城市，并朝着在全国有较大影响力的区域性特大城市方向迈进，这为合肥“十二五”乃至更长一个时期的发展指明了方向，增强了全市人民加快发展的信心。

但是，全球经济形势复杂多变，复苏的曲折性、艰巨性进一步凸显；国内经济发展的条件和动力发生深刻变化，外需拉动乏力，转型发展迫切。我市经济社会发展也面临着需要着力解决的矛盾和问题。一是综合实力仍然不强。经济总量不够大，经济结构不尽合理，服务业发展相对滞后，居民消费对经济增长的拉动作用较弱。二是资源环境约束强化。加强资源节约集约利用和生态环境保护的任务更加艰巨，节能减排的压力加大，推进巢湖综合治理与开发任务更重。三是民计民生有待改善。居民收入整体水平还不够高，就业容纳能力不强，公共服务不够均衡，社会管理难度加大。四是改革开放需要深化。皖江城市带承接产业转移示范区先行先试的示范作用有待增强，民营经济和中小企业发展活力不足，利用国际国内两个市场、两种资源的能力有待进一步提升。五是统筹城乡任务更重。区划调整后，加快县域经济发展，促进城乡统筹的任务更重。

第二章　指导思想、战略定位和发展目标

第一节　指导思想

全面贯彻党的十七大和十八大精神，以邓小平理论、“三个代表”重要思想和科学发展观为指导，围绕“大湖名城、创新高地”的新定位，按照“新跨越、进十强”的新要求，顺应人民群众过上更加美好生活的新期待，以科学发展为主题，以加快转变经济发展方式为主线，以富民强市为目的，着力推动科学发展、跨越发展、和谐发展、绿色发展，实现经济繁荣、人民富足、生态良好，在加快建设现代化滨湖大城市的基础上，把合肥打造成为长三角地区继沪宁杭之后的现代化新兴中心城市，并朝着在全国有较大影响力的区域性特大城市方向迈进，充分发挥合肥在全省发展大局中的核心辐射带动作用，为建设美好安徽多作贡献。

根据以上指导思想，要坚持以下原则：

必须牢牢扭住经济建设这个中心，不断解放和发展社会生产力，实现经济社会又好又快发展。

必须大力推进经济结构战略性调整，促进经济增长向三次产业协同带动、消费投资出口协调拉动转变，构筑高端化高质化高新化的现代产业体系。

必须切实加快科技进步和创新，大力提高自主创新能力，真正走上创新驱动、内生增长的发展轨道。

必须全面提升城市规划建设管理水平，大力加强生态文明建设，构建资源节约型、环境友好型社会。

必须把保障和改善民计民生作为根本出发点和落脚点，坚持从最广大人民根本利益出发谋发展、促发展，使发展成果惠及全体群众。

必须深入推进改革开放，激发全社会的创新创业创造活力，不断完善有利于科学发展的体制机制。

第二节　战略定位

围绕打造“大湖名城、创新高地”，加快建设全国重要的现代产业基地、全国重要的综合交通枢纽、全国重要的创新型城市和全国旅游文化名城。

——全国重要的现代产业基地。按照“建设重大项目、发展龙头企业、延伸产业链条、培育产业集群”的思路，打造若干具有全国影响力乃至国际知名的产业集群，建设全国重要的先进制造业基地、高新技术和战略性新兴产业基地、现代服务业基地。

——全国重要的综合交通枢纽。加快铁路、公路、水路、航空、城市道路、交通枢纽站场等交通基础设施的规划建设，注重各种运输方式在路线、节点上的匹配和衔接，建成承东启西、连南接北的综合交通枢纽城市，成为新欧亚大陆桥的重要节点。

——全国重要的创新型城市。依托科教优势，完善创新体系，集聚创新要素，发展创新型产业，建设国内一流的科技创新中心、高层次人才聚集中心和产业创新示范区，率先建成国家创新型城市。

——全国旅游文化名城。以环巢湖生态示范区建设为重点，打造城湖共生、生态宜居的典范。挖掘城市文化内涵，集成全国乃至世界先进文化成果，整合周边生态旅游等资源，加快建设以大湖、温泉、湿地、名镇为特色的国际休闲旅游目的地。

第三节　发展目标

——综合实力显著增强。全市GDP突破6600亿元，年均增长13%左右，全市人均GDP达到1.3万美元；财政收入达到1000亿元，年均增长14%；全社会固定资产5年累计完成2.5万亿元，年均增长18%，其中工业投资累计9000亿元，年均增长20%；社会消费品零售总额达到2000亿元，年均增长16%以上。

——产业结构显著优化。三次

产业结构比例调整为3:55:42，规模以上工业增加值突破2800亿元，高新技术产业增加值占GDP比重26%，战略性新兴产业增加值翻两番。全社会R&D投入占GDP比重达到3%。土地节约集约利用成效显著，万元生产总值能耗、主要污染物排放总量等节能减排指标完成省控目标。

——城市功能显著提升。城区常住人口突破430万人，建成区面积扩大到420平方公里，城镇化率达到70%。水、电、气、热、公交等公用设施完善，综合交通枢纽基本建成，城市功能品位明显提升，综合承载力显著增强，形成布局合理、特色鲜明的城市空间发展格局。

——生态环境显著改善。城市垃圾无害化处理率达到100%，城镇污水集中处理率达到98%，巢湖水质进一步改善；工业固体废物处置利用率达到99%；全市森林覆盖率超过25%，城市建成区绿化覆盖率达到46%；空气质量良好以上天数达到310天以上。

——居民生活水平显著提高。城镇居民人均可支配收入达到38100元，年均增长15%；农民人均纯收入达到13900元，年均增长16%。农村居民安全饮水实现全覆盖。人均期望寿命达到79岁。

——社会建设显著加强。建立统筹城乡的就业服务体系，5年累计新增就业岗位超过60万个，城镇登记失业率控制在4.5%以内；居民普遍享有便利的基本医疗和公共卫生服务，实现各类社会保障基本全覆盖。科教文卫体等各项社会事业全面发展，文化事业与文化产业加快发展，基本公共服务体系逐步完善。人口自然增长率控制在7‰以内。社会主义民主法制更加健全，社会管理更加完善，社会更加和谐稳定。

——发展活力显著增强。综合配套改革取得新突破，体制机制更加完善；对外开放和区域合作达到新水平，地区进出口总额年均增长20%，5年累计招商引资12000亿元，其中外商直接投资90亿美元。

到2020年，GDP在“十二五”基础上再翻一番，人均GDP达2万美元以上，在全省率先基本实现现代化。再经过5-10年的努力，建成1000万以上人口规模的区域性特大城市。

专栏二 “十二五”时期经济社会发展的主要目标

分类	指标名称	单位	总量	增速（%）	指标属性
经济发展（5项）	GDP	亿元	6600	13左右	预期性
	人均GDP	美元	13000		预期性
	固定资产投资（累计）	亿元	25000	18	预期性
	其中：工业投资（累计）	亿元	9000	20	预期性
	社会消费品零售总额	亿元	2000	16	预期性
	财政收入	亿元	1000	14	预期性
结构调整（6项）	三次产业比	%	3:55:42		预期性
	规模以上工业增加值	亿元	2800	17	预期性
	高新技术产业增加值占GDP的比重	%	26		预期性
	服务业增加值	亿元	2750	11	预期性
	R&D经费支出占GDP比重	%	3		预期性
	每万人口发明专利拥有量	件	8		预期性
城市建设（3项）	建成区面积	km²	420		预期性
	市区常住人口	万人	430		预期性
	城镇化率	%	70		预期性
资源环境（9项）	耕地保有量	万公倾	54.9		约束性
	单位工业增加值用水量降低	%	达省控目标		约束性
	单位GDP能源消耗降低	吨标煤/万元	达省控目标		约束性

接上表

分 类	指标名称		单 位	总 量	增速（%）	指标属性
资源环境（9项）	非石化能源占一次能源消费比重		%	6		约束性
	单位GDP二氧化碳排放降低		%	达省控目标		约束性
	主要污染物排放总量减少	化学需氧量	吨	达省控目标		约束性
		二氧化硫	吨	达省控目标		约束性
		氨氮	吨	达省控目标		约束性
		氮氧化物	吨	达省控目标		约束性
	污染处置	城镇污水集中处理率	%	98		约束性
		城市垃圾无害化处理率	%	100		约束性
	建成区绿化覆盖率		%	46		约束性
	森林增长	森林覆盖率	%	25		约束性
		森林蓄积量	万立方米	700		约束性
人民生活（5项）	年末总人口		万人	766	自然增长7‰	约束性
	城镇居民人均可支配收入		元	38100	15	预期性
	农民人均纯收入		元	13900	16	预期性
	城镇保障性安居工程建设（累计）		万套	12.5		约束性
	人均期望寿命		岁	79		预期性
社会建设（7项）	城镇参加基本养老保险人数		万人	161.5		约束性
	新型农村社会养老保险参保人数		万人	266		约束性
	城乡居民合作医疗保险参保率（含新农合）		%	>98		约束性
	九年义务教育巩固率		%	99		约束性
	高中阶段教育毛入学率		%	98		预期性
	新增就业人数（累计）		万个	60		预期性
	城镇登记失业率		%	4.5以内		预期性
对外开放（2项）	外商直接投资（累计）		亿美元	90	—	预期性
	地区进出口总额		亿美元	248	20	预期性

说明：以上增速均为年均增速，其中地区生产总值和规模以上工业增加值增速按可比价计算。

第三章　产业发展与布局

深入推进工业立市战略，以培育壮大战略性新兴产业为引领，以改造提升传统优势产业为重点，以发展繁荣现代服务业为支撑，重点打造新型平板显示及电子信息、光伏及新能源、家用电器、装备制造、汽车和零部件、食品和农产品加工6个千亿元级产业，新型化工、采矿和冶金、新型建材等若干个五百亿元级产业，培育发展2-3家产值超500亿元、30家产值超百亿元的企业集团，加快形成结构优化、技术先进、清洁安全、附加值高、吸纳就业能力强的现代产业体系。到“十二五”末，全市规模以上工业总产值超过1.2万亿元。

第一节　培育发展战略性新兴产业

把培育发展战略性新兴产业作为产业结构升级的突破口，聚焦高端产业，实施“255”工程，大力发展具有比较优势的新型平板显示及电子信息、光伏及新能源、高端装备制造、新能源汽车、公共安全、节能环保、生物等产业，加强政策支持，加快资本集中，增强技术领先优势，扩大优势产品规模，加快形成支柱性和先导性产业。到“十二五”末，战略性新兴产业产值超过5000亿元。

电子信息及新型平板显示产业。加快推进光电模组、液晶玻璃、背光源、液晶材料、偏光片等产业链核心项目，积极布局有机发光显示器（OLED）、3D、激光显示等项目，推进新型显示产业集聚发展试点，着力打造具有国际影响力和竞争力的国家级新型平板显示基地。支持移动互联、模数混合、信息安全、数字电视、视频识别及传感器等芯片设计，积极推进晶圆制造以及先进集成电路封装测试生产线项目，壮大集成电路产业规模。支持大尺寸蓝宝石衬底材料加工和制作，扩大大功率芯片生产规模，加大LED产品应用领域设计开发。大力发展软件产业，加速开发嵌入式软件、应用软件、智能语音等产品，发展软件外包；积极开发下一代互联网及通信技术，构建通信及网络产品产业链。加快推进三网融合，促进物联网、云计算的研发和示范应用。积极发展与重大整机项目相配套的数字化音视频、电子材料及新型元器件，加快延伸产业链，打造电子信息国家高技术产业基地。

新能源及太阳能光伏产业。加快光伏产业研发、制造和示范应用，积极发展光伏太阳能电池组件、太阳能电池、大型多晶硅提纯、硅铸锭、切片、光伏电站等，建立较为完整的太阳能发电产业体系。积极推广应用高效、多功能太阳能热水器，推动太阳能在供暖、制冷和中高温工业领域的应用。支持建筑光伏蜂窝模块（BHPV）规模化生产，促进光伏发电分布式应用，推进以太阳能应用为主、综合利用各种可再生能源的新能源示范城市建设，打造全国光伏应用第一城。积极发展生物质能发电及设备，风电、核电装备及关键零部件。到“十二五”末，建成全国重要的新能源产业基地。

新材料产业。围绕新型平板显示、家电、汽车等产业，大力发展稀土功能材料、半导体材料、高性能膜材料、以及平板显示玻璃、低辐射镀膜玻璃、新型陶瓷等无机非金属功能材料。推进铁氧体、钕铁硼等磁性产品的深度开发，形成磁性材料产业集群。积极发展高品质特殊钢、新型合金材料、工程塑料等先进结构材料。提升高性能纤维及其复合材料水平，促进高性能复合材料发展。支持纳米、超导、智能等共性基础材料研究。

高端装备制造产业。积极发展城市轨道信号系统、供电系统、综合自动化系统等装备产业。强化基础配套能力，大力发展集成电路、新型平板显示等产业用高端装备。突破新型传感器与智能仪器仪表、自动控制系统、数控机床和工业机器人等核心技术，积极发展以数字化、柔性化及系统集成技术为核心的智能制造装备产业，加强智能技术、智能测控装置和高性能零部件在汽车、电力、环保及资源综合利用等重点领域的推广应用。

新能源汽车产业。实施新能源汽车工程，积极推进公共测试平台、试验验证和应用综合评价体系建设，重点发展纯电动、混合动力客车及乘用车，大力推进动力电池、驱动电机及电子驱动控制系统、整车控制系统等项目，促进新能源汽车整车产品规模化、重要部件本地化、关键技术自主化和产品应用多样化。加快新能源汽车在公共领域示范推广力度，推进充电网络体系和设施建设，探索新型商业化运行模式。

节能环保产业。充分运用现代技术成果，发展高效节能锅炉窑炉、电机及拖动设备、余热余压利用、高效储能节能监测和能源计量等节能新技术和装备，开发和推广高效节能绿色电器、照明器具、绿色建材等新产品，大力推行合同能源管理新业态。积极发展水和大气污染防治、城市垃圾和危险废弃物处理处置、环境检测技术及成套装备；积极推进高效膜材料及组件、生物环保技术工艺等材料和药剂的创新发展。推进资源综合利用关键共性技术的研发和产业化，重点发展共伴生矿产资源、大宗固体废物综合利用，汽车零部件及机电产品再制造、资源再生利用，以先进技术支撑的废旧商品回收体系，餐厨废弃物、农林废弃物、废旧纺织品和废旧塑料制品资源化利用。

生物产业。大力发展生物制药、现代中药、小分子药物等新产品，加快发展医用材料、医疗器械、生物试剂、组织工程等生物医学工程产品；积极培育优质、高产、高效、多抗的动植物新品种，推进生物兽药、生物肥料等绿色农用产品的开发和应用；培育发展生物醇、酯等生物基材料，建设国内重要的生物医药和生物育种产业集聚区。

公共安全产业。加快在北斗卫星通信导航系统、应急指挥与救援现场通讯技术、空管雷达、安全生产监控、灾害监测预警、食品快速检测及安全控制等关键领域实现技术突破，推动在反恐安全、信息安全、交通安全、防灾减灾、食品安全、环境安全和城市安全等领域技术成果产业化，建设国家公共安全产业基地。

第二节　做大做强传统优势产业

瞄准高端领域，着力运用新技术、新装备、新工艺改造提升传统产业，增强产业核心竞争力，壮大产业规模，延伸产业链条，推进家用电器、汽车及零部件、装备制造、食品及农产品加工等产业集聚、集群发展。

家电产业。引进国内外知名品牌企业和研发机构，大力发展绿色环保型、高效节能型、信息智能型和个性化家电产品；大力发展家电关键配套产品，提升主机配套零部件本地化率，积极发展各类小家电产品；鼓励家电企业建立战略联盟，联合开展产品研发、原材料和零部件采购、物流配送、市场开拓等；加快建设国家家电质量检测中心。到“十二五”末，彩电、冰箱、洗衣机、空调四大件产能1.2亿台（套），建成全球家电制造中心。

汽车及零部件产业。依托江淮汽车、安凯客车等骨干企业，整合品牌、技术等资源，持续提升整车及关键零部件的研发和制造水平，重点发展商用车、乘用车、专用车全系列整车产品，以及发动机、变速箱、动力总成等提升整车性能的系统化、模块化关键部件。开展燃料电池汽车相关前沿技术研发，大力推进高能效、低排放节能汽车发展。积极开展与国内外汽车龙头企业合作，进一步壮大汽车产业规模，努力建成全国重要的汽车及零部件产业基地。

装备制造业。提高自主设计和制造大型成套装备、高新技术装备、关键零部件及基础件能力，壮大工程机械、电工电器、锻压机械、仪器仪表、化工机械、水泥装备、环保机械等优势行业，积极发展农业和食品加工机械，努力建成全国重要的装备制造业基地。

食品及农产品加工业。大力发展粮油制品、肉制品、乳制品、休闲食品、饮料、烟草、饲料等7大产业，建立原料采购、加工制造、物流配送、食品销售和进出口贸易的完整产业链。争取在精深加工、综合利用、快速冷冻、保鲜杀菌、包装分级、物流运输等重大共性关键技术方面研究取得突破，努力建设全国重要的食品及农产品加工产业基地。

新型化工产业。重点发展日用化工、橡胶轮胎、新型建材及精细化工产业，加快盐化、煤化、石化等产业链整合发展，加大企业技术改造力度，推动化工产品结构向精、深方向发展。

采矿与冶金产业。加快罗河、龙桥、泥河、矾山等矿业开采，加强铁、钒、铜等金属矿产资源以及高岭土、绢云母、明矾石等非金属矿产资源的开发利用，实施合钢搬迁改造，加快庐江钒矿资源综合利用等项目建设，建设钢铁产业循环经济体系，打造新型矿业采选及深加工产业集群。积极发展有色金属精深加工。

建材产业。重点发展节能、环保、附加值高的新型建材产品，推广应用建筑渣土、工业固体废弃物等利用再造技术，形成绿色建材产业体系，力争在新型干法水泥、新型墙体材料、新型保温隔热材料、新型防水密封材料、无机非金属新材料、绿色环保装饰装修材料等生产上取得突破。积极推进住宅产业化，促进建材产业发展。加快水泥、玻璃等建材成套装备研发制造。

纺织服装产业。加快传统纺纱织造、针织、印染等行业技术设备改造，淘汰落后产能。鼓励发展高新技术纤维和生物质纤维，加快产业化进程。加快发展服装和家用、产业用终端纺织品生产，加强品牌建设，提高产品附加值。

建筑业。支持中铁四局、中煤矿山建设集团、安徽建工、安徽外经建设集团等大型企业提高核心竞争力，促进中小型建筑企业向专、特、精方向发展，形成由总承包、专业承包和劳务分包等组成的承包体系，以及由勘察、设计、监理等组成的工程咨询服务体系，拓展市政、交通、水利、电力等专业工程领域，壮大建筑业规模。推进建筑业技术进步，提高建筑业的设计、施工和技术装备水平。鼓励采用先进节能减排技术和材料，建立绿色建筑标识制度。开展境外工程承包和劳务合作，大力拓展境外市场。巩固建筑业在全市经济发展中的支柱产业地位。严格工程质量和建筑生产安全管理。

第三节　加快发展现代服务业

坚持市场化、产业化、社会化、国际化方向，全面提升服务业发展质量和水平，增强服务业对经济增长、产业转型的拉动作用。适应工业化、城镇化和居民消费结构升级的新形势，推动生产性服务业集聚化、生活性服务业便利化发展，促进服务业与一二次产业融合发展，建设一批现代服务业聚集区，形成全国区域性金融、物流、会展、商贸、旅游、信息服务等现代服务业中心。

金融服务业。积极推进金融改革创新试点，吸引国内外银行、保险、证券、信托、基金和风险投资等各类金融机构落户合肥；支持银行和大型企业集团设立金融租赁公司、财务公司、汽车租赁公司等非银行金融机构；发展中小型商业银行、小额贷款公司以及农村信用联社、村镇银行、农业保险公司等地方中小金融机构。强化金融创

专栏三　六大千亿元产业重点项目

*新型平板显示及电子信息：*京东方TFT-LCD6代线、鑫晟TFT-LCD8.5代线、鑫昊PDP、青雅科技、彩虹高世代液晶玻璃基板、联想（合肥）产业基地、宝龙达电脑、彩虹蓝光LED、友达液晶面板模组、乐凯光学膜、宽幅偏光片、瀛天光电、12吋晶圆制造项目、国晶微电子、豪威科技、金点科技驱动IC产业化、中电科光电子高新技术产业化基地、北斗产业园等项目。

*光伏及新能源：*晶澳3GW太阳能一体化生产基地、赛维LDK1600MW光伏太阳能电池及组件、海润1200MW光伏太阳能电池及组件、中南光电、景坤太阳能、东立多晶硅、阳光电源光伏和风力发电设备、巢湖远景风电场、肥西108MWp光伏并网电站、合肥光谷CBD项目、安赛锂能锂离子电池、国轩高科锂动力电池产业园、荣事达汽车锂电池和快速充电器、3M、彩虹光伏玻璃、中建材光伏太阳能玻璃、安徽立晶太阳能光伏、合肥祺科太阳能光伏、金太阳示范工程等项目。

*家用电器：*格力中央空调、美的中央空调、荣事达三洋洗衣机及变频电机、凌达压缩机生产基地、荣事达三洋节能环保电冰箱、航嘉电器家电产品配套件、长虹高清电视及模组、美的压缩机、鑫虹液晶电视整机、友达液晶电视整机、格力冰箱、TCL、国家家电质检中心等项目。

*汽车及零部件：*江汽年产3万辆轻型客货车、江淮客车异地搬迁改造、江汽-纳威司达发动机、正兴轿车铝合金车轮、江淮轿车二期和瑞风二代商用车换型改造、江汽年产10万辆皮卡及微卡、长安30万辆微型车、江汽中重卡及重卡发动机、广通汽车、安凯新能源汽车、江汽集团汽车零部件供应巢等项目。

*装备制造：*日立3万台挖掘机、熔安动力船用低速和中速柴油机及配套件、熔安铸造、合肥宝虎挖掘机零部件生产基地、吴山电线电缆工业园、神马科技起重机、TFT-LCD关键设备制造、凯泉泵业电机电泵生产、三益特大型节能高效潜水驱动和排水设备、南亚装载机零配件生产基地、熔盛工程机械生产基地、联发凯迪年3万台大中型拖拉机、肥东智能装备产业园、合肥航空产业园等项目。

*食品及农产品加工：*黑牛食品大豆深加工、伊利乳业奶牛基地及乳品加工、安徽和诚2亿只家禽加工、肥东福涌泉年产100万吨食用油深加工、肥西优质蚕桑生产基地、肥东农产品加工示范基地、中烟醋纤项目、合肥烟厂易地技术改造暨“黄山”精品卷烟生产等项目。

新，大力发展中间业务，积极发展债券、票据、风险投资、产权交易、信用担保、期货、信托、典当等业务，提供多元化金融产品与服务；建设滨湖国际金融后台服务基地，规划建设瑶海中小金融机构创新园，打造区域性金融中心。到“十二五”末，金融业增加值达到500亿元。

物流服务业。根据产业发展和分布特点，重点推进物流园区建设。加快合肥出口加工区建设，推进设立保税物流中心和综合保税区，建设中西部重要的“虚拟海港”。加快安徽出入境检验检疫局合肥（新站）办事处建设。建设中国合肥农产品国际物流园等商贸物流配送中心，打造全国现代物流示范城市。完善公路、水路、铁路、航空等综合运输网络，打造高效、立体联动的物流体系。积极发展第三方物流，促进物流运作方式与国际接轨，推动制造业与物流业联动发展。培育和引进一批大型知名物流企业，推动物流企业通过重组转型、整合并购、战略联盟等方式做大做强。

会展服务业。高标准建设和完善安徽滨湖国际会展中心等基础设施，提高展馆的现代化水平。走品牌化、特色化、专业化之路，做好工业、农业、环保、物流等专业会展，打造家电、农产品、汽车（农机）、生物医药、文化博览等会展品牌，重点办好中国（合肥）自主创新要素对接会、中国（合肥）国际家用电器博览会、中国合肥苗木花卉交易大会、中国（合肥）农业机械展览会等重点展会。加强与全国行业协会、国际会展机构的交流合作，积极构建区域会展联盟。引进国内外知名品牌会展和会展公司，培育会展企业，提高承接会展的能力和水平。

商贸服务业。优化调整商业布局，推进老城区商业网点升级换代和功能更新，加快中央商务区、特色商业街区等建设，建成30个城市商业综合体，形成合理有序的商业网点布局。大力推广大型购物中心、连锁经营、电子商务、社区商业等现代流通组织形式和经营方式，打造全国电子商务示范城市。做大做强商贸流通企业，培育发展一批进入全国服务业企业500强的大型商贸集团。大力引进国内外知名商贸企业，提升商贸流通业的规模、档次和功能。以“双百市场”、“新网工程”和“万村千乡”工程建设等为契机，改造和新建一批新型专业批发市场，建设一批年交易额超百亿元的专业批发市场，发展和完善农村标准化消费品“农家店”，实现城乡市场协调发展。

旅游服务业。围绕环巢湖旅游资源综合开发，实施旅游精品工程，加快旅游大项目建设；加强旅游航空航线培育，新开、加密国际航线，引进一批航空企业设立基地航空公司；整合旅游资源，优化旅游产品结构，以历史文化旅游和休闲度假旅游为主要突破口，加速旅游与三次产业的

融合，积极发展名人文化旅游、科教旅游、工业旅游、乡村旅游、会展旅游、都市旅游。充分利用黄山、九华山等周边丰富的旅游资源，加强区域旅游合作，精心打造旅游精品线路，完善旅游接待实施，健全旅游公共服务体系，强化国内外市场推介，建设区域性旅游中心城市和国际知名的休闲旅游目的地。

科技和信息服务业。充分发挥信息资源和信息技术优势，建设电子政务信息、电子商务服务和电子公众信息服务等平台，大力发展系统集成、信息与科技咨询、电信、计算机网络、数据库、软件开发等信息服务业。大力发展物联网产业。积极发展信息呼叫、信息技术、业务流程、知识流程等服务外包产业，建设“中国呼叫中心之都”和国内先进的服务外包示范城市。

商务服务业。按照服务专业化、功能社会化的方向，积极发展法律、审计、会计、咨询、评估、广告策划等商务服务业。大力发展中介组织，积极吸引国际资本和跨国公司进入我市商务服务领域。建设中央商务区，集中布局商务服务机构，大力发展楼宇经济，引进国内外大型企业设立地区总部、研发机构和服务中心，发展总部经济。

社区服务业。建设、完善社区便民化设施和服务体系，积极发展养老、助残、托幼、文化、健身、医疗、婚姻、家政、家教、维修、物业管理、殡葬、再生资源回收等社区服务业，实施标准化菜市场建设和早餐工程。培育若干家规模大、档次高、服务质量好的社区龙头服务企业，建设一批服务质量高的品牌社区服务中心。

专栏四　服务业重点项目

金融类：建设银行、工商银行、上海浦发银行、中国银行、中国农业银行、交通银行、中国邮政储蓄银行和信达资产管理公司、东怡金融广场等金融服务基地及配套项目。

物流类：中国合肥农产品国际物流园、合肥出口加工区、东城新市镇物流园、再生资源循环利用产业园、现代仓储物流园、新桥空港物流园、合肥新港物流园、派河物流园、撮镇商贸物流开发区、迎河集装箱物流中心、安徽华中汽配物流基地、华东国际建材中心、南翔物流园、合肥华南城、宝湾国际物流园、铁路北货场、瑶海区物联网研发生产基地、槐林渔网大市场、巢湖经开区物流中心等项目。

旅游会展类：滨湖会展中心及配套、半汤旅游开发、汤池旅游开发、三河古镇旅游开发、长临河古镇旅游开发、柘皋古镇旅游开发、四顶山旅游开发、紫蓬山旅游开发、岱山湖旅游开发、银屏山旅游开发、少荃湖旅游开发、宁国路宋城文化街、老工业基地文化创意旅游等项目。

商贸类：长江中路精品广场、铁路南站片区改造、濉溪路城市综合体、高铁站区商业综合体、万达广场、坝上街城市综合体改造、中菜市区域改造、世纪金源合肥北城商业综合体、新地中心、华润万象城、宝利丰城市综合体、奥特莱斯商业综合体、合肥佳海工业城、四里河商业综合体等项目。

服务外包类：中国呼叫中心之都、高新区动漫及服务外包基地、滨湖新区服务外包园区、安徽服务外包产业园二期、合肥（蜀山）国际电子商务产业园等项目。

第四节　积极发展现代农业

以工业化的理念发展农业，按照高产、优质、高效、生态、安全的要求，建设一批现代农业产业园，大力发展现代设施农业、优质高效农业、绿色生态农业、休闲观光农业，努力建设与省会城市发展相协调、具有鲜明地域特色的现代农业产业体系。引导鼓励工商企业、农村经纪人、大学毕业生、城镇居民、科技人员等从事农业生产开发，投资创办家庭农场、农庄、农业公司等农业生产企业，培育新型职业农民。大力发展农民合作组织，引导和支持各类主体兴办农民专业合作社。建设农村产权专业交易市场，推动城乡生产要素优化配置。完善农业服务体系，积极扶持统防统治、代耕代种代管代收、产前产中产后服务、技术咨询指导、人员培训、集团承包等社会化服务组织。

特色种植业。以优质特色基地建设为重点，稳定粮油生产，实施“菜篮子”、“米袋子”工程，扩大瓜果蔬菜种植，做强苗木花卉、林果茶等特色种植业。到“十二五”末，高效特色农业种植面积达到300万亩，现代农业产业园区350个。

绿色养殖业。以规模养殖场、养殖小区为重点，集中布局一批生猪、家禽、奶牛、水产等标准化养殖基地，提高供给能力。到“十二五”末，建设标准化规模养殖场（小区）400个。

休闲观光农业。发展以“绿色、休闲、参与、体验”为基本特征的休闲观光农业。鼓励龙头企业参与建立一批以乡村自然风光、民俗风情、人文景观、农业特色产业等为特色的旅游休闲观光农业示范基地。

第五节　优化产业发展布局

调整完善财政、投资、产业、

土地、环境保护等相关政策，加大基础设施集中配套建设力度，调整优化产业空间布局。

推进先进制造业集聚化布局。加快国家和省级开发园区整合、扩容、升级，加快都市产业园区建设，鼓励四大开发区与县（市）区合作共建，重点建设西部、西南部、北部、东部、巢湖、庐江等六大产业集聚区，承接产业转移、自主创新等两大示范园区和合六、合桐、合淮、合巢芜四大产业带，促进产业集群发展，逐步形成布局合理、层级分明、功能明确、错位联动、集聚协作、竞争有序的产业区域布局。

引导现代服务业差异化布局。强化现代服务业发展布局的统筹协调和空间引导。中心城区、滨湖新区重点发展现代服务业和新型业态，积极探索转型发展，形成现代服务业的核心区。依托重大基础性、功能性设施和区域优势产业，按照重点集聚、改造提升、开发培育等差异化布局导向，促进各具特色、功能鲜明的服务业集聚区竞相发展。积极争取国家服务业发展综合改革试点。

形成现代农业特色化布局。“三圈”：即城区圈层，重点发展园区农业、体验农业、科普农业和精品农业；近郊圈层，重点发展规模化、专业化、区域化设施农业和加工农业；远郊圈层，重点发展区域化、规模化、标准化大宗农产品生产。“一带”：即环巢湖生态农业发展带，加快建设和提升一批兼顾产业与休闲功能的休闲园区，形成环巢湖集生产科普、休闲体验、旅游观光、生态景观、农渔风情为一体的多功能休闲农业产业带。

专栏五 工业布局

1. 六大产业集聚区。西部产业集聚区，以高新技术产业开发区及蜀山经济开发区、南岗科技园、柏堰科技园、空港产业园为主体，重点发展家电、汽车、电子信息及软件、新能源、节能环保、生物、公共安全等产业。

西南部产业集聚区，以经济技术开发区及肥西桃花工业园、包河工业园、新港工业园为主体，重点发展家电、汽车、装备制造、新型化工、新材料、电子信息等产业。

北部产业集聚区，以新站综合开发试验区及庐阳工业园、双凤经济开发区为主体，重点发展新型平板显示、新能源、新材料、节能环保、纺织服装、包装印刷、机械加工等产业。

东部产业集聚区，以合肥循环经济示范园、肥东经济开发区、安徽合肥商贸物流开发区为主体，重点发展高度装备和机械制造、新型化工、钢铁深加工、农产品加工、商贸物流等产业。

巢湖产业集聚区，主要依托合肥巢湖经开区、安徽居巢经开区以及数个特色产业集群，重点发展汽车及零部件、装备制造、新型建材、新材料、电子电器、食品及农产品加工等产业；积极规划建设富有特色的巢北产业新城，拓展未来战略储备空间。

庐江产业集聚区，主要依托庐江经济开发区、龙桥工业园区以及若干个特色产业集群，重点发展新型矿业采掘加工、硫基化工循环、冶金建材、机械制造、磁性材料和重化工物流等产业。

2. 两大示范园区。在新站区、瑶海区和肥东县境内，规划建设合肥承接产业转移示范园区，起步区15平方公里，远期控制405平方公里，重点承接发展新型平板显示、新能源、智能装备、节能环保和新材料产业；

在派河以南肥西县境内，规划建设合肥自主创新示范区，起步区15平方公里，远期控制220平方公里，重点发展电子信息、新材料、新能源汽车、生物等战略性新兴产业，提升发展家电、汽车、装备制造等优势产业。

3. 四大产业带。依托西部产业集聚区，沿合六公路，形成合六产业带，重点发展汽车及零配件、家用电器、以及高新技术产业；

依托西南部产业集聚区，沿合安公路，形成合桐产业带，重点发展汽车制造、农产品加工、印刷包装、冶金、矿业采掘等产业；

依托北部产业集聚区，沿合淮公路，建设合淮工业走廊，形成合淮产业带，重点发展重化工业；

依托东部产业集聚区，沿合巢公路，形成合巢芜产业带，重点发展高端装备制造、机械加工、食品和农产品加工、商贸物流、钢铁深加工、新型化工等产业。

第四章　城市规划建设与管理

坚持高起点、高标准、高效能，全面提升城市规划建设和管理水平，大幅提升与城市地位相适应的载体功能、服务功能和综合保障功能。

第一节　优化市域空间开发体系

以建设全国有较大影响力的区域性特大城市为目标，以提升城市综合承载力和辐射带动力为核心，坚持“生态优先、中心提升、组团拓展、区域协同、特色彰显”的思路，统筹空间资源配置利用，构筑“1331” 市域空间发展新格局，以前瞻性规划引领城市建设和发展。

优化提升主城区。深入推进主城区建设，快速提升城市综合承载力和辐射带动力。老城区要按照全省首善之区和辐射源的要求，加快实施城市更新，完善服务功能，提升管理水平，加快发展现代服务业和新型业态，建设一批特色街区，形成区域商贸、商务、金融、文化中心，成为新型都市产业集聚区、现代服务业主导区、传承历史文化的核心区、高品质的宜居生态区。滨湖新区要进一步拓展建设、提升品质、彰显特色，逐步形成环境优美的行政办公、金融商务、会展旅游中心，成为新区开发建设的示范区、展示城市形象的新窗口。四个城市组团要加强规划引领，突出产城融合，高起点、高标准建设基础设施，增强配套服务功能，形成近期50万、远期100万人口规模的，特色鲜明、优势互补、竞相发展的中等城市。以肥东县店埠镇为核心，涵盖合肥循环经济示范园、肥东经济开发区、撮镇镇、桥头集镇等区域，加快形成东部组团；以北部新城为核心，涵盖双墩镇、双凤经济开发区等区域，形成北部组团；以国家创新型试点市示范区为核心，涵盖蜀山经济开发区、南岗科技园、柏堰科技园、小庙镇等区域，形成西部组团；以肥西县上派镇为核心，涵盖桃花工业园、新港工业园、桃花镇、严店乡等区域，形成西南部组团。四大开发园区按照混合功能的要求，科学布局、集中建设相关配套设施，推进高端产业和新型业态集聚发展，成为工业发展的主引擎、创新发展的新高地。

积极发展副中心城市。特色发展巢湖市。按照中心城区标准，等高对接，控制规模、提高档次、优化功能，努力建成现代产业发展的高地、全国著名的旅游休闲度假胜地和山川秀美的生态之城；综合拓展庐江城区。加快县城和以汤池为中心的旅游度假区规划建设，积极承接产业转移，努力建成南部副中心；优质建设长丰县城。以水湖镇为核心，提高城市规划建设水平，完善城市功能，突出生态保护，积极承接产业转移，建成合淮工业走廊重要节点，打造合肥北部副中心。

统筹推进新型产业基地。新桥临空产业基地，重点发展电子商务、现代物流业和高端制造业。庐南重化工基地，重点建设循环重化园区，充分利用庐南矿产资源，发展矿业采选及深加工产业。巢北产业基地，依托区域现有生态及土地空间资源，以高端装备制造为重点，规划建设承接产业转移的战略储备区。

创新建设环巢湖生态示范区。突出“生态环保”理念和“独具魅力”方向，坚持综合规划、综合治理、综合开发、综合利用，融城市开发、村镇建设、产业发展、流域防洪、水土保持、水环境治理、水资源利用、内河航运等为一体，推进原生态保护和可持续开发，努力建设成为生态文明与经济社会发展协调统一、人与自然和谐相处的全国生态示范区，把巢湖这颗镶嵌在江淮大地上的璀璨明珠打造成合肥最靓丽的名片。

分类建设特色小城镇。把小城镇作为统筹城乡发展的重要节点，通过政府推动、体制创新、市场运作的模式，加强基础设施建设，提高综合配套水平，增强公共服务功能，推进产业和人口集聚。因地制宜、突出优势，加快发展一批综合型、工业型、商贸型、旅游型等各具特色的新型名镇。选择三河、长临、下塘、中庙、黄麓、汤池等重点镇，按照小城市规模，试点规划建设镇级市。

专栏六 城区、开发区功能定位和重点板块

行政区	功能定位和重点板块
瑶海区	突出发展商务商贸、金融服务、楼宇经济、文化休闲、现代物流等产业，重点建设大东门高档商务区、大兴城市副中心、火车站商贸服务业集聚区、龙岗商贸商居区、城区中部综合特色街区。
庐阳区	突出发展商贸、金融、总部经济、工业物流、生态休闲等产业，重点打造长江中路高端商务区板块、北一环总部经济区板块、北二环现代专业市场板块、庐阳工业区工业物流板块、大杨和三十岗生态休闲板块。
蜀山区（含政务区）	突出发展高端服务、楼宇经济、高新技术、生态休闲等产业，重点打造长江西路、黄山路、望江西路“三条轴线”，三里庵、南七、政务区、七里塘、大铺头等“五大商圈”，加快建设蜀山经济开发区高新技术产业板块。
包河区（含滨湖新区）	突出发展金融、商贸物流、文化创意、旅游会展、中介服务、商业居住等产业，全力打造滨湖核心区、金融后台基地、巢湖岸线和塘西河旅游观光、省级政务中心，以及马鞍山路商圈、高铁站片区、淝河片区、包河工业园区、南部生态区等板块。
高新区	聚焦发展新能源、电子信息、家电、公共安全、生物医药、文化创意和生产性服务业，着力推进产城融合，改造提升建成区，加快建设科技创新型试点市示范区、南岗科技园、柏堰科技园、蜀山风景区五大片区。积极推进中国合肥中科智城建设。

接上表

行政区	功能定位和重点板块
经开区	聚焦发展家电、汽车、装备制造、电子信息、新能源汽车、新材料、生物医药及快速消费品等产业，加快产城融合，提升中部核心工业片区，重点打造新港工业园、出口加工区、烟墩新区等板块。积极推进消费电子产业示范基地建设。
新站区	聚焦发展新型平板显示、太阳能光伏、新材料及职业教育产业，重点建设陶冲湖先进制造业板块、三十头配套加工业板块、少荃湖服务业板块、职教基地和鹤翔湖都市农业板块。积极推进承接产业转移集中示范区与平板产业示范基地建设。
合肥巢湖经开区	聚焦发展汽车及零部件、新材料、电子电器、食品及农产品加工和旅游休闲等产业，重点建设花山工业区、高铁站商贸区板块。

第二节　建设全国重要的综合交通枢纽

以强化对外辐射、促进组团对接、畅通城市交通为重点，加快建设现代交通运输体系，形成全国重要的综合交通枢纽。

铁路。建设合蚌、合福、商合杭客运专线、庐铜铁路、合肥铁路枢纽南环线和南客站，西合线增建第二线，改扩建合肥西站；规划建设合肥经济圈合六、合巢芜、合安城际铁路线网，加快推进合六、合宁城际铁路建设，实现与长三角经济圈城市、皖江示范区内城市无缝对接，建成全国重要的铁路枢纽城市。

公路。改造提升连接周边城市的快速公路网，改扩建312国道合六段、206国道合淮及合安段、105省道合巢段、岳芜高速庐江段、六巢高速、北沿江高速庐江段、合铜黄与合安高速重合段，建设环巢湖公路，推进繁华大道西延、方兴大道东延项目。实施合宁、合巢芜等高速公路扩建工程，加密合肥东向通道，强化与长三角联系。实施合铜路、合马路、白横路、巢庐路延伸段、军二路、长炯路、栏滨路升级改造。建设长丰至新桥机场的高速公路连接线和淮南至合肥煤炭外运通道等项目。

航空。建成启用新桥国际机场，增加国际国内航线、航班，鼓励发展通用航空，加强合肥机场与周边城市的交通联系，提高航空服务能力，推进合肥经济圈内城市异地候机楼建设，培育区域内航空客运市场，形成一体化的航空客运系统。

水运。以合裕线航道为主轴，形成“五河一湖”　航道网。加快建设合肥港综合码头、巢湖港综合码头、派河码头、大兴码头、店埠河码头、龙桥码头等，推动裕溪、巢湖复线船闸早日建成。对合裕航道以及派河航道（派河-忠庙）、裕溪河实施二级航道改造，对派河航道、店埠河航道、杭埠河航道等实施三级航道改造，疏浚和提升兆河和西河航道等级，提高腹地通达能力和入江通过能力，打造江淮流域内河航运中心。

城区交通。加强中心城区与城市副中心的交通联系，加快组团之间快速路建设和城市出入口建设，继续完善主动脉，健全微循环，形成“环形+放射+方格网”的城区路网格局。优化城市交通，大力推动轨道交通建设，加快1号线、2号线建设，启动3号线建设，加强城市轨道交通与城际铁路的对接。突出公交优先发展，加大公交运力投入，建立和完善城乡一体的公交网络体系。完善行人过街系统，加强无障碍设施建设，加快公路客运和公共交通换乘枢纽建设，实现各种运输方式间的有效衔接和便捷换乘。

第三节　提高能源保障水平

建设多样、安全、清洁、高效能源体系，增强能源保障的可靠性。

电力。加强电源点和电力通道建设，建成投产合肥电厂#6机组，加快推进华能巢湖电厂二期2×660MW项目建设；新（扩）建500千伏变电站3座、220千伏变电站14座、110千伏变电站46座，完善配电设施，建设智能电网，提高供电能力和可靠性。

燃气。加快“川气东送”利用工程门站建设，新建北门LNG应急气源厂和绕城高压环网输气干线工程，形成“西气东输”、“川气东送”双主气源和LNG、高压管网储气双备用气源的稳定供气格局。积极推进从淮南向合肥输送煤层气，实施“淮气南送”。到“十二五”末，天然气、液化气供应量分别达到9.2亿立方米和3.6万吨，管道天然气气化率达到90%以上。

石油。在肥新增国家石油战略储备布点，建设安庆到合肥石油管道，争取在区域内增建成品油、原油输送支线，提高汽油、柴油等石油产品供应和储备能力。合理规划建设加油站、加气站。

供热。加强城市集中供热热源和管网建设与改造，扩大城市集中供热覆盖面，实施安能热电、金源热电改扩建等项目，建设东北部工业区、科学城、滨湖新区和循环经济示范园热源厂。加强对工业用热项目的统筹安排，提高热电厂的热效率。积极推进分布式能源项目。

新兴能源。加快能源消费结构调整，提高新兴能源比重。建立可再生能源的政策支持机制，推进光伏光热、生物质能、风能、地热开发利用。建设合肥国家太阳能光伏发电集中应用示范区。鼓励建设生物质能发电项目，支持发展城市生活垃圾发电。积极开发利用地热资源。规划建设新能源汽车快速充电站、加注站等服务设施。加快适应新能源发展的智能电网及运行体系建设。至“十二五”末，非化石能源占一次性能源消费比重达到6%，建成全国新能源示范城市。

第四节　建设水利保障体系

加强水资源综合规划，强化四大体系 建设，加大水利设施建设力度，实施 ·批重点项目和工程，提升水利服务经济社会发展的综合能力。

保障城乡供水安全。统筹城乡供水，优化水资源配置和合理利用，为产业结构调整和城市发展提供水源保障。加强饮用水源地保护，提高董铺水库、大房郢水库等各饮用水源保护区综合保护水平，继续实施淠史杭灌区和驷马山灌区的续建配套与节水改造工程；加快龙河口等新水源地建设，加强长江-巢湖-淠史杭“三水沟通”，确保水源足量、稳定、安全供给；提高供水品质，满足人民群众不同层次的需求；扩建六水厂，新建七水厂、巢湖三水厂，筹建八水厂，续建巢湖水源工程，建设完善供水管网。到“十二五”末，城市供水能力达到240万立方米/天。

提高防洪减灾水平。加快推进中心城区、县城和中心镇防洪护岸及中小河流治理工程，逐步建成完善的合肥城市防洪体系，城区防洪标准达百年一遇，县城、重要防洪城镇防洪标准达50年一遇。实施中小型水库除险加固工程，确保水库安全。加强小流域综合治理，强力推进水土保持与水生态修复工程。

第五节　加强城市信息化建设

以提升网络宽带化和应用智能化水平为核心，加快推动信息技术与城市发展全面深入融合，建设以数字化、网络化、智能化为主要特征的“智慧合肥”。

促进城市信息资源开发利用。加快全社会信息资源的开发和共享，提升教育、卫生、文化、旅游、就业等领域的公共信息服务能力，完善全市统一的空间地理基础数据平台；建成全市综合地理人口信息系统；加快推进规划、房地产、环保、市政、绿化、水务、气象等城市管理信息深度开发和定期共享交换；着力推进防洪应急、交通管理、城市报警与监控、人口管理、税收管理等重要信息系统建设。

提升信息基础设施水平。推进“三网融合”工程和互联网区域交换中心建设，建设基于通信网、广播电视网和计算机网的多业务统一网络平台。推动无线宽带网与光纤通信网的有机结合，加快3G移动通信技术的推广，推进数字地面电视和多媒体广播网的建设。

保障城市信息安全。加快信息安全基础设施建设，实施信息安全关键技术创新工程，完善信息安全长效机制和管理体制，提高信息安全防护、监控与应急处理、打击网络犯罪的能力。

第六节　推进城市精细化管理

坚持依法、科学、从严、有序管理城市，推进城市管理的科学化、法制化、规范化。进一步理顺城市管理体制，着力推进城市管理重心下移。大力加强城管执法队伍建设，基本实现执法队伍建设规范化、职能设置专业化、执法过程标准化。创新城市管理方式，以数字城市技术为依托，深入推进网格化、精细化管理，打造整洁、有序、安全、舒适的城市人居环境。

加强环境卫生管理。大力提高环卫装备水平，全面推行道路机械冲洗、机械清扫保洁；全面推进生活垃圾收运三级管理，实现生活垃圾容器化贮存、机械化收集、压缩化运输。完善生活垃圾处理收费制度，推动限制包装、废品回收、垃圾分类，加快垃圾焚烧发电、垃圾填埋场、餐厨废弃物处理等设施建设，提升生活垃圾管理水平。健全农村环境卫生管理机制，实现城乡环卫一体化发展。

提高交通管理水平。推进交通管理信息化，建设智能交通控制中心，逐步建成智能化交通管理系统。加强交通管理法制化建设和市民现代交通意识教育，开展交通管理专项整治，实现城区道路交通有序、平安、畅通。

美化亮化城市容貌。精致设计道路沿线、重要建筑物、城市景点等设施景观照明，加强城市建筑外立面、广告、灯光色彩、格调的规划设计，形成特色鲜明、整体协调的城市建筑风格；实施一批环境整治和绿化工程，提升城市形象。

提升市政设施管理水平。加强市政道路、桥梁、路灯、管网及其附属设施的管护，加大机械化、信息化建设力度。编制城市地下空间利用规划，提高地下管网建设标准，科学利用城市地下空间，规划建设商场、超市等设施，不断提高市政设施运营水平。适应汽车时代发展要求，加快城区停车场规划建设，提高住宅小区停车位配套比例。

加强应急管理能力建设。完善应急管理机制，健全市、县（市、区）、乡镇（街道）三级应急管理组织体系。加强预警预测系统建设，建立完善风险隐患数据库，加强监测能力，建立突发公共事件预警信息综合发布系统，完善应急预案。推进应急基础设施建设，加大应急机械设备的投入，强化骨干专业队伍、基层综合救援队伍、应急专家队伍和应急志愿者队伍建设，加强宣传、培训、演练，提高应急队伍的快速反应能力和应急处置水平。提高物资保障能力，逐步建立完善救灾物资的储备、调配网络，提高有效应对自然灾害、事故灾难、公共卫生、社会安全等突发公共事件的预测预警和处置能力。

第五章　统筹城乡发展

坚持城乡统筹发展，建立健全以城带乡、以工促农、城乡互动的长效机制，着力推进产业向园区集中、农民向城镇集中、土地向适度规模经营集中，促进农业产业化、农村社区化、农民现代化，努力将肥东、肥西、长丰、庐江、巢湖五县市打造成为新型工业化发展的主战场、城乡统筹发展的新典范，在全省率先形成城乡一体化发展新格局。力争到“十二五”末，再有2-3个县（市）进入全国县域经济基本竞争力百强行列。

第一节　统筹城乡发展规划

按照城乡一体化发展思路，统筹城乡规划编制，完善城乡规划体系，实现市和县域总体规划、新市镇总体规划、土地利用总体规划、近期建设地区控制性详细规划和新农村建设规划全覆盖。科学编制、完善市域产业布局、乡镇建设、村庄布点、道路交通、人口分布以及生态建设等规划，推进城乡统筹发展。肥东、肥西、长丰、庐江四县城关和巢湖市要按照中等城市规模，坚持以规划为龙头，促进县（市）域产业集聚、人口集中，提高综合承载力和城市品位。

第二节　统筹城乡产业发展

坚持以工业化为核心，加大招商引资力度，突出区域产业特色，大力发展城区配套产业、先进制造业、农产品加工业，提高县域工业化水平，全面增强县域综合实力。加强工业园区建设，支持园区合作共建，提升园区基础设施和综合服务水平，增强产业承载和集聚能力，加快优势产业集聚发展。有序推进市区工业向县域转移，实施一批牵动性强的重大项目，着力打造一批产业集聚区。

第三节　统筹城乡基础设施建设

加快城乡基础设施建设。着力构建城乡一体的交通公路网、公交服务网、给水排污网、环卫设施网、电力电信网、有线宽带网。统筹城乡道路建设，改造城市出城口道路，提升县乡公路和农村公路等级，推进城镇公路与农村聚居地、农产品生产基地、农村商贸物流中心所在地衔接。加快实施农村安全饮水工程，保障农村人畜饮水安全，解决161万农村人口不安全饮水问题。建设农村小型水利工程，加强病险水库除险加固，增强农业抗御自然灾害能力。推进农村清洁工程，加快农村改水改厕进程，开展农村环境综合整治，实施绿化乡村行动。实施新一轮农村电网改造升级工程，进一步减轻农村用电负担。加强农村信息基础设施建设，推进“信息进村入户”工程，着力加快广播、电视、宽带村村通，建成覆盖城乡的资讯网络，提高农村信息化水平。加快农村商业服务网点建设，建成覆盖城乡、方便快捷的现代商贸物流网络。

加快美好乡村建设。大力实施农村土地整治整村推进项目，将土地整理、耕地保护、新村建设、小城镇发展等重点工程统筹推进，建设一批布局合理、环境优美、设施配套、功能完善的新型农村社区。到“十二五”末，全市50%的中心村达到美好乡村建设要求。

第四节　统筹城乡社会建设

加大农村公共事业投入，提高教育、卫生、文化、就业和社会保障等基本公共服务水平。加快农村中小学标准化校舍、现代远程教育工程建设，提高农村义务教育水平，扩大普及率。加强科技创新体系和科普阵地、设施和网络队伍建设，开展科技下乡、科教进社区等科普活动，提高市民科学素质。加强乡镇中心卫生院、社区卫生服务站、村卫生室建设和改造力度，实现新型农村合作医疗全覆盖。大力建设乡镇文化服务中心、村居文化室、农家书屋、广播站、群众体育健身设施。加强城乡就业和社会保障体系建设，进一步提标扩面，稳步推进就业、低保、医疗救助、养老保险、医疗保障、住房保障等制度并轨，实现全覆盖。

加强农村社会管理，积极推进村级组织活动场所建设，加强村务公开，完善基层民主管理和监督制度。加强农村社区管理，积极推进社区综合服务中心建设，提高村级公共服务水平和社会管理能力。加强农村基层民主制度建设，提高农村新型社区的自治程度，保障农民享有更多更切实的民主权利。

第五节　统筹城乡综合配套改革

推进农村土地管理制度改革。改革征地管理制度，完善征地补偿安置制度，维护社会稳定。强化农村土地承包经营权管理，有序推进土地流转，支持现代农业发展，增加农民收入。规范农村宅基地管理，严格农村宅基地使用标准，提高宅基地产权管理水平。

推进户籍及配套制度改革。逐步放宽外来人口落户条件，有序实施一元化户籍制度，支持和引导农村劳动力向非农产业和城镇有序转移，分层次把符合落户条件的农业转移人口逐步转为城镇居民。加快城区和近郊农民非农转移进程，使更多的农民融入城市，提高生活质量和水平。切实解决进城务工人员就业、职业培训、子女入学、社会保障等问题，逐步建立城乡统一的劳动力市场和公平竞争的就业制度，依法保障进城务工人员的权益。

深化农村综合改革。大力推进乡镇行政管理体制改革，加快发展改革、规划、国土、建设、城管、环保、工商、劳动保障等服务职能向农村延伸，强化行政管理统筹。稳步推进乡镇财政管理体制改革，进一步完善“乡财县管”的管理方式。加快建立多元化投融资机制，引导和鼓励各类金融机构增加对农村信贷投放，鼓励发展农村信贷担保机构，积极培育小额信贷组织和资金互助组织。深化农村经营方式改革，发挥龙头企业、各类协会、社会组织、农民经纪人的作用，积极发展各类新型合作组织，提高农民的组织化程度。

第六章　合肥经济圈建设与发展

以建设全国有较大影响力的区域性特大城市为统领，以区域经济社会一体化发展为核心，以共建共享同城化为主题，进一步树立开放发展的理念，加快区域一体化进程，加强与圈外城市联系与互动，聚合发展能量，形成整体优势，把合肥经济圈建设成为接轨长三角、在全国有影响力的都市圈品牌。

第一节　推进基础设施一体化

加快构建快速交通网络。加快推进圈内铁路、公路、航空、水运、城市和城际轨道交通建设，积极推进经济圈“交通1小时通勤圈”建设，形成各种运输方式有效衔接的经济圈一体化综合交通体系。积极推进高速公路电子联网收费，实现交通运输单证、票证和收费卡等标准化、统一化。加快推进合肥新桥机场及配套工程建设，同步规划建设各市及周边县区到新桥机场的快速连接线。

推进能源水利等基础设施建设。突出能源供给安全和结构调整，构建稳定、经济、清洁、安全的能源生产供应体系。规划建设经济圈区域电网，合作建设电源点，建设淮南与合肥之间直供电线路。积极参与淮南煤层气资源开发，发挥圈内资源对经济发展的保障功能。以防洪除涝、水资源保障、水环境保护为主线，全面开展跨地区流域治理、水库水闸除险加固、重大供水工程等水利基础设施建设，进一步提升水利综合保障能力。

加快信息化建设。建成以合肥为中心、圈内各市信息网络互联互通的高速宽带骨干传输网络，推动区域内电信区号统一工作。

第二节　推进产业布局一体化

开展园区合作共建。积极推进圈内城市开展合作，探索建立合作园区利益共享机制，推动产业梯度转移，促进经济圈产业优势互补，实现互利共赢。积极推进合肥新桥机场临空科技园、合淮工业走廊合淮共建区建设，依托重点镇、交通干道，布局建设一批优势产业基地和产业集聚区，加快合淮、合六、合巢产业走廊建设。

推进产业协作发展。以市场为导向，以项目为抓手，围绕区域主导产业发展，推进产业协作配套，实现共同发展。加强信息沟通和资源共享，推动开展联合招商。加快与周边地区共建优质农产品生产加工基地和市场体系。推动旅游资源一体化开发，建立跨区域旅游合作机制，促进旅游与文化、会展等融合发展，加快实现旅游一卡通和直通车，共同打造以合肥为中心的国际知名旅游目的地和旅游集散地。

第三节　推进要素市场一体化

建设区域金融市场。鼓励圈内城市金融机构加强战略合作，支持银行等金融机构跨地区经营，推进跨区域电子货币支付系统和即时兑付系统的互联互通，实现区域信贷投放、票据处理、资金清算、外汇买卖等金融业务和银行卡同城化办理，构建区域共享的金融服务公共平台，推动“金融同城”。

构建区域技术市场。建设区域技术交易中心，积极开展科技交易活动，加快区域内高新技术和先进适用技术成果产业化，形成区域技术协作网络。培育发展区域技术产权交易、转移、转化、评估等中介机构，提高区域技术市场中介服务水平。

建设区域人力资源市场。加强

劳动力供需和培训合作，建设圈内统一的人力资源市场和社会保障体系。优化人力资源流动环境，实现人力资源区域共享和优化配置。建立人才引进激励和考核评价机制，吸引圈外优秀人才加盟合肥经济圈。推动基本社会保障关系互联互认和养老、医疗保险关系的无障碍转移接续。

第四节 推进环境保护一体化

加强区域水资源保护。统筹推进巢湖和淮河流域水环境综合治理，共同加强对大别山水库群、巢湖、瓦埠湖以及淠河总干渠、大房郢水库、董铺水库等饮用水水源地水质保护；统筹配置大别山优质水源，加快建设区域性供水工程，提高城市生活供水保障能力。实施巢湖流域水环境综合治理，推进“引江济巢”工程，改善巢湖流域水环境。

合作开展环境保护行动。联合实施生态敏感区、城市水源涵养地、滞洪区、地质灾害易发区、自然保护区、风景名胜区、重要矿产资源埋藏区和省级以上重点文物遗址等空间管治，建立圈内各市规划、国土、农林、环保、交通、水利等部门协同监管机制，加强区域内环境联合执法，提高经济圈共同防治污染能力。制定区域水环境保护条例，建立区域性水体污染应急机制。探索建立经济圈生态补偿机制。

第七章 自主创新与国家创新型城市建设

以国家创新型城市试点、合芜蚌自主创新综合试验区建设为动力，坚持自主创新、重点跨越，突出应用性、产业化发展方向，突出企业创新主体地位，大力实施创新驱动战略，加快建成国内领先的区域创新体系，把合肥率先建设成为国家创新型城市。

第一节 增强企业创新活力

鼓励企业建立研发机构。强化企业在技术创新中的主体地位，完善以企业为主体、以市场为导向、产学研用相结合的技术创新体系。加强企业技术中心、工程（技术）中心、院士工作站和博士后科研工作站建设，增强自主研发能力，到“十二五”末，建设50个以上国家重点（工程）实验室、国家工程（技术）研究中心。推动企业与高等院校、科研院所组建多种形式的产学研联合体，开展产业关键技术和共性技术研发。引导企业组成风险共担、利益共享的技术联盟、产业联盟和标准联盟。

引导企业加大创新投入。鼓励企业加大研发投入，大幅度提高企业研发经费占主营业务收入比例。完善国有企业考核机制，考核重心从资产保值增值向自主创新能力和资产长期收益能力转变。支持民营企业积极参与国家、地方重大科技攻关项目申报，开发具有自主知识产权的关键技术和前瞻性技术。支持企业通过并购、建立海外研发机构等方式大力引进急需的关键技术，提高引进消化吸收再创新能力。到2015年，全市R&D经费支出占GDP比重达到3%。

培育多层次的创新企业群。扶持一批主业突出、核心竞争力强的大型企业，做好技术创新引领和示范工作。完善科技型中小企业综合服务体系，引导中小企业实现专门技术突破，激发原始创新活力。鼓励大中型企业与中小企业开展研发外包，带动形成强大的后备创新企业群体。到“十二五”末，高新技术和创新型企业达2000家，其中销售收入过百亿元的企业20家。

第二节 提升科技创新能力

实施重大科技攻关。支持高校、科研院所发挥学科和科研优势，围绕全市重点发展的支柱产业、战略性新兴产业、现代服务业，建立一批产业技术研究院，开展产业发展战略研究和共性关键技术攻关，显著增强产业原始创新能力。努力在微电子、新型平板显示、新能源、公共安全、节能与新能源汽车、智能装备制造、家用电器等优势领域集中力量攻克一批核心技术和关键技术，在全球化高新技术产业分工中抢占有利地位。到“十二五”末，全市发明专利申请量和授予量分别达到25000件和7000件。

促进科技成果转化。以产业化为导向，以培育自主知识产权、自主品牌和创新型企业为重点，发挥合肥科教资源优势，加快人才、技术与资本、市场对接，转化一批重大技术成果，完善高新技术产业链，催生新兴工业门类，提升产业技术层次和竞争力，推动更多的“合肥制造”向“合肥创造”跃升。

实施技术标准化发展战略。深入推进国家知识产权工作示范城市建设，鼓励企业参与制定国际、国家、行业和省地方技术标准。实施品牌战略，实现驰名商标和省级以上名牌产品年增长10%，形成一批国际知名品牌。

第三节 加强创新载体和平台建设

建设协同创新平台。大力推进合肥与中科大、中科院、合肥工业大学、安徽大学等院校的战略合作，积极共建创新载体，加快“大城名校”建设。加快建设中科大先进技术研究院。支持合工大建设智能制造技术研究院以及电动汽车与分布式能源协同创新中心。按照“省院合作、市校共建”的原则，对接中国科学院各科研院所、中科大海内外校友、国际优质科教资源、区域发展战略，促进科技与教育、基础研究与应用研究、科技研发与产业发展、成果转化与金融投资融合，打造具有国际影响力的高层次人才聚集中心、高科技产业孵化中心和成果研发基地、转化基地。

建设创新服务平台。积极推进政府联合企业、高校、科研机构、行业组织等，共建面向社会、资源共享的技术公共服务、技术成果交易、创新创业融资服务和社会化人才服务等功能性平台。完善大型科学仪器公共服务、科学数据与科技文献资源共享服务、知识产权信息服务等平台建设，建成50个“科技路路通”服务站，引导科技资源与产业发展对接。积极建设中国中部技术产权交易所和中国（合肥）专利技术展示交易中心，探索技术产权交易的新途径。积极参与、组织高新技术成果交易会，办好中国（合肥）自主创新要素对接会等科技会展，加强研发机构与企业、项目与资本之间的交流合作。

建设创新园区。加快高新技术产业开发区科技创新示范区建设，完善“一中心三基地”功能 ，支持省级以上开发区建立科技园中园，进一步集聚高端技术、高端产业、高端客户、高端人才，催生一批高科技产业新业态，促进高成长性科技企业持续涌现，努力建成自主创新核心区、新兴产业先导区、体制机制创新先行区和科技人才集聚区。推动非上市公司进入证券公司代办股权转让等政策在园区先行先试。规划建设中科智城。

第四节 优化创新环境

完善创新金融服务体系。抓住国家促进科技与金融结合试点建设机遇，积极推进科技银行和科技保险建设，培育壮大天使基金、种子基金、风险投资、私募股权投资和产业基金规模，开展各类股权投资、科技小额贷款、科技担保、股权与知识产权质押等业务，建立完善“投、保、贷、中介服务”四位一体的科技金融服务体系。完善科技合作机制，促进科技资源开放共享，推动科技资质互认，共建区域创新体系。

加强科技企业孵化器建设。围绕特色产业，培育和完善民营科技企业创业服务中心、软件园等一批孵化器和加速器，提升孵化器经营管理水平。“十二五”期间，新增3-5家国际化、专业化、规模化的科技企业孵化器、加速器。

发展科技中介专业服务。培育和聚集一批咨询、评估、知识产权、投融资等方面的中介服务机构，建立贯通研发、交易、转化等全过程的服务体系。壮大经纪人队伍，重视发挥行业协会、学会在成果技术引进中的作用。创新科技中介服务机构管理模式和运营机制，推动科技中介资源跨区域共享。

完善科技创新激励机制。加大政府投入力度，鼓励企业投入，形成以政府投入为引导、企业投入为主体、社会资本广泛参与的多元化科技创新投入体系。全面落实鼓励创新创业的各项政策措施，加强对科技创新的税收、信贷和公共采购政策支持。开展股权和分红激励试点工作，对为科技成果研发和产业化作出突出贡献的技术人员及企业经营管理人员实行股权奖励、股票期权等激励政策。鼓励高校、科研院所将科技成果优先在合肥转化。大力弘扬敢于冒险、勇于创新、追求成功、宽容失败的创新文化，营造保护创新、支持创造的良好环境。深入实施知识产权战略，提高知识产权行政执法能力和服务水平。

第八章　资源节约与环境保护

坚持节约资源和保护环境的基本国策，树立绿色、低碳发展理念，加快构建资源节约型、环境友好型的生产方式和消费模式，促进经济社会发展与人口资源环境相协调，实现经济增长与资源环境承载的良性互动，打造水清、天蓝、树绿、气爽的生态宜居城市，基本建成全国著名生态城。

第一节　推进环巢湖生态综合治理

坚持生态优先理念，实施环巢湖生态综合治理，通过连通、净化、减负、复苏，推进引江济巢、底泥清淤、污泥处置、污水处理、污染控制、生态修复等工程建设，逐步改善巢湖水质。

全面污水截流。坚持“先建网、后建厂”和“厂网并行”的原则，加大流域内企业排放治理力度和污水处理厂建设力度，推进城市污水处理及配套管网建设，确保城区污水的全收集、全处理。加快推进陶冲、十五里河污水厂二期等污水处理厂及配套管网建设，修复完善城市排水管网，全面构建雨污分流的排水体系。推进初期雨水污染控制。

实施河流治理。对入湖河流沿岸进行治理，加快十五里河、二十埠河、派河、塘西河、兆西河、柘皋河、炯炀河、裕溪河等河流综合治理。推动沿河沿湖岸边居民生态搬迁，加快湖滨带水环境保护修复。

启动引江济巢。在污染源治理的基础上，实施“引江济巢”水资源调水工程，通过扩大巢湖与长江的水体交换，增强巢湖水体自净能力，使巢湖水质和湖泊富营养化状况稳步改善，大部分河网水质基本达到水功能区目标。

加快环湖整治。开展农村环境综合整治，实施环湖区域农业结构调整，有效控制点源面源污染。启动建设一批生态湿地，逐步恢复湖区湖岸生态系统，提高巢湖水体自净能力。加强巢湖沿岸及其支流沿线湿地恢复、维护和保育，提高水源涵养能力。积极开展环湖矿山开采整顿，努力提高矿山资源管理水平。

第二节 加强环境保护

大气污染防治。实施清洁能源普及计划，大力推广城市集中供热、天然气等清洁能源，淘汰污染严重、分散的小燃煤锅炉。积极开发利用太阳能、地热能、生物质能等新能源和可再生能源。逐步降低重点用能部门的能耗。实施绿色交通工程，推广机动车清洁燃料的使用，加强汽车尾气净化，对超标排放车辆实行整改。着力控制城市尘污染，对渣土运输车辆采取全封闭措施，市内露土区全部实现绿化覆盖，加强市政道路和生活小区道路保洁，有效减少各类扬尘。加大工业企业废气监控和治理力度，积极推进燃煤发电机组全面脱硫、脱硝和水泥脱硝工程。全面禁止露天焚烧秸秆等农作物废弃物，力争秸秆综合利用率达80%。推进主要污染物排放指标有偿使用和交易，通过市场化手段促进节能减排。

固体废弃物处置。通过卫生填埋、焚烧发电、综合处理相结合的方式，继续完善扩建肥东龙泉山等垃圾填埋场，建成使用垃圾焚烧发电厂，加强城市污水处理厂污泥处置，提高生活垃圾无害化处理能力和固体废弃物综合利用率。扩建吴山危险废弃物处置中心，确保医疗、化学等有毒危险固体废弃物的专业收集、专线清运和集中处置，实现危险固体废弃物零排放。全面实施城镇垃圾处理场无害化改造，建设餐厨废弃物无害化处置工程。加强核设施和放射源安全监管，确保核与辐射环境安全。

城市环境噪声控制。积极加强各类噪声源的监控与管理，重点强化对居住区、办公区、学校、医院等周边环境的噪声控制，继续扩大城镇噪声达标区范围，有效降低噪声影响。加强交通干线两侧居住区域和教育等敏感区域的隔音屏障建设，全面实施主城区机动车禁鸣。鼓励企业采用低噪设备和生产工艺，努力减少生产类噪音。做好车辆降噪技术研究和推广，强制报废旧车辆和噪声严重超标车辆，严格控制重型货车入城。

农村污染防治和环境整治。推广测土配方施肥，提倡增施有机肥，科学合理使用高效、低毒、低残留农药。大力推广生态化养殖模式，防治畜禽养殖污染。继续推进农村地区土壤污染治理与修复试点工作，改善农村土壤质量。推行农村生活污染源排放控制，推广和应用分散型污水处理技术，加强乡镇生活污水集中处理。健全农村环境卫生长效管理机制，建设清洁家园、田园和水源。

第三节 加强资源节约和管理

节约集约利用土地资源。深入推进国家节约集约用地试点市建设。实施最严格的耕地保护制度和节约集约用地制度，高效使用土地资源。制定产业项目用地指标标准体系，完善项目用地预审制度和“双向约束”制度，进一步提高单位土地的投资强度和产出效率。加快标准化厂房建设，推进土地资源节约集约利用。建设城乡统一的土地交易市场，提高“净地”拍卖比例，保证土地交易公开、公平、公正，提高行政划拨类建设项目用地的节约集约程度。坚持实施闲置土地清理，加快“城中村”和危旧房、棚户区等旧城改造。贯彻落实城乡建设用地增减挂钩政策。完善违法用地巡查制度，营造合法合规的用地保障和服务环境。

科学有序开采矿产资源。建立科学有序开发优势矿产资源的长效机制，以市场为导向，以效益为中心，以科技进步为动力，按照“惜资源、护环境、利地方、惠百姓”的要求，完善利益分配机制，优化矿产发展环境。加大资源勘查力度，树立科学开发理念，注重安全环保集约，实现社会效益、经济效益、生态效益的有机统一。鼓励民间资本参与提高矿山尾矿利用率和矿山生态环境恢复治理新技术开发应用项目。加大地质环境管理力度，加强地质灾害防治。

强化能源资源节约。强制淘汰高耗能、低水平的工艺和设备，加大电力、冶金、建材等重点行业的节能降耗力度。切实推行能源效率标准，对家电产品和照明产品实施强制性能效标识管理，鼓励推广使用高效节能产品。积极推进建筑节能，促进可再生能源在建筑中的规模化应用，严格实施新建建筑物节能50%的设计标准，积极推行节能65%的低能耗建筑和绿色建筑。大力支持企业采用合同能源管理方式实施节能改造。鼓励使用节能型交通工具，积极倡导并有效推动公交车、出租车使用清洁能源，加快新能源汽车试点推广。引导新能源和可再生能源的开发利用，鼓励使用太阳能产品。

*提高水资源利用效率。*继续推广农业节水灌溉技术，推动江淮分水岭节水旱作高效农业开发。加强污水再生利用，重点推广再生水在景观补水、工业冷却、生活杂用、绿化、施工等领域使用，全面提高水资源综合利用水平。加大节水设备和器具的推广力度，推动公共建筑、生活小区、住宅等节水和中水回用设施建设。发挥节水示范项目带动作用，大力倡导节约用水，深入推进节水型社会建设。

*加强原材料节约。*鼓励使用新材料、再生材料，加强金属材料、木材、水泥等材料的节约代用，减少一次性用品使用。加强重点行业原材料消耗管理，推行产品生态设计，推广节约材料的技术工艺。鼓励推广节约包装材料，遏制产品过度包装。积极采用新型建筑材料，推广应用高性能、低材耗、可再生循环利用的建筑材料。继续开展国家住宅产业化试点。

第四节　加强生态建设

*实行基本生态空间控制。*划分生态底线保有区、生态建设缓冲区和生态引导区，引导城镇建设与生态空间建设协调发展。制定地方性法规，严格保护生态底线保有区，禁止开发建设；加强生态建设缓冲区生态补偿和生态恢复，保证生态环境的稳定与改善；在尊重和保护自然环境的基础上，适度开发建设生态引导区，合理控制人口规模和建设强度。

*建设绿地生态系统。*实施道路绿化、河道绿化、公园游园建设、绿色长廊建设、成片造林等工程，建设大蜀山森林公园、滨湖湿地公园、环湖岸线湿地公园等公园，构建城市森林生态网络，提高城市绿化水平。沟通城市水系，扩大河湖水面，加强城市景观水治理，实施环巢湖地区生态保护修复工程。继续实施江淮分水岭综合治理工程，完善防护林体系建设。加强生态保护，防治有害生物入侵，增加生物的多样性。全面推进生态文明建设，加快环巢湖生态示范区建设，积极开展国家级生态工业园区建设，大力创建文明生态村、生态乡镇和生态区县。积极引导市民参与环境保护和生态建设，倡导绿色、文明、健康的生产生活方式，争创国家生态园林城市和森林城市。

第五节　建设低碳城市

*发展循环经济。*积极构建循环经济体系，加快制定循环经济的行业和社会标准，大力开发和推广资源节约、替代和循环利用技术，促进资源循环利用、企业循环生产、产业循环组合和社会循环消费。以骨干企业和市级以上开发区为重点，建成工业固体废物处理、工业废水回用等循环经济产业链。积极实施一批重点节能和循环经济示范项目，在省内率先建成一批循环经济企业、基地和园区。全力组织实施清洁生产企业示范工程，重点在冶金、化工、机械等制造业领域和农业、建筑、交通等领域开展清洁生产。

*调整能源结构。*积极推进清洁能源区建设，合理引导、调控能源需求，构建稳定、经济、清洁、安全的能源供应体系。调整能源消费结构，加快推进太阳能、风能、生物质能、浅层地热能等新能源的开发和应用，提高非化石能源使用比重。加大政策引导和鼓励力度，推进企业、机关、住宅建设应用太阳能等绿色能源。加快产业结构调整，逐步淘汰落后的高耗能企业。强化能源科技进步和创新，促进煤炭清洁高效利用，不断提高能源利用效率。

*倡导低碳生活。*提倡绿色消费，普及绿色生活方式，积极引导和鼓励市民购买节能、节水产品和可再生利用产品，培养低碳生活方式和消费习惯。推行绿色采购，进一步扩大节能和环境标志产品政府采购范围，确保列入政府采购目录的绿色产品占到50%以上。发展绿色建筑，严格执行建筑节能标准。鼓励绿色出行，发展低碳交通，倡导市民选择节能环保健康的出行方式。积极争取列入全国低碳城市试点市。

专栏七　环境保护重点项目

*污水处理厂建设：*王小郢和朱砖井、巢湖、庐江污水处理厂提标技改、经开区污水处理厂三期、科学城污水处理厂、陶冲污水处理厂、十五里河污水处理厂二期、蔡田铺污水处理厂二期、巢湖沿湖乡镇污水处理厂、五县（市）重点镇污水处理厂、滨湖新区污水处理厂和肥西中派污水处理厂、肥东撮镇镇污水处理厂、肥东县城扩建污水处理厂、长临河镇污水处理厂项目，以及污水处理厂配套管网项目。

*固体废弃物处理：*龙泉山生活垃圾处理场二期工程、餐厨废弃物无害化处置工程、畜禽养殖业废弃物处理工程、垃圾焚烧发电、中材城市废弃物处理及吴山固废处理中心扩建等项目。

*生态治理与修复：*塘西河综合治理、十五里河综合治理、大房郢水库上游保护区综合治理、店埠河综合治理工程、环巢湖地区生态保护修复工程、巢湖蓝藻应急处置及资源化利用工程，以及荒沛河、庄墓河、瓦东干渠、滁河干渠、环巢湖等五大湿地区域保护项目。

第九章 社会建设与民计民生

坚持以人为本、民生优先，着力保障城乡居民生存发展基本需求，认真解决人民群众最关心、最直接、最现实的利益问题，加快建立健全符合市情、比较完整、覆盖城乡、可持续的基本公共服务体系，促进基本公共服务均等化，在学有所教、劳有所得、病有所医、老有所养、住有所居上取得新成效，让人民群众从改革发展中得到更多实惠。

第一节 优先发展教育事业

推进基础教育均衡发展。推进国家学前教育改革试点工作，建立政府主导、社会参与、公办与民办并举的办园体制，大力发展公办幼儿园，鼓励优质公办幼儿园举办分园或合作办园，引导和支持民办幼儿园提供普惠性服务，多种形式扩大学前教育资源，普及学前三年教育。到“十二五”末，学前三年入园率达到90%。巩固义务教育普及成果，逐步普及十五年基础教育。完成学校标准化和“校安”工程建设，努力改善办学条件。全面推进义务教育优质均衡发展，基本消除义务教育阶段择校行为。以流入地全日制公办中小学为主，保证农民工随迁子女平等接受义务教育。加大对边远农村地区学校投入力度，推进城乡、区域之间义务教育均衡发展。到“十二五”末，全市九年义务教育巩固率达到99%。优化高中教育布局，提升普通高中整体办学水平，引导普通高中特色优质发展。建立普通高中家庭经济困难学生国家资助制度。到“十二五”末，全市高中阶段教育毛入学率达到98%。完善特殊教育体系，支持发展民族教育。

大力发展职业教育。继续扩大职业教育规模，提升职业教育质量，提高技能型人才培养水平，积极发展中等职业教育。整合各类职业教育资源，创办合肥职业技术学院。建立完善工学结合、顶岗实习的人才培养模式，推行职业院校与企业共同培养专业领域人才。引导职业学校调整专业设置，提升专业建设水平。着力推进公共实训中心建设，推动实训资源共建共享。重视和加强残疾人职业技能教育。加快推进合肥职教基地建设，建设全国重要的技能型人才培养教育基地。

支持高等教育发展。促进合肥大学城建设，支持央属、省属在肥高校、科研院所加快发展，积极开展校地间交流合作，为地方经济发展提供人才保障和智力支持。推进在肥高校与国内外著名高校合作办学，加快建立一支具有较强科研和教学能力的师资队伍，加强重点学科建设，培养一批学科带头人，创建一批重点实验室、精品课程、实验教学示范中心和产学研成果转化基地。支持合肥学院建设国内一流的应用型本科大学。鼓励社会资本投资高等教育尤其是高等职业教育，发展远程教育。

建立终身教育体系。积极开展在职培训、再就业培训、岗前培训和农村劳动力转移培训等各类成人教育，提高从业人员的整体素质。依托合肥广播电视大学，整合各类教育资源，利用现代信息技术手段，建立开放型大学。支持合肥老年大学建设。倡导全民学习，建设学习型城市。

深化教育改革。完善以政府投入为主、多渠道筹措的教育投入体制。加强教育合作，建立区域间优质教育资源共享机制。以培养学生社会责任感、创新精神和实践能力为重点，更新教育观念和教学方法，创新人才培养模式，全面实施素质教育。大力发展民办教育，推动公办教育和民办教育相互促进、共同发展。

第二节 提升医疗卫生服务水平

加强公共卫生体系建设。全面落实国家基本公共卫生服务项目，逐步提高人均基本公共卫生服务经费标准。建立健全疾病预防控制、健康教育、妇幼保健、精神卫生、康复服务、应急处置、采供血、卫生监督和计划生育等专业公共卫生服务网络，加强重大传染病、慢性病、地方病、职业病和出生缺陷疾病的防控以及职业卫生和食品安全监管工作，提高突发公共卫生事件应急处置能力，建立疾病预防、控制和联防联控机制，着力构建覆盖城乡的公共卫生服务体系。加强食品药品安全监管，增强人民群众对食品药品的安全感。

优化医疗卫生资源配置。按照“大病不出县”、“小病不出社区”的要求，加强以县级医院为龙头、乡镇卫生院和村卫生室为基础的农村三级医疗卫生服务网络建设，健全以社区卫生服务为基础，社区卫生服务机构、医院和预防保健机构分工协作的城市医疗卫生服务体系。推动医疗卫生资源向社区和农村基层倾斜，不断缩小城乡区域之间医疗卫生服务差距，打造一刻钟卫生服务圈。建立以三级综合医院为龙头，专科医院、护理院和康复医院为骨干，社区卫生服务机构为基础的城区现代医疗服务体系。逐步建立城市医院与社区卫生服务机构、农村医疗卫生机构分工协作和对口支援机制，形成结构合理、分工明确、防治结合、覆盖城乡、运转有序的医疗卫生服务体系。加强医疗服务监管，制定实施鼓励医疗卫生人才到基层服务的政策措施。

深化医药卫生体制改革。以人人享有基本医疗卫生服务为目标，坚持公共医疗卫生的公益性质，实行政事分开、管办分开、医药分开、营利性与非营利性分开，加快医药卫生体制改革。建设公共卫生服务体系、医疗服务体系、医疗保障体系，建立覆盖城乡的基本医疗卫生制度。建立和完善以国家基本药物制度为基础的药品供应保障体系。完善基本药物报销办法，逐步提高实际报销水平。强化政府责任，建立政府主导的多元卫生投入机制，鼓励和引导社会资本发展医疗卫生事业。推进公立医院改革试点，积极探索公立医院管理、运行和监管的有效形式。

全面做好人口工作。坚持计划生育基本国策，促进人口长期均衡发展。提高生殖健康水平，改善出生人口素质，遏制出生人口性别比偏高趋势。坚持男女平等，切实保障妇女合法权益，加强未成年人保护，发展妇女儿童事业。积极应对人口老龄化，注重发挥家庭和社区功能，优先发展社会养老服务，培育壮大老龄服务事业和产业。支持残疾人事业发展，加强残疾人社会保障体系和社会服务体系建设。

第三节　积极发展体育事业

科学配置公共体育资源，增加社区和农村体育设施，健全社会群众体育组织网络，促进更多机关、企事业单位所属体育设施向社会开放，提高体育场馆利用率。加强体育场馆资源的综合开发利用，不断提高场馆综合效益。推进体育场馆所有权与经营权分离，提高体育场馆的“自我造血”和“自我完善”功能。组织开展系列群众性体育活动，积极打造全民健身活动品牌，形成全民健身的良好氛围。大力培育体育指导员，实施体教结合计划，提高竞技体育水平，积极主办、承办国内外重大体育赛事，努力打造项目品牌，推动竞技体育可持续发展。加快发展体育产业，提升经营管理水平，鼓励体育消费，支持社会资金投资各种体育事业。大力开发体育竞赛表演、健身娱乐、彩票销售、无形资产、运动用品、体育人才等市场。加强体育法制建设，规范体育市场。

专栏八　社会事业重点项目

教育：45中异地扩建、168中学北区、合肥七中新校区、合肥十中新校区、长丰北城中学、蜀山高级中学、肥东一中新校区、合肥幼师新校区、合肥工业学校新校区、合肥特殊教育中心新校区、合肥经济管理学校新校区、合肥职教基地、市残疾人职业技能培训中心、合肥市工读学校、合肥中加国际学校、合肥职业技术学院迁建等项目。

卫生：市二院新区、安医附院医疗集团东区、安医一附院高新区分院、省立医院综合病房大楼、 针灸医院病房综合大楼、武警医院病房大楼、肥东县人民医院迁建、北城医院、安徽中医院东区、市三院职防综合楼、市妇幼保健院分院迁建、合肥公共卫生管理中心、市药品检验中心、市血液集中化检测中心、市传染病综合救治楼、省精神卫生防治中心、市残疾人康复中心等项目。

科教：青少年科技活动中心、科学会堂、合肥科技馆二期等项目。

第四节　完善就业和社会保障体系

促进就业和构建和谐劳动关系。把促进就业放在经济社会发展优先位置，实施更加积极的就业政策，广开就业渠道，促进充分就业。加快建立覆盖城乡的公共就业服务体系，完善“零就业家庭”和困难群众再就业援助机制，健全统一规范灵活的人力资源市场，重点解决好高校毕业生、农村转移劳动力、城镇就业困难人员的就业问题。加强职业技能培训和择业观念教育，做好高技能人才培养，提高劳动者就业能力。培育创业主体，营造创业氛围，完善以创业促进就业政策，支持青年创业园等各类创业园区建设，提升国家级创业型城市品牌效应。加强劳动执法，完善劳动争议处理机制，改善劳动条件，保障劳动者权益。发挥政府、工会和企业作用，推进企业建立职工工资集体协商制度，努力构建和谐劳动关系。

健全社会保障体系。坚持广覆盖、保基本、多层次、可持续的方针，完善覆盖城乡居民的社会保障体系，努力实现人人享有基本社会保障。以扩面提标为重点，进一步完善基本养老、基本医疗、最低生活保障、医疗救助、临时救助制度。继续完善企业职工基本养老保险制度，加快推进城乡居民养老保险，扎实做好被征地农民社会保障工作；推进城镇居民、职工基本医疗保险和新型农村合作医疗制度建设，实现全民医保；完善失业保险制度，扩大工伤保险覆盖面，逐步实现社会保险关系无障碍转移接续、医疗保险异地结算和社会保险管理服务社会化。进一步健全覆盖城乡居民的社会救助体系和现代养老服务业体系，切实做好困难群体、老年群体、优抚群体、残疾人群体、刑事被害人特殊困难群体等保障工作。

完善住房保障体系。加强政策

调节，加快住房信息系统建设，扩大住房公积金制度覆盖面，增加住房有效供给，改善住房供应结构，逐步形成梯度消费的住房模式。大力推进公共租赁住房建设，健全廉租住房、经济适用房和公共租赁住房建设管理制度，逐步扩大保障性住房覆盖面。增加普通商品住房供给，支持居民自住和改善性购房需求。加大市区危旧房、城中村、棚户区和“三无”小区改造力度，改善居民居住条件，保障人民群众基本住房需求。加强市场监管，规范房地产市场秩序，抑制投资需求，促进房地产业平稳较快发展。加快物业管理向专业化、市场化和管家式服务发展，提高物业管理水平。“十二五”期间，累计建设保障性住房1000万平方米，基本解决城市中低收入人群住房困难问题。

提高城乡居民收入。建立与经济发展相适应的收入增长机制，努力提高居民收入在国民收入分配中的比重，提高劳动报酬在初次分配中的比重。实施城乡居民收入倍增行动计划，稳步提高居民工资性、经营性、转移性、财产性“四项收入”。健全和落实企业职工工资正常增长和支付保障机制，逐步提高最低工资标准，定期发布工资指导线，规范企业依法合理进行工资分配。拓宽农村居民增收渠道，使更多农民拥有薪金、股金、租金和保障金，促进农民收入较快增长。增加居民财产性收入。逐步提高扶贫、最低生活保障标准，提高低收入群体收入水平。

第五节 加强和创新社会管理

完善社会管理机制。积极推进全国社会管理创新综合试点市建设，创新社会管理机制，建立健全党委领导、政府负责、社会协同、公共参与的社会管理格局。强化实有人员、社会组织、虚拟社会、社会应急等管理，实施一批社会管理重大项目，确保社会大局稳定。建立重大工程项目建设和重大政策制定的社会稳定风险评估机制。完善社会矛盾化解组织体系和工作保障体系，健全多层次、多元化社会矛盾化解机制。全面开展联合接访，畅通和规范群众诉求表达、利益协调、权益保障渠道，健全维护群众权益机制。建立完善应对自然灾害、重大疫情、群体性事件、公共安全事件、生产安全事件、防恐反恐等联合指挥机制，切实加强社会稳定风险应急处置。健全基层服务和管理体系，延伸基本公共服务职能，推进多种形式的社会组织建设。加强和改进基层组织建设，加强基层综治工作中心建设，发挥群众组织和社会组织作用，形成社会服务管理合力。建立完善政府向社会组织购买服务的制度。

加强人口服务管理。加强流动人口服务管理，构建市、区（市、县）、街道和社区四级人口管理网络。建立全市流动人口信息平台和服务管理平台，完善“以证管人、以房管人、以业管人”的服务管理模式以及流入地和流出地双向管理协作机制，创新出租房屋管理方式，积极稳妥推进户籍制度改革。加强对刑释解教人员、社区矫正对象、吸毒人员、精神病人等特殊人群服务管理。做好社会闲散青少年、流浪乞讨未成年人、服刑在教人员未成年子女、农村留守儿童、有严重不良行为和违法犯罪行为青少年等的服务管理，为其就学、就业创造条件。加强社会志愿者队伍和社会治安辅助力量建设。

推进社区服务管理创新。推动城乡社区服务体系建设和社区信息化建设。加强社区网格化建设，实现社区管理的扁平化、精细化、高效化和社区服务的全覆盖、全天候、零距离。到2015年，实现城区网格化管理全覆盖，农村社区网格化管理覆盖率达80%。加强社区组织化建设，建立健全以社区党组织为核心、社居委为主体、社区工作站为中坚力量和社区群团组织、社区志愿组织、社区便民商业组织以及其他组织为配套的社区组织体系，增强社居委组织居民自治、协助社会管理、提供公共服务的能力。加强社区信息化建设，按照科学规划、统筹安排、分步推进的要求，推进社区管理、公共服务和商业服务等信息化建设，建立覆盖全市的社区信息综合服务网络。到“十二五”末，力争100%的城市社区和80%的农村社区实现服务管理信息化。加强社区服务化建设，建立与社会主义市场经济体制相适应、覆盖城乡社区全体成员、服务功能完善、服务质量和管理水平较高的社区服务体系，构建市民“15分钟生活圈”，建设100个市级标准化示范社区。

第六节 加强民主法制建设

发展社会主义民主政治。广泛发扬基层民主，提高基层政权建设水平，充分保证人民群众依法行使选举权、知情权、参与权和监督权。充分发挥工会、共青团、妇联等群团组织联系和服务群众的作用。全面贯彻党的民族、宗教工作基本方针，切实做好民族、宗教工作，广泛开展民族团结进步创建活动，加快民族乡、村经济社会发展，积极引导宗教与社会主义社会相适应。加强外事和侨务工作。普及深化全民国防教育，完善国防动员体系，抓好国民经济动员、人民防空和交通战备建设，加强人民武装、民兵预备役工作，支持驻肥部队建设。

全面推进依法行政。加强和改进地方立法工作，重点做好城市管理、市场监管及城市可持续发展等方面的立法。完善立法程序和立法机制，逐步提高立法的公众参与度。严格依法行政，围绕建设法治政府的目标，实现政府机构组织和工作程序的规范化、法制化，推行政务公开，健全行政执法评议考核机制。加强普法宣传教育，不断增强市民的法律意识，着重提高领导干部和国家机关工作人员的法治观念和依法办事能力。

不断优化法治环境。以司法行为规范化和司法工作机制改革为重点，提高立、审、判、执、监等环节效率，加强司法监督，确保司法公正。大力发展律师、公证、司法鉴定、法律援助等法律服务，保障社会公平正义。加强审计监督，推进从源头上防止腐败，着力构建教育、制度、监督并重的惩治和预防体系，加大查处违纪违法案件的力度，坚决纠正损害群众利益的不正之风，创造更好的社会法治环境。

推进“平安合肥”建设。加强政法、维稳、综治、信访、劳教等基层建设，做好重点地区综合治理，构建虚拟社会管控平台，完善社会治安防控体系。依法打击暴力、恐怖、洗钱、传销、邪教等非法活动，坚决扫除黄赌毒等社会丑恶现象，预防和减少青少年犯罪，严厉打击黑恶势力，保障人民群众人身和财产安全。强化安全发展理念，加强安全生产基础建设，强化安全生产监督管理，建立安全生产长效机制，切实保障人民群众生命财产安全。

第十章　文化建设与城市文明

坚持社会主义先进文化前进方向，加快发展文化事业和文化产业，提升文化软实力，满足人民群众不断增长的精神文化需求，充分发挥文化引导社会、教育人民、推动发展的作用，增强全市人民建设区域性特大城市的凝聚力和创造力。

第一节　提升城市文明程度

以社会主义核心价值体系建设为根本，加强理想信念教育和思想道德建设，深入开展中国特色社会主义理论体系的宣传普及。繁荣发展哲学社会科学，提高研究成果的学术性和应用性。弘扬“开明开放、求是创新”的城市精神，广泛开展群众性精神文明创建活动，开展社会公德、职业道德、家庭美德、个人品德教育，不断提高市民思想道德素质和科学文化素质，争创全国文明城市，四县县城和巢湖市争创全国文明县城（市）。深入推进未成年人思想道德建设，大力净化社会文化环境。扎实做好社会志愿者服务工作，培育团结进步、互助友爱的社会新风尚。充分挖掘和利用文化历史资源，加强非物质文化遗产保护，以先进文化引领城市文化，以传统特色文化增强城市魅力，以文化品位塑造城市形象。积极引导人们知荣辱、讲正气、尽义务，形成扶正祛邪、惩恶扬善的社会风气。

第二节　繁荣发展文化事业

以农村和城市社区为重点，大力推进文化惠民工程，加快构建覆盖城乡、惠及全民的公共文化服务体系，促进文化服务均等化。重视保护各类文物、自然和文化遗产、非物质文化遗产。加强文化传播能力建设，做大做强主流媒体，提升改造传统媒体，加强互联网等新兴媒体建设、运用和管理。大力发展文学艺术、新闻出版、广播电影电视等文化事业，培育合肥文化品牌。加强公共文化基础设施建设，保留城市历史建筑（遗迹），建成一批标志性文化设施。积极组织开展各类文化服务和重大文化活动。整合社会资源，加强文艺精品创作，推出一批文化精品，提升合肥文化影响力。加强对外宣传和文化交流。加强基层文化队伍建设，深入开展群众性文化活动。加强档案、地方志工作。

第三节　大力发展文化产业

深化文化体制改革。围绕创新宏观管理体制、搞活微观运行机制，推进国有经营性文化单位转企改制，重点抓好报业传媒集团、文广集团等国有文化市场主体的塑造，完善法人治理结构，建立健全现代企业制度，增强市场竞争力。深化公益性文化事业单位内部改革，激发文化馆、博物馆、图书馆、广播电视台等内在活力，提高公共文化服务水平。

培育文化市场主体。繁荣社会主义文化市场，发挥市场机制积极作用，鼓励和引导民间资本进入，培育和引进骨干文化企业和战略投资者，发展新型文化业态，增强多元化供给能力，满足多样化社会需求。巩固发展出版印刷发行、广播影视、工艺品制造、文化旅游、创意设计等支柱文化产业，积极发展数字动漫、广告会展、智能语言等新兴文化产业，支持文化娱乐、体育健身等产业发展。培育一批强势文化企业集团，形成一批文化产业基地、特色文化产业园区和知名文化品牌，重点建设国家动漫产业基地、中国非物质文化遗产园、合肥文化创意产业园等项目。力争“十二五”末，全市文化产业增加值占全市GDP10%以上。

推动文化与科技融合。围绕

合肥国家级文化和科技融合示范基地建设，强化政策支撑体系，重点发展动漫游戏、数字出版、智能语音、影视制作等四大产业，突出企业主体培育；以平台建设为载体，大力实施创新能力提升、公共服务体系建设、文化科技企业培育和数字化建设等三大工程，提升自主创新能力；以资源整合为手段，深入推进文化科技攻关、文化科技创新成果转化、文化标准化建设、文化品牌打造等四项行动，实现文化科技深度融合发展。

专栏九　文化发展重点项目

公共文化服务项目：安徽省新图书馆、安徽省美术馆、安徽省音乐馆、科技馆、安徽省新博物馆、安徽省城乡规划馆、安徽百戏馆、滨湖大剧院等8大项目，市群众文化活动中心、包公文化园、市中心图书馆、市少儿图书馆新馆、市青少年文化活动中心、市多功能电视塔、合肥电台中波发射台、市工人文化宫、全民健身中心、合肥市美术馆、市文化艺术中心、市非遗保护展示中心等项目，以及农村农家书屋和数字电影放映点建设项目。

文化产业项目：国家级动漫产业基地、国家级文化和科技融合示范基地、合肥创意文化产业园、合肥钢铁·艺术创意产业园、合肥1912文化休闲特色街区、全球音谷声音创意产业基地、“江淮车谷”汽车文化主题公园、城隍庙商业文化园、三国文化产业园、中国非物质文化遗产园等项目。

第十一章　保障措施

第一节　积极扩大内需

立足扩大内需，不断优化投资结构，努力扩大消费，建立健全有利于内需潜力不断释放、投资与消费协调发展的长效机制。

调整优化投资结构。坚持“发展为上、投资为本”的理念，保持适度投资规模，把投资重点放到经济社会效益明显、产业关联度高、技术领先、带动力强的重大项目上，在抓投入中优化产业结构，在上项目中提升产业层次。继续大力实施“1346”行动计划，并赋予其新的内涵，进一步提升大项目、好项目建设水平。加大对战略性新兴产业、先进制造业、现代服务业、重大基础设施、民生工程、社会事业、节能减排、生态环保等领域的投入，推进经济转型发展。完善投资促进政策，积极吸引国外和市外投资，努力激活民间投资，逐步形成市场主导的投资内生增长机制。充分发挥信贷资金的支撑作用，发展产业投资基金、创业投资引导基金，建立健全担保体系，扩大股权债权融资，创新项目融资模式，扩大投资资金来源。

积极扩大消费需求。贯彻国家扩大内需各项政策，努力提高就业、社会保障和公共服务水平，增强居民消费预期。增加城乡居民收入，提高居民消费能力。增加政府支出用于改善民生和社会事业的比重，扩大社会保障制度覆盖面，逐步完善基本公共服务体系。加强市场流通体系建设，发展新型消费业态，拓展新兴服务消费，完善鼓励消费政策，改善消费环境，保护消费者权益，促进消费结构升级。

第二节　深入推进各项改革

继续深化十二项改革举措　，全面推进行政、经济、社会等管理体制改革，力争在重点领域和关键环节取得新突破，形成有利于科学发展、社会和谐的体制机制，增强经济社会发展的活力和动力。

推进行政管理体制改革。转变政府职能，加快建设法治政府和服务型政府。深化行政审批制度改革，强化行政服务体系建设，减少和规范行政审批，推进电子政务，提高行政效率，降低行政成本。创新基本公共服务提供方式，引入竞争机制，扩大购买服务，实现提供主体和提供方式多元化。推进非基本公共服务市场化改革，增强多层次供给能力，满足群众多元化需求。坚持科学民主决策和依法行政，推进政务公开，增强公共政策制定透明度和公众参与度，提高政府公信力和执行力。

推进重点领域和关键环节改革。充分用好皖江城市带承接产业转移示范区、合芜蚌自主创新综合试验区和国家创新型城市试点赋予的“先行先试”权，勇于探索，大胆实践，在一些重点领域和关键环节实现新的突破，加快建立与国际通行规则相衔接、与长三角等先发地区等高对接的体制机制。深化国有企业改革，健全国有资本监督管理体制，完善国有资本有退有进、合理流动的机制，推进国有资本向重要行业、优势企业和企业主营业务集聚。放宽对非公有制企业投资领域和行业的限制，在进口、用地、投融资、税收、项目审批等方面给予非公有制企业同等待遇。鼓励和支持非公有制企业参与国有大型企业改革。深化财税体制改革，加快建立健全与事权相匹配的财政管理体制和有利于可持续发展的财税制度。深化金融体制改革，加快地方金融业发展。深化价格体制改革，逐步建立反映市场供求状况和资源稀缺程度的价格形成机制。

加快市场体系建设。建立统一的人力资源市场，完善人才评价体系和人力资源开发配置机制，建立有利于人才交流的户籍、住房、教育、人事管理和社会保险关系转移制度。建立统一的资本市场，推动产权交易市场合作，支持银行等金融机构跨地区经营，加快金融机构组织创新。建立统一的技术市场，实施统一的技术标准，促进技术成果转化。进一步整顿和规范市场秩序。清理和修订阻碍要素合理流动的法规和政策，努力营造公平合理、平等互利、统一规范的市场环境。打击各种违法经营活动，规范市场主体行为和市场竞争秩序。清理整顿对企业的乱收费、乱罚款和乱摊派。加强价格监管，禁止价格欺诈、价格操纵等行为。加强信用体系建设，以完善信贷、纳税、合同履约等信用记录为重点，推进社会信用信息交换共享，规范信用服务行业发展，构建“信用合肥”。

第三节　扩大对外开放与合作

紧紧抓住经济全球化和世界经济格局调整、国际国内产业转移的战略机遇，充分利用国内国际两个市场、两种资源，实施更加积极主动的发展战略，继续深入推进八项开放措施，构筑全方位、宽领域、多层次的开放新格局。

主动承接产业转移。加强皖江示范区合肥承接产业转移示范园区建设，积极开展与示范区内城市合作，发挥皖江示范区核心城市作用。加大招商引资力度，有序承接国内外产业转移，重点面向世界500强、中央企业、大型民营企业，积极引进一批产业层次高、能源资源消耗低、投资规模大、产出效益好、带动能力强的大项目。强化产业链招商，提高招商的针对性和有效性，提升产业整体竞争力。积极宣传、推介合肥，提升合肥的知名度和美誉度。

扩大对外经济贸易往来。深度开发欧盟、美国、日韩和港澳台等传统市场，着力开拓东南亚、中东、非洲、拉美、印度、俄罗斯等新兴市场。扩大高技术产品、优势机电产品、特色农产品和高附加值劳动密集型产品出口，实现对外贸易从数量规模扩张向质量效益提升转变。努力优化进口结构，重点引进先进技术装备，增加关键零部件、元器件、重要能源资源和原材料进口。支持有条件的企业“走出去”，开拓市场、开发技术、整合资源，形成经济全球化条件下参与国际经济合作和竞争新优势。

加强区域交流合作。进一步深化与长三角区域发展分工合作，推进与长三角一体化发展。扩大与珠三角、环渤海、海峡西岸、港澳台等地区的交流合作，密切与中西部地区的联系，不断拓展开放合作的广度和深度。积极推进与省内城市交流合作，深入开展与阜阳市和六安市霍邱县、寿县结对合作，实现优势互补、共同发展。加强与友好城市的交流合作，完善高层互访机制、部门联系机制和企业互动机制，促进经济技术文化交流合作。做好援藏、援疆工作。

第四节　强化人才资源保障

坚持以人才引领经济结构战略性调整，牢固树立人才投入优先保障、人才资源优先开发、人才制度优先创新、人才结构优先调整的理念，加强“人才特区”建设，通过创新人才政策、完善人才制度、优化人才环境，打造引才、育才和聚才新优势，最大限度激发人才创新、创造的激情和活力，提升核心竞争力，率先建成人才强市。

大力集聚各类人才。完善以“百人计划”和“228产业创新团队”为核心的人才政策体系，着力实施高端应用人才引进工程，统筹推进各类人才队伍建设，重点引进和支持“国家特支计划（万人计划）”、“千人计划”等高层次人才来肥创新创业。推动各类园区、企业和研发机构引进科技领军人才、创新创业人才和高级经营管理人才，促进新兴产业发展。拓展柔性引才渠道，推动高层次创新创业人才创办企业，加强与本地企业“嫁接”融合，以人才推动创新、提升产业层次、增强竞争力。广揽各类人才，引进培养社会建设、社会管理等各领域高层次人才。

创新人才培养机制。突出培育战略企业家和职业经理人，加快形成政府支持、社会参与的企业经营管理人才培养体系，造就一批职业素质好、创新能力强、具有全球视野和战略思维的优秀企业家。强化紧缺人才培育，实施继续教育工程，健全企业职工培训制度，鼓励、支持社会力量举办职业培训，打造一支规模宏大、素质优良、结构合理的专业技术（管理）和高技能人才队伍。加大竞争性选拔干部工作力度，坚持和完善从基层一线选拔干部制度，培养一支总量相对稳定、结构更加合理、专业化水平明显提高的行政管理人才队伍、社会工作者队伍和农村实用人才队伍。

优化人才发展环境。充分发挥市场配置人才资源的基础性作用，建立健全人才管理、评价、分配、激励、流动和保障机制，制定实施一系列突破性的人才政策，营造良好的人才发展环境。加大人才投入，鼓励企业和社会组织建立人才发展基金，建立多元化人才建设投入体系。切实解决各类引进人才居住、医疗和子女教育问题，完善居住证、居转户、直接落户相衔接的人才引进政策服务体系。五年建成

人才公寓100万平方米以上。健全人才市场体系，发展专业性、行业性人才市场，完善政府宏观管理、市场优化配置、单位自主用人、人才自主择业的人才管理体制。推动政府人才管理职能向创造良好发展环境、提供优质公共服务转变，运行机制和管理方式向规范有序、公开透明、便捷高效转变。大力营造尊重知识、尊重劳动和鼓励创新、宽容失败的社会氛围，打造创新活力最强、创业成本最低、服务效能最优、人居条件最佳的人文环境。

第五节　加强规划管理

“十二五”规划是未来五年统领合肥经济社会发展的纲领性文件，各级各部门要建立健全各项保障措施，为顺利实施“十二五”规划提供有力支撑。

进一步完善规划体系。围绕本规划，组织职能部门编制并实施“十二五”重点专项规划、区域发展规划，加快形成层次分明、功能清晰、统一规范、配套完整的规划体系。各专项规划和区域规划，要以本规划为依据。

加强规划管理与协调。加强对规划实施的评估，特别是在中后期，要开展相关评估工作。部分指标因客观原因需要调整的，通过人大常委会审议后予以修正。建立协调机制，有效管理和衔接各职能部门编制的各时期规划，确保在本规划指导下，实现规划的统筹安排，提高规划效率。

健全规划实施机制。科学分解落实五年规划目标任务，认真做好每年计划工作。各部门要根据规划精神，结合本部门职能，逐步分解落实各项工作任务，将目标具体化、措施化、可操作化。综合运用经济、行政、财政、价格等手段，确保规划目标的顺利实现。

强化规划监督。坚持人大依法监督、政协民主监督，认真做好各项评议工作。加大宣传力度，增加规划透明度，扩大民主参与度，积极营造关心规划、支持规划、监督规划的良好氛围。

塘西河公园

区域经济

合肥经济圈

【主要工作】 召开合肥市与桐城市、六安市寿县霍邱县产业合作交流会，促进了产业融合互动发展。根据合肥经济圈城市党政领导第三次会商会议精神，4月12日，市发改委牵头组织召开“合肥市与桐城市、六安市寿县、霍邱县产业合作交流会”，为合肥市和桐城市、寿县、霍邱县的企业之间搭建产业合作交流平台。农业方面，合肥与六安共建蔬菜基地23120亩，既保障省会蔬菜供应，又带动当地农民增收致富；积极推进农超对接、早餐工程、贸易展览会等合作发展，活跃了城际商品流通。工业方面，组织江汽、熔安动力、合肥格力等在肥大企业与淮南、六安、桐城等市县重点企业交流对接，在汽车、家电、钢铁、煤电、机械、化工、农产品加工、建材、包装印刷等领域，加强圈内县市企业与合肥市的产业链分工协作。科技方面，9月份，合肥与六安签订科技合作协议，在产学研合作、人才交流、合作平台建设等方面联手共进。园区方面，8月份，合肥与六安正式签约合作共建寿县蜀山现代产业园区，选址已确定，正在编制总体规划。旅游方面，编制《合肥经济圈休闲度假指南》和《合肥经济圈旅游地图》；合肥至寿县、桐城旅游直通车正式开通，至霍邱旅游直通车正在加紧准备。能源方面，组织马（合）公司、安徽锦邦化工、京东方等企业与淮南市发电企业开展直购电试点。

合肥市发改委会同市直有关部门，在与桐城市充分沟通的基础上，完成《合肥市与桐城市合作发展备忘录（2012年）》起草和市党政代表团赴桐城市考察活动的相关工作。7月9日，吴存荣书记、张庆军市长率市党政代表团赴桐城市考察并召开座谈会，期间签署双方合作发展备忘录。

召开合肥经济圈建设领导小组办公室主任联席会议。起草完成市领导在合肥经济圈领导小组办公室主任联席会议上的讲话稿，完成会议材料汇编，会务安排等各项工作。会上，合肥市、淮南市、六安市、桐城市分别介绍了本市推进经济圈建设情况。省直有关部门负责人分别就经济圈直购、电话区号统一等七项专题工作进展情况进行通报。会议还讨论调整合肥经济圈范围的意见，决定同意定远县加入合肥经济圈。

完成省委常委调研课题起草。完成合肥经济圈建设发展研究报告，全面总结近年来经济圈建设经验做法、主要成效，提出下一步工作建议，报告已经市委主要领导审定通过。

合肥经济圈一体化发展

为贯彻落实省委、省政府关于开展重点工作专题调研重要部署，11月5日至13日，市发改委陪同省发改委赴合肥经济圈各市开展区域协调发展专题调研活动。通过实地考察、召开座谈会等方式，与各市深入交流、共同谋划推进合肥经济圈一体化发展。

【一体化发展重要意义】构建合肥经济圈，培育带动安徽发展的核心增长极，打造全国有影响力的城市圈品牌，是省委省政府全面落实科学发展观、促进区域协调发展、推动安徽加速崛起的战略决策，是顺应经济社会发展规律的大势所趋，也是经济圈各市加快一体化发展的重大机遇和共同愿望。刚刚召开的党的十八大报告指出，要继续实施区域发展总体战略，充分发挥各地区比较优势。可见，加快打造合肥经济圈品牌，有利于在当今开放融合的大背景下，加速经济要素聚集，加速承接产业转移，促进资源共享、优势互补，实现圈内各市科学发展、联动发展、加速崛起。

【建设发展的现实基础】 合

肥经济圈包括合肥、淮南、六安及桐城等周边地区，区域面积3.35万平方公里，户籍总人口1737万人，分别占全省24%和25%。在省委、省政府的坚强领导和关怀支持下，合肥经济圈城市合作共识不断增强，合作机制不断健全，合作领域不断拓展，呈现出竞相发展态势，经济圈建设取得了阶段成效。2011年，合肥、淮南、六安及桐城四市的地区生产总值达到5337.2亿元，财政收入871.6亿元，规模以上工业增加值2343.6亿元，社会消费品零售总额1709.7亿元，固定资产投资4571.9亿元，均占全省的1/3以上。合肥经济圈在安徽经济社会发展格局中具有重要的战略地位和突出的带动作用。

（一）具有区位、资源、政策等诸多优势

1. 政策叠加优势明显。“十二五”时期，国家明确提出以加快中心城市和城市群发展为核心的城镇化发展战略，将江淮城市群列为重点发展的全国八大城市群之一，在国家主体功能区规划中把江淮地区列为重点开发区域。2012年8月出台《关于大力实施促进中部地区崛起战略的若干意见》明确提出：继续推进淮南等大型煤炭基地建设，支持皖江城市带、大别山革命老区等重点区域发展；支持合肥创新型城市、服务外包示范城市、金融改革和金融创新、电子信息国家高技术产业基地建设；支持合淮区域一体化发展；加大巢湖等重点流域水污染防治力度等。随着国家中部崛起战略的实质性启动和深入实施，合肥经济圈承担着引领安徽崛起的重任，必将获得国家更多政策支持。党的十八大明确提出：继续实施区域发展总体战略，加大对中西部地区扶持力度，促进区域协调发展。与此同时，合肥国家创新型试点市，省委省政府全面推进皖江城市带承接产业转移示范区和合芜蚌自主创新综合试验区建设，出台了一系列优惠政策，合肥经济圈正加速形成政策叠加优势。

2. 区位交通条件优越。合肥经济圈地处安徽中部，倚山抱湖临江，发展腹地广阔，跻身国内规模最大、活力最强的“长三角”经济圈，皖江城市带和沿淮城市群分别涵盖了合肥经济圈内的不同区域，经济圈具有着承东启西、连南接北的核心地位，承接产业转移条件得天独厚。宁西、合九、淮南、庐铜等铁路，沪汉蓉、京福、商合杭等高速铁路和合宁、合巢芜、合安、合六叶、合淮阜、合徐等高速公路，以及新桥国际机场、内河航运枢纽、通江航道等重大战略性基础设施的相继建设和陆续建成，构成了水、陆、空立体交通运输网络，合肥国家区域性综合交通枢纽正在加速形成。

3. 要素资源禀赋丰富。合肥经济圈内有全国一流的合肥科技教育人才资源，有供应充沛的淮南煤电能源，有蕴藏丰富的六安水资源和铁矿、钼矿等矿产资源，有发展潜力巨大的环巢湖生态旅游资源，有独具特色的江淮历史人文资源。同时，合肥经济圈地处江淮之间，水系分属长江与淮河两大流域，地形兼具山地与丘陵形态，港口岸线资源开发潜力大，自然生态环境良好。丰富的要素资源与良好的生态环境为经济圈发展提供了有力的保障。

（二）开启融合发展的良好局面

1. 积极构建多层次协调推进机制。经济圈各市主动加强交流合作，建立党政领导高层互访和会商制度，就共同推进经济圈建设达成广泛共识。从2010年开始，先后在原地级巢湖市、淮南市、六安市举办了三次经济圈城市党政领导会商会议。第一次会商会议确定了会商会议制度，明确经济圈建设总体规划修编和各专项规划编制任务。第二和三次会商会议分别确定了经济圈区号统一、直购电试点、轨道交通、引大别山优质水源工程和交通1小时通勤圈、产业走廊合作、大别山生态保护、旅游联合开发、对外开放联合招商等九个专题推进任务。第四次会商会议将于今年年底前在桐城市召开。此外，经济圈城市发改、经信、农业、交通、规划、旅游、招商等部门建立了部门联席会议制度，进一步完善对口联系机制。

2. 编制完成合肥经济圈发展系列规划。在省直相关部门的指导下，经济圈城市共同编制《合肥经济圈城镇体系规划》、《合肥经济圈基础设施规划》、《合肥经济圈市场体系规划》、《合肥区域性金融中心建设总体规划》等专项规划，签订《合肥经济圈旅游合作共同宣言》、《合肥经济圈旅游合作行动计划》、《合肥经济圈合作共建蔬菜基地协议》等，圈内城市合作框架和政策体系逐步建立和完善。此外，各市间也加强了双边合作，如：合肥与六安、淮南等市分别签订《合作框架协议》；与淮南合作编制《合淮同城化总体规划》和《合淮同城化工业走廊规划》，签订《合淮旅游一体化框架协议》；与六安启动编制《合六产业走廊规划》；淮南与寿县签订《关于谢八寿一体化发展的框架协议》。2011年，合肥经济圈各市共同编制完成《合肥经济圈发展规划纲要修编（2011-2015年）》和工业、现代农业、交通基础设施、轨道交通线网、县域经济等专项规划，并已上报省政府。行政区划调整后，启动了合肥经济圈总体规划及各专项规划的修编工作。通过开展规划对接，经济圈一体化建设政策规划体系逐步完善。

3. 对接推进区域重大基础设施建设。机场建设方面，直接服务经济圈各地的合肥新桥国际机场已基本建成;经济圈各市及周边县区通往机场快速连接线工程正在加快建设中。公路方面，312国道合肥至六安段路权已收回，改造前期工作正在加速推进；高刘至新桥机场快速连接线正在加快建设，计划年底前建成通车；淮南市规划了九龙大道、舜耕大道与合肥对接；桐城市积极推进206国道升级改造和吕亭至庐江通道建设。特别是随着合马路改造全面完成，环巢湖公路加快推进，合淮阜、合六叶高速公路及长江西路高架建成通车，经济圈公路路网不断完善。水运方面，全面加快实施《合肥港总体规划》，合肥港综合码头一期建成运营、二期工程开工建设；裕溪、巢湖复线船闸工程今年年底前将建成试通航；合裕航道疏浚工程加快建设。铁路方面，启动了合肥经济圈轨道交通线网规划编制，商合杭高速铁路加快研究论证，淮南市加快合淮蚌暨淮南东站建设。通信方面，工信部已同意启动合肥本地固定电话网升8位工作，为合肥经济圈区号统一打下了基础。通过基础设施共建，经济圈已初步形成合肥至圈内城市“1小时通勤圈”。

4. 全面促进产业合作互动发展。农业方面，合肥与六安共建蔬菜基地2.3万亩，带动当地农民增收致富；积极推进农超对接、早餐工程、贸易展览。工业方面，组织江淮汽车、熔安动力、合肥格力等在肥知名企业与淮南、六安、桐城等市重点企业交流对接，加强圈内企业在汽车、家电、钢铁、煤电、机械、化工、农产品深加工、建材、包装印刷等领域的合作，推进区域内产业链的大分工、大协作。科技方面，今年9月，合肥与六安签订了科技合作协议，明确在政产学研合作、人才交流、合作平台建设等方面全面合作。园区合作共建方面，今年8月，合肥与六安正式签约合作共建寿县蜀山现代产业园区，目前已确定选址，正在编制园区总体规划。旅游业方面，编制了《合肥经济圈休闲度假指南》和《合肥经济圈旅游地图》；正式开通合肥至寿县、桐城旅游直通车；至霍邱旅游直通车的产品编制工作。能源利用方面，组织马钢（合肥）公司、安徽锦邦化工、京东方等企业与淮南市发电企业洽谈，积极推动直购电试点工作。通过开展一系列的合作，经济圈产业合作发展成效初显。

5. 着力实施环境同治计划。圈内城市共同签署《巢湖流域环境保护与生态建设合作框架协议》。合肥市首批七大类、总投资超过500亿元的环巢湖生态示范区建设项目全面启动。同时，加强与淮南、六安市的合作，共同推进瓦埠湖、丰乐河等湖泊、河流的环境综合治理。实行重大环保工程共享，建成合肥危险废物处置二期工程，年处置能力2.1万吨，可满足周边8市工业危险废物处理需求，有效保障了区域环境安全。通过开展环境联合整治，经济圈生态环境得到进一步改善。

6. 切实加大干部交流培训力度。开展圈内干部之间“零距离”、“一对一”、“面对面”的交流研讨。2010年以来，合肥市围绕国土资源管理、园区建设、城镇规划建设、工业招商引资等专题，先后举办了5期培训班，为霍邱县、寿县交流培训干部近500人次。合肥市先后选派了17名干部赴寿县、霍邱县交流挂职，分批接收霍邱县、寿县、桐城市92名干部来合肥市挂职锻炼。通过开展干部培养和人才培育合作，促进了双方干部之间思想契合、观念对接、知识互补、经验共享，提升了区域合作的成效和水平。

7. 携手开展对外宣传推介。经济圈城市媒体联合推出《合肥经济圈》栏目，对圈内城市经济、政治、文化、社会、生态文明建设等进行全方位、高层次宣传。各市还合作开展了“打造省会经济圈、推进安徽新跨越”理论研讨暨合淮同城化高峰论坛等活动，编辑出版了《中国省会经济圈蓝皮书》。联合编制《合肥经济圈投资指南》，共同组织合肥经济圈深圳招商推介会、六安与合肥合作招商推介会、广州江门联合招商推介会等活动。同时，还成功举办辉煌丹青·合肥经济圈美术作品联展等文化交流活动。通过开展一系列联合宣传推介活动，经济圈对外影响力不断增强。

【一体化发展面临的主要问题】

从经济圈发展现状看：核心城市体量偏小。作为经济圈中心城市的合肥，首位度仍然偏低，辐射能力不强，2011年底合肥市在全省经济首位度为23.8%，明显低于武汉都市圈的武汉（34.4%）和长株潭城市群中的长沙（28.6%）。产业配套关联度不高。在重点产业领域配套总量和比例均较小，尚未形成链条完整、分工明确、合作紧密、步调协同的发展的格局。合作共建尚处起步探索阶段。各市在园区共建、“飞地经济”等方面合作，实质性进展不大，仍处规划研究阶段。四是迅捷的区域交通体系还需进一步完善。经济圈城市交通尚处于以合肥为中心的发散状态，其余城市相互间的网状快速交通格局尚未形成，通行水平依然不高。五是经济圈通信、金融等一体化发展尚未实质性启动。

从经济圈推进机制方面看：经济圈党政领导定期会晤制度、部门之间工作联系制度尚未形成常态化。由于现行的考核机制影响，全局的“大利益”与局部的“小利益”之间的矛盾依然存在。由于没有统一、有效、具备约束性的考核指标体系，经济圈建设尚没有形成统一、协调、高效的推进建设机制。四是行政区划调整后的合肥经济圈范围至今尚未得到明确，经济圈合作专题内容大多是跨行政区域推进的项目，仅仅依靠经济圈各市协调推进难度较大，省级层面的统筹协调力度需要加强。

【一体化发展的经验启示】 短短几年时间，合肥经济圈一体化发展从概念走向实践，成为各市共识，形成了互动互融的良好氛围，并取得了实实在在的成效，主要是把握了以下几点。

遵循区域经济发展的客观规律。当今时代，城市之间的竞争越来越表现为区域经济及城市群之间的竞争，中国正由城市主导型向城市群主导型阶段发展。从区域看，长三角总体上形成了以上海为龙头的上海城市群、南京城市群和杭甬城市群，发展势头强劲；中部地区省会经济圈或省会城市群也先后构建，武汉都市圈、中原城市群、长株潭城市群、鄱阳湖生态经济区都已经进入到实际操作阶段。就安徽而言，江淮地区已经被全国主体功能区规划列为重点开发地区，加快合肥经济圈建设，形成一个强有力的城市群，正当其时，大有可为。

坚持以规划为龙头，引领一体化发展。科学规划，对于有效配置区域资源，保护资源环境，协调利益关系，推动经济圈一体化发展具有重要作用。推进合肥经济圈建设，首先加强顶层设计，以编制总体规划为龙头，并在其引领下，省市联手编制城镇体系、基础设施、产业、旅游、环境保护等专项规划，并按照规划确定的目标组织实施重点工程。

突出项目一体化支撑作用。项目建设始终是推动经济圈一体化发展的关键。近年来，合肥经济圈城市在产业发展、基础设施、生态环保、市场体系等方面加强合作，启动了一大批项目建设。特别是近期，在省直有关部门的支持下，共同推进了经济圈区号统一、探索建设局域电网和开展直购电试点、规划建设合肥经济圈城际轨道交通、引大别山优质水源工程等重大项目有关前期工作，有的已取得实质性进展。实践证明，加快经济圈一体化进程，既要各自推进一批大项目，又要共同推进一批大项目，以项目为抓手，以项目为基础，用一个个项目建设汇聚合作发展的成果，绘就经济圈互动互融一体化的美好蓝图。

紧扣合作共赢发展的内在要求。经济圈一体化发展重在合作，利在共赢。只有不断强化内部协作，才能实现经济圈城市发展的顺畅有序；只有互利共赢，才有强大的活力和动力，才能实现经济圈城市整体实力提升。实践证明，经济圈加快发展离不开省委省政府的坚强领导和省直各部门的大力支持，离不开经济圈城市的通力协作。必须本着互利互惠原则，强化合作分工，减少产业结构雷同，避免恶性竞争，推动资源共享，实现经济圈城市发展效益最大化。

【深入推进合肥经济圈一体化的重点】 “十二五”时期是加快合肥经济圈建设的关键时期，要以互惠共赢、壮大自身、服务全省、影响全国为目标，以推进经济圈内规划体系、基础设施、产业布局、要素市场和环境保护等五个“一体化”发展为核心，推动区域共同发展与繁荣，努力把合肥经济圈建设成为接轨长三角，在全国有影响力的都市圈品牌。

（一）完善一体化发展规划体系，科学引领经济圈联动有序建设发展。

实现合肥经济圈步调一致、联动发展，必须以科学规划为前提。随着经济圈范围调整，经济圈各市（县）下一步要按照省委省政府要求，在省直有关部门的指导支持下，组织修编《合肥经济圈总体规划》和编制各专项规划，建立经济圈一体化规划体系，有序有力有效地推进经济圈科学发展。

（二）推进重大基础设施一体化建设，大幅提升经济圈支撑承载能力。

交通建设方面，加快形成以合肥为枢纽，淮南、六安及桐城为重要节点，各种运输方式有效衔接的一体化快速交通体系。推进合福、商合杭客运专线、合肥铁路枢纽南环线和南客站、淮南东站和淮南南站、西合线增建第二线等铁路项目建设，规划建设连通珠三角和中南地区的南向高铁。推进新桥空港物流园和国际产业园建设，增加国际国内航线、航班，加强合肥机场对周边城市的交通联系和航空服务能力。改造提升合肥连接淮南、六安、桐城等周边城市的快速公路网，规划建设经济圈环线畅通工程，推进环巢湖公路、合巢路（S105）改造、徽州大道南延、合六路（G312）改造、新建合六第二通道、G206合淮及合安段改造。实施合裕线航道、派河航道、兆河—西河航道及店埠河、丰乐河等航道升级改造。规划建设合淮、合六、合巢、合桐等城际铁路，加快与长三角等周边区域城际铁路的衔接。能源建设方面，构建稳定、经济、清洁、安全的能源生产供应体系。积极推进淮南煤电基地、区域热电联产等项目建设，规划建设淮南煤制气、区域大型并网太阳能光伏发电等项目。加快开发环巢湖、大别山区风力发电资源，推进风能发电项目实施，争取早日建成和并网发电。规划建设经济圈区域电网，实施新一轮农村电网改造。积极争取国家石油管道和石油战略储备在区域内新增布点。水利建设方面，继续实施和完善合肥、淮南、六安和桐城城市防洪工程，实施长江、淮河和巢湖防洪工程，实施跨地区重点中小河流及洼地治理、大中型病险水闸除险加固、大别山区优质城市水源、引江济淮（巢）跨流域调水等工程建设，进一步提升水利综合保障能力。信息化建设方面，加快形成以合肥为中心、经济圈各市信息网络互联互通的高速宽带骨干传输网络，统一电话区号、移动网络取得实质性进展。

（三）建立产业分工协作一体化体系，迅速提升经济圈产业总体竞争力。

以产业对接、合作转移为重点，扩大产业规模，优化产业布局，推动产业升级，促进核心城市产业国际化、产品高端化发展，周边城市建立主导产业配套加工和生产制造基地，形成区域产业分工协作、优势互补、特色鲜明的产业体系。以国家级、省级开发园区为重点，明确各园区产业发展方向，引导错位发展；鼓励合作共建，支持有条件的开发区跨区域设立“共建园”，培育合淮、合六及合桐产业共建区。积极推进合淮、合六、合桐安等工业走廊及合淮六共建新桥空港新城，实现产业一体化布局。积极推进合淮共建电厂、巢湖华能电厂二期、太阳能光伏发电、大型钢铁联合企业及合淮煤电铝一体化等项目建设，推进建设汽车及零部件、家电配套及装备制造基地项目建设，推进庐南重化工基地、安徽（淮南）现代煤化工产业园等项目建设，合力在新型平板显示、家电制造、新能源、汽车及零配件、装备制造、煤电及煤化工、食品及农产品加工等重点产业打造若干个具有较强竞争力的千亿元级产业集群。

（四）完善开放、公平、竞争、有序的一体化市场体系，优化配置与运用经济圈内的市场要素资源。

全面消除妨碍公平竞争的政策壁垒，建成一批以信息化为引领的农产品、工业品等现代化大型专业市场，营造有利于现代商业连锁经营政策环境，形成经济圈内统一的流通市场体系。加快合肥区域性金融中心建设，鼓励金融企业到周边地区设立分支机构，开展区域金融机构战略合作，推进跨区域电子货币支付系统和即时兑付系统的互联互通，实现区域信贷投放、票据处理、资金清算、外汇买卖等金融业务和银行卡同城化办理，构建区域共享的金融服务公共平台，打造云金融服务中心，推动“金融同城”。建设区域技术交易中心，加快合肥先进适用技术成果转移，形成区域技术协作转移网络。加强劳动力供需和培训合作，加快建设统一、开放、灵活的区域人力资源市场，实现人力资源区域共享和优化配置。建立人才引进激励和考核评价机制，吸引圈外优秀人才加盟合肥经济圈，为经济圈一体化发展提供有力的人才支撑。

（五）推进生态文明一体化建设，进一步增强经济圈永续发展能力。

促进经济圈发展方式进一步转变，逐步形成增长方式更加集约、产业结构更加优化、循环经济初具规模的经济模式。积极推进引江济巢、江淮运河等重大项目，加快巢湖流域水环境综合治理；合理开发利用水资源，积极推进大别山优质水源基础工程建设，争取国家批准设立大别山生态文明示范区，努力将大别山区六大水库库区和淠史杭灌区纳入国家、省生态补偿（试点）范围；加强区域生态保护，使经济圈内主要污染物排放得到有效控制，生态环境质量明显改善，生态补偿机制初步建立，可持续发展体制机制基本形成，加快建设环巢湖生态示范区，使之上升为国家级。加强对大别山水库群、巢湖、瓦埠湖以及淠河总干渠、大房郢水库、董铺水库等集中式饮用水水源地水质保护，确保饮用水安全。积极争取国土资源部同意合肥经济圈内城市比照皖江示范区政策享受土地方面先行先试的待遇。按税收分成、利益共享原则推动跨市土地合作开发，试行土地利用总体规划动态管理和定期评估暨滚动修编，探索城乡建设用地增减挂钩指标在经济圈内有偿调剂使用、耕地和基本农田异地代保。联合开展生态敏感区、城市水源涵养地、滞洪区、地质灾害易发区、自然保护区、风景名胜区、重要矿产资源埋藏区和省级以上重点文物遗址等空间管治，建立圈内各市协同监管机制，加强区域内环境联合执法，提高经济圈污染共同防治能力。

（六）做强合肥竞争力和影响力，不断强化引领辐射带动作用。

经过“十一五”时期的快速发展，合肥主要经济指标在全国的位次进一步提升。行政区划调整后，合肥在中国大陆26个省会城市中，面积位居第14位，人口位居第12位，处于中线水平。经济圈的建设关键在核心城市。作为省会城市和经济圈核心城市，合肥理应率先做大做强，理应承担更多的责任和义务，理应进一步增强带动、引领、辐射作用，不断推进合肥经济圈加速崛起，努力为建设美好安徽多作贡献。当前，合肥正在围绕落实省市党代会部署和“十二五”规划，按照“三步走”的城市发展战略定位，着力发挥行政区划调整的后续效应，以推进“科学发展新跨越、主要指标进十强”为目标，以“城湖共生”的理念，致力打造“大湖名城、创新高地”的城市新名片朝着。具体来讲，目前要打好“三张牌”：一是打好“巢湖牌”，即以环巢湖生态示范区建设为龙头，坚持城湖共生、生态宜居的理念，更加注重巢湖治理与保护，为治理大型湖泊探出一条新路，打造“生态强省”的重要战略支点，培育引领全省、全市发展的新增长极；二是打好“创新牌”，以中科大先进技术研究院等项目为重点，加快合肥国家创新型城市建设，实施创新驱动，推动产业升级，促进结构调整，支撑转型发展；三是打好“产业牌”，加快推动平板显示、太阳能光伏、电子信息、新能源汽车、公共安全等战略性新兴产业发展，致力打造在国际有竞争力和影响力的全国重要的现代产业基地。合肥在合作发展中做大自身的同时，携手经济圈各市，将各项措施落实到位，共同开创合肥经济圈的美好未来。

【合肥经济圈建设发展的保障措施】 加快推进合肥经济圈建设，要以开放包容的发展环境、共建共享的合作机制、具体实用的政策措施等为保障，合力推进经济圈建设持续深入开展。

（一）加强开放创新，构建多层次、宽领域合作机制。

进一步完善经济圈城市党政领导会商会议制度，不断创新包括政府、商会、企业等多层次、全方位的合作交流机制。建立和完善信息沟通共享机制，实现圈内政务、经济、科技、教育、文化、人力资源等信息资源的公开、共享；加强城市建设、城市管理、政务服务、公共管理等方面的合作与交流，借鉴和吸纳先进的组织文化、政策制度和技术服务理念，拓展城市间合作领域；加强城市间人才培养、培训和就业合作，加大各级干部挂职交流的力度，促进相互间的人才和劳务有序流动，实现人才流、资金流、信息流和物流等快捷畅通。通过机制创新，推动圈内各市间全方位协作，促进合肥经济圈经济社会又好又快发展。

（二）消除市场壁垒，优化区域合作环境。

认真清理现行政策及相关规定，在工商管理、技术监督、商品检验、行政事业性收费等方面，消除各地对人才、资本、限制性政策，为经济圈内企业发展提供平等竞争的机会。重点在产业布局、基础设施建设、环境保护、市场准入、居民就业、子女就学、医疗保障等方面探索建立一体化的政策框架，实现资源的优化配置和重组，提高经济圈整体竞争力。

（三）完善政策措施，建立健全激励机制。

积极探索区域合作中的利益分配机制和财政支持政策。按照谁投资、谁受益的原则，协调各市财政利益分配关系。清理并协调各市地税、行政事业性收费和招商引资方面的优惠政策，推进税费一体化改革，避免因税费政策的差别导致不良竞争。争取省里对经济圈建设中涉及的科技三项费用、高新技术发展引导资金、重大技术开发基金和国家技术创新研究与开发基金等资金，在安排和使用上给予适当倾斜。适当调整财政投资方向，增加城市建设资金的预算安排，争取省里加大对经济圈内高速公路、铁路、航空、信息等通道建设和工业园区、工业集中区水、电、气建设的投入。充分利用外国政府贷款和国际金融组织贷款，支持经济圈内基础设施建设。加强和改进对经济圈的财政补贴。继续执行对外来人才的优惠政策，进一步发挥政府对高新技术产业投入的引导作用。

（四）提升战略层级，争取更多支持。

积极推进将经济圈建设上升为国家战略，争取国家财政税收政策支持，加大对合肥经济圈内各城市在社保资金调剂、扶贫资金投入等方面的转移支付力度；积极争取国家投融资和金融政策支持，加大对经济圈内的高速公路、国际机场、防灾减灾等重大基础设施建设和科技、教育、文化事业的投入；积极争取国家产业政策支持，加大对各市传统产业改造和战略性新兴产业发展的支持，引导和促进符合本地区竞争优势的项目和企业在经济圈投资发展。

【合肥经济圈发展建议】

一是进一步明确合肥经济圈范围。行政区划调整前，合肥经济圈包括合肥、淮南、六安、巢湖四市及桐城市。行政区划调整后，合肥经济圈的范围至今尚未得到进一步明确，同时定远县积极申请加入合肥经济圈。考虑到合肥经济圈的未来空间发展，建议省里对合肥经济圈的范围重新确定，便于尽快完成合肥经济圈总体规划、城镇体系规划及相关规划的修编审批工作。

二是加大对经济圈合作专题的支持。鉴于经济圈合作专题内容大多是跨行政区域推进的项目，有些还需要国家和省里的大力支持，仅靠经济圈各市协调推进难度较大。建议省直有关部门分别牵头，加大对经济圈合作的支持力度。

三是加大省级统筹指导力度。合肥经济圈领导小组没有配备专职工作人员，客观上影响了经济圈建设的推进工作。建议明确一位省政府领导具体分管经济圈建设领导小组工作，比照加快皖北发展和皖江示范区建设，设立经济圈领导小组办公室常设机构，明确人员编制等，安排专人集中办公，进一步加大经济圈建设省级统筹和推进力度。

四是不断完善经济圈支持政策。随着合肥经济圈建设不断深入，经济圈建设有关扶持政策需要进一步充实完善。建议省委省政府，比照加快皖北发展和皖江示范区建设，研究出台加快合肥经济圈建设的扶持政策。

五是继续强化合肥中心城市功能。合肥经济圈建设的关键是要做大做强合肥这个核心，发挥好龙头带动作用。为加快合肥区域性特大城市建设，建议省委省政府和省直有关部门，在政策、项目和资金等方面继续加大支持力度，充分发挥省会城市在金融、商贸、物流、会展、城市重大基础设施和科技、教育、文化等方面的领先集聚优势，不断强化核心城市综合服务功能，提高辐射带动能力，为加速安徽崛起多做贡献。

六是加快推进合淮一体化建设。国务院《关于大力实施促进中部地区崛起战略的若干意见》中明确提出推动合（肥）淮（南）区域一体化发展，为合淮一体化提供了有力的政策依据和支撑。建议省委省政府建立推进协调机构，成员由省相关领导、两市主要领导组成，重点协调解决区域一体化发展进程中重大问题，加快推进合淮一体化建设。

（牛和湘　王宏耀　张彩云　杨斌　郭振华）

结对合作

【主要活动、事件】 2012年2月16日，省委副书记孙金龙，省委常委、市委书记吴存荣等省市领导出席阜阳市政府、阜阳合肥现代产业园区与农发行安徽省分行、农发行阜阳市分行战略合作签约仪式；2月2日和5月16日，吴存荣、市委副书记、市长张庆军等省市领导两次赴阜阳市磋商结对合作事宜，部署推进阜阳合肥现代产业园建设等工作；8月22日，市委副书记熊建辉出席与霍邱县结对合作工作座谈会，明确要加快推动2012年结对合作重点事项进度；9月5日，市人大常委会主任黄同文率队赴阜阳合肥现代产业园实地调研考察建设工作；市发改委还多次召开结对合作工作会议，推动合作工作深入开展。

2012年5月6日，中共合肥市委办公厅、合肥市人民政府办公厅印发《2012年合肥市与六安市寿县霍邱县结对合作重点事项表》，明确规划、土地、基础设施建设、园区共建、产业合作、联合招商、人才交流等18个方面的重点合作事项。

2012年7月30日，安徽省政府正式批复，同意设立寿县蜀山现代产业园区，由蜀山与寿县合作共建、独立运作，享受省级开发区各项政策；8月27日，寿县政府代表团赴蜀山区开展对接交流，双方政府共同签署合作共建协议，明确园区共建原则、区域范围、发展目标、组织机构、双方权利义务及园区建设发展政策保障措施等，并建立年度联席会议制度；10月16日，寿县蜀山现代产业园区投资有限公司在寿县注册成立，并投入运转；11月29日，合肥、六安两市编委正式下文批准设立寿县蜀山现代产业园区管理委员会；园区选址位于寿县炎刘集镇区南，新桥国际产业园西，规划面积12.7平方公里，起步区4.4平方公里。

【土地规划合作】 为统筹协调新桥机场周边区域发展，合肥市与六安市共同开展《合肥新桥空港新城总体规划》编制工作，总规已通过专家评审和合肥市规委会审议；进一步发挥规划人才、技术优势，协助霍邱县开展教育产业园、沿淮高速暨1小时通勤圈、霍固路和临淮岗至长集快速通道等项目的规划设计工作。

提高皖北农村存量建设用地资源使用效率，促进城乡统筹发展和新农村建设，与一市两县进一步加强土地合作。开展土地交易和信息发布平台建设合作工作，在合肥市信息平台上发布寿县经营性用地交易信息；与两县合作举办3次经营性土地推介会；全市还通过省补充耕地指标交易市场从霍邱县购买526.7亩补充耕地指标。

【交通基础设施共建】 积极推进合肥市与六安寿县的道路连接工程建设，提升寿县融入经济圈的通行能力。炎刘至新桥国际机场快速通道肥西段，全线主车道通车，该条路也成为全市境内第一条按一级公路标准建设的省道；石集至吴山公路长丰段、小甸至涂拐公路长丰段道路升级改造项目均建成通车。

【产业合作】 农业方面。合肥市财政安排奖补资金400万元，与两县合作新增供肥蔬菜基地1.5万亩，辐射带动两县向合肥市场年供应优质蔬菜9万吨以上；积极组织两县参加中国合肥农交会，加强各地种植户、养殖户沟通交流，强化技术指导；推动农业产业化，帮助六安龙翔美食王禽业有限公司申报省级农业产业化龙头企业，同时，结合种植结构调整，继续扩大中药材、苗木、食用菌等种植，发展休闲观光旅游农业。工业方面。组织举办“合肥市与六安市寿县、霍邱县产业合作交流会”、“合肥企业霍邱行”和“合肥市高新技术企业与霍邱县姚李工业园推介对接会”等活动，推动企业间的合作交流，促成霍邱县神虹公司与合肥天威合变、中盐红四方集团，市工投公司与颍上工业园区等的项目合作。商贸方面。通过农超对接会、餐产大会、农产品产销对接会等平台推进寿县农产品“五进”合肥事宜。搭建“一进一出”流通平台，目前，寿县堰口镇综合养殖场已在合肥周谷堆批发市场设立野生中华鳖、草龟专销区，合家福已在六安地区设立分支机构2家。金融方面。组织徽商银行、科农行等金融机构赴寿县考察，推动全市地方金融机构在两县设立分支机构或村镇银行。旅游方面。加强市场开拓，将寿县纳入合肥市旅游共同市场，设立寿县旅游集散中心，实现合肥-寿县、合肥-阜阳旅游直通车常态化开通；举办合肥经济圈旅游合作组织系列推介会，在肥开展“寿县旅游景点进社区”活动；协助宝中旅行社、合肥旅行社进入寿县设立分支机构；实现信息共享，编制发行《合肥经济圈旅游地图》、《合肥经济圈旅游休闲度假指南》，统一对外宣传推介；同时，积极按照“12345”架构筹建旅游信息中心。

【联合招商】 积极开展招商活动，共同组团赴广东江门开展招商推介活动，引荐新加坡国际企业发展局代表团等赴寿县考察；促进信息资源共享，设立合肥经济圈城市（涵盖寿县、霍邱县）招商信息互通平台；扩大宣传范围，印制《合肥经济圈投资指南》。

【人才劳务交流合作】 干部交流培训方面。继续开展旅游、规划、交通、招商、开发区等部门的对口交流工作，进行招商业务、旅游知识等专业培训和辅导，进一步提高相关人员业务水平。教育交流方面。我市与两县91所中小学（幼儿园），与阜阳35所中小学（幼儿园）进行结对；派出支教人员120余人次赴一市两县支教；接收两县40名中教育管理人员到合肥市挂职锻炼；组织80余名骨干教师到两县中小学举办公开课等专题讲座；对两县9000余名教师进行暑期培训；合肥市与阜阳市合作共建的阜阳技师学院主教学楼已竣工，合肥市援建资金1亿元。此外，合肥市还通过教育行政干部挂职、合作论坛、教育考察（观摩）、高考迎考辅导、教师交流、帮扶困难儿童等方式进一步深化教育领域结对合作成效。卫生交流方面。接收寿县21名乡镇卫生院院长来肥挂职，接收霍邱县10名医疗卫生技术人员来肥进修学习，对两县50名乡镇卫生院院长（副院长）及寿县25名技术骨干分别进行集中培训，进一步提升了当地医务工作者的服务和工作水平。专业技术交流方面。充分发挥合肥市在企业管理、专业技术人员培养等方面先进优势，组织寿县3家企业主要负责人挂职安徽燕之坊食品有限公司等企业，邀请寿县、霍邱两县人员参加全省赛飞创业辅导师培训班。劳务合作方面。切实加强与一市两县的劳务对接，建立稳定的劳动力供求协作网络，互相开放劳动力市场；积极组织“劳务对接”专场招聘会等活动，在寿县寿春镇举办的“春风行动”专场招聘会提供就业岗位3200余个，开赴阜阳市和霍邱孟集镇的“招工大篷车”分别为当地提供就业岗位10000余个和2800余个；举办第三届中国·合肥技工节，积极促成校企合作；协助开展职业技能培训，满足合肥市企业用工需求。

【共建园区建设】 积极推进合肥市与阜阳市、蜀山区与寿县合作共建园区建设。2012年，合肥方面继续加大财政投入力度，对阜阳合肥现代产业园投入2亿元；对寿县蜀山现代产业园区投入3000万元。2012年，阜阳合肥现代产业园总体规划、产业发展规划、土地利用规划及基础设施专项规划已编制完成；起步区首批“一横三纵”6公里的4条道路建成投入使用，第二批4条道路基本建成，工业用地实现“四通一平”；全年拆迁房屋1951户，拆迁面积33.9万平方米，安置小区和家园一期、二期工程等开工建设；招商引资工作取得积极进展，全年签约项目14个，总投资约38亿元；融资工作成效显著，累计获得5.5亿元信用贷款和6亿元担保贷款。寿县蜀山现代产业园管委会经合肥、六安两市编委正式批准设立，注册成立寿县蜀山现代产业园区投资有限公司，分别与合肥市建行和工商银行六安市分行签订《金融合作框架协议》，园区总体规划编制完成并通过评审；园区筹建前期工作基本完成，转入征地搬迁、项目招商、道路设计招标及基础设施建设阶段。

(发改委办公室)

皖江城市带承接产业转移示范区

【主要工作】 2012年，合肥市积极推动经济发展方式转变，坚持在承接中创新，在创新中提升承接的水平和能力，在全球承接产业“大转移”的过程中，实现产业规模积聚和质量提升。

集中示范园区正式获批。合肥承接产业转移集中示范园区选址位于合肥市新站综合开发试验区，规划面积14.7平方公里，为新站综合开发试验区的区中园，独立运作，比照省级开发区进行管理。集中示范园区将按照“建设大项目、壮大核心企业、延伸产业链条、培育产业集群”的发展思路，重点发展新型平板显示、新能源、新材料等战略性新兴产业，大力发展商务金融、科技研发、服务外包等现代服务业，打造具有国际影响力和竞争力的国家级新型平板显示基地、全国重要的新能源产业基地。

推进示范区宣传。根据省、市关于示范区建设的工作部署、宣传要求和合肥市示范区建设推进的实际，在重要版面、重要时段及时开展新闻报道，形成宣传声势。加大网络等新兴媒体宣传，依托主流网络媒体，制作专题链接，强化对中央主流网络媒体供稿。配合重要节点、重大招商引资活动、重大项目开工等，开展主题突出、内容丰富、形式多样的专版、专题宣传。

参加全省2011年度示范区考核。根据《安徽省推进皖江城市带承接产业转移示范区建设领导小组关于表彰2011年度皖江城市带承接产业转移示范区建设先进单位的通报》，合肥市在2011年度省皖江示范区考核中成绩突出，获得多项殊荣。在省辖市考核中，合肥市荣获第1名；在一类县考核中，肥西县荣获第1名；在一类区考核中，瑶海区、蜀山区分别荣获第3、4名，均受到表彰。

【承接成就】 全市生产总值（GDP）完成4164.3亿元，占全省总量的24.2%，；按可比价格计算，同比增长13.6%，高于全国、全省5.8和1.5个百分点，继续保持省会城市前列，居中部省会城市第一；实现规模以上工业总产值6600.14亿元，增加值1653.54亿元，同比增长17.4%；实现全社会固定资产投资4001.1亿元，增长23.7%；完成财政收入694.36亿元，增长11.3%，其中地方财政收入389.50亿元，居省会城市第10位，增长15.1%。全年招商引资总量达到2102亿元，增长24%，其中外商直接投资16.01亿美元，增长23.1%。合肥承接产业转移集中示范园区获得省政府批准。与央企合作新签约项目80个，总投资2274.2亿元。在肥投资境外世界500强企业达33家。目前，全市社会固定资产投资的50%、地方税收增量的50%、规模以上工业产值增量的70%、新增就业岗位的70%、新增规模以上企业户数的95%都是外来投资企业贡献的。

【承接优势】 发展腹地进一步扩大。行政区划调整后，巢湖市、庐江县和巢湖经开区划入合肥，巢湖成为合肥的内湖，城市空间进一步拓展。2011年末，全市户籍总户数228.62万户，户籍人口706.13万人，比上年增加4.13万人，增长5.88‰。其中，市区人口218.34万人，占全市户籍总人口的30.92%。

交通优势进一步显现。合蚌客运专线建成通车，新桥国际机场进入转场准备阶段，机场高速、南淝河大桥、徽州大道与合肥高铁南站高架衔接工程等一批重点项目竣工。合肥汽车客运西站项目完成主体工程，合肥铁路枢纽南环线及南客站、合福高铁等项目加快建设。轨道交通一号线、二号线、铁路枢纽南环线及高铁南站、阜阳北路高架、铜陵路高架等项目加快推进。派河和店埠河航道提升改造、合肥港综合码头二期工程、合裕航道整治及配套港口建设等加快推进。滨湖新区、政务区建设及老城改造积极推进。

科教优势进一步增强。合肥市拥有中国科技大学等高等院校60（含巢湖市）所，中科院合肥物质科学研究院等中央驻肥科研机构12个，国家大科学工程5个，各类研究开发机构344个，建设工程技术研究中心169个（国家级7个）、省部级重点实验室119个（国家级8个）。进入“千人计划”的海归人才33人，在肥工作的两院院士62名。

金融优势进一步突出。合肥金融业发达，是区域性金融中心，基本形成涵盖银行、证券期货、保险、金融控股公司、金融中介组织等较完备的金融体系。区域性金融中心建设加快推进。积极引进全国股份制商业分行来肥设立分支机构，加快推进瑞穗实业银行、平安银行、广发银行在肥设立分支机构。加快滨湖国际金融后台服务基地建设，推进交行、信达资产、长城资产、华融资产项目早日动工建设，做好平安集团安徽总部大楼选址工作，积极推动海通证券、安邦保险等企业入驻。整合全市国有金融资源，建立地方性金融控股平台；鼓励小贷公司和融资性担保公司整合重组，打造旗舰企业，提升行业整体实力。推进国家科技金融创新试点，成立科技金融合作试点支行。加快农村合作银行改制为农村商业银行进度，实现县域全覆盖。引导全市企业参与全省区域性股权交易市场建设，争取高新区列入“新三板扩容试点”。

环境优势进一步增强。加快陶冲、十五里河污水处理厂二期及配套管网建设，开展王小郢、巢湖等污水处理厂提标改造，提高长丰北城、撮镇等污水处理厂运行负荷，促进污水处理厂提标升级和再生水利用。加快餐厨垃圾处理厂、生活垃圾焚烧发电厂等大型环卫设施建设，推行生活垃圾分类处理资源利用。实施城市清洁空气行动计划，实时发布PM2.5监测数据，积极推进“气化合肥”各项工作。抓好工业企业废气、机动车尾气治理，控制扬尘污染。

援疆援藏

【主要活动】 2月22日，市委副书记熊建辉出席合肥市三十五中西藏班藏历水龙新年庆祝活动；4月21日至22日，熊建辉率团赴新疆和田地区皮山县考察援疆工作并慰问合肥市援疆工作人员；4月23日和25日，熊建辉等陪同西藏山南党政代表团来肥考察；5月14日，副市长杨增权出席中国·合肥（和田）旅游航空座谈会；5月15日，副市长杨增权率考察组考察调研皮山县对安徽省援建的交钥匙项目；9月10日，市委常委、宣传部长林存安等看望慰问合肥市蚌埠路第四小学援疆教师孙芸父母；9月22日，市委督查组组长陶登松等调研皮山县。同时，部分市直相关部门及县区也不定期接待新疆、西藏对口部门来肥考察、交流业务。

【干部人才交流】 全年合肥市除前期派出继续在新疆、西藏地区开展工作的援疆援藏的人员外，市教育局、人社局、卫生局、环保局等单位又陆续派出系统内相关人员分赴西藏、新疆支援当地建设，其中，教育系统派出3名教师在和田地区皮山县进行为期1年的驻点工作，并与市人社局联合派出4名人员赴西藏山南地区错那县等地区开展送教上门工作；卫生系统选派吴学忠和李文元2名血液检测和管理人员参加全省第十批卫生援藏医疗队，在山南地区开展为期8个月的工作，这是安徽省第一次派出采供血技术人员对口支援山南地区；环保系统派出市环境监测中心站工程师杨峻作为2012年全省环保系统唯一入选全国环保系统对口援藏工作人员，赴西藏山南地区环保局开展为期半年的环境保护工作。

【资金支持】 根据市政府第87号常务会议纪要，2011年合肥市对西藏山南地区错那县宣传文化活动中心等7个项目实行援建，所需资金1000万元由市财政拨付。第一批600万元援建资金于2011年拨付到位，剩余400万元则已于2012年4月拨付到位，用于浪卡子县沿河路景观工程；同时，合肥市还从环保专项资金中拨付50万元，用于支持错那县环保局提升环境管理能力。

【学生培养】 根据《安徽省对口支援新疆和田地区皮山县综合规划（2011—2015年）》安排，2012年，合肥市幼儿师范高等专科学校招收50名新疆同学继续开展三年制中专幼教人才培养；合肥市三十五中西藏班招收200余名藏族学生进行3～5年的学习培训。

【旅游合作】 5月14日，中国·合肥（和田）旅游航空座谈会在和田召开，两地签订旅游航空发展合作协议；促成银瑞林在新疆地区投资，5月16日，喀什银瑞林国际大酒店开业，作为喀什地区首个五星级大酒店，大大提升了当地旅游、服务业的档次和接待能力；6月29日，组织合肥市部分旅行社参加由新疆和田地区行政公署和安徽省驻新疆援建办联合举办的“绿色和田　世界玉都”新疆和田旅游推介会，不断深化合肥市旅游行业与和田地区的旅游合作。

（发改委办公室）

开发园区

合肥高新技术产业开发区

【概况】 2012年，合肥高新技术产业开发区（以下简称“高新区”）完成地区生产总值337亿元，同比增长10.4%；完成规模以上工业总产值792亿元（按全口径标准为1087.8亿元），完成规模以上工业增加值238.7亿元；实现固定资产投资283.86亿元，实现全口径财政收入45.54亿元，实现一般预算收入12.75亿元，同比分别增长26.6%、14%、6%；实现社会消费品零售总额、城镇居民人均可支配收入、农民人均纯收入同比分别增长11%、14.3%、15%。

【招商引资】 完成招商引资180.1亿元（扣除肥西县、蜀山区完成招商引资的分成份额后），同比增长28.6%，其中完成吸收国外投资3.005亿美元。

该区当年正式引进签约投资逾亿元的项目29个。其中工业类项目21个，现代服务业类项目8个，主要投资领域涉及家电、装备制造、生物医药、新能源、新材料等优势产业及现代服务业领域。在这些项目中，投资逾20亿元的工业大项目有5个，投资逾5亿元的现代服务业大项目有2个；有嘉民物流、中加国际学校、祥源城市综合体、太平洋“森活城”、重庆砂之船、富绅酒店等服务业项目落户该区。

【规划与建设】 推动规划与建设工作。在规划和编制工作方面，完成《示范区核心区城市发展策划》，优化核心区空间布局，推进商住用地有序、增值出让事宜；并完成电力专项规划及区内排水和天然气专项规划修编、“一山两湖”城市设计招标及方案评审，以及各类规划审批1491件，涉建筑面积317.17万平方米。

项目建设方面，该区当年建设投资逾500万元的施工项目474个，同比增加191个，其中新开工项目313个，同比增加142个；实现竣工项目309个，同比增加185个；在建、续建逾亿元的重点项目62个，完成投资98.12亿元。在具体项目建设方面，实现晶澳、美的中央空调、长安微车、黄山精品线等项目建成投产，基本建成家电质量检测中心、NSK、中建材等项目，推进3M、鞍钢、三洋冰箱二期和大陆轮胎扩建、英唐智控等项目建设。此外，长安商贸综合体、东航总部办公、祥源综合体等现代服务业项目落地开工。

基础设施建设方面：1.对城双路维修工程以及岗上组至小河东砂石路、河西栗圩至城西桥三湾砂石路、许北村民组至河西路砂石路、新店村王小庄砂石路、新店村砂石路等道路进行施工，在建道路16条（约15.97公里）；2.对习友路、浮山路、燕子河路、复兴路、杭埠路、学田路、天龙路、磨子潭路、铭传路、创新大道、生物医药园支路、皖水路西延段、明珠大道、文曲路、长安路、双塘路相关路段等进行不同阶段的施工；3.完成创新大道10千伏四回配网线路的建设和移交，以及示范区文曲路、生物医药园10千伏公用开闭所选址调整和设计变更等工作，全年新建电力线路约45.9公里，完成电力排管建设21.7公里，建成10千伏公用开闭所1座；4.开工建设市第七水厂，推进市政供水管道配套建设，并完成创新大道市政供水管网沟通经开区主供水管网及生物医药园支路市政供水管网等建设工作。全年新建市政供水管网16公里；5.完成金濠小区雨污分流改造、F地块雨污分流改造、澜溪镇防洪沟、永和家园防洪改造等工程建设，新建市政雨水管道29.19公里和污水管道22.99公里；6.完成梦园小区、园景天下及绿茵居等三小区天然气置换工程量的70%，全区新建市政天然气管道13.12公里；7.对建成区既有供热管道进行全面排查，并对部分老化管道进行更换。

建筑监管方面，该区当年有2246人次开展质量安全隐患排查工作，下发监督通知980多份，提出监督意见逾6240条，进行定位质量安全监督逾740次，开展不定期巡查暗访逾1800人次，对管理较差的项目建设、监理、施工等单位进行约谈与警示逾20次；对部分企业项目经理、总监理工程师登记不良记录12次，进行通报批评15次，实行经济处罚9次；登记企业不良记录6次，对企业信誉扣分计34分，对企业实行挂“黄牌”警告3次；发函至市招标局对4家施工企业暂停投标资格3-12个月。此外，出台《合肥高新区工程建设领域项目信息公开和信用信息公开实施办法（试行）》，开展工程建设中挂靠借用资质投标、违规出借资质问题专项清理工作，排查建设项目17个，排查企业40家，发现并整改问题7个。

该区当年创建“市级质量安全标准化工地”23个、“省级质量安全标准化工地”7个，获“琥珀杯”工程5项、“庐州杯”工程5项、“黄山杯”工程3项质量安全奖，有4个项目被评为市建筑业新技术应用示范项目，有2个项目被评为省建筑业新技术应用示范项目。

【土地管理】 该区（不含柏堰科技园合作区）上报征地项目用地59个，涉土地总面积逾246.9公顷（含农用地181公顷）。其中，“圈内”项目14个，涉土地面积逾54.067公顷（含农用地35.288公顷）。包括“圈内”工业用地6宗近22.69公顷，公共管理与公共服务用地1宗近2.127公顷，住宅用地3宗12.35公顷，商服用地4宗逾16.9公顷，以上项目用地批复均下达；“圈外”项目45个，涉土地总面积逾192.8公顷（农用地145.712公顷），包括工业用地18宗近95.9公顷，商服用地3宗14.036公顷，公共管理与公共服务用地5宗逾55.05公顷，基础设施用地12宗21.016公顷，住宅用地7宗逾6.83公顷。在土地供应方面，完成土地供应76宗，涉土地面积452.526公顷。其中，划拨用地27宗，涉土地面积167.434公顷；出让用地49宗，涉土地面积285.092公顷，实现土地出让金近49.255亿元。在出让的土地中，有经营性用地14宗，涉土地面积逾103.285公顷，实现土地出让金近39亿元；有工业用地34宗，涉土地面积逾143.425公顷，实现土地出让金亿5.51亿元；有科研教育用地1宗，涉土地面积近38.383公顷，实现土地出让金近4.78亿元。

【绿化与环保】 投资1.26亿元，完成2011-2012年度绿化大会战项目28个，栽植乔木约38184棵、灌木约279028株，栽植色块约11.8113万平方米，实现绿化面积157.43万平方米；招商三家园林企业，制定《园区高压走廊圃地建设暂行标准》和《宁西铁路退耕还林林地复垦建设暂行标准》，完成投资约5000万元，栽植树木约30万株，植树造林总面积逾93.33公顷，获“2012年全市造林绿化二等奖”；组织开展园区古树核查和认定工作，对位于天乐公园内的2株三级古树建立保护目录和养护管理档案。此外，规划园区公益林基地建设，并制定《高新区护绿使者志愿服务工作实施方案》，开展园区“护绿使者”志愿者招募活动。在环保工作方面：1.坚持“低碳高新区、魅力生态园”的建设理念，审批建设项目255个，完成82个项目的“三同时”验收（指对建设项目的治染治理设施必须实行与主体工程同时设计、同时施工、同时投产的验收），实现环保执行率、环保“三同时”执行率均达100%；2.开展整治违法排污企业保障群众健康环保专项行动，重点开展化工、医药企业、危险废物、重金属等企业环境安全百日大检查、医疗单位辐射许可证核发及辐射安全等多项专项执法检查工作；3.查处环境违法案件，对2起环境违法行为依法进行取证、立案，并督促其改正违法行为，行政处罚结案率100%；4.通过专项检查、联动监察监测、在线监控等多项手段，对辖区排污单位进行环境监管，做到重点排污企业达标率100%；5. 使用《排污费征收管理系统》，按要求依法全面、及时、足额征收排污费，对申报数据进行高效快捷的录入并准确审核，做到应报尽报、应收尽收，完成申报企业数比上年申报基数上升近50%；6.建立“污染源电子地图”，实现数字化环境管理，实现企业污染源电子地图全覆盖；7.帮助企业多渠道争取上级资金和项目支持，争取各级环保专项资金1511万元。

该区当年在全省范围内率先通过国家生态工业示范园区省级验收。

【服务企业】 推进为企业服务工作：1.为185个内资企业投资项目备案立项，核准外资项目12个，新批外资企业13家。该区当年有62个项目列入合肥市“1346项目”，有47个项目列入安徽省“861项目”，有12个项目列入合肥市“121”重点项目库；2.建立重大项目专项调度制度。该区当年摸排区内16个投资逾10亿元的项目，并安排12个工业生产服务小组每月对口联系68户重点企业，另通过“一周一分析、半月一调度、一月一通报”的形式，及时帮助企业解决难题；3.对区内62个投资总额逾1亿元的项目建立动态重点项目库，及时协调解决项目存在的问题；4.帮扶企业争取各类项目资金申报，有9家企业通过市“十二五”高成长企业培育工程申报资金，并报送战略性新兴产业贴息项目、“三高”项目、高技术产业化项目以及信息安全、通用名化学药品、生物、节能技术、2013年产业领域国债备选等项目，为区内100多家企业和项目争取各类资金1.5亿元，其中44个项目获安徽省企业发展专项资金资助，资助资金935万元，项目数占合肥市本级的39.3%，资金总量占38%；5.推进行政事业性收费免收费政策，当年办理工业项目免收费9566万元，其中省级免收费931万元，市级免收费340万元；6.出台《关于鼓励和促进企业上市的意见》及其实施细则、《支持非上市股份有限公司进入代办股份转让系统资助资金管理办法》等政策措施，对开展上市工作的企业给予鼓励和支持，当年该区兑现美亚光电、三联交通等上市企业奖励资金2160万元。

【科技创新】 科技创新平台建设方面：1.推进合芜蚌试验区核心区建设，挂牌成立中科大先进技术研究院；2.与中科院自动化研究所、中芯国际、深圳迈瑞、龙芯中科、阿里巴巴等10家单位签订战略合作协议，建设高水平研发中心、国家级工程实践教育中心、联合实验室等创新联合体；3.深化合肥创新平台内涵建设，推动省科技研究院签约入驻，推进安徽循环经济技术工程院、公共安全产业研究院、家电研究院等共性技术研发及产业化平台提升创新功能；4. 建成“一中心”展厅、高新区展厅并投入使用，合肥创新产业园一期工程完工后，实现企业签约入驻率95%，其中有中国技术交易所合肥工作站、深交所合肥路演中心等中介机构，另开工建设合肥创新产业园二期工程（71万平方米），合肥创新产业园当年入选首批国家级文化和科技融合示范基地范围。

促进科技金融融合方面：1.与徽商银行、杭州银行、民生银行等签署战略合作协议，为园区开发建设和企业发展提供资金授信额度105亿元，区内当年拥有各类金融机构35家；2.发行两期中小企业集合债3.2亿元，并实行“滨湖春晓”集合信托计划，帮助22家企业融资5900万元，另首次设立“创新贷”、“天使投资基金”，推动18家初创企业获融资2700万元；3.助推企业上市工作，新增改制培育8家企业，辅导备案3家企业，证监会审核受理4家企业，并推动美亚光电实现成功上市，募集资金 8.5亿元，该区上市企业增至14家，另促使科大讯飞与中国移动实行战略合作，定向增发18亿元。

推进建设人才高地方面，该区当年建成“安徽省高新科技人才市场”和人才网络虚拟市场，有12家企业实施企业股权与分红激励试点，组织企业招聘人才逾3500人，培训人才逾3000人，促使10个海归创业项目落户该区，企业院士增至9名，“千人计划”人才增至10名，省“百人计划”人才增至13名，市“百人计划”人才增至19名，战略性新兴产业领军人才增至29名，产业创新团队增至29个，全年引进外国专家210人次，当年获批市级以上人才项目扶持资金678万元，创想能源环境科技公司入选“中国最具成长潜力的留学人员创业企业”。

该区当年提升自主创新能力，新增国家（工程）技术中心1家，新增省级（工程）技术中心9家，新增市级（工程）技术中心24家，新增国家创新试点企业3家，新增国家高新技术企业55家，累计302家，新增科技小巨人培育企业63家，增至211家。在创建国家知识产权示范园区，获专利授权2344件，新增国家重点新产品9个。在重大创新项目建设方面：1.开通全球首个城域量子通信试验示范网；2.38所产品“高性能通用数字信号处理器”通过国家重大科技专项课题验收；3.东芯通信自主研发成功国内首款4G基带芯片。此外，安徽力高新能源技术有限公司获2012年夏季达沃斯世界经济论坛“技术先锋”称号。

【社会事业】 投入民生建设资金22.02亿元，其中省市23项民生工程资金3.96亿元，推动社会事业的发展。在社会保障方面，城乡居民社会养老保险参保人数16903人，城乡居民医疗保险参保人数31536人，基本实现全覆盖，并足额兑现各类社保、救助资金。在安居工程建设方面，在建安置小区总建筑面积204.6万平方米，发放各类补偿安置费1.87亿元，安置小区房屋办证8546套，实现永和家园二期房屋工程竣工成功分房，新建保障性住房8310套。在解决就业问题方面，开展“春风行动”、“创业大走访”、SYB（创办你的企业）创业培训等活动，创建充分就业区，并开展“整贷直发”小额担保免息贷款业务，新增就业人数33401人。在教育事业方面，引进合肥七中和中加国际学校前来办学，并开工建设馥邦天下、复兴家园小区等2所学校，另新建合肥梦园初级中学，永和家园三期、复兴家园、长宁家园和紫兰苑等4所复建点配套幼儿园。在卫生事业方面，加快建设安医大附院高新医院，开展面向全体居民的9项基本公共卫生、对低保困难户的免费体检和家庭医生签约服务工作，并做好卫生监督、疾病预防控制、妇女和儿童健康保障等工作。在文体事业方面，开展群众性文体活动，举办“文化体育艺术节”，开展摄影书画、职工技能、环湖长跑、登山等比赛，建成并使用蜀峰湾体育公园。在社会管理创新方面，完成23个社会管理创新试点项目；并开展“五级书记大走访”活动，进行信访矛盾隐患排查与化解处理工作。在综合治理工作方面，开展“基层平安创建”活动，综治工作站建设实现全区覆盖。在人口和计划生育工作方面，提升人口和计划生育优质服务水平，出生人口政策符合率98.83%，并加强对流动人口的服务与管理，新建省级城市生活驿站2家。在文明创建方面，开展社会主义核心价值体系主题宣讲，开展“十佳好人”、“十佳美德少年”、“十大公益女企业家”、五好文明家庭表彰活动；该区高新创业园管理有限公司获“安徽省第四届爱国主义教育基地”称号。

（刘　浩）

合肥经济技术开发区

【概况】 2012年，合肥经济技术开发区完成地区生产总值769.6亿元，实现规模以上工业产值2290.2亿元，实现规模以上工业增加值619.1亿元，同比分别增长22.9%、24.5%、24.6%;完成综合财政收入111.1亿元;完成固定资产投资395.8亿元，其中工业投资224.3亿元，同比分别增长26.6%、35.8%。是年，该区城镇居民人均可支配收入达17078元，同比增长14.4%。

该开发区当年形成以江淮汽车、佳通轮胎为代表的生产汽车及零部件的产业集团；以日立建机、合力叉车、熔安动力为代表的生产装备制造的产业集团；以海尔、长虹、美菱、美的为代表的生产家电电子的产业集团；以联合利华、可口可乐、华泰、统一为代表的生产快速消费品的产业集团等四大支柱产业集团。此外，还形成以联想、三菱捷敏、宝龙达为代表的电子信息产业集团，以杰事杰、铜冠铜材、库尔兹为代表的新材料产业集团，以生命科技园、尼普洛医疗器械为代表的生物医药产业集团，以仁创、西伟德、远大、宇辉集团为代表的住宅产业化产业集团等四大新兴产业集团。在工业经济集群化发展方面，该区成为中国家电制造业的三大基地之一，以及全国重要的现代装备制造业基地之一；拥有规模以上工业企业166家，有26家属于世界五百强的企业落户该区，有海尔冰箱、海尔空调、联合利华、日立建机等4家企业实现年产值逾百亿元，有12家实现年产值逾50亿元的企业，有41家实现年产值逾10亿元的企业。在合肥市工业企业10强中，该区有6家企业；并拥有知名日资企业32家，成为中西部地区最大的日资企业集聚地。

在国家商务部当年开展的评比中，合肥经济技术开发区的综合发展水平在全国国家级经济技术开发区中位居第13名，在全国省会城市开发区中排名第4，再次蝉联中西部开发区第一。

【规划编制与基础设施建设】 组织编制《派河以南共建区总体规划》等专项规划，编制的大学城西北生活区等地块控制性规划通过审批。

该区当年在基础设施建设方面投入13.7亿元，完成联想等项目代建投资8.2亿元；并建成合肥出口加工区且实行封关运行，基本形成新港工业园路网，莲花路跨派河桥建成通车。

【招商引资】 完成招商引资总量161亿元，同比增长24.8%。外资实际到位、合同外资和外商直接投资分别为4.33亿美元、4.25亿美元、4.16亿美元，累计到位省外资金134.8亿元，同比增长35.8%。此外，该区当年引进逾20亿元的建设项目4个，其中联宝配套园项目总投资逾50亿元。

【项目建设】 完成固定资产投资380.7亿元，同比增长26.6%。其中，工业项目投资额达224.3亿元，同比增长35.8%；实现企业技改投资153.6亿元，同比增长31.3%。在具体项目建设方面，淀川PCM彩钢板、江淮发动机和变速箱、日立新增年产3万台挖掘机、江汽一纳威司达发动机等大项目开工建设；联宝电子、晶弘电器、花王、景智电子等重点项目投产。

在做好为项目服务工作方面，该区建立长效的项目服务制度，由管委会班子成员包保项目，帮扶企业，到企业走访调研，帮助企业解决实际问题；并对166家规模以上企业进行集中走访，梳理出影响企业发展的180个问题，逐一制定解决方案。此外，该区全年为企业提供直接融资支持14.72亿元，兑现企业各类奖补资金13.62亿元，减免工业项目行政事业性收费1.93亿元，并与省内外逾10家院校签订人力资源输入基地合作协议，组织200多场次招聘活动，引入逾2万紧缺人才。

【科技创新】 该区当年实现高新技术产业产值1600亿元，同比增长23.2%，占全区产值的69.86%。是年，新增高新技术企业10家，新增国家级企业技术中心1家、省级1家、市级5家，新增工程技术研究中心4家，其中国家级1家、省级1家、市级2家。截至年底，该区经认定的研发机构有62家。其中，国家级研发机构有9家，省级研发机构有24家。

【民生与社会事业】 坚持发展成果与群众共享理念，推进民生与社会事业，投入民生类资金6.3亿元。在征地、拆迁和建设解困房方面，完成征地399.26公顷，拆迁房屋388户、6.22万平方米，安置住房1439套12.47万平方米，新建公租房7717套45万平方米，并启动海恒、锦绣老小区改造工作；另创新拆迁安置小区物业管理模式，提升规范化、市场化水平。在安排就业工作方面，开展培训10173人次，技能提升培训完成率为合肥市第一名；新增就业5520人；该区锦绣社区方兴居委会被授予“国家级充分就业示范社区”称号。在教育事业方面，以“零租金”面向社会公开选拔临湖幼儿园管理方，探索公有民办学前教育新模式，并与168中学合作开办玫瑰园学校实现如期开学。在卫生事业方面，将居民医保报销比例再提高10%。在人口和计生工作方面，其芙蓉社区九龙居委会被授予“全国人口和计划生育基础群众自治示范村（居）”，该区获“全省阳光计生行动示范单位”称号。在社会管理方面，推动服务“网格化”向“网络化”升级，实行“多网合一，一格多员”，并启动社会综合服务电子信息平台建设。此外，在市公共文明指数测评中，该区在全市位列前茅；公益慈善组织“爱心银行”获2012年省精神文明建设创建奖，综合防治体系也取得积极成效。

【干部人事制度改革】 完善干部员工聘任聘用制度，按照竞争性用人、能上能下等原则，对全区干部员工进行新聘期的重新聘任聘用，全区130人实现交流轮岗，覆盖面近30%。此外，该区还以绩效管理为抓手，完善考核细则，把社区委及新港工业园纳入考评体系，绩效考核实现360度全覆盖和工资薪酬的收入二次分配。

（中共合肥经济技术开发区工作委员会办公室）

合肥新站综合开发试验区

【概况】 2012年，合肥新站综合开发试验区完成地区生产总值165.6亿元，同比增长16.5%；完成固定资产投资246.26亿元，其中工业性投资141.19亿元；实现规模以上工业总产值441.0亿元，其中战略性新兴产业产值192.1亿元，同比分别增长28.8%、30%；实现财政收入5.3亿元，其中地方财政收入3.8亿元，同比分别增长18.1%、18.5%；城镇居民人均可支配收入15366元，农民人均纯收入9615元，同比增长均达15%。

该试验区当年121家在产规模以上企业完成的总产值中，新型平板显示、新能源、新材料、光伏等战略性新兴产业完成产值占比逾44%，其中京东方六代线、尊贵电器、海润光伏、绿宝电缆等项目分别实现产值82.85亿元、22亿元、38亿元、72.6亿元。此外，该试验区实施“创新推动”战略，在研发方面投入经费5.24亿元，新增国家高新技术企业9家，新增市级以上创新型企业4家；专利申请量738件，其中发明专利申请量195件。

是年，该试验区先后被国家部委和省政府授予国家新型工业化产业示范基地、合肥承接产业转移集中示范园区、国家科技兴贸创新基地称号。

【招商引资】 以产业规划为引领，以项目引进为抓手，加快培育战略性新兴产业和推进重大龙头项目建设，大幅提升上下游产业配套能力，推动产业集群式发展。是年，该试验区完成签约项目19个，其中有投资逾50亿元的工业大项目1个，有投资20-50亿元的工业大项目4个，有现代服务业大项目1个。在投资建设的具体项目中，鑫晟8.5代线项目正式签约，佳海工业城、普洛斯物流园、中国南车轨道车辆制造维修基地及京商商贸城等项目也相继落户。此外，该试验区以流转土地为基础，发展都市现代农业，共计招商引资农、林业项目60个，其中：农业项目40个，林业项目20个。项目内容主要为苗木花卉、设施农业、精品瓜果蔬菜及传统农业种植等。该试验区初步建成了“花卉苗木基地园林观光、瓜果采摘农耕农情体验、周末农家度假风情、高效设施农业示范”四大农业示范园区。

该试验区当年实现招商引资总量222.98亿元，同比增长14.52%。其中外商直接投资9150万美元，同比增长609%。

【服务企业】 坚持“项目就是一切，一切为了项目”的工作理念，把为企服务、促企发展作为工作重心，优化园区发展软环境，推动项目加快建设。在完善无障碍服务体系方面：1.对企业反映的市政设施配套、子女入学、员工住宿、厂房租赁、用工招聘等问题明确经办部门、限时办理答复，并对问题解决情况进行跟踪；2.搭建三层服务网络，管委会领导负责统筹协调，窗口型处室负责信息汇集，职能部门负责业务保障；3.建立全市首家企业产需联盟，编发《工程管理手册》、《企业服务导航册》、《制造类企业产需对接信息册》等；4.强化政策落实、奖励兑现和资金支持力度，编印《优惠政策汇编》，兑现海润光伏等28家企业2011年度区科技创新奖励资金342.19万元，帮助乐凯等7家企业争取合肥市工业项目固定资产补助890.19万元，帮助京东方等5家企业争取2011年度安徽省战略性新兴产业发展资金1.066亿元，为园区116家工业企业办理免收费项目192项，免收资金计3973万元；5.完善相关功能配套服务平台，在综合保税区申报工作方面取得进展，并推进国检新站办事处建设前期工作。在重点项目建设方面，建立重点项目“绿色通道”，为企业提供“靠前、快速、主动、全程”四服务，当年超额完成省“861”、市“1346”投资计划。

【基础设施建设】 累计完成政府性投资55.13亿元，建设房建工程34项，续建及新建建筑面积达482万平方米；并实施市政工程47项，续建及新建道路里程85公里，九顶山路桥、二十埠河桥、东方大道、文忠路等11条道路建成通车，天水苑、文浍苑、少荃家园、淮合花园等拆迁安置房陆续交付使用；另先后完成对瑶海公园、陶冲湖公园、新海公园、生态公园等改造、建设工作。此外，全区新增绿化面积236万平方米，实现造林面积近436.67公顷，该试验区当年获合肥市造林绿化工作一等奖，被市政府授予合肥市2012年造林绿化工作先进单位称号。

该试验区当年在技改方面投资65.0亿元，同时制定节能减排专项资金管理办法；并严格新建项目环评审批验收工作，强化对重点区域、单位的污染治理，严厉打击环境违法行为；另强化排水管网设施整改工作，落实水环境综合整治；还全面落实农环综合整治各项措施。此外，制定出台《新站区查处违法建设工作导则》，全年依法拆除违法建设78处，拆除面积达5.2万平方米。

【规划与拆迁】 以“拆整为零”方式有序推进总体规划上报审批工作，三十头镇总体规划获批，磨店乡总体规划通过专家评审；并完成14个地块控划编制及教育、公交、墓地等9项专项规划编制；另完成少荃湖沿湖岸线城市设计国际招标工作。此外，建立WIS、GIS两大数字信息系统。

新站区当年组织33个报件申报61个项目用地，总面积629.9公顷，取得用地批复指标464.18公顷；完成64个项目供地手续，面积约近800公顷，支付各类补偿费用1.11亿元，土地供应量占全市第一，保障了项目合法合规用地。是年，全区计划拆迁项目37个，跨年度续拆项目18个，新增拆迁项目10个，有自愿拆迁项目16个，涉及五大社区及铜陵北路跨铁路编组站、京商商贸城、新蚌埠路综合改造等六大重点项目，完成拆迁总面积147.64万平方米，同比增长22.8%，实现拆迁总量居全市第二。

【民生工程】 参与实施全市40项民生工程中的24项，累计投入资金2.38亿元。在社会保障方面，全年共保障农村低保对象19124人次，发放资金519.15万元，救助贫困重度残疾人475人，累计开工建设公租房7568套，城乡居民养老保险参保人数达52685人。在医疗卫生方面，城镇居民全年实现医保参保96412人，为辖区适龄儿童实施计划免疫接种1669人，实施医疗救助486人次，发放资金254.39万元；救治重大传染病12人，发放资金8800元；实施贫困白内障免费复明手术45例。在城乡一体化建设方面，全年对1044.47公顷农作物实施政策性农业保险承保，下乡销售家电产品1.88万台，建成行政村专职保洁员队伍17个，建成智能便民化服务亭13个，初步建立肉类蔬菜流通追溯体系。在文体工程方面，全年对29152人次学生实施城乡义务教育经费保障，投入资金511.21万元，开展就业技能培训2749人，建成农家书屋14个，提前两年完成校安工程加固任务，建设群众体育设施工程10个。

【社会事业】 推动社会事业发展。在教育事业方面，调整学校布局，引进优质教育资源，强化师资力量，建设特色学校，实现教育均衡发展：1.新建北岗小学、关井小学，建成168中学东校区并正式投入使用；2.推进学校标准化建设，实现新达标学校2所；3.新招聘教师28名，交流教师41人，有1所学校被授予省级“绿色学校”称号，有2所学校获市级特色学校称号，有5所学校获市级“平安校园”、“绿色学校”、“语言文字示范学校”称号；4.加强普惠性幼儿园建设和管理，制定出台《新站区政府投资建设普惠性幼儿园建设管理及奖补办法》。在计生工作方面，完成市政府下达的人口计生工作年度责任目标，七里塘社区“城市生活e站”通过省计生委验收并获授牌。在卫生事业方面，推进基层医疗机构运行管理体制改革，完成三十头镇卫生院和磨店乡卫生院托管挂牌工作，实现全区基层医疗机构全托管；正式建成七里塘社区卫生服务中心并投入使用；另开展卫生城市创建工作。在食品安全工作方面，建立健全48个食品安全监管网络，实行包保责任制，全年未发生一起重大食品安全事故。在和谐文化社区建设方面，举办10余场社区广场文艺演出活动；并联合驻区工商、公安、文化稽查等部门多次对职教城附近黑网吧进行突击检查，全年查扣电脑及服务器110余台。在基层社区建设工作方面，实施社区网格化管理，全区划分为156个网格区域，配备网格区域责任人336名、网格区域信息员407名；并创建了2个市级标准化示范社区和2个区级标准化示范社区；另完成全区18个村、30个社居换届选举工作。在信访工作方面，制定出台《新站试验区重大事项社会稳定风险评估办法》，多方式、多机制规范信访工作，并坚持信访代理、信访会审、社区矫正分级管理等制度，全区当年各级各部门领导干部接访、下访群众695批约1567人次，处理各类信访案件124件，办结率100%。

（合肥新站综合开发试验区管委会办公室）

合肥巢湖经济开发区

【概况】 2012年，合肥巢湖经济开发区实现地区生产总值17.2亿元，完成规模以上工业总产值40.3亿元，实现规模以上工业增加值9.52亿元，完成一般预算性收入3.42亿元，实现地方财政收入1.99亿元，实现固定资产投资47.8亿元，完成工业投资30亿元，完成技改投资11亿元，实现战略性新兴产业产值5.3亿元，实现进出口产值9464万美元，同比分别增长19.1%、70.7%、48.7%、38%、27%、172%、275%、107.5%、73%、35.4%。

该开发区当年推动体制改革和机制创新，与巢湖市实现全面对接、平稳交接、有序衔接。在具体实施中，按照“强化服务、高效便捷”原则，与巢湖市签订总体框架协议以及分项协议，实现各项划转、移交的职能无缝对接；并根据体制改革意见和“三定（机构、职能、编制）”方案要求，对内设机构进行撤并整合，明确各机构的主要职能、人员安排、岗位职责。此外，组织实施全员聘用、竞争上岗，岗位设置减少24个，占18.2%；有6人退出，落岗18人，上岗率82.5%；并安排20.7%的人员实行跨部门交流，安排24.1%的人员实行上下层级交流；在中层岗位中，人员平均年龄下降3.4岁，拥有本科以上学历的占76.9%。

【招商引资】 引进省外资金92.54亿元，同比增长87%，其中省外工业项目到位资金81.04亿元，同比增长79%；实际利用外资5289万美元。在引进大项目招商工作方面，完成引进投资55亿元的中汽零生产基地项目、投资22亿元的电力设备打包项目、投资20亿元的电容式触摸屏项目和投资7亿元的深业二期项目。在专场招商方面，参加国内外重大招商活动约20多场，完成签约项目8个。在日本、北京、上海等招商活动上，实现金皇品饮品、中汽零生产基地、特思克跑车配件系统等项目成功签约。此外，在北京、上海、深圳、厦门等地自行开展走出去招商44次，取得良好效果。

【项目建设】 出台项目联动推进机制意见和项目前期经费使用办法，成立重点项目推进工作领导小组和办公室，每周召开工作例会，调度推进项目建设，给6个项目建设供地。在具体项目建设方面：1.实现东风精铸项目1.8万平方米厂房、鼎力铁塔项目2.6万平方米的下料厂房及9400平方米的1号生产厂房工程竣工；2.基本完成广通特种车项目老厂房及设备改造工程，使其具备批量生产能力，用于冲压件生产的3号厂房也开工建设；3.基本完成金皇品饮品项目厂房设备安装工程；4.完成简爱家居、双诚电缆、中洲塑业、伟民玻璃等租赁厂房项目并投产。

【完善配套】 完成政府性投资逾15亿元，重点向规划建设、征地拆迁倾斜。在规划工作方面，先后完成《半汤温泉度假区总体概念性详细规划》、《合肥工投巢湖花山工业园修建性详细规划》和多项专项规划编制任务；并启动《合肥巢湖经开区总体规划（2012-2030年）》、《半汤商业步行街规划方案设计》编制工作；另促使《巢湖东站站前枢纽规划设计与枢纽交通专项研究》通过评审。在设施建设方面，开工建设37个项目，实现竣工22个，竣工率48.9%；建成成芳路北沿、和平大道等道路8条；建成汤卞山庄、半汤华府等安置房39栋14万平方米；西山、花山、合肥工投等公租房新开工1160套，续建竣工192套；推进北区闲置土地13万平方米标准化厂房建设；年初完成园林绿化38万平方米，获市三等奖；完成花山路、卞山路等区域场地整理逾133.33公顷。打通5处道路断头管，铺设5公里污水连接干管和3公里临时污水干管。在征地拆迁方面，完成土地流转逾305.46公顷，报批逾150.73公顷，实现供地156.2公顷，收回闲置土地近19.67公顷；完成拆迁937户、12.4万平方米；完成回迁安置672套、5.96万平方米。在融资保障方面，按照融资平台清理要求和不同性质融资需要，新成立一个非政府性融资平台——合肥卓泰建设投资有限公司。

【企业升级】 推动构建转型升级载体工作。在创新升级方面，全区当年拥有规模以上工业企业35家，新增10家；拥有高新技术企业5家，新增国家级企业2家；拥有新增企业（工程）技术中心2家、创新型企业3家、“十二五”高成长企业培育工程4家、优质小微企业18家、“双千工程”入库项目14个、限上批零企业2家、进出口企业2家；新增实用新型专利授权31件，实用新型专利约40余件，发明专利2件；获市科技进步奖2个。在节能减排方面，实行抓技改、促发展，挖存量、引增量，降消耗、保环境的方针，开展节能工作，全年规模以上企业标准煤能耗合计16352.4吨，同比下降30.1%，万元产值能耗0.04；新建项目环评执行率100%，对区内22家未履行环评、竣工环保验收及实体违法行为的企业开展集中整治，整改到位率100%，与17家企业签订危废处置协议，有3家重金属污染防治企业工业废水实现“零排放”。在集约用地方面，出台《关于加强开发区节约集约用地的意见》和《关于加强节约集约用地的若干意见》，就加强项目入区审查、建立“双向约束”机制、严格用地管理、加大闲置土地处置力度、推动土地整治及建立督查机制、责任追究机制、项目后评估机制、土地利用节约集约利用评价机制等方面作出具体规定，完成区内有独立宗地的62家企业的“项目后评估”工作，全年清理闲置土地4宗（36.8公顷）。

【开发温泉】 推动半汤温泉度假区从粗放发展阶段向品质发展阶段过渡，以温泉休闲为核心，延伸康体疗养产业链，实现温泉旅游产品与城市商务功能有机结合。在具体做法方面：1.编制《半汤商业步行街控制性详细规划编制》初步方案设计，建成2公里污水截污工程；2.在资源保护方面，对温泉、冷泉资源进行保护和成分研究，减少地下水开采，涵养温泉水源，并关闭两个矿场，对水源涵养地山体进行部分绿化恢复，另集中控制温泉水量70%，开展温泉水资源普查，对温泉水管网及温泉水厂进行详细规划，编制半汤防洪规划；3.完成一河两景、水源涵养地等市政基础设施建设，并加快推进疗养院、培训中心等原有单位的相关整合、改造、转型和级别提升工作。

（李玉春）

合肥市政务文化新区

【概况】 2012年，合肥市政务文化新区累计完成固定资产投资125.6亿元，同比增长7.39%；累计实现新开工面积200.54万平方米,实现竣工面积300.63万平方米，完成二次招商营业面积52.33万平方米。

【项目建设】 推进项目建设，完成市政务中心第二办公区建设，确保“12345政府服务直通车”3月15日正式入驻办公；并推进集贤路管理用房、休宁路电缆排管改造、区域路灯供电改造、垃圾中转站改造等工程建设；另开工建设梧桐路、花亭湖路、石台路等城市支路网。此外，督促华润万象城、新地中心、置地广场、保利·香槟国际等区内重点项目加快工程进度。

【招商引资与项目服务】 在招商引资方面，按照“成熟一块、供应一块”的原则推介土地资源，成功举办3次专场招商推介会，邀请中铁建、华润、万科等国内知名企业参会，采取“面对面”交流推介方式，取得良好效果；并成功出让ZWQTD-006-007、ZWQTB-038-2两宗地块，引进广州骏合机构入驻；另完成招引2个现代服务业大项目任务。在服务项目工作方面，重点抓新项目开工，精简审批程序，推动红星美凯龙政务区店、天鹅湖万达广场、新地MALL等大型商业项目开始营业。是年，该区累计完成招商引资41.84亿元（含外资2039万美元），同比增长10.46%。

【绿化建设】 把区域景观绿化提升放在重要位置，突出南二环沿线、京福高铁匡河段等地的绿化恢复工作，实施榉树林、大剧院临设用地、天鹅湖E区、匡河西段、北段等绿化工程建设；并严格监管绿化项目建设过程，在中标单位进场后，坚持“四个不变（设计图纸不变、到场苗木品种规格不变、工程造价不变、养护期限不变）”、“三个严控（严格控制到场苗木胸径、冠径、分枝点高度）”、“两个坚决（对品种质量不合格的苗木坚决退回、不达标的工程坚决追责）”、“一个严格追究（决算审计依据现场情况，如发生决算审计数量与现场情况不符，严格追究监理、审计单位责任）”的制度，有效强化对施工单位、监理、审计单位的约束；另建立健全绿化方案论证、施工招标、苗木进场、栽植施工、竣工验收、资料移交、后期养护等管理制度。

该区当年提升绿化面积63.59万平方米，新增绿化面积11.34万平方米。

【决算审计】 推进对建成项目的决算审计工作，成立审计推进工作组，完成合肥大剧院、合肥五十中新区、市消防指挥中心、市妇女儿童活动中心、森林海、陶然居、区域电缆排管、茗香路、湖东路道排工程等项目结算审核工作，完成结算审核240份，审定造价10.66亿元；并完成市政务中心第二办公区、石台路、集贤路管理用房等工程进度审核21份，审定价5105万元；另完成合肥八中新校、合肥大剧院等项目复审53份，审定价4.18亿元。

该区当年完成各项进度、结算、复审314份，审定额15.35亿元，核减额近1170万元；审核合同付款592份，金额约2.95亿元。

【企业改革】 遵循“精干主业、剥离辅业”的原则，推进国有控股、参股、全资公司改革：1.实现基石置业公司以2.233亿元成功转让安徽信达房地产公司；2.完成弘翔宾馆清算、合肥经纬资产管理有限公司撤并整合工作。在资产变现工作方面，坚持以市场为导向，推动森林海住宅小区销售，全年销售86套，均价7224.58元/平方米，销售回款5072.9万元。

【国资监管】 做好市政务中心、合肥体育中心、合肥大剧院运营监管工作：1.市政务中心全年保障各项会议、参观逾3000场/次，处理各种维修逾4900次，无一起重大投诉事件、无一起重大安全事件；2.合肥大剧院实现营业收入1147万元，上演各类演出达257场（其中自营演出88场）；3.合肥体育中心实现运营收入1422万元，举办各类活动70场（其中体育赛事及群体活动35场）。此外，通过财务统管统派方式强化子公司管理，加大资金支出审批力度；并重点做好泓瑞金陵大酒店运营监管工作，该酒店全年实现营业收入7501.50万元，实现经营毛利1413.90万元。在国资安全管理方面，公开招标为市政务中心、合肥体育中心、合肥大剧院等“三大中心”及泓瑞金陵大酒店资产进行保险，太平财产保险有限公司安徽分公司中标。

【环境整治】 开展局部区域综合整治工作，确定老厂矿企业改造、老旧小区改造、区域储备用地上房屋拆迁等“三大工作重点”；并按照“先易后难、动态推进、综合平衡、重点突破”的工作思路加快土地收储工作，完成市工投公司地块收储工作，收储后可整合土地逾24.49公顷。此外，成立区域环境综合整治工作领导组，抽调8名工作人员会同蜀山区成立专门机构，按照“蜀山为主、新区配合、积极主动、协调推进”的原则开展工作。

（合肥市政务文化新区建设指挥部办公室）

滨湖新区

【概况】 2012年，合肥市滨湖新区累计完成固定资产投资758亿元；实现税收32.5亿元，商业开业面积逾70万平方米；开工建设房屋面积1806万平方米，竣工并投入使用房屋面积1142万平方米，建成市政道路120公里，实现绿化总面积9.64平方公里；累计批复用地2000公顷，拆迁房屋415万平方米，涉及群众约6.5万人，建设安置房330万平方米；拥有建成区面积25平方公里，常住人口36万人。

滨湖新区当年围绕节约集约用地、城市生态建设两个示范区建设，坚持群众利益、基础设施、公共事业、聚集人气“四个优先”原则，突出生态环保不动摇，努力营造交通、生态、医疗、教育、购物和休闲“六个环境”，构建区域性金融商务、行政办公、会展旅游、文化体育、研发创意、商业居住“六大中心”。

【招商引资】 加强招商引资工作，执行“双向约束（即政府和用地单位双向约束）”制度，协助入驻单位解决项目建设开发及经营上的各种困难。滨湖国际金融后台服务基地入驻14家金融项目，有10个项目开工，建设总面积248平方米，总投资约200亿。此外，五矿集团区域总部开业；金融办公服务区入驻中国人保、平安数据、艺龙网、苏州清大、浙江创嘉科技等服务外包企业，其中一期入驻企业实现产值6亿元。

滨湖新区当年累计完成招商项目81个，总投资逾750亿元。

【生态建设】 做好“水文章”和“绿文章”。坚持“保护生态、修复生态、治理污染、不新增污染”的工作思路。在具体工作方面：1.投资9048万元，推进塘西河公园、金斗公园、滨湖公园建设，新增公园及道路绿化面积106.5万平方米，并开工建设包河大道以东的塘西河景观绿化工程；2.完成巢湖湿地试验段工程；3.推进区域河道水系综合治理工作，并完成塘西河监控调度远程控制系统、徐河综合治理、北涝圩污水处理厂及配套管网施工图设计等；4.启动“合肥市滨湖新区低影响开发与水环境整治技术研究及示范工程”十二五水专项项目。

【项目规划与建设】 推动项目规划与建设工作：1.按照“整合资源、省市共享，一次规划、分步实施，创新机制、统筹推进”原则，启动安徽省重大文化艺术项目场馆规划及单体设计方案国际征集工作，完成美术馆、科技馆、百戏城、博物馆、图书馆、音乐厅方案征集；2.完成“滨湖中心”控制性详细规划，总占地356公顷，开工建设总建筑面积32万平方米的1-3号楼项目；3.完成玉龙路、巢湖码头、环湖北路（珠江路-深圳路-派河桥）施工图设计，完成新区绿道、南部片区供热、路灯布点等专项规划；4.完成滨湖新区一级开闭所建设任务，8座开闭所投入运营；5.实现环湖大道东向至南淝河段、南向至派河段10月份全线贯通。

滨湖新区当年开工建设道路13.05公里，实现道路竣工23.02公里。

【公共事业】 推进公共事业，将滨湖国际会展中心移交北京美展文化传播有限公司运营管理，并成功举办药交会、家博会、文博会、徽商大会等多项大型活动，另同步完成会展中心配套酒店及会议中心方案设计。此外，实现渡江战役纪念馆10月正式开馆，并启动合肥要素大市场室内外精装修工程，另完成46中南校区建设且投入使用。

【拆迁安置】 在拆迁工作方面，按照“依法用地、有情拆迁、保障建设”原则实施拆迁，确保公开透明、公平公正。在安置房、廉租房等保障性住房建设方面，滨湖康园二期、欣园、顺园3个在建安置房项目21892套，可安置约3.78万人，滨湖竹园廉租房项目10月15日开工建设。

（滨湖新区建设指挥部办公室）

合肥包河工业区

【概况】 2012年，合肥包河工业区完成规模工业产值213.7亿元；完成战略性新兴产业产值58亿元，同比增长39.4%；实现全社会固定资产投资105亿元，实现社会消费品零售额74亿元，同比分别增长25%、30.5%；实现财税入库逾10亿元，完成区级收入2.44亿元，同比增长逾30%。

【招商引资】 实际引资总量逾100亿元，实现到位境外资金5003万美元，成功引进4个投资逾10亿元的现代服务业大项目。

【转型升级】 以打造城市中央商务区为目标，编制园区空间、产业和土地利用规划，建立项目退出机制，推进上海路以西区域产业转型；并发展电子商务、现代物流、总部经济为支撑的现代服务业，包装打造安徽青电商产业园、合肥互联网产业园，签约引进北京联东产业园、清华紫光产业园；另围绕江汽、安凯等行业龙头，发展汽车、电子、环保、新型建材、质检等传统优势产业，汽车产业率先成为第1个实现年产值逾百亿元的产业。此外，发展新能源汽车、节能环保、高端装备制造、智能制造、新一代信息技术等5类战略性新兴产业，并支持安凯新能源、巨一自动化等企业做大做强。

【基础设施建设】 投资2000多万元扩建乌鲁木齐路，投资1亿元启动建设19条道路的“白+黑”工程，投资2000多万元提升花园大道、北京路等8条道路的绿化层级，投资500多万元建成繁华公园，完成和在建绿化面积15万平方米；并完成1号厂房建设，启动面积逾20万平方米的3号、4号厂房建设，还引进安徽青电商产业园工程项目；另进行花园大道、长白山路公租房、服务北京路、高铁南环线、十五里河上游改造、轨道交通一号线大连路站等项目建设。此外，完成黄河路、天津路、上海路、十五里河下游改造拆迁工作，全年完成拆迁21.4万平方米。

【社会事业】 推动社会事业发展，以打造示范社区、精品社区为目标，形成了一社区一特色的社区服务格局。在办证工作方面，包河苑小区办证2213本，办理自持商业门面5500平方米，包河花园办证工作全面启动。在创建文明城市方面，全年制止和拆除各类违法建设逾7000平方米，先后获市文明单位、卫生单位等称号；并投入千万元升级改造包河苑、包河花园小区基础设施。在社会管理方面，推行社区网格化、信息化联动管理，全年调查处理各类信访案件322件，有效打击和遏制了非法传销活动，降低了可防性案件发案率。在物业管理方面，实行市场化运营，向全国公开招标引进4家物业公司进行管理。

（合肥包河工业区管委会办公室）

合肥庐阳工业区

【概况】 2012年，合肥庐阳工业区完成规模以上工业产值153.05亿元，完成限额以上批零住餐业零售额12.40亿元，同比分别增长3.45%、66.44%；完成固定资产投资73.69亿元，同比增长28.72%，其中工业投资46.05亿元，同比增长47.27%；实现税收收入3.5亿元。

【招商引资】 该工业区累计完成境内省外任务资金总量41.85亿元，超额完成5.85亿元，同比增长9.21%，其中工业13.28亿元；全年实现外资引进2463万美元。

全年申报重点项目2个，引进投资逾10亿元的工业大项目1个，引进投资逾5亿元的现代服务业大项目3个。是年，园区围绕抓好招商引资做了大量基础性工作，夯实基础。一是围绕产业定位，进行正对性招商。组织人员赴上海、北京、深圳等地洽谈多个科技园项目，突出招商重点；二是扩大内外交流，捕捉招商机遇。参加徽商大会、自主创新要素对接会等各种展会、推介会，多渠道加强对外的宣传和推介。主动与市、区对口单位互动交流，同时加强内部沟通机制，明确全员招商责任制，共同做好招商企业的服务。三是创新方式，鼓励企业做大做强。鼓励现有企业通过技术改造、产业升级换代等方式做大做强现有产业。是年，园区志邦厨柜股份有限公司持有“zbom志邦”商标通过国家驰名商标认证。

【征地拆迁】 先后启动并完成阜阳北路高架及周边景观整治、公租房、万森日化、华泰用地项目和商储公司拆迁工作。其中，合肥市大建设重点工程阜阳北路高架及周边景观整治项目拆迁工作涉及刘冲、邵大郢、尚店社居委居民576户，人口计1728人，项目总拆迁面积计108453平方米。在前期拆迁工作的基础上，工业区配合拆迁工作组完成阜阳北路高架桥施工红线内的全部及景观整治部分的大部房屋拆迁工作。完成华泰项目用地和商储公司拆迁工作。根据需要，是年10月份工业区启动天水路项目征拆工作。

【民生项目建设】 解决民生项目建设中存在的问题，加快园区项目推进速度:一是回迁安置点荣城北苑1-7标段陆续竣工并具备交付使用条件，8标段施工正紧锣密鼓进行；二是四十五中分校、南门小学分校完成竣工移交并投入使用，是年9月份实现入学招生；三是在圆满完成廉租房一期建设任务的基础上，完成总套数408套建筑面积20161平方米的廉租房二期工程结构封顶，年底具备交付条件；四是丽水路、铝厂公交站点建设任务圆满完成并交付使用。

【园区环境】 该工业区纳入园区基础设施建设计划资金2.044亿元，推进相关工程建设，园区基础设施水平得到明显提高，招商引资载体功能更加完善。全年改造新建道路近10条，完成秀水路、印刷分园支路污水管网改造工程及5条道路标线工程和六条道路路灯安装，多条道路的亮化和绿化提升全面展开；合肥北部组团首座市政公园—菱湖公园建成竣工，该园规划面积近13.467公顷，设计理念以水文化为主题，目前其景观绿化亮化工程占总体工程量逾95%；实现高压走廊景观绿化工程竣工验收；贯穿园区南北6公里的阜阳北路高架项目，也在园区协作配合下完成主体工程建设。

【社会事业】 推进社会事业。在推进“三城（全国文明城市、全国未成年人思想道德建设工作先进城市和全国卫生城市）同创”工作方面：1.加强监管，加快城市化和长效化管理；2.开展“清洁家园、保护水源、美化园区，争当文明好市民”和“保护水源、青年先行”大学生志愿行动；3.设置3个岗亭24小时监管大房郢水库，并对水库周边进行整治摸底，完成水源地复建点预选址规划；4.建立8支志愿服务队，劝阻、纠正各类不文明行为3400多人次；5.对违法建设查处实行长效管理和分片包干制，发现并制止违法建设事件7起，拆除违法建设8处。在打造“暖心工程”工作方面：1.关爱弱势群体，促进和谐社区建设；2.完善铝厂卫生服务中心建设；3.全年新增就业岗位1940个，为下岗失业人员新增就业685人，转移农村劳动力180人，建立非正规就业组织19个，实现城镇居民医保参保人数8336人，城乡居保参保人数6030人，城市低保累计93户151人,累计金额达64.6万元，大病医疗救助城市86人，农村72人，救助金额达40万元，为城市263名、农村141名80岁以上老人发放高龄津贴12万余元，为1909名被征地农民申请养老保障金。在丰富“惠民文化”工作方面：1.全年累计发放慰问金逾50万元，救助逾1000人；2.开展“青少年儿童成长”、“帮扶弱势群体”、“丰富群众文化生活”等主题活动；3.在母亲节、儿童节组织文艺演出，开展“庐州放歌”送戏进社区、露天电影进社区、科学健身进社区、庆建党91周年书画展、“和谐民生 幸福庐阳”专场文艺演出和首届育婴师培训等活动。

（合肥庐阳工业区管委会办公室）

龙岗开发区

【概况】 2012年，龙岗开发区在按照“抓管理、保稳定、促建设、谋发展”的工作思路，突出

"拆迁安置、修建道路、盘活土地"的发展重点，完成规模以上工业总产值26.18亿元，实现固定资产投资48.21亿元，实现限上商贸零售总额5.586亿元；完成税收3.8382亿元，其中完成国税6435万元，完成地税3.1947亿元；

此外，该开发区当年抓好经济调度工作，加强协税护税和经济统计事务，推动投资工作，加快三产转型发展；并推进项目服务工作，先后开工建设明月东一国际酒店、文一云河湾等重大项目，安起重工、阳森能源、瑞升能源等项目建设也取得重大进展。

【招商引资】 加强招商引资工作，加快招商载体建设，开展专业、产业和以商招商活动，首个引进入驻的项目是安徽节能节源项目；并引进建设瑶海都市科技工业园一期工程项目（占地8公顷，4栋标准化厂房，建筑面积21.98万平方米），现该工程已进入收尾阶段。

该开发区当年先后接待投资考察客商逾200人次，完成招商引资到位内资24.5亿元；引进投资逾亿元建设的项目9个。其中，投资逾10亿元建设的项目有4个，投资逾5亿元建设的项目有6个；全年新注册内资151户，申报获批"四上"企业10家。其中，规模以上工业企业3家，限额以上商贸企业7家。

【土地上市】 推进土地上市工作，开展存量建设用地升级改造工作，实施"退二进三"，完成两批次、共7家企业升级改造审核申报工作，占地面积约7.2公顷，总建筑面积为42万平方米，总投资额23亿元；并做好7宗项目用地上市和招商推介工作，成功完成6宗地上市交易，经营性用地17.108公顷，工业用地近9.03公顷。

【规划与建设】 加强规划与建设工作。在重点道路建设方面，做好市、区大建设重点项目的建设保障工作，推进开发区"三横三纵"为主框架的15条主次干道建设工作，总长约33.8公里；全年有9条道路实现开工建设或竣工通车，其中郎溪路北段、临泉东路、广德北路、通达北路、吴敬梓路等建成通车，并开工建设新安江路东延、临泉路东延、龙岗路中段、大众路北段道路。在重点区域环境改造工作方面，先后投入资金约380万元，相继完成站前路、顺祥北路、王岗路北段路灯安装和部分路面硬化改造工程，安装路灯74盏；并完成2个三无小区整治、2个小街巷整治、新方郢段自来水改造和广德路沿街立面整治工程。在实施绿化提升工程方面，完成大彭社区逾8.33公顷成片造林、大店社区老合店路2.2公里以及皇马社区费东费西两个自然村的绿化工作；并完成对重点区域的植绿补绿1.65万平方米，组织实施王岗路、华凌锦苑、二十埠河桥周边、瑞泰公园、高压走廊绿化提升等工程。在土地规划工作方面：1.推动总体规划修编和控制性详规审批工作；2.开工建设总建筑面积15.4万平方米的龙腾家园和都市科技工业园公租房工程；3.做好明皇家园小区、襄河家园小区、龙谷华庭小区等复建点规划选址等前期工作，总建筑面积约77.5万平方米，总规划用地约近21.67公顷；4.推进16个小区、总建筑面积34万平方米的复建点房产证办理工作，其中3个小区开始办证；5.完成富东和秋东高压线拆除工作。

【搬迁和建设】 推进和谐搬迁和建设工作。在搬迁和城中村改造工作方面，坚持把道路建设搬迁和城中村改造有机结合起来，完成大众路油坊社区段6000平方米和史城社区李郢、王底11万平方米的搬迁工作，全年完成42万平方米搬迁任务；并分别完成马岗社区尚大郢17.6万平方米，史城社区公租房及明皇路建设5.2万平方米，罗岗社区临泉东路及费子冲、卫朱郢改造扫尾1.8万平方米，以及油坊社区张高组2.5万平方米，大彭社区新安江路及下万组1.3万平方米，大众路大店社区段及双胞3.1万平方米的城中村改造工作。在拆迁恢复点建设方面，按照"规划建设面积大于搬迁面积"的总体思路，开工建设龙腾家园三期23万平方米复建点；并加快华凌锦苑、朱砖井等复建点建设，其中华凌锦苑二期10.6万平方米竣工；完成华凌锦苑一期8.7万平方米、龙腾家园二期1.9万平方米的回迁安置工作。在房屋证照认定工作方面，做好三榜公示，筹措建设资金，并完成8个房建项目的基础材料工作，耗费认证费用3.1亿元，其中5个通过市、区认证审核，认证费用8400万元，另推进马岗尚大郢、罗岗卫朱郢和铁四局项目。

【社会事业】 推进社会事业。在劳动保障工作方面：1.开展低保、五保、残疾人、优抚等民政工作，发放各类救助资金66.3万元；2.完成区下达城乡居民养老保险、居民基本医疗保险参保任务，登记居民养老保险1.2万人，登记居民基本医疗保险21961人；3.新增就业、再就业人员1645人，并处理各类劳资投诉案件42起，为劳动者追讨薪资、工伤赔偿等7.8万元，另多次组织开展就业技能、4050人员再就业培训和召开企业用工招聘会，收效良好。在安全生产工作方面，开展烟花爆竹专项整治活动，重点加强危化企业、建筑工地、特种设备、职业卫生、食品安全、三车等安全生产检查工作，推进安全生产规范化和标准化建设。在教育事业方面：1.加大对教育教学设施投入，将郎溪路小学、马岗二小、龙岗中学等逾11.33公顷的教育发展用地的产权移交给区教体局管理；2.主动做好合肥十中的项目供地和服务保障工作；3.配合教育等部门完成对辖区45所幼儿园中的清查工作。在计划生育工作方面，集中开展计划生育与人口服务月清理活动，为流动人员建计生信息卡2431张，清理4758户，查出已婚育龄妇女漏档15例，查出出生漏报7例，查出出生错报1例，查出流动人口漏管132例，查出政策外出生4例。在文明创建工作方面：1.以合肥市“三城同创”和农村环境综合整治工作为契机，推动社区小街巷、社居委周边环境的综合整治工作，稳定社区保洁员队伍，健全生活垃圾管理体系，落实长效管理制度，实现常态化管理；2.开展对合店路、广德路出城口、主次干道，长江市场、国风广场、海洲广场和社区农贸市场等重点区域，以及孙大郢、金光苑等三无小区的环境综合整治活动，全面清理“八乱”，效果良好；3.坚决打击违法建设，落实信息员、社区、开发区三级巡查、督查机制，对重点区域实行死看硬守，全年查处违法建设112处，拆除面积8323平方米。在综治信访工作方面，查处打击非法传销、邪教组织、正三轮摩托车等违法行为和组织，开展社会矛盾纠纷排查化解工作，加强重点信访事项和人员的包保稳控工作，先后化解恒大城工地拖欠农民工工资、远洋劳务输出、长江黑物流、华都公司土地证办理、金水湾小区纠纷等重大群体性信访事件，维护了社会稳定。

（合肥龙岗综合经济开发区管理委员会）

双凤开发区

【概况】 2012年，双凤开发区完成财政收入完成10.3亿元，完成工业总产值308亿元，实现规模以上企业产值260.23亿元，完成固定资产投资84亿元，完成工业投资51亿元，同比分别增长33.1%、47.9%、37%、37.4%、31%。在全市县区开发区当中，该开发区当年完成的主要经济指标基本上均处于第一位的水平。

该开发区分为三大功能版块：蒙城北路以西，依托万亩生态保护区建设体验式休闲、旅游观光综合利用区；蒙城北路、双凤大道沿线，建设高档房产、高端服务和现代化商务办公区；铁路沿线及以东区域，建设新型工业化集聚区。

截至年底，该开发区引进工业项目460个，其中经营这些项目的规模以上企业有142家，初步形成了以节能环保、食品及农副产品深加工、汽车及工程机械加工、家用电器及其配套等四大主导产业，聚集了鸿路钢构、伊利乳业、新希望白帝、鄂尔多斯、中粮、金诚科技、万和热水器、荣事达太阳能等一批知名企业。

该开发区当年拥有规模以上工业企业142家，拥有亿元以上工业企业69家，拥有国家级高新技术企业26家，拥有省市企业工程技术研究中心10家，拥有省市企业技术中心12家，并培育出长丰县第一个中国驰名商标“本雅明”，获“安徽省新型工业化产业示范基地”、“安徽省信息化与工业化融合示范区”称号。

该开发区当年行政管辖区域总面积33平方公里，辖徐桥、凤梅和凤霞三个社区，常住人口8.8万人。

【招商引资】 开展“抓招商、促发展、创千亿”活动，成立三个招商小组，脱产专职招商，并明确招商引资任务和奖惩标准，使小组之间开展竞争，当年完成招商引资到位内资资金69.4亿元，到位境外资金2110万美元。在引进的项目中，新引进投资逾亿元项目36个，其中工业项目25个；投资132亿元建设合肥宝湾国际物流中心和投资10亿元建设广东万和新能源热水集成项目，成为该开发区历史上引进的最大的招商项目、最大的现代服务业项目、最大的工业项目。

该开发区招商小组当年被合肥市委、市政府授予“合肥市第六批优秀招商小组”称号。

【为企服务】 推动为企服务。在全面完善为企服务体系方面，由单纯的领办和代办到深入形成政策、科技、人才、融资服务等综合性服务体系。在建立“四位一体”的服务机制工作方面，通过为企服务大走访，深入园区企业了解生产经营中的困难，形成“发现问题——分解问题——解决问题——督察督办”的四位一体服务机制，将粗放的“包联企业”制度改为精细的“包联问题”制，强化解决问题责任。

【城市管理】 推动城市管理。在改革管理机构方面，撤销原社会化服务公司，成立双凤开发区城管局，负责全区城市管理及创建工作，厘清机构职能，将物业管理、市容创建等事务工作逐步剥离，交由专业公司负责，政府回归监督管理职能。在提高管理水平方面，开展徐桥金珠路菜市场和凤梅社区菜市场占道经营整治，摊点全部进入规范场所经营，确保小区道路畅通，市容整洁，提升居民生活幸福指数。在城管队伍建设方面，引进劳务派遣制度，规范用工，城管队伍全部签订劳动合同，办理社会保险，解决职工后顾之忧。新招聘30名35周岁以下、具有全日制专科以上学历的行政综合执法队员，实行综合联动执法。

【规划与建设】 推动规划与建设。在推进扩区升级工作方面，以“1+2”模式拓展双墩园区13.8平方公里、下塘园区10平方公里两个新区，规划总面积约43平方公里；并面向全国公开招标，委托专业设计公司完成扩区、土地利用与城镇总体规划，以及环境影响评价的编写工作。在改善和提高基础设施建设方面，实现梅冲水库除险加固工程的竣工验收工作，并对园区部分老旧管道进行疏通。

【土地整治】 推动土地整治工作：1.保障土地供给，对东区以内的非计划、非规划范围内用地及时进行调整，保证宝湾、万和等大项目用地；2.与市国土局信息中心合作，对开发区基本情况、土地利用状况、土地利用效益、土地管理绩效和典型企业等方面开展调查，完成土地节约集约利用评价成果的更新工作；3.组织专门人员对大房郢水库上游水源保护区基本情况进行摸底，完成大房郢水源地土地整治项目建议书的编制工作，并分别上报市、县国土局，另确定项目实施服务单位，开展前期土地整治范围内的土地测绘工作；4.推进土地清理工作，成立四个领导组，明确责任分工，确定工作时限，严格依照法律法规，完成土地清理15个项目计逾38.65公顷，另完成三个土地清理项目近23.27公顷的资产评估工作。

【社会事业】 改革社区管理。在社区物业改革方面，将75万平方米的小区物业和2.5万平方米的社区公共、商业服务配套资源向市场开放，把所有权与经营权分开，让市场管理资源，用专业的人干专业的事，为群众提供优质的公共和商业服务；并将社区物业及配套全部引入专业物业公司管理，把凤梅、凤霞两个社区幼儿园均引入市一类园，使拆迁群众的孩子能获得与市区群众同样优质的幼儿教育服务。在社区服务改革方面，按照“精简、统一、效能”的原则，将全区居民集聚区划分为44个社区网格，公开招聘第一学历为大学本科以上的社区网格员20人，网格员走家串户了解群众诉求，倾听群众心声，效果良好。

【民生工程】 推进民生工程。在社会保障工作方面，发放农村居民最低生活保障金41797.6元，提供给农村“五保户”供养补助资金27050元，安排给贫困重度残疾人生活救助金34320元（按照每人每年660元标准）。在卫生事业方面，完成12897人参加城乡合作医疗保险任务，为群众代办报销总费用逾166.54万元，发放补偿金额逾77万元；并为群众代办城乡医疗补助金逾7000元；另完成4例贫困白内障患者免费复明手术，为20名贫困精神残疾人发放药费补助1万元。在计划生育工作方面，给计划生育家庭奖励扶助资金2.04万元；宣传引导新婚夫妇进行免费婚前医学检查，有202人进行婚检；并对农村户口和2007年以后转户的非农户口孕妇分娩发放补助金3.84万元。在教育事业方面，对区内义务教育阶段中小学校学生免除学杂费和作业本费近172.5万元。在技能培训方面，对区内鸿路钢构、宏利电子等企业的558名农民工进行7期技能培训工作，培训合格率达95%，取得职业资格或专项职业能力证书获得率达87%。

（双凤开发区管委会办公室）

合肥蜀山新产业园区

【概况】 合肥蜀山新产业园区（以下简称园区）位于长江西路以北，科学分院路以西，外环高速以东位置，辖区面积约20平方公里，常住人口15218人。2012年，完成规模以上工业总产值102亿元，实现增加值31亿元，同比分别增长16%、18%；完成全社会固定资产投资82亿元，其中工业投资47亿元，同比增长5.3%。从蜀山区固定资产投资的比重来看，该园区全社会固定资产投资占蜀山区的20%，其中工业投资占到蜀山区50%。蜀山区当年建设的前20强工业项目，该园区有17个。2012年3月13日“魅力合肥·电商春天——电商入驻合肥签约仪式暨新闻发布会”隆重举行，省、市领导吴存荣、张庆军参会，园区与派蒙、恩源、讯鸟、同能阳光4家电商企业签约；3月30日省委常委、市委书记吴存荣深入合肥(蜀山)国际电子商务产业园调研；5月28日国家商务部授予合肥(蜀山)国际电子商务产业园为全国首批34家、安徽唯一的“国家级电子商务示范基地”；6月5日第十届中国呼叫中心产业高峰论坛授予合肥(蜀山)国际电子商务产业园

“最佳呼叫中心基地”称号；10月17日合肥市推进都市产业园建设汇报会在园区召开；11月2日园区承办首届中国云计算产业论坛。

2012年，园区期内出生453人，政策符合率100%，长效节育措施落实率100%，性别比106.58；流动人口5792人，已婚育龄妇女1362人，该园区荣获合肥市2012年度“人口和计划生育目标管理先进工业园”称号、蜀山区2012年度人口和计划生育工作“先进工业园”和“先进单位”称号。辖区居民生活配套设施有农民市场2个、幼儿园11个、小学1个、完全中学1个、回迁居民点4处、商居小区5个、物业配套相对齐全、各类卫生服务机构4个。

【招商引资】 2012年，该园区共引进项目69个，其中供地项目3个，电子商务产业园项目34个，孵化器项目22个，租赁企业厂房项目10个，累计招商引资58.1亿元，同比增长29.1%，其中引进境外资金2800万美元，同比增长12%。

【基础设施建设】 2012年，园区推进基础设施重点工程建设，完成二期标准化厂房道路及配套工程、一期廉租房及配套工程、二期廉租房及配套工程和三期廉租房主体结构建设；全面完成园区雨污水整改工作，以及沿道路修建配套的水、电、路灯、绿化等维修工程有条不紊的展开。此外，在绿化建设方面，园区全年新增成片造林198亩，完成下达任务的105%；乡村道路绿化5公里，总计完成苗木栽植21000株，总投资额550万元。截止年底园区已完成绿地面积10879.14亩，绿地率为39.75%，完成投资额5878.6万元，单位面积投资8.11元/㎡。合淮阜园区段、蜀山干渠园区段、高压走廊园区段和蜀麓公园绿化建设完工。

【项目建设与工程管理】 园区全年共招标项目16个，清单控制价约4373万元，中标合同价约3064万元，共节约资金约1309万元。在工程管理方面，加强项目建设资金管理，严格招投标，节约建设投资成本；并加强合同管理、费用控制，对合同外工程严格执行“零”签证。建立健全安全生产监管、奖惩体系，对各施工单位的安全工作进行考核，有效杜绝安全隐患。在质量管理工作中，优化引进“第三方见证取样检验”制度，保证质量监督工作公正、严格。在工程进度控制上，严格落实项目负责人责任制，对照进度计划检查施工现场落实情况。

【服务企业】 园区推动金融信息服务、中介等各类服务机构进驻园区；并为企业做好政策和资金申报、减免收费工作，帮助企业申报各类资格认证。在政策减免和为企业融资方面，为121家入园工业企业办理了行政免收费382批次，免收费金额达1323.3万元，其中省级以上59.8万元。园区企业共申请到中央、省、市各级补助资金5157万元，航太电物理获得荣获安徽省科技进步奖一等奖，为园区60家规上企业申报市经信委多产多销奖励1600多万元，安徽宝龙环保科技有限公司获得中央预算内资金350万元，安徽新力电气设备有限责任公司、合肥佰特微波技术有限公司和安徽博一流体传动股份有限公司分别获得科技部科技型中小企业创新基金无偿资助80万元、70万元、50万元，为福泰豆业、仁和反光、二工电气等8家企业申请到固定资产补助156万元，为金力电子、杜威仪表、开聪无障碍、徽力电气等7家企业争取175万元孵化器税收返还，帮助迅影新能源、易能生物、中兴继远等5家企业获得89万元省财政专项资金。

【基建融资与税收】 2012年，园区通过土地出让、银行贷款、财政支持等方式筹措资金1.1亿元，保障园区的基础设施建设投资和基本工作的正常运转；并推动农科行廉租房贷款获批。此外，开展协税护税工作，邀请税务部门集中核对户型户数，完成税收2.6亿元，同比增长19.2%；实现财政收入8.26亿元，同比增长47.5%。

【规范土地管理】 园区以“一张图”工程为抓手，对土地进行身份编码，逐宗录入，实行图表并用的方式，建立健全土地资源动态信息库，为重点建设项目争取用地指标，保障用地秩序顺畅有效。做好清理闲置低效、改变用途的项目排查，并在第一时间提供详实资料。先后完成了标准化厂房三期、四期、公租房二期规划审批、经营性用地收储挂拍、园区扩区筹备、邓店村搬迁及回迁安置规划以及土地证、规划证办理工作。

【党建工作】 2012年，筹备成立电商园联合党委，新组建社企联合党支部16个，扩大社区党组织班子成员，吸纳驻地企业党员担任社区兼职委员，建立社企党建联谊会。选拔35名党员担任组建指导员，对220个中小企业进行党建工作“托管”，实行“点对点”帮建，“一企一策”组建。帮助企业做好228团队项目审报、培育工作，三立自动化、航太电、江淮园艺、中兴继远四家企业成果显著，全部考核合格。去年又成功审报天虹数码、博一两个228创新团队。借鉴228团队服务模式，园区建立“校企对接会”，帮助企业开展人才实训、引进等服务工作。去年举办2期对接会，受到学校和企业广泛欢迎。引进正德电商平台企业，专业从事人才咨询、培训、交流工作。园区党工委被评为区委创先争优先进党组织，4名党员被评为市、区优秀共产党员。

【社会事业】 2012年，为185名到龄人员及时办理了失地农民养老保障手续，其中三洋项目103人，完成对辖区城乡低保户的年度审核和三无人员的低保金提标工作。城乡低保、农村低保、医疗救助累计救助57人，发放金额386456元。

全年有7673人参加了城镇居民医疗保险，任务完成率112%。发放被征地农民区级居民医疗保险补贴2005人（不含已经享受低保城镇居民医疗补贴人数），涉及金额240635元。

全年共接收企退人员37人，2013年春节前完成了对移交到社区企退人员的春节慰问，发放慰问金1000元。在劳动监察方面，受理投诉案件65起，涉及劳动者360人和金额230万元。

2012年免费为辖区单位、居民发放鼠药100公斤，粘鼠板200张；以世界结合日等宣传日为契机，开展各项宣传活动，同时对辖区范围内的幼儿园、学校、餐饮进行宣传并进行了卫生督查。做好合肥市创建省级卫生城市各项迎检工作，在辖区内共建设180个毒饵站，放置粘鼠板300张，张贴创卫宣传画200张，悬挂横幅50条。文体方面，组织参加蜀山区“幸福家园”、“合肥市基层文艺汇演”、端午节“邻里互动”等活动，参加合肥市第十届运动会拔河比赛项目，获得了男子第一名、女子第四名的好成绩。此外，成立了园区第一节老年体协，建立了10支特色队伍，有舞蹈队、足球队、篮球队、乒乓球队等。

2012年，完成科学家园、香槟小镇业主大会筹备组成立工作；沃野花园小区业委会筹备组正在成立。到目前为止共接处业投诉共51起，办结率100%。开展了秸秆禁烧工作，清理并登记了辖区零星种植点，落实24小时值班巡查制度。继续抓好水库移民工作，并及时办理了资金申报发放工作，

园区现有各类妇联组织6个，园区妇联联开展两节慰问贫困妇女和儿童送去慰问金74900元。“三·八”期间开展为辖区17位贫困妇女送温暖活动，发放慰问金8000元、表彰辖区20户“平安家庭”发放慰问品15000元、拨付妇女之家活动经费3000元和社区三八活动经费2000元。在六一节开展了关爱活动，发放慰问金6000元和学习用品；六一为蜀新苑小学捐款2000元；园区六一慰问幼儿园和小学4所并送去慰问金8000元、慰问田埠社区留守流动儿童之家慰问品1000元、慰问辖区贫困儿童、流动儿童12名，慰问金3400元，慰问园区职工子女慰问金16200元。

园区社区服务中心自2011年9月12日正式入驻以来，承担园区民政民生（居民低保、大病救助、老龄工作等）、劳动和社会保障（居民就失业及创业管理、居民养老、被征地农民养老保障、城镇居民医疗保险、劳动监察等），社区建设、残疾人工作、妇联、关工委、卫生防疫、青共团、物业管理、农业、计划生育等项工作。

（合肥蜀山新产业园区管委会办公室）

风景秀丽的芜湖路商圈

工业经济

综 述

【工业产出】 2012年，合肥市规模以上工业发展迅速，2087户工业企业完成总产值和增加值分别达6600.14和1653.54亿元，按可比口径计算，增加值同比增长17.4%；完成工业销售产值和出口交货值分别达6395.34和419.79亿元，其中销售产值同比增长18.3%；实现工业品产销率为96.9%；企业用电量为120.36亿千瓦时，同比增长4.1%。

从月产出看，是年月均产值同比增加83.51亿元，其中在10、11和12月份，全市工业产值分别为603.50、630.30和606.48亿元。

企业经营效益方面，全市规模以上工业企业当年实现主营业务收入6002.74亿元，同比增长28.6%；实现利税总额548.07亿元，其中利润总额358.55亿元，同比分别增长22.6%、22.7%；企业亏损面为8.2%，亏损企业亏损额为15.46亿元，同比下降35.1%；工业经济效益综合指数为312.5%。全市工业实现主营业务收入增幅分别高于全国、全省17.6和10.5个百分点；实现利润增幅分别高于全国、全省17.4和11.4个百分点；实现利税增幅高于全省10.8个百分点；亏损企业亏损额同比下降35.1%。

产业结构方面，全市轻、重工业当年分别完成产值2658.49和3941.65亿元，同比分别增加451.37和567.11亿元，完成增加值653.28和1000.26亿元，同比分别增长16.5%和18.0%，轻、重工业的生产增幅落差仅有1.5个百分点，较2011年收窄2.0个百分点，其中重工业生产对全市工业增长的贡献率为62.9%，拉动工业增长10.9个百分点。

产品结构方面，全市当年240种工业产品产量中保持增长的有156种，占65.0%。其中，有67种工业产品产量同比增幅逾30%，占全部产品产量的27.9%；有22种工业产品产量增幅逾100%。在这些产品中，精制食用植物油、方便面、锂电池、笔记本电脑、液晶显示屏的产量分别为42.70万吨、13.75万吨、716.21万只、338.72万台、3249.57万片，同比分别增长1.4倍、1.2倍、2.7倍、1.7倍、1.6倍。

是年，全市工业品出口结构出

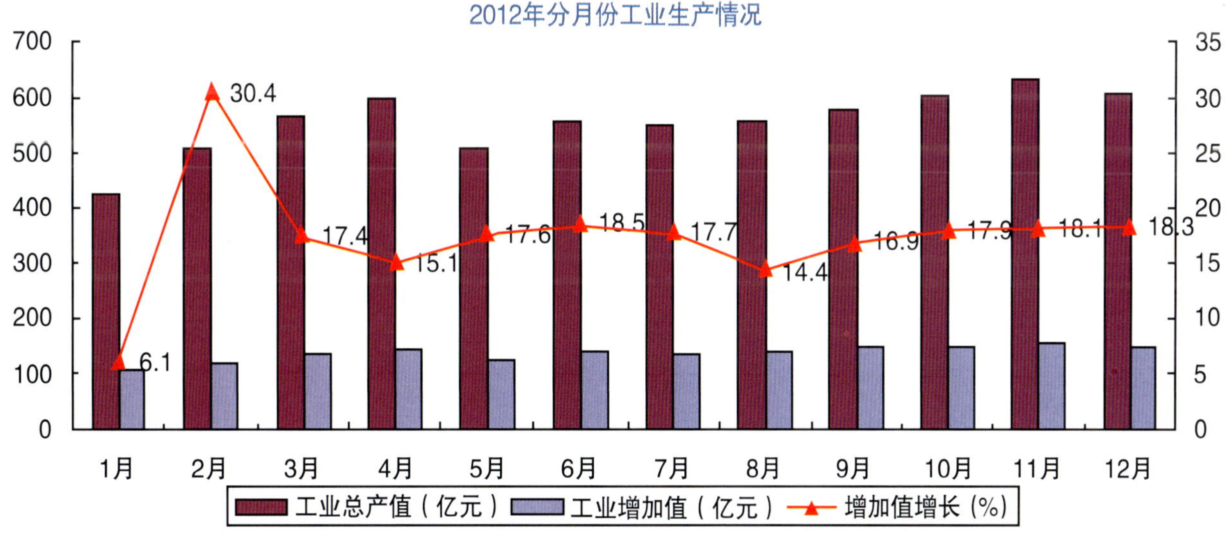

现变化，原本以家电和汽车及配件为主的工业品出口结构，逐步被液晶面板和笔记本电脑等高技术含量的工业产品所替代；京东方生产的液晶面板和宝龙达生产的笔记本电脑出口交货值分别达59.38和54.04亿元，是全市仅有的两家出口额逾50亿元的工业企业，合计同比净增出口53.82亿元。

行业发展方面，全市当年有36个工业行业的生产同比均实现增长，实现增速逾全市平均水平的行业有21个；实现增幅逾40%的行业有5个，分别为非金属矿采选业，石油加工、炼焦和核燃料加工业，有色金属冶炼和压延加工业，计算机、通信和其他电子设备制造业以及金属制品、机械和设备修理业，其中计算机、通信和其他电子设备制造业实现产值为429.96亿，同比净增产值达127.37亿元，实现增加值同比增长42.9%。

行业完成产值方面，全市当年实现产值逾300亿元的行业有8个，同比增加2个，分别是农副食品加工业和金属制品业；实现产值逾400亿元的行业有4个，比2011年增加了通用设备制造业和计算机、通信和其他电子设备制造业两个行业。全市当年实现产值逾300亿的行业累计完成产值和增加值分别为4653.89和1120.78亿元，占全市工业产值和增加值的70.5%和67.8%，实现增加值累计增长18.1%，高于全市平均增速0.7个百分点，拉动全市工业增长12.1个百分点，对全市工业增长的贡献率达69.4%。

2012年全市实现产值逾三百亿元的重点行业生产情况

行业大类	总产值（亿元）	增加值（亿元）	增加值增速（%）
全市合计	6600.14	1653.54	17.4
电气机械及器材制造业	1631.35	381.76	15.6
汽车制造业	673.80	145.78	3.2
通用设备制造业	447.89	120.77	21.5
计算机、通信和其他电子设备制造业	429.96	123.65	42.9
专用设备制造业	394.36	110.78	14.5
农副食品加工业	372.54	65.18	30.4
化学原料及化学制品制造业	356.03	88.22	16.4
金属制造业	347.97	84.64	23.1
合　计	4653.89	1120.78	18.1

企业规模方面，全市当年有2021户中小型企业完成产值和增加值分别为3639.93和912.44亿元，分别占全市相应数值的55.1%和55.2%，实现增加值同比增长25.5%，高于全市平均增速8.1个百分点，拉动全市工业增长13.1个百分点，对全市工业增长的贡献率为75.5%。全市当年新增规模以上工业企业284户，拥有规模以上工业企业总数达2087户，实现产值和增加值分别为6600.14和1653.54亿元。

全市当年实现产值逾亿元的企业有941户，占全市规模以上工业企业数的45.1%，同比增加186户。其中，实现产值逾10亿元的企业有99户，同比增加17户；实现产值逾50亿元的企业有23户，同比增加3户；实现产值逾100亿元的企业有8户，同比增加2户，其中海尔电冰箱、海尔空调器、三洋电器和合肥供电公司均为实现年产值首次逾百亿元的企业。

2012年，全市实现产值逾亿元的企业累计完成产值和增加值分别为6019.02和1506.69亿元，占全市工业相应数值的91.2%和91.1%；实现增加值同比增长18.9%，高于全市平均增幅1.5个百分点；实现产值同比净增999.41亿元，占全市相应数值的98.1%，拉动全市工业增长17.0个百分点，对全市工业增长的贡献率达97.6%。

【战略性新兴产业】 2012年，全市427户战略性新兴产业完成产值和增加值分别为1595.78和432.90亿元，占全市完成工业产值和增加值的相应比重分别为24.2%和26.2%，同比分别提高1.2和1.4个百分点，同比净增产值314.12亿元，实现增加值同比增长23.3%，高于全市平均增幅5.9个百分点，拉动全市工业增长5.8个百分点，对全市工业增长的贡献率为33.2%。

全市当年8大战略性新兴产业中，电子信息产业实现产值逾600亿元，高端装备制造业实现产值近500亿元，而新能源汽车、公共安全、节能环保和生物4个产业实现的产值均不足百亿元，最小的新能源汽车和公共安全产业实现产值分别为12.16和26.50亿元。在增幅方面，新能源和新能源汽车产业、实现产值增速逾40%，电子信息产业实现产值增幅逾34%，高端装备制造业实现产值增幅6.4%。

【六大千亿元产业】 2012年，全市六大千亿元产业完成产值和增加值分别为3853.98和951.60亿元，占全市工业相应比重的58.4%和57.5%，同比净增产值592.49亿元，实现增加值同比增长15.9%，拉动全市工业增长9.1个百分点，对全市工业增长贡献率为52.4%。家电和装备制造业分别完成产值1309.37和1058.13亿元；食品及农副产品加工业与汽车产业分别完成产值577.48和673.80亿元；新型平板显示和光伏产业分别完成产值达122.85和112.35亿元。从走势看，汽车、家电和食品及农副产品加工产业完成产值的增速呈前低后高的态势，分别由上半年增长-6.3%、10.9%和18.6%，回升至全年的3.2%、12.5%和20.2%。

【工业投资】 2012年，全市工业完成投资1551.40亿元，同比增长23.5%；工业投资占投资比重为38.8%，同比下降0.8个百分点；工业技改完成投资954.21亿元，同比下降40.0个百分点。六大千亿元产业完成投资853.18亿元，同比增长18.5%。除平板显示、新能源完成投资增速低于工业投资增速外，其余均高于工业投资增速，食品及农副产品加工业、装备制造业、汽车业、家用电器制造业分别高于工业投资增速33.1、30.9、5.1和0.5个百分点。六大千亿元产业投资占工业投资比重达55.0%。其中装备制造业居于主导地位，累计完成投资323.60亿元，同比提高5.7个百分点，占六大千亿元产业投资比重的37.9%，同比提高9.4个百分点。在具体项目中，熔安船用柴油机项目完成投资11.48亿元；尼普洛医疗器械项目完成投资11.44亿元；熔安挖掘机等62个项目当年完成投资逾亿元，累计完成投资137.91亿元。

2012年全市实现产值逾100亿元的工业企业生产情况

企业名称	2012年产值（亿元）	2011年产值（亿元）	增减产值（亿元）	增长（%）
安徽江淮汽车股份有限公司	350.54	360.82	-10.28	-2.8
格力电器（合肥）有限公司	256.92	254.35	2.56	1.0
合肥海尔电冰箱有限公司	167.94	97.16	70.79	72.9
联合利华（中国）有限公司	151.88	139.47	12.41	8.9
合肥海尔空调器有限公司	112.47	63.63	48.84	76.8
合肥荣事达三洋电器股份有限公司	108.42	82.60	25.82	31.3
日立建机（中国）有限公司	106.31	118.41	-12.11	-10.2
安徽省电力公司合肥供电公司	105.38	84.84	20.53	24.2
合　　计	1359.85	1201.28	158.57	13.2

2012年战略性新兴产业生产完成情况

产业名称	产值（亿元）	增加值（亿元）	增长（%）
战略性新兴产业合计	1595.78	432.90	23.3
战略性新兴产业占全市比重	24.2	26.2	
一、电子信息	634.22	178.72	34.8
二、节能环保	67.86	18.71	25.0
三、新材料	147.05	35.74	29.1
四、生物产业	94.91	25.42	22.1
五、新能源	124.60	32.89	40.2
六、高端装备制造业	491.44	131.81	6.4
七、新能源汽车	9.2	1.79	48.3
八、公共安全	26.50	7.82	18.4

2012年六大千亿元产业生产完成情况

产业名称	产值（亿元）	增加值（亿元）	增长（%）
六大千亿产业合计	3853.98	951.60	15.9
六大千亿产业占全市比重	58.4	57.5	
一、家电产业	1309.37	298.86	12.5
二、新型平板显示产业	122.85	33.96	44.2
三、光伏产业	112.35	29.71	41.3
四、汽车产业	673.80	145.78	3.2
五、装备制造产业	1058.13	288.84	19.7
六、食品及农副产品加工业	577.48	154.46	20.2

战略性新兴产业当年完成投资739.76亿元，同比增长10.6%，8大产业中7增1降，除新能源产业外，其余均保持增长，其中新能源汽车（安凯）完成投资4.70亿元，同比增长8.0倍；节能环保业（金升环保、中正环保）完成投资6.16亿元，同比增长96.8%；公共安全业完成投资5.87亿元，同比增长71.6%。电子信息业、高端装备制造业累计完成投资625.26亿元，占战略性新兴产业投资的比重为84.5%，同比提高8.0个百分点。其中京东方八代线项目当年完成投资95.18亿元；联宝产业基地等5个项目当年完成投资逾10亿元，累计完成投资81.27亿元；荣事达冰箱二期工程等98个项目当年完成投资逾亿元，累计完成投资235.23亿元。

投资大项目方面，是年，投资逾亿元的工业项目完成投资922.32亿元，同比增长14.2%，低于工业投资增速9.3个百分点。这些工业项目当年获得的投资占工业投资的比重为59.5%，同比下降1.0个百分点。全年“121”重大工业项目累计完成投资299.1亿元，占工业投资的19.3%，在建投资10亿元的工业项目累计完成投资287.5亿元，占全市完成工业投资的18.5%。其中海润光伏一期工程、大陆马牌子午胎、美的中央空调一期工程、美芝压缩机和友达液晶模组等15个重大项目当年即投产见效。

新开工项目方面，全市当年工业新开工项目1619个，同比增加57个，完成投资993.96亿元，占工业投资的比重为64.1%，同比提高4.0个百分点；对工业投资的增长贡献率为64.6%，拉动工业投资增长15.2个百分点。

竣工项目方面，全市当年实现工业竣工项目1522个，同比增加79个，完成投资额992.92亿元，同比增长43.0%。在竣工项目中，有投资逾亿元的项目180个，同比增加56个，完成投资444.98亿元，同比增长58.4%。

技术改造项目方面，全市当年先后实施两批“双千工程”，有546个项目入库，项目计划总投资574.2亿元，完成投资234.4亿元；有14个技改项目列入国家产业振兴和技术改造专项计划，获支持资金逾1.1839亿元；有59个技改项目列入省财政专项，获支持资金逾1431万元。

【节能降耗】 2012年，全市推动节能降耗工作：1.淘汰水泥行业落后生产能力44万吨，超额完成10万吨；2.淘汰造纸行业落后生产线28条，淘汰产能14.53万吨，超额3.21万吨；3.淘汰24门以下轮窑120座；4.淘汰1条5万吨电石生产线和1套12MW抽凝式汽轮自发电机组。此外，节约土地约近966.67公顷，实现节能43.38万吨标煤，实现节水1499万吨，实现减少SO2 排放9450吨，实现减少CO2排放112.6万吨，实现减少氮氧化合物排放290.2万吨，实现减少粉尘排放2.16万吨。全市当年单位GDP能耗为0.601吨标煤，规模以上工业单位实现增加值的能耗为0.49吨标煤（当量值），同比分别下降6.25%、18.1%。

六大高耗能行业当年完成产值和增加值分别为1197.66和290.82亿元，分别占全市工业相应数值的18.2%和17.6%，同比分别下降0.8和1.0个百分点，实现增加值同比增长15.0%，低于全市平均增幅2.4个百分点；实现用电量60.29亿度，同比下降1.4%，低于全市平均增幅5.5个百分点，低于同口径增加值增幅16.4个百分点，占全市工业用电量的50.1%，同比下降2.8个百分点

【县域、开发区工业】 2012年，合肥地区五县（市）完成工业投资707.22亿元，同比增长41.2%，高于全市工业投资增速17.6个百分点，高于四城区工业投资增速37.4个百分点，高于四大开发区工业投

2012年全市六大高耗能行业生产用电量情况

行业名称	增加值（亿元）	增速（%）	用电量（万度）	增长（%）
石油加工、炼焦及核燃料加工业	1.92	63.8	341	57.1
化学原料及化学制品制造业	88.22	16.4	82794	-15.5
非金属矿物制品业	80.32	16.8	151836	8.0
黑色金属冶炼及压延加工业	60.41	15.9	98058	0.0
有色金属冶炼及压延加工业	5.29	49.1	14460	35.3
电力、热力的生产和供应业	54.66	5.7	255382	-3.2
六大行业小计	290.82	15.0	602871	-1.4
全市合计	1653.54	17.4	1203642	4.1
六大行业占全市比重	17.6	-1.0	50.1	-2.8

资增速23.9个百分点；工业投资占全市的相应比重为45.2%，同比提高5.7个百分点；拉动全市工业投资增长16.5个百分点，对全市工业投资的贡献率为69.7%；实现工业总产值2402.6亿元，占全市工业总产值的36.4%，较上年提升1.5个百分点。其中，肥西县实现工业总产值占全市实现工业总产值的13.6%，比上年提升0.4个百分点；肥东县实现工业总产值占全市实现工业总产值的9%，比上年提升0.9个百分点；长丰县实现工业总产值占全市实现工业总产值的7.6%，比上年提升1.8个百分点；巢湖市实现工业总产值占全市实现工业总产值的4.2%，较上年持平；庐江县实现工业总产值占全市实现工业总产值的1.9%，比上年提升0.1个百分点。

合肥市四城区当年完成投资1678.52亿元，同比增长25.3%，增速高于全市投资增速1.6个百分点，占全市投资比重为42.0%，同比提高0.5个百分点。其中工业投资270.65亿元，同比增长1.5%，低于全市工业投资增速22.0个百分点，占全市工业投资的比重为17.4%，同比下降5.9个百分点。完成工业总产值1044.5亿元，占全市完成工业总产值的15.8%，较上年下降2.1个百分点。其中，包河区完成工业总产值占全市完成工业总产值的6.9%，比上年下降1个百分点；庐阳区完成工业总产值占全市完成工业总产值的3.8%，比上年下降0.3个百分点；蜀山区完成工业总产值占全市完成工业总产值的3.1%，比上年下降1.4个百分点；瑶海区完成工业总产值占全市完成工业总产值的2.2%，比上年下降0.8个百分点.

合肥市四大开发区当年完成投资958.60亿元，同比增长11.9%，增速低于全市投资增速11.8个百分点，占全市投资比重的24.0%，同比下降2.6个百分点。其中工业投资572.97亿元，同比增长17.4%，低于全市工业投资增速6.1个百分点，占全市工业投资的比重为36.9%，同比下降2.0个百分点；完成工业总产值3154.5亿元，占全市47.8%，较上年提升0.6个百分点。其中，经开区完成工业总产值占全市完成工业总产值的28.5%，比上年提升1.1个百分点；高新区完成工业总产值占全市完成工业总产值的12%，比上年下降1.4个百分点；新站区完成工业总产值占全市完成工业总产值的6.7%，比上年提升0.2个百分点；巢湖开发区完成工业总产值占全市完成工业总产值的0.6%，比上年提升0.2个百分点。

重点工业企业选介

【战略性新兴产业企业】

联宝（合肥）电子科技有限公司

联宝（合肥）电子科技有限公司由联想集团和台湾仁宝电脑集团两家世界500强企业合资成立，联想持有51%的股份，仁宝持有49%的股份。该公司在合肥建立的生产基地，占地近30.467公顷，建设的厂房面积逾17万平方米，建设的HUB仓库面积逾10万平方米，建成18个业界先进的研发实验室和4条技术与工艺在业界居于前列的SMT生产线，主要生产联想笔记本电脑和一体台式电脑，2012年实现单月笔记本产量50万台，成为联想最大的笔记本电脑生产基地。随着联宝的入驻，有12家配套企业也在合肥建立

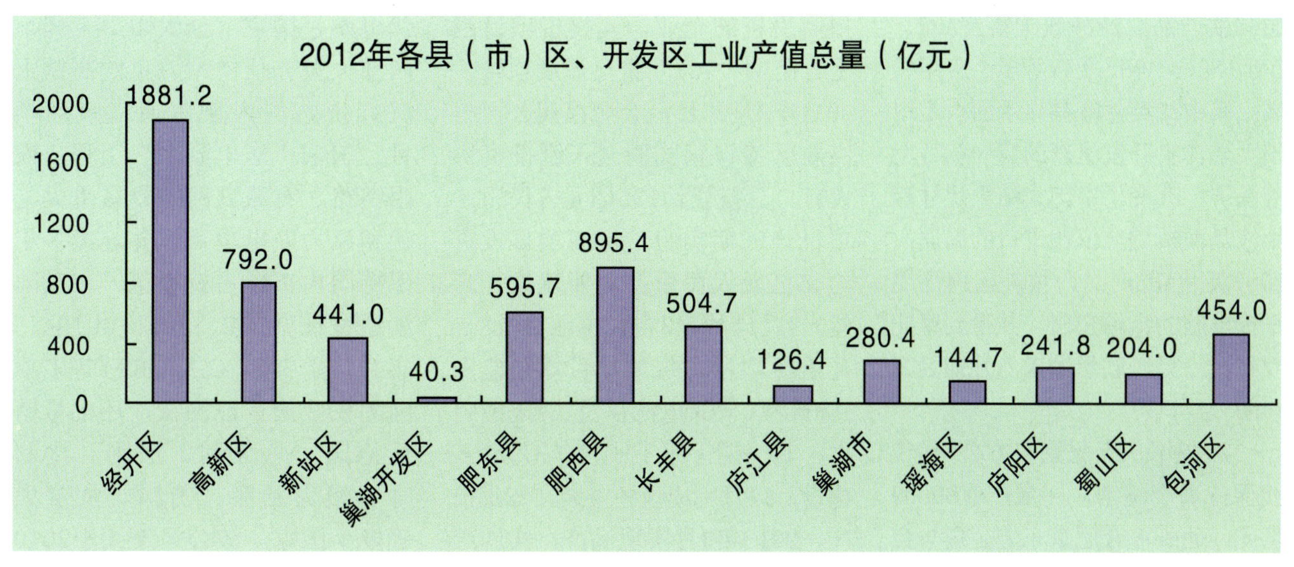

运营中心，有128家原材料供应商将产品运送至该基地的HUB仓库。2012年12月10日，该公司在合肥基地生产的第一台联想电脑下线，并销售到国际市场。

合肥京东方光电科技有限公司

合肥京东方光电科技有限公司是京东方科技集团股份有限公司（简称京东方）的全资子公司，成立于2008年10月16日，注册资金90亿元人民币（币种下同），总投资175亿元，主要从事电视和电脑用液晶面板的设计开发、制造与销售；与国内外多家知名IT 厂商及TV 品牌厂商建立战略合作关系，形成销售的客户包括联想、TPV、康佳、海信、长虹、长城等计逾20 家企业；生产的产品以37英寸以下电视和电脑显示器用液晶面板为主。该公司的TFT-LCD生产线是中国大陆第一条能够生产中大尺寸液晶电视用显示面板的高世代生产线，在周边建设的十余家上下游配套企业也同步投产，其中包括属于世界500强的住友化学、法液空等大企业。合肥京东方6代线通过技术改造和升级，自2010年10月正式量产以来，成功开发出9种尺寸计逾40款产品，产品线丰富至APP、TPC、NB、 MNT 及TV等多个应用领域；其中32英寸液晶显示面板是中国大陆自主开发生产的第一款TV用液晶屏，改变了中国大陆大尺寸TV用液晶面板完全依赖进口的局面；10.1英寸ADS产品，填补国内高端平板电脑的市场空白，并得到摩托罗拉、三星、联想等国内外知名客户的一致认可。

京东方厂区外景

2012年，合肥京东方公司6代线保持满产满销，完成产值80.09亿元。此外，合肥京东方公司与合肥市人民政府、巢湖城市建设投资有限公司签署《合肥鑫晟光电科技有限公司薄膜晶体管液晶显示器件（TFT-LCD）8.5代生产线项目投资框架协议》，在合肥新建鑫晟TFT-LCD8.5代线，这是内地继北京和深圳、广州后的第四条8.5代液晶面板线，项目总投资285亿元。

合肥晶澳太阳能科技有限公司

合肥晶澳太阳能科技有限公司是晶澳太阳能控股有限公司在合肥的生产基地之一，是一家集硅片、太阳能电池片、太阳能组件一体化的高科技生产制造企业，注册资本14.4亿元人民币，坐落于安徽合肥高新区柏堰科技园光伏基地内，是合肥市2011年重点招商引资的企业，其投资项目也是合肥市“121”重点调度项目。2011年2月26日，合肥晶澳公司与高新区签订正式的《入区投资协议》，总投资约135亿元人民币，项目分三期实施，每期项目投资约45亿元人民币；主要建设年产能3吉瓦硅片、3吉瓦电池片及3吉瓦组件项目，每期项目规划建设1GW硅片、1GW电池片及1GW电池组件；其一期工程于2011年3月动工建设，11月完成设备安装，12月投产，2012年3月实现满产，实现产值约100亿元，当年实现产值18.7亿元。

合肥阳光电源股份有限公司

合肥阳光电源股份有限公司是一家专注于太阳能、风能等可再生能源电源产品研发、生产、销售和服务的国家重点高新技术企业，主要产品有光伏逆变器、风能变流器、电力系统电源等，并提供项目咨询、系统设计和技术支持等服务，是中国最大的光伏逆变器制造商、国内领先的风能变流器企业，也是中国新能源行业中为数极少的掌握多项自主核心技术的企业之一。其产品先后成功应用于北京奥运鸟巢、上海世博会、敦煌20吉瓦特许权光伏电站、国家“金太阳”工程、西部大型光伏电站、京沪高铁上海虹桥站、内蒙古通辽风场项目、国家“送电到乡”工程、南疆铁路、青藏铁路等众多重大光伏和风力发电项目，并连续多年保持国内市场占有率第一，且陆续通过TÜV、CE、Enel-GUIDA、AS4777、CEC、CSA、BDEW等多项国际权威的认证测试，还批量销往德国、意大利、法国、比利时、澳大利亚、美国、加拿大等多个国家。该公司连续于2010

年、2011年、2012年成为《福布斯》“潜力企业榜”上榜企业，并成为中国新能源企业30强之一、全球新能源企业500强之一。2011年11月，该公司发行的股票阳光电源在深交所挂牌上市（股票代码：300274），该公司成为中国可再生能源电源行业首家上市公司。该公司生产的阳光电源光伏逆变器出货量跻身全球前五。2012年，该公司在嘉峪关设立嘉合新能源发电有限公司，嘉峪关市政府从2012年开始每年为公司配置逾200兆瓦的光伏发电资源。此外，该公司在酒泉市投资17.5亿元，建设年产1000兆瓦光伏逆变器及风电变流器制造项目和100兆瓦太阳能电站建设项目。

【支柱产业企业】

格力电器（合肥）有限公司

格力电器（合肥）有限公司成立于2006年10月18日，地处合肥市高新区柏堰科技园，是珠海格力电器股份有限公司独资兴建的子公司。该公司投资建设的合肥格力空调及配套项目，投资总额逾50亿元，总占地面积逾173.33公顷。是年，公司有员工逾1.3万人，公司空调产量达981.49万套，同比增长38.21%，成为全球第三大家用空调生产厂家。是年，总投资16.8亿元的商用空调项目，仅仅用4个月的时间就完成了全部厂房的建设，并于5月28日率先投入试生产；总投资7.7亿元建设的家用二期项目也于2011年10月份也投入试生产。2011年8月8日，合肥第一台大型水冷螺杆机成功下线，这标志着第一台“合肥造”的中央空调正式诞生。2012年，格力电器（合肥）有限公司生产空调1065.9万台/套，实现产值256.9亿元，同比分别增长6.6%、1.0%。

合肥荣事达三洋电器股份有限公司

合肥荣事达三洋电器股份有限公司（以下简称“合肥三洋公司”）是由原荣事达集团公司和日本三洋电机株式会社等共同投资成立的中日合资企业，坐落于合肥高新技术产业开发区，1994年11月正式投产，2004年7月该公司发行的A股在上海证券交易所正式上市（股票代码：600983）。该公司主要生产洗衣机、微波炉及核心部件等产品，洗衣机、微波炉市场占有率双双位居同行业第三位，属于中国家电行业第一阵营。该公司先后被评为“全国优秀外商投资企业”、“中国最具创新力企业”。

合肥三洋公司通过变革创新，自2008年初提出“3351”发展战略以来，年平均增长率逾70%。2011年，合肥三洋公司正式推出公司自主高端品牌——DIQUA帝度，标志着公司由规模增长向品牌运营的国际化进程发展。2012年完成产值108.42亿元，同比增长31.3%。

安徽江淮汽车集团有限公司

截至2010年12月底，安徽江淮汽车集团有限公司（以下简称集团公司）拥有总资产228.5亿元，拥有净资产74.9亿元，汽车年综合生产能力60万辆，拥有员工逾2.6万人。该集团公司拥有江淮汽车、安凯客车两家上市公司和江淮专用车公司等十五家全资、控股子公司，主导产品有轿车、SUV、MPV、0.5～50吨系列载货汽车、5～18米客车、6～12米客车专用底盘、叉车、自动化装备及发动机、变速器、车桥等核心零部件。2012年，该集团公司完成产值447.7亿元，生产汽车47.3万辆。

安徽合力股份有限公司

始建于1958年，1993年进行股份制改造，1996年在上海证券交易所挂牌上市，股票简称“安徽合力”，股票代码“600761”。公司主营业务为工业车辆、工程机械与关键零部件，注册资本4.28亿元。2012年

2月22日，荣事达三洋年产400万台冰箱项目一期投产暨二期开工典礼在高新区举行

形成以安徽合肥合力工业园总部为中心，宝鸡合力叉车厂、衡阳合力工业车辆有限公司两个整机厂为两翼，合肥铸造工厂、安庆车桥厂、蚌埠液力机械厂三个部件厂及配套产业园为支撑的百亿产业平台。主导产品是“合力、HELI”牌系列叉车，在线生产的1700多种型号、512类产品全部具有自主知识产权，产品的综合性能处于国内领先、国际先进水平，产品销往世界130个国家和地区，其中欧美发达国家或地区占公司出口量的60%。“HELI”品牌先后获 “中国叉车第一品牌”、“中国叉车行业最具影响力品牌”及国家商务部“重点培育和发展的出口名牌”、“中国驰名商标”等称号。截至2011年末，企业资产总额45亿元，2011年实现合并营业收入63亿元，实现汇总营业收入逾百亿元。2012年，实现产值37.8亿元。

【传统产业企业】

安徽皖维集团有限责任公司

安徽皖维集团有限责任公司前身是安徽省维尼纶厂，系安徽省重要的化工、化纤、新材料联合制造企业，始建于1969年，为国家“四五”期间投资建设的重点项目。2002年改制为安徽皖维集团有限责任公司，公司下辖安徽皖维高新材料股份有限公司等5家子公司。其中安徽皖维高新材料股份有限公司于1997年5月在上海证券交易所上市（股票名称为皖维高新，代码为“600063”）。集团公司总资产近60亿元，公司主导产品聚乙烯醇（PVA），具有年产25万吨PVA、4万吨高强高模PVA纤维、300万吨水泥熟料、6万吨差别化聚酯切片、2万吨可再分散性胶粉、5万吨醋酐、1.5万吨聚醋酸乙烯乳胶（白乳胶）、20万立方加气混凝土砌块、4.5亿千瓦时余热发电的产能。2012年实现产值22.7亿元。

安徽省庐江龙桥矿业有限公司

安徽省庐江龙桥矿业有限公司，是以开采、加工、销售铁矿产品为主的股份制企业，是安徽省矿业行业第一家通过挂牌竞标取得采矿权和招商引资建立的企业。该公司于2001年12月注册，注册资金为8400万元，2002年12月开工建设，2005年底试产，2006年正式投产。2012年，该公司拥有资产总额10.10亿元、员工642人，主要产品为品位均逾65%的铁精矿、45%的硫精矿、18%的铜精矿，所生产的铁精矿供应马鞍山钢铁股份有限公司、武汉钢铁公司等国内6个大型钢铁企业，生产规模为年处理原矿100万吨，当年实现产值6.5亿元。

（徐朝霞、彭雨森、余金凤供稿）

获2012年安徽名牌称号企业名单

一、2012年安徽名牌产品及生产企业名单

（排名不分先后）

序号	企业名称	产品名称
1	上海海虹实业（集团）巢湖今辰药业有限公司	今辰牌速效心痛滴丸
2	安徽皖维高新材料股份有限公司	WANWEI 牌水泥
3	合肥泰禾光电科技股份有限公司	S.PRECISION 牌CCD色选机
4	中材安徽水泥有限公司	中材牌水泥
5	波顿（合肥）传动有限公司	牌模块化齿轮箱
6	安徽温佳工贸有限公司	温佳牌梳棉胎
7	安徽江淮银联重型工程机械有限公司	JAC牌内燃平衡重式叉车
8	合肥中通防水工程有限公司	丁通 dingtong 牌建筑防水卷材
9	合肥华威药业有限责任公司	华威 牌克痒舒洗液

接上表

序号	企业名称	产品名称
10	合肥市春华起重机械有限公司	CHUNHUA 牌单梁起重机
11	合肥美桥汽车传动及底盘系统有限公司	合桥牌HF15015系列后驱动桥总成
12	安徽省勇锋化工有限责任公司	PowCarbon牌包覆型超水分散性炭黑
13	合肥菱湖家具有限公司	菱湖 牌酒店客房家具
14	合肥荣事达电子电器有限公司	Royalstar牌坐便器用智能洁身器
15	安徽朗凯奇建材有限公司	LENCAQI朗凯奇牌柔韧性丙烯酸改性防水涂料
16	合肥晨阳橡塑有限公司	MINGXUN牌汽车密封条
17	安徽省瑶海家具制造有限公司	YAHA瑶海 牌沙发
18	安徽新中远化工科技有限公司	中嘉嘉远牌磷酸一铵（粉状）
19	巢湖大国地板有限公司	大國地板 -Great mainland- 牌浸渍纸层压木质地板
20	安徽众邦生物工程有限公司	牌苏云金杆菌可湿性粉剂
21	合肥亿利汽车零部件有限公司	YILIWANGDEFU 亿利 牌28100-Y3070滤清器
22	合肥中南光电有限公司	ChinaLand 牌太阳能电池组件
23	安徽好波国际内衣有限公司	好波 牌内衣

二、2012年服务业安徽名牌及企业名单

序号	单位名称	服务项目
1	安徽省产品质量监督检验研究院	检验检测
2	合肥通用机电产品检测院	GMPI 牌检验检测

截至2012年底，合肥市已累计拥有222个安徽名牌产品（含服务业安徽名牌），107个有效期内的合肥名牌，创牌和创奖数量均居全省第一并遥遥领先省内其他地市。

2012年合肥名牌产品及其生产企业名单

2012年合肥服务名牌企业名单

（排名不分先后）

序号	企业名称	服务类别	商标（标识）
1	安徽百大中央购物中心有限公司	商业零售	S
2	安徽省中国旅行社有限责任公司	旅游	中旅
3	安徽康辉国际旅行社有限责任公司	旅游	康辉

2012年合肥名牌产品及其生产企业名单

序号	企业名称	产品名称	注册商标
1	安徽富煌钢构股份有限公司	铝合金节能门窗	富煌
2	巢湖威力水泥粉磨有限公司	水泥	玉巢 YUCHAO
3	安徽华星智能停车设备有限公司	升降横移类停车设备	华星智能
4	安徽省锦翔塑编包装实业有限公司	塑编袋（水泥包装袋）	
5	安徽环瑞电热器材有限公司	自限温伴热带	鸠兹
6	合肥东华建材有限责任公司	普通硅酸盐水泥	磐基水泥 PANJICEMENT
7	合肥精都机电仪表有限公司	过滤器	精都仪表
8	合肥长城制冷科技有限公司	冰箱蒸发器	GWR
9	合肥中达机械制造有限公司	液压破碎锤	大河 DAHE
10	合肥恒大江海泵业股份有限公司	潜水电泵	恒大江海
11	安徽同兴科技发展有限责任公司	电脑雕刻机	SUDA 速达
12	安徽新视野门窗幕墙工程有限公司	建筑外窗	新视野
13	安徽迪维乐普非晶器材有限公司	超微晶铁芯	迪维乐普
14	安徽砥钻砂轮有限公司	Φ100-610mm树脂砂轮	砥钻
15	安徽省广通汽车制造有限公司	客车	
16	安徽国风塑业股份有限公司	包装薄膜（双向拉伸聚酯薄膜）	国风
17	安徽皖仪科技股份有限公司	真空箱检漏回收系统	皖仪
18	合肥日上电器有限公司	水位传感器	bertie
19	合肥乐凯科技产业有限公司	光学聚酯薄膜	
20	安徽龙之杰家俱制造有限责任公司	钢制文件柜	龙之杰
21	合肥中宝机械制造有限公司	施工升降机	
22	安徽天虹数码技术有限公司	高标清视频服务器	TELEHOME天虹
23	安徽省通达包装材料有限公司	包装用塑料膜	鑫通达
24	安徽省汉帮家具制造有限公司	办公家具	HANBANG

信 息 业

信息化推进

2012年， 市国资委推动信息化建设：制定《合肥市政府部门电子政务工作评议细则》并组织实施；科学编制2012年度合肥市信息化建设项目年度计划，按计划启动12个项目建设，总投资额7.3196亿元；完善全市统一政务信息处理平台四级应用体系，用户达7566人；推进全市人口和空间地理信息整合示范、数字化城市、视频监控系统、智能交通、国家数字城市地理空间框架建设试点市、企业基础信息交换平台、“12345政府服务直通车”等重大信息化项目建设；按期完成合肥市及各县（市）、区政府机关软件正版化工作，推动网上采购、数字化医院、网上图书馆等信息惠民工作初见成效。

中国·合肥”门户网站第6次获安徽省颁发的优秀政府网站称号，并在“2012年中国政府网站绩效评估”中名列省会城市第9名。

（市国资委办公室）

信息化产业

【信息化基础设施】 2012年，电信、移动、联通先后启动“无线城市”、“平安乡镇、和谐乡镇”、社区信息化、新农村信息化、企业生产经营信息化、服务传统产业的信息化改造、中小企业公共服务平台等工程项目建设。截至年底，投资总额达43.73亿元。其中，电信投资14.74亿元、移动投资23.6亿元、联通投资5.39亿元。

截至年底，全市建成当地光缆纤芯长度达315.7万芯公里，建成3G基站8128座；拥有电话用户数77.4万户，拥有移动用户数117.8万户，拥有互联网用户数89.87万户；实现互联网出口480G，实现家庭宽带逾20M（兆）；实现光纤覆盖所有行政村，农村和集镇具备逾8M接入能力，居全国领先地位；实现3G信号覆盖城乡100%，实现WIFI热点覆盖23万个公共区域和家庭；实现广播和电视人口综合覆盖率分别达98.3%和98.7%，数字有线电视用户达60万户，IPTV用户逾10万户。

【信息化平台建设】 2012年，合肥电信分公司在滨湖区投资近亿元，建成滨湖区核心通信节点，为工商银行等12家金融机构提供包括语音、互联网、数据专线、呼叫中心、移动业务等综合信息化服务；为人保、国元农险、平安保险等多家保险公司提供移动查勘服务；为华安证券、申银万国证券、华泰证券、中投证券等多家券商提供手机证券服务；为上海浦东发展银行、建行总行提供异地灾备业务（浦东发展银行全行40%的生产系统，100%备份系统当年全部落实合肥并平稳运行）。此外，电信、移动、联通三家电信运营企业合力为落户合肥的艺龙、大智慧、北京恩源、芒果网、阳光雨露、讯鸟、杭州控源、香港派蒙集团等大型呼叫中心，提供呼叫中心系统、语音通信、400码号、坐席、宽带等全面通信解决方案和优质服务，助推合肥市打造“中国呼叫中心之都”，同时也直接拉动上万个就业岗位；并出口加工区创建“智慧园区”提供服务，完成园区基础信息化设施、安防系统、信息发布系统、“云数据”数据等项目建设。

【农村信息化工程】 2012年，合肥市实施“信息下乡”等工程，完成市区自然村宽带全覆盖工作，并完成肥东、肥西和长丰三县行政村宽带和光纤全覆盖工作，另实现肥东、肥西和长丰三县行政村、农村学校IPTV服务全覆盖，初步形成广电网、电信网、互联网“三网融合”；还指导合肥电信分公司采取自建、与政府共建、与徽商农家福共建等形式，建成416个农村信息服务站点，实现乡镇信息服务站全覆盖。此外，引导电信运营企业开展“星火燎原”活动，当年完成总投资1.5亿元，新建电信

会议现场

移动基站135个，新建电信管道50公里，新建杆路300公里，敷设光缆900公里。

【信息化与工业化融合】
2012年，合肥市实施区域信息化与工业化融合计划，开发以创新设计、敏捷制造和协同管理为主要内容的数字化综合集成技术。是年，全市工业企业实现信息化率达56%，实现装备数字化率达16%，实现制造过程信息化应用率达11%，实现主导产业供应链信息化率达32%；两化融合综合指数居全国省会城市第十，中部地区第三（仅次于武汉、长沙）。

全市当年在企业信息化投入中的硬件和软件比例达6:4，有98%的企业建立了门户网站，有93%的企业建立了独立的信息部门，有37%企业的信息部门成为一级业务部门。全市市级以上示范企业中使用计算机辅助设计（CAD）、计算机辅助制造（CAM）、产品数据管理（PDM）技术的分别达49%、37.6%和23%，其中机械制造行业CAD应用率逾85%；有32%的企业在产品创新数字化应用达到精细级，信息化覆盖了从产品需求到概念设计、详细设计、产品仿真、样品试制、批量生产等过程；逾80%的企业应用了企业资源计划系统（ERP），逾65%的企业应用了自动化办公系统（OA），逾20%的企业应用了人力资源管理系统（HRM）。全市企业信息化覆盖了财务管理、营销管理、采购管理、成本控制管理等主要流程。

全市当年完成24个物联网产业项目的申报工作，在语音领域居全国领先地位，其市场占有率也位居前列。是年，全市通过计算机信息系统集成资质认证的企业达67家，其中获一级资质的企业有3家、二级资质的企业有9家，产业规模逾30亿元；通过信息系统工程监理资质认证的单位达6家，其中通过部级资质认证的单位有2家。全市拥有各类网站逾2万家，其中经营性网站逾300家。全市当年在电子商务、现代物流、金融保险、工业设计和管理咨询等现代服务业等方面提高了发展水平，并催生了在线检测、实时监控、远程诊断、在线维护、位置服务等新业态。

（徐朝霞、彭雨森、余金凤）

电　信

【概述】 2012年，合肥电信分公司不断深化企业转型和创新运营，全业务运营能力进一步提高。4G驶入快车道，LTE发展进入快速增长期。全年收入从1月1.65亿提升到12月1.92亿。全年增长率11.4%，其中原合肥地区12.9%（全省12.4%）。

【机构优化与资源调整】
优化组织架构：市公司部门由27个精简为23个；县公司只设4个四

级正部门。营销体系网格化：市区成立39个城市营业部，营维合一，装维随销占比全省第一。在清晰销售体系方面：明确16个二级销售单元和140个三级销售单元；集中管控按日通报、按周例会、按月清算。集约支撑管控：客调、客支一点支撑响应；实现工单集中受理、接入网数据集中制作、故障集中管控。优化人员结构：全口径用工较年初减少148人：前、后、管辅占比由53:40:7优化为58:36:6，其中管控人员占比3%，提前完成省公司3年目标。其中一线人员占前端全口径人员81%：200多名员工输送到前端一线销售服务岗位。岗位融合、人员复用：线路与设备维护岗位融合，动力/测量/跳纤人员合一：接入中心维护分部双技能、多技能人员分别占总人数的38%、24%。

【激励约束 成本管控】 合肥电信分公司实行管理队伍能上能下，调整三级经理63人次，其中管理实职下降6人，三级经理岗位轮换率56%；调整城市营业部主任6人次。同时激励和问责并行：阶段活动预配激励，论功行赏突出个人、团队，问责后进团队（扣绩效、诫勉谈话、辞职等）；总经理奖励基金重奖突出贡献团队和个人。城市营业部主任实行收入发展提成。其中移动、宽带、智能机、一体化发展量分别增长56%、24%、87%、75%。在网操维中心人员与人工成本双控方面：精简16人，其余员工月绩效增加约200元。 9所校园营业厅自建他营招标承包：面向社会能人、达人、内部员工。其中师范学院秋营智能机发展997部，同比增长15倍，承包人员收入提升5倍以上。与此同时，资源配置向县公司、一线岗位倾斜。营销资源配置到三级单元，按月抢盘；县公司人工成本增配系数最高上浮19%。10个面向客户的一线岗位，绩效上浮10%、20%，增配人工成本约200万元。

【升位并网、十八大保障】 合肥电信分公司有效应对道改挑战，接入网故障历时达标。移动网全年断站率、掉话率、1X资源利用率、EVDO连接成功率好于全省平均；无线网络攻坚，周投诉量下降110%。WIFI设备可用率98.6%，同比提升2.3%，关联成功率位居全省前列。其中91家省管客户机房按季走访和巡检，完成24家省管客户中心节点倒换演练，实现省管中心机房电路物理双路由接入。 企业信息、业务管理工作全省纵向考评靠前；开发通报激励系统、客户资料自动划配系统。圆满完成CRM2.2、云平台试点，计费2.8系统上线。圆满完成十八大通信保障。

【精神文明建设】 合肥电信分公司学习、宣贯十八大精神，开展党员承诺制、先锋工程。扎实推进“基层组织建设年”活动。彩信签到、短信小时报、彩信日报提升销售氛围；评选忠诚奉献奖、营销状元、支撑能手等；宣传推广典型。关键岗位风险防控；参与招标监督、合同会签。企务公开延伸到部门和班组，征集合理化建议。以赛代训，“天翼争先”系列劳赛，岗位练兵、技术比武等提升技能。“六好”创建效果得到省公司认可；改造、优化12个部门办公环境。荣获2012年度全省创新组织的奖项主要有：“智慧百大”项目荣获创新成果一等奖，4个项目荣获三等奖、优秀奖；全省营销策划大赛、信息化应用拓展大赛、客户投诉处理技能大赛团体一等奖；集团智慧城市推进工作优秀单位（中部地区仅合肥）、集团首批智慧城市标杆城市；合肥本地电话网升8位工作先进单位、先进集体；顺利通过“全国文明单位”复查；安徽省创建文明行业工作先进单位；合肥市厂务公开民主管理工作先进单位；杨庙营业部：安徽电信十佳农村营业部；李茜等7名员工在国资委、集团系列赛事中荣获金奖等奖项；王伟等7名员工荣获安徽电信营销状元、服务明星、技术支撑能手称号。

无线电管理

【概况】 安徽省无线电管理委员会办公室合肥管理处（以下简称“合肥无线电管理处”）优化设台审批程序，办理申请无线电通信组网单位22个，新增无线电台（站）1898个。其中新增公众移动通信基站1389个，校园调频广播1个，超短波固定电台14个，超短波移动电台153个，业余电台130个。全年办理无线电电台执照2354个，报封无线电台设备211个，无线电频率占用费收缴做到应收尽收，全额完成本年度收费任务。截至年底，全市已有公众移动通信基站、广播电视发射台、集群通信、数传通信、航空电台、地球卫星站、微波站、超短波电台等各类无线电台站约14000个，全市公众移动电话用户600多万户。

【无线电台站核查】 合肥无线电管理处联合民航安徽空管分局、市公安局、市广播电视局成立合肥市无线电台站核查工作领导小组，召开全市无线电台站核查工作会议，对全市50多个重点设台单位300多台无线电设备进行现场核查，对超短波特别是87-108M调频广播频段和108－137M民航业务频段内的无线电信号进行全面监测，核查工作历时四个多月，无线电台站数据库的必填项和准确率都分别达到100%。

【重要频段信号电磁环境监测】 4月1日至10月31日，合肥无线电管理处对合肥地区12个监测点，21个业务频段实施监测，编制了详实的图文并茂的资料，为合肥重点区域无线电信号情况提供重要的参考依据。在监听监测过程中，首次在肥西县发现一非法电视台，在公安等相关部门配合下，依法查处，予以取缔，安徽电视台“第一时间”栏目、合肥电视台进行跟踪报道。

【无线电监测】 合肥无线电管理处依靠“四站一车”（四个固定监测站和一个移动监测车）监测系统和先进的无线电设备，成功解决多起严重的无线电干扰事件。全年无线电监测时间4080小时，其中遥控站3440小时，移动监测640小时。成功排查3起合肥骆岗机场民航通信频率干扰、2起合肥联通公司与合肥电信公司的公众移动通信基站的干扰，1起巢湖有线电视台MMDS无线数字电视的干扰，1起合肥供电公司电力负荷控制数传电台的干扰以及3起无线对讲机干扰问题。并开展公众移动基站检测工作，共检测基站255台，合格率达98.4%。

【无线电安全保障】 根据市人事考试院，市教育考试院，市公务员局及省经信委无线电管理处要求，对研究生考试，一、二级建造师考试、高考、中考、公务员招录笔试和面试，国家司法考试，注册会计师，会计专业技术资格考试，执业药师，医师，造价工程师资格考试等各类考试，进行安全保障。出动专业人员和监测车辆百余人次，分别在200MHz频段、400MHz频段，发现多起无线电作弊信号，现场收缴作弊工具，抓获作弊人员多名。并启用压制设备，阻断10多起作弊信号。

【无线电管理宣传】 《安徽省无线电管理条例》于2012年12月1日起正式颁布施行，在全省条例宣传贯彻活动启动仪式，合肥管理处发放宣传资料300份，制作展板19块，在合肥晚报全文刊登《安徽省无线电管理条例》。并将《安徽省无线电管理条例》、《无线电管理漫画》寄发全市300多个设台单位，100多名业余无线电工作者。合肥无线电管理处全年编制信息十几条及时上报，编制无线电管理简报四期，制作专题电视广告片，还利用短信、本处网站宣传，让无线电法规深入千家万户。

（安徽省无线电管理委员会办公室合肥管理处）

合肥市滨湖医院休闲长廊

建筑与房地产业

建筑业管理

【概况】 2012年新开工项目总计2333个，总建筑面积3445万平方米，工程总造价580亿元，在建工程数量8000多个，建筑面积接近1亿平方米。全市完成建筑业总产值2443.8亿元，同比增长23.8%；实现增加值538.1亿元，占全市GDP的13.1%；缴纳地税40.61亿元，占全市地税入库收入的14.3%。建筑业在全省的首位度保持50%以上，在中部6个省会城市中位居第三，仅次于武汉，长沙，在全国26个省会城市中位居第九名。

【建筑企业发展】 合肥市拥有一级、特级建筑业企业达到165家，占全省一级总数的70%，监理综合资质、甲级资质企业总数达到28家，占全省甲级总数的50%。全市有8家企业入选2011年中国建筑业企业双百强，有4家幕墙企业获得中国幕墙50强，有5家企业获2012年度全国建筑业AAA级信用企业。有2家企业建筑业总产值超过100亿元，6家企业建筑业总产值超过50亿元，53家企业建筑业总产值超过10亿元。基本实现“建筑强市”发展目标。全市建筑业企业遍布全国30个省、市、自治区的197个市（县），并进入俄罗斯、以色列、韩国等30多个国家和地区的市场，共完成施工产值达576亿元，占全市当年建筑业总产值的25%。在西安和兰州成功举办建筑业战略合作推介会，新成立驻兰州、成都两个办事处。

【工程质量监督】 合肥市建筑质量安全监督站直接监督住宅项目4190项，面积6399.1万平方米，其中新增项目733个，面积1188万平方米；竣工项目807个，面积992.3万平方米。共监督市政项目98个，造价38.5亿元，其中竣工项目33个，造价15.1亿元。开展保障房质量监督，直接监督保障房单体工程159个，建筑面积216.14万平方米，竣工面积159.87万平方米。对工程实施差别化监管，严格执行分户验收制度，住宅工程分户验收执行率达100%，竣工一次验收合格率100%。全年共受理住宅质量投诉590件，办结504件，办结率85%。

【安全生产管理】 合肥市建筑质量安全监督站共监督大型机械设备2039台，其中塔吊1012台，施工升降机1003台，爬架24台；监督深基坑38个，高支模32个，全年未发生重大生产安全事故。新开工工程监督告知率100%，施工企业安全生产许可证取得率100%。开展2次建筑起重机械安全大检查，共检查设备798台，暂停使用64台，责令拆除9台，通报处理企业15家。按照施工节点开展阶段性安全风险评估，消除重大安全隐患274个。加大对企业工作人员的资格管理，企业安全管理人员以及特种作业人员持证上岗率100%。编制印发《建筑工地安全质量标准化指导图册》和《市政工程安全质量标准化图册》600册。开展2次安全互助教育培训，培训规模达到1700人次，共组织质量安全大检查4次，通报处理责任单位94家、责任人77人。全市监督项目创市级示范工地257个，面积1413.4万平方米，创省级示范工地134个，面积919.51万平方米。

【节能监管与文明创建】 按照“宣传告知、样板引路、进场检测、过程巡查、专项验收”的建筑节能监管方针，严格执行建筑节能设计标准执行率100%，节能工程施工执行率100%的“双百目标”，所监督项目创国家级“鲁班奖”1项，省级“黄山杯”30余项。市建筑质量安全监督站召开全市建筑工地文明施工创建专项工作会议2次，开展文明创建专项巡查8次，工地扬尘有效控制率达到95%。组织开展2期岗位培训，市区、四县一市及开发区、工业园区参学人数达到1400人次。

【行政执法与监督】 合肥市公用事业建设监察大队全年共巡查督查工程项目169个（市政项目5个，房建项目164个），检查面积达318.7万平方米，项目合同价款达45.15亿元；巡查中涉及各类建设企业507家和项目相关责任人员845个；下发限期整改通知书52份。受理存在违法行为的项目61起，其中经督促整改纠正的37起、信访处理6起、实施行政处罚18起，对20个法人单位和16个人进行了行政处罚，暂扣证件12件，计不良行为记录16起；上缴财政罚没款206万元。在开展建筑市场执法监察工作的同时，处理涉及水、气、热等公用事业基础设施运营的监察案件95起，为公用事业挽回经济损失130.9万元。全年开展施工许可管理、2012年度“禁实禁粘”、外地进合肥建设企业、使用预拌砂浆使用情况、消火栓安全运营情况、全市城市道路建设公用事业管网交底情况、重点工程、建筑节能、施工图审查机构等9项专项执法监督检查。完成华侨广场（银泰百货）、安徽省肿瘤医院康复中心楼一期工程、天炫医疗设备技术楼工程、省文化厅兰亭公寓及合心城商业北区6个工程项目的服务协调工作。

建筑节能减排

【概况】 合肥市出台《关于加强保障性住房太阳能建筑一体化应用管理工作的通知》，要求新建保障房项目必须统一安装太阳能热水系统，与建筑主体同步设计、同步施工、同步验收。市城乡建委编制完成《合肥市太阳能利用与建筑一体化技术实施细则》、《合肥市地源热泵系统工程技术规范实施细则》、《合肥太阳能光热建筑一体化设计标准图集》。开展新建民用建筑规划设计方案建筑节能专项审查工作，并将建筑节能强制性标准和合肥市建筑节能相关政策规定纳入规划设计条件，实行并联审批，共审批项目29个，面积411万平方米。提出绿色建筑星级要求项目10个，面积253万平方米。完成可再生能源建筑应用示范项目建设85个、面积895万平方米。城区8座污水处理厂共处理污水3.02亿吨，削减COD6.32万吨，削减NH3—N0.72万吨，削减TP0.13万吨。水泥散装率79.23%，高于市下达指标9.23个百分点；新型墙材应用率95%以上；实现城市节水1211万立方米。

【新建建筑节能管理】 《合肥市促进建筑节能发展若干规定》于2012年2月1日起实施。印发《关于加强保障性住房太阳能建筑一体化应用管理工作的通知》、《关于加强新建民用建筑设计方案节能管理工作的通知》。全年新建节能建筑2276平方米，50%设计标准执行率100%；施工图审查合格率99.5%，施工执行率100%，施工合格率98%。新建建筑节能管理在2012年度建设领域节能减排专项监督检查中被住房和城乡建设部通报表扬。

【可再生能源建筑应用】 合肥市完成示范项目建设85个，面积895万平方米，是国家下达示范城市建设任务的1.2倍，形成具有合肥特色的从示范项目引导向集中化、规模化推广的可再生能源建筑应用发展模式。截止到当年底，全市可再生能源建筑应用项目达199个，建筑面积达到2014万平方米。

【绿色建筑项目建设】 滨湖新区成为合肥市绿色建筑集中示范区，并被批准为“安徽省绿色生态城区示范项目”，中国建设银行合肥生产基地等8个项目被批准为“安徽省绿色建筑示范项目”，获省财政奖补资金570万元。通过土地出让和规划前置条件确认并实施了旭辉御府、滨湖名邸等星级绿色建筑居住项目6个、286.6万平方米，以及中国银行办公楼、智慧广场等星级绿色建筑公建项目4个、60.9万平方米，绿色建筑由项目试点向区域性示范拓展。

【新技术应用示范工程】 全年22个项目申报市级新技术应用示范工程，16个项目申报省级新技术应用示范工程，14个项目通过市级和省级验收，4项“施工工法”的关键技术通过鉴定。

【勘察设计管理】 合肥市城乡建委印发《关于加强工程勘察质量管理的规定》（试行）。结合“双示范”工作的开展，开展图纸调审工作，全年共组织调审99个项目的施工图设计文件，总建筑面积约192.5万平方米，并对设计文件中存在违反工程建设强制性标准要求的6家设计单位及1家审图机构责令整改，并依法进行了处罚。开展全市工程勘察设计单位资质动态核查及11家施工图审查机构的专项检查工作。

【住宅产业化】 组织市直相关部门与长沙远大住工进行对接，解决项目实施过程中的相关消防、技术细节和造价问题，并组织专家对长沙远大住工编制的《装配整体式混凝土结构技术规程》进行评审，确保住宅产业化试点项目顺利实施。主动与省住建厅相关处室对接，牵头并协调省地方标准《装配整体式混凝土剪力墙结构技术规程》的编制。

【建筑抗震工作】 配合完成4所公办学校校舍的拆除重建及9所民办学校抗震鉴定工作。组织相关专家对全市民办学校进行抗震鉴定，并对符合抗震要求的抗震鉴定报告进行评估验收，合计单体132个，面积26.4万平方米。深入庐江县万山镇开展农村抗震宣传和技术指导活动。

（宣秋华）

住宅与房地产管理

【概况】 合肥市房地产管理局围绕市委、市政府提出的“新跨越、进十强”工作目标和“讲大局、强责任、提能力、抓落实”的工作要求，打造“效率房产、法制房产、和谐房产、靓丽房产、阳光房产、创新型房产”，规范房地产市场秩序，优化服务流程，完善管理制度，推进管理型政府向服务型政府转变，推进房屋登记提速、扩大住房保障范围、物业宜居宜业、试点住宅产业化等重点工作，促进房地产各项事业平稳发展。全市商品房批准预售面积为959.7万平方米；完成房地产登记15.14万件；完成房地产交易（办证）金额577.39亿元，其中商品房467.05元，存量房110.35亿元；完成房地产抵押登记6.89万件，房屋抵押金额632.38亿元。

【房屋权属登记】 贯彻落实国家宏观调控政策，严格落实住房限购政策，及时报经市政府批准，延期执行2011年开始的住房限购政策，累计住房限购查询84947件，其中，2012年查询51194件，引导市民住房理性消费，遏制住房价格过快上涨，市区商品住宅销售均价为6205.63元/平方米，同比增长4.63%，远低于GDP和国民可支配收入增幅（GDP和城镇居民人均可支配收入同比增长约14%），实现房地产市场年度调控目标。针对房地产成交低迷等情况，提出提高公积金贷款额度、改革土地价款支付方式等措施，保护刚性住房合理需求，促进房地产市场的平稳发展，截止到当年底，销售面积连续10个月超过100万平方米，达到房地产市场“量增价稳”调控目的。为规范市场行为，减轻企业负担，化解交易风险，保障交易双方当事人合法权益，印发《商品房现房销售管理暂行规定》。贯彻执行《房屋登记办法》和房屋登记技术规程，规范房屋登记收件，严格执行三级审批制度，完善首问责任制，防范登记风险。建立健全房屋登记工作例会制度，将范围由局属一处四中心扩展到市辖各县（市），解决房屋登记工作中遇到共性和难点问题。加强房屋登记官制度建设，发文要求市属各县（市）高度重视，强化培训，组织一处四中心参加全国登记官考核，全年通过率达到62%以上，居全省第一。落实好“不能办”登记报告、“限时办结”等制度，累计办结“不能办”5856件；细化登记业务收取要件，严格执行“限时办结”，确保所有登记业务7个工作日内办结，标准化收件1日办结率达到70%以上，3日办结率达到100%。加强对存量房交易的资金监管，对原有的存量房托管资金软件进行修改，对存量房资金托管程序和收取要件进行优化和调整。

【市场管理】 加强房地产领域的协税护税工作，及时向财政部门提供房地产税源信息，帮助财政部门掌握房地产项目的进展和实施情况；配合市财政局、市国土局做好“两税”（耕地占用契税）移交工作，与税务部门加强沟通，并发文做好“两税”移交过程中“家庭唯一住房查询”的接管工作，方便纳税群众；对一处四中心（既局属房地产产权监理处和庐阳、瑶海、蜀山、包河四个房屋交易办证中心）进行定期督查，防止少报、漏报有关房地产税收的行为；按时参加市财税联席会议，配合财税部门对全市财税收入进行定期分析、征管。全市累计完成房地产业地方性税收（不含建筑业）114.3亿元，同比增长5.45%，占2012年全市财政收入的16.46%，占地方财政收入的29.34%。

更替新老房地产管理信息系统，更新权属登记子系统、存量房网上备案子系统、从业主体管理子系统、项目管理子系统、信息统计发布子系统、测绘及成果管理子系统、商品房联机备案子系统，实现联机稳定运行和历史数据安全迁移，完成合肥市个人住户信息联网；局属档案馆努力适应房地产市场发展，加快权属档案扫描进程，发挥数字档案作用，对档案查询人员进行专门培训，做好司法取证和限购查询工作；行政审批窗口加快信息化建设步伐，实现与省厅网上审批系统的对接工作，率先在全省实施房地产开发企业资质网上审批工作，履行“一网审批、一网转报、一网查询”模式，先后被《安徽日报》、《江淮传真》、新浪网等媒体报道。房屋租赁实行属地管理，房屋租赁备案由瑶海（负责瑶海、新站）、庐阳、包河、蜀山（负责蜀山、高新）、经开区五个区组织管理，共办理房屋租赁登记备案5102件，建筑面积240万平方米，收取租赁手续费162万元；探索存量房交易网上备案工作，推进网上交易试点；做好全市房地产经纪人考试和培训工作，参加培训人员465人，报考1863人；做好全市土地收储评估备案和探索房屋征收补偿评估管理工作，完成市工投合肥化工总厂11228.3平方米、1060.87万元备案工作。

【房屋登记官持证上岗】 房

屋登记官是房屋登记工作步入标准化、规范化、专业化执业的标志。组织房屋登记人员参加全国统一考核，36人通过考核并获得登记官证书，至此共有86名房屋登记官持证上岗。按上级要求，安排有《房屋登记官考核合格证书》的工作人员在审核、登簿、质量管理等重要岗位，确保房屋登记质量。全年共完成各类房屋登记逾15万件，未发生一起投诉。

【房地产开发】 全市共成交经营性用地134宗，面积864.9公顷，均价237.万元/亩，总价307.48亿元。其中，市区成交经营性用地83宗，面积708公顷（同比增长174.41%），均价251.8万元/亩，总价267.56亿元（同比增长104.13%），总成交面积及金额较上年同期增长一倍以上，从全市成交的经营性用地规划用途分析看，商办类用地占比例最高（35%），商住和居住类用地共计占58%。全年商品房新开工1488.75万平方米，竣工921.04万平方米，房地产开发总投资913.8亿元，其中住宅投资578.5亿元；商品房和商品住宅销售面积分别为1371.06万平方米和1173.27万平方米（117954套），其中，市区商品住宅销售956.72万平方米（97004套）。全市登记成交二手房总面积267.6万平方米，其中住宅213.5万平方米（共计24931套）。开发企业在投入房地产开发的资金中，国内贷款占11.27%，利用外资占0.52%，自筹资金占28.29%，收取的定金、预付款和个人按揭款占59.92%。房地产开发企业的商品住宅项目新开工面积894.34万平方米（占66.12%），办公楼项目新开工面积103.94万平方米（占7.68%），商业用房项目新开工面积183.28万平方米（占13.55%）。

年度市区销售备案的商品住宅户均建筑面积98.63平方米，首次置业的小户型和改善型购买的三室户型是热销户型。按成交套数计算，单套建筑面积在144平方米以下的普通商品住宅占总套数的94.63%。市区销售备案商品住宅中，按成交套数计算，销售单价在5000元/平方米以下的占成交总套数的18.88%，5000-6000元/平方米占总套数的29.33%，6000-8000元/平方米占总套数的45.50%，8000元/平方米以上的占总套数的6.29%；市场热销价位段是5000-8000元/平方米。在市区销售备案的商品住房中，根据购房人的户籍地划分，合肥市居民（含所辖四县一市）购买的商品住房套数占总比为66.85%，安徽省其他城市居民购买的占总比为27.88%，外省、国外居民和部队官兵购买的占总比为5.26%；本市居民是市场购买主体，本省其他城市居民对市商品住房的认可程度较高，外省居民购房较少。

2012合肥市房地产估价机构资格等级一览表

机　构　名　称	资格等级证号	机　构　名　称	资格等级证号
安徽中信房地产评估有限公司	一级（2007）062	安徽金瑞安房地产估价有限公司	三级 GA083006
安徽中安房地产咨询有限公司	一级（2007）030	安徽国信房地产评估有限公司	三级 GA083001
安徽建地房地产土地估价有限公司	二级 GA092003	合肥康嘉房地产评估咨询有限公司	三级 GA063006
安徽中建世纪兴房地产评估有限公司	二级 GA082001	安徽财苑房地产估价事务所有限公司	三级 GA083004
安徽华兴房地产土地评估有限责任公司	二级 GA092001	合肥新天地房地产评估咨询事务所	三级 GA063003
合肥开诚房地产评估咨询有限公司	二级 GA082002	合肥申房房地产估价有限公司	三级 GA063005
安徽天源房地产评估有限公司	二级 GA070223	肥西县华宇房地产估价有限责任公司	三级 GA063001
安徽正诚房地产土地评估测绘有限公司	二级 GA072004	合肥金徽房地产估价有限公司	暂定级GA093001
安徽中正房地产评估有限公司	二级 GA072001	合肥市博盛房地产评估有限责任公司	暂定级GA083007
安徽建工房地产咨询评估有限公司	二级 GA062002	安徽洪伟房地产评估有限责任公司	暂定级GA073005
安徽正信房地产评估有限公司	二级 GA082001	安徽华安房地产评估有限公司	暂定级GA063004
合肥市房地产评估事务所有限公司	二级 GA072002	安徽安和房地产土地评估有限公司	暂定级GA093002
合肥建英房地产评估经纪有限公司	二级 GA092003	安徽华瑞房地产土地评估有限公司合肥分公司	一级分支机构建办许（2009）1
安徽国华房地产土地评估有限公司	二级 GA092002	上海八达国瑞房地产土地估价有限公司合肥分公司	一级分支机构建办许（2009）2
安徽新安房地产评估有限公司	二级 GA062001	江苏博文房地产土地造价咨询评估有限公司合肥分公司	一级分支机构建办许（2010）2
合肥诚嘉房地产评估咨询有限公司	三级 GA083002	北京宝孚房地产评估事所有限公司安徽分公司	一级分支机构皖建住房许（2009）3

2012年合肥市房地产经纪机构备案一览表

备案证书号	机 构 名 称	备案证书号	机 构 名 称
34010005	合肥金颢不动产经营有限公司		合肥市三和房产咨询服务有限公司双岗分公司
34010018	合肥市旺旺房地产营销有限公司		合肥市三和房产咨询服务有限公司贵池路分公司
34010037	合肥佳安投资咨询有限公司	34010025	合肥传奇房地产投资咨询有限公司
34010017	安徽恒大投资管理有限公司	34010025-03	合肥传奇房地产投资咨询有限公司贵池路分公司
34010021	合肥你我家房产营销有限公司	34010025-02	合肥传奇房地产投资咨询有限公司 临泉西路分公司
34010034	合肥百旺房地产营销代理有限公司	34010025-01	市传奇房地产投资咨询有限公司 蓝岸雅居小区分公司
34010095	安徽天源价格房地产土地评估经纪有限公司	34010027	合肥中易房地产投资咨询有限公司
34010035	安徽天地行地产顾问有限公司	34010040	合肥市美奥地产营销有限公司
34010008	合肥今胜投资咨询有限公司	34010042	合肥巨人不动产中介有限公司
34010022	合肥志成房产代理销售有限公司	34010038	合肥至诚至信不动产经营有限公司
34010010	合肥辰旺投资管理咨询服务有限公司	34010045	合肥满堂红房地产销售代理有限责任公司
34010031	合肥市好来屋房地产营销有限责任公司	34010045-01	合肥满堂红房地产销售代理有限责任公司 滨湖世纪城店
34010031-01	合肥市好来屋房地产营销有限责任公司 新加波花园城分公司	34010073	安徽新正齐不动产投资管理有限公司
34010001	合肥美方投资担保有限公司	34010073-01	安徽新正齐不动产投资管理有限公司太湖路店
34010007	合肥桂林不动产经营有限公司	34010043	合肥东明商贸有限公司
34010023	合肥共创地产代理销售有限公司	34010041	合肥筑地房地产经纪有限公司
34010014	合肥顺驰投资咨询有限公司	34010029	宁波市华星房产咨询有限公司合肥分公司
34010036	安徽省蓝馨物业管理有限责任公司	34010016	安徽协成营销管理顾问有限公司
34010024	浙江绿城房屋置换有限公司安徽分公司	34010011	合肥昌兴房地产代理服务有限公司
34010003-01	广州三景置业有限公司合肥分公司	34010015	合肥海鸿房地产投资咨询有限公司
34010009	安徽红土地投资顾问有限公司	34010019	合肥森旺房地产经纪有限公司
34010032	合肥良大房地产营销策划有限公司	34010089	安徽中皖辉达房产代理销售有限公司
34010006	合肥耀佳不动产经营有限公司	34010089-01	安徽中皖辉达房产代理销售有限公司 寿春路营业部
34010013	合肥明志房产代理销售有限公司	34010089-02	安徽中皖辉达房产代理销售有限公司 风和园营业部
34010004	合肥市聚合荣辉房产营销策划有限公司	34010089-03	安徽中皖辉达房产代理销售有限公司 马鞍山路营业部
34010033	安徽明大房地产营销策划有限公司	34010089-04	安徽中皖辉达房产代理销售有限公司 大通路营业部
34010002	合肥市三和房产咨询服务有限公司	34010089-05	安徽中皖辉达房产代理销售有限公司 翡翠路营业部
	合肥市三和房产咨询服务有限公司 亳州路分公司	34010089-06	安徽中皖辉达房产代理销售有限公司 北区营业部
	合肥市三和房产咨询服务有限公司 大西门分公司	34010089-07	安徽中皖辉达房产代理销售有限公司 临泉路营业部
	合肥市三和房产咨询服务有限公司 宿州路分公司	34010089-08	安徽中皖辉达房产代理销售有限公司 当涂路营业部
	合肥市三和房产咨询服务有限公司 琅琊山路分公司	34010089-09	安徽中皖辉达房产代理销售有限公司 长江东路营业部
	合肥市三和房产咨询服务有限公司 琥珀山庄分公司	34010089-10	安徽中皖辉达房产代理销售有限公司 曙光路营业部

接上表

备案证书号	机　构　名　称	备案证书号	机　构　名　称
34010089-11	安徽中皖辉达房产代理销售有限公司南七路营业二部	34010085	合肥卓恩房地产投资咨询有限公司
34010089-12	安徽中皖辉达房产代理销售有限公司通达路营业部	34010108	合肥市博众地产顾问有限公司
34010082	合肥正开营销代理有限公司	34010099	合肥和泰房地产营销有限公司
34010100	合肥和瑞金江房地产投资咨询有限公司	34010071	安徽省中奥博联房地产投资咨询有限公司
34010012	合肥悦家房地产投资管理有限公司	34010069	合肥红叶营销顾问有限公司
34010088	安徽汉联房地产营销策划有限公司	34010080	合肥市文振房地产销售代理有限公司
34010079	合肥徽原不动产营销策划有限公司	34010070	安徽映日房地产营销有限公司
34010063	合肥圆家不动产投资管理有限公司	34010103	合肥起点投资咨询有限公司
34010064	合肥零五五一房产网络营销有限公司	34010098	合肥奥域房地产投资咨询有限公司
34010064-01	合肥零五五一房产网络营销有限公司临泉路分公司	34010092	合肥日东房地产投资有限公司
34010064-02	合肥零五五一房产网络营销有限公司水阳江路分公司	34010122	合肥邻里不动产经营有限公司
34010064-03	合肥零五五一房产网络营销有限公司固镇路分公司	34010094	合肥诚嘉置业顾问有限公司
34010064-04	合肥零五五一房产网络营销有限公司香江分公司	34010102	合肥置融物业投资顾问有限公司
34010064-05	合肥零五五一房产网络营销有限公司蒙城路分公司	34010093	合肥华跃投资咨询有限公司
34010090	安徽信达房地产营销顾问有限公司	34010097	安徽华磊房地产顾问有限公司
34010049	合肥金达利房地产代理有限责任公司	34010112	合肥策智源房地产营销策划有限公司
34010049-01	合肥金达利房地产代理有限责任公司阿奎利亚分公司	34010091	合肥智联不动产评估咨询有限公司
34010096	合肥金玉堂房地产代理有限责任公司	34010101	安徽中泓不动产投资咨询有限公司
34010068	安徽无忧易贷房产投资咨询有限公司	34010107	安徽新新房地产咨询有限公司
34010087	合肥陆地不动产顾问有限公司	34010117	合肥市安驰置业营销策划有限公司
34010078	合肥蓝鼎房地产营销策划有限公司	34010119	安徽地博投资管理有限公司
34010084	合肥开启房地产投资咨询有限公司	34010105	上海房屋销售（集团）有限公司合肥分公司
34010059	安徽新和盛房地产策划有限公司	34010110	合肥铁建实业有限公司
34010076	合肥冉冉地产代理销售有限公司	34010113	合肥可力房地产营销策划有限责任公司
34010062	合肥博冠堂地产投资顾问有限责任公司	34010121	安徽红日置业投资管理有限公司
34010074	安徽浦发房地产代理销售有限公司	34010130	安徽大志投资理财有限公司
34010106	安徽合富辉煌房地产顾问有限公司	34010111	合肥日月同辉营销管理有限公司
34010075	合肥三固房地产顾问有限公司	34010116	安徽红房子地产营销策划有限公司合肥滨湖新区分公司
34010067	安徽省海洋房产代理销售有限公司	34010115	合肥恒家投资咨询有限公司
34010083	合肥新景阳房地产投资顾问有限公司	34010114	合肥庐鹏房地产投资咨询有限公司
34010086	安徽盛世建设项目管理有限公司	34010047	合肥美诚地产营销有限公司
34010077	合肥市皖兴房地产信息咨询有限公司	34010055	安徽省大众营销管理有限公司
34010120	合肥金星房地产经纪有限公司	34010056	安徽众邦房地产营销策划有限公司
34010104	安徽天德辉煌房地产营销有限公司	34010056-02	安徽众邦房地产营销策划有限公司亳州路分公司
34010081	合肥锦润不动产经营有限公司	34010056-01	安徽众邦房地产营销策划有限公司长江东路分公司

接上表

备案证书号	机构名称	备案证书号	机构名称
34010056-03	安徽众邦房地产营销策划有限公司金鸟花园分公司	34010066-01	合肥吉大房地产销售代理有限责任公司双岗店
34010056-04	安徽众邦房地产营销策划有限公司合作化路分公司	34010066-02	合肥吉大房地产销售代理有限责任公司新亚店
34010056-05	安徽众邦房地产营销策划有限公司濉溪路分公司	34010066-03	合肥吉大房地产销售代理有限责任公司翠微苑店
34010056-06	安徽众邦房地产营销策划有限公司方圆居分公司	34010066-04	合肥吉大房地产销售代理有限责任公司莲花路店
34010060	合肥中科房屋销售代理有限责任公司	34010066-05	合肥吉大房地产销售代理有限责任公司安居苑店
34010052	合肥永辉房地产营销代理有限责任公司	34010066-06	合肥吉大房地产销售代理有限责任公司第三分公司
34010052-01	合肥永辉房地产营销代理有限责任公司东湖山庄分公司	34010066-07	合肥吉大房地产销售代理有限责任公司第一分公司
34010052-02	合肥永辉房地产营销代理有限责任公司长春都市花园分公司	34010066-08	合肥吉大房地产销售代理有限责任公司电机厂店
34010030	合肥福运行投资管理有限公司	34010066-09	合肥吉大房地产销售代理有限责任公司香格里拉店
34010020	合肥华徽不动产投资有限公司	34010066-10	合肥吉大房地产销售代理有限责任公司明珠广场店
34010058	合肥世联投资咨询有限公司	34010066-11	合肥吉大房地产销售代理有限责任公司金寨路店
34010072	合肥汉宇置业咨询有限公司	34010054	合肥市启航房地产代理销售有限公司
34010109	合肥佳创房地产营销策划有限公司	34010026	安徽伊贝利亚不动产经营有限公司
34010065	合肥市安航房地产代理销售有限公司	34010132	安徽赛易地产咨询顾问有限公司
34010061	合肥市丽城房地产营销策划有限公司	34010131	安徽新盈房地产顾问有限公司
34010051	安徽营家房地产投资咨询有限公司	34010090	安徽信达房地产营销顾问有限公司
34010053	安徽省义和房地产营销策划有限公司	34010148	合肥名鎏投资管理有限公司
34010044	安徽久家房地产营销顾问有限公司	34010147	安徽省恒鼎房地产营销有限公司
34010039	合肥选则家房产代理销售有限公司	34010146	安徽鸿铭投资管理咨询有限公司
34010048	合肥市盛拓房地产代理销售有限公司	34010145	安徽百居易房地产经营咨询有限公司
34010028	安徽新文采国际酒店有限公司	34010144-01	北京金网络投资管理有限公司合肥分公司
34010118	庐江县和泰房产置业咨询有限公司	34010143	合肥麒麟投资咨询有限公司
34010128	安徽瑞能房产营销策划有限公司	34010142	安徽同力房产咨询有限公司
34010126	合肥正合不动产有限公司	34010141	安徽给力地产代理有限公司
34010129	合肥仁杰房地产营销策划有限公司	34010140	巢湖市家和房产经纪公司
34010127	新联康（中国）有限公司安徽分公司	34010139	庐江县东方置业有限公司
34010123	合肥智地房地产策划有限公司	34010138	合肥东创智营地产营销代理有限公司
34010125	庐江县新兴房地产经纪咨询有限公司	34010137	合肥市世远房地产经纪有限公司
34010124	庐江县兴泰置业有限公司	34010136	合肥市蓝海不动产营销有限公司
34010057	安徽中徽吉大房地产销售代理有限责任公司	34010135	合肥市明尊房地产销售有限责任公司
34010046	合肥永达房地产代理销售有限公司	34010134	合肥易达不动产营销有限公司
34010050	合肥市原野投资咨询有限公司	34010133	广州保利地产代理有限公司合肥分公司

【房地产监管】 房地产市场监管坚持以“高效服务企业，有效实施监管，防范市场风险”为目标，突出加大督查力度，及时查处房地产开发经营、交付中违法违规行为，规范房地产秩序。全年共对128家房地产开发企业、274个商品住房项目进行“日常巡查”，对100个商品住房项目实行“跟踪督察”，共有45家开发企业被书面责令限期整改，25家开发企业相关负责人被约谈，现场协调处理群体性上访事件47件，及时约谈32家开发企业，1家立案查处，确保了合肥市房地产市场有序发展。加强对《商品房买卖合同》格式条款的备案审查，特别是对商品房交付期限及条件、出卖人逾期交房的违约责任、商品房交接、出卖人关于基础设施、公共配套建筑正常运行的承诺、产权登记约定、合同补充协议等方面进行重点审核；针对《商品房买卖合同》格式条款中不适当免除卖方责任，加重买受方责任、排除消费者权利等“霸王条款”严格审查；共对325个领取预售许可项目的《商品房买卖合同》进行格式条款审查。与市工商行政管理局联合开展房地产广告专项检查行动，主要针对广播、电视、报纸期刊、互联网、印刷品、户外等发布的房地产广告进行专项整治，检查房地产企业32家、在售楼盘32个，印刷品广告4大类158份、报纸广告53份、户外广告41条，下发《限期整改通知书》20份。加强项目管理，共向开发企业发放“两书”130000套，累计完成470家房地产开发企业资质换证的统计报表及项目手册查验工作。建立适应市场经济发展需要的企业诚信体系，并对局信用档案系统提出修改完善方案，全年累计验核843家；完成390个建设单位（或企业）、409个建设项目的现场查看工作，完成2079幢房屋的现场查看拍照工作。

推进“四节一环保”（太阳能与建筑一体化、太阳能光伏发电或光电转换、住宅全装修交房、雨水收集以及采用绿色环保建材），采取资料审查和现场核验的方式，报批安徽佳诚置业有限公司“铂金汉宫”等9个“省地节能环保型”住宅建设试点项目和合肥前城置业有限公司“前城大厦”等5个“省地节能环保型”公共建筑建设试点项目，总实施面积达217.45万平方米。安徽置地投资广场荣获国家“广厦奖”，扶持合肥百协置业有限公司的“大溪地现代城六期”项目申报安徽省绿色建筑示范专项资金702万元。开展房地产开发项目用电隐患排查工作，对市区范围内当年交付的63个房地产开发项目的供电配套设施验收情况、用电交付情况及原因进行专项调查。组织供电隐患项目实地调查，就56个开闭所问题会商市住建委、市供电公司，明确具体整改措施，对问题开闭所建设单位或物业公司下发限期整改通知书并抄送各辖区政府。开展房地产开发项目逾期交房排查工作，重点跟踪调查存在资金困难和延期交房问题的开发项目，共排查汇总了127家房地产开发企业的131个项目，涉及713幢楼，共有15家开发企业的15个项目存在逾期交房情况，依法约谈企业相关负责人，避免风险扩散和失控。针对预售款监管业务办理中的新情况和市场的变化，及时制定补充政策规定，出台《关于明确商品房预售款监管相关业务办理要求的通知》、《关于商品房预售款监管涉及住房公积金贷款问题的通知》和《关于住房公积金贷款划转使用监管问题的通知》，截止到当年底，共监管账户650个，核定的重点监管资金466亿元，累计拨付重点监管资金4685次、约193亿元；监管账户累计拨付一般监管资金1559次、约54亿元；监管账户总入账资金约314亿元，账户总余额约62亿元；合肥市商品房预售资金监管工作受到国家住建部充分肯定，并被概括为预售资金监管的“合肥模式”并向各地推广。

【住房保障】 省下达合肥市保障性安居工程建设任务5.45万套，市政府以6.95万套任务分解下达，占全省总任务量的20%。截止到当年底，实际新开工各类保障性安居工程7.53万套，完成省下达目标任务的138.4%。基本建成5.9万套，完成184.5%；竣工2.6万套，完成135%，新增保障户数2479户，完成275%；新增保障性安居工程基本建成、主体结构施工和基础施工套数，分别占实际开工总套数的34%、45%和21%，全面完成住建部“三个1/3”的要求，在省民生工程年度单项考核中获得99分，评为优秀层次。

理顺保障房管理体制，发挥街道、社居委作用，改进审核手段和动态管理方式，实现“两级政府、三级网络、四级管理”，确保住房保障制度公开、公平、公正。落实“四个保障”：在机制保障上，构建市政府统揽负责、房产部门牵头负责，职能部门分工负责、市县（市）区联动、以市县（市）区为主的工作格局，实施工作例会、月报和月调度、督查通报等制度；在制度保障上，修订出台《合肥市廉租住房保障暂行办法》、《合肥市廉租住房保障实施细则》、《关于实物配租廉租住房后期管理的实施意见》，拟订《合肥市公共租赁住房管理办法》、《合肥市关于进一步加强保障性安居工程建设和管理的实施意见》，印发《关于建立年全市保障性安居工程建设项目备案制度的通知》、《关于认真落实2012年保障性安居工程目标任务的通知》、《关于合肥市住房保障工作目标责任考核有关问题的通知》、《合肥市保障性住房信息公开办法》等文件，规范保障房建设、管理和考核工作；在用地、资金保障上，对接市国土局，梳理项目用地，编报保障房用地计划223公顷，做到应保尽保。会同市财政局，编制投资预算、争取资金补助，五年来共争取中央和省各类保障房专项补助资金30.9亿元，其中2012年争取16.9299亿元，按进度拨付15.7亿元。争取国开行政府投资公租房专项信贷13亿元，申报发行企业债券18亿元，与中国房地产集团签署协议，争取保障房建设资金41亿元；在政策保障上，配合保障房实施单位，依据政策规定、落实规费税费减免，提升企业参与保障房建设的积极性。采取“四个结合”：与纠风整治结合，联合市发改委、市财政局、市纠风办等有关成员单位对住房保障目标任务完成、资金拨付与管理、工程建设质量、分配入住等情况进行督查通报；与效能建设结合，联合市效能办，加大对保障房开工进度实施周调度通报，对进度缓慢的实施问责通报；与工程治理重点领域检查结合，会同市建委解决保障房工程建设中挂靠借用资质投标、违规出借资质等问题，对136个保障性住房项目进行专项排查；与工程质量安全检查结合，会同市建委开展3次保障房工程质量大检查，严格基本建设程序。创新“四个举措”：推进保障房产业化，从政府投资公共租赁住房项目中，选择5个项目、7034套、41.6万平方米，推行整体装配式和建造装修一体化住宅产业化试点；创建示范工地，所有保障性安居工程创建“安全文明示范工地”和优质结构工程，确保工程质量和安全；落实节能减排，出台《关于加强保障性住房太阳能建筑一体化应用管理工作的通知》，在全省率先推行保障性住房太阳能与建筑一体化设计，提升建筑和装修品质；争创省级示范，当年获批3个项目、3388套省级保障性住房示范项目。把好“四个关口”：准入关，严格执行“三级审查”、“二级公示”制度，无异议方可登记；摇号分配关，坚持“公开摇号、顺序选房”，引入第三方摇号并实行全程公证，对“荣城北苑一期”和“永和公寓二期”两项目892套进行实物配租；保障服务关，建立小区服务管理例会制度，公开保障房小区负责人、管理部门、投诉部门的电话号码，主动接受监督。试点筹建保障房小区“爱心商店”，鼓励住户参与社区志愿服务；动态使用关，落实和推行年度审核、定期回访、不定期巡查、举报奖励、居民自治等制度，加大保障房使用情况监管。

【住宅产业化】 以住宅产业化实现千亿产值为目标，以住宅生产工业化为核心，主动作为，大力招商，加快保障房产业化试点进程。在合肥设立混凝土预制件工厂的住宅产业化企业有西伟德宝业公司、长沙远大住工、黑龙江宇辉集团等。西伟德宝业公司设计产能40万平方米，长沙远大住工设计产能100万平方米，黑龙江宇辉集团设计产能120万平方米。市政府成立合肥市住宅产业化工作领导小组，并以市政府第33号专题会议纪要明确细化各相关部门在实施住宅产业化中的职责分工。市房产局抽调精干力量，赴南京、上海、长沙、深圳、沈阳和哈尔滨等住宅产业化先进城市考察招商，先后引进长沙远大住工、上海城建集团和黑龙江宇辉集团来合肥投资。远大住工先期在合肥经开区租赁厂房安装生产线，设计产能100万平方米，同时拟在肥选址投资建设住宅产业园，项目初步规划用地约20公顷，总投资约10亿元人民币，年产300万平方米PC构件；宇辉集团在经开区先期租赁厂房安装生产线，设计产能120万平方米；上海城建与合肥本地预制构件企业达成合作意向。初步建立质量保证体系、招投标管理体系、科技创新体系和整体推进体系，确保住宅产业化项目的顺利实施。选择5个政府投资的公共租赁住房项目先行试点住宅产业化工作，总建筑面积达38.7万平方米，其中，整体装配式产业化试点项目2个，建筑面积14万平方米，分别为经开区出口加工区公租房、新站区平板显示基地公租房，由安徽宝业公司实施；建造装修一体化单项产业化试点项目3个，建筑面积24.7万平方米，分别为高新区第二公租房、包河区花园大道公租房、蜀山新产业园公租房，由合肥鹏远住工实施。至10月底，5个公租房产业化试点项目全部开工。

中科大先进技术研究院项目是省、市重点工程，建设工期短、标准高，省市领导高度关注。市政府多次召开该项目综合调度会，对各家企业的设计方案进行审议，确定远大住工和宇辉集团为项目实施单位，按住宅产业化模式建设学生公寓（3栋13层、建筑面积48000平方米）与专家楼（2栋6层、建筑面积8000平方米），于当年底前开工。市政府确定滨湖新区拆迁安置房项目（总建筑面积约80万平方米）采用住宅产业化方式建设后，立即组织宇辉集团、远大住工、上海城建、安徽宝业四家企业与建设单位快速对接。对产业化龙头企业和产业化项目主动对接服务，多次深入住宅产业化基地和产业化企业进行调研，了解基地企业的规模、产能、产品性能、经营状况和物流运输等情况，并与宝业、西伟德、鹏远住工等重点企业就产业化设计、招标、施工等环节进行座谈，协助远大住工、上海城建、黑龙江宇辉等产业化龙头企业摸排、对接住宅产业化项目；组织方案评审，建立全市住宅产业化专家库，组织规划、建筑、结构和施工等专家，对实施项目的产业化方案进行评审论证；召开现场推进会，会同市重点局、招管局、业主单位和产业化企业多次召开产业化项目现场推进会，从建设标准、工程造价、施工工期和建设模式等方面提出优化建议，确保产业化项目工期可控、成本可控、质量可控。

【物业管理】 推进物业管理工作重心下移，监督管理机制不断创新，完善“两级政府、三级管理、四级网络”的物业管理新体制，形成市局综合协调、各区政府属地负责、街道办事处具体实施、社居委密切配合的工作格局；全年共调查处理园景天下、梦园等小区的群体性物业矛盾纠纷24件，较上年同期下降50%以上；各级物业主管部门及各企业按规定的范围、时序、目录、程序开展物业管理档案资料搜集整理工作，出台实施《合肥市物业管理若干规定》，配套出台《合肥市业主大会和业主委员会指导规则》等一系列规章制度和示范文本。经过住建部、省住建厅的严格考核，3个项目获国优示范项目，13个项目获省优示范项目称号；创新市级评先评优及考核的组织形式，建立物业管理专家库，组织评优和考核时，邀请人大代表、政协委员、党代表及物业管理专家组成考评组，对“目标管理”、“市优项目”、“流动

2012年度合肥市物业管理示范住宅小区名单

序号	项目名称	管理单位
1	华邦·世贸城	合肥华邦物业服务有限公司
2	森林海花园	安徽省长城物业管理有限公司
3	万科·金色名郡	上海万科物业服务有限公司合肥分公司
4	安高·城市天地	安徽省高速地产物业管理服务有限公司
5	华润紫云府	华润置地（合肥）物业管理有限公司
6	利港·银河新城	合肥浩顺物业管理有限公司
7	新华阳光国际	安徽天一物业管理有限公司
8	三河·上河城	合肥安景物业服务有限责任公司
9	曙宏新村	合肥市曙宏新村物业管理有限公司
10	琥珀新天地	合肥顺昌物业管理公司
11	书香门第（一期）	合肥湖滨物业管理有限公司
12	中铁国际城·旭园	中铁建（北京）物业管理有限公司合肥分公司
13	利港·四季华庭	合肥浩顺物业管理有限公司
14	中环紫荆公馆	合肥中港物业管理有限公司
15	佳源东方华庭	佳源（浙江）物业管理公司庐江分公司
16	庐阳馨苑	安徽恒宇物业管理有限公司
17	振徽苑	合肥滨湖世纪城物业管理有限公司
18	信达·西山银杏	安徽信达建银物业管理有限公司
19	新景花园	合肥顺昌物业管理公司
20	名邦·西城秀里Ⅱ	合肥名邦物业服务有限公司

2012年度合肥市物业管理示范大厦名单

序号	项目名称	管理单位
1	安徽煤矿安全监察局办公楼	安徽绿城物业管理有限公司
2	中电科第三十八研究所	安徽省通信产业服务有限公司鑫信物业分公司
3	合肥科技农村商业银行办公楼	安徽辰元物业管理有限公司
4	合肥市国土规划大厦	合肥市政文外滩物业管理有限公司
5	信泰·人民路商业街	巢湖中住物业管理有限公司
6	富广大厦	安徽富坤物业管理有限公司
7	滨湖金融服务办公区	安徽万都物业管理有限公司合肥分公司
8	置地·汇丰广场	安徽信联物业服务有限公司
9	合肥京东方公租房	安徽新长江物业服务有限责任公司
10	安徽日报报业集团大厦	合肥昌顺物业管理有限公司
11	芙蓉路标准厂房	合肥香怡物业管理有限公司
12	安徽省电力科学研究院（实训基地）	合肥卓巨物业服务有限公司
13	合作经济暨辉隆大厦	合肥市房地产经营公司
14	安徽省政务大厦	湖北虹景物业管理有限公司合肥分公司

红旗”进行考评验收，共有20个住宅项目和14个大厦项目获得“市优项目”称号，全年评出123面流动红旗，约谈35家后三名物业管理企业负责人；开展物业转让时物业服务费查验工作，依据《若干规定》制定《关于实施物业转让时物业服务费查验工作的通知》，实施了物业转让时物业服务费查验工作，对于促进业主按服务合同约定的标准交纳物业服务费，保证小区物业服务工作正常运转，建立和谐的物业管理关系具有重要意义；组织开展《合肥市物业管理若干规定》专题培训，共计培训各县（市）、区（开发区）、各街道、社居委物业管理人员2018人次。加强企业资质管理，严格行业准入和退出管理，依法注销三级及暂定资质企业247家；加强与市招投标中心的合作，将前期物业选聘工作全部纳入招投标管理，采取物业管理项目招投标文件电子档“点对点”传输方式，防止招投标作弊行为；兑现22家物业服务企业奖励税费245万元，社会效益显著。

【维修资金管理】 物业维修资金管理中心与局属各房屋权属登记部门联动配合，在房屋办证环节即足额归集维修资金，全年归集维修资金约9.33亿元，累计归集维修资金约49.58亿元，涉及业主60多万户，累计增值收益约1.62亿元，杜绝了漏缴和欠交维修资金现象；开始二手房交易时补交或续交维修资金的前期准备工作；办理维修资金过户业务44866笔，涉及维修资金2.4亿元，建筑面积达458万平方米；共受理维修资金申报、支用项目10个，惠及业主1111户，建筑面积13.3936万平方米，共计拨付维修资金125.8327万元。按照《合肥市物业专项维修资金管理暂行规定》，在全省率先开发建设维修资金电子过户系统；通过试点引路，探索新的归集模式，在业主收房时同步归集维修资金，确保维修资金安全；与相关银行合作，开发出维修资金卡式查询系统，使业主通过查询卡即可非常方便地查询自己的维修资金相关信息；创新电梯维修检测方式，使用其他同类电梯配件暂时更换代替，找出电梯损坏部位和部件，尽快完成检测。开展房屋状况调查，完善电子楼盘表建设，全年共建立和修改电子楼盘表2394幢39473户，核对《业主分户清册》39589户。

【拆迁安置小区历史遗留房屋办证工作】 根据市政府第91次常务会议纪要精神，将解决拆迁安置小区历史遗留房屋办证工作，列入当年“十件大事”之一，并超额完成既定任务。针对拆迁安置小区历史遗留房屋建设时间久、各种手续欠缺补办难度大，个案多、情况复杂等情况，按照“协调引导、依法办理、先易后难、全力推进”

的工作方针，通过摸排梳理、现场督办等方式，使拆迁安置房办证工作进展顺利，梳理出59个拆迁安置小区（除集体土地安置小区后为45个），所涉及安置房办证的50754户中，补办土地手续24件、规划手续618件、质量验收（含鉴定）手续615件，已补办相关手续并进入初始登记的小区共38个，44573户，占全市总数的93%（不含集体土地），申报分户登记办证23433户，199.2万平方米，其中已发证22119户。7月2日，庐阳区大杨镇紫桐新村2000多户拆迁安置居民领到安置房屋房产证。

【行政权力运作】 推进管理型政府向服务型政府转变，做到“阳光行政”：动态公开权力，自查清理行政许可、审批、处罚项目等其他行政行为标准，编制权力运行流程图，细化行政处罚档次，压缩自由裁量权，逐步向“零自由裁量”转化；对涉房法律法规、管理规定全部上网并及时更新，提高群众对政策的知晓度；对退房摇号、廉租房配租、物业服务招投标等关乎群众切身利益的工作，公开公示。建立制度约束权力的滥用、乱用，如“不能办”事项登记报告制度，因报件等原因不能立即办理的实行登记报告制度，避免出现不作为、乱作为等问题，让申请人对办得成的事感到放心、办不成的事感到理解。全过程监督权力，实行月度督察制度，对局属单位和部门的工作程序、环节、结果等进行不间断检查，及时发现和纠正执行权力过程中的偏差。结合廉政风险防控体系建设，制定防范权力不正当使用的防控措施、公布廉政风险点，全面接受监督。开展“微笑服务”、“为民服务创先争优”、“五级书记大走访”、设立“党员先锋岗”等活动，号召全体党员职工做一流职工、出一流成绩、创一流品质；开辟绿色通道，对困难群众、外资企业、重点工程、招商引资等申请事项一律特事特办；以“流动红旗”综合评比为抓手，打造“靓丽、阳光、法制、和谐、效能、创新”房产形象；设立督查服务台，实行包保责任制，领导轮流充当服务督导员，引入社会监督，邀请人大代表、政协委员、新闻媒体担当监督员，加强政风行风建设。局属窗口单位坚持制度创新，强化规范化、程序化建设，杜绝“自由裁量权”，瑶海、庐阳、蜀山、包河房屋办证中心分别开展“制度建设年”、“人性化服务，让服务对象满意”、“建设高效文明房产”、“零违规、零失误、零投诉”等活动。

（杨晓飞）

公积金管理

【概况】 合肥市住房公积金管理中心发挥住房公积金制度的住房消费作用和住房保障作用，实现全市住房公积金工作稳健运行，协调发展。全年归集住房公积金65.22亿元，比上年增加13.34亿元，增长25.71%，全市累计归集住房公积金314.42亿元；全年职工提取使用住房公积金38.55亿元，全市累计提取住房公积金170.44亿元；全年发放个人住房贷款44.96亿元，比上年增加24.96亿元，增长124.8%，累计向9.55万户家庭发放住房公积金贷款177.39亿元，住房公积金贷款余额达116.15亿元。

【公积金制度】 全面贯彻《住房公积金管理条例》，坚持行之有效的方法措施，稳定归集来源，拓宽归集渠道。以政策宣传为推手，提高住房公积金知晓率。建立住房公积金业务QQ咨询群，在庐江县“魅力庐江论坛”设置“住房公积金零距离”版块，在合肥日报、晚报、《肥东报》、《肥西报》、《长丰报》、《环湖晨刊》等报纸上连续宣传住房公积金相关政策，做到相关政策家喻户晓；规范住房公积金管理，开展“住房公积金管理先进单位”和“住房公积金管理优秀经办人”评选活动，调动缴存单位和经办人做好住房公积金工作的积极性；举办两期业务培训班，100多个大中型新开户单位的公积金业务经办人员参加培训，内容涉及归集、房贷、信息和业务办理，效果明显；开展效能建设，对外公开承诺处室职能、服务标准、服务纪律、服务咨询和监督电话。改善工作方式，转变作风，提高工作的透明度，树立良好的行业形象。

【公积金信贷政策】 发挥信贷政策的支持作用，全市住房公积金贷款创新高。正确处理住房保障需求与住房公积金资金合理使用的关系，主动研究新情况、新问题，严格执行贷款放款政策，加强贷款管理。出台《合肥市住房公积金贷款资产委托管理暂行办法（试行）》，对住房公积金贷款所形成的资产实行委托管理，进行市场化运作，保证了住房公积金资产的安全性和清收力度。

【监督检查】 加强内部监督力度，扩大内审范围，对3426户住房公积金贷款资料进行复核，对86952余份住房公积金提取资料进行稽核检查，保证日常业务的规范。规范内部各分支机构的会计核算工作，制定内部财务自查互查办法。通过自查和互查，互通有无，提高住房公积金核算的管理水平。对各项业务环节流程的风险点进行重新梳理，完善业务风险环节的管理，形成自控、互控、监控三道防线。对单位、部门和岗位权力事项进行全面清理，摸清底数，确定岗位行使的各项职权，编制“职权目录”，明确办理主体、依据、程序和监督渠道，对外公开，接受社会监督。保证廉政风险防控工作的严肃性和规范性，使权力在阳光下运行。

【信息化建设】 为确保业务系统的稳定运行，做好信息系统的维护工作，对个人计算机、数据备份、住房公积金网站、系统交换路由设备、以及机房服务器等进行重点管理，确保系统安全与数据安全，全年未发生重大故障。做好查询系统的维护工作，对已开通的触摸屏、手机短信、住房公积金卡、自动语音电话、网站等多种查询手段进行及时维护，确保稳定、畅通使用，方便职工了解住房公积金缴存情况。完成测评单位、测评方案的专家论证，信息化建设日臻完善。

【优化服务】 在全系统开展“优化服务年”活动；推出十项优化服务措施，举办演讲、征文、公积金业务知识竞赛、业务交流和案例分析、“优质服务岗”评比等活动。各项活动坚持以改进工作作风为主线，以提升服务质量为重点，以服务对象满意为标准，不断优化业务流程，精简办事环节，提升服务效率。增加经济开发区、建行三孝口支行、徽行长江路支行服务网点，分流中心业务，方便职工办事。在贷款独立核算模式下，联合移动公司向贷款职工推出免费的短信提醒服务，方便职工及时了解个人公积金账户金额变动情况和还贷情况，并有利于缴存单位和职工对住房公积金管理工作实施监督，体现了“从被动服务转为主动服务”的工作理念。

【自身建设】 结合工作实际，每季度围绕一个主题，采取自学与集中学的方式，开展理论学习。集中开展形式多样的春训活动，通过专家、教授为干部职工授课，拓宽干部职工的知识面，增强干部职工的风险防范意识和业务水平。创新用人机制，激发员工工作积极性和创造性，坚持公平、公正、公开、择优的用人原则，采取公开竞争上岗的形式，把群众公认、有能力、想干事的同志选到中层岗位上。职工文化生活丰富多彩，参加市直机关工委组织的百大杯时装大赛、登山和其他体育活动，与建设银行举办“建行杯”羽毛球比赛。组织开展反腐倡廉教育，筑牢拒腐防变思想防线，通过抓学习教育、抓制度建设、抓党风廉政、抓综合素质等，使领导班子和职工队伍建设得到加强，工作作风得到改进。

（黎平静）

市住房公积金办理窗口

农业与新农村建设

综　述

2012年，合肥市积极消除经济危机冲击，努力化解各种自然灾害影响，全市农业和农村经济继续保持了稳定健康发展势头，呈现出农业增产、农民增收、农村发展的显著特点，实现了县域生产总值、农产品生产、农业产业化、农民收入“四个新突破”，扶贫开发、城乡一体化、美好乡村建设“三个深入推进”。全市粮食总产量达303.4万吨，实现“九连增”；农民人均纯收入达到9081元，分别超过全国、全省1164元、1921元；增长15.5%，分别高于全国、全省2.0、0.6个百分点，高于全市城镇居民收入增幅2.3个百分点，实现了连续5年跨千元增长。

【县域经济】　坚持稳增长、调结构、抓创新、促转型，充分发挥全市工业主战场作用，县域成为承接产业转移、推进工业立市的主要载体，全市县域生产总值达到1389.7亿元，规模以上工业增加值达到573.7亿元，分别增长20.95%、21.65%，均高于全市平均增幅，占全市的比重分别达到33.4%、34.69%，实现了“三分天下有其一”。华南城、广银铝业、宝湾物流等一批重大项目入驻县域工业园区，县域工业园区成为县域经济发展的强劲引擎和加快农村城镇化、工业化的重要支撑。2011年，肥西县名列全省科学发展先进县第一位，肥东县、长丰县分别位列第五和第七；2012年，五县（市）地方财政收入全部进入全省前20位，肥西、肥东、长丰、巢湖位居10强之列，庐江位居第11位。

【农业现代化】　深入推进农业结构战略性调整，以高效规模农业、特色产业和精品产业为重点，统筹推进近城、环湖、机场周边全面退出传统粮油生产，大力发展都市型高效、生态、规模、休闲农业。主要农产品产量再创历史新高。庐江县、肥西县获全国粮食生产先进县称号。蔬菜瓜果播种面积180万亩（15亩为1公顷，下同），总产量260万吨。肉、蛋、奶和水产品总产量100万吨。全市共新建千亩以上现代农业示范区80个，万亩示范区31个，市级以上现代农业园区发展至254个，面积突破100万亩；省现代农业示范区发展到4个，分别是庐江郭河省级现代农业示范区、肥东白龙省级现代农业示范区、包河牛角大圩省级现代农业示范区；国家现代农业示范区有庐江县国家现代农业示范区。全市特色规模农业面积发展到280万亩，新增80万亩，产值占农业总产值比重达78%，形成了三岗苗木、长丰草莓等一批年产值超10亿元的特色产业集群；市级以上“一村一品”特色村镇增至388个，分别新增80万亩、88个。养殖业总产值达186.7亿元，畜禽规模养殖比重达到67%。全市各类农家乐发展到2000多家，评定星级农家乐155家，新增五星级农家乐1家、四星级9家，创建全国农业旅游示范点4个，全市休闲农业旅游人数超过1350万人次，旅游收入突破11.6亿元。

庐江县同大现代农业科技园

【农业产业化】　深入推进农业产业化“双千亿”跨越发展行动（到“十二五”末，全市实现农产品加工产值1250亿元，农业产业化经营组织销售收入突破1800亿元），始终围绕“壮大主导产业，优化区域布局，依靠龙头带动，发展规模经营”的总体思路，全市农业产业化发展取得重大突破。全市规模以上农产品加工业产值1113.6亿元，增长24.9%，总量居全省第一，成为全省第一个农产品加工业千亿市。农产品加工业已成为继家电、装备制造业之后的第三大支柱产业。农产品加工产值与农业总产值比由2008年1.5:1提高到2012年的2.3:1，形成了粮油、畜禽和食品加工三个百亿元产业集群。规模以上农产品加工企业发展到479个，其中产值超亿元204个，超10亿元12个，省级重点龙头企业90个，国家级7个，上市企业3个；过百亿的县（市）区5个；过50亿元的农业产业化示范区4个，国家级农产品品牌（商标）19个，总量位居全省第一。全市农民专业合作组织突破2000个，其中联合社10个，合作组织建设实现行政村全覆盖。农民专业合作社达1782个，新增412个，带动农户占全市农户总数65%。全市家庭农场（农庄）达424个，300亩以上种植大户307个。各类农业企业突破2000个。农业产业化吸纳从业人员25万人，带动市内外农户突破300万户，户均增收4000元。

【城乡统筹】 农村道路、水利、生态等基础建设显著增强，建成环巢湖旅游大道64公里，新建400公里通村公路。完成51座中小型水库除险加固工程。解决27万农民饮水安全问题。建设森林合肥，新造成片林24.4万亩，绿化村庄1034个。完成6个乡镇、91个村新农村电气化建设和100个村亮化工程。农村民计民生工程深入推进，公共服务能力大幅提高。新建35个乡镇公办幼儿园。进城务工人员随迁子女定点学校覆盖城区所有学区。创建24个“示范乡镇卫生院”，建成标准化村镇卫生院（室）1259个。城乡低保、五保、医保、新农合进一步提标扩面，全市212.5万人次享受了农村低保，发放农村低保金2.95亿元。深入推进重点领域改革。在全国首创农业产业化组织与村级党组织“双任双促”活动，即在全市推荐部分农业龙头企业、农民专业合作社党员负责人兼任村党组织副书记，选派部分村党组织负责人（大学生村官）兼任农业龙头企业、农民专业合作社党组织第一书记（副理事长）。进一步健全规范农村土地流转与服务机制，全市农村土地流转面积突破200万亩，占耕地面积的40%以上。在长丰县试点规模流转土地抵押贷款，全市建立融资性担保公司44个、农村小额贷款公司72个，累计提供涉农担保金额突破20亿元。

【扶贫开发】 以城乡一体、统筹发展的思路谋划扶贫开发工作，制定了《关于进一步加强农村扶贫开发工作的若干意见》，并以市委市政府一号文件下发。大力实施贫困村“整村推进”战略，加强56个重点贫困村基础设施建设，改造农村危房11888户。实施“零转移农户”帮扶工程，全市新转移农村劳动力就业8.05万人，全市减少农村贫困人口7.4万人。贫困地区基础设施明显改善，公共服务能力全面提升，基本社会保障实现全覆盖。

肥西花岗镇现代农业示范区--水上蔬菜

【美好乡村建设】 合肥市深入贯彻省委、省政府关于全面推进美好乡村建设的决定，于9月28日召开了全市美好乡村建设动员大会，全面启动美好乡村建设工作。

着力推进组织领导体系建设。市、县（市、区）都成立了美好乡村建设工作领导小组或指挥部，并设立办公室和工作指导组，抽调专人，集中办公。市委、市政府印发了《关于全面推进美好乡村建设的实施意见》，市委办公厅、市政府办公厅，市美好乡村建设领导小组及其办公室先后出台了14个配套文件。各县市也相继制定出台配套意见，明确美好乡村建设的目标任务、工作重点和保障措施。建立了市美好乡村建设领导小组办公室（简称“市美好办”）和各指导组牵头调度，市直部门、县市、乡镇、中心村四级联动、联系紧密、高效运转的网络体系。

着力推进规划编制工作，科学编制县域村庄布点规划和中心村建设规划。召开了美好乡村建设规划编制专题会议，出台了《合肥市美好乡村规划建设导则（试行）》，指导各地因地制宜，一村一策，分类指导规划编制工作。各县（市）域村庄布点规划修编工作基本完成。全市（不含区）23327个自然村，将规划建设中心村951个，保留基层村3903个，撤并自然村18473个，县域村镇体系更加合理，村庄数量大幅减少，村庄人口大幅增加。按照“一村一规划，一村一方案，一村一预算”的要求，编制中心村建设规划，首批157个省市美好乡村建设中心村（省批准合肥市首批中心村136个），已完成建设规划编制的有119个，完成率75.8%。

着力推进首批中心村建设。按照“交通便捷、集聚人口、功能完善、产业特色”四原则要求，在全省率先完成了首批省级美好乡村建设中心村筛选和申报工作。经省美好乡村建设领导小组审批审定，确定了全市136个中心村作为全省第一批美好乡村建设中心村。截至年底，全市首批157个省、市级中心村，已开工建设的有136个；936个环境整治村，启动实施的有618个。

着力推进农村环境综合整治。以开展“清洁家园，绿化乡村”活动为抓手，组织实施农村清洁工程，基本实现了农村环境综合整治行政村全覆盖。安排了3000万元农村环境整治专项资金，用于农村环卫设施的采购和建设。截至年底，全市村域范围累计安置了36610个垃圾桶，修建了7131个垃圾池（房），配备了3677台各类垃圾车。在全省率先将行政村专职保洁员队伍建设列入市政府民生工程项目，对全市1200多个行政村安排补贴资金880多万元，村级保洁员队伍达到1.3万人。

着力推进农村土地综合整治。把开展土地综合整治作为推进美好乡村建设的重要载体，以董铺水库和大房郢水库水源地、庐江汤池、新桥机场周边“三大区域”为重点，编制土地整治专项规划。截至年底，三大区域土地整治总体规划完成，各项目区单项规划有序推进。按照“成熟一个，推进一个”的思路，因地制宜制定分批实施计划。全年下达三大区域土地整治重大项目建设计划两批次14个项目，总规模14万亩，农村土地整治面积12万亩，复垦新增耕地面积9629亩。重点推进27个农村新社区建设，整合364个自然村庄，惠及1.4万户、5万人。出台了《合肥市支持三大区域土地整治和新农村建设项目资金整合方案》，集中了市直16个部门、27项资金予以重点支持，集中力量打造美好乡村建设示范典型。

着力营造美好乡村建设氛围。市美好办、市委宣传部组织市内6家媒体，以“打造大湖名城、建设美好乡村”为主体，多形式、多渠道集中宣传美好乡村建设工作。自9月份起，各类新闻媒体发稿500多篇，广泛宣传全市美好乡村建设工作。制作了以美好乡村建设为主题的专题网站，及时向社会公众展示建设进展和成效，引导人民群众理解、支持、参与美好乡村建设。各县（市、区）采取印发宣传册、刷文化墙、送戏下乡等多种形式，积极开展美好乡村建设宣传活动。

（朱婷婷）

种植业

【概况】 2012年，合肥市有效克服自然灾害频发多发等不利因素影响，多措并举，稳定粮食生产，加快结构调整，农业经济继续保持快速稳定发展。全市粮食生产保持稳定，粮食总产实现“九连增”。全市粮食播种面积724.73万亩（15亩为1公顷，下同），同比增长1.68%。平均亩产418.61公斤，同比增长3.17%，分别高于全国、全省65.5公斤和89.5公斤；主要粮棉油作物水稻、小麦、玉米、棉花、油菜亩产分别达475.27公斤、281.09公斤、362.81公斤、67.89公斤、158.79公斤，总产分别达243.7万吨、43.55万吨、8.45万吨、3.35万吨、26.05万吨，同比分别增长4.76%、6.84%、10.39%、-5.05%、5.21%。粮食总产303.4万吨，同比增长4.9%，总产继续位列全省第六位、全国32个省会城市第七位，增幅位居全省第七位。

【粮油高产攻关】 全市粮油高产创建示范片180个，其中部级高产创建45个，较上年增加17个。全市拥有300亩以上种植大户481户，较上年增加123户，规模种植面积近120万亩。主要粮食作物一季水稻单产达475.27公斤/亩，较上年增加16.47公斤/亩，增长3.5%。其中早稻单产431.15公斤/亩，较上年增加72.82公斤/亩，增长20.32%；中稻和一季晚稻单产493.2公斤/亩，较上年增加6.32公斤/亩，增长1.3%；双季晚稻单产416.81公斤/亩，较上年增加18.51公斤/亩，增长4.65%。大力推广水稻种苗统种统育、农机作业统耕统收、病虫害统防统控、测土配方统配统供、双增一百超级稻（亩均增产100斤〈1公斤=2斤〉，亩均增效100元）推广和沼渣沼液秸秆堆腐循环利用服务，累计新建标准化育秧工厂16个，推广超级稻210万亩、水稻机械化育插秧面积100万亩，完成测土配方施肥面积901万亩次，农作物统防统治面积突破225万亩。新增高标准良田面积21.6万亩。全市农机总动力达到378.3万千瓦，拖拉机总数21.61万台套，全市共完成机耕作业面积950万亩、机收面积636万亩、机播面积149.8万亩，同比分别增长4.6%、7.5 %和 50%。庐江县、肥西县获全国粮食生产先进县称号，合肥市获全省粮食生产先进市称号，肥东县、巢湖市获全省粮食生产先进县称号。

【特色高效农业】 全市特色高效农业面积279万亩，新增42万亩，尤其环城、环巢湖、环新桥机场三大区域规模高效农业发展取得较大突破。新增千亩以上特色农业产业基地79个，新增市级以上“一村一品”特色村88个，总数达388个；新增特色农业园区71个，总数达295个。全市建立标准化生产基地153个，标准化基地面积126万亩，新增部级、省级标准园分别达3个、8个，总数分别达7个和14个。全市休闲农业旅游人数超过1350万人次，旅游收入达11.6亿元，分别较上年增长20%以上。

【蔬菜瓜果】 全市蔬菜瓜果面积和总产双双创历史新高。全市蔬菜瓜果总面积153.44万亩，同比增长8.5%，其中蔬菜面积119.67万亩，同比增长11.46%，增加12.4万亩。蔬菜瓜果总产243.6万吨，同比增长15.1%。平均亩产首次突破1500公斤，达1587.77公斤。蔬菜瓜果品种、规模、档次全面提升。与安徽农业大学、省农业科学院、省菜篮子工程办公室等合作建立肥西绿溪洲等10个瓜菜新品种展示园，全市共引进推广500多个蔬菜瓜果新品种，推广新技术20多项、新模式50多项。坚持规模集中连片发展，长丰县设施草莓面积发展到18万亩，同比增加2万亩；环巢湖水生蔬菜发展到18万亩，同比增加2万亩；环新桥南冬瓜等发展到10万亩，同比增加2万亩。产业发展全面提档升级，全市设施农业面积发展到41万亩，新增5万亩。尤其是连栋温控大棚发展较快，全市新建连栋温控大棚52座，面积达13.14万平方米。新增部级蔬菜标准园3个、省级蔬菜标准园7个，总数达22个。建立市级以上蔬菜标准化生产基地153个，基地面积达126万亩。市级以上蔬菜一村一品专业村达167个，市级蔬菜现代农业示范园区115个。实施伏缺菜4805亩。与六安市、岳西县合作共建基地面积2.8万亩。在全省率先试行蔬菜市场准入制度，全年蔬菜、食用菌、瓜果检测合格率稳定在98.4%以上，农产品“三品”（无公害农产品、绿色食品、有机农产品）认证总数达621个，较上年增加49个。长丰草莓、大圩葡萄、建华莲藕、同大葡萄、三十岗西瓜、牌坊杭椒、高刘大葱、黄麓葡萄、金坝芹牙、吴山南冬瓜、白湖柳风荸荠、田源花香藕、三河莲藕、元疃灵芝等一批具有地域特色的农业产品品牌脱颖而出，全市拥有省级以上名牌产品125个。坚持“农旅结合、以农促旅、以旅强农”，精心打造合肥大圩葡萄节、长丰草莓节、三十岗西瓜节、撮镇荷花节等一批休闲农业节庆，打造一批国家级和省级休闲农业示范区（点），有力推动一、三产业融合发展，拓展了农业综合效益。

【农产品质量安全监管】 合肥市农业生产地方标准（规程）新增11项，总数达到84项；省级标准达到8项。全市农业标准化示范基地（场、园区）达229个，其中国家级22个、省级51个，全市标准化生产示范面积180万亩，辐射带动面积达320万亩；全市“三品”认证产品数总计发展到621 个，其中无公害农产品、绿色食品和有机农产品分别为338个、208个和75个，“三品”总数和分类数均位居全省第一。“大圩葡萄”、“巢湖银鱼”、“巢湖白虾”三个产品在国家农业部登记为国家农产品地理标志产品。全年分别对526个次的生产基地、周谷推批发市场、农贸市场及超市的蔬菜、食用菌、瓜果进行了检测，共抽样检测318批次，样品15200余个，合格率稳定在98%以上。5月22日，市政府出台了《关于印发合肥市蔬菜市场准入实施办法（试行）的通知》。10月1日起，在周谷堆农产品批发市场、市区大型连锁超市、标准化菜市场等45家单位开展蔬菜市场准入的试点工作。入市蔬菜产品的质量安全得到进一步保障。

【农资市场监管】 全市相继组织开展了“夏季农资打假百日行动”、“农药专项整治执法行动”等8个专项整治行动，共出动执法人员2882人次，检查农资生产企业、农资经营户5800户次，整顿农资市场673个次，查获假劣农资83吨、货值金额120万元，受理举报案件22起，立案查处违规经营农资行为113起，为农民挽回经济损失1100余万元，有力打击了不法农资生产经营行为，确保了农业生产安全和农业增效、农民增收。查处安徽一大农业科技有限公司违法案件，查获假种子24吨、涉案金额达70余万元，涉案人员移送公安机关，后被蜀山区人民法院判处有期徒刑三年、缓刑四年，并处罚款20万元，对违法农资经营行为起到了极大的震慑作用。

【惠农政策落实】 全市共落实粮食直补、农资综合直补、良种补贴、农机购置补贴、政策性农业保险补贴等各类补贴资金共计8.21亿元，较上年增加0.51亿元，人均补贴182元，亩均补贴161.3元。市级共验收（含复查复验）现代农业发展种植业项目533个，奖补面积14.56万亩。累计奖补设施蔬菜19768亩、露地蔬菜30568亩、水生蔬菜22297亩、连栋温控大棚47栋、水稻标准化育秧工厂16座，市、县（市、区）两级共需兑现奖补资金7617万元。争取省级财政支持项目99个，争取资金6961万元。争取部级种植业项目102个，总投资3.3亿元，其中中央投资2.19亿元。启动环巢湖第一批163个项目和第二批71个项目，实施秋冬农业结构调整项目275个。在五县（市）开展农业物联网试点，长丰县被列入全省重点试点县。全年政策性农业保险投保面积729万亩，获理赔金额3940万元，蔬菜瓜果特色农业保险取得突破，投保面积达8019亩。市财政安排2000万元专项资金，县（市）配套2000万元，重点支持庐江郭河、肥东白龙、长丰龙门寺、肥西花岗、巢湖环湖北岸等五个现代农业示范区建设。

（朱婷婷）

畜牧水产业

【概况】 2012年，经济下行压力较大，是畜牧水产业面临形势比较严峻的一年。合肥市畜牧水产业深化结构调整，加快发展产业化经营，克服多重严峻挑战，继续保持良好发展态势。全市肉、蛋、奶、水产品总产量达到99.2万吨，比上年增长5.8%，其中肉类产量47.2万吨、禽蛋产量19.3万吨、奶类产量11.2万吨、水产品产品21.5万吨，同比分别增长5.4%、6.6%、6.6%、6%。出栏生猪283万头、家禽1.54亿只，同比分别增长5.2%、6.2%。第一产业产值达到186.8亿元，同比增长6.7%。市畜牧水产局获“安徽省重大动物疫病防控工作先进单位”、“合肥市政风行风评议先进单位”、“合肥市农业农村工作先进单位”、“合肥市对外宣传工作先进单位”等荣誉称号。

【政策落实】 市畜牧水产部门准确把握政策要求，不断增强项目申报的针对性和竞争力，最大限度争取国家和省财政支农政策支持，全年共获生猪（奶牛）标准化小区改造、生猪调出大县、生猪和奶牛良种补贴、菜篮子生产、增殖放流等支农项目资金8000余万元。修订实施《合肥市承接产业转移促进现代农业发展若干政策》，牵头起草《合肥市环巢湖生态渔业建设和发展“十二五”规划》，鼓励企业发展生猪、家禽、奶牛以及黄鳝等品种规模养殖，鼓励企业加大固定资产投资和加强品牌建设，市本级财政扶持资金达到2154万元。

【招商引资】 市畜牧水产部门广辟招商渠道，广集招商信息，招商引资到位资金2.5亿元，超额完成市政府下达的目标任务。广东温氏集团肥西种猪繁育项目、肥东生猪养殖项目、泰国卜蜂种猪繁育项目、江西正邦集团良种繁育项目、和诚公司肉鸡养殖项目等一批亿元以上项目开工建设或投产。

【龙虾产业】 合肥龙虾壳薄、质好、肉肥，其中以青壳虾最为有名。依托丰富的自然资源，借助规划引导、政策扶持、节庆带动、科技推力，合肥市龙虾产业链条越拉越长，形成产销一体化格局。全市龙虾养殖面积达10万亩（15亩为1公顷），养殖捕捞交易产量3万吨，出口龙虾加工成品2000吨，创汇2500万美元。由中国渔业协会、安徽省农业委员会、合肥市人民政府联合主办，中共合肥市委宣传部、合肥市畜牧水产局、包河区人民政府、合肥报业传媒集团联合承办的“2012中国·合肥龙虾节”于7月20日在安徽省体育馆隆重开幕，这是连续举办的第十一届龙虾节。农业部原副部长、中国渔业协会会长齐景发宣布龙虾节开幕。合肥龙虾节首次跃升为“国字号”，同期还举办了第六届龙虾经济论坛。

【产业化经营】 大力实施“菜篮子”工程，全面推进生猪、家禽、奶牛、龙虾、黄鳝、河蟹等畜牧水产业板块基地建设，全年新增规模养殖场182家，畜禽规模养殖比重达到67%，高出全省7个百分点。龙头企业不断壮大，新增国家级农业产业化龙头企业1个。渔业出口贸易快速增长，生产加工企业主动对接国际市场，全年出口创汇达到2.5亿美元。休闲渔业蓬勃兴起，规模休闲渔业基地达到320个，全年新增国家级休闲渔业示范基地1个、省级休闲渔业示范基地8个。

【科技推广】 深入开展畜牧科技进万家、水产科技进村入户、畜牧水产业科技“三下乡”、阳光工程培训，普及健康养殖技术，产地畜水产品质量水平迈上新台阶，全年新增国家级标准化健康养殖示范场9个，总数达到33个，在农业部产地畜水产品例行监测中，合肥抽检合格率达到100%。

【畜产品监管】 全面推进兽药GSP认证工作，对全市684家兽药经营单位逐家进行现场验收，合格359家，不断规范兽药经营。继续深入开展养殖环节“瘦肉精”专项整治工作，全年共投入专项整治经费122万元，同1612家生猪规模养殖场签订了无“瘦肉精”承诺书，检测生猪尿样28644份，未发现阳性样品。加强产地检疫工作，率先在全省开展动物检疫票证电子出证工作，实现动物卫生监督工作由传统方式向现代化、信息化转变。配合商务部门，圆满完成城区四河、王卫、站塘生猪定点屠宰场撤并工作。严把屠宰场入口关，坚持生猪屠宰“瘦肉精”监督抽查制度，全年累计在屠宰环节检测生猪尿样10602份，检出并无害化处理病害生猪420头。加强报验环节监管，细化报验流程，添置水分监测仪器，增强报验工作科学性，较好地完成了注水肉不上市的目标任务。全年共报验外来肉牛9.2万头、羊18万只，共没收销毁含水量超标牛肉6.6万公斤。加强市场环节监管，全年共出动执法人员4200人次，受理投诉举报82起，检查各类农贸市场、超市、专卖店等3800家次，查处和纠正违法违规行为162起，立案8起，全市未发生一起畜产品质量安全事故。

【水产品监管】 制定《合肥市水产品质量安全专项整治工作方案》，在全市范围内深入开展水产品专项整治行动，取得阶段性成果。全年共出动执法人员1500人次，检查水产养殖企业180家、渔药经营企业52家、水产品经营单位120家，送检草鱼、鲢鱼、鲫鱼、鳜鱼、对虾等样品200余份，送检渔药、饲料等样品65份，立案查处非法经营不合格水产品案件4起。通过专项整治，全市水产品生产及经营单位100%纳入质量安全监测范围，水产品质量安全水平明显提升，产地水产品抽检合格率达到100%，外地货源水产品抽检合格率达到98%，水产品质量安全可追溯和市场准入制度试点建设取得进展，水产品质量安全监管长效机制初步建立。

【动物防疫】 市委、市政府高度重视重大动物疫病防控工作，召开了2012年全市春防、秋防会议，市委常委江洪出席会议并作重要讲话，对春秋两季重大动物疫病防控工作进行部署，代表市重大动物疫病防控指挥部与各县（市、区）签订目标责任书。按照“政府保密度、业务部门保质量”的防疫工作要求，全市畜牧水产系统扎实开展春秋两季集中免疫和夏季猪病防控行动，规范疫苗管理，开展疫情监测，有效防止了重大动物疫情的发生。全年共发放口蹄疫疫苗684.56万毫升、高致病性禽流感疫苗4446万毫升、猪瘟脾淋苗（组织苗）500.6万头剂、猪蓝耳苗464.66万毫升，应免畜禽免疫密度达到100%。检测抗体样品4200份，检测奶牛结核和布病样品5.1万份，免疫抗体合格率保持在70%以上。动物防疫培训首次列入市委组织部干部培训计划，4月份对56个乡镇（街道）的分管领导进行动物防疫专题培训，提升了基层动物防疫工作能力；8月份举办首届夏季猪病防控技术培训班，100多个规模养猪场技术负责人参加培训，聘请全国知名猪病防控专家和安徽省养猪首席专家授课，提高养殖场猪病防控能力。

【渔业安全生产】 全面落实渔业安全生产责任制，分别同各县（市）、区渔业主管部门签订了安全生产责任书。认真开展渔业安全生产大检查，督促船主配备救生设备，排查渔业安全生产隐患。加强同气象部门合作，建立渔业灾害天气预警信息库，及时开展渔业安全生产防灾减灾工作。在全系统的努力下，渔业安全生产形势继续保持稳定，全市未发生一起重大渔业安全生产事故。

【资源养护】 深入贯彻落实《中国水生生物资源养护行动纲要》，制定了《2012年合肥市渔业资源增殖放流方案》，在黄陂湖、巢湖以及大房郢水库举办了大规模的增殖放流活动，探索“以渔养水，以渔净水”的长效机制。开展水生野生保护动物宣传月活动，会同市工商局联合查处了一起非法经营红珊瑚案件。继续对丰乐河、上派河、杭埠河、白石天河、柘皋河等巢湖流域实施禁渔期制度，深入开展了巢湖流域违禁渔具的清理工作，保持对非法电、毒、炸鱼等违法行为的高压态势，有效养护渔业资源。

【重大活动】 第二届中国安徽（合肥）畜牧业展览会于4月8～10日在合肥举行，展会的主题是“整合资源、加快发展、合作交流、科技创新”，吸引了中牧集团、哈药集团、齐鲁制药、美国亚卫、泰国正大、温氏集团、现代牧业、蒙牛集团等国内外近600家企业参展，展览规模超过15000平方米。展览范围涉及养殖、饲料、饲料添加剂、动物保护、机械、生物质能源以及肉蛋奶等畜牧行业产业链的各个环节。此外，还举办了首届合肥蟹文化节。

（刘　磊）

水　务

【概况】 2012年，合肥市认真贯彻落实中央水利工作方针，按照“水利安徽”战略部署要求，进一步强化思想认识、强化工作责任、强化督查调度、强化考核力度，切实加快水利设施建设，加强水环境整治，规范水资源管理，扎实推进水利事业改革发展。

【水利工程建设】 全年累计完成水利投资19.9亿元，比上年增长70%。

农村饮水安全工程　全市新建

人饮工程38处，完成投资12815.2万元，解决了27.07万人饮水安全问题，其中农村人口23.95万人，学校师生3.122万人，全面完成年度任务。

病险水库除险加固工程 2011年度国家计划的26座小（1）型、26座小（2）型和省计划的24座小（2）型病险水库，全部通过验收，完成投资20340万元。2012年度计划的18座国家计划小（2）型和33座省计划小（2）型病险水库主体工程基本完工，完成投资6477万元，计划 2013年11月底完成竣工验收。

中小河流治理工程 肥西县龙潭河治理工程（一期）、肥西县王桥小河堤防加固工程、庐江县兆河疏浚工程、兆河杨柳圩盛桥联圩段堤防加固工程完成前期工作，开工建设。兆河治理工程可行性研究报告由省发展和改革委员会批复，初步设计由省水利厅审查，报省发改委待批。店埠河、庄墓河、丰乐河、柘皋河、兆河、黄泥河、王桥小河、龙潭河、天河等13个中小河流治理项目，完成年度投资18455万元。

农田水利基本建设 全市共完成农田水利建设投资148382 万元，投入工日181万个，出动机械台班106万台班，完成土石方7501万立方米，占年度计划任务145%。完成扩挖塘坝13826口，占年度计划任务102%；清淤农村沟渠671条，占年度计划任务107%；更新改造512台套、20907千瓦农村集体泵站，占年度计划任务100%；建设高标准农田12.9万亩（15亩为1公顷，下同），占年度计划任务172%；修复水毁工程87处，新修防渗渠道726公里，新修加固堤防133公里。全市累计新增蓄水能力3672万立方米，新增、改善灌溉面积52万亩，新增、改善除涝面积24.4万亩，新增旱涝保收面积6.3万亩，新增节水灌溉面积5.3万亩。

灌区续建配套与节水改造工程 2011年开工建设的6个大型灌区续建配套与节水改造工程项目（4个淠史杭灌区项目，2个驷马山灌区项目）已完成全部投资。2012年批复的4个淠史杭灌区项目开工建设。

“大建设”水利项目 派河河道综合治理一期先行实施工程于2012年5月完成合同工程竣工验收，其财务决算审计按规定在整体工程完成后进行。派河二期左岸堤防加固工程于2012年11月完成招标，正式开工。

巢湖沿岸生态环境综合治理工程完成合同工程竣工验收、工程价款审计、财务决算、工程档案总体验收。派河河口至施口南巢湖湖区疏浚工程完成合同工程竣工验收和财务审计，其建设管理工作结束。

南淝河十五里河河道护砌工程完成合同工程竣工验收，正在进行工程决算。南淝河下游河道整治工程完成大堤清表清基、老堤锥探灌浆、10座穿堤涵闸拆除重建、迎水面块石或混凝土护坡及抛石固脚、左岸11处堤防应急加固、马家渡分洪道2座交通桥，累计完成大堤清基清淤和加固工程土方307万立方米。

巢湖沿岸水环境治理及生态修复工程为新的亚行贷款项目，省发改委于2012年6月批准可行性研究报告估算投资2.59亿元，初步设计通过专家评审。

十五里河综合治理工程完成前期工作，移交市重点工程局实施。店埠河航道升级改造工程开工。

灾后重建工程 兆河闸扩建及河道疏浚工程于2010年11月被列入安徽省重大水利工程2010年第四批中央预算内投资计划，其实施方案一是原址拆除重建兆河闸，兆河闸规模为设计流量650立方米/秒，共7孔，闸总净宽52米，其中中孔结合通航，净宽10米，其余6孔每孔净宽7米；二是疏浚兆河闸上下游各一段河道，长约1.3公里，土方约53万立方米。概算总投资4831万元，其中中央投资3800万元，地方配套1031万元。兆河闸扩建工程于2012年底完工。河道疏浚工程开工。

前期工作 积极推进引江济巢前期工作，巢湖兆河治理工程可行性研究报告由省发改委批复，初步设计由省发改委审查待批。

龙河口引水工程完成路线方案比选及约70公里长带状地形图航测、地质勘探任务，形成可行性研究报告，并开展施工图设计。该项

水利部考察组调研引江济淮工程

目被列入2013年全市大建设计划。

【防汛抗旱】 针对区划调整后的防汛抗旱工作新形势，全市认真开展汛前检查，全面落实各类防汛责任制，储备防汛物资，修编各类预案，建设防汛队伍，加强与相关单位的磨合，科学调度，有效应对并克服“达维”、“苏拉”、“海葵”3场台风的不利影响，安全度汛。提引结合，全面开展防旱抗旱工作，全市累计引调淠史杭水2.7亿立方米，提引河湖水1.2亿立方米，调度内部蓄水5.2亿立方米，完成农业灌溉用水9.1亿立方米；实施城市引水5次2.86亿立方米，完成城市供水2.9亿立方米，生态补水2300万立方米。

【水利工作考核】 省水利厅对合肥市水务局的水利改革发展目标进行了考核。合肥市全面完成了省水利厅《关于2012年度水利改革发展目标考核工作的通知》下达的16项工作任务，在全省评比中获优秀等次。

在市政府对县（市、区）政府2012年度目标管理考核项目中，水利发展占3分。市水务局按照市政府目标管理考核要求，制定具体考核细则，分水利工程建设、财政投入、土地出让金收益提取、工业增加值降低指标等4个方面进行考核，圆满完成考核任务。

市水务局全面完成市政府办公厅《关于印发2012年度工作目标任务的通知》下达的15项单项目标和9项共性目标，获良好等次。

市水务局对各县（市、区）水务局工作也进行了考核，分防汛抗旱、水政水资源、规划计划、水利基本建设管理、民生工程建设、农村水利、泵站管理、财务管理、工程质量监督、安全生产、纪检监察、水利宣传等12个方面，考核方式采取日常考核与年终考核相结合，考核结果与水利改革发展目标考核、农田水利基本建设评比、市级农田水利专项资金补助挂钩。

【水利行业管理】 市水务局成立了行政处罚群众公议工作领导小组，完成市本级包括行政许可、行政处罚、行政强制、行政征收及其他具体行政行为等水行政执法权限界定。开展边界水事纠纷专项排查、省人大《关于保障全省人民饮水安全的决议》贯彻落实情况执法检查、水政执法案卷先期自评自查活动。认真办理人大建议、政协议案，收到人大建议10件、政协议案7件，全部办结。全年受理各类行政审批68件，均在规定时限内办结，实现行政审批零投诉。办理答复“12345”政府服务直通车来件42件，办结率100%，群众满意度100%。

继续深化水利工程管理体制改革，规范水利工程管理。严格执行水利工程管理法规，规范涉河建设项目审查审批。调查登记全市国有水利工程管理基本情况，开展肥东县众兴水库省级水利工程管理单位考核申报工作。不断完善水利安全生产工作措施，落实水利安全生产各项责任与措施，实现水利行业安全生产“零指标”控制目标。

坚持依法治水。根据行政区划调整情况，扩编合肥市《水功能区划》和《水资源综合规划》，启动编制《合肥市城市水资源配置规划》。认真落实最严格水资源管理制度，加强取用水管理。推进水资源监测信息化建设，将全市所有水功能区纳入监测网络。董铺、大房郢水库水源地信息自动化系统建设纳入国家中央分成水资源引导项目，补助中央水资源费300万元，专项用于水源监控设施和隔离网设施建设。实施《合肥市水生态保护与修复规划》，积极配合推进董铺、大房郢水库保护区绿化及湿地工程建设。加强董铺、大房郢水库水质保护，组织人员24小时巡库，劝阻、制止两大水库周边洗衣、洗车、游泳及倾倒、堆放垃圾等污染水质行为，打击一级保护区内围库造塘、占用库区等违法行为，严防二级保护区内发生危害水源安全事件，确保城市饮用水水源安全。

加强各级水利部门班子建设，提高领导班子驾驭能力。开展防汛抗旱、泵站管理、安全生产、工程管理、水利工程施工、水政执法、行政文书、财务会计等培训等专业培训及乡镇水利站负责人培训，提高基层水利工作者的业务素质和实际工作能力。更新办公硬件设施，提高水利装备水平。各县（市）均通过县级水利部门能力建设验收。全市成立60个乡镇水利服务机构，其中，肥东县、庐江县和巢湖市均以乡镇为单位，设立49个乡镇独立站；肥西县、长丰县以流域为单位，设立11个流域中心站，实现水利基层服务机构全覆盖。聘用村级水管员1047人，覆盖全市90%村。

【水利普查】 11月，顺利完成了水利普查档案省级验收工作。全市共对71.58万个调查对象、1.80万个普查名录进行了数据获取和录入工作，共获取数据项数35.27万个。普查涵盖水利发展和改革的方方面面，成果丰硕，对于科学谋划水利长远发展，保障水资源可持续利用，促进经济社会可持续发展，推进资源节约型和环境友好型社会建设，都具有重大指导意义。

4月15日，水利部发展研究中心主任杨得瑞（左二）视察巢湖

【水利宣传】 全年投入经费25万余元开展水利宣传。在《安徽日报》上以“实施水利安徽战略 推动合肥水利发展”为题，发布整版报道。与合肥广播公司签订合同，在中波666、调频91.5合肥新闻综合广播推出“合肥水务观察”节目，发稿260篇。对市水务局门户网站进行改版，增加栏目，改进网站功能。组织了6次较大规模的集中宣传活动：一是“世界水日”、“中国水周”集中宣传。围绕“大力加强农田水利、保障国家粮食安全”和“保护水环境、保障水安全”主题，通过多渠道、立体式、广覆盖的宣传途径，深入宣传水法律法规；二是在汛期组织媒体深入基层，集中开展了防汛专题宣传；三是农田水利建设高潮期间，组织媒体集中开展农田水利建设“四加一”（扩挖塘坝、沟渠清淤、小型泵站更新改造、圩堤除险加固和基层服务体系建设）宣传；四是围绕环巢湖生态示范区建设，开展水利项目建设集中宣传；五是配合市人大开展了“庐州环保世纪行”活动；六是配合市节水办开展了“节水宣传周”活动。全年在《中国水利报》发稿4篇，《人民长江报》发稿2篇，国家级网站发稿23篇，安徽新闻联播发稿2次，安徽日报发稿3篇，其他省级媒体发稿42篇，市级媒体发稿312篇。

【重要活动】 1月6日，省委常委、市委书记吴存荣在市委副书记熊建辉，市委常委、秘书长杨思松等陪同下，先后赴庐阳区和长丰县调研植树造林和水利兴修工作。

5月8日，市政府召开全市防汛抗旱工作会议，贯彻落实全省防汛抗旱工作会议精神，总结上年防汛抗旱工作，分析当前防汛形势，部署当年工作任务。市长张庆军出席会议并讲话，市人大常委会副主任阚建华、市政协副主席郭本道出席会议，副市长江洪主持会议。市防汛抗旱工作领导小组全体成员，各县（市）区政府主要负责人和分管负责人，30个重点乡镇的主要负责人等参加会议。

5月11日，国家移民局局长唐传利一行到肥东县调研大中型水库移民后期扶持工作开展情况。

5月30日，副省长花建慧一行到合肥市检查指导防汛抗旱工作，副市长吴建国陪同检查。

6月5日，市长张庆军在市委常委、副市长周善武，副市长江洪及市直相关部门负责人陪同下，检查合肥市城市防涝和防汛准备工作。

6月18日，中国工程院院士、武汉大学教授茆智一行应市政府的邀请，对包河区水环境治理进行了考察和指导。

6月18～20日，水利部总工程师汪洪一行在皖调研考察引江济淮工程，并召开了水利部考察引江济淮工程座谈会，听取情况汇报，对规划编制等工作提出明确要求。省委副书记孙金龙出席座谈会并讲话，省政府副省长梁卫国主持座谈会。期间，考察组实地考察了位于合肥市的江淮分水岭、淮河实体模型建设工地、菜子湖与巢湖分水岭，兆河、巢湖闸、巢湖等引江济淮工程重要规划节点，深入了解工程规划详情，副市长江洪陪同考察并出席座谈会。

10月18～20日，水利部水利水电规划设计总院在北京召开会议，审查《巢湖环湖防洪治理工程可行性研究报告》。水利部水利水电规划设计总院副总工程师侯传河主持会议，安徽省水利厅副厅长蔡建平、中共合肥市委常委江洪及国家防汛抗旱总指挥部办公室、水利部水利水电规划设计总院、水利部长江水利委员会、安徽省水利水电勘测设计院、合肥市发展和改革委员会、合肥市水务局、相关县（市、区）水务局的负责人和专家参加会议。

12月28～29日，水利部在安徽省合肥市召开全国水利厅局长会议。会议期间，省委常委、市委书记吴存荣，市委常委江洪会见了水利部部长陈雷，副部长矫勇、董力、胡四一、刘宁、李国英、蔡其华，总工程师汪洪、总规划师周学文等领导。水利部领导对近年来合肥市水利发展取得的成绩给予高度评价，对下一步水利工作提出了更高更新的要求。 （管小庆）

园林 旅游

城乡绿化

【概述】 2012年，按照市委市政府的总体要求和部署，全市林业园林工作坚持以科学发展观为指导，各项工作取得新突破，实现新跨越。近两年累计投入绿化资金70亿元，完成植树造林28200公顷，城区绿化2237万平方米。截至到当年底，全市森林覆盖率26.69%（剔除水面达32.7%），城区绿化覆盖率45.2%，绿地率40.3%，人均公共绿地面积12.8平方米。城区园林化、城郊森林化、道路林荫化、农田林网化的城乡绿化格局基本形成。

【植树造林】 在森林合肥建设中，实行一整套独具合肥特色的创新做法，形成全市上下以目标管理为抓手，以招商兴林为重点，合力推动植树造林工作的良好格局。全市完成植树造林16267公顷，是市政府下达任务的122%、省政府下达任务的132%。森林合肥建设的创新实践，得到国家林业局领导的高度评价。3月8日，省政府在合肥市召开千万亩森林增长工程植树造林调度会，省领导指出，合肥市植树造林领导到位、规划到位、宣传到位、投入到位、机制到位，为全省树立了榜样。

【城区绿化】 共实施城区绿化项目217个，投资14.45亿元，完成绿化总面积1212.9万平方米，比2011年增加约20%。其中新增绿化面积990.28万平方米，提升绿化面积222.62万平方米；共栽植乔木45.12万株、花灌木96.86万株、色块266.75万平方米。新增绿化面积为市政府下达目标任务的149%，超额完成年度目标考核任务。城区三项绿化指标在全国省会城市、全省地级市中均居于前列。

【重点园林绿化】 坚持公园、绿地新建提升并举，围绕“做大做美公园绿地，提升城区绿化品质”的目标，推进公园、游园建设和改造，先后建成陶冲湖公园、大张圩森林公园（一期）、滨湖公园（一期）、王咀湖坝下河公园（一期）、繁华公园等一批公园、游园，新建公园绿地539.89万平方米；4月29日，占地345公顷的大蜀山森林公园西扩景区建成并对外开放，使大蜀山森林公园的总占地面积达到867公顷，形成距市中心仅6公里的大型森林绿肺，并成功创建国家级森林公园；建设大张圩滨湖湿地森林公园（一期），占地180公顷，建有焦姥路林荫大道、焦姥河生态水系、游步道、木栈道休闲漫步体系、带状湿地生态廊道四重主景系统，于9月29日对外开放。建成滨湖湿地公园（试验段），面积达80.24万平方米，该工程于2011年12月开工，2012年4月竣工，总投资约4536.8万元。加强道路绿化绿量统筹，按照“增加绿量、营造层次、丰富色彩、提升景观”的要求，高标准实施道路绿化；完成新蚌埠路、魏武路、东方大道等113条道路及节点景观绿化建设，改造提升望江西路、科学岛路等21条道路沿线及节点绿化，绿化面积达376.88万平方米；完成全长约17.6公里的机场高速绿化，道路两侧绿化带宽30米，栽植美洲杨、雪松、栾树等乔木10万余株。开展拆房建绿、拆违建绿、见缝插绿、垂直绿化，千方百计增加绿化，全市累计实施天都小区、嘉和苑小区、曙宏新村、光明新村等“三无、老旧小区”绿化整治65个，实施零星空地绿化28处，绿化面积21万平方米。

【管养体制改革】 根据市委、市政府的统一部署和工作要求，坚持“属地管理、重心下移，人随事走、财随事转”的原则，2012年8月，启动并实施全市园林绿化管养体制改革。逍遥津、杏花等6个市管公园以及市管的广场、游园、道路绿化、租地绿化等划转辖区管理，其中，逍遥津公园、杏花公园、三国遗址公园划转庐阳区管理；包公园、望湖公园划转包河区管理；市苗圃划转蜀山区管理；花冲公园划转瑶海区管理；环城公园按行政区划结合景区绿线范围，分由各辖区管理；人民广场划转庐

塘西河绿化

阳区管理；和平广场划转瑶海区管理；市林业和园林局招标（委托）养管的道路绿化、市绿化施工养护管理处养管的道路绿化及尚未移交的大建设绿化项目划转所在辖区养管；高压走廊下租地绿化，包河大道、蒙城北路、双凤大道、北二环路、南淝河及十五里河沿线租地绿化，三国遗址公园周边租地绿化等全市租地绿化全部划转所在辖区管养。共下划人员1789人，下划净资产约3.47亿元，移交管养任务1533.6万平方米。2013年1月1日，新的管养体制开始运行。

【行业管理】 开展城区绿化养护管理专项提升行动，补植乔木、花灌木10120株，铺设各类地被22936平方米。开展文明创建和主题游园活动，相继举办三国文化节、包公文化节、梅花节、郁金香节、牡丹节等主题游园活动，丰富市民精神文化生活。完善公园景区生态旅游功能，植物园成功创建国家4A级景区。开展“花园单位”创建活动，全市新增“花园单位”30家。完善园林绿化养护监督考核办法，每月进行明查暗访，并不定期专项检查、跟踪督查，全年共下发整改通知书98份。开展损绿毁绿、“绿盾2012”林业植物检疫、破坏森林资源和野生动物等涉林涉绿违章违法犯罪专项行动，受理并处理各类涉林案件147起。查处和平路等一批损绿毁绿违规案件，召开新闻发布会，发布重大典型毁绿案件处理情况。依法依规做好林业园林政务服务，全年共受理行政许可申请6124件，许可6100件、不予许可24件；办理新申报企业资质15家、企业资质转正、升级8家。

【绿化资源保护】 严格执行林木限额管理、凭证采伐、运输和经营加工以及林地定额管理、征用征收审核审批等管理制度，全年办理审批征占用林地46件。坚持森林防火、林木防害、动物防疫，着力加强防控基础设施和防护体系建设。森林火灾受灾率控制在1‰以内；林业有害生物无公害防治面积9693公顷，防治率达92.95%，高于省控指标10多个百分点；有害生物测报准确率98.13%，高于省控指标15个百分点。完成全市森林资源二类调查及全市2113株古树名木普查认定工作。全民植绿护绿意识不断增强，全市共有332.17万人次参加义务植树，植树1131.1万株。启动护绿使者志愿服务活动，成立市“护绿使者”志愿服务支队及各县（市）、区大队，全市“护绿使者”达2000余名，省委常委、市委书记吴存荣，市长张庆军分别注册为001号和002号“护绿使者”。

【林业产业】 林业改革主体任务基本完成，配套改革全面推进，重点开展林改档案管理、林下经济、林业合作组织建设、金融促进林改等四方面工作。督促各县（市）区建立林权信息发布系统，实现省市县三级联网。开展林改专题调研，会同市财政局联合出台合肥市森林保险实施方案，会同市农委联合出台合肥市林权抵押实施方法，会同市档案局联合进行市林改档案检查工作。全市开展林权抵押贷款面积1446公顷，贷款14748万元；林权流转面积1793公顷，产值4920万元；林下养殖畜禽2623万只，产值4724万元。新建林业合作组织50个，其中获得省级示范社1个。以苗木花卉为重点的林产业蓬勃发展，全市苗木花卉种植面积达30000公顷，年销售额29.6亿元，成为全市农村经济中的重要支柱产业；全市的森林旅游人次达262.9万人次，收入5.45亿元；全市林下经济产值达1.35亿元。其中，2012中国·合肥苗木花卉交易大会成果丰硕，布展面积（7.1万平方米）、参展商、贸易商（1449家）、观展人数（约3万）、交易额（13.52亿）均创历届之最。

（岳长青　张静）

旅　游

【概况】 全市旅游业保持平稳较快发展，全年实现旅游总收入459.63亿元，增长20.1%；接待国内游客5360万人次，增长20.2%；入境游客37.5万人次，增长13%；实现外汇收入2.1亿美元，增长11.9%。是年，获得全省“旅游目标考核一等奖”。

【旅游项目】 建立重大旅游项目调度制度，对十大重点项目实行月报告、季调度、年考核。渡江战役纪念馆建成开放，成为滨湖标志性建筑；中国（合肥）非物质文化遗产园开放，列为全省重大旅游调度项目；刘铭传故居成为全国第十七个海峡两岸交流基地；李鸿章故居陈列馆成为“2012年度安徽最受欢迎景区”；三河古镇创建5A景区护城河公园开放，游客中心主体工程竣工；三十岗旅游区、岱山湖等景区内涵丰富。皇冠假日酒店、利港喜来登酒店、碧桂园凤凰酒店、深业御泉庄假日度假酒店营业，汤池温泉艺术宫壳体竣工，金孔雀国际会议中心结构封顶。万达文化旅游项目落户滨湖，肥东帆船国际俱乐部项目签约，港中旅与华侨城项目正在推进。

【旅游服务】 创建非遗园、大圩、瑶岗旧址和植物园4家国家AAAA景区；新增10家旅游饭店（其中万达威斯汀、世纪金源大饭店2家五星级饭店），元一希尔顿酒店获第九届中国酒店“金枕头”奖，两淮豪生大酒店、万达威斯汀酒店获“金叶级绿色饭店”称号；新增旅行社22家，引入中国国旅、重庆百事通和深圳宝中等著名品牌。举办“十佳导游员”、“十佳政务导游员”评选活动，组织参加“旅游难忘安徽”2012年安徽省导游大赛，囊括4个一等奖；举办旅游饭店业服务技能大赛，组织高星级饭店总经理赴外地学习考察。开展“文明餐桌”创建活动，公开承诺“不误导顾客超量点餐、主动提醒不浪费、主动提供打包服务、主动提示不酒后驾车”，得到中央文明办、省市文明委肯定；组建合肥市旅游行业志愿者服务支队。

【节庆会展】 4月，举办首届中国（合肥）巢湖国际旅游节。当年举办首届环巢湖全国自行车邀请赛、2012全国（紫蓬山）皮划艇春季冠军赛暨皮划艇大奖赛、首届巢湖开湖节及第六届“春色滨湖”旅游节。分别承办“第四届中国·合肥旅游迎春购物节”、“2012环巢湖旅游发展峰会暨第九届环球旅游论坛”、2012中国（合肥）国际旅游商品暨创意礼品展览会、第三届中国（合肥）国际酒店用品餐饮设备展览会。

【市场开发】 开通合肥至日本大阪直飞航班、合肥至曼谷包机，新增合肥至杭州、兰州等8条航线，赴新疆和田开展旅游航空推介。合肥骆岗机场全年吞吐量达到518万人次。在岳西县召开合肥经济圈旅游合作会议，在淮南市组织重大旅游项目招商会，赴武汉开展旅游联合推介，开通合肥至桐城、合肥至寿县、合肥至巢湖旅游直通车。以“大湖名城、创新高地”为主题，在中央电视台开展旅游形象宣传。在全省范围内率先发行游中国·牡丹旅游卡。

【旅游改革】 调整合肥市旅游与现代服务业发展指导委员会，省委常委、市委书记任第一主任，市长任主任，市直各部门为成员，构建旅游与相关部门行业协调发展机制。坚持“属地管理、重心下移”，包公园、三国遗址公园等景点下划县区。组建旅游执法大队，构建旅游与公安、卫生、工商、质监、安监、消防和交通等部门联合执法管理体制。推进景区“三权分离”，少数重点景区按照“政府引导、市场主导、企业主体”思路，与中青旅等大企业接洽，探索经营管理体制改革。

【规范市场】 推行旅游安全标准化，制定评定标准。开展消防疏散、地震逃生、特种设备救援、食物中毒、交通事故处置等预案演练以及巢湖国际旅游节应急预案专项演练。开展“安全隐患排查”、“打非治违”、游艇码头和旅游客运车辆专项检查活动，检查、自查隐患529条（项），整改率达100%。是年，处理有效责任投诉33起，均已结案。建立旅游企业诚信评价制度。按季度公示旅游企业投诉情况。开展旅行社出境游委托代理招徕业务、旅游广告虚假宣传等专项整治。

【环巢湖旅游规划及开发】 坚持“世界眼光、国内一流、合肥特色”，面向国际招标编制《环巢湖旅游发展规划》，吸引70家设计单位、22个联合体竞标，5家联合体入围。编制体现“领导重视、专家评议、群众参与”原则，安徽省省长、市规委会分别听取规划方案汇报。确立“一环六区映十镇”旅游空间布局，提出建设“国际滨湖度假旅游目的地”战略目标。按照“国际知名、国内一流”，编制完成半汤、汤池国际温泉度假区概念规划。编制《环巢湖旅游“两年大变样”策划方案》，实施3大类、41个项目建设，市委市政府两次召开项目建设专题汇报会，每周调度项目建设。环湖22处景点包装开放，滨湖湿地森林公园建成开园；中庙-姥山开展综合整治与岸线改造；长临河立面改造、水系沟通全面实施；昭忠祠、李公祠与“三上将”故居重新布展。巢湖市旅游中心建成开放，大张圩、四顶山等7处观景平台建成，长临渔庄、秀水山庄等农家乐提档升级，中庙荷塘月色渔港启动建设，沿湖挂牌12家首批特色餐饮示范店，推出十大巢湖地方名菜。旅游交通指引标识、景区连接线及停车场等工程相继建成。当年“十一”前，环湖北路全线贯通，4辆旅游观光巴士正式运营。

（许俊松）

商贸 服务业

商　贸

【概况】　合肥市商务局认真贯彻落实国家宏观调控政策，全力扩内需促消费、提升商业档次、打造便民商务、夯实重点服务业产业基础、提高行政效能，实现了商贸服务业质量规模上台阶。

【扩大消费】　培育新兴消费热点、提升消费档次和品位，促进城乡消费增长，全市实现社会消费品零售总额1293.62亿元，比上年增长16.7%，在全国26个省会城市中总量位居第16位，增幅位居第9位。落实“家电下乡”、“家电节能补贴”等促消费政策，全年全市累计销售家电下乡产品89.11万台，实现销售额26.79亿元，占到2008年以来政策实施期间全部销售额的46%以上。指导督促商家利用节日商机，开展多种形式的促销活动，挖掘消费潜力，举办各类“百家品牌展销、百场消费促进”活动600余场，涉及房产、汽车、家居、家电、食品、服装、日用品、珠宝、餐饮、文化旅游等领域3000余种商品，其中名优品牌千余种，拉动消费近200亿元。开展农超、农餐、农社、农批、农宅等产销对接活动，全年组织举办各类产销对接活动16场，对接金额近20亿元。

【市场体系】　坚持改造提升传统业态与加快发展新兴业态并举、功能开发与提升档次并重的原则，不断完善市场体系。实施商贸服务业项目三级调度制，全年全市重点商贸服务业在建大项目30个，当年计划投资208.2亿元，实际完成投资218.1亿元。天鹅湖万达广场、港汇广场、之心城、红星美凯龙环球广场店等大型商业设施相继建成开业。建成国家级商业特色街——淮河路步行街以及宁国路美食街、1912酒吧一条街等5个省级特色商业街区。全年全市新增典当行9家，累计注册资本9.52亿元，其中4家注册资本在1亿元以上，规模最大的典当行注册资本2.56亿元，较上年规模最大典当行增加1.36亿元。打造便民商务体系，农产品现代流通体系试点进入项目跟进和验收阶段；“万村千乡市场工程”建设深入实施，8家承办企业全年新建直营店和加盟连锁店120家、乡镇商贸中心1家和配送中心2个。扎实推进“五位一体”放心工程及标准化菜市场改造等惠民工程建设：开展生猪定点屠宰企业审核清理，出台《141城市发展空间生猪屠宰设置规划》，推进关闭99家屠宰场点（包括主城区的3家机械化屠宰场）；制定《关于合肥市建设便民惠民蔬菜流通体系的实施意见》，建成国内首个省级农产品直销平台——安徽徽润农产品直供直销中心以及公益性菜场3家、社区蔬菜直销店55个，50辆平价蔬菜流动车开进100个小区销售点；建设改造县乡农贸市场12个，建成城乡放心购物连锁便利店206个，完成12家标准化菜市场改造任务；新培育发展老乡鸡、王仁和、采蝶轩等早餐企业“放心早餐”网点57个、早餐车200辆，培育“放心家政”龙头企业4家。

【市场秩序】　通过全国肉菜流通追溯体系试点城市建设、三绿工程、市场运行监测、农贸市场文明创建和“双打专项行动”等举措，加强市场运行调控和秩序监管，打造“放心消费”。截至年底，全市肉菜流通追溯体系城市平台和屠宰、批发、超市、菜市场等子系统建成并实现技术链条合成。开展“三绿工程”工作，从全市16个农副产品批发市场、农贸市场和超市中抽检蔬菜样本4552组，总合格率99.5%，评选出96家合肥市“绿色零售市场”和“绿色社区店”。构筑市场调控应急体系，建立8大商务部市场运行数据直报系统，制定和完善生活必需品市场供应应急预案和操作手册，建立猪肉储备制度和“菜篮子”商品保障供应联席会议制度。加大文明创建工作力度，对全市80多家农贸市场开展文明创建督查，在市文明办对全国文明城市创建的现场测评中取得较好成绩。推进打击侵权假冒工作，建立健全“双打”工作机制；

贯彻各级食品安全工作部署，提升商务领域食品安全管理水平；履行酒类流通、药品流通工作职责，加大对典当、拍卖、成品油等特种行业监管力度，确保市场繁荣和稳定。

【会展经济】 市商务局推动会展工作机制建设，强化对会展业发展的组织、协调，经市编委会议和市委常委会议研究决定，撤销原局内设机构会展经济发展促进处，升格设置为市会展经济发展办公室，主要负责合肥会展业发展的战略规划、重大政策的研究制定，规范会展业发展市场秩序，指导会展行业发展并具体承担市会展经济发展工作领导小组的日常工作。统筹会展资源，提升会展业质量，培育和引进“国字号”展会，成功举办“活力澳门推广周”、全国药交会、家博会、坚果炒货食品博览会、农业产业化交易会等一系列全国性展会。创新会展场馆运营模式，完成滨湖国际会展中心和安徽国际会展中心委托运营管理公司的招标工作，成功引进安徽美展公司作为场馆运营商，妥善推动滨湖国际会展中心建设主体与经营主体的交接工作，并对运营商管理和报价体系进行规范，筑牢合肥市会展业发展基础。全市现有专业会展场馆两个，分别是合肥滨湖国际会展中心和安徽国际会展中心，可供展示室内面积达12.8万平方米，室外面积4万平方米。全年共举办各类展览会168场，同比增长3%，其中：安徽国际会展中心57场，滨湖国际会展中心9场，其他场馆102场；20000平方米的展会16场，全国性展会10场。展会主要涉及年货、花卉、草莓、人才、医疗器械、装潢材料、旅游、广告印刷、新能源、服装服饰、传统文化、医药、安防、坚果炒货、工业装备、工艺品、茶叶、孕婴童产品、龙虾、荷花、啤酒、环卫等领域。在2012年度中国节庆产业金手指颁奖盛典上，合肥获得“十大节庆城市”荣誉称号，“中国合肥徽菜美食节”获“十大饮食类节庆”奖项。

天鹅湖万达广场

【重点服务业】 以服务外包、会展经济、电子商务和商贸物流等服务业为重点，不断夯实产业基础。促进服务外包产业发展，强化政策引导，加快载体建设，推进滨湖新区国际金融后台服务基地、高新区动漫和服务外包示范基地建设；利用各类服务外包展会，加强招商推介，组织企业参加首届中国（北京）国际服务贸易交易会及第十届中国国际软件和信息服务交易会。全年完成服务外包接包合同执行金额7亿美元、增长79.5%，其中离岸执行金额3.8亿美元、增长58.7%。提升会展业质量，统筹会展资源，培育和引进“国字号”展会，提高滨湖国际会展中心的辐射力和影响力；推动会展工作机制建设，创新会展场馆运营模式，完成滨湖国际会展中心和安徽国际会展中心委托运营管理公司的招标工作；强化对会展业发展的组织、协调，在市商务局设立市会展经济发展办公室，具体承担促进全市会展经济发展的日常工作。发展电子商务，制定《合肥市电子商务“十二五”发展规划》，合肥（蜀山）国际电子商务产业园成功获批安徽唯一全国首批国家电子商务示范基地，成功举办“电商之春 魅力合肥”——艺龙旅行网等电商入驻合肥签约仪式暨新闻发布会和合肥工业、现代服务业专题推介会以及第十届中国呼叫中心产业高峰论坛暨系列颁奖活动等，新引进宝葫芦集团、北京恩源科技等10家知名电子商务企业。推进商贸物流业项目建设，配合制定全市《“十二五”物流业发展规划》，开展现代物流技术应用和共同配送试点城市申报并获商务部批准，加快推进中国国际农产品物流园等重大项目建设，安徽商贸物流开发区永辉安徽物流配送中心以及长丰双凤工业区合肥宝湾国际物流中心等项目开工建设，南京润恒物流合肥润恒现代农副产品冷链物流产业园落户长丰北城。

【效能建设】 建立全市进出口企业包保服务机制，成立22个包保服务工作小组，对全市1064家年进出口额1000万美元以下企业开展分级包保服务。建立调研工作长效机制，结合省商务厅“千名干部进企业”及全市“企业服务年”活动，针对物流、会展、服务外包、家政、电子商务等多个领域，共开展各类调研帮扶活动300余次。完成服务业发展政策修订工作，涉及商务领域政策增至40条，全年商贸物流、服务外包、会展、家政、早餐以及外贸等领域市级财政促进资金兑现规模达到2.8亿元；争取并兑现国家及省级政策支持资金1.22亿元。制定完善机关财务、招待、车辆等多项管理制度，对容易滋生腐败的流程和环节进行严格控制。建立完善现代服务业政策申报项目联审制度，引入社会第三方加入项目审核，局监察室参与督查超过五万元的单个申报政府政策资金项目，对重点业务处室跟踪问效。会同市公安局、招投标中心对新增典当行资格的确定引入招投标程序，在促进典当业健康发展的同时，保证权力行使过程中的公开、公平、公正。

（刘航航）

粮　食

【概况】 全市粮食工作立足市场保供给、强产业促发展，实施“合肥市粮食产业化500亿跨越工程”和“质量效益提升年活动”，完成了全年各项目标任务，再次获得“全省粮食工作年度目标考核优秀单位”、“全省国有粮食购销企业综合经济效益一等奖”等多项殊荣。

【粮食收购】 国有粮食企业“主渠道”作用明显，全年粮食产量320万吨，位居全省第五，全社会粮食收购量183万吨，国有粮食企业收购112万吨，位居全省第二。启动最低收购价预案，落实惠农政策，种粮农民增收2亿元。

【粮食储备】 市政府下发《关于加强市级储备粮油轮换价差收入使用管理的意见》，完善市级储备粮轮换机制，市级储备粮轮出、轮入全部通过安徽粮食批发市场招标，全年竞拍轮换粮油15000吨，形成轮换顺差1500万元。认真贯彻《安徽省省级储备粮管理办法》和《合肥市市级储备粮油入库验收规程》，修订《合肥市市级储备粮管理工作实施细则》，全面落实市级储备粮、油储备任务，且数量真实、质量良好、储存安全、管理规范。

【保供稳价】 强化全社会粮油统计工作，做好市场粮油价格监测，聘请16名粮油价格监测咨询员，第一时间反馈粮油价格波动情况。修订完善《合肥市突发粮食事件应急预案》，重新确认全市30家应急储备、加工和供应企业并授牌。开展供需平衡调查，全市建立粮食应急供应点60个，提高粮油应急供应水平。

【产业发展】 市政府制定了《关于加快推进粮食产业化发展的意见》，加快全市粮食产业化发展步伐，全年新增省级龙头企业10家，总数达39家。20家省级龙头企业获得财政贴息219万元。全年完成粮油加工业产值260亿元，同比增长24%。落实粮油订单256667公顷，优质率达95%以上，金润、丰大等龙头企业建立的优质粮示范基地均超千亩以上。已建和在建粮食产业园区14个，其中5个列入省“861”计划，合肥市现代粮食物流园、庐江汤池粮食产业园被列入省粮食局重点支持园区。培育壮大龙头企业，金润、光明槐祥获评全国粮油加工企业100强，鑫隆米业共17家企业进入全省100强，39家企业被评为省粮食产业化龙头企业，11家企业获省“三个十企业”称号，占全省三分之一。组织55家龙头企业参加合肥农交会、济南第十二届中国国际粮油产品及设备技术展览会和南昌绿色食品博览会。

【科学储粮】 全市共投入资金3200万元，改建扩建仓库6.5万吨，增加有效仓容5万吨。新建空调低温仓33600吨，提高科学储粮水平。普及新农村农户储粮工作取得新进展，争取中央、省财政资金700万元，在全市48个乡镇、200个行政村新增推广农户科学储粮罐20000个，占全省新增总数的四分之一。

【军粮供应】 严格执行新国标一级标准采购粮食，确保军粮质量合格率达100%，做到粮源充足、质量安全、供应及时、服务优质。常年聘请驻肥部队官兵为行风监督员，每年召开行风监督员座谈会，常年开展义务为部队送粮上门活动。合肥军粮供应站、庐江军粮供应站被国家粮食局评为全国百强军粮供应站。

【改革发展】 实施原地级巢湖市三家粮食企业改革，支付改革资金、清偿债务1000多万元。加强企业管理，开展“质量效益巩固年”活动，国有粮食企业实现销售收入18亿元，盈利2752万元，居全省首位。

【人才工程】 制发《关于进一步加强局属企业领导班子和人才队伍建设的意见》，实施“5112人才工程”，即“十二五”期间，重点培养5名法人代表、10名企业副职、10名后备干部和20名粮食专业技术人才。

（王新华）

供　销

【概况】 市供销社推进跨越发展、创新发展，实现经济平稳较快增长。全系统商品销售92.8亿元，利润1.16亿元，同比分别增长48%、96.36%。在全省供销社系统综合业绩考核中连续第6年荣获特等奖，被市委授予“创先争优优秀单位”，并荣获市级“文明单位”称号。

【新网工程】 成立全市供销社“新网工程”建设领导小组，制定市级“新网工程”专项资金管理办法，设立国家、省、市级“新网工程”项目库，完成年度200万元“新网工程”奖补资金的评审发放工作。在各县（市）区新引进乡村日用消费品连锁便利店172家，新建综合超市3500平方米；完善烟花爆竹连锁配送网络，改造升级肥东县烟花爆竹储备仓库，推动肥西县烟花爆竹由仓库中转型向联合经营型转变；加快农资现代经营服务网络建设，巢湖市供销社1200平方米农资配送中心投入使用，长丰县建成3000平方米集交易市场、超市销售和仓储为一体的农资配送中心，市社农资物流园项目建设取得重大进展；加快农副产品市场购销网络建设，长丰县供销社投资建成1500平方米农产品展示交易大厅，并拟筹建占地约2.7公顷蔬菜加工冷链（仓储）项目。截止到当年底，各类“新网工程”网点有2000多家，覆盖全市80%乡镇和40%行政村。

【再生资源】 全年共受理再生资源回收企业前置审核及备案163件，审核批准115件，实行备案登记138户；在全市开展再生资源回收行业普查工作，全面摸清再生资源回收行业的家底，为市场规范整顿和行业健康发展奠定基础；新建社区绿色回收亭20个，整合原有回收站点50个；在包河区开展“再生资源回收日”活动和废旧物资回收环境整治工作，在肥东县投资3000多万元建设总面积4000多平米的合肥循环经济园区二期工程；规划建设全市再生资源集散交易市场、分拣中心等项目。

【合作经济】 自筹100万元为农服务奖补资金和300万元无息支农基金，出台百万人才奖励基金，大力引导和扶持各类农民合作经济组织；举办全市农产品经纪人培训班，争取项目资金，多次组织参加各类农展会，为农民合作经济组织搭建流通平台。全市共有县级供销社6家，基层社24家，综合服务社914个，各类专业协会34个，由各级供销社领办、创办的农民专业合作社达148家，带动农户2.5万多户，帮助农民年增收近2亿元。长丰县供销社领办的硕丰草莓联合专业合作社在第七届世界草莓大会上荣获3金2银4铜佳绩，丰扬、向东、富农3家草莓专业合作社获农

省供销社领导调研肥东县社“新网工程”建设情况

业部、国家发改委等12个部委联合颁发的部级全国示范社称号；巢湖市供销社成立首家农民专业合作社联合社，牵头组建第一家养殖协会——“巢湖市捷达动物养殖协会”；肥西廖渡黄鳝、长丰丰杨草莓、庐江春兰茶叶等一批专业合作社荣获农业部表彰。

【社有企业】 投资组建安徽天彩烟花爆竹销售公司，拟建设全省最大的烟花爆竹配送中心；银山棉麻公司成功增资扩股，再次荣获中国农发行总行“黄金客户”的最高殊荣，并跻身全国供销社系统“百强企业”，为实现上市夯实了基础；天畅教育公司建直营园、加盟园各两家；恒汇供销投资公司投资成立安徽天悦家政服务公司，并完成对合肥市国正小额贷款有限公司的入股，全年营业收入近200万元。

【社有资产】 加强社有资产监管，严格实施《合肥市供销社“收支两条线”管理办法》，开展第二次资产普查工作，推行社有资产统一管理和阳光操作，通过公开招租、议租和进入市产权交易中心等方式，实现资产租赁收入比上年增长30%以上。筹备组建合肥供销资产经营公司，并谋划组建合肥供销集团。

（市供销合作社）

盐 业

【概况】 合肥市盐务局坚持“继续做强做精主业，拓展非盐商品经营”的发展思路，以加快商品结构调整为重点，以完善内部绩效考核机制为核心，以细分网络终端市场为手段，以新址项目开发建设为突破，转变生产经营方式，推进营销配送网络体系建设，努力拓展非盐商品市场，形成了食盐经营与非盐经营并重的经营工作新局面。全年实现盐品销售64423吨，实现合并销售收入22653万元，完成年度目标值的111.8%；实现合并利润1880万元，完成年度目标值的124%；全市共出动盐政人员3725人次，车辆1109台（次），检查各类经营户16800家，发放宣传材料25184份，查处各类盐业违法案件91起，没收各类私劣质盐9.45吨，罚款38450元。

【市场监管】 围绕“强化市场监管，确保食盐安全”工作思路，在建立和完善内部考核机制的同时，采取各种行之有效的措施，强化对全市盐业市场，特别是食盐市场的监管，查处一批涉盐违法案件，确保全市食盐市场的繁荣与稳定，为广大人民群众吃上放心合格的食盐作出了贡献。改变市场检查方式，规范盐品供应政策，调整检查思路和策略，实行错时检查和节假日巡查等方式，增加夜查次数和频率，对全市食盐零售户和食品加工用盐户进行地毯式检查，查处一批涉盐违法案件。同时对全市各类用盐户进行重新梳理，及时掌握用盐户的信息资料，为加强管理、打击违法行为提供依据。为规范大包装盐品的供应政策，约束和规范供应行为，杜绝因供应标准不一致而导致的大包装食盐冲销小包装食盐市场的现象。增强盐政人员的责任感和使命感，提高盐政人员的业务能力和办案水平，多次组织开展区域性联合执法和业务技能培训，研讨在市场监管中出现的新情况、新问题，交流盐政执法的新方法、新举措，维护全市食盐市场安全。发挥舆论导向作用，构建全员盐政新格局，利用“3·15”、“5·15”“12·4”等时间节点，围绕“五进”活动主线，创新宣传方式，开展义务宣传咨询活动，通过公布举报电话，发放宣传手册，现场接受消费者咨询等多种方式，向广大市民宣传盐业法律法规知识，提高市民自我保护意识和安全意识。8月，配合做好省局在全省“打四黑 除四害”专项行动一周年成果展示工作；全市各级盐政部门开展各类宣传咨询活动19次，出动盐政人员198人次，深入农村、社区、企业、校园举办活动161次；发放各类宣传材料5800份，各类活动现场咨询人数达到数千人。开展区域联合执法，遏制各类违法行为，开展区域性联合执法和集中整治行动，保障全市食盐市场安全。

【党建工作】 加强党的基层组织建设，发挥政治核心作用，出台市公司《贯彻落实“三重一大”决策制度实施细则》，规范企业在重大决策、重要人事任免、重大项目安排和大额度资金的运作行为，对事关企业改革发展的重大问题集体协商决定，不搞一言堂；组织观看《人民好儿女》、《雨中的树》、《特别的爱》和《钱学森》等多部优秀影片，在网上开展推选“优秀共产党员”和“中国好人”活动，组织开展学雷锋志愿服务活动；举办庆祝建党91周年活动，举行新党员入党宣誓仪式，发展3名入党积极分子为中共预备党员；开展“保持党员纯洁性、迎接十八大”主题教育活动；开展贯彻宣传党的十八大精神学习活动，购买大量辅教材料发给党员和中层以上管理人员，制定详细周密的学习计划，利用专题会、座谈会、学习会等各种形式，学习贯彻十大精神；

开展“领导班子大走访”、“三走进三服务”、“结对共建”和“基层组织建设年”等系列活动，制定领导班子帮扶制度，确定帮扶对象，帮助解决实际工作中遇到的困难和问题。通过开展各种学习教育和主题实践活动，党的基层组织建设得到加强，广大党员的党性意识、组织意识和服务意识有明显提高，党组织的创造力、凝聚力和战斗力得到加强。

【党风廉政】 推进党风廉政建设和反腐败工作，增强预防腐败工作的实效性，构建从源头上预防腐败工作机制，保证各项工作又好又快发展。根据省公司党委的统一部署，8月，开展廉洁风险防控工作，及时召开动员会，成立领导机构，制定《合肥盐业廉洁风险防控工作实施方案》，并多次召开专题会议，查找岗位、部门在权力行使、业务流程和制度机制等方面存在的廉洁风险点，并制定风险防控措施，健全以制约和监督权力运行为核心、以岗位风险防控为基础、以加强制度建设为重点的权责清晰、流程规范、风险明确、措施有力的廉洁风险防控机制。同时要求各县（市）公司查找本单位的廉洁风险防控点，做好廉洁风险防控工作。

【企业文化】 市公司（局）注重发挥工会、共青团等群团组织的桥梁纽带作用。对企业内部改革和涉及职工切身利益的收入分配、绩效考核以及领导班子建设、党风廉政建设等内容，都在企务公开栏内向职工群众公开，引导广大职工积极投身改革，参与改革，更好地履行民主监督、民主管理和民主参与的职能。举办各种文体活动，丰富职工业余文化生活，提高企业的凝聚力和向心力；开展“学雷锋”、青年文明号“济学助困”、“文明交通劝导”和“志愿服务”等社会公益性活动，引导广大团员青年爱岗敬业，奉献他人，为企业发展建功立业。做好职工遗属及居住在外地退休人员生存情况的调查工作以及离退休人员医药费的审核和发放工作。

（高　路）

烟草专卖

【概况】 合肥市烟草专卖局（公司）坚持以“抓规范、打基础、提效率、激活力”为主要工作思路，围绕“打造全国一流的卷烟服务商，在全国烟草商业系统中起到应有的示范作用”五年战略目标和规划，全年实现税利193454万元，全区实现卷烟销售27.021万箱。

【品牌培育】 集中资源优势，打造“四网合一”、“优质化、功能化”的现代卷烟零售终端，发挥典型示范作用；工商联手，建成“中国知名卷烟品牌会展中心”；试点引入“徽映e家”软件，强化零售终端的信息采集和消费跟踪功能，探索目标消费者“会员积分制”管理。

【物流建设】 整合配送区域、线路、车辆管理等资源，提高响应客户需求服务效率；优化仓储分拣流程，全面推动仓储标准化，狠抓卷烟出入库管理工作，推行四步一体的入库精细化管理；完善物流专业对标指标体系，推进全省商业企业卷烟物流送货服务规范等行业标准。

【专卖管理】 先后组织开展“净园-2”、“金龙一号”、“净园-3”、“净园-4”、“净园-5”、“金龙二号”系列卷烟打假专项行动。累计查获涉烟违法案件2438起，其中5万元以上大要案56起，判刑21人，查获各类违规卷烟57196.8条。强化市、县、所三级内管监督体系，发挥内管工作职能；加强市场动态分析，对市公司经营、配送环节进行全过程监控，加强营销策略备案、新品上市审批。开展高档卷烟经营场所“天价烟”治理行动；加强驻肥工业企业的监管，定期组织内管人员对合肥

全市卷烟打假工作会议

卷烟厂生产经营活动进行监督。完善烟草执法长效机制，全年完成符合省级局网络案件标准的大要案件1起，完成符合国家局网络案件标准的大要案件1起。6月13日，包河区烟草专卖局现场查获假冒伪劣卷烟案值29.85万元，案由包河公安局立案侦查，累计查获非法经营案值达198.22万元，刑拘4名涉案当事人。开展基层岗位练兵、岗位技能竞赛、技能鉴定、职业道德和文明执法等活动，不断增强执法人员法制观念。

【企业管理】 强化“三项工作”项目实施过程监督；规范项目资料归档，明确“三项工作”项目资料归档内容与顺序，推进“三项工作”监管系统的应用；制定监督系统应用的相关措施，将系统应用情况纳入规范管理考核。统一会计核算口径，规范会计处理标准；制定经济事项审批规定，实施有效的内部控制；加大票据核查力度，开展往来挂账清理工作；制定市局（公司）2013年成本费用定额标准体系。实行银行账户日监管，监控各银行账户资金使用情况；配合省局（公司）开展资产软件项目调研论证等工作，梳理补充5000多项资产信息；针对资产新增、转移、维护、租赁转让报废处置全生命周期变化要求制定资产管理办法。

【科技创新】 共注册QC小组45个，参加QC小组活动295人，QC小组普及率21.78%，并召开QC成果发布暨评审会，组织开展QC小组基础知识培训。在全省年度科技工作会议暨优秀QC小组成果发布会上，肥东营销部的飞鸽QC小组荣获三等奖。制定《合肥市烟草专卖局（公司）科技创新工作管理办法》，并印发新修订的《合肥市烟草专卖局（公司）科学技术委员会章程》。

企业文化大讲堂

【思想政治工作】 开展“讲大局、强责任、提能力、抓落实”专题教育活动；参加市直机关工委组织的“万名党员服务日”活动，设立便民服务点，树立专题展板，选派业务部门党员干部，提供法律宣传、真假烟鉴别等服务；开展“235”教育实践活动，坚持创“三先”争“三优”，制定活动方案，建立领导联系点制度，开辟专题网页、政企务公开网专栏，营造浓厚氛围。加强基层党组织建设，设立党员示范岗、党员责任区、党员零售户示范岗，发挥先进标杆的榜样作用，评选基层示范党支部和示范党小组，全区建立党员示范岗48个，党员责任区47个，零售终端党员示范岗5个。

【企业文化】 将市局（公司）企业文化主题提升为“成长·融”文化，拍摄《融合文化争创一流》企业文化宣传片，举办企业文化大讲堂，开展机关向基层、基层管理人员向一线，一线向客户三级宣誓。以“徽映”服务品牌规范视觉应用为主抓手，利用企业内外报刊、媒体、网站设置“徽映”专栏，为员工和广大客户解读“徽映”服务的内涵与外延；推广“徽映”视觉识别系统规范应用，审核配送车辆贴膜、徽映店、相关宣传用品、员工工作服等；建成“徽映”品牌会展展厅，并定期组织零售户、工业企业代表参观；冠名“徽映”运动比赛、技能竞赛、爱心助学、志愿服务队等各种活动，开展“徽映”服务品牌对工业企业、零售客户、消费者和社会的宣传工作。

【特事要辑】 5月19日，合肥市公司承办全省卷烟营销网络建设现场会，就打造具有合肥特色的现代终端建设体系作经验介绍，与会代表现场观摩了合肥零售终端建设情况；11月27日，国家烟草专卖局领导调研合肥市局（公司）烟草生产情况，实地走访包河区局滨湖管理所，了解基层所队建设情况。

（千　操）

交通运输 邮政

交通运输

【概况】 2012年，合肥交通运输行业加快建设区域性综合交通枢纽，深化运输结构调整，提高管理和服务水平。全年完成交通基础设施建设投资40.2亿元，其中公路建设投资28亿元，水运建设投资10亿元，站场建设投资2.2亿元，全长17.6公里的新桥机场高速建成通车，全省最大的旅客集散中心合肥客运综合枢纽站开工建设。重点推进公交优先发展战略，争取公共财政对公交发展的支持力度，进一步加快停保场、枢纽站、首末站等公共交通基础设施建设，增加城市公共交通专用车道，扩大信号优先范围，促进城市内外交通便利衔接和城乡公共交通一体化发展。铁路交通项目建设方面，合蚌客运专线建成通车，合福客运专线、铁路枢纽南环线及高铁南站等一批重大铁路建设工程加快推进。民航基础设施建设方面，新桥国际机场各项工程建设已进入收尾验收阶段，各项转场前的准备工作有序快速推进。

完成公路客运量3.19亿人次、旅客周转量262.17亿人公里、公路货运量3.15亿吨、货物周转量776.49亿吨公里，同比分别增长18.47%、15.12%、18.94%、19.16%。全年公交营运里程达19429万公里，同比增长12.70%，累计完成公交客运量6.65亿人次，同比增长9.98%。合肥火车站全年发送旅客2016万人，发送货物77万吨。全市水运完成港口吞吐量4500万吨，同比增长39.5%，完成集装箱吞吐量7.1万标箱，同比增长42%。合肥骆岗机场完成旅客吞吐量5194178人次，同比增长18.1%，货邮吞吐量42602.4吨，同比增长10.9%。东航安徽分公司完成旅客运输量239.07万人次，货邮运输量20409.3吨，其中合肥地区始发航班旅客运输量719904人次，始发货邮运输量6163.6吨。

公路建设与管理

【交通基础设施建设】 完成合安高速（小西冲至方兴大道段）四改八工程服务保障工作，提前完成环巢湖旅游大道前期各项工作，合店路、合白路等7个续建项目顺利完工，竣工总里程99公里。S105合马路、G206改线段（南岗至上派段）等9个一级公路项目开工建设，在建里程121公里，团肥路（高刘至新桥机场）当年开工，当年建成通车。按照“竣工一批，续建一批，建设一批，储备一批”的前期工作机制，快速推进合六路、合铜路等27个项目的前期工作。服务保障水运重点项目建设，完成合裕线航道整治抛泥区和巢湖、裕溪船闸办公用房选址协调任务，建成一批水运重点项目，推进丰乐河、兆河航道升级改造、中派河码头工程前期工作。

继续推进农村公路和站场建设，完成省、市下达的危桥加固改造民生工程建设任务，续建的10座桥梁全部建成，新安排的29座桥梁主体工程全部完工。完成县乡公路改造工程203.3公里，建成村村通提级联网延伸工程400公里。在推进农村公路建设管养工作中，区划调整后巢湖、庐江交通运输局后来居上，特别是巢湖交通运输局工作成效明显，突击完成白马山至黄麓师范道路建设。完成5个农村客运站场，加快枢纽站场建设，完成客运西站主体工程，基本完成客运东站、北站及滨湖汽车站的规划选址，开工建设全省最大的旅客集散中心合肥客运综合枢纽站。

截至年底全市公路总里程达到16145.91公里，其中国省干线公路1029.57公里（含高速公路447.52公里），农村公路15116.34公里。

【新桥机场高速公路建成通车】 2012年11月18日新桥国际机场高速公路建成通车。该路是在建的新桥国际机场与城区相连的主要通道，北接新桥国际机场大门，顺接机场内部道路A1路，向东南跨越合六叶高速公路，经黄岗至蜀山区南岗镇，与长江西路平面交叉，终点顺接规划中的方兴大道，全长17.6公里，其中起点段1.5公里和终点段2.4公里采用八车道城市快速路标准建设，中段13.7公里采用双向六车道高速公路标准建设，设计速度100千米每小时。道路全线共设大桥1座、互通立交1处，分离式立交7座。全线设主线收费站1座，匝道收费站1座。项目总投资12.09亿元，于2010年3月28日开工建设，7月底实现合六叶高速跨机场高速互通立交放行通车，9月完成全线主体施工，11月16日通过交工验收。

【公路养护】 进一步理顺公路养护管理体制，应急养护建设取得新成效，依托肥东分局店埠中心道班，自筹资金150万元，建成全省第一个市级公路应急物资储备库并投入使用；重新调整25个养护中心道班布局，成立6个公路养护应急中心，与各公路分局养护公司一套机构两块牌子。

当年共完成大中修工程产值约9202万元。1.续建项目全面完工：8个续建项目全部完工，分别为S319二军路水毁恢复工程、X058梁界路夏桥大修工程、S331西大路巢湖段安保工程、X006庞合路中修工程，X045洪桥、X050刘圩桥改建工程及S319兆河桥、S208裕溪河桥维修工程，累计完成投资3026万元。2.年度计划内项目建设快速推进：15个路面大中修及路网结构改造项目相继完成施工图设计、评审、施工招标并进行实施，分别为S315桃杨路、S105合马路、S316巢庐路大修工程，S316巢庐路中修工程，S101合相路水毁恢复工程，G206合安路、S101合相路安保工程，X001大姚路双龙桥、X024店忠路王桥、X008合水路瓦东干渠桥、X058梁界路支农桥、S208柘无路夏阁桥、X008合水路迎凤桥及X006庞合路赵大桥、青龙桥修复工程，累计完成产值2953万元。3.市、县共建项目逐步展开：继X008合水路路面病害整治工程之后，该局与肥西县政府联手共建了X050高袁路刘圩桥接线工程，累计完成投资约3000万元，其中X008合水路路面病害整治工程续建2500万元、X050高袁路刘圩桥接线工程500万元。这些工程的顺利实施，开创了地方政府与公路部门共同投资养护公路的新模式。4.统筹项目高效完成：为解决部分路段难通行的问题，保持管养路段安全畅通，该局自筹资金对S331西大路西山驿街道的水泥砼路面、X051三杭路的沥青路面、S311乌曹路水泥砼路面进行中修处理，累计完成投资2万元。不断加大小修保养投入，完成小修投资4316万元，超出省厅核定的2011年的基数（3078万元）40.22%；组织开展以规范小修保养为主题的春季养护劳动竞赛，公路小型病害处治的及时性明显改善。当年市公路管理局管养公路32条（段）计1179.812公里，其中国道3条（段）161.218公里；省道8条（段）420.826公里；重要县道21条（段）597.768公里。共有6个养护公司，25个中心道班；6个固定治超站和1个流动治超站。

2012年合肥市地方公路管理处由梅山路77号搬迁至红枫路2号。5月18日在肥东县召开全市农村公路工作会议，会议就交通运输部在全国开展为期三年的“农村公路管理养护年”活动进行布置和动员，农村公路工作中心由“建设为主”向“建管养并重”转变。当年全市农村公路投入管理养护资金1.05亿元：日常养护资金0.322亿元，养护工程资金0.728亿元。其中：落实养护工程资金7280万元，含省补资金3136万元、市补资金1350万元、县级财政配套2791万元；足额到位日常养护资金3220万元，含县区级财政资金2770万元、市补资金450万元，通过多方努力庐江县和巢湖市农村公路日常养护经费纳入县级财政预算，至此全市四县一市五区农村公路养护体制改革“人、财、物和机构”已全部落实到位。全年实施农村公路大修工程40.15公里、中修71公里、小修469.1公

合肥新桥国际机场高速公路

里。处理坑槽1.92万平方米，使用级配碎石补强路面2.67万平方米，罩面5.3万平方米，刮油10.5万平方米，挖补弹簧8553平方米，处理其他病害3391平方米，修整路肩7354公里，清扫路面383万平方米，清除路肩高草5617公里。县乡道养护技术状况指数达73.09，村道好路率为81.2%。当年全市新创建3个管理养护示范乡镇，并对2009年3个示范乡镇和2010年度14个示范乡镇进行重新确认，有14个乡镇获得重新确认；共创建“管养示范路”35条284.8公里农村公路，其中县道11条174.1公里、乡道12条63.4公里、村道12条47.3公里。目前，全市81个乡镇共有40个被确认为管理养护示范乡镇，共有126条计869.8公里农村公路通过验收确认为“管养示范路”。

【公路路政管理】 合肥市公路管理局增挂公路路政支队，所属6个分局增挂路政大队，同时根据管养路段新设25个路政中队；调整整合超限治理管理站、超限超载检测站，充实完善了路政管理执法队伍，管理体制更加顺畅。加强道路巡查，全年巡查167802公里，同比提高36.94%；清理非交通标1373块，同比下降25%；发现并制止违法挖掘公路施工行为91起，同比提高59.65%；接受电话举报、交警协助调查处理涉路事件121次（起），发布预警信息3731条（A类5条，B类3728条），整改率100%；创新涉路工程监管模式，印发了《关于进一步加强涉路工程全程监管工作的通知》，变后期监管为全程监管，提升了监管效果；严格涉路工程许可，办理涉路许可64件（超限许可46件），组织安全评价16次；规范标志标线，重新施划标线161处，修复标牌205块，增设（刷新）道口示警桩1511根。全年查处超限运输车辆6490台次（其中超几何尺寸626台次），同比增长76.74%；卸载超限货物110425.1吨，同比增长95.56%，辖区普通国省干线公路平均超限率降低到2.0%，超限治理走向常态化。

加强“公路行政执法规范化工程”建设，先后分两批对315名行政执法人员进行执法培训；开展“一月一法”活动，加强《行政强制法》、《行政诉讼法》等法规学习；全面推行行政处罚案件群众公议制度，全年共举行群众公议案件17次，对61件超限处罚进行公议，拟处罚决定全部得到维持，10月份，中纪委调研组来肥召开调研座谈会时，该局就《开展群众公议，推进阳光执法》进行汇报，获得与会领导的充分肯定；规范自由裁量权，在行政处罚自由裁量权上积极试行“零裁量”，并对处罚结果进行公示；开展执法评议考核和案卷评查，组织评查案卷5119卷，被省厅授予2012年“全省交通运输行政执法评议考核优秀单位”荣誉称号，并被推荐为全国交通运输行政执法评议考核优秀单位。同时获得2012年度“全省公路系统行政执法案卷评查先进单位”荣誉称号，参加省局评查的10份执法案卷7份被评为优秀案卷。

全年查处各类路政案件241起，清除道路堆积物4.3万平方米，清铲种植物3.2万平方米，拆除围墙198米、电杆207根、非交通标志2344块；查处超限车辆1726台次，劝阻1095台次，散发路政宣传材料3700份。全年投入安全隐患整改资金398万元，排查一般事故隐患67项，整改到位67项，整改率为100%；维修更换标志标牌262块，增设标牌424块，增设警示桩1332根，扶正警示桩1407根，增设减速带21处。

公路运输与管理

【公路客运】 全年完成公路客运量3.19亿人次、旅客周转量262.17亿人公里，同比分别增长18.47%、15.12%，旅客运输行业健康有序发展。一是圆满完成“春运”、“五一”、“国庆”等节假日旅客运输。成立假日客运工作领导小组，确保假日期间客运平稳有序进行。2012年春运期间，全市累计发放加班、包车牌5564张， 累计发送59万个班次，完成客运量1240万人次，同比增长10.89%。节假日期间，全市客运市场未发生重特大交通事故和重大服务质量事件。二是在全省率先推行互联网预售及移动手机订购汽车票服务。该服务的顺利开通，大大优化了市民的购票方式，缓解了春运期间旅客购票难问题，受到广大市民的一致好评，社会反响良好。三是加快推进营运客车公司化改造步伐。按照“尊重历史、先易后难、统一管理、稳步推进”的原则， 先后对合肥至池州、合肥至九华山、合肥至定远三条班线（29台客车）进行公司化改造，营运客车公司化比例达65.17%，公司化比例全省领先。四是严格把关。对全市4286台班车开展年度客运班线核查、年审工作，年审率达100%。五是开通环巢湖旅游观光巴士，为广大市民和游客游览巢湖提供了便捷条件。六是开通合肥首条车站换乘班车，缓解汽车站、火车站周边交通压力。七是加强农村客运站网点建设，全年共完成新建农村客运站5个。

【公路货运】　全年完成公路货运量3.15亿吨、货物周转量776.49亿吨公里，同比分别增长18.94%、19.16%。全面加强货运行业动态监管。一是认真开展道路危险货物和大型普货运输安全生产大检查，特别是对全市31家道路危险货物运输企业进行专项检查。检查发现的问题及时进行梳理，并要求企业立即整改。二是进一步加强源头治超工作力度，推动源头治超工作持续、深入开展。严格按照省治超领导小组“2012年联合治超1号、2号、3号、4号行动”、合六叶高速公路超限超载车辆集中整治行动和雷霆专项行动要求，积极配合落实各项工作任务。全年共出动运管执法人员4600余人次，巡查里程8.5万公里，检查货源单位1.8万户次，检查车辆总数6万余台次，查处违法超限超载及擅自改装车辆218台，配合公路部门转卸载货物6400余吨，严重超限超载现象得到遏制。三是常抓不懈，继续开展“三车”整治工作。密切配合相关部门对全市从事建筑沙石的企业和车辆进行摸底统计，完善基本台帐。对“三车”，尤其是运料车实行常态化管理。四是强化责任，进一步督促巢湖市、庐江县危货企业实行规范化管理。督促原巢湖市8家、庐江县1家危货运输企业认真清理所属车辆和从业人员信息，消除安全生产隐患。

【出租汽车管理】　全面提升出租汽车行业管理服务水平。一是根据上级部门要求，圆满完成全市8395辆出租汽车运价的理顺和调整工作。二是进一步加强常态化教育培训工作，全年4期、近9万人次的大规模全员教育培训工作落到实处。三是制定《合肥市出租汽车行业2012年创建全国文明城市工作实施方案》，采取各项措施，编印并发放各类宣传手册共8万份，通过各类新闻媒体做文明创建专刊5期，营造浓厚氛围，掀起出租汽车行业创建全国文明城市活动的新高潮。四是继续发展“小太阳文明示范车队”。目前“小太阳文明示范车”已达412台，队员658名，其中7名驾驶员入选“中国好人”、1名入选“安徽好人”2名被评为省、市道德模范。五是多措并举，亮化车容车貌。3次对全市8395辆出租汽车逐台进行外检，确保车容车貌整洁和车辆技术状况完好。六是为维护出租汽车行业稳定，深入调查研究，掌握行业动态，及时化解行业内存在的不稳定因素，全力维护出租汽车企业、经营者和驾驶员的正当权益。

【出租汽车运价调整】　2012年9月7日合肥市物价局发布公告，理顺城市客运出租车运价，于9月15日执行新的出租车运价方案。新的调价方案中，取消征收临时燃油附加费，起步基价分别调为8元/2.5公里（排量2.0升以下），9元/2.5公里（排量2.0升及以上）。车公里租价适当提高了0.2元每公里，空贴费启动标准从现在的10公里以上提高到15公里以上，并建立运价与车用天然气价格联动机制实施方案。此外等时费做了较大调整，保留5分钟免费时间，并采用高峰时段与普通时段不同等时费标准。

【打击取缔非法营运】　始终将打击非法营运作为工作的重中之重，时刻保持狠抓、严查、重处的高压态势。一是召开动员会，传达市委、市政府领导重要批示精神，统一思想，提高认识。通过深入一线调查，科学制定　“集中整治，加强协作，巩固成果，建立长效”的综合整治方案，运管处抽调经验丰富运政执法人员，对火车站、汽车站周边区域道路运输市场秩序不间断整治，从严、从重打击各类非法营运车辆。二是加大工作督查力度，主要领导和分管领导深入一线督导工作，现场查看路面执法情况和相关制度的落实，对发现的问题及时要求整改。三是建立“一日一上报”和“每周一调度”制度。将“查处分离”制度进行强化，有效地杜绝执法人员“讲人情”，实现行政处罚的公平、公开、公正。四

销毁“克隆”出租车

是坚持一手抓打击、一手抓宣传，两手抓、两手硬，加大宣传非法营运的危害性，提高市民的知晓率，赢得市民的理解和支持，促进打击非法营运工作平稳有序开展。全年查处各类非法营运车辆2137台，公开销毁假牌出租汽车252台。

【机动车维修（检测）管理】 全面推进维修检测企业诚信服务工作。一是依据国家标准，严把市场准入关，坚持公平、公开、公正和便民的原则，对新开业的维修企业，严格把关。全年共审批9家一类维修企业，13家二类维修企业，44家三类维修企业。二是完成784家机动车维修企业（其中一类84家、二类302家、三类398家）、7家汽车综合性能检测站质量信誉考核工作。对考核不合格的14家企业下发整改通知书，限期整改。三是根据《营运车辆技术等级划分和评定要求》等相关规定，严把车辆技术关，保障道路运输车辆技术状况良好，确保道路运输安全。四是开展维修质量检查。加大对营运客车和危险品车辆的二级维护监管力度，组织人员对11家客车和危险品维修厂进行安全和维修质量检查。五是积极开展维修检测人员资格培训考核。组织开展16批从业人员资格考试，提高从业人员的技术水平。

【驾驶员培训管理】 全年新增教练车辆699辆，教练车总量达到3803台；新增教练员800人，教练员总数达到4200人；新增教练场地275亩，训练场地总计2025亩；全年累计培训人数近20万人，同比增长39%，累计培训、考核合格驾培从业人员1.25万人，同比增长20%。当年市交通运输管理部门全面规范驾驶员培训管理工作。一是开展为期三个月的机动车驾驶培训市场专项整治活动，效果明显。二是继续规范机动车驾驶培训教练场地。聘请专业测量人员按照交通运输部《机动车教练场技术要求》，对巢湖、庐江及合肥市新增的共43处教练场地进行勘验审核，符合要求的教练场地统一制作标牌，13处不符合要求的教练场地给予限期整改，整改仍不合格的4处教练场地予以取缔。三是规范教练员管理，开展万人学员大回访。一年来共回访学员1.1万人，通过回访对查证属实的19名有违规教学行为的教练员进行处理。四是开展教练员年度再教育培训考试和道路运输从业人员诚信考核，进一步提高从业人员综合素质。五是是协同省运管局举办两期教练员资格考试，协助物价部门重新核定合肥市机动车驾驶培训收费标准。

城市公共交通

【公共交通建设】 合肥市重点推进公交优先发展战略，贯彻落实国务院关于优先发展城市公共交通的决策部署，落实公交优先发展战略，力争出台《合肥市关于进一步促进公交优先发展的实施意见》。实施国家公交都市建设，推进公共交通优先发展。强化规划调控，编制《合肥市公共交通发展专项规划》。争取公共财政对公交发展的支持力度，进一步加快停保场、枢纽站、首末站等公共交通基础设施建设，增加城市公共交通专用车道，扩大信号优先范围。加快环保检测不达标车辆更新步伐，不断优化公交线网布局，拓宽公交服务面，促进城市内外交通便利衔接和城乡公共交通一体化发展。

是年合肥市区（不含经开区、新站区和高新区）共有公交营运车辆3097台，营运线路130条，线路总长2002.8公里，线网长度820.1公里，年总行驶里程17868万公里，年客运总量63013万人次，日均客运量172.6万人次。当年市公交集团共新开公交线路16条，城市主城区与城市外围新建区域的联系更加顺畅。滨湖公交公司撤销，其2条支线整体移交市公交集团。公交信息化建设逐步完善，公交集团按期完成智能公交（一期）项目建设的主要内容，信息化和企业管理得到有机融合，130条线路已全部实施智能调度，共安装241块调度屏、100套车内站节牌，152台站务通投入站点使用，部署29个调度台，运营线路行车日报及路单实现全电子化，智能公交系统整体运行良好。运营服务方面，因市轨道交通1号线及多个高架工程开工建

合肥公交集团智能调度大厅

设，公交线路调整达195条次，涉及公交线路101条。公交集团科学制定行车作业计划，采取智能化调度与现场管理相结合的手段，运营秩序平稳，保障了市民正常出行。继续开展“星级驾驶员、星级线路”评比活动，共评出星级驾驶员4188人，驾驶员入星率85.2%。其中：一星级驾驶员291人，二星级驾驶员784人，三星级驾驶员2866人，四星级驾驶员148人，五星级驾驶员99人。共评出星级线路79条，线路挂星率60.77%，其中，三星线路1条，二星级线路25条，一星级线路53条。当年经开区、新站区和高新区加强支线公交运营管理，共有支线公交线路17条，营运车辆208台，营运线路长度229公里，营运里程1583万公里，客运量3574.8万人次。截至当年底合肥市区全年公交营运里程达19429万公里，同比增长12.70%.累计完成公交客运量6.65亿人次，同比增长9.98%。全年建成11个公交首末站，推进张洼停保场、北城停保场建设。全市共有公交保养场7个，面积约52万平方米；首末站149个，停靠站3444个。首末站总面积达到12.7万平方米。

是年巢湖市公交营运线路24条，公交客运车辆244台；肥东县公交营运线路7条，公交客运车辆84台；长丰县公交营运线路5条，公交客运车辆56台；庐江县公交营运线路6条，公交客运车辆74台。

铁路运输

【火车站客货运输】 合肥火车站是上海铁路局客货运直属一等站，主要办理客运、货运、承担合肥枢纽货运列车和枢纽小运转列车解编作业任务。合肥枢纽内配有固定调机7台，有正线22股，站线119股，特别用途线23股，衔接专用线20家，段管线5家。闭塞方式采用64D型单线半自动闭塞、单线自动站间闭塞、双线自动闭塞。站房面积1.0072万平方米，货场面积87.24万平方米，总有效货位1674个。2012年合肥火车站共发送旅客2016万人，发送货物77万吨，实现运输总收入172340万元。至年末该站实现行车安全2000天和安全年，荣获“全国五一劳动奖状”、铁道部“文明车站”称号，合肥市第十二届文明单位称号。

【合肥至北京高速列车首发暨合蚌高铁开通】 2012年10月16日上午8时，合肥至北京高速列车首发暨合蚌高铁开通仪式在合肥站举行，合肥至北京南G262次首发列车开行。合蚌高铁起于京沪高速蚌埠南站，终点在合肥火车站，正线全长129.341公里，在合肥境内近80公里，采用无砟轨道，500米超长钢轨。合蚌客专北连京沪高速铁路，南接合肥铁路枢纽与合宁、合武、合福铁路相衔接，是京沪高速铁路与沪汉蓉快速客运通道间快速连通线，也是京福铁路的重要组成部分，构成合肥北上的快速通道。该项目2009年1月9日正式开工，设计行车速度为350公里/小时，由铁道部与安徽省合资建设，投资估算为136亿元，施工总工期3年6个月。

合肥至蚌埠高速铁路运营将按照便民利民、方便快捷的总体要求，合理安排列车开行方案。初期安排开行高速动车组列车15对，具体为：合肥至北京南9对，合肥至青岛2对，合肥至蚌埠南4对。此外上海虹桥至合肥、合肥至温州南1对普通动车组列车经合蚌高铁延伸至淮南东站终到、始发。合肥至北京南最短运行时间3小时50分，比既有线旅客列车最短运行时间缩短5小时42分，合肥至北京一日往返变为现实。

【地方铁路运输】 合肥地区拥有专用铁路（含铁路专用线）45条。其中市区25条，肥东县7条，肥西县1条，长丰县4条，巢湖市8条，线路长度184.70公里。全年完成货运量1182.26万吨，运输安全无事故。

2011年8月22日合肥市行政区划调整，新增巢湖市铁路专用线8条（安徽皖维高新材料股份有限公

2012年10月16日上午，合肥至北京高速列车首发暨合蚌高铁开通仪式在合肥火车站举行

司、安徽省巢湖铸造厂有限责任公司、中央储备粮巢湖直属库、安徽巢东水泥股份有限公司（东亚）、中石化巢湖石油分公司、巢湖辉能贸易有限公司、七四一0工厂、巢湖华能电厂），线路长度23.10公里。其中巢湖辉能贸易有限公司专用线停止运输。

铁路专用线基础建设：1.六安市地方海事局双墩办事处铁路专用线，投入58.8万元，对线路进行大修；安徽锦邦化工有限公司专用铁路，投入23.5万元，对线路进行中修。2.安徽肥西国家粮食储备库，投资150万元，新建防雨棚5000平方米；安徽军工物流有限责任公司，投资17.5万元，新建防雨棚1500平方米。3.全市铁路专用线完善了站场、道口、机车运行监控设备、设施，加大线路维修和设备资金投入，提高线路质量，保证行车安全。

铁路专用线建设规划：1.合肥市粮食局第二仓库（合肥城东国家粮食储备库）铁路专用线于7月1日获铁道部批准正式开通运营；合肥循环经济园专用铁路12月通过上海铁路局竣工验收，获得批准开通。2.合肥市地方铁路投资建设有限公司在1月5日“合肥市交通运输发展与管理”论文研讨会上，发表的合肥市地方铁路及十八公里专用线在“十二五”期间的发展论文，引起市领导高度重视，10月13日合肥市十八公里专用铁路改造利用已列入市重大项目发展规划；3.该公司代表合肥地区地方铁路，参加了在德国柏林举办的“国际轨道交通技术展览会”和“地方铁路投资与规划建设”专场中外交流会，并在会上介绍了合肥地方铁路建设、规划以及合肥市十八公里专用线改造利用发展规划情况。4.为加强铁路建设发展，充分发挥各自优势，建立创新合作平台，该公司11月22日与铁道部第三勘察设计院集团有限公司签署了地方铁路建设发展战略合作框架协议。

铁路专用线运营管理：1.合肥市物价局核定批准合肥恒通铁路有限责任公司、合肥循环经济园专用铁路运价和收费标准。2.12月6日合肥市地方铁路协会与安徽交通职业技术学院联合建立合肥地方铁路培训和轨道交通实训“双基地”，共同打造培训优质专业技能人才平台。3.合肥市地方铁路协会举办了一期地方铁路道口值班员业务技能培训班，参训人员34人，经训后考试，均合格上岗。4.合肥市地方铁路投资建设有限公司，加强合肥循环经济园专用铁路建设组织领导，精心施工，积极协调化解各方矛盾，加快施工进度，节省工程费用4600多万元。3月21日被中国地方铁路协会，授予2011年度全国地方铁路先进单位称号，并在全国地方铁路工作会议上作交流发言。5月29日，中国地方铁路协会领导来肥检查地方铁路工作，对合肥地方铁路建设和运营工作，给予很高评价。5.安徽盛隆物流有限公司8月30日经安徽省工商局核准，更名为“安徽军工物流有限责任公司”。

水路运输

【地方海事（港航管理）】合肥海事、港航部门以区划调整为契机，组织开展《合肥港总体规划》修编工作，完成初稿；加强对跨越拟建江淮运河工程建筑物通航净空尺度的控制，编制完成《江淮运河线路及水文梯级研究报告》；兆河航道升级改造、巢湖旅游码头等项目前期工作加快推进。港航建设方面，合裕航道升级改造、合肥港综合码头二期工程如期开工建设；巢湖、裕溪复线船闸工程竣工试通航。连续实施3项航道养护工程，完成投资705万元，累计疏浚土方量12万方。南淝河交管工程、钓鱼河航道整治工程通过验收；滨湖水上搜救基地40米工作趸船、30米海事指挥艇建成并投入使用；综合信息网络平台、海事电子地图和海巡指挥艇的无线视频传输系统开发与应用效果明显。集航运、防洪、水生态环境良好等多重功效于一体的全省首条“省市共建”航道—店埠河航道升级改造工程正式开工建设，完成投资3000万元；与包河区政府合作共建施口巡航救助基地，完成主体工程。

加强水上交通安全监管，及时协调解决水上安全问题，排查并整改安全隐患6处。完成“春运”、“十一”、汛期、枯水季节等重点时期，特别是党的十八大召开前与会议期间，以及省市领导视察巢湖国际水上旅游节、环巢湖综合治理等重大活动的水上安全保障；制定《2012巢湖旅游节水上交通管制行动手册》，现场维护水上交通秩序，出色地完成了2012中国合肥·巢湖（国际）旅游节各项活动水上安保任务。进一步规范水上水下活动通航安全论证评估和现场安全管理，完成水上水下监管活动1项，在建水上水下监管活动10项。因“渡改桥”等原因撤销渡口19道。建立海事、渔政联系机制，就巢湖湖区货船、渔船的安全生产管理、宣传教育以及人员培训、矛盾纠纷的调处、灾害天气的水上救助等方面达成合作意向，并开展联合巡航活动。建立海事、船闸安全管理联动机制，就水上突发事件、恶劣天气时船闸联动达成共识。组织开展合裕航道大型综合巡航检查。完成《合肥市水上搜救应急预案（送审稿）》上报待审；成立合肥市水上搜救志愿者服务队，壮大水上搜救力量；组织开展以“构建和谐水运，创平安岱山湖”为主题的水上搜救演习和水上交通消防应急救援演练，全面提升应急救助能力和水平；加大对恶劣天气湖区及裕溪河航行船舶的安全监控，及时启动应急响应和相关预案，成功抗击了台风连续来袭；组建水上搜救志愿者队伍并开展应急演练；全年共出警95次，处置事故险情29起，救助船舶55艘，救助船员64人，处理船员纠纷14件，救助成功率达100%。

水运市场管理，出台《合肥船检办事处外出检验管理办法》、港航企业联系制度、跟踪调研制度，着力为船东船员提供人性化服务。全面实施普货运力调控政策，大力发展集装箱运力，新增集装箱运输船舶12艘、1593箱位、3.4万载重吨，结束全市无集装箱船舶的历史；长江干线船型标准化工作推进顺利，发放补贴资金2155.61万元。实施船舶“油改气”工程，完成皖合肥货0398船舶“油改气”试点工作。依法行政方面，切实从重审批、收费转变到以企业经营资质和经营行为为重点的市场监管上来，不断规范市场秩序。稳步推进老旧小码头整治，拆迁老旧小码头6座；不断强化港口规划和岸线使用管理，全年转报审批港口岸线项目3件。加大航道养护管理，顺利通过交通运输部航道养护技术考核。

全市完成水运建设投资近10亿元，同比增长244.8%，再创历史新高，完成港口吞吐量4500万吨，同比增长39.5%，排名由去年的全省第5位升至第3位，完成集装箱吞吐量7.1万标箱，同比增长42%，位居省内第3位；拥有营运船舶2259艘、180万载重吨，排名全省第7位；完成非税收入征收计划，排名全省第5位；水上交通安全形势平稳，连续15年无死亡事故。合肥海事局荣获全国海事系统2012年度先进集体、合肥市第十二届文明单位称号。

服务船头　执法为民

航空运输

【骆岗机场客货运输】 2012年3月1日，安徽省政府与国家民用航空局签署加快推进安徽民航事业发展的会谈纪要。“十二五”期间，双方将发挥各自优势，以完善安徽民航机场布局、提升航空运输能力、改善机场保障条件、构筑综合交通枢纽为重点，促进安徽民航业整体水平再上新台阶。2012年9月，安徽省财政厅、省交通运输厅联合下发了“关于印发《安徽省民航发展专项资金使用管理暂行办法》的通知”，将省级资金拨付给机场集团进行专户管理，并增加了“货运航线航班补贴”、“异地城市候机楼补贴”、“新增过夜飞机奖励”等，这是安徽民航寻求政策扶持的历史性突破。

是年安徽民航机场集团有限公司创新航空运输市场发展思路，通过进一步优化航线网络布局，加大“惠农”航空旅游开发、异地城市候机楼等工作力度，提升航空市场发展规模水平。当年在合肥骆岗机场运营的航空公司已达21家，每周计划执行航班超过500班，比去年同期增加近100班，共恢复、新开和加密国内外定期航线27条，其中包括合肥至日本大阪、韩国济州岛的国际航班，同时还开通至泰国曼谷的旅游包机。为积极应对合京高铁开通对民航带来的新挑战，集团公司协同东航、国航、海航等单位联合推出打造空中“合京快线”服务项目。继续推进全省各地市的城市候机楼建设工作，共开通20个城市候机楼。今年陆续开通马鞍山、和县、淮北、无为、含山、九华山景区及庐江7个异地城市候机楼，

合肥新桥国际机场

使民航“大众化、便民化”服务网络逐步向各县区和旅游风景区延伸，进一步提高了民航服务的覆盖能力。在此基础上成立了我国首家省级民航城市候机楼联盟，使我省民航机场城市候机楼的发展进入一个新阶段，空中、地面交通网络一体化更加完善。坚持“安全第一，预防为主，综合治理”的方针，强化持续安全理念，深入推进机场安全管理体系和航空保安安全管理体系（SeMS）建设，强化全员安全生产责任制，航空安全综合保障能力得到进一步提升。在合肥新、老机场对接转场的特殊时期，适时建立集团公司总值班及合肥机场1号值班的24小时双岗值班工作制度，提升整体指挥调度水平。当年合肥骆岗机场共安全保障各类飞行起降48993架次，同比增长17.0%，连续实现24年航空安全无事故，空防安全连续保持53个安全年，先后完成两会专机、央企对接会、第十三届中国航线航班商务洽谈会和全国农业科技教育工作会议等重要航空运输保障任务。当年合肥骆岗机场完成旅客吞吐量5194178人次，同比增长18.1%，其中8月份的迎送旅客数创新高，达499370人次；货邮吞吐量42602.4吨，同比增长10.9%，其中9月份的货邮量达到最高，为4676.5吨。2012年12月18日合肥骆岗机场突破年旅客吞吐量500万人次大关，顺利迈入全国大中型运输机场行列。

【新桥国际机场建设】 2012年合肥新桥国际机场各项工程建设按照省委省政府的要求全面快速推进，已进入工程收尾验收阶段，机场航油工程、东航南工作区工程、助航灯光工程和道路桥梁工程已完成单体验收。根据省政府主要领导“拟以2013年2月25日转场为目标，确保新桥国际机场‘一夜转场、一次成功’”的指示精神，安徽民航机场集团有限公司成立转场工作领导小组，并召开了转场动员大会，与各分子公司及保障单位签订转场工作责任状，层层分解转场工作任务，各项转场前的准备工作正有序快速推进。

【东航安徽分公司客货运输】 东航安徽分公司不断提升服务品质，对各服务接触点优化流程、改进细节、提高标准、深化内涵，致力于通过“面对面”和“背靠背”服务，达到与旅客“心连心”的效果。在“合肥北京”精品航线基础上，创新开展系列内涵丰富、品味高端的特色服务，积极打造“合肥香港、合肥台北”两条服务精品航线，制定精品航线系统保障方案，以点带面提升服务品质；推动服务转型，继续完善高端旅客和集团客户信息库，识别和细分客户群体和需求，积极开展高端客户个性化、全流程管家式服务，尝试向个性化、亲和力、互动型服务转变，树立精致服务品牌；推出空地服务系列新产品，节假日空、地创新开展一系列体验精彩的特色主题活动进入常态化，在服务“精细和精致”上做足功夫，对各环节服务产品实施串联整合，打造完整空地服务链条；先后推出如“站立式值机、服务引导前移、生日优享、雅静服务、燕子姐姐一路行、茶香云端、空中书吧、健康之旅、到达行李把手朝外摆放、设立货主休息室”等多项服务新举措。2012年东航安徽分公司高品质完成重要航班运输保障，先后圆满完成“两会”安徽政协代表团、“十八大”代表、莫桑比克总理专机保障、安徽省党政代表团出访、合肥市委赴京慰问团、省市领导赴京参会等重要航班保障，获得广泛赞誉。当年东航安徽分公司优化航线网络，开通合肥至大阪、青岛沈阳、曼谷等航线，加密合肥至台北、昆明、广州等航线，通过发挥中转联程网络优势，在皖运力和市场份额逐步提升。

是年东航安徽分公司执飞航线44条，其中国内航线41条（合肥出港的航线共23条），国际航线3条。国内航线（包括港澳地区航线和两岸定期航班）有：合肥-台北、合肥-香港、合肥-北京、合肥-深圳、合肥-上海、合肥-成都、合肥-广州、合肥-桂林、合肥-厦门、黄山-合肥-北京、合肥-兰州、合肥-三亚、合肥-海口、合肥-重庆、合肥-昆明、合肥-西安-西宁、合肥-乌鲁木齐-和田、合肥-青岛-沈阳、合肥-贵阳、合肥-石家庄、合肥-呼和浩特。上海-成都、上海-汕头、上海-临沂、上海-长沙、上海-大连、上海-广州、上海-桂林、上海-福州、上海-深圳、上海-哈尔滨、上海-长春、上海-厦门、上海-重庆、广州-淮安、盐城-香港、上海-香港、上海-武汉、上海-珠海、上海-海口、上海-沈阳。国际航线有：合肥-大阪、合肥-曼谷、上海-广岛。当年东航安徽分公司执管10架A320飞机，平均飞机在册日利用率9.9小时，正班载运率74.9%，正班客座率为78.5%，共安全飞行20693架次。全年累计完成运输飞行时间42169小时，总周转量29845.9万吨公里，旅客运输量239.07万人次，货邮运输量20409.3吨。其中合肥地区始发航班旅客运输量719904人次，始发货邮运输量6163.6吨。实现安全飞行28周年和2012安全生产年，获得东航2012年度无事故征候优胜单位和维修部连续五年无事故征候优胜单位奖牌，8名机长被东航股份公司授予五星机长金质奖章。

【东航合肥新桥国际机场基地建设】 东航安徽分公司严格按照省政府要求的时间节点推进机场迁建转场工作，除机库计划2013年3月底完工外，货运、维修、航食和保障四个功能区全部通过竣工验收和消防验收，各区家具设备均已安装调试完毕，新基地已具备转场运行的基本条件。

【合肥-大阪-合肥航线首航】 2012年4月26日，由东航执飞的MU2005航班从合肥骆岗国际机场正点起飞，并准点到达大阪关西国际机场。执飞机型为空客A320，空中距离1750千米，空中飞行时间160分钟。这标志着安徽直飞日本的第一条点对点国际航线顺利完成首航。与通常的国际中转相比，合肥直飞大阪对我省来说，具有标志性的意义，不仅方便了商务文化往来，还直接降低了安徽与日本间的出入境旅行观光成本。

合肥-大阪-合肥航线首航

2012年合肥市境内高速公路一览表

编号	名称	里程（公里）	起讫点	产权单位
G4001	北环高速	41.07	起点肥东县路口乡，终点肥西县长岗	安徽国路高速公路有限公司
S17、G4001	合淮阜高速	76.37	起点长丰县水湖镇，终点蜀山区井岗镇	安徽省高速公路控股集团有限公司
G3、G4212	合安高速(一)	30	起点包河区小西冲，终点肥西县丰乐镇	安徽省高速公路控股集团有限公司
G40	合六高速	38.61	起点肥西长岗，终点肥西江夏	安徽省交通投资集团有限责任公司
G40、G42	合宁高速	32.6	起点肥东陇西立交，终点巢湖与全椒交界处	安徽省高速公路控股集团有限公司
G4001	绕城高速	41.8	起点肥东陇西立交,终点蜀山区井岗镇	安徽省高速公路控股集团有限公司
G3	合徐高速	38.5	起点肥东陇西立交，终点长丰与定远交界处	安徽省高速公路控股集团有限公司
G5011	合巢芜高速	53.2	起点肥东陇西立交，终点巢湖市与马鞍山交界处	安徽省高速公路控股集团有限公司
G4212	合安高速（二）	38.79	起点庐江与舒城交界处，终点庐江与桐城市交界处	安徽省高速公路控股集团有限公司
G3	合铜黄高速	38.98	起点庐江县程桥，终点庐江与枞阳县交界处	安徽省交通投资集团有限责任公司
	机场高速	17.6	起点新桥机场南大门，终点蜀山区南岗镇	安徽省交通投资集团有限责任公司
总里程		447.52		

2012年合肥市农村公路里程到达数明细表

县市区名称	行政等级	合计	技术等级					路面类型			
			一级	二级	三级	四级	等外	沥青砼	水泥	沥青	未铺装
合肥市	总计	15116.34	15.19	320.94	1801.98	10997.00	1981.24	46.52	7355.09	1599.33	6115.40
	重要县道	587.79	13.07	238.68	219.52	116.51	0.00	19.12	230.84	337.83	
	县道	1646.84	2.11	82.26	1175.76	386.71	0.00	19.72	668.39	781.81	176.93
	乡道	3324.52			228.71	3001.87	93.94		2644.90	140.82	538.79
	村道	9502.40			165.99	7449.11	1887.30	7.68	3806.07	329.27	5359.38
	专用公路	54.80			12.00	42.80			4.90	9.60	40.30
肥东县	合计	3155.60		37.29	331.11	2645.20	142.00		1549.67	352.74	1253.19
	重要县道	133.69		37.29		96.41			58.80	74.89	
	县道	343.04			246.62	96.42			180.84	106.87	55.33
	乡道	850.07			78.76	771.31			697.07	12.32	140.68
	村道	1828.80			5.74	1681.06	142.00		612.96	158.66	1057.18
肥西县	合计	2675.45		34.01	372.39	2232.06	37.00	23.78	1627.74	128.74	895.18
	重要县道	88.36		9.73	78.63				50.98	37.38	
	县道	263.82		24.28	197.95	41.59		16.10	121.96	91.36	34.39
	乡道	839.23			64.37	774.86			818.67		20.56
	村道	1484.04			31.43	1415.61	37.00	7.68	636.13		840.23
长丰县	合计	2075.94	9.72	156.99	269.45	1589.77	50.00	9.72	1651.09	155.19	259.94
	重要县道	157.93	9.72	121.03	20.93	6.25		9.72	84.63	63.58	
	县道	263.52		35.96	188.00	39.56			170.76	66.76	26.00

接上表

县市区名称	行政等级	合计	技术等级					路面类型			
			一级	二级	三级	四级	等外	沥青砼	水泥	沥青	未铺装
长丰县	乡道	520.93			29.09	491.85			505.85	10.75	4.34
	村道	1096.15			31.43	1014.72	50.00		889.85	12.70	193.60
	专用公路	37.40				37.40				1.40	36.00
庐江县	合计	4248.72		15.36	459.00	2148.99	1625.36		1262.62	515.70	2470.40
	重要县道	107.07			107.07				7.64	99.43	
	县道	430.25		15.36	276.29	138.59			118.86	250.18	61.20
	乡道	461.72			35.04	370.87	55.81		196.64	68.68	196.39
	村道	3232.29			28.60	1634.13	1569.56		934.58	89.21	2208.50
	专用公路	17.40			12.00	5.40			4.90	8.20	4.30
巢湖市	合计	1927.14		47.34	230.93	1548.17	100.71		588.46	383.15	955.54
	重要县道	47.34		47.34						47.34	
	县道	266.20			218.47	47.73			33.21	232.99	
	乡道	419.96			9.27	384.37	26.33		235.49	42.02	142.46
	村道	1193.64			3.19	1116.07	74.38		319.77	60.79	813.08
瑶海区（含新站区）	合计	171.92			39.49	130.18	2.25		106.48	22.50	42.93
	县道	11.96				11.96				11.96	
	乡道	24.86			10.06	14.80			14.05	7.05	3.76
	村道	135.10			29.43	103.42	2.25		92.44	3.49	39.18
庐阳区	合计	358.47	5.46	27.08	28.21	289.68	8.04	11.32	195.79	16.58	134.78
	重要县道	26.64	3.35	23.29				7.70	10.94	8.00	
	县道	23.28	2.11	3.79	6.76	10.62		3.62	12.90	6.76	
	乡道	36.06				36.06			26.10		9.95
	村道	272.49			21.45	243.00	8.04		145.85	1.81	124.83
蜀山区	合计	43.20				43.20			38.60		4.60
	乡道	28.22				28.22			28.22		
	村道	14.98				14.98			10.38		4.60
包河区	合计	413.21		2.87	62.71	331.76	15.87	1.70	293.73	24.74	93.04
	重要县道	26.76			12.90	13.86		1.70	17.85	7.21	
	县道	36.07		2.87	32.96	0.24			21.15	14.91	
	乡道	119.57			2.13	105.64	11.80		98.91		20.66
	村道	230.81			14.72	212.02	4.07		155.82	2.61	72.38
高新区	合计	46.70			8.70	38.00			40.90		5.80
	县道	8.70			8.70				8.70		
	乡道	23.90				23.90			23.90		
		14.10				14.10			8.30		5.80

备注：全市村道4958条，乡道738条，县道126条（不含重要县道），专用公路10条。

2012年合肥市公路客运业情况一览表

客运量（万人次）	客运周转量（万人公里）	客运站（个）			班线客运企业（个）			班线数（条）		
		一级	二级	三级	一级	二级	三级	省际	区际	区内
31858	2621749	4	9	3	2	7	1	232	202	377

2012年合肥市公路货运业情况一览表

货运量（万吨）	货运周转量（万吨公里）	货运站（个）			货运企业（个）				车辆总吨（吨）
		一级	二级	三级	一级	二级	三级	危货企业	
31525	7764921	0	0	0	0	1	4	31	455928

2012年合肥市汽车维修（检测）行业情况一览表

汽车修理厂（家）			汽车检测站（家）		全年检测车辆（辆次）	从业人员（人）
一类	二类	三类	A级	B级		
89	315	610	7	0	235217	18185

2012年合肥地区专用铁路、铁路专用线一览表

	序号	名　称	线路长度（公里）		机车（台）	备注
			建筑长度	营运长度		
合肥市	1	合肥市地方铁路投资建设有限公司（合南线）	18.05	16.608		
	2	安徽中亿物资储运有限公司	0.379	0.379		
	3	合肥ABB变压器有限公司	1.323	0.691		
	4	安徽盛隆物流有限公司	0.589	0.589		
	5	安徽省机械化粮库	1.559	0.874		
	6	合肥市庐阳区国有资产经营有限公司（原农药厂专用线）	2.977	2.52		
	7	合肥市盐业有限责任公司	0.448	0.448		
	8	05-529部安徽物资供应站（395军专线）	0.44	0.44		
	9	安徽省徽商金属物流有限公司	4.611	3.41		
	10	合肥电厂专用线	5.5	5.5		
	11	天威保变（合肥）变压器有限公司	1.65	1.65		
	12	安徽中谷国家粮食储备库	3.58	3.58		
	13	合肥市粮食局第二仓库	1.26	0.86		
	14	安徽弘嘉物流有限公司	1.136	1.136		
	15	安能热电有限公司	2.145	1.114		
	16	安徽锦邦化工股份有限公司（氯碱化工）	2.399	2.399	1	
	17	马钢（合肥）钢铁有限责任公司	40.66	4.042	6	
	18	合肥恒通铁路有限责任公司	12.6	10.678		

接上表

	序号	名称	线路长度（公里）		机车（台）	备注
			建筑长度	营运长度		
合肥市	19	中国航空油料总公司安徽公司（机场线）	6.64	5.705		☆
	20	合肥市粮食局第三仓库	1.506	0.713		☆
	21	安徽省路桥公司材料供应站	0.255	0.255		☆
	22	合肥市煤气总公司制气厂	4.263	1.99		☆
	23	省联运公司铁、公水、分公司（联专线）	0.52	0.52		☆
	24	市燃料公司张洼路煤厂	0.611	0.611		☆
	25	中百专用线	0.186	0.186		☆
肥东县	26	合肥第二发电厂	10	3.5		
	27	国家物资储备局352处	1.05	1.05		
	28	8351部队（军专线）	3.2	3.2		
	29	合肥四方磷复肥有限责任公司	1.6	1.6		
	30	安徽肥东国家粮食储备库	1.8	1.8		
	31	合肥循环经济园专用铁路线（待货运开通）	21	9		△
	32	双白矿铁路专用线（2011年5月由合肥市地方铁路投资建设有限公司收购改造利用）（待货运开通）	1.46	1.46		△
肥西县	33	安徽肥西国家粮食储备库	1.5	1.5		
长丰县	34	六安市地方海事局直属海事处双墩办事处	1.858	1.858		
	35	安徽六安双墩国家粮食储备库	0.072	0.072		
	36	安徽省石油公司六安分公司双墩石油中转站	1.71	1.71		☆
	37	中央储备粮合肥直属库（原长丰粮库）（2011年因原单位改制线路暂停使用）	1.064	1.064		☆
巢湖市	38	安徽皖维高新材料股份有限公司	6.544	6.544		
	39	安徽省巢湖铸锻厂有限责任公司	0.573	0.573		
	40	中央储备粮巢湖直属库	0.939	0.939		
	41	安徽巢东水泥股份有限公司（东亚）	1.701	1.701		
	42	中石化巢湖石油分公司	1.3	1.3		
	43	7410工厂（军专线）	1.24	1.24		
	44	巢湖华能电厂	10.414	10.414		
	45	巢湖辉能贸易有限公司	0.386	0.386		☆
	1	停运的铁路专用线（10条）	17.141	13.14		☆
	2	待开通运营铁路专用线（2条）	22.46	10.46		△
	3	现在营运的铁路专用线（33条）	145.097	94.209	7	
	4	现既有专用铁路、铁路专用线（1+2+3）（45条）	184.698	117.809	7	

注：“☆”为已停运的铁路专用线，“△”为待开通运营专用铁路

单位：千米

2012年合肥市航道状况一览表

序号	航道名称	航道起讫点	航道里程	规划等级	现状等级	是否通航	备　注
1	合裕线	屯溪路桥——入江口	139.1				
	其中：	屯溪路桥——当涂路桥	2.6		Ⅵ	否	受橡皮坝影响目前该航段暂不通航。
		当涂路桥—312国道大桥	7.3	Ⅳ	Ⅳ	是	
		312国道大桥——施口	16.9	Ⅱ	Ⅲ	是	
		施口——中庙	14.4	Ⅱ	Ⅲ	是	
		中庙——入江口	97.9	Ⅱ	Ⅲ	是	
2	店埠河	通济桥——三汊河口	15.6				
	其中：	通济桥——合裕公路桥	7.2		Ⅵ	否	
		合裕公路桥——三汊河口	8.4	Ⅲ	Ⅵ	是	
3	南淝河上游段	阜阳路桥——屯溪路桥	3.3		Ⅵ	否	
4	派河	合安公路桥——下派河口	18.3				
	其中：	合安公路桥—熔安动力码头	6.5	Ⅲ	Ⅵ	是	
		熔安动力码头—下派河口	11.8	Ⅱ	Ⅳ	是	
5	丰乐河	丰乐镇——三河口门	20.5	Ⅲ	Ⅵ	是	
6	巢湖湖区		149.73				
	其中：	施口——下派河口	14.0	Ⅱ	Ⅳ	是	
		三河口门——施口	17.7		Ⅵ	是	
		中庙——下派河口	19.7	Ⅱ	Ⅳ	是	该航道为规划中的江淮运河的一段。
		马尾河口——中庙	21.84	Ⅲ	Ⅴ	是	
		巢湖闸——河口村	2.78		Ⅵ	是	
		巢湖闸——马尾河口	30.97	Ⅴ	Ⅴ	是	
		散兵港——9#标	8.5	Ⅴ	Ⅴ	是	
		马尾河口——三河口门	25	Ⅴ	Ⅴ	是	
		中庙——白山口门	9.24		Ⅵ	是	县内6.5KM，至姥山岛南，其余3.5KM为巢湖辖区
7	柘皋河	河口村——柘皋大桥	20.7		Ⅴ、Ⅵ	是	Ⅴ级4.23KM，Ⅵ级16.38KM
8	白口河	河口——岱山港	1.82	Ⅴ	Ⅴ	是	
9	钓鱼河	河口——磨基墩	1.41		Ⅵ	是	
10	白胜河	河口——山程村二矿	1.05		Ⅵ	是	
11	锥山河	河口——土桥村三矿	1.04		Ⅵ	是	
12	高林河	河口——高林港	1.8		Ⅵ	是	
13	槐林河	河口——石茨桥	3		Ⅵ	是	
14	夏阁河	夏阁河口——夏阁镇	8		Ⅶ	是	
15	散兵港区各作业区		27	Ⅴ	Ⅴ	是	
16	峒炀河	河口——峒炀镇	4			否	Ⅶ以下不通航
17	双桥河	河口——双桥	1.5			否	Ⅶ以下不通航

接上表

序号	航道名称	航道起讫点	航道里程	规划等级	现状等级	是否通航	备　注
18	县河	黄泥河口——庐江南门桥	13.25		Ⅵ	是	
19	西河	黄屯河口——黄泥河口	13.38		Ⅳ	是	
20	黄屯河	黄屯河口——黄屯桥	4.5		Ⅶ	否	季节性通航
21	黄泥河	黄泥河口——泥河镇石拱桥	15.31		Ⅶ	是	
22	瓦洋河	双凤——竹林寺	6		Ⅷ	否	季节性通航
23	塘串兆河	马尾河港——缺口港	32.4	III	Ⅵ	是	
24	盛桥河	河口——盛桥镇公路桥	5.4		Ⅶ	是	
25	白石天河	白山口门——金牛镇	32		Ⅵ Ⅶ	是	
26	罗埠河	向拐——罗埠大桥	10.99		Ⅵ Ⅶ	是	
27	杭埠河	大谭湾——广寒桥	9		Ⅵ	否	广寒桥至张拐季节通航
28	罗河		2.6		等外	否	不通航
29	大潜山干渠	双墩集——罗管庙	99.0		Ⅵ	否	
30	瓦东干渠	下塘集——新民坝	39.9		Ⅶ	否	该航道全长约67KM，其中39.9KM在我市辖区内。
31	潜南干渠	五十埠节制闸——骚古井	43.7		Ⅷ	否	
	1．全市航道总里程745.28KM，其中实际通航里程为521.98KM（III级航道129.2KM、Ⅳ级航道20.68KM、Ⅴ级航道150.45KM、Ⅵ级航道190.24KM、Ⅶ级航道31.41KM）； 2．大潜山干渠航道、瓦东干渠航道、潜南干渠航道由于是季节性航道，目前实际处于断航状态； 3．位于南淝河上游的南淝河航道、合裕线航道的一段（屯溪路桥——当涂路桥），由于受橡皮坝影响，目前也处于不通航状态。						

2012年合肥港码头泊位现状一览表

港区	序号	码头名称	结构形式	主要用途	前沿水深（米）	泊位数（个）	靠泊吨级（DWT）	占用岸线长度（米）	占用陆域面积（万平方米）	通过能力（万吨）
		合计				238		13492.179	121.252	5016（7万TEU）
淝河港区	1	通达码头	重力式	散货、件杂货	2.5	5	500	380	4.29	75
	2	市港航局孤岛码头	过驳平台	成品油	2.5	1	500	80	1.7	10
	3	双圩河下码头	重力式	散货、件杂	2.5	2	300	75	0.4	20
	4	合钢河下码头	重力式	散货	2.0	2	300	80	0.13	20
	5	合钢老码头	重力式	散货	2.5	2	300	100	1.1	40
	6	东岗码头	重力式	散货	2.0	2	300	50	0.13	20
	7	市港航局大兴集码头	重力式	散货、成品油、化工品	2.5	5	500	360	3.1	70
	8	长江油库码头	重力式	成品油	2.0	1	300	85	0.8	15
	9	建华码头	过驳平台	成品油	2.0	1	300	60	0.04	10
	10	五里庙码头	重力式	散货	4.0	13	500	455	6.07	260
	11	皖江船厂码头	重力式	散货	4.0	2	500	102	0.9	30

接上表

港区	序号	码头名称	结构形式	主要用途	前沿水深（米）	泊位数（个）	靠泊吨级（DWT）	占用岸线长度（米）	占用陆域面积（万平方米）	通过能力（万吨）
淝河港区	12	黄巷码头	重力式	散货	2.5	3	300	105	1.1	45
	13	创一码头	重力式	散货	3.0	12	500	428	6.66	180
	14	立煌码头	重力式	散货	3.0	4	500	160	2.3	60
	15	新港码头	重力式	散货、化工品	3.0	5	1000	614	6.8	75
	16	关镇码头	重力式	散货	3.0	8	500	330	5.3	160
	17	合肥港综合码头（一期）	高桩梁板式	件杂货、集装箱	3.5	3	1000	700	30.55	91（7万TEU）
	18	东华码头	重力式	散货	3.6	7	500	753.179	3.46	255
		小计				78		4917.179	74.83	1436（7万TEU）
派河港区	19	市港航局上派码头	重力式	散货、件杂	2.5	2	300	300	0.6	20
	20	南郢村码头	板桩式	散货	3.0	7	300	460	2.14	140
	21	城关码头	重力式	散货	2.8	1	300	30	0.88	10
	22	田埠码头	重力式	散货	3.0	1	300	60	0.74	20
	23	宋坎码头	重力式	散货	2.8	2	300	200	0.77	40
	24	肥西航运公司码头	重力式	散货	3.0	1	300	100	0.19	20
	25	王郢码头	板桩式	散货	3.0	2	300	60	0.29	40
	26	熔安船用柴油机生产基地码头	重力直立式	通用件杂货	3.8	1	1000	122	0.55	23
		小计				17		1332	6.16	313
店埠河港区	27	市港航局撮镇码头	重力式	散货、件杂	2.0	3	300	220	0.96	28
	28	王咀码头	重力式	散货	3.0	1	300	50	0.05	20
	29	皖港码头	重力式	件杂货综合	4.2	2	300	105	7.67	50
		小计				6		375	8.68	98
丰乐河港区	30	王祠码头	重力式	散货	2.5	2	300	60	0.44	20
	港区	小计				2		60	0.44	20
临湖港区	31	临湖码头	重力式	散货	3.0	2	300	80	0.94	40
		小计				2		80	0.94	40
庐江港区	32	合肥市港航局庐江石头码头	重力式	通用件杂货	1.5	3	300	83	0.4652	12
	33	合肥市港航局庐江白山码头	重力式	通用件杂货	1.5	2	200	103	0.5773	6
	34	合肥市港航局庐江白湖码头	重力式	其它	1.5	1	100	22	0.0834	2
	35	合肥市港航局庐江缺口码头	高桩	通用散货	2.5	2	600	89	0.5388	20
	36	庐江县龙桥矿发运站码头	浮码头	金属矿石	2.5	1	300	45	0.3524	8

接上表

港区	序号	码头名称	结构形式	主要用途	前沿水深（米）	泊位数（个）	靠泊吨级（DWT）	占用岸线长度（米）	占用陆域面积（万平方米）	通过能力（万吨）
庐江港区	37	庐江县佳兴码头	重力式	通用散货	1.5	2	600	100	0.54	20
	38	庐江县兴胜货场码头	重力式	其它	1.5	1	100	60	0.09	8
	39	庐江县宏发运输服务有限公司码头	高桩	通用散货	2	1	300	50	0.752	2
	40	庐江县缺口客运码头	其他	客运	1.5	1	100	50	0.045	
	41	庐江县兆河粮库码头	重力式	通用件杂货	1.5	2	600	90	7.992	40
	42	庐江县白山客运码头	其它	客运	1.5	1	100	10	0.006	
	43	庐江县大江航运码头	高桩	通用件杂货	3	2	600	100	2.4	40
		小计				19		802	13.8421	158
居巢港区	44	合肥市巢湖港航局居巢岱山码头	重力式	散货	2.3	2	400			60
	45	合肥市巢湖港航局居巢柘皋码头	重力式	散货	2.3	2	400			9
	46	合肥市巢湖港航局巢城老港码头	高桩	件杂、散货、其它	2.0	6	100吨级4个，300吨级2个。			61
	47	合肥市巢湖港航局巢城老港官圩码头	高桩	件杂	1.5	2	300			14
	48	合肥市巢湖港航局居巢钓鱼台码头	重力式	散货	2.5	2	500			270
	49	合肥市巢湖兴源石料厂泊位	重力式	散货	2.2	1	300			24
	50	王守五、合肥市巢湖五联石矿泊位	重力式	散货	2.2	1	400			6
	51	合肥市巢湖联谊石料厂泊位	重力式	散货	2.2	1	400			4
	52	爱国石料厂码头泊位	重力式	散货	2.2	1	350			22
	53	钓鱼建材总厂	重力式	散货	2.2	1	400			18
	54	钓鱼台石矿码头	重力式	散货	2.2	1	400			19
	55	钓鱼土桥石矿码头	重力式	散货	2.8	2	500			80
	56	银屏镇岱山行政村码头	重力式	散货	2.2	4	400吨级3个，350吨级1个。			93
	57	张宗涛栈桥码头	重力式	散货	2.2	2	400吨级1个，350吨级1个。			78
	58	张显栈桥码头	重力式	散货	2.0	1	400			19
	59	陈帮月栈桥码头	重力式	散货	2.2	1	400			9
	60	吴应保栈桥码头	重力式	散货	2.0	1	300			39
	61	王德仙栈桥码头	重力式、过驳装卸平台	散货	2.0	2	400			17

接上表

港区	序号	码头名称	结构形式	主要用途	前沿水深（米）	泊位数（个）	靠泊吨级（DWT）	占用岸线长度（米）	占用陆域面积（万平方米）	通过能力（万吨）
居巢港区	62	孙其山栈桥码头	重力式	散货	2.0	1	400			19
	63	李军栈桥码头	重力式	散货	2.2	1	400			29
	64	李勇栈桥码头	重力式	散货	2.2	1	400			19
	65	李峰栈桥码头	重力式	散货	2.2	1	400			29
	66	林玉生吊机码头	过驳装卸平台	散货	2.2	2	400			33
	67	郑冬清栈桥码头	重力式	散货	2.0	1	400			19
	68	巢湖海鸿港务有限责任公司码头	重力式	散货	3.0	2	500			160
	69	阮家保码头	过驳装卸平台	散货	2.2	3	400			116
	70	皖维集团码头	高桩	件杂、散货	4.5	3	500			110
	71	合肥市巢湖中粮有限责任公司码头	重力式	件杂	4.0	1	500			10
	72	合肥市巢湖司巷装卸有限公司码头	重力式	散货	2.0	2	400			49
	73	周绪林码头	重力式	散货	2.2	1	400			69
	74	刘焕林码头	重力式	散货	2.0	1	350			39
	75	朱龙山码头	重力式	散货	2.2	1	400			49
	76	胡家金码头	重力式	散货	2.1	1	400			4
	77	张尚进码头	重力式	散货	2.0	1	350			9
	78	王守保码头	重力式	散货	2.0	1	350			9
	79	王守陆码头	重力式	散货	2.2	1	400			4
	80	巢湖港巢城港区一期工程码头	高桩	散货	2.0	5	1000			290
	81	巢湖港居巢港区银屏码头	重力式、高桩	散货	2.5	3	300			150
	82	巢润码头	高桩	件杂、散货	2.6	1	300			40
	83	巢湖东黄码头	高桩	散货	2.9	4	300吨级2个，500吨级2个。			110
		小计				71		3623	9.15	2208
散兵港区	84	合肥市巢湖港航局散兵桥湾码头	重力式	散货	2.5	2	300			40
	85	合肥市巢湖港航局散兵东港码头	重力式	散货	2.5	4	300			50
	86	合肥市巢湖港航局散兵渔塘泊位	重力式	散货	2.5	1	300			20
	87	合肥市巢湖港航局散兵西港泊位	重力式	散货	2.5	1	300			20

接上表

港区	序号	码头名称	结构形式	主要用途	前沿水深（米）	泊位数（个）	靠泊吨级（DWT）	占用岸线长度（米）	占用陆域面积（万平方米）	通过能力（万吨）
散兵港区	88	巢湖市鸿运水路运输服务有限责任公司渔塘码头	重力式	散货	3.3	1	300			10
	89	合肥市巢湖山水水运服务有限公司码头	重力式、皮带机斜坡	散货	2.9	4	500			80
	90	合肥市巢湖鸿运水路运输服务有限责任公司散兵谢王泊位	重力式	散货	2.6	1	500			20
	91	合肥市巢湖海达港务有限责任公司桥湾码头	重力式	散货	2.5	6	500			120
	92	合肥市巢湖海达港务有限责任公司东港码头	重力式	散货	2.5	1	500			20
	93	合肥市巢湖海达港务有限责任公司西港码头	重力式	散货	2.5	1	500			20
	94	合肥市巢湖海达港务有限责任公司渔塘码头	其他、重力式	散货	2.5	3	500			60
	95	合肥市巢湖海达港务有限责任公谢王泊位	重力式	散货	2.8	1	500			20
	96	合肥市巢湖海达港务有限责任公司南湾码头	其他、重力式	散货	2.6	3	500			50
	97	散兵南湾行政村周初志泊位	其他结构型式	散货	2.5	1	300			10
	98	散兵镇民爆公司西港泊位	重力式	散货	3.0	1	300			25
	99	散兵项山行政村西港码头	重力式	散货	2.5	1	300			18
	100	合肥市巢湖居巢区散兵居委会散兵东港码头	重力式	散货	2.5	3	500			28
	101	合肥市巢湖居巢区散兵居委会散兵西港码头	重力式	散货	2.5	2	500			46
散兵港区	102	巢湖市居巢区散兵居委会张玉松东港泊位	重力式	散货	2.5	1	300			10
	103	合肥市巢湖居巢区散兵莲塘行政村陈树宏散兵东港泊位	重力式	散货	2.5	1	300			13
	104	合肥市巢湖散兵莲塘行政村周胆东港泊位	皮带机斜坡	散货	2.5	1	300			10
	105	欣达矿业有限公司泊位	皮带机斜坡	散货	2.5	1	500			15
	106	浙江开元石料公司谢王泊位	皮带机斜坡	散货	2.5	1	500			30
	107	黄世太泊位	重力式	散货	2.5	1	200			8
		小计				43		2303	7.21	743

2012年合肥港港口吞吐量一览表

货物分类	代码	总计			出港			进港		
		合计	外贸	内贸	合计	外贸	内贸	合计	外贸	内贸
A	B	1	2	3	4	5	6	7	8	9
总计	01	16346180	1205	16344975	8378873	1205	8377668	7967307	0	7967307
其中：转口	02	0	0	0	0	0	0	0	0	0
内：船过船	03	0	0	0	0	0	0	0	0	0
1. 煤炭及制品	04	740753	0	740753	15611	0	15611	725142	0	725142
其中：焦炭	05	898	0	898	0	0	0	898	0	898
2. 石油、天然气及制品	06	263483	0	263483	499	0	499	262984	0	262984
其中：原油	07	0	0	0	0	0	0	0	0	0
成品油	08	263483	0	263483	499	0	499	262984	0	262984
液化气、天然气	09	0	0	0	0	0	0	0	0	0
3. 金属矿石	10	2297103	0	2297103	732655	0	732655	1564448	0	1564448
其中：铁矿石	11	950	0	950	950	0	950	0	0	0
4. 钢铁	12	830606	0	830606	112429	0	112429	718177	0	718177
其中：钢材	13	822742	0	822742	108895	0	108895	713847	0	713847
生铁	14	0	0	0	0	0	0	0	0	0
5. 矿建材料	15	5152051	0	5152051	1991927	0	1991927	3160124	0	3160124
其中：砂	16	1905628	0	1905628	2067	0	2067	1903561	0	1903561
6. 水泥	17	3104632	0	3104632	2976612	0	2976612	128020	0	128020
7. 木材	18	6524	0	6524	330	0	330	6194	0	6194
其中：原木	19	0	0	0	0	0	0	0	0	0
8. 非金属矿石	20	1456919	0	1456919	1260700	0	1260700	196219	0	196219
其中：磷矿	21	15105	0	15105	11885	0	11885	3220	0	3220
9. 化肥及农药	22	26675	0	26675	420	0	420	26255	0	26255
10. 盐	23	23115	0	23115	20036	0	20036	3079	0	3079
11. 粮食	24	1036595	0	1036595	648863	0	648863	387732	0	387732
其中：小麦	25	357538	0	357538	357538	0	357538	0	0	0
玉米	26	8032	0	8032	112	0	112	7920	0	7920
黄豆	27	0	0	0	0	0	0	0	0	0
大米	28	182052	0	182052	179730	0	179730	2322	0	2322
12. 机械、设备、电器	29	116572	1091	115481	107303	1091	106212	9269	0	9269
13. 化工原料及制品	30	278400	0	278400	121685	0	121685	156715	0	156715
其中：橡胶	31	60	0	60	0	0	0	60	0	60
纯碱	32	2509	0	2509	0	0	0	2509	0	2509

接上表

货物分类	代码	总计			出港			进港		
		合计	外贸	内贸	合计	外贸	内贸	合计	外贸	内贸
14. 有色金属	33	0	0	0	0	0	0	0	0	0
15. 轻工、医药产品	34	289395	0	289395	1974	0	1974	287421	0	287421
其中：纸	35	10379	0	10379	116	0	116	10263	0	10263
日用工业品	36	231445	0	231445	356	0	356	231089	0	231089
糖	37	4972	0	4972	264	0	264	4708	0	4708
16. 农、林、牧、渔业产品	38	0	0	0	0	0	0	0	0	0
其中：棉花	39	0	0	0	0	0	0	0	0	0
17. 其他	40	723357	114	723243	387829	114	387715	335528	0	335528
其中：集装箱重量(吨)	41	170732	114	170618	72170	114	72056	98562	0	98562
滚装船汽车吞吐量(吨)	42	0	0	0	0	0	0	0	0	0
滚装船汽车吞吐量(标辆)	43	0.0	0.0	0.0	0.0	0.0	0.0	0.0	0.0	0.0
补充资料：	1. 本港装卸完成吞吐量		16346180	吨	2. 总计水上过驳作业量				吨	
					其中： 装卸平台过驳量				吨	
					锚地、浮筒过驳量				吨	
					船舶外档过驳量				吨	

2012年合肥地区航空运输业主要运输指标完成情况一览表

项　目	旅客吞吐量（万人次）	货邮吞吐量（万吨）
合肥骆岗机场	519.42	4.26
东航安徽分公司(合肥地区始发航班)	71.99	0.62

撰　稿：张　涛　李　明　杨滨滨　仇　垲（合肥市交通运输局）
沈家圣　唐　莉（合肥市交通运输管理处）　万志军（合肥市公路管理局）
吴　枫（合肥市农村公路管理局）　李以平（合肥公交集团有限公司）
杨通行（上海铁路局合肥火车站）　童智勇（上海铁路局合肥车务段）
杨劲松（上海铁路局合肥工务段）　张平凡（合肥市地方铁路协会）
贾贤巨（合肥市地方海事局）　许　静（东航安徽分公司）
管大龙（安徽省民航机场集团公司）

邮　政

【概况】 2012年，合肥市邮政局围绕“提速增效，奋力赶超”的中心任务，倡导“用户至上、员工至亲”企业行为规范，实现业务收入近4.138亿元，同比增长8.99%，其中实现有效收入逾2.86亿元，同比增长23.15%，实现业务收入规模居全省邮政系统同行首位。市邮政局先后荣获“安徽省第三届创建文明行业工作先进单位”、“合肥市第十二届文明单位”称号。

推动业务发展。在邮务类业务发展方面，实现函件专业完成业务量在全省占比23.96%，较上年提高4.08个百分点，其中邮资机收入占比44%，占全省相应比重的40.1%；实现集邮专业完成业务量在全省占比23.92%，较上年提高3.5个百分点；实现报刊专业完成业务量在全省占比15.18%，较上年提高3.4个百分点，实现报刊订阅业务收入2540.79万元，其中期刊占比39.11%；实现报刊零售收入1184.63万元；实现信息及代理业务同比增长22.8%；分销专业也取得良好业绩。并创新营销模式，开发婚庆和幼教市场的商务期刊项目，取得积极成果。在代理金融业务发展方面，实现邮政储蓄余额增幅达22.9%，获“全省邮政系统代理金融旺季营销活动发展明星奖”、“结构优化奖”、“突出贡献奖”“综合发展奖”，以及“2012年度全省邮政系统代理金融专业提质增效竞赛活动一等奖”；并建立一支30人的专业理财队伍，实行能上能下的管理机制，实现全年理财销售额较上年增长150%。在新型业务发展方面，实现代收费同比增长611.65%，占全省代收总额的26%；并实现代售汽车票和机票规模及完成率均在省邮政系统同行中排名第一。在业务结构调整方面，邮务类业务完成预算101.57%，占全省邮务类收入近20%，占市邮政局总收入的45.52%；代理金融类业务完成预算101.83%，占全局总收入的49.15%；代理速递物流类业务完成预算100.54%，占全局总收入的2.91%。在工作成效方面：1.完成业务收入规模占全省比重同比提高3.19个百分点，完成邮务类三大业务占比均同比提高逾3个百分点。庐江县邮政局实现收入规模在全省县级邮政局中排名第6位，肥东县邮政局、肥西县邮政局、长丰县邮政局实现业务增幅进入全省县级邮政局排名前十位；2.确保邮政品牌营销项目领先全省增长水平，“徽乡茶”项目在省邮政公司评选中获一等奖，并实现“思乡月”项目同比增长33.18%，其规模及增长率均在全省邮政系统排名第一。此外，在专业营销事务方面，完成邮政贺卡、报刊和集邮形象年册三大专业营销事务，其中完成2013年度邮政有奖贺卡同比增长21%，新增定制型贺卡客户481家，成功运作29个项目；实现2013年度报刊大收订同比增长13.75%，缴款率达84.18%，同比增长21%，位列全省市级邮政局第二名；重点报刊营销完成率和规模均列全省第一，期刊占比39.11%，在全省邮政系统排名第一；实现集邮形象年册营销同比增长143.48%。在提高服务质量工作方面，建立监督检查长效管理机制，实施窗口服务监控录像调审制度，全年检查416个网点，覆盖率达90.37%。经省邮政公司聘请的第三方测评，市邮政局全年用户满意度高于全省平均得分。在合肥市行风评议中，市邮政局获通信类行业第一名；还首次获省邮政公司服务质量二等奖；实现邮件全程时限管理全面达标。在中国邮政集团公司安排的各项服务质量考核中，省11185客户服务中心考核成绩跃居全国前列。

【邮政基础平台渠道建设】抓好企业邮政基础平台和渠道建设。在邮政投递基础建设方面，优化邮政投递作业组织，初步形成“大户投递汽车化，城市投递电动化，农村投递摩托化”的邮政投递网络架构；并规范邮政投递基础管理，在邮政投递作业现场推进“5S”管理、邮政投递部基础资料规范管理；另做好邮政信报箱维护工作，全年更新社区楼房邮政信报箱6780户、邮政投放补装单口信报箱4256只。在邮政营业平台建设方面，完成邮政营业信息系统上线工作；并优化邮政网点布局，完成15处邮政网点标准化改造工程；另规范邮政营业网点管理，全面推行邮政营业“三个规范”（服务、管理、操作），提升邮政网点服务和管理能力。此外，做好全市15个空白乡镇邮政所的补建工作，开业1处、交接6处。在邮政服务渠道建设方面，主动介入政府民生工程建设，拓宽邮政服务渠道并推出邮政数字化便民服务亭。在邮政分销渠道建设方面，建成县域邮政仓储配送中心3个和各类农资邮政销售网点308个，使邮政服务“三农”能力提高；并拓展邮政代理金融业务渠道，布放商易通1456台，设立邮政助农取款点164个。截至年底，全市累计建设并使用的邮政便民服务站有1038个，遍及全市城乡、街道和社区，为市民交纳水、电、话费、煤气等社会公共费用提供方便、快捷的服务。在邮政基础名址库建设维护工作方面，完成邮政信报箱、街道、门牌、建筑物等专项维护工作，使邮政基础地址库属性规范率、准确率、丰富率等相关指标达到省邮政公司要求。此外，加强邮政组织机构库日常维护、检查和通报工作，邮政组织机构数据库准确率89.1%。

【转变经营和质效管控方式】抓好经营和质效管控方式的转变：1.转变营销方式，组建30支精英营销团队，对大客户中心实行实体化运作，各专业公司按照“专业+综合”模式,各区县邮政局以营销骨干为主，组建综合营销团队开展业务；2.转变激励机制，营销人员绩效考核采取日常综合业绩和重点工作积分相结合的积分制，将薪酬直接跟业绩挂钩，全年营销人员业绩人均达43万元；3.实现有效收入比上年增长23.15%，比业务总收入增长率高14.16个百分点，差异率列全省邮政系统第二，并实现有效收入占业务收入比重为69.18%，较上年提高7.96个百分点；4.实现资金管理良性运转，货币资金存量比上年末增加4220万元，全年计上缴省邮政公司资金5955万元；5.完成省邮政公司安排的考核利润目标的160%，在全省名列前茅，实现自主支配成本增长率小于收入增长率7.05个百分点，实现修理费、折旧费、低值易耗品费、业务费等多项成本负增长。

【邮政通信能力建设】 推动企业邮政通信能力建设。在邮政营业网点建设方面，利用自有资金，安排好邮政营业网点建设，全年装修和改造邮政营业网点25处；并改造邮政金融四类库37个；另购置邮政营业网点设备和安排设备租赁事宜。在信息网络安全运行方面：1.完善编制普邮作业计划；2.实施进出口邮件封发清单无纸化改革工作；3.优化和调整合肥—长丰二级干线邮路；4.完成市邮政局中心机房机柜扩容改造、市邮储分行两网隔离、上收县邮政局网点网络至市中心等工程。在开展信息网安全运行年活动方面，各项指标成绩提高，信息网巡检成绩首次进入省邮政同行前三名。在省邮政信息网运维知识和技能竞赛中，市邮政局以总分476.21分的好成绩获全省团体第一名，并获优秀组织奖。在邮政设备及车辆投入方面，做好省邮政公司统购设备制定电子化支局和储蓄网点终端的配置发放、身份证鉴别仪等营业设备600台（套）；并自筹资金购置生产经营和办公用电脑100台等设备；另确定18个邮政储蓄网点的叫号机安装进行前期选点、供应商选定、安装方案。在邮政生产车辆维修维护工作方面，实行定点维修并开发维修上线系统；并对车辆保险和加油实行统一定点保险和加油；另为部分车辆办理徽通卡，使其能在高速公路行驶时实行刷卡缴费。在配置邮政运营设备方面，重新调整车辆配置，均衡车辆运输能力，同时配置19辆新车，更新60辆摩托车。

【邮政企业精细化管理】 推进邮政企业精细化管理工作。在修订目标管理办法方面，深化全面预算管理，对区县（市）邮政局、专业公司实行利润目标管理，对内部生产单位和机关职能部门实行成本费用预算管理，并修订下辖县（市）邮政局、区邮政局和专业公司、管理人员绩效考核办法，制定部门分类、分等分级办法等配套措施，引导区县邮政局、专业公司关注效益提高和业务结构优化，提高专业盈利能力。在改革与调整区邮政局设置方面，改革区邮政局体制，精简区邮政局数量，并打破行政区划界限，将原来的6个区邮政局简化为4个。重新分配邮政局所网点的隶属关系，按照“业务收入和管辖网点数量相对均衡、城市和城郊网点相结合”的原则，对重新成立的四个区邮政局的内设机构和岗位进行统一设置。在调整一般管理岗位工作方面，通过竞聘上岗和业绩考核，合理调整25名科级干部，对机关一般管理人员实行双向选择岗位的方式，对空缺的12名一般管理岗位实行竞聘上岗。在全局范围内，通过“民主推荐”、“基层组织推荐”、“工作业绩选拔”和“组织考察选拔”的方式，进行双推双选人才培养，建立后备人才库，实现人才与岗位的合理匹配。

【邮政服务质量监督检查】 抓好邮政对外服务质量监督检查工作。在邮政服务监控录像调审工作方面，举办录像监控资料调取业务培训班，每月进行一次邮政服务监控录像调审，及时通报审查结果并严格考核，有效地促进了窗口营业人员服务水平和安全生产防范意识的提高。在邮件寄递质量专项检查工作方面，全年开展邮件寄递质量专项检查6次、日常检查56次，并安排社会监督员暗察暗访3次，另重点检查：1.营业、投递环节和营业验视制度执行情况；2.投递邮件清单的签收、保管情况；3.单位收发室、代收点邮件转交情况，未发现有重大服务质量问题及邮件寄递安全隐患。在“邮件时限达标回头看”专项检查工作方面，重点组织收投环节作业计划执行情况的自查，对各县（市）邮政局寄发平常信件测试信，分两次每次缮发100份测试信函，两批测试结果时限达标均逾95%。没有发生被中国邮政集团公司和国家邮政局投诉网投诉的情况。在合肥市行风评议中获第五名、通信类行业评议中获第一名；在省邮政公司安排的邮政服务质量评比中获二等奖。

【邮政通信网络运输调度】 做好邮政通信网络运输调度工作。在完善和编制普邮作业计划方面，完成作业计划导入工作，并做好县邮政局普邮作业计划编制工作。在进出口邮件封发清单无纸化改革工作方面，肥东县邮政局通过调配、人员培训、演练等工作，于七月份正式实现进出口邮件无纸化交接，实现了“邮件信息一次采集、全程数据共享”的目标。在优化和调整邮路方面，在确保普邮时限达标的情况下，对合肥—长丰汽车二级干线邮路进行优化调整，降低了网路运行成本。在校园包裹、军营包裹的收寄方面，依照校园包裹项目运行模式，为全市相关区邮政局筹集相关设备，并与省邮件容器调拨局联系，储备项目开展所需空袋，调度安排邮运车次，及时疏运揽收邮件，确保无邮件积压。在开展邮政信息网络运输安全年活动方面，成立信息网巡检工作小组，落实到人，责任到人，对市邮政局和5县（市）邮政局技术人员进行集中培训，提供技术指导，并加强值班监控力度和机房内部管理，制定相应的规章制度，严格执行生产作业流程。

【邮政信息应用系统工程建设】 推动信息应用系统工程建设：1.完成该局中心机房机柜扩容改造工程，改造后的机房功能布局更加合理，设备规整安装到位，线缆有序美观，标识整齐明确；2.完成对市邮储分行生产用PC机和终端设备两网隔离工程，并通过设备安全隔离，使新入网设备绑定MAC地址，加强了设备入网管控工作；3.完成合肥市区划调整后集中上收县邮政局网点网络至市中心的工作任务，优化全区邮政网络统一管理和维护工作，减少了县域邮政网络中心节点；4.完成合肥邮政营业网点信息化建设和标准化施工及示范点建设工程；5.完成市中心邮政机房至省邮政中心主干线路MSTP改造扩容工程，为业务数据提供更为流畅的线路环境和网络保障；6.做好该局大楼高压配电柜改造工作；7.完成该局办公局域网优化改造工程，确保办公网络畅通。

【邮政网路设备维修改造】 合肥邮政系统推动邮政网路设备维修改造工作：1.完成18条邮政线路升级和市中心邮政机房至五县（市）邮政网点的线路提速改造工程；2.全市邮政专线均100%达到市县邮政局网点2M线路的速度，促进网点线路全面提速；3.做好邮政业务高峰期的封网及各项邮政网络预检和保障工作；4.把邮政企业“开源节流，降本增效”落到实处；5.拓展网络新技术使用领域，运用路由无线技术，先后对学府路、经济技术学院、肥西金桥、长丰双墩等多个邮政电子化支局所网点引入无线运行模式（一条专线每年可节约6000元）；6.先后完成市区邮政网点LED屏更新改造任务和VPN及办公机、办公网络的维护工作，并完成市邮政局的电视电话会议系统改造工程，实现在此会议中心通过电视视频和电话系统就可对所辖市县邮政局召开会议的目标；7.安徽邮政11185客户服务中心完成投递三级派单事务，加快了工单处理速度。合肥邮政系统当年拥有和使用邮政专线逾二百条，其中代维专线新增加20条。

【首个邮政自营火车票代售处开通出票】 2012年3月23日，市邮政局所属第一个自营火车票代售处在东七邮政所正式开通并成功出票。为了做好此项工作，市邮政局与合肥火车站按期完成代售网点的改造，及时做好网点的监控设备和空调的安装，按时完成网点售票专线与电话的申请，并配合铁路技术部门进行专线的调试。此外，该局组织有关人员对周围单位和市民进行上门宣传，同时还散发DM宣传广告，收到良好效果，开通上线当天就出售火车票218张。

【邮政投递员业务技能大赛】 2012年7月31日，合肥市当年度（第13届）职业技能大赛邮政投递员业务技能决赛在市邮政局四楼礼堂结束。参加这次决赛的44名优秀选手代表，是从市辖五县（市）邮政局和市邮政收投服务分局等6个单位619名投递员中，经过层层初试选拔，推荐上来的。六个参赛代表队经过三轮激烈的角逐，巢湖市邮政局代表队以总分140分成绩获此次互动抢答环节比赛排名第一。

【合肥市举行《宋词》邮票首发式】 2012年8月31日，市邮政局在四牌楼邮政广场举行《宋词》邮票首发仪式。在首发仪式上，省市相关领导宣布邮政集团《宋词》邮票发行公告，为宋词邮票图样揭幕，当日上午就出售《宋词》邮票及系列邮品近千册（枚），实现业务收入逾3万元；同时还刻制《宋词》邮票纪念戳一枚，供集邮爱好者现场免费加盖。

【“安全用药月”宣传和首届安全饮食用药知识邮政明信片有奖竞答】 2012年9月1日上午，安徽省暨合肥市“全国安全用药月”、安全饮食用药知识邮政明信片有奖竞答活动启动仪式在合肥“国购广场”举行。在启动仪式上，各位领导向“健康邮箱”投放首批“安全饮食用药知识有奖邮政明信片”，出席仪式的市邮政局20名投递员由现场出发，向全市预先设定的重点地域投送“安全饮食用药知识有奖邮政明信片”。此次活动是省食品药品监督管理局、省邮政公司、省药学会主办，由市食品药品监督管理局、市邮政局、市药学会承办的，在活动中使用的首届安全饮食用药知识竞答有奖邮政明信片经过药监和邮政部门双方协定制作，合肥市首批计划印制的明信片答题卡有50万枚。

【第43届世界邮政日系列纪念活动】 2012年10月9日，市邮政局围绕第43届世界邮政日“情系万家　信达天下”主题，开展系列纪念活动：一是在四牌楼邮政广场开展大型系列业务宣传咨询和邮政法律咨询活动，在全市193个邮政网点张贴世界邮政日宣传海报，并散发安徽邮政报纪念第43届世界邮政日特刊等；二是在邮政广场举办2013年贺卡首发和样品展示，并联合省内报刊社开展报刊展示和现场赠报、2012年热销邮品展示，以及邮政电子商务、网上银行等新业务咨询宣传活动，收到较好效果；三是组织合肥邮政对外开放日，被邀请的用户代表对函件安徽乐游游产品、电子商务自由一族业务、报刊文化礼盒、缴费一站通便民业务、账单制作封装现场，11185后台服务现场等，进行现场询问，效果良好。此外，当日在邮政广场活动现场销售了特制作的5000枚纪念封，并免费为市民加盖当日纪念邮戳近1000人次，散发世界邮政日宣传专刊逾1500份、各类报刊宣传单页5000逾份、各类样报样刊逾4000份，另接待用户咨询500人次。

【职工综合素质培训】 注重职工综合素质培训，对全局272名代理金融从业人员进行当年度岗位轮换，安排54名高管和569名代理金融从业人员到内控政策场进行集中测试，在邮政金融资金安全专项整治活动网上专项考试活动中，市邮政局参考率、合格率等7项指标位列全省同行之首。此外，在省邮政储汇业务员技能大赛中，获团体第一名和5个单项第一名；在邮政代理金融网点营业人员业务制度再教育远程学习活动中，市邮政局辖全区代理金融从业人员的注册率、参考率、合格率均为100%。

开展教育培训和职业技能鉴定，累计举办各类培训班32期、组织网上远程学习培训8期、送培46期，有5166人次参加各类培训，全员培训率达194%。市邮政局当年拥有大专及以上学历的占从业人员的46.8%。

【企业文化建设】 重视企业文化建设，在全局弘扬崇尚劳模精神，以“用户至上、爱心服务”为主题，开展“学习劳模、关爱劳模、争当先进”、 窗口微笑服务、党员示范岗、最美投递员评选等多项活动，并推出一批一线服务明星，为员工干事创业营造了良好氛围；发挥新闻宣传舆论引导作用。充分贴近基层一线进行多方位报道。在员工文化建设方面，开展贯穿全年的“我关注、我参与、我关心、我很棒，我为文明创建做贡献”摄影书画展和“我为企业提速增效建言献策”为主题的合理化建议活动，并发放《邮政员工新知手册》，开展形式多样的读书和网络学习活动，组织员工进行基层巡讲及网上知识竞赛活动，收到职工合理化建议326条。

（甘宝贵）

财政 税务

财 政

【概况】 2012年，全市公共财政收入完成694.4亿元，为预算的100.1%，比上年增加70.6亿元，增长11.3%。其中：地方财政收入完成389.5亿元，为预算的107.4%，比上年增加51亿元，增长15.1%，超额完成任务。全市公共财政支出完成572.1亿元，为预算的99.4%，比上年增加97.2亿元，增长20.5%。全市民生支出完成434.2亿元，同比增长20.8%，占公共财政支出比重达到75.9%，保障了基本公共服务、城市大建设和其他重点支出需要。财政实力的稳步增长，为全市各项事业的开展提供了强有力的保障。

【加快经济转型发展步伐】 合肥财政参与研究制定了全市促进经济平稳较快发展的38条实施意见。修订完善财政支持经济发展的“四大政策”，全年兑现四大政策资金14.7亿元，保障市政府促进经济平稳较快增长及支持外贸发展等各项政策的落实。完成“营改增”试点工作所涉及“6+1”行业的10221户企业税制转换工作，累计减轻企业税收负担3720万元，总体税负下降20.5%，结构性减税政策取得显著成效。大力推进股权和分红激励试点，出台“1+6”配套政策体系，将30家企业列入试点范围。拨付自主创新资金4.2亿元，着力推进全市自主创新事业发展。切实减轻企业负担，共为开发园区和乡镇工业聚集区1285家工业企业投资项目办理免收费2121项次，免收资金3.95亿元。发行七期、共5.1亿元“滨湖·春晓”中小企业集合信托计划，117户中小企业从中受益。做好投融资工作。2012年全市累计实现融资350亿元，其中市本级300亿元，为庐铜高速公路连接线、轨道交通2号线、方兴大道、合肥南站枢纽工程等重大基础设施建设。

【推进美好乡村建设】 健全农业投入稳定增长机制，2012年合肥市农林水支出40.47亿元，同比增长19.19%。对10类626个项目给予现代农业发展专项资金扶持。积极开展特色农业保险工作，全年种植业承保面积达到35.9万公顷，养殖业承保牲畜超过10.8万头。做好美好乡村建设准备工作，及时制定了全市的具体实施意见。多渠道促进农民增收，全年累计发放27项财政补贴农民资金19.11亿元。继续扎实推进一事一议财政奖补工作，2012年全市共筹集3.31亿元，完成年初批复的2844个项目，有力地促进了农村公益事业建设。

【保障民生社会事业】 2012年，合肥市在继续深入实施省定33项民生工程的基础上，创新增加实施市级7项民生工程。全年共投入省定33项民生工程75亿元，市级7项民生工程1亿元。进一步实施居民收入倍增规划。落实收入倍增规划的目标责任，建立完善收入倍增规划的评价体系。2012年全市城镇居民人均可支配收入有望达到25400元，同比增长13%。农民人均现金收入有望达到9200元，同比增长17%。

坚持教育优先战略，全市财政教育支出99.64亿元，占全市财政支出的17.4%。支持医药卫生体制改革，全市医疗卫生投入达35.02亿元，进一步提高了基本公共卫生服务均等化水平，基本实现了全市公共卫生均等化全覆盖。推进统筹城乡社会保障体系建设，累计支出社会保障和就业资金44.04亿元。大力支持保障性安居工程建设，全市财政投入29.20亿元，兴建各类保障性住房75353套，解决了10697户居民家庭住房问题。建立文化投入长效机制，进一步支持深化文化体制改革，扶持文化产业发展。

【提升财政管理水平】 合肥市成立财政专题调研领导小组，组织开展财政专题调研。提出当前及今后一段时期，尤其是本届政府任期内全市财政工作的重点与方向，为合肥市财政管理工作的持续改进和不断创新提供有效途径。深化预算管理改革，规范四大预算编制流程，创新“专家审预算”评审方式，全面推进预算绩效管理。优化政府性资金管理模式，实现存款动态分配常态化。进一步扩大市本级财政国库集中支付范围，积极推进公务卡改革。继续深化政府采购制度改革，凸显政府采购规模效应。扎实推进县乡财政一体化管理，结合合肥市实际制定了《关于推进县乡财政一体化管理的实施意见》。强化行政事业单位资产管理，全面实现了合肥市行政事业单位资产统一管理、统一配置、调剂使用的健康管理局面。

【加强内部管理】 狠抓机关内部管理工作不放松，以提高制度执行力和学习型机关建设为抓手，大力弘扬真抓实干、抓细节、抓落实的工作作风，提高财政部门生财、聚财、理财、用财的能力和水平。扎实开展“制度绩效创新年”活动，加强财政文化与队伍建设，积极落实建立财政会商制度。出台《合肥市财政局重大行政决策程序规定》，进一步提升市局重大行政决策制度化、科学化、民主化、规范化水平。大力推进廉政风险防控管理。围绕权力运行制度化，财政监督全程化的要求，切实加强对廉政风险防控管理，制定印发《合肥市财政局深入开展廉政风险防控工作实施方案》，逐步建立起前期预防、中期监控、后期处置有机统一的廉政风险防控机制。

（朱纪忠 刘畅）

国家税务

【概况】 2012年，合肥市国家税务局（以下简称“市国税局”）完成税收收入329.4亿元，同比增长14.2%，分别高出全国、全省平均水平4.3和7.6个百分点，全省首位度达到26.53%。具体措施：一是实时分析“测”收入。开发应用重点税源税收预测网上直报系统，按月预测分析，提高收入预测准确率。二是盯紧重点“排”收入。定期调研大型新办和改扩建企业，及时了解企业开工建设和投产经营情况。2012年，全市398户重点税源企业入库各税230.5亿元，占全部入库税款的70%。对签订亩均税收合同企业逐户约谈、督促，企业累计补税1000余万元。三是疑点监控“查”收入。根据企业异常税收指标，重点选取41户税收下降较大的企业开展检查，查补税款1900万元。开展所得税汇算清缴后续核查，累计审核221户，补缴税款约2000万元。四是依法预缴“增”收入。制定下发《关于新增93户重点税源企业所得税实行分月预缴的通知》，共对全市122户重点税源企业实行所得税按月预缴管理，全系统每月依法预缴企业所得税款达3亿元，保障全年税收收入未出现较大波动。

【专业化管理】 2012年2月1日起，市国税局转变管理职能，推进税源专业化管理试点。内外部改革合力形成。开展全员“春训”活动，组织干部职工集中学习试点运行方案，及时将试点工作情况向地方党政领导汇报，形成共识，获得支持。对纳税人印制发放税源专业化管理宣传手册，举办多期改革辅导会、培训班等，获得纳税人理解。初步建立一级式管理模式。市国税局在机构名称不变的前提下，转变管理职能和工作方式。内设机构方面，按照政务服务、综合业务、收入核算、行政财务、人事教育、纪检监察等序列，整合部门职能，实行“一级式、扁平化”管理。基层单位方面，包河、高新区局转变为专业的办税服务机构，实行同城通办，负责全市纳税人的日常管理与服务；其他区局承担税源管理职能，围绕13个行业开展纳税评估；稽查部门负责全市一般税收违法案件及中小税源的税务稽查；县局比照市局模式，对本单位职能进行重新整合，成为税收执法主体；巢湖地区国税部门按照省局提出的“机构设置、职能调整、业务重组三到位”要求，直接进入全面试点阶段。差异化风险应对成效显著。根据省局下发的风险应对任务，组织辅导式风险提醒，全年提醒企业9026户，累计补缴税款4115万元。全面开展竞争性纳税评估，定期举办主辅评竞争现场会，全年评估查补税款1.32亿元，总量位居全省第一。以风险稽查任务为主，全年共对596户高风险企业实施稽查，累计查补入库税款4.3亿元，同比增长34.4%。应用型补充分析不断深化。根据合肥市老城区和开发区地域特点，分别建立了两个专业化分析团队，深入开展专项专题分析和综合分析。利用税源监控分析平台和风险管理模型，强化风险补充分析，深化风险识别与预警，为纳税评估、税务稽查提供指引。开展全市工业经济状况分析，形成各类税收分析报告二十余篇。专业化管理机制渐趋合理。多次召开专题协调会，理顺部门关系，逐步建立专业化管理模式下的工作协调机制，按照省局规定的十大序列下发了全年工作要点和目标考核方案。及时研究解决业务流程、系统运行和部门衔接中出现的问题。省国税局授予市局“税源专业化管理集体三等功”。

【基础管理】 市国税局加

强基础管理工作，推行营改增试点。全系统自2012年4月起，组织开展营改增试点的准备和启动工作。10月1日，开出了全省首张营改增试点增值税专用发票。11月15日，顺利完成全市营改增首月申报纳税工作，累计办理申报7894户，组织入库税款6039万元。试点工作期间，时任国家财政部副部长、现任国家税务总局局长王军专程到合肥调研营改增试点开展情况。其次是开展数据核查工作。根据省局下发的《税源专业化管理试点单位纳税申报情况监控分析》，结合税源监控分析平台加载的风险事项指标，对全市纳税申报情况进行关联扫描。2012年，全系统累计核查企业75318户，逐户分析成因，视情况分别予以处理。三是全面深化信息管税，强化市局机关各部门协作配合，确保信息“一次采集、多方共享”。加快推进“网上国税局”建设，扩大网上行政审批试点范围。不断扩大网上办税覆盖面，全市一般纳税人网上申报面达85.3%。与相关部门健全完善信息交换制度，配合市税源办做好“合肥市综合治税平台”的维护和运行，扩大信息交换成果。推进个税管理。与工商、地税、质检等相关部门进行信息比对，及时提取漏征漏管户名单，全年清理个体漏户27119户。健全协税护税网络，继续推行街道、居委会、市场管理机构委托代征，个体委托代征面达到76%。落实支持小型微型企业和个体工商户科学发展工作要求，确保纳税人用好、用足优惠政策。五是清理各类欠税。开展欠税情况专题调研，加强部门协作、严格欠税考核、强化清欠管理，全年累计清理欠税近2000万元。

【依法行政】 市国税局加强“两权”监督制约，全面开展执法风险点综合检查。检查中，发现并通报整改5个方面76项执法违规或依据有误。进一步提高重大税务案件审理质量，全年累计审理38户案卷资料。加强税收政策调研分析，大力实施“丰源工程”，2012年，市国税局累计办理各项税收优惠103亿元。其中，办理出口退免税62.51亿元，占全省的42.15%；办理高新技术企业、节能环保企业、残疾人就业等各类政策性减免税22.62亿元。2012年，市局组织协查单位共实施发票检查856户，查处企业违规发票17112份，涉及金额3.96亿元，查补税款4785万元，加收滞纳金370.12万元，罚款582万元。在第21个税收宣传月活动中，市国税局联合地税部门召开全市纳税企业百强发布会。开展“税源专业化管理体验日”活动，组织召开国税服务新闻媒体见面会，加强网上在线交流，探索开通网上维权专栏，增进征纳双方相互理解和信任。在2011年、2012年全市政风行风评议中，市国税局评议结果连续两年位列全市执法类首位。

【纳税服务】 市国税局持续优化纳税服务，健全纳税服务配套制度，将首问负责、一次性告知、AB岗、应急等系列服务制度进行再次梳理，汇编成《合肥市国税系统办税服务厅办税服务制度》，提高窗口工作效率。开展提供多样化服务，推广同城通办、预约服务等多种服务产品，试点“自助办税服务终端”，统一办税服务厅业务咨询岗，规范服务窗口设置。成立合肥市国、地税合作工作领导小组，明确国、地税部门合作事项推进表。继续完善12366服务咨询平台，开办纳税人学校。2012年，全系统组织纳税人培训89期，培训纳税人42000余户，收集并回复各类意见、建议252条。组织服务能手竞赛，开办国税干部礼仪学习班，开展纳税人走访、座谈，开通纳税人网站论坛、QQ群等，及时解决纳税人关注问题。推进快捷办税，提高服务效率。修改集中审批项目管理规范，实行流程再造，邀请纳税人参与修订完善74项办税流程。严格落实涉税事项限时办结，推行综合申报表和无纸化办税。实行出口退税分类管理，依法简化退税手续，加快退税进度。扩大汽车销售公司依法代征车购税业务试点，纳税人可在购车点直接缴税。

【效能建设】 市国税局推动网络智能办公系统上线，搭建干部职工日常工作与行政管理的重要平台。完善政务服务例会制度，对各项政务服务工作及时跟踪问效。认真整理原巢湖市局2011年度档案，逐份扫描，妥善归档。健全基建财务管理制度，完成部分县局基建项目的立项报批手续。严格落实“会审联签”制和“大额经费支出集体研究”制，对资金流向实行四级审核。规范采购程序，严格执行协议供货和批量集中采购规定。严格执行公务卡强制结算目录，对财政部规定的16类支出事项，全面使用公务卡结算报销。修订市局固定资产实物管理办法，规范实物资产管理。加强各类工程维修项目的监督、管理和验收工作，对机关部分办公区域进行重新改造。压缩办公经费，严格将水、电、油、车辆运行、公务接待等费用支出控制在规定范围以内。

（蔡　敏）

地方税务

【概况】 2012年，合肥市地方税务局（以下简称“市地税局”）税费收入首次突破400亿元，社保费收入首次突破100亿元，第10次被市政府评为目标管理责任制考核优秀单位。省委常委、市委书记吴存荣，省局党组书记、局长汪建国，市委副书记、市长张庆军，市委常委、常务副市长魏晓明分别做出重要批示，社会各界和新闻媒体给予充分关注，使地税形象得到明显提升。

【组织收入】 全市地税系统坚持组织收入原则，强化收入分析预测，加强重点税源监控，完善基金费征缴管理，税费收入平稳较快增长。全年共组织各项税费收入410.16亿元，同比增长12.3%。其中，地方税收入294.08亿元，同比增长13%，位列中部省会第三；社保费收入103.22亿元，同比增长9.07%，首次突破百亿元；其他基金费收入12.86亿元，同比增长18.1%。

【依法治税】 市地税局开展法制宣传教育。扎实开展“六五”普法工作，参加“江淮普法行”、“12.4法制宣传日”活动，加强复杂业务、热点问题宣传。联合开展第21个税收宣传月活动，举办合肥市首次纳税100强企业新闻发布会，基层各分局因地制宜，举办地税沙龙、开展“爱生活、画税收”校园动漫主题活动、打造公交流动税收风景线等，提升税收宣传效果。做好全市财税工作专题宣传，《新安晚报》、《合肥日报》等14家省市新闻媒体连续3天，集中报道近年来地税工作成绩。加强信息调研工作，全年被上级信息载体采用320余条，其中，1篇获省领导批示，4篇转报中办、国办。二是规范税收执法行为。加强规范性文件管理，清理1994年以来市局制定的规范性文件184份。坚持案件集体审理制度，全年审结涉案金额300万元以上重大案件12起。出台《税收法制员工作实施办法》，完善工作机制。实行行政处罚群众公议制度，由群众公议员对拟处罚建议进行评议，开群众参与税务行政处罚先河。三是扎实推进政务公开。深入开展“政务公开标准化建设年”活动，梳理完善办事流程。开展财务信息公开试点，促进民主理财。突出以地税门户网站、市政府信息公开网和遍布全市城乡的53个标准化办税服务厅（所）、241个服务窗口为主阵地，及时公开各类税收信息，全年通过市政府信息公开平台，主动公开信息710余条。重新规划并增设地税外网栏目，使信息公开内容更加丰富，为公众提供快速查询和办事入口。

【深化改革】 市地税局采取耕地占用税和契税“两税”征管并轨运行。强化前期调研，制定实施方案，明确划转要求，整体推进征管职能转换，6月30日，全市“两税”征管职能划转顺利完成。完成“两税”人员机构职能配置，市局设立耕契税处，全市新增“两税”服务窗口34个，从事“两税”征管人员57人。加强征管业务衔接，上线新版契税征管软件。与市房产局沟通协作，确保“先税后证”制度顺利执行，实时查询“家庭唯一住房”信息，“两税”征管工作全面并轨。二是配合做好“营改增”试点前期工作。开展试点行业样本企业典型调查，掌握“营改增”后税负变化、对全市经济税收影响等。按照规定时间节点，分批将一般纳税人、小规模纳税人数据信息移交国税部门，实现无缝对接，移交工作共涉及纳税人信息11363户，其中，一般纳税人815户，小规模纳税人10548户；涉及交通运输业3147户，部分现代服务业8216户。加强“营改增”试点纳税人税收征管，完善资料，清理欠税，共查补和清理欠税1573.24万元。

【推进专业化管理】 根据行业特点和区域实际情况，在巢湖市局重点开展试点，涉外分局和庐江县局积极探索，税收风险应对和管理工作机制初步建立。巢湖市局按照“征、评、管、查”外分模式，进行机构职能优化调整。庐江县局以庐城办税服务厅为依托，实行县城纳税服务集中集约化管理。涉外分局全面梳理现行征管业务，再造工作流程。积极探索开展纳税评估工作，成立市局纳税评估和风险管理办公室，全面采集重点税源户财务报表数据，制定纳税评估工作规范。编制完成房地产、金融保险、高新技术三大行业纳税评估模型，系统上下应用评估软件开展分行业、分专项纳税评估，排查处理各类税收风险疑点1.3万户次。

【优化服务】 落实结构性减税政策。落实调结构、促转型、惠民生等各项税收优惠政策，全年兑现结构性减税15亿元。用足用活税收政策，扶持高新技术企业发展，联合出台关于股权奖励个税试点工作意见，实行企业技术人员股权激励分期缴纳个税，增强企业自主创新内力。全面落实社保费“五缓四降”政策，降缓抵各项社保费5亿多元。不断优化纳税服务。精简办税流程，提高服务效率，庐阳分局、经济分局和庐江县局3家办税服务厅被授予“星级办税服务厅”称号。完善12366服务热线管理，升级发票查询系统，规范语音服务，全年接听解答热线咨询3.3万个。按照“六个统一”要求，推进标准化办税服务厅建设，安装排队叫号、服务评价和视频监控系统，整合窗口功能，实现综合服务、发票管理“一窗全能”。拓展网上申报、银行网点缴费、持卡缴费等多元化缴费方式，实行“有区域管理，无区域征收”，方便缴费人就近缴费。巢湖市局组建纳税人学校、“巢北纳税人”QQ群组、纳税服务短信平台、纳税人权益保护中心等四位一体的纳税人之家，全年办班7次，培训纳税人2347户次，发送服务短信4.8万条。完善纳税服务投诉管理机制，畅通纳税服务投诉渠道，维护纳税人合法权利。

【税种管理】 上线运行存量房交易价格申报评估系统，规范存量房交易税收秩序，7-12月累计评估房屋交易1.22万套，评估金额65.27亿元，征收税款3.69亿元。认真贯彻落实《车船税法》及其实施条例，开展代收代缴检查。出台《房地产企业土地增值税清算管理办法》，明确管理流程，提升清算质效，全年共对46个项目进行土地增值税清算，补缴税款2.03亿元。加强土地使用税管理，通过信息比对，补缴税款1889.13万元。加强非居民税收管理，做好《对外支付税务证明》出具。开展审核前置、简化备案程序，提升企业所得税汇算清缴质量。加强年所得12万元以上个税自行纳税工作，共受理申报10794人，增幅31.14%。推广应用总局个税管理软件，69.15万纳税人个税征管信息纳入省级数据大集中。实行“先税后转”，加强股权转让所得个税征管，全年入库1.55亿元。

【基础征管】 深入推进现代化分局建设，4个单位上报省级考核验收，12个单位通过市级考核验收。加强外出经营税收管理，规范《外管证》开具、核销、检查等工作流程。继续实行国地税联合办证，节约办税成本，全年共办理各类税务登记2.7万件。修订纳税人登记迁移管理工作规定，明确迁入地主管税务机关结算检查责任，提高迁出管理效率。加强对注销户清算管理。加强普通发票管理，明确建筑、房地产、电信等行业经营中预收（售）环节开具发票管理规定，严格发票报验查验管理，修订完善代开发票管理规定，规范发票代开业务。继续加强征管数据清理，强化征管数据质量动态监控。深化税源与征管状况监控分析软件应用，查找征管薄弱环节，提高税收征管质量。积极开发私房出租及个体零散税收代征软件，与AHTAX2009征管系统对接，实现委托代征工作信息化管理，全市共代征私房出租及个体零散税收9613.5万元，同比增长27.8%。依托市政府涉税信息平台，及时获取第三方信息，掌握纳税人生产经营情况，建立部门间信息共享机制；定期与工商部门交换股权转让信息。加大网上申报推广应用工作力度，截止12月底，办理网上申报户7.51万户，占正常企业纳税人总数的95.25%。

（朱晓庆）

滨湖之夜

银行 证券 保险

合肥市金融工作

【概况】 2012年，合肥市金融工作办公室（以下简称“市金融办”）围绕“新跨越、进十强”奋斗目标，以区域金融中心建设为核心，抓好企业融资，健全金融体系，推动金融创新，加强金融监管，提升金融服务实体经济水平和能力。全年实现金融业增加值214.6亿元，增速17.6%，占GDP 5.15%；实现金融税收53.97亿元，财政贡献度7.78%，有力推动全市经济平稳发展。

【融资工作】 2012年，合肥市面临着加快发展、转型发展的双重任务，经济发展对资金依赖度越来越大，市金融办主动面向“两个市场”，坚持间接融资、直接融资两手抓，为实体经济提供有力保障。

面对信贷市场抓融资。市金融办推进战略合作，发挥集聚效应。市政府分别与建行省分行、光大银行合肥分行签署战略合作协议，带来近130亿元的信贷投放计划，形成信贷资金的集聚效应。其次，完善激励政策，发挥杠杆效应。完善《合肥市金融机构支持地方发展考核奖励办法》与《合肥市承接产业转移促进服务业发展若干政策》，调整政府性资金存款存放各商业银行的指标，发挥政府性资金的杠杆和导向作用。第三，开展银企对接，服务实体经济。举办小微企业金融服务宣传月启动仪式暨银企对接会，提高信贷投放的针对性和有效性；做好全市重大项目融资服务工作，协调熔安动力、天为商贸等企业融资难，服务实体经济。全年共举办银企对接73场，对接金额280.55亿元。2012年末，全市本外币各项存款、贷款余额分别为7075.2亿元、6462.5亿元，同比分别增长21.5%、17.2%；全年本外币各项贷款新增950.1亿元，占全省新增贷款的35.9%，增量创历史次新高。人民币余额存贷比为88.7%，分别高于全国、全省平均水平20.0、17.8个百分点，在中部省会城市中仅次于长沙市，排名第二位；在华东省会城市中排名第三位，仅较排名第一的杭州市低1.1个百分点。

面向证券市场抓融资。市金融办主抓股票市场融资。精心培育上市资源，完善上市后备资源库，共有100家企业入库，其中有52家企业入选省上市后备资源库，占全省26.4%；并及时解决上市难题，帮助落实优惠政策，有力推进上市工作。至2012年末，全市新增上市企业1家，实现融资8.5亿元，3家企业过会待发（均占全省100%）、在会待审企业11家、安徽证监局辅导备案企业10家。其次，抓债券市场融资。受二级市场疲软影响，股票市场融资几乎陷于停滞，引导企业综合运用企业债、短期融资券、中期票据、集合票据、集合债等债券融资工具进行融资，融资规模大幅上升。2012年，全市新增债券融资236.55亿元，同比增长57.18%，占全部直接融资总额的98.54%。其中，海恒集团获准注册的18亿元中期票据是中国银行间市场交易商协会首次接受园区类从事基础设施类平台公司注册。另外，组织发行了总额为5.1亿元的第三期“滨湖·春晓”中小企业集合信托计划，惠及117家企业；首支规模为1.75亿元的中小企业集合债券成功发行；规模为2.1亿元的中小企业集合票据成功发行，填补全市小企业在银行间市场债券融资空白。

【金融体系】 市金融办采取多种措施，健全金融体系，取得显著成效，作为典型经验在全省交流：

扩大金融招商。注重“招大引新”，引进国内外有影响力的大型金融机构来肥设立分支机构，提升金融增量，丰富金融业态。2012年，引进日本瑞穗实业银行来肥设立分支机构，引进西藏同信证券等来肥设立营业部，皖能集团财务公司顺利开业，安徽省首家中外合资汽车金融公司——瑞福德汽车金融公司获银监会批准筹建，推进三菱东京日联银行在肥设立分支机构工作。同时，快速推进滨湖新区国际金融后台服务基地建设，入驻14家金融类机构中，1家已运营、8家实质性开工建设、3家土地已成交。

推进金融改革。加快推进金融改革，整合优化存量，增强金融业综合竞争力。2012年，巢湖、庐江、长丰县农商行陆续挂牌开业，推进肥东县农村合作银行改制工作，即将实现农村商业银行县域全覆盖；对41家交易场所进行了清理整顿，引导社会资本回归实体经济；加强农村金融担保体系建设，开展农村产权抵质押融资试点，设立金融创新服务试点乡镇，推进农村金融产品和服务方式创新。推动联想控股有限公司收购国资公司3家类金融机构快速做大做强，完成科农行增资扩股工作。

延伸金融配置。为支持农村经济，统筹城乡发展，合肥市积极引导商业银行向县域延伸，增设机构和网点，优化金融布局，增加信贷投放，为农村经济的发展提供资金支持。光大银行肥东县支行、九江银行庐江县支行、中国银行长丰县支行分别开业；合肥科农行庐江县支行即将开业。

【金融创新】 市金融办注重金融创新，提升金融与经济的良性互动，增强经济发展活力：

创新监管路径。在融资担保、小贷行业监管上实行“两个率先”，实行全程把关。首先，率先实行三方监管。在全省率先实行金融办、开户银行、企业三方监管合作，共同签订协议，将自律与他律相结合，共同防范风险。其次，率先统一财会制度。在全省率先统一规范融资性担保公司、小额贷款公司会计科目设置，明确财务管理政策，以财会规范促进企业经营规范。

创新合作方式。帮助高新区与深交所加强沟通，签署战略合作协议，推动科技与金融紧密结合、共同发展；协调国家开发银行安徽省分行与兴泰控股集团开展合作，通过兴泰资产管理公司融资平台对合肥市中小企业投放5亿元信贷资金，拓宽中小企业融资渠道。

创新对接形式。建立合肥网上“金融超市”和“中小企业服务大厅”，筹建实体“金融超市”，搭建低成本、高效率、全方位公共服务平台，为中小企业提供“一站式”服务，打造永不谢幕的对接平台；专门举办小微企业金融服务宣传月启动仪式暨银企对接会，集中为小微企业提供融资服务，提高信贷投放的针对性和有效性；组织开展融资担保公司、小额贷款公司与企业座谈会，直接对接，满足不同层次融资需求。

【金融监管】 合肥市采取防范金融风险，引导民间资本合理流动，健全准入退出机制。按照“控制总量，提高质量”的要求，健全融资性担保公司、小额贷款公司的准入退出机制，做到“高门槛进入、低门槛退出”。提高准入条件，严格审核发起人资质，支持有实力的法人进入，特别注重引进战略投资者；对于经营中存在重大风险且未整改到位的融资性担保公司、小额贷款公司，按程序取消其从业资格，有序退出。

坚持监管服务并重。有针对性地开展两大行业高管人员业务培训，组织开展新任总经理考试，开展财会、法律知识专题培训，提升企业高管业务素质；组织开展小额贷款公司信息管理系统培训，并在全省率先试运行小额贷款公司信息管理系统，将在全省推广运行；充分发挥融资性担保和小额贷款公司行业协会自律作用，促进两个行业规范健康发展。严格开展监管检查。通过不同方式开展检查，早预防、早发现、早处置。首先，常规检查早预防。定期开展融资性担保公司、小额贷款公司大检查，全面了解企业经营情况和风险状况，预防行业风险。其次，重点检查早发现。除开展常规检查外，还通过信息管理系统以及群众举报等方式，动态监管企业，及时发现问题，及早防控风险，促进企业规范经营。对发生违法违规企业，开展专项检查，依法依规处置，防止风险蔓延甚至引起系统风险。截止2012年12月底，全市95家小额贷款公司总额85.1亿元，贷款余额92.3亿元，当年累计发放贷款 181.6亿元；全市正常经营的48家融资性担保机构净资产75.4亿元，在保户数6237户，在保余额282.47亿元。

货币信贷运行

【概况】 2012年，合肥市银行业金融机构贯彻落实稳健的货币政策，结合合肥实际，加大对经济发展的支持力度。全年银行业金融机构发展稳健，货币信贷运行平稳，促进经济发展的能力显著增强。2012年末，全市金融机构本外币各项存款余额7075.2亿元，同比增长21.5%，比上年提高4个百分点，较年初增长1252.2亿元，同比多增383.1亿元。全市本外币各项贷款余额6462.5亿元，同比增长17.2%，较去年同期微落0.7个百分点，低于全省1.5个百分点。不断完善银行体系，赢利能力显著明效。全市银行业机构竞争规范、优势互补、共同发展，资产规模不断壮大，同比增长33.9%；经营效益大幅攀升，净利润同比增长20.2%；年末不良贷款余额52.4亿元，不良贷款率0.8%。逐步完善金融体系，巢湖、庐江、长丰县农商行陆续挂牌开业，皖能集团财务公司开业，瑞福德汽车金融公司已获银监会批准筹建。

【存款】　各项存款较快增长，单位存款、个人存款明显增多。2012年末，全市金融机构本外币各项存款余额7075.2亿元，同比增长21.5%，比上年提高4个百分点，较年初增长1252.2亿元，同比多增383.1亿元。其中，单位存款、个人存款同比分别比2011年多增201.4亿元和134.3亿元。

人民币各项存款余额6913.8亿元，同比增长20.1%，较年初增长1156.6亿元，同比多增302.5亿元。外汇存款余额25.7亿美元，较年初增长15.3亿美元，同比多增12.5亿美元。

【贷款】　各项贷款稳定增长，贷款结构持续优化。合肥正处于经济社会加快发展、转型提升的重要时期，工业化、城镇化的推进，自主创新、承接产业转移、合肥经济圈等一系列重大发展战略的深入实施，均构成了旺盛的信贷需求。年末全市本外币各项贷款余额6462.5亿元，同比增长17.2%，较去年同期微落0.7个百分点，低于全省1.5个百分点；全年新增950.1亿元，占全省贷款增量的35.9%，同比多增136.4亿元。其中，人民币各项贷款余额6136亿元，同比增长16.7%，高于全国总体水平2.6个百分点，在中部、华东省会城市中均排名第一；全年新增879.3亿元，同比多增170.3亿元。外汇贷款余额51.9亿美元，较年初增加11.4亿美元。

【贷款结构】　第一，中长期贷款企稳回升。2012年末，全市人民币中长期贷款余额4370.4亿元，同比增长14.4%，增速在今年4月份降至9.1%后企稳回升；全年增加549.5亿元，同比多增89.3亿元。票据融资余额234.4亿元，同比增长177.7%；全年增加150亿元，占全市新增人民币贷款的17.1%，同比多增105.7亿元。短期贷款余额1522亿元，同比增长12.7%；全年增加172.2亿元，同比少增31.5亿元。第二，农村法人金融机构贷款大幅增加。2012年末，合肥市农村法人金融机构人民币贷款余额370.9亿元，全年新增103.7亿元，同比多增41.4亿元，占全市贷款增量的11.8%，比上年末上升4.4个百分点。第三，经济薄弱环节支持力度加大。一是小微企业的信贷投放进一步加大。年末全市小微企业贷款余额992.3亿元，占全部企业贷款的24.1%，较年初增长61.5亿元。二是县域贷款增长较快。年末合肥市县域人民币贷款余额578.8亿元，同比增长24.3%，高于同期各项人民币贷款增速7.6个百分点。三是社会弱势群体金融服务进一步完善。全年全市下岗失业贷款、助学贷款分别发放17659万元、83187万元，发放笔数、人数分别为1641笔和129072人。第四，个人消费贷款增长加快。2012年末，全市个人消费贷款余额1174.6亿元，同比增长14.8%，较上年末有所提升；比年初增加152.9亿元，同比多增31.1亿元。

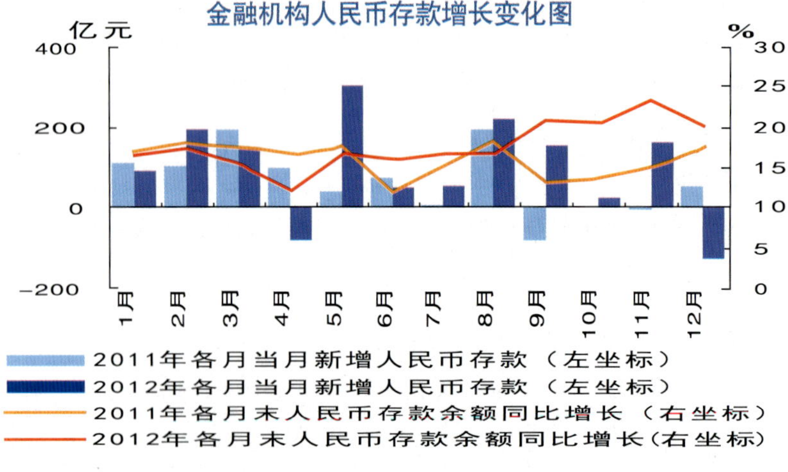

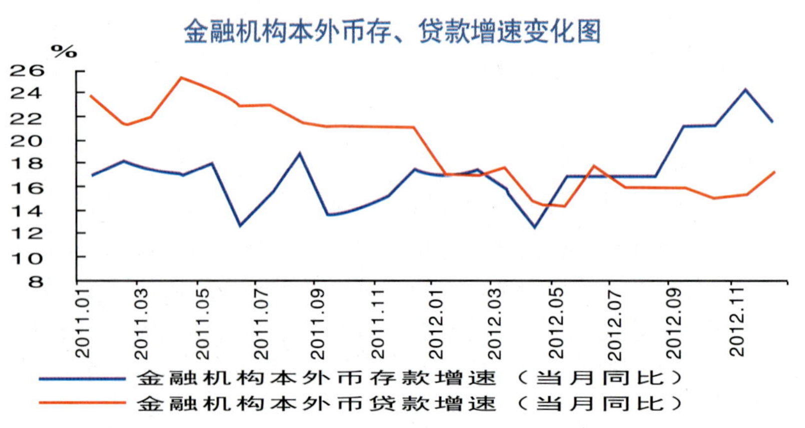

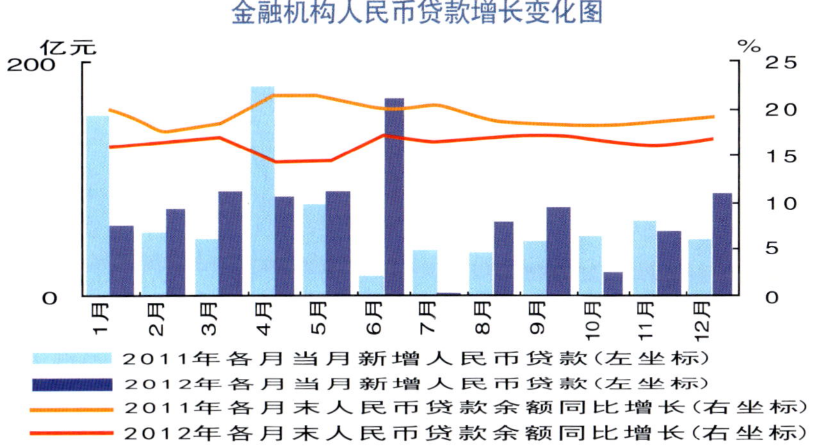

【利率】 利率市场化稳步推进，存贷款利率浮动区间趋于合理。2012年存款利率浮动上限调整后，全市各法人金融机构人民币存款利率调整为基准利率的1.1倍，其他机构也出现不同程度的上浮。在降息及贷款利率浮动区间扩大的背景下，全市贷款利率水平保持下降态势。2012年人民币贷款加权平均利率为7.36%，同比下降0.4个百分点，利率浮动区间分布较为合理。

2012年各利率浮动区间贷款占比表

	月份	1月	2月	3月	4月	5月	6月
	合计	100	100	100	100	100	100
	[0.9-1.0)	0.7	1.4	1.2	0.1	1.2	2.1
	1 小计	20 20.7	25.2 26.7	21.5 22.7	21.9 22	36 37.2	22.9 25
上浮水平	(1.0-1.1] (1.1-1.3]	29.3 37.8	28.5 34.5	23.4 40	32.1 35.3	18.5 32.2	27.6 30
	(1.3-1.5]	6.7	7.2	8.6	6.6	7.5	13.4
	(1.5-2.0]	5.5	3	5.1	3.8	4.4	3.5
	2.0以上	0	0.1	0.1	0.1	0.2	0.7
	月份	7月	8月	9月	10月	11月	12月
	合计	100	100	100	100	100	100
	[0.9-1.0)	4.8	4.9	6.9	5.7	8.4	3.5
	1 小计	23.1 27.9	26.1 31	23.4 30.3	34.3 40	27.5 36	26 29.5
上浮水平	(1.0-1.1]	24.5	23.2	27.5	24.3	20	18.6
	(1.1-1.3]	35.6	34	30.4	27.7	32	35.8
	(1.3-1.5] (1.5-2.0]	7.4 3.7	6.4 4.3	7.5 3.6	4.1 3.1	6.3 4.5	10.6 5
	2.0以上	0.9	1	0.8	0.8	1.1	0.5

2001～2012年非金融机构融资结构表

	融资量（亿元人民币）	比重（%）		
		贷款	债券（含可转债）	股票
2001	115.7	93.2	0.0	6.8
2002	109.9	92.3	0.0	7.7
2003	199.5	100.0	0.0	0.0
2004	231.7	93.7	0.0	6.3
2005	224.6	100.0	0.0	0.0
2006	364.8	84.2	14.4	1.5
2007	538.6	75.8	3.2	21.0
2008	628.0	87.8	8.2	4.0
2009	1120.4	82.5	8.0	9.5
2010	942.3	87.6	8.3	4.2
2011	1204.9	79.5	12.5	8.0
2012	1195.2	79.5	19.8	0.7

【直接融资】 直接融资市场稳步增长，债券融资增长较快。全市社会融资规模同比增长0.1%，有效支持了经济发展。全年在肥企业实现直接融资245.1亿元，占全省26.4%。债券融资总额236.6亿元，同比增长57.2%，占全省28.9%，成为推动直接融资增长的重要动力，其中，企业债57.8亿元，中期票据149.1亿元，短期融资券29.7亿元。股票市场较为低迷，股票融资增长乏力，仅通过首发融资8.5亿元。

【人民币业务】 跨境人民币业务蓬勃发展，业务范围持续扩大。2012年，合肥市辖内跨境人民币业务发展迅速，企业和银行实现了双赢，贸易投资便利化程度不断加深。年末，全市跨境人民币结算量累计达到54.4亿元，其中2012年实现51.5亿元，居全省第一。

（中国人民银行合肥中心支行）

中国工商银行安徽省分行营业部

【概况】 2012年末，中国工商银行安徽省分行营业部从业人员2768人。各类网点总数为93个（含本部），其中一级支行22个，直通式管理二级支行4家，二级支行61个，分理处2个，储蓄所3个，拥有3家财富中心，10家贵宾理财中心，理财网点49个，金融便利店31个。各类自助设备超过700台。

2012年，中国工商银行安徽省分行营业部围绕“突主题、补短板、强素质、控风险”的总体思路，推进三大发展战略，全面增强个人、公司和机构金融业务竞争发展能力，经营发展取得了良好成效。全年实现拨备前利润24.89亿元，拨备后利润23.47亿元，净利润17.56亿元，同比分别增加2.58亿元、1.09亿元和0.64亿元。不良贷款余额和占比实现双下降。本外币全部存款增加95.17亿元，其中储蓄存款增加54.43亿元，增量居四大行首位。人民币各项贷款增加82.85亿元，居四大行首位。实现中间业务收入7.67亿元，总量和同比增量均居四大行首位。不断提高服务效率和服务质量，政风行风评议工作在全市7家金融单位中排名第一。并开展“内控强化年”和“员工行为规范教育”等活动，反洗钱工作连续四年被中国人民银行评为最高等级。

【提高竞争力实施三大发展战略】 中国工商银行安徽省分行营业部贯彻落实总省行深入实施三大发展战略的工作部署，强化市场拓展，加强业务联动，集中全行力量打好存款、客户拓展、信贷结构调整和金融资产服务业务四大攻坚战，全面增强个人、公司和机构金融业务竞争发展能力，促进各项业务的快速发展。

调整优化信贷结构，加大地方经济支持力度。按照中央经济工作会议提出的金融业更好地服务实体经济的要求，努力适应经济结构调整和产业升级的需要，优化信贷资源配置，促进信贷业务健康可持续发展。一是积极培育“四大新市场”。密切关注战略性新兴产业、先进制造业、现代服务业、文化产业等四大领域融资需求。大力拓展现代物流、批发零售、商务服务、社会服务、医院、教育、新闻出版、广电、文化旅游等信贷市场，“四大新市场”新增融资占全部公司客户新增融资50%以上。二是开发贸易融资、中小企业贷款、个人非住房类贷款“三大战略领域”。灵活运用贸易融资产品组合，发展以供应链融资和商品融资为重点的贸易融资；围绕产业集聚区或产业园区内的中小企业，发展中短期融资业务。重点围绕各类小商品市场，坚持“利率+费率”原则，营销发展个人经营贷款、消费贷款等非住房类贷款。三是继续做好重点项目金融服务。与合肥市大建设、大招商、大发展相契合，从源头抓起，进一步做好产业转移、招商引资落地服务工作；继续积极支持国家政策支持的重点项目，争当银团牵头行，不断提高客户综合贡献度和社会影响力。

巩固各项存款增长基础。始终把存款作为基础和中心工作来抓，实现存款稳定均衡增长。不断增强存款业务竞争力。一是稳步扩大储蓄存款市场份额。进一步提高对储蓄存款基础性作用的重视程度，坚持储蓄存款余额和增量占比“双第一”目标不动摇。开展“大联动、大营销”活动，重点推进代发工资业务营销，重点运用理财等客户需要的产品和有竞争力的增值服务来服务客户、增加存款，充分运用和发挥该行柜面通、助农小额取款、福农卡等先进服务渠道和产品优势，延伸和提高县支行辐射乡镇的市场服务和产品营销能力，提升县支行储蓄存款市场竞争力和贡献度。二是提升公司存款竞争能力。坚持通过狠抓源头、完善机制、提升服务等根本性措施，提升公司存款竞争能力。强化资金流动监测，严格执行信贷资金支付管理制度。认真落实公司无贷户分层营销要求。实行客户经理承包网点责任制，加强网点对公业务尤其是公司无贷客户的营销管理工作。三是推动机构和同业存款稳定增长。紧紧围绕财政、公积金、证券、信用社、军队、银行同业等6大行业客户，切实做好重点客户的稳存增存工作。

加快发展中间业务和新业务。一方面，通过有效扩大客户规模，做大做强传统优势业务，深度挖掘传统中间业务增收潜力；另一方面，进一步加快创新发展步伐，大力拓展新兴业务市场，提升贵金属、理财、现金管理、资产托管、企业年金、私人银行以及法人结构性存款等新兴业务盈利贡献，通过新产品、新业务超常规发展带动中间业务的跨越式发展。加强组织推动，坚决抓好落实，全力做大金融资产服务业务，全年实现收入2.2亿元，占中间业务收入的比重提高至22%。

【完善机制建设增强发展动力】 进一步健全和完善机制建设，将各种考评办法有机组织起来，做到“全覆盖”，充分发挥机制的激励约束作用，为业务发展增强动力。一是进一步完善营销机制。针对客户金融需求日益多元化、综合化实际，充分发挥整体合力，加强部门联动营销、产品联动营销、公私联动营销，建立前中后台联动考核机制，提升工作实效。二是进一步完善资源配置机制。按照突出主营、强化激励的原则，加强增收节支和费用结构调整，制订相关考核办法，充分发挥财务资源配置对营销的支持作用，促进全辖进一步加快发展，不断提高创利能力。三是进一步完善激励约束机制。从六个层面来健全和完善覆盖每位管理人员及员工的常规化、多层次的激励约束制度：编制分管部领导年度绩效合约，健全和完善支行经营绩效考评办法和行长经营目标考核办法；健全和完善支行副行长目标考核办法；健全和完善机关部室负责人工作目标考核办法；修订完善营业部客户经理考核管理办法；进一步落实机关部室员工的岗位责任和工作目标。四是推进县支行加快发展。结合县域经济金融资源分布特点，通过加大政策扶持，扩大业务授权，优化资源配置等措施，提升县支行的竞争发展能力和盈利能力。

【改进服务工作提升社会美誉度】 高标准、大气力加强服务管理工作，推动全行服务水平持续提升，全力打造区域内服务最佳银行、客户首选银行。一是加快服务渠道建设。通过新建、迁建等多种方式，加大网点建设投入，不断优化网点布局，提升网点综合服务功能和市场营销能力。二是进一步提升网点服务质量。推广实施网点优质服务能力提升项目，加快推进营业网点岗位配置、内部管理、服务流程、窗口设置标准化建设，提高网点服务承载能力。全面改善和优化网点服务环境，提升网点服务形象。三是强化客户投诉治理工作。以解决现场管理乱和服务态度差、被办卡、误导客户购买保险、收费标准告知不充分、自助机具吞卡、卡钞等重点投诉领域为突破口，严格落实各业务主管部门以及各层级的管理责任，及时妥善处理好各类客户投诉。四是切实改进机关作风。充分发挥营业部本部的领导作用、表率作用、保障作用和服务作用，更好地保障支撑全行转型发展。组织支行按季对营业部各部门及机关员工的服务意识、服务效率和服务质量等进行测评，并强化测评结果的运用。

【深化内部管理全面防控各类风险】 将风险管理与内控案防工作作为基础工作常抓不懈，确保各类风险得到有效控制。一是全面深化内部改革。以业务流程优化改造为契机，努力推动网点由业务操作型向营销服务型转变。稳妥推进授信审批集中管理改革。积极稳妥地做好巢湖支行、庐江支行划转后的各项工作衔接事宜。大力推广MOVA系统功能应用，全面提高精细化管理水平。二是加强全面风险管理。改进风险管理措施。进一步提高全面风险管理水平。三是加强信贷管理。突出抓好地方政府融资平台、房地产行业以及小企业、个人贷款等重点领域的风险防控和化解工作。加强潜在风险贷款前瞻性排查和担保圈化解力度，加快退出潜在风险贷款。严格控制个人关注类贷款。四是加强不良贷款清收处置。突出抓好大额不良贷款清收处置，进一步加大个人不良贷款清收处置力度，加强个人不良贷款管理。五是加强内控外防。全面抓好总省行2012年重要风险点的防控工作，加强安全保卫工作，强化员工行为动态管理，继续保持内控评价“一级行”水平，实现安全运营。

（梁　婷）

中国农业银行股份有限公司安徽省分行

【概况】 2012年，中国农业银行股份有限公司安徽省分行营业部（以下简称“省农行营业部”）推进重点城市行发展战略，加快业务经营转型，强化市场营销措施，深化管理机制改革，提升风险管控能力，主体业务实现快速发展。全年各项存款余额达594亿元，净增112亿元，增幅23%，实现历史性突破。

【市场营销措施】 在公司类负债营销方面：一是重点做好系统性客户维护。加大产业链上下游客户营销，实现客户集群资金的体内循环。二是大力营销资金归集、资金池、多级账簿、代理集中支付等重点产品，发挥好现金管理平台等对公产品对存款业务的带动作用。三是积极营销电子支付备付金资金。四是强化本外币联动，抓好外汇资本金账户拓展、结售汇业务拓展和国际结算项下的外汇存款。

在机构类负债营销方面：一是完成安徽省立医院“银医一卡通”项目上线试运行，为其设计一揽子服务方案，建立了更加紧密的合作关系。二是加大财政类资金的营销。在市政府根据银行贷款投放贡献度确定财政类资金分配比例的情况下，年末财政类存款余额与上年持平。三是加大社保资金的营销。成功中标合肥市城乡居民社会养老保险项目，成为合肥市城乡居民社会养老保险金收缴和发放的独家代理银行。

在个人类负债营销方面：通过强化优质服务和加强网点建设，储蓄存款实现历史同期最大增幅。一是加强部门间联动和产品组合营销。通过对与储蓄关联度高的借记卡、个人网银、第三方存管等渠道类产品的组合营销，增强储蓄资金的体内循环。二是挖掘源头客户，做好证券第三方存管大户、商品批发和集散市场、私企民营及个体工商户的跟进服务。三是做好拓展和维护高价值客户工作。

【信贷资产结构】 省农行营业部全年各项贷款余额290亿元，净增47.58亿元，增幅60%。全年法人贷款累计投放64.1亿元，其中大中客户累计投放51.5亿元。在房地产项目贷款净收回10亿元的情况下，完成新增22.5亿元的贷款投放。

消除国家提高教育行业化债资金和提标资金的影响，加强对医疗和教育类客户资产业务的营销。同时，积极做好机构类资产业务项目储备。全年新开立小企业账户7668户，其中基本账户6220户。全年投放小企业贷款和开立银行承兑汇票共计14.22亿元。落实房地产信贷政策，严格楼盘准入。对于竞争性楼盘，合理使用优惠政策，积极抢占市场份额。全年个人贷款余额89.15亿元，累放贷款29.07亿元，较年初增加15.57亿元。其中：个人住房贷款累放24.72元，较年初增加14.49亿元。个人商用房贷款累放2456万元、个人一般消费贷款累放12126万元、个人助业贷款累放10083万元、个人助学贷款累放395万元。

【中间业务】 全年实现中间业务收入2.54亿元，增幅27.2%。累计新开对公结算账户9756户，人民币对公结算收入1638万元，增幅52%。全年借记卡新增发卡128.6万张，增幅88%；信用卡新增发卡39222张，增幅68%；新增POS户数1584户，新增转账电话5946台；实现银行卡收入1.37亿元，增幅64%。网银个人客户和企业客户分别增加14.4万户和5409户，实现电子银行收入1909万元，增幅52.4%。全辖国际结算首次突破10亿美元大关，累计完成12.23亿美元，增幅达112%。全年实现贸易融资有效投放3.98亿美元，增幅188%。

【服务三农】 2012年，省农行营业部在组织管理架构上，搭建了“中国农业银行三农金融部合肥分部”这一服务平台，制定三农事业部改革实施方案和管理委员会议事规则，为服务县域经济发展提供制度保障和人员支持。编制金融生态图谱，找准服务“三农”的区域重点、产业重点和客户重点，推动三农金融事业部改革试点进程，提升“三农”业务发展水平。一是抢抓春节外出务工人员返乡的短暂时间，深入农户家中，现场发放务工卡。全年发放惠农卡44.2万张，惠农卡总量达99.9万张。二是发展县域资产业务。全年县域各项贷款余额42.39亿元，较年初增加11.65亿元，增幅37.9%。全行涉农贷款余额55.88亿元，较年初增加27.77亿元，增幅98.79%。投放用于农电网改造项目贷款6亿元。全年累计投放县域小企业简式快速贷款65笔2.09亿元。加大对农业产业化龙头企业的营销与维护，围绕省分行“千百工程”及其倍增计划实施方案，成功营销42户优质客户（其中省级以上农业产业化龙头企业18户、大企业6户），新增存款2.36亿元，新增贷款5.59亿元。全年向产业化龙头企业累放贷款5.93亿元，开立信用证3.48亿元，开出银行承兑汇票2.17亿元。

三是推进农户贷款的投放。重点营销以农业产业化龙头企业作为担保方的“公司+农户”贷款和以公务员工资账户作担保的农户贷款，加大对县域种养大户贷款的投放力度。同时，推进农村个人生产经营贷款投放。全年累放农户小额贷款1.1亿元，累放农村个人生产经营贷款5055万元。四是推进“惠农通”工程。已安装投放助农取款服务点1150个，重点区域电子机具乡镇覆盖率

100%，行政村覆盖率95.4%。

【风险控制】 2012年，省农行营业部资产处置工作坚持合规经营原则，树立“委托就是责任，积极处置就是效益”的处置理念，强化基础管理，严控处置风险，加快委托资产和自营不良贷款的处置进度，截至12月末，累计清收委托资产8973万元，自营不良贷款清收1.1亿元，呆账核销处置117万元。

加强信贷基础管理工作，推进审查审批中心建设，完善个贷业务和小企业信贷业务审查审批的专业化操作，合理配备独立审批人和信贷专员。严格执行限时办结和优势行业重点客户区别审查制度，在明确责任的基础上，建立和完善对审查审批人员的考核机制。进一步强化客户资金监管，加强信贷资金的支付管理和账户监测，密切监控每笔贷款的资金流向，监督客户按照合同约定的借款用途使用信贷资金，防止资金挪用和关联企业之间的不正常交易。继续完善风险合规经理派驻工作，规范岗位设置与日常管理，重点做好风险合规经理的绩效考核、岗位等级等突出问题，确保派驻风险合规经理真正履职到位。

加强金库、办公营业场所、自助设备、枪支弹药、款箱押运的安全管理，营业场所、金库安全评估全部达优秀标准。推进守押市场化，目前，已全部实现市场化押运和无枪目标。按照建设“平安银行”的要求，积极开展“三化三达标”创建工作。

为强化基础管理和风险管控，对检查中发现的各类问题进行现场处理，提高全员对“三化三铁（通过持续推进临柜业务‘标准化、规范化、制度化’建设 促进营业机构实现‘铁账、铁款、铁规章’的管理目标）”重要性的认识，规范业务操作行为，有效遏制各种业务操作违规行为。年度申报“三铁”单位1个，“良好”单位27个，“达标”单位63个。申报“三铁”单位已通过总行验收。

【企业文化及廉政建设】 2012年，省农行营业部开展创建“青年文明号”和“工人先锋号”活动，全年表彰50家先进单位和119名先进个人。有1人获得全国金融五一劳动奖章，有1人获得合肥市“五一”劳动奖章，1人获得合肥市“金牌职工”荣誉称号。营业部还获得全省农行青年员工柜台业务技能大赛团体第二名、全省农行首届反洗钱知识竞赛第一名、合肥市金融机构会计核算知识竞赛第一名的优异成绩。为把网点建设成员工欢迎、社会赞誉的“员工之家”和“客户之家”，通过评选、表彰等措施，促进“建家”工作持续开展。2012年，评选模范“职工之家”1家，模范“职工小家”7家，建立职工书屋8家。通过举办羽毛球、乒乓球比赛、书法摄影比赛和文艺晚会等多种形式，丰富企业文化建设载体，展现员工朝气蓬勃、奋发向上的精神风貌。着力构建和谐劳动关系，落实女职工权益保护专项集体合同，开展送知识到基层、送温暖到基层、送健康到基层等主题活动，每年定期组织全行职工体检和女工体检。建立困难员工帮扶机制，重点做好劳模、重病员工、单亲困难女职工、意外导致困难员工的帮扶送温暖工作。继续把党风廉政建设责任制纳入到全行中心工作中去，加强责任制考核，进一步提高考核的针对性、科学性和可操作性。同时，加强廉政文化建设，认真开展以“推进廉政文化建设 加强廉政风险防控”为主题的教育实践活动，严格执行领导干部述廉、任前廉政谈话、廉政承诺、个人有关事项报告等制度，确保领导干部廉洁从业，构建反腐倡廉的长效机制。

（潘向阳）

中国建设银行安徽省分行

【概况】 2012年，中国建设银行安徽省分行（以下简称“省建行”）坚持“以客户为中心、以市场为导向”，为地方经济和企业解困。坚持发展创新，深化金融服务，做大规模、做优质量、做强文化，各项业务持续发展，市场竞争力持续提升，多项业务再创历史最好成绩。该行所辖机构434个，其中：二级分支行16个，综合型支行57个，单点型支行48个，网点型支行223个，分理处57个，储蓄所33个。全辖各类员工人数9882人。截止2012年末，全口径存款余额2763亿元、新增391亿元，一般性存款余额2669亿元。新增388亿元；各项贷款余额1741亿元，新增235亿元；中间业务收入18.25亿元；税前利润48.5亿元；不良贷款额7.8亿元，不良贷款率0.45%。

【加大信贷投入】 省建行加大信贷投入，通过多种融资手段支持安徽地方经济发展。同时还创新投资银行产品，为企业直接融资100多亿元：一是支持重点区域。信贷投放主要集中在安徽省重点支持的经济区域，在皖江城市带产业转移示范区的贷款余额和新增额已占到全部贷款的73%和75%，在合芜蚌试验区、合肥都市圈和皖北地区的贷款增速也高于全省平均水平。二是支持小企业。全面支持小企业发展，坚持小微企业贷款投放“两

建行安徽省分行与合肥海关签订合作备忘录

对安徽区域所有大的行业、大的系统、大的客户，列出名单，分行领导逐户拜访。另一方面，重点拓展县域农村金融市场，支持全省县域经济发展。省分行成立课题组，研究具体措施，对全省59个县支行，实行“一行一策”，明确定位和目标，加大投入和支持力度。出台拓宽“三农”市场实施方案，加强对县域支行发展以及“三农”市场拓展。一是支持带动效应明显的项目。重点对县域的旅游资源类项目、特色农业龙头企业、矿产资源开发、特色产业集群、县域新农村建设、政府招商引资的重大项目等六大类项目给予支持。二是搭建平台。成立营销团队，发挥人才和专业优势，研究分析供销、盐业、通信、烟草、财政、民政、卫生等大客户、大行业业务需求，通过签订框架协议、提供综合服务方案等明确合作方向，建立通道。三是配置产品，推进重点产品在县域支行的运用。在全辖开办新农村建设贷款，解决县级政府关心的农民拆迁安置、补偿、保障房建设等领域的融资难题；选择县域中股东实力雄厚、区位优势明显的房地产开发项目予以支持；对于产业集聚县域依托核心企业推动供应链产品，扩大客户群体，批量营销，以点带线、以线带面；针对

个不低于”的监管要求，到2012年12月末，小企业贷款余额已超过200亿元，新增40多亿元，位列全国建行前列。三是支持民生领域。加大民生领域投放力度，2012年对教育和卫生类客户投入贷款约70亿元，省内同业第一。个人消费贷款余额660亿元，同样位居省内同业第一。

【提升服务水平】 省建行着重改善客户服务条件，提升服务水平，提高客户满意度。2012年在建行总行通报中，安徽省分行连续三年个人客户满意度排名居当地四行首位。在全省内开展客户大走访活动，到客户中去，谈服务、听意见、找需求，全年共登记走访客户31.3万次，人均走访35次。通过走访客户，更加密切建行与客户的合作关系，及时发现和帮助客户解决服务需求问题，从而提高客户的服务满意度。全面开展联动服务和批量服务，并与行业协会、各地商会以及园区市场投资管理方进行合作，对小企业客户进行批量营销服务。对分散的个人客户提出了“零售业务批发做”，成立专门营销团队，推进“社区服务”。加强渠道建设，一方面加快理财中心、财富中心和私人银行建设，将中高端客户向这些中心分流，并提高中高端客户服务水平，2012年个人中高端客户增速在全国建行系统内领先；另一方面加强自助设备布放和电子银行拓展，分流普通客户。自助设备替代率从2011年初的43%提高到了2012年底的62.4%。此外，还将网点大堂作为吸引和维系客户做好服务工作的重要场所，以“网点经理切实履行大堂经理职责”为抓手，要求网点经理必须确保50%时间用于管理大堂。通过一系列的措施，柜面资源得到释放，客户经理队伍得到充实。

【拓展金融服务】 一方面，结合贯彻落实建行总行“三大一高”发展战略，进一步细化措施。根据全省每个市GDP、财政收入、产业结构和经济特点等，量身定做综合金融服务方案，并主动送上门，与全省所有地市政府开展全面战略合作；

新客户投资活跃县域推进工商验资通，从源头上服务客户；针对投资超10亿资源型县域项目，推荐银团等产品。四是加强联动形成政策合力。在源头上，筛选项目，对优质项目（客户），提供贷款、信托理财、股权投资等多种渠道融资服务。五是突出重点给予信贷政策倾斜。在贷款规模上，分行制定信贷资源配置指导意见，本着“效率优先”的原则，对潜力大的县支行优先安排规模，给予信贷资源倾斜，确保县域支行对公贷款增速不低于全辖对公贷款增速的平均水平；在行业政策上，支持产业集群集聚、资源丰富的县域特色行业享受区域差别化政策，提高授信效率，扩大授信客户群体；在项目储备上，加大对县域特色旅游项目、资源型项目、重大招商引资等项目储备力度，扩大项目储备库中县域项目储备比例。六是加大对县域支行信贷政策、新产品推进培训与指导力度。此外，还在滁州、安庆等市部分县域推广助农支付点和农村自助金融服务，方便广大农民取款以及消费支付。

此外，还大力创新服务产品。创新研发小企业专利权质押、“餐饮通”和城乡小额保证保险贷款三项新产品，自主设计开发的“乾元”精选投资类2012年第1期理财产品成功发行，新农村建设贷款、“回款通”、跨境人民币换币转通知业务等多项产品取得应用。“小企业之家”新型服务模式正式运营，新农村建设贷款新产品投放市场，开办全国第一笔小企业“信用贷”，“助保贷”产品推广运用成果显著。

【承担社会责任】 启动了以“善建者行”为主题的社会公益活动项目，设立了员工爱心基金，扶贫济困，救急救难，以实际行动回报社会，引起了较大反响。全行万名员工参与爱心基金的募捐；在中国科学技术大学设立了“安徽建行英才奖学金”，成为第一家在科大设立奖学金的金融企业；援建了岳西县的中关建行希望小学，建设新的教学楼和配套教学活动设施。爱心公益活动已经成为建行和社会各界之间的一条纽带，提升了银企、银政、银校多方面合作的广度和深度。

（凌　云）

建行安徽省分行捐资建设岳西中关建行希望小学

交通银行安徽省分行

【概况】 2012年，交通银行安徽省分行设有职能部门23个，营业网点32个，离行式自助银行48个。从业人员962人。

年末，该行本部资产总额611.96亿元，增幅26.93%。人民币存款余额569.15亿元，较年初增加122.46亿元，增幅27.41%；人民币贷款余额317.42亿元，较年初增加24.87亿元，增长8.50%。

【经营管理】 存款稳定增长。交通银行安徽省分行落实“一把手抓存款，全行抓存款，全方位抓存款”的存款发展责任制，强化存款责任制和推进机制，通过调整业务架构、组建大型项目营销团队、完善考核体系等手段，进一步理清经营发展思路、理顺经营管理机制。对接重点客户财富管理需求，提高新型存款的贡献度。对接地方券商、银行同业、期货公司、财务公司等，大力拓展同业存款。

提升实体经济服务水平。执行“总量控制、灵活配置、合理摆布、适度调节”的信贷资源管理原则，加强信贷投放统筹管理，提高信贷资源使用效率。拓展资产池、信托、租赁、债务融资工具主承销等业务，通过发行私募中票、债券、IPO、银信合作资产池、融资租赁、保险债权计划等多种方式，满足客户全方位融资需求，为支持实体经济开辟多元化融资渠道。多方巩固客户基础。推进总行与安徽省政府“十二五”战略合作协议暨携手金融同业赴皖签约成果落地，签署一系列银政、银企、银期、银银合作协议。强化客户分层服务，私人银行、达标沃德、达标交银、代发工资有效户等个金类客户均实现快速增长。

突出投行和产品销售。通过公司、零售两大板块的联动，加强交叉销售。大力开展投行、银承、结算、保理、信用证、理财咨询和商户回佣等业务，中间业务指标全面发展。发挥交银集团优势，借助资本市场融资工具，广拓业务增长点，投行业务已成为该行中收重要来源。突出强调基金、保险、贵金属、得利宝等产品销售，重点基金销售位居系统前列，持续提升财富管理能力。

【完善“板块+条线”的管理体制】 交通银行安徽省分行深化前台组织架构改革，形成职责清晰、协作有力的前台营销体系。调整公司部职能，增设同业、投行两个“二级部”，着力打造转型发展新动力和新的利润增长源。新设大客户业务部，重点集团客户的综合金融服务能力明显提高。

【推进“三位一体”经营模式建设】 全面推进新设分支机构筹建和综合型网点建设工作。统筹电子渠道建设及布局规划，在业务量大、综合产能高的存量网点周边区域，以高质量建设要求增加自助银行配比数量。优化客户经理考核激励模式，分条线对客户经理实行统一平台上的业绩考核，建立起“能力与业绩”双维度的客户经理管理机制。

【风险管理】 建立健全风险工作计划、工作例会、定期报告、评估监测、风险评价、监督检查和责任追究等多项制度，完善全面风险管理运作机制。建立不良贷款、逾期贷款化解周例会制度，强化实地工作频度和力度。成立多个清收督导小组和清收工作小组，抓重点项目、抓问题贷款重点领域、抓清收进展管理。

以“规范化、精细化”为主旋律，持续强化内部管理。加强案件防控制度建设和系统支持，有序推进案件风险集中专项治理。持续加强各类风险排查，加大各类检查发现问题的整改力度，严格信用风险管理，加强操作风险管控，不断提升内控管理水平。2012年该行内控评级上升至B+级，内控排名明显提升。

【队伍建设】 开展争创“青年文明号”、“优质文明服务示范窗口”、“星级柜员”等活动，分行营业部获评中国银行业协会评选的“千佳文明规范服务示范单位”，本部两家营业网点和两名员工入选安徽省百家文明规范服务示范单位和先进个人。在交总行服务考评中排名实现大幅提升。

扎实推进企业文化建设，以主题教育活动为契机，力促交行精神落地生根。完成2012年度员工调薪工作。完善职代会建设，被评为全国金融系统职工代表大会制度建设示范单位。

统筹推进各类人才队伍建设，实施高管人员领导力提升、后备干部专项培养、中高级经营管理研究团队建设、管理培训生专项培养等工程，管培生招聘、在北京大学举办中高级管理人员研修班等举措，加大竞争性选拔干部力度，促进优秀人才脱颖而出。

（杨　健）

徽商银行合肥分行

【概况】 2012年，徽商银行合肥分行加大业务拓展力度，加快经营转型步伐，强化基础管理工作，切实防范业务风险。至年末，全行各项存款余额823.27亿元，较年初新增126.6亿元。其中，对公存款余额666.36亿元，较年初新增106.64亿元；储蓄存款余额156.91亿元，较年初新增19.96亿元。年末各项贷款余额（含贴现）582.86亿元，较年初增加126.1亿元；全年累计发放贷款351.2亿元，较上年多投放67.97亿元；年末不良贷款余额1.15亿元，较年初下降553万元；不良贷款率0.2%，较上年下降0.06个百分点。全年实现经营利润18.2亿元，较上年增加2.7亿元。

【业务拓展】 资产业务方面，及时梳理贷款到期情况和投放需求，做好存量贷款衔接，确保贷款投放及时有效，满足重点客户和项目的贷款需求，稳步提高贷款综合效益；通过开展营销竞赛活动、实施园区综合开发和批量授信等措施，创新小企业业务营销服务模式，拓展小企业客户，持续加大贷款投放力度，实现小企业贷款稳步增长；调整优化个贷业务结构，强化个贷业务营销，加大个人住房按揭、徽贷通等个贷业务的拓展力度。至年末，小企业贷款余额达108.9亿元，较年初新增13.65亿元；个人贷款余额123.6亿元，较年初新增11.57亿元。

负债业务方面，抓好重点项目的组织、营销和落实，掌握重点客户资金变化情况，加强业务产品的推广应用，通过现金管理平台、理财、投行、贸易融资等产品，做好对重点行业和客户的营销服务工作，促进对公存款快速增长，对公存款规模继续在本地同业中排名首位；持续开展营销竞赛活动，加快零售渠道建设，深入推进网点转型工作，着力提升营业网点的服务水平和营销能力，实现储蓄存款持续稳定增长。

完善市场营销机制，构建银政企合作平台，先后与省水利厅等一大批重点客户签订全面合作协议，与包河区、瑶海区和庐江县政府签订授信总额达110亿元的战略合作协议，与高新技术开发区签订总额60亿元的合作协议用于开展园区小企业综合金融开发工作；加快发展新兴公司业务，签约银团贷款项目授信余额34亿元，新增企业债券募集监管资金45亿元，实现贸易融资业务量70亿元，上线现金管理平台项目14个，累计销售对公理财产品114亿元；积极拓展国际业务，全年累计实现国际结算量14.8亿美元、结售汇量9亿美元；票据业务规模和效益大幅增长，累计贴现金额214亿元，实现利息收入5.5亿元，票据创利6000多万元；电子银行业务发展迅速，新增电子银行签约客户近35万户，电子渠道交易占比达64%。

【金融创新】 一是推动产品服务创新。针对客户和市场需求，加大业务产品创新应用力度，首次开办了房地产银团贷款、信托资产托管、园区综合开发、代理实物黄金、公积金贷款、电话委托和挂单交易结售汇、票据池等业务，拓宽业务领域，提升市场竞争力；二是着力提升科技创新能力。稳步推进科技项目和信息系统建设，先后完成区级财政资金管理系统、合肥市商品房预售资金监管系统、同城清算直连系统、存量房资金托管系统、省非税代缴收费系统等项目建设，为业务创新发展提供有力的科技支持。

【风险内控】 2012年，徽商银行合肥分行密切关注经济金融形势和行业政策的变化，针对融资平台、房地产贷款、中小企业、融资性担保公司、重点关注客户等业务领域全面开展风险排查工作；高度重视操作风险、声誉风险等防范工作，及时发现风险隐患，提出化解预案和整改措施，切实防范各类风险。

强化授信业务管理，注重优化信贷投向和资产结构，加大信贷业务检查力度，有效防范授信风险；加强对信贷资产的监测和分析评价，提高风险预警、报告和处置的效率，做好重点领域的风险管控；加强贷后管理，深入了解企业经营情况，严密掌握信贷资金去向和用途，确保信贷资金安全；强化不良贷款管理，加大不良贷款清收处置力度，合规推进呆账核销工作，全年清收不良贷款3176万元，实现不良贷款“双降”。

落实监管部门要求，开展“不规范经营”专项治理活动和“内控强化年”活动，全面排查内控制度和流程，对不规范经营行为进行整改，提升规范化服务水平和风险防控能力；持续梳理完善现有规章制度体系，及时规范相关业务流程和操作，促进经营管理工作规范化、制度化；制定年度现场检查工作计划，加强检查工作的组织管理，有序开展各项业务检查，加大整改问责力度，不断强化检查效果，促进业务合规开展。

抓好安全防范工作，有效落实安防、案防和党风廉政责任制建设，持续开展员工异常行为排查和治理商业贿赂工作，增强员工案防意识，有效遏制各类案件和风险事件；加大网点物防技防设施改造建设力度，持续开展安全保卫工作检查，不断完善各类突发事件处置预案，组织支行开展应急预案演练，注重提高营业网点安防意识和风险防范能力。

【队伍建设】 徽商银行合肥分行根据业务发展需要，持续开展干部员工调整、新员工招聘、派遣制员工转正等工作，累计实施各类人员调整400多人次，不断调整优化全行人力资源配置；加快推进专业人才队伍建设，陆续实施客户经理、公司业务经理、零售业务经理、授信审批经理、风险经理等专业等级序列评定工作；建立健全教育培训的考核激励机制，制定年度培训计划并采取多种方式，积极开展教育培训工作，全年累计举办各类培训42期，促进员工队伍素质不断提高。

【网点建设】 推进网点建设。全年完成3家支行的迁址工作，先后实施多家支行的新址筹建和现址装修改造工作，滨湖新区支行、肥西县域支行陆续得以筹建，全行网点布局不断优化，网点形象和营销能力显著增强；加大自助银行建设力度，全年新建14家离行式自助服务区（点）和9家在行式自助银行。至年末，全行共有营业网点36家，建成自助银行区（点）84个，配备自助设备258台，金融服务覆盖面不断扩大。

（裴 斐）

中国银行安徽省分行营业部（合肥管理部）

【概况】 2012年，中国银行安徽省分行营业部（以下简称“合肥管理部”）开展“争市场、促转型、强管理”活动，加快实施“持续扩大客户基础、强化风险内控管理、深化网点经营转型、提升综合服务与协作能力”四项工程，截止12月末，本外币各项存款余额较年初新增102.61亿元，本外币各项贷款全年累计投放近140亿，较年初新增25.69亿元。不良授信余额较年初减少0.97亿元，不良率较年初下降0.27个百分点。实现净收入（差额FTP）同比增幅达17.66%，净利润同比增幅达30.25%。

【支持地方经济建设】 合肥管理部跟踪合肥市龙头企业，先后与皖维高新等目标客户就IPO或增发资金达成合作意向，取得全市重点企业债账监管和债权代理资格。在2012年公司授信业务投放困难的情况下，合肥管理部争取省分行规模支持，以制造业、政策支持类行业、合肥市重点产业项目等为重点，开展公司授信项目储备竞赛活动。加大在城市基础建设项目、机械、烟草、通信等领域的投入，拓展工业园区、产业集群、核心客户的产业链、资金链上下游企业客户，加强与政府平台、行业协会、各级管委会、区、县、街道及工商税务等部门的沟通联系，先后与各类协会等开展交流合作，通过银、政、企平台的搭建，服务更多中小型客户，2012年累计投放中小企业贷款200多笔，总额近9亿元，全年新增中小企业客户近百户。

加快营业中心、南城、北城等三家支行“出国金融服务中心”的建设，充分发挥其在全辖的模范作用，为市民提供全天候的服务。走进校园，与各类涉外院校全方位、多角度的合作，在校园内举办各类“出国留学推介会”活动，与报纸、电视台等省市主流媒体合作，介绍出国留学金融知识。重点做好个人高端客户的服务和拓展工作，提升专职营销人员营销能力。开展特色主题营销活动，包括出国留学金融节、“金金乐道·嘉话百年”贵金属鉴赏会等高附加值的客户回馈活动。

【网点建设】 2012年，合肥管理部完善网点布局，新成立5家机构，完成3家机构的装修扩建工作和3家机构的迁址装修工作，新增22家自助银行，97台自助设备，进一步扩大网点服务辐射半径，初步建立起覆盖全市各城区县域的服务网络。顺利组建中小企业营销中心，补充和完善网点的业务功能。按照“统一一个认识，加强两个建设，开展三个行动，加快四个推进”的总体思路，深入开展公司金融业务转型工作。打造专业人员队伍，全面加快推进新型营销体系建设。加强工作质量和营销过程管理，构建行内外一体化的营销模式。

【风险内控管理】 全面开展内控合规竞赛活动，组织落实内控合规风险排查。认真做好案防形势分析，重点做好客户诈骗多发部位的风险防范工作。加强员工法律意识培训和思想道德教育工作，增强敏感岗位员工的合规意识，通过开展内控合规讲座、“双十禁”检查学习、警示教育等形式，促进和推动员工自觉执行各项规章制度。深入落实“不规范经营”整改活动，利用晨、夕会对政策和要求进行宣导，印制“不规范经营”专项治理应知应会手册，通过“全层级、全流程、全品种”地毯式清查，确保各项经营管理符合监管要求。

【提升服务能力】 合肥管理部每月开展文明优质服务检查活动，对营业环境、服务设施、文明礼仪、人员服务等方面进行全面检查，并出具《网点服务质量测评报告》，有力地提升网点服务水平。开展文明优质服务整改活动，严格落实监督检查制度。开展业务技能大比拼，创新和改革训练模式，将业务技能考试结果纳入一线员工考核体系，推动员工技能水平提升，合肥地区5名员工赴中总行全球业务技能大比拼。大力开展巾帼文明岗、明星柜员评选等系列活动，引导青年员工不断提升服务技能，培养良好的职业素养。我部的服务工作得到内外部的多项肯定，其中南城支行被授予2012年度中国银行业“千佳文明规范服务示范单位”，南城支行、四牌楼支行被授予2012年度安徽省银行业“百佳文明规范服务示范单位”称号，北城支行、南城支行、庐江支行被中总行评为“巾帼文明示范岗”，另有7家机构被省分行评为“巾帼文明示范岗”。

【企业文化建设】 合肥管理部推进基层党团组织建设，开展“七一”主题党日活动，赴小岗村学习沈浩同志先进事迹，举办“3月5日学雷锋”服务宣传活动，走进社区为市民免费提供金融知识，开展行史知识竞答活动，举行“历程-激情岁月”服务优秀案例推演大赛，激发员工服务热情。定期举行文体训练和比赛等联谊活动，先后与合作企业举行篮球、羽毛球、足球联谊赛。加强电视、报纸、网络等外部媒体宣传力度，对最新金融产品、发展动态、企业形象进行广泛宣传，先后与多家省市重点平面媒体、电视媒体和网络媒体展开宣传合作，累计刊稿80余次。广泛动员青年员工承担金融行业的社会职责，开展“我为社会奉献爱”系列活动，组建志愿者队伍走进社区宣传“反洗钱”、个人贷款等金融知识，关心留守儿童和农民工子女教育，共同构建健康、持续、稳定的金融秩序。

（汪　刚）

合肥市建设投资控股（集团）有限公司

【概况】　合肥市建设投资控股（集团）有限公司（以下简称“市建投集团”）成立于2006年6月，注册资本96.03亿元，其组织形式为经市政府批准、市国有资产管理委员会授权经营的国有独资公司。作为授权范围内国有资产经营管理主体，主要承担城市基础设施融资及建设资金审核拨付、重大产业项目投资、土地熟化、国有产权管理等工作。2012年度市建投集团强化企业管理，规范内部控制，同时着力培育新的经济增长点，为企业的可持续发展拓展战略空间。截至2012年末，市建投集团总资产已达1080亿元，资产规模跻身省内国有企业前列，并迈入国内省会城市投融资平台先进行列。

【融资工作】　2012年市建投集团融取到位资金131.04亿元，其中市场直接融资90亿元，公司融资业务已由以银行信贷等间接融资为主转为以资本市场直接融资为主（直接融资占比68.68%），成功实现融资模式的新突破。

【拨付大建设资金】　市建投集团围绕市政府制定的城市公共基础设施项目建设计划，组织安排好资金拨付，全力推进项目建设。2012年拨付大建设项目资金79.87亿元，资金保障率100%，履行了不拖欠大建设项目一分钱工程款的承诺。同时，做好大建设项目前期工作，全过程参与大建设项目建设及投资控制管理，及时办理项目开工审批手续、推进土地规划报批，参与项目方案论证、可研评估、初步设计审查、工程建设协调、项目变更审查、BT项目合同谈判等工作，全力配合推进大建设项目有序开展。

【国有资产经营管理】　市建投集团严格执行企业改革改制政策，推进改制企业生活区移交收尾、改制成本核销及保障人员管理工作，及时支付各项保障费用，妥善处理改制企业历史遗留问题。结合目前各所属企业生产经营、市场竞争及可持续性发展等方面实际情况，对完全市场化并具备转让条件的国有产权项目进行梳理，进一步完善国有产权转让项目后续工作；推进市直机关行政事业单位经营性房产划转、东方商城写字楼及合肥南站商业广场招商管理、原花卉中心土地及房产处置等工作，并取得阶段性成果。

【重大项目建设投资】　为促进全市战略性新兴产业发展，推进“工业立市”发展战略，根据市政府部署安排，市建投集团参与市属重大项目的招商引资工作，发挥政府资金的扶持引导作用。根据工作安排，全力加快推进京东方8.5代线项目、国开发展资金项目工作进度，先后参与国元产业基金、台湾力晶、合肥泛半导体装备基地、碧水源MBR等项目前期调研、谈判工作，积极协助相关部门推进项目前期工作。

【招商引资】　市建投集团创新招商方式，以建设项目及所属企业产权转让为依托加大招商力度，2012年落实3家企业进驻合肥，实际引入资金9000万元，提前完成市国资委下达的2012～2013年招商引资任务。

【自建项目建设】　市建投集团在自建项目管理中注重加强过程管理，严格控制质量、进度、造价、安全，进一步规范工程招标、合同审核及决算审计的过程、细节管理。配合开展森林公园项目内未出让土地收储及出让工作，督促庐阳区重点局加快森林公园三期复建点建设工程进度。积极推进望湖城剩余地块的合作开发进度，完成望湖嘉苑一期项目交房、望湖城小学移交并投入使用、望湖城A06地块上市准备、省银监局新办公楼建设项目前期等工作。

【市级投资公租房项目】　为加快完善全市多层次住房供应和保障体系，切实解决城镇中等偏下收入住房困难家庭、新就业无房职工和在城镇稳定就业的外来务工人员的阶段性基本住房需求问题，市建投集团按照市政府要求推进合肥市公租房项目建设，与瑶海、庐阳、蜀山、包河等四区签订了公租房前期工作委托协议，拟定《公租房设计任务书》，统一市级投资的公租房设计标准，并督促各区按任务要求加快项目前期推进工作，确保各项目按期开工建设。

【企业内部基础管理】　市建

投集团贯彻落实国家方针、政策及有关政府投融资平台管理的各项政策规定，强化企业党风廉政建设、干部队伍建设、思想政治建设、机制制度建设、法律审计及财务监管等内控保障、内部管理创新等各项工作，科学合理确定公司“十二五”奋斗目标，企业管理规范化、精细化水平均得到显著提升。

合肥兴泰控股集团有限公司

2012年，合肥兴泰控股集团有限公司（以下简称“市兴泰控股”）着眼合肥市区域经济发展大局，按照市委市政府“打造综合金融服务平台”的要求，从“点、线、面”上夯实合肥市属金融业发展基础，完善地方金融服务体系，帮助地方中小微企业融资，服务合肥“新跨越、进十强”战略目标。截止2012年12月31日，市兴泰控股合并资产总额86.84亿元、同比增长26.53%，全年实现净利润3.08亿元，超额完成年度经营预算。

【健全机构】 2012年，市兴泰控股从布局“点”上着手，兴泰小额贷款公司正式获省金融办批复组建，拓展了兴泰控股的金融涉及面，增强服务合肥市中小微企业融资的实力。担保业务模块再添生力军。巢湖市中小信用担保公司正式划入，对于担保模块在谋求区域发展空间、发挥金融产业链优势互补等方面迎来新的机遇。发起设立私募股权基金，成立合肥信立德基金管理公司。涉足私募股权基金领域，设立兴泰产业整合基金，首期规模1亿元人民币，公司制的“兴泰产业整合基金”正式注册。推动成立庐江兴泰创投公司，名称已经核准，首期1亿元资金正在募集，拓宽了自身金融服务范围。此外，市兴泰控股还加速筹建庐江担保公司，筹建材料已通过市联席会议的审核，并上报省金融办审批。与庐阳区合作，投资控股“时雨小贷公司”，再次布局区域小贷，增强集团公司小贷业务模块的服务能力。合肥火花基金的募集工作正在继续推动。

【壮大规模】 市兴泰控股完成本部注册资本增至20亿元增资工作，进一步壮大其资本实力。全力推动合肥科技农商行完成增资至16亿股的工作，为该行上市和跨区域发展，以及创新性业务的开展打下了很好的基础。作为年初布置的年度重点工作之一，帮助兴泰融资租赁公司引入外部战略投资者，完成增资扩股至6亿元的阶段性目标。从人、财、物上支持兴泰担保增资至2.3亿元，其资本规模和综合运营实力，已进入合肥市担保行业第一方阵。从资金和政策上支持兴泰资产增资至3.3亿，为更好服务区域中小企业打基础。

【融资服务】 2012年，市兴泰控股发挥经营者职责，指导、督促各相关公司为地方中小微企业融资100亿元，实现企业成长与地方经济建设和谐共赢。

银行平台以“小银团”方式授信为抓手，重点支持地方中小微实体企业发展，全年累计为其贷款28亿元、同比增长约39%。融资租赁平台，新增投放额13亿元、同比增长99%。典当平台，新增投放金额7亿元。资产管理平台，加强国有股权监督管理，不断加强债券债务清收，成效显著。股权投资平台，以业务转型为突破口，在泛金融业务拓展取得了积极成果，实现了较好的经营业绩。担保平台，累计实现公积金贷款担保49亿元，全年融资性担保额20亿元。安交所新增托管企业30家，新增托管股份30.12亿股，办理股权质押75批次、质押登记21.34亿股，帮助托管企业融资37亿元。小贷公司发挥后发优势，瞄准中小企业融资需求，全年投放2亿元。

【招商引资】 市兴泰控股发挥综合金融服务功能，为合肥市引入外部资源，尤其是外部的资金支持：

组建香港公司。市兴泰控股通过赴香港设立投融资公司，重点研究和运作合肥地方企业海外上市，助力离岸融资回哺合肥基础设施建设，加速合肥投融资机制、体制的转换，并积极为合肥谋求核心金融牌照。

与百盛集团深入合作。市兴泰控股加紧与百盛集团及其母公司马拉西亚金狮集团的合作步伐，加快推动设立合资的“商业投资发展公司”的进程。

参与长三角住房置业担保联盟、上海市融资租赁协会等组织，扩大合肥的影响力、增强合肥的吸引力。此外，与上海信立德公司、南京医药公司等共同设立规模为1亿元的创投公司，切实为合肥市引入外部资源。

【基础管理】 2012年，市兴泰控股运营十年，逐步在文化建设、理论探索、人事党建、资金统筹、投融资、安全稳定等方面，取得了一些成果。围绕十周年开展相关活动。市兴泰控股先后成功举办十周年庆典、音乐会、笔会、摄影、书画、朗诵比赛等一系列活动，并通过宣传片、月报、文集、画册、产品手册、纪念物等载体呈现出来，在新华网、安徽日报、合肥日报等媒体上集中展示。对流动性风险压力测试、EVA市值管理、风险管理、股权投资基金、金融承接产业转移、第三方支付等研究成绩显著。子公司层面，安交所的区域性股权市场、股权激励及分红平台建设，典当的业务分类评级标准、项目操作规程，股权的房地产股权投资、私募债，资产的风险投资、资产委托管理，租赁的逾期债权移交及风险资产处置、在租资产分类研究等，均取得有效进展。

2012年，市兴泰控股协调处理信访案件15件，并共同做好集体联社多名退休老同志的走访慰问。在确保安全的基础上，推动汇通酒店加快改造进程。2012年，市兴泰控股还协调处理了美菱欠款及转让合同纠纷、东化总厂破产财产清算、兴泰置业关闭清算等工作，为公司未来发展扫清道路。

中国太平洋人寿保险股份有限公司合肥中心支公司

【概况】 2012年中国太平洋人寿保险股份有限公司合肥中心支公司（以下简称“合肥中支”）秉承“聚焦营销，聚焦期缴”的发展策略，坚持“三对标”、“价值成长”，在“工作效能”、“风险防范”和“客户服务”等领域夯实基础、寻求突破，推进以客户需求为导向的全面转型，实现公司整体业务的平稳增长。在拓展业务的同时，强化风险意识，加强内部管理，优化资源配置，以促进各项业务持续、稳定、健康发展。全年实现保费13998.5万元，市场占比3.35%，标准保费完成11250.6万，核心业务标保占比达到95.93%，预算达成率72.5%，同比增长63.2%。

【政府合作】 截止2012年底，合肥中支在全市设立3家支公司、6家营销服务部。其中，响应保险业发展“三农”保险的号召，将保险服务延伸至农村地区，在一定程度上推进当地经济发展。

【团队建设】 2012年，合肥中支重视领导班子建设，发挥领导层先知先觉的作用，做到思想前置，动作前置。首先在领导层统一战略思想，再部署各条线的行动方案，对内确保内勤队伍合理搭建，提升效能。注重外勤团队的思想建设，提升健康人力持续增长，推动组织架构稳健增长，渠道资源合理整合，有效匹配，各条线及后援思想同步，提高团队执行力和战斗力。

尊重、责任、价值。创造“家”的氛围，提高员工忠诚度、树立爱岗敬业、以司为家的主人翁意识。充分发挥和调动员工的积极性和主动性，为员工创造奋发进取的文化氛围，为广大员工搭建一个展示自我和交流学习的平台。“周一大晨会”将公司所提倡的“扬正气、树新风、促和谐、谋发展”的价值导向传导到每位内勤员工，增强员工对公司的信心和热爱。“部门行事历公示”，使各部门明确本周的工作重点和整个系统的工作安排；增强了员工的责任感。创办“营运周刊”及“财务周刊”，以便大家及时了解营运部和财务的工作情况。公司点滴变化迎来广大员工精神面貌的改观，极大的调动了员工的积极性和工作热情，提高了公司整体生产力。

【基础管理】 加强制度建设，各部门梳理完善各种制度，改变一些成规陋习；明确岗位责任，出台服务承诺，规范服务行为和效率；提出“后援服务一线，全员服务客户”的理念，通过各种会议形式和思想碰撞，制定了工作标准。加强标准化柜面建设，优化考核指标、加强监督检查机制。

【服务水平】 合肥中支坚持“以客户需求为导向，通过持续的产品创新和服务创新，满足客户多方面的需求”的思想，将效益最大化、价值最大化作为一切工作的出发点和落脚点，实现效益价值、业务规模、市场份额、服务水平并同增长。树立“客户第一”、“服务至上”的意识，严格遵守公司服务规范，做到态度和蔼、热情耐心、有问必答、注重礼仪、提示周全。“神行太保”终端以及太平洋网站的健全，客户足不出户也可以享受全方位的服务。

【开展公益活动】 合肥中支在注重公司业务发展，经营效益提升的同时，热心于公益事业，积极回报于社会，积极回馈于广大市民。3.15消费者权益日，携手亳州路社区工作人员，开展“3.15保险咨询”活动，全体员工积极响应，反映强烈；“为公司员工孩子小佳文献爱心活动”，在公司领导的关心和号召下，全体员工发起了为小佳文献爱心捐款的活动，大家纷纷伸出了援助之手，奉献出自己的一份爱心。

（孙　玉）

非公有制经济

综　述

【规模比重】 截至2012年年末，合肥市有外资企业1338户、私营企业90782户、个体工商户190969户、农民专业合作社1900户，在全市注册实体中分别占0.5%、30.4%、65%、0.6%。全市私营企业投资者197747人，注册资金2331.5亿余元，与“十五”末期的2006年相比，私营企业数增长了近2倍，注册资本增长了4.8倍，个私企业成为全市最大的企业群体。全市个体工商户注册资金122亿余元，与2006年相比，个体工商户数增长了近1倍，注册资金增长了4.4倍。

【发展特点】 *总量显著增加，比重持续攀升* 2012年上半年，全市非公有制经济增加值达到988.31 亿元，比上年同期净增155.13亿元；占GDP的比重为56.4%，比上年同期提高1.9个百分点，对全市经济发展的支撑作用进一步提升。

分产业看，2012年上半年，第一产业非公有制经济增加值24.50亿元，占全市一产比重为35.0%，比上年同期提高1.3个百分点；第二产业非公有制经济增加值708.75亿元，占全市二产比重为67.4%，比上年同期提高3.6个百分点；第三产业非公有制经济增加值255.06亿元，占全市三产比重为40.5%，比上年同期降低1.1个百分点。三次产业非公有制经济增加值占全部非公有制经济增加值的比重分别为2.5%、71.7%和25.8%。第二产业所占比重最大，非公有制经济增加值呈现显著的“二、三、一”产业格局特征。

从经济类型看，私营经济是全市非公有制经济的主要成分。2012年上半年全市私营经济增加值617.81亿元，占非公有制经济的比重为62.5%；外商投资经济增加值为170.70亿元，占非公有制经济的比重为17.3%；个体经济增加值为154.65亿元，占15.6%；港澳台经济增加值45.15亿元，占4.6%。

速度明显加快，增速高于GDP 2012年上半年，全市非公有制经济增加值增长18.5%，较上年同期加快2.5个百分点。同时，非公有制经济增长速度比同期GDP增速快5个百分点，非公有制经济成为经济增长的新亮点。

分产业看，非公有制经济第一产业增长8.5%，第二产业增长23.5%，第三产业增长7.2%，分别比GDP中第一产业增长速度快4.1个百分点，比第二产业快7.2个百分点，比第三产业慢2.7个百分点。

从构成看，上半年私营经济增加值增长34.6%，个体经济增加值增长16.1%，个私经济增速强劲，呈两位数增长，港澳台和外商投资

**2012年上半年与2011年上半年
合肥市生产总值按所有制构成分组对比情况表**

时期	GDP（亿元）	公有制经济		非公有制经济	
		绝对值（亿元）	比重（%）	绝对值（亿元）	比重（%）
2012年上半年	1751.69	763.38	43.6	988.31	56.4
2011年上半年	1530.13	696.95	45.5	833.18	54.5

2012年上半年合肥市GDP与非公有制经济增长情况表

GDP	合计增速	非公有制经济增速
	13.5	18.5
第一产业	4.4	8.5
第二产业	16.3	23.5
第三产业	9.9	7.2

经济发展放缓。

促进经济发展，贡献近四分之三　合肥经济快速发展，离不开非公有制经济的巨大贡献，非公有制经济已成为推动全市经济快速发展的主要动力。在全市上半年GDP增长率13.5%中，公有制经济仅贡献25.2%，非公有制经济贡献率达74.8%，接近四分之三，较上年同期非公有制经济54.6%的贡献率提高了20.2个百分点，创历史新高；非公有制经济拉动全市经济增长10.1个百分点，较上年同期提高了1.4个百分点。

分产业看，第二产业非公有制经济贡献最大，拉动经济增长最明显，三次产业非公有制经济增加值对全市GDP的贡献率分别为0.8%、65.9%和8.1%，分别拉动经济增长0.1、8.9和1.1个百分点。

从构成看，私营经济对全市经济的贡献率为76.5%，拉动经济增长10.3个百分点，个体经济对全市经济的贡献率为11.5%，拉动经济增长1.6个百分点，个体经济、私营经济愈发成为全市经济快速增长的活力之源，为全市经济社会发展做出了巨大贡献。

非公有制工业快速发展，成为工业经济乃至全市GDP发展的重要力量　2012年上半年，全市全部工业增加值848.22亿元，较上年同期增加113.31亿元；工业非公有制经济增加值598.77亿元，较上年同期增加107.92亿元，占全部工业增加值的比重达到70.6%，比上年同期提高3.8个百分点，增长24.2%，较上年同期加快5.5个百分点，工业非公有制经济增加值增速快于全部工业7.1个百分点，是非公有制经济中总量最大、发展最快的行业。非公有制工业对全市工业的贡献率为94.3%，拉动工业增长16.1个百分点，对全市GDP的贡献率为57.8%，拉动GDP增长7.8个百分点。由此可见，非公有制工业创造了约95%的工业增加值和近60%的GDP，非公有制工业对全部工业乃至全市GDP的发展起着举足轻重的作用，成为全市经济发展的重要支撑。

在2012年上半年非公有制工业增加值598.77亿元中，私营经济增加值413.65亿元、外商投资经济增加值139.15亿元、港澳台投资经济增加值38.51亿元、个体经济增加值7.46亿元，分别占全市非公有制工业增加值的69.1%、23.2%、6.4%和1.2%。私营工业企业成为全市工业经济发展的主导力量。

非公有制经济投资热情高涨，带动投资增长活跃　随着非公有制经济发展环境的日益优化，非公企业投资热情高涨，投资呈现总量攀升、增速加快、比重提高的态势。2012年，全市民间完成投资2292.40亿元，增长16.2%，同比下降10.5个百分点，低于全市投资增速7.5个百分点，占全市投资的比重为57.3%，虽较上年同期下降3.0个百分点，但民间投资仍是支撑全社会投资的支柱性力量。其中第一产业完成民间投资41.98亿元，占第一产业的比重为74.1%，同比上升4.7%。第二产业完成民间投资1072.99亿元，占第二产业的比重为68.0%，同比下降4.0个百分点；其中工业完成民间投资1051.28亿元，占工业投资的比重为67.8%，同比下降4.0个百分点。第三产业完成民间投资1154.40亿元，占第三产业的比重为48.8%，同比下降3.1%；其中房地产业完成民间投资535.21亿元，占房地产业的比重为68.0%，同比下降4.2个百分点。

2012年，全市外资完成投资231.57亿元，增长43.3%，同比提高14.1个百分点，高于全市投资增速19.6个百分点，占全市投资的比重为5.8%，同比提高0.5个百分点；对全社会固定资产投资的贡献率为9.1%，拉动全社会固定资产投资增长2.2个百分点。其中，晶弘电器、尼普洛医疗器械2个项目当年完成投资超10亿元，累计完成投资26.04亿元，大陆马牌轮胎、花王等24个项目当年完成投资超亿元，累计完成投资78.95亿元。

创新能力不断增强，技术水平明显提升　全市各类注册商标30663件，民营企业累计申请约占80%。合肥市拥有全国驰名商标40件，其中24件为合肥华泰、真心瓜子等民营企业所拥有，占比高达60%。合肥市拥有安徽省著名商标317件，占全省著名商标第一位，其中绝大部分为民营企业所拥有。一大批省自主创新品牌、市自主创新品牌申请成功。90%以上的技术创新、90%以上的新产品开发，都

2012年上半年与2011年上半年合肥市工业发展分组对比情况表

时期	全部工业			非公有制工业		
	绝对值（亿元）	占工业比重（%）	增速（%）	绝对值（亿元）	占工业比重（%）	增速（%）
2012年上半年	848.22	100	17.1	598.77	70.6	24.2
2011年上半年	734.91	100	21.5	490.85	66.8	18.7

是由非公企业完成的。安利合成革、科大讯飞、合肥三立、东方冶金、华恒生物等民营企业多次获得国家重大专利或软件著作权，有的企业甚至成长为国家有关行业标准制定者。

【扶持政策】 合肥市认真贯彻落实《国务院关于进一步支持小型微型企业健康发展的意见》、《中华人民共和国中小企业促进法》、《国务院关于鼓励和引导民间投资健康发展的若干意见》（新36条）、《国务院关于进一步促进中小企业发展的若干意见》（29条）和《安徽省中小企业促进条例》、《安徽省人民政府关于鼓励和引导民间投资健康发展的实施意见》、《安徽省人民政府关于进一步促进非公有制经济和中小企业加快发展的实施意见》等一系列文件精神，坚定不移地鼓励、支持和引导个体私营等非公有制经济发展，抢抓国家促进中部崛起、扩大内需等战略机遇，鼓励非公有制企业主动承接产业转移，大力推进全民创业，不断提升发展水平。

2012年出台了《合肥市承接产业转移促进服务业发展若干政策（试行）》、《合肥市承接产业转移进一步推进自主创新若干政策措施（试行）》、《合肥市承接产业转移加快新型工业化发展若干政策》、《合肥市关于促进经济平稳较快发展的实施意见》、《关于支持小微企业健康发展的若干意见》、《关于加快推进工业"新跨越，进十强"的意见》、《合肥市"十二五"百家高成长性企业培育工程实施意见》、《合肥市科学技术奖励办法》、《合肥市人民政府关于进一步加快建筑业发展的意见》、《合肥市电子商务"十二五"发展规划》、《合肥市现代物流业发展"十二五"规划》等文件，在发展新型工业、现代服务业，以及推进科技创新、企业上市等方面，给予一系列的政策优惠措施；安排专项资金支持非公经济发展，设立了中小企业发展专项资金，实施"工业小企业振兴发展计划"。合肥市支持经济发展的各类财政专项资金中，约80%以上用于支持非公有制经济发展。这些政策措施的出台有力地促进和推动了全市非公有制经济和中小企业的发展。

【大事简记】 2月13日，市工商联组织22个商会、协会负责人及会员企业家到合肥新站综合开发试验区考察投资。3月19日，市工商联组织30名会员企业家在庐江县投资考察。

2月25～27日，市工商联（总商会）第十三届会员代表大会在合肥稻香楼宾馆召开。省、市领导吴存荣、张庆军、杨思松亲切看望与会代表并与大家合影留念。省委统战部副部长、省工商联党组书记、第一副主席陈翔，市委副书记熊建辉出席会议并讲话。

4月11日，为加大对非公有制企业的品牌建设扶持力度，市工商联举办了"品牌·徽商100"项目报告会。

4月26日，省委常委、统战部长沈素琍在合肥市就非公有制企业经营和开展党建工作进行调研。

6月15日，市工商联十三届一次常委（扩大）会议在市政务中心举行，企业家代表、商会协会代表近500人参加了会议。省委常委、市委书记吴存荣作形势报告，并与参会企业家进行了现场互动。

7月4日，全国工商联副秘书长王忠明一行在合肥市进行非公有制企业文化建设调研。

7月14～18日，市工商联组织55名企业家到北京大学参加学习培训，此次培训活动由市政府提供全额拨款。

8月28日，市工商联在合肥市皇冠假日大酒店组织召开行业协会商会工作交流会，市领导韦弋、阚建华、吴建国、许天锡出席会议。会议集中表彰了一批优秀单位和先进个人。同日，合肥市商会成立大会举行，讨论通过了《合肥市商会章程》，选举合肥华泰集团董事长陈先保为合肥市商会会长。

10月30日，由美国达拉斯市副市长爱金斯带队的美国经贸访问团一行到市工商联进行友好交流。

11月13日，市工商联牵头主办的"新型节能建筑材料产品推介会"在安徽省德禾节能科技有限公司召开，为促进科技与经济的结合、加快项目成果向现实生产力转化起到了积极推动作用。

11月22日，市工商联联合上海交通大学、上海高级金融学院共同主办的"金融创新助力中部经济转型"论坛在合肥举行。

12月8日，由市工商联与中共庐阳区委、区政府、区政协联合主办的"合肥市庐阳区'商协会总部基地建设'项目招商对接会"在庐阳区成功举行。

12月20日，省委统战部副部长、省工商联党组书记、第一副主席、省委非公经济和社会组织工委副书记陈翔到合肥督查非公企业党建工作。

（杨贤成）

中小企业

【概况】 2012年，合肥市规模以上中小工业企业（以下简称

“全市中小企业”）2022个，占全部规模以上工业企业的97%，完成工业总产值3639.9亿元，比上年增长26.6%；实现增加值912.4亿元，同比增长25.4%，增速比全市规模以上工业企业高8个百分点。全市中小企业实现销售收入3452.9亿元，同比增长36%，增速比全市工业平均增速高8.8个百分点；实现利润235.2亿元，占全市工业65.6%，同比增长35.8%；完成各项税收156.3亿元，同比增长52.8%，增速比全市工业平均增速高28.5个百分点。从投资情况来看，全市中小企业全年用于土地和固定资产支出累计完成102.7亿元，同比增长32.5%，增速比全市工业平均增速高17.3个百分点。

【发展困境】 困难多重化 稳健的货币政策实施，新增贷款规模的管控使中小微企业融资难问题更加突出。原材料、劳动力等要素大幅提升企业生产经营成本。人民币升值、汇率调整，挤压了企业生存发展空间。高税负抑制了企业扩大再生产能力和管理技术水平的提高。资源环境约束加大了企业转型升级压力。据调查结果显示，占全市工业企业总数98%以上的小微企业资金需求满足度仅为51%，小微企业资金缺口高达205亿元。企业购进原材料与出厂成品价格持续倒挂，尤其是产品定位在中低端市场的中小企业有些甚至已经出现亏损。

融资高利贷化 随着货币政策由宽松调整为稳健，中小企业“短贷长投”的流动性风险立即显现，企业无法从银行等正规金融渠道获得贷款额度时，为保持信用，维系生存，化解流动性，不得不高息借私债维持运转。高利贷大幅侵蚀了企业经营利润，为维持资金链不断裂，以更高利率从民间融资，企业陷入高息借新债还旧债的恶性循环，高利贷后一些企业“垂而不死”、风险后移，导致债务危机爆发。

创新意识淡薄化 大多数中小企业对自主创新的重要性和必要性缺乏足够的认识，不少企业存在着不愿创新、不敢创新、不能创新的现象。企业研发投入水平仍然偏低，与R&D（研究与开发）经费投入强度达到3%以上的标准相比差距还较大。自主创新成果的产业化率不高，导致中小企业对自主研发的投入产出比例失调，打击了企业对新产品新技术研发的信心。

【对策措施】 合肥市从破解企业发展瓶颈制约着手，实施了一系列扶持中小企业发展的政策措施。

出台政策支持发展 针对“三难一高”（用工难、融资难、用地难、经营成本高），出台了《关于支持小微企业健康发展的若干意见》及实施细则。全年共有199个企业获得2011年度贷款贴息和担保费补助资金4575.68万元。出台《合肥市中小企业贷款风险补偿专项资金使用管理办法》等相关奖励办法，对支持地方经济和中小企业发展做出贡献的金融担保租赁机构给予奖励。出台《合肥市金融机构支持地方发展考核奖励办法》，鼓励、引导金融机构加大信贷投放力度，为全市经济发展提供优质、高效的金融服务。

狠抓服务平台建设 一是成立合肥中小企业服务大厅。大厅设置项目建设前期服务、企业运行管理服务、融资服务、法律财税服务四个服务功能区，重点提供政策宣贯、融资担保、管理咨询、环保节能、法律顾问、企业信息化及项目编制等专业化、精细化服务。全年共接待2200人次，现场签订服务协议136份，先后举办了8场政策宣传贯彻班、8场专业培训、4场专业技术交流会。二是强化中小企业服务网功能。利用信息化手段，整合中介机构，收集企业需求信息，开展网上宣传对接、网下对点服务。截至年底，中国中小企业合肥网存量信息共56642条，2012年度新增信息11328条，其中基础信息6798条、工业信息1699条、企业服务信息2039条。三是做好省级中小企业公共服务示范平台评审工作，中小企业服务体系建设不断取得新进展。全市各类服务机构近百家，其中，国家中小企业公共服务示范平台2家，省政府中小企业服务示范平台10家。四是强化创业辅导培训。受工业和信息化部委托，开展赛飞创业培训巡讲，历时5个多月，行程涉及11个省（自治区），举办22场，参训人员超过2000人次。

加大招商引资力度 借助安徽省与全国知名民营企业合作发展会议和皖粤经贸合作发展会议等重大会议在合肥举办的契机，掀起以“开放、合作、创新、共赢”为主题的与全国知名民营企业合作发展的热潮。制定了《2012年合肥市推进与全国知名民营企业合作发展工作方案》，全年与全国知名民企合作发展签约合同项目中有197个项目开工，投资规模1550亿元，分别占签约合同项目数及总投资规模的91%、74%，开工项目累计完成投资额954亿元。

着力破解融资难题 全年组织各类银企对接活动26场，参加的各类金融机构115家，参会企业601户，现场签约项目113个。银企签约资金 244.85亿元，落实贷款208.36亿元。全年推介1083户优质小微企业，有298户企业获得贷款共21.66亿元。完善网上金融超市，已具备在线咨询、在线申请、网上担保、网上融资等一系列服务功能，70家金融机构入驻，有400余种金融产品。

完善信用担保体系 截至年底，备案的中小企业信用担保机构35户，注册资本50.48亿元，担保余额234.65亿元，在保企业5929户，新增担保资金135.21亿元，新增小微企业1844户。全年有13家担保机构获国家专项奖补资金3460万元，12家获营业税减免。

努力减轻企业负担 继续实行工业园区48项免收费政策，全年共为开发园区和乡镇工业聚集区1376家企业工业投资项目办理免收费2299项，免收资金3.86亿元。进一步清费减负，切实减轻企业和个人负担，取消涉及13个收费部门的31项收费项目，全年为企业减轻负担1200万元。规范涉企经营性服务收费，全年为工业企业减轻负担1.2亿元。

放宽准入推动创业 全面清理、修订和废止不利于全民创业和民营经济发展的各项限制性规定，所有产业、行业及建设领域全部向非公有制资本开放。降低创业门槛，放宽注册资本、审批事项、经营范围、名称登记、前置审批项目等，积极为民营企业市场准入创造良好条件。放宽创业经营场所，整合各类培训资源，大力实施培训工程，努力加快创业园区建设，不断完善创业服务体系。为提高创业者经营管理水平，2012年全市共举办各类创业辅导培训班68期，共7156人次参加了培训。

（余金凤）

企业选介

【合肥华清金属表面处理有限责任公司】 公司成立于1996年，长期致力于环保型表面处理技术研发、材料生产和工艺设计，因企业发展表现优秀，被科技部评为“最具成长性科技型中小企业100强”，并入选十佳案例。多次被福布斯杂志评为“最具投资价值企业”。

公司设有金属腐蚀与防护研发中心、专业加工中心和能够完成各类关键核心环保型表面处理新材料制造的生产基地。正在投资建设的国内起点最高的环保型表面处理产业园，占地近500亩，可从事各类先进表面处理加工和环保材料制造，保证“生态环保、低碳循环”等环境目标的实现。

公司承担了“国家火炬计划项目”、“国家重点新产品项目”、“国家科技部创新基金项目”、“安徽省高新技术产业化项目”、“安徽省重点新产品项目”等。被认定为“安徽省创新型企业”、“安徽省环境保护创新企业”、“合肥市首批创新企业”。

为了保证持续创新能力，公司与国内表面处理行业知名研究机构和高等院校建立了密切的合作关系，是合肥工业大学硕士培养单位。公司具有完善的质量管理和分析检测手段，已通过ISO9001和ISO14001体系认证。

【巢湖大国地板有限公司】 公司是专业从事木地板产品的研发、生产、销售、服务于一体的大型综合性木地板企业。总部位于合肥高新技术产业开发区，生产基地坐落于巢湖市柘皋工业园，为安徽省规模最大的地板专业生产企业。公司项目总投资15.7亿元，在业内率先创建自主研发中心、品牌管理中心，引进全套进口生产设备和生产线，具备高档强化地板、实木地板、仿古地板、实木复合地板等系列产品的研发、生产能力，设计年产量达1000万平方米。

大国地板快速的品牌增值力、高效的经营模式和巨大的社会效益，受到消费者普遍赞誉、行业广泛瞩目和政府高度重视，先后成为中国林产工业协会地板委员会副理事长单位、中国木材流通协会地板专业委员会副理事长、安徽省地板协会会长单位、安徽省质监局家装标委会主任委员单位，先后荣获“中国驰名商标”、“中国地板十大品牌”、“中国环保地板十强品牌”、“苏浙皖赣沪名牌产品”、“中国地板行业卓越成就奖”、“安徽省著名商标”、“安徽省名牌产品”、“安徽省质量奖”、“安徽省诚信企业”等荣誉。企业发展规划被安徽省政府列入“861行动计划”，被合肥市政府列入“121”重大工业项目调度对象。

【安徽安德利百货股份有限公司】 公司是省政府重点建设的流通服务企业、国家万村千乡市场建设承办企业、家电下乡销售企业。公司始建于1984年，原为国有企业，2002年改制为民营企业。公司总部设在庐江县，网点主要分布在庐江、巢湖、和县、含山、合肥及无为等地。公司下辖巢湖安德利购物中心、和县安德利购物中心、无为安德利购物中心、合肥安德利商贸有限公司等多家子公司，经营业态涉及综合百货、大型卖场、连锁超市、专业商场和物流配送中心、汽车销售等。

安德利公司先后被授予“全国诚信单位”、“省改革先进单位”、“安徽省购物放心店”、“省文明单位”、“省重合同守信用企业”、“省诚信建设及职工职业道德教育双佳单位”等多项殊荣。在全省县级商业企业中，安德利一枝独秀，稳步发展。截至2012年底，安德利直营分店达34家，经营面积12万平方米，员工3000人。2012年，公司销售收入14.3亿元，利润5000余万元，上缴税收6000余万元。

安德利公司与庐江县人民政府共同主办的庐江县服装节每年农历十一月十八日举办。从1991年以来，已成功举办了22届，服装节成为庐江县的地方名片。

【肥西科源小额贷款有限公司】 公司由安徽桃花科技园置业有限公司作为主发起人，联合部分自然人出资，经省政府金融工作办公室批准，于2009年6月成立。立足地方、服务三农，是完全按照商业化规范运作的专业小额贷款公司，注册资本1.2亿元，是安徽桃花源工贸集团下属子公司，安徽省小额贷款协会副会长单位。2012年，公司业务实现平稳、健康发展。全年累计放款3.82亿元，发生业务279笔，新办客户105户，累计客户近400户，截至年末，贷款余额达1.62亿，上交各项税费630多万元。成立之后，累计发放贷款超过10亿元。

公司严格以国家政策法规为导向，为符合条件的客户建立快速通道，利率低，手续简便规范，致力于为“三农”产业、中小微企业、个体工商户等区域经济提供优质、便捷、周到且不同于专业银行的融资贷款服务，为推动地方经济建设提供有力支持。面对复杂多变的经济环境和信用环境，公司始终坚持“风险第一，规范经营，眼光长远，服务社会”的经营宗旨，强化风险防范意识和预警处理机制，优化信贷结构，发展优质客户，实现了资金的良性循环，确保贷款“放得出，收得回”，从未发生一起投诉事件，赢得了广大客户和省市主管部门的一致认可。2012年再度荣膺省“优秀民营企业”称号，也是全省唯一当选的小额贷款企业。

【合肥裕森木业有限公司】 公司成立于1993年，从事环保装饰板材、木地板、实木门、橱柜、木线条的研发、加工、生产和销售。有直营店35个，分销商100多个。拥有合肥庐阳工业园、双凤工业园、全椒示范园及肥东商贸物流开发区四大生产加工基地，总占地面积180亩，生产厂房面积10万余平方米，员工1000余人。系安徽木制品商会常务副会长单位、安徽省木竹产业协会副会长单位、合肥木业商会会长单位、合肥市总商会副会长单位、合肥市建筑装饰协会材料委员会长单位，并发展成为安徽木业行业的领军企业。

“裕森”被评为“安徽省著名商标”、“安徽行业十大重点推广品牌”、“安徽市场名优产品”、安徽省“消费者信得过品牌”、“消费者最信赖家居品牌”、“质量放心品牌”，合肥市“十大木业品牌”、“民营企业十大创新品牌”、“网友最喜爱的家居品牌”。企业先后荣获“全国装饰材料行业优秀企业”、“安徽民营企业200强”、“重合同、守信用”企业、“全国住宅装饰装修行业百强最佳合作伙伴”、“环保公益贡献单位”、“安徽首届3.15家装、建材博览会优秀产品企业”、“中国质量检验协会质量达标企业”等荣誉。裕森地板和裕森木门分别荣获“全国行业30家质量合格供货放心品牌”和“中国木门行业30家市场放心品牌”荣誉称号。公司具有完善的质量管理和分析检测手段，企业已通过了ISO9001质量体系认证。

【老乡鸡集团】 “老乡鸡”是安徽省最大的快餐连锁品牌。其前身是“肥西老母鸡农牧科技有限公司”，成立于1998年。老乡鸡集团拥有5600人的经营团队，有快餐连锁店面240个，活禽专卖店面110余个。集团先后获得“中华餐饮名店”、“中国绿色食品”、“中国优秀快餐品牌”、“中国食品优秀企业”、“国家地理标志”、“中国驰名商标”等殊荣。

“老乡鸡”拥有五大产业优势：1.可控的绿色老母鸡养殖基地，位于肥西县三岗英山林场，占地2200亩，是国家AAAA级旅游景区、农业旅游示范点、安徽省五星级农家乐、国家地理标志品牌。2.完善的食品加工体系，从根本上解决了中式快餐的标准化问题。3.专业品质控制中心，依据国际标准，结合中国食品产业发展情况，创造出整套具有中国特色的GMP、SSOP、HACCP质量管理体系，确保食品质量和安全。4.强大的研发创新团队，研究全国各地餐饮特色，对八大菜系创新改造，创立了净料半成品工业化烹调为基础的熟制半成品研发，并对冷链保存的运输特性进行专业化研究。5.先进的物流体系，从采购、策划、控制存货及生产到运送食品，整个供应链，由一个规模庞大的先进物流系统支持，使集团得以保持一贯的高营运水准。

（杨贤成）

经济监督管理

国有资产运营和监督管理

【概况】 2012年，合肥市国资委围绕“三个转变（由以改革改制为主，向推动国有企业对外合作发展转变；由资源分散发展，向资源优化集中发展转变；由单纯监管企业国有资产，向管理更多领域的国有资产转变）”工作思路，突出“三个服务（服务民生、服务大建设、服务企业）”，强化“三个建设（体制、机制、业绩考核）”，推动国有经济平稳较快发展，规范国有产权决策程序，并实行任期目标考核，深化新一轮国企改革，另促进国有产权对外合作发展，提升公用事业服务水平，提高国有资本监管水平。是年，市国资委有20户重点监管企业实现营业收入270.09亿元，实现利润总额1932.52亿元，实现资产总额1932.52亿元，实现净资产总额728.30亿元，上缴税金18.73亿元，同比分别增长10.05%、17.61%、13.93%、31.42%、18.92%；完成国有资本收益收缴7354.6万元。截至年底，市国资委所属的20户企业的资产总额、净资产量、利润总额、上缴税金分别是2007年成立之初的2.54倍、3.47倍、2.97倍和2.99倍。

【工业立市】 强化两化融合工作，推动委属企业实施工业立市战略。国风塑业推进主业发展的聚焦战略、资源整合的协同战略以及创新突破的差异化战略，盘活存量资产，引进并更新现有薄膜设备，提升主业产品布局，以调整产品结构、技术创新、管理提升、推进新项目为重点，保持生产经营的发展，保持盈利水平。坚持以改革促发展，以产权为核心，根据企业实际分类实施改革，先后完成非主业房地产企业和公用事业企业辅业退出、集团公司清算关闭等19家企业的改革工作。

【服务城市大建设】 所属建投集团、滨湖新区投资公司、政务文化新区投资公司三大城市基础设施建设类投融资发展平台，提升融资能力，拓展创新融资渠道，实现大建设资金保障率100%；同时加大对全市中小企业的扶持力度，委属企业累计为4089户中小微企业提供资金226.78亿元。

【招商合作】 在招商合作工作方面，通过加强产权合作，引进战略投资者，拓展发展区域壮大企业实力。推进签约项目落地建设，推动在建项目竣工投产增效；深化与央企合作，推动中国移动、中国联通、中国电信、中盐、国机集团、宝钢气体、中国石油昆仑能源有限公司等央企在肥投资项目的进展；通过推进资源整合，使委属企业产业布局更适应产业结构调整要求，有效提高资源利用率。市国资委实现新签约项目投资194.6亿元，实现投资新开工项目184.6亿元。

【公共事业保障】 引导市属公用企业以服务市民、提高群众满意度为重点展开工作，提升公用事业企业保障能力，群众满意度提升。燃气集团 “徐辉假日小分队”、供水集团“贴心小棉袄”、公交集团“双星”服务工程、热电集团“冷暖知心”活动等服务品牌深入人心；合肥燃气完成天然气供应3.15亿立方米，新发展居民用户6.32万户，新建天然气管网283公里，热电集团实现居民集中供热面积逾1000万平方米，销售蒸汽184.2万吨；供水集团完成供水量3.5亿立方米，人均供水量31.6万立方米，最高日供水量达118万立方米；公交集团新开线路16条，线路总长2002.8公里，全年累计完成客运量63013万人次，日均客运量172.6万人次。在节假日、重大活动和暴风雪等灾害天气期间，委属燃气、供水、公交、热电等公用企业确保公共服务保障到位。

【国有资产处置】 推动规范与有序地实行产权转让，成功实施产权转让项目6个，转让底价合计11.11亿元，成交价11.13亿元，较底价增值221.4万元；实现房屋租赁增值，有119个房屋出租项目在市产权交易中心实行公开挂牌招租，挂牌底价为1.04亿元，成交额为1.53亿元，较出租底价增值2724.15万元，增值率为46.37%；实行实物资产处置公开透明，有8项实物资产处置项目挂牌低价4.34亿元，成交额1.15亿元，较挂牌价增值7173.1万元，增值率为165.13%。

【国资监管】 严格执行《国有资产工作领导小组议事规则》，并将企业国有产权交易、重大投资等事项报市国资工作领导小组批准，规范国资监管重大事项的决策程序和环节。截至年底，累计召开国资工作领导小组组长26次，审议通过106个重大事项。是年，市国资委实施《关于加强国资监管有关事项的通知》、《合肥市国资委机关工作人员廉洁自律九条守则》、《合肥市国有企业领导人员廉洁从业九条禁令》等制度，落实任期考核制度，采取分类考核体系，细化分类考核指标，强化业绩考核导向，提高企业工作积极性；拓展国资监管范围，市属监管企业范围当年拓展到公用事业、上市公司、金融业、工商业、建筑业、服务业等领域，以及部分文化、体育类经营性国有资产。此外，自2011年首次将合肥报业纳入经营目标考核以来，运营两年，社会效益和经济效益均效果良好。

（市国资委办公室）

物价管理

【概况】 2012年，合肥市物价系统树立“大物价、大服务、大监管”工作理念，以稳定物价、促进发展、深化改革、规范行为、加强服务为工作重点，巩固物价预期调控目标引导机制，明确价格调控预期目标，制定目标责任制，将粮油肉蛋菜等居民生活必需品的生产、市场流通、商品储备等12项稳价目标任务分解落实到各县（市）区、开发区、市直部门。

保障市场价格调节机制方面。市政府安排1.33亿元资金支持农业发展，全市当年实现粮食总产303.4万吨，实现蔬菜瓜果总产190万吨，生产肉蛋奶水产品100万吨，同比分别增长4.9%、19%、5%；有效加大供给，将粮食、肉类、禽蛋水产品、蔬菜等39个品种列入重点价格监控，按蔬菜类不高于15%、其他类不高于10%的标准，由相关单位实施价格重点调控；降低流通环节费用；制定出台全市农贸市场、农副产品批发市场摊位费管理办法；鼓励产销衔接，全市实现农超对接额7.8亿元；扶持流通体系建设，全市新建和改造农贸市场26个。

落实惠民菜篮子联动机制。出台《关于深入推进惠民菜篮子工程实施意见的通知》，在全市设立惠民菜篮子商店（专柜）85家；当年国庆期间及时启动联动机制，以低于市场平均零售价15%的价格销售20种农副产品，惠民菜篮子活动为百姓节约支出逾1000万元，并带动城区17种主要蔬菜平均价格下降近20%；落实1070万元价调基金，用于奖补惠民菜篮子活动和便民惠民流通体系建设。

健全监测价格预警信息引导机制。在全市设立价格实时监测点162个，对“米袋子”、“菜篮子”进行重点跟踪，完成食品、生产资料等逾900种品种的价格监测任务；密切监测异常价格波动情况，对上涨幅度较大的重要商品和服务价格，及时开展成本调查；定期分析市场价格变动趋势，为党委、政府科学决策提供依据；开展价格公共信息服务，并通过报刊、电台、电视台、住宅小区LED显示屏、公交车、商场价格公示栏等形式，宣传群众关心的价格信息，引导社会合理消费。

完善困难群体保障机制。完善价格临时补贴联动机制，会同财政部门预留资金，在符合启动条件时，及时向困难群众发放临时价格补贴；落实社会弱势群体的水、电、气、热收费减免优惠政策，减轻价格调整对困难群众生活造成的影响；采取货币化直补方式给予全市低保户每月5立方免费水量，使每户每年可减少147元水费支出，并采取随低保金发放直补到户的方式，以方便群众。

合肥市价格总水平涨幅为2.2%，低于预期调控目标1.8个百分点。

【促进经济发展】 清理涉企收费项目和标准。按照能取消的坚决取消、能减免的减免、能暂停的暂停的原则，最大限度减少收费项目，降低收费标准；取消工商、税务、海关、质监、林业等13个部门涉企行政事业性收费项目23项，减轻企业负担约5200万元。及时解决工业园区在免收费政策执行过程中遇到的问题，确保帮扶企业的优惠政策落到实处。全年为开发园区和乡镇工业聚集区1285家企业工业投资项目办理免收费2121项次，免收资金3.95亿元，比上年增长2.34%。在出台扶持小微企业发展价格政策方面，禁止商业银行向小微企业贷款和收取承诺费、资金管理费，严格限制商业银行向小微企业收取财务顾问费、咨询费，降低小微企业抵押贷款和被收取中介服务费，按下限标准收取小微企业行政事业性收费，减轻小微企业负担约2000万元。对行政事业性、经营性服务和政府性基金收费项目，明确收费项目和标准，出台《合肥市基本建设项目收费管理办法》，确定由市物价局牵头，实行基本建设项目收费统一目录、标准、受理、缴纳、办结程序，简化了项目审批流程。

【价格改革】 推进资源产品和环保价格改革。调整天然气价格，建立天然气价格调整联动机制，并调整非居民供热价格标准，实行按用量递减的阶梯式定价方式，另理顺城市管道天然气建安价格；确保成品油市场价格的稳定；按照“一月一审”价格发布制度，及时审定液化气零售价格。

运用价格政策促进结构调整。落实用电容量100千伏安及以上大型商业零售企业暂缓执行峰谷分时电价政策，帮助百大集团、商之都等71家商业零售企业（门店）年均降低电费成本约1.7亿元；提出新能源汽车充电价格意见，扶持新能源汽车发展；核定经开区、循环经济园专用铁路收费标准，促进地方经济发展；制作旅游景点价目表，统一公示收费单位、优惠政策、定价形式、监督电话等内容；核定环巢湖旅游观光巴士票价，促进环巢湖旅游项目发展。

理顺道路交通运输价格。对全市省际、市际、县际542条班线票价进行测算核定，向社会公布全市新的客运最高指导票价，实行公路客运票价联动机制；并召开“理顺城市客运出租车运价方案听证会”，广泛听取消费者和社会各界的意见和建议，平稳出台和实施新的出租车运价标准，建立出租车运价联动机制，社会反响良好。

医药价格改革方面，降低市属各级医疗机构医疗服务价格。全面实行一般诊疗费政策；并对目录管理的医疗器械，实行差率、差额“双控”监管；另加强中药饮片和医院制剂价格差率管理。此外，推进基层医药价格改革。

【规范价格行为】 加强商品住宅价格管理。严格执行商品房销售明码标价备案制度、商品房销售“一价清”制度。全年市级受理商品住宅价格备案344件，备案面积752万平方米，核减备案价格楼盘46个，涉及面积101.8万平方米，核减总金额4.97亿元，项目核减率13.4%。

市、区联动，集中开展以推进“一费制”平稳过渡为重点的规范物业服务收费行为专项整治活动，排查物业服务收费行为存在的问题，并通过广泛宣传，定期召开工作推进会，落实周报制度，引进司法法律援助，约谈物业服务企业，新闻媒体曝光等办法，推进“一费制”平稳过渡。截至年底，全市86%符合实施“一费制”条件的住宅小区实行了“一费制”，物业服务收费行为更加规范，物业服务收费投诉查实率明显下降。

加强学前教育、中小学服务性收费管理，并确定首批62所幼儿园为普惠性民办幼儿园，占民办幼儿园总数的25.8%，惠及逾1.4万个家庭，平均减轻每位幼儿家长经济负担600元，形成学前教育公办和普惠、民办相互促进的良好局面；出台治理义务教育阶段择校乱收费8条措施，严格控制择校生比例，市区公办高中一律不得招收择校生，减轻学生和家长经济负担逾3000万元；推行机动车驾驶员培训收费学时制新标准，使机动车驾驶员培训收费更加科学合理。

开展机动车停放服务收费调研，研究修订机动车停放服务收费管理办法，对站前广场机动车停车场实行临时停放收费标准，缓解日益增长的停车难问题；规范有线电视服务收费行为，重新梳理有线电视服务收费项目，提出有线电视各项收费的定价形式和标准；开展殡葬服务收费调研，为加强殡葬服务收费管理做好准备；规范农村自来水价格。

设立价格投诉举报受理处，建立价格举报信息分析制度，并统一受理、统一答复、分类分析市长热线、12358热线、政民直通车、局长信箱、人民来信来访等各种渠道的举报投诉案件，方便群众的价格诉求。全年市物价局受理各类价格投诉举报咨询6461件，做到办结率、回复率100%，满意率逾98%，并对22起单位或个人实施经济处罚；对131起乱收费行为进行纠正，退还多收款133万元。

开展重要节假日和活动期间市场价格巡查活动，保证重点时段的市场价格基本稳定；组织开展以农村自来水价格为重点的涉农价费检查；组织开展以行政性收费减免政策落实情况为重点的涉企收费检查；组织开展以物业、医药和教育收费为重点的民生价格检查；组织开展以汽车销售、商品房销售明码标价和银行收费为重点的市场价格行为检查。全市当年办理价格违法案件数286件，查处价格违法金额692.02万元。其中，责令退款404.09万元，没收267.95万元，罚款19.98万元。

通过召开政策提醒会，举办政策培训会，组织约谈等形式，指导企业履行价格自律责任；会同消费者协会组织开展“明码实价示范店”创建工作，全市（包括县区）有29家企业获“明码实价示范店”称号；建立市场价格监管网络体系，在超市、商场设立价格投诉咨询服务站和物价信息员，聘请社会价格监督员，动员全社会力量监督市场价格行为。

制定2012年度全市价格系统依法行政工作安排和考核标准；完善与人大代表、政协委员联系制度，健全接受监督工作的长效机制，并做好人大领导及代表和政协领导及委员来局调研、座谈，以及听取价格工作汇报事宜；对于重大价格政策制定，及时向人大代表、政协委员进行沟通，听取他们的意见和建议，并及时加以整改，另及时向人大常委会、政协报送事关重要价格政策、价格信息的文件、简报、报告。全年办理、回复人大代表、政协委员有关价格方面的提案和议案10件，所有回复均得到代表们的认可，满意率达100%。市物价局当年被评为政协提案优秀承办单位。

【价格公共服务】 对20个农产品品种开展常规、直报和专项成本收益调查，并开展西瓜、葡萄、草莓等特色农产品成本收益调查；加强调查数据分析和信息发布，提高服务“三农（农业、农村、农民）”的价格时效性；完成成本监审和调查项目18项，涉及教育、医疗服务、城市供热、城市出租车和城市生活垃圾处理、地方铁路等多个行业，累计核减成本4.6亿元，核减幅度12.9%；完成涉及刑事、行政和税收征管价格鉴定300件，效果良好。

利用3·15消费者日、价格法周年纪念日等重要时间节点，通过悬挂横幅、电子屏价格公示栏滚动字幕、制作依法治价宣传展板、举行大型宣传和咨询活动和召开价格政策培训会等多种方式，全面宣传价格法律法规，全年向群众发放《关于商品和服务实行明码标价的规定》、《价格违法行为行政处罚规定》《价格明白手册》等各类宣传资料逾2000份，并通过报纸、网站、电视、电台、小区LED、公交移动电视等发布重要价格信息逾1500条。

（张卫东）

统　计

【概况】 2012年，合肥市统计局推进基本单位名录库、企业一套表制度、数据采集处理软件系统和联网直报系统等 “四大工程”建设，完成农业、工业、建筑业、服务业、投资、能源、人口、就业、科技、文化、基本单位、非公经济、行业景气等统计调查工作，开展妇女儿童两纲监测，在全省首创金融月度统计制度，做好第六次人口普查后期工作，开展2012年投入产出调查和第三次经济普查前期工作，实施人口变动及劳动力抽样、工业成本费用、大城市月度劳动力、残疾人状况监测、体育产业、资源产出率、企业农民工用工情况、国际比较项目（ICP）等专项调查。

编印多种统计资料。编印《合肥统计年鉴-2012》，发布2011年行政区划调整后合肥市经济社会发展情况，各篇章增加对资料内容、来源和统计范围、口径等的简要说明；编印《合肥市国民经济统计资料提要2011》，并与市委政研室合作编印《2012合肥市情手册》，调整充实内容；每月编印《合肥统计月报》、《横向经济运行动态》、《合肥工业综合月报》、《合肥节能减排月报》、《自主创新月度监测》、《金融统计月报》等资料；每月印发《工业品价格专报》、《重点耗能企业能耗专报》；给人代会提供参阅材料《抢抓新机遇 再谱新篇章》。

市统计局蝉联四年一度的“全国统计系统先进集体” 称号。荣获2012年度市目标考核管理优秀单位称号。

【统计分析】 加强经济运行的监测、分析、预警和经济形势研判，每月撰写的全市经济形势分析报告被安排为市委常委（扩大）会议主要参阅材料；坚持每个季度牵头召开由市直主要经济管理部门参加的经济形势座谈会，并与国家统计局合肥调查队联合召开经济形势分析会；挖掘数据背后苗头性、趋势性和规律性的问题，服务领导科学决策；对比分析全国省会城市主要经济指标，重点关注经济总量前十强城市发展态势；撰写“党的十七大以来合肥市经济社会发展成就”系列分析报告。

组织人员撰写各类分析报告216篇。其中撰写的《上半年省会城市经济发展对比分析》被全国中文类核心期刊《中国统计》第10期全文刊发，实现了该局在国家级刊物刊登稿件零的突破。

【统计服务】 参与合肥市城市空间发展战略及环巢湖地区生态保护修复与旅游发展规划产业专题研究；参与合肥市国民经济和社会发展“十二五”规划纲要修订及年度经济社会发展目标制定；坚持每月初预报、快报统计制度；提供信息被市委、市政府两办采用，总得分在市直单位中名列前茅；为新桥空港新城规划、社保审计、争创全国创业先进城市、申报全国首批国家级文化和科技融合示范基地等做好服务；及时收集、提供相关城市对比数据；配合市委组织部开展合肥市创先争优活动社会评价问卷调查，编制县（市）区综合发展评价指标体系；配合市统筹办建立完善城乡统筹工作综合指标评价体系；做好政务公开工作，通过统计公众网及时答复网民咨询。

【企业一套表改革】 健全全市统筹协调推进机制，强化部门协同和上下配合；建立各项规章制度，规范工作机制和流程；组织企业一套表统计制度和软件的学习培训，并做好与原制度和软件的衔接；加强对基层工作指导，强化督导检查；企业一套表网上直报实施范围扩大到全国服务业重点企业调查等；强化宣传动员、经费、技术、网络硬件以及统计执法等保障，确保企业独立真实上报统计数据。

【固定资产投资统计】 建立并完善包含大量历史数据的统计台账，基本涵盖投资统计业务工作全部内容；要求企业做好档案化管理，建立统计台账制度，并推进档案盒制度；真实准确、完整及时地反映民间固定资产投资发展状况，并及时做好历史数据的调整；做好保障性安居工程统计工作；密切关注大建设项目、市重大项目和“1346”、“121”等项目的建设情况；加强对房地产开发、销售等监测分析。

【服务业统计】 正式实施服务业重点企业调查制度；完成商贸服务业快速调查工作，调查全市7个行业共388户商贸服务业法人企业和15户宾馆附属沐浴业产业活动单位；开展对1135户国家重点服务业企业调查单位核查工作；制定《合肥市部门服务业统计工作考核办法》，自2012年起，对26个市直有关部门服务业统计工作开展情况进行年度考核，并纳入市政府目标管理考核。

【科技创新统计】做好合芜蚌自主创新统计监测工作；跟踪全市规模以上工业企业科技经费投入和使用情况；整理近年全市研发经费支出及研发投入强度、大中型工业企业和重点研发企业科技情况；监测高新技术产业发展情况；加强战略性新兴产业研究院研发统计监测；建立创新型（试点）企业、工程技术研究中心和企业技术中心等名录库和资料；调研企业使用政府科技活动资金情况和高技术产业化项目中开展科技活动及研发情况。

【文化产业统计】 按新国民经济行业分类和新文化产业分类标准，整理和完善全市文化产业企业名录库；初步建立文化产业投资项目库，实施文化产业投资统计监测；收集、整理、审核全市限额以上文化产业法人单位数据，并进行文化产业增加值核算；加强文化产业分类新标准学习，重新测算2008-2011年文化产业增加值；开展培训，将文化产业统计向县区延伸。

【能源统计】 与市节能办共同起草《合肥市“十二五”期间节能预警调控方案》，设定三级预警，制定节能调控措施；每月对46户重点耗能企业用能情况进行分析；建立节能分析联席会议制度，每季度分析研判全市节能降耗态势，提出下一步节能工作重点；加强工业用电量数据监测和分析。

【农业统计】 农村统计数据基本上做到从村一级上报；严格实行报表送审、查询和数据质量评估制度，组织三次农村住户调查统计数据县区互审；开展春耕备耕调查工作；推进城乡住户调查一体化改革，要求对现有农村住户调查工作仍要加强，不得削弱，做到“数据不乱、队伍不散”。

【乡镇分类考核】 与市政府政务督查与目标管理办公室牵头制订全市乡镇分类考核评价办法；全市82个乡镇分为四类进行考核；考核指标包括经济发展、资源和环境保护、民生改善和社会建设等三大类22项，新增服务业企业数、耕地保护、粮食产量、农村环境建设、森林增长、社会管理综合治理等指标；肥西县桃花镇等24个乡镇获“合肥市2011年度科学发展先进乡镇”表彰。

【统计基层基础建设】 优化工业、能源、贸易、建设等领域数据质量控制办法；推动基本单位名录库维护更新节点向基层延伸，实现月度常态化维护更新；落实《县级统计工作规范》，深化首席统计员制度；组织19场次业务技术培训，培训基层统计人员近2000人次；健全统计台帐，推进基层统计工作规范化建设；加强部门和行业统计协调配合，强化业务指导，推进资源共享。

【统计法制】 修订统计行政处罚自由裁量权标准，制定统计执法检查及案件查处和涉企检查备案流程图；全市有456名取得《统计执法检查证》的统计行政执法人员被纳入档案化管理；全市立案查处统计违法行为84起，其中市统计局立案查处18家单位、通报批评11家，对情节严重的6家给予罚款处罚；对全市统计代理机构基本情况进行调查。

【宣传工作】 发布《合肥市2011年国民经济和社会发展统计公报》；与市科技局联合发布《2011年合肥高新技术产业统计公报》，与市人力资源和社会保障局联合发布《合肥市2011年度人力资源和社会保障事业发展统计公报》；通过统计信息网站及媒体发布并解读月度全市经济运行情况；提供党的十七大以来主要经济社会发展指标数据，并制作“十年数字回眸”统计图。

【全国城市交流年会】 2012年，市统计局承办第28届直辖市、副省级市、省会城市、经济特区和沿海开放城市综合统计信息交流年会，有40个城市108名代表参加会议。

（刘晓明）

审计监督

【概况】 2012年，合肥市审计机关审计和专项审计调查227个单位，出具审计报告或专项审计调查报告1080篇，查出违规金额1.28亿元，查出损益或收支不实金额156.26亿元，查出管理不规范金额242.4亿元，移送司法、纪检监察等部门处理事项6件（涉16人）。此外，提出审计建议被采纳475条，促进被审计单位制定整改措施50项，建立健全13项规章制度。先后获省审计机关授予的“信息化推进工程”、社保审计先进集体、审计信息宣传工作先进单位等称号。

【财政审计】 依托财政联网审计平台，采用“预算跟踪”+“联网核查”的方式，将全部政府性资金纳入审计范畴。在预算执行审计中，关注公共财政、国有资本经营、政府性基金和社会保险资金四大预算体系编制的完整性和系统性，同时以资金使用绩效为重点，关注项目资金的分配、使用、管理、制度建设及预期效益，加大对二、三级单位的延伸审计力度。此外，开展包河区2011年度财政决算审计，促进修订和完善《包河区承接产业转移加快楼宇经济发展若干政策》等文件制度，并制定和加强街道预算管理的相关制度。

【经济责任审计】 市委、市政府办公厅印发《合肥市党政主要领导干部和国有企业领导人员经济责任审计实施办法》，市经济责任审计工作领导小组印发《合肥市经济责任审计工作领导小组工作制度》等6项制度，构建经济责任审计工作制度保障体系。市审计局当年开展市人社局局长等7名领导干部任期经济责任审计，采取定量与定性相结合的方式，采用统一的评价标准对领导干部履行经济责任情况进行综合评价。此外，授权巢湖市和庐江县审计局开展7名市管干部经济责任审计。

【金融和企业审计】 市审计局会同市金融办、商务局等部门，委托5家社会中介机构对12家融资性担保公司、16家小额贷款公司和3家典当行2011年度资产负债损益进行审计，并延伸审计税收政策执行和税收缴纳情况；另开展合肥燃气集团有限公司2011年资产负债损益审计，参与省审计厅组织的华安证券公司2011年度资产负债损益审计。此外，开展第68届中国国际药交会物资采购跟踪审计和第六届中国（合肥）国际家用电器博览会收费报价审计。

【政府投资审计】 强化政府投资审计管理系统的运用，实现建设项目审计动态管理；开展蒙城北路等21个大建设项目竣工决算审计，审计资金25.5亿元；完成合作化路高架等工程价款审计，审计资金59.7亿元；驻点跟踪审计轨道交通1号线、“滨湖中心”等重点项目；先后制定《合肥市国家建设项目跟踪审计操作规程》、《合肥市市级投资大建设项目审计管理办法》等制度。

【社会保障审计】 组织开展肥西等7县（市）区社会保障资金筹集、管理、分配、使用等情况的审计，并从金融、批发零售、住宿和餐饮、劳务派遣等4个行业抽取56个单位进行延伸审计，调查企业职工参保情况。此外，在对高新技术产业开发区、经济技术开发区、新站综合开发试验区的预算执行和其他财政收支进行审计中，抽查了城市低收入家庭与公共租赁住房保障工程、农民工技能培训、乡镇文化站建设、城乡义务教育保障机制经费等民生工程资金使用情况。

【外资公证审计】 组织开展世行加灌三期肥东、亚行合肥环境改善利用项目十五里河污水处理厂和合肥污水管网完善3个子项目的公证审计工作。

【专项审计调查】 组织开展县级所属开发区（工业园区）发展状况、县级政府性资金、全市农村危房改造及清洁工程、市幼儿园以奖代补经费使用绩效、农村中小学布局调整、市中小学校舍安全工程、市直行政事业单位保留银行账户收支管理情况等专项审计调查。其中市幼儿园以奖代补经费使用绩效情况专项审计调查直接促成合肥市确认首批普惠园名单。

【审计整改】 市政府重点督查尚未审计整改到位的单位，审议通过《合肥市部门决算草案审签暂行办法》和《合肥市市直预算单位往来款清理暂行办法》，将部门预算执行审计结果作为一项指标列入市政府年度目标管理考核范围，将整改情况纳入本级预算执行和其他财政收支审计的工作报告，同时在《合肥日报》对社会进行公告。

【内部审计】 市内部审计机构实施1630项审计，审计总金额250.2亿元，实现增收节支7755万元，提出建议和意见被采纳1312条。此外，市内审协会增强行业指导职能，印发《合肥市内部审计工作考核办法》、《转发省内审协会开展内部审计理论研讨实施方案的通知》等文件，组织60多名内审人员进行岗前培训和200多名内审人员进行教育培训。市内审协会当年获2012年全省内部审计管理先进单位称号。

【审计学会】 市审计学会会员在各类刊物发表论文42篇。其中，《当代青年审计人的核心价值观》获第二届全国审计青年论坛二等奖，《合肥市小额贷款公司、融资性担保公司经营发展状况调查》获市社科界学会第三届学术年会一等奖，《审计核心业务信息化的实现模式研究》被确定为省审计厅重点科研立项课题。此外，组织开展第三届审计论坛暨首届青年审计和县（市）区审计局长论坛。

（范宏琨）

工商行政管理

【概况】 2012年，合肥市工商局以维护市场经济秩序为工作重点，提升效能，服务发展，被国家工商总局评为合同格式条款整治、诚信市场创建等工作先进单位并获通报表彰；另在食品安全、广告监管、社会综合管理、网络交易市场监管等方面的工作也取得积极成果。

【市场服务】 简化办事程序，下放外资企业登记管理权限，对全市重大项目实行高效贴身服务。全年新登记各类市场主体56132户，新增注册资本481亿元。其中，内资企业（含私营企业）18221户，外资企业208户，个体工商户37288户。全市实有各类市场主体逾30万户，新登记注册资金逾千万元的企业近600户，扶持组建企业集团27户；为小微企业减免登记费400万元；指导各类企业办理股权出质登记855件，办理出质股权172亿元，办理融资227亿元，并通过商标质押融资9000万元，缓解了企业融资难问题；开展“进万企”活动，走访企业2800家，解决问题304件；招商引资2.6亿元。在推进商标和广告战略工作方面，强化国家商标战略实施示范城市建设工作，全市当年申请商标注册量逾7000件，新增驰名商标11件。截至年底，全市拥有注册商标逾3万件，拥有驰名商标40件，拥有省著名商标256件。此外，强化国家广告产业园、省专业商标品牌基地建设，推进产业集群化进程。

【服务城乡一体化建设】 在全省率先出台扶持农民专业合作社政策，当年全市农民拥有专业合作社数量同比增长33%；引导涉农商标、地理标志注册运用和“订单农业”发展；提升“红盾护农”行动成效，保护农民利益。

【规范执法行为，促进依法行政】 通过开展《行政强制法》等法律和法规培训，推进行政处罚案件群众公议制，畅通行政复议渠道，有效化解行政争议，并开展行政处罚案卷评查、核审和听证工作，保障案件质量；开展效能督查8次，给予行政问责12人次，其中免职2人，经济处罚4人，诫勉谈话3人，并开展岗位培训1500人次；在信息化建设方面，提高了数据采集质量。

【监管工作】 开展食品安全专项整治行动，查处食品违法经营案件620件，查获不符合食品安全标准的食品1250公斤；严把食品市场经营主体准入关，落实基层工商所日常巡查和监管食品安全责任制；加强食品质量监管工作，对2200组食品进行质量抽检；督促食品经营者建立自律制度；推广使用“票证通”系统，妥善处置突发事件，提升食品安全应对能力；开展食品安全庐州行活动，取得良好效果。严肃查处侵权假冒案件，结案3130件，案值2238万元；在“两节”期间开展打假专项行动，整治重点区域454处，结案84件，案值236万元。在全省率先建章立制，对整治虚假违法广告工作实行责任追究制，并开展7次专项整治行动，查处广告案件172件；监测各类广告147万条，严重违法率0.38%，比上年下降0.39个百分点。开展专项整治行动，严厉打击利用合同格式和条款侵害消费者合法权益的行为，并召开8次行业点评会，组织63场评审会，备案格式合同562件，立案查处323起合同违法案件，为消费者挽回损失600余万元；抓好“守合同重信用”和动产抵押登记工作。完善网络经济户口数据库制度，建立网络经济户口数据5.6万户，占全省此类总量的近40%；并推进网上巡查工作，增强微博影响力，开展网上商标、广告、合同等监管工作，取得良好成效。规范融资性担保公司、小额贷款公司的经营行为，并拓宽通信行业等监管领域；另以治理商业贿赂为重点，加大办案力度，规范竞争行为。

【社会管理】 2012年，市工商局推动社会管理和服务工作。全面推行“创建无传销社区示范点”工作，在望湖城等打传工作难点地段，传销活动基本绝迹。全市当年出动执法人员2.3万人次，取缔传销窝点2368处，教育遣返一般传销人员7657人次，查扣传销资料1.6万件，解除房屋出租合同755套，查封出租房1241套；并会同公安机关，立案查处传销案件372起，向公安机关移送传销头目和骨干567人。参与社会管理，落实“查无”工作制度，查处无照经营企业4240户。其中，取缔1320户，抄报前置许可部门2920户；以非煤矿山、建筑施工、危险化学品和易燃易爆等行业领域为重点，对2.6万户企业进行安全生产检查，取缔无照经营户和“黑网吧”；参与文明城市创建活动和道德领域突出问题专项治理工作，并倡导发布公益广告15万条，开展创建国家级和省级诚信市场活动取得积极成果。在消费维权工作方面，12315投诉热线受理消费者申（投）诉3.34万件，办结率逾98%，为消费者挽回经济损失550多万元。全市累计建设维权服务站508家，基本建成覆盖全市的消费维权网络。对182组商品进行质量监测，并开展315国际消费者权益日纪念活动。实行信息咨询服务和政务公开，实现12345市长热线三方通话3350次，并及时、准确公开政务信息，妥善处置热点、焦点问题的媒体报道；定期编制、发布市场主体发展分析报告，为政府决策、投资创业和社会公众提供信息服务。

（李雪松）

招投标监督管理

【概况】 2012年，合肥市招管局和合肥招标投标中心创新工作机制，优化工作流程，强化管理措施，提升服务水平，完成各类招标项目3981个，实现交易金额1008.9亿元，实现中标金额859.19亿元，节约和增值资金251.18亿元。截至年底，合肥招标投标中心6年来计完成四大领域招投标项目19397个，总交易金额达3326.97亿元，节约和增值资金累计达887.41亿元。合肥招标投标中心首次实现进场交易额逾1000亿元，正式跻身全国公共资源交易千亿俱乐部行列。合肥招标投标中心网上交易平台获“全国政务服务类电子政务优秀应用案例”奖项。

【工程建设】 完成建设工程项目1251项，总中标价345.1亿元，节约建设资金176.53亿元。其中预算价逾5000万元的重特大项目262项，总预算价442.36亿元，总中标金额317.19亿元，资金节约率28%；并相继完成合肥市轨道交通1号线一、二期工程土建1至10标段、阜阳北路高架、铜陵路高架工程三、四标段施工等重点市政、民生项目。

【政府采购】 完成采购项目2109个，完成采购金额58.93亿元，同比增长6.7%。其中包括合肥市轨道交通1号线一、二期工程清单及控制价编制、2号线工程勘察设计总承包，合肥市空间战略规划，合肥滨湖新区沿湖岸线城市设计，半汤、汤池国际温泉度假区概念规划及城市设计，第三届住博会住宅产业化材料协议供货定点单位（15大类），合肥市肉类蔬菜流通追溯体系建设软件开发系统集成与专业设备采购，合肥金太阳示范工程（三期）晶澳子站9.8MWEPC总承包等全市重点采购项目。此外，完成市财政委托的2013年度财政预算项目事前评审工作，评审688个项目，总预算达56亿元，通过评审压缩资金逾1亿元。

【产权交易】 推进文化、版权、环境能源、农村产权、广告经营权、特许经营权等新兴业务开展，累计完成各类产权交易项目341宗，实现产权交易额120.32亿元，较上年度交易额超出58.47亿元，增幅达94.54%；实现增值资金4.68亿元，资产平均增值率8.44%。其中，完成金额逾亿元的重大产权交易项目12宗，包括安徽国际会展中心和合肥滨湖国际会展中心经营权转让、安徽兴泰融资租赁有限责任公司增资扩股、安徽鑫昊等离子显示器件有限公司20%股权转让、合肥市生活垃圾焚烧发电厂特许经营权招标等重点项目。合肥招标投标中心被确定为全省法院涉诉资产（非国有）进场交易平台，并建成覆盖全省法院的拍卖公告发布、网上报名、网上竞价等全流程业务体系。全年各地法院通过涉诉资产交易平台实现交易额1.51亿元，实现增值725.25万元，增值率5%。

是年，省文化产权交易所协办“中国（合肥）第六届国际文化博览会”，并设置逾3000平方米的精品书画展区；省环境能源交易所在可再生资源交易领域拓展EPC（合同能源管理）、CDM（清洁发展机制）以及大型公用事业经营权招标项目，全年相继完成LED路灯招标等4宗EPC项目，实现成交额3669.61万元；省版权交易中心累计完成版权登记项目570宗，是上年登记量的5倍。

【土地交易】 接待来肥投资考察客商逾1500人次，制作各类宣传册、图册逾9000本，推介经营性用地约逾2600公顷。全市当年成交经营性用地134宗，涉面积近864.9公顷，实现成交总额307.48亿元；成交工业用地400宗，涉面积逾1211公顷，成交总额29.80亿元。

【信息化建设】 提升信息管

理服务平台的功能，形成“二库”（企业会员库、专家库）、“二网”（内部管理业务网、外部公共服务网）、“八系统”（网上招投标、专家管理及自动抽取、电子竞价、第三方支付、保证金管理、涉诉资产交易、OA办公、全方位监控等系统）的招投标管理服务信息平台，实现招投标活动的网上信息发布、会员报名、业务受理、答疑、开评标、支付和监控体系。建立招标项目业务申报系统，实现了业主单位项目的网上申报；研发OA办公系统，实现行政与业务管理的无纸化，优化了办公流程；上线版权交易和涉诉资产交易系统，实现了版权业务的网上办理和涉诉资产的网上交易；开通安徽、天津、湖北、山东、广东五省（市）文化产权交易共享信息平台，实现信息异地同步发布；运行保证金管理系统，在全国率先实现保证金系统自动计息、自动退还等功能，有效解决了投标人信息在银行转账环节泄密的问题，最大限度减少招投标活动中的人为干预。

【专家平台建设】 充实专家数量，优化和提升专家质量，建立门类齐全、结构合理的专家队伍，保障招投标工作高效有序开展。在专家遴选工作方面，从专业水准、技术职称、工作履历、道德品质等方面对拟入库专家进行严格的资格审查，有针对性的遴选专家，年末在库专家达6010人，涵盖3大类1455个评标专业；并强化对专家的综合评价，修订《评标专家考核评价管理办法》、《评标专家监督考核意见书》、《评标专家约谈暂行规定》，研发专家日常考核评价系统，将专家的评标表现与专家的资格认定、任用升级以及奖惩挂钩；另调整专家资源结构，将专家从仅仅满足招投标业务发展需要向为市委市政府决策、重大项目规划提供咨询、服务、论证、评估方面转化。

【监管平台建设】 加强标前、标中、标后的全方位、立体式监管。在标前，根据项目情况制定招标时间安排表，明确招标人和中心项目负责人的推进时间要求，强化重点环节节点时间安排和各自责任；实施重点重大项目招标文件评审会议制度，科学编制招标文件，使招标更加精细化，更具针对性；实施招标事项标前备案审查制度，对招标文件、答疑进行备案审查，从源头上消除隐患；对特殊事项实行标前公示，多方听取意见，增强工作的科学性。在标中，实施开评标现场直播、特邀监督员随机抽取的基础上，面向社会公开招聘15名社会民众招投标义务“特邀监督员”，让社会民众更直接的参与招投标现场监督。在标后，实施业绩公示制度，对重点项目中标单位的业绩实行网上公示，接受社会的监督，并将结果纳入诚信体系建设，规范招投标市场秩序；强化约谈制度，对大建设项目、社会关注度高、涉及民生的项目等在定标后发放中标通知书前，对中标企业进行约谈，宣贯法律，重申纪律，明确责任，敦促履约；实施招投标市场与建设现场联动制度，建立标后履约反馈机制，深入建设现场一线，加强与业主单位、施工单位、监理单位的联系和沟通，督促项目顺利实施；实施投诉案件外出调查和核查制度，对投诉人反映的投标人在投标过程中有弄虚作假、伪造业绩、串标、围标等行为，会同纪检、检察院、建委、重点局等部门到外地进行调查取证，确保事实确凿，证据充分；推行督查建议书制度，对案件办理过程中发现的一些问题，向有关单位、部门发出督查意见书，明确需整改问题并提出对策建议，及时堵塞工作漏洞。全年受理各类投诉、信访事项375起，依法查处招投标过程中弄虚作假、放弃中标资格等案件逾50起，对投标企业记录不良行为70条，对37家企业和个人作出限制逾6个月时间进场交易资格的处理，上交财政不予退还的保证金1000万元，对13名专家给予限制评标的处理。

【招投标市场平台一体化建设】 推进县（市）区招投标市场平台一体化建设，通过召开季度招投标业务例会和填写月度报表的方式，全面推进县（市）区、开发区招投标工作有序规范运行。在业务培训、操作流程、专家资源共享和人员交流等方面，加强对县（市）区、开发区的指导和技术支持，同时在会员库、专家库、制度建设、业务拓展、信息化建设和市场监管等方面实施市、县（市）区联动工作机制，构建市县（市、区）一体化招投标工作平台。是年，合肥市各县（市）区、开发区完成5644个项目，实现中标金额46.8亿元。

【合肥市招标投标协会】 2012年12月15日，合肥市招标投标协会成立大会暨第一届会员大会召开。会议审议通过《协会章程（草案）》、《协会选举办法（草案）》和《协会会费收取管理办法（草案）》，选举产生合肥市招标投标协会第一届理事会、协会会长、副会长和秘书长等。

合肥市招标投标协会是合肥地区从事建筑工程、政府采购、产权交易、土地出让等招投标活动的单位自愿组成的非盈利性的、具有法人资格的行业组织。该协会经合肥市民政局核准登记，业务主管部门是合肥市招标投标监督管理局。该协会由合肥招标投标中心联合14家单位共同发起，首批入会的单位会员有72家，涉及建设工程施工企业、生产企业、勘察设计、工程咨询、招标代理机构及与招标投标有关领域的单位。

【宣传工作】 合肥市招管局组织起草《合肥市公共资源交易管理条例》（简称《条例》），获市人大通过并报省人大常委会批准，于2013年5月1日起正式颁布实施。该《条例》作为国内首部公共资源交易领域的地方性法规，对监管机构、交易各方主体的权利、义务和责任进行明确的界定，对公共资源交易范围、程序和监管体制都做出了具体规定。通过市委市政府信息处、市政府门户网站、效能日报、市直机关工委、纠风办、公开办、省市纪委，以及合肥招标投标中心网站编发各类信息逾1500条，编制《招投标简报》35期，在《中国纪检监察报》、《中国证券报》、《中国政府采购报》、《经济日报》、《安徽日报》等国家和省市主流媒体发布工作报道175篇，在《安徽日报》、《香港商报》、《合肥日报》刊发6个专版，效果良好。

（合肥市招标投标监督管理局办公室）

食品与药品安全监管

【食品安全监管工作】 强化食品安全责任体系建设，推进食品安全网格化监管工作。市政府召开食品安全网格化监管现场会，在包河区试点基础上全面启动市食品安全网格化监管工作，全市县乡村三级设立12个食品安全三级网格、152个食品安全二级网格、1840个食品安全一级网格，初步建成“横向到边、纵向到底”的网格体系，该网格化在文明城市创建、食品安全隐患排查、地沟油整治等项工作中发挥了积极作用。市政府印发《关于进一步加强食品安全工作的实施意见》、《关于印发2012年合肥市食品安全工作要点的通知》等文件，开展迎接省政府食品安全考核、市人大和市政协食品安全专项督查工作，效果良好；牵头开展食品添加剂专项整治、校园及周边食品安全专项整治、夏季食品安全专项整治、“地沟油”专项整治、鲜肉及肉制品专项整治等专项整治行动，取得了阶段性成效；牵头开展春节、中秋、国庆等重大节日市场联合执法检查；牵头办理市人大代表、市政协委员关于加强食品安全监管提案6件，均及时予以回复，办件质量得到代表、委员的高度肯定。在有效应对食品安全舆情工作方面，对上级批转和群众举报投诉的10个事项进行督办，并对“女律师试吃地沟油”、“小助手牌高压锅质量纠纷”等舆情积极应对并快速处置，正确引导社会舆论，其中“女律师试吃地沟油”事件的成功处置得到了国务院食安办的表扬。

加强餐饮服务和保健食品化妆品监管工作。完成节假日食品安全、工地食堂、餐饮服务企业食用油脂、学校食堂及周边食品安全专项检查等工作；完成元宵、生食水产品、端午食品和月饼等样品采集送检任务；完成花椒和花椒制品40批罗丹明B的临时性采样送检工作。全面推行餐饮服务食品安全监督量化分级工作，完成890家学校食堂、2家集体用餐配送单位、2家中央厨房和14家旅游景点的动态等级评定（转化）工作；加强餐饮食品安全投诉举报处置工作，全年受理投诉举报6起，其中上级指定查处1起，政府热线移交4起，网络举报1起，均按规定进行现场调查处理并及时上报。全市食品安全保持平稳态势，未发生重大食品安全事故。

【药品医疗器械安全监管】 健全药品安全责任体系，加大药械监管力度，规范药械生产经营行为，全面推进药品零售企业连锁化经营，打击制假售劣行为。

加强日常监督检查工作。对基本药物生产企业实行全年2次监督检查，对高风险药品生产企业开展现场检查，检查相关企业80余家次，检查面达100%；做好药品GMP跟踪和医院制剂检查工作，检查药品生产企业47家，医院制剂3家；对6家停产企业和5家无注册品种企业进行集中检查，未发现违法违规情况。对省局8家注射剂企业、2家固体制剂生产企业跟踪检查发现的缺陷项督促企业整改；督促企业做好药品电子监管工作，3家含特殊药品制剂生产企业均已实现电子监管，并督促相关企业于2013年2月底前完成省级增补基本药物品种电子监管实施工作。在药品生产集中整治行动方面，组织监管力量先后检查生产企业36家，未发现违法违规行为。同时，对亳州市53家药品生产企业开展检查，向亳州市局移交4家存在严重问题的企业做调查。

加强特殊药品监管工作。对21家特药生产经营企业每季度进行一次例行巡查，加大监管力度；举办“药品质量关乎生命，监督管理情系万家”和“预防毒品危害，保障身心健康”禁毒宣传活动；与公安部门建立联席会议制度，初步实现“信息共享、信息沟通、合作监管”，有效实现了特殊药品监管的无缝对接。实施药品不良反应监测工作。市编办批复同意在市药检所加挂药品不良反应中心牌子，及时理顺职责关系，将不良反应报告审核权限下放至中心。全面启用“ADR新上报系统”，由监测单位实行在线直报。全市省一级监测网络单位增至7家，监测网络完善。合肥市当年上报ADR病例报告9046份，其中新的、严重的1362份，占总数的15%。在中药专项检查工作方面，重点对4家从违规企业购进中药饮片的制剂生产企业进行检查，上述企业无公告不合格的中药饮片和批号，并对购进的中药饮片进行全项检验。

加强药品流通监管工作。强化基本药物配送企业监管，完成117家基本药物中标配送企业的监督检查，覆盖面达100%。日常监督检查药品零售企业2019家次，药品批发企业147家次，医疗机构20家。同时，严格GSP认证、跟踪检查和经营许可证换发，换发药品零售经营许可证57家，药品批发企业GSP跟踪检查26家，完成GSP认证现场检查136家。开展为期4个月的药品专项整治行动，检查药品经营企业982家，其中批发企业127家，零售企业855家。对12家法人企业进行约谈并下达不良行为告诫书，立案查处20起，移交公安机关3起，行政警告19起，取缔无证经营2家；开展含麻黄碱复方制剂专项整治，检查药品经营企业981家；开展疫苗流通使用环节质量安全专项检查，监督检查疫苗批发企业12家、市级以上医疗机构10家、区疾控中心4家、社区卫生服务中心8家。推进药品零售连锁工作，严格执行有关政策法规，加大政策宣传解释工作，发挥市场的调节作用，截至2012年10月底，全市有157家单体药店自愿申报注销，实施连锁化经营，市区药品零售连锁率达43%。调研制定《合肥市药品零售连锁门店“七统一管理”认定标准》，推动药品零售企业向规范化、规模化和集约化方向发展。“规范药房”建设工作，授予16家医疗机构药房“规范药房”称号，全市县级“规范药房”创建达标率100%；乡镇卫生院创建达标率100%；社区卫生服务中心除在建外，创建达标率达100%；村卫生室创建达标率74%，全面完成省食品药品监督管理局年初下达的创建任务。在从业人员教育培训方面，组织2期药品零售企业从业人员上岗资格考试法律法规类培训班以及“三无”人员类培训班，计1165人。完成2800名参加全省药学专业技术职称考试网上报名现场资格确认及汇总上报工作。

强化医疗器械监管工作。确定12家重点生产企业和4类重点监管产品，检查生产企业25家次。强化经营企业监管，巡查经营企业235家，其中重点企业15家。推进《医疗器械生产质量管理规范（试行）》的实施，开展医疗器械经营企业信用评价工作，推进医疗器械经营企业信用评价体系建设。实施装饰性彩色平光隐形眼镜专项整治工作，从2012年4月1日起装饰性彩色平光隐形眼镜纳入角膜接触镜监管范畴，按照第三类医疗器械进行监管。全市开展普法宣传活动，印发宣传材料逾1000份，并在各经营场所及醒目位置张贴国家局公告通知，做好专项整治的前期准备工作。在医疗器械不良事件监测工作方面，将医疗器械不良事件监测工作纳入日常监管工作，并作为企业医疗器械质量管理的考核指标。督促企业履行监测职能，提高不良事件监测报告的数量与质量。组织开展医疗器械生产、经营企业和使用单位不良反应监测人员的培训。全市未发生重大药品安全事故。

【处置“铬超标胶囊”事件】

2012年4月，央视曝光13个铬超标药用胶囊事件后，市食品药品监督管理局以环节监管为重点，部署和落实胶囊剂的批批检、监督抽验、查处和不合格药品召回销毁工作。一是摸清底数，对上市销售使用的胶囊剂药品进行逐品种、逐批次铬限量检查，及时摸清空心胶囊来源；二是对6家从新昌地区购进空心胶囊的企业，以及空心胶囊和制剂进行统计、封存，要求暂停使用和销售；三是通知市药品经营企业立即暂停销售和下架国家食品药品监督管理局公告的相关批次药品，运用电子监管网筛查药品批发企业问题胶囊药品经营情况。四是组织监管人员赴19家相关药品生产企业开展核查，对生产胶囊的企业派驻联络员，监督胶囊剂生产企业落实批批检制度情况，与市药品检验所搭建平台，保证已产药品产品批检任务的完成；五是督促不具备药品检验能力的企业及时办理委托药品检验备案制度。

【药品抽验】 加强药品抽验工作。加快药品快检技术研究与创新，推广和应用快检新技术，探索补充检验方法和检验项目。组织开展打击非法添加或减少药物处方组份等特定行为的监督抽验行动，提高抽验命中率，打击恶意制售假劣药品违法犯罪行为。截至10月底，完成药品抽验1200批；不合格19批，不合格率1.6%；全检792批，全检率66.0%。完成委托检测815批，其中胶囊“铬”的检测774批。在基本药物专项抽验工作方面，开展基本药物质量状况综合评价，落实基本药物定期抽验及信息通报管理制度，对全市招标中标和在生产的基本药物品种实施全覆盖抽验。重点加大对基本药物生产、配送企业和中标价格异常偏低的品种的监督抽验力度。全市抽检国家基本药物400批次。

【依法行政】 2012年，市食品药品监督管理局推进依法行政工作。开展政务信息发布工作，规范互联网发布政务信息管理；落实行政执法案卷评查制度，采取抽查与自评的方式，对药品医疗器械行政许可、行政处罚案卷进行评查；加强政策法规调研，严格规范性文件的审核、备案制度；制定群众公议工作制度，细化药品、医疗器械行政处罚自由裁量标准，加强行政执法监督。规范行政审批流程，严格各项审批制度，提升行政审批效能。截至10月底，受理办结各类行政审批1167件。其中，即办件549件，占48.2%；承诺件588件，占51.8%，人均办件292件，平均用时在2个工作日之内，按时办结率100%。是年，该局窗口再次获2009-2011年度先进窗口称号，受到市政府表彰。

【打击制售假劣药械行为】 推动打击制售假劣药械行为。坚持以打假治劣为中心，开展药品安全专项整治行动，依法取缔无证经营，坚决打击违法、违规经营行为，引导企业合法经营；利用部门联合打假和区域协作打假平台，结合“打四黑（黑作坊、黑工厂、黑市场、黑窝点）、除四害（害百姓、害家庭、害社会、害国家）”、“打击侵犯知识产权及假劣商品”等行动，开展各项专项整治行动，出动执法人员1313人次，检查涉药单位268家次，检查涉械单位53家次，检查医疗机构36家次，并受理核查各类投诉、举报768件，处置药品安全应急事件9起，向公安机关移送药品案件4件。利用广告监测设备，强化属地监管责任，重点加大对电视、广播电台、报刊发布广告的监测力度；并先后2次向社会公开发布《药品、医疗器械违法广告安全警示》，对56种涉及夸大药品、医疗器械功效的违法广告向社会公示并移送工商管理部门依法处理；全年向工商行政管理部门移送违法药品广告案件548件。

【食品药品安全宣传工作】 推动食品药品安全科普宣传工作。与《合肥日报》、《新安晚报》、合肥广播电视台生活频道加强合作，开辟食品药品安全专题、专栏和专版，面向公众宣传食品药品安全法律法规知识和理性健康消费常识；在中央、省市级媒体发布食品药品安全科普宣传稿件逾500篇次；与市邮政局联合举办安全用药有奖知识问答活动，在合肥电视台播放公益广告和情景短剧84次，设置公交站牌公益广告40块，并与市药学会联合印发《安全用药常识手册》5000份，在社区举办食品药品安全大讲堂10场，在铬超标胶囊、中药饮片染色增重、女律师试吃地沟油等事件发生后，及时通过主流媒体正面引导社会舆论，较好地消除了社会负面影响，维护了社会稳定。督促指导所属县食品药品监督管理局开展食品药品科普宣传，严格专项经费使用，及时收集整理各项考核资料。

（市食品药品监督管理局办公室）

质量技术监督

【概况】 2012年，合肥市政府出台《关于开展质量强市活动的实施意见》，启动质量强市建设。市质监系统贯彻《质量发展纲要》，推动全国质量月活动，启动市政府质量奖评选活动。加强食品安全监管工作，推动政府食品安全监管网格化体系建设，开展食品安全风险排查整治和“食品安全庐州行”行动，对乳制品、食品添加剂、酒类等进行专项整治，检查企业2658家次，出动检查执法人员5859人次，责令287家企业整改，责令19家企业停产整顿，立案查处食品安全违法案件55起，移交或提请公安机关提前介入查处食品安全违法案件2起；包河区率先实现食品监管（村、镇、区）三级网格化管理和联合执法协查机制；并推动蜀山区豆制品基地建设。突出质量安全监督抽查工作，率先在全省对生产电线电缆、防水卷材和电动自行车等30家企业的产品实行分类监管，对231家获证企业的产品加强监管，对生产肥料、农药等的农资企业的产品进行拉网式排查；新站质量技术监督分局通过联合执法，对辖区生产领域出现的违法行为采取严厉打击的措施，并对法定节假日、党代会、新桥国际机场等重点时段、重大活动、重要工程予以重点监管。

全市当年安全形势保持总体平稳态势。江淮、格力两家企业获首届省政府产品质量奖、当年市政府产品质量奖。巢湖市出台《巢湖市政府实施质量强市战略意见》和《巢湖市关于质量强市若干奖励政策》，肥西县启动县政府质量奖，长丰县设立县长质量奖，庐江县质监局推进产品名牌战略。市质量技术监督局当年获市安全生产目标考核优秀单位称号。

【服务中心工作】 出台《服务小型微型企业发展20项措施》和《服务战略性新兴产业发展八项措施》，使逾千家企业直接受益；开展“质监惠民社区行”系列活动和“弘扬雷锋精神 建设美好安徽”行动；整合并设立该局12345政府服务直通车办公室，受理24小时来电232次，受理投诉562件，受理举报92件，均办结；加强基层指导，促进高新区质量技术监督分局对重大项目采取提前介入的做法，建立和跟进服务机制；促进《关于加快推进合肥市标准化工作的意见》出台，引导安徽徽骆驼等单位参与省级质量技术监督试点建设，引导市政务中心等参与国家级质量技术监督试点建设。合肥市政务中心所属质量技术监督服务中心成为全国省会城市中首个通过国家级质量技术监督考核验收的单位。

【特种设备安全监管】 推动乡镇街道、居民社区落实辖区监管责任制；开展“特种设备安全隐患集中排查月”、“打非治违”专项行动，排查特种设备安全隐患279起；开展电梯、气瓶等专项整治行动，与房产部门联合督查电梯使用单位物业公司的管理责任；指导肥东县质量技术监督局对岱山湖风景区在用游乐设施强化监管工作；修订《合肥市特种设备重大事故应急预案》和《合肥市电梯安全监管办法》，制定《大型游乐设施和电梯现场安全检查作业指导书》，并督促有关方面贯彻执行；妥善处理日立建机质量投诉和“5.8”槽罐车爆炸事故。

【公共技术平台建设】 推进国家家电中心建设，完成土建、外部和综合实验楼内部装修工程，工程总体进度和质量达到设计要求；推进省级质量技术监督检测中心建设，庐江县质量技术监督局建立的省混凝土外加剂产品质量监督检验中心如期高分通过现场验收，是年8月份正式获省质监局批筹成立；开展资质实验室整顿提升年和能力达标活动。在省质监系统技术大比武中，取得较好名次；开展农资定量包装、集贸市场等在用计量器具专项检查，并对民用四表（水、电、气、热）开展首检、复检和抽检，促进节能减排，在全省率先规范供热计量标准。

（刘成东）

安全生产监督管理

【概况】 2012年，合肥市安全生产工作在市委、市政府的正确领导和省安委会的的指导下，坚持以建设安全发展型城市为目标，以落实国务院《通知》和省、市政府《实施意见》为主线，以强化企业安全生产主体责任为重点，开展“安全生产年”活动，实现事故总量、死亡人数、较大事故起数三项指标的下降。全市当年发生各类安全生产事故3405起，死亡437人，死亡人数同比下降1.58%，占安徽省下达此类控制指标（443人）的98.65%；发生较大安全生产事故6起，同比下降14.29%，占安徽省下达此类控制指标（7起）的85.71%。

【落实安全生产工作】 合肥市委、市政府确定年度安全生产工作思路和重点，制定下发《2012年全市安全生产工作要点》。贯彻国务院《关于继续深入扎实开展“安全生产年”活动的通知》精神，制定实施方案，将“打非治违”专项行动、安全生产标准化、乡镇街道规范化建设作为深化“安全生产年”活动的三项重点工作，部署推进“两节”、“两会”，“五一”、“十一”，“十八大”和冬季安全生产工作。落实“一把手”负责制和“一岗双责（各级人民政府及其所属部门负责人在履行所在岗位职责的同时，应当履行分管工作范围内的安全生产工作职责，承担相应的安全生产责任）”制度，先后4次安排市领导带队督查安全生产工作，各级、各部门领导班子成员按照市政府文件规定，每月带队检查安全生产工作，并坚持跟踪问效抓落实；市安委办对年度重点工作任务进行分解，加大考核力度，采取控制指标量化考核、重点工作阶段考核、基础工作随机抽查、领导履职定向检查的方法，增强考核效果。

【安全生产检查和专项整治行动】 市安委会下发《关于切实做好冬春季节安全生产工作的通知》和《关于立即开展全市安全生产工作大检查的通知》，对重点行业领域安全生产监管、“打非治违”、安全生产大检查以及应急值班值守等工作提出具体要求，要求各级、各部门立即开展自查，采取有效措施，消除各安全隐患，坚决遏制重大安全事故的发生。

开展全市安全生产大检查，从11月上旬开始，持续到春节前结束，在检查内容上细化成10张检查表、5张统计表，既检查各级监管主体的责任落实情况，也检查企业主体责任的落实情况。在检查范围方面：所有乡镇、街道、工业园区，所有非煤矿山、危险化学品、烟花爆竹和冶金、建材等企业，以及道路交通、水上交通、建设施工、消防安全、特种设备等重点行业领域。在检查中，检查乡镇、街道、工业园区128个和各类企业约逾760家，对检查中发现的问题现场下达执法文书，并形成书面反馈意见，以正式文件通报被检查单位，限期整改落实。

在燃气安全专项整治行动中，突出工业用户、商业（宾馆、餐饮）用户等燃气使用重点用户，坚决纠正燃气设备安装不符合规定、使用“螺丝瓶”或超期未检钢瓶等严重违法行为。在特种设备安全专项整治行动中，突出电梯、起重机械、压力容器（管道）、锅炉和大型游乐设备等五个与百姓生活密切相关的特种设备，从制造、安装、使用、维保入手，排查治理安全隐患，打击各类非法违法行为。在烟花爆竹安全专项整治行动中，坚持一手抓退出，一手抓“打非”，建立公安、安监、质监、工商等多部门参与的联合执法机制，突出查处地下非法生产、黑火药跨境运输和居民小区非法储存等问题。在“五小（小旅馆、小饭店、小商店、小舞厅、小浴室）”场所安全专项整治行动中，部署安全大检查活动，重点检查证照申领，消防设施、器材配备，疏散通道、安全出口是否畅通，防火分区、间距是否符合标准等。

【排查与治理安全生产隐患】实行严打严治，坚持把事故预防作为深化“安全生产年”活动的出发点和落脚点，突出加大安全生产执法力度，实行严打严治，排查治理隐患。在执法检查工作方面，全年部署开展6次安全生产大检查活动，建立并落实日常检查和安全巡查制度，将安全监管工作的触角延伸到辖区各类生产经营单位；该局全年完成执法工作日867个、检查企业1005家次，并突出加大对非煤矿山、危险化学品、烟花爆竹和职业卫生监管力度；坚持按照“四不放过（非法生产经营建设和经停产整顿仍未达到要求的，一律关闭取缔；非法生产经营建设的有关单位和责任人，一律按规定上限予以处罚；存在非法生产经营建设的单位，一律责令停产整顿，并严格落实监管措施；触犯法律的有关单位和人员一律依法严格追究法律责任）”的原则，查处工矿商贸、建筑和其他大安全事故42起（其中较大安全事故6起），结案34起。在安全隐患治理方面，在肥西县、瑶海区和新站区开展试点工作，立项启动市安全监管信息系统，建设以企业安全隐患自查自报和政府动态监管为核心的安全隐患排查治理体系，推进企业主体责任落实工作；并开展第9个“隐患集中排查月”活动，有逾1.9万家企业排查上报安全隐患3.47万项，即时整改率达91.7%，其中重大安全隐患17项，由市政府实施挂牌督办的安全隐患有12项，累计落实安全隐患治理资金746.8万元。在治理安全隐患打非治违工作方面，建立周报、月报、信息通报制度，分阶段开展企业的自查自纠、市县的督查检查、重点问题的集中整治和“回头看”活动，对发现的各类非法违法、违规违章行为，坚持按照“条块结合、以块为主”的原则，实行严打严治，重典治乱。全市当年上报查处各类非法违法行为约5.9万起，责令停产、停业、停止建设984起，暂扣或吊销有关许可证、职业资格证715起，关闭非法违法企业217起，行政拘留70人，罚款3615万元。

【安全生产专项整治工作】围绕实现“两个确保、一个下降”的工作目标（即：确保各类事故不突破省政府下达的控制指标，确保不发生重大以上安全生产事故，事故死亡人数继续下降），突出安全生产重点领域，坚持紧抓重点行业领域的安全生产不放松，专题部署，持续整治，强化措施。对非煤矿山行业，加大整顿关闭力度，关闭非煤矿山企业25家，超额完成安徽省下达的关闭计划；并先后开展露天矿山防坍塌、地下矿山防透水专项整治工作，组织对105家重点矿山开展“对标检查”，排查安全生产治理隐患871项，铲除非法采矿加工生产线12条，扣押铲机18部，经济处罚80万元，刑事处理矿主1人。对烟花爆竹行业，狠抓生产企业的有序退出，在确保上年18家生产企业关闭到位的同时，推进当年15家生产企业的退出工作；并规范行业监管秩序，实行零售网点总量控制、限时销售、限制燃放措施，特别是突出加大“打非治违”力度，累计打击非法生产经营行为390起，没收成品逾1.8万件，罚款120万元，行政拘留19人。对危险化学品行业，开展提升危险化学品领域本质安全水平专项行动，推进化工园区安全风险评估，严格许可制度，全年颁发危险化学品安全生产许可证9家、经营许可证126家，并组织对10家单位新建项目的“三同时（建设项目安全设施必须与主体工程同时设计、同时施工、同时投入生产和使用）”审查；开展涉爆和危险物品专项检查，立案查处非法制造、经营、运输爆炸、危险物品案件17起，对采11人取刑事强制措施，拘留8人。对道路交通领域，开展道路交通安全集中整治行动，查处各类交通违法行为142.2万起，暂扣机动车1.2万辆，吊销驾驶证1007个，行政拘留262人；加大安全隐患排查整治力度，市县两级挂牌督办道路交通隐患79处；深化“三车（渣土车、混泥土搅拌车、运料车）”整治行动，“三车”事故死亡人数同比下降54.2%。完成对全市851辆校车的建档及常态化管理。对建筑施工领域，采取日常巡查、暗访督查、第三方检查等方式，加大现场管理力度，全年排查在建项目逾7200个，暂扣安全生产许可证18家，给予32个单位不良行为记录、22个工地“黄牌”警告；并深化示范工地创建活动，创建市级示范工地257个、省级示范工地134个、国家AAA级安全文明诚信工地5个。对消防安全领域，在全省率先启动消防安全网格化管理试点工作，建立大、中、小网格5212个，对1977个消防安全重点单位实行“户籍化”管理；并开展“清剿火患”战役，专项部署“十八大”、“五小场所”、“三合一（住宿与生产、仓储、经营一种或一种以上使用功能违章混合设置在同一空间内）”场所消防安全专项整治行动，累计检查社会单位12.6万家，排查隐患17.9万处，拘留53人。

【安全生产基础工作】 市政府专门下发《关于进一步推进企业安全生产标准化工作的通知》，分别按10%、60%、100%的企业达标进度，有序推进安全生产标准化创建工作；将安全生产标准化创建工作纳入目标考核，建立领导包联、跟踪服务和动态监管制度等，对实现安全生产标准化达标的企业给予5－20万元奖励，对积极性不高、推进不力的企业采取“执法触动”等措施。截至年底，全市有37家危化生产企业、107家矿山企业、355家冶金、机械等行业的企业实现安全生产标准化达标，同比净增400家。

加强乡镇安全生产标准化规范化建设。市政府推进乡镇（街道）的安全监管规范化建设工作，落实结对帮扶、纳入考核、实施奖励等措施，加强乡镇（街道）安监机构、管理制度、工作机制、基础台帐建设。截至年底，通过验收，全市有50%的乡镇（街道）达到市级安全生产标准化示范标准。加强安全生产应急管理，市安监局成立应急救援中心，具有国家三级资质的庐江县矿山救护队于6月初正式挂牌成立；并突出准备高危行业安全生产应急预案评审、备案工作，对30家化工企业的安全生产预案进行备案；并开展应急演练，组织液氨泄漏、高层楼宇火灾、大型游乐设施和热电系统用电中断事故等逾100场应急救援演练，参演、观摩人员达20万人次。加强安全生产业务培训力度，全年培训安全生产特种作业人员13881人，培训安全生产管理人员5140人。市编办下发《关于职业卫生监管部门职责分工的通知》，明确各部门职业卫生监管职责，并联合市监察局、市发改委等七部门下发《关于做好建设项目职业卫生“三同时”审查工作的通知》，规范建设项目职业卫生“三同时（建设项目职业病防护设施必须与主体工程同时设计、同时施工、同时投入生产和使用）”工作；深化木质家具和铅酸蓄电池专项整治工作，全市有63家木质家具企业按要求进行整改，有32家被关停；责令海容电源重新进行控制效果评价，且投入逾100万元进行整改。

【安全生产宣传教育】 合肥市开展第11个“全国安全生产月”活动，突出以“四周一日”（即：警示教育周、安全文化周、预案演练周、岗位竞赛周和宣传咨询日）为载体，加大宣传力度，并发挥新闻媒体作用，在《合肥晚报》开辟“警钟长鸣”专栏，每月一期，在《合肥日报》每年安排10个专版，扩大安全生产宣传教育面。在安全宣传咨询日当天，省市28个部门设置咨询台40处和展板120块，向过往群众发放各类安全宣传资料逾3.5万份。创新安全生产宣传形式，组织“三建杯”第五届安全生产知识竞赛活动，全市有4100个单位13万人参赛；组织“安全发展、科学发展”演讲比赛，全市近200人参赛；举办第二届安全生产摄影作品大赛和书画作品大赛活动，有41幅摄影作品、160幅书画作品获奖。

（市安全生产监督管理局办公室）

教育科技

教　育

【概述】　2012年，在国家主要媒体刊发合肥教育发展经验36篇，省市媒体刊登3000余篇。共有省内外20多个教育代表团取经合肥教育发展举措。市教育局被国务院授予“全国‘两基’工作先进单位”称号，温家宝总理亲自给合肥市颁奖。被省教育厅再次评为“2012年度主要工作目标管理督导考核综合奖”，综合排名第一。连续三年荣获合肥市政府目标管理考核优秀责任单位称号。2012年4月，国家教育咨询委员会秘书长、中国教育科学研究院院长袁振国在合肥调研时指出：“看了合肥的教育改革，对中国的教育改革都非常有信心。合肥教育改革中有很多好的思维、好的做法值得在全国推广。”

截止到2012年底，全市中等及中等以下各级各类学校数有2131所，其中：中等职业学校93所、普通高中114所、普通初中247所、小学1051所、特教6所、幼儿园619所、国防学校1所。中等及中等以下学校在校生115.2万人，教职工7.3万人，专任教师6.1万人。

【基础教育】　2012年，学前教育取得重大进展。全面落实学前教育三年行动计划，扩大幼儿园建设以奖代补资金规模至5000万，全年新建、改扩建幼儿园119个，其中公办园为76个。不断推进幼儿园管理创新，全年全市认定25所幼儿园为市一类园，2所幼儿园为省一类园。积极开展普惠性民办园认定工作，普惠性民办幼儿园增加到292所，普惠性幼儿园已占全市幼儿园总数的57%。稳妥推进幼儿看护点分类管理工作，全市幼儿看护点728个，其中A类161个、B类423个、C类144个。加强幼教教科研建设，建立县（市）、区县级幼儿教育教科研基地，承担幼教专题研究任务。学前教育资助体系不断完善，继续实施学前家庭经济困难儿童、孤儿残疾儿童资助，发放资助资金43.3万元，惠及儿童568人次。首次推出幼儿园园方责任险，共14.82万幼儿投保，投保金额574.62万元，投保金额全部由政府买单。

义务教育均衡发展取得新突破。瑶海、庐阳、蜀山和包河等4城区在全省率先通过省级义务教育发展基本均衡县督导评估，公众满意度在90%以上。继续推进中小学校建设，全年秋季投入使用中小学校24所，同时改扩建学校8所。继续大力推进义务教育学校标准化建设，设立了8000万专项资金，全市义务教育阶段学校标准化建设完成率达到57.2%。城乡教育结对合作持续推进，全市12个县（市）、区全部参与结对合作，共有174所学校结对，开展教育教学活动达2.13万人次。

普通高中教育优质化发展成效显著。以多样化、特色化发展为原则，研究确定了各市属普通高中学校五年发展规划。进一步优化普通高中布局，合肥一六八中学东校区、合肥北城中学、庐江中学新校区投入使用，启动了合肥七中、合肥十中迁址新建工作。普通高中教育质量明显提升，2012年普通高考本科达线率比2008年增加25.2个百分点，城区本科达线率为58%，超出全省平均18个百分点，高分段考生继续遥遥领先。

【职业与成人教育】　2012年，经省政府批准，巢湖职业技术学院更名为合肥职业技术学院，填补了我市高等职业教育学校的空白。成立了市属职业学校（磨店）新校区建设工作现场办公室，全力推进市属职业学校建设。合肥电子、物流、旅游等3所学校已搬入磨店新校区正式办学。年底，在磨店职教基地办学已达10所院校、9万余师生入驻，累计完成投资40多亿元。推进职教资源整合，安徽冶金技工学校、合肥建设管理学校的整合基本完成。提升校企合作水平，促进专业与产业对接，重点建设了25个专业，安排90名职业学校文化课教师参加转岗培训，选派75名职业学校教师到企业实践锻炼。

成人教育在全省继续保持领先优势，瑶海区获省级社区教育实验区，庐阳区杏林街道等9个街道获省级社区教育示范街道，肥东县桥头镇成人文化技术学校等2所学校获省级示范乡镇成人文化技术学校。

【民办教育】 2012年，继续对民办中小学优质规范发展予以奖补，共发放奖补资金3000万元。实施民办中小学幼儿园1+3过程性管理，10所学校被予以记分处理。印发了《合肥市民办非学历教育机构管理若干规定》，进一步规范全市民办非学历教育机构的管理。开展暑期无证培训机构排查清理，全市共有61家无证办学机构被依法停止办学，175家责令限期整改，2家具备办学资质，取得了办学资格。

【教育改革】 创新幼儿园管理体制。以改革城区幼儿园建设和管理为突破口，按照政府主导，社会参与，公民办并举的发展思路，率先在全国探索建立了公建园管办分离的管理体制，零租金公开招投标引入社会资源办成普惠性幼儿园。

改革中小学办学体制。按照“名校办学、专家治校”的办学方略，积极推进经济开发区玫瑰园学校由168中学托管以及长丰北城中学交由合肥一中托管的名校托管办学模式改革。积极推进168教育集团建设，进一步扩大优质教育资源。充实和完善“市属巢管”模式，将巢湖一中等三所市属学校委托巢湖市管理。中加国际学校开工建设。

继续深化招生考试制度改革。在全国率先实行公办普通高中取消招收择校生，进一步减轻学生家庭经济负担，彰显教育的公益性、示范性作用。进一步降低省示范高中指标到校生录取最低分数线，由省示范高中录取分数线下20分降至30分，进一步促进初中教育均衡发展。规范特长生招生工作，合肥一中、六中、八中的特长生招生工作由市教育考试院统一组织实施。完善招生志愿设置。对普通高中实行平行志愿录取，为考生提供更多的选择机会。推进信息化在中招工作的运用，中招体育考试中首次引进电子计时计分系统，在阅卷统分环节使用网上阅卷统分系统。加大投入，建设标准化考点，第一期完成49个标准化考点、2639个标准化考场视频监控和网上巡查系统的建设，保障了普通高考的圆满顺利。

【队伍建设】 开展师德建设年活动。分层开展明查暗访，查处有偿补课等违规行为，进一步规范从教行为，在全市通报了11名违规教师的处理情况。组织百姓身边的好学校、学生心中的好老师“双好”推介，表彰一批师德楷模、师德先进个人和师德建设先进集体，在全市教育系统树立典型。肥东阳光小学陈万霞、蜀山新城学校汪传道、庐江白湖镇初级中学许玉奇等3位教师登上了“中国好人榜”，此外陈万霞还获全国“最美乡村教师”荣誉称号。

教师继续教育人数创历史新高。教师培训经费连年大幅增加，达到1160万元，比2010年、2011年分别增加了510万、160万。全年市级专项培训30期，培训人数近2.8万人，市级及以上培训人数近3.5万人，占全市教师人数的二分之一，创历史新高。

教育家培养工程再度起步。在全面总结教育家培养工程第一期经验基础上，启动第二期培养工作，从在职的中小学教师、校长和教育行政主管部门教研员、教育管理干部中遴选51名教育家培养对象。教育家培养周期为5年，市教育局与培养对象签订目标责任书。培养实行动态管理，对培养对象进行中期考核，考核不合格的不再列为培养对象，培养期满后进行终期考核评价。“教育家培养工程”人均培养经费为5万元，主要用于培养对象的培训、科研、专著出版和导师指导费等。同时，给予每个挂牌的名师工作室补助经费每年2万元，主要用于工作室的教育科研等活动。

校本培训亮点纷呈。组织对各县市区教育主管部门和部分学校，负责校本培训的同志，开展为期5天的专题培训，以加强校本培训的制度建设，提高校本培训的针对性和实效性。部署全市校本培训工作，指导督促各县市区、各学校开展具有区域特点、学校特色的校本培训新模式。合肥一中青蓝学习共同体、合肥六中青年教师专项培训、瑶海区骨干教师联盟、庐阳区片内联动协作共进、 包河区学校发展共同体、蜀山区一十百千培养工程、经开区以考促学资源共享等都是具有鲜明特色的培训模式。

教学科研成效显著。全年共有20项省级课题结题，31项市级课题结题。48人次在省级教学或课例评比中获奖，各学科论文共有300余人获省级以上等次，数理化生物学科共有241人获省级以上竞赛将次。

【素质教育】 2012年，青少年思想道德建设再结硕果。出台加强全市中小学文化建设意见，以"三化一上墙"为重点，提高学校文化建设水平。以文化建设为主题，召开了全市“德育公开课”推进会，提升德育工作针对性和实效性。全省中小学“学科德育精品课程”和“育人精彩瞬间”征集评选，56件

省委书记张宝顺六一儿童节期间在合肥华府骏苑小学

精品课程分别获得省“学科德育精品课程”一二三等奖，占全省总数的25.2%；15件获得省厅“育人精彩瞬间”一二三等奖，占全省总数的12.%。肥东县教育体育局获”全国五好小公民”主题教育活动先进集体荣誉称号。加强心理健康教育培训，组织了全市中小学心理健康教育培训班。继续加强班主任工作，遴选出108名中小学优秀班主任赴华东师范大学学习研修。全市青少年道德素质明显提升，合肥七中“合肥最美的女孩”跪救车撞的路人、蜀山红领巾机警救伤者……一大批合肥优秀学子被全社会所称道。

基础教育课程改革再添新举措。以减负增效为核心，深入推进义务教育阶段新课程改革。召开全市义务教育课程改革全面总结暨深入推进工作会议，对十年来义务教育课程改革进行全面总结和深刻反思，研究部署深入推进义务教育课程改革工作。稳步推进普通高中课程改革，进一步加大了高中选修课的研究探讨，积极开展了选修课课堂教学观摩周活动，大力推动了课堂教学和教学方法的改革。举办了《中小学生人文和科学素养读本》教学活动展示暨经验交流大会，完成《中小学生人文与科学素养读本》的修订工作。

学生活动再受国家级媒体重点关注。以“文明塑造心灵,文化引领校园”为主题,以强健体魄磨练意志、中小学文化艺术节、读书节、科技创新等活动为抓手,举办了16场市级展演活动，引领学校培养学生强健的体魄和良好的心理素质。校园足球呈现蓬勃发展之势，在全国校园足球联赛中屡获佳绩。工人日报、中国青年报、中国教育报聚焦报道了合肥学生修学旅行、合肥工业游活动。合肥市教育局被教育部邀请至北京参加修学旅行座谈会，介绍合肥市修学旅行经验做法。中央电视台、光明日报对合肥市经典诵读活动进行了专题报道。

素质教育示范校评估迈出新步伐。按照“1+X”模式，制定合肥市实施素质教育示范学校督导评估方案，将“特色学校”、“体育、艺术2+1项目示范学校”、“语言文字规范化示范学校”、“绿色学校”和“数字化校园”统一纳入素质教育示范学校评估,推进全市各学校实施素质教育，减轻学校负担，在全国也是首创。共授予24所学校“合肥市特色学校”称号，55所学校“合肥市素质教育示范校”称号。

减轻学生负担又出新规定。出台了《合肥市关于进一步减轻义务教育阶段学生课业负担的若干规定》，提出了控制学生作业量等8项规定。建立了局机关相关处室分工负责以及局领导和责任处室定点联系的长效机制。实行“属地管理、分级负责”和“谁主管、谁负责”的原则，从治理乱补课、乱办班、乱订教辅资料、超作业量、有偿家教等入手，采取专项督查，及时查处违反规定的单位和责任人。

科技创新成绩喜人。在全国科技创新大赛、电脑机器人比赛、信息学竞赛和电脑制作活动等传统比赛中共获得一等奖10个，二等奖16个，三等奖20个。其中信息学竞赛4名选手入选由7名选手组成的安徽省队，在国家队选拔赛和亚太赛中各获一块金牌。全省职业技能大赛获35枚金牌、23枚银牌、15枚铜牌，遥遥领先于全省各市。全国职业技能大赛中，获得1枚金牌、8枚银牌、10枚铜牌的好成绩，继续领跑全省。

【教育民生工程】 2012年，校舍安全工程累计完成校舍加固和重建任务375万平方米，完成率101.8%，累计投资22.1亿元。继续推进义务教育经费保障机制改革，共投入经费4.56亿元，惠及学生64.4万人。减免城市义务教育阶段学生课本费，共1500万元，在全省率先实现真正意义上的免费义务教育。继续开展普通高中家庭经济困难学生国家资助和校内资助，发放资助资金4082万元，资助学生49818人次，比2011年分别增加了29.5%和7.3%。继续开展中职困难学生资助，共发放国家助学金4284.5万元，资助学生61879人次，免学费53766人次，共计5781.8万元，免学费人次和金额分别是2011年的2.8倍和3倍。全面完成留守儿童之家551个项目建设任务，累计投资165.3万元。全面完成35所乡镇公办幼儿园建设项目（主要是利用闲置校舍进行改扩建），总改造面积55955平方米（配套设备1623件），总投资3639万元。

【校园安全】 继续开展“一月一主题”和“安全生产月”等安全教育活动。高度重视校车安全工作，建立起校车安全联合督查工作制度。不定期进行明察暗访，发现问题及时通报，责令整改。扎实组织师生开展防震、消防、突发事件、校园高层灭火应急救援等各类安全演练，进一步提高了广大师生的安全意识和避险能力。经常性开展对学校传染病预防，食堂及学校内部卫生的集中检查，确保校园食品卫生安全，严防食物中毒事故和食品安全事件发生。

【依法行政】 开展部门行政权力清理，提高机关工作效能。制定了15项行政事务审批事项的实施标准，绘制权力运行流程图，规范行政审批权力。第五次开展规范性文件清理废止16 件，2件失效，列入修订计划14件。

【反腐倡廉和政风行风建设】 建立局领导班子联系点制度，开展“保持党的纯洁性，迎接党的十八大”主题教育实践活动。推进创先争优和五级书记大走访活动。合肥八中被省委表彰为“全省创先争优先进基层党组织”，合肥168中学被市委表彰为“全市创先争优先进基层党组织”。建立了廉洁自律预警制度，开展廉政风险防控工作。13所市属学校被命名为“市级廉政文化示范点”，其中2所被确定为省级示范点。开展“讲大局强责任提能力抓落实”主题实践活动，强化机关工作作风建设。

【对口帮扶】 2012年，选派20名优秀教师支援皖北三市七县。选派3名优秀教师到新疆皮山中小学支教。接收寿县、霍邱两地20名中小学校长来合肥市中小学挂职锻炼。市教育局获省政府“对口支持松潘县灾后恢复重建工作先进集体”表彰，皖北支教工作受到省教育厅、省人社厅表扬。

合肥市民办教育机构情况登记表（见附录）

（李　磊）

合肥学院

【概况】 合肥学院是一所在“改革中诞生、开放中成长、创新中发展”起来的本科院校。其前身合肥联合大学1980年建校，在新中国放射化学奠基人杨承宗先生倡导下，由中国科学技术大学等7所高校共建，实行“适当收费、不包分配、按社会需求设置专业、后勤社会化”的办学模式，在中国高等教育改革方面发挥了探索作用，被誉为中国高等教育改革的“小岗村”。学校是国家“服务国家特殊需求人才培养项目”——学士学位授予单位开展培养硕士专业学位研究生试点工作单位，首批承担“卓越工程师教育培养计划”的61所大学之一，中德共建示范性应用型本科院校，全国应用型本科高校专门委员会副主席单位，安徽省示范应用型本科高校建设单位，安徽省省级硕士研究生培养立项建设单位，安徽省应用型本科高校联盟常任主席单位。

学校现有教职工920人，其中专任教师744名，教授63人，副教授231人。专任教师中硕士以上学位教师比例75.5%，其中博士100人。学校有全国优秀教师3人，1人荣获全国“五一”劳动奖章。外籍教师中2人获中国“国家友谊奖”，10人次获安徽省“黄山友谊奖”，1人入选国家“千人计划配套引智工程”项目。现有全日制在校生15303人，外国留学生47人。学校设有17个教学系部以及继续教育学院、国际教育学院。现有49个本科专业，其中5个国家级特色专业、4个国家“卓越计划”试点专业、13个中外合作办学专业。建有国家级工程实践教育中心、合芜蚌自主创新平台、省级重点学科、省级工程技术研究中心和省级基础实验与实践教学中心各1个。学校现有南艳湖校区一期、二期两个校区和继续教育学院校区，占地面积约1128亩。学校有校舍面积约41.8万平方米。另有社会化配套的学生公寓约7.4万平方米，占地约81亩。学校教学仪器设备总值11869.07万元。馆藏图书136万册（含电子图书）。

【首届专业学位研究生招生】 以首届专业学位研究生招生为标志，在高等教育深化改革的进程中，学校又一次赢得了发展先机。学校服务国家特殊需求人才培养项目专业学位研究生招生录取工作圆满完成，录取新生16名，校企合作的培养模式正在积极探索推进。这是学校发展一个新的“里程碑”，使学校在国家大力发展专业学位教育、推动应用型高等教育体系建设的大背景下，又一次抢抓了契机，又一次赢得了机遇，功在当下、更在未来。

【实现一校区办学】 以实现一校区办学为标志，学校长远发展奠定了坚实的物质和精神基础。克服种种困难，顺利完成新校区二期工程建设；在暑假短短一个月的时间里，顺利完成黄山路校区整体搬迁任务；组织了服务队、抢修队，承担各类清理、抢修、搬运、改造、建造等突击性任务，保证了新校区正常的教学、工作和生活秩序。这既为学校着眼未来打下空间基础，也锻炼了学校的干部队伍。事实证明，学校的队伍是一支能打硬仗、敢打硬仗的队伍，这种精气神是学校长远发展最宝贵的资源。

【模块化教学改革】 以模块化教学改革全面推进为标志，学校应用型人才培养模式改革在全国继续发挥了示范和引领作用。学校领导应邀到国家教育行政学院高校党委书记、校长培训班、教育部以及兄弟高校作有关应用型高等教育专场报告、讲座20多场次；学校主编的《走应用型人才培养之路》、《基于能力导向的模块化教学体系构建》两本专著正式出版，30多万字的《地方本科院校应用型人才培养的理论与实践探索》也将于近期出版。去年，学校文、理科二本招生投档最低分分别高出省二本最低控制分数线28分和43分，分列全省二本院校第二和第四名；学生在各级各类竞赛中获国家级奖项51项，省级奖项145项。2012年，省外67所高校组团来校专题学习考察；在学校承办的教育部落实应用型人才培养模式改革现场会上，来自全国89所高校的320多名代表听取了学校的大会报告以及14个专题报告，认为我们的教育教学改革“有理论、有实践、有成果”；教育部副部长杜玉波在视察安徽时，听取科大等6所高校的情况汇报，对合肥学院应用型人才培养模式的改革给予了高度评价，指出：“合肥学院应用型人才培养模式改革的经验不是写出来的，是干出来的”。

【产学研合作】 以产学研合作的成果为标志，学院的科研和服务地方经济社会发展的能力不断提升。新增安徽深装合大工业设计发展有限公司和与合肥天鹅制冷科技有限公司共建的“计算机控制联合实验室”等2个嵌入式实验室；安徽合大环境检测有限公司成为合肥市企业股权和分红激励首批试点企业、合肥市2012年“创新型企业”；市政府下拨的合肥环境工程研究院500万研发经费已到位，学校投入1700多万元建设了分析测试中心；学校成为第一批国家级工程实践教育中心建设单位之一。去年我们科研及平台建设投入经费2870多万元（不含深装、南风集团、天鹅制冷等公司投入），改善了科研条件，提升了服务地方发展的能力。学院制定并落实《合肥学院服务合肥经济社会发展提升计划》，积极开展产学研合作。旅游系与合肥市规划设计研究院、澳大利亚GHD公司合作，组成联合体共同承担《合肥半汤、汤池国际温泉度假区概念规划及城市设计》；建筑工程系承担了“合肥市轨道交通1、3号线主体维护结构的监测与分析研究项目”； 环境工程研究院长期致力于环境治理项目的研究，现已成为合肥市及全省环境工程及环境治理领域的主力军；艺术设计系会同深装公司，成功获得了国务院第二招待所的设计任务；学院获得了两项省部级自然科学和社会科学奖项，取得了新的突破；学院的人文社科应用性成果数量在全省高校中继续名列前茅。

【国际合作】 以合肥德国应用科学学院和教育部对外合作专业为标志，学校国际合作进一步成为人才培养的助推器和服务地方的大舞台。中德合作机械制造及其自动化专业获教育部批准，成为省内唯一拥有两个教育部批准的对外合作专业的学校；选派到国外留学学生190名（德国119名、韩国63名、美国5名、意大利3名）；合肥德国应用科学学院第3个合作专业经济工程专业正式招生；举办了中德韩第十二届WORKSHOP活动，程艺厅长到场指导并明确今后将组织省属高校师生参加，教育厅给予资金支持。全年45批国外代表团和专家组来校访问；教育部国际合作与交流司、外交部欧洲司德语国家处领导先后来校考察调研。举办了第四届环境技术及知识转化国际会议、第五届“中德应用型高等教育研究与发展研讨会”、德国德意志学术交流中心（DAAD）资助的“中德应用型人才培养研讨会”；德国物流协会在我校设立了德国物流协会合肥分会。作为3所中国大学之一，应邀出席了德国汉诺威世界博览会的第二届“孔子—莱布尼茨”国际教育对话研讨会并做专题报告。

【学生成长成才】 以学生成长成才为目标，学生的管理和服务工作取得新的成效。把以人为本的理念落实到学生管理、教育和服务的全过程。落实了辅导员进公寓管理制度，设立了大学生事务中心，联合市第三人民医院开办的校医院已基本落实到位；完成国家各类奖、助学金发放710多万元。发放贫困生临时生活补助25.41万元、校内优秀学生奖学金130.23万元、勤工助学酬金80万元；开展了第七届十大“榜样学子”评选和宣传活动；举办了第四届“挑战杯”大学生创业计划竞赛、第四届大学生科技节、第八届校园文化艺术节、高雅艺术进校园”中央芭蕾舞团合肥学院专场演出、奥运冠军进校园等。建立了24个志愿者组织和40个长期的志愿者服务基地，注册的志愿者10341人，开展了各类志愿者服务37项，为社会提供了超过181205小时的志愿服务。特别是我们去年成功承办了第十五届亚洲轮滑锦标赛有关赛事，150多名志愿者出色完成赛事服务工作，受到各界高度评价。印度代表团团长专门发来了热情洋溢的感谢信。毕业学生3474人，截止2012年8月底，就业率95.8%。其中，仅在合肥市经济技术开发区就业的就有1417人。继2010、2011年，学校再次被评为全省高校毕业生就业工作标兵单位。

【廉政风险防控工作】 以全面推进廉政风险防控工作为标志，创先争优和保持党的纯洁性教育活动取得切实成效。学校编制了院领导班子职权目录29项，查找体制机制风险和业务流程风险19项；全院41个部门、单位共编制职权目录341个，查找廉政风险点478个，绘制权力运行流程图377个，修改、完善和出台了一系列管理制度；党委中心组先后安排5次中心组党风廉政建设专题学习活动；加强了对干部选拔、人才引进、招生考试、招投标以及二期工程建设等重点领域和关键环节监督；全年学校共公开、公示干部提拔任用、职称评审、出国出境、评优评先、党员发展、招投标、奖助学金、教科研项目申报等事项45项；加强审计工作监督力度，全年共审计各类基建、维修项目28项，审计金额275万元，核减率18 %；还认真学习贯彻中央关于改变工作作风、密切联系群众八项规定以及省、市有关规定，认真研究制定学院贯彻落实的意见。

【群众利益】 以群众利益为根本，团结广大教职员工，共同建设美好家园。充分发挥工会和教职工代表大会的作用，深入推进学院民主管理和民主建设；关心教职工的身心健康，学院划拨了专项经费，先后成立了教职工合唱团、篮球协会、羽毛球协会、书画摄影协会等8个协会，开展了丰富多彩的文化体育活动；投资70多万元，建设了千平米的教工食堂，并采取实物补贴的方式，改善了就餐条件和伙食质量；利用元旦、春节等节日，走访慰问生活困难教职工；结合新校区建成使用，投入专项资金，改善教师的办公条件，为每名教师配备了专用的办公设备，室内添置了绿色植物；选派了24名干部、高层次人才出国出境作短期培训、专题调研；引进各类人才46名，其中招聘辅导员8名，选送8名教师进修博士；我们还积极争取省、市政府政策和资金的支持，制定和实施了2012年度绩效工资改革方案，实现了教职工收入有较大提高的目标。学院积极争取省市政府有关领导和部门对学院各建设项目的支持，获批了2600多万元的维修改造项目资金、2000多万元的绿化提升工程建设资金以及其它专业建设、教学仪器设备、图书采购等一批专项资金，从而使学院在不断推进学院各项建设的同时，有条件推进新年度绩效工资改革的实施。

一年来，学校基层组织建设年活动生动开展，干部和人才队伍建设实现新的突破，学风建设六大工程创新推进，校园文明创建活动异彩纷呈，财务运行保障有力，继续教育工作全面拓展，后勤社会化工作攻坚克难，统战和离退休工作围绕中心、服务大局，校园安全稳定，学校荣获“第十二届合肥市文明单位”、“合肥市卫生先进单位”、“合肥市实施绩效工资工作‘先进集体’荣誉称号。（许徐）

中国科学技术大学

【概况】 中国科学技术大学（以下简称“中国科大”）1958年9月创建于北京，1970年迁至安徽合肥，是中国科学院所属的一所以前沿科学和高新技术为主、兼有特色管理和人文学科的综合性全国重点大学。

截至2012年底，有专职教研人员1520人，中国科学院和中国工程院院士38人，发展中国家科学院院士11人，教授（含研究员、教授级高级工程师）522人，副教授（含副研究员、高级工程师、高级实验师）668人，博士生导师505人，国家“千人计划”入选者36人、“青年千人计划”入选者69人，教育部长江学者33人，中科院“百人计划”139人，国家杰出青年基金获得者84人，国家级教学名师7人。

学校建有15个学院、30个系，以及研究生院等系、部、研究中心，在上海、苏州分别设有研究院，在北京设有教学管理部。有6个国家理科基础科学研究和教学人才培养基地和1个国家生命科学与技术人才培养基地，8个一级学科国家重点学科，27个一级学科博士学位授权点，4个二级学科国家重点学科，2个国家重点培育学科，20个安徽省重点学科。同时还拥有MBA、EMBA、MPA、金融、应用统计、工程管理、工程硕士（18个领域）、工程博士（2个领域）等专业学位授权点。建有国家同步辐射实验室、合肥微尺度物质科学国家实验室（筹）、火灾科学国家重点实验室、核探测技术与核电子学国家重点实验室、语音及语言信息处理国家工程实验室等10个国家级科研平台和38个省部（院）级重点科研机构。

现有本科生7170人，博士研究生2593人，科学学位硕士研究生4744人，专业学位硕士研究生4558人，另有中国科学院代培生1000余人。

校园总面积约165万平方米，建筑面积104万平方米，拥有资产总值12.7亿元的先进教学科研仪器设备，图书馆藏书197.1万册，已建成国内一流水平的校园计算机网络，并建成若干高水平科研、教学公共实验中心。

2012年面向全国共录取本科生1828人，男生1514人、女生314人。其中应届高中毕业生1734人，少年班53人，创新试点班110人，国防生52人，中国工程物理研究院定向生10人，贫困地区专项计划30人，内地新疆班学生11人，2011年录取的新疆民族预科生5人。通过少年班、创新班、保送、自主选拔等改革举措录取的优质生源占本科生录取总人数的比例达45.9%，本科生生源质量继续保持在全国高校前列。2012年招收全日制学术型硕士研究生1589人、全日制专业学位硕士研究生1768人、博士研究生958人，中科院研究所代培研究生1105人。

2012年共有毕业生4604人，其中毕业研究生2924人（博士毕业生691人、硕士毕业生2233人），本科毕业生1680人。全年累计授予668人博士学位、2207人硕士学位、1680人全日制本科学位；博士毕业生的一次就业率为92.8%，硕士毕业生的一次就业率为94.1%，本科毕业生的一次就业率为87.7%。毕业生就业率和深造率继续保持较高水平。

【人才培养】 继续推进实施“科技英才班”的各项工作，目前已有201人顺利毕业，国内外深造率达92%，在读学生共计1047人，约占在校本科生人数的15%；继续实施“三学期”制，共开设课程71门，选修人数达到2983人次，有近700名本科生参加了大学生研究计划。通过少年班、创新试点班、保送生、自主招生等形式录取了一大批优质生源，生源质量继续保持全国高校前列；新增优质生源基地中学24个，基地总数已达到49个。积极创新研究生招生形式，研究生生源质量稳步提高。2013年研究生报考人数达到11000人，比2012年增长了12.5%；接受的推免生人数比2012年增长了16.4%。

新增2项教育部创新支持计划，全年批准立项创新计划共160项；获批3个“国家级工程实践教育中心”，探索建立与行业企业联合培养高层次应用人才的新机制。1篇论文入选全国百篇优秀博士论文，14篇论文获得提名奖，百篇优博论文总数已达40篇，并列全国高校第5名；16篇论文入选中国科学院优秀博士论文，获奖论文总数达到94篇，居院属各单位之首；25名博士生获得“国家级学术新人奖”，91名博士生和215名硕士生获得首届“研究生国家奖学金”。全年累计授予668人博士学位、2207人硕士学位、1680人全日制本科学位。毕业生就业率和深造率继续保持较高水平。

【师资队伍】 新聘院士5人，新增“长江学者”3人、“国家杰青”8人，引进“千人计划”11人、“百人计划”13人、其他各类人才26人；聘请“大师讲席”和“大师讲席Ⅱ”各4人；新增“青年千人计划”30人，在前三批国家“青年千人计划”评选中，中国科大共有55人入选，名列全国高校第一；第四批“青年千人计划”评选中，有14人入选公示名单，并列全国高校第一；5位教师入选国家首批“青年拔尖人才支持计划”。目前，高层次人才占教师总数的24%。出台了院士工作室制度，通过双聘方式，聘请校外院士来校创建工作室，组建科研团队，在学科建设、科学研究、人才培养等方面发挥带队作用，进一步增强学科特色优势，凝聚科研创新力量，带动相关学科青年人才的快速成长。目前，已组建了化学物理高等研究中心、纳米催化研究中心和电离层高等研究中心，并吸收20多位青年骨干教师加入院士工作室。

【平台和学科建设】 国家同步辐射实验室光源升级改造工程实施顺利，预计2013年底开始试运行；与合肥物质科学研究院共建的国家大科学工程稳态强磁场实验装置运行稳定；与中国科学院高能物理研究所共建的核探测与核电子学国家重点实验室正式揭牌；与科大讯飞共建的语音及语言信息处理国家工程实验室建设进展顺利。此外，还新增中国科学院电磁空间信息重点实验室、空间信息处理与应用系统技术重点实验室两个省部级科研平台。有数学、物理、化学、材料、工程、地学、生物/生化、临床医学、环境/生态、计算机等10个学科进入ESI世界前1%学科领域，其中数学、物理、化学、材料、工程5个学科排名世界前100，数量居全国高校第四；数学、物理、材料、工程、地学5个学科论文篇均被引次数超过世界平均水平，并列全国高校第一。

【科学研究】 据中国科学技术信息研究所统计，2011年以第一作者机构发表SCI收录论文1663篇，其中，“表现不俗”论文比例已连续4年保持C9高校第一；2002-2011年发表的SCI论文篇均引用率达9.81次，继续保持全国高校第一；2012年，在CNS上共发表论文9篇，在Nature子刊发表论文16篇，“自然出版指数”为9.46，再次名列全国高校第一。2012年国家自然科学基金获批经费首次突破3亿，在国内高校中名列前茅；新增1个国家自然科学基金委创新研究群体和2个教育部创新团队；共牵头承担国家重大科技专项、重大科学研究计划、ITER计划、863计划、国家自然科学基金、中国科学院战略先导专项及重点部署项目等千万元以上重大项目15项；共获得国家自然科学奖、教育部高校自然科学奖和安徽省科技奖等各类重要科技奖励18项，其中国家自然科学二等奖3项；申请专利307件，获得授权专利186件，连续四年获得中国专利奖。

【国际交流】 通过参加环太平洋大学联盟（APRU）、东亚研究型大学协会（AEARU）等国际名校俱乐部以及中外大学校长论坛、大学校长联谊会等活动，积极拓展国际交流渠道，与德国哥廷根大学、美国伦斯勒理工学院、美国加州大学圣芭芭拉分校和戴维斯分校等签署了校际合作协议和学生交流协议。全年共签署海外合作协议30项，140名本科生参加海外名校交流项目，89名研究生赴国外进行联合培养和攻读博士学位，222名研究生参加境内外的国际会议，教师参加国际学术交流人数、海外专家来访人数均有增长。

【李克强回信勉励中国科大研究生支教队】 2012年9月1日，中共中央政治局常委、国务院副总理李克强给中国科大研究生支教团第十三届支教队队员回信，向同学们表示诚挚问候，勉励同学们把支教生活作为加油站，更加勤奋地学习工作，在报效社会中创造美好生活。

【中国科大先进技术研究院启动建设】 按照“省院合作、市校共建”的原则，安徽省、中国科学院、合肥市、中国科大决定四方共建中国科大先进技术研究院，并作为重要内容纳入到新一轮省院全面科技合作协议和市校全面战略合作协议中。7月28日举行了开工典礼，中共中央政治局委员、国务委员刘延东专门发来贺信，安徽省委书记张宝顺宣布开工，中科院院长白春礼、安徽省省长李斌、教育部副部长杜玉波、科技部副部长王伟中等领导出席了开工仪式。

先进技术研究院将依托中国科学院的科教优势，发挥“高原效应”；结合区域特色，打造“示范效应”；突出产学研结合，行程“集聚效应”；在国家创新体系和区域源头创新活动中，起到骨干和引领作用；在与国际前沿科技接轨，与区域发展战略接轨的基础上，汇聚和造就一流人才、培育和转化一流成果、催生和布局一流产业。

（撰稿：牟玲　审稿：刘天卓）

中国科学院合肥物质科学研究院

【概况】 中国科学院合肥物质科学研究院（以下简称合肥研究院）位于合肥市西郊风景秀丽的蜀山湖畔，于2001年末根据中国科学院实施知识创新工程试点工程的总体部署，在中科院安徽光学精密机械研究所、中科院等离子体物理研究所、中科院固体物理研究所、中科院合肥智能机械研究所和中科院合肥分院的基础上组建而成，现建设有安徽光学精密机械研究所、等离子体物理研究所、固体物理研究所、合肥智能机械研究所、强磁场科学中心、技术生物与农业工程研究所、先进制造技术研究所、医学物理与技术中心、核能安全技术研究所和安徽循环经济技术工程院等10个研究单元，拥有1个国家工程中心，16个省部级重点实验室/工程中心，以及超导托卡马克HT-7、全超导托卡马克东方超环EAST、稳态强磁场等三个大科学工程，已成为中国科学院重要的科技创新基地、高技术发展基地和人才培养基地之一。江泽民总书记1998年莅临视察时高度评价合肥研究院的科研环境，欣然题词“科学岛”，由此科学岛成为合肥研究院的别名。胡锦涛总书记2008年到我院视察，对科学岛科技人员的自主创新能力给予了充分肯定，鼓励大家不断提高自主创新能力，始终把握发展的主动权，增添发展的新优势。

【定位与规划】 合肥研究院定位在面向国家洁净能源与环境安全需求，面向极端与复杂条件下物质科学前沿，建设依托全超导托卡马克、强磁场、大气环境立体探测研究网等大科学装置群的综合性国家科研基地，形成等离子体物理、大气环境光物理/化学、极端和复杂环境下材料与生物物理等优势学科群，发展磁约束聚变堆、大气环境探测、强磁场及能源环境健康等需求的功能材料与智能系统等战略高技术。目标是在聚变物理与工程、强磁场科学技术、大气环境光学等三个领域取得重大创新性成果，在聚变反应堆基础理论研究与数字托卡马克、大气环境物理化学、极端条件下生物与材料特性、机电一体化全寿命设计与智能制造、医学物理与技术等领域的研究取得实质性进展，在太阳能材料与工程、大气环境监测仪器、先进核能与核能安全技术、新型医疗技术等高新技术产业化方面创新发展一批具有自主知识产权的核心关键技术。

【人才队伍】 截至2012年12月，合肥研究院在职职工2112人，其中正高级人员233人，副高级人员457人，包括中国工程院院士2人、“新世纪百千万人才工程”国家级人选3人、国家杰出青年基金获得者7人、国家“973”计划首席专家26人、国家“863”计划专家34人、国家“千人计划”入选者9人、“万人计划”入选者3人、中科院“百人计划”入选者64人、安徽省“百人计划”3人。目前研究院在职职工49.7%具有研究生学历，32.7%具有博士学位，人员队伍结构不断优化。通过组织优势科研团队，研究所组织和承担国家重大重点科研任务的能力不断加强，形成等离子体物理、纳米材料、大气环境等多个创新团队和973、863团队。

【科研进展与成果】 2012年，合肥研究院在多个科研领域取得重大突破：EAST托卡马克实验突破两项世界纪录，使我国继续保持在稳态高约束等离子体研究方面的国际领先地位；强磁场下生物研究发现人体免疫系统中T淋巴细胞活化新机制，研究成果发表于国际权威期刊《自然》（Nature）；星载、机载大气环境载荷研制取得重大进展，卫星载荷项目完成了工程样机研制并通过验收评审，机载项目完成了飞行试验前的准备工作。

2012年，合肥研究院科研工作产出继续保持良好态势，共发表论文995篇，其中SCI论文535篇，EI论文142篇，其中强磁场中心《钙离子通过改变磷脂的电荷属性调控T细胞受体活化》一文在世界权威科技杂志《自然》（Nature）上发表，核安全所有5篇文章入选国际基本科学指标数据库ESI 2002-2012年度高被引论文榜，6篇文章入选国际核领域权威期刊聚变工程与设计（Fusion Engineering and Design, FED）2007-2012年度高被引论文榜，相关研究进入世界排名1%行列，1篇论文入选FED 1990-2012年度高被引论文特刊（该特刊仅收录的13篇论文）；出版发行了《现代大气光学》（饶瑞中著）和《核能物理与技术概论》（邱励俭、王相綦、吴斌著）2本科技论著，黄青等和储焰南等撰写了2个专著章节；申请专利303件，其中发明专利262件（含2件国防发明专利），1件专利获得PCT国际专利申请受理，1件专利获第十四届中国专利优秀奖；授权专利150件，其中发明专利114件；软件登记受理42件，其中39件已登记；取得8项产品企业标准，参与制定的国际标准ISO 3550-3“卷烟端部掉落烟丝的测定第3部分：振动法”进入被注册为国际标准草案（DIS）阶段；作为第一单位获得安徽省自然科学一等奖1项，安徽省科技进步一等奖1项，科技进步三等奖1项。

2012年，我院积极探索科研体制机制新模式，按“科教结合、协同创新”的要求，联合中国科学技术大学等单位，建设“合肥物质科学技术中心”；进一步推进与中国科技大学、安徽大学、合肥工业大学、安徽医科大学等高校的合作；加强院地合作，全面落实与合肥、铜陵、淮南签署的战略性合作协议，推进安徽循环院、铜陵皖江中心、淮南新能源中心、合肥产业基地等转移转化平台体系建设，积极参与黄淮海区域创新集群建设；与重点企业开展科技合作，联合成立安徽纳米材料及应用等产业创新联盟，推动中科院战略性新兴产业项目取得新进展。

【获奖情况】 2012年，我院进一步完善人才引进的政策举措，继续加强人才队伍建设。完成了6位“千人计划”，2位中科院“百人计划”，2位安徽省“百人计划”专家的引进；刘文清研究员获安徽省重大科技成就奖，乔延利研究员获“全国优秀科技工作者”和“安徽省优秀科技工作者”荣誉称号，陈文革、马祖长研究员获“安徽省青年科技奖”；李建刚、刘建国研究员入选“万人计划”科技创新领军人才，徐国盛研究员入选“万人计划”青年拔尖人才，王祥科研究员获“国家杰出青年基金”资助，伍志鲲研究员获国家“优秀青年基金”资助；新增中科院创新交叉团队和安徽省115创新团队各1个。

十二五期间，合肥研究院将紧紧围绕“一三五”发展目标，创新科研体制机制，促进学科交叉创新，集中加强基础研究和行业共性核心技术研究，努力系统性地解决影响国家未来发展的重大科学和关键技术问题，加强和加快高新技术应用和产业化工作，努力将我院建成国际著名、设施先进、规模效益明显、创新能力强、开放程度高、科教结合的综合科研基地。

（孙　策）

科　技

【概况】　一年来，全市科技创新工作紧紧围绕“大湖名城、创新高地”定位和“新跨越、进十强”部署，突出提升产业创新、区域创新、企业创新“三种能力”，实现了“三个突破”、“三项赶超”和“三项新进展”。“三个突破”，即高新技术企业和创新型企业突破千户、发明专利授权量突破千件、全社会研发投入突破百亿元。“三项赶超”，即在全国省会城市中，发明专利授权量上升3位，全社会研发占GDP比重上升2位，技术交易合同额上升1位。“三项新进展”，即在培育爆发性增长源、建设高端研发平台、深化科技体制改革上取得新进展。新获批为国家科技金融结合试点、国家首批文化与科技融合示范基地、国家科技兴贸创新基地、国家专利保险试点。量子通信研究成果获得重大突破，成功入选《自然》杂志2012年度全球十大新闻亮点和2012年度中国十大科技进展。城市科研实力跃居全国第三（据英国《自然》杂志）。全年全市高新技术产业产值达到3646.5亿元，增长18.9%，占全省34.46%；高新技术产业增加值达到895.81亿元，增长18.6%，占全省34.14%；新认定国家高新技术企业120家，总数达615家，占全省28.9%；发明专利申请和授权量分别达到4748件和1242件，增长31%和63%，分别占全省24.5%和40.5%；技术交易合同额42.4亿元，增长26.9%，占全省比重为49%；全社会研发投入101亿元，增长31%。

【战略性新兴产业培育】　一是优势产业示范效应明显。新能源汽车试点在国家4部委年度考核中获得优异成绩，产业链初步形成，产业基地雏形显现。累计推广新能源汽车达5138辆，跃居全国首位。昌河新获批新能源汽车生产资质企业，13种新能源汽车产品入选国家公告目录。首次实现220辆电动轿车省外销售，列入中央部委、成都机关示范。年产6000辆新能源客车整车和1.2万套新能源汽车关键动力总成研发和产业化基地开工建设。合肥昌河公司新建年产1万辆电动商用车生产线。推进金太阳示范工程，共完成二期24.5兆瓦项目建设，总投资3.25亿元。首个分布式光伏发电并网项目—合肥彩虹10千伏光伏发电站启动建设。二是特色产业园区集聚功能增强。科大讯飞与中国移动成功实现战略合作，正在成为国家智能语音高新技术产业化基地。以量子通信、四创电子为代表的公共安全产业，集群效应显著，正式申报并即将获批国家创新型产业集群试点。以京东方光电为代表的平板显示产业，完成模组及上游产业145亿元，下游平板电视105亿元。新获批成为全国平板显示产业基地和国家（新一代信息技术）科技兴贸创新基地。蜀山产业园正式获批国家电子商务示范基地，包河区成为国家（新能源汽车）国家科技兴贸创新基地。高新区、新站区、肥西桃花工业园被认定为省级创新型园区。三是一批自主创新项目取得突破。量子通信在成功建成运行全球首个46节点的城域量子通信试验示范网的基础上，主导的“京沪干线”获得国家发改委正式立项，新华社金融信息量子通信验证网正式开通运行。安凯公司“HFF6127K46EV纯电动旅游客车”系列产品被批复首批国家战略性创新产品。知常光电公司承担的“高端光机电一体化精密激光加工设备”项目，打破欧美技术垄断，产品直接替代进口。红外成像、4GLTE主板、激光加工设备、蓝宝石衬片等一批项目进展顺利。全年共争取国家和省科技计划项目437项，同比增长33%。到位资金8.7亿元。获得安徽省科技奖励93项，占全省总数的57.7%。

【企业创新能力提升】　一是高企和创新型企业突破千户。组织培育和认定高新技术企业及创新型企业，全市高新技术企业及创新型企业总数达到1012家，其中，国家高企615家，市级高企288家，创新型企业109家。安科生物、巨一自动化、科力信息、金星机电4家企业成为第五批国家级创新型试点企业，美亚光电、海润光伏两家高新技术企业成功上市。新开发国家重点新产品27项，省重点新产品计划项目64项，高新技术产品410个。二是企业创新主体地位不断增强。安凯、三联新获批国家工程技术研究中心，时代出版、杰事杰、阳光电源、丰原药业（合肥）获批国家企业技术中心，全市共拥有各级工程技术研究中心215家，其中国家级7家；各级企业技术中心222家，其中国家级16家；工程研究中心22家，其中国家与地方联合共建工程技术研究中心2家。新组建通用院“工业产品质量控制和技术评价”等3家重点（工程）实验室。建立工程技术研究中心培育企业库。各类中心累计研发投入近70亿元，自主开发项目2058项，总收入245亿元。三是知识产权示范市建设稳步推进。新获批全国“专利保险试点”，培育知识产权试点示范企业53家，合肥杰事杰、中科大、中兴继远3家企业获得中国专利优秀奖，科大讯飞、巨一自动化等5家企业获得安徽省专利金奖。共有7家企业以专利质押向银行融资2100万，累计为17家企业成功地以专利质押向银行融资贷款5490万。鼓励专利产业化，给予政策奖励的22项发明专利授权当年取得销售收入8.9亿元。

【平台载体建设】 一是中科大先进技术研究院正式运行。确立了省院合作、市校共建的建设模式，实现当年规划、当年揭牌、当年招生，目前已招收工程类研究生300人。主体建设一期工程全面展开，合肥市选派5名优秀干部参与建设。中国科学院自动化研究所、中国移动通信研究院、微软亚洲研究院、中芯国际、阿里巴巴、安捷伦科技等著名科研机构和领军企业签订入驻协议，万亿次代数处理器、智能机器人、国产CPU等前沿研发成果正在汇聚。二是科技创新服务中心功能不断提升。2012年技术转移项目总成交额达2.8亿元，科创中心被科技部认定为国家技术转移示范机构。在“一中心”建设服务大厅，设置大仪设备共享、科技成果转化等八个服务窗口；设置企业注册、专利代理、小额贷款等十个中介服务窗口，为科技型企业提供科技公共服务。建设科技创业苗圃面积为1640平方米，推进“苗圃—孵化器”的“前店后坊”运作模式，目前培育 “创业种子”60余项，引进创业团队19个。建设大仪平台、入网检测与测试分析机构达43家，大型仪器达1400多台套，服务企业600多家。三是加快战略性产业研究院建设。谋划推动合工大建设智能制造研究院，推进申报国家电动汽车及分布式能源协同创新中心。启动中科院合肥分院物质科学技术中心建设。对十大战略性新兴产业研究院实施合同目标管理，实行季度统计监测。目前研究院研发试验面积超过8.8万平米，支出研发经费近4亿元，集聚研发人员897名，其中引进海外高端人才93人，在研项目和转化成果分别为465项和180项。四是科技企业孵化器建设得到加强。新增合肥科新和庐阳百帮2家省级科技企业孵化器，全市孵化器总数达到18家，新入驻企业223家，毕业企业102家。成功举办首届中国创新创业大赛（安徽）暨安徽省第四届自主创新创业大赛，华恒生物、合肥文康进入全国24强，分获第8和第18名。

【科技体制改革】 一是推进科技奖励制度改革。修订《合肥市科学技术奖励办法》并制定实施细则，强化市场应用和产业化导向，大幅提高各奖项奖励额度。首次增设科技合作奖，外来企业、新企业、大企业申报增加。科技奖励申报项目经济效益提高，累计新增利润16.51亿元，新增税收6.98亿元，较上年分别增长30%和25%。二是推进科技经费管理改革。修订《合肥市承接产业转移进一步推进自主创新若干政策措施（试行）》，制定《合肥市自主创新专项资金管理办法（试行）》，强化各项自主创新政策兑现落实。全年共受理政策兑现申报12019件，兑现金额4.5亿元。提高科技经费使用效率，对自主创新政策绩效进行评估，形成《合肥市财政支持自主创新政策绩效评估报告》。三是推进科技项目管理改革。制定《合肥市科技项目管理办法》，建设科技计划项目数据库，加强科技项目的跟踪管理。目前登记入库企业861家，入库项目1749项。对129项省级科技计划在研项目进行跟踪检查，在研项目资金投入总额为25.87亿元，实现产值122亿元，利税14.2亿元，创汇2143万美元。

【优化创新环境】 一是推进企业股权和分红激励。制定《合肥市推进企业股权和分红激励试点暂行办法》，形成“6+1”政策体系，多次邀请中技所、安交所开展试点企业辅导服务，有效推动试点工作。目前全市已正式提交试点申请并批准实施的试点企业32家，其中中科保瑞特、合肥久易、皖仪科技等9家试点企业完成激励方案的制定并陆续付诸于实施，通过批准备案；乐凯、聚能电已完成方案制订、公司审定，上报主管部门待批；紫金钢管、中科智能、红峥、协力仪表已制定初步方案。二是推进科技金融融合。推进高新技术企业上市融资，目前全市上市企业30家，其中22家是高新技术企业，通过IPO、再融资累计募集资金402亿元。推进新三板试点扩容工作，截至目前高新区具备挂牌条件的企业300余家，签约企业增至33家。扩大政策性拨款预贷款，预计全年贷款1000万元。推动高新区开展试点，设立“风险池”资金600万元，全年贷款2535万元。积极推进科技保险，参保企业25家，保险金额24.93亿元，企业保费支出874.41万元。全国第8家、中部地区首家网上路演中心落户合肥高新区。三是推进科技文化结合。成功获批国家首批文化与科技融合示范基地，组织相关企业申报国家文化与科技融合支撑项目，安徽时代出版传媒承担“基于语义的动态数字出版服务系统研发与应用”等4个项目，共获得5580万元资金支持。制定《文化与科技融合示范基地建设规划》，着力推进数字出版、智能语音、动漫游戏、创意设计等7大产业发展，着力打造文化产业发展的技术支撑、创业服务、产权交易和投融资平台，积极构建具有合肥创新特色的新兴文化产业体系。四是积极引进创新人才。召开全市人才大会，出台了人才特区建设“526人才行动”计划。成功参与举办深圳国际人才大会，合肥人才展区获得唯一展览金奖。科大校友会全年举办4场大型对接活动。新组建安徽硒谷生物、合肥知常光电、中棉种业长江公司3家院士工作站，全市院士工作站12家，集聚院士19名及团队118人，在肥服务院士总数达62人；新成立合肥金星机电、合肥华耀电子、安徽帝元生物等10家博士后工作站。新引进国家千人计划7人，总数达到103人。

（樊广海）

高新技术产业

2012年，面对较为复杂的外部经济发展环境，在市委、市政府的正确领导下，合肥市按照“新跨越、进十强”的新要求，以培育战略性新兴产业为重点，以壮大产业规模为目标，全力推进高新技术产业发展，全市高新技术产业继续保持快速、健康和持续发展的良好态势。

【高新技术产业总体情况】 2012年，全市高新技术产业产值达到3646.5亿元，其中规上高新技术产业产值（下同）达到3533.74亿元，同比增长18.9%，超全省增幅2.95个百分点；占全省34.46%，占全市规上工业总产值53.54%。全市规上高新技术产业增加值达到895.81亿元，同比增长18.6%，超全省增幅2.1个百分点；占全省34.14%，占全市规上工业增加值产值54.18%，占全市GDP21.51%，比上一年度提高1.34个百分点。

全市规模以上八大战略性新兴产业实现产值达到1598.74亿元，增加值达到433.47亿元，同比增长23.3%。经省科技厅认定的省级高新产品销售收入550.44亿元，实现利税55.3亿元，出口创汇12.93亿美元。

【高新技术产业各技术领域发展状况】 2012年，全市高新技术产业产值中，电子信息领域实现产值634.22亿元，占全市高新技术产业产值比重17.95%；增加值178.72亿元，同比增长34.8%。光机电领域实现产值2277.88亿元（其中高端装备产值491.44亿元，新能源汽车产值12.16亿元），占全市高新技术产业产值比重64.46%；增加值549.87亿元，同比增长17.05%。新能源与节能环保领域实现产值192.46亿元，占全市高新技术产业产值比重5.45%；增加值51.60亿元，同比增长32.6%。新材料领域实现产值147.05亿元，占全市高新技术产业产值比重4.16%；增加值35.74亿元，同比增长29.1%。生物医药领域实现产值94.91亿元，占全市高新技术产业产值比重2.69%；增加值25.42亿元，同比增长22.1%。高技术服务领域实现产值153.25亿元，占全市高新技术产业产值比重4.34%；增加值45.96亿元，同比增长30.1%。资源与环境领域实现产值14.19亿元，占全市高新技术产业产值比重0.4%；增加值3.55亿元，同比增长2%。航空航天领域实现产值19.78亿元，占全市高新技术产业产值比重0.56%；增加值4.95亿元，同比增长85.7%。

【高新技术企业发展状况】 2012年新认定国家高新技术企业120家，全市国家高新技术企业总数615家。全市国家高新技术企业实现产值2415.1亿元，实现净利润107.14亿元，税收85.99亿元，出口总额41.03亿美元，当年申请专利6760项，当年授权专利4835项。产值100亿元以上的高新技术企业3家，10亿元以上41家，1亿元以上226家。新增国家重点高新技术企业9家，总数31家；新增上市高新技术企业2家，总数23家；新增技术先进型服务企业5家，总数达到30家；国家现代服务业创新示范企业2家；省级现代服务业创新培育企业15家。

【高新技术产业载体发展状况】 合肥高新区完成地区生产总值337亿元，全口径工业总产值1087.6亿元，其中高新技术产业产值816亿元，同比增长20%。全市经省科技厅认定的省级以上科技企业孵化器18家，场地面积34.25万平米，孵化企业面积为24.8万平米，公共服务面积3.16万平米，孵化器拥有企业总数为1115家，企业从业人员1.39万人，新入驻企业223家，毕业企业102家。经科技部、科技厅认定的省级以上高新技术产业基地5个，基地拥有企业811家，高新技术企业354家，营业总收入541.09亿元，出口创汇6.98亿美元。经省科技厅认定的生产力促进中心32家（国家示范中心3家），中心总资产22.48亿元，中心从业人员809人，服务企业数4379家，服务总收入2.43亿元。

合肥被中宣部、科技部批准为文化科技融合示范基地、合肥新站综合试验区（新一代信息技术）和合肥包河区（新能源汽车）被商务部、科技部批准为国家科技兴贸创新基地，合肥（蜀山）国际电子商务产业园被商务部批准为国家电子商务示范基地。

（合肥市科技局　合肥市统计局）

防震减灾

【概况】　2012年，全市防震减灾工作坚持以震情为中心，扎实推进防震减灾“十二五”规划重点目标任务，依法加强监测预警、震害防御和应急救援三大体系建设，贯彻落实《安徽省“十二五”防震减灾规划》，市政府办公厅下发《关于合肥市“十二五”防震减灾重点工作目标及主要任务分解的意见》（合政办〔2012〕33号），规划安排我市“十二五”期间防震减灾重点工作目标任务。依托市地震监测中心建成的国家级防震减灾科普教育基地—合肥市防震减灾科普教育馆正式对公众开放，广泛深入开展防震减灾法规和科普宣传，积极推动实施防震减灾重大项目，创新开展防震减灾区域联动和院地科研合作，全市防震减灾工作取得显著成效。

2012年度，市地震局荣获全省防震减灾工作综合评比一等奖和全省防震减灾依法行政和行政执法、应急救援、政务信息三个单项一等奖，在2012年度全国市县防震减灾工作综合评比中被评为先进单位。在2012年度市政府目标考核中，市地震局被评为优秀责任单位；在全市应急管理工作考核中被评为先进单位；市地震局还被评为2011年度市直部门预算管理和财务决算先进单位，受到市政府和市财政局通报表彰。

【活断层探测项目】　2012年4月7日，市政府第98次常务会议听取了我局关于实施活断层探测项目的汇报，会议同意将项目列入合肥市市级政府投资公益性项目2012年度计划，要求市发改委尽快立项，市财政局给予经费保障。随后，市发改委和财政局联合召开了专题协调会，就活断层探测项目立项及资金安排问题进行了磋商，市地震局委托安徽省地震工程研究院编制了项目建议书。7月16日至7月19日，市地震局、市发改委组成调研组前往苏州、无锡、常州三市学习考察了当地活断层探测工作的开展情况，借鉴外地的经验做法。为推动项目的顺利开展，市政府专门成立了项目推进工作领导小组，由市政府分管副市长任组长、联系副秘书长任副组长，发改委、建委、公安局、财政局、国土局、交通局、林业和园林局、规划局、城管局、地震局等单位分管负责同志为成员。10月25日，市发改委以发改投资〔2012〕808号文批准项目立项。11月23日，由市发改委主持，中国地震局地质研究所副所长徐锡伟研究员任专家组组长，召开项目初步设计专家评审会，审查通过了项目初步设计。2013年1月，按照市政府投资项目招投标管理制度，采取单一来源采购方式，项目完成了招标工作，进入具体实施阶段。

【地震预测预警】　为加强地震监测预警能力建设，经市政府第98次常务会议研究，市政府对巢湖市、庐江县新建地震监测台站给予每站补助50万元，用于购置监测仪器。6月27日-28日，省市地震地质专家组专程到庐江县和巢湖市指导地震监测台站选址工作。巢湖市和庐江县按照计划积极推进地震监测台站项目前期工作。在省局支持下，市地震监测中心完成仪器搬迁以及技术系统切换，完成省二级信息节点建设工作。肥东白马山地震台新增了电磁波和钻孔倾斜，肥西地震监测站新增了宽频带测震和钻孔倾斜等监测仪器，两县地震监测站顺利完成仪器增上工作并通过验收，为震情跟踪工作提供了良好基础条件。2012年，在巢湖市和庐江县新建19个地震群测群防信息站，全市群测群防信息站总计达到86个，实现了群测群防信息站乡镇全覆盖。完成了巢湖、庐江防震减灾助理员选聘工作。4月26-27日，市地震局在市委党校举办全市乡镇街道防震减灾助理员培训会议，此次培训覆盖全市所有乡镇、街道及工业园区，共160余人参加。认真开展年度地震趋势会商工作，市县业务人员积极撰写专题报告，共计向年度全省地震趋势会商会提交六篇专题报告，合肥市地震局的会商报告获得全省三等奖。这是我市在全省地震会商报告评比中连续第五年获得三等奖以上成绩。

【地震应急】　4月16日，市政府下发合政办秘〔2012〕45号文件，调整合肥市防震减灾工作领导小组。市政府市长任组长，市政府常务副市长任常务副组长，合肥警备区司令员和分管防震减灾工作的副市长任副组长，各成员单位主要负责人为领导组成员，切实加强对防震减灾工作的领导。强化震情跟踪应对工作，细化应急预案体系建设，进一步修订完善各级各类地震应急预案和市地震局系统地震应急反应工作方案，明确应急工作程序和层级管理职责，切实提高预案的针对性、适应性和可操作性。加强地震专业救援队伍建设，多部门联合组织开展综合应急救援演练。5月2至3日，市地震局现场工作队根据局党组安排，结合“五四”青年节岗位练兵，举行了地震应急快速反应拉练。2012年，我市多级联动，举办了3次大型综合应急演练。5月10日上午，安徽省地震局、合肥市地震局、蜀山区科技局、琥珀街道、翠竹园社区五级联动，在蜀山区琥珀街道翠竹园社区举行了一场大规模的地震应急疏散演练。5月11日，我市在新站开发区合肥幼儿师范高等专科学校举行校园防震疏散暨高层灭火应急救援综合演练。7月28日我市在合肥消防特勤训练基地举行地震灾害卫生应急演练。应急演练活动广泛深入基层。包河、肥西、长丰等县区组织民兵或消防大队进行了培训演练。各街道、示范社区、重点企业、市县区直机关都在地震机构指导下定期举行了地震应急疏散演练。12月中旬，市地震局联合市政府应急办、发改委、民政局、安监局开展全市地震应急工作检查，进行防震减灾工作目标考核。妥善应对7月20日20时11分在江苏省扬州市高邮、宝应交界处发生的4.9级地震震情，及时发布震情信息，答复群众咨询，保持社会稳定。

【窗口工作】 区划调整以后，巢湖市为切实加强抗震设防要求管理，由市科技局、发改委、规划局、住建局及行政服务中心联合下发《关于进一步加强巢湖市建设工程抗震设防要求管理的通知》（巢科字〔2012〕13号）。2012年3月，庐江县政府出台《庐江县建设工程抗震设防要求管理办法》（庐政〔2012〕14号），10月，庐江县行政服务中心正式设立地震审批窗口，标志着我市各县（市）全部将建设工程抗震设防要求管理纳入基本建设联合审批。

全市共核定建设工程抗震设防要求505项（包括各县市区），参加并联审批23项，发放安评通知书61份。9月份，市地震局与市政务服务中心、市规划局、市城乡建委等牵头单位协调，将建设项目抗震设防要求管理纳入竣工联合验收。为贯彻落实新修订的《安徽省防震减灾条例》，市地震局出台《关于加强建设工程地震安全性评价项目备案管理工作的通知》（合震〔2012〕52号），加强对建设工程地震安全性评价项目的监督管理，并对安评资质单位的现场技术人员、现场主要设备及设备使用情况、工作深度等进行现场核查，进一步规范了我市地震安全性评价市场的管理。

【防震减灾宣传】 3月11日，利用肥西县紫蓬山庙会的契机，市县联合举办大型地震科普知识赶集活动，此次宣传活动共发放防震减灾宣传材料15000余份，接受群众咨询近500人次，取得了很好的宣传效果。5月12日，全国第4个“防灾减灾日”期间，全市在广场、社区、集市共设置宣传咨询台60余处，悬挂宣传条幅300余条，展出宣传展板600余块，刻录并发放光盘800余张，接受群众咨询近万人次，散发宣传材料20余万份，营造了浓厚的宣传氛围。安徽电视台第一时间、合肥电视台、新安晚报、合肥晚报等多家媒体进行了报道。市地震局、市科协合作印制了《地震知识百问百答》图书10000册，《地震紧急避险与自救互救知识》10000册及地震科普知识挂图10000份。全市地震工作机构向安徽省地震学会订购了《青少年不可不知的一百个防灾避险知识》15000余册，通过各地的科协及地震工作机构广泛分发至各地的学校、机关、社区及企事业单位，受到了群众的普遍欢迎。按照省地震局的统一部署，认真组织参加全省防震减灾网络知识竞赛。我市各县区地震工作机构积极动员、广泛发动，分为地震系统内、地震安全示范社区、防震减灾科普示范学校、市直机关、防震减灾领导小组成员单位等6个渠道积极参与此项活动，掀起了网络知识竞赛的热潮，市地震局荣获“全省防震减灾网络知识竞赛优秀组织奖”。12月4日，全国第十二个“法制宣传日”期间，市地震局在合肥市和平广场参加了主题为“弘扬宪法精神，服务科学发展”省暨合肥市全国法制宣传日大型广场宣传活动，累计发放各类科普刊物1600余份。积极开展科普知识讲座“进机关、进军营、进校园、进社区、进企业、进家庭”活动，市地震系统干部职工到机关单位和基层社区举办防震减灾科普知识讲座，在省军区、市委党校、安徽医专、肥东一中、葛大店社区、新站区希望小学等单位举办讲座20多场，受众人数约4000人。

【防震减灾科普示范学校建设】 我市的防震减灾科普示范学校创建工作在探索中起步、在创新中发展，从无到有，扎实推进，取得了丰硕的成果。为更好地总结交流科普示范学校创建工作经验，6月29日，我市在瑶海区和平小学东校区召开“全市防震减灾科普示范学校创建工作现场交流会”，会议由市地震局主办、瑶海区政府承办，省地震局刘欣副局长、市政府杨增权副市长到会并讲话，与会领导向获得认定的10所省级示范学校和20所市级示范学校授牌，对下一步结合创建工作加强防震减灾科普宣传提出明确要求，有力地推动了此项工作的开展。

【防震减灾科普教育馆开放】 在2011年先期建设的基础上，2012年初，全面完成了科普馆建设的收尾工作，建立了管理制度、完成了人员培训、选聘了两名兼职讲解员。4月1日，科普馆投入试运行，迎来了第一批参观者。5月21日，科普馆举办开馆仪式，正式对公众开放。省地震局局长张鹏、副局长刘欣，市人大常委会副主任谢刚，副市长杨增权，市政协副主席奚芝英等领导同志出席仪式并讲话。场馆采取周三、周四、周五接待团体、周六、周日接待市民的运行模式，安徽电视台、新华社安徽分社、合肥电视台等20多家媒体对合肥市防震减灾科普教育馆进行了宣传报道，全年共接待省内外团体及个人参观近8000人次。科普馆的建成开放填补了我市没有专门防震减灾科普馆的空白，在防震减灾科普教育方面发挥了显著的社会效益，受到了省市领导的高度称赞及广大市民的普遍欢迎。

【专题调研】 7月10日，省人大法工委副主任吴斌、省地震局副局长刘欣率调研组赴我市开展《安徽省防震减灾条例》立法工作调研，在市人大常委会召开了立法调研座谈会。合肥市人大常委会副主任苏宇光，合肥市地震、发展与改革、教育、财政、公安、民政、城乡规划、住房和城乡建设、卫生、法制办等职能部门和单位代表以及相关省、市人大代表参加座谈会。市地震局张立局长向调研组汇报了立法建议。

【合作组织第二届年会召开】2012年5月29日—31日，“中国东部郯庐断裂带城市震情监视及综合减灾研究合作组织”第二届年会在合肥市顺利召开。来自黑龙江、吉林、辽宁、山东、江苏、湖北、江西及安徽省等8省16市的地震部门的47名代表参加了会议。会议通过了黑龙江省鹤岗市地震局、江苏省连云港市地震局、山东省潍坊市地震局、安徽省滁州市地震局和湖北省黄冈市地震局为本组织的正式成员单位。会议共征集了18篇防震减灾综合性论文，经专家评审后，编制成论文集印发。会议还邀请了安徽省地震局姚大全副局长、合肥工业大学资源与环境学院宋传中副院长、中国科技大学地球与空间科学学院张捷教授就震情监视及综合减灾等方面的问题作了学术报告。随后，安徽省地震学会名誉理事、郯庐断裂带资深专家徐嘉炜、沈阳市地震局、安庆市地震局在会上作了精彩的专题发言。31日上午，会议代表集中赶赴“郯庐断裂带”的“庐”字的命名地——合肥市庐江县考察，实地参观了省属庐江地震台，并召开了交流座谈会，会上，代表们展开了热烈的讨论，并就如何加强合作组织的联系、充分发挥合作组织的作用以及进一步加强震情跟踪、加强监测台站等基础设施建设、加强防震减灾的科研合作与交流等问题达成了一致意见。合作组织第二届年会的召开对加强该组织的区域间联系，发挥该组织的作用起到了积极的推动作用。

【院地合作】 为了加强与属地高等院校的联系，共同构建院地合作的创新体系，形成专业、事业相互促进共同发展，2012年3月，市地震局分别与合肥工业大学资环学院及中国科技大学地球与空间科学学院召开了院地合作交流座谈会，并正式签订了合作协议。会议就“院地合作”的原则、目的、双方的责任与义务以及在科学研究、项目论证、科普宣传、人才培养及交流等方面等提出了具体的合作需求，并达成了初步共识，双方一致认为将充分利用高等院校的专业、人才等资源和先进成熟的技术成果，以及合肥市地震局的专业设备和基础资料数据，实现“院地合作、学研共赢”，努力提升合肥市防震减灾科技能力。随后，在郯庐断裂带合作组织联席会议、活断层探测项目的实施及学术交流报告中，都充分展示了院地合作的优势及成果。

（汪霞光）

气　候

【概述】 2012年，合肥市年平均气温16.1℃，较常年偏高0.1℃。冬寒春暖夏热秋爽。年平均降水量919毫米，较常年偏少1成。春季及年末多雨雪过程，汛期降水量偏少；入梅和出梅均偏晚，梅雨量偏少。年日照时数1840小时，较常年偏少24小时。

全市初夏和伏季出现干旱，不利于夏种出苗及水稻生长；春夏季局地强对流危害大，雷击事故较集中；梅雨期雨带南北摆动，部分地区降水强度大；高温姗姗来迟，日数2004年以来最多；8月台风扎堆来袭，其中台风“海葵”对全市造成一定的影响；冬春及秋季雾霾多发，公路、航运受阻；年末气温持续偏低，多雨雪天气过程。2012年全市属较好气候年景。

【气温】 2012年合肥市年平均气温16.1℃，较常年偏高0.1℃。（各代表站具体数值见表1）年内4～7月以及10月气温偏高，其他各月接近常年或偏低，其中4月异常偏高2.3℃，7月异常偏高1.9℃，2月异常偏低1.9℃，12月异常偏低1.7℃。

冬季（2011年12月～2012年2月，下同）：全市平均气温3.1℃，较常年同期偏低0.9℃，为1987年以来最低。2011年11月30日～12月1日以及12月6～10日先后遭受两次寒潮袭击。

春季（3～5月）：全市平均气温16.7℃，偏高0.9℃。春季气温前期偏低后期偏高，3月略偏低，4月和5月持续偏高，其中4月异常偏高2.3℃。

夏季（6～8月）：全市平均气温28.1℃，偏高1.1℃。6月和7月气温持续偏高，其中7月异常偏高1.9℃；8月气温接近常年。夏季高温（日最高气温≥35℃）初日为6月9日，较常年偏晚；平均高温日数27天，较常年偏多。

秋季（9～11月）：全市平均气温16.7℃，偏低0.4℃。秋季多冷空气活动，气温起伏大，9月和11月偏低，10月偏高。

12月全市平均气温3.2℃，异常偏低1.7℃。

终霜日：全市大部分地区终霜日为3月24～25日，偏晚5～15天。

初霜日：全市大部分地区初霜日为11月5～7日，提前5～10天。

根据气候学四季划分标准，全市平均入春（3月22日）、入夏（5月26日）和入秋（9月25日）提前，入冬（11月24日）接近常年。

【降水】 2012年全市年平均降水量919毫米，较常年偏少1成。（各代表站具体数值见表1）

年内3月、8～9月以及12月降水偏多，其中12月异常偏多1倍；其他各月接近常年或偏少。全市暴雨日数4天，与常年持平；暴雨初日为5月8日。

冬季：全市平均降水量85毫米，较常年偏少近3成。2011年12月和2012年1月降水持续偏少，气候“干冷”特征明显；2月降水持平。

春季：全市平均降水量238毫米，较常年偏少1成，其空间呈北少南多分布。4月偏少4成，3月、5月降水偏多或持平。

夏季：全市平均降水量340毫米，较常年同期偏少3成。6月25日我市入梅，7月21日出梅，分别比常年偏晚9天和10天；梅雨量148毫米，偏少3成。

秋季：全市平均降水量199毫米，与常年持平。9月降水偏多5成，10月和11月偏少。

12月全市平均降水量59毫米，异常偏多1倍。

【日照】 全市平均年日照时数1840小时，较常年偏少24小时。年内4月、7月以及9～11月日照时数偏多，其他月份偏少或持平（各代表站具体数值见表1）

从四季来看，冬季和年末12月日照时数偏少，春季接近常年，夏季和秋季均偏多。

【气候事件】 年内全市先后遭遇早春低温雨雪、春夏阶段性干旱、强对流、高温、台风、年末暴雪等极端天气气候事件。总体来说，极端气候事件影响程度较轻，属较好气候年景。8月份先后有4个台风影响全市，其中上旬相继出现“苏拉”、“达维”和“海葵”3个台风，历史罕见，以“海葵”的影响最大。

第11号台风“海葵”于8日20时进入安徽省宁国境内，之后在安徽省南部回旋少动，9日23时在池州贵池区停止编报。受南下冷空气与台风“海葵”共同影响，合肥市出现强降水，8～11日累计雨量普遍超过50毫米，部分地区超过100毫米；其中9日雨势最强，全市普降暴雨。另外市大部地区极大风速风力等级均超过6级（10.8米/秒）。

“海葵”具有登陆强度强、风雨范围广、强度大、持续时间长等特点。从过程暴雨及大暴雨站次、强降水范围综合来看，“海葵”为全市有气象记录以来第二强台风。

5月中旬至8月上旬全市降水持续偏少、气温偏高，出现阶段性干旱。5月中旬起全市北部气象干旱露头，之后干旱范围不断扩大、程度也明显加重，6月25日气象干旱最为严重。受此影响，市大部出

合肥市2012年各代表站气象要素距平值
（平均值为1981～2010年气候值）

	年平均气温距平（单位：℃）	年平均降水量距平百分率（单位：%）	年平均日照时数距平（单位：小时）
合肥	0.3	-7	49
肥东	0.2	-10	8
肥西	0.3	-16	58
长丰	0.3	-29	34
巢湖	-0.4	-5	-221
庐江	0	-15	-73

现不同程度的缺墒，持续干旱导致夏种受阻。梅雨期出现三段降水过程，有效地缓解了前期的旱情，至7月14日气象干旱基本解除。7月20日起全市出现持续大范围晴热高温天气，土壤失墒加快，加之梅雨期降水偏少且分布不均，气象干旱再次露头并迅速发展，至8月7日，全市北部出现不同程度的气象干旱，局部地区出现重旱。

初夏旱对夏种进程和已播作物出苗影响较大。利用干旱年景指数评估，2012年全市干旱属偏重年份。干旱期间，全市气象部门利用有利天气条件多次实施人工增雨作业，作业区增雨效果明显，较大程度遏制了旱情的发展。

12月全市平均气温3.2℃，异常偏低1.7℃。受冷空气影响，7～9日、16～19日、20～23日及28～30日分别出现四次显著降温过程。12月30日全市气温降至入冬后最低，大部分地区最低气温达-5.0℃。

12月下旬以雨雪天气为主，20～22日以及26～30日全市出现两次明显雨雪过程，降雪初日与常年持平。12月30～31日最大积雪深度1～3厘米。受雨雪天气影响，全市部分地区道路结冰，对交通影响较大。合肥境内高速实行交通管制，骆岗机场部分航班延误。

6月9日全市出现首个高温日，高温初日较常年偏晚；夏季全市高温日数为27天，较常年偏多。主要高温时段为6月8～16日、6月29日～7月12日、7月20日～8月7日以及8月12～21日。高温天气呈现以下特点：高温初日虽偏晚但出现时间集中，高温日数多、范围广。

7月全市平均高温日数（日最高气温≥35℃）为17天，较常年同期偏多9.5天。全市连续高温日数在11天（7月21日～7月31日）；极端最高气温在37℃以上，长丰7月30日最高气温达37.8℃。7月下旬高温范围最广，全市居民用电负荷不断刷新记录。

梅雨期雨带南北摆动，出现三段降水过程，分别为6月26～27日、6月28日～7月3日、7月12～14日。

7月13～14日雨带南移至合肥以南，全市南部普降暴雨，其中巢湖、庐江2天累计降水量在120毫米以上。采用Floodarea模型模拟暴雨最强时段淹没情况，表明出现了不同程度的积水。

8月20～22日受北方弱冷空气南下影响，全市出现一次明显的降水过程，21日雨势最强，其中合肥站122.8毫米，为本站8月单日降水量第三位（少于1974年8月13日，129.6毫米；1958年8月14日，129.0毫米）。据安徽省高密度自动观测站网监测显示：20日19～23时合肥站累计降雨量达117.3毫米，由于降水强度大，多个路段出现短时积水内涝。

1月下旬气温持续下降，全市日气温最低值出现在1月23日（正月初一），仅为-5.7～-7.6℃。21～22日全市大部分地区出现雨夹雪或雪，22日积雪深度达1～5厘米。低温和雨雪导致路面不同程度道路结冰，对春运有一定的影响。

2月20日～3月23日，全市出现长时间低温阴雨天气。期间全市平均气温异常偏低，日照时数偏少，降水偏多，降水过程出现在2月20日～3月8日以及3月15～23日。

春夏季雷雨大风、冰雹等强对流时有发生，局地危害较大。

3月18～19日，合肥市出现降温和雷暴天气，19日下午至傍晚市大部出现雷暴，并伴有冰雹出现，其中肥东最大冰雹直径约5～6毫米，持续约9分钟，为近年来罕见。

5月16日傍晚到夜里，合肥市区、巢湖出现雷雨大风等强对流天气。

8月27日巢湖市烔炀镇固山村一村民在田地劳动时遭雷击。

冬春秋三季雾霾多发，公路航运受阻，引发多起交通事故。年内全市平均雾霾日数29天，偏少2天。

1月9～10日，合肥市部分地区出现雾霾天气，其中9日早晨长丰出现大雾，能见度仅有300米。

1月31日早晨，全市出现大雾，主要集中在合肥及以北地区，肥东最低能见度仅有100米，大雾影响期间，合肥境内多条高速公路封闭。

3月6日早晨合肥市能见度不足40米，合肥境内多条高速因雾临时封闭或限速行驶。

4月19日早晨8:00合肥市长丰站出现能见度不足200米的浓雾天气，对交通造成一定程度影响。

10月下旬合肥市雾霾频发，以28日和31日早晨雾霾范围最广，其中31日长丰最低能见度仅100米。

11月17日市大部分地区出现大雾天气，其中合肥骆岗机场最低能见度仅50米。

11月24日受大雾天气影响，沪陕高速合肥至六安靠近新桥服务区段发生重大交通事故。

11月27日市再次出现大范围大雾天气，长丰最低能见度为200米。受大雾天气影响，合肥市多条高速公路局部路段临时封闭，合肥骆岗机场部分航班被迫延误。

（陈　健）

文化事业

【概况】 2012年，合肥市文化广电新闻出版系统深化文化体制改革，以政府工作报告设定的目标任务和省市政府年度重点工作为抓手，开展“讲大局、强责任、提能力、抓落实”学习活动，扎实推进“文化强市”战略，先后获得全省文化系统先进集体、全省新闻出版版权工作综合先进单位、全省广播影视重点工作目标考核先进单位、全国文化市场“十大案件”办理单位等多项荣誉。

【打造特色文化品牌】 2012合肥市相继举办了新春文化庙会、中国合肥·巢湖（国际）旅游节开幕式、“水韵巢湖”广场文艺演出、“走向文明”“平安进社区”等活动380场。圆满完成由省纪委指导，中国曲协、市纪委、市委宣传部等单位主办的第二届“包公杯”全国反腐倡廉曲艺作品征集活动颁奖典礼。

2012年7月，第七届中国曲艺牡丹奖全国曲艺大赛（合肥赛区）的比赛及颁奖晚会在合肥举行，来自全国25个城市46个艺术团体的50个节目参加此次国家级曲艺牡丹奖角逐，《莎莎，我爱你》等8个节目获提名奖，王晓智等11人获提名奖，《聊天》等6篇作品获文学提名奖。小品《说变就变》获第五届中国中部六省曲艺大赛一等奖，相声《局长家的狗》获大赛二等奖。

【公共文化设施建设和文化惠民工程】 2012年合肥市博物馆工程完成设计招标，确定了设计单位，组建了陈列大纲编写小组，完成大纲定稿和展陈设计图定稿。

继续加大文化惠民工程推进力度，2012年新建公共电子阅览室46个、乡镇文化站4个，乡镇文化站主体工程、内外装饰装潢、设备设施调试位等工作已完成，现已整合相关资源，开展特色文化服务，全面免费开放。广播电视“村村通”工程，按照省、市、县统一部署，尽早安排布置，精心组织实施。巢湖市、庐江县提前3个月完成181个村的有线电视光缆联网工程建设任务，累计架设电缆939公里；光缆152公里；安装光发射机5台；光接收机139台；供电器139台；用户放大器165台，覆盖人口约2.6万户。长丰县完成65个村，1270套直播卫星的安装任务，巢湖凤凰山发射台一期工程已完成。农村电影“2131”工程年内完成公益放映2.32万场，观众达到700万人次，城市电影票房全年达到1.7亿元，同比增长近34%，占全省电影票房49%。合肥市农家书屋建设及出版物配送年度工作，到2012年6月底已全部完成。农家书屋实现了全市所有行政村、城市社区全覆盖，提前3年完成计划建设任务。

【文化产业快速发展】 2012年5月，合肥市被科技部、中宣部、文化部、广电总局、新闻出版总署五部门联合授予首批国家级文化和科技融合示范基地称号。全市制定出台了《文化专项资金使用管理办法》，“滨湖广播电视塔”、“国际影视制作基地”等一批重点项目分别立项，快速推进。

【第六届中国（合肥）国际文化博览会】 9月20日，第六届中国（合肥）国际文化博览会在合肥滨湖国际会展中心开幕。大会以“文化与科技融通　博览与交易互动”为主题，整合文化优质资源，展示文化最新成果，实现资本要素有效对接，全力打造中国工艺美术精品与文化项目交易平台，推动文化与科技融合发展。本届文博会，是滨湖国际会展中心启用后，第一次放在此处举办。展览面积达10万多平方米，是上届的2.5倍；现场设置近1万个展位，参展客商达1.7万人。4天时间人流量高达53.6万人次。本届展会共设7个展馆及1个分会场，展览面积达15万平方米，设有标准展位1万个，规模为历届之最，共吸引了5000余家境内外文化企业参展。主展馆划分3大展区，包括省暨合肥市文化产业发展成就展、台湾创意文化精品展、文化产业特色基地、园区、企业展。

比起前几届，本届文博会影响力更大、规模更大、文化产品更丰盛。文博会为出版社和经销商之间搭建了一个良好的平台。精品红木家具、著名大师画作、精美工艺品、稀有的根雕、景德镇的瓷器、宜兴的陶瓷、新疆的和田玉……在本届文博会上，精品云集，海内外著名展商汇聚。参展商的积极参与，是本届文博会成功的一个重要原因。现场交易额达4.3亿元，意向合同交易额7.9亿元，单件成交额最高为103万元。

【合肥520个农家书屋全面开放】 2012年，合肥市有520个农家书屋建设任务，已全部建成开放。农家书屋建设资金由政府投入，每个农家书屋建设资金标准为2万元，中央财政按50%给予资金补助，其余部分按照省与市（县）7∶3的比例承担，即中央财政1万元，省财政0.7万元，市（县）财政配套0.3万元。

合肥市建成的农家书屋，使用面积都不少于20平方米，出版物配备图书不少于1500册、种类不少于1200种，报刊不少于20种，电子音像制品不少于100种（张）；每个书屋配备5组书橱以及配套的桌椅等基本阅览设施，基础条件较好的书屋还自行配备了放映机、电视机、电脑等设备。全市已建成的书屋均按照政经、科技、文学、生活、少儿、其他等六大类，分类编号上架、摆放，并与农村党员活动室、农村文化室、农民科技书屋、留守儿童文化活动室等其他农村文化工程的资源整合，实现文化资源的共建、共享。

【合肥市农家书屋建设获全国表彰】 9月27日，全国农家书屋工程建设总结大会在天津举行。会议对74家全国农家书屋工程建设突出贡献单位、531个全国示范农家书屋、521名优秀农家书屋管理员进行了表彰。合肥市庐阳区大杨镇谢岗村农家书屋获“2012年全国示范农家书屋”称号，并应邀参会接受颁奖；肥西县三河镇茶棚社区农家书屋管理员魏华被表彰为“2012年全国优秀农家书屋管理员”。

合肥市农家书屋工程建设自2007年启动以来，坚持建设工作制度化运作和建设资源的有效整合利用，实现建、管、用三位一体，建设工作扎实推进。截至2012年，累计投入建设经费3794万元，全市共建成农家书屋1897家，提前3年实现农家书屋所有行政村和城市社区的全覆盖。

【文化市场监管成效显著】 2012年．合肥市切实加大文化市场执法力度，着力集中解决群众反映的突出问题，开展对网络文化等新型领域违法案件的查办，规范文化市场秩序，积极推进“扫黄打非”工作，取得了良好的成效，实现了安全经营、平安和谐、有序发展的目标。12月12日，经有关部门批准，合肥市文化市场发展研究会正式成立

全市共出动执法人员4571人次，检查经营单位2886家次，核查、处理各类举报165件，下发责令整改通知书18份，下发各类监管文件15份，组织执法培训3期，组织联合集中执法行动25次，聘请“五老”网吧义务监督员117人，查获非法出版物黑窝点1个，立案查处行政案件30件，移交司法机关追究不法分子刑责案件1件，收缴盗版音像、书刊电脑软件等各类非法出版物约2万多张（册），其中违禁图书50多册，收缴赌博机、电路板58台（块），配合工商等部门取缔黑网吧13家、没收黑网吧电脑83台，致函网路运营单位终止黑网吧网络接入服务9家，致函城管部门依法取缔无证歌舞、游艺娱乐场所9家，配合工商部门查扣高频头60只、接收机94台、锅面66只、电视棒32个，“净网先锋”监管平台拦截、屏蔽非法网站、网上有害信息208331次（条）。

（吴　熹）

文物保护

【李鸿章故居】 李鸿章故居是晚清军政重臣李鸿章的家宅，位于合肥市繁华的步行街中段，是典型的晚清江淮地区民居建筑。布局整齐，结构严谨，雕梁画栋，由南向北依次分为大门、前厅、中厅、走马楼(小姐楼)，东侧为淮系集团展馆，占地面积共计3500平方米。故居2011年晋升为国家AAAA级旅游景区，2012年评为全国重点文物保护单位（第七批）。

2012年，该馆共接待海内外游客30余万人次，与上年同期相比增长5%，再创历史新高，超额完成年初的各项目标任务。故居先后接待了国家信访局局长王学军、最高人民检察院检察长曹建明等领导。

在圆满完成接待任务的同时，该馆策划了丰富多彩的节庆活动。在“国际文化遗产日”积极举办主题活动，向广大市民宣传故居、享堂及文化遗产的相关内容。7月，精心筹划的“合肥·渡江”第七届小讲解员夏令营活动拉开帷幕，小营员们不仅学到了讲解的仪态、安徽历史名人李鸿章的生平史实，还了解到合肥在渡江战役中的重要作用，体验了那段充满激

2012年市演艺公司集体或个人获省级以上奖项一览表

院/团	奖项名称	剧目	获奖者
庐剧院	全省小戏、折子戏调演 优秀演出奖	《得失之间》	庐剧院
庐剧院	全省小戏、折子戏调演 演出奖	《见判》	庐剧院
庐剧院	全省小戏、折子戏调演 演出奖	《人鬼情》	庐剧院
庐剧院	全省小戏、折子戏调演 作曲三等奖	《得失之间》	刘国熙
庐剧院	全省小戏、折子戏调演 编剧一等奖	《得失之间》	阚俊松
庐剧院	全省小戏、折子戏调演 表演二等奖	《人鬼情》	李楼
庐剧院	全省小戏、折子戏调演 表演二等奖	《人鬼情》	孙绳骥
庐剧院	全省小戏、折子戏调演 优秀导演奖	《人鬼情》	许曼地
庐剧院	全省小戏、折子戏调演 表演二等奖	《见判》	杨敏
庐剧院	全省小戏、折子戏调演 表演一等奖	《赵奢收赋》	陈胜超
庐剧院	全省小戏、折子戏调演 表演三等奖	《得失之间》	牛静
庐剧院	全省小戏、折子戏调演 表演三等奖	《得失之间》	颜硕
歌舞团	全省首届专业舞蹈大赛 表演二等奖	双人舞《画魂》	桂悦、刘黛
歌舞团	全省首届专业舞蹈大赛 表演三等奖	独舞《振》	陈佳琦
歌舞团	全省首届专业舞蹈大赛 创作三等奖	独舞《振》	陈佳琦、王翔
曲艺团	第七届中国曲艺牡丹奖相声小品三书比赛（合肥）中国曲艺牡丹节目奖	《御史拜寿》	李翔、夏重梁、高乾 张盛迪、陈旭
曲艺团	第七届中国曲艺牡丹奖相声小品三书比赛（合肥）中国曲艺牡丹奖“新人提名奖”	《局长的茶杯》	孙铭泽、唐浩
曲艺团	第五届中国中部六省曲艺大赛节目一等奖	《说变就变》	李翔、张建 梁燕、储小林
曲艺团	第五届中国中部六省曲艺大赛节目二等奖	《局长家的狗》	高乾、唐浩
曲艺团	第六届安徽省曲艺节表演一等奖	小品《幸福就是美》	李翔
曲艺团	第六届安徽省曲艺节表演二等奖	小品《幸福就是美》	梁燕
曲艺团	第六届安徽省曲艺节表演一等奖	相声《仿古》	邹庆华、夏重梁 孙铭
曲艺团	第六届安徽省曲艺节表演一等奖	相声《对座数来宝》	唐浩
曲艺团	第六届安徽省曲艺节表演一等奖	相声《紧急会议》	高乾
曲艺团	第六届安徽省曲艺节表演二等奖	相声《老鼠的传说》	陈旭、张翼飞
曲艺团	第六届安徽省曲艺节表演二等奖	相声《对座数来宝》	韩晓钰
曲艺团	第六届安徽省曲艺节表演二等奖	相声《我要减肥》	张盛迪
曲艺团	第六届安徽省曲艺节表演二等奖	评书《温酒斩华雄》	周旻
曲艺团	第六届安徽省曲艺节表演三等奖	评书《戒烟》	马兰兰
曲艺团	第六届安徽省曲艺节表演一等奖	快板书《巧劫狱》	孙铭泽
曲艺团	第六届安徽省曲艺节节目二等奖	坠子快板表演唱《枕头风》	夏芹、胡娟、方露、唐浩、 马兰兰、毋琦、储小林

情的红色岁月。

为了打破博物馆静态、固化的展出方式，还原更加真实、立体的李鸿章形象，“十一”期间，李鸿章纪念馆特别推出“性格李鸿章”系列情景剧表演活动。演出内容不是重大的历史题材，而是贴近生活和现实的鲜活事例，让人们从另一个角度了解这位晚清军政重臣丰富多彩的另面人生。围绕《念家乡，中堂回合肥》、《会恩师，挥毫展胸襟》、《惜人才，父劝女嫁郎》和《求养生，自创保健方》四幕戏，向人们展现了李鸿章重乡情、惜人才和重养生的一面。以真人表演还原历史人物，让人们对李鸿章的认识更立体、更直观。活动引爆了故居参观热潮，参观人数创历史新高。

【李鸿章享堂】 1902年李鸿章的灵柩从北京辗转运回合肥，1903年葬于合肥东郊的大兴集。李氏家族后人为祭祀他，在墓旁建造了规模庞大的享堂。1985年，享堂被公布为市级文物保护单位，2004年被公布为省级文物保护单位。

享堂是对墓上建筑的通称，现存的李鸿章享堂占地14000平方米，建筑面积近3000平方米，是目前国内保存较为完好的名人墓园，分为享堂区、合葬区和仓房区。享堂建筑包括前、中、后三进，两个四合院，分为门厅、前堂、寝堂。西侧是李鸿章与赵氏夫人合葬墓，墓前有神道碑引导。神道碑上主要记述了李鸿章的一生以及朝廷追赠他和封赏李氏子孙的情况，由桐城派大家吴汝纶撰写。东侧是仓房，主要是储藏用于维护享堂和日常开支的粮食，现布置有《江淮地区农俗陈列》。该陈列用大量的实物展现了江淮地区的农具和农民的生活状态。

作为免费开放景点，2012年李鸿章享堂观众参观达19.7万人次，青少年参观达4.15万人次。

因裕溪路高架桥建设需要，经过2年闭馆整修后，2012年3月1日，享堂重新对外免费开放，安徽省文物局局长陈建国、省旅游局副局长张雪平、合肥市政府副秘书长项贤峻、市旅游局局长桑林兵、合肥市文广新局副局长潘勇等领导参加了开馆仪式。对全部游客实行免费讲解，让广大游客完全享受实行免费开放带来的惠民文化盛宴。

【渡江战役纪念馆正式对外开放】 渡江战役纪念馆2008年10月开工，2012年4月24日预开馆运行。

11月28日上午，渡江战役纪念馆南广场红旗招展，鲜花锦簇，渡江战役纪念馆开馆仪式盛大举行。中国人民解放军总政治部、国家文物局、省市渡江战役纪念馆建设领导小组成员、设计建设单位、老战士代表等各界人士参加了开馆仪式。渡江战役总前委参谋处参谋、原浙江省军区司令员黎清，中国人民解放军总政治部宣传部副部长黎国如少将，安徽省委常委、合肥市委书记、省渡江战役纪念馆筹建工作领导小组副组长吴存荣作了重要讲话。安徽省委副书记孙金龙、南京军区副政委吴刚等领导为纪念馆开馆剪彩。

【合肥新增42个爱国主义教育基地】 2012年10月11日，合肥市公布第四届爱国主义教育基地名单：渡江战役总前委旧址纪念馆、合肥蜀山烈士陵园管理处、安徽名人馆、合肥市包公园管理处、合肥高新创业园管理有限公司、新四军江北指挥纪念馆、张治中故居、李克农故居、冯玉祥旧居、巢湖市南山烈士陵园、巢湖市博物馆、渡江战役纪念馆、合肥工业大学工程认知博物馆、合肥市赖少其艺术馆、合肥市大蜀山文化陵园、合肥市青龙厂新四军东进抗日纪念馆、肥西县三河镇、双河集农民暴动（中共北乡支部）纪念馆、合肥市科技馆、中国科学院合肥物质科学研究院（科学岛）、杨庙镇革命事迹陈列室（刘云峰烈士纪念馆）、吴山庙武装起义纪念馆、合肥安达电子（集

渡江战役纪念馆外景：五前委雕像（邓小平、刘伯承、陈毅、粟裕、谭震林）

团）公司、中国科学技术大学、合肥子木园博物馆、盛习友纪念馆、巢湖市档案馆、周瑜墓园、孙立人故居、中国农村包产到户发源地小井庄、刘铭传旧居、合肥三国遗址公园、合肥市庐阳区青少年校外活动中心、合肥市庐阳区教体局素质教育实践基地、合肥市瑶海区青少年活动中心、瑶海区素质教育活动中心、瑶海区琥珀名城学校乡村少年宫、合肥市档案馆、包河区大圩镇沈福村、合肥市包河区少儿活动中心、合肥市包河区大圩镇乡村少年宫、合肥王小郢污水处理有限公司。

【文物发掘与保护】 市文物管理处组织专业技术人员完成了乱墩子汉墓群出土文物的修复工作，绘制了130余座墓葬的平剖面图和代表性出土器物图，完成了墓葬和器物的文字描述，为发掘报告的整理做了基础性工作。与庐阳区政府多次沟通，经过安徽省文物局批准，完成了中菜市复建点地块的考古钻探，5月，组织专业考古人员完成了发掘工作，发掘了4座汉代墓葬，出土各类文物近50件。8月，对新站区泗水路建设项目涉及的徐大墩遗址进行了钻探，确定了遗址的准确位置和范围，对该遗址的保护提供了有力的证据，泗水路采取绕道修建的方式，保护了这处遗址不受到破坏，妥善解决了建设工程与文物保护的矛盾。组织业务部人员实施了曙光路宋墓、铜陵路宋墓等5次建设工程中的抢救性考古发掘，抢救出了一批珍贵文物。根据文物专家程如峰提供的线索，对“合肥侯”文物专家的墓葬开展了一些探索性的工作，初步确定了墓葬的位置。

在大型基本建设中贯彻文物保护工作方针，依据《文物保护法》的相关规定，在合肥燃气集团绕城管线和华能合肥电厂建设项目中，要求依法对工程涉及地块进行考古调查、钻探，实施关口前移，最大限度地避免建设工程对地下文物的破坏。将安徽大学龙河校区教学主楼、安徽农业大学教学主楼、安徽省地质博物馆大楼、安徽省图书馆主楼、合肥工业大学教学主楼、庐州府城隍庙六处市保单位，报请省人民政府批准公布为第七批省级文物保护单位，合肥市省级文物保护单位总数达到总计14处，在种类上增加了近现代重要史迹及代表性建筑类别。

11月，按照省文物局督办函的要求，市文物管理处多次派员到巢湖市督办，指导巢湖市完成了省保单位普仁医院被破坏案件的查处，责成施工方对建筑北侧坡面取土区进行加固，屋顶进行补漏处理；按照文物行政处罚暂行条例的程序，对相关责任人进行了罚款5万元的处罚，案件已经办结。帮助庐江县文物管理所完成了大型电厂厂址和堆灰场选址的文物调查，出具了原则同意选址的文件。为庐阳区大杨镇文化站提供该辖区内相关文物照片和文字资料，协助举办《大杨文物图片展》。从三河民俗博物馆征集了64块明清时期的匾额，全部搬运入库，为合肥博物馆的展陈增加了展品。从孔氏后人处征集到光绪年间的一块“恩例碑”，碑上记载了孔氏后裔在历史上永不负担赋税和徭役的情况，为研究孔氏家族的发展历史和清代赋税制度提供了珍贵的实物资料。完成了宋世科住宅的修复工程，启动了卫立煌故居修复的前期准备工作。

（路文举、帅艳华、张秋红）

广播电视

【概况】 合肥市广播电视台（合肥文广集团）是合肥市委宣传部领导下的正县级事业单位，是市委市政府的新闻媒体和广播电视播出机构。目前拥有新闻综合广播、交通广播、故事广播、文艺广播、徽商广播、新城资讯广播、新城交通音乐广播等7套广播节目；新闻频道、生活频道、财经频道、教育法制频道、家庭影院频道、故事休闲频道、文体博览频道、巢湖明珠频道、电视剧频道、皖江购物频道等10个电视频道，以及都市频道、欢乐频道2个数字频道。2012年平均每天播出广播节目135小时、电视节目172小时，信号覆盖面积1.14万平方公里，覆盖人口达757万。

为深化广播电视体制改革，按照事业企业分离和制作播出分离的原则， 2011年由合肥市广播电视台独家出资组建了合肥文广集团，集团下属广播公司、广电传媒公司、有线电视宽带网络公司、广电投资公司、合肥演艺公司、城联新媒体公司、环视广播电视科技公司等。2012年合肥市广播电视台（集团）总资产达17亿元，全年创收约6亿元。

【广播节目丰富多彩】 2012年，合肥广播电视台始终秉承“引导舆论，做好党和政府的宣传喉舌；关注民生，满足老百姓资讯和娱乐需要”的创作理念，制作出一批社会评价高，深受老百姓喜爱的广播电视节目。

合肥故事广播《胡小图闯江湖》作为一档栏目，坚持民生视角，立足本土，已成为以中青年为主、各年龄层及各职业群体广泛喜爱的一档优质民生新闻类脱口秀栏目，让听众在其中找到乐趣、找到实用信息、找到知识，取得了经济效益和社会效益的双赢。

2012年1月，徽商广播FM100.3联合安徽省工商联、安徽省企业联合会、合肥银泰中心举办了2012徽商广播“新徽商风尚人物颁奖盛典”，汇聚安徽各行业的商界精英，共评选出12个本土最具时尚标杆性的徽商人物。2012年4月文艺广播FM87.6举办了“梦想发声 天鹅起飞”第18届“天鹅杯”魅力新主播大赛，这一始于1994年的年度赛事，历经18年的时光，已经成为合肥地区乃至安徽省延续时间最长、参与人数最多、影响力最大的社会活动之一。

【电视节目贴近民生】 《合肥新闻联播》是合肥对外发布消息的重要窗口，该栏目围绕市委、市政府的中心工作，报道合肥地区重大经济、政治等事件，全面反映合肥发展建设成就，是党和政府与群众沟通的重要桥梁和纽带。《晚间播报》是一档立足合肥，以关注合肥市民生活、工作、情感以及生存状态为主体的民生新闻栏目，以其贴近生活、贴近百姓的内容，活泼多样、生动有趣的形式，深受观众的喜爱。《庐州和事佬》是目前全省唯一一档民生调解类栏目，一改单纯帮忙助困的节目形式，植入“调解”的概念和核心人物“和事佬”，以原生态记录的拍摄方法，对各类情感纠纷、家长里短的矛盾进行现场调解。此外，各电视频道也根据不同的频道定位开展了丰富多彩的活动，如新闻频道的“合肥十大新闻人物”评选活动；生活频道的“合肥壹女郎”、“我是志愿者，无偿献血暖冬行”、“中国好声音”合肥推介会、第四季中国达人秀安徽站——达人盛典巅峰对决赛等活动；财经频道的金融沙龙活动以及关注贫困家庭和寒门学子的“爱心超市”活动。

【大力推进文化产业发展】 2012年，合肥市广播电视台与天为股权投资基金（上海）有限公司、安徽德通投资管理有限公司等共同发起成立了合肥文化产业发展股份有限公司，公司已针对合肥、上海、北京、黄山的多个旅游、文化创意项目进行筹备，其中安徽省文化产权交易所、合肥广电创意园等项目已进入重点推进阶段；合肥市广播电视台与安徽中科大国祯信息科技有限责任公司、上海鸿淦数据服务有限公司共同发起成立合肥城市云数据中心有限公司；安徽城市广播电视台网络联合体成立，合肥市广播电视台作为东道主和省会媒体，在省内新媒体发展的道路上起到了示范和引领作用；

由合肥文广集团有限公司参与投拍的电视剧《我的妹妹叫米多》、《段想南发财记》（原名《穷小子发财记》）已开机。第七届中国曲艺牡丹奖相声、小品、三书（合肥赛区）隆重举行，由广电传媒公司全面承担牡丹奖的招商工作和财务工作。本次招商工作没有召开一场政府招商动员大会，完全实现市场化，接洽、谈判、签约、回报等招商流程按照市场的规则进行，为牡丹奖的招商工作开创了全新的成功模式，获得了良好的招商业绩，为今后承办类似全国性活动的市场运作提供了切实可行的成功经验。

合肥演艺公司积极开展新剧目创作，结合本地文化传统，融合时代特色，全年演出370场，极大地丰富了合肥市民的精神文化生活。

【深化经营模式改革】 在全国广播电视创收形势极其严峻的情况下，合肥市广播电视台逆势向上，负重爬坡，全年经营收入约6亿元。2012年5月，合肥广电传媒有限公司与上海雅润文化传播有限公司签订战略合作协议，采取合资保底代理模式，共同出资成立合肥电视广告有限公司，由上海雅润负责经营并承担完全经营责任，将合肥市广播电视台新闻频道等9个电视频道的广告经营权许可给合肥电视广告有限公司独家代理5年，保底收入将达11亿6千万元。

2012年5月28日，皖江购物频道合肥直营店在九州大厦原合肥电视台广告部盛大开业，开创了合肥广播电视台成立以来第一个销售公司和百货经营店。

【有线数字电视发展】 合肥有线电视宽带网络有限公司以“稳定、创新、发展”为工作主体思想，以“三网融合”（电信网、广播电视网、互联网）为动力，不断加强基础建设，提高服务质量；优化数字平台，丰富高清节目，大力推广高清互动业务；探索发展模式，积极应对三网融合。2012年，合肥有线电视宽带网络有限公司共服务用户70万户，转播电视节目184套。

【城市形象宣传】 2012年合肥市广播电视台在中央电视台共计发稿166篇，已经超出2011年全年总量的2倍以上（2011年为72篇），在中央人民广播电台发稿171篇，在安徽电视台《安徽新闻联播》共计发稿117篇，在安徽人民广播电台发稿715篇（其中《海外之声》发稿59篇）。同时，由合肥市广播电视台制作的“中国·合肥巢湖旅游节”宣传广告片以及在美国纽约时代广场大屏幕展播的合肥形象宣传片《中国合肥》等，全面宣传了合肥市为实现“新跨越、进十强”、打造“大湖名城、创新高地”的战略目标所做出的具体工作，塑造了城市新形象，展现了合肥市民健康向上的精神风貌。

【合肥电视开播30周年庆典】 2012年9月29日是合肥电视开播30周年，当晚，开播30周年庆典晚会在合肥市广播电视台1号演播厅隆重举行。庆典以情景剧《因为有爱》贯穿合肥电视人创业、追求梦想的历程。省委常委、合肥市委书记吴存荣，省委宣传部副部长、省广播电视局局长车敦安，省新闻出版局局长郭永年，省文化厅副厅长江刘伍，省直相关部门负责人，合肥市委常委、秘书长杨思松，市委常委、宣传部长林存安，市人大常委会副主任谢刚、梁虹、阚建华，副市长吴春梅等省市领导，与来自南京广播电视台、长沙广播电视台等省内外电视台领导、县区领导、市直单位各部门领导等社会各界同仁出席了本次盛典。

【获奖情况】 2012年，合肥市广播电视台近百件电视作品获得市级以上新闻奖和广播电视奖。广播新闻专题《农村娃的上学路，何时不再难行》获得安徽新闻奖一等奖，《送不出去的赔偿款》获安徽新闻奖一等奖，并被推荐参加中国新闻奖评选。合肥故事广播还获“2011优秀志愿者团队及优秀集体”称号，《胡小图闯江湖》节目荣获全国广播栏目民生影响力10强。合肥市广播电视台制作的大型纪录片《血，总是热的》、《合肥经济圈》等，先后在省、市广电优秀节目评比获得多项一、二等奖；在哈尔滨举行的中国传媒大会上，合肥广播电视台荣膺“金长城传媒奖2011年度中国十大地面广播电视台（地市）”称号，台长王节获得“金长城传媒奖2011年度中国传媒年度贡献人物”称号，合肥故事广播获得“金长城传媒奖2011年度中国十大地面广播频率”称号，副台长陈程获得“金长城传媒奖2011年度中国地面广播贡献人物”称号，这是合肥广电首次荣获由北京大学、清华大学、中国人民大学、中国传媒大学等著名权威学府颁发的学术界传媒大奖。

（潘　坡）

2011年度合肥市广播电视台获奖一览表

2011年度安徽新闻奖新闻名栏目（广电类）获奖作品目录

序号	作品名称	类别	创作单位	主创人员	获奖名次
1	徽商财富故事会	广播栏目	合肥市广播电视台	马燕、傅丽	一等奖
2	庐州和事佬	电视栏目	合肥市广播电视台	左　军、殷晓蕾、郭　政 郑东勇、王善正、吴　昊	一等奖
3	晚间播报	新闻编排	合肥市广播电视台	李的炉、聂大地、项小三	二等奖
4	血·总是热的	系列片	合肥市广播电视台	王节、黄大明、曹亦农 丁勇、汤权福、汪才泉	二等奖
5	爱心接力 众人车站救助晕倒老人	短消息	合肥市广播电视台	刘卉、王晓飞	三等奖
6	我的同桌是爸爸	专题片	合肥市广播电视台	陈玫文、汪晓彬、张　菁 孙大鹏、余爱华、王元凤	三等奖

2011年度安徽新闻奖（广播类）获奖作品目录

序号	作品名称	类别	创作单位	主创人员	获奖名次
1	农村娃的上学路，何时不再难行	新闻专题	合肥市广播电视台	王晓东、龚　力	一等奖
2	送不出去的赔偿款	社教专题	合肥市广播电视台	陈程、洪卫、吴蔚群 陈瑞华、李　菁	一等奖
3	瑶海公园因何成荒园	连续（系列）报道	合肥市广播电视台	宋　扬、吴　松	二等奖
4	庐江县干部提拔先公示家产接受社会监督	长消息	合肥市广播电视台	王长明、唐玉玲、王　旺	三等奖
5	我的“鸵鸟”爸爸	社教专题	合肥市广播电视台	陈习华、倪　讴、龚　力 刘　洪、李　昂、潘行宇	三等奖

2011年度安徽电视新闻奖获奖目录

一、电视新闻类

序号	作品名称	类别	创作单位	主创人员	获奖名次
1	晚间播报	新闻编排	合肥市广播电视台	李的炉、聂大地、项小三	一等奖
2	爱心接力 众人车站救助晕倒老人	短消息	合肥市广播电视台	刘　卉、王晓飞	二等奖
3	合肥好人	连续（系列）报道	合肥市广播电视台	赵成林、汪　洁 张　慧、金前进	二等奖
4	“网格总理”解决城市管理大问题	短消息	合肥市广播电视台	孙一蕾、韦　静、沈　硕	三等奖
5	全国首批从社区考录市直公务员今在我市上岗	长消息	合肥市广播电视台	陈　斌、孙一蕾、方　晨	三等奖

二、电视社教类

序号	作品名称	类别	创作单位	主创人员	获奖名次
1	血·总是热的	系列片	合肥市广播电视台	王　节、黄大明、曹亦农 丁　勇、汤权福、汪才泉	一等奖
2	我的同桌是爸爸	专题片	合肥市广播电视台	陈玫文、汪晓彬、张　菁 孙大鹏、余爱华、王元凤	二等奖
3	合肥经济圈	系列片	合肥市广播电视台	王　节、田　海、吴旭东 陈玫文、钟　鸣、解　波	二等奖
4	辛亥革命中的合肥人	纪录片	合肥市广播电视台	田　海、闫玉伟、柯　泳 杨学东、陶广全、王　节	三等奖

三、年度名牌栏目

1	庐州和事佬	合肥市广播电视台	左　军、殷晓蕾、郭　政、郑东勇、王善正、吴　昊

2011年度安徽广播新闻奖获奖目录

一、广播新闻类

序号	作品名称	类别	创作单位	主创人员	获奖名次
1	瑶海公园因何成荒园	连续（系列）报道	合肥市广播电视台	宋　扬、吴　松	一等奖
2	农村娃的上学路，何时不再难行	新闻专题	合肥市广播电视台	王晓东、龚　力	一等奖
3	合肥垃圾发电项目获联合国认证	短消息	合肥市广播电视台	岳学杰、吴　松	二等奖
4	庐江县干部提拔先公示家产接受社会监督	长消息	合肥市广播电视台	王长明、唐玉玲、王　旺	二等奖
5	我市首次从优秀干部中考录市直机关公务员	长消息	合肥市广播电视台	吴蔚群、刘安东	三等奖

二、广播社教类

序号	作品名称	类别	创作单位	主创人员	获奖名次
1	送不出去的赔偿款	社教专题	合肥市广播电视台	陈　程、洪　卫、吴蔚群 陈瑞华、李　菁	一等奖
2	我的“鸵鸟”爸爸	社教专题	合肥市广播电视台	陈习华、倪　讴、龚　力 刘　洪、李　昂、潘行宇	二等奖
3	记忆合肥	社教专题	合肥市广播电视台	周大为、梅　琳、梁　霄 王飞飞、张　涛、鲁　捷	三等奖
4	童话亮晶晶——真善美的小世界	社教专题	合肥市广播电视台	沈小洁、张赫龙、江　敏、朱顺晖	三等奖

三、年度名牌栏目

1	徽商财富故事会	合肥市广播电视台	马　燕、傅　丽

2011年度安徽电视文艺奖获奖目录

序号	作品名称	类别	创作单位	主创人员	获奖名次
1	第20届中国金鸡百花电影节主题歌《梦想成真》	音乐节目	合肥市广播电视台	集体创作	一等奖
2	绿都之春——2011新春音乐会	综艺节目	合肥市广播电视台	胡冬冰、李　军、吴　娟、苏　文、卢　杰、冯　敢、陶广全、田　海	二等奖
3	2011合肥电视台主持人大赛总决赛暨颁奖晚会	综艺节目	合肥市广播电视台	李　军、吴　娟、华菁菁、卢　杰、阮　艺、冯　敢、陶广全、田　海	三等奖
4	在灿烂阳光下——中国合唱节庆祝建党90周年献礼歌会	综艺节目	合肥市广播电视台	李　军、吴　娟、华菁菁、卢　杰、阮　艺、冯　敢、陶广全、田　海	三等奖
5	映画合肥——第20届中国金鸡百花电影节宣传片	广告艺术	合肥市广播电视台	集体创作	三等奖

2011年度安徽广播文艺奖获奖目录

序号	作品名称	类别	创作单位	主创人员	获奖名次
1	《我真的到了合肥了》	原创歌曲	合肥市广播电视台	洪　卫、舒　楠、柳　依、王　莉	一等奖
2	电影录音剪辑《陶行知》	综艺节目	合肥市广播电视台	洪　卫、倪　讴、王诗畅	二等奖
3	徽商频道宣传之声音大片	广告艺术	合肥市广播电视台	李　剑、王　鹏、周　丽、王光琪	三等奖
4	弯弯的小路	原创歌曲	合肥市广播电视台	黄爱红、郭大强、赵　阳、朱　冰	三等奖

年度名牌栏目

1	快乐正前方	合肥市广播电视台	梁　霄、陈瑞华、蔺　芳、王天歌

2011年安徽省电视节目技术质量奖（金帆奖）获奖名单

录制技术奖（新闻）二等奖	《早安合肥》	钟文、温红兵、胡小夫、陶庭俊
录制技术奖（综合文体）二等奖	《城市有爱·爱在合肥》	石磊、崇忠元、郝文斌、温红兵、汪月明、余祺、方睿、朱元勋
科技项目类二等奖	多岛聚合型全台网	丁欣、陶林、刘涛、沈江、葛骏浩、范传棕

报　纸

【概况】 2012年，合肥报业传媒集团继续深化内部改革、巩固扩大发展成果，创先争优、争先进位，采编、经营、管理等各方面工作都取得新的进展，顺利完成市委宣传部和市国资委下达的社会效益和经济效益考核指标，并荣获“全省文化体制改革先进单位”称号。作为合肥地区发行量最大的报纸，《合肥晚报》发行全年日均投诉率为万分之0.05，远低于万分之四的行业标准，发行物流分公司2012年7月获得“全国报纸自办发行先进单位”荣誉称号。

【举办《合肥晚报》创刊55周年盛典】 4月1日上午，《合肥晚报》创刊55周年盛典举行。省委常委、市委书记吴存荣讲话，并为“最美合肥55人”代表颁奖。市政协主席董昭礼出席并为“最美合肥55景”代表颁奖。省新闻出版局副局长刘飞跃出席并讲话。市委常委、宣传部长林存安主持。中国晚报协会执行会长、《新民晚报》总编辑陈保平，合肥报业传媒集团负责人分别致辞。

市委常委、组织部长凌云，市人大常委会副主任梁虹，副市长杨增权；中国人民大学舆论研究所所长、新闻学院副院长喻国明，暨南大学新闻传播学院院长范以锦，华东师范大学新闻传播学院院长严三九，安徽大学新闻传播学院院长芮必峰，天津今晚集团渤海早报副总编辑祝相峰等出席。

1957年4月1日，《合肥晚报》正式创刊，掀开了合肥报业发展史上新的一页。作为新中国成立后合肥历史上第一份报纸，《合肥晚报》以“党报性质、晚报特色”的定位，担负市委机关报的历史使命；2009年11月，在《合肥日报》创刊后，《合肥晚报》华丽转身，成功实现了向都市报的转型。目前《合肥晚报》已成为合肥地区影响力、传播力、亲和力最大的都市类报纸，合肥人民最喜爱的主流强势媒体之一。

吴存荣代表市四大班子，向合肥报业传媒集团和《合肥晚报》的全体新闻工作者表示祝贺，向为《合肥晚报》作出重要贡献的老新闻工作者致敬。他强调，当前，随着现代传播技术的迅猛发展和媒体格局的深刻变化，对各类新闻媒体尤其是平面媒体的发展提出了新的挑战。合肥经济社会发展和文化体制改革，为新闻事业的发展提供了良好的环境；合肥推进“科学发展新跨越、主要指标进十强”的生动实践，为新闻工作开辟了宽广的舞台；合肥人民对主流媒体的信赖与期盼，为新闻事业发展注入了强大动力；包括《合肥晚报》在内的合肥报业传媒集团，经过多年的发展已经具备了雄厚的实力，也为今后更大更好的发展奠定了坚实的基础。希望《合肥晚报》乃至合肥报业传媒集团，在新的起点上，主动适应科学发展的新要求、人民群众的新期待和时代进步的新形势，继续发扬优良传统，加大改革创新力度，弘扬主旋律、打好主动仗，践行“三贴近”、做好“走转改”，“讲大局、强责任、提能力、抓落实”，为合肥新闻事业和文化大发展大繁荣作出不懈努力，为合肥科学发展、跨越赶超作出更大贡献。

【新闻媒体实力不断增强】合肥报业传媒集团始终坚持正确舆论导向，积极发挥新闻宣传舆论引导作用，坚持“政治家办报”，将新闻宣传与“走基层、转文风、改作风”活动相结合，围绕中心，服务大局，履职尽责。先后协调各报网统一组织了“传承江姐精神、践行‘走转改’”——合肥报业记者团走进江姐故里、“喜迎党的十八大 合肥骄傲”主题报道、“保持纯洁性 党员下基层”等大型采访活动。在2012年举行的2011年度安徽新闻奖评选中，集团共获得各类奖项34个，其中一等奖6个、二等奖13个、三等奖15个，获奖总数和一等奖数量在省内继续保持了领先的地位。在新闻业务日益精进的基础上，各报网的广告、发行等传统报业经营也与市场形成良性互动，媒体的综合实力均得到不同程度的增强。

【合肥日报】2012年3月5日，祖籍安徽肥东的全国人大常委会委员长吴邦国为《合肥日报》题写报名；7月1日，日报又进行创刊以来的首次改版，获得普遍赞誉。作为市委机关报，《合肥日报》全力服务全市中心工作，创新宣传形式，改进宣传方法，将宣传工作与合肥经济社会发展的生动实践紧密结合，唱响主旋律，打好主动仗。

该报坚持“跳出会议写新闻”，在完成常规程序报道后，积极采写政府与百姓关注度高的新闻，充分发掘“新闻富矿”。先后推出“讲大局、强责任、提能力、抓落实”系列报道和“财政大发展 民生大改善”、“科学发展 成就辉煌”、安徽区划调整一周年、环巢湖生态示范区建设等一大批专栏，文博会、家博会、农业产业化交易会、徽菜美食节、炒货节、龙虾节等系列重点报道。特别是围绕十八大宣传报道工作，日报谋划细致、措施得力，以高度的政治、责任意识，出色完成报道任务，实现零差错。

【合肥晚报】2012年《合肥晚报》正值创刊55周年，推出了“合肥晚报读者年”系列评选和服务活动，加强与读者的互动。

2012年6月6日，经过紧张筹备，晚报进行革命性改版，推出今日叠、本土叠，在强化时效、直播合肥、让广大读者少吃新闻“隔夜饭”的同时，进一步丰富报纸的地域特色和本土属性，强化“最合肥、最好看”、“本土即是主流”的办报理念。

通过不断深化都市报风格，积极提升报纸可读性、服务性和新闻性，“建设大合肥、交通当先锋”、“春天里，‘合肥速度’动如脱兔”、“学习雷锋好榜样”、合肥空间战略规划、最美教师陈万霞、“大湖之旅——环巢湖旅游文化”资源大探访、“水到渠成——重走淠史杭”、工业记忆、“航拍合肥”、《伦巴》奥运特刊、《欧耶》欧锦赛特刊等专栏、专题、活动和特刊深受读者好评，并先后策划编著出版了《问安徽英才——合肥晚报对话新徽商》、《问合肥才俊——合肥晚报对话合肥新青年》、《大湖之旅》等书籍。

【江淮晨报】在近几年

《江淮晨报》不断发展，经营业绩快速提升的基础上，以“心‘淮’天下、大有‘江’来”口号，8月28日，《江淮晨报》改版，按照“政经主流、城市潮流”的全新定位，优化提升了本地新闻和国内外资讯，重新包装打造体育、娱乐新闻以及文化、副刊板块，推出评论、经济、行业消费等全新板块，引领城市生活的“悦读”习惯。“巢湖水世界”、“合蚌极速”、“合肥骄傲”、“合肥民营企业茁壮成长”、“幸福合肥”等专栏、特刊以及十八大号外《领航》，赢得了市场和读者的充分肯定。

【今日生活报】 2012年，《今日生活报》利用自身品牌影响力，分别与中央电视台、浙江电视台合作举办《购时尚》、《中国梦想秀第三季》合肥海选活动，掀起时尚热潮；全年实现两次重大改版升级，用分叠、加包装的方式使内容更精准、更接地气，使得“精英读本、时尚生活”更具体地深入“城市中产阶级”人群。

【合肥晚报·环湖晨刊】《合肥晚报·环湖晨刊》创刊一年来，创新报道形式，全力做好主题宣传报道工作。开辟“时政新闻”专版，及时、重点报道合肥市委、市政府重大决策和重要部署，“两会”、“等高对接”、“喜迎十八大 记者下基层” 等一系列新闻策划以及“聚焦巢湖城市大建设”栏目、“社区新闻”版面等，形式活泼，内容丰富，反响热烈。巢湖市委，市政府主要负责同志还多次对晨刊报道作出批示。

【合肥在线】 2012年7月27日，合肥在线全新改版，要闻更突出，页面更清新，得到了网友的广泛认可和肯定。网站扩大并加深与政府部门及区县的的交往联系，把网站打造成官方新闻的第一发布平台。同时，加快向新媒介领域进军步伐，成为网易新闻移动客户端合肥地区新闻独家供稿单位。合肥手机报也进一步强化了本地化、即时性和互动性的特色，综合质量提升明显。2012年底，合肥在线与中国之声“此时此刻”栏目合作，让大家在电波中也能听见合肥在线的声音。此外，合肥在线还举办了“科技之都 魅力合肥——2012影响合肥科技创新与品牌竞争力峰会暨品牌成就展”。

据国务院新闻办主管主办的《网络传播》杂志数据显示，2012年9月，合肥在线在全国地方新闻网站排名跃居第二位，创历史最好成绩。

【巢湖在线】 巢湖在线网站2012年在新闻、市场及受众资源大幅萎缩的情况下，加快转变办网理念，调整经营模式，探索发展方向，从内容、经营和市场开发上展开新的探索，策划组织了一系列线下活动，以不断扩大广告创收能力，并取得了预期效果。

【各分（子）公司稳健发展】 印务分公司2012年在保障集团内部报刊印刷时效、安全与质量的基础上，新代印了《庐阳报》、《瑶海报》等多份报纸，使外接业务品种达到70多种，在省内报业印刷界首屈一指。承印的《光明日报》、《经济日报》、《中国青年报》等中央大报在全国代印点评比中一直名列前茅，印刷的《合肥日报》在全国报协200多家党报印刷质量评比中荣获优质级。另外通过节能减排措施，印刷成本逐月下降，超额完成了全年目标考核任务。

巢湖报业传媒文化有限责任公司以非报产业为突破口，2012年6月17日举办了首届“环巢湖全国自行车邀请赛”，力争打造“全国一流、国际知名”品牌体育赛事，产生了广泛影响。同时还在印务方面开源节流、增收节支，通过电路改造、争取税收返还等措施，节省费用，增加经营收益。

教育开发有限公司扎实推进常规工作，积极拓宽经营思路，完善服务管理体系，新创办的安徽省首份专业教育类报刊《教育信报》作为主营业务，发展形势优良，同时成立了合肥小荷文学院、合肥报业小记者培训中心，学员报名踊跃。

逍遥广告分公司经过努力，成功建成集团大院LED电子广告屏，营利能力不断增强，报业大厦外立面及围墙灯箱广告牌、合铜黄高速沿线塔柱广告均成功发布，并参与组织策划了龙虾节、文博会等经营、会展活动，全年超额完成经营目标。

数字化便民服务分公司在管理经营前期12个试点建设便民亭基础上，通过参与合肥市民生工程，获得市政府智能化便民服务亭项目首批近200个亭点的管理运营权，为今后形成规模效应赢得了先机。

【积极开展金融合作和资金理财】 集团积极与各大金融机构建立合作，提高自身信用等级，2012年11月，先后与工行安徽省分行营业部、交行安徽省分行签署战略合作协议，获得重要金融支持。此外还结合自身资金管理现状，与合肥兴泰资产管理有限公司及合肥兴泰租赁有限公司合作，通过委托理财、委托融资租赁的方式，使报业集团资金管理“走出去”的同时，实现了资金管理效益的最大化。

（厉笑然）

卫生 体育

卫 生

【基层医改取得阶段性成果】 2012年初，由《中国卫生》杂志社主办的“中国十大医改新闻人物”颁奖典礼暨“十二五”医改发展论坛在合肥市召开，标志着合肥市的基层医改工作获得社会各界的广泛认可。全市新型农村合作医疗制度实现了市级统筹，参保407.36万人，最高支付限额20万元，庐江县达25万元，患者的自付比例降到25-30%。推行“一站式”服务，调整住院起付标准和报销比例，实行“按病种付费”，要求实施“按病种付费”的病种净报销比不低于60%，最高可达80%。基层补偿机制得到落实，基本公共卫生服务支出总额为1.79亿元，全市基层医疗卫生机构竞聘上岗人员统一纳入社保。公共卫生服务功能明显增强，近三年基本公共卫生服务均等化10个项目和重大公卫项目全面完成，卫生院门（急）诊419.99万人次，比上年增长15.98%。3月15日，肥东县人民医院对药品全部实行零差率销售，率先进行县级公立医院改革试点，12月15日县级公立医院改革在全市全面铺开，医改工作进入新阶段。长丰县和肥西县积极探索医疗纠纷第三方调解机制，与司法局联合成立医调委，建立了医患纠纷处理的新机制。

【创建卫生城市工作高效推进】 市卫生局成立了卫生城市创建工作组，印发《合肥市创建省级卫生城市工作实施方案》，对照省级卫生城市的十项标准，将申报材料汇编成册，报送省爱卫办，仅用半年时间，各项迎检指标明显提升。多频次开展了病媒生物防制工作，5个月内举办了2次市级、7次县区级病媒生物防制工作培训班，在全市范围内进行“四害”密度自查工作。10月15日，合肥市接受了省爱卫办病媒生物防制工作的检查，各项工作及全市总体情况得到省专家组的肯定。

【民生工程按计划完成】 在全市实施的33项民生工程中，市卫生局继续承担包括继续完善农村合作医疗制度、建立重大传染病病人医疗救治和艾滋病病人生活救助制度、提高妇女儿童健康水平三项民生工程。全年实际救治重大传染病1352人。完成了新农合筹资工作，实际筹集新农合基金共12.1亿元，支出11.72亿元，当年基金使用进度为96.82%。婚前医学检查目标任务全面完成。农村孕产妇住院分娩补助率达100%。儿童计划免疫实际接种率达99.55%，儿童口腔疾病综合干预工作已扩大到所有县（市）区。全年传染病防控形势稳定，未发生大的传染病疫情。

【医疗卫生服务能力稳中有升】 扎实开展“三好一满意”活动，并将此活动与“医疗质量万里行”、“优质医院创建”等活动统筹安排，整合开展，持续改进医疗质量，保障人民群众健康权益。进一步巩固抗菌药物专项整治工作，开展了医疗质量与安全管理专项督查。以创建全省中医药特色社区卫生服务示范区和全国农村中医药工作先进单位活动为载体，有力推动全市中医药事业的发展进步，庐阳、蜀山两区被省中医药管理局授予“安徽省中医药特色社区卫生服务示范区”。完成继续医学教育项目共计702项，对34个市第三周期重点学科建设工作进行督导。卫生监督重点以医疗服务市场、餐饮监管等社会关注的热点问题为突破口，全面开展工作，全年共办理行政处罚案件627件，检查各级各类医疗机构、母婴保健机构和采供血机构2229家，取缔无证行医488户（次），重点开展了餐饮服务机构食用油脂、工地食品安全等专项执法检查。应急处置和保障有条不紊，圆满完成了省、市重大公共活动的医疗卫生应急保障工作。临床用血100%来自无偿献血。

【党风廉政建设成效明显】 2012年，全市卫生系统开展了惩治和预防腐败体系建设，深化改革和制度创新，在全市医药卫生系统初步形成了用制度管权，按制度办事，靠制度管人的体制机制。党风廉政建设和纠风工作责任制全面落实。反腐倡廉教育和廉政文化建设扎实开展，党员领导干部廉洁自律意识明显增强。规范权力运行，全面开展好廉政风险防控各项工作，在系统内按照“全面清理、认真查找、全面执行”的原则推进此项工作。积极推进政风行风评议工作，在全系统全面开展“三好一满意”和“群众满意的社区卫生服务中心”评议活动，先后出台多项便民利民措施，患者满意度明显提高。在市属三甲医院开展反统方软件安装工作，注重用科技手段深入推进反商业贿赂。在全市组织开展了合肥市首届十大“医德医风标兵”评选活动，此项活动得到全市卫生系统高度重视和社会的广泛关注。据统计，有30多万人次参与评选活动。进一步弘扬了正气、树立了医疗卫生系统新风。深入推进党务（政务）公开工作，以党务公开工作引领系统内各医疗卫生单位的政务公开工作，有效实现了党务公开和政务公开有机相结合，党务公开和保障党员群众基本权利有机相结合，党务公开和权力阳光运行有机相结合，党务公开和推进单位工作上水平有机相结合。

（王　瑞）

体　育

【概况】 2012年，合肥市体育工作紧紧围绕提高群众体育惠及程度、提升竞技体育综合实力、增强体育产业发展活力三大块面，以建立完善面向大众的公共体育服务体系为主线，深化改革，提升体育发展的水平和效益，改善发展结构和质量，促进体育事业又好又快发展。合肥市体育局先后荣获全国全民健身活动先进单位、全省体育工作突出贡献奖、优秀后备人才输送奖、全省体育信息宣传工作先进单位、全省产业工作先进单位等称号。

【朱维芳一行来肥检查】 2012年10月30—31日，安徽省人大常委会副主任朱维芳率执法检查组来到合肥市，检查《安徽省全民健身条例》贯彻执行情况。省人大常委会委员、教科文卫工委主任委员贺凌，省人大常委会委员、教科文卫工委副主任委员张荣国，省人大常委会教科文卫工委副主任委员韦大伟、省体育局局长冯潮等参加检查，市人大常委会副主任梁虹、副市长吴春梅等陪同检查。

检查组来到栢景湾小区、市体育中心、中国联通安徽分公司、绿怡小学、肥东县圣泉中学、花滩民族村农民健身广场、肥东青少年公园及和平文化广场，详细查看了体育设施设置和场地的建设、开放等情况，并分别听取了合肥市人民政府、肥东县人民政府关于贯彻《安徽省全民健身条例》工作的汇报。

朱维芳指出，合肥作为省会城市，在全省体育事业发展中，充分发挥了“领头羊”作用，工作有特色、有亮点、有成效，为全省全民健身事业作出了巨大贡献和突出表率。合肥体育事业进入了承前启后、改革创新、加速发展的重要阶段，要将各级政府和部门的责任落实到具体行动中；要把推进全民健身活动作为一项重要工作长期贯彻好、落实好；要进一步加大对现有资源的优化整合力度，缩小城乡差距，实现统筹发展，开创全民健身工作新局面。执法检查期间，朱维芳还观看了第15届亚洲轮滑锦标赛，并为获奖运动员颁奖。

【全民健身工作委员会会议】 12月27日下午，合肥市召开全民健身工作委员会会议。合肥市人民政府副市长、市全民健身工作委员会主任吴春梅出席会议，合肥市全民健身委员会成员单位负责人及联络员，各县市区开发区负责人及体育行政部门负责人参会。市全民健身工作委员会副主任、市委宣传部常务副部长胡守祝主持会议。会上，市全民健身工作委员会副主任、市体育局局长李殊作了2012年合肥市全民健身工作报告，庐江县、庐阳区、市委老干局、市妇联进行了交流发言，吴春梅作总结讲话。

2012年，合肥市全民健身工作以科学发展观为统领，以贯彻落实《全民健身计划（2011-2015）》为主线，以宣传推进《市全民健身实施计划》为契机。坚持“两为”方针，突出“全民健身、健康合肥”主题，加快构建符合市情、比较完整、覆盖城乡、可持续的全民健身公共服务体系，努力提高合肥人民身体素质、健康水平、生活质量和幸福指数，为建设现代化滨湖大城市做出了积极贡献。

吴春梅说，合肥市全民健身工作取得的成绩离不开市委市政府在理念的创新和改革力度的加强。合肥市将全民健身工程列入民生工程项目，投资2000多万元建设农民体育健身工程和全民健身苑工程。同时，还创造性地开展学校体育设施向社会开放工作，整合多方面资源满足群众需求。她强调全民健身工作委员会各成员单位要依法履行工作职责，各级体育行政部门要细化目标任务，形成政府主导、部门协同、全社会共同参与的全民健身格局，将《合肥市全民健身实施计划（2011-2015年）》逐步分解落实，开创全民健身工作新局面。

【第十五届亚洲轮滑锦标赛】由亚洲轮滑联合会主办，国家体育总局社会体育指导中心与合肥市人民政府承办的第十五届亚洲轮滑锦标赛，10月23-31日在合肥市举行。本届运动会共设置速度轮滑、花样轮滑、单排轮滑球、双排轮滑球和自由式轮滑5个大项28小项，比赛期间，还举办了亚洲轮滑联合会中央委员会和会员代表大会。

中国、中国香港、中国澳门、中华台北、印度、伊朗、韩国、新加坡、巴基斯坦、印尼、澳大利亚等11个国家（地区）的500多名运动员报名参加本次比赛，日本、朝鲜、孟加拉国也派出官员参加比赛期间举办的亚洲轮滑联合会代表大会。

第十五届亚洲轮滑锦标赛速度轮滑比赛

【全国皮划艇大奖赛角逐紫蓬山】 2012年全国皮划艇（静水）春季冠军暨皮划艇大奖赛，4月16-18日在肥西县紫蓬山风景区举行。

本次大赛包括男子单人皮艇、男子单人划艇、女子单人皮艇、女子单人划艇，赛程有200米、500米、1000米、12000米4个标准，各小项比赛累计达14项，来自北京、河北、山西、内蒙古等近30个省、自治区、直辖市的代表队参赛。在紫蓬山举行的比赛，是2012年全国皮划艇春季冠军赛暨皮划艇大奖赛的第二站，其首站比赛4月10-12日在黄山市举行，两站比赛奥运项目个人积分总排名前三名的选手将获得奖金。

肥西县积极打造紫蓬山运动基地。近几年来，紫蓬山风景区以水上运动和山地自行车项目为切入点，连续7年举办了国内外山地、公路自行车赛和全国短道汽车拉力赛等重大体育赛事，以及第四届全国体育大会的水上运动项目。此次是紫蓬山首次承办皮划艇类全国冠军赛。

【参赛安徽省第三届体育大会创佳绩】 由安徽省人民政府主办，安徽省体育局、安徽省体育总会和铜陵市人民政府共同承办的安徽省第三届体育大会，11月22日在铜陵市体育馆闭幕。本届体育大会11月2日开始，有16个地级市和省直机关共17个代表团2370余人次参与比赛。赛事包括三对三篮球、五人制足球、传统武术等24项竞赛类，4项展演类和3项体验类。

合肥市代表团参加了26个大项的比赛、展演和体验，共收获71个一等奖、54个二等奖、30个三等奖、5个纪念奖，共计160个奖项，在所有代表团中位列第一，并获组委会颁发的优秀组织奖代表团和体育道德风尚奖代表团荣誉称号，实现了运动成绩和精神文明双丰收，充分展示了合肥市近年全民健身运动的发展水平和发展成果。

【吴亚男获奥运会女子双人皮艇比赛第四名】 在2012年伦敦奥运会皮划艇静水女子双人皮艇500米决赛，合肥籍运动员吴亚男与队友密切合作，以1分44秒136的成绩获得第四名，仅以0.136秒的微弱劣势排名第四，虽然未能获得奖牌，但这一成绩已经是近20年来，合肥市运动员参赛奥运会的最好成绩。

【营云入选全国首批精英双百教练员】 合肥体育运动学校皮划艇教练营云被国家体育总局评选为全国首批精英双百教练员，他是安徽省唯一入选的教练员。

“双百计划”资助对象为奥运会项目国家队，以及省、自治区、直辖市和解放军专业运动队教练员100名；省、自治区、直辖市体育局及有关体育院校所属业余训练单位教练员100名。“双百计划”分为三个实施阶段，将在2012－2014年、2015－2017年和2018－2020年三个阶段分别资助培养专业队教练员、业余训练教练员各30名、30名和40名。“双百计划”资助期限为3年。总局对专业运动队教练员每人资助30万元，对业余训练教练员每人资助15万元。一次核定，分年度拨款。

【邓琳琳领跑合肥安利纽崔莱万人“健康跑”】 9月22日，由合肥市体育局、合肥市体育总会主办，合肥市社会体育指导中心承办，安利(中国)日用品有限公司冠名赞助的“2012安利纽崔莱健康跑”在安徽合肥体育中心体育场北广场起跑，安徽省体育局巡视员高维岭、合肥市人大常委会副主任梁虹、合肥市政府副市长杨增权共同为活动鸣枪发令。安利纽崔莱健康跑活动已经连续8年在合肥市开展，2012年适逢奥运年，本次健康跑以“一起跑，与奥运同步”为主题，当日共吸引1.5万市民参与活动，在全市掀起全民健身热潮。

在起跑仪式上，由安徽籍奥运冠军邓琳琳领跑的万人健康跑大军，从合肥体育中心体育场北广场出发，途经习友路、怀宁路，祁门路，潜山路，最后抵达终点站合肥体育中心体育场北广场，全程约5公里。

历年来，多位奥运冠军作为活动嘉宾，在各活动城市积极号召和呼吁广大市民参与全民健身，参与健康跑。在本次健康跑的活动终点设立“安利纽崔莱伦敦奥运主题公园”，蛋白质粉试饮伦敦巴士、″早餐加一勺″伦敦电话亭、英式运动互动区现身于主题公园，让合肥市民近距离体验伦敦风情。

2002年，上海创设了由体育局主办，安利(中国)冠名赞助的首届“安利纽崔莱健康跑”活动。活动属于大规模群众性公益体育活动，鼓励全家人一起参与，或跑或走完成全程。当年上海即有2.2万人参加，从此一发而不可收，到2011年，安利纽崔莱健康跑迎来11周岁生日，并已扩展到70多个城市，280余万人参加。

【市体育总会换届大会】 8月24日下午，合肥市体育总会换届大会举行。大会审议并通过了合肥体总第二届委员会工作报告，修改了市体育总会的章程，选举产生了体总新一届的主席、副主席、秘书长等人选，市体育局局长李殊当选为合肥体育总会第三届委员会主席。

“十一五”以来，合肥市体育工作取得长足发展。在市体育总会第二届委员会开展工作期间，经市体育局批准并在市民政局登记的单项运动协会，由原来的7个发展到目前的26个，满足了广大市民不断扩大的健身需求。在“十二五”期间，市体育总会将继续在加强组织建设，充实单项体育协会、新建体育俱乐部上下功夫，并鼓励各单项协会积极进军体育产业，创造出更多更好的体育价值和社会效益。

【市直机关第九套广播体操比赛】 6月17日上午，合肥市市直机关第九套广播体操比赛在市政务会议中心小会堂举行。来自市直机关的19支代表队参赛，经过2个小时的精彩角逐，市经信委老干部队获优秀展示奖，市检察院代表队、市规划局代表队获得一等奖，市教育局、市粮食局、团市委、市残联、市公安局、市妇联代表队获得二等奖，其他队伍获得三等奖。比赛集中展示了市直干部职工队伍的精神风貌和良好的精神状态。

2012年是毛泽东同志“发展体育运动，增强人民体质”题词60周年，也是贯彻《合肥市全民健身实施计划（2011-2015年）》的关键一年。为创新和丰富市直机关体育活动的内容和形式，不断增强全市干部职工的身体素质，促进全民健身活动的蓬勃开展，市直机关工委、市体育局决定共同举办市直机关第九套广播体操比赛。

【体育设施建设】 2012年，市体育局牵头继续推进全民健身示范工程，蜀峰湾体育公园、星海公园、花冲公园健身苑基本建成，蜀峰湾体育公园成为全市单体投入最多、面积最大、设施最全、质量最好的全民健身设施新亮点，花冲公

安徽合肥奥体中心

园健身苑填补了东区公共体育场地设施的空白。全年还完成了260个农民体育健身工程、70个全民健身苑工程以及10个省级乡镇全民健身广场、1个国家级全民健身广场、1个县级全民健身广场；10个社区体育俱乐部、100个省示范晨晚练点的建设任务，极大地改善了全民健身的环境、条件。

【举办首届环巢湖全国自行车赛】 6月17日，首届环巢湖全国自行车邀请赛正式拉开序幕，来自全国341名参赛选手在巢湖岸边“一决高下”。其中，公路精英赛88人，山地综合组119人，山地老年组67人，山地团体组均为67人。赛事吸引了全国各地自行车爱好者的青睐，中间不乏来自上海、武汉、广西、浙江、江苏等地的专业高手。

本届赛事由中共合肥市委宣传部、巢湖市人民政府、合肥市体育局、合肥报业传媒集团联合主办，以“打造精品赛事，彰显巢湖魅力”为主题，旨在展示大合肥的发展新形象，推动环巢湖旅游经济文化的发展。

【群众体育性活动蓬勃开展】 2012年合肥市以“全民健身、健康合肥”为主题，先后举办了纪念毛主席“发展体育运动，增强人民体质”题词60周年、8月8日全民健身日、无限极世界长跑日活动，安利纽崔莱健康跑、青少年体育舞蹈比赛等传统品牌活动。

同时，市直机关工委、市妇联、市总工会等组织开展县（市）区开发区、自行车骑行、妇女健身展示、登山比赛等活动；联合市老年人体育协会、市门球协会、市乒乓球协会、市社会体育指导员协会等体育社团，组织开展老年人游泳比赛、合肥地区门球赛、市乒乓球联赛等群众性体育活动。

12月9日，安徽省暨合肥市“喜颂十八大”文艺下基层和2013年文化科技卫生“三下乡”活动启动仪式在长丰县吴山镇隆重举行。合肥市体育局积极宣传贯彻党的十八大精神，结合省市三下乡活动，开展了送健康知识、送健身理念、送健身工程活动，送健康到农村。活动现场发放了《科学健身知识读本》1000册，宣传彩页3000张，宣传了“奔小康，要健康”的理念；同时，还赠送了价值50万元的农村体育健身工程项目。为更好地推进美好乡村建设，服务“三农”，促进城乡体育公共服务均等化，给予了物质和精神上的的支持。

【改革体育彩票管理模式】 2012年，合肥市体育彩票工作在全省实现了几个率先，率先成立了以分管副市长为组长的高规格彩票工作领导小组，率先建成了第一个户外体育彩票销售亭，率先对地方分中心进行调整，通过这些举措，整合了资源，挖掘了潜力，全年实现销售5.57亿元，再创历史新高，巢湖市、肥西县、肥东县包揽了安徽省县级体彩销售总量前三名。

（石　峰）

合肥园林

社会与民生

人口和计划生育

【概况】 2012年，合肥市各级人口和计划生育部门坚持以科学发展观为指导，全力主攻“稳定低生育水平、控制出生人口性别比”两大核心任务，顺利完成省、市下达的各项人口责任目标，连续第十三年被省人口和计生工作领导小组授予“城市和流动人口计划生育工作先进市”称号。统计年度（2011年10月至2012年9月）全市共出生79734人，全年人口出生率11.49‰，人口出生政策符合率92.09%，长效节育措施落实率90.74%，统计准确率97%，出生人口总性别比113.26。

【综合治理出生人口性别比】 通过机制手段创新、集成执法资源、加强区域协作等系列举措，创立城市“两非”（非医学需要的胎儿性别鉴定和非医学需要的人工终止妊娠行为）案件查处“合肥模式”。查处以蜀山区“11·17”网络窝案、合肥新站综合开发试验区“3·02”案为代表的“两非”大、要案17件，追究刑事责任30人，党政纪处理3人，吊销执业资格5例，有效打击了违法犯罪人员，遏止了出生人口性别比攀升势头。5月11日，蜀山区人民法院公开审理了“11·17”两非案件，25名嫌疑人被提起刑事诉讼。庭审当天，新华网、光明日报网、腾讯网、凤凰网、新民晚报网等数十家知名媒体对该案以《安徽省最大“两非”案件开庭》为标题进行了图文报道，引起社会广泛关注。7月30日，“11·17”案进行了公开宣判，相关主犯分别被处以2年零9个月到2年零3个月的有期徒刑，其余涉案人员分别被判处缓刑或管制。国家人口和计划生育委员会出生人口性别治理办公室主任罗迈旁听宣判并表示，“11·17”一案在全省乃至全国都是一个标杆。

【宣传教育】 以“全国婚育新风进万家活动示范市”为主要平台，坚持多渠道、广覆盖、重实效开展宣传活动。紧扣“5·29”计划生育协会会员活动日、“7·11”世界人口日、“9·25”公开信发表30周年等纪念日，全市联动开展纪念活动，在全社会有力地倡导文明进步的新型婚育观念。进一步加强外宣工作力度，中央电视台、中央人民广播电台、新华网、光明日报网、国家人口网等媒体，先后报道了合肥市服务群众、流动人口均等化试点、打击“两非”等方面的经验做法，有效扩大了人口计生工作的对外影响。

【流动人口服务管理】 流动人口计划生育基本公共服务均等化试点市建设有序推进。积极争取市政府支持，将流动人口计划生育服务纳入《合肥市基本公共服务体系“十二五”规划》之中。继续推行流动人口免费计生技术服务“一单制”，各区、开发区进一步加大宣传服务力度，推动这一创新举措惠及更多的流动人口，全年共实施免费四项手术2278例，为流动人口免除手术费用近百万元。

继续加大“城市生活e站”建设力度，全市共建成“城市生活e站”30个，其中：21个通过省人口计生委评估验收；9个通过市级评估验收。6月，国家人口计生委主任王侠到安徽省首个“城市生活e站”——合肥市庐阳区廻龙桥“城市生活e站”考察，对这一新型人口综合服务平台给予高度评价。中央电视台等国家级媒体多次报道“城市生活e站”，进一步扩大了“城市生活e站”的品牌影响。通过试点工作，全市各级人口计生工作者有效转变思维、理念，服务意识明显增强，以“一单制”为基础，积极将流动人口纳入常住人口生殖健康服务体系之中，部分城区以向流动人口发放“新居民爱心卡”、“生殖保健服务卡”等形式，面向流动人口开展优生优育讲座、生殖健康义诊等各类活动，有力地推动了城市和流动人口计划生育工作走向“服务为先”的转型。

【计生利益导向】 扎实推进计生民生工程，全市共确认奖、特扶对象17724人，发放扶助金2175万元（不含四城区和三开发区在国家、省、市标准基础上翻番数额）。出台了《贯彻落实〈省条例〉有关奖励规定》，实现独生子女家庭奖励的“三提标一扩面”，即：将独生子女保健费标准提高至每月30元；将领取独生子女父母光荣证的企业职工退休一次性奖励标准提高至3000元；将终身无子女的企业职工退休一次性奖励标准提高至5000元；将城市无单位居民扩入一次性奖励范围。继续自行试点实施节育奖励制度，农村计生二女户自觉落实绝育措施的，一次性给予3500元的奖励，其他自觉落实的计生家庭，一次性给予600元的奖励，市财政全年兑现奖金850多万元。“城乡保”优待计生家庭政策惠及57万多名计生家庭人员，给予额外补贴近1800万元。

【优质服务】 以创建全国计划生育优质服务先进县区活动为契机，不断改善服务条件、提升服务能力、强化服务意识。长丰县被授予“全国计划生育优质服务先进县”称号，成为全市9个县（市）区中第八个全国优质服务先进单位。大力推进孕前优生健康检查项目，4县1市分别被纳入国家或省级试点，初步实现孕前优生健康检查在农村地区全覆盖，2012年统计年度，先后为12690对农村夫妇实施了免费孕前优生健康检查。着力优化计生政务服务，自2012年4月起，在全省率先试点开展网上办证，至年底，通过办证平台为群众办理各类证明10256件次，便民服务效率得到显著提升。在国家、省出台便民办证通知后，合肥市迅速行动，出台贯彻落实细则，进一步简化生殖保健服务证的办证流程，切实解决群众的办证难题。12月25日，在各类媒体热炒计生证件办理难的关键时期，中央电视台先后对包河区常青街道、合肥经济技术开发区芙蓉社区的便民办证服务工作进行了正面报道，展示了良好形象。

【依法行政】 切实深化政务公开，解答群众政策咨询，广泛接受群众监督，促进工作作风转变，提升服务管理效能，继续实行重点信访件督办制度，2012年统计年度，共有效办结各类信访件2982件。坚持向乡、村两级下移工作重心，扎实开展“诚信计生”建设，2012年统计年度末，“诚信计生”管理模式在乡街覆盖率达98%，村居覆盖率达90%，已婚育龄夫妇参与率达85%，有效推动人口计生工作走向“寓管理于服务、以服务促管理”的良性循环。继续开展国家、省、市三级依法行政示范乡街、“阳光计生、两无一满意”示范村居等创建活动。全市共创建国家级依法行政示范乡镇（街道）5个、省级4个、市级23个，27个村（居）获得市级示范村（居）称号。

【队伍建设】 建立分级培训制度，按照市覆盖到乡、县覆盖到村的要求，确保工作人员全员培训到位，确保对村级计生专干计算机业务能力培训、考核到位，推动人口计生工作队伍实现从配齐到配强的转变。为适应网格化管理需要，进一步加大投入，落实待遇，配齐、配强网格员队伍，全市建成了一支超过3500人的专职网格员队伍。为进一步创新和拓展服务内容，各社区在辖区内招募具有专业技能、热心公益的居民和高校大学生，组成社区服务志愿者团队，以“城市生活e站”为阵地，开展生殖健康、心理抚慰、技能培训、法律咨询、维权援助、子女教育等专业志愿服务。全市建成投入使用的30家“城市生活e站”共有600余名志愿者常年提供志愿服务，其中，具备执业资格的专业人员比例在30%以上，深受群众欢迎。

（钟荐华）

人力资源和社会保障

【概况】 2012年，合肥市人力资源和社会保障部门围绕就业创业、人事人才、社会保险、劳动关系等重点工作，深入落实“讲大局、强责任、提能力、抓落实”要求，始终坚持在服务发展中找准定位，在把握规律中寻求突破，在提升效能中促进发展，开拓创新，扎实工作。

【就业创业】 2012年，全市实现城镇新增就业13.98万人，失业人员实现再就业4.59万人，就业困难对象再就业1.36万人，分别完成省下达全年目标任务的162%、159%和162%。城镇登记失业率3.65%，实现控制在4.5%以内的目标。转移农村劳动力8.05万人，完成省下达目标6.02万人的134%。创业培训7万人，完成省下达目标的175%。

国家级创业型城市建设 自2009年开展国家级创业型城市创建工作之后，合肥市按照人力资源和社会保障部提出的创建工作任务要求，以“五大体系”（组织领导、政策支持、创业培训、创业服务和工作考核）建设为抓手，加强组织领导，加大政策扶持，创新工作举措，创建工作取得了明显成效。自2009年起，全市新增个体工商户9.8万户、私营企业4.4万个、非正规就业劳动组织3761个，较2008年分别增长466%、271%和116%，直接参与创业人数超过20万人。在2012年7月份召开的全国就业创业工作表彰大会上，合肥市被国务院授予“全国创业先进城市”称号，市人力资源和社会保障局被国务院授予“全国就业先进工作单位”称号。

困难企业就业帮扶　贯彻落实省、市有关帮扶困难企业的文件精神，针对困难企业实施缓缴社会保险费、降低四项社会保险费费率、给予岗位补贴等政策。2012年全市累计减收2.8亿元社会保险费；为36个困难企业办理缓缴手续，累计缓缴五项社会保险费3946.1万元，涉及职工1.6万人；为9718个企业调整了企业缴纳社会保险费基数，涉及38.8万人，累计减收金额1.53亿元；审批167个困难企业岗位补贴申请材料，涉及职工4.2万人、补贴资金7939.3万元；为企业引进技能人才1134人，发放职业介绍补贴34.02万元；帮扶229个企业开展新录用人员技能培训和岗位技能提升培训，培训结业人数4.7万人，发放补贴资金129.68万元。

街道社区劳动保障平台建设　全市城区有42个街道、13个乡镇（工业园区）、364个社区，建立了就业保障事务所、工作站，共有就业保障专职工作人员1166人。全市有5个城区、37个街道、286个社区达到充分就业标准，充分就业社区达到全市社区总数的56%。组织开展了对全市60万户居民家庭、160余万人口的就业保障信息采集工作，每户涉及基础信息20多项，每人涉及信息71项。依托街道社区劳动保障工作平台，全市建立了近10万名就业困难群体的帮扶台账，并通过开发社区就业岗位，帮助4201户“零就业家庭”、5644名家庭成员就业，实现了“出现一户、援助一户、稳定一户”的目标。共推荐省级充分就业星级社区123个，推荐数占全市社区总数的23.98%。合肥经济技术开发区锦绣社区方兴社居委被人力资源和社会保障部评为“国家级充分就业示范社区”。

就业援助机制建设　针对就业困难群体不同的自身条件以及不同的就业需求，充分发挥创业孵化基地、公益性岗位、街道劳务型服务公司和社区平台“四大抓手”作用，因人而异、分类施策。通过百帮创业基地，共帮助1.07万人实现创业和就业；通过公益性岗位，共帮助1.18万人实现就业；通过街道劳务型服务公司，共帮助4.11万人实现就业；通过社区平台，共帮助3.27万人实现社区“家门口”就业。

企业用工服务　针对部分重点企业提出的“用工难”问题，有针对性地制定相关措施，通过跨区域劳务交流与协作，流动招工“大篷车”下乡、招工“直通车”进校园、搭建基层劳务平台等多种形式帮助企业招贤纳才。多形式、多渠道、多角度了解企业用工需求情况，建立企业用工报备制度，定期对全市人力资源供求状况进行分析并及时向社会公布，发布年度合肥市人才需求目录，有效指导企业招工和劳动者求职。全年共组织重点企业赴阜阳、淮南、六安等地外出招工14场次，服务企业260余个，吸引周边地市近3200名劳动者到合肥就业。

公共就业服务　积极开展职业介绍、人才招聘工作，全市举办各类公益性专场招聘会500多场，近3万个企业进场招聘，30万人次求职者进场求职，近10万名求职者现场达成就业意向。认真做好就业登记和劳动合同备案工作，完成录用登记备案2.6万户，就业登记11.8万人（其中流动就业登记7.1万人）。认真做好各类人员的档案托管、灵活就业人员参保等劳动人才事务代理业务，接转人事代理人员户籍5909人，归档材料7000余份；办理社保有关手续6500余人次；接转档案13851份，开具各类证明等材料9500余份；重新核定档案工资等6500人（次）；办理转正定级1100人；接转党员组织关系959人；考察、办理251名预备党员转正手续。积极宣传灵活就业人员社保新政策，不断完善就业人才事务代理管理制度和各项业务的操作流程，进一步提高服务水平。细化了劳务派遣的基础工作，进一步规范了劳务派遣业务流程；积极做好派遣单位、派遣员工的跟踪服务和协调工作。

公共就业专项活动　在全市范围内开展了以“搭建劳务对接平台，帮您尽早实现就业”为主题的“春风行动”专项活动，共组织举办专场招聘会209场，为1.2万个企业提供招工服务，为6.2万名求职者提供了免费就业服务，其中2.7万名农村劳动者与用人单位达成就业意向。积极开展高校毕业生就业专项活动，提供适合大中专毕业生的就业岗位3.2万个，义务进行职业指导8784人次，办理求职登记2.4万人次。举办重点企业校园行活动，组织40个重点企业分别赴多所国内知名高校举办校园招聘会，引进3889名本科以上毕业生，其中，硕士以上学历337人。组织开展“民营企业招聘周”活动。充分发挥民营企业吸纳就业的主渠道作用，进一步搭建民营企业和求职者之间的就业平台。开展“退役士兵就业招聘周”活动，共组织124个重点企业，提供适合退役士兵的就业岗位1万余个，吸引了近千名退役士兵进场求职。组织参加全国性的网络招聘大会，成功承办了“送春风全国网络招聘大会”合肥分会场，因工作突出，“合肥人才网”受到人力资源和社会保障部的表彰。

农村劳动力转移就业　进一步完善公共就业服务四级体系，加大了对乡镇、村级公共就业服务平台的支持力度；积极指导县、区有序开展农村劳动力转移就业工作，全市共完成农村劳动力转移就业8.05万人，完成市政府下达目标任务的130%。

高校毕业生就业服务　出台《关于印发<合肥市2012年高校毕业生服务基层公益性岗位计划实施方案>的通知》，将就业见习与促进就业、区域合作与促进就业、就业服务与就业帮扶相结合，扎实抓好高校毕业生就业工作。全年为7944名高校毕业生办理了签约、改派等服务，接转13851份人事档案，举办97场专场招聘会，提供59.6万个岗位需求。招募“三支一扶”（支农、支教、支医和扶贫）高校毕业生57名，招聘高校毕业生公益性岗位345人，实现高校毕业生就业7万人。

【人事人才】 人才服务　市人力资源和社会保障局制定印发《合肥市专业技术人才队伍建设中长期（2011年-2020年）发展规划》，出台《合肥市博士后科研工作站管理工作规定》，协助市人才办制定出台《合肥市高层次创新创业人才“一站式”服务暂行办法》。遴选推荐22名高层次人才参加合芜蚌自主创新试验区中高层管理干部研修班，5人参加安徽省战略性新兴产业赴法国培训，110人参加安徽省县域经济培训班，16人参加第四期合芜蚌自主创新试验区高级职业经理培训班，11人参加安徽省人力资源管理高级研修班。开展2012年安徽省战略性新兴产业技术领军人才评选，评选出55名技术领军人才，发放奖金110万元。开展2012年合芜蚌自主创新试验区创新人才奖、创新人才工作奖的申报，推荐10人参加创新人才奖的评选，2个单位参加创新人才工作奖的评选。为安徽省第二批博士后科研工作站授牌，完成了省人力资源和社会保障厅批准的10个博士后科研工作站的建站启动工作，完成了11个新建博士后工作站启动经费和34名在站博士后人员生活补助的申报拨付工作，共资助123万元。完成合肥市终身享受国务院特殊津贴专家2011年下半年、2012年上半年津贴发放和个人变化情况核查工作，共计发放津贴46.8万元。完成2012年申报国务院和省政府特殊津贴人员的选拔推荐工作，共向省人力资源和社会保障厅推荐41人。完成2012年度省学术技术带头人及后备人选和在站博士后人员科研项目、科研活动的申报资助工作，共向省人力资源和社会保障厅推荐项目30个，资助金额328万元。

印发《关于进一步加强人力资源市场管理工作的通知》和《合肥市人力资源市场招聘会突发事件应急预案》，并组织各县、市、区、开发区人力资源和社会保障部门进行政策和业务培训。完成2011年度人力资源服务机构年度审验工作。高校毕业生“三支一扶”工作中4名同学被评为安徽省优秀“三支一扶”高校毕业生。完成2012年度57名“三支一扶”高校毕业生的招募工作。完成2期98名“三支一扶”高校毕业生赴泾县和金寨县开展培训。完成21名服务期满的“三支一扶”高校毕业生考核工作。完成67名“三支一扶”高校毕业生工作和生活补助的发放，发放经费83万余元。

外国专家服务　2012年12月，作为第十一届中国国际人才交流大会重要活动之一的合芜蚌自主创新综合试验区·合肥经济圈推介会及展览展示等活动在深圳举行，顺利达到招才引智、招商引资预期目的。进一步推进引智项目，2012年全市共执行各类引智项目50项，分别为：引进国外专家项目42项，其中软件专项及重点项目8项，占全省已立项重点项目的42%；高端外国专家项目1项，占全省高端外国专家项目的50%；合芜蚌自主创新试验区“国外智力成果推广示范基地”项目4项，到合肥执行项目外国专家133人次；农引推项目（农业引进国外智力成果示范推广项目）4项；千村引智项目2项；出国（境）培训项目2项，派出培训43人。

优化外国专家管理服务，2012年共办理外国专家来华工作行政许可事项464件，其中含办理外国专家来华工作许可96人（件），办理外国专家证360（件），随行家属证10人（件）。加强留学人员管理服务工作，牵头组织完成“南京留交会”（中国留学人员南京国际交流与合作大会）协办城市组团参展参会各项工作，并邀请参加“南京留交会”的部分海外人才到合肥考察，与合肥高新技术产业开发区留学人员创业园、安徽大学、安徽农业大学、安徽医科大学等单位开展对接及洽谈合作。组织申报并推荐最具潜力的留学人员企业、2012年度留学人员创业启动计划项目等。

事业单位人事管理　开展事业单位公开招聘，根据有关规定，对各个县区（开发区）事业单位工作人员公开招聘方案进行了逐一审核，2012年共审核各县区（开发区）事业单位公开招聘方案及简章28项，招聘岗位共计2320个。完成两个批次教师公开招聘1440人；完成县区其他事业单位公开招聘738人；完成市直事业单位公开招聘142人。对全市事业单位公开招聘工作中各部门职责分工、考试方式、工作程序与要求、纪律监督等作了进一步的明确，确保招聘工作中，部门职责清晰、分工明确，每个环节有章可循、有据可依。

专业技术人员管理　完成2011年度各类职称评审的审批、发文和转文工作。2011年全市通过社会化评审取得专业技术人员资格共有1603人。2012年度共推荐438名专业技术人员参加各专业省高评会（高级专业技术职称评审委员会）评审。组织开展合肥市2012年度非国有建设工程专业职称评审，申报5200人，经评审委员会评审共有4515人取得非国有建设工程专业职称，其中高级438人，中级1260人，初级2817人。组织开展民营企业经济系列职称认定，共申报830人，经过审核答辩认定，授予616人民营企业经济系列资格，其中高级193人，中级273人，初级150人。组织开展2012年度合肥市中小学（幼儿园）教师职务任职资格评审工作。组织开展各类执（职）业考试42项，办理资格审查手续43756人。开展大中专毕业生首次确认专业技术资格工作，办理初级专业技术资格确认2752人；办理硕士毕业生确认中级专业技术资格282人。办理职称计算机、职称外语免试579人；办理外地调入专业技术人员职称确认228人；办理职称申报转系列人员87人，办理职称破格申报人员6人；办理专业技术资格证书遗失补办共80人。开展专业技术人员继续教育工作，结合合芜蚌综合配套改革试验区和科技创新型试点市、区域性特大城市建设的需要，2012年共推出205项继续教育培训课程，办理专业技术人员继续教育证书4004本；审核申报高级专业技术资格人员继续教育学时668人次。

事业单位工资福利管理　办理156人次县处级干部的工资变动审核工作和其他44065人次工资变动审核。办理395名退休人员退休待遇的审核。开展元旦、春节事业单位退休干部代表参观活动和获得科技进步奖、先进工作者、劳动模范等荣誉称号的退休干部的慰问活动。积极参与市机关事务管理局所属房管一所、房管二所、望湖宾馆改制及县级公立医院收入分配制度改革等事业单位改革有关工作。

研究完善全市编外聘用人员佣金管理办法，开展市直事业单位2012年度编外聘用人员佣金审核。开展国有企业职教幼教退休教师退休待遇核定，对2032份企业退休教师档案进行了集中审核。审核通过了央企、省属企业、市属企业退休教师1123人，其中央企、省属企业退休教师481人，市属企业退休教师642人。对1124名企业退休教师自1993年工资改革以来的历次调标增资进行测算，完成退休教师职工编码和身份证号码的核实工作及市属企业退休教师加发生活补贴的测算工作。

其他类事业单位绩效工资改革　按照国务院的部署和省政府的要求，合肥市事业单位实施绩效工资分三步进行，第一步从2009年1月1日起在义务教育学校实施；第二步从2009年10月1日起在公共卫生与基层医疗卫生事业单位实施；第三步从2010年1月1日起在其他事业单位实施。

根据《安徽省人民政府办公厅转发省人力资源和社会保障厅省财政厅关于其他事业单位绩效工资实施意见的通知》文件精神，经市政府研究同意，制定《合肥市其他事业单位绩效工资实施意见》，召开全市其他事业单位实施绩效工资工作会议，开展全市1090个其他事业单位6.1万人实施绩效工资工作。全市义务教育学校、公共卫生与基层医疗卫生事业单位和其他事业单位实施绩效工资工作全面开展，标志着全市事业单位收入分配制度改革全部推开。

高技能人才队伍建设　新认定时代出版传媒股份有限公司、安徽皖维集团有限责任公司、安徽汽车专修学院、合肥职工科技职业培训学校、中国人民解放军第7410工厂技工学校、合肥皖建职业培训学校等6个高技能人才培训基地，累计建立37个高技能人才培训基地。设立合肥燃气集团公司为技能大师工作室，合肥地区累计拥有7个省级技能大师工作室。其中中国电子科技集团公司第三十八研究所（简称“38所”）、安徽叉车集团被人力资源和社会保障部认定为国家级技能大师工作室。

组织开展2012年度（第十三届）职业技能大赛活动，竞赛分为综合性、行业性和特殊性三个部分，共45个比赛工种，由38所、市残疾人劳动就业服务中心等13个单位承办，对竞赛获奖选手颁发奖金、技师证书，并授予“合肥市技术能手”等荣誉称号。组织合肥市

27名选手参加安徽省第五届数控技能大赛，合肥市总分和综合成绩名列全省16地市第一名。开展合肥市技能人才统计，统计企业1844个，其中公有制企业253个，非公有制企业1591个，非公有制企业占总企业86.28%。在职职工435248人，其中公有制企业在职职工159861人，非公有制企业在职职工275387人；经营管理岗位44045人，其中公有制企业经营管理岗位16593人，非公有制企业经营管理27458人；专业技术岗位53784人，其中公有制企业专业技术岗位27653人，非公有制企业专业技术岗位26131人；技能岗位210727人，其中公有制企业技能岗位69290人，占职工总数的15.92%；非公有制企业技能岗位141437人，32.5%；占职工总数的15.92%；其他岗位126692人。

举办第三届中国·合肥技工节　以“崇尚技能、创新发展”为主题，由市政府和省人力资源和社会保障厅主办的第三届中国·合肥技工节于11月23日在安徽国际会展中心开幕。作为全国首创的技能人才展会，开展了院校成果展、技能大师亮绝活、校企合作对接与展示、技能人才成果展、美发美容大赛、技能人才招聘会、校企合作对接会、技能人才主题论坛等一系列活动，吸引了几十家知名媒体和2万人到场，取得了良好效果。

就业技能培训　全年培训39108人，完成目标任务数115%，28939人取得职业资格证书或专项能力证书，取证率为74%，实现就业31678人，就业率达81%，支付补贴资金1561万元。认真落实就业技能培训补贴直补到人，夯实就业技能培训工作基础，积极为就业援助对象提供免费技能培训服务，全市6982名就业援助对象接受了计算机维修、公共营养师、营养配餐员等多个专业的免费就业技能培训。

技工教育　由市政府统一部署，年内合肥市机械工业技工学校、合肥无线电技工学校整合到安徽轻工业技师学院，学校的师资队伍得以壮大，办学力量更加雄厚，至此合肥地区技工院校共27所，其中技师学院6所、高级技工学校2所，开展高等职业教育的院校占院校总量30%。2012年合肥地区技工院校总招生备案7401人，有15所学校开展了招生工作，占技校总数的60%。及时做好2012年技工院校毕业证书的发放审核工作，共审核8982人的应届毕业生信息，并为1060名技工院校应届毕业生开具了就业报到证。认真开展技校生的资助工作，确保资助及时准确到位。经审核，共申报资助学生7138人次、资金535.35万元。出台《关于做好合肥市市属技工院校2012年春季学期免学费资金申报工作的通知》，经审核，共申报资助学生2326人次、资金366.411万元。

民办职业培训　2012年批准新设立民办职业培训学校4所，办理的变更事项涉及26所民办职业培训学校共计38件。开展2011年度民办学校年检，共检查民办职业培训机构144所，其中合格122所、责令整改12所、取消办学资格6所、自动终止4所。

人事考试　2012年共组织114项人事考试，参加考试总人数达400571人次，较上年增长了21.4%。政策性考试（包括：全市党政机关考试录用公务员笔试工作、高校毕业生到农村基层从事“三支一扶”工作考试、基层公益性岗位招聘高校毕业生考试、乡镇卫生院招聘专业技术人员考试）37096人次；专业技术人员资格考试（包括职称外语、计算机应用能力等专业技术人员职称考试，注册建造师、注册税务师、执业药师等职〈执〉业资格考试，计算机软考）共60项，208015人次，人数较上年增长了24.3%，办理并发放资格考试合格证书及成绩单共28648份；委托考试（为各级党政机关、企事业单位和社会团体提供考试策划、指导、网上报名、命题、笔试、面试、阅卷等考务组织一系列服务，涉及省、市、县有关事业单位公开招聘工作人员、机关竞争上岗、公开选拔领导干部）50项，命题科目548科，考试人数155460人次。

职业技能鉴定　2012年全市参加职业技能鉴定9.68万人，其中初级2.18万人、中级5.18万人、高级1.8万人、技师和高级技师0.16万人、专项能力0.36万人。鉴定合格获取职业资格证书9.01万人，其中农民工鉴定获取证书3.78万人。

【社会保险】　2012年，企业基本养老保险参保132.42万人，完成目标任务数115.5万人的114.65%，较2007年增长了116.6%；失业保险参保98.28万人，完成目标任务数87.5万人的112.32%，较2007年增长了105.9%；城镇职工医疗保险参保135.41人，完成目标任务数120万人的112.84%，较2007年增长了101%；城镇居民医疗保险参保173.38万人，完成目标任务数164万人的105.7%；工伤保险参保109.49万人，完成目标任务数108万人的101.38%，较2007年增长了173.2%，其中农民工参保31.52万人，完成目标任务31.5万人的100.06%，较2007年增长了291.1%；生育保险参保92.98万人，完成目标任务数85

万人109.39%，较2007年增长了202.4%。

社会保险市级统筹　深入推进企业职工养老保险全省统筹，积极巩固养老保险金发放成果，连续7年调整养老保险待遇，调整后月人均养老金达1525.97元。完成职工医保长丰、肥东、肥西、巢湖和庐江四县一市的市级统筹工作，成功实现四县一市职工医保的同城同策。开展城镇居民基本医疗保险二次报销制度。扩大失业动态重点监测单位，下放工伤劳动能力鉴定，圆满完成失业、工伤保险的全市统筹。原地级巢湖市区划调整后事业单位养老保险参保工作顺利推进，积极为135个事业单位6538人办理参保登记。社会保险征缴贴近百姓服务进一步拓展，以瑶海区东七里站街道和和平路街道为试点，将原来在区人力资源和社会保障局就业和社会保障中心办理的续缴养老保险业务下放至街道。企业退休人员社会化管理服务全面推进，全市实际进入社区管理的退休人员18.5万人，社区管理率95.4%。

社会保险征缴　经过多年的磨合，全市形成了人社、地税、财政等部门密切配合行之有效的社会保险征缴工作机制，在为单位受理税务登记的同时，为其受理社会保险登记，增强了单位的参保及时性和参保缴费意识。2012年市本级共办理新参保单位3923个，新参保人员18.8万人；新增发放社保卡171800张；办理续保13.4万人次，办理停保24万人次；为个体缴费人员就业再就业办理退费0.81万人次。市人力资源和社会保障局对11170个参保单位申报的缴费基数进行了书面稽核。在全省率先实施新的养老、医疗保险转移接续办法，共办理养老保险关系转出6000人、转入6100人，医疗保险关系转出2900人、转入4500人。社会保险个人权益记录工作取得突破进展，共通过邮政系统发放156万份个人权益记录，打印社会保险参保证明225000份。进一步规范了社会保险业务档案管理工作，2012年共整理社会保险业务档案2400多卷，使广大参保单位和人员能够及时查询各类参保缴费信息。解决部分关、停、并、转单位职工保险关系转移接续的难题。

企业养老保险　基本养老金按时足额发放，市本级新增退休人员10669人，死亡2698人，至2012年10月末企业离退休人员196853人（其中离休2080人、建国前老工人435人、退休193592人、因病退职814人），享受生活补助的遗属6739人。2012年，发放基本养老保险待遇30.49亿元，其中基本养老金29.18亿元，丧葬抚恤费和遗属生活费7246万元。迅速落实养老金调整政策，市本级符合调整政策的企业退休人员共184839人，调整前月人均养老金1343.13元，调整后月人均养老金1525.97元，平均增加182.84元，月增养老金支出3379万元。代发部分企业退休人员生活困难补助2346.5万元，对1953年底前入伍后转业到企业的退休人员发放生活补助669.7万元，对企业退休军转干部发放生活补助1828万元。落实计划生育奖励政策，为1055名退休人员发放一次性奖励211.2万元。

企业退休人员社会化管理服务工作全面推进，开展示范创建巩固年、健康服务主题年、资格认证规范年三项年度活动。规范退管服务各项基础管理工作，促进工作规范化、制度化；强调服务好老年人的健康；规范工作流程，强化规章制度，进一步做好养老保险待遇领取资格认证工作。开展2012年度养老保险待遇领取资格认证，认证人数19.2万人。开展“长三角”地区三省一市异地居住退休人员养老保险待遇网上协查工作，共上传合肥市居住在“长三角”地区退休人员和遗属共4511人，下载“长三角”地区居住在合肥市退休人员和遗属651人。

城乡居民养老保险　2012年1月1日，合肥市区城乡居民社会养老保险工作正式启动实施，在全省率先实现社会养老保险制度在城乡的全覆盖，并实现县（市）、区（开发区）城乡居民养老保险政策的统一（即缴费标准统一、基础养老金标准统一、政府给参保人员最低补贴标准统一）。全市城乡居民有参保人员287.17万人，其中5个县（市）258.12万人、市区29.05万人；年满60周岁领取待遇人员有76.1万人，其中5个县（市）66.81万人、市区9.29万人，各项待遇全部按月足额发放。

被征地农民养老保障　全面实现应保尽保，参保率100%；养老保障金按时足额发放，发放率100%。2012年，合肥市区有被征地农民保障人员22.1万人、享受待遇人员5.65万人，累计支出资金8.2亿元。四县一市共有21.6万人纳入保障，5.5万人领取了养老保障金，累计支出养老保障金4.5亿元。

机关事业单位养老保险　2012年，全市机关事业养老保险参保单位共885个，其中全额拨款事业单位466个、差额拨款事业单位80个、自收自支事业单位210个、改制事业单位121个、个人参保8个。参保人员55369人，其中在职职工36126人、离退休人员19234人，养老基金征缴率97%。努力做好原地级巢湖市区划调整后事业单位养老保险的参保工作，明确135个事业单位纳入参保范围。推进除义务教育学校、公共卫生与基层医疗事业单位外的全市其他事业单位的绩效工资兑现工作，以及保险费补收、养老金补发工作，兑现离退休、退职人员自2010年1月1日起的生活性补贴。

失业保险　2012年接收登记失业人员17509人，其中接收国有、集体企业下岗失业人员2144人；办理失业人员失业保险关系异地转出434人；办理失业人员失业保险关系异地转入658人；月均领取失业保险金人员1.26万人。失业保险基金支出19906.03万元，其中：失业保险金支出9099.57万元、基本医疗费支出2618.82万元、医疗补助金支出69.93万元、丧葬抚恤费支出35.43万元，支付职业培训补贴299.86万元，支付农民合同制工人一次性生活补助金28.1万元，支付困难企业稳定就业岗位补贴7600.49万元，其他支出153.83万元。2012年元旦、春节期间，根据市委市政府统一部署，对家庭困难的失业人员开展“送温暖”活动，按照800元/人的标准发放一次性生活补助金，共补助653人，补助金额52.24万元。按照国家人力资源和社会保障部要求进一步做好失业动态监测工作，自2012年1月起监测企业由30个扩大至60个，到2012年年底增至80个监测企业。不定期召开监测企业信息员业务沟通及培训会，力求做到准确判断分析就业形势，按月形成分析报告。做好失业保险基金帮助困难企业稳定就业岗位工作，及时对按时足额缴纳失业保险费，且采取在岗培训、轮班工作、协商薪酬等办法稳定员工队伍并承诺不裁员的困难企业申请稳定就业岗位补贴进行审核。审核上报困难企业稳定就业岗位补贴191个，享受人数46489人，享受金额8950.52万元。

城镇职工基本医疗保险　全市城镇职工医保参保人数达135.41万人，其中市本级106.71万人。市本级职工医保出院133163人次，住院率12.49%；市本级职工医保人次均住院费用9484.54元，个人自付比例28%（其中医保目录内自付比例22%），按次人均住院11.4天；住院医疗大病救助6643人次；另救助肾病等困难群体19496人次，发放救助费用1976.95万元。立足于保障和改善民生，实施市级统筹，进一步提高医保待遇水平，自2012年起对市本级与肥东县、肥西县、长丰县、庐江县、巢湖市的城镇职工基本医疗保险实行市级统筹，即“统一医保政策、统一待遇标准，统一基金管理，统一信息系统，统一管理服务”，全面提高医保统筹层次。共为肥东、肥西、长丰三县参保职工发放社会保障卡14.4万张。市级统筹后，参保人员可在市本级223家、三县150家定点药店自由刷卡购药，也可在市本级22家、三县49家定点医院门诊就医、购药。全年全市（含肥东县、肥西县、长丰县）社会保障卡门诊刷卡1071万人次，共8.2亿元。

加强医疗保险费用审核，规范医疗服务行为，严厉打击违规骗保行为。完善结算办法，从宏观上控制医保费用，实行分类结算、实时监控、协议管理；加强日常检查、费用审核，创新监督管理；加强沟通协调，创造良好的医保氛围，坚持医保例会制度，医保论坛制度，医保简报制度，严厉打击医保违规行为。以强化服务促进管理，大力推进与商业保险合作模式，提高医保服务管理水平。定期开展特殊病免费鉴定，共组织特殊病集中鉴定16次，职工医保申报达1.2万人次。严谨开展零星报销业务，共完成个人报销3484人次，基金报销支出3677.58万元，1953年前人员补助595人次，补助费用支出302.13万元。做好个人账户跨统筹转移，共办理了个人账户跨统筹转入1492人次，涉及159.3万元，转出3067人次，涉及208.1万元。做好离休干部医药费用发放，共拨付离休干部医疗费用1.01亿元。坚持为异地退休人员上门服务，抽调专人赴沪举办异地现场服务，受理医保费用报销，宣传医保新政策。

城镇居民基本医疗保险　全市共有1733781人参保（其中：市本级820742人、高校大学生436219人、长丰70000人、肥东80000人、肥西100000人、巢湖市78427人、庐江县148393人），完成率达105.7%。按照居民医保结算年度从每年的10月1日至次年的9月30日，2011～2012年度，基金各项支出共计21538.38万元（其中本市住院支出19025.55万元，异地住院支出418.23万元，特殊病门诊支出954.96万元，普通门诊支出624.85万元，生育补助支出356.76万元，新生儿先天性疾病报销支出158.03万元）。2011～2012年度全市居民医保累计受益343436人次，比上年度增加103036人次。其中，市内住院受益47524人次，异地住院受益609人次，特殊病门诊受益36566人次，普通门诊受益254564人次。

及时调整相关政策。一是提高报销比例。根据全市居民医保基金运行情况，提高了政策范围内居民医保住院基金支付比例。将市内三级、二级和一级定点医疗机构住院基金支付比例分别提高10%、5%和5%，使市内三级、二级和一级定点医疗机构住院基金支付比例分别达到60%、70%和80%。将居民异地住院基金支付比例提高10%，使居民异地住院基金支付比例达到50%。二是对特殊病种重大疾病实行倾斜照顾政策。在报住院待遇的基础上，不断扩大门诊特殊病范围，提高参保人员门诊待遇。其中：肾透析、肾移植术后门诊特殊病统筹基金支付比例由60%调整为80%，一个参保年度内统筹基金年度最高支付限额由原3万元调整为4.8万元。居民医保的门诊特殊病种达到27种。三是提高大学生医保基金年度最高支付限额。一个结算年度内，参保大学生住院和门诊特殊病的基金合计最高支付限额由22万元提高到30万元。调整后，参保大学生除最高支付限额和报销比例享受职工医保同等待遇外，起付标准较职工医保减半，在三级、二级、一级定点医疗机构分别为300元、200元、100元；特殊病门诊不设起付标准，且报销比例为90%。四是调整大学生转诊转院、异地就医报销相关政策。建立备案制度，大学生在非合肥市定点医疗机构就医，由各高校办理备案手续，履行相关责任。学生直接向学校申请办理转诊、转院或异地就医备案手续后即可。放宽大学生异地就医政策限制，大学生在实习、寒暑假、法定节假日、休学等不在校期间异地因病需住院治疗的，可在治疗结束返校后在学校补办备案手续，后到市医保经办机构报销。明确监督责任，要求各高校对学生异地住院严格把关，对学生住院的真实性负责。五是实行住院保兜底报销政策。根据《城镇居民基本医疗保险实施办法》，从2012年10月1起参保居民单次住院的医疗费用实际报销比例低于35%的，由定点医疗机构按35%即时结报。

工伤保险 2012年参保单位达32529个，共办理享受工伤保险待遇的工伤职工18238人。其中：一至四级31人、享受生活护理费52人、五至六级21人、七至十级860人，定期领取伤残津贴143人、生活护理费231人；处理因工死亡75人，经调查确定符合供养条件197人，领取供养抚恤金773人，全年共支付保险待遇10166万元。

进一步落实和保障老工伤人员工伤保险待遇，从保护工伤职工的合法权益，确保医疗费合理使用的角度出发，强化对工伤复发职工伤情的确定管理，保障老工伤人员获得必需和有效的救治。2012年，享受待遇的老工伤人员6516人次，支付待遇1481.13万元。切实做好工伤医疗、辅助器具配置协议管理，积极探索门诊联网结算，2012年与定点医疗机构住院联网结算的工伤职工344人次、医疗费金额1032.27万元。积极稳妥地推进工伤康复工作，加强规范化管理，逐步建立“先康复、后评残”的工作机制，共支付康复治疗费用789.18万元。

生育保险 2012年参保职工92.98万人，其中女性职工39万人，占参保人数的42%。在定点医疗机构享受门诊待遇有49861人次，住院享受13125人次，生育基金支付4977万元；手工报销1473人，支付411万元；男职工享受841人，支付70万元；累计医疗费、津贴基金支付1.6亿元，其中生育津贴支出占基金总支出的66.5%，另生育备案15139人。

编写《合肥市职工生育保险新政策服务问答》、《合肥市职工生育保险试点“生孩子不花钱”服务指南》。加强与试点医院管理者和妇产科医务人员的沟通与交流工作，对11家试点医院医保办人员开展政策培训和交流工作，使新政策在定点医院能够正确理解和贯彻执行，得到广大群众充分理解与欢迎。同时全面提高生育保险各项待遇，将产前检查费用由500元提高到800元，生育费用由2000～4000元提高到3000～5000元，并按照《中华人民共和国社会保险法》规定，将“男职工未就业配偶享受生育医疗费待遇”条款落实到位。

【和谐劳动关系建设】 完善协调劳动关系三方机制建设，形成以人社部门牵头，工会、企业联合会、工商联为主的协调劳动关系三方机制。积极开展劳动关系和谐企业评选，继续推进街道（乡镇）、社区和企业劳动争议调解组织建设，2012年实现街道（乡镇）劳动争议调解组织建设全覆盖。出台《合肥市全面推进小企业劳动合同制度三年行动计划实施方案》、《合肥市深入推进集体合同制度实施彩虹计划三年行动方案》，全市摸底小企业16228个，涉及职工64.8万人，签订劳动合同59.6万人，劳动合同签订率达92%。全市10136个企业建立了工资集体协商和集体合同制度，覆盖职工65.55万人，其中单独签订集体合同的企业有4577个，区域性、行业性集体合同681份，覆盖企业5559个，全市已建工会企业工资集体协商建制率动态保持在90%以上，世界500强在合肥已建工会企业工资集体协商建制率达91.6%，已签订的集体合同报审率和备案率均达到100%。对四县一市七区212家劳务派遣单位、2000名劳务派遣工及73个用工单位进行问卷调查，形成《2012年合肥市劳务派遣用工情况调研》。

调解仲裁　2012年全市共受理处理仲裁案件3558件，案外调解争议2782件。其中市仲裁院受理各类劳动争议案件675件，社会保险类案件289件，劳动报酬案件247件，经济补偿金类案件139件；案外调解案件数245件；办案时限内结案率为100%。充分发挥了劳动仲裁在解决劳资纠纷、协调劳动关系、构建和谐社会方面的积极作用。2012年度县区实体化建设和标准化建设取得了突破性进展，大部分县区都已经完成了仲裁院实体化建设。

劳动监察　2012年全市各级劳动监察机构通过日常巡查、专项执法检查、举报投诉专查等执法活动，共为19505名劳动者追讨工资16060万元（其中，涉及建设领域农民工9177人，追讨金额9689万元）；清退风险押金54.866万元，涉及劳动者197人；责令用人单位签订劳动合同48986份；督促登记、缴纳社会保险费涉及劳动者3545人；共受理举报投诉案件3142起，结案率98%，参与处理突发事件80起，依法做出行政处理、处罚决定11份，罚款金额18万元。全市农民工工资保障金账户余额达10.2亿元，约占全省工资保障金总额的70%。

突出“两网化”（网格化、网络化），实现区划后全市并轨发展，加强对巢湖市和庐江县“两网化”工作指导和支持力度。强化清欠措施，深化“欠薪”综合治理，通过“两网化”体系、农民工工资保障金、诚信用工承诺书等多项举措，为农民工工资构筑六道“防火墙”。“劳动监察和谐号” 网上维权互动平台2012年点击量超过25万人次，网友发帖6000余件，受理诉求400余件，回复率100%，宣传劳动政策法规300余条。开展清理整顿人力资源市场专项行动，共派出监察员152人次，检查职业介绍机构85个，依法取缔“黑职介”（非法职介机构）31个。开展民办高校劳动用工执法检查，检查13所民办高校涉及劳动者2700人。开展人力资源公司劳动用工执法检查。共检查91个人力资源公司，涉及劳动者3.85万人。

【基础建设】　社保基金监管　2012年2～5月，国家审计署南京特派办对合肥市社会保障资金进行了审计，审计报告对全市社会保障资金管理使用情况给予高度评价。社会保险内部控制制度普遍建立，新农保基金专项检查有效实施，工伤保险基金专项检查落实到位。

行政服务窗口建设　2012年，市人社部门行政窗口全年共接待来人、来电咨询6000余次；受理职业资格证书办件项目83389件；办结行政审批项目384件。其中：举办实施以职业技能为主的职业资格培训、职业技能培训的民办学校的审批6件，外国人到合肥就业许可354件，台港澳人员到合肥就业许可23件，职业技能鉴定机构设立审批1件。窗口办理审批事项在保持原先数量的基础上，呈进一步增长趋势。

（刘谢晴）

民　政

【社会救助】　2012年，合肥市发放城市低保金2.28亿元，月人均补差340元，累计67.1万余人次享受城市低保待遇；发放农村低保金2.95亿元，月人均补差139元，累计212.5余万人次享受农村低保待遇；发放城乡医疗救助金1.007亿元，累计31万人次享受城乡医疗救助，全市发放五保供养资金7577.67万元。

完成城乡低保提标工作。3月1日起，市区城乡低保标准由户月人均320元提高到360元，市辖四县一市城市低保标准同步提高，其中肥东、肥西、长丰三县提高到320元，巢湖市提高到360元，庐江县提高到340元。经四县一市政府研究决定，农村低保标准从2012年1月起，肥西县提高到1800元/年，其余四县市提高到1600元/年。

加快推进城乡医疗救助“一站式”服务结算实施力度。在原有已开通一站式服务的医疗机构基础上，乡镇卫生院、社区医院等便民医疗机构纳入一站式服务系统中。全年“一站式”系统救助23729人次，救助金额1654万元，“一站式”救助人次占全年救助总人次的51%，超过省民政厅规定的不低于30%的目标。

全面开展临时救助工作。市财政安排550万元专项资金在市区范围内开展临时救助工作。在对拟救助对象进行摸底、测算以及救助种类的区分等基础上，出台了《合肥市城乡居民临时救助实施办法》。建立健全临时救助的申请、审核、审批、公示及发放规程，建立临时救助资料档案，实行一户一档，县（区）、乡镇（街道）二级管理。

完成农村五保供养标准提高。经市政府第98次常务会议研究，全市农村五保供养标准第五次提标，散居五保对象供养标准提高到每人每年不低于2000元，增长11%，最高标准达到每人每年6960元，人均3620元/年。集中供养最高标准达到每人每年6960元，人均5397元/年。

针对“海葵”等台风袭击，紧急转移安置受灾人口63人。争取上级救灾款共1040万元，并第一时间拨付到灾区民众。组织修订《合肥市自然灾害救助应急预案》。争取国家项目支持救灾减灾中心建设资金500万元。

完成庐江县泥河镇沙岗敬老院扩建、巢湖市卧牛山敬老院新建等8所敬老院的扩建和新建工程，新增床位465张。制定出台《农村五保供养服务机构建设实施方案》和《关于提高我市五保供养标准的通知》等文件。以“太阳花爱心助老”为主题，确定首批8家敬老院由省直8所高职院校青年志愿者结对服务。肥东县社会（儿童）福利中心和庐江县社会（儿童）福利中心项目如期完成民生工程阶段目标任务。全市安置200个服务亭，设立社区“老少活动家园”180个，这在2012年全市新增的民生工程中是最先启动的。投资近600万元的合肥市光荣院改扩建工程全部结束，建设面积3900平方米，设床位110张，用于收养全市孤老重点优抚对象。

11月22日，市长张庆军在庐江县慰问困难老人

【社会管理与基层民主政治建设】 抓住“一条主线”、坚持“一个中心”、完成“三个重点工作”，即：抓住以加强和创新社区服务管理为全年工作的主线，坚持推进社区管理体制改革试点为中心，完成社区服务民生工程、城乡标准化示范社区建设和第二届城市社居委统一换届三项重点工作。省委书记张宝顺对《安徽信息—要情专报》中“合肥市积极探索‘四四’社区管理服务新路径”一文作出重要批示：“合肥市在社区服务和管理上创造了很多好做法、新经验，要认真总结推广。”创新社会组织管理，全市各级民政部门依法登记备案社会组织3567个，其中登记2476个（市级登记681个，县（市）区级登记1795个；社会团体1018个，民办非企业单位1455个，非公募基金会3个），备案城乡基层社会组织1091个。

社区服务管理创新项目从四个方面继续深入推进：一是创新社区网格化管理机制。实现城区网格化管理全覆盖，肥东、肥西、长丰三县城镇社区网格化管理覆盖率达到89%，全市共设立3682个网格，有网格责任人3840人。二是创新街道、社区管理体制。分类指导，推动社区管理体制改革创新。庐阳区“精街道、强社区、提能力、促发展”的街道、社区整合模式及包河区、蜀山区的“两委两站多中心”社区管理体制改革均取得显著成效。三是创新社区信息化管理和服务机制。制定了《关于加快推进全市社区信息化建设的意见》。试点推进社区信息化建设，全市有近200个社区建立社区网站、社区QQ群、社区博客；庐阳区、蜀山区、合肥经济技术开发区分别建立了全区统一的社区管理和服务平台。四是创新社区服务发展方式。验收31个新建住宅区项目，无偿新增社区管理和服务用房11659.6平方米。全市城区社区管理和服务用房平均面积达637平方米，室外文体活动场所平均面积达889平方米。继续推进城乡标准化示范社区建设，打造设施完备、功能完善、特色鲜明的样板社区。

本着“结合实际、分类实施、整合资源、重心下移”的原则，探索具有合肥特色的社区管理体制改革模式。社区综合管理体制改革试点初显成效，实行的一系列改革措施，在全省位居前列。一是探索在新区全面实行“大社区”管理模式。合肥高新技术产业开发区、合肥经济技术开发区、合肥新站综合开发试验区、合肥滨湖新区均实行不同形式的大社区管理模式，不设或者撤销街道，成立社区管理委员会或中心，共设立14个“大社区”。二是在老城区试点推行街道社区整合模式。庐阳区对全区街道社区进行了整合、调整，将原84个社区整合为56个；包河区将全区原79个社区整合为58个，实现重心下移、人员下沉的扁平化管理。三是探索推进社区组织新模式。在蜀山区和包河区选择部分街道启动了“两委两站五中心”社区组织新模式试点，即：在社区党组织领导下，社区居委会下设“社区工作站”、“社工服务站”，分别承担社区行政管理与公共服务职能及开展居家养老、儿童教育、康复助残、社会救助等社会服务，同时成立社区事务受理、综治、卫生、生活、文化五大中心。

城乡标准化示范社区建设全面完成。确定瑶海区三里街街道铁路一村社区和长丰县陶楼乡陶楼社区等29个社区作为2012年城乡标准化社区建设创建单位，按时序完成示范创建工作，实现了打造精品社区、树立全市标杆社区的工作目标。

第二届社居委统一换届选举工作圆满完成。全市参加换届的385个城市社区全部完成选举任务，参选率达81.4%，并首次建立选举观察员制度。

深化社会组织审批登记制度改革，直接受理行业协会（商会）、社会公益慈善类社会组织和非公募基金会的申请登记，并履行管理职能，取消业务主管单位前置审批。适度突破异地商会“登记在省”，全年登记异地商会4个。（民政部有关文件规定，省以下民政部门无权登记异地商会。根据市政府合办〔2009〕36号文件中“着眼我市经济社会发展的需要，适度突破异地商会‘登记在省’，扩大区域性经济交流和合作”的规定，市民政局开始受理异地商会的登记。）对14个市级行业协会（商会）进行了等级评估，合肥市建筑装饰协会等6个被评为AAAA级，合肥市奶业协会等3个被评为AAA级，合肥市医药行业协会等4个被评为AA级，并举行了全市行业协会（商会）评估授牌仪式。

探索社会组织孵化园建设，重点培育公益慈善类及“枢纽”型社会组织。重点培育扶持合肥市爱邻社会工作服务社、合肥市社会工作协会等公益慈善类社会组织，充分发挥公益慈善类社会组织在构建和谐社区中的作用。重点培育具有“中枢”和“纽带”功能的“枢纽”型社区社会组织开展公益服务，蜀山区琥珀街道琥珀潭社区社会组织联合会作为重点培育对象。

【福利慈善事业】 坚持“政府主导、部门配合、社会组织承接、社会参与”的方针，紧紧围绕“六个老有”（即“老有所养、老有所医、老有所为、老有所学、老有所教、老有所乐”）的工作目标，大力推进居家养老服务网络建设。敬老院建设规模档次得到进一步提升（具体内容见“老龄工作”分目）。社会福利进一步完善，正由补缺型向适度普惠性转变。

开展社会救助管理工作，落实民政部年初部署的对流浪乞讨人员“寒冬送暖”集中救助行动，共救助6100多人次。市民政局牵头成立“合肥市流浪乞讨未成年人服务管理工作委员会”。组织落实民政部等国家八部委部署的在全国开展“接送流浪孩子回家”专项行动，依法打击拐骗未成年人以及利用未成年人乞讨和实施违法犯罪等活动，帮助流浪未成年人回归家庭。全市共救助437人次流浪孩子，对其中无法查找家庭的7人给予安置。完成对上海下放居民和二十世纪六十年代精减下放职工救济标准调整，从209元调整到309元。制定《市民政局禁毒工作计划》、《市民政局打击传销工作方案》。简化救助程序，一律先救助再核查，共救助劝返被骗群众37人。

福利彩票、慈善事业全面推进。全年福彩销售总额达11.72亿元，比上年同期增长29.86%，在全国省会城市中排名第十二位，比上年前进两位。合肥市福彩中心被民政部授予“优质服务品牌”称号。巢湖市、庐江县累计销售福利彩票1.43亿元，销量比上年增长10%，其中传统电脑票销售6135万元，即开票销售1033万元，中福在线销售

9月27日，慈善助学活动

7118万元。8月份开展了“慈善圆梦大学”活动，为150名贫困大学新生发放共计45万元助学款。在“慈善爱心金秋助学”活动中，为全市21所省级示范高中和20所市级示范高中的778名贫困高一新生发放共计77.8万元爱心助学款。“慈善福彩圆学梦·社工义工在行动”活动安排45万元资助了考取安徽大学等4所省内大学的150名合肥籍大学新生。

【双拥优抚安置】 市民政局从国防建设大局出发，加强双拥宣传，推进军地共建。开展退役士兵专场招聘周活动，在全省系首次，中央电视台《新闻联播》节目对其进行了报道。退役士兵与企业用工单位就业对接工作被列为全省首批试点单位之一；退役士兵职业教育和技能培训工作作为全省先进推荐参加全国经验交流。军休干部第一批房改经费兑现工作在全省及中部省会城市中率先完成；承接并顺利完成全省军休系统门球比赛合肥片赛等工作。

年初，合肥市第七次被全国双拥工作领导小组、民政部、解放军总政治部联合命名为“全国双拥模范城”，实现“七连冠”。以市委、市政府、合肥警备区名义在7月份召开了第七次荣获全国双拥模范城总结表彰大会，部署了争创全国双拥模范城“八连冠”任务。推进“两新”（新经济组织和新社会组织）组织开展爱国拥军活动。与市工商业联合会协同组织、引导民营企业家筹备成立“合肥市民营企业家爱国拥军协会”。组织市四大班子领导在春节、“八一”建军节期间慰问驻合肥的部队官兵，送去慰问金200余万元，慰问物品1500余件。“八一”期间，组成党政军慰问团，赴浙江舟山慰问“合肥舰”官兵。更新绕城高速公路4个大型双拥公益广告牌。肥西县在县城合安公路段集中设立公益广告，包河区建设“双拥一条街”，蜀山区在大蜀山北建立“双拥林”。全市县（市）、区、市直机关、双拥模范单位共援助驻合肥基层部队图书141套，计28200册，价值70.5万元。瑶海区和合肥新站综合开发试验区为2名随军家属办理了随调手续，安置9名随军家属在社区协理员岗位就业。市财政拨出专款400万元，为920名随军家属发放每人每月360元生活补助。

7月23日，省委常委、市委书记吴存荣双拥慰问

重新修订出台合肥市《重点优抚对象医疗保障实施细则》，核定了2012年合肥城镇义务兵优待金标准为7486元，提高了1136元，涨幅18%。下拨市级义务兵优待金790万元，确保“八一”前按时足额兑现。市民政局与市财政局联合下发《关于调整一至四级残疾军人护理费标准的通知》。全面开展“一站式”即时结算服务工作。按照公开、公正、公平原则，受理伤残评定工作。下发《关于印发全市优抚工作要点的通知》，全年发放抚恤补助款12396.399万元，抚恤补助26612人；发放优待金7924万元，优待13645人；为农村籍60周岁以上退役士兵19070人发放老年生活补助1489.424万元，为部分烈士子女（含新中国成立前错杀后被平反人员的子女）706人发放定期生活补助90.415万元。长丰县、巢湖市完成零散烈士墓的集中建设工作，其他县正在积极办理。蜀山烈士陵园接待参观者100多万人次，陈列馆全年开馆350天以上。

全年完成3421名退役士兵档案接收和报到工作，其中符合安置城镇退役士兵1647人、转业士官239人、农村退役士兵1535人。市民政局完成年度安置工作方案起草工作（代拟稿），经市政府第111次常务会议讨论通过；起草完成《关于做好2011年冬季退役士兵安置工作的通知》（代拟稿），由市政府、警备区联合下发执行。加强《退役士兵安置条例》学习宣传落实工作。组织合肥市退役士兵职业教育和技能培训基地进驻招聘会现场，为退役士兵解答相关培训政策，有476名退役士兵现场与企业达成就业协议，约1000名退役士兵现场接受培训意愿调研。草拟《合肥市退役士兵与企业用工单位就业对接工作实施方案》。技能培训工作顺利开展，全年有420人报名参加培训，涉及数控、计算机应用与维修、中式烹饪、汽车维修与保养、建筑施工等5大类22个专业，共有294人参训，结业并取得职业技能证书293人，合格率为99.7%。基本完成第一批房改经费4061.40万元兑现工作，涉及军休干部432人。完成第二批涉及83人经费290.1万元的房改审核上报工作。“军休大课堂”第二次开班并顺利完成。完成合肥市承办的全省门球比赛合肥片赛承办工作。完成军休干部书画摄影展及评选工作。完成军休系统太极拳（剑）比赛工作。完成1949年10月1日至1953年12月31日期间入伍的师职退休干部生活补助费调整工作，全市共涉及5家单位，调整68人次，共计金额52.45万元。开展了军休四所绿源小区室外配套工程及军休保健办公室装修工程等基建项目。为涉及沈阳军区等15个军队大单位、计37名退休士官进行了退休证换发。本着“两主动”（即主动与部队沟通联络、主动征求部队意见）、“两提前”（即提前审核军休干部档案，为按时完成移交安置工作做好充分准备；提前告知部队做好交接准备，及时与各部队协商拟定军休干部接收安置时间安排表，避免了交接矛盾，促进了安置工作的有序开展）工作原则，顺利完成全年90人的接收任务。优质、快速、准确、安全、保密地完成了43659人次、194批次的供应任务。

【社会事务】 完成清明节文明祭祀及殡葬行业行风建设月工作和“十二五”全市殡葬设施规划编制工作，出台了规范殡仪服务行业市场制度。市民政局连续第四年被民政部表彰为“清明节文明祭祀工作先进单位”，小蜀山陵园管理处陆宁被授予“清明节文明祭祀工作先进个人”称号。小蜀山陵园被民政部授予“全国民政系统行风建设示范单位”称号，大蜀山文化陵园被国家旅游局授予AAA级景区。

全年办理结婚登记92957对，协议离婚16189对，出具无婚姻登记记录证明11万份。制定出台《合肥市婚姻登记机关结婚登记颁证服务规定》。开展婚姻登记机关等级评定工作，庐阳区、包河区在全省率先通过国家婚姻登记机关AAA级等级评定。

殡葬改革进一步深化，全市火化率稳步提升。全年死亡火化遗体36584具，火化率达到99%，较上年增长0.2个百分点。全市经营性公墓共安葬4691座墓穴。全市祭扫工作井然有序。清明期间，全市各大陵园共接待祭祀群众达142.5万人、车辆16.7万辆。全面实施殡葬惠民政策。清明期间开展了“合肥市第二次清明集体共祭”活动，共120户约1500人参加了集体共祭仪式，参加共祭人员所需物品全部免费提供，惠及市民约6万元。举行合肥市第十六次骨灰撒江活动，首次对市民参加骨灰撒江活动实行费用免收，惠及市民6万余元。市殡仪馆对五保、低保、重点优抚对象逝者基本殡葬费用全部予以免除，惠及市民约70万元。为涉案、涉诉困难家庭减免丧葬费用约60万元。节地及生态葬式多样。小蜀山陵园举行两次生态礼葬，免费为29名逝者举行了骨灰安葬。大蜀山文化陵园先后举办4次生态礼葬，为200名逝者进行骨灰安葬。集中时间对11家殡仪馆、8个经营性公墓、5个农村公益性公墓等殡葬服务单位的殡葬服务价格进行清理规范，共涉及收费项目和收费标准420个。草拟《合肥市殡葬基本服务项目惠民实施办法》，谋划将殡葬基本公共服务列为“十二五”全市基本公共服务内容，力争将其列入下年新增民生工程。

全市共办理收养登记212人。全市收养登记实现在线登记。

完成第四批（最后一批）道路名称规划方案的审核工作、1405条道路等地名规划方案。组织编制、审核《合肥市城市地名总体规划（2010-2020）文本》。依法命名、更名“春晖园”等69个建筑物和住宅小区名称。

市民政局配合庐阳区顺利完成行政区划调整工作。着力推进合肥市与淮南市勘界收尾工作，并取得重大突破。组织各县（市、区）完成了《安徽省行政区划图》审核、校对工作。组织开展《中华人民共和国政区大典》（安徽分卷·合肥篇）的编纂工作。

（袁 荔）

老龄工作

【概况】 2012年，合肥市老龄工作围绕“老有所养、老有所医、老有所学、老有所教、老有所为、老有所乐”六个老有工作目标，积极开展老龄政策制定、居家养老服务、老年活动、老年维权等工作。

在全国老龄工作委员会办公室、民政部等七部门举办的第五届全国敬老爱老助老主题教育活动评选表彰中，合肥市老龄办获“全国敬老模范单位”称号。在省政府举办的全省老龄系统先进单位和先进工作者评选表彰中，包河区人民政府获“全省老龄系统先进集体”称号，庐阳区民政局原局长韩骏青获“全省老龄系统先进工作者”称号。在第三次中国城乡老年人口状况追踪调查先进集体和先进个人评选表彰中，合肥市老龄办获省级先进集体称号，闫宏获省级优秀督导员称号。在省第三届老年人文艺调演中，合肥市老龄办获优秀组织奖。合肥市老龄主办的《农村空巢老人生活状况分析与对策研究》课题获民政部理论研究三等奖。

【老龄人口状况】 全市60岁及以上人口115.98万人，65岁及以上人口80.1万人，分别占全市总人口的16.32%、11.27%；80岁及以上人口17.2万人，占老年人口的14.86%，人口老龄化和高龄化趋势不断凸显。

【老年政策制定】 《合肥市老龄事业发展“十二五”规划》于6月1日由市政府正式印发，是合肥市第一个由市政府印发的老龄事业发展规划。《规划》从老年社会保障、老年医疗卫生保健、社会养老服务、老年权益保障、老年精神文化生活、老龄产业、老年家庭建设、老年生活环境、老年人社会管理、老龄科研和老龄工作交流合作等十一个方面提出目标任务，为构建老龄战略规划体系、社会养老保障体系、老年健康支持体系、老龄服务体系、老年宜居环境体系、老年群众工作体系这六个老龄工作体系提供文件依据，是推动合肥市创建“老年友好型城市”，提升城市服务功能和文明程度，推动区域性特大城市建设的政策保障。

为积极应对人口老龄化，加快全市养老服务社会化、专业化和标准化建设，建设多元化、多层次、多形式的养老服务体系，市政府办公厅印发了《关于加快推进养老服务体系建设的意见》，在居家、社区、机构养老服务和提升老年人优待水平上提出明确要求，保障水平和措施力度在中部省会城市处于领先位置，对于政府切实履行规划指导、政策扶持、市场培育、服务规范、监督管理等方面的职责有积极作用，为建立以居家为基础、社区为依托、机构为支撑的养老服务体系，推进养老服务业健康、规范、有序发展提供文件依据。

【居家养老服务】 居家养老服务“18140”试点工程项目（即在全市首批试点18个街道140个社区建立居家养老服务中心<站>）全面开展，《合肥市居家养老服务机构建设基本规范（试行）》和《合肥市居家养老服务工作规范化建设考评办法及标准》先后出台，全市建立了20个街道居家养老服务中心和107个社区居家养老服务站，并根据《合肥市承接产业转移促进服务业发展若干政策》中“新建、改建（租赁经营）床位数不低于20张的居家养老服务中心和新建、改建（租赁经营）床位数不低于10张的居家养老服务站”的补贴标准，补贴建设资金735万元。

积极推动“2460”养老服务信息平台建设（“24”是指24小时，“60”是指年满60岁以上的老人），包河、庐阳、瑶海、蜀山四区初步建立了为老服务信息平台，在部分社区开展了基础信息（含老年人基本状况、老年社会团体、服务机构）收集工作，为开发“2460”养老服务管理系统做前期准备。

包河区在全市率先试点居家养老政府购买服务工作，包河区为100名困难老人发放了服务券，并积极与大型企业联系，将慈善与助老紧密结合，再为200名老人提供居家养老服务券。

【老年优待】 2012年，合肥市按照2400元/年·人的标准，为全市百岁老人发放长寿保健费。全年共为307名百岁老人发放百岁老人长寿保健金73.68万元，为39961名市区80周岁以上高龄老人发放高龄津贴1198.83万元，广播、电视、报纸等媒体也大力宣传，社会反响良好。

为让高龄老人欢度春节，市老龄办会同市委组织部在元旦、春节期间组织开展市直机关领导干部慰问农村高龄老人活动，全市60个市直单位和部分企事业单位参与了慰问活动，共慰问全市五县（市）农村80～99周岁高龄老人420名，县（市）、区（开发区）也组织慰问了辖区内的高龄老人，获得群众一致赞扬，让高龄老人感受到党和国家对他们的关心。

为进一步方便老年人办理老年证，在包河区实行街道设置代办点的经验基础上，加快推进老年证在街道发放的试点工作，瑶海区、庐阳区在街道设置代办点，方便老年人办理老年证，获得了社会的一致好评。

【敬老活动】 根据全国老龄委和省老龄委《关于开展“敬老文明号”活动的通知》要求，市老龄委印发了《关于开展“敬老文明号”创建活动的通知》，市老龄办与市文明办、市城乡建设委员会、市人力资源和社会保障局、市林业和园林局、市文化广电新闻出版局、市卫生局、市总工会、团市委、市妇联等单位联合组成创建活动领导小组，印发了《合肥市创建“敬老文明号”实施方案》，使全市“敬老文明号”创建活动有计划、有步骤地顺利开展。

10月23日，市老龄办在杏花公园主办并承办省暨合肥市“敬老月”系列活动和“敬老文明号”创建启动仪式，省、市领导莅临现场，“敬老文明号”创建单位作承诺发言，市政府副市长、市老龄委副主任、公安局局长程瀚代表市委、市政府讲话。活动现场摆放各类宣传展板70余块，展棚20余个，图文并茂，生动展示了合肥市近些年来老龄事业取得的各项成绩。

县（市）、区民政、老龄部门和市老龄委成员单位从实际出发，结合本单位、本辖区特点，开展各具特色的“敬老月”宣传活动。长丰县举办关爱“空巢老人”志愿结对帮扶活动启动仪式，号召广大志愿者积极投身到关爱“空巢老人”志愿结对帮扶活动中。合肥市文化馆举办了“安徽民间工艺精品展”、“合肥市非遗项目成果展”、民间手工艺传习所现场演示等多项展览展示，吸引了众多老年朋友前去观看。市卫生局、市文化广电新闻出版局等老龄委成员单位深入开展各种形式的敬老助老活动，组织老干部参加省、市和局系统组织的相关报告会、知识讲座、保健知识座谈会等活动，让老干部们能及时吸收新知识，接受新事物，了解新情况。

在省老龄办等七部门开展的第五届全国敬老爱老助老主题教育活动评选表彰中，合肥市徐朝元老人获“安徽省第三届十大福星”荣誉称号，李小红获“安徽省第五届十大孝星”荣誉称号。

（古伟志）

民族宗教

【概况】 合肥市民族事务委员会（宗教事务局）是依法管理全市民族宗教事务的政府职能部门。市民族宗教工作坚持以科学发展观为指导，围绕中心、服务大局，认真贯彻落实党和国家民族宗教政策及法律法规，推进少数民族和民族乡村加快发展，不断促进各民族共同团结进步、共同繁荣发展。切实加强对宗教事务的依法管理，推动宗教活动走向法治化、规范化轨道，充分发挥宗教界人士和信教群众在促进经济社会发展中的积极作用。市政府被国务院授予“全国民族团结进步模范集体”称号，市民委获“全国民委系统先进集体”称号，并多次被省民委（宗教局）表彰为“全省民族宗教工作先进集体”，民族工作连续7年获省民委表彰。

【合肥民族】 合肥属少数民族散杂居地区，是安徽省民族宗教工作重点市。有52个少数民族成份，少数民族人口4.8万人，城区少数民族流动人口8000人。千人以上的少数民族有回族、满族、苗族、土家族、彝族、壮族、蒙古族。其中回族常住人口31095人，占少数民族人口的65%。有1个民族乡，12个民族村，2个民族社区，2所民族医院，9所民族中小学。有少数民族企业促进会1个，少数民族企业40个。此外，合肥市还承担着国家智力支援西藏和对口支援新疆的任务，市第三十五中学有9个藏族班420多名在校生，合肥幼儿师范高等专科学校有2个新疆班98名在校生。

【合肥宗教】 合肥有佛教、道教、伊斯兰教、天主教、基督教五大宗教。城区内较大宗教活动场所有明教寺、开福寺、合肥清真寺、合肥露德圣母天主教堂、合肥市基督教堂等。省佛教协会、省伊斯兰教协会、省基督教两会和省天主教爱国会以及省神学院、省天主教主教府都坐落在合肥。

【推动民族乡村发展】 2012年，合肥市以贯彻落实省民族宗教工作领导小组《关于推进四大建设促进增效增收深化提升行动的实施方案》为契机，采取一系列举措，推动民族乡村发展。市民族宗教工作领导小组下发了《关于推进四大建设 促进增效增收 深化提升行动的实施意见》，3月份召开了“合肥市少数民族和民族乡村共同发展提升行动推进会”，8月份召开了“合肥市少数民族和民族乡村共同发展提升行动促进会”。民委委员单位签订了帮扶少数民族和民族乡村承诺书，与县区签订了项目资金使用责任书，通过全力促进共同发展提升行动，强力推进全市民族乡村发展。市财政安排少数民族发展资金170万元；辖有民族乡村的县区全部配套安排了少数民族发展资金，肥东县安排70万元，肥西县安排25万元，蜀山区安排50万元。民委委员单位认真落实职责，落实民族乡村各类帮扶项目24个，落实资金2040多万元。在源头监管、动态监管和社会监督方面严格责任、注重效果，切实加强少数民族发展专项资金管理。

积极落实“四个推进”，促进产业结构调整，推动民族经济社会发展。一是推进特色种植、养殖业建设。全年新增省级种植示范基地1个、市级种植基地1个；新增种植大户3个、养殖大户4个。二是推进农民专业合作社规范化建设。全年新增少数民族农民专业合作社5个；新增省级示范社1个、市级示范社1个。三是推进少数民族企业建设。全年新增小微企业5个；成功申报市级农业产业化龙头企业2个。四是推进少数民族贫困户脱贫工程建设。在积极组织参加省民委组织的各项实用技术培训的同时，先后在肥东县组织举办了3次实用技术培训班。积极开展“民族一家亲”爱心活动，社会各界捐赠爱心款30万元，用于少数民族贫困户脱贫工程。

【民族乡村社会事业】 在推进民族经济发展的同时，认真落实《合肥市“十二五”少数民族发展规划》，加强民族乡村社会事业建设。全市90%的民族乡村少数民族群众已解决安全饮水问题，实现民族乡村村村通水泥路，少数民族居民基本医疗服务体系实现了全覆盖，所有民族乡村通广播电视，民族中小学危房全部消除，学校体育运动设施得到改善。2012年，新增民族乡村幼儿园2个，儿童平均入园率达到90%；每个民族乡村均建有农家书屋，民族聚居区建有文化体育休闲广场。民族乡村、社区建有群众业余文化演出队3个，定期巡演，推动文化发展成果共享。合肥市圣泉中学蹴球队参加全国蹴球邀请赛，获得男子双蹴二等奖、女子双蹴三等奖和男女混双三等奖。

【城市民族工作】 建立健全机制，认真落实《合肥市关于加强少数民族外来人员法律援助的若干意见》，在加强法制宣传教育的同时，为外来少数民族流动人员提供免费法律服务，为实现对外来少数民族流动人员的同等化管理奠定良好基础。

以城市创新管理为契机，推进民族工作进社区，社区民族工作者被纳入各县（市）、区基层民族宗教干部一并培训。2012年，每个县（市）区至少选择2个社区作为民族工作进社区试点。实施网格化管理的社区，基本上实现了少数民族居民基本台账信息化；街道、社区干部与少数民族交朋友、结对子，宣传法律法规、民族政策和文化知识，宣传管理制度，尊重他们的生活习俗和宗教信仰，帮助解决子女上学、办证等方面的实际困难，促进了少数民族群众与社区居民感情融洽、组织融入、生活融合、思想融通，实现了少数民族居民特别是流动少数民族人员都能享受到社区的均等化服务。

【宗教事务管理】 市民委（宗教局）认真开展宗教教职人员认定备案工作，深入各县（市）区进行工作指导，及时了解宗教教职人员认定备案工作的进展情况，指导各地解决认定备案工作中遇到的问题。落实《合肥市宗教教职人员备案管理制度》，做好宗教教职人员进出、考核等监督管理工作。继续加强宗教活动场所财务监督管理工作。按照“统筹安排、突出重点、以点带面、分步实施、稳步推进”的实施方案，通过举办培训班、以会代训、相互参学等形式，增强场所负责人的财务管理意识，提高场所财务人员的业务素质。

【维护宗教和谐稳定】 深入开展“和谐寺观教堂”创建活动。制定下发了《合肥市“和谐寺观教堂”创建标准》，创新宣传形式，通过将和谐寺观教堂创建活动与全面推进宗教工作紧密结合，让更多的宗教界人士和信教群众了解并积极参与到创建活动中来，不断推进和谐寺观教堂创建取得新进展。

根据国家宗教局、省宗教局通知要求，6月份在全市宗教界集中开展了政策法规学习月活动，向宗教界发放宗教政策法规文件选编、宗教团体制度汇编等1300多册，开展了送学上门、座谈交流、学习演讲、表彰先进等活动。同时指导宗教界把政策法规学习同讲经讲道结合起来，落实到宗教内部的自我管理中，进一步营造了宗教界学法、知法、守法、用法的良好氛围，增强了宗教界人士、信教群众的国家意识、公民意识和法律意识。

制定下发《2012年合肥市关于在宗教界开展“宗教慈善周”活动的实施方案》，以“慈济江淮 善行人间”为主题，本着量力而行、体现特色的原则，鼓励和规范宗教界从事公益慈善活动。组织协调宗教界为全国基督教两会在合肥新站综合开发试验区皖江社区举行的“光照人间、盐撒大地——基督教慈善周活动暨中国基督教两会免费轮椅发放仪式”搞好服务。指导各宗教联合开展“合肥市宗教界关注留守儿童慈善捐赠活动”，为肥东县陈集乡阳光小学送去3万元现金和价值1万元的学习和体育用品。引导宗教界响应省、市“民族一家亲”爱心行动，分别捐赠省、市“民族一家亲”活动各30万元。据不完全统计，2012年“宗教慈善周”期间，全市宗教界捐款捐物折合人民币约130万元。

（方 方）

民生工程

【实施成效】 2012年，合肥市40项（省定33项，市级7项）民生工程累计投入资金76亿元，较2011年增长51.5%。先后完成廉租住房、校舍安全工程、五保供养服务机构建设、农村公路危桥改造等19大类工程项目建设，涉及建设点15367处。全年累计发放补助类资金23.61亿元，较上年增长345%。逐步实现了最低生活保障、城乡医疗保险、困难群众医疗救助、义务教育经费保障、城乡居民养老保险“五个”全覆盖。

在重大项目建设方面，全市先后建成廉租住房4121套、公共租赁住房1.2万套；完成2408栋校舍安全加固改造任务，总面积达375万平方米。在惠民补助发放方面，城市低保第八次提高标准，由每人每年1000元提高到不低于1500元；城乡居民五保供养标准提高到2000元，高于省定标准460元；城乡居民养老保险基础养老金水平提高到70元，高于国家标准15元。在城乡统筹建设方面，先后建成户用沼气2万户、沼气乡村服务网点236个、大中型沼气工程17个；为180.8万农村人口解决饮水安全问题；完成大、中、小型病险水库除险加固401 座；完成农村危房改造1万户、危桥改造74座。农村公路村村通工程在全省率先全面完成。1897个农家书屋、74个乡镇文化站、559个广播电视村村通工程全面投入使用。

此外，市级新增7项民生工程进展良好。全市260个农村体育建设工程、70个全民健身工程全部完成。100个新农村亮化工程灯具安装完成并投入使用。义务教育阶段减免书本费3365.44万元。对1222个行政村辖区内村庄、沟渠、乡村公路环境进行全天保洁。180个“老少活动家园”已验收并投入使用。200个“智能化便民服务亭”工程正在进行亭体建设安装。合肥市肉类蔬菜流通追溯体系城市平台及各子系统肉类蔬菜流通追溯链技术上初步合成，完成系统安装调试。

【组织保障】 以建立完善组织领导、协调推进、过程监控、民意反馈四项机制为重点，实施科学化、规范化、系统化、精细化管理。将民生工程作为各级党委、政府一把手工程，实行主要领导负总责，分管领导抓具体，市、县合力攻坚的组织新格局。按照横到边、纵到底协调推进要求，多管齐下，在市直牵头部门、县区实施部门、民生协调机构、纪检审计部门间建立横纵交织、上下联动的立体协调网络。过程与结果并重，在全省率先开展了项目执行过程目标监控，切实改变重结果轻过程的实施方式，并将项目阶段性目标任务完成情况，作为全年考核工作一项重要内容，实行分类指导，重点调度。在新闻媒体上公布咨询监督电话，实行首问负责制，强化社会各界监督反馈力度。同时，加大面向人大、政协的汇报与沟通，积极邀请人大代表、政协委员参与民生工作交流，开展人大、政协视察活动。

【制度建设】 群众满意是根本，制度保障是前提。通过五年的滚动发展，民生工程各项管理制度日趋完善。从项目“六制”管理（法人负责制、招投标制、合同管理制、工程监理制、竣工验收制、资金报账制）到民主参与，从绩效考核到责任追究，从资金保障到绿色通道，全市民生工程在制度完善中向科学创新迈出了坚实一步。协调高效的落实机制、科学系统的项目选择机制、稳定多元的资金筹措机制、规范长效的项目管理机制、民主公开的政策宣传机制、完善透明的激励约束机制初步建立。全市新制订和修订民生工程政策达到142项，其中涉及资金管理类50项，工程建设类45项，组织管理类47项，真正形成了从源头立项、过程监控、后期管护、责任追究等全过程规范化、制度化管理。由市纪委、市委组织部、市监察局、市财政局、市人力资源和社会保障局联合印发《合肥市实施民生工程责任追究暂行办法》，对违反民生工程政策措施和有关规定的责任追究管理权限、处理程序和处理方式作出具体规定。

【资金保障】 全年民生支出达434.2亿元，占全市财政支出的75.9%。全年40项民生工程共投入

长丰县校舍安全工程——岗集小学

资金76亿元，为上年的1.52倍。发放各类补助资金23.61亿元，比上年增加支出8.14亿元。

【民主参与】 把民主参与贯穿于民生工程实施全过程，工程实施前，开展入户调查、现场答疑、新闻发布、群众听证等活动，广泛征求群众意见；工程实施中，组织群众开展检查监督，扩大群众参与民生工程管理范围；工程实施后，邀请群众代表共同做好工程验收、资金审计、项目后期管护等工作。充分发挥人大、政协的民主监督作用，主动邀请人大代表、政协委员参与民生工程实施的监督管理，组织开展各种类型的人大代表、政协委员巡视和监督活动。

不断扩大社会监督，在项目建设中，严格落实招投标、政府采购、工程监理等“六制”管理要求；在资金补助发放中，实行阳光操作、“三榜公示”、民主评议；在政策宣传中，及时公开项目政策内容、监督举报电话，将政策完整明白地告知人民群众；在实施过程中，创新开展“一站式”服务、网格化管理、“一线实”等便民利民举措。

支持和鼓励媒体依法监督，每年在《合肥晚报》、《合肥日报》、《江淮晨报》等媒体开设民生工程专栏，公开民生工程实施项目、受益、补助标准和政策内容，通过“12345”市长热线主动接受民生工程热线咨询。2012年底，为谋划2013年市级民生工程项目，首次开展了社会征集活动，收集各类意见建议1300余条。

【宣传引导】 将民生宣传作为民生工程实施的一个重要方面，全市各级部门按照一岗双责要求，创新宣传方式方法，立足百姓、贴近群众，大力开展面向基层政策宣传。在宣传理念创新上，打破惯性宣传思维，将民生工程作为政府产品实行品牌打造，设计产生了民生工程主体标识、民生卡通形象等。在宣传方式创新上，采取灵活多样的宣传手段，开展送戏下乡、热线互动、有奖征文活动，在百姓身边开展宣传。在宣传内容创新上，除民生政策宣传外，把百姓参与作为宣传工作一项重要内容。从百姓视角看民生，充分利用社区宣传栏、乡镇公示栏、村级广播站等工作平台，使宣传工作进一步向纵深推进、向一线推进，为树立正确舆论导向起到了积极作用。

（夏　军）

2012年合肥市40项民生工程简表

序号	名　称	序号	名　称
1	农村居民最低生活保障制度	21	农村五保供养服务机构建设
2	农村五保户供养制度	22	农村沼气建设工程
3	计划生育家庭奖励资助制度	23	病险水库除险加固工程
4	城市低收入家庭住房困难保障	24	农村危房改造及清洁工程
5	重度残疾人生活救助制度	25	农村公路危桥加固改造工程
6	社会（儿童）福利中心建设	26	村级公益事业建设一事一议财政奖补
7	城乡义务教育经费保障机制改革	27	广播电视村村通
8	高校和中职学校家庭困难学生资助	28	乡镇综合文化站建设
9	新型农民培训工程	29	农家书屋工程
10	就业技能培训	30	家电下乡
11	校舍安全工程	31	乡镇公办中心幼儿园建设
12	农村留守儿童之家建设	32	公共文化服务信息建设
13	新型农村合作医疗	33	城乡居民养老保险
14	城镇居民基本医疗保险制度	24	群众体育设施工程
15	城乡医疗救助制度	35	全面免收义务教育阶段学生书本费
16	重大传染病人医疗救治与爱滋病人生活救助	36	新农村示范村村庄亮化工程
17	贫困残疾人康复	37	行政村专职保洁队伍建设
18	提高妇女儿童健康水平	38	社区“智能化便民服务亭”建设
19	政策性农业保险制度	39	社区“老少活动家园”建设
20	农村饮水安全工程	40	肉类蔬菜流通追溯体系建设

居民生活和民生调查

【概况】 2012年，国家统计局合肥调查队落实调查改革任务，启动城乡住户一体化调查，实施城镇住户、农村贫困监测、流通消费价格、工业生产者价格、房地产价格、固定资产投资价格、采购经理、规模以下工业、主要畜禽监测、部分服务业等调查工作，完成组织工作满意度、政风行风评议、国有企业反腐调查等专项调查和调研任务。《规范化操作规程和制度》编印成册，进一步规范业务流程。每月编印《合肥调查月度资料》。开展国家统计局安徽调查总队布置的约稿调研19项，其中《合肥市保障房：总体扎实推进，问题不容乐观》由省总队采编后被中共中央办公厅采用。《农民资金互助合作组织发展的SWOT分析及策略研究》中选省总队课题，并结题。组织人员撰写调查分析信息568篇，有3篇调研报告得到省市领导批示。在2012年全省调查队系统综合考评中，国家统计局合肥调查队名列第一；荣获全国统计系统先进集体、合肥市第十二届文明单位、市直机关创先争优先进基层党组织等荣誉称号。

【城镇居民生活】 国家统计局合肥调查队采用分层、二阶段、大小成比例和系统抽样的方法在全市城区范围内抽选400户进行调查，采用日记账和问卷调查方式收集居民家庭人口、就业、收入、支出、住房等调查资料。抽样调查数据显示：2012年，合肥市城镇居民人均家庭总收入为27885元。其中人均可支配收入为25434元，比全国平均水平多869元；名义增长13.2%，高于全国平均水平0.6个百分点；扣除价格因素实际增长10.8%，高于全国1.2个百分点。人均可支配收入总量位居全国省会城市第十一，中部六省省会城市第三，首次超越郑州市；名义增速位居全国省会城市第八，中部六省省会城市第四。人均家庭总收入四大组成部分全面增长。从比重看，工资性收入和转移性收入占家庭总收入的85.0%，是居民收入的主要来源；从增速看，工资性收入、经营净收入和转移性收入呈两位数增长，分别为12.4%、16.1%和10.3%；从贡献情况看，工资性收入和转移性收入的贡献率分别为63.4%和18.8%，是拉动居民收入的主要动力。

随着收入不断增长，合肥市居民家庭消费能力和层次逐步提高，消费支出呈快速增长态势。据抽样调查数据显示：2012年，合肥市居民人均消费性支出18758元，同比增长19.5%，扣除价格因素实际增长16.9%。八大类消费全面增长，消费热点主要集中在家庭设备用品及服务、居住、交通和通信类项目，同比分别增长57.7%、52.8%和36.3%，增速分别高于消费性支出38.2、33.3和16.8个百分点。恩格尔系数为34.2%，同比下降3.8个百分点，反映居民生活质量进一步改善。

随着合肥市加大社会保障力度，扩大社保覆盖面，居民的保障意识不断增强，个人交纳的社保支出稳步提高。2012年，合肥市人均社会保障支出2281元，同比增长2.6%。其中，个人缴纳的住房公积金人均865元，同比增长7.9%；个人缴纳的医疗基金人均389元，同比增长3.5%；个人缴纳的失业基金人均61.92元，同比增长12.1%。

【住户调查一体化改革】 2012年，经国务院批准，国家统计局决定开展城乡住户调查一体化改革，建立城乡一体的住户收支调查体系，为制定城乡统筹发展政策和民生改善政策提供可靠依据。住户调查一体化改革的主要内容包括：统一调查指标，完善调查内容；统一抽样方法，提高样本代表性；统一调查过程，规范调查行为；统一数据发布，丰富发布内容；统一数据处理，改进调查手段。住户调查一体化改革分为两个阶段：2012年底前是准备阶段，主要任务是开展一体化住户调查试点，建立一体化住户调查制度，抽选一体化住户调查样本；2013年起进入实施阶段，主要任务是在全国范围内组织实施住户生活状况调查，发布全体居民收支数据。

2012年，国家统计局合肥调查队全面推进城乡住户调查一体化改革。9～10月对抽中的68个调查小区内的所有住宅开展摸底清查，绘制调查小区图，填报住宅摸

2012年合肥市城镇居民收入情况表

收入项目	金额（元）	增长（%）	比重（%）	贡献率（%）
家庭总收入	27885	12.3	100	100
其中：可支配收入	25434	13.2	—	—
工资性收入	17576	12.4	63.1	63.4
经营净收入	3488	16.1	12.5	15.9
财产性收入	701	9.3	2.5	2.0
转移性收入	6121	10.3	21.9	18.8

底表上报安徽调查总队。根据抽样结果，合肥市共抽中728宅，11月1日前落实调查户，完成开户工作。11月1～30日，组织新调查户试记账。12月1日，调查户正式开始记账，调查周期为2012年12月1日至2013年11月30日。为做好住户调查一体化改革工作，合肥调查队采取了以下措施：结合实际制定一体化调查工作总体方案，将各阶段工作任务、时间与人员安排、目标要求进行逐项分解落实；争取市政府办公厅及时下发《合肥市人民政府办公厅关于做好全市城乡住户调查一体化改革工作的通知》，对全市城乡住户调查一体化改革工作提出了具体要求；创新组织模式，统筹协调，实行调查员和督导员“双负责”的模式；全程动态培训，按照工作进度表细分培训期次，采取市级统一组织、区级负责落实人员参训的模式密集培训；加强督查检查，了解调查进度和工作落实情况，进行宣传指导，确保按期记账；加强审核评估，确保填报信息真实准确；结合住户调查现金收支账特点，编印《城乡住户收支与生活状况调查分类记账及编码手册》，对记账簿进行重新设计，提高调查的可操作性。

【贫困监测】 2011年中央扶贫工作会议就扶贫政策做了全新调整，将贫困线标准由人均年纯收入1700元提高到2300元。安徽根据本省实际，下发《安徽省人民政府办公厅关于开展2011年农村贫困监测调查的通知》，确定农村贫困监测调查对象为2011年度农村人均纯收入低于2530元的农户。2012年是执行新标准进行调查的第一年，为了做好此项监测，国家统计局合肥调查队实行集中培训、分类实施，召开了由市贫困监测办成员单位、各县（市）、区、开发区贫困监测实施单位人员参加的培训会议，同时针对城区特点，培训到乡镇业务人员，要求把握政策，严格工作程序，100%入户调查；加强督察检查，由分管领导带队、监测办成员单位参加，赴县（市）、区、开发区检查工作，深入基层访户，做到检查工作全覆盖；规范数据评估审核，及时组织监测办成员单位对摸排情况进行会审，通报问题，审核评估数据，在数据发布后，就具体工作开展经验交流，为下一年工作开展提供有益参考。

监测结果显示，合肥市有农村贫困人口40.69万人，在全省16个地市中排名第六位。根据乡村人口计算，合肥市贫困发生率为9.0%，在全省16个地市中排名第七位。合肥市农村贫困人口主要分布在四县一市，其中，庐江县、长丰县的贫困人口分别为16.49万人、10.6万人，占全市贫困人口的66.6%，巢湖市、肥东县、肥西县的贫困人口依次为5.43万人、4.3万人、3.39万人。致贫原因主要是家庭中有患重大疾病的病人或残疾人、劳动力素质低、供养负担重三个方面，构成比例分别为50.2%、14.3%、9.2%。

【流通消费价格调查】 为全面落实CPI手持数据采集系统推广工作，国家统计局合肥调查队派员参与全国系统测试，组织召开电子采价调查员培训会；加强采价管理，兼顾正式版、测试版的价格数据有序衔接，确保在双轨运行期间工作正常；完善专业制度，加强对辅助调查员的管理和电子采价器的日常管理与维护。合肥市消费价格调查工作受到国家统计局城市社会经济司、数据管理中心及安徽调查总队充分肯定，在全国价格统计调查工作会议上就手持数据采集工作作了经验交流发言。2012年，合肥市消费价格调查实行CPI（居民消费价格指数）、SCPI（城镇低收入居民基本生活费用价格指数）两套指数计算程序同时运行，经过多次反复测算，按时完成了两套程序的测试工作。

国家统计局合肥调查队在合肥市区范围内，按定点、定人、定时的原则由调查员手持电子采价器，在农贸市场、超市、大型商场、服务网点等176个价格调查点对766个消费、零售及低收入规格品，直接采集实际成交价格。调查数据显示：2012年，合肥市居民消费价格同比上升2.2%，较全国、全省平均水平分别低0.4、0.1个百分点。从八大类商品及服务项目价格运行情况看，全年呈现出“七涨一跌”的格局，具体是：食品、烟酒、衣着、家庭设备用品及维修服务、医疗保健和个人用品、娱乐教育文化用品及服务、居住类价格同比分别上涨3.0%、2.8%、1.7%、2.4%、1.8%、2.8%、2.0%，交通和通信类同比微降0.3%。其中，食品类涨幅较上年低9.9个百分点，对总指数影响程度为0.9个百分点。

2012年，合肥市商品零售价格同比上升1.9%。在16个大类中，有10类商品价格呈上升趋势，其中燃料类涨幅居首位，同比上升4.0%，其次是饮料、烟酒类，上升3.4%；5类商品价格呈下降趋势，其中跌幅最大的是纺织品，同比下降2.0%；家用电器及音像器材类价格与上年持平。

【工业生产者价格调查】 国家统计局合肥调查队对全市345家企业493个出厂产品、571个购进产品和14个主要工业原材料的价格进行月度监测，反映工业生产者出厂价格和购进价格的变动趋势及幅度。此外，完成合肥市区划调整后全市范围内权数编制工作，计算出2011、2012年分月指数，为2013年启用新权数计算工业生产者价格指数打下基础。

抽样调查显示：2012年，合肥市工业生产者出厂价格同比下跌0.1%，指数比上年同期回落3.7个百分点；购进价格同比下降2.3%，指数比上年同期回落10.1个百分点。出厂、购进两大指数双双创下近三年新低。具体来看：出厂价格上涨面有所缩小。18个行业价格上涨，12个行业价格下跌，上年同期为24个行业上涨，4个行业下跌，2个行业持平。作为支柱产业的电气机械及器材制造业，出厂价格同比上涨2.2%，拉动总指数上涨0.51个百分点。原材料购进九大类价格四涨四跌一平。其中，农副产品类涨幅位居首位，同比累计上涨8.3%；纺织原料类紧追其后，同比累计上涨7.3%。有色金属材料及电线类和建筑材料及非金属类两类跌幅最大，同比累计均下跌5.8%。

【房地产价格调查】 国家统计局合肥调查队开展房地产价格调查，在合肥市房地产管理局的配合下完成权数调整和新建住宅销售价格网签数据直报；调查二手住宅销售、房屋租赁、物业管理和土地交易价格，增加样本量提高代表性；走访调研45家房地产企业，加大数据质量审核与检查，进一步规范基础工作。

调查结果显示：2012年，合肥市新建商品住宅价格1月份微跌0.2%，4月份创跌幅年内高位，前10个月同比均下跌，年底小幅反弹，12月同比上涨0.9%。二手住宅价格全年处于下行通道， 自10月起连续三个月同比分别下跌3.7%、2.0%、0.4%，跌幅呈逐步收窄之势。

2012年合肥市住宅价格同比变动情况表

月份	新建商品住宅（%）	二手住宅（%）
1	-0.2	-3.6
2	-0.8	-3.4
3	-1.0	-2.7
4	-1.4	-2.7
5	-1.1	-3.0
6	-1.3	-3.3
7	-1.1	-3.4
8	-1.0	-3.6
9	-1.0	-4.6
10	-0.6	-3.7
11	0.0	-2.0
12	0.9	-0.4

【采购经理调查】 国家统计局合肥调查队开展采购经理调查，了解合肥市28家制造业企业和103家非制造业企业的采购经理对企业采购及其相关业务活动情况的判断，以及企业生产经营和采购过程中遇到的问题及建议。根据采购经理调查报送时效性强的特点，要求每个企业确定采购经理和一名联网直报员负责报表上报；对所有抽中企业调查员进行业务培训，讲解调查方案制度和填报要求；通过QQ群、短信群发和电话答疑等方式加强沟通；坚持每月选择样本企业进行回访；加强对新纳入的巢湖市采购经理调查工作的督导，实现了131家样本企业100%联网直报。

【规模以下工业抽样调查】 国家统计局合肥调查队对合肥市年主营业务收入2000万元以下的工业企业，包括318个目录企业、144个非目录企业，以及97个整群村1850家个体工业的基本情况、基本总量进行抽样调查，完成规模以下工业报表工作，为国民经济核算提供基础数据。根据规模工业企业划分标准，重新核定规模以下抽样调查范围和样本；对调查样本与名录库同步进行维护和更新；开展整群村清查，增补非目录企业；核查源头数据，检查目录企业。

【主要畜禽抽样调查】 国家统计局合肥调查队在合肥市区对74户猪牛羊禽生产经营单位和规模养殖户的主要畜禽存栏、出栏、产品产量、出售价格等情况开展抽样调查，完成四个季度的主要畜禽抽样调查工作。在市畜牧水产局配合下进行猪牛羊生产情况一次性摸底调查工作，落实新增调查点，对新调查员进行业务培训。以数据质量为核心，通过“人审—机审—再人审”的审核方式，确保数据真实可靠。加大回访检查力度，回访率达80%，提高了数据质量，掌握了养殖户的生产经营现状和变动趋势。

【部分服务业抽样调查】 国家统计局合肥调查队对合肥市从事装卸搬运和其他运输服务业、仓储业、计算机服务业、软件业、租赁业、商务服务业、科技交流和推广服务业、居民服务业、其他服务业、体育和娱乐业、物业管理和房地产中介服务业的480家企业开展抽样调查，完成部分服务业抽样调查工作。加强组织管理，成立部分服务业联网直报工作领导小组。对县、区调查员100%培训，做好480家企业的核查工作，合肥市部分服务业年报联网直报率达到93%。

【调查质量管理】 国家统计局合肥调查队做好专项调查质量管理，打造“合肥调查”品牌。规范调查流程，严格落实调查方案要求，精心抽选调查对象，明确人员分工，合理分配任务。采取模拟现场调查的培训方式，从进入调查单位开始到调查结束，均有明确步骤和要求，做到标准规范，持证上岗率100%；实行总督导、督导和组长三级负责制，确保调查实施过程严谨规范。全年还组织完成国家组织工作满意度民意调查、合肥市组织工作满意度民意调查、党风廉政建设及国有企业反腐调查、医药卫生体制改革调查，配合有关部门组织开展了招商引资情况调研、合肥城市品牌形象调研、合肥市公共服务体系调研、大学生村官现状调研等多项专项调查和调研。

（陆文珺）

精神文明建设

【概况】 2012年，合肥市按照中央和省精神文明建设指导委员会的部署，以社会主义核心价值体系建设为根本，以“三城同创”（争创全国文明城市、全国未成年人思想道德建设工作先进城市和全国卫生城市）为龙头，深入推进志愿服务工作，城乡文明程度得到了显著提升，为打造“大湖名城、创新高地”提供了强大的精神动力。

【文明城市创建】 合肥市首次实施全国文明城市、全国未成年人思想道德建设工作先进城市、全国卫生城市“三城同创”。成立了以市委、市政府主要负责人为指挥长的创建指挥部，其他市领导各有分工负责。下发了合肥市创建全国文明城市工作责任分解和考评办法等一系列文件，坚持考评，严格问责。根据中央文明办公布的2012年全国城市文明程度指数测评结果，合肥市名列省会、副省级提名资格城市第四位，未成年人思想道德建设工作名列第二十位，为新一轮创建全国文明城市工作奠定了坚实的基础。

【思想道德建设】 12月26日，中共合肥市委与光明日报社联合举办了以“城市发展中的道德力量·诚信文化”为主题的2012年思想道德建设合肥论坛，成为全国思想道德建设的一个品牌。在全国首例组建了合肥市“千家道德讲堂”联盟，经常性地组织开展活动，形成了“一家讲堂活动、千家组织收看、数万网民评议”的生动局面，有效地扩大了“道德讲堂”宣讲的影响力。广泛开展“讲文明、树新风”活动，推动学雷锋活动常态化，承办了全国“道德模范故事汇”基层巡演、安徽省暨合肥市“弘扬雷锋精神，建设美好安徽”实践、黄梅纪实情景剧《安徽好人颂》巡演等一系列活动。

扎实开展“我推荐、我评议身边好人”活动，共有74人（群体）入选“中国好人榜”，居全国省会城市第一位；2012年入选“安徽好人”14人，位列全省第一位，涌现了以“最美乡村教师”——陈万霞为代表的一系列“最美”人物。深入开展了“我们的节日”、爱国歌曲大家唱、经典诵读、文明餐桌、文明交通等活动，让广大市民在参与活动中陶冶情操、提升素质。

【农村和行业创建】 不断加大农村环境综合整治力度，坚持每月开展督查考评，对县区、乡镇、村居进行排名，并在媒体公布，有效改善了村容镇貌。以开展美好乡村建设活动为契机，指导各地制定村规民约，倡导移风易俗，加强乡风文明建设。持久地开展创建文明村镇、文明集市、“十星级文明户”和清洁示范村、文明生态村、绿色小康村、移风易俗示范村“四创”活动，不断提升广大农村地区的文明程度。

全市有12个单位被评为全国文明单位，108个单位被评为全省文明单位。评选表彰了新一届市文明单位、文明街道、文明社区、文明乡镇、文明村，对不符合要求的近30个单位予以否决。召开了文明单位创建工作培训班，着力夯实创建的基层基础工作。

【志愿服务】 成立了市长为总队长的合肥市志愿者服务总队，各县（市）区、市直有关部门建立了本地本部门的志愿服务支队或大队，设立了社区志愿服务工作站，加强志愿服务宣传，普及志愿服务理念。制定出台了《合肥市志愿服务条例》，为全市志愿服务工作走上法制化轨道提供了法律保障。建立了志愿服务项目体系和信息查询系统，截至2012年11月底，累计注册网上志愿者37.2万人，占全市建成区常住人口数10%以上。在全国率先启动了“文明出行 护花行动”志愿服务活动的同时，还广泛开展了“快乐童心”、“学习彭伟平事迹 关爱留守儿童”、“爱幼助残”、“珍爱生命 文明出行”等志愿服务活动。徐辉假日服务小分队当选“2012年度全国优秀志愿服务组织”。

【未成年人思想道德建设】 全年新建了53所学校少年宫，长丰县、肥东县、庐江县实现了全覆盖。在全市未成年人群体中，广泛开展了“做一个有道德的人”、中华经典诵读等主题实践活动，市区的四区和三大开发区都设立了区级未成年人心理健康辅导站，组织了“百名美德少年”、“二十名美德少年标兵”评选活动。

（张　明）

人物 荣誉榜

全国五一劳动奖状

合肥市总工会

合肥热电集团有限公司

全国五一劳动奖章（合肥市4人）

叶小三　合肥美菱股份有限公司

赵家柱　合肥东方节能科技股份有限公司

刘　涌　中国工商银行安徽省分行营业部

孙家华　安徽博一流体传动股份有限公司

安徽省劳动模范（合肥市42人）

金柱友　格力电器（合肥）有限公司配套分厂厂长

陆　军　科大恒星电子商务技术有限公司咨询师

金友华　合肥荣事达三洋电器股份有限公司董事长

许海清　安徽佳通轮胎有限公司炼胶处生产班长

许永华　合肥昌辉汽车电子有限公司技术总监

殷公社　安徽鑫昊等离子显示器件有限公司技术主管

徐先俊　安徽金星预应力工程技术有限公司工程师

熊林超　安徽尊贵电器集团有限公司车间主任

李永庆　上海海虹实业（集团）巢湖今辰药业有限公司设备主管

魏先秀（女）　中盐安徽红四方股份有限公司招标办主任

姚和平　安徽安利合成革股份有限公司董事长

姜家保　安徽皖维集团有限责任公司维纶分厂技术组组长

吴光美　东华工程科技股份有限公司总经理

陈永贵　安徽送变电工程公司送电分公司副经理

殷一平　中国电信股份有限公司安徽分公司总经理

公伟刚　合肥京东方光电科技有限公司模组分厂副厂长

杨　兵　合肥邮区中心局科长

王友斌　合肥百货大楼集团股份有限公司铜陵合百商厦外派经理

沈　洁　合肥禾谷粮油储备购销有限公司保管员

方东生　合肥公交集团有限公司驾驶员

陆正辉　中建七局华东公司合肥事业部班组长

甄茂宏　合肥供水集团有限公司瑶海区供水所职工

张　军　合肥有线电视宽带网络有限公司工人

王浩波　合肥丰乐种业股份有限公司丰乐农科院院长

吴志元　肥东县丰宝种养殖有限责任公司农民

章绍山　中铁物资巢湖铁道水泥有限公司合肥分公司工人

倪　燕（女）　安徽海纳百川农业发展有限公司农民

杨　忠　安徽电力肥西供电有限责任公司城关用电管理所所长助理

方　强　安徽宏源铁塔有限公司总经理

付　凤（女）　长丰县岗集镇松棵村农民

钱　辉　合肥江淮铸造有限公司工艺员

赵玉贵　庐江县春兰茶叶专业合作社理事长

张永宜　庐江县农旺蛋鸭专业合作社农艺师

鲁　军　安徽省电力公司巢湖供电公司配电运检班班长

沈万玉　安徽富煌钢构股份有限公司农民工

李　冰　安徽永安建筑有限公司工人

张明惠（女）　安徽依立腾工贸有限公司华锋分公司董事长

孙明祥　合肥市庐阳区三十岗乡堰稍村党总支书记

吴家道　合肥市蜀山区南岗镇瓦屋村党总支书记

徐　强　安徽中兴继远信息技术有限公司董事长、总经理

窦红胜　正兴集团合肥车轮有限公司生产部主管

吴应宏　合肥常青机械股份有限公司经济师

安徽省先进工作者（合肥市19人）

刘　勇　合肥经济技术开发区办公室主任

张向东　合肥报业传媒集团党委书记、社长

赵军民　合肥市第一人民医院行政副主任

何莉英（女）　合肥市审计局经济责任审计局副局长

叶和章　合肥市总工会主席

王　军　合肥市公安局庐阳分局巡警大队副主任科员

吴　东　肥东县人民医院院长

顾义勇　肥东县撮镇镇党委书记、镇长

陈尚学　肥西县花岗镇中心卫生院过岗村卫生站站长

仇多平　长丰县国土资源局科员

胡成功　长丰县第一中学教师

余海玲（女）　庐江县广播电视台制作部主任

胡家曙　巢湖市第一中学教师

王明家　合肥市瑶海区委办公室主任

唐红玲（女）　合肥市蚌埠路第四小学教师

朱莉萍（女）　合肥市西园新村小学教师

朱庆雯（女）　合肥师范附属小学教导主任

夏冬波　庐江县文化广播电视新闻出版局副局长

刘向红　合肥市庐阳区城市管理局清洁一队队长

合肥市五一劳动奖状（99个单位）

1．格力电器(合肥)有限公司

2．合肥世纪精信机械制造有限责任公司

3．合肥工大高科信息科技股份有限公司

4．合肥高新建设投资集团公司

5．合肥娃哈哈饮料有限公司

6．合肥昌辉汽车电子有限公司

7．合肥海尔信息产品有限公司

8．合肥晶弘电器有限公司

9．合肥熔安动力机械有限公司

10．延锋伟世通（合肥）汽车饰件系统有限公司

11．合肥海润光伏科技有限公司

12．安徽尊贵电器集团有限公司

13．合肥乐凯科技产业有限公司

14．合肥国轩高科动力能源有限公司

15．合肥京东方显示光源有限公司

16．巢湖新奥燃气有限公司

17．上海海虹实业（集团）巢湖今辰药业有限公司

18．巢湖市鼎力铁塔有限公司

19．合肥市滨湖新区建设投资有限公司

20．合肥市政务文化新区开发投资有限公司

21．合肥市公路桥梁工程有限责任公司

22．中国能源建设集团安徽电力建设第一工程公司

23．中国移动通信集团安徽有限公司合肥分公司

24．合肥电力安装总公司

25．安徽省电力公司合肥供电公司

26．宝业集团安徽有限公司

27．合肥江航飞机装备有限公司

28．合肥百货大楼集团股份有限公司

29．合肥科技农村商业银行股份有限公司

30．合肥银山棉麻股份有限公司

31．合肥市工商行政管理局局机关

32．合肥城改投资建设集团有限公司

33．合肥市重点工程建设管理局

34．中建七局第二建筑有限公司

35．合肥供水集团有限公司

36．合肥文广集团有限公司

37．合肥市妇幼保健所

38．合肥市第二中学

39．安徽合肥服装学校

40．合肥市住房公积金管理中心

41．合肥兴泰控股集团有限公司

42．合肥市公安局瑶海分局

43．合肥市公安局交通警察支队

44．合肥丰乐种业股份有限公司

45．合肥市滁河干渠管理分局

46．肥东县工商行政管理局

47. 肥东县自来水厂
48. 合肥海源机械有限公司
49. 安徽电力肥东供电有限责任公司
50. 安徽肥东农村合作银行
51. 肥东县财政国库支付中心
52. 安徽海合钢管有限公司
53. 肥西县官亭镇工会工作委员会
54. 合肥桑美光电科技集团有限公司
55. 安徽安远建筑安装集团
56. 肥西县林业和园林局
57. 合肥聚合辐化技术有限公司
58. 合肥市飞虎机械配件铸造有限公司
59. 安徽建筑机械有限责任公司
60. 安徽省长丰县地方税务局
61. 长丰县水湖镇城西大市场有限责任公司
62. 安徽省水家湖农场
63. 长丰县青松岭酒店
64. 安徽鸿路钢结构（集团）股份有限公司
65. 长丰县经济委员会
66. 合肥庐丰机械制造有限责任公司
67. 庐江县邮政局
68. 安徽省恒泰动力科技有限公司
69. 安徽电力庐江供电有限责任公司
70. 安徽省庐江第二中学
71. 庐江县财政局
72. 安徽海神黄酒集团有限公司
73. 安徽省金润商贸有限公司
74. 安徽富煌建设有限责任公司
75. 巢湖安德利购物中心有限公司
76. 安徽省南峰实业（集团）有限公司
77. 巢湖娃哈哈饮料有限公司
78. 安徽槐祥工贸集团有限公司
79. 巢湖市医疗保险基金管理中心
80. 巢湖市财政局
81. 合肥市瑶海区城市管理局
82. 合肥市蚌埠路第四小学
83. 安徽红旗产业园管理委员会
84. 安徽东皖建设集团有限公司
85. 合肥菱湖家具有限公司
86. 合肥市庐阳区人民政府双岗街道办事处
87. 合肥市庐阳区人民政府逍遥津街道办事处
88. 安徽网才信息技术有限公司
89. 安徽宏源线路器材有限公司
90. 合肥力威汽车油泵有限公司
91. 特易购商业（安徽）有限公司合肥潜山路分公司
92. 合肥市蜀山区井岗镇人民政府
93. 合肥市蜀山区人力资源和社会保障局
94. 同路生物制药股份有限公司
95. 合肥压力机械有限责任公司
96. 安徽常青建设集团有限公司
97. 合肥市第二十九中学
98. 合肥凯创汽车零部件有限公司
99. 合肥五里庙装饰城有限公司

合肥市五一劳动奖章（200人）

1. 李小红（女） 格力电器(合肥)有限公司
2. 崔兴柏 安徽安联控股集团有限公司
3. 何庆春 合肥荣事达洗衣设备制造有限公司
4. 郁洪奎 合肥世纪精信机械制造有限责任公司
5. 方昌江 安徽美芝制冷设备有限公司
6. 朱 磊 合肥娃哈哈饮料有限公司
7. 钟 锟 安徽科大讯飞信息科技股份有限公司
8. 杨 杨 科大恒星电子商务技术有限公司
9. 毛 庆 合肥国家大学科技园发展有限责任公司
10. 唐振群（女） 合肥昌河实业有限公司
11. 杨凤兰（女） 合肥长虹实业有限公司
12. 张兰军 合肥合锻机床股份有限公司
13. 王实勇 安徽佳通轮胎有限公司
14. 徐 琴（女） 合肥晶弘电器有限公司
15. 孙 惠（女） 合肥太古可口可乐饮料有限公司
16. 丁蓓胜 联合利华（中国）有限公司
17. 先 锋 日立建机（中国）有限公司
18. 岑祥章 合肥熔安动力机械有限公司
19. 杨 莉（女） 合肥统一

企业有限公司

20. 刘玉芹（女） 洽洽食品股份有限公司

21. 管成军 合肥京东方显示光源有限公司

22. 熊林超 安徽尊贵电器集团有限公司

23. 李东升 合肥京东方半导体有限公司

24. 王照忠 翰博高新材料（合肥）有限公司

25. 范从友 中铁二十四局集团安徽工程有限公司

26. 谢红雨（女） 合肥鑫城国有资产经营有限公司

27. 仇保礼 合肥海润光伏科技有限公司

28. 李有林 绿宝电缆（集团）有限公司

29. 张 玄 安徽海程涂复科技有限公司

30. 李军红 合肥鑫虹光电科技有限公司

31. 王洪海 巢湖新奥燃气有限公司

32. 孙大林 巢湖新奥燃气有限公司

33. 蔡 波 巢湖市鼎力铁塔有限公司

34. 陈伯庄 巢湖市鼎力铁塔有限公司

35. 曹建勋 巢湖市希安琦玩具有限公司

36. 宋正林 合肥市滨湖新区建设投资有限公司

37. 卢德永 合肥市蜀山绿地建设综合开发公司

38. 张 骁 中建三局第一建设工程有限责任公司

39. 汤 雷 合肥政务文化新区开发投资有限公司

40. 邓守宝 合肥市政务文化新区建设指挥部城市管理行政执法大队

41. 杜 鑫（女） 安徽省合肥汽车客运有限公司旅游汽车站

42. 陶 玲（女） 南京医药合肥天星有限公司

43. 秦怀荣 合肥市公路管理局

44. 钱际华（女） 合肥汽车客运总站

45. 刘德旺 合肥市工业投资控股有限公司

46. 沈 建 皖能合肥发电有限公司

47. 解 平 合肥昌河汽车有限责任公司

48. 吕 虹（女） 南京医药合肥大药房连锁有限公司

49. 刘 刚 安徽送变电工程公司

50. 高 明 中国能源建设集团安徽电力建设第一工程公司

51. 周久培 南京医药合肥天润有限公司

52. 朱邦荣 安徽轻工业技师学院

53. 高峻岭 中盐安徽红四方股份有限公司

54. 桂长田 东华工程科技股份有限公司

55. 李振江 合肥创和资产管理有限责任公司

56. 黄林玲（女） 合肥市邮政局

57. 钱成英 合肥美菱股份有限公司

58. 王 军 中国电信股份有限公司合肥分公司

59. 郭 琴（女） 合肥科技农村商业银行股份有限公司

60. 宋 莉（女） 中国农业银行股份有限公司安徽省分行营业部

61. 王超玮 合肥百货大楼集团股份有限公司

62. 杨 毅 中国人寿保险股份有限公司合肥市分公司

63. 张建平 徽商银行合肥分行

64. 孙 理（女） 安徽省合肥市国家税务局

65. 许华宏 合肥市糖业烟酒有限责任公司

66. 墨码头 安徽省烟草公司合肥市公司

67. 崔 雷 苏果超市（合肥）有限公司

68. 刘 燕（女） 合肥城建发展股份有限公司

69. 席清舟 合肥市房地产管理局

70. 吴雄飞 合肥燃气集团有限公司

71. 鲍 瑾（女） 合肥热电集团有限公司

72. 彭立煌 合肥公交集团有限公司

73. 魏 杰 合肥市第二建筑安装总公司

74. 潘宏钢 合肥市市政工程管理处

75. 李宏彬 合肥市城市管理局

76. 贾洪超 合肥野生动物园

77. 王忠周 合肥市建筑市场监督管理处

78. 夏重梁 合肥演艺有限责任公司

79. 戚玉生 合肥市文化广电新闻出版局

80. 刘晓霞（女） 合肥市文化馆

81. 陶广全 合肥市广播电视台

82. 李亚朝 合肥报业传媒集团

83. 赵德润 合肥报业传媒

集团

84. 姜　浩　合肥报业传媒集团印务公司

85. 杨　斌　合肥市电子学校

86. 朱鹏信　巢湖市第二中学

87. 雕　玲（女）　合肥市第九中学

88. 唐晓和　合肥市第一中学

89. 欧　健　合肥市中级人民法院

90. 韩声军　中共合肥市委办公厅

91. 杨　婧（女）　合肥市机关事务管理局

92. 刘　娟（女）　合肥市人民检察院

93. 周建华（女）　中共合肥市委组织部

94. 侯庆唐　合肥市公安局刑事警察支队

95. 赵本楼　合肥市公安局庐阳分局双岗派出所

96. 席昌庶　合肥市公安局蜀山分局五里墩派出所

97. 张迎宾　合肥市公安局包河分局骆岗派出所

98. 乔传莉（女）　合肥市公安局包河分局包公派出所

99. 刘庆文　合肥市公安局警令部

100. 孙清华　合肥丰乐种业股份有限公司

101. 王利明　合肥丰乐种业股份有限公司

102. 张　成　合肥市农业经济技术监督管理总站

103. 刘琦山　安徽新希望白帝乳业有限公司

104. 杨　旭　安徽新希望白帝乳业有限公司

105. 汪洪波　安徽新希望白帝乳业有限公司

106. 刘成聪　合肥海银水泥制品有限公司

107. 茆皖瑶（女）　肥东县个体私营企业协会

108. 陈　松　安徽凯利粮油食品有限公司

109. 张文业　安徽省肥东县第一中学

110. 王　兵　合肥徽之皇食品集团有限公司

111. 方文斌　安徽福门玻璃制品有限公司

112. 陈宋铭　安徽省雄峰起重机械有限公司

113. 朱焕军　合肥龙塘保温防腐工程有限公司

114. 郭万翠（女）　合肥市瑞宏铸造有限公司

115. 沈　剑　安徽金农饲料有限公司

116. 江荣理　安徽省锦翔塑编包装实业有限公司

117. 江　萍（女）　肥西县高店乡卫生院

118. 张冬梅（女）　肥西县环境卫生管理所

119. 严志强　合肥华峰暖通设备有限公司

120. 刘春香　格力电器（合肥）有限公司

121. 王秀梅（女）　合肥市华安纺织有限公司

122. 刘　程　肥西县星火机械制造有限责任公司

123. 吴兆荣　安徽庐南建设投资集团建筑安装有限公司

124. 沈国柱　肥西县高刘镇自来水厂

125. 李传云　安徽省肥西县中发粮油有限责任公司

126. 高泽法　肥西县公安局交通管理大队

127. 梁　鹏　合肥亿力机械制造有限公司

128. 郑家福　合肥江淮铸造有限责任公司

129. 金　备　安徽电力长丰供电有限责任公司

130. 陈学敏（女）　合肥市新福源服饰有限公司

131. 陆和龙　合肥广安塑钢门窗有限公司

132. 张　静　合肥立华畜禽有限公司

133. 侯宏莉（女）　合肥市长丰县江汽工业园经济发展有限公司

134. 杨志英（女）　安徽华润船运有限公司

135. 郑庆国　中共长丰县委办公室

136. 俞家利　长丰县城关中学

137. 赵　弘　安徽中安恒宇电气传动有限公司

138. 马　瑞　安徽祥瑞食品有限公司

139. 刘　桧（女）　安徽江南醇酒业有限公司

140. 李长生　安徽省庐江县国家税务局

141. 张新舜　安徽马钢罗河矿业有限责任公司

142. 王振东　中国移动通信集团安徽有限公司庐江县分公司

143. 黄国清　庐江县金俊新型建材有限公司

144. 张晓明　安徽省庐江中兴建筑安装有限公司

145. 吴大荣　安徽省庐江县地方税务局龙桥分局

146. 唐雁飞　安徽省庐江县盛林机械有限公司

147. 卜应兵　安徽万磁电子有限公司

148. 曾益青　安徽省庐江龙桥矿业有限公司

149. 程炳胜　庐江县同路单采血浆站有限公司

150. 李　群（女）　巢湖市四树商贸有限公司

151. 朱贵兵　巢湖市宾雄医疗器械有限公司

152. 李攀峰　巢湖供电公司电力客户服务中心庙岗营业部

153. 朱景伟　巢湖大国地板有限公司

154. 胡荣秀（女）　巢湖市华锦纺织有限公司

155. 黄志红（女）　沃尔玛（安徽）商业零售有限公司巢湖健康东路分店

156. 王　璨（女）　巢湖市亚父街道环卫所

157. 孙晓松　安徽金猴渔业科技股份有限公司

158. 徐经善　巢湖市居巢区英山铁矿有限公司

159. 张　强　巢湖市教育局

160. 胡　鹏　巢湖市农业技术推广中心

161. 朱俊玲（女）　合肥开元幼儿园

162. 方　青　安徽新长江投资股份有限公司

163. 姚幼穗（女）　合肥市瑶海区铜陵路街道办事处

164. 瞿福贵　合肥市瑶海区城东街道办事处

165. 王　华（女）　合肥市第三十八中学

166. 孙晓东（女）　安徽中绿广场管理有限公司

167. 张凤彪　合肥市瑶海区城市管理局城肥管理所

168. 姚　军　合肥兴东纸业有限公司

169. 葛奇兵　合肥市瑶海区城建投资有限公司

170. 陈珊红（女）　安徽瑞景商旅（集团）有限责任公司

171. 束维芝（女）　合肥市不倒翁酒店

172. 周　阳　合肥市庐阳区城市管理局

173. 肖　军　合肥市庐阳区人民政府杏林街道办事处

174. 方业菊（女）　合肥市五一小学

175. 范　琳（女）　安徽依立腾工贸有限公司华锋分公司

176. 王新成　合肥市庐阳区中小企业信用担保有限公司

177. 梅先松　合肥安信通用阀片制造有限公司

178. 郑爱梅（女）　合肥环湖农产品贸易有限公司

179. 王广际　安徽王仁和米线食品有限公司

180. 宋恩君　安徽安粮地产有限公司

181. 王　坤　安徽华力建设集团有限公司合肥分公司

182. 汪双六　安徽新华房地产有限公司

183. 汤大勇　合肥市蜀山新产业园区卫星社区居民委员会

184. 黄自云　安徽众邦生物工程有限公司

185. 陈金梅（女）　上海红星美凯龙品牌管理有限公司合肥分公司

186. 王国庆　安徽国购投资管理有限公司

187. 王先芹（女）　合肥市蜀山区困难职工帮扶站

188. 陈绪明　安徽福凯建设集团有限公司

189. 彭兆耀　合肥市蜀山区西园街道办事处

190. 舒贵斌　肥西县南岗毛巾厂

191. 薛良翠（女）　合肥市第四十六中学

192. 张雪利　安徽燕之坊食品有限公司

193. 陈治寿　合肥永盛市政工程公司

194. 周忠国　合肥市包河区滨湖新区市容（城市管理）办公室

195. 朱静霞（女）　合肥常青机械股份有限公司

196. 祁家君　合肥市包河区淝河镇黄巷村资产管理公司

197. 方　彪　合肥兰亭投资管理有限公司

198. 彭　静（女）　合肥紫金制管有限公司

199. 叶和元　安徽万振建设集团

200. 黄勇进　合肥市供电公司滨湖新区营业部

(周咏亮)

合肥市民荣登“中国好人榜”名录

童春香（中国“见义勇为好人”）：2012年7月9日上午，合肥市二院急诊科护士童春香在下班途中，勇救因车祸倒在血泊中的伤者，使伤者转危为安，被誉为“最美护士”。

冯春余等10多名老人（“中国好人榜”助人为乐好人）：合肥市首届道德模范、蜀山区86岁老人冯春余10多年前自愿捐献遗体，如今开通博客和微博宣传遗体捐赠，在他的感召和带动下，合肥市先后有10多名老人结成“捐友会”，影响更多人加入捐献遗体的行列。

周传金（“中国好人榜”见义勇为好人）：2012年8月29日，肥西县小伙周传金在上海地铁站挺身而出制止一小偷行窃，被小偷扎的两刀割断了左手肌腱。周传金浴血抓小偷的事迹在上海和合肥引起强烈反响，分别被授予上海市“见义勇为先进分子”和合肥市“见义勇为先进个人”光荣称号。

金岚岚（“中国好人榜”敬业奉献好人）：合肥市第五批选派干部、合肥市审计局经贸审计处副处长、长丰县罗塘乡叶集村党支部第一书记金岚岚，2012年8月14日，在为两名贫困学生办理“希望工程”助学金申请途中，突发交通事故，不幸因公殉职，年仅30岁，金岚岚是继沈浩同志后挂职干部中涌现的又一典型，是全省广大党员干部学习的榜样。

俞伦明（“中国好人榜”助人为乐好人）：合肥市庐阳区大杨镇王墩社区建材三厂85岁的退休职工俞伦明，8年来默默无闻义务照顾18位孤老，6年多风里来雨里去，多方联系解决400多户职工危旧房改造问题，由于他多年如一日默默奉献，“七一”前，庐阳区大杨镇党委特批他为正式党员。

张香政和张书保（“中国好人榜”见义勇为好人）：长丰县吴山镇王楼村村民，2011年10月28日凌晨，长丰县境内发生一起货车追尾事故，他们和20余位村民不顾个人安危，迅速抢救被困在驾驶室里的伤员，在自发救援的过程中，他们不幸被又一辆大货车撞倒，张香政被辗轧致死，张书保双脚被轧断，两位见义勇为村民的英雄事迹引起强烈反响。

金际银（“中国好人榜”诚实守信好人）：合肥市蜀山区邓店村年近八旬的老人，他辛勤看护800亩市级公益松树林——“大水缸”近30年，身患癌症后仍希望子女将这一责任继承下去。

张佩玲（“中国好人榜”诚实守信好人）：庐江县泥河小学高级教师，她扎根乡村教育34年，始终勤勤恳恳、执着追求、无怨无悔，为上千个农村孩子铺就了一条条充满七彩阳光的成长之路，被孩子们亲切地称为“妈妈老师”。

华慧琴（“中国好人榜”助人为乐好人）：合肥市包河区航运南村社区居民，她坚持几十年如一日，省吃俭用从退休工资中拿钱买书、送书，无偿分享给小区居民和其他市民书友阅读，让许多群众受益匪浅，如今已是八十高龄的她依然在做精神食粮的不懈传播者。

张春梅（“中国好人榜”助人为乐好人）：肥东县桥头集镇一家化妆品专营店店主，她情系贫困女童，关心照顾桐山村辍学女童宋宜及双胞胎妹，让姐妹仨有饭吃有书念，得到了众人的广泛赞誉。

杨会涛（“中国好人榜”见义勇为好人）：合肥市包河区芜湖路街道友谊社区城管网格队员，2012年8月19日，他在徽州大道附近一宿舍区执勤时，发现一住户窗户往外冒出滚滚浓烟，他不顾自身安全，毫不犹豫冲进室内，成功救出一名老人，并再次入内关掉电闸，接水灭火，被誉为“雷锋式”城管队员。

魏德宏（“中国好人榜”敬业奉献好人）：合肥市庐阳区城管局车队队长，他每天早晨5点起床打扫卫生、打扫厕所，再苦再累的活他都抢着去干，十几年来，他把全部精力都放在环卫工作上，几乎没有节假日，用自己的辛勤汗水洗出了美丽城市。

汪传道（“中国好人榜”孝老爱亲好人）：合肥市蜀山区新城学校教师，他十九年如一日地悉心照料患病的妻子，把被医生判定最多只能存活3年的生命延续至今，他对病妻不离不弃，孝敬岳母，被周围群众传为佳话。

朱爱云（“中国好人榜”孝老爱亲好人）：肥西县紫蓬镇永久社区居民，她的前夫因肾病早逝，后来的丈夫是她的小叔子，不幸又患上肾病，她不惧倾家荡产立誓救夫，义无反顾地将自己的肾移植给丈夫，丈夫得救了，自己却不幸患上胃癌病逝，她捐肾救夫的事迹感动了乡邻。

范成江（“中国好人榜”助人为乐好人）：中铁四局合肥物资工贸公司驻芜湖分公司经理、党总支书记，2012年11月13日，他和工人们一起劳累了一天后，在办公室心源性猝死，年仅46岁，20多年来，他生活俭朴，乐善好施，把做好事当成了一种生活习惯，捐助几十名贫困学子读书，积极参与各种爱心救助，工作调到哪里，他就把爱延伸到哪里。

刘正霞（“中国好人榜”助人为乐好人）：肥西县城管队员，她不仅坚持在城市管理执法一线忘我工作，还经常热心助人，几年来，她抚慰失窃的年轻女子、救助摔伤的耄耋老人、帮助走失儿童找回家人等，被群众誉为“雷锋式”女城管。

刘尚涛（“中国好人榜”见义勇为好人）：合肥新站区七里塘街道瑶海社居委工作人员，2012年11月18日下午，蒋师傅带着他的孙女在瑶海公园的池塘边玩耍时，小孙女不慎跌入池塘，他刚好路过，二话没说直接跳到冰冷的池塘里，救上了小姑娘，而后没有留下任何联系方式就匆匆离开了。

魏巍（“中国好人榜”诚实守信好人）：合肥市新亚出租汽车有限公司皖AT-0625出租车驾驶员，

2012年10月15日上午，他在车后排挡风玻璃下发现了乘客丢失的手提袋，打开一看里面有好几摞钱，立即交给公司，当失主拿到失而复得的10万元现金时万分感动。

许玉奇（“中国好人榜”敬业奉献好人）：庐江县白湖镇初级中学语文教师，他虽身患癌症并处于肺癌晚期，仍然视学生重于生命，他把每次化疗当做一次短途旅行，化疗一结束就立即返回学校坚持上课，感动了无数人。

王光成（“中国好人榜”诚实守信好人）：合肥申通公司快递员，在20个快递包裹不慎被盗后，他一直奔走在丢失地附近居民中间，挨家挨户地询问、赔偿、道歉，很多住户为之感动，称其为“诚信快递员”。

戴清（“中国好人榜”诚实守信好人）：合肥市瑶海区红光街道化南社区81岁老人，在20年内他将所有的退休金都捐给了贫困学生，捐助金额达36万元，他经常到中小学校义务宣讲革命先烈事迹，走遍了合肥、六安、霍邱等地180多所中小学，为10万多中小学生义务宣讲，被称为“雷锋爷爷”。

杨忠（“中国好人榜”诚实守信好人）：肥西供电公司“杨忠抢修队”队长，20余年在平凡的工作岗位上发挥先锋模范作用，他带领班组人员默默承担肥西城关地区3万多客户的用电抢修任务，时刻规范自己，方便客户，用心做好细节服务，用艰辛的付出点亮万家灯火，被称为“供电雷锋”。

金书家（“中国好人榜”诚实守信好人）：安徽医科大学2010级预防专业学生，他两次带着患有残疾的母亲上学，2008年考上县高中后，他将母亲带到学校生活以便照顾，2010年考上安徽医科大学后，19岁的他又将母亲从老家背到了合肥，边照顾边学习，被称为“孝心雷锋”。

（祖　兵）

第十一届合肥十大新闻人物

周传金——合肥小伙上海勇斗歹徒

人物事迹：2012年8月29日，在上海打工的合肥小伙子周传金在地铁站里看到小偷行窃。“抓小偷！”周传金见状冲上去抓住了小偷的衣领，想将其制服。小偷抽出刀来对着他连刺数刀，致使周传金手部严重受伤。周传金的故事传开后，社会各界的爱心和赞誉不断涌来。他先后被评为上海市“见义勇为先进分子”、“合肥市见义勇为先进个人”、“安徽好人”等。对于当初的举动，周传金表示，看到小偷偷东西，肯定要站出来制止的。

金岚岚——追求卓越书写壮丽诗篇

人物事迹：2012年8月14日上午，在长丰县罗塘乡挂职的合肥市审计局金融审计处副处长金岚岚，带着两个贫困学生的“希望工程”资助申请表，赶往合肥团市委，她要在下班之前将申请表送去审批。然而她走出团县委10分钟不到，便不幸遭遇车祸去世。挂职才103天，金岚岚却留下一段佳话，更留下无尽的感动。2007年、2009年、2010年三个年度，金岚岚均被评为合肥市优秀公务员。2012年3月，全省选派第五批优秀年轻党员干部到村任职工作启动，金岚岚主动请缨。挂职期间，为争取上级对村里的扶持，金岚岚几乎跑遍了长丰县所有职能部门。

张景兰——拾荒资助200余名贫困生

人物事迹：2008年，张景兰从安徽省人大常委会机关工会主席岗位上退休，但仍然没有闲下来，她走上街头成了一名“捡荒老太太”。多年来，她拿出自己的积蓄和拾荒所得的数万元钱，并发动省人大系统干部奉献爱心，帮助绩溪县250多名贫困学生圆了读书梦。前段时间张景兰还到安徽省蜀山监狱，捐出了5000元。对于这笔善款，蜀山监狱相关人员表示，计划将这笔钱命名为“张景兰爱心基金”，帮助服刑困难人员的孩子完成学业。

潘建伟——发现“瞬间转移”的人

人物事迹：作为最年轻的70后院士，潘建伟是中国科学技术大学教授、中组部首批“千人计划”入选者、量子科学实验卫星先导专项首席科学家。主要从事量子力学基础问题检验、量子通信和量子计算等方面的研究。作为国际上量子信息和量子通信实验研究领域开拓者之一，他是该领域有重要国际影响力的科学家。2012年，潘建伟院士领导的小组与中科院上海技术物理研究所、光电技术研究所等单位合作，在国际上首次成功实现百公里量级自由空间量子隐形传态和纠缠分发，为中国首个量子科学实验卫星上天奠定了重要的技术基础。

童春香——身边的“最美护士”

人物事迹：2012年7月9日上午，冯珍珍不幸被一辆工程车撞倒。就在众人一筹莫展之时，人群中忽然走出来一名穿白色披肩的女子，她没有多考虑一分钟，立刻脱下身上的白色披肩，撕成布条后为冯珍珍包扎止血，还用地上的碎玻璃，将女孩脖子上缠绕的包袋划开。直到120救护车赶到，她帮冯珍珍输上液之后，才默默离开。这个女子就是合肥市二院新区急诊室的护士童春香。事后，各种荣誉接踵而来，但在她看来，自己只不过做了一件应该做的力所能及的小事，她还把自己的奖金全部捐给了冯珍珍。

苏仕珍——拾到巨款毫不动心

人物事迹：在2012年“中国好人榜”5月份名单中，有一个非常普通却又让人非常敬重的人，她就是苏仕珍。74岁的她一直在周谷堆批发市场做保洁员。2012年3月29日，苏仕珍在保洁时，意外拾到11万巨款，面对她一辈子可能都攒不到的巨款，她没有动心，第一时间将钱款上交，并送还给失主。她的事迹，引起了众多媒体的广泛关注。中央文明办、中国文明网在评选结果揭晓的报道里指出，“中国好人榜”好人多为草根英雄，他们的凡人善举可信、可敬、可亲、可学，在苏仕珍老人身上就集中体现了当代中国人良好的道德风貌。

五人组——护林十载如一日

人物事迹：在合肥“大水缸”的边缘林区，有一支5人组的队伍，他们以林为家，昼夜巡视着这片森林，10年前，这里还是杂草丛生、间有农田的荒凉之地，10年后，这里已是一片林海，高大的意杨树绵延几公里，有人称他们为森林水库的守护神。5名队员平均年龄50多岁，年龄最大的金际银已将近80岁。“20多年来，每天就是这些事，在家里忙忙家务，然后就在林子里面转转。”当提及护林的艰辛时，金际银只是淡淡地说道：“也就是那么回事，毕竟在这片林子里待了几十年，什么都已经习惯了。”

支教团——大西北挥洒生命精彩

人物事迹：2012年7月，中国科技大学研究生支教团第十三届支教队圆满完成了在宁夏海原县的支教工作。同学们返校后，以《志愿服务、报效社会》为题致信中共中央政治局常委、国务院副总理李克强，向他汇报了一年来在西部支教的经历和取得的收获。9月1日，李克强写来回信，勉励同学们“把支教生活作为加油站，更加勤奋地学习工作，在报效社会中创造美好生活”。

俞伦明——义务照顾18位孤老8年

人物事迹： 合肥庐阳区大杨镇王墩社区建材三厂86岁的退休职工俞伦明，八年如一日地照顾18名独身老人，如同亲人般照顾他们的生老病死。他说，这些老人都是自己共事多年的老兄弟，他们无儿无女，他得为他们养老送终。他的事迹已被中国文明网评选为“中国好人榜”助人为乐好人。但对于这份荣誉，在俞伦明看来，做这件事，既是一份友谊，也是一份责任。5月份，86岁的俞伦明递交了入党申请书要求入党，经过大杨镇党委的批准，6月17日，俞伦明终于成为一名中共党员，他说，入了党了却了他多年的一个心愿。

崔良勇——英勇城管夺下凶器

人物事迹： 2012年10月3日上午8点多钟，崔良勇经过和平路与茂林路交口附近时，发现前面围了一大群人，走上前去一看却惊呆了。一个中年男子手里握着一把20多厘米的长刀，上面沾满了鲜血；而在他身旁，一个老人躺在地上，身中数刀满身鲜血。当时尽管围观的人很多，但看到血淋淋的长刀，没人敢上去把它从中年男子手中夺下来。后来崔良勇从旁边借了一个塑料袋套在手上，趁中年男子不备，飞快地从侧面将刀夺了下来。

第三届“合肥十大女杰”

陈万霞　肥东县陈集乡阳光小学校长

杜　薇　合肥市人民检察院公诉处处长

傅　睿　合肥市公安局包河分局刑警大队情报中队中队长

华　云　安徽省金润商贸有限公司总经理

钮梅敏　合肥市工商行政管理局蜀山区分局副局长

魏金华　合肥客来福家居用品有限公司总经理

游传琴　合肥燃气集团燃气抄表一班班长

晏　筠　合肥市劳动保障监察支队监察员

张　莉　肥东县元疃镇党委书记

周玉玲　蜀山区人民法院民事审判一庭庭长

（赵晓晖）

县（市）区

瑶海区

【概况】　瑶海区地处合肥市东部，前身为合肥市东市区。2002年3月，经国务院批准，安徽省人民政府调整合肥市部分行政区划，东市区更名为瑶海区。现辖12个街道、1个镇及1个开发区，主管区域面积70平方公里，常住人口90万。2012年，全区实现地区生产总值329亿元，增长15%；财政收入13亿元，增长14.8%；全社会固定资产投资232亿元，增长26.7%；规模以上工业总产值144亿元；实现引资总量210亿元。城镇居民人均可支配收入24448元，农民人均纯收入10923元，分别增长17%和16%。

【典范区建设】　2012年，瑶海区加快转型发展典范区建设步伐，成功申报省级服务业综合改革试点区；建成交付圣大广场二期、港汇购物中心、小义乌商品城等项目；推进中建四局华东总部、宝业·东城广场、汽配城等重大项目建设；开工建设闽商国贸中心、明月东一国际酒店等项目，服务业投资比重跃居全社会固定资产投资首位。中小金融机构创新园获得省级批复，小额贷款公司及融资性担保公司增至18家。战略性新兴产业逐步成型，龙岗都市科技工业园2栋单体、13万平方米厂房即将竣工交付，引进安徽皖源节能等环保科技型企业，物联网产业基地正式启动。全年实现战略性新兴产业产值5亿元，同比增长16.4%。完成11个、总投资7亿元技改项目申报，安徽电信器材贸易工业有限责任公司等企业加入合肥市“十二五”百家高成长性企业培育工程，新增国家级高新技术企业2家，建成省、市级企业技术中心6个，全区获专利授权238件。新增限额以上商业企业54家、总数219家，完成限额以上社会消费品零售额140亿元。新增省级名牌7个，居全市首位。

【城区建设】　贯彻落实国务院《国有土地上房屋征收与补偿条例》，规范房屋征收和补偿工作，完成搬迁145万平方米。近20个城市、地区党政代表团前来考察学习“和谐搬迁”经验、做法。实施铜陵路高架、胜利路畅通及轨道交通一号线、新安江路东延等22个市重点工程，郎溪路北段、临泉东路一标、铜陵路高架南段等建成通车；续建及开工建设长临路、滨河路等14个支路项目，其中通达路、吴敬梓路等4个项目建成通车。启动庙岗城中村、木器厂南北宿舍区、交通厅地块等18个旧城改造项目，其中12个项目完成搬迁，6个项目进入搬迁扫尾阶段。完成淮北新村、天都小区、恒通小区等24个老旧小区整治，集中改造采石路、磨店路、储运巷等小街巷67条、总里程15公里。新建项目环评执行率和重点工业企业废水排放达标率均为100%，淘汰3家造纸企业7条落后生产线；南陵路等次干道5000多米管网实现雨污分流；推进绿化大会战，投资6000余万元，实施绿化项目23个，新增绿化面积23.1万平方米。

【改革开放】　瑶海区开展深化国有资产管理体制改革，推进国有经营性资产划转工作，建立国有资产“网格化”动态监管模式；规范资产运营行为，实行统一平台公开招租，清理盘活闲置低效资产1.48万平方米，资产运营收入增长38.7%，资产收益和利税突破1900万元。建立以国资公司为主、工业与商业资产经营公司为辅的融资体系，获银行授信和直接融资3.56亿元。成立瑶海区应收账款债权管理有限公司，率先在全国开展应收账款债权流转业务。推进营业税改征增值税试点工作，建立财政性资金管理和制约机制。加强城市管理体制改革，推进城区信息化建设，6个街道社会管理信息平台上线运行；完善市容精细化督查和农村环境综合整治考核机制，疏堵结合，规范摊群点管理；完成市政园林分级管养改革，落实市政园林设施建设、管理、养护职能。推进教育、卫生、文化等公共资源整合共享。建立健全基层医疗卫生机构运行补偿机制。

创新理念和方式推进开放开发，全年引进项目132个。双窑洞、襄河路等9个地块、42.79公顷土地上市交易；春天物流、安徽华联购物广场等两批16家18.3公顷工业存量用地升级改造项目成功获批。引进乐活隆岗不夜城、信地乐汇商业街、中天乐购购物中心等8个现代服务业大项目，签约入驻安徽融桥担保、浙商创业投资、深创投安徽红土投资等金融服务和总部经济项目。签约中盐红四方国际广场等3个总投资167亿元项目。全年进出口总额3.5亿美元，同比增长177%，增幅居全市第一。

【民生工程】 增加大病救助项目资金拨付，提高贫困重度残疾人救助、贫困精神残疾人服药补助、五保供养等项目实施标准，全年民生投入7.3亿元。城镇新增实名制就业1.82万人，城镇登记失业率控制在4.3%以内。城市居民享受低保7.7万人次，农村居民享受低保5537人次。城乡居民社会养老保险登记参保4万余人，城镇居民基本医疗保险参保续保15.2万人，基本实现应保尽保。发放被征地农民养老金3320万元。兑现计划生育奖扶、特扶资金216万元。扩大困难群众医疗、教育等专项救助渠道，累计救助金额42万元。加强蔬菜直销体系建设，龙岗等直销菜市场和20家社区蔬菜直销店投入使用。新海家园C地块、A地块二期、东七复建点一期等项目32.4万平方米安置房交付使用；在建保障性住房项目14个、建筑面积196.3万平方米。

【社会事业】 扎实创建义务教育发展基本均衡区，和平小学大兴分校、三十八中南陵路分校挂牌成立，十三中教学楼、大通路小学新海分校投入使用；推进未成年人思想教育、校车管理、校园安全、校园周边环境治理等工作；青少年科技创新工作保持全市领先。实施“文化惠民”工程，新建农家书屋及乡镇公共电子阅览室84个，免费开放区、街文化场所、设施。开展群众性文体活动，成功举办区首届“邻居节”、社区戏曲展演月、市民合唱音乐周千人专场等活动；组队参加合肥市十运会获奖牌数创历年之最，并完成足球比赛承办工作；开展“扫黄打非”专项行动，规范文化市场管理。巩固基层医改成果，提升社区卫生服务能力，推进基本公共卫生服务均等化，开展家庭医生签约服务、中医馆建设等，改善居民就医环境。人口自然增长率控制在6.5‰以内。三里街街道、和平路街道被列入“全省首批计划生育公共服务均等化试点单位”，钟油坊社区被评为“全国人口和计划生育基层自治示范村居”，茂林路、安徽大市场2个社区计划生育协会荣获“全国计划生育协会先进单位”称号。当涂路、全椒路、凤阳一村3个社区通过省“城市生活e站”验收并授牌命名。

【城市管理】 以“三城同创”为契机，加强城市管理，落实路长管理责任制；整治户外广告，基本完成全市任务最重的高立柱和楼顶广告拆除工作；东一环、新蚌埠路等10条主干道立面整治焕然一新，农村环境综合整治和火车站等重点区域综合治理迈入常态化，秸秆禁烧及违章建筑、违法用地查处等工作坚决有力，执法队伍建设和管理不断加强。推进社区网格化、组织化、信息化、服务化建设，落实区划调整后续工作，新组建香江佳元、琥珀小区2个社区居委会，完成82个社区换届选举工作。成立基督教“三自”爱委会。启动实施残疾人托养、残疾儿童康复培训等特色服务项目。贯彻《全民科学素质行动计划纲要》，当涂路社区荣膺全国科普示范社区。推进安全生产标准化和监管规范化建设，持续整治消防、道路交通、特种设备、建筑施工、烟花爆竹、危险化学品等重点领域难点问题，落实食品安全网格化监管。防震减灾和应急管理等工作取得新成效。加强“平安瑶海”建设，落实社会管理综合治理各项措施，开展打击非法传销等专项行动。结合“五级书记大走访”、“让社区多个帮手”等活动，主动排查化解各类矛盾纠纷，积极应对金钟纸业、万和万利等经济类纠纷引发的信访事件，依法处理奥来新能源、金色梧桐等项目拖欠农民工工资问题，规范小区物业管理、解决环保投诉等社会热点问题。推进积案化解、带案下访行动，清理核实砂轮厂拆迁安置情况，化解工矿厂改制等历史遗留问题。

【政府建设】 区政府加强自身建设，工作每周一会商，重点项目定期调度，区政务服务中心累计办理各类行政审批、服务事项14.1万件，受理12345政府服务直通车1.1万件，办结率99%以上。分类推进事业单位改革，开展机构编制专项清理，撤销瑶海区技术监督站等5家事业单位，建立健全机构编制实名制管理。推进政府信息公开，“中国·瑶海”门户网站连续三年获全省先进。创建依法行政示范单位，完善行政复议、行政调解机制。接受区人大及其常委会法律监督和区政协民主监督，执行人大及其常委会决议，支持政协履行职能，全年办结人大代表议案、建议和政协委员提案94件。执行党风廉政建设责任制，开展廉政风险点排查，强化经济责任审计，严格财政预算管理，加强公车治理，推行行政效能监察，增强领导干部廉洁自律意识。

（钱光禄　肖　利）

2012年合肥市瑶海区乡镇、街道、社区（村）一览表

乡镇、街道	社区（村）
大兴镇	钟油坊 、漕冲、兴集、双圩、四岗、伏龙、东岗、钢红、钢南
城东街道	柳荫塘、唐桥、隆岗、合裕路、大王庙
胜利路街道	凤凰桥、滁州路、大窑湾
明光路街道	填海巷、金大塘、全椒路
车站街道	建设、濉溪东路、红旗、戴安桥
三里街街道	三里一村、三里三村、铁路一村、凤阳一村、临淮路、天长路、来安路、凤阳路
铜陵路街道	花冲、合浦北村、五里井、铜陵新村、铜南、泗州路、花溪
七里站街道	东七、紫竹苑、学苑、站塘、恒通、二十埠
大通路街道	华业、荻港路、繁昌路、绿苑
和平路街道	当涂路、茂林路、肥东路、裕溪路
红光街道	土山南路、钢北新村、枞阳路、化南
长淮街道	长淮、胜利、临泉中路、火车站广场、三角线、长春、元一、红星村、板桥、七里塘
方庙街道	汪塘、瑶东、安徽大市场、万绿园、香格里拉、森海、天辉、香江、站塘

庐阳区

【概况】 庐阳区位于合肥老城区以及西北部，面积139.32平方公里，人口46.3万，现辖1个乡、1个镇、9个街道办事处以及庐阳工业区。2012年，全区地区生产总值435.24亿元，比上年增长12.2%；财政收入达22.11亿元，增长18.86%；固定资产投资371亿元，增长19.1%。

【投资引资】 庐阳区推进重大项目建设，建立每个乡镇、街道新开工1个、储备3个的“1+3”项目推进机制。森林公园、徽商地块等23宗94.6公顷土地成功上市，其中经营性用地14宗75.13公顷。四牌楼联合大厦、和昌都汇华郡等项目开工建设，香格里拉大酒店、华润橡树湾等项目加快推进，东怡金融广场一期、万豪广场等项目竣工。全区投资超亿元在建项目100个，其中超10亿元项目13个。创新招商工作思路，与戴德梁行、新加坡裕廊国际签订招商合作协议，在合肥、深圳成功举办庐阳招商推介会，万科、全聚德等知名企业落户庐阳，华夏人寿后台呼叫中心、联想控股等区域性总部纷纷入驻。全年新引进项目107个，其中亿元以上项目29个，超5亿元现代服务业项目8个、超10亿元工业项目1个。招商引资总量突破200亿元，外商直接投资1.3亿美元，引资总量保持全市领先位次。

【工业经济】 培育战略性新兴产业，启动“合肥光谷”建设，新增国家级高新技术企业5家、市级16家。加快都市工业园建设步伐，一期22万平方米标准化厂房基本建成，签约入驻企业31家。加大企业扶持力度，为57家企业兑现奖

庐阳区2012年主要经济社会指标

项目	绝对数	比上年增长%
国土面积	139.32平方公里	—
总人口	46.30万人	−0.41
其中城镇人口	43.06万人	−0.23
地区生产总值	435.24亿元	12.2
第一产业增加值	2.43亿元	0.9
第二产业增加值	112.75亿元	8.8
第三产业增加值	320.06亿元	13.6
财政总收入	22.11亿元	18.86
财政总支出	15.51亿元	14.76
社会消费品零售总额	322亿元	20
全社会固定资产投资总额	371亿元	19.1
城镇居民人均可支配收入	25549元	13
农民人均纯收入	13045元	15.5
学龄儿童入学率	100 %	—
每万人拥有医院卫生院病床数	95张	—

励2432万元，先后4次帮助企业融资10亿元。全年实现规模以上工业总产值240亿元，完成工业投资71.8亿元。产值超亿元企业达65户，其中超10亿元2户、超5亿元7户。

【农村经济】 加快生态农业发展，完善农田水利基础设施，新建设施蔬菜面积53.33公顷，建成各类农业基地20多个，新增农民专业合作社7家，其中3家被评为市级示范性合作社。以打造庐阳区三国文化和生态旅游风景区为抓手，成功举办三十岗西瓜节、三国文化节等活动，促进生态、旅游、文化深度融合，三十岗西瓜被评为安徽省知名旅游商品。大杨镇荣获合肥市科学发展先进乡镇称号。

【第三产业】 优化产业结构，推进转型升级。完善楼宇经济、特色街区及社区商业发展政策，银泰购物中心、明发商业广场等商业综合体正式营业，鼓楼、商之都等大型商贸企业完成改造升级，北京华联、华润欢乐颂商业中心等即将开业。淮河路步行街区管理体制进一步理顺，荣获中国著名商业街称号；女人街作为全市首个实施改造的老旧商业街，成功创建安徽著名商业街；书画名家签约入驻合作经济广场，全市首座文化特色楼宇初步形成；城隍庙市场综合改造前期工作扎实推进；豆瓣汇商业步行街开街营业。新增国家级商业示范社区3个。全年实现社会消费品零售总额322亿元，增长20%，总量位居全市首位；金融业对财政收入的贡献率达29%，增加值占全市比重达40%以上；全区税收超亿元楼宇6栋、超千万元楼宇29栋。紧紧抓住合肥市出台三项土地新政契机，实施存量商业、建设用地升级改造项目17个。

【城区建设】 推进旧城改造，完成9.3公里阜阳北路高架桥8.8万平方米征收拆迁，平稳拆除城隍庙市场和女人街临时违章摊棚598个，有效减少市场消防安全隐患；完成合肥市中环沿线面积最大的城中村四河片区拆迁。育新小学、东怡金融广场B地块等9个项目净地交付；柏大郢、平楼等4个续拆项目顺利完成；省医药公司等地块实现当年拆迁、当年收储、当年开工，发展空间进一步拓展。实施固镇路、利辛路等23条全长12公里城市支路改造，完成北部乡村雷郢路等“两桥一路”升级改造；全省最大的环卫综合服务基地加快建设，区公共卫生服务大楼基本竣工；5.9万平方米中菜市复建点即将封顶，杏花、阜阳北路菜市场完成改造，基础设施进一步完善。在全市率先启动两大水库水源地保护区土地整治，完成首批启动区592户1600人搬迁，开工建设卫庄小区19万平方米复建点。投入4000万元专项资金，扎实开展美好乡村建设。实施村庄亮化工程，架设路灯165盏，惠及107个村民组。加大治脏治乱力度，拆除各类违法建设6813平方米、户外违章广告162处。深入推进绿化大会战，完成城区绿化32.5万平方米，成片造林346.7公顷，城乡环境进一步优化。区政府荣获合肥市造林绿化工作先进单位称号，三十岗乡、大杨镇被评为合肥市植树造林20佳乡镇。

【民生工程】 全年实施33项民生工程，转移农业劳动力829人，新增城镇就业2.1万人。庐阳百帮创业园被评为首批全国创业孵化示范基地，庐阳区成为全国唯一获此殊荣的（县）区。社会保障提标扩面，城乡居民养老保险全面推开，农村低保标准由每人每年3840元提高到4320元，人均补差全省最高。城镇居民人均可支配收入和农民人均纯收入分别达25549元、13045万元，分别增长13%、15.5%。成立区级居家养老服务信息中心，积极探索具有庐阳特色的居家养老模式，区政府荣获全国养老服务示范单位称号。大力推进保障性安居工程建设，四泉花园、梧桐嘉园二期安置房建成投入使用，荣城北苑、昆仑花园二期等加快建设，森林公园复建点基本竣工，546套公租房、408套廉租房即将交付。完成粮机厂、建材三厂等7个项目居民回迁，安置群众1000多户、房屋1861套15.7万平方米，并在全市率先解决安置房办证问题。新启动危旧房和城中村改造项目9个，涉及群众2884户1万余人。投入资金近1亿元，实施畅园新村、八一齿轮厂等11个老旧小区综合整治。

【社会事业】 加快义务教育均衡化、规范化发展，四十五中桐城路校区开工建设，南门小学恒盛皇家花园分校等4所新校建成投入使用，永红路小学等4所学校完成标准化建设。学前教育和社区教育扎实推进，四里河街道被评为全国社区教育示范街道。完善社区卫生网络体系，在全省率先推出“社区名医”，平均就诊费用下降15%以上。中医药特色服务全面覆盖，区政府荣获安徽省中医药特色社区卫生服务示范区称号。扎实开展流动人口计划生育均等化服务试点工作，高标准打造社区“城市生活E站”。文化体育事业蓬勃发展，社区文体活动有声有色，谢岗村农家书屋被评为国家级示范书屋；成功举办首届社区运动会和自行车嘉年华活动，囊括市十运会金牌总数、奖牌总数、团体总分三个第一，区政府荣获全国群众体育优秀组织奖。在全省率先成立区级社会工作者协会，社区“两委”换届圆满完成，荣获国家级首批村务公开民主管理示范单位称号。健全社会稳定风险评估机制，社会矛盾纠纷排查化解和突发事件处置得到加强，46个社会管理创新项目有序推进。积极畅通信访渠道，平稳化解87件突出信访事项。大力开展重点领域专项整治，严厉打击非法传销活动，安全生产、消防安全、道路交通安全、食品药品安全形势总体平稳。“六五”普法全面开展，法律服务水平明显提升。人防、民防、应急一体化建设进一步规范。桃花园社区被评为全国综合减灾示范社区。基层武装工作规范化建设水平整体提升，民族宗教、外事侨务、港澳台、防震减灾、科普、档案、地方志、保密、妇女儿童、未成年人保护、老龄人、残疾人、双拥优抚、机关行政事务管理等工作取得新成绩。

【创新体制机制】 全区实施行政区划调整和街居管理体制改革，将老城区原6个街道整合为2个，全区街道总数由11个优化为9个，社区总数减少28个。在街道设立“一办四中心”，将服务性事务下沉社区，行政效率和服务水平进一步提升。完善项目推进机制，成立区重大项目推进指挥部和重点局，建立区级领导项目领衔责任制，全程跟踪服务项目招商、征迁、建设等关键环节，建设管理体制进一步理顺。深化城市管理体制改革，成立区市政园林局，实现市政、园林、绿化下划工作有序衔接、平稳运行。在全市率先启动城市管理体制改革，建立城市管理联席会议制度，构建部门联动、属地管理的大城管格局。探索环卫作业市场化管理，北一环以北区域230万平方米道路清扫保洁实现市场化运作。完善目标管理责任制考核机制，实行“一个单位一张试卷”的分类考核办法，首次将重大项目进行单独考核，加大对城市管理、民生工程等工作的考核权重。深化财政管理体制改革，推进“营改增”试点工作。建立部门预算“1对1”会商制度，预算公开评审工作向基层延伸。严格执行政府集中采购制度，资金节约率达15.1%。

【自身建设】 推进“学习型政府”建设，邀请规划、建设、金融等领域专家开展7次集中培训。重视人才工作，公开招聘各类人才251名。开展“脱胎换骨转观念、勇当全省领头羊”解放思想大讨论和“学上海、找差距、抓细节、提品质”主题实践活动，全区上下的发展意识和首善意识进一步增强。推进“一线工作法”，积极探索领导干部走访联系服务群众新机制。健全区政府常务会、区长办公会和专题会议等议事制度，政府决策程序进一步规范。自觉接受人大法律监督、政协民主监督和社会舆论监督，认真办理人大代表议案、建议和政协提案137件，办复率达100%。大力推行电子政务，扎实做好政务信息公开工作。加强政务服务中心建设，办理各类行政许可2700余件，服务群众21万人次。严格落实《廉政准则》各项规定，加大政府性投资项目监管，规范项目招投标和村居集体经营性资产管理。加强行政监察和审计监督，扎实做好区本级预算执行、政府投资和领导干部经济责任审计。

（王瑞刚）

2012年合肥市庐阳区乡镇、街道、社区（村）一览表

乡镇、街道	社区（村）
三十岗乡	崔岗村、瞿嘴村、堰稍村、三十岗村、陈龙村、东瞿村、风景村、柴冲村、汪堰村
大杨镇	吴郢社区、五里拐社区、夹塘社区、龙王社区、高桥社区、照山社区、草塘社区 王墩社区、清源社区、大杨村、十张村、岗西村、谢岗村、水库村
杏花村街道	五里社区、林店社区、汲桥新村社区、松竹社区、灵璧路社区、金都社区
林店街道	景湾社区、永清社区、金池社区、菱湖社区、连水社区、官塘社区、天河社区
四里河街道	四河社区、桃花园社区、银河湾社区
双岗街道	虹桥社区、小桥湾社区、万小店社区、白水坝社区、高河埂社区、一里井社区
亳州路街道	鲁园社区、滨南社区、畅园社区、古城社区、水西门社区、南河湾社区
杏林街道	望城社区、上城社区、北都社区、丽都社区
三孝口街道	徊龙桥社区、西平门社区、龚湾社区、城隍庙社区、杏花社区、大夫第社区
海棠街道	清华社区、荷塘社区、平楼社区、藕塘社区
逍遥津街道	红旗社区、四牌楼社区、义仓社区、九狮桥社区、县桥社区、拱辰社区

蜀山区

【概况】 2012年，全年地区生产总值完成360亿元，比上年增长12%；全社会固定资产投资完成385亿元，增长24%；财政收入完成21亿元，增长10.6%，其中中央财政收入6.2亿元，地方财政收入14.8亿元；城镇居民人均可支配收入26435元，增长15%；农民人均纯收入13068元，增长15.5%。单位GDP能耗同比下降10%以上，超额完成市政府下达的节能和主要污染物减排指标。三次产业比例调整到0.2:40:59.8。

【推进产业结构调整】 蜀山区快速发展现代服务业，随着万达广场、港汇广场、之心城等大型城市综合体陆续开业，安徽国际金融中心、华润万象城、印象西湖商业项目、安粮国际购物中心等快速推进，皇冠假日、最佳西方等五星级酒店开门营业。全年完成社会消费品零售总额163.8亿元，同比增长18.4%。并打造电子商务产业，蜀山电子商务产业园二期项目投入运营，三期交付使用，四期年内开工，已引进知名电商企业30多家，成为全国首批、全省唯一的国家电子商务示范基地。太平养老保险安徽分公司、和谐健康保险安徽分公司相继营业，金融业区级财政贡献率提高到10.4%。外向型经济迅猛发展，进出口总额达到13亿美元，增长130%。全省首个家庭服务业孵化中心投入运营。

工业经济迎难而进。三洋机电一期、大陆轮胎一期、长安汽车等相继达产，大同格兰塑业、德马格起重机械、国祯环保、盛州医药、迅影新能源等投产，大陆轮胎二期、三洋机电二期、台湾久尹生产基地等开工建设。全年完成规上工业总产值204亿元，同比增长14%；规上工业增加值52.8亿元，增长13%；工业投资91亿元，增长14.5%。蜀山新产业园区被评为全省信息化与工业化融合示范区。并响应省、市关于支持皖北发展的号召，与寿县合作共建寿县蜀山现代产业园区，筹建工作有序地推进。

农业产业全面转型。出台《蜀山区农村土地承包经营权流转监督管理办法》，流转耕地达2833.3公顷，全区退出传统养殖业，新增精品苗木花卉266.7公顷多；合肥现代农业示范园全面提升改造。投资近5000万元实施51处、71万平方米绿化，城区绿化覆盖率提高0.8个百分点；完成造林268.2公顷，完成市下达任务的140%。第一次全国水利普查基本结束，侯桥水库除险加固工程竣工验收，蜀山叉东渠汛情隐患整改到位。井岗镇获批全国发展改革试点镇，南岗镇跻身全市科学发展一类先进乡镇。

【招商引资及经济发展】 2012年蜀山区组团参加中博会、厦洽会、家博会等系列展会，承办中国云计算与呼叫中心高峰论坛、安徽省战略性新兴产业系列报告会，联办“赢在安徽”首届商业地产峰会。完成市重大项目引进任务，博侃矿物新材料产业基地、大智慧后台处理中心、华润五彩城、新安小额贷款公司等8个项目落户蜀山区；北京恩源、北京讯鸟、香港派蒙等电商领军企业前来洽谈；大洋百货、金鹰百货、金钱豹、百盛等知名商业品牌入驻蜀山。全年共引进项目283个，完成招商引资总量210亿元，同比增长30.4%，其中外商直接投资完成1.04亿美元。把项目建设作为发展的总抓手，对全区235个重点项目推行目标管理，定期督查通报，落实领导包联制度，预计全年完成重点项目投资268亿元，其中列入省“861”、市“1346”行动计划40个项目完成投资41亿元，完成任务的121.7%。

蜀山区围绕保增长、促发展，区政府及时修订固定资产投资与项目建设、工业经济、招商引资等目标管理考核办法，分解落实战略性新兴产业发展、大项目引进、社会消费品零售总额、进出口总额等指标任务，出台《蜀山区进一步加快电子商务发展的实施意见》，设立2000万元电子商务发展专项资金。推进“企业服务年”活动。帮助企业融资近6亿元，为企业争取税费减免、财政补助、贷款贴息资金共7000多万元；制定《推进科技创新工作实施意见》、《蜀山区科技创新奖励办法（试行）》，成立区科技顾问团，企业自主创新能力增强。高新技术企业发展到92家，比上年增加64%，新增专利授权1100多件。开展税源普查与清理活动，推进营业税改征增值税试点工作，增加税收近亿元。

【城区建设】 蜀山区完成怀宁北路、肥西路、中科大金寨路下穿通道等重点道路征迁8.5万平方米；大建设安置点丁香家园三期平稳回迁，四期和蜀山花园二期即将开工。支路网建设提速。皖河路、小庙路、洪岗路东段竣工，岳西路、山湖路路床工程即将完工，贵池路开工建设，丁香家园公交始末站即将建成，霍山路人行天桥加紧建设。加大对旧城旧村改造力度，完成方大郢、下龚岗、梁岗、杜康雅居等城中村征迁任务，二环内城中村改造大头落地；叉车厂、锻压厂、元件五厂等旧城改造项目完成征迁，共征迁112万平方米，惠及居民12814人。有序推进龚洼、科学分院路等复建点建设，梅园新村、登云庭、蜀景园、金环花园南村等项目4000多户回迁。区级投资5000万元实施27个“三无”小区综合整治，惠及居民43357人；同时争取上级资金整治四方新村、岳西东村。区级投资5000万元实施破旧建筑大整容，已在绩溪路、肥西路、庐阳街沿线进行试点。启动道路景观大整治，着手优化提升合作化路两侧建筑立面。

2012年，蜀山区完成市政设施、园林绿化分级管养体制改革。接收41条主次干道、23座大中桥梁、10974盏路灯等市政设施和233万平方米园林绿化的管养任务，实现平稳过渡。对全区排水设施完成普查，已整改雨污水错接、混接点近2000处。启动小区管理服务工程，开展“三无”小区引入物业管理试点并加以推广。推进创建全国文明城市、全国卫生城市工作。实施摊群点规范建设试点，在全市率先取缔炭火烧烤，首创的“星级环卫工人”评比活动和垃圾车污水截留装置在全市推广。拆除违规设置、逾期户外广告146处，查处新出现违法建设1.4万平方米。增设6000多个机动车停车位缓解“停车难”，设置177个“西瓜屋”供瓜农免费使用。建成3个PM2.5监测点并投入运行，环境空气质量优良率居各城区之首。全面推进美好乡村建设。启动涉及7个村(社区)、14000多人的土地整理和村庄搬迁工作并取得重大突破。新产业园区完成邓店村90%搬迁任务；井岗镇村庄搬迁前期工作进展顺利；南岗镇北部村庄搬迁已与高新区签订合作协议；安置点选址报建工作扎实推进。南岗循环大道建成通车，新建和改造村组道路12公里。农村环境综合整治步入制度化、长效化轨道。

【民生工程建设】 2012年蜀山区在实施省、市27项民生工程的同时，区级投资1.28亿元实施五大惠民工程，全年新增就业2.16万人，下岗失业人员和就业困难对象实现就业7502人，实施就业技能培训2061人。新增创业基地1.4万平方米，在全市率先建成创业模拟实训平台。突出抓好高校毕业生就业服务，帮助6218人实现就业。扶持425名残疾人实现就业和自主创业。及时受理、办结劳动争议案件和投诉，为劳动者挽回经济损失7261万元。

大力推行城乡居民养老保险，3.31万名符合条件人员参保，1.15万名到龄人员领取养老金906万元。提高多项资金补助标准，农村五保户供养、六十年代精简下放老职工补助、重度残疾人生活救助、贫困精神残疾人药费补助、农村义务兵优待金等均居全省首位。城乡居民最低生活保障人均月补差增加到295元；被征地农民养老金标准提高到每月360元。加大城乡医疗救助力度，发放医疗救助金700多万元。实施“雪中送炭”工程，向困难、特殊群体发放生活救助金468万元。实施贫困白内障患者免费复明手术110例，为83户贫困残疾人家庭进行无障碍改造。启动实施“养老助老工程”，在3个街道、24个社区开展居家养老服务试点，建成26个社区“老少活动家园”；积极推进“生育关怀·计划生育特殊家庭养老服务”全国试点。

完成保障性住房建设任务，建成新产业园区一期公租房1001套、山湖苑二期廉租房204套，开工建设新产业园区二期公租房1126套、山湖苑三期廉租房204套；改造棚户区2000户。在全市率先完成菜市场标准化改造；实施便民惠民蔬菜流通体系建设，史河路菜市场建成全市首个公益性直销菜市场。销售“家电下乡”产品5万多台，发放补贴近1700万元。

蜀山区荣获全市唯一的全省民生工作先进区。

【社会事业】 蜀山区推进文化强区建设，完善公共文化服务体系，南岗镇、井岗镇综合文化站建成，全区村村（社区）均有农家书屋。区级投资1500万元实施文化惠民工程，建成9个文化活动中心、12个文化活动广场，重点支持打造19支特色文艺团队，开展群众文艺活动近300场次；联办全市首届大学生校园文化艺术节、皖鲁三区大型书画作品展。《蜀山区志（1949-2005）》出版发行。加强精神文明和未成年人思想道德建设，大力弘扬社会主义核心价值观，开展志愿服务活动2000多次。

教育发展趋于高位均衡，江淮学校建成开学，五十中体育馆开工建设，蜀山高级中学即将动工；学校标准化建设提前3年全面完成。学前教育进一步加强，森林海幼儿园交付使用，丁香家园幼儿园建成，引导15所民办园办成普惠园。蜀山区代表安徽省参加全国青少年科技创新大赛并获优异成绩，首次跻身全国家庭教育示范区。卫生事业成绩斐然。建成社区“中医馆”16所，中医药服务网络初步覆盖全区，成功创建全省中医药特色社区卫生服务示范区，并通过全国先进区验收。蜀山区荣获全国儿童口腔疾病综合干预项目先进区称号。南七街道社区卫生服务中心成为全国示范中心。开展政府购买公共卫生服务岗位试点工作，全面启动家庭医生式签约服务。其他事业共同进步。全民健身运动蓬勃开展，建成46个居民健身点和9个全民健身苑。该区代表队参加市十运会，金牌和总分均获全市第三。大力实施“新居民计划”促进工程，建成“城市生活e站”6所；全面启动“家庭发展能力建设”促进工程。成功破获跨省作案的“11·17”特大计划生育“两非”案件。免费婚检率达到96.7%，居全市前列。《蜀山区妇女儿童发展纲要（2011-2020年）》颁布实施。《蜀山区突发事件总体应急预案》修编工作启动。基层档案工作达到省定一级标准。国防动员、民兵预备役、民族宗教、外事侨务、对台、人防民防、防震减灾、防处邪教、科普、物价等工作得到加强。“三馆两中心”等项目动工兴建。

【依法治区】 接受人大的法律监督、工作监督和政协的民主监督，坚持重大事项向人大报告和向政协通报制度，共办理人大代表议案4件、建议38件，政协委员提案71件。开展普法、依法治理，法治蜀山建设取得新成果。南岗镇双塘村成为全市唯一的“全国民主法治示范村”。深化街居管理体制改革，完成社区“两委”换届，完善社区网格化管理模式，提升社区管理水平，打造社区服务品牌。加强和创新社会管理，推进社会组织管理服务试点，加强社工、义工队伍建设，形成统筹推进、亮点纷呈的工作格局。开展社会稳定风险评估，妥善处置群体性事件，彻底化解一批信访积案。成功调解民间纠纷2357件，办理各类法律援助案件417件，加强对226名社区矫正人员的管理和教育。区财政投入1200万元推进“平安蜀山”建设，严打整治力度加大，治安环境不断优化，老旧小区“三防” 建设得到全面加强。认真排查治理安全事故隐患4267处，强力推进“打非治违”专项行动，整治非法违规行为392起。发现、整改火灾隐患和违法行为3567处，“清剿火患”战役受到公安部表彰。大力实施“文明交通行动计划”，对校车安全隐患开展排查整治。出重拳打击传销活动，清理取缔传销窝点1085处，教育遣散参与传销人员4706人次，刑拘传销骨干23人。开展食品安全专项整治25次，查处取缔无证行医80户次。强化文化市场管理，收缴各类非法出版物2.6万件。开展保障群众健康环保专项行动，大力整治各类环境违法行为。

优化政务服务，受理审批服务事项近12万件，群众满意率达99%。强化网络问政，“12345政府服务直通车”办结事项8433件。提高政府工作透明度，推进行政处罚案件群众公议制度，主动公开政府信息近4200条。把好人员入口关，公开招考公务员5名，招（选）聘中小学教师153名、基层医疗卫生人员7名。出台一系列行政事业单位国有资产管理办法，成功组织国有资产拍卖拍租会13起；政府采购节约资金1.68亿元，政府固定资产投资项目审计资金核减率达20%以上。加强公务用车、公务接待管理，113家区直一、二级预算单位全部实行国库集中支付和公务卡改革。推进廉政风险防控，针对排查出的风险点落实防控措施。

（苏文安、程华山）

2012年合肥市蜀山区乡镇、街道、社区（村）一览表

乡镇、镇街	社区	村	乡镇、镇街	社区	村
井岗镇	十里庙社区	十八岗村		北苑村社区	
	卫楼社区			翠竹园社区	
	半岛社区			奥林花园社区	
	蜀山社区			飞虹社区	
	十里店社区			安农社区	
	兴民社区		西园街道	安居苑社区	
南岗镇	新城社区	鸡 鸣 村		七里塘社区	
		梁 墩 村		汉嘉社区	
		瓦 屋 村		光明社区	
		双 塘 村		岳西新村社区	
		侯 店 村		美虹社区	

接上表

乡镇、镇街	社区	村	乡镇、镇街	社区	村
南七街道	科企社区		五里墩街道	青阳路社区	
	丁岗社区			清溪路社区	
	洪岗社区			团安村社区	
	新华社区			陈村路社区	
	丁香社区			家家景园社区	
稻香村街道	朝阳社区			龙居社区	
	黄山路社区		荷叶地街道	绿怡居社区	
	望江西路社区			嘉和苑社区	
	金寨南路社区			金荷社区	
	合作化南路社区			红四方社区	
三里庵街道	二里街社区		笔架山街道	翠庭园社区	
	杏林社区			汇林阁社区	
	竹荫里社区			天鹅湖社区	
	龙河路社区		新产业园区	田埠社区	邓 店 村
	梅山路社区			仰桥社区	
	绩溪路社区			立新社区	
琥珀街道	琥珀潭社区			卫星社区	

包河区

【概况】 包河区成立于2002年3月6日，地处安徽省合肥市中心城区，2012年区域面积340平方公里（其中巢湖水面70平方公里），辖7个街道（常青街道、芜湖路街道、包公街道、望湖街道、骆岗街道、义城街道、烟墩街道）、2个镇（淝河镇和大圩镇）、1个省级工业园区（包河工业区）和1个街道级社区（滨湖世纪社区服务中心），63个居委会和38个村委会，常住人口82万，流动人口26万，是合肥市面积和人口第一大区，素以包公故里、滨湖新城享誉安徽。包河区衔巢湖，通长江，襟五河（包河、南淝河、十五里河、塘西河、派河），骆岗机场、合肥铁路枢纽南环线及南客站、合肥港综合码头坐落其中，是合肥市建设环巢湖生态示范区的主战场。

【经济发展】 2012年，包河区完成地区生产总值550亿元、增长14.5%；固定资产投资671.02亿元、增长25.5%；规模以上工业总产值454亿元、增长3.24%，规模以上工业增加值99.28亿元、增长1.5%；引资总量260亿元、增长31.3%，其中外商直接投资1.32亿美元、增长119.7%，新引进千万元以上项目49个，亿元以上项目23个，其中14个超5亿元现代服务业大项目。财政收入29.51亿元、增长16.7%，其中地方财政收入20.1亿元、增长16.2%，新增税收超千万元以上企业8家、达到98家；进出口总额24亿美元、增长230%。完成工业投资77.61亿元，战略性新兴产业产值52.43亿元、增长26%；社会消费品零售总额211.1亿元、增长20.4%。全年新上市优质地块32宗、186公顷，占全市上市土地总量的37.9%；中国神华安徽总部、凤凰传媒文化广场、北控水务华东总部、日本瑞穗银行、西班牙桑坦德银行落户包河区，上海绿地中心、肯德基安徽总部、国元创投、荷兰SPAR乐城、青岛啤酒安徽销售总公司、中铁十三局华东地区总部、谢裕大茶叶全国销售中心、星光天地特色街区等大项目、大企业陆续进驻。同时，全区重点调度的大项目达24个、投资超过900亿元，其中超百亿元项目5个、超10亿元项目12个。全年投资亿元以上续建和计划新开工项目247个，累计完成投资486.63亿元，其中31个省“861”和70个市“1346”行动计划项目分别完成投资145.3亿元和42.7亿元，占年度计划337.3%和274.5%；央企合作项目新签约项目10个、新开工项目10个、实际完成投资73.6亿元。

【产业转型】 2012年，新引进6家大型金融机构、12个国内外500强企业区域总部、3家五星级酒店、3个特色街区项目、5大城市综合体、12家知名电商企业，已进驻56家汽车4S店；新交付使用商务楼宇24.8万平方米，全区现有1万平方米以上商务楼宇28栋，入住率78%，其中税收“亿元楼”9个、“五千万元楼”2个、“千万元楼”11个。全年服务业实际引资占引资总量94.8%，第三产业实现增加值330亿元、同比增长14%。新增规模以上工业企业19家、达到147家，汽车和电力两大产业产值突破300亿元。初步形成包河工业区“产城一体化、以车为主、多园发展”的都市产业新格局，安徽青年电子产业园、合肥（包河）互联网产业园、汽车产业园、伯澜商务中心、新徽联商会大厦等项目建成运营，安凯新能源客车基地、扬州杰信空调、常青机械二期等项目加快建设，北京联东地产综合体、清华紫光科技园、智慧汽车城、茶博城等一批大项目即将落地，经省发改委综合评估，2012年度包河工业区综合竞争力在全省150个国家和省级开发区中排名第11位，居全省城区工业园区之首。全年新增高新技术企业17家，包河区被认定为“国家科技兴贸创新基地”。春色滨湖旅游节、大圩葡萄节和巢湖水上旅游节“三大节庆”活动全年接待游客总量达560万人次，实现旅游总收入45亿元、同比增长20%以上。节能工作连续五年获市政府通报表彰。

【新区建设】 2012年，包河区完成滨湖新区派河整治、玉龙路、省党风廉政教育基地、义城统筹地块、十五里河片区综合开发项目等拆迁任务。滨湖中心32万平方米综合楼基础工程全面完工，环湖大道北段、方兴大道下穿、紫云路北段等一批主干道路建成通车，滨湖国际会展中心、渡江战役纪念馆、安徽名人馆等一批公共文化设施陆续开放运营，金陵大酒店、土楼娃哈哈大酒店、合肥46中南校区、巢湖湿地试验段等一批公共配套服务项目投入使用，中国银行、建设银行、农业银行、浦东发展银行等一批国际金融后台服务中心入驻滨湖新区，万科、宝利、首钢、华融等一批商业地产也陆续入驻，滨湖欣园、滨湖康园二期等一批回迁安置小区建成竣工。2012年，滨湖新区建成区拓展到24.65平方公里，路网围合面积达34平方公里，人口突破40万。

【城市建设】 2012年，包河区完成各类拆迁超过200万平方米，占全市总量近50%。十五里河片区拆迁扫尾与开发建设同步推进，10多平方公里的土地具备上市条件，姚公片区首批启动的7个村民组完成70%拆迁任务，徽州大道与高铁南站连接工程、龙图路、高铁路等片区路网开工或建成通车。老城区改造全面提速，实施13个城中村和棚户区改造项目，全市第一个启动的九华山路城中村项目完成土地收储，五里冲城中村、省粮食局机关大院棚户区、省工业设备安装公司生活区完成拆迁，太湖新村改造开始启动，老官塘刘衖、灯泡厂生活区拆迁大头落地，王下份一丝绸厂生活区改造、合客生活区等项目正加快推进；启动老旧小区环境综合整治“三年行动计划”，首批投入1.18亿元实施13个老旧小区整治项目。淝河片区总规、控规通过合肥市政府审批，22平方公里的区域迎来开发建设的黄金期。北京路、南淝河大桥、徽州大道高架、包河大道高架、铜陵路高架南段建成通车，轨道交通1号线、高铁站、繁华大道、龙川路等一大批重点工程正在加快建设；完成16条小街巷改造任务，建成南屏路等3条城市支路网，区域内综合交通体系日臻完善。紫竹苑、淝南家园等10个大建设复建点基本建成，可安置群众近6万人。完成保障性住房建设任务，新开工9143套、竣工655套、基本建成2519套。顺利完成市政园林划转工作，新增绿化管养面积465.5万平方米、道路47条117公里、桥梁30座、路灯14000多盏。

【生态建设】 全年实施绿化大会战项目24个，新建和提升城区绿地35.9万平方米，新增农村造林537.2公顷，率先在巢湖市烔炀镇实施133.3公顷异地造林项目，荣获“2012年全市造林绿化工作先进县区一等奖”，全区森林覆盖率达18.5%、绿化覆盖率达42.3%、人均公共绿地达12.5平方米。打造环巢湖旅游的“三颗明珠”，牛角大圩被省政府批准为全省首批“现代农业综合开发示范区”；大圩葡萄节接待游客超过100万人次，实现旅游总收入4.5亿元，成为合肥市民休闲观光旅游度假的首选基地，东大圩成为“国家4A级景区”，荣获“全国休闲渔业示范基地”，大圩葡萄被认定为“国家地理标识”，大圩镇国家级品牌增加到12个；在大张圩高标准建设滨湖湿地森林公园，历时40余天、投资3290万元完成一期工程，仅国庆期间接待游客就超过10万人次。严格实行耕地保护，节约集约利用土地，荣获首届“全国国土资源节约集约示范区”。实施水环境治理项目8个，铺设污水管网45.2公里，创新完成巢湖蓝藻打捞任务，南淝河、塘西河、派河、十五里河等河道整治初显成效。

【民计民生】 包河区在2012年实际投入资金9520万元，全面完成32项民生工程，获市“民生工程实施工作先进单位”、“民生工程组织工作先进单位”。实施“城乡居民收入倍增计划”，新增城镇就业人员20760人，城镇登记失业率低于4.3%，城镇居民人均可支配收入达到26583元，农民人均纯收入超过11409元，分别增长15%、15.5%以上。农村低保由每年3840元增至4320元，农村分散五保供养由3840元增至5520元，重度残疾人生活救助由660元增至1200元，计生奖扶特扶在省市补助的基础上翻一番；城镇居民养老保险和医疗保险参保人数全市最多，分别达到9.16万人和19.05万人。养老服务成为全省唯一的“国家级养老服务信息平台建设试点单位”。加快“全省教育第一强区”建设，投入资金5.3亿元，新建中小学校6所、幼儿园7所，撤并整合薄弱小学7所，基本完成中小学改扩建任务，全区学校硬件设施和配套设备全省一流，中小学标准化建设达标率为90.4%；在合肥市义务教育发展基本均衡县区评比中总分第一，荣获2012年国家基础教育质量监测优秀组织奖、全国“两基”工作先进单位。组团参加市十运会，取得金牌数、奖牌数和总分均位居全市第二的好成绩。成功承办“江淮情”大型慰问演出活动，卫立煌故居修复工程完成拆迁并即将建设，区“三馆”建成使用，残疾人康复中心开工建设。包河区获全国唯一的“国家广播影视科技创新实验基地”、全省唯一的“省级社区卫生服务示范区”和全市首个“全省慢病综合防控示范区”。

【社会管理】 包河区成立全市首个街道级“大社区”——滨湖世纪社区；完成社区两委换届选举，望湖、滨湖蓝鼎等社区创建成为市标准化示范社区，荣获“全国村务公开与民主管理示范区”。“诚信计生”在全省交流，综合治理性别比、打击“两非”案件成效明显，荣获“全省城市和流动人口计划生育工作先进区”。举区而为“三城同创”，创新实施“五个一”包保责任制，依法拆除违法、到期户外广告，查处违法建设8800多平方米，增设停车位4200多个，全省投资规模最大、配套设施最好、经营品种最齐全的卫岗莲花夜市即将建成；依法取缔非法诊所256户（次），对3431户“五小”行业开展集中整治，全面推行食品药品网格化监管，创城工作顺利通过省检和国检，全省文明城区考核总分全市第一。纵深推进社会管理创新24个重点项目，组建区群众工作部，社会稳定风险评估经验示范全省，城市社区网格化管理实现全覆盖。

（朱礼江）

2012年合肥市包河区乡镇、街道、社区（村）一览表

乡镇、街道	社区	村
包公街道	军区、芜湖东路、炳辉、青年、航运南村、雨花桥、包河、美湖、宁国新村、河滨	
芜湖路街道	银河、城南、茶亭、兰亭、东陈岗、南园、太湖新村、曙光、望江东路、友谊	
常青街道	凌大塘、金寨南路、沿河、淝南、油坊岗、竹西、姚公、仰光	
望湖街道	分路口、盛大、王大郢、王卫、望湖、卫岗、五里庙、朱岗、周谷堆、沁心湖	
包河工业区（骆岗街道）	包河花园、高王、车谷、陆集、繁华、官塘、骆岗、施河、包河苑	陆大、石桥、北斗
义城街道	滨湖康园、义城	北徐、大陈、董城、汪潦、前杨、南徐
烟墩街道	滨湖惠园、滨湖家园、滨湖明珠	東岗、保兴、牛角、新街、横城、卫王、鲍岗、南河
淝河镇	葛大店、老官塘、贾大郢	黄巷、卫乡、席井、关镇、黄镇、平塘王
大圩镇		东林、新民、慈云、余墩、黄港、迎河、磨滩、新河、晓南、圩西、沈福、许贵、学塘、晓星、南斗
滨湖世纪社区服务中心（街道级）	琼临、融荫、昌贵、振杰、和园、观湖、清枫、金翰	

肥东县

【概况】 民国38年（1949年）2月，中共江淮区委决定,析合肥县建合肥市、肥东县和肥西县。民国38年2月3日建立肥东县，县治初设梁园，同月下旬迁店埠。2012年，全县设12个镇、6个乡、2个经济开发园区，设村委会225个、居委会3个、社居委103个。全县国土面积2206平方千米。2012年末户籍人口108.66万人。

2012年，肥东县实现生产总值（GDP）357.69亿元，按可比价格计算，比上年增长16.6%。其中第一产业增加值54.07亿元，增长5.6%；第二产业增加值241.78亿元，增长20.6%；第三产业增加值61.84亿元，增长13.4%。三次产业结构由上年的17.4:64.0:18.6调整为15.1:67.6:17.3。按户籍人口计算，人均生产总值达32959元（折合5244美元），可比价增长16.3%。

2012年，在市级文明乡镇（村）、文明社区创建活动中，店埠镇、撮镇镇、长临河镇、八斗镇被授予“第一届合肥市文明乡镇”荣誉称号；店埠镇马厂村、店埠镇花滩民族村等23个村被授予“第二届合肥市文明村”荣誉称号；店埠镇青春社区等8家社区被授予“第三届合肥市文明社区”荣誉称号。

2012年全县生产总值

单位：亿元

指　标	绝对数	比上年增长%
生产总值	357.69	16.6
第一产业	54.07	5.6
第二产业	241.78	20.6
工业	197.40	25.5
建筑业	44.38	3.9
第三产业	61.84	13.4
交通运输、仓储和邮政业	9.92	10.9
批发和零售业	15.64	14.3
住宿和餐饮业	3.39	9.0
金融业	5.74	18.8
房地产业	6.16	2.9
营业性服务业	6.97	23.3
非营业性服务业	14.02	13.4

【农业】 2012年，肥东县农林牧渔业总产值97.75亿元，比上年增长5.7%。其中，农业产值44.61亿元，增长8.4%；林业产值2.60亿元，增长2.8%；牧业产值36.17亿元，增长4.0%；渔业产值12.98亿元，增长2.3%；农林牧渔业服务业产值1.39亿元，增长4.6%。

全年粮食播种面积10.82万公顷，比上年增长4.6%。油料播种面积4.81万公顷，下降6.8%；棉花播种面积0.54万公顷，增长0.6%，蔬菜播种面积2.02万公顷，增长8.2%。全年粮食产量68.31万吨，比上年增长5.0%；油料产量12.02万吨，增长39.1%；棉花产量1.68万吨，增长0.6%；蔬菜产量42.98万吨，增长8.9%；水果产量11.69万吨，增长0.7%。

同年，该县实施粮食丰产科技工程、千亿斤增粮工程和粮油高产创建活动，扎实推进土壤有机质提升行动，扩大秸秆还田，改善土壤性状，提高土地产出率。在杨店乡、石塘镇各建立1个部级油菜万亩高产创建示范片，面积1506.7公顷；在桥头集镇建立1个部级水稻万亩高产创建示范片，面积2333.3公顷；在马湖乡建立1个部级花生万亩高产创建示范片，面积680公顷。在包公镇、桥头集镇建立3座水稻标准化育秧工厂，覆盖机插面积400公顷以上。合肥福泉现代农业科技有限公司引进、建成全省首套金针菇瓶栽生产流水线。

同年，该县安徽地方黑猪标准化养殖示范基地、马湖小陶村无公害油桃等6个基地被认定为合肥市标准化基地，长临河镇、陈集镇蔬菜基地被评为省级标准化基地。全县市级标准化基地达26个，省级4个。18个乡镇农产品质量安全监管站基本建成，农残检测合格率均在97%以上。申报无公害农产品认证13个，全县“三品”认证达到105个，居合肥市之首。

同年，该县有市级以上农业产业化龙头企业120家。其中，省级15家，比去年增加5家；全年规上农产品加工产值可达160亿。食品工业园跻身安徽省新型工业化产业示范基地，入园企业达55家，其中新增3家，全年产值达100亿元。全县有农民专业合作社367家，其中新增88家，建华合作社被农业部授予“全国农民专业合作社示范社”，永江等9家合作社被评为省级示范合作社。新增土地流转面积3133.3公顷，全县土地流转总面积达2.96万公顷，占耕地总面积的36.9%。

同年，该县美好乡村建设，共实施土地置换项目4个批次，总规模194公顷；实施“增减挂”项目5个批次，规模358.7公顷；实施市、县土地整理项目119个，总规模1220公顷。结合土地整治，建成农民新村13个，建筑面积20万平方米，安置农户1500多户。八斗大张“整村推进”项目全面完成。启动首批40个“美好乡村”精品村建设的规划和建设工作。实施扶贫项目11个，财政补助资金510万。江淮分水岭综合治理开发工作连续3年被评为全省优秀。

同年，该县发放粮食补贴1.15亿元。完成新型农民培训5724人。实施村级一事一议财政奖补项目938个，财政奖补资金2874.9万元。村集体产权交易和建设工程招投标工作全面展开，开展招投标项目215个，节约资金298.8万元。

年末，全县生猪存栏46.31万头，比上年下降2.3%；生猪出栏94.36万头，增长3.8%。全年肉类产量11.48万吨，增长3.6%；水产品产量4.91万吨，增长6.4%；奶类产量7.02万吨，增长7.6%；禽蛋产量4.64万吨，增长6.9%。生猪、家禽出栏量和奶牛存栏量位居全市第一。全年未发生一起畜禽批量死亡病例，也未发生一起畜水产品质量安全事件。在历次农业部和省、市畜水产品质量安全监督抽检中，该县畜水产品合格率均达100%。

同年，该县在全省率先出台《肥东县人民政府关于促进养殖业可持续发展和若干意见》，首次划定禁养区，禁建区、宜养区。有效地促进全县养殖业进一步健康有序发展。同年，新增畜禽规模养殖场90个，新增水产养殖场（基地）30个。其中，新建标准化规模肉禽场10个，建成禽舍面积近24万平方米，新增肉禽标准化养殖能力达1200万只以上。强化高新科技对规模养殖企业的支撑作用，完成1个中心监控台及20个监测、监控点建设，实施网上24小时全程监控。同年，该县有各类规模养殖场和养殖大户5000多个，规模养殖比重达83%以上。全县共有国家级农业产业化龙头企业全资子公司6家、省级农业产业化龙头企业7家，形成一批具有较高知名度和市场占有率的农产品品牌。安徽群兴公司获得省级种畜禽生产经营企业认定。

同年，该县鳜鱼、黄鳝、龙虾、优质商品鱼等四大产业带（基地）发展迅速，全县网箱黄鳝养殖面积达29万平方米，基本形成以张集乡为核心，响导、长临河等9个乡镇为补充的网箱养鳝产业基地。全县共有国家级水产健康养殖示范场2家、省级休闲渔业基地2个、省级渔业标准化生态养殖示范区1个，省级农（渔）家乐示范点1个，市级星级农家乐示范点27个，其中漫水湾木屋村等4家企业通过五星级农家乐认定。

同年，肥东县植树造林工作成绩斐然。截至10月底，完成植树造林2746.7公顷。其中完成成片造林1773.3公顷，村庄绿化165个，道路绿化151公里，渠道绿化68公里，水库绿化17处，塘坝绿化439口，农田林网304公顷。重点工程众兴水库水源涵养林完成353.1公顷；江淮分水岭“森林长城”完成300公顷；巢湖边岸防护林完成170.9公顷；完成外环长廊完善提升工程19.83公里，栽植胸径8厘米以上美洲黑杨10.2万株。退耕还林后续产业完成风景林、经济林建设400公顷，荒山造林及低产林改造完成280公顷，完成长江防护林200公顷、封山育林466.7公顷，完成森林抚育试点346.7公顷。截至2012年底，全县林地总面积2.4万公顷，四旁植树折合面积3.09万公顷，林木绿化率24.05%，森林覆盖率10.06%。被市委、市政府授予全市造林绿化二等奖，石塘、包公、众兴被授予全市植树造林20佳乡镇，众兴鼎和、陈集圣泉被授予全市10佳林苗示范基地，牌坊乡张岗、白龙镇同心、众兴乡范岗、长临河镇四顶被授予森林村庄等荣誉称号。丁保文同志荣膺全省林业系统劳动模范。

同年，该县进一步规范森林资源管理，对林业行政审批流程进

2012年主要农产品产量

单位：万吨

主要农产品	绝对数	比上年增长%
粮食	68.31	5.0
棉花	1.68	0.6
油料	12.02	39.1
肉类	11.48	3.6
水产品	4.91	6.4
奶类	7.02	7.6
禽蛋	4.64	6.9
蔬菜	42.98	8.9
水果	11.69	0.7

行梳理公开。集体林权制度改革配套工作继续深入开展，林权抵押贷款额408万元，林权流转涌现热潮，全县多数山林已经被流转承包。完成当年20公顷以上新造林规划30处，规划面积1000公顷多。根据省、市统一部署，完成全省千万亩森林增长行动计划（肥东）建设规划，完成合肥森林城市建设规划（肥东）基础调查。森林病虫害防治工作有序进展，森林防火工作被表彰为全省森林防火先进单位。

2012年，肥东县农业机械总动力61.31万千瓦时，比上年增长4.8%。农用拖拉机39000台，增长0.4%。全年农业化肥施用量（折纯）59012吨，增长0.6%。农村用电量4.63亿千瓦时，增长13.2%。

全年机耕作业面积145千公顷，比上年增加5.4%；机收面积90千公顷，比上年增加12.22%；机插秧面积9千公顷，机插秧水平首次达到13.5%，比上年增长350%；机械植保面积15.8千公顷，机防水平20.6%；机电灌溉面积63.58千公顷，灌溉水平82.92%。全县有各类农机作业服务组织、农机户总数63780个，其中农机专业合作社11个、农机专业协会2个，农机化作业服务专业户8810个；农机服务经营收入达到6.45亿元，同比增长5.4%。全年落实农机购置补贴资金1149.02万元，补贴各类机具679台（组）。受益农户(农机作业服务组织)510户，带动农民投资3752.994万元。

同年,开展农机新机具新技术示范推广工作。全年举办技术培训会和现场演示会9场次，培训各类农机人员960人（次），在桥头集镇竹塘村、杨店乡红堂村、包公镇胜联村等地建立水稻、油菜等各类农机化示范点6个，利用科普赶集、科技下乡深入石塘、八斗等地散发科普明白纸3500多份，现场演示农机具4场次。建立农机技术人员包村联户制度，定期上门技术指导。

全年共注册登记拖拉机385台、联合收割机284台；年检拖拉机30台、变型拖拉机1655台、联合收割机231台；新办驾驶证G证282人、S证219人，安全培训驾驶人1627人次，签订安全生产责任状1627份。开展农机化教育培训工作。举办拖拉机驾驶培训班21期，培训驾驶人261人，举办联合收割机操作培训班10期，培训操作手194人；举办农机职业技能鉴定培训班4期，培训农机驾驶操作人员420人。全年发放《跨区作业证》356份。

【水务】 2012年，肥东县自7月上、中旬持续晴热、高温、无雨情况发生后，该县遭遇多年未遇的干旱。面对旱情，县委、县政府及时召开全县乡镇和有关部门负责人会议，研究部署有关旱情发展和全面抗旱工作，适时启动各灌区提、引、放水抗旱。在此期间，全县年度抗旱共投入资金约3400万元，出动劳力12万人次，增设临时翻水站约550处600多台套，计12000千瓦，投入机械300多台套清淤清障。三大灌区累计提引水3750万方；国营库坝供水2000万立方米，乡营库坝（塘）供水3800万立方米。保证了当年水稻丰收。

小型水库除险加固工程。2011年度纳入除险加固计划的3座小型水库于2012年12月5日完成验收工作。2012年度，该县计划除险加固小型病险水库7座（均为省级小二型），概算投资约700万元。9月18日开标，确定施工企业，全面开工建设。

农村饮水安全工程。2012年度投资1617万元，解决3.43万农村人口饮水安全问题。年度工程安排在八斗、撮镇两乡镇。现已全部完工。

众兴泵站更新改造工程（一期）。投资计划共2500万元。根据2011年投资计划下达情况，一期工程实施改造，高塘一站和众西一站2座泵站的拆除重建和附属设施的建设。该工程于2012年3月31日开工建设。整体工程形象进度完成80%左右。

店埠河马桥段综合治理工程。店埠河马桥段综合治理工程于2011年11月开工建设，项目总投资2550万元，已全部完成投资任务，2012年12月28日组织验收。

三加一面上小型水利工程。按照2012年省水利厅《关于印发《全省农田水利建设高潮年工作方案》的通知》要求，结合肥东县工作实际，计划技改农村乡营泵站110台/5160千瓦，清淤整治农村河沟88条，清淤整治塘坝2780口。10月，该县出台年度面上小型水利工程奖补办法，对2012年面上小型水利工程进行奖补。全年已累计完成塘坝清淤整治2160口，沟河清淤整治73条。小型泵站技改工程已由各乡镇组织招投标，工程正在施工中。

【农村能源】 2012年，肥东县完成1200户户用沼气、10个农村沼气乡村服务网点等跨年度农村沼气民生（国债）工程建设任务，2012年度世行生态家园项目建设任务同步完成；启动实施2012—2013年度700户户用沼气民生工程建设工作。

同年，该县强化“三沼”综合利用，在牌坊乡张岗、白龙镇快乐等村，分别推广猪—沼—菜和猪—沼—粮等现代农业建设生态模式

250户、16.67公顷，辐射带动其他地区和农户。新建养殖小区41处83口50立方米沼气池和新农村建设点4处200立方米沼气污水净化工程。

同年，该县以太阳能热水器供热水、太阳能光伏路灯供照明的建设模式，在撮镇建华、八斗大张等地开展新能源利用示范建设8处，全年累计推广太阳能热水器1540平方米、太阳能光伏路灯320盏。

9月4日，农业部在贵州举行全国第二届沼气生产工技能大赛，该县组队代表安徽省参加比赛，蔡永仓同志荣获“全国沼气技术能手”称号。

【环境保护】 2012年，肥东县共有垃圾处理站1座，污水处理厂2座。城镇生活污水处理率87%，工业二氧化硫排放量达标率97.2%，工业废水排放量达标率99.2%，工业烟尘排放量达标率100%。万元GDP能耗比上年下降8.5%。

同年，该县大力发展清洁的天然气能源，逐步淘汰燃煤、燃重油的锅炉和窑炉。全县有美菱精密管业、琪瑞大酒店等一批工业企业、餐饮企业使用天然气；宏图彩印公司、日月净水材料公司等改用稻壳为燃料。现代牧业（肥东）有限公司等10家规模化畜禽养殖企业纳入减排计划。严格执行环境影响评价制度和“三同时”制度，把总量削减指标作为建设项目环评审批的前置条件。全年共审批符合条件的项目461个。对135家排污企业进行排污申报登记、电脑录入、审核、核定、汇总和数据库上报工作。全年征收排污费519万元。

全力做好秸秆禁烧及中高考禁噪工作。在秸秆禁烧期间，对全县重点禁烧乡镇园区开展现场执法和巡查。积极做好饮用水源保护工作。在全县范围内开展乡镇饮用水源地污染情况调查。开展重点水库（众兴、袁河西、岱山湖、管湾）的水质例行监测工作，定期上报水质变化动态，并及时上报数据，为环境决策和饮用水源的安全提供依据和保障。加强水质和空气自动监测系统的建设工作。完成众兴水库水质自动监测站建设。开展环保专项行动。对合肥嘉富特纸业有限公司等7户以废纸为原料的18条生产线实施关闭，共淘汰落后产能4.895万吨/年；开展环境安全百日大检查。对饮用水水源地保护区范围内的2家塑料颗粒加工企业予以关闭。加强对辐射安全和医疗废物的管理。开展对辖区内42家使用射线装置的医疗机构辐射安全实行执法检查。全县23家医院全部实行医疗废物转移联单制度。全年受理环境信访案件282起，查处282起。开展第七批“安徽省生态村”创建工作。7月，该县店埠镇龙西村被省环保厅授予第六批“安徽省生态村”称号。

【工业】 2012年，肥东县规模以上工业企业完成总产值595.69亿元，实现工业增加值144.02亿元，按可比价格计算，比上年增长26.1%，工业增加值对GDP的贡献率为75.1%。规模以上工业企业中，轻工业实现增加值47.82亿元，增长25.6%；重工业实现增加值96.20亿元，增长26.3%。规模以上工业企业数由上年的265户增加至309户。

国有企业实现增加值2.94亿元，比上年增长5.9%；集体企业实现增加值5.95亿元，增长30.4%；股份制企业实现增加值120.96亿元，增长27.2%；外商及港澳台投资企业实现增加值10.91亿元，增长23.7%；其它类型企业实现增加值3.27亿元，增长9.3%。

2012年规模以上工业企业增加值

单位：亿元

指 标	绝对数	比上年增长%
规模以上工业增加值	144.02	26.1
其中：轻工业	47.82	25.6
重工业	96.20	26.3
其中：国有企业	2.94	5.9
集体企业	5.95	30.4
股份制企业	120.96	27.2
外商及港澳台商投资企业	10.91	23.7
其他企业	3.27	9.3

全年规模以上工业企业（不包括市属两家规上企业，下同）经济效益综合指数为372.6%，比上年下降29.1个百分点。实现主营业务收入572.74亿元。全员劳动生产率341104元/人。

同年，该县制定《关于鼓励工业企业做大做强加快工业转型升级的意见》等文件。积极帮助企业拓展市场，先后于5月、8月、11月组织40多户企业参加“安徽名优产品甘肃行”活动、全省中小企业与大型工业企业项目与资本对接活动、全市汽车和家电及工程机械产业链配套对接会，通过展销帮助企业开拓市场。组织10户企业申报高成长性企业培育工程。加大对重点企业和经管干部的培训工作。5月，举办全县工业经济管理干部及汽车零部件重点企业负责人培训班，邀请有关专家围绕汽车产业发展进行讲授，取得良好效果。开展工业专题调研活动，对全县306户规模以上工业企业生产经营情况进行专项调查，设置21项指标，为及时掌握当前工业生产基本状况，为科学决策提供第一手资料。

同年，开展市“双千工程”入库项目申报工作。全年有77个工业项目成功进入市“双千工程”项目库。合肥市瑞宏铸造有限公司等2家企业被评为2012年度安徽省企业技术中心。同年，全县共有省级企业技术中心8家，市级企业技术中心16家。组织合肥第二发电厂等3家企业7个QC小组参加合肥市质量管理小组成果发布会。3个QC小组荣获“2012年安徽省优秀质量管理小组”称号；合肥第二发电厂集控四值QC小组荣获“全国优秀质量管理小组”称号。安徽真心食品有限公司荣获合肥市首届品牌示范企业。组织合肥海源机械有限公司等7家工业企业参加在合肥举行的全国质量标杆经验交流暨六西格玛管理推进会。组织安徽省雄峰起重机械有限公司、安徽真心食品有限公司等10家企业参加卓越绩效评价准则及全面质量管理知识培训。

同年，组织实施5个重点节能及资源综合利用项目，截至9月末已累计完成投资6098万元，完成任务的83.86%。积极推进万千家节能低碳行动，组织9家企业与市经信委签订年度节能目标责任书。在年综合能耗5000吨标煤以上企业组织开展清洁生产。对县内年综合能耗1000吨标煤以上企业进行节能目标考核。8月，对2011年度综合能耗1000吨标煤以上企业进行节能量分解，督促企业按照要求完成任务。完成县内万台电机百台锅炉能效提升专项任务。在年耗能5000吨标准煤以上的5户重点工业用能企业设立能源管理岗位，并已全部按要求备案。组织9家2011年度综合能耗5000吨以上标煤企业开展能效对标活动。

【建筑业】 2012年，肥东县具有资质等级的总承包和专业承包建筑企业46个，实现增加值44.38亿元，比上年增长3.9%。实现利润总额5.06亿元，增长7.0%，完成房屋施工面积1171.98万平方米，增长0.6%。其中新开工面积624.09万平方米，下降8.0%。全员建筑业劳动生产率18.6万元/人，增长12.0%。

同年，全县共申报资质26家，新申报企业10家。全县共有建筑业企业135家。其中壹级资质企业13家；专业承包企业40家；劳务企业49家；建筑装修装饰专业设施一体化贰级企业10家。全县拥有注册壹级建造师247人，壹级临时建造师23人，注册贰级建造师425人，贰级临时建造师644人。同年，全县有新型墙材生产企业34家，全年新型墙材产量7.56亿块标砖，烧结粘土砖产量下降至1.9亿块标砖。全县散装水泥产量达163.35万吨，散装率达85%；预拌混凝土产量达83.97万立方米。

加强建筑工程质量管理工作。全年共监督新增建筑单体项目714个，建筑面积约230万平方米；接转2011年工程单体项目450个，面积约180万平方米。监督工程项目中，未发生重大质量安全事故。安徽水利水电职业学院教师公寓5#、6#楼，武警肥东消防大队新营区工程等6个工程获得合肥市优质工程“琥珀杯”。全年共接各类房屋质量投诉138起，其中市（县）长热线127起，结案134起。

加强建筑安全生产管理工作。开展春季、夏季安全生产大检查和多次专项检查。全年共下发隐患整改通知书403份、停工通知单39份、发现安全隐患3308条，整改3142条，整改合格率95%；对7家施工企业给予优良记录上报。严格起重机械设备登记备案工作，确保104台塔吊和112台人货电梯处于受控状态。全年开展3次建筑业综合执法大检查，共查处违法违规建筑市场行为2起，结案2起。

加强建筑施工队伍培训管理工作。全年举办施工员培训班3次；评定非国有经济组织建筑工程类初级职称1400人。加强建筑业企业的服务和监管，督促施工现场关键岗位人员在岗履职责任。对全县建筑工程施工现场项目经理实行“AB”岗管理制度，共采集162人指纹，涉及施工单位141家。开展“三车”专项治理工作，对全县7家混凝土企业的92台搅拌车、182名驾驶人员安全生产运输工作实施有效监管。全年共进行专项检查2次，工作巡查10次，全年混凝土搅拌车辆无一次安全事故发生。

【招商引资】 2012年，肥东县到位内资221.6亿元，其中省外142亿元，同比分别增长27.8%、22.7%。全县工业项目到位资金130.1亿元，占全县总量的58.7%；三产服务项目到位资金70.9亿元，占全县总量的32.0%；农业项目到位资金20.6亿元，占全县总量的9.3%。外商直接投资4308万美元。全年共引进项目79个，协议投资209.2亿元，其中超五千万元项目62个，亿元以上项目42个,5亿元以上项目15个。全县注册及签约项目125个，其中工业项目66个，三产服务业项目24个，农业项目20个。

同年，该县承接先发地区产业转移速度加快。全年省外投资项目58个，占总项目的73.41%，其中长三角区域、环渤海和珠三角区域共投资项目41个，占总项目的51.90%。招商项目规模、质量提高。引进企业中，有世界500强的普洛斯物流，有大型央企中铁物流、中国城建，有各行业龙头企业德力玻璃、金红叶纸业、优耐德引发剂、海特汽车配件等等。产业集聚度逐步提高。围绕全县农产品加工、起重机械等八大优势产业，强力推进产业链补缺和招大引强，引进一批优质项目，逐步提高肥东县产业集聚度。循环经济示范园引进正帆特种电子材料、优耐德引发剂、凤凰涂料等9个新材料生产项目，打造该县新材料产业集群；撮镇镇引进海特汽车零部件生产和皖宏机械年产3万套重卡车桥等项目，壮大该县汽车配套产业等。

【固定资产投资】 2012年，肥东县完成全社会固定资产投资333.03亿元，比上年增长29.4%。其中城镇固定资产投资316.58亿元，增长38.9%，农村投资16.45亿元，下降44.0%。分产业看，第一产业完成投资10.29亿元，比上年增长110.9%；第二产业完成投资183.52亿元，增长40.0%，占全部投资比重为55.1%；第三产业完成投资139.21亿元，增长14.8%。

全年完成房地产投资31.16亿元，比上年下降6.8%。商品房施工面积313.4万平方米，增长7.8%。房屋竣工面积112万平方米。商品房销售面积62.3万平方米，下降3.0%。

全年500万元以上项目累计完成投资285.42亿元，占2012年全社会固定资产投资总量的85.7%。全年实现新开工500万元以上项目483个，总投资201.3亿元，项目数比上年增加92个，比上年增长23.5%。

【城乡建设】 2010年—2012年，肥东县实施县城区道路升级改造工程，进一步完善县城区“五纵四横”路网框架。先后完成撮镇路、东庵街、梁园路、沿河东路、沿河西路、石塘路、唐杨路等11条道路升级改造工程。加大县城外部路网建设力度，主动对接合肥主城区，形成肥东新的发展格局。开工建设八斗路东段、桥头集路一期、桥头集路二期、临泉东路、横大路（一期）、浮槎北路等城市外部路网工程。2012年，共有城区道路26条，总长度65千米，总面积189.3万平方米，人均拥有道路面积10.85平方米。

绿化亮化，营造宜居生活环境。总投资约6300万元。完成包公大道两侧绿化，合店路二期绿化工程，完成绿化面积约14万平方米。开展绿化大会战，先后完成合店路一期、合蚌路等13项绿化项目，栽植乔灌木近7万棵；积极跟进道路建设，完成临泉东路、浮槎北路等路段的配套绿化工程。加大公园建设和改造力度。总投资约1.2亿元。新建青少年公园和店埠河公园三期，实施店埠河河滨游园绿化提升，增加上下游步道和休息设施；建成东城公园；开工建设和平文化广场升级改造工程。到2012年12月，县城绿化用地面积469.68公顷，城区公园4个，面积24.42公顷，其中公共绿地面积123.6公顷，绿化覆盖率42.26%，人均绿化面积10.1平方米。同步推进灯饰亮化工程。完成浮槎路路灯更换和合蚌路向北延伸段路灯安装任务；实施南环路亮化工程。2012年，县城共有路灯1847柱、5778盏，亮灯率达95%以上。

截流治污，改善县城生态环境。开工新建污水处理厂二期工程，项目总投资约5500万元，该工程建设规模为新建2.5万吨/日污水处理和5万吨/日深度处理工程，建设城市配套污水管网37.65公里。2012年，县城污水处理厂处理能力为5.3万吨/日，污水处理率达95%以上。污水处理率符合科学发展先进县要求，在全省位于前三名之列。开工建设店埠河二期综合治理工程，项目总投资约5549万元，工程分4个标段，已完成东支流、西支流2个标段。对店埠河6个排污口实施截流，截流后污水全部进入县城污水处理厂进行处理。

加快城市供水工程建设。建成10万吨/日城市供水工程。加快天然气门站和管道建设。2012年，城区有燃气管道300千米，供气站4个，燃气用户8万户，燃气普及率35%。启动乡镇天然气管道输配系统建设项目，3年内将实现全县18个乡镇镇镇通天然气。

突出民生，加快社会公益工程建设。完成县城区7所学校，24个单体加固工程的校安工程，完成投资1800万元。建成老年大学及公安局应急指挥中心工程，完成投资2272万元。2012年11月，开工建设县人民法院审判庭、县儿童福利院及残疾人康复中心。

【房地产业】 2012年，肥东县实现房地产开发投资31.97亿元，其中住宅23.52亿元；新开工面积69万平方米，其中住宅46.01万平方米；商品房合同网上备案7632起，建筑面积65.73万平方米；商品房和商品住宅销售平均价格同比分别增长4.98%和2.01%，房屋销售额达29.02亿元，其中住宅25.44亿元，同比增长5.6%。

同年，全县共开工38个保障性住房建设项目，累计建设廉租住房、公共租赁住房、棚户区改造项目等各类保障性住房2605套，其中1998套主体结构封顶，607套基本建成。累计发放廉租住房租赁补贴298户77.22万元。

全年发放产权证7735起，建筑面积216.5万平方米，成交额25.34亿元；他项权登记7022起，建筑面积190.32万平方米，权利价值47.09亿元。发放《商品房预售许可证》126份，批准预售面积76.18万平方米。承接新建房屋白蚁防治项目611宗,完成施工面积261.49万平方米。出具房屋安全鉴定报告95份9800平方米。办理房屋租赁登记备案108件，登记面积6.99万平方米。房改补足产权136户9271平方米，回收售房资金67.88万元。办理二手房资金托管514起，托管资金达2.06亿元。

同年，全县有物业服务企业45家，从业人员近2000人，物业管理项目总数42个，管理面积近300万平方米。新建住宅区前期物业管理落实率100%。归集物业专项维修资金3583.16万元，同比增长25%，累计归集1.61亿元。

【工商】 截止2012年10月底，肥东县有注册登记的各类企业4545户，其中新增695户；有个体工商户17588户，其中新增1976户；有私营企业4055户，其中新增687户。全县设立农民专业合作社366户，其中新设立农民专业合作社80户。全年申请注册商标60件、申报马德里商标国际注册2件，申报省著名商标8件、再认定省著名商标3件，确定驰名商标培育重点企业6家、省著名商标培育重点企业14家。全年核准股权出质48件，出质数额48302万元，被担保数额36389万元。办理动产抵押25份，抵押主债权金额为19493.96万元。

加强食品安全监管。先后开展元旦、春节、五一、校园周边等多次专项整治，检查各类食品经营户9964户次，查获不合格食品13.7公斤，立案查处不符合食品安全标准案件59起，案值6.05万元，罚没款45.62万元。抽样检测各类食品共166组，对21组不合格食品予以立案查处。开展“食品安全肥东行”宣传，组织各类活动21次，举办培训班2次。加强农资市场监管，开展专项整治2次，查处案件22起，查获不合格肥料165吨。加强成品油市场监管，开展专项整治2次，查获不合格柴汽油2.5吨。开展“双打”执法，查处商标侵权案件23件。开展广告市场巡查，清查155个户外广告、2274个条块广告。加大案件查处力度，全年共办结一般程序行政处罚案件226件。开展安全生产领域“打非治违”专项行动。立案查处无照经营案件84起，取缔无照经营173户。开展打击传销“皖剑-2012”行动。加强非煤矿山整治，查处案件15起，罚没款27.4万元。

强化消费维权。组织开展有关服务领域消费维权，检查经营主体375户次，对水电、有限电视、餐饮等单位开展行业自律指导工作18次。开展重要商品质量抽检4次，抽检农资2次共45组样品，抽检成品油1次共25组样品，抽检建材1次共5组样品。开展流通领域商品市场专项整治6次。全年共受理各类申诉举报66件，接受咨询55件，均及时予以受理、分流、转办和查处，办结率达100%。接到并处理消费者投诉76件，为消费者挽回经济损失约24.4万元。健全消费维权网络，全县有“消费维权服务站”24个，其中新增13个。

【商贸】 2012年，肥东县实现社会消费品零售总额53.67亿元，比上年增长18.3%。分地区看，城镇实现零售总额42.35亿元，增长21.4%；乡村实现零售总额11.33亿元，增长8.1%。

社会消费品零售总额

单位：亿元

指标	绝对数	比上年增长%
社会消费品零售总额	53.67	18.3
按销售所在地分：	42.35	21.4
城镇	11.33	8.1
乡村		

全年实现进出口总额28591万美元，比上年增长100.2%，其中出口创汇26471万美元，增长128.9%；进口2121万美元，下降22.0%。全年实际利用外资5587万美元，增长39.6%。

同年，肥东县出台《肥东县加强对外劳务管理实施意见》，全年输出务工人员达1.3万人次。“万村千乡”市场工程：全市首家直营农家店在肥东草庙开业（全县已建成百货店4个、农资店15个）。完成139家农家店“农商通”信息机安装，覆盖率全市第一。全年销售“家电下乡”产品1.1万台，销售额3亿元。完成酒类流通备案登记1145户。全年完成定点屠宰生猪15.5万头。

2012年，全县供销系统共完成销售总额19亿元，同比增长90%，利润完成800万元，同比增长 160%，社会贡献总额514万元，所有者权益为2098万元。完成“新网工程”网点建设4个，改造基层社3个，发展农民专业合作社4个，

（其中供销社参股农民专业合作社2个）。投资80万元，对位于店埠镇区域内的9700平方米烟花爆竹储备仓库，按照新的烟花爆竹管理条例要求，对仓库硬件进行整改。加强“新网工程”建设。新建石塘社2000平方米、白龙社1500平方米综合超市、翻建湖滨大红500平方米网点，满足当地人民群众生产生活需要。

【供电】 肥东供电公司2012年度购网电量14.3亿千瓦时，同比增长5.30%；实现售电量13.36亿千瓦时，同比增长5.44%；完成综合线损率6.58%，同比降低0.14%；最大负荷28.58万千瓦，同比增长19.58%，最大日用电量572.53万千瓦时，同比增长16.47%。截至2012年12月31日，连续安全生产无事故9594天，实现“三个百日”安全周期。

同年，统筹利用各类电网建设改造资金1.4亿元。先后完成110千伏化工园输变电工程、35千伏城东、石塘主变增容、王铁变扩建、35千伏撮桥线、富石线技改等工程建设任务。重点推进迎峰度夏“低电压”专项治理工作，投入资金2400万元完成建改项目55个；强力实施“48小时增容工程”解决城区用电高峰时段“低电压”问题，增加容量7610千伏安。加快农网改造升级工程和新农村电气化建设，完成2011年度农网改造升级工程建设资金3140万元建设任务，新增主变容量40兆伏安，增加10千伏出线16回；新建和改造35千伏线路13.75公里。新增更换配电变压器60台，容量16885千伏安，建改10千伏线路65.43公里，建改400伏及以下线路312.8公里，整改农户7264户。完成八斗镇1个电气化乡镇16个电气化村建设。

同年，肥东供电公司先后获得“国家电网公司新农村电气化建设先进单位”、安徽省“计量管理先进单位”等荣誉称号。

【交通运输】 2012年，肥东县交通运输、仓储和邮电通信业实现增加值9.92亿元，比上年增长10.9%。全年旅客运输量1400万人次，货物运输量3140万吨。全年民用汽车拥有量5.8万辆，增长28.9%。

同年，县道改建工程投资2.05亿元，完成店埠至石塘、广兴至响导两条干道改造（全长32.4公里）。完成陈石路11.2公里路面大修和花梁路长1.5公里改建任务。同年，改造农村公路危桥3座（赵集北桥、小米桥和秤杆桥），共计56延米，总投资156万元，除小米桥外，其他2座桥已完工。同年，完成“村村通水泥路”安保工程建设340公里。全年共排查县乡道安全隐患12项，全部整改到位。同时，增设警示桩200根、速带2处，砌筑护坡档墙2500米，累计投入资金50万元。

同年，该县印发《肥东县2012年农村公路春季养护工作实施方案》，以“公路养护质量年”活动为契机，扎实开展养护工作，取得明显成效。全年共完成路面清扫近800万平方米，修补路面坑槽6万平方米，培筑路肩200公里，修整路肩600公里，修剪路肩杂草500万平方米，清挖水沟3000米，疏通桥孔2座，清理堰井10处，疏通涵洞60道，新建涵洞1道。完成马店路3公里混凝土路面维修和永店路、杨马路等路段中修养护任务。

同年，运政管理规范有序。全年共查处非法营运等各类违法运输行为410件，其中未经许可案件45件，擅自改装案件249件。春运期间，全县共组织各类班线客运车辆797台、公交车170台，完成客运量204万人次，与上年度同比增长2%。县运管所被市春运办授予“全市2012年度春运工作先进单位”荣誉称号。超限超载治理有效遏制。全年共开展联合治超行动4次，专项行动2次。查处超限超载及擅自改装车辆127台次，转卸载货物1789吨。客运市场秩序逐步规范。规范县城内1-6路公交经营线路，遏制“招手停”现象。新开通撮镇镇大费行政村的客运班车，至此，全县所有行政村均开通客运班车。全年共发放油补资金2184.3万元，农村客运班线冷线补贴资金167.78万元。同年，全县有货运企业171家，其中新增47家，全年完成税收8815万元，同比增长近60%。安全生产持续平稳。全年对道路运输企业检查23次，水上交通检查6次，开展各类“打非治违”专项行动5次、联合治超4次，下达整改通知书64份，整改隐患114条。

【邮电通信】 2012年，肥东县邮政业务收入3639.28万元，比上年增长17.7%。年末本地电话用户12.6万户，其中住宅电话用户8.8万户。移动电话用户56.20万户。互联网用户5.59万户。长临河支局被评为全国“示范职工小家”。

全年实现函件业务收入248.38万元，同比增长-10.21%；实现集邮业务收入207.49万元，同比增长100.46%；实现实现报刊收入196.53万元；实现电商业务收入142.03万元，同比增长60.61%；实现分销业务收入41.65万元。

【财政、金融】 2012年，肥东县完成财政收入28.36亿元，比上年增长20.4%，完成地方财政收入19.67亿元，增长24.6%。与经济发展密切相关的主体税种平稳增长，增值税增长8.8%，营业税增长50.4%，企业所得税增长63.5%。全年完成财政支出40.22亿元，比上年增长13.6%。其中，教育支出8.41亿元，增长19.1%；社会保障和就业支出4.34亿元，增长9.0%；医疗卫生支出4.59亿元，增长8.2%。

年末全县金融业机构各项存款余额193.45亿元，比年初增加26.29亿元，比上年增长15.7%。其中，居民储蓄存款余额124.92亿元，比年初增加24.89亿元，占存款余额的比重达64.6%。金融机构各项贷款余额130.91亿元，比年初增加24.72亿元。金融存贷比为67.7%，比上年提高4.2个百分点。

【旅游】 2012年，肥东县可统计旅游接待人数达280万人次，比上年增长15.7%。旅游综合收入2.4亿元，增长14.3%。全年争创4A级旅游景区2个，3A级旅游景区 3个。

同年，该县景区质量进一步提升。岱山湖景区对别墅、沙滩舞台、餐厅木露台底等进行改造。启动景区停车场建设。龙泉寺景区投入1750万元，完成佛山路和停车场建设。青龙厂纪念馆完成三期碑廊建设。瑶岗渡江战役总前委旧址纪念馆投资2000多万元，完成道路维修2.76公里；完成游客中心、停车场等服务配套设施建设；重新装修书画展厅，国家旅游局对景区进行4A级验收。汇景生态园晋升为国家3A级景区。漫水湾投资500多万元新建水上餐厅、观湖雅座、餐饮大厅等项目。徽故里、秋实农庄等新的农家乐不断涌现。同年，总投资3000万元的长临河古街旅游项目改造工程正式启动。9月，古街改造3个标段全部开工。对长临鱼庄按照五星级农家乐标准进行改造。

同年，该县通过举办第四届马政寺三月三文化旅游庙会、第二届岱山湖山水桃花节、第四届建华荷花节、环巢湖旅游健康老人登山节等节庆活动，展示肥东厚重的历史文化、淳朴的乡俗民风和奋进的城市面貌，提高肥东旅游的知名度和美誉度。组织沁园春生态园、漫水湾等参加合肥市第四届乡村旅游节。组织农家乐参加环巢湖旅游美食节。长临鱼庄、春博山庄制作的鲜鱼不下锅、清蒸刀鱼、盐水大清虾等3道特色菜肴入选十大巢湖特色名菜。同年，成立第一家本土旅行社——源华旅行社。

【文化】 2012年，肥东县全年建设58个农家书屋与5个公共电子阅览室，初步形成覆盖全县的城、乡、村三级公共文化设施网络。在做好文化阵地建设同时，完善文化服务功能，创新公共文化服务内容，不断提升公共文化服务水平，切实做好图书馆、纪念馆等免费开放工作。文化遗产保护力度加大。县文物管理所被评为全国第三次文物普查先进集体。5月，组建成立民间文艺家协会，为促进肥东县民间优秀文艺的保护、传承、弘扬和发展起到重要作用。

群众文化活动多姿多彩。1月18日，举办县委、县政府春节团拜会。2月4日，举办肥东县2012年新春灯会。5月12日-14日，举办4场肥东县基层文艺汇演演出。5月19日-22日，举办4场合肥市第八届少儿艺术节肥东专场文艺演出。6月27日，举办《七月礼赞》肥东县纪念建党91周年文艺汇演。10月18日，举办肥东县民族文化艺术展演。农村电影放映惠民工程，全年累计放映电影3400场，受惠观众达48万人次，实现农村电影放映“1村1月1场”的目标。

文化市场发展健康有序。部署各项专项整治工作，加大综合文化市场违规行为查处和安全生产检查工作。全年出动执法人员1200人次，检查各类文化经营单位500家次，取缔黑网吧3个。受理投诉举报电话32起。收缴盗版、淫秽色情光盘1000余张，盗版、非法出版物1500余本，计算机56台。

【教育、体育】 2012年，肥东县共有中等职业学校5所，招生数4128人，在校学生数11684人，毕业生数3452人；普通中学53所（其中高中16所，初中37所），招生数24670人，在校学生数81313人，毕业生数29341人；小学175所，招生数9602人，在校学生数56534人，毕业生数10798人；幼儿园77所，招生数12043所，在校学生数21983人。小学学龄儿童入学率103.29%。

同年，印发《关于促进教育优先发展的实施意见》、《关于促进民办教育规范健康发展的意见》、《肥东县公办幼儿园建设实施办法》、《肥东县促进学前教育发展以奖代补专项资金管理办法》等重要文件，并将教育体育事业发展列为2012年56项重点工作之一，强力推进。教育投入进一步增长。完成省市下达的新增财力投入任务3920万元；财政预算安排教育经费5.514亿元，比上年增长27%；预算内教育经费实际支出8.41亿元，比上年增长19.1%；生均教育事业费3213.27元，比上年增长840元；预算内生均公用经费1432.1元，比上年增长1007.06元。印发《肥东县2012

年度义务教育阶段学校标准化新建项目实施方案》，实施农村义务教育薄弱学校改造计划。投入2954万元，为义务教育阶段学校配置图书、实验设备和音体美器材，装备电脑室62个，多媒体室57个，移动多媒体42台，电子备课室10个，“班班通”教室580个。投资1142万元为12所学校新建和改扩建教学楼、综合楼和生活用房。

同年，该县坚持优化资源、均衡发展，办学条件得到新改善。投资170.2万元为县特教学校新建塑胶运动场、配置康复设备、餐厅设备、计算机和办公设备；实施《肥东县学前教育三年行动计划》，投入1100万元，新建中心幼儿园3所。投资1690万元，为7所农村中小学新建寄宿制项目11个，建设面积13900平方米。全年拨付义务教育生均公用经费8276.1万元，免费提供1973.4万元国家课程教科书；按标准通过“一卡通”发放义务教育贫困寄宿生生活费282.4万元。投入794万元，完成乡镇公办幼儿园改扩建12所，改建面积13250平方米。投入1436万元，重建中小学校舍15幢，重建面积14360平方米。校安工程档案资料完整规范。120个农村留守儿童之家建设项目全部完成，内部软硬件建设符合省定标准。中职家庭经济困难学生国家助学金及时打卡发放，发放普高困难学生资助资金867.15万元，校内资助资金418.7万元。职业教育办学条件进一步改善。通用技术学校投入180万元，建设多媒体教室3个；庐州卫校投入135万元，购置实训设备等；肥东职高投入114万元，购买钢琴和汽车实训设备。华夏旅游学校投入30多万元，添置实训设备和改造生活设施。

同年，该县坚持内涵发展、特色发展，办学水平实现新提高。学校管理年和义务教育阶段学校“一校一特色”创建活动深入开展。八斗学区中心学校、桥头集学区中心学校被评为“全国五好小公民”主题教育活动示范学校。县实验小学被市委、市政府表彰为“未成年人思想道德建设先进集体”。职业教育、继续教育、社区和成人教育取得新成果。县职教中心升格为普通中专，更名为合肥市通用技术学校。桥头集镇成人文化技术学校被评为省级示范成技校。牌坊乡、桥头集镇成人文化技术学校被评为市级示范成技校。家庭教育实验工作深入推进。该县家长学校教育工作经验在“全国实验区研讨会议”上推广，两篇经验文章入选全国家长学校教育实验材料汇编。中央电视台拍摄的肥东县两节家长学校教育示范课光盘在全国各实验区使用。平安校园建设取得实效。八斗中学等13所中小学通过市级平安校园评估验收。为全县已备案的65辆校车统一安装卫星定位系统。将校园监控纳入公安系统“天网工程”，为全县中小学安装探点94个；学校自筹资金安装校内探点167个。安装校园周边交通标识标牌105块，增设减速带458块。建成高考网上监控指挥系统和视频会议系统，在6个考点学校各建成一个网上监控指挥系统。

同年，该县完善体育基础设施建设。投入280多万元，对县城店埠河两侧、社区内部以及全县中小学的体育健身设施、器材进行维护、维修和更新；为县城内店埠河两岸游园、青少年公园和新建的住宅小区，配备全民健身设施。建成“农民健身工程”项目56个；全民健身苑2个。圣泉中学体育馆建成并使用。投资4400万元的和平文化健身广场项目竣工，县内首家羽毛球馆暨羽毛球训练基地开馆。全民健身活动蓬勃开展。确定肥东一中等7所学校体育设施向社会开放。开展传统赛事元旦春节期间千人万米长跑活动；举办第二届太极拳、健身舞联谊表演赛；第三届“圣泉杯”武术表演赛。同时还举办全县篮球夏季联赛，佛子岭水库游泳比赛，“龙东杯”游泳比赛，泸州老窖杯”乒乓球邀请赛，“皖酒王杯”乒乓球赛，“中国银行杯”乒乓球邀请赛，“托斯卡纳杯”男子篮球邀请赛，学校风筝节等数十项赛事活动。体育竞赛取得优异成绩。县代表队参加合肥市十运会，获得金牌4.5块。参加安徽省第二届“天之兰”杯风筝比赛，获得三等奖2个。一年来，全县10个体育协会组织参加市级以上赛事，获得金牌3枚，银牌12枚，铜牌14枚。体育基地建设得到加强。元疃镇“国际赛马”项目投入使用。民族中学等学校的蹴球、毽球培训基地，肥东一中等学校的田径培训基地，城关小学等学校的乒乓球培训基地，县实验小学等足球项目学校，肥东二中等篮球项目学校的体育基础设施进一步完善。县青少年活动中心被国家体育总局授予“国家级青少年体育俱乐部”称号。出台《肥东县全民健身实施计划（2011—2015年）》。明确到2015年基本建成符合县情、比较完整、覆盖城乡、可持续的全民健身公共服务体系的目标。

同年，肥东县荣获全省“两基”工作先进地区，县教体局荣获全省“两基”工作先进单位、“全国五好小公民”主题教育活动先进集体、全省关爱农村留守儿童工作先进单位、全省全民健身活动先进集体、全省“少数民族体育运动”突出贡献单位。

【卫生】 2012年，肥东县县共有卫生机构58个。其中医院5所，乡镇卫生院44所，疾病预防控制中心（防疫站）1个，妇幼保健站1个。医院、卫生院共有床位2240张。全县共有卫生技术人员2070人。其中执业医师和助理医师699人，注册护士518人，检验人员64人。新农合参合率100%。

同年，城乡居民合作医疗住院率上升到6.98%，实际补偿比上升到55.28%。可使用资金3.32亿元，受理住院医疗费用补偿64553人次，22095万元；住院分娩补偿6108人次，333万元；慢性病补偿10536人次，1399.6万元；门诊统筹补偿134万人次，1654.6万元；意外伤害等其他补偿4137人次，1607万元。以上共补偿约2.7亿元，占当年合作医疗基金的100.97%，占合作医疗累计基金的81.6%。完成结核病等救治救助任务，救助352人，发放救治经费24.32万元。其中救治结核病人340例。完成免费婚检7606对；农村孕产妇住院分娩补助7602人；叶酸发放7745人。完成撮镇大郭、瑶岗社区卫生室建设。乡镇卫生院年门急诊737023人次，同比增长12.4%；住院19548人次，同比增长27.3%。

同年，完成以健康档案为主要内容的10项基本公共卫生服务任务，完成以改厕为主要内容的6项重大公共卫生服务任务。已建电子健康档案611717人，建档率71%；各种国家免疫规划疫苗接种率98%以上；传染病疫情报告率、报告及时率均99.2%；新生儿访视率90.22%，儿童保健覆盖率90.4%，儿童系统管理率88.05%；孕产妇系统管理率88.89%；老年人规范管理率77.2%；高血压病人和糖尿病人规范管理率分别达88.8%和92.2%；重性精神疾病患者管理率43%，规范管理率81%。完成农村适龄妇女两癌筛查。加强孕产妇系统管理，新法接生率100%，住院分娩100%。5岁以下儿童、孕产妇死亡率逐年下降，无孕产妇死亡。完成农村改厕1000座。

县级公立医院改革全面启动。3月15日，县人民医院实施药品零差率销售。单病种付费较此前平均降低近20%。11月1日，县医院、中医院、三院同时实施县级公立医院综合改革。实行药品零差率销售。

卫生信息系统逐步建立健全，合作医疗信息系统与各级医院HIS的联网数目达到380个，开展网络即时结报。投资495万元，建立乡镇卫生院和村卫生室HIS系统。投资120万元，建成县级综合卫生管理平台项目。投资800万元，建设县级医疗机构信息化。

高度重视医疗质量管理，以“医院管理年”活动为契机，狠抓医疗质量。创建示范化卫生院11所。投入60万元，完成27家乡镇卫生院X光机房防护改造。公开招录医药卫生类大学生76名；引进医药卫生类硕士研究生28人；全科医生培训17人。无偿献血约1200个单位，无差错事故发生。

【科技】 2012年，肥东县高新技术产品2项，高新技术产业实现总产值95.7亿元，实现技工贸总收入3.0亿元。完成农业新技术试验示范科研项目21项。实现专利申请490件，实现专利授权370件。

同年，该县不断加大科技政策宣传力度，充分利用肥东科技网，引导企业转变经济发展方式；坚持深入企业宣传科技政策，鼓励企业进行自主创新，提升产品核心竞争力；邀请省市专家对全县企业负责人进行培训，引导企业转型升级，发展高精尖产品，提高经济发展质量和效益，减少能源消耗。开展科技项目申报工作。安徽燕之坊食品有限公司的杂粮食品食用品质改良加工与产业化研究项目列入国际合作项目；安徽省蓝天化工有限公司的高分子量（大于5500）聚马来酸酐项目和合肥中南光电有限公司的新型单（多）晶太阳能电池组件项目列入2012年度安徽省重点新产品计划。同年，指导艾普拉斯、蓝天化工、黑牛食品等企业申报国家高新技术企业。努力打造企业研发平台。推荐海源机械、徽之皇食品等7家企业参加市工程技术研究中心培育。

4月20日，肥东县2012年知识产权宣传周活动正式启动。根据“培育知识产权文化，促进社会创新发展”活动主题，结合该县实际情况，4月26日，在县政府广场举行大型知识产权宣传咨询活动。向过往群众发放《中华人民共和国专利法》、《中华人民共和国专利法实施细则》、《中国知识产权报》等专利知识宣传材料。根据科技活动周活动主题，组织安徽华信知识产权代理机构的人员深入中南光电、美菱有色金属、合矿机械等多家企业，开展知识产权专题培训宣传活动，宣传《合肥市知识产权战略实施纲要》、《合肥市科技创新发展十二五规划》等法律法规政策。

开展防震减灾助理员培训工作。全县选调配齐所有乡镇防震减灾助理员。陈集社区获得市级地震安全示范社区。肥东一中被授予“安徽省防震减灾科普示范学校”。加快肥东县地震监测中心工程建设。5月18日，白马山地下水观测井开工。6月13日，省地震局专家对2号观测井进行现场验收。

【人民生活】 2012年，肥东县出生人口11734人，出生率10.44‰。年末全县户籍人口108.66万人，其中非农业人口13.85万人。

全年农村居民人均纯收入9709元，比上年增长15.7%。其中工资性收入5796元，增长20.0%；家庭经营收入3285元，增长10.9%。人均生活消费支出5096元。农村居民家庭恩格尔系数为43.0%，比上年降低5.3个百分点。农村人均住房面积31.0平方米，增长2.6%。

2012年，肥东县实施民生工程39项，其中省级29项。资金补助类项目实际到位资金10.62亿元，资金到位率达100%，工程建设类已基本完工，群众满意度进一步提升。

2012年，肥东县出台“12行动”方案，全面规划“十二五”人口计生宣传工作。开展宣传教育示范基地创建活动，打造人口文化园10处，布局人口文化书屋240个，构建婚育文化长廊15个，建设人口计生宣传一条街20条，初步建立综合文化宣传阵地。全年开展各类人口计生宣传讲座30场次，开展街头咨询活动34场次，现场接受群众咨询5230人次。通过宣传，广大人民群众的婚育观念、生育观念得到明显改变，有力地促进全县人口计生工作的顺利开展。

2012年，该县进一步完善计生利益导向政策。出台《肥东县城乡居民社会养老保险优待计生家庭政策实施细则》，县财政对计划生育家庭参保给予补贴。开展“生育关怀·幸福家庭”活动。为独（双）女户贫困家庭大学生提供资助。资助计划生育困难家庭实现创业，每户扶持资金5000元。同年，全县“两非”案件立案70件，其中结案62件。全年征收社会抚养费1588万元。

【社会保障】 2012年，肥东县城镇新增就业岗位8634人、下岗失业人员再就业2442人、就业困难人员再就业606人，城镇登记失业率4.0%。转移农业劳动力8515人、完成就业技能培训3488人、技能鉴定5736人、发放下岗失业人员小额贷款1734万元。五项社会保险基金征缴达2.93亿元，全县参加企业职工养老保险、失业保险、职工医疗保险、工伤保险、生育保险的人数分别为38012人、15141人、50912人、15814人、13366人。同年，该县劳动合同签订率97%，“两网化”覆盖县市区比率50%，劳动监察投诉举报结案率97%，劳动人事争议仲裁结案率92%。同年，全县纳入城乡居民养老保险人数586822人；收取个人账户资金8607万元，符合领取条件的155788人城乡居民累计发放养老金13403.28万元，发放率100%。参加农村新型合作医疗人数92.51万人。同年，该县新型农村和城镇居民社会养老保险工作受国务院表彰，县人力资源和社会保障局荣获“全国新型农村和城镇居民社会养老保险工作先进单位”称号。

2012年1月1日，该县城镇职工医保实现市级统筹，与合肥市参保职工享受同等待遇。全年累计发放社会保障卡5.23万余张，参保人员可持社会保障卡在市县35家定点医疗机构实时结算；一个自然年度内医保基金最高支付限额从19.2万增加到30万元；完成县内40家定点零售药店的资格审查和药店信息系统联网工作。退休人员社会化管理覆盖面达90%以上，同时将城镇未参保集体企业退休及其他符合政策的相关人员全部纳入企业职工养老保险补保范围；失业保险实现市级统筹。加快推进失地农民保障工作，为10969人发放被征地农民养老保障金4473.8万元。

2012年，肥东县城镇享受低保救济人员5336人，享受低保金2207万元，低保覆盖率为3.14%；农村享受低保救济人员21210人，享受低保金6166万元，低保覆盖率3.56%。出台《肥东县农村居民最低生活保障实施细则》，农村低保对象实施分类施保、分档救助。同年，肥东县城市低保月人均补差水平在全省名列县级第一。县民政局被省民政厅评为“2011年度全省社会救助先进单位”。

农村五保供养水平全面提升。全县共有在册农村五保对象8970人。累计发放五保供养资金2342万元。加强敬老院安全管理。全年共拨付敬老院管理补助资金220万元；利用福彩公益金16.9万元为全县17个乡镇敬老院配置紧急呼叫系统；集中采购电视机1100台，为陈集镇等16所敬老院开通数字电视。

大病医疗救助更加惠民。修订完善《肥东县城乡医疗救助实施办法》。对城乡低保对象、农村五保对象及重点优抚对象实施医疗救助不再设立病种限制，提高部分困难群众医疗救助标准，城乡低保对象医疗救助年度封顶线提高到15000元，重点优抚对象医疗救助年度封顶线提高到20000元，同时救助标准上浮10%。全县开展医疗救助共6682人次，累计支付医疗救助金1152.53万元。

优抚安置政策落实到位。完成60周岁以上符合条件的3682名农村籍退役士兵和99名烈士子女身份认定资格审批工作，累计发放两类人员生活补助229.4万元。全县共有优抚对象33430人。全年为1641户兑现优待金1085.14万元，为3452名优抚对象按时足额打卡发放定恤、定补和残疾抚恤金1853.03万元。接收2011年冬季各类退役士兵436名。

推进社会福利事业。制定《肥东县80周岁以上老人高龄津贴发放实施方案》，完成全县80周岁以上24583名老人高龄津贴发放申请、审核、审批工作，全年累计发放高龄津贴737.49万元。发放81名百岁老人高龄津贴19.44万元，办理老龄优待证4957本。

社会事务管理工作依法运转。全年为980名上世纪60年代精简下放退职职工、职业制武警发放社会定救资金328万元。全年办理结婚登记13733对、离婚登记1888对、无婚姻证明10388条。全年接收各类受助人员660人次。完成《中华人民共和国政区大典·肥东篇》的编撰工作；完成肥东包河线、肥东巢湖线联检工作；完成“合肥浙商城”等6家商住小区命名审批工作。完成社会组织204家核准登记、7家新成立登记、2家变更登记；开展182家社会组织年度检查工作。

【肥东经济开发区】 2012年，肥东经济开发区实现规上企业总产值248.26亿元，同比增长34%；完成社会固定资产投资99.19亿元，同比增长26.29%，其中工业投资完成69.11亿元，同比增长38.33%；全区引进到位资金66.38亿元，其中，省外到位资金50.73亿元；全区规模以上企业新增26家，累计达137家，完成年度目标任务的130%。2012年，完成税收5.14亿元，同比增长38.2%。

同年，招商引资签约项目19个，协议投资额36.76亿元，其中亿元以上项目12个，省外项目8个。规模较大的有合肥荣电实业股份有限公司投资10.8亿元的年产1000万套小家电及数码产品项目、江苏金红叶纸业有限公司投资5亿元的年产10万吨纸制品加工项目、安徽德力日用玻璃股份有限公司投资10亿元5万吨玻璃器具生产项目等。

2012年，开发区投资8000万元完成浍河路、碧云湖路、临湖路、西泉路、祥和路5条道路总长5.3千米的建设；另有临泉路、龙脊山路在建；投资7000万元开工建设6.3万平方米标准化厂房；实行企业服务总包制，为30多家新开工企业提供全程代理代办服务，促进企业早投产、早建设、早得益。

【合肥循环经济示范园】 2012年，该园完成固定资产投资66.07亿元，其中工业投资51.46亿元。实现规模以上工业总产值33.07亿元；新增规上企业3家。招商引资全年实际到位资金37.6亿元，其中省外到位资金31.2亿元，外资3793万美元。全年完成税收1.84亿元。

同年，园区有在建项目19个，其中新开工项目12个，新建成项目6个，已投产项目5个。中盐项目一期东区合成氨系列项目基本建成并试生产；一期西区氯碱系列项目正加快建设。马钢项目主厂房土建基本竣工。上海正帆电子材料、德国优耐德、通达再生资源、金安钢管等重点项目均按计划推进。同年，园区发放规模以上工业企业多产多销奖励资金225.94万元，帮助企业融资贷款3500万元。

同年，园区基本实现“十五通一平”，10平方公里投资平台日臻完善，接纳大项目的承载力显著提高。建成合肥市首座10万吨/日工业水厂。基本建成铁路专用线。建成公交枢纽站。正加快建设1000吨级综合码头。新建成110KV变电站1座。特勤消防站基本建成，正同中盐红四方、消防部门进行对接，争取尽快投入运营。码头连接线等五条道路BT项目正加快推进，其中经三路、经六路南段、纬四路项目竣工并通车，码头连接线基本建成。公租房项目进展顺利，3#、4#楼主体竣工。

同年，招商引资签约项目9个，其中亿元以上项目5个，实际到位资金37.6亿元，其中省外到位资金31.2亿元，外资3793万美元。为抢抓皖江城市带承接产业转移示范区建设机遇，园区编制《新材料产业发展规划（2010-2015）》，重点发展新型金属材料、新型建材、新能源和新型化工材料。3月6日，园区举行规划发布会。围绕中盐、马钢等园内龙头企业，谋划编制23个招商项目并对外招商。

2012年肥东县乡镇、村（居、社区）委会一览表

序号	乡镇名称	面积（平方公里）	村委会名称	居委会名称	社区委会名称
1	店埠镇	169.1	龙西、半店、杨坝、一心、建设、马厂、安乐、昂集、杨王、合浦、群力、大安、赵岗、桑元、花滩民族、塘林回族满族	陂塘西山驿	中心、双桥、唐杨、镇西、镇北、排头、花园、对河、定光、光大、青春、镇南
2	古城镇	186.4	牛胡、新立、张斗、郭扬、友谊、范店、黄山、黎明、松王、江淮、大袁、刘庄、岱山、东庄、岗李、鸡鸣、西庄、陈兴、湾陈、左路、郑元、		古城、杨塘、广兴、塘庄、刘兴
3	陈集镇	84.6	稻香、竹滩、山头、秦湖、吴集、前后张		陈集、肖圩、大魏
4	八斗镇	180.3	小普、大谢、南鲁、五星、塅谈、盛岗、军王、上张、胜丰、九店、宁岗、南钟、卫星、薛户、大郜、邵桥、胡祠、薛计、小汤、陆还、万宋、赵东岗		富旺、花张、王城、大张、八斗
5	白龙镇	178.8	宁庙、广场、快乐、明教、洪桥、板桥、向东、镇北、后陈、团结、高圩、卢店、三家、三河、徐庄圩		同心、镇南、双庙、费集、肖凤、青龙厂、白龙、长王、孙岗、清水、王塘
6	元疃镇	89.1	汪郢、杨祠、马皇、塘西、义和、曙光、明星		三合、路集、元疃
7	梁园镇	162.5	蒋岗、新合、永丰、联盟、张圩、双枣、南管、俞庙、漕河、刘巷、黄祠、邓岗、付店、鲁岗、新向阳		梁园、路口、民主、梅桥、护城、管湾、柯岗、镇东、老庄、新河、东武、西童
8	包公镇	128.8	青春、新生、板桥、赤杨、大许、柏龄、大张、胜联、盘石、杨宋、净住、岘山、大孟、竹塘	高亮	小包、王集、文集、阚集
9	石塘镇	119.9	阚东、塘西、施集、新展、同合、火龙、双坝、东明、城北、新桥、四合、大庄、新联、联建		石塘、富光、龙城、王铁、马集
10	桥头集镇	115.8	龙光、城山、国光、仙档、红光、小韩、竹塘、桐山、龙泉、桥安、梅山、马龙山		复兴、桥头集、山王集、桥青、三站、淝光、大韩
11	撮镇镇	116.7	华光、河滨、赵光、旭光、仙临、龙塘、振兴、李六、大费		先锋、瑶岗、大郭、长乐、唐安、建华、撮东、撮西、马桥、新安
12	长临河镇	99.3	虹光、四顶、白马、施口、全胜、迎霞、东光、青阳、罗店、星二、东红、姚埠、罗洪、湖滨、宝塔、洪葛、茶山、永胜		长临、星光
13	马湖乡	79.2	兴桥、金赵、创业、王沟、沙河、塘东		马湖、三官、大王、小陶
14	响导乡	87.8	马王、红石、蒋祠、黄湖、许集、龚集、唐井、宋盛、竹林		响导、赵集、南王
15	杨店乡	91.3	大李、胜利、跃进、许岗、岗岭、麻朱、路塘、红堂、大夏、向阳、姚岗、刘兴集、黄栗民族		杨 店
16	张集乡	66.9	薛桥、新华、合义、胡巷、薛集、袁李、刘桥、民兵、河湾、赵山、新联合		黄疃、张集
17	众兴乡	80.5	永安、联合、霞光、众兴、大高、谢岗、范岗		华光、花灯
18	牌坊回族满族乡	83.4	张岗、新丰、兴庙、许井、三王、曙光、尖庙、赵坊民族、民新民族、兴一民族、		草庙、高塘、牌坊民族
19	肥东经济开发区				燎原、三十埠陈大郢、北瑶岗、墩塘
20	合肥循环经济示范园				义和、龙集、刘集、太平

乡镇选介

长临河镇

【概况】 长临河镇建制始于明末。长临河镇曾分别隶属于巢湖县和合肥县管辖。1949年10月设长临河管理区，1950年8月成立长临河区公所，1958年设长临河人民公社，1983年设长临河乡政府，1992年撤乡建镇。2012年，全镇辖18个村委会，2个居委会，2个社居委，总人口5.2万人。距省城合肥27千米，县城店埠镇22千米。

同年，该镇财政税收共完成3446万元，比上年增长40.1%；固定资产投资累计完成约6.917亿元，比上年同期增长272.34%；规上工业产值完成1.15亿元，比上年同期增长17.16%；招商引资共到位资金达2.42亿元，比去年同期增长34.4%。项目计划总投资120亿元的合肥巢湖国际帆船俱乐部项目签约落户该镇。全年完成植树造林247.1公顷，森林覆盖率22%。

长临河镇水陆交通便捷，水路运输经巢湖通江达海，店忠路穿越南北，环巢湖旅游大道长临段已建成通车，京福铁路正在修建贯穿东西并在长临河设有车站，把长临河与合肥市滨湖新区连同一体。境内旅游资源丰富，青山绿水相依，湖光山色相映，自然风光无限。有四顶山、茶壶山、白马山、青阳山等名胜，有振湖塔、明清徽派古民居群、革命烈士陵园、蔡永祥烈士纪念馆等人文景观，有“2814”垂钓中心、春博山庄、文一农庄等“渔家乐”、“农家乐”休闲场所。2012年，该镇实施“农业稳镇、生态立镇、旅游强镇”的发展战略。致力于打造巢湖岸边独具特色的魅力小城市，是国家发展改革试点镇、首届合肥市科学发展先进乡镇、合肥市人口计生依法行政示范乡镇、连续两年获县科学发展先进乡镇一等奖，是全省200个中心镇、市镇级市试点单位。

“长临河”地名源于三国时期，相传青阳山北麓之水，经长宁寺流入巢湖，久而久之，便行成一条河流，河名“长宁河”，地因河得名。又因濒临巢湖，后更名为长临河。历史上的长临河，原是一个小渔村，村民以巢湖打鱼为主，后来逐渐发展为水上运输，并形成码头，即万家湖口码头。随着商业的发展，各地商人云集于此，逐渐形成集镇。

长临河镇位于肥东县南部，濒临巢湖，东南与巢湖市黄麓镇、忠庙办事处毗邻，东与桥头集镇，北与撮镇镇相连，西隔南淝河与包河区相望。地处江淮丘陵地带，东高西低，岗峦起伏，海拔5米～117米。面积99.9平方公里，耕地面积3600公顷。境内有长临河、玉带河。有1万方以上塘坝26口。矿藏有白云石、石灰石、石棉、铁矿石等。境内有大小圩口21个，其中姚埠圩、秀才圩、三合圩等18个圩口，联成一片，称为十八联圩。境内较大的山有四顶山、茶壶山、白马山、青阳山等，最高山为白马山海拔266米。

【农业】 2012年，长临河镇积极调整农业产业结构，全年新增绿肥种植面积86.67公顷，新建设施大棚16公顷。全年共发放粮食直接补贴65.67万元，农资综合补贴380.98万元，水稻良种良法配套资金46.28万元。开展农作物秸秆综合利用暨有机质提升项目年工程，实现有机质提升面积2000公顷。共发放农作物酵素菌速腐剂60吨，推广农作物秸秆直接粉碎还田1200公顷，在罗洪村建立土壤有机质提升项目核心示范区26.67公顷。同年，该镇加大对农产品安全质量监管的投入，完成农产品质量监管站的组建工作。全年对农产品检测20个批次，检测样品160个，合格率100%，为长临河镇扩大对外市场提供基本保障。同年，该镇水产养殖面积达666.7公顷，其中长临2814渔场养殖面积达333.3公顷。全年养殖及巢湖捕捞各种水产品近1万吨，水产品产值达14000万元，占合肥市水产品供应量的三分之一。

【社会事业】 2012年，该镇发放农村低保款224.47万元，1265人、643户；发放城市低保款82.49万元，112人、110户。全年共有45511人参加城乡医疗保险，其中低保、五保、优抚和城市三无等特殊困难人群2157人；外地就医回乡补偿发放到位22批1145人次，补偿总额达364.94万元。全年参加城乡居民社会养老保险居民32836人，其中领取养老金10366人。在长临中心校建设规范化农村少年宫，六家畈利用原养正小学校址改建一所标准化幼儿园。

【城乡环境建设】 2012年，长临河镇将推进城乡环境建设与美好乡村相结合，列入为民办实事项目来抓。同年，该镇河道疏浚加固3公里，完成13条25.78公里沟渠清淤整治工作，完成2座小型泵站技改工作。农村环境连片整治项目总投资2289万元，新建生活污水收集管网8670米，新增污水收集与处理能力2690t/d；新建垃圾转运站1座、垃圾收集房3座，新购置压缩式垃圾清运车2辆；饮用水源保护，建设透水型截污坝，对巢湖蓝藻和特征污染物进行有效的生态拦截，对镇区的650米河道进行疏挖治理和植被修复。

【古街整治项目】 长临河镇古街距今已有200多年历史，因紧邻巢湖，水路交通便捷，在新中国成立前后一直是十分繁华的贸易及商品集散中心，被称之为“小上海”。后受到1954年、1991年两次水灾及城镇化进程的影响，古街遭到严重破坏,许多古民居年久失修濒临倒塌，有的甚至被翻盖为新式建筑，古街风味逐渐消失。2012年8月，古街整治项目正式启动。对古街房屋按照江淮民居风格进行修复和改造，该项目总投资3000万元。主要建设内容：通过“穿衣戴帽”、维修改造、拆除重建等方式对临街134户，共432间，房屋维修改造，总建筑面积10135平方米；铺设东街和老街600米青石板路面；对东街、老街3个入口环境综合整治。在古街整治中，该镇充分依托区位优势，坚持先规划后建设，并对规划进行反复论证，逐渐摸索出“政府引导、专家论证、村民讨论、会议表决”的规划程序，创建长临河镇美好乡村建设典范，力争打响历史文化民俗旅游品牌。现如今，维修、改造后的古街逐渐恢复历史古街风貌，不仅有效地改善临街住户的居住环境，也为临街住户经营旅游产业，大幅度增加经营收入创造条件，对长临河镇旅游产业和经济的发展必将发挥重要作用。《合肥日报》、《合肥晚报》、合肥电视台等主流媒体都作过特别专题报道。长临河镇美好乡村建设的“知名度”和“美誉度”得到全面提升。随着环巢湖旅游项目的开发，长临河镇古街必将成为环巢湖旅游线路上一颗闪亮的明珠。

【牛官堡狮舞】 星二村的牛官堡狮舞，昔日在合肥东乡颇负盛名，每逢盛大庆典、元宵佳节，狮舞广场高台矗立，看狮舞的人们扶老携幼从四面八方赶来，把场地围得水泄不通，场面热闹非凡。牛官堡狮子与“北狮”一宗，俗称“板头金面彩狮”有祥瑞喜庆之意，其传承与牛门武术传承几乎同步，加之地处南北之间，所以具有武、舞结合的特点，既有北狮的庄严威武，又有南狮的灵巧神姿。牛官堡舞狮起初是单狮，1984年庐州灯会期间，在牛进康先生（牛官堡武术第三代传人）及其弟子指导下，传承艺术精髓并大胆创新，单狮发展成双狮。2012年，该镇为牛官堡狮舞申报非物质文化遗产。2012年7月，狮舞参加肥东县纪念毛泽东《在延安文艺座谈会上的讲话》发表70周年专场演出，并获一等奖，同年年末长临河镇“舞北狮”民俗文化表演队应邀参加中央电视台第七频道春节农民晚会彩排。

【名胜特产】 长临河镇是安徽侨乡。是中共中央政治局常委、全国人大常委会委员长吴邦国的祖居地，台湾两任“参谋总长”刘和谦、罗本立均出于该镇青阳村，有海外华人华侨4000多人，台胞6000多人。吴邦国的祖居坐落在镇区老街，青砖小瓦，古朴典雅，吸引许多游客。“丁”字形老街保持历史古镇的风貌。青阳书院、长宁寺、准字庵流传着许多传奇故事。崇石私立中学（今长临河中学）创办于20世纪20年代，有着近百年历史，为长临河地区培育了一代又一代人才。

吴邦国祖居　吴邦国祖居位于长临河镇老街东巷25号。面积110平方米，正屋4间，厢房2间，为青砖小瓦结构的皖中旧民居。祖居购置于20世纪20年代，其祖父吴显芳在陕西做官，祖母靠小土地出租，勤俭持家积攒积蓄，在亲属的帮助下购置此座住宅。1937年，抗日战争爆发前夕，其祖母、母亲和胞兄吴邦杰从长临河迁到贵州。抗日战争胜利后，1946年，5岁的吴邦国和家人回到长临河祖屋居住。1950年，吴邦国父母送祖母和弟弟吴邦胜回长临河居住，后祖母和弟弟一直在祖屋居住到1951年。其后将祖居委托本家兄弟照料。1993年，肥东县政府给吴邦国父亲吴忠性核发房产证。1994年，其兄吴邦杰回到肥东，将祖居委托长临河镇政府代管。鉴于年久失修，房屋损坏较重，1999年，县政府委托镇政府对其祖居进行保护性维修，维持其祖居的原貌和风格。

四顶山　海拔174米，景色秀美，以朝霞为最，每当雨后露晨，旭日东升，则霞光四射，满山璀璨，故又以“四顶朝霞”闻名海内。“四顶朝霞”先后被列入“庐阳八景”和“巢湖八景”。清代《庐州府志》、《合肥县志》、《巢湖志》等志书均有记载。山下有革命烈士纪念碑、蔡永祥烈士纪念馆。

振湖塔　振湖塔位于巢湖岸边，系清朝光绪年间，由吴姓人集资兴建。塔七层，高十二丈，在水边平野上高高矗立，撑天柱似的显得雄浑壮丽。塔身为六面形密檐式砖石结构，门楣与塔内均嵌有铁浮雕佛像。塔内有螺旋式阶梯，缘梯而上可登塔顶，俯看四周，湖光山色尽收眼底。

六家畈古民居　镇内原有古民居六大片，房屋13幢33路，205间正屋、111间厢房及5条走巷；花园2处；公、私词堂各1处；望湖楼一座。房屋均属徽派建筑，砖木结构，砖雕木雕精细，青砖灰瓦，齐山飞檐，每栋房屋两边设有风火墙，工艺考究。但大都在“文化大革命”中扫“四旧”时被拆、被改建，面目全非，有的仅剩房屋轮廊，有的仅剩两棵名贵树种的空院，有的因无人看管而自然倒塌。尚可通过整修恢复原貌的有3片，8幢21路95间正屋、55间厢屋。六家贩境内的古祠堂，大多毁坏，最为壮观的是“吴氏宗祠”，当地有“六家畈祠堂一枝花”之说，该祠堂毁于“文革”后期。镇内尚存沙二岗吴氏宗祠残部。六家畈古民居建筑群现被列为省级文化遗产。

该镇主要土特产品有银鱼、虾米、毛鱼、毛蟹及水芹菜等，其中“罗家疃”牌小萝卜头享誉省内外。

（李曙光）

肥西县

【概况】 2012年，肥西县全年实现地区生产总值390亿元、增长15%；财政收入45.1亿元，其中，地方财政收入24.3亿元，分别增长12.7%、13%；全社会固定资产投资373亿元、增长28.5%；社会消费品零售总额53亿元、增长18.5%。农民人均纯收入9861元、增长17%；完成进出口总额2.16亿美元、增长20%。

桃花工业园获批全省创新园区；柏堰科技园获批省新型工业化示范基地；新港工业园莲花路桥建成通车，合肥出口加工区封关运行；新型工业园“两纵两横”路网已显雏形。完成规上工业产值895.4亿元,增加值204.5亿元、增长19.1%。378个重点项目，累计完成投资300亿元、竣工36个。新增规上工业企业45家，总数达334家。汽车、家电业产值分别达268亿元、225亿元。桃花工业园、柏堰科技园年产值分别达353亿元、518.8亿元，增长13.8%、16.9%。TCL冰洗等一批重大工业项目相继签约。央企项目签约3个、在建6个。累计到位省外资金187.1亿元，增长20.7%，实际利用外资11025万美元，增长61.8%。

33项民生工程全面完成，县配套资金2.38亿元。兑现惠农补贴1.1亿元。城镇职工五项社会保险参保17.7万人。城乡低保、农村五保、被征地农民社会保障应保尽保。江夏敬老院“特护区打造”试点受到省、市肯定。医疗救助提标扩面，城乡居民参加社会养老保险57.8万人，13.3万达龄人员领取养老金。新增实名制就业15330人，外派劳务人员6000人。20个社区实现社会管理网格化。整改重点路段交通隐患162处，安全生产形势总体平稳。在全省率先实现治安视频监控“村村通”。精神文明建设扎实有效，涌现出周传金、宣明星等一批先进人物。

建成幼儿园15所、留守儿童之家81个，完成48所学校标准化建设，新二小建成使用。启动县级公立医院改革，建立乡村两级医疗风险基金和村医养老保险制度。残疾人康复中心建成使用。启动县级综合文化场馆规划设计，建成公共电子阅览室10处，农家书屋实现全覆盖。实施农民体育健身工程55个、健身苑项目3个。“十运会”金牌总数、团体总分五县（市）第一。

【农业】 全年实现农业总产值89亿元，同比增长10.6%，农民人均纯收入9900元，同比增长17%。

全县共创建粮油优质高产示范面积6666.67公顷。总产61万吨，同比增长5.1%，其中午收小麦平均亩产309公斤，同比增长3%，总产7.2万吨，同比增长4.3%；一季稻面积5.67万公顷，亩产525公斤，总产44.63万吨，分别同比增长10.6和11.6%。

新建扩建特色农业园区达20个，合肥温氏畜禽养殖示范园、安徽超洁农业科技示范园等10家农业科技示范园区被评为“2012—2013年度省级农业科技示范园”。

新增土地流转面积1306.67公顷，全县土地流转面积已达23333.3公顷，新建或扩建特色产业基地13个，其中全县蔬菜瓜果面积达2万公顷，同比增长8%，设施蔬菜面积达2666.67公顷，安徽绿溪州生态农业示范园建设26.67公顷智能化联栋温室区和40公顷日光温室区，正在创建国家级蔬菜标准园。

引进苏州枫彩、合肥市天丰菌业、合龙水产养殖等企业23家，总投资达25.7亿元，全年新增市级以上农业龙头企业23家，合肥温氏畜牧有限公司等5家企业申报省级龙头企业。全县实现农产品加工值70亿元，各级农业产业化龙头企业销售收入80亿元，同比增长13%，龙头企业辐射带动种植基地1.33万公顷，带动农户14.7万户，参与经营的农户户均增收1300元。新增合作组织45个，全县农民专业合作经济组织达546个。全县拥有省名牌产品7个，中国驰名商标1个，国家地理标识1个，省著名商标5个。

推进高刘镇红塘村、小庙镇枣林村、官亭镇王集村、丰乐镇双枣村等4个整村推进建设项目，4个项目区总面积2466.67多公顷，2407户、9190人。高刘镇红塘村新村占地面积1.8公顷，安置人数411人，房屋29幢，目前已完成5幢房屋基础建设；小庙镇枣林村新村占地20公顷，安置人数2905人，房屋1562套，已完成5幢房屋主体工程、27幢房屋的地基浇筑工作；官亭镇王集村已与农户陆续结算房屋及附属物拆迁补偿金，并与农户签订搬迁协议，农户搬迁已全部完成；丰乐镇双枣村新农村建设点，拆迁涉及17个自然郢、20个村民组、476户、1960人，采取边拆边建的做法，安置点选在严丰路旁，目前已完成517户拆迁工作。

实施新型农民培训、农村能源沼气工程、新农村建设亮化工程等三项民生工程，完成新型农民培训任务4391人，其中阳光工程农村劳动力转移培训1120人、农业专业技术培训3200人、农民创业培训71人；完成1000口8m^{3}户用沼气池建设任务，永丰畜禽的大型沼气工程将于明年3月竣工；第一批新农村亮化示范工程280盏太阳能路灯安装工作基本完成。

全县共发放补贴1.1亿元，其中粮食直补1600多万元，农资综合补贴6500多万元，良种推广补贴1850多万元，农机补贴1177万元，农民人均增收144元。共实施一事一议财政奖补项目758个，总投资1.83亿元，其中农民筹资、筹劳、承担共同生产性水费为2004万元，涉及全县18万多户，包括“一事一议”筹资1065万元、共同生产性水电费939万元、一事一议筹劳425万个工日。

扶贫开发共修建砂石路36.35公里，硬化渠道12.95公里、水泥路1.6公里，开挖塘坝13口，配套涵闸27处，改善贫困地区农村1.9万群众的生产和交通条件。江淮分水岭综合治理共投资1.65亿元，其中综合示范区建设项目9个、塘坝工程7个、小型水利工程3处、特色农业开发项目14个。

【国土资源】 县、乡（镇）、村、村民组四级共签订耕地保护责任书618份，完善了基本农田保护台帐、图件。对全县105176公顷的基本农田进行划定和建立数据库。

实施小庙镇、官亭镇王集村、高刘镇红塘村、丰乐镇双枣村四个农村土地整治示范建设项目、机场周边整治及水源地保护项目和高刘镇国家级、严店乡莲花、山南镇小井庄、板墙村、高店乡平河村省级，山南镇吕楼村市级土地整治项目。完成市下达肥西县补充耕地任务246.67公顷，新增耕地274公顷。完成全县113.5公顷工矿废弃地调查摸底和耕地质量评定工作。做好高标准基本农田建设和土地整治专项规划工作。按照实施方案上报高标准基本农田建设任务9266.67公顷。

立案查处违法用地11宗，涉及违法用地面积为14.14公顷，其中耕地6.22公顷。第十二次“卫片”覆盖了全县19个乡镇（园区）。图斑总数292个，涉及宗地数224宗，总监测面积469.96公顷，耕地371.32公顷。

关闭18门以下的小轮窑53座，24门以下28座，节约土地276.46公顷。延续采矿权24家，收取采矿权价款36.4万元，采矿权使用费0.36万元，征收矿产资源补偿费20.3万元，矿山地质环境治理恢复保证金42万元。

完成建设用地报件32个批次、1个建设用地调整批次、3个单独选址项目，总计面积为759.1公顷。已经省政府批准用地面积为250.9公顷。办理临时用地9宗，面积为16.04公顷。办理设施农用地75宗，面积为228.4公顷。

出让经营性用地7宗，土地面积24.67公顷，收取土地出让金10.82亿元。工业用地出让供地89宗，面积190.72公顷，出让金约3.3亿元（其中正在挂牌的22宗，面积61.33公顷）。划拨供地54宗，面积157.36公顷。

【环境保护】 推进结构减排，严把项目审批关。加强新建项目把关，对涉及重金属、化工等高污染、高能耗和不符合产业政策的项目一律不批，从源头杜绝新污染源产生。审批环评文件216个，其中报告书项目18个、报告表项目146个、登记表项目52个，否决不符合环保条件或国家环保政策项目11个。完成建设项目环保“三同时”验收63家、建设项目环保审查453家、试生产环保审批17家。新建项目环评、“三同时”执行率分别达到86%和82%。增加厂区雨污管网分布示意图审查环节。

启动县机动车排气污染检测监管工作。制定《关于实行机动车环保检验合格标志分类管理制度的通告》，经县政府常务会议研究，及时发布执行。邀请市环保局等单位汽车尾气治理专家，对环检站工作人员进行业务培训，提升了检测人员技术水平。6月26日正式开展机动车环保标志核发和在用机动车年检环保检测和监管工作。检测机动车辆6000余辆，核发（含补发）环保标志7000余张，治理超标排放车辆达1200余辆，减少了机动车排气污染。

做好污水管网排查整改工作。对派河两岸青龙桥至翡翠路桥13处排水口中的6处直排派河排污口协助整治、封堵；督促桃花镇、桃花工业园对辖区60多公里路段、1200多处窨井、60多家企业开展管网排查整治，对70多处问题点位，责成责任单位跟踪督查，确保问题及时解决；完成三河镇污水处理厂整改工作。

实施清洁生产审核。落实省厅、市局2012年关于强制对安山涂层、润德水泥清洁生产审核要求，两家企业已规范完成审核报告等前期工作，提前完成审核任务。

加大规模化畜禽养殖业污染减排力度。狠抓“7+9项目”减排。梳理我县畜禽养殖减排项目有合肥华杰畜禽养殖场等7个规模化畜禽养殖厂、合肥知爱生态农业科技发展有限公司养殖场等9个争取的环保资金畜禽养殖项目为年度畜禽减排重点单位，实现减排目标。指导帮助企业规范建立减排台账，避免资料不完善而影响减排考核。

把环境优美乡镇、美好乡村建设和“清洁家园、绿化乡村”紧密结合起来，不断加大环境优美乡镇、生态示范村创建工作指导督促力度，铭传乡生态乡镇完成复核审批，紫蓬镇、官亭镇省级生态乡镇完成申报待批；紫蓬镇白衣村、罗坝村及官亭镇回民社区生态村示范完成申报工作。

确保饮用水源地环境安全。加强饮用水源保护力度。落实集中式饮用水源保护区划定方案，及时整改发现的环境隐患。制定全县建制镇饮用水源监测分布图，对监测点位等做出“图标”，强化水源动态监管和水质监测频次，及时公布监测结果，经县环境监测站取样监测，均达到饮用水标准。开展集中式饮用水源地风险源排查。建立分级、分类和常态化管理机制，防范和化解饮用水源环境风险。开展湖库型集中式饮用水水源地专项检查。建立健全长效管理机制，促进全县集中式饮用水保护工作走向规范化轨道，确保人民群众饮用水安全。

配合市水环境巡查小组开展每季度一次的“走河”巡查，对派河、丰乐河、杭埠河境内沿岸垃圾乱倒、乱垦乱建、污水排放等环境问题，及时督察、督促有关乡镇进行整改。全年走河里程达90多公里，排查整改问题近20个，封堵排污口5处，完善措施10余项，有效改善了重点流域水环境质量。

山南农村环境连片整治项目是肥西县首次争取的国家资金项目。项目总投入2036万元，涉及1个街道社区3个村2.3万人口的生活污水治理、生活垃圾处置、磨墩饮用水源保护和4个分散畜禽养殖户污染防治共10个子项目。分散式畜禽养殖污染防治处理工程已完成；磨墩水库饮用水源保护措施的20块标牌、40块界碑全部到位；生活垃圾处理设施完成垃圾焚烧场综合用房建设、配套路及场地硬化、6座公厕建设、垃圾箱及垃圾车已购置，2台焚烧炉正式运行；生活污水处理站接近完工，其他3处污水处理设施建成使用，待自验和申请上级考核验收。

加强全县污染减排项目建设，指导乡镇、园区完成环保专项资金项目库建设。开展淮河、巢湖流域污染防治资金项目申报工作，完成上报巢湖流域水污染防治规划项目建档工作。完成“十二五”全县农村环境连片整治项目库建设。

联合开展环保专项行动，为期8个月，对重金属、化工、城镇饮用水源、派河流域环境综合整治、建设项目“环评”、“三同时”制度执行情况等重点行业和领域进行专项执法检查。把专项行动与环境百日安全大排查活动结合起来，“双力” 推进，查纠环境突出问题，解决群众投诉的热点问题，维护环境安全和群众环境权益。全县共出动环保执法人员1965人次，检查企业850家次，查处环境违法企业6家，取缔关闭“十五小”企业2家，环保专项行动成效显著，有效强化了企业环境保护意识。

【农机设备】 全县农机总动力达到62.1万千瓦，新增1.8万千瓦；大中型拖拉机达到1322台，新增224台；联合收割机达到1047台，新增198台；插秧机达到224新增15台，培训机插秧、机械秸秆还田、拖拉机、收割机等农机手1750人；农机专业合作组织达到31个，新成立6个，肥西成根农机农民专业合作社、肥西德敏农机农民专业合作社分别获得国家、省示范社称号。机耕作业面积11万公顷，机收面积7.92万公顷（小麦1.93万公顷、油菜0.53万公顷、水稻5.46万公顷），稻麦农机化综合水平达到69%。比2011年提高7个百分点。全县农机安全生产未发生重特大事故。

全年购机补贴资金1177万元（其中省7.6万元）全部使用完毕，补贴机具：拖拉机224台，联合收割机198台、插秧机15台、烘干机11台、其它机具666台，受益农户达504户，拉动农机投入3484万元。

在官亭张祠村、官亭回民社区、严店郑岗村三个点新建水稻标准化育秧工厂，共建钢架大棚面积37020平方米、水泥场地面积764平方米、育秧生产厂房面积1246平方米，新购播种流水线4套、高速插秧机4台、育秧硬盘57400个、碎土机及筛土等设备3套，总投资210万元，机插秧总面积476多公顷。带动全县完成机插秧面积8533.3公顷。

开展“平安农机”和农机安全监理“为民服务创先争优”示范窗口创建活动。受理大中型拖拉机入户263台，年检大中型拖拉机2600台；联合收割机入户204台，年检联合收割机397台，办理农机驾证319人，换发驾证173人。派出农机执法队奔赴全县各地开展农机执法180人次，与公安联合执法近30天。检查各种农机650多台，处理违法违规农机235台次，免费为拖拉机张贴反光标识43台，排查治理各类农机安全生产一般隐患101件，散发致《全县农田作业机手们一封信》1000多份，农机安全生产挂图2000套，安全生产宣传光碟500张。

采取多种形式开展培训活动35期，共培训各类农机人员2242人，其中，农机管理人员82人，农机技术人员754人，农机驾驶操作人员1406人。培训对象涉及农机行业的各个方面，内容包括购机补贴政策培训、农机驾驶技术培训、农机安全生产培训、农机技能鉴定培训、农机新技术新机具推广培训等。举办拖拉机、联合收割机驾驶员培训班11期，培训389人，技能鉴定3期73人。

【林业】 完成植树造林3416.3公顷。其中成片造林2674.43公顷；道路、渠道、库塘、村庄、农田林网等五小工程绿化面积741.88公顷；道路绿化151.3公里、渠道绿化102.2公里、水库和塘口绿化343个、村庄绿化223个、农田林网333.33公顷。城区绿化美化面积近80万平方米，共栽植乔木29076株，灌木21320株，色块126850平方米，总投资3720万元。

完成潭冲河湿地公园绿化46万平方米，金寨南路和翡翠路绿化5.7万平方米，张郢安置点、站前路、灯塔路等绿化约28万平方米，完成肥光路、卫星路、宝成路绿化，创新大道绿化。开展一系列的宣传和植树活动，共开展签名活动18场、2.7万人，参加义务植树1.5万人、植树5万多株。

完成省、市重点工程造林任务：主要有长江防护林造林466.67公顷、财政补贴试点造林266.67公顷、机场高速绿色长廊工程12公里、巢湖边岸造林218.2公顷、新桥国际机场周边造林286.67公顷、江淮分水岭“森林长城”造林1006公顷。森林大道12公里增加森林感观效果，栽植8-12厘米法梧、香樟、合欢、栾树等乡土树种；创新大道绿化2.6公里，栽植10-15厘米景观绿化苗木配以色块及花灌木等共30多个品种，11月份完工；王老堰增植大树约1万平方，以补植以胸径15cm左右的乔木栾树、黄连木、朴树、雪松等，点缀少量30cm左右大树；

全力推进造林绿化。完成植树造林3413.33公顷，实施城区绿化近80万平方米，启动千万亩森林增长工程。紧扣合肥创建森林城市的目标，举办2011中国·合肥苗木花卉交易大会，实施城镇绿化、绿色长廊、成片造林、村庄绿化与农田林网建设，完成成片造林栽植2000多公顷，着力打造好“绿文章”。

保护森林资源、打击无证收购和滥砍滥伐专项行动，杜绝乱砍滥伐、无证砍伐、无证经营行为，散发木材经营加工须知宣传材料100多份，核查40多家经营加工单位的经营状况，重新规范发证8家，其他正在按要求整改。本年度查处盗伐、滥伐、毁林、违法运输等35起，查处率100%，没收非法所得5.95万元，罚款9.16万元，行政处罚39人，没收木材116.8立方米，补植林木1700株；防治绿色长廊杨树食叶害虫106公里，指导各地林权责任人开展综合防治，全年防治面积达1.73万公顷（次），其中化学防治面积为7800公顷，人工物理防治为9533.33公顷，对紫蓬山风景区、花岗镇、铭传乡、山南镇等地的名木古树提出病虫害防治和综合复壮防护措施；实施种苗产地检疫1.47万公顷，产地检疫率为95.6%，检疫各类苗木花卉536万多株，木材及其制品10200立方米。

年度采伐限额12000立方米，实际采伐林木4917立方米。执行征占用林地审批程序，本年度实际征占用林地1公顷。加大对毁林行为的惩处力度，查处毁林行政案件35起。完成林地保护利用规划编制工作，加强重大森林病虫害疫情测报防治工作，森林病虫害发生率控制在5‰，未发生重大森林火灾，未发生重大破坏森林资源案件。

全年招商20余家企业。其中小庙镇与省交通建设有限责任签约造林面积1266.67公顷，高刘镇与扬州畅博彩叶园林、苏州工业园枫彩农业科技有限公司、亳州一家企业共签约造林面积800公顷，严店乡与企业签约造林面积200公顷，花岗镇与企业签约造林面积200公顷。

【养殖业】 2012年，全县家禽出栏量突破7100万只，生猪出栏量45万头，蛋奶产量7.8万吨；分别较上年同期增长5.2%、16.8%和8.3%。水产品产量4.5万吨，较上年同期增长7.1%。全年养殖业一产产值达48亿元。

新建市级以上标准化规模养殖小区10个，改扩建省级标准化养猪小区7个、县级标准化规模养猪小区17个，获得奖补资金500万元。承担中央财政支持的2011年现代农业肉禽发展项目的11家养殖单位，新建标准化养禽小区4.1万平方米，改建标准化养禽小区1.2万平方米，总投资达1000多万元。

获得市级新建特色水产项目财政补贴10家；获得国家无公害水产品养殖基地、国家级健康水产品示范养殖基地、省级“菜篮子”工程项目认证和奖补6家。

推广温氏公司的“公司+农户”紧密合作型养殖模式，2012年合肥温氏在肥西合作养殖户达850多户，全县经龙头企业带动和辐射的养殖户达2万多户。

集中强制免疫家禽7000多万只，生猪44万头，大牲畜1.48万头，4种强制免疫疫病免疫率均达到100%。全年实现了“零疫情”目标。

【水利建设】 兴建各类水利工程1800多处，完成建设投资33040万元，比上年增加0.2亿元；完成土石方1200万立方米，是上年度的120%。疏浚整治沟渠70条380公里，对1300多口塘坝进行了扩挖，更新改造小型泵站30座，除险水库7座，完成了全长14.14公里的中小河流治理丰乐河一期工程，解决农村饮水不安全人口6.46万人，3333.33公顷农田建成高标准农田受益区。

完成中小河流治理、病险水闸除险加固等项目申报，当年批复5个，投资8861万元，远期投资13881万元。疏浚整治沟渠70条380公里，对1300多口塘坝进行扩挖，更新改造小型泵站30座。

【工业】 完成规上工业产值895.4亿元,增加值204.5亿元、增长19.1%。378个重点项目，累计完成投资300亿元、竣工36个。新增规上工业企业45家，总数达334家。汽车、家电业产值分别达268亿元、225亿元。桃花工业园、柏堰科技园年产值分别达353亿元、518.8亿元，增长13.8%、16.9%。TCL冰洗等一批重大工业项目相继签约。央企项目签约3个、在建6个。累计到位省外资金187.1亿元，增长20.7%，实际利用外资11025万美元，增长61.8%。

【招商引资】 累计到位省外资金（预计）181.12亿元，已超额完成全年省外资金确保目标任务。其中，工业到位（预计）147.68亿元，占到位资金总量81.5%。境外资金实际到位（预计）9008万美元。

新引进项目105个，协议总投资额227.36亿元，同比增长14.7%。在新引进项目中，一产项目13个，协议总投资额15.23亿元；二产项目87个，协议总投资额203.35亿元；三产项目5个，协议总投资额8.78亿元。亿元以上项目64个，5亿元以上项目16个。

7支驻外小分队分赴广东、上海、福建、江苏、浙江、山东、湖北等地区，累计外出100多次，驻外1053天，拜访企业、协会共656家。跟踪项目185个，在谈项目74个，意向总投资近200亿元，签约项目23个，总投资额77.2亿元，已落户项目15个，总投资额56.9亿元。

10月24日，TCL集团就建立TCL合肥市肥西冰洗基地项目与我县签署了合作协议。安徽云森物联网公司年产5万套无线视频物联网设备项目与肥西县正式签约；总投资1亿美元的合肥东凌旭铸件工业项目落户并正式开工建设；瑞德电子、华南城等一批重大项目初步达成投资协议。

【商贸】 全县实际利用外资9025万美元，其中外商直接投资9008万美元，同比增长29.48%，提前完成市、县下达的全年目标任务，预计全年外商直接投资首次突破亿美元，位居全省县（市）前八位。

实现进出口总值14200万美元，（不含柏堰科技园企业进出口实绩），同比增长16.2%。其中：出口12600万美元，同比增长33.4%。预计全年完成进出口总额21600万美元，完成全年计划的120%，同比增长20%，位居全省县（市）第三位。

市场供应充足，物价平稳，市场繁荣，完成交易额53亿元，同比增长18.8%，总量、增幅均保持全省先进位次。预计全年新增限额以上批零住餐企业15家以上。

全年新批外商投资企业5户，新增投资总额2.15亿美元，是上年的7.96倍，注册资本0.93亿美元，是上年的8倍，合同外资0.85亿美元，是上年的7.32倍。单个项目平均合同外资额1700万美元，较上年580万美元增加了1120万美元，创历年之最。

为鼓励全县外贸企业稳步发展，出台了关于进一步促进外贸加快发展的若干政策配套文件，对促进外向型经济发展起到了积极推动作用。发生进出口实绩企业39家，是上年同期12家的3.25倍，其中进出口总额500万美元以上的企业，由去年的2家增加到5家，400-500万美元以上的企业，由上年的1家增加到4家，同时，新获进出口自营权的企业2家。进出口队伍得到进一步壮大，规模进一步提升。

10月，世界500强UPS全球服务共享中心正式落户肥西县。该项目建成后，UPS在肥员工总数将达1200人，办公面积超过1万平方米，年离岸营业额达1500万美元，将成为中部地区首家人员规模过“千”的离岸外资服务外包企业。

全县推进“打击侵犯知识产权和制售假冒伪劣商品专项行动”工作，立案127起，涉案金额103.6万元，结案率100%。肉食品和酒类产品监管有力，完成生猪定点屠宰83000头，全县备案登记酒类经营户1417户，发放酒类“随附单”85000份。出动执法人员233人次、执法车辆65台次，开展肉食品检查4次、酒类市场检查3次，共检查全县所有乡镇园区的35家定点屠宰厂、228家酒类经营户，查处私宰1起。开展屠宰企业资格审核清理工作，关闭27家规模小、不符合条件的屠宰厂。总投资63亿元人民币、建筑面积达

155万平方米的六大商业综合体（用世·家居生活广场、肥西“万派城”、中街水晶城、肥西百大购物广场、名邦·西城国际，西南国际车城）在建项目快速推进，即将陆续竣工，合肥百大、永辉、大千百货、家乐福、乐购、乐天玛特等国内外知名商业企业纷纷入驻；麦肯希国际酒店已完成外部装修工作，预计2013年6月左右正式对外营业。

加快“放心肉”体系建设，提高产业集中度，提升定点屠宰企业的技术装备和管理水平，切实提高肉食品安全保障能力，带动规模化生猪养殖，更好满足人民群众对安全优质猪肉产品的消费需求；开展“放心早餐”工程。全年投入1800万元，新增9家连锁早餐店，26家早餐车，1家面积达5000平方米的早餐配送企业，现已配送到蜀王、海尔工业园、合肥部分中学等30余家机关单位及大型企业，拥有老乡鸡主食加工配送中心、王仁和米线加工配送中心；做好“家电下乡”工作。销售家电下乡产品144965台（部），实现销售额4.644亿元，兑付农户补贴6000余万元；继续稳步推进“万村千乡”市场工程。启动了“万村千乡市场工程”信息化改造工作，完成了147个“农家店”信息化改造任务。新建“农家店”609家，实现乡镇覆盖率100%，村覆盖率85%以上；开展城乡菜市场建设。全年新建、改造标准化农贸市场11个。

【工商管理】 开展企业注册地清理工作，从外地迁入县企业达187户，新增税收约3.5亿元。维护消费者权益，组织“消费与安全”主题活动，在上派和三河分别开展了“3.15”大型现场咨询活动。受理投诉127起，为消费者挽回经济损失20多万元。

加强市场监管，有效维护市场秩序。组织流通领域食品抽检8次，共抽262组。开展“双打”活动，查处各类假冒白酒3.2吨，侵权商品涉及14类，涉案金额4000多万元，查办案件89件，移交司法机关1件。开展了“红盾护农”专项执法行动，查处不合格稻种、麦种260公斤，劣质肥料26.5吨，不合格农药3.7吨。开展了“查无”和整治黑网吧执法行动。查处取缔无照经营 65户，查处取缔黑网吧8家。开展“皖剑Ⅰ号”、“皖剑Ⅱ号”打击传销专项执法活动，驱散传销窝点2处，开展宣传活动16次。

【财税】 全县财政收入达45.1亿元，同比增长12.3%，较好的完成市考核目标；地方财政收入20.82亿元，增长10.7%。国税收入19.6亿元，同比增收2.6亿元，增长15.5%；地税收入14.8亿元，同比增收2.8亿元，增长23.4%。税收收入占财政收入89.9%，结构更加合理。

省定民生工程的县级配套资金24341万元、市定项目的县级配套资金10508万元全部到位。县用于教育、医疗卫生等民生投入民生支出20.12亿元，占总支出的71%。

努力为企业发展营造良好环境，财政部门完善管理制度，着力推行实行“保姆式”服务，集中力量推进园区建设。重点扶持，推动企业发展。加大资金整合力度，对重点产业实施奖励和支持。利用发展专项资金，支持工业和服务业发展，加大金融业对“三农”、中（微）小企业的奖励。同时，强化服务意识，切实做好免收费工作。

【金融】 全县政府融资到位资金12.3亿元（其中：桃花经济发展公司企业债券8亿元、派河大道项目1.7亿元、新型家园0.2亿元，工业园发行信托计划1.4亿元，城乡公司发行信托计划1亿元）.12月底前还有项目资金4.68亿元将陆续到位。

县国资办通过对全县目前零散管理或者闲置的国有可经营性优质资产的进行摸排，共梳理出老县政府大院、新党校、老党校、廉租房、经营性公房等五大类优质房（地）产，以及位于上派镇、紫蓬镇境内三宗闲置土地，现针对不同情况报告要求完善手续、规范管理。

桃花工业园经济发展公司成功发行8亿元企业债券。同时已经向银行间交易协会申报15亿元中期票据，下一步将继续申请二期、三期企业债券发行。

引进其他银行到肥西设立分支机构，增加融资的点和面，目前民生银行、徽商银行、交通银行，合肥科技农村商业银行已确定设立分支机构。并争取以上各家银行对县的融资支持。另外，把信托产品作为政府融资的“第二渠道”，积极加强与民生证券、华泰证券、国元信托等合作。

及时签订县金融办、银行、小额贷款公司三方合作协议，有效地保证了各小贷公司资金流动的常态监管。

合肥泰禾光电股份有限公司境内创业板上市前期各项准备工作已全部完成；合肥田源精铸有限公司已进入上市股改阶段，后备资源库9家企业的培植工作初见成效。另外在积极为企业引进战略投资者，推动企业优化股权结构和治理结构，把推动企业上市、多渠道融资等作为破解企业发展资金制约的重要突破口，鼓励和引导企业实施多元化融资，取得了良好成效

2012年，全县共举办五次银企对接活动，五次共对接项目263个，

对接金额16.526亿元人民币，其中合同类金额5.88亿元人民币，承诺类金额5.88亿元人民币，意向类金额6.186亿元人民币，实际到位贷款金额4.46亿元人民币。成功地为合肥达美合光幕墙有限公司、肥西老母鸡集团、合肥舒适木业有限公司、合肥状元郎科技有限公司等企业融资解决了资金短缺。

【邮政】 邮政业务收入4224万元，同比增长9.61%，完成全年业务收入计划的85%。全年未发生重大经济案件和安全责任事故，通信质量和服务质量稳步提升。三大板块业务高速增长。

全县网点邮储余额达19.85亿元，全年净增余额3.9亿元，定活比达到31.2%。同时，各网点积极跟进地方政府大建设发展步伐，捕捉市场信息，做好政府项目、新农村建设、道路建设、新桥机场建设等项目的代发工作，为地方经济建设提供金融服务。特别是新农保业务，累计代发该类代发11万户、代收36万户。

为留守儿童图书室和“农家书屋”做好图书配送服务，妥投率达到100%，丰富留守儿童及乡镇村民的精神文化生活。

发挥邮政电子商务平台联网代售汽车客票的优势，节庆期间在高校内设立临时邮局，利用移动终端现场销售汽车票，方便师生出行。八个乡镇的邮政电子化支局开通代办汽车票和飞机票业务，为居民外出提供便捷服务。设便民服务站87家、商易通37处、助农取款点37处，切实为城乡居民提供各项金融服务便利。

【电信】 完成年度业务收入1.25亿，收入增长率23%，宽带终端到达5.2万户，移动用户突破13万，其中智能机用户达5.6万户。

光网宽带改造建设。肥西分公司总计投资690万元，实现新建驻地网小区FTTH全覆盖模式建设，ADSL覆盖的老小区进行FTTH薄覆盖改造建设，ADSL覆盖的乡镇街道采用FTTH薄覆盖改造建设，共完成城关、乡镇街道及小区光网宽带改造建设，为用户提供了20M宽带上网能力。

累计投资完成小庙枣林新村、小庙五十敦安置点、高刘镇连环社区新桥花园、三河木兰村、严店乡油坊中心村等美好新农村通信能力建设。

投资703万元，其中完成光缆投资金额529万元，完成管道投资金额121万元，完成铜缆立项金额53万元。总计在设备工程投资178万元。

网络建设：共投资265万元，已完成3个C网基站建设，在建6个C网基站，实现了全县100%C网信号覆盖。

全年完成维护成本计551万元，主要维护工作完成固、C网网络优化。

【电力】 全县完成供电量18.44亿千瓦时，同比增长22.63%；售电量17.38亿千瓦时，同比增长22.74%；线损率5.75%，下降0.08个百分点；营业收入10.84亿元（净额10.56亿元），实现利润9479.23万元，资产总额达到8.02亿元，固定资产投资4836.1万元，EVA达7959.49万元。

电网建设：主网上，新建35千伏柿树变、丰乐变、长镇变，完成上派变、桃花变等6个变电站技改工程；配网上，完成49个低电压消缺项目，开展县城配网优化，新建1个开闭所、6条10千伏线路、10条10千伏线路配网自动化工程。完成2011年农网改造升级工程96项，总投资3510万元，有效改善了农村地区用电质量。推进特高压工程建设协调工作，民事协调已全部完成，塔基建设已完成137基，剩余7基正在施工。

滚动完善农网工程建设方案，完成全省首批35千伏智能化变电站柿树变的建设。承接国网公司第二批农网营配调管理模式优化试点工程建设。完成项目1868台配变TTU及20315户的小表集抄的安装调试，城区16条10千伏线路26台开关的配电自动化改造和11个智能配电台区建设，共完成投资3520万元。现已建成两个信息管理平台即统一数据采集与集中监控平台和农电企业一体化信息管理平台，三个项目即配电自动化、智能台区、用电信息采集系统，并投入试运行。通过国网公司验收，为“科技进步先进县”的创建创造有利条件。

【交通运输】 合肥新桥国际机场高速公路和高刘至机场公路建成通车。环巢湖旅游大道肥西段工程建设，已完成征地拆迁工作，正在组织工程招投标。完成王长路等条55公里县道改造建设，至此，全县所有县道已全部改造建设一遍。实施村村通提级延伸连网工程和危旧桥改造，完善农村公路网络。

【建筑业】 在全县范围内对新建、在建项目开展5次拉网式巡查，共依法受理、查处违规行为的项目共计130多个，其中受理举报案件19个，依法下发责令停工项目19个，下发违规行为预警告知书41份。经过整改，已有25个项目办理了报建、报监手续，6个项目领取了施工许可证，维护了市场秩序。开展全县建设系统“打非治违”专项行动，对全县128个项目，436个单体工程（建筑面积358.3万平方米），14家液化气站，1家天然气企业，3个天然气门站进行检查。针对检查中发现部分工程项目安全质量及市场行为方面存在的问题和隐患，检查组下发整改通知书127份，执法文书7份。燃气检查下发整改通知书17份。整个专项行动共计记不良行为记录7个（涉及2家企业，5个项目负责人）、通报批评2个（涉及1家企业，1个项目总监），立案查处4个。

建立完善建筑市场准入和清出制度。加强对在建工程的各方主体监管，有针对性地开展了转包和违法分包、拖欠工程款和农民工工资等专项治理活动，对查出的违法违规企业在依法处理的同时，通过新闻媒体予以曝光，情节严重的责令停接工程或清出肥西建筑市场。上报建筑业市场不良信用记录17次，其中记不良行为记录11个（涉及4家企业，6个建造师、1名总监）、通报批评2个（涉及1家企业，1个项目总监），立案查处4个。

全年申报新办企业6家，批复3家；增项企业14家，批复6家；升级企业4家，批复2家；申报建筑幕墙设计与施工一体化、建筑装饰装修设计与施工一体化二级资质共3家，批复3家；通过市场手段有效减少工程建设风险，并与农民工工资保障金联动，实行差别化管理，减轻企业负担。收取农民工保障金105次，涉及金额2508.5万元，返还农民工工资保障金47笔，涉及金额约1750万元；办理施工许可157件次410单体，发放质量监督手续132件次349单体，发放安全监督手续130件次348单体，单独办理质量安全监督手续：42件次107单体。

接受监督新开工项目358个，1432个单体工程，下发工程质量整改意见书983份，督促整改质量隐患6700多条，做到工程质量监督到位率100%，竣工工程合格率100%，竣工工程备案率100%；完成竣工验收备案280个项目；对全县31个市政工程进行全面巡查，下达整改通知书36份，停工整改11份，工程返工2处，约谈5个项目，排查质量隐患167条；建立了工程质量投诉限时办结制度，共受理质量投诉46起，限时处理46起，结案率达100%。与此同时，加大对建筑工程质量通病的专项治理力度，组织开展全县建筑工程质量检查2次，保障性住房和民生工程质量专项检查2次，对全县预拌商品混凝土质量专项检查1次，建筑节能和墙体材料检查各1次。接受住建部工程质量检查1次，省、市检查各2次。

全面提高安全监管效能。开展“安全生产隐患排查”、“打非治违”等专项安全生产检查活动5次，累计检查项目826个，单体2136个，发出隐患整改通知书536份，隐患整改条令1980余条，责令停工项目17个，发送预警信息5500余条。创市级安全示范工地15个，省级安全示范工地5个。进行建设行业安全生产预案演练，分别于6月20日、27日开展翡翠家园出地管泄漏应急演练、金宇·天地城一起工程因地质灾害导致塔吊基础坍塌造成塔吊倾覆应急救援演练。

【城市建设】 2012年续建和在建项目45个，累计投资达66亿元，已完成投资20亿元。续建和在建安居工程计14项，总投资约30亿元。滨河小区、旺郢家园、新型家园、派河家园三期、李湾家园二期、馆驿家园和金星和园三期等项目扎实推进，灯塔家园、凉亭雅园二期、金星和园二期等5项工程交付使用；道路工程快速推进。今年在建和续建的道路工程总长约8.6公里，派河大道城关段、宝成路、卫星路延伸及冬融路与派河大道连接道路工程，总长约6公里已建成通车。人民中路改造工程施工招标已做好前期工作，青龙大道、站前路延伸、灯塔路延伸等工程规划方案设计已全部结束；公益性设施日益完善。城西排涝泵站10月份底竣工，巢湖路停车场工程12月竣工验收，中派污水处理厂、综合文化场馆等工程即将开工建设；新增工程推进有序。民兵训练基地综合楼、高中城项目等24项新增工程，总投资约20.95亿元，目前，11项已完成，13项正加快推进。

实施排水改造。开展排水设施整改网格化普查，完成桥北菜市场、站前路和招待所小区、巢湖路疾控中心段等处雨污分流及排水改造，完成翡翠路至云谷路、二中排水口等污水截流工程，完成县垃圾处理场及潭冲河北岸8.82公里污水管网建设。三河污水处理厂顺利“摘牌”，日处理污水3500吨，城镇污水处理能力大大提升。

持续推进市容管理。开展非机动车和流动摊点整治；开展砂石运输整治，严禁超载超限、沿途泼洒；清理整治违规设置的户外广告、店招店牌计540块；清理卫生死角350处、245车；拆除违法建设5000多平方米，市容市貌进一步改善。

贯彻落实国家宏观调控政策，引导房地产市场健康发展，商品房价格基本平稳。完成房地产开发投资88.9亿元，同比增长28.6%；商品房施工面积688万平方米、新开工面积199.5万平方米，同比分别增长9.6%、-26.5%；竣工面积60.2万平方米、销售面积96.16万平方米，同比分别增长-33.9%、6.7%。保障房建设亮点突出，实施廉租房保障768户，开工建设公租房2000套。

【科技】 全年新增高新技术

企业7家，全县高新技术企业总数43家，安利合成革等3家企业获2012年国家火炬计划重点高新技术企业。高新技术产品48个。全县高新技术产业产值完成451亿元，增加值完成127亿元。新认定市级高新技术企业12家、创新型企业申报12家。新批准省市工程技术研发中心6个。全县拥有各级研发中心33家，其中国家级2家，省级11家，市级20家，1家企业获得国家中小企业创新基金。协助桃花工业园申报省级高新技术产业开发区、省级创新型园区。推进知识产权工作，专利申请完成1819件，同比增长59.1%，发明专利申请460件，同比上升43%，实用新型申报902件，同比上升95%；专利授权完成1045件，其中发明专利授权54件，同比增长1.8倍；实用新型授权688件，同比上升138%。各项指标位居全省前列。新认定知识产权试点示范企业10家。力推农业科技服务，选派21名各类农业科技人才，派驻30个农业龙头企业、基地等，科技培训10000人次。推进花岗绿溪洲等10家现代化农业示范园建设，加大农业技术推广应用力度和广度。推进新农村信息化科技示范工作，新增信息化网点4个，完成5000万元招商引资全年任务，力推节能减排，完成6个乡镇群测群防信息站建设。推进地震应急救援和应急物资采购工作，加强地震科普示范学校和地震安全示范社区创建，提高防震减灾宣传实效。

【旅游】 全年全县实现总接待游客300万人次，同比增长13%，旅游综合收入21亿元，同比增长12.4%。

推进旅游项目建设。丰乐河三河段综合治理及旅游景观带建设项目、董寅初纪念馆布展项目、紫蓬山休闲度假公园项目、铭传生态园项目、小团山二期等旅游项目扎实推进中，三河游客接待中心项目基本完工，紫蓬山维景度假酒店年底试营业；紫蓬山淮军文化雕塑园项目、扩大景区林木多彩化种植范围项目、刘铭传墓园绿化项目、小井庄包产到户纪念馆修缮项目已完工。

加大旅游招商力度。策划制作了《肥西旅游投资指南》，成立招商小分队，带着项目对外大力开展招商活动；组织策划了环巢湖旅游立体宣传周暨环巢湖旅游项目对接会活动和“5.19”第二个中国旅游日招商活动；先后接待了中铁十三局、港中旅、上海艳阳度假等客商来肥西进行投资考察。部分投资项目已签约。

扩大旅游宣传营销。编印出版《肥西淮军将领故事》，并举行了首发式；在中安在线、上海东方网、中国江苏网、浙江在线等国内知名门户网站举办专题旅游网络推介会；邀请包括央视1套在内的中央主流媒体、网络媒体记者团到三河古镇采风；肥西县旅游局被授予“全国旅游系统先进集体”荣誉称号，这是近十年来全省唯一一个获全国表彰的县级单位。

举办大型旅游活动。小井庄农根文化节、紫蓬山传统庙会、安徽省集体婚礼、“2012全国皮划艇春季冠军赛和皮划艇大赛”、环巢湖旅游立体宣传周暨环巢湖旅游项目、“水韵三河”广场文艺演出活动、“5.19”第二个中国旅游日系列活动、中国·小井庄“田源杯”第三届青年歌手大奖赛及县政务讲解员才艺展示大赛成功举办。

推进三河创5A各项工作，指导小团山香草农庄、紫蓬镇农家乐聚集区争创3A景区，目前小团山香草农庄已完成验收。发掘一批有潜力提升的农家乐和新增农家乐，积极促成晋星、评星，新增或晋级2家四星级以上农家乐。

推进全县旅游行业安全生产和规范管理工作，开展全县旅游行业“打非治违”活动，督促全县旅游企业开展安全生产标准化达标建设，印发《肥西旅游活动安全应急预案》和《肥西旅游安全隐患汇总表》。

【文化广电】 举办20多场文艺演出和文化活动，其中，第六届紫蓬诗歌节收到全国各地各类作品2000多件。组织指导各乡镇文化站开展业余文艺演出和群众性文化活动100多场。配合省考古研究所进行考古发掘工作，共发掘墓葬200多座，出土文物1000多件。新增馆藏一级文物5件，二级文物4件，三级文物65件，一般文物72件，全年征集文物200余件。积极做好海峡两岸交流基地的建设工作，向国家文物局、省文物局申报刘铭传旧居保护规划，编制项目建议书，提供工作建议供领导参考。在合肥市“四县一市”建成盲人阅览室。对全县业余文艺演出队伍67家（办理社团登记领证的有7家）进行培训指导。

文化场馆建设取得实质性进展，四馆总用地面积7.33公顷，主场馆建设占地面积3.33公顷，总建筑面积2.6万平方米。完成全县10个公共电子阅览室建设任务，建成全县14个乡镇最后80个农家书屋，全县15支放映队完成农村公益性数字电影放映4200场次，占全年市下达任务数4050场的103.7%，实现每村每月一场电影的目标。加强广播电视“村村通”工程和“农家书屋”工程督查管护，开展全县广播电视“村村通”和“农家书屋”专项检查日常管理工作。

全县广播电视新闻共发稿件

5103条，其中电视新闻2163条，广播新闻2940条，专题节目《派河风》30档、《社会与法》43档、《百姓身边事》71档、《肥西新视窗》14档、《科技长廊》44档、《新城市家园》44档。在中央台发稿发稿37条，省级电视台发稿106条，安徽人民广播电台发稿134条，合肥电视台发稿233条，合肥电台62条。

出动执法人员1717人次，检查各类经营单位1210家次，收缴非法音像，图书2800多盘（册），取缔“黑网吧”4家、取缔流动音像、书摊点9个，立案查处网吧8家，下达限期整改通知书12份。开展集中整治非法电视台及查缴非法卫星接收装置等专项行动5次，出动执法人员54人次、车辆14台次，查处取缔3处非法电视台，查收卫星地面接受设施79套，发放宣传单1000多份。

全县现有网吧经营户107家，音像经营户25家，印刷企业69家，书刊经营户50家，打字复印29家，歌舞娱乐场所25家，演出团体5家，各类广告公司40家。全年完成文化旅游产值19亿元。

【教育】 全面修订完善《关于进一步加强教学教研工作的意见》，完善教育教学综合评价机制，细化教学过程，注重常规管理，强化教学过程监控，扎实推进素质教育实施，促进学校教学教研工作制度化、规范化。同时，坚持教研工作月报制度，积极开展中小学优质课和教案评比活动，组织召开各学科年会，促进教师专业成长。进一步规范办学行为，切实减轻学生课业负担，促进学生全面健康发展。

依据教育部颁发的中小学、幼儿园《专业标准》，制订《肥西县中小学、幼儿园教师评价方案》，从教师职业道德规范、教学工作及成果、教师专业发展三个方面进行评价，教师评价结果作为教师晋职、晋级、评优的主要依据，从而规范教师的从教行为和提升教学质量。

结合实际研究建立以学校基础目标考核和年度自主发展目标考核的综合评价体系，建立一校一卷的年度自主发展目标考核，重点考核年度重点工作推进情况。考核结果作为干部选拔任用的主要依据。

依据《肥西县学前教育三年行动计划》目标任务，投入经费3000万元，按照以县为主、“五统一”管理模式，强化督查、调度和指导，圆满完成16所幼儿园建设任务。

优化高中布局，合理配置高中教育资源，改善高中办学条件，计划在城区新建一所占地13.33公顷、90个标准班的省示范高中标准的新高中，满足人民群众对优质公办高中的需求。新高中可望年底开工建设。推进义务教育管理体制改革，探索学区管理委员会管理，推进乡镇、学区相统一，实现区域内资源优化配置。先后完成6所学校的合并重组工作，撤并聚星中学、苏小中学两校，并顺利实现师生分流安置。推进城区学校建设步伐。县十六届人大一次会议第3号议案“关于迁建上派镇幼儿园，建设上派中心学校综合楼”，经多方协调调度，该校综合楼即将进入开工建设阶段；上派镇幼儿园迁址新建已启动。总投入2559.4万元、占地3.03公顷的上派镇菁菁小学已全部建成并投入使用，原上派二小顺利搬迁到新址办学。

新招聘的中小学（幼儿）教师153名，采取考编与选岗相结合方式，一律分配到农村缺编学校任教。通过“绿色通道”引进高中教师10名，“三支一扶”教师8名。缓解中小学教师数量不足、学科不配套、结构不合理矛盾。依据《关于肥西县2012年暑期教师调配工作实施意见》，完成选调教师流动42名、平行流动15名。推进教师支教和分流工作。对农村完中普高停招、规模缩小的初中富余教师开展为期一年的支教活动，共安排45名同志到滨湖等学校驻点支教，实施量化考核和补助。安排兼职支教19人，有2人赴阜阳市太和县支教。完成撤并后聚星中学、洪桥中心校和烧脉小学三校的107名教师分流安置工作。

以“作风建设提升年”为抓手，制订中小学师德建设实施意见，签订教职工师德建设承诺书，开展形式多样的师德建设活动，召开教师节庆祝表彰大会，表彰55名师德先进集体和师德先进个人。积极开展“道德讲堂”系列活动，促进师德教育活动向纵深推进。先后两次开展离岗教职工清理工作，杜绝教师“吃空饷”现象。

规范教职工队伍管理，全力打造一支师德高尚、素质优良的教师队伍。特别是出台稳定农村教师队伍的保障措施，职称评聘向基层学校倾斜，每年拿出近千万元经费，对按地理位置划分的二、三、四类地区的教师每月发放50—260元的农村任教服务津贴。

安排310万元培训经费用于中小学教师培训。依据县情制订《肥西县师训、干训三年规划（2012—2014）》，开展分类别、分层次、多途径、多渠道、多形式教师培训，大力实施“3、6、9百工程”（在三年内全免费、专题培训教育干部300名、优秀班主任600名、骨干教师900名），全面提升教师队伍的思想道德素质和业务水平。暑期各级各类学校结合实际开展了形式多样、特色鲜明的校本培训，近6500名教师参加学习培训；1156名教师参加教师继续教育集中培训；1320名教师、校长参加11种类型的专题培训。

依法保障义务教育经费落实。县级财政承担的公用经费1194.5万元和义务教育贫困寄宿生生活费补助125万元全额纳入年初预算。全年义务教育保障资金7357.6万元、义务教育贫困寄宿生生活补助资金250万元全部发放到位。

完成校安工程收官工程。规划重建项目8个，建筑面积23588平方米。目前已竣工6个，建筑面积19188平方米；另外2个项目、建筑面积4400平方米正在按序时进度快速推进。

推进留守儿童关爱工作。持续推进留守儿童体系建设，在已建成170所基础上，今年又新建81所留守儿童之家，覆盖全县农村义务教育阶段学校及公办幼儿园和合格民办幼儿园。进一步完善系列制度建设，坚持定期检查与暗访督查相结合，逐步实现留守儿童工作系统化、网络化、全覆盖、全关爱的目标。

学生资助体系进一步完善。全年共资助普通高中学生5500多名，享受国家助学金41余万元。资助贫困大学生271人、经费46.65万元，受理国家开发银行生源地信用助学贷款583人。

【卫生与人口】 重新启动县医院新区建设工程。县卫生监督所综合楼装饰工程总投资50万元，维修装饰工程已全部结束。县精神病医院综合楼建设面积10560平方米，已完成总工程量的85%。官亭镇中心卫生院综合楼建设面积1460平方米，主体已封顶，正在进行内部填充墙及内部安装、装饰等工作，已完总工程量的85%。紫蓬镇卫生院建筑面积2460平方米，目前已完成总进度20%。

投入350万元为县级医院和妇幼保健院配备了急救和中医专项设备；投入127万元为乡镇卫生院配备了全自动生化仪等中高档医疗设备。

深化医药卫生体制改革，进一步巩固完善基层医改。作为全省基层医改32个试点县之一，在全省率先实行药品零差率销售，率先调整财政补偿机制，改“核定任务、核定收支、绩效考核补助”为“核定基本支出，纳入预算管理”，将大锅饭全包的财政补偿机制调整为定项补助，超支不补，结余按规定使用的充满活力的补偿机制，明确了补偿的具体测算口径，调动医疗机构和医务人员工作积极性。在此基础上，建立规范有序的转诊秩序，建立乡村两级医疗风险基金和村医养老保险制度，加强和规范收支管理等多项措施，进一步巩固和完善基层医改成果，基层医疗卫生机构和医务人员的工作积极性得以进一步提高，医疗卫生服务能力得以进一步提升。乡镇卫生院门诊人次和住院人数分别比去年同期增长12%和43.5%，纯医疗收入达3584万元，比上年同期增长59%，已经达到医改前水平。

加快推进县级公立医院改革。围绕县级公立医院改革，开展全面的基线调查，摸清县级公立医院人、财、物工资、收支、药品和债务等基本情况，为改革奠定了基础。初步拟定医管会人员名单，研究调整区域卫生规划和医疗机构设置规划，研究制定实施方案，下一步，将根据省政府统一部署，依据配套文件精神，加快推进改革。

扎实实施民生工程。实施有新型农村合作医疗制度建设、重大传染病病人医疗救治、提高妇女儿童健康水平项目和“两癌”检查项目等卫生民生工程。

2012年全县参合人数83.31万人，参合率达99.8%，应筹资2.42亿元，全县共筹集到位基金2.43亿元（含利息收入等）。全县城乡居民合作医疗共补偿111.73万人次，合作医疗补偿基金18250万元，基金支出占本年度筹资总额的74.8%。

对190名结核病人开展医疗救治，任务完成率126.7%，对14名艾滋病人开展了医疗救治，任务完成率200%，合计补助金额18.04万元，资金使用率为107%。

计划完成婚前医学检查10000人以上，补助农村孕产妇住院分娩5100人以上，国家扩大免疫规划的各免疫规划疫苗接种率达90%以上。实际完成免费婚检10488人，完成目标任务的104.9%；农村孕产妇住院分娩已补助5085人次，完成目标任务的99.7%；适龄儿童免疫规划疫苗接种130190人次，完成目标任务的86.3%。

完善城乡居民合作医疗制度。一是合理调整补偿方案，提高参合居民受益水平。2012年筹资标准为每人每年290元，比上年提高60元。2012年在上年住院报销比例基础上提高住院报销比例10%，使我县乡、县、市、省级医疗机构政策内住院报销比分别达到85%、80%、70%、65%，取消乡镇卫生院住院报销起付线；住院补偿年度封顶线提高到20万元；住院按病种付费补偿比例也提高5%；门诊统筹报销年度封顶提高到每人每年80元。同时，对特定群体实行特殊政策，五保户、低保对象、重点优抚对象由医疗救助资金资助参合，农村独女户、二女户家庭成员及政策内未出生胎儿、计划生育节育手术并发症三级以上者的参合金由县计生部门统一缴纳，对重点优抚对象、五保户、低保对象住院报销不设起付线，参加城乡居民合作医疗的农村独女户、二女户家庭成员的住院费用，合作医疗住院报销不设起付线，报销比例相应提高5个百分点。二是加强医疗机构监管，保证合作医疗基金安全。签订定点医疗机构合作医疗管理目标责任状，实行责任追究制。按月通报定点医疗机构次均费用、实际补偿比以及药占比等控制指标情况。规范定点医疗机构协议管理，将服务范围、出入院标准、临床诊疗规范、医疗费用控制、目录外用药控制等纳入协议范围。严格执行合作医疗三级定期公示制度，纳入村务、院务公开范围，接受社会监督。调整合作医疗监管模式，强化监管责任，县合管中心实行按人分片包干、按组开展工作的监管模式，全权负责责任范围内的合作医疗监管任务，实行监管责任追究制。严格执行合作医疗基金财务会计制度，加强基金监督管理，并将合作医疗基金列入审计计划，定期予以专项审计并公开审计结果。三是推进支付方式改革，控制医药费用不合理增长。按照“分级医疗”的原则，合理划分病种，实行差别补偿。县级医院、中心卫生院、一般卫生院分别选择21组、10组、5组常见病，其中新增乳腺癌、肺癌、结肠癌、直肠癌、脑梗死、I型糖尿病、重性精神病、社区获得性肺炎、支气管肺炎9个病种，报销比例按医疗机构级别、按病种确定，县级分别为80%、75%、70%，乡镇级为85%。门诊统筹实行总额预算管理，基金预算实行“总额预算、分期支付、绩效考核”的方式支付，以提高基金使用效率，防范基金运行风险，保护参合对象的利益。6月份，选择县医院、县中医院、山南中心院、刘河卫生院实行住院费用支付总额预算管理，基金预算实行“分期预拨、年终结算”的方式支付。

全县住院实际补偿比为55%，与上年同比增长26.7%；住院补偿金额14302万元，与上年同比增长68%；县外住院补偿金额占总住院补偿金额的比例为63.4%，与2011年同比下降5.3个百分点；住院总费用26133万元，与2011年同比增长32.6%；住院补偿人次44825人，与上年同比增长41.6%；县内住院人次占总住院人次的比例为59.5%，与2011年同比增长10.8个百分点。

全县14个乡镇和5个园区全部建立计生信息站，340个村居均配备了微机及操作人员，统一规范了计生信息操作流程。

推进计生奖励优惠政策扩面提标工作，将一男户独生子女保健费提高到每月30元，并落实企业单位退休职工一次性奖励。积极兑现农村奖扶、特扶和农村独女、二女家庭优惠政策，推进奖励优惠政策的及时落实。规范资金发放程序，所有资金全部通过“一卡通”发放到位，没有出现“错、冒、漏”领等现象的发生。严格审核条件，落实“三榜”公示制度，逐级审查，确保计生优惠应享尽享，2012年全县共确认计生奖励优惠对象48672名。2012年度，全县共兑现各种计生奖励优惠资金22450455元。

完善人口基金。一是开展计生困难家庭就助帮扶活动，全年扶持、救助计生对象423人次，救助资金达22.5万元。二是实施平安保障行动，共办理特扶家庭意外保险153人，计生专干家庭意外伤害保险1420人，妇幼幸福健康保险6588人，计生手术安康保险947人，累计承担参保费49.9万元。三是实施人口基金助学行动，8月下旬至9月上旬，在全县开展人口基金助学行动，对今年计划内考入大学的计生困难家庭子女入学提供帮助。共实施救助60个计生贫困家庭大学生，救助金12万元。

【社会保障】 全县城镇新增就业岗位8810人，下岗失业人员再就业5713人，就业困难人员再就业643人，新增转移农村劳动力就业19889人，完成职业技能鉴定5730人，发放小额担保贷款1800余万元，新增创业基地面积1100m²；新增个体工商户1284户，新增私营企业455户，新增非正规就业劳动组织27个，实现创业带动就业10623人；发放就业失业登记证12000余本，实名制登记就业9000余人。一是开展春风行动，服务企业用工需求。以“服务企业，鼓励返乡农民工就地就近就业”为主题。组织缺工企业深入部分乡镇及合肥市力资源市场举办服务企业暨春风行动大型招聘活动8场次，提供就业岗位近万个，现场达成就业意向5000余人。二是充分发挥人力资源市场作用。为80余家企业办理用工登记，及时发布用工岗位信息4500余条。三是开展技能人才及技能提升培训，为企业输送多层次技能人才。为满足农村富余劳动力掌握就业能力和实现就业愿望，通过定点机构培训、校企合作培训、订单式培训等方式，有针对性地开展就业技能培训，目前所有参加培训人员均顺利通过，并取得不同等级的技能证书，使90%的参训人员实现了就业愿望。为进一步提升企业在岗职工技能，对企业申报的在岗职工岗位技能培训人员，及时兑现中级工、高级工、技师、高级技师500、1000、2000、3000元的补贴标准。四是继续加大小额担保贷款的发放力度。为更好地服务小型企业发展，深入推进“你贷款，我贴息”小额贷款政策，对符合条件的劳动密集型小企业加大认定、放贷力度，共为符合条件的企业、个人发放贴息贷款1800余万元，累计发放小额担保贷款4000余万元。五是开展大学生就业见习基地认定。对9家大学生就业见习基地，按照实际人数发放每人每月400元见习生活补助。

完成社会保险目标任务。全县参保单位1279家，五项保险参保人数近16万人次，累计征收社会保费1.55亿元。城镇职工医保市级统筹工作顺利实施。医疗保险市级统筹工作于元月1日起正式实施，新政策的实施一方面增强基金的互助共济和风险防范能力，另一方面也有利于医疗保障体系的统一，为统筹层次的提升奠定基础。根据《肥西县城镇职工基本医疗保险定点零售药店管理办法》规定，在已有的74家城镇职工定点零售药店的基础上，经审查增加17家定点零售药店，并通过网站予以公示，为参保人带来更多的便利。全县社会保障卡持卡人达4.2万人。相关社会保险待遇大幅度调标。根据合肥市统一部署，将城乡居保基础养老金调整为每人每月70元；及时上调了企业职工养老保险待遇，人均调标169.92元，调整后企业退休人员平均工资达1204.44元；县城镇居民低保金自2012年元月调整至每月320元，同时调整被征地农民养老金和抚恤金。

开展农民工工资支付情况专项检查活动。共检查各类用人单位194户，涉及劳动者2.12万人，其中农民工1.53万人，补发农民工工资200余万元，涉及农民工0.2万人，较好地规范了全县用人单位的劳动用工行为。开展用人单位遵守劳动用工和社会保险法律法规情况检查。共检查各类用人单位155户，涉及劳动者1.25万人，对发现的问题及时采取了现场纠正和限期整改，责令补签劳动合同涉及劳动者人数为0.26万人，责令补缴社会保险33户，在全县范围内形成良好的劳动用工氛围。健全举报投诉登记制度。目前共受理投诉举报案件133件，结案率达100%。进一步加大“两网化”建设，覆盖比率达95%。加大劳动仲裁调处力度，促进劳动关系和谐稳定。定期排查用人单位存在的劳资方面的不稳定因素，及时督促用人单位依法、规范管理。目前受理各类劳动争议案件150件，其中调解78件、裁决31件、41件正在处理中，接受用人单位和职工劳动保障法律法规政策咨询服务500余人次；经检查，合同签订率达98%，劳动人事争议仲裁结案率达95%。

第七次提高城镇低保标准，月人均保障标准320元，同比增幅13%。在册城镇低保3574户4849人。共发放低保金1681.4万元，月人均补差331元。农村低保第5次提标，年人均保障标准1800元，增幅50%，比三县一市高200元，居四县一市之首。在册农村低保12685户26960人。1-10月份共发放低保金3703.5万元，月人均补差140元。以贯彻落实《国务院关于进一步加强和改进最低生活保障工作的意见》为契机，出台《关于进一步规范农村低保管理工作的通知》，坚持年度复核、民主评议、三榜公示、月核销等制度，做到“应保尽保，应退尽退”。

全县累计救助城乡困难群众大病患者4133名、837.4万元，其中农村1855人、629.4万元，城镇2248人、208万元。医疗救助“一站式”覆盖面不断扩大，形成省、市、县、乡镇“四级”结算服务平台，其中省市级医院6家。目前，通过“一站式”结算的资金救助比例由2011年5%提高到10%以上，救助人数占42%以上。同时，在实践中完善，对非“一站式”结算的五保、低保对象，由所在乡镇（园区）民政机构直接结算，简化程序，便民惠民。

提升敬老院管理水平。一是规范申请审批程序：对新增的符合五保供养条件的五保，由县民政部门发给《农村五保供养证书》。全县现有五保对象9928名，其中集中供养3120人，集中供养率31.4%。前三季度发放供养金2004.7万元。二是建立五保供养标准自然增长机制：全县集中、分散供养标准分别提高到每人每年3840元、2160元，同比增长45.5%、16.1%。三是丰富五保文化生活：在落实好五保对象的吃、住、医等方面的同时，开展送电影、送戏进敬老院等活动，丰富五保老人精神文化生活。四是创新管理服务：创新服务模式，涌现出江夏五保供养中心具有示范效应的敬老院管理服务新模式；创新管理模式，投入50余万元，对全县32所敬老院统一安装视频监控系统，实现敬老院管理“网上巡查”；创新考核模式，修订完善《肥西县敬老院综合管理“流动红旗”评比活动实施方案》，从医疗保障、文体活动等10个方面，实行百分制考核、排名。对前3名给予5-10万元以奖代补资金；对后3名给予院长警告，并限期整改到位。做到建管并重。

（杨　钎）

2012年肥西县乡镇、村（居、社区）委会一览表

序号	乡镇（园区）名称	村委会名称	居委会名称
1	上派镇	三岗村、方岗村、谢塘村、五十埠村、金岗村、佛寺村、灯塔村、鲍冲村、大墙村、彭圩村、前进村	爱和社区、四十埠社区、肥光社区、南郢社区、卫星社区、派河社区、新华社区、青年社区、古梗社区、紫蓬社区、芮祠社区、中派社区、北张社区、馆驿社区、绿锦社区
2	三河镇	任倪村、太华村、临丰村、西湖村、联合村、建设村、九联村、滨锋村、滨光村、五合村、湖光村、河口村、永和村、桥庵村	东街居委会、中街居委会、南街居委会、跨河社区、茶棚社区、北街居委会、西街居委会、杨婆社区、二龙居委会、滨湖社区、龙安社区、木兰社区
3	高店乡	仪城村、高升村、邵庙村、双丰村、岗圩村、长镇村、团塘村、长东村、新河村	高店社区、五四社区、平河社区、长镇回族社区
4	高刘镇	高刘村、白露寺村、沛西村、沿河村、五星村、洪店村、天河村、江岗村、沈塘村、陈桥村、河东村、宝教寺村、焦湖村、岗北村、南庄村、南仓村、贾郢村、四冲村、红塘村、柳塘村	高刘社区、青山社区、连环社区、长岗社区
5	铭传乡	新光村、聚星村、杨店村、白龙村、高塘村、农林村、桂树村、鸽子笼村、三河村、汤祠村、青峰村、墩塘村、楼塘村、启明村、建设村	南分路社区、井王社区、聚星社区
6	官亭镇	官亭村、高庄村、夏祠村、河北村、团结村、童大井村、张祠村、新民村、王祠村、金华村、金星村、楼郢村、朱桥村、缪大庄村、姚岗村、兴桥村、五里村、八十墩村、芦塘村、黄店村、王集村、郭桥村、老庙村、余店村	回民社区、焦婆社区、官亭社区、金桥社区、半店社区、江夏社区、马店社区、金郢社区
7	紫蓬镇	永久村、新农村、白衣村、兴庄村、长刘村、泗洲村、烧脉村、罗坝村、	农兴社区、燎原社区、农兴街道、顺美社区
8	小庙镇	小蜀山村、小庙村、马场村、硕大塘村、高岗村、北分路村、郑岗村、姚家村、黄粟村、余岗村、雷北村、河南村、小柏村、茅铺村、饭棚村、街北村、朱岗村、栀树村、石塘村、枣林村、新民村、马岗村、段冲村	拐岗社区、五十墩社区、雷麻社区、大柏社区、将军社区、袁中社区、小庙街道
9	山南镇	馆东村、西岗村、李桥村、夏寨村、洪桥村、炉墩村、新圩村、板墙村、长庄村、林业村、光明村、上圩村、小井庄村、馆北村、兴庄村、吕楼村、荷冲村、城河村、龙嘴村、华山村、金圩村、三合村	山南街道、沈店社区、陡岗社区、金牛社区、六和社区
10	柿树岗乡	李塘村、双龙村、赵店村、中洋村、黄花村、丁岗村、代塘村、龙潭村、周楼村、柿树岗村、马堰村、联圩村、李嘴村、袁店村、宗洼村、廖渡村、杨桥村、长郢村	防虎社区、合龙社区、界河社区、新街社区
11	花岗镇	七十埠村、粉坊村、杨湾村、叶岗村、陈岗村、童岗村、蔡冲村、大众村、八里村、汪堰村、永丰村、红堰村、英塘村、东湾村、善岗村、董岗村、慈山村、群光村、胜利村、正新村、马塘村、上堰村、陶店村、河光村、大黄村、业湾村、西湾村、跨河村、	花岗街道、董岗社区、花园社区、南塘社区、天堰社区、青阳社区、芮店社区、孙集社区、李祠社区、过岗社区、舒安社区、张店社区
12	桃花镇	古城村、长岗村、	柏堰社区、翡翠社区、染坊社区、繁华新园社区、长安居委会
13	严店乡	油坊村、劳光村、管祠村、三元村、东南村、三联村、罗祝村、跨湖村、新建村、莲花村、大丰村	严店社区、西郑岗社区、苏小社区、刘河社区
14	丰乐镇	从姚村、安河村、新丰村、安淮村、桥东村、肖家桥村、桥中村、双枣村、三里村、方桥村、蒋岗村、大圩村、桥西村、路塘村、民主村、新华村、赵桥村、曹祠村、河湾村、铁佛村	新仓社区、丰乐社区、程店社区、
15	桃花工业园		大柳塘社区、廿埠社区、桃花社区、顺美社区
16	紫蓬山管委会	甲塘村、李陵村、陀龙村、双井村、山口村、凤凰村、张老圩村	紫蓬社区、梁岗社区、堰湾社区、周公山社区
17	柏堰科技园		香樟花园一社区、香樟花园二社区、柏堰雅苑社区
18	新港工业园	田埠村、巢湖村、沿河村、韩圩村、乐平村	青龙社区、庭湖社区
19	新型工业示范园	中心村、西安村	

长丰县

【概况】 2012年，长丰县围绕“全市争先进、全省争一流、全国争百强”的目标，全力保增长、调结构、促发展，完成或超额完成各项目标任务，2012年全县地区生产总值（GDP）达265.47亿元，按可比价格计算，比上年增长15.7%。其中，第一产业增加值51.14亿元，增长5.6%；第二产业增加值165.24亿元，增长20.5%；第三产业增加值49.09亿元，增长11.8%。三次产业结构为19.3∶62.2∶18.5。按年末户籍人口计算，人均GDP达34359元（折合5443美元），比上年增加6676元。主要经济指标均保持两位数增长，工业总产值实现三年翻番，财政收入近两年翻番。长丰县在2012年度全市目标管理考核工作中，荣获“2012年度社会发展目标考核优秀责任单位”称号，这是该县首次获此殊荣。

【农业】 2012年，长丰县整合涉农资金近4000万元，统筹推进杜集、龙门寺、水湖草莓等三大农业开发区建设，园区基础设施不断完善；依托农业园区平台，加大农业招商力度，瑞谷农业、恒进种业、坤地农业、美涵科技等企业成功引进。着力开展草莓产业提升行动，“长丰草莓”被评定为安徽省著名商标，在世界草莓大会一举夺得7项金奖，长丰草莓生产成为引领全国草莓标准化生产的标杆。努力扩大果蔬等高效经济作物面积，全县瓜果蔬菜生产面积突破2万公顷。克服干旱带来的不利因素，全县粮食总产连续9年实现增产，全国粮食生产大县地位得到巩固。农业产业化加速推进，农产品加工产值实现150亿元。推进现代养殖业发展，新增标准化养殖小区55个，全国一流的泰国卜蜂标准化种猪繁育基地建成投产。实施农业物联网试点工程，草莓种植、龙虾、生猪养殖物联网示范工程基本完成。

全年粮食作物播种面积9.596万公顷，比上年扩大1.2%；油料面积1.87万公顷，比上年减少14.5%；棉花种植面积6440公顷，比上年减少0.6%；蔬菜面积1.06万公顷，比上年扩大4.7%。草莓种植面积8306.7公顷，比上年扩大6.8%。全年粮食总产量59.4万吨，比上年增长5%；油料产量4.09万吨，比上年增长56.4%；棉花产量5732吨，降低1.7%；蔬菜产量25.05万吨，增长5.3%；草莓产量19.75万吨，增长11.3%。全年肉类总产量12.87万吨，增长6.2%，其中猪牛羊肉产量7.76万吨，增长4.3%。禽蛋产量2.76万吨，增长7.7%；牛奶产量3.47万吨，增长7.3%；水产品产量3.29万吨，增长6.1%。

2012年全县生产总值及其增长速度

单位：亿元

指标名称	绝对数	比上年增长%
生产总值	265.47	15.7
第一产业	51.14	5.6
第二产业	165.24	20.5
工业	144.61	29.2
建筑业	20.63	-16.4
第三产业	49.09	11.8
交通运输、仓储和邮政业	13.82	11.7
批发和零售业	6.65	12.8
住宿和餐饮业	2.55	13.9
金融业	4.40	17.8
房地产业	5.73	5.5
其它服务业	15.94	11.8

2012年主要农业产品产量

产品名称	单 位	产量	比上年增长%
粮食	万吨	59.4	5.0
#小麦	万吨	13.72	7.3
水稻	万吨	42.13	4.4
油料	万吨	4.09	56.4
#油菜籽	万吨	3.46	61.3
棉花	吨	5732	-1.7
蔬菜	万吨	25.05	5.3
肉类	万吨	12.87	6.2
禽蛋	万吨	2.76	7.7
水产品	万吨	3.29	6.1

年末农业机械总动力74万千瓦，比上年增长7.1%；农用拖拉机6.55万台，增长0.7%，排灌动力机械3659台，增长0.5%。化肥施用量（折纯）7.5万吨，降低1%；农村用电量13520万千瓦时，增长1.5%。全年农林牧渔业总产值83.13亿元，按可比价格计算增长5.5%。

【工业】 全县规模以上工业完成总产值504.72亿元，其中，战略性新兴产业完成产值82.04亿元；规模以上工业实现增加值121.72亿元，按可比价格计算，同比增长30%。增速排列合肥市县区第二位。年末全县规模以上工业企业294户，其中，产值超亿元企业134户，比上年增加43户。全年工业增加值占GDP比例达54.5%，比上年提高6.9个百分点。全年294户规模以上工业企业实现主营业务收入435.05亿元，同比增长29.8%；工业企业经济效益综合指数312.39，比上年提高42.7个百分点。五大产业实现工业产值336.6亿元，同比增长36.5%，其中现代建材、汽车零部件、食品加工、纺织及服装、电力电器分别实现产值144.3、62.2、61.3、14、54.6亿元，分别增长22.3%、25.2%、46.1%、72.2%、90.3%。全县亿元产值以上工业企业135户，净增48户，实现工业产值371亿元，占规上工业产值73.5%，其中10亿元以上工业企业2户，分别是：鸿路钢结构43.5亿元、伊利乳业15.9亿元。规模以上工业企业户数达到294户，净增63户。全年实现工业增加值144.4亿元，同比增长29%，超全市平均增速12.6个百分点，增速位于排列合肥市县区第二位。工业增加值超全县GDP增速13.4个百分点，占全县GDP54.3%，比2011年提高6.8个百分点，首次超全县GDP半壁江山。二产在三次产业中的比重由2011年的21:58.9:20.1，调整为19.3:62.2:18.5，其中工业在二产中的比重达87.5%。

全年完成工业投资175亿元，同比增长31.9%，其中技术改造项目完成投资86亿元，同比增长11.1%。园区投资成为主体，双凤经济开发区和岗集江淮汽车产业园占全县工业投资的51.4%，超一半以上。全年共建设工业项目235个，其中投资亿元以上项目78个，总投资45亿元的广银铝业项目全年累计完成投资10亿元，4万平方米的5号挤压车间已经建成，进入试投产阶段；总投资10亿元的鸿路钢结构综合生产基地项目已建成投入使用；金诚科技、江淮铸造、万安环境等51个亿元以上技术改造升级项目建成投产，将有力促进全县工业转型升级，快速发展。2012年该县获得省经信委表彰的全省技术改造先进单位称号。

全年招商引资工业项目54个，协议投资101亿元，其中亿元以上项目38个，总投资10亿元的广东万和新能源热水产品生产基地建设项目、总投资8亿元的安徽江淮瑞星多功能商用车及部分高端轻卡改装车项目、总投资15亿元的合肥废旧商品产业园项目及总投资11亿元的合肥志邦家居等一批工业大项目成功签约落户该县，工业大项目招商成绩显著。高歌热处理和佳安建材2户企业被新认定为国家级高新技术企业，全县国家级高新技术企业总数达34户；7户企业分别通过省、市企业技术中心新认定，全县省级技术中心企业达8户，市级技术中心企业达10户；本雅明涂料有限公司的“本雅明”、同兴科技的“速达”、佳安建材的“JIAAN”、通联木业的“图形”、巴莉甜甜的“巴莉甜甜”等6件产品商标被认定为新一届安徽省著名商标，认定数量为历年之最，居合肥各县（市）之首；恒大江海和长风农牧科技两户企业被认定为合肥市品牌示范企业。全县新获得ISO9001、ISO14001、OHSA18001质量管理体系认证36家，2012年该县获得工信部、中国质量协会全面质量管理知识普及教育先进单位，双凤工业区获得首批新型工业化示范基地（合肥市仅三家）。

全县294户规上工业企业实现盈利的274户，亏损面不断收窄。规上工业企业主营业务收入首次突破400亿元，达到435亿元，增长29.8%。实现利润总额37.2亿元，增长75.4%。

推进“两化融合（以信息化带动工业化、以工业化促进信息化）”。围绕建设“动力数字工业园区”和“万家数字企业”，开展以工业化带动信息化、以信息化促进工业化工作，通过组织电信、移动、百度等信息网络单位培训辅导、增添设备、建设电子商务等跟踪为企服务，加快“两化融合”建设步伐。双凤开发区获得“合肥市信息化和工业化融合示范园区”评审认定，并首批获得“安徽省信息化和工业化融合示范园区”；全县8个工业园区获得“动力数字工业园区”认定；5户企业新获得市级“两化融合”示范企业认定；17户企业纳入百度“翔计划”助推成长工程；253户“数字企业”获得建设认定；56户企业获得“动力数字企业”建设认定，完成总量位居合肥市县区第一。2012年该县获得“合肥市推进两化融合先进单位”称号。

节能降耗成效显著。2012年大力实施技术改造升级、合同能源管理、行业能效对标、企业清洁生产等多项举措，前三季度全县万元GDP能耗平均下降9.65%，超市下达目标5.75个百分点。其中：第一季度下降下降7.61%，第二季度下降10.72%，第三季度下降10.62%。降速位于合肥市县区首位，该县全年万元GDP能耗下降6.2%以上，超市目标任务2.3个百分点。连续四年获得合肥市节能目标超额完成奖等称号。全县新型墙体材料生产企业已发展到31户，年生产能力达23亿块标砖，2012年产量达14亿块标砖，占合肥地区40%以上。新型墙体材料推广应用加快，应用率已达80%以上。在发展新型墙体材料产品的同时，加大淘汰粘土砖力度，2012年淘汰31座砖瓦轮窑，淘汰总数达67座，累计收回土地约540公顷，每年减少粘土砖产量10亿块标砖以上，减少耕地粘土资源消耗73.33余公顷，节约标煤6万吨，减少二氧化碳气体排放26万吨，减少二氧化硫气体排放2000吨。该县已率先迈入新型墙体材料发展大县，2012年获得合肥市发展新型墙体材料一等奖称号。

2012年，长丰县工业纳税共8.23亿元，同比增长14.3%，其中：纳税在100万元以上工业企业达106户，净增18户，纳税额达6.25亿元，同比增长21.8%。纳税在千万元以上工业企业10户，纳税额达3.6亿元，同比增长11.5%，鸿路钢结构纳税13905万元，是该县第一个纳税突破亿元的工业企业，伊利乳业6152万元、国泰混凝土4244万元、三益江海2891万元、供电公司2026万元、丰德科技1593万元、海螺水泥1563万元、江淮铸造1360万元、金德意油脂1159万元、皖电金属加工1061万元。

2012年规模以上工业企业主要产品产量

产品名称	单位	绝对数	比上年增长%
大米	万吨	55.49	30.3
饲料	万吨	21.54	-2.3
食用油	万吨	3.88	24.9
乳制品	万吨	56.07	1.7
多色印刷品	万对开色令	204.6	105.3
塑料制品	万吨	5.65	31.4
钢结构	万吨	122.2	21.9
发动机	万千瓦	311.65	-4.5
铸铁件	万吨	16.42	38.9
变压器	万千伏安	229.03	61
太阳能热水器	万台	53.33	37.9
服装	万件	1706.02	32.7
木质家具	万件	19.15	40.8
玻璃	万平方米	260.78	80.1
彩色电视机	万台	5.8	56.7

【固定资产投资】 全年完成全社会固定资产投资263.41亿元，同比增长30.1%，其中，工业投资173.02亿元，增长38.3%；城镇500万元以上项目完成投资192.62亿元，增长38.5%；农村非农户完成投资6.77亿元，下降52.6%。分产业看，第一产业投资下降22.4%，第二产业增长38.3%，第三产业增长17.5%。全年施工项目243个，其中，新开工项目170个，比上年增加9个；本年投产项目143个。

全年房地产开发投资59.01亿元，比上年增长29.4%。其中，住宅投资43亿元，同比下降2.4%；商业营业用房投资6.8亿元，增长305.4%。商品房新开工面积153.17万平方米，下降46.9%，竣工面积162.78万平方米，增长442.7%。商品房销售面积118.16万平方米，增长24.6%，其中住宅销售面积111.91万平方米，增长24.7%。商品房销售额55.21亿元，增长25.9%。商品房待售面积14.24万平方米，下降47%。全年实际新廾工各类保障性住房2005套，竣工739套。

【城乡建设】 2012年，长丰县北城世纪城一期项目基本建成，二期项目10万平方米商业内街封顶，30万平方米购物中心正在建设，恒大帝景室内运动中心封顶，北城城市业态日趋丰富。梅冲湖路、双凤路、花锦路建成通车，金海路、兴盛路、五湖大道上跨铁路立交桥开工建设，北城主干路网进一步完善。物华苑二期、凤麟兰庭主体工程完工，万里社区即将交付使用，北城高铁广场投入使用，北城展现新形象。北城垃圾填埋场、污水处理厂竣工，引进合肥42中入驻办学，高标准建成合肥北城中学并投入使用，城市配套功能逐步完善。长丰县按照县级中等城市的标准和要求，完成县城总体规划修编。县城高速连接线绿化工程高标准完成，县政务服务中心、图书馆、档案馆、城市规划馆集中开工，县城新区建设启动。长寿路改造一新，锦湖家园安置小区一期竣工，中央花园、百福家园等房地产项目加快建设，老城区改造不断深入。县城污水处理厂提标扩建工程、长新路污水管网建设工程完成，县城垃圾填埋场开工建设。严厉打击县城违法建设，拆除违法建设3万平方米。深入开展文明县城创建活动，切实抓好市政设施管护，县城面貌持续改善。

2012年，长丰县完成沛庄路等5条县乡道路改造升级工程，投入3500万元集中整治老合水路路面，合徐高速杜集互通立交工程开工建设，城乡路网结构更加完善。年度主配电网重点工程进展顺利，按期完成岗集、水湖变电站扩容工作，110千伏北城1号变电站开工建设。启动合肥向吴山供水工程，集中整治龙门寺水库等农村饮用水源地，城乡居民饮水安全有效保障。“乡乡通天然气工程”有序推进。开展农田水利基本建设，疏浚河渠318公里，完成10座病险水库除险加固，荣获全省农田水利基本建设“江淮杯”三等奖。陶楼陶西、造甲凤楼凤群整村推进项目完工，水湖费岗等7个中心村美好乡村建设全面启动，农村环境综合整治扎实开展，左店等3个乡镇农村清洁工程完成，新农村展现新形象。实施绿化大会战，合淮阜、外环高速、成片造林等一批林业重点项目高标准实施，全县累计造林绿化2733.3公顷。扶贫开发、江淮分水岭综合治理工作获全省先进。

【国土管理】 2012年，长丰县争创全省国土资源执法模范县取得成功，成为全省唯一一家连续3年全力争创全省国土资源执法模范县，省国土厅13.3公顷奖励用地指标已到位；首次完成全县集体建设用地分等定级及基准地价编制工作，实现集体建设土地与国有土地“同地、同价、同权”上市交易并备案抵押登记；稳步推进节约集约用地工作，全国首届国土资源节约集约模范县中期评估工作顺利通过审核，国土部20公顷奖励指标到位；全面完成县、乡两级土地利用总体规划修编工作。

全年经省政府批准征收土地795.58公顷；报验土地整治项目新增耕地1349.7公顷；出让土地406.7公顷，实现非税收入5782万元，超额完成1550万元的年度任务，完成率373%；土地出让金20.4亿元，超额完成20亿元的年度任务，完成率102%；办理抵押登记186宗，抵押融资36.7亿元。开展永久性基本农田工作划定工作，完成1.04万公顷高标准基本农田建设任务。实现全县11.2万公顷耕地，10.4万公顷基本农田面积不减少，质量有提高的目标；战役式推进土地整治工作，做到责任到人、倒排工期、限时完成。全年经验收确认新增耕地1349.7公顷（其中完成20个批次增减挂、置换和先行复垦项目验收，确认新增耕地732.7公顷，完成杨庙镇宋楼村、造甲乡许圩村、义井乡杜岗村3个省级土地整理项目验收，确认新增耕地46.2公顷，完成罗塘乡尹集村、杨庙镇十井村、朱巷镇庞孤堆村3个市级土地整理项目，确认新增耕地128.4公顷，完成86个县级土地整理项目验收，确认新增耕地293.7公顷）。完成1.043万公顷的高标准基本农田建设。完善县土委会集体决策机制，制定县土委会议事规则、招拍挂实施细则、土地储备交易工作规则，全年召开县土委会8次，涉及土地重大事项全部报经土委会研究。在项目的管理中，实行项目论证制，用地预申请制，做到招商选资，将有限的用地指标优先保障民生工程、基础设施建设和重大项目建设需要，宝湾物流、广铝、润恒、世纪金源、合众人寿等一大批重大项目落地；经省政府批准征收土地795.6公顷，储备土地142公顷，出让土地408公顷，土地出让金20.4亿元，其中出让工业用地302.1公顷，土地出让价金4.9亿元；出让经营性用地105.9公顷，土地出让金15.5亿元。全年办理国有土地使用权证书286宗；办理农村集体土地所有权证268本，完成率达100%；办理农村宅基地使用权证12.86万本，完成率达97.72%；办理农村集体建设用地使用权证472本，完成率达98.33%。为支持企业和个人发展，办理抵押登记225宗，抵押融资36.7亿元。

【污染减排】 2012年，县城污水处理厂共处理污水310.4061万吨，削减COD298.09吨，氨氮82.97吨。吴山镇污水处理厂和北城污水处理厂主体工程基本完工。2012年，长丰县淘汰24门（含）以下砖瓦窑27家，减排任务全面完成。督促列入减排项目的20家畜禽养殖企业实现雨污分流，规范台账资料，确保得到减排要求。对7家安装水、气自动在线监测装置的企业每季度进行一次在线设备比对监测，确保正常运行。2012年，长丰县共审批环评文件160个，其中：审批环境影响报告书类项目9个，环境影响报告表类项目63个，环境影响登记表类项目88个。审批的项目中，新增工业类项目64个，新增COD排放量52.95吨，氨氮总量5.125吨，二氧化硫87.1吨，氮氧化物115.8吨，符合新建项目控制或减少污染物（类）指标要求。监测频次163家（次），较2011年增加60家（次）。其中对国控企业（长丰县污水处理厂）监测12次，省控企业（祥瑞公司、伊利乳业、成龙钢铁、江铸公司）监测72次；完成监督性监测27家，取得监测数据814个；完成委托性监测企业113家，出具监测数据1130个；办理委托环评背景值监测企业41家，完成监测41家，出具环境质量背景值监测数据4534个；完成每月一次的县城饮用水源地庄墓河水质监测，出具监测数据72个；做好每月一次的长丰县板桥河出境断面水质监测工作，出具监测数据36个；开展全县13个饮用水源地每季度一次的水质例行监测，出具监测数据468个。

【交通】 2012年，全年实施县乡公路升级改造建设里程38.4公里，分别为：吴山至炎刘续建项目5.8公里，土拐至小甸续建项目3.5公里，水家湖至孔店公路5公里，沛庄路（罗塘至代集段）4.6公里，沛庄路（沛河至左店至代集段）13.5公里，青杨路（下塘至埠里段）6公里。完成合肥至岗集养护大修工程7公里。完成县乡公路中修工程22公里，分别为：下塘至杨庙公路6公里、四墩至陶楼公路2公里、老合淮路5公里、双墩至岗集公路9公里。超前完成万岗桥和安费塘桥2座危桥改造项目。开工建设合水路（五湖大道至下塘工业园）改造工程。该工程全长9.02公里，按城市Ⅰ级主干道标准设计，沥青混凝土路面，主车道为双向8车道，道路红线宽度60米，总投资约3.4亿元（包含征地、拆迁费用）。该工程于2012年4月10日开工建设，2012年11月底建成通车。做好合蚌高铁、淮南既有线、杜集吴圩互通立交项目协调服务工作。杜集吴圩互通立交项目，互通主线采用双向8车道进行设计，路基宽度42米，匝道设计时速40Km/h，建设里程4.6公里，总投资约1.4亿元。该工程于2012年11月中旬开工建设。

开展全县客运市场专项整治、“治超打非”、“联合一号”、“联合二号”、“联合三号”和“雷霆”行动以及道路运输企业监管专项整治工作，进一步加大对全县危货运输市场和源头治超工作的监管力度，巩固治理超载超限成果，全县道路运输市场秩序得到了明显好转。在村村通班车管理方面。采取走访沿线群众、召开代表座谈会、发放征求意见表等方式，对班线的合理性进行及时了解，适时进行调整，并严格兑现和对外公示村村通班车冷线补贴资金，保证行政村通班车100%的通达率，为百姓出行提供了安全和便捷。全年共为服务对象申办道路运输证1499件，道路运输证年审11984件，县内班线客运车辆年审184台，二级维护备案24243台次。年末，全县公路通车里程3130公里，比上年增长0.9%，其中，高等级公路通车里程91公里。年末民用汽车拥有量2.99万辆，比上年下降1.5%，其中私人汽车1.46万辆，增长10.2%。

【商贸】 2012年，新建“农家店”285个。累计建设和改造农家店1096个、农业生产资料和日用消费品配送中心22个，新增农村综合服务社20家，发展行业协会3个。加强同重点流通企业的信息沟通，制定出台《生活必需品保障供应应急预案》，注册备案12家监测样本企业，跟踪监测粮油棉、肉禽蛋、成品油、农业生产资料、煤炭等5大类31个品种商品的市场运行情况，确保“菜蓝子”、“米袋子”等重要生活物资的供应。开展生猪定点屠宰资格清理核查，着重加强生猪定点屠宰场升级改造,关闭定点屠宰场点关闭17家，同时加大市场稽查力度，确保“放心肉”放心入市。全县年定点屠宰生猪达到17万头以上，基本满足市场需求。启动肉类蔬菜可追溯体系建设，运用信息技术手段，实现肉菜商品流通的索证索票、购销台账的电子化，从而形成来源可追溯、去向可查证、责任可追究的质量安全追溯链条，提高生产经营者的责任意识和保障能力，改善消费者预期，促进放心消费。加强酒类流通监管。共备案登记258家，其中批发企业19家，零售企业225家，餐饮企业14家，酒类产销管理进一步得到规范。四是加强成品油行业监管。严格对全县37家（中石油8家、中石化17家，社会加油站点12家）成品油销售企业进行年检，成品油行业经营秩序得到规范，成品油市场基本平稳。全年社会消费品零售总额31.83亿元，比上年增长18.2%。其中，批发和零售业零售额28.26亿元，增长18%；住宿餐饮业零售额3.57亿元，增长19.5%。年末全县限额以上批发零售和住宿餐饮企业实现零售额4.59亿元，比上年增长27.5%。

全年进出口总额 10021万美元，增长14.4%，其中出口9209万美元，增长7.2%，进口812万美元，增长386.2%。

【工商】 2012年，全县新注册企业367户，农民专业合作社52户，新增注册资本7亿元。新增个体工商户1191户，新增注册资本1.38亿元。全年受理企业各类办件1631起，接待企业咨询人数8500余人次；办理企业股权出质登记36件，办理动产抵押物登记30件，办理企业商标质押贷款3件。组织开展了第17届守合同重信用活动，开展“进万企”活动，走访企业319家，解决问题314件；全年新申请商标16件，对53家企业进行了商标知识培训。培育申报的“本雅明”商标获批中国驰名商标称号，填补长丰县无中国驰名商标的空白。对长丰县特色产品进行梳理，启动“下塘烧饼”集体商标申报工作；巡查各类市场主体11642户，回访各类新办企业3182户次，企业年检率99.9%。加大反不正当竞争工作力度。查处虚假宣传案件1起，商业贿赂案5起；开展医疗广告专项整治、药品专项整治、“特供、专供”酒类专项整治等5项专项整治，组织了9家广告经营企业参加市局广告审查员培训。办理广告案件3件，广告审查登记46件；开展长丰县打击传销“皖剑” Ⅰ、Ⅱ号集中整治行动，捣毁传销窝点5个，对4个疑似传销头目由公安刑警中队进行立案调查，冻结资金20余万元；取缔黑网吧3家，没收电脑主机、显示器30台，没收卫星接收器4台，立案查处4户；开展重大活动期间食品专项整治工作。组织检测食品样品155组，其中不合格食品28组，对不合格食品全部下架、立案处理。开展了流通领域产品质量抽检工作，对不合格产品，全部进行立案查处；开展二次以食品安全工作督查为主要内容的效能建设督查工作。抽查食品经营户26家，督查工商所6个，随机督查食品案件5件，未发现违规违纪行为；全年受理投诉48件，投诉处理率100%，接待咨询来访2585人次，为消费者挽回经济损失40余万元。开展了邮政窗口服务情况专项调查活动及“诚信单位”评选活动，评选推荐省级“诚信单位”3家，市级“诚信单位”3家。

【财政、金融和保险业】 全年财政收入27.08亿元，比上年增长27.5%，其中，地方财政收入17.69亿元，增长35%。财政支出33.64亿元，增长19.2%。其中，教育支出7.39亿元，增长25.6%；社会保障与就业支出2.87亿元，增长21.4%；全年实施34项民生工程累计投入8.14亿元，惠及城乡居民102.6万人次。

年末金融机构人民币各项存款余额129.72亿元，比年初增长16.2%。其中，储蓄存款68.72亿元，增长23.8%。金融机构人民币各项贷款余额69.87亿元，比年初增长28.6%。其中，短期贷款38.68亿元，增长16.9%；中长期贷款28.53亿元，增长41.7%。

全年保险系统保费收入1.26亿元，比上年减少21.6%，其中：财产险保费收入2966万元，比上年增长0.9%；人寿险保费收入9640万元,比上年减少26.6%。赔款和业务支出8525万元，下降10.1%，其中，财产险业务赔款支出2382万元，增长12.5%；人寿险业务赔款与给付6143万元，下降16.6%。

【教育、文化和卫生】 均衡推进学前教育和义务教育发展，新建、改扩建幼儿园11所，完成42所标准化学校建设任务。合肥一中全面管理合肥北城中学，为全县教育发展注入新的活力。扎实开展全民健身活动，推动群众体育事业发展，市十运会取得优异成绩。科技创新成效明显，发明专利申请及授权数量位居全省前列，新增国家“火炬”计划重点高新技术企业2家。文化工作亮点纷呈，完成《人文长丰》编撰工作，庐剧小戏《劝赌》荣获全国第四届小戏小品曲艺大展三等奖。基层医改成果得到巩固提升，县级公立医院改革启动，公立医院药品全部实行零差率销售；安医二附院正式托管县医院、中医院。全国计划生育优质服务先进县创建活动深入开展，计生网格化管理和诚信计生服务模式全面推行，人口计生工作水平明显提升。年末全县共有普通中学41所，在校学生3.43万人；中等职业教育学校8所，在校学生0.71万人；小学154所，在校学生3.63万人；幼儿园83所，在园幼儿1.55万人。全县小学学龄儿童入学率100%，小学毕业生升学率81.15%，初中毕业生升学率106.99%。年末，全县共有专业剧团1个，图书馆1个，藏书9.8万册，文化广播电视站14个。

年末全县共有卫生机构238个（含村卫生室和计生服务站），其中，医院、卫生院25个，社区卫生服务机构13个；卫生机构床位数1717张，其中医院、卫生院1705张。全县专业卫生技术人员1384人，其中执业医师和职业助理医师540人、注册护士452人。每千人拥有卫生技术人员1.79人，拥有医院、卫生院床位数2.21张。

【审计】 2012年，长丰县重点抓好财政预算执行情况审计、专项资金审计、领导干部经济责任审计、政府投资项目审计。全年共完成计划内审计项目18项，县委、县政府及上级审计机关追加的审计任务10项，查出违规金额277万元，管理不规范金额13385万元；对查出的违规金额作应上缴财政处理63万元，应归还原渠道资金29万元，应缴纳其他资金105万元，审计促进整改落实有关问题资金202万元，对查出管理不规范金额已作调账处理12002万元。提交审计报告400篇（其中：工程价款审计报告370篇）。完成政府性投资项目审计370项，接审金额80751.60万元，审定金额67453.01万元，平均审减率16.5%，节约政府性资金13298.59万元。

【社会保障】 全年34项民生工程投入8.1亿元，落实县级配套1.5亿元。稳步推进被征地农民养老保障，城镇职工养老、失业、医疗等社会保险参保任务超额完成，城镇职工医保实现市级统筹，社会保障体系不断完善。加强重度残疾人生活救助，开展“接送流浪儿童回家”专项行动，健全城乡困难居民医疗救助“一站式”服务机制，社会救助力度不断加大。按比例安排残疾人就业，荣获“全省残疾人就业工作先进集体”称号。完成49个农家书屋建设任务，农家书屋建设荣获中宣部等四部委联合表彰。开工建设各类保障性住房2005套，451套教师公租房主体工程封顶，教育安居工程深入推进。实施居民收入倍增计划，城镇居民人均可支配收入、农民人均纯收入保持较快增长。年末全县户籍总人口77.26万人，其中：非农业人口10.29万人，农业人口66.97万人。

2012年，长丰县荣获“全省就业工作先进县”称号。

全县城镇居民人均可支配收入14357元，比上年增长16.9%。全县农民人均纯收入8439元，比上年增长15.7%，农民人均生活消费支出5612元，增长37.7%，其中，食品支出增长22.7%，衣着支出增长30.1%，医疗保健支出增长3.5%，交通和通信支出增长21.5%，文化教育娱乐服务支出增长28.7%。农村居民恩格尔系数43.6%，比上年下降5.3个百分点。农村居民人均住房使用面积30.9平方米。

年末全县参加基本养老保险职工人数3.81万人，比上年增长13.6%；参加失业保险职工人数1.85万人，比上年增长16.8%；参加基本医疗保险人数4.29万人，比上年增长10.4%；城乡居民养老保险参保人数46.2万人；城乡居民参加新农合人数64.58万人。全县城镇居民最低生活保障救济人数0.85万人；农村居民最低生活保障救济人数3.95万人；农村五保户供养人数0.86万人。

乡镇选介

岗集镇

【概况】 岗集镇位于合肥市北城区，长丰县最南部，镇域面积162平方公里，辖11个行政村和10个社居委，总人口8万人，其中外来人口1万多人。

岗集镇地处合肥市北二环和北三环之间，区位优越、交通便捷，是连接长丰县和合肥市区的重要桥梁，镇区距合肥市中心11公里，距高铁北城站7公里，距新桥国际机场15公里，206国道贯穿镇域南北，合六叶、合淮阜高速途经境内，公交、水、电、气等基础配套设施与市区同步。

岗集镇是“安徽汽配第一镇”，境内江淮汽车配件工业园区是合肥市政府批准、安徽江汽集团重要的汽车零部件配套工业园，建成区面积7.1平方公里，现有各类企业525家，其中规模以上企业65家，从业人数2.1万人。

2012年，岗集镇完成地区生产总值35.8亿元，同比增长30.2%；完成工业产值100.6亿元，同比增长35.9%；完成工业增加值23.5亿元，同比增长34.2%；实现财政收入2亿元，实现招商引资到位资金38.6亿元；完成固定资产投资43亿元，其中工业项目投资38亿元。农民人均纯收入10450元，同比增长18.5%。

2012年，岗集镇先后获得全国发展改革试点镇、群众体育工作先进乡镇，安徽省环境优美乡镇、产业集群专业镇、“扩权强镇”试点镇、中小企业创业基地、科技创新试点镇、质量兴县示范镇、五个好乡镇党委标兵、安徽省省级应急示范点等荣誉，综合实力已连续6年荣登“合肥市十强镇”。

【工业建设】 岗集镇坚持“融入合肥、紧跟江汽、工业强镇、产业富民、科学发展”工作思路，谋划整车和汽车核心配件项目，围绕大项目开展登门招商，2012年，先后引进10亿元以上大项目1个，5亿元以上工业项目2个，1亿元以上工业项目12个。镇项目工作领导组，按照“五个一批”要求推进项目建设，为企服务中心、园区建设分局、规划建设分局、国土资源分局等部门全力参与，全程代办，为项目开工节时提速。帮助企业争取政策、申报项目、申请专利、申报高新技术企业。组织召开政银企对接会，解决企业资金问题。每月召开企业例会、经济形势分析会，及时梳理问题，并邀请省市专家、科技、技术监督等部门、江汽集团的技术人员参加，指导企业加快与主机厂技术研发、产品升级同步，加强企业申报省市名牌、科技企业方面的指导，帮助企业增强知识产权、商标和品牌等方面意识，提高市场竞争力。至2012年底，全镇规模以上工业企业增加到65户，其中亿元以上企业25户，税收超百万元企业增加到39户。

【集镇建设】 岗集镇推进集镇改造，老集镇改造项目先后与中铁十八局、千人和集团、香港划云集团、中房集团等洽谈。实施万人搬迁进镇工程，培训农民转市民，提升城市化率。破解资金困难，加快基础设施和拆迁安置小区建设。金明花园三期12万平方米安置房建成。金地丽景9公顷精品商住楼项目成功挂牌，已全面启动建设。全力推进金湖花园安置小区建设。建成6幢总面积3.3万平方米的公租房。

加强集镇文明创建和社区物业管理，引进新蜀物业公司，对原先无物业管理的金明花园一期、二期两个小区进行物业管理，使两个小区卫生面貌和物业管理水平大大提高。协调143路公交向北延伸，解决企业工人上下班交通问题。加强农村环境综合整治工作力量，配备了150名专职保洁队员、村居保洁人员60多人，按月支付工资。保洁范围从原来的镇区主干道路延伸至各村居。加大经费投入，新建垃圾房等硬件设施，新增环卫保洁车辆。开展街巷、道路硬化。对合淮路金岗大道至岗南路进行改造升级，实施硬化、亮化、美化工程，提升形象，促进集镇整体面貌焕然一新。

【特色农业】 2012年，岗集镇利用地处合肥市近郊优势，制定农业产业结构调整规划，发展现代生态农业。按照“政府主导、企业主体、市场运作、农民自愿”的模式，采取招商引资和农业专业合作社的形式进行农业产业结构调整，截止2012年底全镇共有农业专业合作社32家，涉农企业或公司84家。流转土地2400公顷，共压缩小麦、油菜等传统农业种植面积346.67公顷。发展南冬瓜和“五黑作物”种植1333.3公顷。新建佳洲园林、华运苗木基地、海源蔺草种植示范基地、卧龙山生态休闲旅游园等19家现代农业示范园，总面积为1066.7公顷。以董大姐、鹏凤养殖基地为龙头的示范带动作用逐步显现，林间养鸡达133.3公顷。推进斗镇、桃山和大窑新农村建设。

围绕建设“生态岗集”的目标，完成成片造林工程716.7公顷，其中大房郢水库上游371.3公顷、江淮分水岭水土保护林345.3公顷，绿色长廊提升工程38.8公里，道路绿化13公里，渠道绿化7公里，村庄绿化15处，水库绿化1处，塘坝绿化20口。招引26家实力较强的苗木花卉企业入驻发展，共流转土地1333.3公顷。按照“因地制宜、分段完善、分块集中、全线提升”的要求，由镇政府投资提升外三环绿色长廊26公里，园区道路绿化5公里。通过加密、补植梓桐的方式，提升合淮阜绿色长廊12.8公里。

【民生工程】 2012年，岗集镇落实各项民生工程，补助类、培训类和工程类项目均按照民生工程政策要求认真执行，各类涉及民生工程资金均全部到位，工程按照高质量、快速度推进，全部民生工程顺利完工。城乡居民养老保险参保人数进一步增加，加大城乡医疗救助，实施贫困残疾人康复工程，提高了农村居民最低生活保障补助标准、“五保户”供养补助标准、重度残疾人生活救助标准、新型农村合作医疗参合补助标准和城镇居民医保参保补助标准。注重加快文化阵地建设，完成了5所村级农家书屋建设，实现书屋全覆盖，其中南洪社区农家书屋代表合肥市通过了省级部门检查验收。完成农村饮水安全管网延伸工程、两座病险水库除险加固工程、30户农村危房改造和33个“一事一议”项目，化解了群众生活、生产难题。

【文化宣传】 岗集镇以中国（合肥）非物质文化遗产园为龙头，大力发展文化产业。积极开展形式多样的文化活动，结合重大节日和重点工作，开展“六一”文艺活动、“七一”系列活动、广场文艺演出和“千人进站看电影”等活动10次，并组织人员送文艺进敬老院、进社区活动。2012年，岗集镇获得 “合肥市文明乡镇”称号，卧龙山、南洪、龙岗等村（居）分别获得市文明社区和文明村称号。岗集镇基层党校被评为“合肥市先进基层党校”。岗集镇陈友志愿队、“三八”巾帼志愿志服务队均被评为“合肥市志愿者服务工作先进集体”。2012年4月和7月，中央电视台《生财有道》栏目组来到岗集镇分别对养鸡大姐董光武和大学生创业带头人付凤进行专题采访报道。加强综合文化站管理，确保该站正常开放，积极开展群众文化活动和科技培训活动。

（李　标）

2012年长丰县乡镇村社居委一览表

乡镇	社居委名称	村委会名称
水湖镇	伍岗社居、庙岗社居、张祠社居、阮巷社居、锦湖社居、富华社居、翰林社居、岗城社居、李集社居、水湖社居、钱岗社居	南孔村、李岗村、俞岗村、周巷村、李杨村、蒋赵村、谢户村、颜湖村、兴隆村、拐王村、小岗村、大周村、孔圩村、丰峡村、裴户村、长岗村、费岗村、金瓦村、周圩村、李拐村
罗塘乡	徐庙社居、夹道社居、双合社居、罗塘社居	邵集村、庄岗村、杨郢村、尹集村、禹庙村、张岗村、梅元村、朱桥村、壁城村、拐集村、鲁周村、黄岗村、花塘村、戴庙村、岳岗村、邵桥村、叶集村、上拐村、联合村、樊祠村
左店乡	左店社居，永丰社居,创新社居	淮光村，梁埝村，高闫村，戴集村，韩庄村，凤凰村，梁曹村，陆桥村
杜集乡	新街社居、杜集社居隆兴社居	迎新村、陈岗村、新星村、振兴村、沛兴村、团结村、胜利村、刘兴村、邱集村、大李村、东黄村、何岗村、义合村、庙后村、高祠村
庄墓镇	刘浅社居、庄王社居	杨湾村、李庄村、薛桥村、金桥村、侯集村、枣林村、张圩村、徐岗村
义井乡	义井社居、涂拐社居、徐巷社居	杨店村、曹岗村、甄祠村、车王村、向东村、大郢村、黄巷村、曹店村、甄湾村、杜岗村、塘面村、红桥村、龙王村、蔡岗村、迎水村、楼丰村
岗集镇	张庙社居、龙岗社居、新庄社居、黄浦社居、井沿社居、南洪社居、前丰社居、三十埠居、金岗社居、卧龙山居、岗集社居	松棵村、四十埠村、青峰岭村、双庙村、斗镇村、大窑村、桃山村、新元村、安冲村、牛寨村
吴山镇	东岗社居、井岗居、百花社居、涂郢社居、五十埠居	官府村、岗楼村、薛店村、牌碑村、四墩村、桥冲村、王楼村、胜岗村、高岗村、楼南村、车左村、楼西村、梨园村
陶楼乡	观美社居、陶楼社居、高塘社居、新丰社居、陶西社居	古城村、石集村、陈圩村、沙井村、大桥村、陈祠村、杭岗村
双墩镇	罗南社居、湖滨社居、洪塘社居、双墩社居、万里社居、吴店社居、花园社居、白大塘居、大陆社居、宇桥社居	富水村、汪岗村、兴岭村、海宝村、罗北村、梁庄村、河东村、、新集村、南苑村、尚岗村、马庙村、大官塘村、金坝村、富民村、旧镇村、北苑村、华丰村
下塘镇	幸福社居、钱集社居、古楼社居、南圩村居、明华社居、赵店社居、埠里社居、金店社居、朝晖社居、万岗社居、陶湖社居、埠南社居、西葛社居、韩岗社居、青州社居	新集村、李岗村、陶新村、北店村、上杨村、小井村、安费塘村、牌坊村
杨庙镇	马郢社居、庙南社居、四树社居、庙北社居、十井社居	大元村、双塘村、颜岗村、大路村、大程村、枣林村、云丰村、孔岗村、爹铺村、谷大郢村、陶店村、宋楼村
造甲乡	造甲社居、宋岗社居、凤群社居	双河村、马塘村、缪岗村、凤楼村、六方村、双丰村、陈刘村、联合村、宗旱村、许圩村
朱巷镇	庞孤堆社、柘塘社居、朱巷社居、油坊社居	东许村、陈庄村、镇北村、羊荒村、梁圩村、七里村、梁山村、耿岗村、前黄村
双凤工业区	凤梅社居、徐桥社居、凤霞社居	

庐江县

【概况】 庐江县是周瑜故里、矿业大县、温泉之乡。

“庐江”，最早出现于《山海经》的记述中，原是江名（今为哪条水流尚无定论），后成郡、县名。西汉初设“庐江郡”，今庐江之地汉为舒县。南朝梁始置“庐江县”（另一说“庐江县”始于隋开皇三年即公元583年），距今约一千五百年。庐江又称潜川。

庐江县位于北纬30°57′～31°33′、东经117°01′～117°34′，地处皖中巢湖西南畔，四周与巢湖市、无为县、枞阳县、桐城市、舒城县、肥西县毗连。陆路出境主要通道有合九铁路、合安和合铜黄高速公路以及省道合铜公路、巢庐公路、二军公路，水路运输通巢湖达长江。

庐江县域南北两端相距62千米，东西最大间隔52千米，总面积2343.7平方千米（含所辖巢湖水域83.4平方千米和省监狱系统白湖监区149.1平方千米）。全县常用耕地72834公顷，其中水田66496公顷；森林面积37687公顷，活立木总蓄积202.1万立方米，森林覆盖率16.08%，林木绿化率31%。境内地势西南高，东北低,素有“东丘、南岗、西山、北圩”之称。大体是“山、圩各两分，一水五丘陵”。

庐江县矿产资源丰富，已探明的矿藏有30多种，主要矿产资源保有储量：铁矿石71178万吨、伴$V_2O_5$71.03万吨、铜矿金属量118.3万吨、铅矿金属量12.3万吨、锌矿金属量21.14万吨、硫铁矿49406万吨、石膏10339万吨、明矾石6658.2万吨、高岭土1000万吨、萤石27.97万吨、水泥用灰岩7942.6万吨、建筑石料用灰岩3392.9万吨、建筑用安山岩2000万吨,明矾生产千年之久。

庐江人文荟萃。历史名人古有文翁、左慈、周瑜、王蕃、伍乔等，近代有吴赞诚、吴长庆、刘秉璋、潘鼎新、丁汝昌等。三国名将周瑜鏖战赤壁，清代淮军名将吴长庆援朝平乱，刘秉璋、潘鼎新抗法入侵，吴赞诚治台有功，北洋水师提督丁汝昌英勇抗日等故事广为流传。县内至今有三国文化踪迹几十处。周瑜墓、何氏太始祖陵园、果树宋代瓷窑址、武壮公祠、抗日名将孙立人故居等列入省、市级文物保护单位。冶父寺、白云禅寺，庆复禅寺等处佛教文化兴盛，蕴涵孝道文化的母子陵名噪一方，庐南罗家嘴暴动、汤池松园新四军江北指挥部旧址传扬革命精神。

庐江还有令人欣喜的自然遗产。汤池镇温泉水温63℃,涌水量5000吨以上/昼夜，富含对人体有益的微量元素，有“华东第一泉”之称。围绕温泉先后建成金孔雀度假村、万振逍遥别院、国轩度假村、金盛源山庄、九福民俗欢乐园等旅游设施和景点。冶父山相传因春秋时期铸剑之父欧冶子在此铸剑而得名，山上有铸剑池、伏虎洞、始建于唐代的冶父寺等，寺中贡有三尊不腐肉身，素有“江北小九华”之称。当今冶父山又辟为国家森林公园，竹海林涛是个天然的大氧吧。岱鳌山千姿百态，山中“石公、石婆、石小姐”栩栩如生，动人的故事从古传今。牛王寨、百花寨、黄山寨、釜顶山诸峰，山势陡峭，幽静深远，遍布古战场遗迹。近2666.7公顷湿地的黄陂湖，32公里巢湖岸线、8333.3公顷的巢湖水域，水上风光无限。

2012年，全县有17个镇和1个经济开发区，193个村，39个社区，6584个村民小组，1294个居民小组；总户数370388，总人口1190653人，其中男617498人占51.86%、女573155人占48.14%，非农业人口164923人占13.85%、农业人口1025730人占86.15%；2012年全县人口出生率11.16‰，人口自然增长率5.83‰；全县生产总值156.87亿元，按可比价格计算，比上年增长13.3%，一、二、三产业比重由上年的25.9:40.6:33.5调整为23.5:44.4:32.1；财政收入和支出分别为20.25亿元、36.45亿元，比上年分别增长35%、14.1%；金融机构存、贷款余额分别为213.46亿元、95.79亿元,分别增长22.5%、31.9%；城镇居民人均可支配收入15007元，农民人均纯收入8074元，增长16.1%。

【工业】 2012年，全县工业增加值43.26亿元，增长23.7%。规模以上工业企业达122户、净增21户，完成工业总产值和增加值分别为126.4和34亿元，分别增长23.1%和26%；工业产品销售率97.2%，下降0.8%；规模以上工业入库税金5.65亿元，下降17.5%。规上工业企业中：战略性新兴产业企业有14户，总产值14.5亿元，增长45.8%，增加值4.02亿元，增长41.0%；农副产品加工、矿业及其深加工、磁性材料及电子、机械制造及汽配产业产值依次为35.2亿元、25.1亿元、17.5亿元、13.2亿元。全县产值超5000万企业有74户，总产值104.2亿元，其中亿元以上企业有34户，新增7户，总产值75.2亿元,安徽双福粮油工贸集团有限公司产值7.5亿元为最高。规模以上工业主要产品产量：铁矿石原矿389.56万吨，增长26.4%；铜金

庐江县2012年主要经济社会指标

项目	绝对数	比上年增长%
国土面积	2343.7平方公里	-
总人口	119.07万人	0.4
其中城镇人口（非农）	16.49万人	1.8
生产总值	156.87亿元	13.3
第一产业增加值	36.84亿元	5.6
第二产业增加值	69.68亿元	19.7
第三产业增加值	57.83亿元	23.7
规模以上工业总产值	126. 38亿元	23.1
规模以上工业增加值	34. 02亿元	26.0
财政总收入	20.25亿元	35.0
财政总支出	36.45亿元	14.1
社会消费品零售总额	57.95亿元	17.4
外贸进出口额	13346万美元	24.4
出口额	13315万美元	24.3
利用外资	4118万美元	-2.0
固定资产投资额	144.50亿元	68.2
金融机构年末存款余额	213.46亿元	22.5
金融机构年末贷款余额	95.79亿元	31.9
邮电业务总量	4.19亿元	6.2
用电量	11.51亿千瓦时	14.2
农民人均纯收入	8074元	16.1
自来水供应量（出厂）	2776.57万吨	14.1
县城自来水供应量	917万吨	5.8
学龄儿童入学率(%)	100	-
每万人拥有医院卫生院病床数	20.1	7.9

属含量8210吨，增长39.5%；大米38.24万吨，增长14.6%；饲料41118吨，增长14.3%；精制食用植物油26034吨，-2.6%；酱油21845吨，增长5.1%；白酒（折65度，商品量）2017千升，增长9.1%；啤酒34952千升，增长16.5%；精制茶3052吨，增长76.6%；人造板25480立方米，-45.1%；磷酸一铵（实物量）12.64万吨，增长23.7%；塑料制品9297吨，增长27.9%；水泥165.15万吨，-1.2%；商品混凝土83.14万立方米，增长81.7%；阀门6037吨，-21.9%；风机4127台，增长6.4%。

实施“工业立县推进年”活动，设立专项发展资金5000万元，出台《关于开展“工业立县推进年”活动的实施意见》、《关于加快工业发展若干意见》、《关于印发庐江县加快工业发展专项资金管理暂行办法的通知》等文件，为全县工业发展提供政策和资金支持。开展银企对接活动，编制企业融资推介手册发给县内外金融机构和金融服务机构，其中一次与合肥金融机构对接活动签订贷款协议达4.26亿元。对120多户工业企业负责人进行工业经济发展知识培训，让企业掌握省、市扶持工业的政策措施及申报细则。组织罗河铁矿、天歌鹅业、味甲天等13户企业申报省财政专项资金项目，为安风风机争取国家产业升级专项资金100万元。组织大地熊、万磁、恒泰活塞、新中远科技、罗河矿业、双福粮油、万乐米业等8户企业申报市“十二五”高成长型企业培育工程。谋划申报重大项目36个，联发凯迪、豪威光电、神皖电厂等一批重大项目有序推进，生物质发电厂、包钢稀土、吉新照、重啤易拉罐等重点项目建成投产。全县新建、续建工业项目205个，完成工业投资92.7亿元，增长55.9%。

园区建设步伐加快。县经济开发区完成基础设施投入6亿元，13.6万平方米二期安置房启动建设，公交、燃气、污水处理等配套设施逐步完善，市工投标准化厂房一期工程3.1万平方米完工，5平方公里环移湖片区建设前期工作加速；新增亿元以上项目21个，累计到位资金31.5亿元；新开工亿元以上项目10个，完成固定资产投资24.7亿元，增长2倍以上。龙桥工业园建设加快，纬一路即将竣工，西河码头、污水处理厂、220千伏龙桥变电站等项目快速推进，钒资源开发和综合利用项目启动征地拆迁工作；已签约项目6个，在谈项目5个。

庐南矿区迎难发展。协调人员深入一线除隐患、平纠纷，保障矿山建设顺利进行。龙桥铁矿二期项目充填站于12月18日投入使用，新炸药库已具备使用条件，尾砂制砖一期于8月18日点火投产。罗河铁矿付冲尾矿库大坝工程如期完工，输尾管线供电线路架设完成，充填站征地结束，"9.20"重负荷试车整体工程基本完成。大包庄硫铁矿3.5万伏双回线路及尾砂管线全线贯通，大选厂建设完成，矿产品运输试点工作正稳步推进。沙溪铜矿地表覆土式炸药库全面建成将投入使用，项目核准的各类报告正待批复。泥河铁矿进矿道路施工全部完成，10千伏临时供电工程基本完成，地表炸药库、雷管库主体工程正在有序施工。矾成铜业毛笼铜矿基础设施建设已完成，建设所需设备已全部安装。卢洼铜矿已完成物探，正在进行钻探勘察。黄屯硫铁矿35千伏变电所、地表炸药库土建、水文物探、工业场地征地等工程已结束，采矿证正在办理。2012年虽受矿产品价格持续下跌影响，但各大矿山企业顶住压力谋发展。龙桥矿业全年原矿产量158万吨，同比增长10%；新中远化工磷酸铵产量12万吨，同比增长23.8%；罗河矿业9月份实现重负荷生产，原矿产量68万吨，成品矿28万吨；大包庄硫铁矿于11月投料试车，生产硫精矿、铁精矿1.1万吨；钟山矿业尾砂制砖生产成品砖4600万块。庐南重点矿山企业全年实现工业总产值21.3亿元，上缴税金3.58亿元。

广泛开展以"节能低碳，绿色发展"为主题节能宣传活动。二是在年综合能耗5000吨标煤以上的大江股份、龙桥矿业、新中远化工、皖江纳米等4户企业开展清洁化生产工作。三是对列入省级重点用能监测范围的的4户企业开展合同能源管理工作。四是推进重点节能工程和资源综合利用项目建设，大江公司12MW纯低温余热发电项目已完成，凯迪公司25兆瓦生物质发电项目、建瓴新型建材公司年产4.8亿标块尾砂烧结多孔砖项目和锦龙新型环保建材公司30万吨/年磷石膏综合利用项目加快建设。五是抓好用电调荷避峰工作，与24户企业签订有序用电责任书。六是淘汰落后的粘土砖瓦轮窑生产，推广新型墙材生产，全县已关停轮窑厂69座（已拆除粘土砖窑厂42座），只剩1座（缺口轮窑厂），取得省新型墙体材料产品确认证书的有3户，正在申报的有8户，扩建养护窑的有8户企业。全县单位GDP能耗下降5.03%，超过省下达年度节能目标任务。

【农业】 2012年，全县农作物总播种面积17.7万公顷，增长1.46%。粮食面积13.87万公顷，增长1.72%，粮食产量84.0万吨，增长6.9%。油料总产3.2万吨，增长7.8%。棉花总产5743吨，增长3.3%。蔬菜面积1.57万公顷，增长9.68%，产量39.79万吨，增长25.5%。全县完成植树造林面积2207.47公顷，实施长江防护林封山育林400公顷，巩固退耕还林成果现有林培育面积86.4公顷，义务植树200万株，林业育苗110公顷。全县苗木花卉基地面积4333.3公顷。拥有50～100亩、100～500亩、500亩以上的造林大户分别达120户、110户、11户。具有林木种苗经营许可证的有176家，其中已登记注册的公司70余家，有三级以上园林绿化资质的6家，省级龙头企业3家，省级苗木示范基地1家，市级"十佳苗木示范基地"1家。全年批准采伐各类林木22654.1立方米，办理林地林木流转和变更登记380公顷，累计流转林地1720公顷。畜禽生产稳步发展，生猪出栏20.9万头，增长4.1%；家禽出栏1117万只，增长6.7%；肉类总产量3.67万吨，增长6.7%，禽蛋产量2.16万吨，增长14.2%。水产养殖提质增效，养殖水面1.27万公顷，增长8.0%，其中特种水产品7600公顷（如网箱养鳝面积为533.3公顷、龙虾养殖400公顷），占总放养面积的60%，水产品产量4.49万吨，增长5.7%。2012年，全县农林牧渔业总产值67.43亿元、增加值36.8亿元，均增长5.6%。

全年农业招商项目22个，其中亿元以上项目11个，总投资规模35亿元，实际引进资金13亿元。汤池镇2800公顷农村土地综合整治工程扎实推进。县、镇两级开始按当年可用财力的10%设立农田水利建设专项基金，完成水利建设投入2.7亿元，其中县"以奖代补"投入6400万元，完成土石方1130万立方米，千亩以上圩口堤防达标26公里，清淤农村沟渠91条，扩挖塘坝617口。对全县108座水库中还有隐患的29座水库加紧施行除险加固工程，已完工验收18座，又新开工11座。总投资近2000万元的庐北大圩中型灌区工程全面完工，总投资4730万元的兆河裴岗联圩段、杨柳圩段堤防加固工程完成85%以上，实施梅山、齐心泵站和全县1870千瓦的小型泵站建设，万山、罗河等五个镇的733.3公顷坡改梯工程全面开工。全年小农水重点项目总投资2266.72万元，主要包括七桥水库南、北干渠配套工程，以及70公顷节水灌溉示范片的土地整理和田间配套等。干渠向灌区供水2100万方，排涝站提水8650万方，在防汛抗旱中显实效。水利兴修荣获省"江淮杯"银奖。全县农机总动力达121.6万千瓦，较上年增长6.2%；新建工厂化育秧基地3

个，集中示范机插秧400余公顷，全年机耕、机播和机收水平分别达83.9%、23.3%、73.3%，农田耕种收综合机械化水平达62.6%，增长4.5%。

台湾农民创业园（郭河现代农业综合开发示范区）完成投入约4.1亿元，新签约项目7个，协议引进资金13.2亿元。总投资1.28亿元安徽绿康苑农业有限公司水生蔬菜深加工项目车间和办公楼在建，中国稻米博物馆封顶，兰之洲农业生态园、春生科技等项目建成投产。建设一个133.3公顷的袁隆平超级稻“种三产四”制种示范基地。邀请中国水稻研究所、安徽省农科院共建6个国家现代农业技术体系试验基地项目，项目核心区占地280公顷，试验示范核心技术15项。以郭河现代农业综合开发示范区为核心区，整县制规划创建国家现代农业示范区申报成功。

在万山、乐桥、泥河、同大四镇建立农业部水稻高产创建万亩示范片11个9693.3公顷，较上年扩大两倍多，其中五个早稻示范片平均亩产达551.9公斤，比上年全县早稻平均亩产增加156.9公斤。在白山镇建立了1个农业部油菜高产创建万亩示范片，虽冻、旱灾害叠加，仍然取得平均亩产为218.3公斤的较好收成。落实单季稻生产核心订单1.5万公顷。以“三园三点”（城西粮油食品工业园、泥河食品酿造园、台湾农民创业园，邱岗万乐米业、兆河双福油脂、汤池金谷粮食）为主要载体，推进粮食产业园集聚发展。

全年龙头企业新增省市级28家，市级达83家、省级达14家，双福集团争创国字号龙头，着重建设30万吨小麦专用粉加工项目，达产后产能翻番。肥雁朗德鹅合作社获省级示范社称号。龙头企业注册商标126个，“味甲天”（酱油）、“润谷坊”（大米）2个商标新增为省著名商标，省著名商标达12个，“海神”黄酒荣膺中国驰名商标，“笑弯腰”大米被评为省名牌产品，省名牌产品达11个。

土地流转助推农业调整结构，全县2012年新增土地流转面积1.23万公顷，累计流转土地面积2.87万公顷，流转比例达40%。设立600万元引导资金，扶持农业主导产业和高效农业发展，大力发展“四沿”经济（沿湖水生蔬菜，沿路高效设施农业，沿山苗木花卉经果林，沿丘陵畜禽规模化生产）。新增蔬菜等高效经济作物种植面积3800公顷，增幅达15%；新增苗木花卉、木本油料等1333.3公顷多，百亩以上企业大户达70家，新增一村一品特色专业示范村24个。形成了同大葡萄、白湖荸荠、庐城花香藕、万山油茶、柯坦蛋鸭等一批有规模的高效农业生产基地，板块经济越来越大。

农产品生产逐步标准化和规范化，农产品质量安全水平不断提升。联合制订发布绿色或无公害农产品生产技术规程地方标准30余个，推广应用国家行业标准和省颁标准20多项。协同双福粮油公司做好省级小麦农业标准化示范区建设管理和柯坦镇省级有机茶农业标准化示范区建设工作。全年新增农产品标准化基地22个。全县“三品”认证农产品达102个，其中有机产品32个、绿色食品53个。县镇两级级农产品质量安全监管体系初步建成，机构、人员、设备全部到位，农产品质量抽检合格率达99%。

【商贸旅游】 2012年，全县进出口总额13346万美元，增长24.4%，其中：出口13315万美元，增长24.3%。磁电产品、玩具轻纺、渔网渔具、农产品（蜂蜜）四大出口产品分别占总量的54.5%、14.1%、7.8%、5.6%。龙磁科技、大地熊新材料、万磁电子、天新蜂产品、鼎辉玩具成为出口产品支柱企业，孔敬渔具、星神皮革、金海渔网、锦盛无纺布显示为有潜力企业，科技含量高的蜂鸟电机、吉新照光电、安风风机、恒泰活塞、光能新能源等增加了产品出口份额。出口超千万美元企业达6家。外经贸企业年检20家、新批1家，变更业务、增资企业3家。促进外贸企业和建筑企业开拓非洲和欧洲市场，潜川市政公司、华东电力公司正申办服务外包资格证书。全年利用外资4118万美元，下降2.0%。

推进安德利物流配送中心、金鹏农副产品批发市场、金润商贸商品配送中心建设和安德利商场总部扩建及原商业大厦、机械化屠宰场提升改造，启动国际商贸城项目建设，金润万家首批在庐城开设9家便利店。城区各类商业网点1000多家，其中超1000平方米的连锁超市、百货商场16个，各类专业市场9个、农贸市场10个、综合市场1个，城南农贸市场建设完成整体工程，花鸟虫鱼市场主体工程完工，规划用地15公顷的鑫隆再生资源利用市场“三通一平”等工程已投入200万元，晨光综合服务市场已经开业运行。全县累计建成“万村千乡”市场工程和“新网工程”配送中心17个、农家店376个，覆盖集镇100%、村70%以上。

举办“农超对接活动”签约2.8亿元；力挺春生公司、双福粮油产品打进合肥周谷堆市场、合家福超市；举办第六届“绿色早籼米进万家”合肥展销会；以“省会有好茶、产地在庐江”为主题，协办第六届国际茶产业博览会暨合肥（庐江）第五届茶文化节。2012年，实现社会消费品零售总额57.9亿元，增长17.4%；限额以上和限额以下企业分别实现零售总额17.9亿元和40亿元,分别增长23.8%和14.7%；城镇和乡村分别实现零售额50亿元和7.9亿元，分别增长18.8%和9.3%。骨干流通企业支撑有力，安德利、百货大楼、金润商贸、万佳商贸、鑫隆超市5家重点商贸企业不断发展扩张，销售额（含企业在庐江境外部分）占全县总额的43.1%。安德利贸易中心近两年在全省县级商贸零售流通企业中名列第一，被国家商务部认定为商贸流通重点扶持企业（全省仅10家），金润商贸荣获中国“成长百强”企业及“最具发展潜力企业”奖。

县供销社系统拥有参控股企业、合作社等18个，类属回收企业1个、花炮企业1个、超市企业1个、农资企业2个、农副产品加工企业3个、茶叶企业2个、专业合作社8个，拥有资产总额21922万元，实际从业人员661人，配送中心7个，连锁经营网点730个，2012年实现销售收入99045万元，同比增长53.5%，利润总额939万元，同比增长54.6%。继续推进“新网工程”建设，构建起日用消费品、农资、农副产品、烟花爆竹、再生资源和农村金融服务六大网络。“三社一会”（即基层供销社、专业合作社、综合服务社和各类行业协会）建设取得新进展。至2012年底，基层供销社新增1个（柾岗供销合作社），农民专业合作示范社新增3个达24个，综合服务社新增28个达218个，社团组织（协会）新增1个达9个（如农资协会、农产品经纪人协会、棉花协会、养蜂协会、茶叶协会、再生资源协会等）。在县供销社协助下，形成6个专业农业产业化龙头企业，累计组建涉农各类专业合作社达178个，带动5万多农户实现增收。涌现出像“龙王井茶叶”、“田源花香藕”、“柳风荸荠”、“香茶岭茶业”等一批市、县级示范专业合作社。省级龙头企业安徽中州茶叶有限公司获得茶叶自营进出口许可权。“白云春毫”品牌成为庐江县茶叶公共品牌，在2012年安徽省第六届茶博会获芽茶类“茶王”称号和“唯一推荐品牌”。庐江县被评为“安徽省最具发展潜力的重点产茶县”。

转换粮油经营管理体制，以金谷公司为核心，打造优势骨干企业，将地方三级储备、军粮供应和托市收购等政策性业务由金谷公司统一管理，授权金谷公司对6个国有控股公司实行统一监管，推动6个公司真正转变成“自主经营，自负盈亏，自我发展”的市场主体。推进粮食产业化，2012年申报粮食产业化龙头企业省级3家、市级9家、县级19家；有1个项目入围省粮食局支持项目，8个项目入围市政府支持项目；促进粮食产业园集聚发展，双福粮油、恩度食品、海神黄酒、庐江重啤等大项目进展顺利。开展仓储规范化管理三年提升行动，投入100余万元，添置4台烘干机、5台清杂机，改造、维修仓容1万余吨，推动金谷储备库争创省级示范库。开展第七期新农村科学储粮工作，到2012年8月底，2011年订购的科学储粮器材2439套已配送到村，农民朋友很欢迎，又订购2013年科学储粮器材6500套。落实地方储备粮轮换任务，完成2000吨市储粮原粮轮入、1200吨市储成品粮轮入、2000吨早籼稻县级储备粮轮出任务，县储3000吨杂交稻挂牌竞拍并同时做好轮入工作。主动与外地进行产销对接，与厦门市粮食局签订《建立紧密产销合作关系协议书》和代收1000吨中晚稻的购销合同。采取“托市”方式扩大收购，保护农民利益。2012年全社会收购粮食39.2万吨，其中国企收购12.2万吨，国有粮食企业收购6.6万吨（托市收购小麦2.3万吨，托市收购粳稻1.4万吨），全县收购油菜籽2万吨。

进一步修编完善旅游业规划。以国际标准修编完善汤池温泉旅游度假区规划，编制齐嘴焦姥文化产业园规划和胜利圩生态岛项目规划；指导部分镇启动乡村旅游规划；对马槽河景观、十里长冲和台湾风情街进行规划设计。开展旅游招商。围绕巢湖南岸旅游开发、冶父山、黄陂湖、周瑜故里、温泉资源等编制了20多个旅游招商项目，通过在网上发布，请进来和走出去推介，签订了航空科技与文化产业园和小乔樱花项目协议。加大旅游投入。申请国家补助资金640万元、省补助资金20万元，旅游投入近5亿元。金孔雀养生中心建成开业、五星级酒店主楼12层和国际会议中心等已封顶；国轩温泉艺术宫壳体工程竣工；影视城汉城墙封顶，五府开工建设；巢湖南岸旅游大道动工，白山齐咀旅游码头启用，文化旅游点武壮公祠

重建于庐城城东新区的奎星楼说

长江路拓宽改造工程投入使用，南外环第一阶段18.5万平方米拆迁完成。铺设供水管网15公里、污水管网16公里。城市棚户区改造和拆迁扫尾基本结束，已开工建设安置房面积30多万平方米，其中15万平方米的安置房即将竣工交付使用，开工建设60万平方米商品房，竣工35万平方米。县医院、中医院门诊大楼即将建成投入使用，城西小学、三里小学等项目建设正在全面实施。城东新区水体公园建成开园，庐中新校区、晨光小学教学楼建成投入使用，县医院城东分院、残疾人活动中心、法院审判大楼、大剧院、广电中心等即将建成，东方水岸、万家四季城、爱庐公园首府等开发性项目快速推进。启动中塘河、东门大河整治改造工程，城东分干渠景观带工程、东顾山环山公园、塔山气象公园等项目正在施工中。开展道路综合整治和绿化大会战，投入9000万元，整治人行道9.1万平方米，绿化12万平方米。西门景观带、三里片高压走廊绿化已竣工。完成夹山蕻森林公园景区造林36.7公顷、4公里主干道和大门楼建设。

开展镇域总体规划调编及控制性详细规划编制，完成投入12亿元，增加建成区3平方公里。改观集镇面貌，实现道路硬化、干道亮化、镇区绿化。加强集镇管理，整治违规建设，着手解决“小产权”房问题。新农村示范村建设项目，验收上年转入的18个，新开工26个，项目建设内容

修缮及周瑜文化广场建设顺利推进，孙立人铜像落成、孙立人故居成为省级文物保护单位。开展旅游创建。汤池镇争创国家5A级景区，冶父山景区调整管理体制、争创4A级景区，周瑜墓园、同大“美丽田园”、白云禅寺等争创A级景区；3家旅游星级饭店挂牌，锦怡假日酒店被批准为三星级旅游酒店；编制精品旅游线路，将汤池温泉旅游、冶父山宗教生态观光旅游产品以及周瑜墓园、奎星楼、刘秉璋墓园、孙立仁故居和乡村旅游溶入以合肥为中心的一、二日游，开通巢湖水上至白山齐嘴、冶父山、庐城旅游线路。开展“生态茶乡、最美庐江”自驾游活动。在中安在线专题推介庐江旅游线路；在冶父山景区举办合肥—庐江旅游精品线路推介会，25家旅行社和县内知名旅游企业参加会议。举办庐江第五届茶文化旅游节、第五届葡萄文化旅游节、第五届温泉养生暨民俗文化旅游节、第二届山城啤酒文化旅游节、第二届黄陂湖螃蟹节、首届巢湖开湖节、第二十四届世界模特小姐大赛国际总决赛汤池巡游活动等。编印《走进庐江》旅游手册，建立庐江旅游政务网和旅游114网站。拍摄庐江旅游风光片，制作DVD光盘和画册、沿路设置旅游标志牌，广泛宣传推介庐江旅游景点和精品线路推出一批有庐江特色的旅游商品和土特产品，“海神”黄酒和洪鑫伞厂“工艺伞”获“安徽省知名旅游商品”。全年接待游客240万人次（其中入境游3万人次），增长23.50%；实现旅游总收入18亿元，增长24.50%。

【城乡建设】 城乡建设完成投资29亿元，城镇化率提高1.5个百分点。

庐城开展“城市建设提升年”活动。修编“大庐城”战略规划和庐城总体规划，组织实施城市大建设项目91个，新增建成区2.3平方公里。城投公司为城市建设收储土地近133.3公顷，融资到账14.2亿元，融资相当于前5年的总和。续建、新建道路17条，建设里程12公里，城区“断头路”逐步打通，投资1.7亿元的

包括新村建设、村庄整治、农村综合服务中心建设、基础设施建设、支持生产发展五个方面并按照省美好乡村建设要求，修编全县村庄布点规划，筛选出首批建设的35个中心村(其中14个已在建)，启动庐城镇罗埠、汤池镇杨庄、万山镇长冲、龙桥镇梅林、台创园台湾风情街（新渡）、盛桥镇大丁、白山镇齐咀、同大镇永安、冶父山镇铺岗社区和白湖镇白湖社区等中心村建设。实施农村危房改造2200户。全面加强农村环境综合整治，同大、盛桥、龙桥三个镇启动农村清洁工程。

全县交通建设投入4亿元。建成通村公路50.7公里，改造危桥18座，农村公路大中修22.1公里，小修保养投入125万余元，投入148.5万元完成县道安保工程。合铜黄高速陈埠道口连接线完成路基工程。环巢湖大道庐江段工程全面启动，白石天河、兆河两座大桥开工，齐咀巢湖航线开通。庐城新增2条公交线路和30台新型环保公交车。电力设施完成投入1.2亿元。110千伏晨光变电站及110千伏裴缺联络线成功送电，9座35千伏变电站双电源建设和8座变电站主变调整工作按期完成，1000千伏淮南至上海特高压庐江段工程进展顺利。继续增强通讯设施能力，拥有固定电话用户148380户、移动电话用户539892户、互联网宽带接入用户54798户。

加强房地产开发管理，严把开发企业资质管理关，规范商品房预售审批行为，预售资金实行专款专户、专存、专用、全程全额监管，确保用于工程建设。加快保障房建设，做好分配和管理工作，完成下剩80套经济适用房分配复核审查及出售工作，落实惠民小区廉租住房实物配租和补贴发放工作，完善保障房申请、审核、公示、轮候、复核、退出机制，建立完善住房保障信息系统。规范物业管理工作，拟定或已印发“五办法两规范”。实施文明新村、鲍井新村一期老旧小区维修改造。建立公共维修资金信息系统。加强公房安全防范工作，开展白蚁防治和房屋鉴定宣传十多场次，发放宣传单五千余份，签订白蚁防治合同33份，实施预防施工近40万平方米，进行灭治92000平方米，房屋安全鉴定28582.77平方米。推进危旧直管公房改造，盛桥房管所拆迁六、七十年代建的11间229.4㎡砖木结构平瓦房，以房屋产权置换的方式进行补偿。全年房地产开发总投资20.35亿元，增长35%；新开工面积50.02万平方米，增长13%；商品房竣工35.68万平方米，增长102%；商品房批准预售面积36.98万平方米，增长23%；商品住宅销售均价为4916元/平方米，下降3.5%；完成税收44234万元，增长45.6%。全年办理房产交易4531件，交易面积49.12万平方米，交易额14.87亿元，其中新建商品房交易面积30.18万平方米，成交额11.07亿元，二手房交易面积18.94万平方米，成交额3.8亿元；办理房地产抵押4058宗，抵押额22.15亿元，抵押面积185.55万平方米。全年发放廉租住房补贴589户186.88万元；完成公共租赁住房项目新开工6个项目1240套，棚户区改造项目完成新开工3个项目1082套。

规范建筑业管理。新申报成功建筑企业8家，升级6家，列入统计的三级以上资质建筑企业56家，年末从业人员22878人，建筑业总产值31.9亿元。办理施工许可证70项，建筑面积70.9万平方米，工程总造价8.1亿元。施工合同备案80多件，面积90万平方米。组织行业培训600多人次；组织专项检查52个施工项目和28家施工企业，下发《建筑市场监督执法意见书》14份。质量安全监督工程170多项，面积100多万平方米；备案工程100多项，面积50多万平方米，创建省、市级质量安全标准化示范工地5项（省级1项）。责令18项工程停工整改，挂黄牌警告3项工程，约谈15个企业负责人和项目经理。开展预拌混凝土检测试验20245组，检测出不合格材料、试件200多份。

加大环保宣传，发放宣传材料13000份，印发《庐江环境》12期，15个建设项目在网上进行环境影响评价公众参与公示。严格环保审批，全年审批建设项目环境影响评价文件149个，否决印染项目1个、电镀项目1个，当年开工建设的“861”项目、“1346”项目环评执行率达100%，完成排污申报登记216家、发放（更换）排污许可证7家。严格环境监测，对15条主要河流、县城5个主要排污口、汤池镇生态湿地处理系统、县益民污水处理厂出水水质、56个集中式饮用水水源地进行定期、不定期监测，共分析水样1536个，大气样品1257个，出具监测数据12600余个，监测报告120份。县级财政安排专项资金230万元，建设西河庐江段水质自动监测站和庐江县环境监管信息化平台，24小时不间断监控敏感区域和重点污染源。2012年县环境监测站被命名为“安徽省青年文明号”。严格环保执法，4次全面监察、监测全县52家已投入使用的集中式供水单位水源地，重点河流水源地每半个月监测一次。

落实河道（段）长制，检查400多家企事业单位，立案查处环境违法案件45起，立案处罚21起，责令停产1起、责令改正违法行为决定11起、限期补办环评5起、下达监察函10起，处罚款金额20余万元。重点实施“庐南区域水环境综合整治”专项行动。检查涉放射源单位6家，涉射线单位22家，下发整改通知书13家，发放辐射安全许可证2家；调查全县危险废物（含医疗废物）产生量或贮存量≥100公斤/单位35家，审核危废转移申请33家，无害化处置危险废物约300吨。启动机动车尾气检测，开展机动车环保检验合格标志发放工作并已发400多个。争取环境治理项目资金，黄屯河流域治理、白石天河（小南河）流域治理、安徽海神黄酒集团有限公司生产污水污染治理和县级环境能力建设等7个项目获专项扶持资金1557万元。重啤庐江公司锅炉清洁燃料改造获上级40万元专项补助。省级生态乡镇同大镇获得环保厅创建奖励资金10万元。对上争取区域生态建设专项资金1125万元。推进污染物减排，组织实施减排项目58个。将主要污染物减排纳入年度环境保护目标责任制考核之列，实行“一票否决”。建立“一企一档”的备案制度，按时上报减排月报和季报表。完成畜禽养殖业COD减排量181吨、氨氮减排量6吨。推动区域生态建设。组织2个企业申报市级绿色企业、6个学校申报市级绿色学校、1个学校申报省级绿色学校，获批省级生态乡镇1个、省级生态村1个。增强农村生态创建的“硬”实力，在柯坦、郭河两镇局部农村区域开展农村环境连片整治。建成垃圾转运场2处、垃圾池（房）158个、污水处理站6个及配套管网9.15公里；购垃圾转运车4辆、垃圾收集车320辆、垃圾筒1781个，整治区域的农村生活污水处理率达85%以上，垃圾无害化处理率达90%。

【科教文卫体业】 科技创新成果显著，全年专利申请164件、授权107件，其中发明专利申请36件、授权6件；企业申报市级重点工程技术研究中心6家已获批2家；建立博士后人才工作站1家（大地熊）；新增高新技术企业市级7家、国家级2家。4家企业分别申报2012年度安徽名牌、合肥名牌。开展企业技术难题排查，征集难题100余项，先后邀请60多位专家教授到企业问诊把脉、咨询指导；与省市5家科研院所对接，基本落实了8个协作项目。加强科技宣传和技术普及，先后组织春季送科技下乡、5·12防灾减灾日-防震减灾、9·15“全国科普日”、沼气安全高效使用知识等科普宣传活动，发送技术资料10万多份，接受技术咨询千余次。完成1000户公民科学素质调查。组织青少年科技创新活动成绩喜人，在合肥市第二十七届青少年科技创新大赛中，13件作品获奖，其中一等奖4项。县农技协联合会、沼气协会、庐城镇花香藕产业协会、白云春毫茶叶协会获合肥市科协、市财政局授予“科普惠农先进单位”称号，并各奖励人民币3万元；县食用菌协会会长夏金仓获中国科协、国家财政部“科普惠农兴村计划”先进个人，获奖补资金5万元。争取上级专项科技资金1560万元。完成地震工作相关规划和预案的编制修订，县监测台站进行了选址，各镇信息站已建立。位于庐城城西新区安徽省混凝土外加剂检测中心建成投入使用，使庐江在全市率先建成省级检验检测中心，检测覆盖混凝土外加剂、水泥、预拌混凝土及混凝土制品、钢材、烧结类建筑材料等5大类产品。技术保障能力持续提升，新建计量标准4个，质量检验项目增加到184个，产品检验在县内工商、农委系统有了新拓展，食品检验业务发展到市内其他几个县区。

改善教育办学条件。总投资2亿多元、占地18公顷多、总建筑面积95924平方米的庐江中学城东新校区建成投入使用，利用庐江中学老校区兴办实验初中正式运行，城南、晨光两所城区小学迁址建成，庐江六中、三里小学、岗湾小学迁址新建工程以及县特殊教育学校、城关小学、城西小学教学楼等项目进展迅速。整合增强农村教育资源，投入资金2840万元，59所学校标准化建设完成任务，教育信息化建设二期工程正在向全县初级中学和镇中心小学辐射，为50所学校配备了“班班通”多媒体远程教学设备，投入100多万元新建农村校内留守儿童之家131家，完成16所幼儿园改扩建任务。全年实施中小学校舍安全工程项目33个，总面积119597平方米，总投资10946万元，四年来累计实施校安工程项目610个，新建改造校舍面积65.5万平方米，面积位列全省第1位。建成16所乡村学校少年宫，中小学广泛开展各项活动，努力提高学生素质。教学质量进一步提升，在2012年全市普通高中教学质量综合评比中，庐江中学荣获一等奖，庐江二中、乐桥中学荣获二等奖，泥河中学、白山中学荣获三等奖。2012年全县高考本科达线3493人，其中二本以上达线2241人，达线率26.2%，较上年提高了2个百分点；全县参加中考13970人，普通高中录取7165人，录取率51.3%；职业高中录取2212人，录取率15.8%；五年制高职录取560人，录取率4%。

县文化馆、图书馆达标建设投入100余万元并通过省三级馆评定。17个镇均建成300平方米左右的综合性文化站并配齐基本设备，建成7个公共电子阅览室，同大镇综合文化站被中宣部等联合表彰为“全国服务农家服务基层先进集体”。新建成5个农家书屋，农家书屋累计建成236个实现全覆盖。建成1个县级文化信息资源共享支中心和229个镇、村级文化信息资源共享基层点。新辟城西周瑜文化广场树起周瑜雕像。省保单位武壮公祠修缮完成主框架转向屋面作业。位于城东新区的庐江大剧院即将竣工，由庐州文化文化传媒有限公司投资近1亿元兴建，占地面积4580平方米，地下地上共四层总建筑面积13000平方米。位于老城中心的文化娱乐城市综合体正在紧张施工。汤池影视文化产业基地一期工程电视剧《大乔小乔》拍摄场地开工建设。绣溪公园《庐江赋》照壁和城东水体公园“咏庐江诗书画碑廊”景观工程即将完工。维修保护丁汝昌故居、吴长庆故居、刘秉璋墓园。盛桥烟墩、汤池、城池三地历史保护与开发项目开展规划和招商。

全县申报8处省文保单位已批准4处，申报43件周瑜类商标。成功举办第二届周瑜文化节，周瑜墓园坚持免费对社会开放反映良好。《庐江县第三次全国文物普查图片展》进入庐城中小学校园巡展。首部《庐江年鉴》、《庐江人物》以及宣传乡镇的文化精品《秀美水乡·同大》、《白山》等先后出版发行，制作了《锦绣庐江》外宣邮册，《今古庐江》、《诗词中的庐江》、《庐江民歌集》正加紧编纂。新创《艺苑》和《庐江美术》两份内刊，《庐江文艺》、《庐江诗词》、《庐江诗联简讯》、《书画简讯》、《庐江书坛》等各类刊物全年编印总量共达9000余份。文艺作品获市级以上各类奖项24个，3人次获国家级奖项。《今日庐江》报2012年度发行量超过5000份，围绕庐江建设推出20多个重点栏目、重点报道70多篇、系列评论10余篇，报社记者的稿件被市级以上报刊采用170多篇，其中在中央、省级媒体刊发稿件70多篇，获得省级新闻奖项1人2次、市级新闻奖项一人1次，《人民日报》专版刊文《周瑜故里，人文庐江》，营造了庐江崛起的舆论氛围，扩大了庐江县“周瑜故里”的知名度。文艺团体门类日益健全，文艺队伍不断壮大。新成立县民间文艺家协会，县作家协会即将召开成立大会，新增县级文艺团体会员46人、市级会员18人、省级会员9人，1人入选中国作家协会会员。

开展较大规模的采风活动外来2场、外出6场，举办2场交谊舞辅导培训、2场书画艺术讲座、5场书画展、7场各类大奖赛、3场专题活动；常态化开展群众广场文化活动，举办第二届风筝文化节、农村文艺调演等，文艺进社区、进学校、进企业、进军营活动有声有色，仅县文化艺术团深入基层巡演就达110多场，还指导许多单位开展文化活动。电影下乡放映4296场次，观众达1197200人次。

位于城东新区的县广电中心主楼于2012年6月24日封顶，将建于东顾山顶的发射塔已建成通顶的砂石路。完成军二路光缆入地工程。新增数字电视用户2554户。完成广播电视村村通工程点116个，使偏远的116个自然村住户受益。县广电台2012全年播出《庐江新闻》255期，完成自采电视新闻稿件2500余条，《新闻纵横》15期，《法制广角》13期，《先锋》12期，《庐江人文大讲堂》7期，《天南地北庐江人》12期，“新闻110”376条并切实解决实际问题200余件，专题片32部，围绕中心开设专栏7个，充分宣传报道了县举办的6个文化旅游节活动。有7条新闻在中央电视台播出，65条新闻在安徽电视台播出，110条新闻在合肥台播出，其中一条新闻上《安徽新闻联播》头条，4条新闻上《合肥新闻》头条。鼓舞庐江加快发展，扩大庐江的影响。

县医院、县中医院于12月15日起实行药品零差率销售。巩固完善基层医改，将奖励性绩效工资的比例由40%调整为70%，建立收支结余奖励办法，允许有条件的卫生院申办特色专科，规范基本药物制度，建立乡村医生准入与退出机制。认真落实卫生民生工和公共卫生任务。城镇居民医保和新农合完成并轨，参合率为98.0%，筹集资金总额28814.37万元，住院病人补偿比达50.3%。医疗救治艾滋病人24人、晚期血吸虫病人4人、贫困结核病人129人。免费婚检7858对，婚检率95.32%。免疫完成286090针次，完成率118.36%。建立居民健康档案749113份，建档率为76.9%。完成中央补助项目儿童牙齿窝沟封闭12000颗、食道癌/贲门癌筛查

4000人、妇女宫颈癌/乳腺癌筛查5000人任务。及时处理一起流脑疫情、一起腮腺炎暴发疫情。按时完成0-6岁儿童国家免疫规划疫苗查漏补种、16-19岁人群麻疹疫苗强化免疫任务。较好地完成了农村育龄妇女补服叶酸项目任务。孕产妇住院分娩率达99%以上，有效降低了孕产妇死亡率和婴幼儿死亡率。全年孕产妇系统管理率76.32%，儿童系统管理率78.72%，新生儿疾病筛查率92.09%。加强卫生监督和食品安全工作。检查持证医疗机构189户，取缔53户非法诊所，立案并下发行政处罚决定书49件，没收医疗器械及药品41余箱，罚款12万余元。两次组织对全县54家集中式供水单位的监督监测，采集水样136份，合格117份，合格率为86%，对存在问题或检验不合格的供水单位分别采取限期整改、暂停供水、吊销卫生许可证等措施。规范医院管理，开展标准化卫生院、标准化村卫生室创建活动。县医院门诊内科医技楼、县中医院门诊楼、城东新区医院、县精神病医院迁址新建等重点项目建设即将完工。严格医疗服务技术准入管理，提高医疗服务质量，保障群众就医安全。加强政风行风建设，控制医药费用、减轻群众负担。

出台《庐江县全民健身实施计划（2011-2015年）》。2012年，开展县级大型全民健身活动17次、参与人数8000人次，协助、指导基层组织、单位开展各种体育健身活动比赛5次、参加人数1000人次。新成立“庐江县风筝协会”和“庐江县社会体育指导员协会”，体育协会总数达13个，各体育协会开展群众体育工作10多次。增加训练网点，选拔运动员，注册省运动员16人，抓好业余训练，备战省十三运会。组团参加市第十届运动会，派出388人参加23大项390小项的比赛，获18.5枚金牌、60.5枚奖牌，团体总分787分。推进体育基础设施建设。县体育中心正式立项并于年底动工，中心位于城东新区，包括商用规划总面积14.57公顷，建设内容为主体育场、全民健身广场、体育馆、游泳馆，建设期限三年，项目总投资约2.3亿元。在全县镇村新建42个农民体育健身项目点，其基础建设已全面完成。

【民生工程】 实施民生工程39项（其中自主开展农田水利建设、特殊大病救助、鸡蛋助学育才3项民生工程），投入资金9.57亿元，其中县财政配套1.7亿元。

实施农村饮水安全工程。2012年先后下达三批计划，延伸11座水厂管网，新建日供水规模5000吨的虎洞水厂及其管网延伸，新建日供水规模1万吨以上的张院、瓦洋水厂，总投资5619万元，解决11.81万农村居民饮水安全问题。新型农民培训5640人，政策性农业保险种植业投保保费567.7万元，投保率76.1%，养殖业能繁母猪投保10571头，投保率99.1%，已决赔种植业理赔款778.3万元，能繁母猪理赔款22.5万元，均通过一卡通打卡到户。中央和省财政下发农机补贴资金2217.25万元，补贴各类农机具1825台套，受益农户1245户。完成年度沼气民生工程建设任务，新增户用沼气1000户、乡村服务网点8个和金湾大型沼气工程1处，完成巩固退耕还林成果户用沼气项目950户和太阳能热水器项目667户。全县户用沼气池保有量达2.4万户，年产沼气950万立方米、高效有机肥76万吨，每年为农民增收节支2880余万元。全县发放涉农补贴4.58亿元，兑付家电、摩托车下乡补贴6126万元。

设立困难职工帮扶中心和“爱心超市”，成立基层帮扶站18家，为150名困难职工和200名特困职工每人每年分别发放200元和400元爱心超市购物卡，救助单亲困难女职工20人，为50名困难女职工免费发放价值400元的体检单，“两节”期间慰问职工8000余人、捐发“送温暖”资金260余万元。

鸡蛋助学育才工程扩面到全体初、高中寄宿生，全年共配送鸡蛋200余万枚。补助义务教育阶段农村贫困家庭寄宿生生活费91.06万元，免费提供国家课程教科书价额1174万元，发放高、职中学生助学金686.7万元，大学生生源地信用助学贷款申贷金额411万元。两所希望学校在建，六所希望小学设备采购到位，发放希望工程款和关爱资金近10万元，180名贫困中小学生受到资助，开展“爱心圆梦大学”扶助活动，捐款140余万元，扶助特困大学新生400余人。实施“春蕾计划”，募集资金50多万元，462位贫困儿童得到爱心人士的关爱和救助。

完成惠残民生工程：贫困重度残疾人生活特别救助8038人、530.5万元；贫困精神残疾人药费补助1180名、59万元；贫困白内障患者免费复明手术200例；贫困残疾儿童抢救性康复项目实施105名。开展残疾人救（补）助。元旦和春节期间慰问残疾人家庭692户、送去慰问金19.9万元。平时慰问100多名贫困残疾人送慰问金3000多元。48名经济困难残疾家庭或本人残疾大学生获得12万元资助。6名自主创业的城镇残疾人获得每人每年2000元的社会保险补贴。为18名符合条件的残疾人办理免费乘坐市内公交卡和意外伤害保险。为50名符合条件的精神残疾人每人补助5000元住院费用。为91名智力、精神和重度残疾人每人提供600元的居家托养补助。推进残疾人康复工作。为7名肢体残疾人安装了假肢，为60名低视力残疾人适配了助视器。借外力为20名残疾人按人均1000元标准适配了辅助器具、为50名贫困肢体残疾人配备了轮椅。在6家镇级卫生院建立了残疾人康复站，配备了必要的康复器材和办公设备。

进一步扩大社会保障覆盖面：各种社会福利性收养单位床位数5139张，增长6.3%；参加基本养老保险的企业426家、职工33036人，人数增长6.3%；参加基本医疗保险的职工48026人，增长1.1%；参加失业保险34816人，增长0.3%；城镇居民最低生活保障6366人，-28.4%；农村居民最低生活保障44234人，增长1.4%；农村五保供养10300人，增长8.9%；参加新型农村合作医疗993599人，增长2.2%；参加农村社会养老保险675068人，增长7.9%；城镇居民医疗保险参保14.8万人，与上年持平；城镇居民社会养老保险参保10085人；工伤保险参保人员2.7万人，增长5.0%；生育保险参保2.29万人，减0.46%；开展全县关闭破产改制企业退休人员参加城镇职工基本医疗保险工作。启动首批面向参保单位的社保卡信息采集工作，社保“一卡通”即将施行。失业保险由人均442元/月提高到657元/月，城乡居民社会养老保险由人均55元/月提高到70元/月，被征地农民养老保险由人均80元/月提高到120元/月，城市低保由人均310元/月提高到340元/月，农村低保由人均1350元/年提高到1600元/年，农村五保供养标准由原来的年人均1800元提高到2000元,集中供养五保对象集体转户1601人纳入城镇低保，供养标准由原来的年人均2000元提高到6480元，城乡医疗救助配套比例由10%提高到20%，独生子女保健费由20元/月提高到30元/月，两女结扎奖励由每例1500元提高到3500元，现役军人优待由人均4000元/年提高到6952元/年。累计提标43项，增加支出2.7亿元。

发放城乡居民养老保险金12671.76万元，符合条件发放率为100%。发放城乡低保金8580万元，月人均补差水平年增长10%以上。发放农村五保金2270万元。发放社会定补经费195.9万元。发放老龄补助金65万元。发放救灾资金260万元。城乡医疗救助64604人次、1495.3万元。资助参合60366人、代缴参合金362.2万元。新农合补偿1120208人次，补偿总额26706.90万元。城镇居民医保报销1.6万人次，报销金额1760.3万元。农村孕产妇住院分娩9969人，兑现补助金299.07万元。

全县新增就业9860个，帮助2366名失业人员再就业，其中就业困难人员再就业710人。城镇登记失业率保持为4%以内。全县转移农村劳动力21610人。为促进就业，创业培训8个班次240人，发放小额担保贷款2262万元。帮助企业解决困难，为吉星照公司等举办用工专场招聘会；先后深入同大江淮车身附件公司等50余户企业开展用工调研，为企业开展定单式技能培训、提供大客户式服务，先后为10户企业技能培训、11户企业技能提升培训提供服务，完成技能培训2914人、岗位提升培训1733人；降低困难企业四大保险缴费率，减收社会保险费324万元；为13户困难企业缓缴社会保险费188.2万元；为七户困难企业发放岗位补贴204.35万元；补助39户困难企业社会保险补贴289.85万元。劳动保障巡查企业387户，补签劳动合同2908份，完成集体合同审查278份，涉及在岗职工16053名。推进人才队伍建设。完成全县公务员年度考核工作、131名机关公务员转任工作、96名新录用公务员考察与上岗工作。制定《庐江县学科带头人选拔管理办法》，完成县首批15名拔尖人才选拔工作，引进55名急需人才。组织教育、卫生等各类事业单位招录427名工作人员，选调中小学教师64人，招考“三支一扶”17人，引进外国专家技术指导2人次，办理见习大学生61人次，完成基层公益性岗位招录43名高校毕业生工作。推进人事制度和分配制度改革，基本完成事业单位岗位设置管理工作，签订聘用合同1.1万份，启动基层站所“一把手”的交流轮岗工作，稳妥实施事业单位的绩效工资，出台县直机关奖金及津补贴工作意见。

2012年，城镇非私营单位在岗职工年末人数45091人，年平均人数42909人，年人平均工资37084元，增长15.4%；城镇私营单位在岗职工人数约1万人，年人平均工资29193元，增长16.4%。城镇居民人均可支配收入达15007元，增长14%。城镇居民人均消费支出9854元，其中食品支出3849元、教育文化娱乐服务支出975元。城镇人均住房建筑面积36.52平方米。农村居民人均纯收入达8074元，增长16.1%。农村居民人均生活消费支出4804元，增长16.0%，其中食品支出2138元，增长13.2%；农民文化娱乐消费占生活费的比重为11.7%，提高0.9个百分点。农村人均住房面积34.6平方米，增长2.3%。

【文明创建】 开展文明创建活动，巩固创建成果，提升创建水平。先后荣获全省文明县城、全省园林县城、全省环境优美先进县等称号。

启动新一轮文明县城创建。开展“四城同创”活动（即创全国文明县城、全国园林城市、全省卫生县城、全省历史文化名城）。印发《庐江县创建全国文明县城（全省卫生县城）2012年工作重点》，召开大会，全面推进。开展庐城城区公共文明指数测评活动，测评员对各单位进行现场打分，及时发出通报，对排名后四位的庐城四条道路市容管理责任人、创建主要职能部门存在问题限期整改到位。开展文明镇、文明单位、文明社区、文明村创建活动。共评选2010-2011年度县级文明单位112个，出台《文明单位创建活动动态管理办法》，实行积分制，调动文明单位的创建积极性。强化庐城城市管理。实行路段制，将庐城13条道路确定为具体承包路段，由13名县负责人担任路段长，相关单位负责人担任包段责任人，制发《庐城路段长负责制实施方案》，绘制“数字城管”地图，落实“路段长”负责制。开展庐城环境整治，提高庐城“净化、序化、绿化、亮化”水平。一抓环卫保洁实现“净化”。强化庐城20条主次干道、90条后街巷道、5处公园广场总面积达249万平方米的清扫保洁工作，布置800只垃圾桶，松棵路垃圾中转站、垃圾处理场二区建设和渗滤液处理工程建设加快，完成中塘河右支4.67公顷渣土消纳场建设，利用申山村6.9公顷已征用地消纳渣土，改造道路积水点6处；修补城区道路1200余平方米。加快庐巢路人行道改造等工程建设。二抓市容整治推行“序化”。拆除庐城主干道一店多招2600块约5800平方米、违章广告1500处、10余座落地广告牌；指导规划店招460余处，清理破旧条幅570条，清理整治各类占道经营、停放车辆，妥善安置摊点，拆除违法建设227户19416平方米。有序实施城市美化，投资1.8亿元，高标准改造贯穿城区6.2公里的长江路，先后对黄山路、文昌路、文明路等路段进行立面改造，有序改造磙塘新村、康居园等6个老旧小区，全面改造老城区西门港湾的破旧面貌，受益人口近2万人。三抓管养实现绿化。开展庐城绿化大会战，推进各类公园、公共绿地建设和改造提升，加快道路、滨河、单位、小区绿化建设，提升庐城园林绿化管理水平。投资40万元，建成黄山路、塔山路绿化带护栏4500米，9次修剪庐城绿化带、小广场绿化46.1万平米，除草20万平米。组织开展国庆63周年花卉展活动，97个单位布展7大集中展区、25个单位布展门前展区，布展面积达5750平方米。组织庐城树木绿地认建认养工作。已收到78个单位1048位个人认建认养资金，栽植认建树木575棵，认养树木2300余棵。县5家银行企业主动筹资21万元，认领庐城越城南路两侧的绿化任务，栽种树木6500多棵。四抓市政维护实施“亮化”。督查灯饰亮化21次，维修路灯790余盏，维修树体灯160余株，在北内环建成道路路灯71杆，在庐江中学周边架设43根水泥杆和2.5公里的电缆线以及43个灯头，在塘圩巷、大厦巷、育才东西巷、锦绣花园巷等8条后街巷道建成路灯165杆。

综合整治农村环境。县分别在柯坦镇、矾山镇、金牛镇召开农环整治现场会，提高思想认识，推进农村环境整治工作。强化基础设施投入，县财政列出800万元奖补资金，出台《庐江县农村环境综合整治奖补办法（试行）》。各镇（园区）已投入5880多万元，建垃圾池3891个，购买垃圾桶6842个、垃圾清运车1633辆、配备环卫服装1452件。实行综合整治，全县共出动人员114854人次，动用挖掘机、推土机等机械1819台，配备垃圾保洁人员3470人，清理垃圾26257处21028吨，清理乱堆乱放杂物36647处，清理河道、沟塘、河坝等漂浮物11952处，整修省、县道1131公里，清理路段3231公里，清理牛皮癣37285处，沿道路主干线两侧立面建筑全面刷白。强化舆论宣传引导，建立“十户轮值”制度，各镇（园区）出动宣传车131次，刷写宣传标语4522处，制作高架广告牌87处，发放公开信189473张，张贴《村规民约》、《十户轮值表》16039处。强化督查考核奖惩，县分管领导亲自深入镇、村督查；县文明办实行定期督查制，抽调20名人员，每月组织一次检查，还不定期暗访，对查出的136个问题，跟踪督促整改。县文明办将每月督查形成通报，排出名次，在电视台、网站、报纸上公布，每个月组织新闻媒体记者对市县考核的后进镇主要负责人进行现场采访，曝光存在的问题，陈述整改的措施和期限。实行奖惩兑现制，一、二、三季度及时兑现农环奖补资金近650万元，扣除奖补资金46万元。农环整治工作在全市的阶段性督查考核中，汤池镇、同大镇共三次排列乡镇第一，柯坦、矾山、同大等镇进入前三位。

扎实开展精神文明建设。加强公民思想道德教育。组建县道德礼仪教育宣讲团，邀请身边好人、道德模范开展系列宣讲，开展“道德讲堂”讲课活动150多次，授众8520多人次，编发《未成年人思想道德建设读本》3000册；进行城市文明宣传教育，对各种陋习曝光。慰问中国好人、省市县三级道德模范、感动庐江人物、省市级先进典型等41人。由县职工艺术团将本县的中国好人、道德模范及身边人、身边事编成剧本，进行“讲文明、树新风”巡回演出，组织安徽省黄梅戏剧院大型黄梅戏纪实情景剧《安徽好人颂》庐江站演出活动。开展第二届道德模范评选表彰活动，评选出12位道德模范获得者、12位道德模范提名者，召开大会表彰，组织专题宣传活动；及时推荐上级道德模范人选，有2人(集体)荣登“中国好人榜”：柯坦镇柿树村袁庄村民组当选6月份见义勇为好人、泥河镇中心学校高级教师张佩玲当选11月份诚实守信好人。开展文明餐桌行动、旅游宾馆“三佳一差”月评、第三届“百优文明家庭”等评选表彰活动。深入开展“微笑服务，温馨交通”活动，各服务窗口做到“七个一点”：微笑多一点、解释多一点、耐心多一点、态度好一点、脾气少一点、动作快一点、服务细一点；基层执法单位做到“五个一”：一张笑脸相迎、一把椅子让座、一条毛巾擦汗、一杯茶水暖心、一颗诚心办事。出租车组织开展“我为庐江添光彩，争做文明驾驶员”活动，30名优秀出租车驾驶员受表彰。开展未成年人主题实践活动。一是开展“学习雷锋、做美德少年”网上签名寄语活动。二是开展“学雷锋·讲文明·作奉献”校园演讲比赛活动，获市级一、二、三等奖各一人。三是开展“我们的节日”、“中华经典诵读”、“做一个有道德的人”等主题实践活动及“美德少年”评选活动。四是开展爱国歌曲大家唱活动，18个节目参加县内演出和比赛，2个节目参加市级比赛。推进乡村学校少年宫建设。乡村学校少年宫建设“一镇一所，一次到位”，有的利用闲置教室、有的腾出学校办公楼、有的结合留守儿童之家等落实少年宫活动场地，给予每所少年宫建设资金20万元、3万元运行经费，活动器材实行统一采购，组织25个省市县级文明单位对口帮扶16所乡村学校少年宫，提供志愿服务及教学、资金、器材等帮助。常态化开展志愿服务活动。县成立志愿服务支队，各镇各部门均成立相应组织，各单位各部门积极支持志愿者工作，给予适当的经济补助和物质奖励。开展志愿者招募和注册工作，目前已有36家省、市级文明单位上报申请服务队28支、注册志愿者12286人。广泛开展学雷锋志愿服务活动。“3·5”期间近30家县直单位和庐城各中小学校组织开展各种志愿服务活动十多次，参加活动近十万人次，庐城各中小学和县交警大队组织开展保障学生出行安全的文明交通护花行动。开展各项社会志愿服务活动。高中考、党代会、白山开湖节、《安徽好人颂》庐江站演出、第二届啤酒节、电影下乡活动仪式、世界模特小姐汤池巡游活动期间，110多名志愿者参与志愿交通服务、赛会、演出、节庆服务等，“爱心车队”义务为考生送考，义务为敬老院老人参观庐城提供交通服务。开展网络信息志愿者传播活动。组织65名网络信息志愿者，及时开展网络信息的报道、评论及宣传工作。

全年接待国外来客4批53人次，办理因公出国（境）2人次。3名贫困大学生申报“慈晖”第十四期清寒助学金；上海华侨发展基金会“侨爱心”学校公益项目捐赠20万元给柯坦镇吴西小学和万山镇曹井小学的50名家庭经济困难学生和10名教育工作中的优秀教师。慰问10户困难侨眷，发放慰问金3000元；协助侨属侨眷寻亲祭祖、子女就业等事项；推荐1名优秀教师赴印度尼西亚金光国际学校任教；为纽泰克锁具有限公司申请侨资企业贴息贷款。

2012年庐江县乡镇和村、社区居委会一览表

序号	镇名称	村委会名称	居委会名称
1	庐城镇	新桥村、罗埠村、迎松村、申山村、八里村、移湖村、城南村、马厂村、棋盘村、马店村、朱墩村	塔山社区、附城社区、高建社区、晨光社区、三里社区、 磙塘社区、牌楼社区、绣溪社区、岗湾社区、高旭社区、 鲍井社区、城西新村
2	冶父山镇	罗岗村、铺岗村、明圣村、幸福村、大岗村、马岗村、魏岗村、梁岗村、田埠村、三岔村、栖凤岭村	石山社区、冶父山社区

接上表

序号	镇名称	村委会名称	居委会名称
3	汤池镇	汤池村、松元村、凤凰村、中份村、马糟村、大塘村、果树村、三冲村、双墩村、百花村、金冲村、石桥村	东汤池社区
4	万山镇	岳庙村、程桥村、永桥村、闸山村、卅埠村、长冲村、长岗村、水关村、廿埠村	万金山社区
5	金牛镇	湖稍村、尹岗村、铺岗村、金牛村、山南村、莫堰村、健康村、圩坝村	古城社区
6	石头镇	芮岗村、邱岗村、同心村、三拐村、笏山村、望城村、黄蜀山村	石头社区
7	郭河镇	三畈村、元井村、三塘村、潘墩村、龙庙村、乐庄村、马塘村、广寒村、河口村、南圩村、北圩村、施湾村	郭河社区、福元社区
8	同大镇	二龙村、魏荡村、红埂村、东湾村、西湾村、新河村、刘墩村、临圣村、北闸村、灵台村、马河村、紫荆村、南闸村、永安村、古圩村、永兴村、连河村、新渡村、施丰村、常丰村、 薛家圩村	
9	白山镇	同春村、九联村、金沈村、兴岗村、鸡鸣村、十联村、五艾村、马鞍村、觉海村	白山社区、代桥社区
10	盛桥镇	神墩村、盛桥村、七里村、苍头村、板桥村、许桥村、牌楼村、金城村、东岳村、陡岗村	沈家桥社区
11	白湖镇	孙咀村、毛咀村、陶冲村、泉水村、邓湖村、六岗村、白湖村、胡榜村、顺港村、杭头村、西城村、杨柳村、青帘村、国安村、吴渡村、梅山村	白湖社区、裴岗社区、金湾社区
12	龙桥镇	安定村、凌安村、新建村、马山村、龙桥村、高山村、夹板村、福兴村、梅林村、曹河村、盆形村	缺口社区、黄屯社区
13	矾山镇	刘墩村、石峡村、田桥村、新中村、乐华村、古塘村、东明村、双庙村、砖桥村、徐榜村、杨山村	钟山社区、矾山居委会（属矾矿）新村居委会（属矾矿）
14	泥河镇	姚店村、洋河村、月形村、天井村、瓦洋村、大岭村、沙岗村、八里村、柴埠村、竹元村、胜利村、沙溪村、泉西村、盔头村、胜岗村	泥河社区、 中沙溪社区
15	罗河镇	墩子村、吉桥村、郑湾村、罗咀村、桥东村、新生村、东风村、黄龙村、鲍店村、高桥村、大包庄村	罗河社区、店桥社区
16	乐桥镇	杨岗村、桂元村、大化村、乐桥村、黄山村、檀巷村、金桥村、浮槐村、詹店村、鳌山村、陡岗村	老院社区
17	柯坦镇	分水村、虎洞村、蒲岗村、葛庙村、柿树村、小墩村、城池村、枣岗村	柯坦社区、陈埠社区
18	开发区		方店社区

注：1、郭河镇的施湾村、同大镇的新渡村委托台创园管理，庐城镇的方店社区委托县开发区管理。2、2012年底全县村民小组6584个、居民小组1294个。

乡镇选介

庐城镇

【概况】 庐城镇以镇驻庐江县城取名。庐城现址大概始于六朝，元至正年间筑土城，后重修加固，以砖易土，民国二十八年（1939）秋至次年春拆除城墙。元以前城区建5街10坊，清宣统二年（1910）城区设6保隶第一区，民国25年（1936）置集成镇下辖13保隶第一区公所。1950年，城区设东街、西街、岗湾、牌楼4个乡级镇，与另6个乡同属城关区。1955年12月，置城关镇为县直属镇。2004年4月城关镇更名为庐城镇。

庐城镇历史名人有南唐状元伍乔（墓在城南马厂岗）、清康熙年代进士孙维棋、清光绪年代抚台有功者吴赞成、民国年间诗人陈诗等。古迹人文景观有三板桥遗址、文翁祠、捧檄桥、钓鱼台、周瑜墓、小乔冢、金刚寺、武壮公祠、奎星楼等。庐城旧有“凤台秋月”、“绣溪春涨”、“水帘雨声”等胜景，今有环碧公园、绣溪公园、莲花泊公园、城东公园和街心花园、塔山广场、县府广场等游览休闲场所。

镇域地形以丘陵为主，岗圩兼有，冲、塝、畈相间，圩区主要分布在北面、南面,西面为岗畈。境内有塔山、东顾山、福泉山、棋盘山、凤台山等小山丘，黄陂湖位于镇东南方边界，境内移湖水库紧挨城区西侧，矿产资源有铅锌、叶腊石、石灰岩等。庐江特色食品“小红头”、“糯米大饺”、“花香藕”的产地在庐城。

庐城镇地处庐江县中心区域,有省道二军路、合铜路、巢庐路穿城过境,合铜黄高速公路、合安高速公路、合九铁路擦边而过，有快速通道相连,出境的县河、罗埠河通巢湖达长江。

2012年，庐城镇有八里、移湖、城南、马厂、棋盘、马店、新桥、罗埠、迎松、申山、朱墩11个村民委员会和塔山、磙塘、三里、绣溪、岗湾、高旭、附城、牌楼、高建、晨光、城西新村、鲍井12个社区居民委员会（不包括县经济开发区）。其中：通宽带的村11个，通有线电视的村6个，通自来水的村11个。全镇总户数45825户，总人口146800人，其中男74456人、女72344人，非农业人口75729人、农业人口71071人；镇区总户数26776户，镇区总人口78238人。新型农村合作医疗参保人数83553人，新型农村社会养老保险参保人数58675人，享受居民最低生活保障人数6536人。庐城镇总面积163平方千米，耕地面积4366公顷，镇区占地面积1501公顷，镇区绿化面积510公顷，有公园8个。

2012年，全镇财政收入20874万元、财政支出9045万元，分别增长43.8%、60.7%，其中地方财政一般预算收入12959万元、地方财政一般预算支出9045万元，农民人均纯收入9278元，增长16.2%。农作物播种面积9263公顷，其中粮食播种面积8206公顷，粮食总产量47739吨,肉类总产量3228吨。有农业专业合作经济组织36个，农业专业合作经济组织成员2793人。有企业个数3849个，企业从业人员18995人，企业实交税金总额20874万元。有工业企业487家，工业企业从业人员6364人，其中规模以上工业企业16家,规模以上工业总产值11.18亿元，增长24.3%。

2012年，城内有2座公路长途客运站，开通7条计66.3公里公交线路，有日供水5万吨的自来水厂1座，管道天然气站1座；镇有公办幼儿园1所，民办幼儿园36所，有小学24所，特校1所，普通中学数8所，高级职业中学1所，有文化团体16个，综合文化站1个，农家书屋23处，有医院、卫生院数5个，村级合作卫生站点18个，有农村敬老院2个。

汤池镇

汤池镇以有水温如汤的古称“汤坑泉”而得名,因又与舒城县西汤池相对应,故此称东汤池。汤池街始建于明朝中叶，明、清时期，为舒城、庐江、桐城关驿古道,随着茶叶生产发展，渐成商业贸易集市。清雍正《庐江县志》列汤池为县境市镇之一。1949年时东汤池为庐江县形成规模的13个集镇之一。1951年，汤池乡改镇。汤池镇曾是汤池区的驻地。汤池交通便捷，距合九铁路庐江火车站、合安和合铜黄高速公路庐江出口处仅7千米，到合肥骆岗国际机场仅40分钟车程，境内村村通公路。

汤池历史人物有:宋代卷帘将军芮巽五，明朝大都督夏尚忠、云南总兵朱关，民国期间抗日烈士国民革命军108师少将师长江淮仁等。古迹文物有：1962年发掘的新石器时代人类用过的石斧，1973年发掘的春秋时代吴王光剑（现陈列在省博物馆），汉高祖功臣张良衣冠冢墓碑（张良隐居地）；百花寨上有三国时期曹操扎营练兵的点将台、石门坎、石柱，太平军英王陈玉成妹妹陈银花率军驻扎百花寨与清军激战的战壕；牛王寨上有宋抗金名将牛皋屯驻牛王寨建的城墙残迹、养马场和议事厅遗迹遗址，牛皋岭、张飞岭、丢盔岭；果树宋瓷古窑址（省重点文物保护单位）；明都督夏尚忠墓、清胡氏墓；严家松园新四军江北指挥部旧址，荷包山与日军作战战壕和抗日阵亡将士坟墓等。有800多年树龄古银杏树和近600年树龄“大红宝珠”古山茶花，依然枝繁叶茂，红花争艳，被列为庐江县重点文物保护单位。汤池古有9寺8庙13庵。仓神庙是道教场所，西晋咸宁二年（276）左慈真人在百花寨修建仓颉庙（今仓神庙），辟道坛设道场，炼丹、传道，现在建设百花寨玉虚观。白云庵是张良隐居之所，现重建有白云禅寺、卧佛塔。

汤池自然风光优美，有63峰72景，茂林修竹，动植物种类繁多。名山有：老和尚包、牛王寨、百花寨、荒草尖、香茶岭、白马岭、二姑峰、玉泉山。奇景有：百丈乌龙潭、三叠瀑、冷泉、神仙洞、飞来

汤池镇全景

石、巷子石、一线天、苍鹰岩、滴水岩、天鹅抱蛋、壁上挂灯、关公挡曹、金狮托桃拜观音。胜景有：金汤湖、相思林、百花谷、江冲民居、金盛源农家乐山庄、孝悌山庄、金孔雀度假村、万振逍遥别院、国轩亚洲风情园。汤池1998年被省政府批准为省级风景名胜区，2004年被评为安徽省十大名镇之一，2005年被国家环保总局评为AAAA级风景名胜区，2006年被评为安徽省最佳旅游乡镇，是全国环境优美乡镇、温泉之乡。汤池温泉属于硅酸、碳酸矿化温泉，水温高达63℃，PH值为7.9，每昼夜涌水量5000吨，水中含有60多种对人体健康有益的微量元素和矿物质，符合国际开发标准。

汤池的山茶、“百花菜”是名特产品。兰花茶生产历史悠久，“白云春毫”2006年被认证为安徽省著名商标，2010年被评为“安徽省十大品牌”名茶，销往全国各地以及东南亚、日本、韩国和俄罗斯。“百花菜”属真正的绿色食品，为席中佳肴，馈赠之珍品。还有蕨菜、神韭菜、金针菜、葛粉、板栗等山珍，以及野红参、杜仲等名贵中药。

旅游业快速发展，先后引资10多亿元，相继建成安徽金孔雀温泉旅游度假村、万振逍遥别院、国轩雅典娜度假酒店、金盛源山庄、九福民俗欢乐园、景春花卉园林、安徽中医养生中心、白云禅寺、道教玉虚观、泗洲庵、新四军江北指挥部纪念馆等。

2012年，汤池镇下辖汤池、双墩、中份、松元、凤凰、三冲、果树、马槽、大塘、百花、金冲、石桥12个村民委员会和东汤池1个社区居民委员会。其中：通宽带的村12个，通有线电视的村12个，通自来水的村10个。全镇总户数16130户，总人口48917人，其中男25039人、女23878人，非农业人口8301人、农业人口40616人；镇区总户数6438户，镇区总人口32000人。新型农村合作医疗参保人数41745人，新型农村社会养老保险参保人数23956人，享受居民最低生活保障人数2511人。全镇总面积9190公顷，常用耕地面积2227公顷，镇区占地面积405公顷，镇区绿化面积96公顷，有公园3个。

2012年，全镇财政收入3496万元、财政支出2296万元，分别增长54.4%、31.6%，其中地方财政一般预算收入2041万元、地方财政一般预算支出2296万元，农民人均纯收入7823元， 增长14.5%。农作物播种面积5203公顷，其中粮食播种面积4365公顷，粮食产量26569吨，肉类总产量1444吨；有农业专业合作经济组织个数14个、成员1267人。全镇有企业369个，企业从业人员4350人，企业实交税金总额3300万元；有工业企业86家，工业企业从业人员1750人，其中规模以上工业企业2家，规模以上工业总产值7040万元，增长7.8%。

2012年，全镇有自来水厂2座，邮政局1处，电信企业3家，有供电站、变电站各1座；有幼儿园6所、小学11所、初中2所、高中1所；有综合文化站1处、村级文化活动室13处；有民间文艺组织5个；有线电视传送40套节目信号；有公共体育设施12个，街道健身活动中心2处；卫有生院1个、卫生室（诊所）14个，床位45；敬老院2个。

（陈百琪）

巢湖市

【概况】 巢湖市位于安徽省中部、江淮丘陵南部，地处东经117°25′-117°58′和北纬31°16′-32°之间。东与含山县交界，西北与肥东县接壤，南与无为县毗邻，西南隔兆河与庐江县相对，东北隔滁河与全椒县相望。巢湖市历史悠久，文字记载的历史有三千余年。唐设巢县，1984年设立县级巢湖市，1999年撤市设居巢区，属地级巢湖市，2011年8月根据《国务院关于同意安徽省撤销地级巢湖市及部分行政区划调整的批复》（国函〔2011〕84号）精神，重新设立县级巢湖市，新设的巢湖市由安徽省直辖，合肥市代管。截止2012年底，全市辖11个镇、1个乡、6个街道办事处，人口88.95万人，面积2046.14平方公里，其中区域内巢湖水域面积463.78平方公里。

2012年，全年实现地区生产总值192.6亿元，同比增长10.5%；规模以上工业增加值69.4亿元，增长17.9%；财政收入24.2亿元，增长131.2%；社会消费品零售总额55.8亿元，增长9.5%；固定资产投资130.9亿元，增长52.2%；农民人均纯收入8125元，增长18%。

【工业经济】 围绕“工业腾飞千亿计划”，大力推进“工业建设年”活动，载体建设、产业培育、项目实施、企业服务全面加强。安徽居巢经开区全年完成固定资产投资15亿元、增长50%，其中工业投资11.2亿元、增长20.4%，实现工业产值25亿元、增长66.7%。建材及新材料、食品及农副产品深加工、装备制造及机械加工、渔网具等主导产业支撑带动作用明显，分别实现产值92.7、59.1、20.4、42.7亿元，合计占全市工业总产值的76.8%，槐林镇荣获“中国渔网第一镇”称号。一批重大项目扎实推进，云海镁业、泰山石膏、中粮饲料、广得利胶囊等项目相继投产，天意环保、佳龙食品、远景风电等项目开工建设，菲力克斯巢湖电子产业园、国电分布式能源等项目成功引进。加速优势资源、关键要素向主导产业、骨干企业集中集聚，中材机制骨料、华能二期、娃哈哈续建等增资增产项目有效实施，富煌钢构运作上市。全年实现工业总产值280.4亿元，增长17.1%，新增规模以上企业15家，亿元以上产值企业达23家。

【现代农业】 生态农业建设成效明显，71个环巢湖综合治理生态农业项目完成投资10.7亿元，建成面积2400公顷，农业精品园区和示范基地发展到42家。提高农业生产集约化水平，全年流转土地3333.3公顷，新增千亩以上规模流转主体8个。农业产业化发展提速，全年实现农产品加工产值110亿元，增长65.6%。富煌三珍获评“国家级农业产业化龙头企业”，全市农业产业化龙头企业数达104家，农民专业合作社208家。新增农产品中国驰名商标2件。农业综合生产能力增强，主要农作物耕种收综合机械化水平达60.6%，实现农业总产值42亿元，增长10.5%。

【服务产业】 人民路商业步行街核心商圈作用日益发挥，天巢广场辐射效应加速释放，“万村千乡”市场工程不断延伸，交通运输、零售、餐饮等传统服务业止跌趋稳。保险、物流、仓储等现代服务业持续发展，新增商业银行2家，全市有融资性担保机构2家，金源担保公司资本金扩充到1亿元。正式启动总投资87亿元的北岸旅游“十大工程”，先后成功举办、承办国际旅游节、牡丹观赏节、温泉旅游节等一系列节庆活动，全年接待游客328万人次，同比增长112.8%，旅游综合收入13.2亿元，增长63%。

【城乡建设】 巢湖市围绕“两年大变样”目标，实施城市建设“十大工程”，累计完成各类城建项目105项，完成投资27.4亿元。湖光路、世纪大道延伸等21条、25.7公里道路建成通车，裕溪路、凤凰山路等3条、8.6公里道路开工建设。滨湖景城、玉泉小区、东城雅苑等共计4948套、50.5万平米安置房基本竣工，山水华庭、滨湖南苑、新港雅居等安置小区建设加快推进。蔡岗泵站、湖光小学、望城垃圾中转站、向阳农贸市场等公益设施项目相继完成。整治城区积涝点30个，增设临时泵站5处、道路收水口613个，完成20公里排水管道和7.5公里山洪边沟的清淤清障。开展“城市绿化大会战”，改造道路景观15个，绿化面积60万平米。惠民和谐征迁加速推进，完成量具厂、染织厂等18个地块、26万平米扫尾任务，巢湖北路、安成路区域57.7万平米的新点征迁进展迅速。城区环卫保洁市场化机制巩固完善，18条、80公里主干道实施机械清扫，晨检、晚检活动常态开展，市容环境集中整治“百日行动”成效显著，文明创建水平得到提高。

【基础设施】 环巢湖公路巢湖段全面施工，兆河大桥、合马路改造地方工作全部结束。改造高笑路、夏西路等县乡公路10条、73公里，完成农村公路提级联网延伸工程19条、50.7公里，改造危桥10座。协调推进合福高铁建设，配合开展商杭高铁、合巢芜城际铁路等项目前期工作。整治裕溪河航道，建成巢湖复线船闸。首次挤入国家小农水重点县行列，启动槐林片1433.3公顷高标准农田建设。投入2000万元财政资金，实施农田水利基本建设“7+1”工程，完成土石方1500万方。3.3万人农饮工程和20座病险水库除险加固进展顺利。新建、改造1000千伏线路2.8公里。

【新农村建设】 推进滨湖北岸综合整治开发工程，全面完成22个新农村示范村建设。投入1000万元财政资金，高标准开展农村环境综合整治，在合肥市农环月度考核中8次位居第一。启动涉及25个自然村的农村环境连片整治，建成黄麓、中垾、坝镇垃圾中转站，改造农村危房1988户。稳步推进4个批次、113.3公顷的增减挂项目，全年新增耕地134.87公顷，建设高标准基本农田4920公顷。

【健全机制】 2012年，巢湖市推进政府机构改革，精简、归并机构4个，使机构编制更加规范。成立土委会、规委会、投委会，健全重大事项集体研究决策制度。全面启动投融资管理体制改革，城投、巢信、土地收储等融资平台全年融资到位资金5.5亿元，城投公司12亿元企业债券已获国家发改委核准。深化土地管理制度改革，实行供地双向约束，清理闲置、低效用地499.8公顷，获批各类建设用地555公顷，通过第十二次土地卫片执法检查。全面推进国有资产清理归集和国库集中收付制度改革，提高公共资产资金使用效益。继续深化行政审批制度改革，216个市本级行政审批事项全部进入行政服务中心集中办理。推进户籍制度、教育、医疗等城乡综合配套改革，成立乡镇街道流动人口管理办公室，开展户籍信息“两个实有”采集工作；实施城乡中小学布局调整，撤并水泥厂、皖维、油泵厂等学校，平稳托管市一中、二中和职业教育中心；实现基本药物制度全覆盖，基层医疗机构药品零差价让利于民500余万元；新农合与城镇居民医保正式并轨，基本医疗保险城乡一体化进程加快。妥善处理行政体制重大调整相关事宜，在保障区划调整后社会大局和谐稳定的同时，完成半汤街道体制划转，顺利接管合肥巢湖经开区社会事务。

对外开放取得实效。继续把招商引资作为经济工作的第一要事，实施互利共赢的开放战略，加快对外开放步伐。成立8个驻外招商分局，组建北京、上海、合肥、苏州、宁波、厦门、南京等多家异地巢湖商会，同步开展招商推介活动，不断提高招商引资实效。全年共实施省外招商引资项目127个，累计到位资金120亿元，超额完成全年目标任务。积极探索区域经济合作，开展园区合作共建，顺利与合肥高新区签署战略合作协议。大力推进外向型经济发展，实现进出口总额2亿美元，同比增长30.4%，实际利用外资6543万美元。

【生态环保】 环境治理力度加大。修复改建巢湖北路等12条道路污水管网，实施东环城河、牡丹路、天河南岸生态截污工程，完成市污水处理厂一期提标改造及二期扩建准备。成功入围全国中小河流治理重点县，烔炀河等8条河流综合治理项目获批实施。申请亚洲开发银行贷款5300万美元，启动实施城区水环境及柘皋河、烔炀河流域水环境综合治理项目。争取国家开发银行贷款5.09亿元，开工建设落沈圩防洪除涝等3个环巢湖生态示范区一期项目。巢湖南岸生态修复一期、马尾河湿地、兆河及双桥河河道综合治理等项目基本完成。推进矿山关闭和生态修复，剩余18家矿山关闭到位，完成39万平米生态修复工作。环巢湖矿山生态修复项目获部、省批准，矿山地质环境治理示范工程全面启动。大力开展植树造林，累计造林绿化2906.7公顷，建设生态长廊77公里，全市森林覆盖率达22.8%。

节能减排成效明显。恪守环境保护职责，加强对重点领域、重点行业污染及农业面源污染的监管。严格实行环境影响评价、环保“三同时”制度，杜绝污染项目落户巢湖。大力推行节水节电、余热利用、脱硫脱硝、低氮燃烧等技术，中材余热发电项目累计节省标煤10.5万吨，皖维、巢东等公司综合能耗和产值单耗实现“双降”，全市各项节能减排任务完成。

【民生保障】 民生保障持续加强。继续实施民生工程，省市各项既定任务全面完成，累计投入资金7.39亿元，资金到位率100%、支付率80%以上。积极推进就业再就业工作，完成就业技能培训2600人，新增城镇就业9112人，城镇登记失业率控制在3.9%以内。不断完善社会保障体系，城乡低保标准与合肥市同步，失业保险纳入合肥市级统筹，城乡居民社会养老保险参保率93.9%、续保率100%，城乡居民合作医疗累计筹资1.95亿元，补偿参保患者1.85亿元。加大住房保障力度，新增保障性住房3152套，发放廉租补贴789万元。认真落实各项支农惠农政策，累计发放良种、农资等各类涉农补贴2.4亿元。

社会事业协调发展。全面落实教育“两免一补”等资助政策，实施中小学校舍安全工程20个、1.95万平米，建成乡镇公办幼儿园10所、1.86万平米，改造农村薄弱学校63所，完成首次中考自主招生和高考组织工作。申报专利521项，申报国家级高新技术企业5家，实施省级以上科技项目15个。完成31个农家书屋、65个电视“村村通”建设，举办各类大型文化活动20余场、送文化下乡文艺演出10场。全市18家基层医疗机构、151个村卫生室达到标准化建设要求，群众就医环境显著改善；建立居民健康档案53.4万份，建档率达68.3%。积极参加合肥市第十届运动会等各类赛事，举办大型群众性体育活动20余场。开展计生集中服务活动，依法查处“两非”案件32件、征收社会抚养费1620万元，人口自然增长率控制在5‰以内。

【平安建设】 完善人防、物防、技防和虚拟社会管理四大治安防控体系，打击各类违法犯罪活动，重特大刑事案件发案率明显下降。强化安全生产监管，开展安全事故隐患排查治理和矿山、花炮、交通等多个行业的“打非”、“治违”专项行动，部分领域事故多发态势得到遏制，安全生产形势总体平稳。加强应急能力建设，健全应急管理机构，完善应急预案体系，成功处置各类突发事件。

深化依法行政。办理人大代表议案、建议119件，政协委员提案206件，办结率100%，满意率分别达87%、92%。发布规范性文件51件，办理行政复议案件5件。推进“效能建设年”活动，启动政务服务标准化建设，积极开展并联审批，开辟行政审批“绿色通道”，全年受理行政审批服务事项11.4万件，办结率100%，即办率65%，五日办结率90%以上。重点加强工程建设领域的监督、监管，完成290个政府性投资项目的审计工作。深入开展政风行风评议，加强政府系统廉政建设。

乡镇选介

中庙街道

【概况】 中庙街道位于巢湖市西部边缘，坐落于巢湖北岸，依山傍水，临湖而立，因位居庐州（合肥）、巢州（巢湖）两地之中有一古寺庙而得名。2005年12月撤并乡镇，中庙镇改制，成立中庙街道，街道办事处驻中庙。辖区下辖6个村（居），国土总面积13.22平方公里。2012年末总人口9288人，其中：农业人口6372人，非农业人口2916人。

2012年实现了财政收入11944万元；完成固定资产投资额46000万元，旅游收入近4000万元；农民人均纯收入6500元。农村居民人均居住面积28.2平方米，比2007年增加5.12平方米；城镇居民人均居住面积20.08平方米，比2007年增加3.65平方米。2012年末城乡储蓄存款余额12000万元，人均12919元。集体、股份、私营企业60家；从事三产活动360家；商业网点30个，其中超市5个；从事餐饮业30多家，其中五星级酒店1家。

【旅游资源】 中庙街道自然环境优美，湖光山色旖旎，文物古迹悠久。集山、水、岛、港、亭、祠、庙、庵、塔、古船塘等多种旅游景点融为一体，素有“南九华、北中庙”之称，被誉为“东方日内瓦”。古今往来，皆称“湖天第一胜境”，充沛的旅游资源和众多的旅游景点与周边的重要旅游风景区紧密地联系在一起，构成了合肥、巢湖、芜湖、马鞍山、南京、上海、杭州等大中城市旅游圈。主要旅游景点有中庙、姥山岛、孤山岛、鞋山岛、昭忠祠、文峰塔、白衣庵等，中庙、文峰塔被列为省级重点文物保护单位，昭忠祠被列为市级文物保护单位。2012中国合肥·巢湖（国际）旅游节在中庙隆重开幕，4月28日—5月28日主活动期间共计接待游客29.8万人次。

【特产资源】 巢湖水产资源丰厚，盛产银鱼、白米虾、螃蟹（巢湖“三珍”）、刀鱼、凤尾鱼、青虾、鳜鱼、胭脂鱼、海条、鳗鱼、白鱼、青鲲、甲鱼、水鲢、胖头鱼、鲤鱼、鲫鱼、针头鱼等多种淡水特产品。中庙历来是巢湖水产品的集散地，沿湖乡镇从事巢湖水产品捕捞的渔民和寿县、天长、嘉山、霍邱等外地渔民都云集在这里，故素有“鱼米之乡”之称，巢湖“三珍”畅销全国，誉满东南亚；巢湖水产资源充足，种类多，品位高，具有较高的开发价值，水产品捕捞量年平均在18000吨左右，其中中庙地区平均捕捞量在3000吨左右。

【基础设施】 中庙对处交通，纵向有合肥市的方兴大道连接横向的巢湖市滨湖旅游观光大道；店中公路与庙中公路、合马公路、合巢芜高速公路、312国道连接在一起，空运航线距离合肥骆岗机场仅有50多公里；水上交通与沿湖庐江的白山和肥西的三河、上派等港口联网，西抵合肥市，东达巢湖港转入裕溪河进入长江航运黄金水道，距离合肥、巢湖两地水路各48公里。

集镇建设，碧桂园滨湖城、高速云水湾等项目完成开发面积达23.5万平方米，建成面积达68万平方米，形成了4.74平方公里的集镇建成区。结合巢湖北岸综合整治开发，进行焦姥路绿化改造1.7公里，庙中路改造1.7公里，新建三个可容纳500辆车的停车场。姥山岛环岛路浇筑混凝土路面2.2公里，修建游步道1.5公里；姥山岛完成20盏路灯和50个垃圾箱的安装；姥山岛游客中心主房装潢一新，门前广场进行硬化。

黄麓镇

【概况】 黄麓镇属副县级中心镇，南濒巢湖，北靠“小黄山”，是“和平将军”张治中先生的故乡。全镇总面积83平方公里，其中集镇建成区面积2.8平方公里，全镇辖7个村委会和2个居委会，总人口4.2万人。

2012年全镇实现地区生产总值50.2亿元，同比增长56.88%。其中：工业总产值48.6亿元，同比增长59.34%；农业总产值1.6亿元，同比增长6.7%；财政收入7520.7万元，同比增长30%；农民人均纯收入8270元，同比增长25.84%；固定资产投入8.19亿元，同比增长36.5%；招商引资6.2亿元，同比增长20%。

【特色农业生产】 建立水果经济、滨湖水产养殖业、农家乐、苗木开发四大特色农业生产基地。200公顷的“黄麓”牌无公害葡萄生产基地年产鲜食葡萄1500万公斤，年储鲜食葡萄40万公斤；400公顷的环湖生态经济带集立体养殖、旅游观光、休闲垂钓于一体，并辐射全镇，形成近533.3公顷的特种水产养殖规模和133.3公顷的水生蔬菜基地；家禽养殖年出栏达120万只（头）。400公顷的苗木基地和精华山庄农家乐等“双培双带”示范基地如雨后春笋般茁壮成长，有效带动周边群众走产业结构调整之路。

【基础设施与集镇建设】 合肥师范学院、安徽高等医学专科学院、安徽省法官培训学院、巢湖南湾农业生态产业园等项目已获批，进入建设规划阶段；安徽长江职业学院二期、省检察官学院等项目开工建设；张疃路安置点项目、蓬勃中央花园、中心幼儿园等项目高质量完工。

投入40多万元完成全长150米的老街路改造建设，投入32万元，完成了总面积45000平方米的张疃路绿化续建工程，投入10万多元，完成全长230米的富煌东路基土方和工程，投入60万元，完成全长260米的广场路改造建设以及绿化补植、下水工程。2012年黄麓镇被合肥市委、市政府评为第一届“文明乡镇”。

【五大发展区建设】 富煌工业园区，抓住富煌上市机遇，重点发展“总部经济”、“注册经济”，打造5平方公里的以钢结构为主导的，集办公、研发、孵化等为一体的环境优美的现代化产业园区。2013年预期完成重钢二期技改、三期、四期项目，扩建门窗公司，总投资16亿元。科教产业园区，依托黄麓镇特有的文化底蕴，结合集镇总体规划，把10平方公里的以科教为主的产业园区编制其中。推动6所高校，尽快完成规划、土地报批、土地平整。以科教产业园区内各大院校人才力量为依托，在临湖位置打造2平方公里创国内一流的激光晶体、激光器材生产为主要产业的环巢光电子产业园区。推动环巢光电有限公司与香港美汇国际投资公司总投资2.4亿元的光电项目合作，配合市政府规划总投资25亿元，建设以碲及相关资源提纯、研发、检测、深加工等为发展方向，以碲为主的稀散金属高性能核心材料产业链为主要内容的高新科技产业园；现代农业示范园区，围绕黄麓“四水”产业（水果、水产、水禽、水生）为基础，在快速通道以南打造近10平方公里的集生态、旅游休闲、科技示范、观光为一体的现代农业示范园区。文化创意园区，以西黄山风景区为平台，依托千年古刹相隐寺、和平将军张治中故居和百年名校黄麓师范文化资源，结合洪疃村美好乡村建设，打造10平方公里集文化、博物馆群落、艺术交流、创作展示为一体的文化创意园区，以文化创意为载体，致力把西黄山建设成有一定影响力的旅游风景区。

【地方名优产品介绍】

1. 黄麓葡萄

黄麓葡萄营养极其丰富，含糖量在17度以上，含草酸、柠檬酸、苹果酸等0.5—1.4%，蛋白质0.15—0.2%，矿物质0.3—0.5%，含有单葡萄甙和双葡萄甙及胡萝卜素、硫胺素、核黄素等，还含有10多种人体所需的氨基酸，葡萄中所含的多种糖分，大部分是易被人直接吸收的，葡萄糖具有甘味色美，滋补益身等特点。

2. 富煌三珍

安徽富煌巢湖三珍有限公司鲴鱼食品系列取得国家级无公害认证，被评为安徽名牌产品，龙虾系列成为安徽省名牌农产品，“三珍”和“巢三珍”成为安徽知名商标。

3. 掇英轩

将古代优秀的传统笺纸加工技艺拾取起来，继承与发展，为现代社会服务。泥金笺、朱砂笺、透光笺、羊脑笺、流沙笺及各色绢笺得到恢复与发展。“掇英轩”牌笺纸发展成为粉蜡笺、金银印花笺、泥金笺、木版水印笺、绢本宣、流沙笺、羊脑笺等七大系列，数百个品种。（昂朝桂）

2012年巢湖市乡镇街道和村、居委会一览表

乡镇名称	村委会数	村委会名称	下辖自然村数	居委会数	居委会名称
庙岗镇	8	清涧、路店、军高、沿山、方集、童坛、童集、尖山	218	1	莲花
烔炀镇	15	歧阳、唐嘴、巢湖、朝阳、烔西、中李、指南、曙光、太和、三份、固山、合裕、凤凰、大程、花集	220	2	烔炀、新桥
黄麓镇	7	张疃、建麓、花塘、芦溪、跃进、合群、建中	130	2	桐荫、临湖
散兵镇	7	莲塘、佛岭、项山、大岭、后洞、姥山、隆泉	242	2	散兵、高林
柘皋镇	16	兴坝、三星、建和、驷马、工民、大树刘、接引庵、锦旗、星火、合浦、而山、板桥、大塘、汪桥、五星、双泉	301	2	西街、东街
中垾镇	7	广严、太平、三圩、建华、滨湖、小联圩、庙集	127	1	中垾
栏杆集镇	5	洪桥、青岗、北陈、石门、朱桥	203	3	栏杆、柳集、赵集
苏湾镇	6	大坝、寨山、包坊、梁帝、联合、东黄	360	3	苏湾、鲁桥、坊集
槐林镇	14	惠峰、平安、槐光、大汪、九峰、官塘、潘傅、垅山、海如、湖边、兆河、周庄、万年、龙王	277	2	武山、沐集
坝镇	7	泉水、石塘、湖东、青山、夏店、联河、姥山	156	1	坝镇
夏阁镇	14	大焦、大庙、竹柯、柳南、国胜、元通、尉桥、龙泉、张华、苏垅、里岗、八字口、沿河、独山	342	2	五星、夏阁
银屏镇	9	三胜、白牡山、芙蓉、吕婆、岱山、箕山、锥山、爱国、钓鱼	168		
中庙街道	5	旭东、河西、龙桥、胜利、古塘	37	1	中庙
半汤街道	5	战前、汤山、力寺、鼓山、汤卞山	56	4	温泉、岠嶂、西山、半汤
卧牛山街道	3	山口、桥头、桥东	45	12	北大街、西河街、南巢街、人民路、西圣、映月、花园、湖光、贾塘、龟山、健康西路、伍贾
凤凰山街道				11	巢湖北路、草城、向阳、光明、东风、黎明、长江西路、灯塔、东塘、凤凰、兴巢（筹）
天河街道	3	高峰、天灯、黄窑	75	8	巢湖闸、官圩、金码头、南苑、三合、望城、皖光、盛湾
亚父街道	6	团结、前进、旗麓、亚光、书桥、旗鼓	74	6	沿河路、洗耳池、东炮营、朝阳门、岗岭、义城
合计	137		3063	63	其中城市社区41，农村居委会22个

政策文献

中共合肥市委 合肥市人民政府关于加快建设文化强市的若干意见

为深入贯彻党的十七大、十七届六中全会和省委九届三次全会精神，全面落实市第十次党代会的部署要求，加快推进文化强市建设，现结合实际，提出如下意见。

一、指导思想、发展目标和基本原则

1. *指导思想*。坚持以邓小平理论和“三个代表”重要思想为指导，深入贯彻落实科学发展观，以科学发展、跨越发展、和谐发展为主题，以文化体制机制创新为动力，以建设社会主义核心价值体系为根本，以满足人民群众的精神文化需求为出发点和落脚点，提升我市文化软实力，为为实现“新跨越、进十强”目标，打造现代化新兴中心城市，朝着区域性特大城市方向迈进，提供强大的精神文化支撑。

2. *发展目标*。未来五年，要集中力量重点打造和初步建成科教先导、创新驱动的文化实力城市，开明开放、机制完善的文化活力城市和繁荣旺盛、特色鲜明的文化魅力城市。力争到“十二五”末，城市文化建设的主要指标和综合实力居中部省会城市前列，文化产业增加值占全市GDP10%以上，成为我市重要的战略性支柱产业之一，区域性文化产业中心地位得到确立。

3. *基本原则*

——*文化引领原则*。以文化现代化引领城市现代化，大力推进社会主义核心价值体系建设，以先进文化教育人民、引领风尚，不断提升城市的人文素养。

——*以人为本原则*。加快建设基层文化基础设施，着力构建结构合理、网络健全、运行高效、覆盖城乡、惠及全民的公共文化服务体系，切实维护好人民群众的基本文化权益。

——*统筹兼顾原则*。既要大力发展公益性文化事业，又要大力发展经营性文化产业；既要大力发展精品文化，又要大力发展群众文化；既要加强城市文化建设，又要加强农村文化建设，做到同步规划，整体推进。

——*普及提高原则*。在加强基层基础、推动文化普及的同时，着力打造一批精品力作、培育一批文化品牌、造就一批领军人物，提升合肥文化的整体实力，增强合肥文化的影响力、辐射力和带动力。

——*项目支撑原则*。加快建设一批重大公共文化设施、文化产业项目和文化龙头企业，把建设文化“软实力”变成工作“硬任务”，从根本上改善城市文化的“硬环境”，提升城市的文化品位。

二、主要任务和重点工作

4. *强力推进社会主义核心价值体系建设*。坚持把社会主义核心价值体系融入国民教育和精神文明建设全过程，使之成为全市人民团结一致、奋发有为的精神力量源泉和纽带。加强爱国主义教育基地建设，用中国特色社会主义理论体系武装党员、教育人民。大力开展科学理论进机关、进社区、进企业、进学校、进乡村，推动当代中国马克思主义大众化。

5. *着力加强思想道德建设*。大力推进学习型城市建设，广泛开展青少年爱国主义读书教育活动，不断推动“书香庐州”活动向全民阅读深化，形成全社会浓厚的学习氛围，增强公民的民主法制意识，提升科学人文素养。加强未成年人活动阵地建设，城市重点抓好“四点半学校”、“快乐儿童俱乐部”等活动阵地，乡村重点抓好“乡村学校少年宫”和“留守儿童之家”建设，组织开展丰富多彩的未成年人道德实践活动，提升未成年人思想道德建设水平。继续普及志愿服务理念，进一步完善全市各类志愿服务组织，壮大各级各类志愿者队伍，创新志愿者服务形式载体，扎实开展志愿服务活动，推动全市志愿服务事业健康科学发展。持续开展社会公德、职业道德、家庭美德、个人品德建设活动，开展“公民素质进万家”等活动，促进和谐社会建设。

6. 繁荣发展哲学社会科学。大力扶持特色学科、优势学科和应用学科，切实加强改革开放和现代化建设重大现实问题的研究。整合各方面哲学社会科学研究力量和资源，筹备成立合肥市社会科学院，努力建设成为市委、市政府决策的“思想库”和“智囊团”。推动哲学社会科学成果转化为现实的发展能力和生产能力。加快县（市）区社科联建设，推动县（市）区社科普及、学术研究等工作。

7. 巩固加强宣传思想文化阵地。充分发挥主流媒体在文化传播中的主阵地作用，不断扩大覆盖面，提升吸引力、影响力和主导力。发展新兴媒体，高度重视互联网的运用和管理，加强网络文化建设，发挥新兴媒体在文化传播中的主力军作用。积极引导新闻媒体牢牢把握正确的舆论导向，坚持团结稳定鼓劲、正面宣传为主，唱响主旋律，营造科学发展、全面转型、加速崛起、富民强市的浓厚舆论氛围。

8. 大力推进全国文明城市创建。围绕创建全国文明城市目标，大力弘扬“开明开放、求是创新”的合肥城市精神，深入推进“三大创建”活动，切实抓好创建为民、惠民工作，让广大群众真正享受到创建成果。不断丰富群众性精神文明建设活动载体，广泛开展“讲文明、树新风”、“我们的节日”、“爱国歌曲大家唱”、“文明短信传递”、“三下乡”、“四进社区”、“走向文明”等系列主题实践活动，大力倡导读书学习、文明礼仪和勤俭节约，丰富群众文化生活，提升市民文明素质。进一步深化文明单位、文明行业、文明乡镇、文明街道、文明社区、文明村、文明工地、文明网吧等群众性文明创建活动，完善细化检查考核和评比细则，推进动态管理，提升创建工作水平。统筹推进城乡文明创建，继续巩固农村环境综合整治成果，大力加强文明乡风建设，倡导移风易俗，广泛制定村规民约。在肥西县成功创建全国文明县城的基础上，力争其他县（市）尽快进入“全国文明”行列。

9. 进一步深化文化体制改革。围绕创新体制、搞活机制的目标，进一步深化管理体制改革，推动文化行政管理部门更好地履行政策引导、公共服务等职能。深入推进文化事业单位改革，完善财政投入机制，引入竞争激励机制，激发内在活力，提高服务水平。创新公共文化服务运行管理机制，加强和改进基层公共文化设施管理和使用，促进各种文化设施互联互通、共建共享。推进县（市）区公共文化场馆、各级各类院校体育场所免费开放，不断提高公共文化资源利用率。大力推进各类转制文化企业建立现代企业制度，完善法人治理结构，培育一批自主经营、自负盈亏、自我发展、富有活力的文化市场主体。推进股份制改造，引进战略投资者，吸纳社会资本，建立文化企业、文化产业多元化投融资体系。加强国有文化资产监管，健全保值增值机制。大力培育各类文化产品市场和要素市场，完善现代流通体制，构建统一、开放、竞争、有序的现代文化市场体系。

10. 健全完善公共文化服务体系。坚持政府主导、社会参与、群众共建共享的原则，加快构建结构合理、网络健全、运行高效、覆盖城乡、惠及全民的公共文化服务体系。“十二五”时期，建成渡江战役纪念馆、安徽名人馆、合肥中心图书馆、合肥博物馆、合肥美术馆、规划展览馆、合肥文化馆（新馆）、合肥全民健身活动中心、青少年活动中心等一批文化设施。构建覆盖城乡的公共文化服务网络，推进广播电视“村村通”、文化信息资源共享、农村数字化电影放映、农民体育健身工程、乡镇综合文化站和社区文体活动中心、全民健身苑、农家书屋等工程建设。加快推动县（市）区文化馆、图书馆、体育馆、影剧院等文化体育设施建设工程。加快发展政府引导、社会参与、具有合肥特色的体育健身服务业。建设一批全民文化活动广场、体育健身广场等基层基础文化体育设施。建设百所能够满足农村青少年科学、文化、艺术、体育发展需求的“乡村少年宫”，力争基层文化建设管理达到全国先进水平。鼓励、引导、支持社会资金投入文化基础设施建设，新建小区按规划要求配套建设功能齐全的文化服务设施。注重引入市场机制，发挥专业团队的优势，最大限度地发挥影剧院、纪念馆、博物馆等大型文化基础设施的管理和利用效益。

11. 不断繁荣文化艺术事业。坚持“三贴近”

原则，不断推出更多思想性、艺术性和观赏性相统一，经济效益和社会效益俱佳的精品力作。培育一批具有浓郁地方特色、较大社会影响、较强竞争力的文化品牌。以精神文明建设“五个一工程”为抓手，精心组织实施文学艺术精品创作，打造一批在全国有影响的精品力作。着力提高文化产品原创能力，推动原创文化作品的产业化和后续产品的多样化。健全完善重点文化项目创作生产制度，设立合肥市“文学艺术奖”，引导各种资源向精品创作生产集聚。创新文艺表演手段，注重把优秀传统文艺样式与时尚元素结合起来，丰富内容、拓展渠道，推动文艺精品更好地走向市场、走进基层、走近群众。着力培育一批特色群众文化活动品牌，进一步提升“新春文化庙会”、“庐州放歌”、巢湖民歌艺术节、“走向文明”、“元旦越野赛”、“龙舟赛”、“健身走”等文化体育品牌活动的影响力。传承发展合肥地域文化、历史文化，调查评估历史建筑、街区，实施文化遗产挂牌保护。加大非遗保护力度，推动优秀民间文化融入现代经济社会生活，促进非遗保护与科技、教育、制造、商贸、旅游有机结合。

12. 大力推进文化产业跨越发展。坚持解放思想、转变观念，将文化产业作为调整经济结构、转变发展方式的重要抓手，纳入经济社会发展全局，推动融合发展、转型发展、跨越发展。着力调整产业结构，重点发展出版印刷发行、广播影视、工艺品制造、文化旅游、创意设计、数字动漫、智能语音、广告会展、娱乐休闲等九大产业。坚持实施龙头带动战略，培育一批综合实力强、发展后劲足、竞争优势明显的文化企业，形成骨干企业带动产业升级的良好局面。积极鼓励和支持骨干文化企业跨地区、跨领域、跨所有制兼并重组。大力推进文化企业上市融资，扩大规模，增强实力，努力把合肥报业传媒集团、合肥文广演艺集团建设成为在全国有一定影响的文化企业。深入推动文化产业与科技、金融、旅游、装备制造、信息、商贸、教育、建筑等相关产业深度融合，打造文化产业发展的新引擎。大力发展文化创意产业园区、产学研合作基地、文化创意服务外包基地等特色产业基地园区，引导和促进文化产业集群化发展，形成一批特色产业集群。依托高新技术产业开发区，建设好合肥（国家级）文化和科技融合示范基地。加快动漫产业发展，立足合肥国家级动漫产业发展基地，推进动漫产业深度合作，延伸产业链，做大做强动漫及服务外包产业。加大文化产业招商引资力度，继续办好“文博会”，以项目为抓手，以展会为平台，引进一批具有示范效应和产业拉动作用的重大文化产业项目，带动全市文化产业不断迈上新台阶。

13. 进一步扩大对外文化交流与合作。巩固和扩大与国内外友好城市、港澳台地区间的文化交流与合作，积极参与各类国际性文化交流活动。加强与长三角及中西部地区文化经济合作和交流，提升合肥文化在东中部地区的影响力。加大省内文化交流合作及资源整合力度，增强在合肥经济圈、合芜蚌自主创新试验区、皖江城市带承接产业转移示范区的辐射力和带动力。加强外宣窗口建设，以文化交流活动为载体，开展电视周、文化周等活动，推进外宣、外事、外贸、侨务、科技、旅游、体育等与文化“走出去”结合起来，形成对外文化交流合力。发挥国家级文化出口企业的示范带动作用，引导更多文化产品、服务、资本走出国门。鼓励有条件的文化企业联合高等院校和科研院所同国外有实力的艺术、传媒、出版和服务贸易企业开展资本、项目、人才、技术、市场和服务的深度合作。

三、组织领导和保障措施

14. 进一步加强组织领导。各级党委、政府要按照科学发展观的要求，从中国特色社会主义事业“四位一体”总体布局出发，高度重视推进文化强市建设，将其摆在更加突出位置，纳入经济社会发展总体规划，纳入党委、政府考核评价体系，作为评价地区发展水平、衡量发展质量和领导干部政绩的重要内容。建立健全党委统一领导、党政齐抓共管、宣传部门组织协调、有关部门分工负责、社会力量积极参与的工作机制。各县（市）区要成立由主要负责同志任组长的文化建设工作领导小组，负责领导和推进本地文化建设，研究解决相关重要问题，检查督促目标任务、政策措施的贯彻落实。

15. 进一步加大政策支持力度。全面贯彻落实国家和省各项支持文化改革发展的政策，健全完善财政、税收、金融、土地等相关扶持文化产业发展的配套政策措施。各级政府要确保每年对文化建设投入增幅不低于同级财政经常性收入增幅。城市住房开发建设中的配套公共文化设施建设，可适当减免规费。老城区要加快改建、扩建公共文化服务基础设施。用于公共文化基础设施建设、公共文化服务能力提升、重大主题创作、非遗传承保护等公共文化服务体系建设的资金列入市财政年度预算。制定《文化产业发展扶持办法》，充分发挥文化产业发展扶持资金的引导作用，推动文化和科技融合发展，努力发展新媒体和新的文化业态，培育一批有实力、有竞争力的骨干文化企业。加大项目推进力度，对重大文化建设项目，由市文化强市建设领导小组直接调度，在项目立项、政策扶持、银行信贷、土地使用、配套服务等方面给予支持。鼓励国有商业银行、政策性银行降低信贷门槛，创新文化金融产品，加大对文化企业的金融支持。鼓励、扶持、引导民间资本、社会资本和境外资本进入政策允许的文化领域，非公有资本参与文化事业单位转企改制。鼓励社会力量兴办公益性文化企业，逐步建立多元投融资体系。

16. 进一步加快构建人才高地。把文化人才队伍建设纳入人才强市战略，健全培养引进、选拔使用、评价激励等机制，形成优秀人才不断涌现、拔尖人才脱颖而出、各类人才茁壮成长的良好局面。高度重视基层宣传文化人才队伍建设，打造一支人员充实、结构合理、素质良好、作用明显的基层宣传文化人才队伍。突出抓好文化产业经营管理、文化创意、现代传媒信息技术等紧缺人才的培养，造就一批创新型、外向型、复合型、科技型文化高端人才。加强文学艺术人才队伍建设，健全完善人才交流合作发掘培养机制，培育一批本土文学艺术界领军人物。树立人才资源统筹利用意识，充分发挥在肥的中央、省属单位文化人才作用。把引资与引智结合起来，通过引进文化大企业，延揽一批高层次人才。建立文化人才引进绿色通道，把引进特殊文化人才纳入市引进高层次、紧缺专业人才工作范围，享受同等待遇。对个人获得国家级和省级文化类奖项的，市里实行配套奖励。

各县（市）区、各部门要根据本意见精神，结合实际，制定贯彻实施意见，完善配套措施和运行机制，认真抓好落实。

合肥市人民政府令

第162号

《合肥市优待扶助残疾人规定》已经2012年6月1日市政府第100次常务会议审议通过，现予公布，自2012年8月1日起施行。

市　长

二〇一二年六月五日

合肥市优待扶助残疾人规定

第一章　总　则

第一条　为了加强对残疾人的优待扶助，鼓励残疾人积极参与社会生活，共享社会物质文化成果，根据《中华人民共和国残疾人保障法》、《安徽省残疾人保障条例》和《安徽省优待扶助残疾人规定》（省政府令第202号）等规定，结合本市实际，制定本规定。

第二条　凡持有《中华人民共和国残疾人证》（以下简称《残疾人证》）的本市残疾人按照本规定享受相关优待扶助。法律、法规和国家、省其他规定另有规定的，从其规定。

本规定所称贫困残疾人，是指纳入城乡最低生活保障范围或者有县级以上民政部门出具贫困证明的残疾人。

第三条　市、县（市）区人民政府依法组织实施残疾人优待扶助工作，并对所属部门和下级人民政府优待扶助残疾人工作实施监督。

市、县（市）区残疾人联合会受政府委托，开展残疾人工作，负责对本规定的实施情况进行监督检查。

市、县（市）区人民政府残疾人工作委员会成员单位，依照各自职责，做好残疾人优待扶助工作。

第四条　市、县（市）区人民政府应当将残疾人事业经费列入财政预算，建立稳定的经费保障机制。

市、县（市）民政部门应当在发行福利彩票筹集的本级公益金中，每年安排不低于8%的比例，专项用于残疾人事业。

市、县（市）体育行政部门应当安排部分体育彩票公益金用于开展残疾人体育活动。

第五条　鼓励社会组织和个人为发展残疾人事业提供捐助和服务。

第二章　劳动就业优待扶助

第六条　各级人力资源和社会保障部门应当将失业残疾人纳入失业人员基本生活保障和就业工作体系。

各级人民政府及其有关部门开发的公共停车

场、书报亭及福利彩票、体育彩票代售点等公益性岗位和社区服务性岗位，应当优先安排符合条件的残疾人就业。

乡镇人民政府（街道办事处）和村（居）委会配备的残疾人工作协理员和助理员，按照公开、公正、就地、就近的原则，从残疾人或者重度残疾人直系亲属中公开招聘。

第七条 各级人民政府应当多方面筹集资金，组织和扶持农村残疾人从事种植业、养殖业、手工业和其它形式的生产劳动。

对从事农业生产劳动的农村残疾人，有关部门应当在生产服务、技术指导、农用物资供应、农副产品收购等方面给予帮助。

第八条 国家机关考录公务员，国有企业和事业单位招聘职员，同等考录或者招聘条件下应当优先录用残疾人。

国家机关、社会团体、企业事业单位和其他社会组织，应当按照不低于本单位上一年度从业人员总数1.5%的比例安排残疾人就业。确因岗位不合适，未安排残疾人就业或者安排残疾人就业未达到规定比例的，每少安排一名残疾人，应当按照当地上一年度本地区从业人员年平均劳动报酬标准缴纳残疾人就业保障金。

第九条 各级人民政府及有关部门设立的公共就业服务机构、残疾人就业服务机构，应当为残疾人免费提供就业服务。

鼓励社会各类就业服务机构为残疾人免费提供就业服务。

第十条 鼓励社会机构开办帮助残疾人集中就业的工（农）疗机构、辅助性工场、福利企业，促进精神和智力残疾人就业。

对安排残疾人就业的单位，按照有关规定享受税收优惠。

第十一条 用人单位招用残疾人职工，应当依法签订劳动合同或者服务协议，办理社会保险，并为其提供适当的劳动岗位、劳动条件、劳动保护及技能培训。

用人单位辞退残疾职工、解除与残疾职工的劳动合同或者服务协议，应当提前十个工作日报县（市）区残疾人联合会备案。

第十二条 人力资源和社会保障部门应当加强劳动执法检查，将按比例安排残疾人就业纳入劳动监察范围，依法查处用人单位招聘残疾人不签订劳动合同、延长试用期、超时加班、非法用工、拖欠工资报酬、不办理社会保险等行为。

第十三条 鼓励残疾人自愿组织就业或者自谋职业。对自主择业、自主创业的残疾人，按照有关规定给予信贷等方面扶持。

残疾人申请从事个体经营的，工商行政管理部门应当优先核发营业执照，有关部门应当在经营场地等方面给予照顾，并按照规定免收管理类、登记类和证照类的行政事业性收费。

对残疾人个人取得的劳动所得，按照省人民政府规定的减征幅度和期限减征个人所得税。

开办盲人保健按摩机构，县级以上残疾人联合会依法做好资质认证和监督管理工作，税务、工商行政管理等部门按照有关规定减免税费。

第三章 生活医疗优待扶助

第十四条 各级人民政府应当对下列残疾人采取生活保障措施：

（一）对有重度残疾人、多个残疾人的家庭及其他特困残疾人家庭，在原享受最低生活保障金的基础上，根据分类施保的原则，适当提高其最低生活保障金的补差额；

（二）对无劳动能力、无生活来源又无法定赡养、抚养、扶养义务人，或者其法定赡养、抚养、扶养义务人无赡养、抚养、扶养能力的残疾人，按照规定标准给予供养、救济；

（三）对生活无着落流浪乞讨的残疾人，当地救助站应当及时救助。

第十五条 市、县（市）区人民政府应当帮助残疾人改善居住条件，对符合保障性住房申请条件的残疾人家庭优先安排住房，在住房分配上对生活不便的残疾人给予照顾。

对农村贫困残疾人家庭进行危房改造，县（市）区人民政府应当按照有关规定给予补助。

第十六条 残疾人凭《残疾人证》免费进入公园、动（植）物园、烈士陵园、文化馆、科技馆、博物馆、图书馆、美术馆等公共文化体育场所。

残疾人凭《残疾人证》免费进入收费公共厕所。

盲人读物免费邮寄。

第十七条 残疾人凭《残疾人证》就医，挂号、缴费、化验、取药等予以优先，乡镇卫生院、社区医疗服务机构以及市、县（市）属公立医院免收普通挂号费。

贫困残疾人在二级以上市、县（市）属公立医院就医，凭《残疾人证》和县级以上民政部门出具的家庭贫困证明，可以减免40%床位费。

第十八条 对申办《残疾人证》的残疾人，免收残疾鉴定检查费。残疾人证应当免费发放。

第十九条 市、县（市）区人民政府应当建立和完善城乡居民社会保障体系，对残疾人予以重点保障和特殊扶助，确保残疾人按照规定参加基本养老、医疗、失业、工伤和生育保险。

贫困重度残疾人参加城乡居民养老保险个人缴费困难的，县（市）区人民政府按照有关规定以最低缴费标准为其代缴或者给予补贴。

贫困重度残疾人参加城乡居民基本医疗保险或者新型农村合作医疗保险，承担个人缴费部分有困难的，县（市）区人民政府给予补贴。

第二十条 对下列特殊情况的残疾人实施医疗救助：

（一）对有康复需求的贫困残疾人免费配发经济实用的普及型辅助用具，免费装配普及型假肢和矫形器；

（二）对十五周岁以下残疾儿童在定点医院、康复服务机构接受抢救性康复训练服务和二十一周岁以下肢体残青少年接受矫治手术的，实行手术及康复训练费用定额补贴；

（三）将听力、语言、智力、脑瘫、孤独症儿童抢救性康复训练，截瘫、偏瘫、截肢、骨关节病康复训练等符合医疗保险规定的医疗康复项目纳入城镇职工基本医疗保险、城镇居民基本医疗保险和新型农村合作医疗报销范围；

（四）将贫困精神残疾人普通门诊治疗纳入统筹地区城镇居民医保门诊慢性病（特殊病种）报销范围。

第四章　文化教育优待扶助

第二十一条 各级人民政府及其有关部门应当按照《中华人民共和国义务教育法》和《安徽省实施〈中华人民共和国义务教育法〉办法》等规定，保障适龄残疾儿童、少年接受义务教育。

教育行政主管部门应当采取措施，保障学龄前残疾儿童或者残疾家庭儿童入园，并按有关规定对其进行资助。

第二十二条 适龄残疾儿童、少年和残疾人的子女接受义务教育，实行就近入学。异地就学的残疾儿童、少年和残疾人的子女接受义务教育由流入地教育行政主管部门负责安排，并与本地学生享受同等待遇。

第二十三条 高中阶段学校、成人教育机构等非义务教育学校，不得拒绝招收符合规定录取标准的残疾考生入学。

对当年考入高等院校的贫困残疾学生或者贫困残疾家庭的学生，按照有关规定给予资助。

各类教育培训机构应当酌情减免贫困残疾学员的学费、杂费、住宿费。

第二十四条 各级人民政府及其有关部门应当采取下列措施，满足残疾人的精神文化需求：

（一）通过广播、电影、电视、报刊、图书、网络等公共媒体，反映残疾人生活，为残疾人服务；

（二）在公共媒体无偿刊登、播出反映残疾人事业的公益广告；

（三）残疾人文体活动需要场馆时，应当优先照顾安排，场馆使用费给予减免。

第二十五条 残疾人参加县级以上残联、文化、体育等部门组织的排练、演出或者训练、比赛期间，所在单位应当给予支持并保证其享受在岗时的工资、奖金、福利等待遇。

对在残疾人奥运会、残疾人世界锦标赛、亚洲残疾人运动会、全国残疾人运动会等重大竞技体育比赛中获奖的残疾人运动员和教练员，按照有关规定予以奖励。

第五章　其他社会保障优待扶助

第二十六条 市、县（市）区人民政府应当将农村有劳动能力的残疾人脱贫列入扶贫开发计划，在项目和资金安排上予以优先照顾，财政部门每年安排一定资金，对农村残疾人扶贫基地予以重点扶持。

第二十七条 市、县（市）区人民政府及其有关部门按照规定对残疾人康复、托养、教育、劳动就业等基础设施建设项目，免征城市基础设施配套费。

第二十八条 支持和鼓励从事有线电视等公共服务的企事业单位和其他社会组织开办方便残疾人的优惠服务项目，对优惠服务项目减免相关费用。

第二十九条 公共图书馆应当设立盲人阅览室或者阅览区域，配置盲文图书以及有关阅读设备，为盲人提供方便。

广播电台、电视台应当创造条件，开办残疾人专题栏目，推广电视栏目、影视作品加配字幕、手语。

第三十条 残疾人搭乘各类交通工具，凭《残疾人证》优先购票、优先搭乘，代步专用辅助器具免费携带。

盲人、二级以上聋哑人、三级以上肢体残疾人、农村五保供养的残疾人及六十周岁以上残疾人，凭《残疾人证》办理公共交通IC卡，免费乘坐市内公共交通工具。

第三十一条 城市公共服务场所、公共交通工具，应当建立语音提示、屏显字幕等系统，或者采取设立盲文简介和盲人手摸模型、无障碍专用窗口或专用通道等措施，为残疾人信息交流提供无障碍服务。

设有无障碍设施或者提供无障碍服务的公共场所，应当在适当位置设置符合国家标准的无障碍标识。

公共停车场应当在方便通行的区域设置残疾人专用停车位，并设置显著无障碍标识。残疾人专用车在公共停车场免费停放。

第三十二条 对符合法律援助条件的残疾人，法律援助机构应当优先受理并提供法律援助服务。残疾人因追索赡养费、抚养费、劳动报酬、工伤赔偿及抚恤金等法律事务申请法律援助的，法律援助机构应当提供服务；贫困残疾人申请办理公证的，公证机构应当按照规定提供公证法律援助。

第三十三条 新建、改建、扩建建筑物、道路、交通设施等，应当按照国家工程建设标准建设无障碍设施，并与主体工程同时设计、同时施工、同时验收、同时交付使用。

无障碍设施的所有者或者管理者应当加强维修和保护，确保其正常使用。

禁止损坏、侵占无障碍设施或者改变无障碍设施用途。

无障碍设施无法正常使用的，维护管理单位应当及时修复。

大型广场、公园、旅游景点应当逐步设立盲文导游图。

第六章 法律责任

第三十四条 未按照本规定给予残疾人优待扶助的政府相关部门，由本级人民政府责令限期改正；逾期不改正的，通报批评，并对单位直接负责的主管人员和其他直接责任人员给予行政处分。

未按照本规定给予残疾人优待扶助的相关企业事业单位和其他社会组织，由相关主管部门责令限期改正；逾期仍不改正的，对单位直接负责的主管人员和其他直接责任人员给予行政处分或者纪律处分。

第三十五条 国家机关、社会团体、企业事业单位和其他社会组织未安排或者未按法定比例安排残疾人就业，又未缴纳或足额缴纳残疾人就业保障金的，由征收部门责令限期缴纳；逾期仍不缴纳的，除补缴欠缴数额外，应当自欠缴之日起，按日加收5‰的滞纳金。

第三十六条 单位或者个人违反本规定骗取残疾人优待扶助费用，由负责优待扶助工作的相关主管部门给予警告，限期退回非法所得；情节严重，涉嫌犯罪的，移送司法机关处理。

第三十七条 市、县（市）区残疾人联合会负责对本规定的实施进行日常监督检查，并有权建议相关主管部门对违反本规定的单位和个人做出处理。

第三十八条 各级残疾人联合会的工作人员玩忽职守、滥用职权、徇私舞弊的，所在单位应当责令其改正，并对直接负责的主管人员和其他直接责任人员给予行政处分。

第七章 附 则

第三十九条 本规定自2012年8月1日起施行。

合肥市人民政府令

第163号

《合肥市人民政府关于修改〈合肥市科学技术奖励办法〉的决定》已经2012年9月24日市人民政府第106次常务会议审议通过，现予公布，自公布之日起施行。

市 长

二〇一二年九月二十六日

合肥市人民政府关于修改《合肥市科学技术奖励办法》的决定

现决定对《合肥市科学技术奖励办法》作如下

修改：

一、将第二条修改为："市人民政府设立合肥市科学技术奖，包括合肥市科学技术杰出贡献奖、合肥市科学技术进步奖、合肥市科学技术合作奖。"

二、删去第六条。

三、将第七条改为第六条，第一款修改为："合肥市科学技术杰出贡献奖授予下列科学技术工作者及其团队：

（一）在科学技术发展中有创造性的、重大的科研成果，对推动本市科学技术进步及经济发展做出突出贡献的；

（二）在科技创新、科技成果转化、战略性新兴产业发展和高新技术产业化方面做出突出贡献，创造了巨大经济效益和社会效益的；

（三）引进相关产业与企业，完善产业链和创新链，推动产业发展成绩突出的。

四、将第八条改为第七条，增加一项，作为第一款第六项："引进先进技术或者创新团队，实现科技成果转化，经济效益显著的；"

五、增加一条，作为第八条："合肥市科学技术合作奖授予市外、境外的下列人员或者组织：

（一）与我市开展产学研合作，进行技术开发和科学技术成果转化，产生重大经济、社会效益的；

（二）促进我市与市外、境外进行科学技术合作，做出突出贡献的。

"合肥市科学技术合作奖每次授予人员或者组织不超过两个，可以空缺。"

六、将第十二条修改为："评审委员会应当将评审结果向社会公告，公开征求公众对获奖人选、获奖项目、获奖种类及获奖等级的意见。公开征求意见的时间为十日。

"市科学技术奖励委员会根据评审委员会的建议，作出获奖人选、获奖项目、获奖种类及获奖等级的决议。"

七、将第十五条修改为："市科学技术杰出贡献奖奖金金额为五十万元。

"市科学技术进步奖一、二、三的奖金金额分别为十万元、六万元、三万元。

"市科技合作奖的奖金金额为十万元。"

"市科学技术奖奖励经费由市财政列支。"

八、将第十七条修改为："下列人员可以按照规定的条件和程序优先参加市劳动模范或者先进工作者的评选：

（一）获得市科学技术杰出贡献奖的首位人员；

（二）省重大科技成就奖的获得者；

（三）获得省自然科学奖、省科学技术进步奖特等奖、一等奖的首位人员；

（四）获得国家科学技术奖的首位人员。"

九、删去第二十一条。

此外，对条文的顺序作了相应调整，对个别文字作了修改。

本决定自公布之日起施行。

《合肥市科学技术奖励办法》根据本决定作相应修改，重新公布。

合肥市科学技术奖励办法

（2003年10月19日合肥市人民政府令第102号发布　根据2005年12月8日《合肥市人民政府关于修改〈合肥市科学技术奖励办法〉的决定》修订　根据2012年9月26日《合肥市人民政府关于修改〈合肥市科学技术奖励办法〉的决定》第二次修订）

第一章　总　则

第一条　为了奖励在本市科学技术进步活动中做出突出贡献的科学技术人员、组织，调动广大科学技术工作者的积极性和创造性，推动科学技术进步，促进本市经济和社会发展，根据《国家科学技术奖励条例》和《安徽省科学技术奖励办法》，结合本市实际，制定本办法。

第二条　市人民政府设立合肥市科学技术奖，包括合肥市科学技术杰出贡献奖、合肥市科学技术进步奖、合肥市科学技术合作奖。

第三条　科学技术奖励贯彻尊重知识、尊重人才、鼓励创新和促进科技成果转化的方针。

第四条　合肥市科学技术奖的评审、授予，坚持公开、公正、公平的原则，不受任何组织或者个人的非法干涉。

第五条　市科学技术行政部门负责合肥市科学技术奖评审的组织工作。

市人民政府设立合肥市科学技术奖励委员会，负责全市科学技术奖励的管理和指导工作。市科学技术奖励委员会的组成人选由市科学技术行政部门提出，报市人民政府批准。

市科学技术奖励委员会聘请有关方面的专家、

学者组成评审委员会，依照本办法的规定开展市科学技术奖的评审工作。

第二章 市科学技术奖的设置

第六条 合肥市科学技术杰出贡献奖授予下列科学技术工作者及其团队：

（一）在科学技术发展中有创造性的、重大的科研成果，对推动本市科学技术进步及经济发展做出突出贡献的；

（二）在科技创新、科技成果转化、战略性新兴产业发展和高新技术产业化方面做出突出贡献，创造了巨大经济效益和社会效益的；

（三）引进相关产业与企业，完善产业链和创新链，推动产业发展成绩突出的。

合肥市科学技术杰出贡献奖每次授予个人及其团队不超过两个，可以空缺。

第七条 合肥市科学技术进步奖授予下列个人或者组织：

（一）运用科学技术知识在产品、工艺、方法、材料及其系统等方面做出重大技术发明，经实施取得显著经济效益的；

（二）在实施技术开发项目中，完成重大科学技术创新、科学技术成果转化，创造显著经济效益的；

（三）在实施社会公益性项目中，长期从事科学技术基础性工作和社会公益性科学技术事业，经过实践检验，创造显著社会效益的；

（四）在实施重大工程项目中，采用先进技术方法，保障工程达到国内领先水平的；

（五）在软科学研究项目中，经应用为推动决策科学化和管理现代化，促进科学技术、经济与社会协调发展发挥重要作用，创造显著社会效益的；

（六）引进先进技术、创新团队，实现科技成果转化，经济效益显著的。

合肥市科学技术进步奖分为一、二、三等奖，各等级名额上限分别为六项、十四项、二十八项。

第八条 合肥市科学技术合作奖授予市外、境外的下列人员或者组织：

（一）与我市开展产学研合作，进行技术开发和科学技术成果转化，产生重大经济、社会效益的；

（二）对促进我市与市外、境外进行科学技术合作，做出突出贡献的。

合肥市科学技术合作奖每次授予人员或者组织不超过两个，可以空缺。

第三章 市科学技术奖的评审和授予

第九条 市科学技术奖每年评审一次。

第十条 市科学技术奖由下列组织或者个人推荐：

（一）各县（市）、区人民政府；

（二）市政府组成部门、直属机构；

（三）经市科学技术行政部门认定的其他组织；

（四）市科学技术杰出贡献奖的候选人，还可以由三名以上同一行业科学技术专家联名推荐。

第十一条 推荐组织或者个人推荐市科学技术奖候选人，应当填写统一格式的推荐书。推荐人为组织的，应当提供科学技术成果初审结论；推荐人为个人的，应当提供推荐人对科学技术成果的评价意见。

第十二条 评审委员会应当将评审结果向社会公告，公开征求公众对获奖人选、获奖项目、获奖种类及获奖等级的意见。公开征求意见的时间为十日。

市科学技术奖励委员会根据评审委员会的建议，作出获奖人选、获奖项目、获奖种类及获奖等级的决议。

第十三条 市科学技术行政部门对市科学技术奖励委员会作出的市科学技术奖的获奖人选、获奖项目、获奖种类及获奖等级的决议进行审核后，报市人民政府批准。

第十四条 市科学技术奖由市人民政府颁发证书及奖金。其中，市科学技术杰出贡献奖由市长签署并由市政府颁发奖金。

第十五条 市科学技术杰出贡献奖奖金金额为五十万元。

市科学技术进步奖一、二、三等奖的奖金金额分别为十万元、六万元、三万元。

市科技合作奖的奖金金额为十万元。

市科学技术奖奖励经费由市财政列支。

第十六条 市科学技术奖获奖人员享受的优惠政策、待遇按照有关规定执行，事迹记入本人档案，作为评审专业技术职务、考核等的重要依据。

第十七条 下列人员可以按照规定的条件和程序优先参加市劳动模范或者先进工作者的评选：

（一）获得市科学技术杰出贡献奖的首位人员；

（二）省重大科技成就奖的获得者；

（三）获得省自然科学奖、省科学技术进步奖特等奖、一等奖的首位人员；

（四）获得国家科学技术奖的首位人员。

第四章　法律责任

第十八条　剽窃、侵夺他人科学技术成果，或者以提供虚假数据、材料等不正当手段骗取市科学技术奖的，由市科学技术行政部门报市人民政府批准后，撤销奖励，追回奖金。

第十九条　推荐组织或者个人提供虚假数据、材料，协助他人骗取市科学技术奖的，由市科学技术行政部门通报批评；情节严重的，取消其推荐资格；对负有直接责任的主管人员和其他直接责任人员，依法给予严肃处理。

第二十条　参与市科学技术奖评审及有关活动的人员，在评审活动中弄虚作假、徇私舞弊的，依法给予处分。

第五章　附　则

第二十一条　市科学技术奖的评审规则由市科学技术行政部门制定。

第二十二条　市人民政府组成部门、直属机构不设立面向全市的科学技术奖。

第二十三条　本办法自2003年12月1日起施行。市人民政府1996年2月8日发布的《合肥市科学技术进步奖励规定》同时废止。

合肥市人民政府令

第164号

《合肥市行政执法监督规定》已经2012年11月19日市人民政府第108次常务会议审议通过，现予公布，自2013年1月1日起施行。

市　长

2012年11月28日

合肥市行政执法监督规定

第一章　总　则

第一条　为了规范行政执法行为，强化行政执法监督，促进依法行政，维护公民、法人和其他组织的合法权益，根据《安徽省行政执法监督条例》及有关法律法规的规定，结合本市实际，制定本规定。

第二条　本规定适用于本市行政区域内的行政执法监督工作。各级人民政府及所属行政执法部门（含法律、法规授权执法和依法接受委托执法的组织，下同）及其行政执法人员，应当遵守本规定。

实行垂直管理和双重管理的行政执法部门的行政执法监督活动适用本规定。

第三条　本规定所称行政执法监督，是指上级人民政府对下级人民政府、各级人民政府对所属行政执法部门（含所在地的实行垂直管理和双重管理的同级行政执法部门，下同）及其行政执法人员、上级行政执法部门对下级行政执法部门及其行政执法人员的行政执法活动进行的监督。

第四条　市人民政府法制机构主管全市行政执法监督工作，在市人民政府的领导下负责对全市行政执法工作进行监督和指导。

县（市）区人民政府法制机构和部门法制机构在本级人民政府、本部门领导下负责本行政区域、本系统内的行政执法监督工作。

监察、审计、财政等部门的专门监督依照有关法律、法规的规定进行。

第五条　行政执法监督工作应当遵循依法、客观、公正、公开、有错必纠的原则，实行指导与监督相结合、教育与惩处相结合、监督检查与改进工作相结合。

第六条　行政执法监督工作所需经费纳入本级人民政府财政预算。

第二章　行政执法监督的内容

第七条　行政执法监督的内容包括：

（一）法律、法规、规章、规范性文件的实施情况；

（二）行政执法部门是否具有主体资格、委托行政执法是否合法；

（三）行政执法人员执法资格的合法性以及持证上岗、亮证执法情况；

（四）规范性文件的制定和备案工作情况以及规范性文件实施后的跟踪问效、清理和后评估情况；

（五）实施行政处罚、行政许可、行政征收、行政给付、行政确认、行政裁决、行政强制、非许可类行政审批等具体行政行为的合法性、适当性；

（六）行政执法人员配备和行政执法经费保障的情况；

（七）罚缴分离、收支两条线的执行情况以及罚没财物的管理、处置情况；

（八）行政复议决定的履行情况；

（九）行政执法部门之间行政执法争议协调的执行情况；

（十）行政执法投诉、举报案件、媒体报道违法执法事项的处理情况；

（十一）行政执法过错责任的追究情况；

（十二）法律、法规和规章规定需要监督的其他事项。

第八条 行政执法监督可以通过下列方式进行：

（一）审查、确认行政执法主体资格；

（二）开展依法行政考评和行政执法检查；

（三）开展行政执法责任制实施情况的评议考核；

（四）听取下级人民政府和行政执法部门的行政执法工作报告；

（五）备案审查重大行政处罚、重大行政强制案件；

（六）对行政执法部门实施行政许可的许可事项、依据、条件、程序、期限、费用等有关内容实施备案；

（七）受理和审理行政复议案件；

（八）实施行政执法错案责任追究；

（九）调查处理行政管理相对人投诉、举报的案件；

（十）对行政执法证件和行政执法监督证件的使用进行监督管理；

（十一）对行政执法人员进行法律知识测试；

（十二）协调处理行政执法争议；

（十三）监督检查行政调解工作；

（十四）备案审查规范性文件以及监督检查规范性文件备案情况。

第九条 各级人民政府法制机构或者部门法制机构对监督范围内的行政执法部门和行政执法人员的违法执法行为，有权作出以下处理：

（一）责令立即纠正或者限期改正；

（二）责令履行法定职责；

（三）确认违法；

（四）通报批评；

（五）暂扣行政执法证件并通知持证人员所在单位；

（六）提请发证机关吊销执法证件；

（七）提请本级人民政府或者有关机关撤销违法执法行为；

（八）建议有行政处分权的机关给予相关责任人员行政处分；

（九）涉嫌犯罪的，依法移送司法机关，追究刑事责任；

（十）法律、法规、规章规定的其他处理措施。

第三章 行政执法监督的程序

第十条 市、县（市）区人民政府法制机构在履行行政执法监督职责时，可以向有关行政执法部门发出《行政执法督查书》。

《行政执法督查书》应当加盖本级人民政府行政执法监督专用章。

第十一条 收到《行政执法督查书》的行政执法部门，应当严格按照督查书的内容执行，并在规定的期限内向督查书发出机关书面报告结果。

第十二条 市、县（市）区人民政府法制机构和行政执法部门法制机构开展行政执法监督工作，可以采取下列措施：

（一）调阅有关行政执法案卷、文件或者资料；

（二）询问行政执法部门的行政执法人员或者相关工作人员；

（三）询问有关公民、法人或者其他组织；

（四）依法采取委托鉴定、评估、检测、勘验，组织有关机关、专家论证和咨询，组织听证等措施；

（五）可以依法采取的其他监督措施。

第十三条 行政执法监督人员应当依法取得行政执法监督资格，履行职责时，不得少于两人并出示执法监督证件。行政执法监督人员有权制止和纠正违法、不当的行政执法行为，提出建议和意见。

第十四条 行政执法部门及其行政执法人员应当配合行政执法监督工作，接受监督检查，并应按照要求纠正违法、不当的行政执法行为，改进行政执法工作。

第十五条 有下列情形之一，行政执法监督机构应当组织听证：

（一）行政执法监督机构认为监督事项需要听证的；

（二）行政管理相对人或者利害关系人要求听证并书面提出申请，且行政执法监督机构认为有必要的。

第十六条 行政执法监督活动中，行政执法监督人员有下列情形之一的，应当回避：

（一）系当事人或者当事人的近亲属；

（二）与本人或者本人近亲属有利害关系；

（三）与当事人有其他关系，可能影响公正监督的。

行政执法监督人员的回避，由行使行政执法监督权的人民政府法制机构或部门负责人决定。

第四章 法律责任

第十七条 行政执法部门有下列情形之一的，由本级人民政府或者上级行政执法部门责令限期改正，并可通报批评；情节严重的，追究主要负责人和相关责任人的行政责任：

（一）不具备行政执法主体资格开展行政执法活动的；

（二）违法发布规范性文件并造成具体行政行为违法的；

（三）擅自设定行政处罚、行政许可或者行政强制并予以实施的；

（四）应报送备案的文件、决定、事项未按规定报送备案的；

（五）指派不具备合法资格的人员进行行政执法或者从事行政执法监督工作的；

（六）作出的具体行政行为没有法律依据或者所根据的事实错误的；

（七）不履行法定职责、滥用职权或者超越职权执法的；

（八）其他应当追究责任的情形。

第十八条 行政执法人员违反本规定，有下列情形之一的，由市、县（市）区人民政府法制机构暂扣其行政执法证件；情节严重的，提请发证机关吊销行政执法证件，并由有关机关给予行政处分：

（一）不履行法定职责或滥用职权、徇私枉法的；

（二）严重侵犯当事人合法权益的；

（三）有其他违法失职行为经督查不改的。

第十九条 行政执法部门及其工作人员拒绝、阻挠行政执法监督工作或者拒不执行行政执法监督机关处理决定的，由监察机关或者上级行政执法部门依法给予有关责任人员行政处分。

第二十条 对被监督事项的处理结果有异议的，相关当事人可以在收到处理结果十五日内，向作出处理决定的执法监督机构申请复查。

第二十一条 行政执法监督人员有下列情形之一的，依法给予行政处分：

（一）不依法履行行政执法监督职责的；

（二）利用行政执法监督职权谋取私利的；

（三）滥用行政执法监督职权的；

（四）有其他失职、渎职行为的。

第五章 附 则

第二十二条 本规定自2013年1月1日起施行，市人民政府2004年10月29日发布的《合肥市行政执法监督规定》（市人民政府令第111号）同时废止。

地方法规

合肥市城乡规划条例

（1998年3月31日合肥市第十二届人民代表大会常务委员会第二次会议通过　1998年6月20日安徽省第九届人民代表大会常务委员会第四次会议批准　根据2007年1月17日安徽省第十届人民代表大会常务委员会第二十八次会议通过的关于批准《合肥市人民代表大会常务委员会关于修改〈合肥市城市规划管理办法〉的决定》的决议修正　2012年8月17日合肥市第十四届人民代表大会常务委员会第三十四次会议修订　2012年10月19日安徽省第十一届人民代表大会常务委员会第三十六次会议批准）

第一章 总 则

第一条 为了科学制定和管理城乡规划，协调城乡空间布局，改善人居环境，根据《中华人民共和国城乡规划法》、《安徽省城乡规划条例》等有关法律、法规，结合本市实际，制定本条例。

第二条 本条例适用于本市行政区域内制定和实施城乡规划，在规划区内进行的各项建设活动及其监督管理。

第三条 制定和实施城乡规划，应当遵循城乡一体、区域统筹、节约土地、集约发展和先规划后建设的原则，注重保护历史风貌和自然景观，优先发展基础设施和公共服务设施，符合区域人口发展、国防建设、防灾减灾和公共卫生、公共安全的需要，促进经济、社会和生态环境全面协调可持续发展。

第四条 城乡规划工作实行统一领导、统一规划、统一管理。

第五条 城乡规划委员会对城乡发展战略规划、城镇体系规划、城市（镇）总体规划、控制性详细规划、重要地区城市设计及专项规划草案、重大项目的选址及规划条件、城乡规划方面的重大政策以及城乡规划管理中的重大事项进行审议。

第六条 市人民政府应当根据国家标准、技术规范和本条例，制定城乡规划管理技术规定。

第七条 市城乡规划主管部门负责本市城乡规划管理工作。

县（市）城乡规划主管部门负责本辖区内城乡规划管理工作，接受市城乡规划主管部门的指导和监督。

市城乡规划主管部门应当在市辖区（含开发区）设立派出机构，派出机构应当按照规定职责承担有关城乡规划管理工作。

市、县（市）人民政府的有关部门和镇、乡人民政府、街道办事处应当按照各自职责，协同做好城乡规划管理的相关工作。

第二章　城乡规划的制定和修改

第八条 合肥市城市总体规划由合肥市人民政府组织编制，经省人民政府审查同意后，报国务院审批。

巢湖市城市总体规划由巢湖市人民政府组织编制，经合肥市人民政府审查同意后，报省人民政府审批。

县人民政府所在地镇的总体规划由县人民政府组织编制，经市人民政府审批后，报省人民政府城乡规划主管部门备案。

合肥市城市规划区内的镇的总体规划和乡规划、村庄规划由镇、乡人民政府组织编制，经市城乡规划主管部门审查后，报市人民政府审批。

其他镇的总体规划和乡规划、村庄规划由镇、乡人民政府组织编制，经县（市）人民政府审批后，报市城乡规划主管部门备案。

第九条 市、县（市）人民政府组织编制总体规划，在报送审批前，应当先经本级人民代表大会常务委员会审议，并对常务委员会组成人员的审议意见进行研究处理，反馈处理情况。

镇、乡人民政府组织编制的镇总体规划和乡规划，在报送审批前，应当先经镇、乡人民代表大会审议。镇、乡人民政府应当对代表的审议意见进行研究处理，并反馈处理情况。

规划的组织编制机关报送审批城市总体规划或者镇总体规划和乡规划时，应当将本级人民代表大会常务委员会或者镇、乡人民代表大会的审议意见和根据审议意见修改情况一并报送。

村庄规划在报送审批前，应当经村民会议或者村民代表会议讨论同意。

第十条 各类专业规划，应当由有关部门会同城乡规划主管部门组织编制，报市、县（市）人民政府批准。

第十一条 城市的控制性详细规划由城乡规划主管部门依据城市总体规划组织编制，经本级人民政府批准后，报本级人民代表大会常务委员会和上一级人民政府备案。

县人民政府所在地镇的控制性详细规划和其他镇的控制性详细规划，依法组织编制和审批；其中，合肥市城市规划区内的镇的控制性详细规划，报合肥市人民政府审批。

组织编制控制性详细规划，应当公示并充分听取意见。

第十二条 控制性详细规划应当包括：

（一）土地使用性质及其兼容性等用地功能控制要求；

（二）容积率、建筑高度、建筑密度、绿地率等用地指标；

（三）道路、供水、排水等基础设施、公共服务设施、公共安全设施的用地规模、范围及具体控制要求；

（四）地下管线控制要求；

（五）基础设施用地的控制界线、各类绿地范围的控制线、历史文化街区、历史建筑和历史文化遗存的保护范围界线、地表水体保护和控制的地域界线等控制要求；

（六）历史文化遗产保护区以及涉及文物保护单位附近的建筑物、构筑物控制指标；

（七）其他需要控制的内容。

第十三条 编制控制性详细规划，可以根据实际情况，结合城市空间布局、规划管理要求，以及社区边界、城乡建设要求等，将建设地区划分为若干规划控制单元，组织编制单元规划。

第十四条 城乡规划主管部门和镇人民政府可以组织编制下列地块的修建性详细规划，报市、县（市）人民政府审批：

（一）公共建筑集中的广场、街区；

（二）火车站、飞机场、码头、公路客货运站、港口码头；

（三）风景名胜区、历史文化街区；

（四）市、县（市）人民政府确定的其他地段和区域。

需要建设单位编制修建性详细规划的，由建设单位依据控制性详细规划组织编制，报城乡规划主管部门审定。

第十五条 修建性详细规划的内容应当包括：建设条件分析、空间布局、日照分析、景观设计、交通组织方案和设计、消防设计、市政工程管线规划设计、节能设计、管线综合、竖向规划和建设时序等。

第十六条 乡规划和村庄规划一般分为乡总体规划、村庄总体规划和乡建设规划、村庄建设规划。

乡总体规划的主要内容应当包括：乡级行政区域内的村庄、集镇布点，村庄和集镇的位置、性质、规模和发展方向，村庄和集镇的交通、供水、排水、供电、邮电、商业、绿化、消防设施和器材、污水处理、垃圾收集和处理、环境卫生等生产和生活服务设施的配置。

村庄总体规划主要内容应当包括：村庄布点，村庄的位置、性质、规模和发展方向，村庄的交通、供水、排水、供电、邮电、商业、绿化、消防设施和器材、污水处理、垃圾收集和处理、环境卫生等生产和生活服务设施的配置。

乡建设规划的主要内容应当包括：住宅、乡（镇）村企业、乡（镇）村公共设施、公益事业等各项建设的用地布局、用地规模，有关的经济技术指标，近期建设工程以及重点地段建设具体安排。

村庄建设规划的主要内容应当包括：道路、住宅、供水、排水、供电、垃圾收集、生活污水处理等农村生产、生活服务设施的配置，公益事业、畜禽养殖场所等各项建设的用地布局、建设要求，以及对耕地等自然资源和历史文化遗产、防灾减灾等的具体安排。

第十七条 编制城乡规划应当遵守国家有关标准、规范和省、市有关规定，不得弄虚作假。

城乡规划的编制和管理应当使用同一的城市坐标系统、高程系统和技术标准的基础测绘资料。

第十八条 控制性详细规划有下列情形之一的，组织编制机关可以依法组织修改：

（一）总体规划修改对用地布局和功能产生重大影响的；

（二）因实施国家、省、市重大建设工程或者重点工程建设需要修改的；

（三）实施基础设施、公共服务设施和防灾减灾工程等民生工程建设需要修改的；

（四）规划审批机关认为应当修改规划的其他情形。

第十九条 修改控制性详细规划应当按照下列程序进行：

（一）组织专家对修改的必要性和可行性进行论证；

（二）在本地主要媒体上公示或者采用其他形式征求相关利害关系人意见，必要时应当组织听证；

（三）依法提出修改建议并附论证、公示等相关材料，报原审批机关审查同意；

（四）组织编制修改方案。

修改后的控制性详细规划按照本条例第十一条规定的程序报批并备案。

第二十条 控制性详细规划的组织编制机关应当建立评估机制，定期对控制性详细规划进行评估并向审批机关提出建议。

第三章　城乡规划的实施

第二十一条 城乡规划区内的各项建设实行规划许可制度。

建设单位或者个人在城乡规划确定的建设用地上进行各项建设活动的，应当依法取得规划许可并按照许可的内容进行建设。

第二十二条 按照国家规定需要有关部门批准或者核准的建设项目，以划拨方式依法取得国有土地使用权的，建设单位在报送有关部门批准或者核准前，应当持下列材料向城乡规划主管部门申请办理选址意见书：

（一）拟建工程的相关证明文件；

（二）依据测绘成果绘制的规定比例尺现状地形图；

（三）法律、法规、规章规定的其他材料。

第二十三条 城乡规划主管部门核发规划选址意见书，涉及国土资源、文物保护、宗教、环境保护、消防、教育、卫生、水务、人防、市政、绿化等相关事项的，应当征求相关部门的意见。重点建设项目的选址，城乡规划主管部门应当组织选址论证。

城乡基础设施和公共服务设施因节约土地、功能需要等原因，可以结合道路、河道、绿化等公共用地进行安排。

建设项目因安全、保密、环境保护、防震救灾、卫生、交通、资源分布等原因需要与其他建设项目保持一定距离的，可以独立选址。

第二十四条 选址意见书的审批按照建设项目的审批权限实行分级管理。国家、省批准、核准的建设项目，依照国家、省有关规定办理选址意见书；市（含市辖区）、县（市）批准、核准的建设项目，分别由市、县（市）城乡规划主管部门核发选址意见书。

第二十五条 在城市、镇规划区内以划拨方式依法取得国有土地使用权的建设项目，在申请划拨土地前，建设单位应当持下列材料向城乡规划主管部门申请办理建设用地规划许可证：

（一）选址意见书；

（二）建设工程批准、核准、备案文件；

（三）依据测绘成果绘制的规定比例尺现状地形图；

（四）法律、法规、规章规定的其他材料。

第二十六条 以出让方式依法取得国有土地使用权的建设项目，在签订国有土地使用权出让合同后，建设单位应当持下列材料向城乡规划主管部门申请办理建设用地规划许可证：

（一）建设工程批准、核准、备案文件；

（二）国有土地使用权出让合同；

（三）依据测绘成果绘制的规定比例尺现状地形图；

（四）法律、法规、规章规定的其他材料。

建设单位取得建设用地规划许可证后，国土资源行政主管部门方可依法为其办理用地审批手续。

第二十七条 在城市、镇规划区内以出让方式提供国有土地使用权的，在国有土地使用权出让前，城乡规划主管部门应当依据控制性详细规划提出规划条件，作为国有土地使用权出让合同的组成部分。

未确定规划条件的地块，不得出让国有土地使用权；规划条件未纳入国有土地使用权出让合同的，出让合同无效。

城乡规划主管部门、国土资源行政主管部门不得在建设用地规划许可证和国有土地使用权出让合同中擅自变更已经确定的规划条件。

第二十八条 规划条件应当包括出让地块的位置、范围、面积、现状、相邻道路标高、周围环境、使用性质、容积率、建筑密度、建筑高度、停车控制指标、主要出入口方位、绿地率和应当配置的基础设施、公共服务设施，各类规划控制线、建筑界线、地下空间开发利用及建设时序、开发期限等。

在规划条件中可以提出出让地块范围内应当由建设单位配套建设的城市公共服务设施和基础设施的用地面积及其他相关要求。

规划条件的有效期为一年。超过有效期出让国有土地使用权的，应当重新申请核定规划条件。

第二十九条 以出让方式获得国有土地使用权的建设项目，因公共安全、历史、自然文化遗产或者生态环境保护、地质灾害或者国家、省、市重点工程实施等原因确需修改规划条件的，建设单位应当向城乡规划主管部门提出申请。变更内容不符合控制性详细规划的，城乡规划主管部门不得批准。涉及变更规划条件确定的容积率的，应当报同级人民政府批准。

以划拨方式提供国有土地使用权的建设项目需要修改规划条件的，由建设单位提出书面申请，城乡规划主管部门依法批准后重新核定规划条件。

城乡规划主管部门应当及时将依法变更后的规划条件通报同级国土资源行政主管部门并公示。需要变更国有土地使用权出让合同的，应当及时变更。

因规划条件修改给利害关系人合法权益造成损失的，应当依法给予补偿。

第三十条 转让国有土地使用权的，受让方应当持原国有土地使用权证、转让合同、原建设用地规划许可证等材料，到城乡规划主管部门办理建设用地规划许可证变更手续。

转让方、受让方应当在转让合同中明确配套建设基础设施和公共服务设施的义务，并不得改变规划确定的使用性质。

第三十一条 建设单位或者个人利用已取得国有土地使用权证书的土地进行改建、扩建或者重建的，应当向城乡规划主管部门申请核发或者变更建设用地规划许可证。城乡规划主管部门应当依据控制性详细规划确定的用地性质等要求，重新核定规划条件。

原国有土地使用权以划拨方式取得的，城乡规划主管部门应当同时核定规划条件和核发建设用地规划许可证。

原国有土地使用权以出让方式取得的，城乡规划主管部门应当先提供规划条件，建设单位或者个人在签订国有土地使用权出让合同变更协议或者重新签订国有土地使用权出让合同后，向城乡规划主管部门领取建设用地规划许可证。

第三十二条 以出让方式提供公共开敞空间的地下空间使用权的建设项目，在地下空间使用权出让前，城乡规划主管部门应当提出利用地下空间的规划条件，作为该地下空间使用权出让合同的组成部分。

建设单位在签订地下空间使用权出让合同后，应当向城乡规划主管部门申请办理建设用地规划许可证。

第三十三条 在城市、镇规划区内进行建筑物、构筑物、道路、管线和其他工程建设的，建设单位或者个人应当持下列材料向市、县（市）城乡规划主管部门或者省人民政府确定的镇人民政府申请办理建设工程规划许可证：

（一）使用土地的有关证明文件；

（二）依据测绘成果绘制的规定比例尺现状地形图；

（三）建设工程设计方案，需要建设单位编制修建性详细规划的建设项目，还应当提交依法审定的修建性详细规划；

（四）以划拨土地方式取得建设用地的，应当提供建设项目批准、核准或者备案文件 ；

（五）法律、法规、规章规定的其他资料。

第三十四条 建设工程开工前，建设单位应当委托具有相应测绘资质的单位依据建设工程规划许可证进行实地定位、放线。

建设工程基础、管线等隐蔽工程完工后，建设单位应当持测绘部门放线回执单及竣工测量报告，申请建设工程规划许可证核发机关组织验线。

第三十五条 经审定的修建性详细规划、建设工程设计方案应当作为建设工程规划许可证的附件。

建设工程规划许可证的核发机关应当依法将经审定的修建性详细规划、建设工程设计方案的总平面图，自审定之日起二十日内在政府网站、固定场所等予以公布，涉及保密内容的除外。

建设单位应当自取得建设工程规划许可证之日起，在施工现场醒目位置设置公告牌，将建设工程规划许可证、规划总平面图、建筑平面图、立面图、剖面图、各项技术指标、建筑后退道路红线和用地地界以及与周边建筑的距离等内容公示至建设工程规划核实完成。

第三十六条 建设用地范围内，按规定应当拆除的原有建筑物、构筑物和其他设施，建设单位或者个人在申请办理建设工程规划许可证前应当全部拆除；确需暂时保留的，应当在建设工程规划许可证中明确拆除期限，到期后建设单位应当自行拆除。

第三十七条 在城市、镇规划区内进行临时建设的，建设单位或者个人应当向市、县（市）城乡规划主管部门申请办理临时建设用地规划许可证和临时建设工程规划许可证。临时建设需要临时使用土地的，还应当依法办理临时用地报批手续。

临时建设工程使用期限届满，或者因国家、省、市重点建设项目需要提前拆除的，建设单位或者个人应当自使用期限届满之日或者接到城乡规划主管部门书面提前拆除通知之日起十五日内自行拆除，并清理场地。

经城乡规划主管部门批准建设的临时建设工程，不得转让、出租、抵押或者擅自改变使用性质。

第三十八条 房屋所有人、使用人不得擅自改变建设工程规划许可证确定的房屋使用性质；确需改变的，应当报城乡规划主管部门批准。

第三十九条 依附于道路建设的地下管线，应当与新建、改建、扩建道路同步铺设；有条件的，应当配套建设地下公共管沟。已经建成地下公共管沟的道路，除公共管沟容量不足外，不得另行开挖铺设管线。

已有的地上管线应当按照规划确定的要求逐步改造入地。

第四十条 建设单位或者个人应当在建设周期内，按照规划要求同步完成相关配套设施建设。分期领取建设工程规划许可证的，城乡规划主管部门应当明确各类配套设施的建设时序，建设单位或者个人应当按期完成。

第四十一条 申请办理建设工程施工许可手续的建设项目，其施工图与建设工程规划许可内容不一致的，城乡建设行政主管部门不得为其办理施工许可手续。

申请房屋预售许可的内容与建设工程规划许可内容不一致的，房地产行政主管部门不得发放商品房预售许可证明。

第四十二条 在乡、村庄规划区内进行乡镇企业、乡村公共设施、公益事业建设的，建设单位或者个人应当申请办理乡村建设规划许可证。

申请乡村建设规划许可证应当按照下列程序进行：

（一）建设单位或者个人持村（居）民委员会书面同意意见、项目批准、核准或者备案文件、依据测绘成果绘制的现状地形图，向镇、乡人民政府提出申请，镇、乡人民政府审查后报市、县（市）城乡规划主管部门；

（二）市、县（市）城乡规划主管部门根据乡和村庄规划的要求和项目性质，核定用地位置、使用性质及开发强度等规划条件；

（三）建设单位或者个人持市、县（市）城乡规划主管部门的核定意见向国土资源行政主管部门提出用地申请，办理土地使用手续；

（四）建设单位或者个人持土地使用手续、规划设计方案等有关资料，向城乡规划主管部门申请核发乡村建设规划许可证。

第四十三条 村民住宅建设逐步实行统一规划，采取集体集中建房与村民个人自建住房相结合的办法。鼓励集体集中建房，在村民个人自建住房中鼓励建设四联体、双联体住宅。

镇、乡人民政府应当积极引导村民住宅建设向集镇和中心村集中。

村民住宅建设所在区域已实施集体集中建房的，不得申请单独建房；所在区域属于经批准的规划确定保留的村庄，且尚未实施集体建房的，可以按照规划要求申请单独建房。

第四十四条 因土地整治、道路建设或者其他项目建设需要，对村庄进行整体搬迁并新建村民住宅，且需要使用农用地的，按照下列程序申领乡村建设规划许可证：

（一）村（居）民委员会提出用地申请，镇、乡人民政府审核后，由市、县（市）城乡规划主管部门核定用地位置、使用性质及开发强度等规划条件；

（二）村（居）民委员会持市、县（市）城乡规划主管部门的核定意见到国土资源行政主管部门办理农用地转用和用地审批手续；

（三）镇、乡人民政府组织编制村庄建设规划，报市、县（市）城乡规划主管部门批准；

（四）市、县（市）城乡规划主管部门根据批准的村庄建设规划，对村民发放乡村建设规划许可证。

第四十五条 取得选址意见书、建设用地规划许可证、建设工程规划许可证、乡村建设规划许可证后未达到以下要求的，选址意见书、建设用地规划许可证、建设工程规划许可证、乡村建设规划许可证自行失效：

（一）选址意见书自取得之日起满一年，建设工程未获得有关部门批准或者核准的；

（二）建设用地规划许可证自核发之日起满一年，建设单位未取得建设用地批准手续的；

（三）建设工程规划许可证自核发之日起一年内，建设项目未依法取得施工许可证的；

（四）建设单位或者个人自取得乡村建设规划许可证之日起满一年未申请办理用地审批手续或者开工建设的。

选址意见书、建设用地规划许可证、建设工程规划许可证、乡村建设规划许可证确需延期的，应当在期限届满三十日前向发证机关提出申请，经批准可以延期一次，延期期限不得超过六个月。

第四十六条 在城市、镇规划区内的建设工程竣工验收前，建设单位或者个人应当持下列材料向市、县（市）城乡规划主管部门申请规划核实：

（一）《建设工程规划核实申请表》；

(二)《建设工程规划许可证》及附件、附表；

(三)城乡规划主管部门批准的修建性详细规划和建设时序方案；

(四)竣工测量成果资料；

(五)建设工程竣工全套蓝图；

(六)城乡规划主管部门要求提供的其他材料。

建设工程规划核实合格后，建设单位方可组织建设工程竣工验收。

第四十七条 建设单位应当在建设工程竣工验收后六个月内向城乡规划主管部门报送竣工验收资料。

对报送资料齐全的建设工程，城乡规划主管部门应当自受理之日起十个工作日内完成对建设工程竣工验收资料的查验，查验合格的，应当出具查验合格证明文件。

未取得查验合格证明文件的建设工程，不得交付使用，房屋登记部门不予办理房屋登记。

第四十八条 有关单位在依法处置国有土地使用权或者未经规划核实的建设项目前，应当向城乡规划主管部门查询有关情况，城乡规划主管部门应当予以配合。

第四章　监督检查

第四十九条　市、县（市）人民政府每两年应当向本级人民代表大会常务委员会报告城乡规划的实施情况，并接受监督。

镇、乡人民政府应当定期向本级人民代表大会报告城乡规划的实施情况，并接受监督。

第五十条　市、县（市）人民政府及其城乡规划主管部门，应当加强对城乡规划编制、审批、实施、修改的监督检查。

城乡规划主管部门、城市管理部门应当加强城乡规划的日常巡查工作，及时查处违反城乡规划管理的行为。

镇、乡人民政府、街道办事处应当对本辖区内的建设工程进行监督检查；发现不符合城乡规划的，应当及时制止，并协助城乡规划主管部门、城市管理部门予以处理。

村（居）民委员会、物业服务企业发现本区域内有违法建设行为的，应当及时制止，并向镇、乡人民政府、街道办事处或者城乡规划主管部门、城市管理部门报告。

第五十一条　城乡规划主管部门、城市管理部门执法人员对建设工程实施监督检查时，有权进入施工现场调查情况、采集资料、组织勘测，要求有关单位和人员提供有关证件、材料；有关单位和人员应当予以配合，如实提供相关资料。

城乡规划主管部门、城市管理部门在监督检查过程中，发现违反本条例规定的行为需要有关部门协助查处的，应当及时告知有关部门，有关部门应当依法查处。

第五十二条　依照城乡规划法律、法规和本条例规定应当给予行政处罚，县（市）城乡规划主管部门、县（市）、区城市管理部门不给予行政处罚的，市城乡规划主管部门有权责令其作出行政处罚决定或者建议县（市）、区人民政府责令其给予行政处罚。

依照城乡规划法律、法规和本条例规定应当给予行政处罚，镇、乡人民政府不给予行政处罚的，县（市）人民政府应当责令其给予行政处罚。

第五十三条　公民、法人或者其他组织有权向城乡规划主管部门或者其他有关部门举报违反城乡规划管理的行为；城乡规划主管部门或者其他有关部门应当及时受理并组织核查、处理，并将核查、处理情况告知举报人；对违法行为予以公示。

第五十四条　城乡规划主管部门应当开展城乡规划科学技术研究和推广新技术应用，建立自然资源和地理空间数据库；创新城乡规划方法和管理手段，提高城乡规划科技水平和管理效能。

第五章　法律责任

第五十五条　县（市）、乡镇人民政府有下列情形之一的，由上级人民政府责令改正，通报批评；对有关人民政府负责人和其他直接责任人员依法给予处分：

（一）依法应当编制城乡规划而未组织编制的；

（二）未按法定程序编制、审批和修改城乡规划的；

（三）委托不具有相应资质等级的单位编制城乡规划的；

（四）违反上级人民政府制定的城乡规划，编制、审批和修改城乡规划的。

第五十六条　城乡规划主管部门超越职权或者对不符合法定条件的申请人核发建设工程规划核实合格证明，或者未在法定期限内核发建设工程规划核实合格证明的，由本级人民政府、上级人民政府城乡规划主管部门或者监察机关责令改正，通报批评；对直接负责的主管人员和其他直接责任人员依法给予处分。

第五十七条　市、县（市）人民政府有关部门有下列行为之一的，由本级人民政府或者上级人民政府有关部门责令改正，通报批评；对直接负责的主管人员和其他直接责任人员依法给予处分：

（一）对未依法取得选址意见书的建设项目核发建设项目批准、核准文件或者擅自改变选址意见书内容核发项目批准、核准文件；

（二）对未依法取得规划条件的国有土地进行出让、在国有土地使用权出让合同中未纳入规划条件或者擅自改变规划条件的；

（三）对未依法取得建设用地规划许可证的建设单位划拨国有土地使用权或者擅自改变建设用地规划许可证的内容划拨国有土地使用权的；

（四）对未取得建设工程规划核实合格证明的

建设项目办理建设工程竣工验收备案的；

（五）对未取得建设工程规划核实合格证明的房屋予以产权登记或者擅自改变建设工程竣工规划核实合格证明的内容登记的；

（六）对改变建设工程规划许可证确定的房屋使用性质的申请人核发相关许可或者营业执照的；

（七）对发现的违法建设，依法应当限期拆除、没收实物或者违法收入、罚款，但未在规定期限作出限期拆除、没收实物或者违法收入、罚款决定的。

第五十八条 城乡规划编制、设计、勘测单位有下列行为之一的，由城乡规划主管部门或者城市管理部门责令限期改正，分别处以合同约定的城乡规划编制费、建设工程设计或者测量费一倍以上二倍以下的罚款：

（一）未依法取得资质证书或者超越资质等级许可的范围承揽城乡规划编制工作、建设工程设计方案编制工作或者建设工程测量工作的；

（二）违反国家、省、市有关标准、规范、规定编制城乡规划、建设工程设计方案或者进行建设工程测量的；

（三）采取修改地形图和标注虚假尺寸等手段编制城乡规划、建设工程设计方案或者进行建设工程测量的；

（四）提供虚假城乡规划编制成果、建设工程设计方案或者建设工程测量成果的；

（五）违反规划条件编制建设工程设计方案的；

（六）设计图纸内容与标明的技术指标不符的。

上述行为情节严重的，由城乡规划主管部门或者城市管理部门责令停业整顿，提请原发证机关降低资质等级或者吊销其资质证书并记入不良信用档案、予以公示；造成损失的，依法承担相应赔偿责任。

第五十九条 违反本条例第三十八条的规定，房屋所有人、使用人擅自改变建设工程规划许可证确定的房屋使用性质的，由城乡规划主管部门或者城市管理部门责令其限期恢复原使用性质，有违法所得的，没收违法所得。

第六十条 建设单位或者个人有下列行为之一的，由城乡规划主管部门或者城市管理部门责令限期拆除，并处以临时建设工程造价一倍以下的罚款：

（一）未经批准进行临时建设的；

（二）未按照批准内容进行临时建设的；

（三）临时建筑物、构筑物超过批准期限不拆除的；

（四）出租、转让、抵押临时建设工程或者改变临时建设工程使用性质的。

第六十一条 依法没收的建筑物、构筑物，城乡规划主管部门或者城市管理部门应当及时移交同级财政部门登记处理；涉及土地使用权变更的，由国土资源行政主管部门依照有关法律、法规规定处理。

第六十二条 违反本条例规定的其他行为，由城乡规划主管部门或者城市管理部门依照法律、法规的规定予以处罚。

第六章 附 则

第六十三条 本条例自2013年1月1日起施行。

合肥市消防条例

（2012年2月29日合肥市第十四届人民代表大会常务委员会

第三十一次会议通过 2012年4月24日安徽省第十一届人民代表大会常务委员会第三十三次会议批准）

第一章 总 则

第一条 为了预防和减少火灾危害，加强应急救援工作，保护人身、财产安全，维护公共安全，根据《中华人民共和国消防法》、《安徽省消防条例》等法律、法规规定，结合本市实际，制定本条例。

第二条 本条例适用于本市行政区域内的防火、灭火和相关应急救援工作。

第三条 市、县（市）区、乡镇人民政府（街道办事处）以及开发区管理机构负责本辖区内的消防工作。

县级以上公安机关对本辖区内的消防工作实施监督管理，并由公安机关消防机构负责具体实施。

发展和改革、城乡建设、规划、城市管理、房产、质量技术监督、工商行政管理、教育、卫生、安全生产监督、人民防空、民政、文物等行政主管部门，在各自职责范围内做好消防工作。

公安机关对本条第三款所列有关行政主管部门未履行消防工作职责的，应当向同级或者上级人民政府提出整改意见或者建议。

第四条 市、县（市）区、乡镇人民政府（街道办事处）以及开发区管理机构，有关行政主管部门、机关、团体、企业事业单位，应当依照有关规定做好消防宣传教育工作。

第五条 每年11月为本市的消防月。

第六条 公安机关消防机构应当建立消防安全信用平台，对重大火灾隐患进行公示。

第七条 鼓励个人配备消防避难逃生装备和家用灭火器材。

第二章 消防安全职责

第八条 市、县（市）区人民政府以及开发区管理机构应当做好下列工作：

（一）将消防工作纳入国民经济和社会发展计划，保障消防工作与经济社会发展相适应；

（二）成立消防安全委员会，协调解决消防工作中的重大问题，并按照有关规定履行职责；

（三）将消防事业经费纳入本级财政预算，并逐年增加，确保消防工作与经济社会发展相适应。

第九条 乡镇人民政府（街道办事处）应当做好下列工作：

（一）配备消防工作人员，明确职责，落实消防安全措施；

（二）指导村民委员会、居民（社区）委员会确定消防安全管理人，制定防火安全公约；

（三）督促物业服务企业落实消防安全责任，组织、指导未实行物业管理的多产权建筑业主和使用人落实消防安全责任；

（四）协助公安机关及其消防机构开展消防安全管理工作；

（五）组织或者协助处理火灾事故善后工作。

第十条 公安机关消防机构应当做好下列工作：

（一）开展消防监督检查，督促整改火灾隐患；

（二）负责建设工程消防设计审核、消防验收、备案抽查以及公众聚集场所投入使用、营业前的消防安全检查；

（三）确定本行政区域内的消防安全重点单位；

（四）负责消防产品使用环节的监督检查；

（五）承担火灾扑救工作，调查火灾原因，统计火灾损失；

（六）参加重大灾害事故和其他以抢救人员生命为主的应急救援工作；

（七）开展消防安全宣传，组织消防安全培训；

（八）管理或者指导消防队伍建设和训练；

（九）指导公安派出所做好日常消防监督管理工作。

第十一条 公安派出所应当做好下列工作：

（一）确定专（兼）职消防民警；

（二）检查、督促村民委员会、居民（社区）委员会、物业服务企业和有关单位、个体工商户建立、健全消防安全管理制度；

（三）依法履行日常消防监督检查职责，督促整改火灾隐患，责令改正消防违法行为；

（四）及时组织扑救辖区初起火灾，维护火灾现场秩序；

（五）协助公安机关消防机构开展火灾事故调查。

第十二条 有关行政主管部门应当做好下列工作：

（一）发展和改革部门将公共消防设施建设列入本级地方固定资产投资计划；

（二）财政部门按时、足额拨付消防事业经费；

（三）城乡建设部门将公共消防设施建设纳入年度城乡基础设施建设计划，并具体实施；

（四）教育、人力资源和社会保障部门将消防安全知识纳入教育、教学、培训内容，并督促学校、幼儿园、职业培训机构等单位实施；

（五）质量技术监督、工商行政管理部门会同公安机关消防机构开展消防产品质量监督检查，依法查处违法生产、销售消防产品的行为；

（六）教育、民政、交通运输、农业、林业和园林、文化广电新闻出版、卫生、体育、旅游、安全生产监督、人民防空等有关部门，根据其主管行业、系统特点，定期开展有针对性的消防安全检查，督促有关单位落实消防安全职责，消除火灾隐患；

（七）其他有关部门按照法律、法规规定，依法履行相应职责。

第十三条 机关、团体、企业、事业等单位应当落实消防安全责任，相关人员应当具备与岗位职责相适应的检查消除火灾隐患、组织扑救初起火灾、组织人员疏散逃生和开展消防宣传教育培训的能力。

第十四条 市消防协会在公安机关消防机构以及其他有关部门的指导和监督下，按照法律、法规和协会章程的规定开展消防学术交流和消防安全宣传教育活动，推广先进消防技术，规范消防产品生产、销售和消防技术服务行为，指导、督促会员单位提高产品和服务质量。

第三章　火灾预防

第一节　公共消防设施建设

第十五条　市、县（市）、乡镇人民政府以及开发区管理机构应当编制消防规划，并纳入城乡规划。

消防站、消防通道、消防供水应当与其他市政设施统一规划、统一设计、同步建设，并根据城乡发展需要及时调整。消防规划确定的消防站建设用地和消防通道不得擅自改变用途。

第十六条　旧城改造应当同步规划建设公共消防设施，改善消防安全条件，满足灭火救援工作的需要；对易燃建筑密集区应当优先改造。

现有公共消防设施不足或者不适应实际需要的，应当补建、增建或者进行技术改造，达到技术规范的要求。

第十七条　建设城乡供水工程应当同步建设消火栓或者水池等公共消防供水设施，并由供水企业按照规定负责维护。

城市天然水源作为公共消防水源的，应当修建消防车通道和取水设施，并设置醒目标识。

农村公共消防供水设施和公共消防水源由乡镇人民政府建设、管理和维护。

第十八条　城市道路建设和改造，应当保证大型消防车辆通行。

农村主要道路应当满足消防车通行要求。

任何单位和个人不得占用消防车通道或者在消防车通道设置障碍。

第十九条　修建道路以及停电、停水、切断通信线路时有可能影响消防队灭火救援的，有关单位应当提前二十四小时通知当地公安机关消防机构。

第二节　建设工程消防安全管理

第二十条　建设工程应当符合消防规划确定的消防安全布局，不符合消防安全布局的，规划部门不予审定通过规划方案，不予核发建设用地规划许可证和建设工程规划许可证。

第二十一条　依法应当进行消防设计审核和消防验收的建设工程，建设单位应当按照有关规定提交资料。

依法应当进行消防设计备案、竣工验收备案的建设工程，建设单位应当自取得施工许可、工程竣工验收合格之日起七个工作日内将消防设计文件、工程竣工验收备案资料，报公安机关消防机构备案。

公安机关消防机构对报送消防设计备案和竣工验收备案的建设工程，应当出具备案凭证并按照规定实施抽查；对应当备案而未备案的建设工程，应当予以检查。

单位和个人不得改变经公安机关消防机构审核、验收同意或者备案的建设工程消防设计内容；确需修改的，建设单位应当重新申请消防设计审核或者备案。

建设单位委托的负责审查建设工程设计文件的技术服务机构，应当对建设工程消防设计进行严格审查。

第二十二条　依法应当进行消防验收和竣工验收备案的建设工程，未经消防验收或者验收不合格的以及竣工验收备案抽查不合格的，不得投入使用，建设行政主管部门不得办理工程竣工备案。

第二十三条　建设工程施工单位应当明确施工现场消防安全责任，落实消防安全管理制度，设置符合规定的消防车通道和临时消防给水设施，并保持消防车通道畅通，配备必要的灭火器材，规范用火用电，消除火灾隐患。

施工现场搭建的临时建筑物、构筑物，应当符合消防技术标准和管理规定。

第二十四条　在建筑物外立面进行装修、装饰、节能改造和设置广告，应当符合消防安全要求，不得使用易燃、可燃材料，不得妨碍防火、逃生和灭火救援。

屋面和外墙保温材料应当符合消防安全要求，施工单位应当按照规定取样送检。

第二十五条　建设、施工和监理单位应当按照各自职责查验消防产品和有防火性能要求的建筑材料的合格证明，按照消防技术标准的规定进行见证取样检验。

建设、施工单位不得使用不合格的消防产品、国家明令淘汰的消防产品和防火性能不符合消防安全要求的建筑材料。

第二十六条　对于建设、设计、施工、监理等单位违反消防法律、法规等规定的情况，公安机关消防机构应当及时向建设行政主管部门通报，建设行政主管部门应当将其纳入建筑市场诚信信息平台。

第三节　单位消防安全管理

第二十七条　消防安全重点单位应当每月至少

进行一次全面防火检查，每日对消防安全重点部位、疏散通道、安全出口、消防设施和器材等进行防火巡查，及时消除火灾隐患，纠正消防违法行为；公众聚集场所在营业期间应当至少每两小时进行一次防火巡查；医院，养老院，寄宿制的学校、托儿所、幼儿园应当加强夜间防火巡查。

其他单位应当每季度至少进行一次全面防火检查，根据需要组织防火巡查，及时消除火灾隐患。

防火检查和巡查的情况应当作出记录，由参与检查、巡查及其主管人员签名，存档备查。

第二十八条 消防月期间，消防安全重点单位应当组织综合性的消防演练，测试消防设施性能；居民（社区）委员会、村民委员会和业主委员会、物业服务企业等其他单位应当组织消防演练。

第二十九条 公众聚集场所投入使用、营业前应当向公安机关消防机构申请消防安全检查。公安机关消防机构应当自受理申请之日起十个工作日内进行消防安全检查，并于检查之日起三个工作日内作出同意或者不同意投入使用或者营业的决定，并送达申请人。

第三十条 设有自动消防系统的单位，应当委托具备相应资质的机构，每年对自动消防系统至少进行一次全面检测，确保完好有效。

消防控制室应当二十四小时有操作人员值守，值守人员不得少于两人。

第三十一条 自动消防系统的操作人员、消防安全重点单位的消防安全管理人员、易燃易爆危险品保管等人员应当持有消防职业技能鉴定合格证书,不得无证上岗。

第三十二条 物业服务企业应当对管理区域内的疏散通道、安全出口、消防设施和消防车通道进行维护管理，提供消防安全防范服务。

住宅区未实施物业管理的，乡镇人民政府、街道办事处或者村民委员会、居民（社区）委员会应当组织业主、使用人签订防火协议，明确消防安全管理责任，对疏散通道、安全出口、消防设施和消防车通道进行维护管理。

住宅区的消防车通道应当设置标志，保持畅通。

第三十三条 住宅区和其他共用建筑消防设施保修期内的维修等费用，由建设单位承担；保修期满后的维修、更新和改造费用，应当纳入物业专项维修资金开支范围；没有专项维修资金或者专项维修资金不足的，消防设施维修、更新和改造费用由业主按照约定承担，没有约定或者约定不明的，按照各自专有部分建筑面积所占比例承担。

住宅、共用建筑的建筑消防设施存在重大火灾隐患，经公安机关消防机构通知后，业主不进行维修、更新或者改造的，由所在地人民政府组织代为维修、更新或者改造，所需费用从相关业主的专项维修资金中列支，或者由相关业主按照各自专有部分建筑面积所占比例承担。

第三十四条 人员密集场所应当在消防设施、消防器材、疏散设施的醒目位置设置消防安全标识，告知维护、使用消防设施、器材以及紧急情况下逃生自救的要求、方法。

人员密集场所的疏散通道应当保持畅通，楼梯间以及前室的疏散门，属于常闭式防火门的，应当保持常闭；设置保持开启状态的防火门的，应当保证火灾时能自动关闭。

人员密集场所和高层建筑、地下工程应当配备自救器材和辅助逃生设施。

生产、经营、储存易燃易爆危险品的场所，应当配备专用灭火器材、储备专用灭火剂并保持完好有效。

第三十五条 禁止在生产、经营、储存易燃易爆危险品的场所和存放可燃、易燃物资的仓库、露天堆场等具有火灾、爆炸危险的场所吸烟、使用明火。公共娱乐场所在营业期间禁止动火施工。

具有火灾、爆炸危险的场所，建设工程施工现场，正在生产、营业、使用的人员密集场所，因施工等原因需要明火作业的，应当按照有关规定事先办理审批手续，落实现场消防安全措施。

第三十六条 公共汽车、轨道列车、船舶等公共交通工具和其他中型以上客车应当配备消防器材和设施，设置明显标识，并保持完好有效。

高速公路、隧道、大型桥梁的经营、管理单位应当根据应急处置需要，配置专用灭火救援装备、器材，明确负责消防安全工作的人员，并组织应急演练。

公共交通工具的运营、使用单位应当对工作人员进行消防安全培训。发生火灾等突发事件时，现场工作人员应当及时引导、协助乘客疏散、逃生。

第三十七条 大型群众性活动的承办人应当依法申请安全许可并履行消防安全职责。

在大型群众性活动举办前，承办人应当向公安机关消防机构提供活动场所电气消防安全检测合格报告和电气消防安全合格承诺书，以及消防设施、器材符合消防安全规定的证明材料。

第四章　消防组织

第三十八条　市、县（市）区人民政府以及开发区管理机构应当依法建立公安消防队、专职消防队，并按照国家标准配备消防装备，承担火灾扑救工作。

全国重点镇和省重点中心建制镇应当建立专职消防队。

街道办事处、村民委员会、居民（社区）委员会，以及机关、团体、企业、事业等单位，可以建立志愿消防队等消防组织。

依法应当建立专职消防队且相对集中的单位，可以联合建立专职消防队。

第三十九条　专职消防队的建立应当符合国家有关规定，并经市公安机关消防机构验收。

专职消防队的撤销应当征求市公安机关消防机构的意见。

第四十条　专职消防队应当纳入市、县（市）公安机关消防机构的指挥调度体系，承担火灾扑救和应急救援工作。

第四十一条　专职消防队、志愿消防队等消防组织的消防车辆，应当按照特种车辆登记和管理，安装、使用警报器、标志灯具和消防专用标志；在执行火灾扑救、应急救援任务时，免收车辆通行费。

第四十二条　市、县（市）区人民政府以及开发区管理机构根据需要可以聘用符合条件的人员，承担防火、灭火和应急救援等工作，在同等条件下优先聘用退役消防人员。

第四十三条　消防人员的职业健康保障，应当符合国家有关标准。

因执勤训练、扑救火灾或者应急救援等工作受伤、致残、死亡的消防人员的医疗、抚恤等待遇，按照有关规定执行。

第五章　灭火救援

第四十四条　公安消防队、专职消防队、志愿消防队等消防组织应当按照消防技术标准和灭火、应急救援等工作需要，配备器材装备。

高层建筑、地下工程、易燃易爆危险品生产、经营、储存场所等比较集中的地区，消防组织应当配备特种装备。

第四十五条　交通运输、环境保护、供水、供电、供气、医疗救护等单位以及专业应急救援队伍与消防指挥中心之间应当设有专线通信，并安排专人值守。

建立城市消防安全远程监控系统，设有自动消防设施的人员密集场所和生产、储存、经营易燃易爆危险品场所，应当与其联网。

第四十六条　任何人发现火灾，应当立即报警；起火单位应当即时组织扑救初起火灾。

人员密集场所发生火灾，现场工作人员应当立即组织、引导疏散。

消防队接到报警后，应当立即赶赴现场，组织灭火，有关单位和公民应当无条件提供便利。

第四十七条　公安机关消防机构统一组织和指挥火灾现场扑救。火灾现场总指挥依法作出的相关决定，有关单位和个人应当立即执行。

第四十八条　市、县（市）区人民政府以及开发区管理机构，应当根据灭火救援的紧急需要，及时组织人员，调集所需物资。

单位专职消防队、志愿消防队参加扑救外单位火灾，以及有关单位或者个人协助灭火救援所损耗的物资，由火灾发生地的市、县（市）、区人民政府以及开发区管理机构给予补偿。

第四十九条　起火单位和有关人员应当保护灾后现场，协助公安机关消防机构调查。

公安机关消防机构根据火灾调查的需要可以封闭火灾现场。

任何人不得擅自进入火灾现场、移动火灾现场物品、清理灾后现场；不得隐瞒事实真相或者干预、阻挠火灾事故的调查处理。

第六章　法律责任

第五十条　违反本条例第二十一条第四款规定，个人擅自修改经公安机关消防机构验收同意或者备案的建设工程消防设计内容，改变建筑物使用性质，导致不符合消防安全要求的，由公安机关消防机构责令限期改正；逾期不改正的，处以一千元以上三千元以下罚款。

第五十一条　违反本条例第二十三条规定，施工单位未设置符合规定的消防车通道、临时消防给水设施，或者未保持消防车通道畅通、配备必要的灭火器材，或者施工现场搭建临时建筑物、构筑物不符合消防技术标准和管理规定的，由公安机关消防机构责令限期改正；逾期不改正的，处以一万元以上五万元以下罚款。

第五十二条 违反本条例第二十四条规定，在建筑物外立面进行装修、装饰和节能改造，使用易燃、可燃材料，妨碍防火、逃生和灭火救援的，由公安机关消防机构责令限期改正；逾期不改正的，处以一万元以上五万元以下罚款。

违反本条例第二十四条规定，在建筑物外立面设置广告，妨碍防火、逃生和灭火救援的，由城市管理部门责令限期改正；逾期不改正的，依法予以处罚。

第五十三条 违反本条例第二十五条规定，建设、施工和监理单位未对消防产品和有防火性能要求的建筑材料实施见证取样并实施检验的，由公安机关消防机构责令限期改正；逾期不改正的，处以五千元以上一万元以下罚款。

第五十四条 违反本条例第三十条规定，设置消防控制室的单位未按照规定落实二十四小时两人值班管理制度的，由公安机关消防机构责令改正，并对其直接负责的主管人员和其他直接责任人员处以警告或者三百元以上五百元以下罚款。

第五十五条 违反本条例第三十一条规定，单位使用无证人员上岗，产生火灾隐患的，由公安机关消防机构责令限期改正；逾期不改正的，对单位处以五千元以上一万元以下罚款。

第五十六条 违反本条例第三十四条第二款规定，人员密集场所的疏散通道未按规定保持畅通，楼梯间及前室的疏散门未按规定保持常闭，或者不能保证在火灾时自动关闭的，由公安机关消防机构责令改正，处以五千元以上三万元以下罚款；情节严重的，处以三万元以上五万元以下罚款。

第五十七条 违反本条例第四十九条第三款规定，个人擅自进入火灾现场、移动火灾现场物品、清理灾后现场的，由公安机关消防机构责令停止违法行为，并处以五百元以下罚款。

第五十八条 机关、团体、企业、事业等单位、有固定生产经营场所且具有一定规模的个体工商户未按公安机关通知要求及时采取措施消除火灾隐患，造成火灾事故的，由公安机关消防机构对其处以五千元以上五万元以下罚款。

第七章 附 则

第五十九条 本条例自2012年6月1日起施行，2002年10月30日合肥市第十二届人民代表大会常务委员会第三十七次会议通过，2002年12月26日安徽省第九届人民代表大会常务委员会第三十五次会议批准的《合肥市消防条例》同时废止。

合肥市志愿服务条例

（2012年10月31日合肥市第十四届人民代表大会常务委员会第三十六次会议通过 2012年12月21日安徽省第十一届人民代表大会常务委员会第三十七次会议批准）

第一章 总 则

第一条 为了弘扬志愿服务精神，普及志愿服务理念，规范志愿服务活动，保障志愿者和志愿服务组织的合法权利，根据法律、法规的有关规定，结合本市实际，制定本条例。

第二条 本市行政区域内志愿者、志愿服务组织、志愿服务活动以及对志愿服务活动的支持与保障适用本条例。

第三条 志愿服务活动以关爱他人、关爱社会、关爱自然为主要内容，遵循自愿、平等、诚信、合法和节俭、非营利性的原则。

志愿者、志愿服务组织与志愿服务对象之间是自愿、平等和相互尊重的服务与被服务关系。

第四条 本条例所称志愿服务，是指志愿者和志愿服务组织自愿、无偿地帮助他人、服务社会、保护自然的公益性行为。

本条例所称志愿者，是指不以获得物质报酬为目的，利用自己的时间、技能等资源，自愿参与志愿服务的人。

本条例所称志愿服务组织，是指：

（一）依法登记注册、专门从事志愿服务活动的非营利性社会团体；

（二）组织志愿服务活动的机关、非营利的事业单位、社会团体、公益性机构。

第五条 志愿者及其提供的志愿服务应当受到尊重。提倡、鼓励公民和社会各界参加志愿服务活动。

第六条 市、县（市）区、乡镇人民政府应当引导、支持和促进志愿服务事业的发展，将志愿服务工作纳入社会发展规划、年度计划，并提供必要的保障。

市、县（市）区志愿服务工作指导、协调机构负责制定本行政区域志愿服务事业发展规划，指导、协调志愿服务组织及其活动，管理志愿服务基金。

国家机关、人民团体、企业、事业单位、基层群众性自治组织和其他社会组织应当在各自的职责范围内支持和指导志愿服务工作。

第七条 每年3月5日所在的周为全市志愿服务活动宣传周。

第二章 志愿者

第八条 鼓励个人在志愿服务组织登记注册，成为注册志愿者。

第九条 志愿者应当具备相应的民事行为能力和志愿服务能力。

第十条 志愿者享有下列权利：

（一）自愿加入或者退出志愿服务组织；

（二）根据自己的意愿和时间、能力等条件，选择参加志愿服务活动；

（三）获得与所从事的志愿服务活动相关的信息和培训；

（四）获得与所从事的志愿服务活动相关的必要条件和保障；

（五）请求开展志愿服务活动的组织帮助解决在志愿服务活动中遇到的问题；

（六）优先获得志愿者组织和其他志愿者提供帮助的权利；

（七）对志愿服务组织工作进行监督，并提出意见和建议；

（八）拒绝提供违反法律、法规和违背社会公德的服务；

（九）法律、法规及志愿服务组织章程规定的其他权利。

第十一条 志愿者应当履行下列义务：

（一）遵守法律、法规，以及志愿服务组织的章程和制度；

（二）参加志愿服务组织的教育和培训，接受志愿服务组织的指导和安排，履行志愿服务承诺，完成志愿服务工作；

（三）尊重志愿服务对象的意愿和人格、隐私等权利，不得泄露在参加志愿服务过程中获悉的个人隐私、商业秘密和其他依法受保护的信息，不得损害志愿服务对象的合法权益；

（四）因故不能继续从事志愿服务活动时，应当提前告知志愿服务组织；

（五）不得向志愿服务对象收取、变相收取报酬、财物或者牟取其他利益；

（六）不得利用志愿者身份从事与志愿服务活动要求不符的行为；

（七）维护志愿服务组织和志愿者的声誉和形象；

（八）其他应当履行的义务。

第三章 志愿服务组织

第十二条 符合志愿服务组织章程的社会组织，可以申请成为志愿服务组织的团体会员。

第十三条 志愿服务组织应当做好下列工作：

（一）建立志愿者注册制度，为志愿者配发标识和证件；

（二）组织和指导志愿服务活动；

（三）负责志愿者招募、培训、服务记录、考核、表彰等工作，发布志愿服务相关信息；

（四）对志愿服务的内容进行风险评估，为志愿者参与志愿服务活动提供必要的帮助，维护其合法权益；

（五）筹集、接受、使用和管理志愿服务的资金、物资；

（六）开展志愿服务的宣传与交流活动；

（七）志愿服务组织章程规定的其他职责。

第十四条 志愿服务组织招募志愿者从事志愿活动时，应当公布志愿服务活动项目的详细内容，并告知在从事志愿活动过程中可能出现的风险。

第十五条 志愿服务组织安排志愿者参加志愿服务活动时，应当与志愿者的年龄、身体等条件相适应，与志愿服务项目所要求的知识技能相适应，不得安排志愿者从事超出其自身能力的志愿服务活动。

不得利用志愿服务组织或者志愿服务的名义、志愿服务标志等进行以营利为目的或者其他非志愿服务的活动。

第十六条 志愿服务组织应当对志愿者的个人

隐私等信息保密，未经志愿者本人书面同意，不得公开或者向第三方提供。

第四章　志愿服务

第十七条　志愿服务的范围包括：

（一）扶贫济困、扶弱助残、帮老助幼；

（二）支教助学、医疗保健、科技推广、文体服务、环境保护；

（三）精神抚慰、心理援助；

（四）法制与社会公德宣传、法律援助；

（五）大型社会活动；

（六）抢险救灾、应急救援、治安防范；

（七）其他社会公益活动。

第十八条　需要志愿服务的，可以向志愿服务组织提出申请，并如实告知所需志愿服务的内容和风险。志愿服务组织应当及时进行风险评估并给予答复；对不能提供志愿服务的，应当说明原因。

第十九条　志愿服务组织安排志愿服务活动时，应当为志愿者提供必要的安全、卫生、医疗、交通、通讯、误餐等保障，开展相关的知识和技能培训。

志愿服务组织应当根据志愿服务活动的需要，为志愿者办理必要的人身意外伤害保险。

志愿服务对象应当尊重志愿者的人格尊严，如实告知志愿服务项目的风险及防范措施；有条件的，应当为志愿者提供相应的培训，以及必要的物质保障及安全、卫生条件。

第二十条　志愿者参加志愿服务活动时，应当佩戴统一的志愿服务标志。志愿服务组织应当对志愿者参加志愿服务活动的情况进行记录，并根据志愿者的要求，就其参加志愿服务活动的情况出具有关的证明材料。

第二十一条　志愿服务组织与志愿者之间、志愿服务组织与志愿服务对象之间，应当就志愿服务的主要内容协商一致。有下列情形之一的，应当签订书面协议：

（一）对人身安全、身心健康有较高风险的；

（二）连续7天以上专职服务的；

（三）为大型社会活动提供志愿服务的；

（四）组织志愿者在本市行政区域以外开展志愿服务活动的；

（五）任何一方要求签订书面协议的。

第二十二条　志愿服务组织与志愿者、志愿服务组织与志愿服务对象之间签订的志愿服务协议，应当包括下列内容：

（一）双方姓名、身份证号码或者单位名称和地址；

（二）志愿服务的内容、时间、地点和方式；

（三）双方的权利、义务；

（四）风险以及保障措施；

（五）协议的变更和解除；

（六）争议解决方式；

（七）其他需要协议的事项。

第五章　支持和保障

第二十三条　本市应当设立志愿服务基金会，其资金来源包括：

（一）社会捐赠；

（二）财政支持；

（三）基金增值收益；

（四）其他合法收入。

鼓励单位、个人向志愿服务基金会捐赠。

第二十四条　志愿服务基金应当用于下列事项：

（一）资助志愿服务项目；

（二）宣传志愿服务理念；

（三）培训志愿者；

（四）救助因从事志愿服务活动受到损害造成生活困难的志愿者；

（五）奖励作出突出贡献的志愿服务组织和志愿者；

（六）为注册志愿者参加志愿服务活动提供必要的人身意外伤害保险；

（七）社会捐赠的资金有约定的，按照约定使用；

（八）与志愿服务事业发展有关的其他事项。

基金的使用和管理应当符合国家有关规定，依法接受财政、审计和社会的监督，并每年向社会公布。

第二十五条　志愿者在志愿服务过程中，有下列情形之一的，志愿服务基金会应当给予资助：

（一）因不可抗力等不能归责于第三方的原因遭受人身损害的、重大财产损失的；

（二）因他人侵权遭受人身损害而侵权人无法查明、逃逸或者无赔偿能力的。

第二十六条 学校、家庭和社会应当将培养青少年志愿服务意识纳入公民道德教育的范围。

各类新闻媒体应当开设志愿服务专题、专栏，刊播志愿服务公益广告。

公共场所应当设有与环境相融合的志愿服务公益广告。

第二十七条 鼓励社会团体、企业事业单位和其他组织招聘人员以及学校招收学生时，在同等条件下优先录用、聘用、录取有良好志愿服务表现的志愿者。

第二十八条 志愿服务组织可以通过接受社会捐赠、资助等形式，筹集开展志愿服务活动的经费。

志愿服务活动经费应当用于志愿服务活动、志愿者的人身意外伤害保险和交通、通讯、误餐补贴等开支，不得挪作他用，并按规定接受监督。

第六章 法律责任

第二十九条 违反本条例第十一条规定，志愿者和志愿服务组织泄露在参加志愿服务过程中获悉的个人隐私、商业秘密和其他依法受保护的信息，损害志愿服务对象的合法权益，应当依法承担责任。

志愿者向志愿服务对象收取、变相收取报酬、财物或者牟取其他利益的，由志愿服务组织责令其改正，并中止其参加志愿服务活动的资格；情节严重的予以公示。志愿服务组织与志愿服务对象另有约定的除外。

第三十条 违反本条例第十五条第二款规定，利用或者变相利用志愿服务组织或者志愿服务的名义、标志进行以营利为目的的活动或者非志愿服务活动的单位和个人，由志愿服务组织提请有关行政主管部门责令其改正；拒不改正或者情节严重的，由有关行政主管部门依法追究其责任。

第三十一条 违反本条例第十九条规定，志愿者在参加志愿服务组织安排的志愿服务过程中，因志愿服务组织或者志愿服务对象过错受到人身或者财产等损害的，志愿服务组织或者志愿服务对象应当依法承担责任。

第三十二条 违反本条例第二十八条规定,对挪用志愿服务活动经费的单位和个人，由有关行政主管部门或司法机关依法追究其责任。

第三十三条 违反本条例规定的其他行为，由有关行政主管部门依法追究其相关责任。

第七章 附 则

第三十四条 本条例自2013年3月1日起施行。

调研专文

关于环巢湖生态示范区建设的调研报告

市第十次党代会报告指出，巢湖是中华大地上的一颗璀璨明珠，是合肥独特资源、靓丽名片。在工业化、城市化快速推进过程中，如何研究推进巢湖生态保护和综合治理开发，建设好环巢湖生态示范区，是当前合肥建设“大湖名城、创新高地”的重大课题。为此，我们组织人员对环巢湖生态示范区建设进行研究，力求从理性的角度，厘清示范区建设的总体思路、建设路径、重点任务等，供市委市政府提供决策参考。

一、环巢湖生态示范区建设的重大意义

建设环巢湖生态示范区，是从根本上解决巢湖污染问题，实现环巢湖地区可持续发展的重要途径。长期以来，党中央、国务院高度重视巢湖流域综合治理工作。2008年2月，胡锦涛总书记来皖视察时指示，要重点搞好巢湖流域环境整治，让江河湖海得以休养生息、恢复生机。2007年6月，温家宝总理在太湖、巢湖、滇池治理工作座谈会上指出，要把治理“三湖”作为国家工程摆在更加突出、更加紧迫、更加重要的位置。2011年4月，国家副主席习近平视察巢湖时要求，安徽省委省政府一定要把巢湖治理好。2009年11月，国务院副总理李克强考察巢湖水环境治理时要求，“统筹经济发展与环境保护，加大环保投入与建设力度，实现经济效益、社会效益与生态效益的统一”。2011年4月，胡锦涛总书记、温家宝总理又在《关于巢湖治理与保护有关问题的报告》上作出了重要批示。可以说，把巢湖治理好，是党和国家领导人的殷切期望，是全省、全市人民的共同心愿。

一是实施国家治理“三江三湖”战略的需要。1994年，国家把淮河、海河、辽河和太湖、巢湖、滇池治理上升为国家战略。国务院发布了“三江三湖”水污染防治暂行条例。2012年初，国家出台的《重点流域水污染防治规划（2011-2015）》，对巢湖塘西、巢湖船厂、北闸渡口等三个断面水质提出了具体

要求。同年8月，国务院出台的《大力实施促进中部崛起战略的若干意见》中，三次提到巢湖治理工作。最近，中央出台的8号文件把水利建设摆在突出位置，明确要求“积极支持水利、铁路等国家重点项目的信贷资金需求。”因此，实施巢湖流域综合治理势在必行、责任重大。

二是保障长江下游地区可持续发展的需要。巢湖是长江下游水资源战略储备的重要湖泊，年平均入江水量30亿立方米，占长江入海水量3‰-5‰，长江裕溪口（巢湖入江口）以下有上海、南京、苏州等8个重要城市，总人口6500多万，经济规模5.7万亿元。巢湖治理不仅关系到合肥和安徽的发展，而且影响到长江下游水质的改善和长三角地区的可持续发展。因此，实施巢湖流域综合治理使命光荣、任务紧迫。

三是实现安徽生态强省战略目标的需要。2011年，安徽省第九次党代会明确提出，努力打造宜居宜业的生态强省，这是立足安徽实际、着眼长远发展做出的重大战略抉择。《安徽省生态强省建设实施纲要》明确要求，要实施巢湖流域水环境综合治理，遏制水体水质下降。建设环巢湖生态示范区，必将有效改善巢湖水质，缓解巢湖水环境压力，大大加快安徽生态强省进程。因此，实施巢湖流域综合治理功在当代、利在千秋。

四是建设合肥区域性特大城市的需要。2011年8月，经国务院批准，安徽省对部分行政区划进行了调整，撤销原地级巢湖市，县级巢湖市和庐江县划入合肥，将八百里巢湖整体划归合肥管辖，合肥成为全国唯一独立怀拥五大淡水湖之一的省会城市，并可通江达海，市域面积扩大到1.14万平方公里，全市人口增加到750万人，奠定了建设区域性特大城市的幅员基础。巢湖是合肥的内湖，对合肥而言，既是“面子”更是“里子”，没有巢湖的“一湖清水”，就没有合肥的区域性特大城市建设。

二、环巢湖生态示范区建设的现实基础

巢湖是我国五大淡水湖之一，位于安徽中部，年均径流量25亿立方米，容积20亿立方米。巢湖流域总面积1.34万平方公里，流域地型地貌多种多样，有低山区、低山丘陵区、丘陵岗地区、岗冲地区、冲积平原等五种类型，地跨合肥、芜湖、马鞍山、六安、安庆等5市、13个县（市）区。巢湖矿产资源多达40多种，流域总人口980多万人，占安徽总人口近15%。2011年，流域范围经济总量4000多亿元，占全省比重超过1/4，是全省经济发展最具活力、最具潜力的重要板块之一。

巢湖为浅水型、半封闭型湖泊，平均水深3米，最大深度6米，巢湖闸的修建导致巢湖与长江水体交换受阻，再加上巢湖流域属含磷地质，城市点源污染、农业面源污染主要通过南淝河、十五里河、派河、兆河等13条河流汇集湖内，超出了巢湖的承载能力，使巢湖成为国家实施“三江三湖”治理战略的重点之一。经过治理，2010年与2005年相比，虽然巢湖水已由过去的劣V类转为V类，总磷和总氮浓度分别下降50%和16.6%，但总体水质状况仍为中度污染，V类水质比例增加14.4%，氨氮年均浓度上升89%。水质与目标要求相差甚远，治污任务仍然十分艰巨。

环巢湖生态示范区建设“大幕”拉开以来，市委、市政府坚持以改善水环境质量为目标，以污染减排为主线，以综合治理为抓手，狠抓基础设施建设，严控工农业污染，加强水环境监管，示范区建设取得了阶段性进展。

一是注重顶层设计，高起点编制规划。面向全球招标编制了《合肥市城市空间发展战略及环巢湖地区生态保护修复与旅游发展规划》，作为环巢湖生态示范区建设的顶层设计，与此同时，合肥市生态城市建设“十二五”规划、环巢湖生态农业发展“十二五”规划、合肥市矿山地质环境保护治理规划等一批专项规划也正在加紧编制当中。形成“一个规划”统领环巢湖生态示范区建设的格局。

二是坚持生态优先，推进巢湖综合治理。打破行政区域，按河流水系将水环境治理分为南淝河、十五里河、派河、二十埠河、板桥河、店埠河、新桥机场等片区，逐一加以推进。突出派河、兆河等13条入湖河流治理，一期启动113个项目，总投资超过500亿元。新建改建扩建污水处理厂15座，污水管道总长达到1716公里，城市污水管网覆盖率超过98%，集中处理率达到95%。

三是坚持走新型工业化道路，推进产业结构调整。坚持创新驱动战略，积极推进产业结构调整，提高发展质量和效益。大力发展战略性新兴产业，改造提升传统优势产业，加快城区产业结构转型升级，发展都市工业。全力推进新型显示及电子信息、光伏及新能源、家电、汽车、装备制造、食品及农产品加工等支柱产业发展。2012年六大支柱产业实现产值3850亿元，占全市规模以上工业比重58.3%，其中高新技术产业产值占全部工业产值的52%以上。大力发展现

代服务业，充分利用环巢湖流域的湖光山色和温泉、湿地、历史文化等资源，加快旅游及现代服务业发展。2012年服务业增加值达到1600亿元，旅游业总收入达到450亿元。合理调整农业产业结构，努力建设全国重要的高效生态农业示范区，各类市级农业产业园区突破300个。

四是加快新型城镇化进程，统筹区域协调发展。坚持“生态优先，主城提升、组团拓展，区域协同”的思路，按照集约、智能、绿色、低碳的要求，推进环巢湖区域城镇群建设。重点优化提升主城区，积极发展城市副中心，分类建设特色小城镇，加快形成新型城镇体系。

三、环巢湖生态示范区建设的路径和重点任务

环巢湖生态示范区建设，要按照“生态优先、城湖共生”的理念，在开发中保护、在保护中开发，进行综合规划、综合治理、综合开发、综合利用，融城市开发、村镇建设、产业发展、流域防洪、水土保持、水环境治理、水资源利用、内河航运等为一体，推进原生态保护和可持续开发，着力将环巢湖流域建设成为生态规划统一、生态经济发达、生态环境优美、生态文化繁荣、生态保障有力、人与自然和谐的生态示范区。要采取有力措施，加快推进综合治理开发。强化河流治理，对入湖河流沿岸进行治理，推动沿河沿湖岸边居民生态搬迁，加快湖滨带保护修复；推进引江济巢，通过扩大巢湖与长江的水体交换，增强巢湖水体自净能力；实施环湖整治，整顿环湖矿山开采，实施环湖区域农业结构调整，有效控制点源面源污染；开展污水截流，坚持“先建网、后建厂”和“厂网并行”的原则，推进城市污水处理及配套管网建设，确保城区污水的全收集、全处理。

一是形成统一生态规划体系。坚持综合治理、保护、开发相结合，以高标准、前瞻性规划为引领，实施环巢湖流域统一发展规划、统一功能定位、统一产业布局、统一资源管理、统一基础设施建设。目前，《合肥市空间发展战略规划和环巢湖生态保护及旅游发展规划》已基本完成优化整合工作。下一步，要以总体规划为统领，把环巢湖生态示范区建设作为打造“大湖名城”的顶层设计，在充分调研论证的基础上，全方位、多角度开展包括节能减排、资源节约、低碳环保、循环经济、土地管理、生态绿地保护等专项规划的编制工作，“谋定而后动”，确保生态示范区建设工作有任务、有重点、有步骤、有目标，合力把环巢湖生态经济示范区建设成为“生态强省”的战略支点和标志性工程，进一步推动示范区上升为国家战略，为开发和治理大型湖泊积累新经验、探索新路径。

二是构建高效生态产业体系。按照生态建设和经济发展协调推进的要求，以减量化、再利用、资源化为原则，着力解决经济增长与资源保障、生态保护之间的矛盾，走生态型经济发展之路，构建高效生态产业体系。合理调整农业产业结构，优化农业产业布局，重点发展绿色种植业、生态畜牧业、生态渔业，努力建设全国重要的高效生态农业示范区；按照工业强市和生态保护相统一的思路，以工业园区为载体，强力推进节能减排，大力发展循环经济，提高资源节约集约利用水平，走环境友好型工业化道路，建设以低碳排放为特征的现代工业体系和消费模式，把工业园区打造成生态区；坚持市场化、产业化、社会化方向，充分利用环巢湖流域的湖光山色和温泉、湿地、历史文化等资源，高标准完善基础设施和服务设施，加快发展生态旅游业，尤其是休闲度假、生态观光等特色旅游业，将环巢湖生态示范区打造成为与合肥城区互为补充、相得益彰的国际度假旅游目的地。

三是建设秀美生态环境体系。突出“生态环保”理念和“独具魅力”方向，强力推进节能减排，大力加强污染治理，积极推进原生态保护和可持续开发，努力打造秀美宜人的生态环境和文明昌盛的生态文化。加大节能减排力度，推广先进节能技术，大力发展循环经济和节能环保产业。实施垃圾减量化、资源化、无害化处理，建设循环经济产业园。加强重点行业污染防治，大力提高污水集中处理率和标准，提高中水回用比例。重点实施巢湖水环境综合治理和保护、巢湖湿地保护与恢复、巢湖水生生物资源保护、水源涵养林建设与保护、森林资源保护、农区草地开发利用、农业面源污染控制等工程，实现环巢湖流域生态环境的持续改善。树立生态文明理念，大力发掘、保护和利用好历史文化遗产和优质自然资源，积极培育建设企业、社区、乡村生态文化，强化人民群众的生态责任，营造良好的生态文化氛围，将生态文明理念自觉转化为全市人民创建生态文明的积极行动。

四是强化可持续生态保障体系。全面实行资源利用总量控制、供需双向调节、差别化管理，大幅提高水、土地、能源等资源的利用效率和保障程度，增强发展高效生态经济的支撑能力。加强水利设施建

设，强化水资源保护，建立开发利用控制、用水效率控制、水功能区限制纳污“三条红线”，构筑环巢湖生态保护和经济发展安全屏障，确保生活用水、生产用水和生态用水动态平衡，提高水资源供应保障能力；加强土地利用总体规划的整体管控，合理确定新增建设用地规模、结构、时序，加强生态用地保护，提高节约集约用地水平，切实保障经济社会发展用地需求。强化森林资源保护，建立健全森林调查监测管理体系，加强重要生态功能区、森林生态系统、湿地生态系统及生物多样性保护，增强森林生态服务功能。合理开发矿产资源，落实矿山资源分类、分区保护，实现经济发展与生态保护双赢。力发展新能源，支持沿湖区域建设风力发电场，逐步提高非石化能源比重。

五是打造宜居生态城乡体系。坚持以人为本的理念，按照规模适度、合理布局、环境承载力和功能互补的原则，统筹考虑生态保护、经济布局和人口分布，大力实施生态城乡工程，积极构建生态环境优美、宜居宜业宜游的生态城乡体系。实施生态城镇工程，按照“生态优先、中心提升、组团拓展、区域协同、特色彰显”的思路，以“1331”城市空间发展战略为统揽，处理好市域、主城区、环湖地区之间关系，努力打造主城区与巢湖相互依托、城湖共生的生态城市发展格局。加快发展一批体现乡村特色、田园风格的生态新市镇。围绕创建国家生态园林城市和国家森林城市，完善城市绿地系统，进一步提升生态宜居环境；实施生态乡村工程，以新农村建设为载体，以改善农村生态环境为重点，深入开展农村环境综合整治，实施环湖流域农业结构调整，积极开展环境优美乡村建设工作；实施生态社区工程，完善社区公共服务设施，推行低碳建筑，倡导低碳交通，加强生态小区和生态住宅建设。

六是完善综合生态监控体系。提高生态环境决策考核、监测监察、综合评价、立法执法、应急处置水平，建设坚强有力的生态环境综合监管能力支撑体系。完善环境保护与经济发展综合决策机制，健全环保目标责任考核制度，建立各相关部门联动工作机制，强化环境综合决策能力。制定科学监测方案，建立完善生态监测站和环境监察监测中心，建设生态功能动态监测和评价信息管理系统，提高生态环境监测、预报、预警水平，及时准确掌握主导生态功能的动态变化情况。制定重要生态功能区管理和立法方案，不断加强法律法规和监管能力建设，提高生态环境执法能力。建立完善生态安全预警及应急系统，完善生态安全应急预案，建立数据处理平台、生态灾情预防系统和生态安全处置系统，增强应急预警能力。制定宣传教育方案，增强广大群众对生态功能重要性的认识，自觉维护生态安全。

四、环巢湖生态示范区建设需要把握的几个关系

环巢湖生态示范区建设是一项宏大的系统工程，有其内在的客观规律性，只有正确把握客观规律，才能把示范区推上科学发展的轨道。

一要把握好当前和长远的关系。建设环巢湖生态示范区，责任重大，使命光荣，更是一个长期而艰巨的宏伟事业，不可能一蹴而就，需要对其有清醒估计和充分认识，我们必须树立持久作战的思想，既要着眼长远，又要立足当前，通过每年实施几个具体项目，一步一步把示范区建设推向深入。

二要把握好保护和发展的关系。保护生态环境与经济发展相协调，是环巢湖生态示范区建设的根本，这一点决不能有丝毫的动摇。必须坚持把保护放在首要位置，在保护优先的前提下，综合考虑不同区域的资源环境承载能力、现有开发强度和发展潜力等因素，确定区域主体功能定位，对基础条件较好的区域，予以保护性开发。要以治理保开发，以开发促治理，改善生态环境，促进经济社会发展，走出一条保护与发展相协调的新路子。

三要把握好局部和整体的关系。环巢湖生态示范区是一个有机经济体，需要各县（市）区、各部门从环巢湖区域经济发展的高度和整体优势发挥的角度，主动服从服务于环巢湖生态示范区建设的大局，实现整体利益最大化。在环巢湖生态示范区建设中，要将流域治理与区域治理有机结合，进一步健全全流域治理的领导机构与推进机制，强化区域协同，形成区域参与污染共治的新型模式。

四要把握好生态与经济的关系。生态与经济，是既对立又统一的关系，保护好生态并不必然以经济停滞发展为前提。因此，建设环巢湖生态示范区，要牢固践行绿色发展理念，以打造环巢湖生态示范区为顶层设计，切实转变高消耗、高排放、高污染的粗放发展模式，扎实推进生态产业化、产业生态化，大力发展绿色经济、低碳经济和循环经济，使绿色产业和环境友好产业成为新的经济增长极。

课题组组长：宋道军

课题组成员：朱胜利、范观兵、陈　鹏、陈　翠、苗宁宁、韩　峻

统计资料

2012年合肥市高新技术产业统计公报

2012年，面对较为复杂的外部经济发展环境，在市委、市政府的正确领导下，我市按照“新跨越、进十强”的新要求，以培育战略性新兴产业为重点，以壮大产业规模为目标，全力推进高新技术产业发展，全市高新技术产业继续保持快速、健康和持续发展的良好态势。

一、高新技术产业总体情况

2012年，全市高新技术产业产值达到3646.5亿元，其中规上高新技术产业产值（下同）达到3533.74亿元，同比增长18.9%，超全省增幅2.95个百分点；占全省34.46%，占全市规上工业总产值53.54%。全市规上高新技术产业增加值达到895.81亿元，同比增长18.6%，超全省增幅2.1个百分点；占全省34.14%，占全市规上工业增加值产值54.18%，占全市GDP21.51%，比上一年度提高1.34个百分点。

全市规模以上八大战略性新兴产业实现产值达到1598.74亿元，增加值达到433.47亿元，同比增长23.3%。经省科技厅认定的省级高新产品销售收入550.44亿元，实现利税55.3亿元，出口创汇12.93亿美元。

二、高新技术产业各技术领域发展状况

2012年，全市高新技术产业产值中，电子信息领域实现产值634.22亿元，占全市高新技术产业产值比重17.95%；增加值178.72亿元，同比增长34.8%。光机电领域实现产值2277.88亿元（其中高端装备产值491.44亿元，新能源汽车产值12.16亿元），占全市高新技术产业产值比重64.46%；增加值549.87亿元，同比增长17.05%。新能源与节能环保领域实现产值192.46亿元，占全市高新技术产业产值比重5.45%；增加值51.60亿元，同比增长32.6%。新材料领域实现产值147.05亿元，占全市高新技术产业产值比重4.16%；增加值35.74亿元，同比增长29.1%。生物医药领域实现产值94.91亿元，占全市高新技术产业产值比重2.69%；增加值25.42亿元，同比增长22.1%。高技术服务领域实现产值153.25亿元，占全市高新技术产业产值比重4.34%；增加值45.96亿元，同比增长30.1%。资源与环境领域实现产值14.19亿元，占全市高新技术产业产值比重0.4%；增加值3.55亿元，同比增长2%。航空航天领域实现产值19.78亿元，占全市高新技术产业产值比重0.56%；增加值4.95亿元，同比增长85.7%。

三、高新技术企业发展状况

2012年新认定国家高新技术企业120家，全市国家高新技术企业总数615家。全市国家高新技术企业实现产值2415.1亿元，实现净利润107.14亿元，税收85.99亿元，出口总额41.03亿美元，当年申请专利6760项，当年授权专利4835项。产值100亿元以上的高新技术企业3家，10亿元以上41家，1亿元以上226家。新增国家重点高新技术企业9家，总数31家；新增上市高新技术企业2家，总数23家；新增技术先进型服务企业5家，总数达到30家；国家现代服务业创新示范企业2家；省级现代服务业创新培育企业15家。

四、高新技术产业载体发展状况

合肥高新区完成地区生产总值337亿元，全口径工业总产值1087.6亿元，其中高新技术产业产值816亿元，同比增长20%。全市经省科技厅认定的省级以上科技企业孵化器18家，场地面积34.25万平米，孵化企业面积为24.8万平米，公共服务面积3.16万平米，孵化器拥有企业总数为1115家，企业从业人员1.39万人，新入驻企业223家，毕业企业102家。经科技部、科技厅认定的省级以上高新技术产业基地5个，基地拥有企业811家，高新技术企业354家，营业总收入541.09亿元，出口创汇6.98亿美元。经省科技厅认定的生产力促进中心32家（国家示范中心3家），中心总资产22.48亿元，中心从业人员809人，服务企业数4379家，服务总收入2.43亿元。

合肥被中宣部、科技部批准为文化科技融合示范基地、合肥新站综合试验区（新一代信息技术）和合肥包河区（新能源汽车）被商务部、科技部批准为国家科技兴贸创新基地，合肥（蜀山）国际电子商务产业园被商务部批准为国家电子商务示范基地。

农民收入持续增长生活质量逐步提升
——2012年全市农民收支情况分析

2012年，市委、市政府认真贯彻落实中央各项惠农富农政策，切实把增加农民收入作为农村各项工作的出发点和落脚点，在各项利好因素的带动下，我市农业生产稳步发展，农民收入持续增长，农民生活质量明显改善。据住户抽样调查资料显示，2012年，合肥市农民人均纯收入达9081元，同比增长15.5%；人均生活消费支出5253元，同比增长17.3%。

一、农民增收步伐加快

“十二五”以来，我市把“三农”工作作为全市经济工作的重中之重，强化政策落实，加强扶持引导，农业生产稳步发展，农民收入有了较大幅度提高。2012年，我市农民人均纯收入总量比全省高1920元，增幅快0.6个百分点；比全国高1164元，增幅快4.8个百分点。与2010年相比总量增加了1963元，增长27.6%。

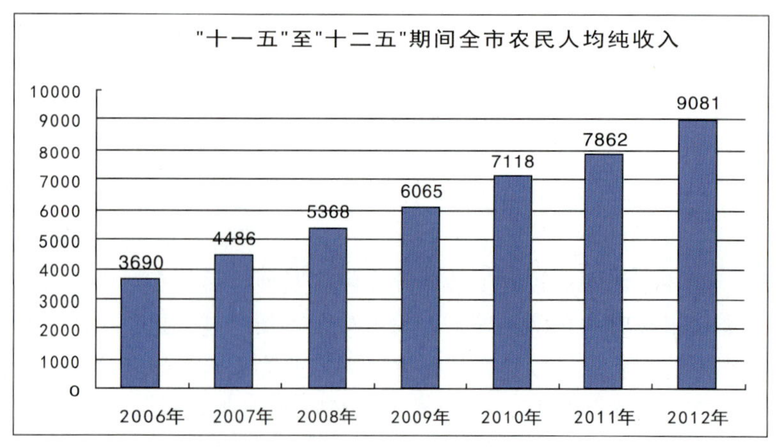

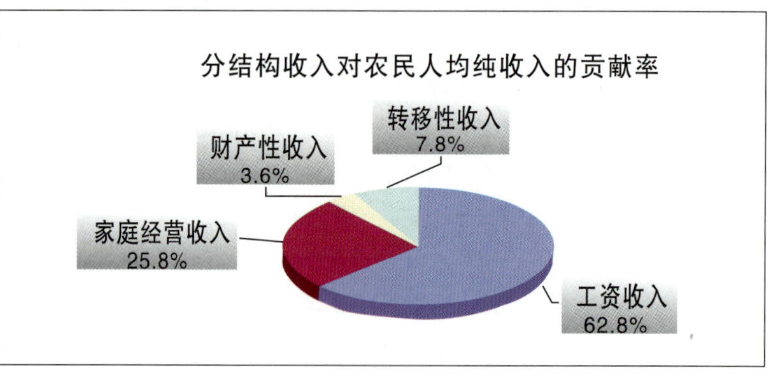

（一）工资收入快速增长

2012年，随着各地经济稳步较快发展，农民从业选择面扩大，加之工资机制不断完善，同时生产资料价格及农产品价格上涨，推动了农业劳动服务价格的不断上扬，对农民工资性收入也产生了积极的影响。2012年，我市农民人均工资性收入为4740元，与上年相比，增长19.3%，占纯收入的比重为52.2%，比上年增加1.6个百分点。对纯收入的贡献率为62.8%，拉动人均纯收入增长9.7个百分点。总体看，工资收入增加是拉动农民现金收入增长的主导因素，分结构看，外出务工收入仍是工资收入的主要渠道。

1. 本地劳动所得增速加快。本地从业收入主要包括在本乡镇地域非企业组织收入、企业劳动收入及本地零散务工收入。2012年，我市农民人均本地劳动所得1517元，同比增长22.1%，占工资收入的32%，比上年增加了0.7个百分点。其中，在本地企业从业收入962元，同比增长35.7%。

2. 外出务工收入持续增长。农民人均外出务工收入为2703元，同比增长11.3%，占工资收入的57%。其中，在省外打工收入1439元，同比增长50.6%，占外出务工收入的53.2%。

3. 非企业组织收入平稳增长。农民人均在非企业组织收入为520元，同比增长70.7%，占工资收入的11%。

（二）家庭经营性纯收入增速稳定

2012年，我市农民人均家庭经营纯收入为3512元，增长9.9%，家庭经营收入占纯收入比重为38.7%，与上年相比，下降2个百分点。分结构看，人均第一产业经营纯收入为2941元，同比增长9.3%，占家庭经营纯收入比重为83.7%，人均第二产业、第三产业经营纯收入分别为184元、387元，与上年相比，分别增长17.2%和10.9%。从调查结果看，一产经营仍是家庭经营收入的主要来源，但二、三产业的增速明显快于一产，表明农村的非农产业发展在加快，二、三产业快速发展，对农民增收起着积极推动作用。

（三）财产、转移收入持续增长

2012年，我市农户人均财产性纯收入为350元，与上年相比增长14.5%；转移性纯收入为479元，同比增长24.7%。财产、转移两项非经营类收入之和占纯收入的9.1%，与去年相比，比重提高0.4个百分点。近年来，全市加大基础设施建设，加快新农村和城镇化建设步伐，使农民从土地征用得到的补偿大幅增加。同时，随着国家支农、惠农政策力度的加大，农民从粮食直接补贴、良种补贴、农机具购置补贴、搬迁补贴、扶贫、最低生活保障费等得到的涉农补贴收入明显增加。

二、农民生活质量明显提高

（一）消费支出全面增长

2012年我市农民人均生活消费支出八大类全面增长。从支出去向看，食品支出仍是农民生活消费支出的主要部分，占生活消费支出的45%，与上年相比，比重减少3个百分点，居住、文化教育娱乐用品及服务、交通和通讯类稳步增加。从支出的增长速度来看，居住类及文化教育娱乐用品及服务支出增速最快，分别为40.5%和36.5%，食品、衣着、交通和通讯、家庭设备、用品及服务增速均高于生活消费支出

平均水平。(见表一)

（二）耐用消费品拥有量逐年增加

近年来，随着农民生活水平不断提高，家电下乡、节能补贴等惠农政策普遍实行，农户拥有的自行车、黑白电视机、收音机、电风扇、固定电话等不断减少，高端电子、电器产品逐年增多，计算机、汽车等大件商品正逐渐进军农村市场。其中，每百户移动电话拥有由2010年的152.1部增加到2012年的185.7部；彩色电视机由116.4台增加到到124.4台；洗衣机由52台增加到56.2台；摩托车由32.9辆增加到36.6辆；电冰箱由82台增加到92台。家用计算机由10.5台增加到17.7台，汽车由3.9辆增加到5.4辆。

农民生活消费八大类支出情况（表一）

指标名称	单位	2011	2012	增幅(%)	占生活支出比重（%）
五、生活消费支出	元	4477	5253	17.3	100
1、食品	元	2162	2363	9.3	45.0
2、衣着	元	294	346	18.0	6.6
3、居住	元	467	656	40.5	12.5
4、家庭设备、用品及服务	元	282	353	25.0	6.7
5、医疗保健	元	309	323	4.4	6.1
6、交通和通讯	元	390	482	23.5	9.2
7、文化教育娱乐用品及服务	元	411	562	36.5	10.7
8、其他商品和服务	元	161	169	4.6	3.2

三、城市对比

（一）省内城市对比位次不变

2012年，合肥市在全省16个市中农民人均纯收入总量排名第五位，与上年相同，比排名第一的马鞍山市少1839元、比铜陵市、芜湖市和黄山市分别少766元、594元、80元。增速高于全省平均水平1个百分点，排全省第八位，分别快于马鞍山市、铜陵市、芜湖市和黄山市0.6、0.5、0.5和0.3个百分点。

（二）中部城市对比差距扩大

2012年，在全国26个省会城市对比中，合肥市农民人均纯收入总水平位居第17位，与上年位次不变，同中部六省会城市相比，差额继续扩大。在中部省会排名中，合肥市农民人均纯收入仍居末位，比第五位的南昌市少648元，差额比上年扩大26元；增速位居第2，比上年前进一位。（见表二）

四、影响农民增收的因素

（一）农业人口增加、耕地逐步减少

我市农业生产经营主要是以耕种为主，家庭经营收入主要来自种植业，而从种植业品种来看，主要来自传统农作物中的小麦、油菜、水稻。受气候条件及农作物生产周期等影响，农户只能种植一季午季作物和水稻。在有限的耕地资源前提下，规模效益难以形成。2012年，我市户均耕地面积为6亩，随着农村人口的不断增加和耕地的不断减少，农业生产不但不能实现规模经营，而且还使土地经营的规模变得越来越小，加之农业生产资料价格不断上涨，导致合肥市主要农产品的生产成本较高。

2012年中部六省会城市农民人均纯收入对比（表二）

	实绩（元）	位次	增长（%）	位次
合肥	9081	6	15.5	2
武汉	11190	3	14	4
长沙	15763	1	17.6	1
郑州	12531	2	13.4	5
南昌	9730	5	14.7	3
太原	10079	4	13.4	5

（二）工资性收入增长存在不确定性

从收入构成看，工资性收入已经占据了农村居民收入的主导地位。在我市转移就业的农民中，由于劳动力文化程度和劳动技术技能水平较低，大部分都只能在劳动密集型的企业从事以简单体力劳动为主的工种，这部分人员工资标准相对较低，工资提升的空间也相对较小，缺乏长期稳定收入的保障。

（三）农村劳动力文化科技素质整体不高

近年来合肥市农村劳动力的文化科技素质虽有所提高，但仍不能适应现代农业发展需要。据我市农村住户抽样调查显示：样本户中共有就业劳动力人数为6918人，其中不识字或者识字很少516人，占7.5%，小学文化及以下1472人，占21.3%；初中文化3570人，占51.6%；高中文化875人，占12.6%；中专215人，占3.1%；大专以上270人，占3.9%。农村劳动力文化层次低且缺乏一技之长，导致农业科技难以推广和普及，从而影响到农业劳动生产率的提高，也影响到农村劳动力外出就业择业。随着新生代劳动力的转移、进城定居，在农村留守从事农业生产的劳动力年龄偏大、素质更低，一些新的农业技术和经营理念很难在农村落地生根，更影响了农业现代化水平的提升，制约了农业经营效益的提高。

五、提高农民收入的建议

（一）积极发展非农产业，拓宽农民收入来源

增加农民收入，必须积极发展农村非农产业，广泛开辟农民收入来源渠道。针对农村实际情况，结合本地资源优势，加大农业结构调整力度，引导农民从分散的小规模生产转移到规模化的社会生产和经营。大力发展农产品加工业，实现在生产、流通、加工等各个环节的增值，不断提高生产经营效益。

（二）强化农民技能培训，鼓励农民自主创业

针对农村劳动力年龄层次、文化结构和从业特点，多层次、多渠道、多形式开展职业技能培训，加大专业技术人才培养，大力推进职业资格证书制度，努力提高劳动力综合素质，提升劳动力就业层次。营造良好的创业环境，完善创业扶持政策，积极开展创业培训、创业服务，激励农民自主创业、返乡创业、联合创业，促进二、三产业快速发展，进一步提高农民非农产业收入。

（三）发展农村教育事业，减轻农民教育负担

农村教育资源的相对匮乏使得农村居民接受教育的机会远远低于城镇居民。农民改变身份与职业的主要途径是接受高等或中等教育。随着经济结构的提升，对文化程度的要求越来越高，提高农民的文化程度，是增加农民社会流动的前提条件。各级财政应该加大对农村教育的转移支付，改善农村教育设施条件，增强师资力量，切实减轻农民的教育负担，降低农民接受教育的成本，力争尽快普及农村高中教育，扩充高等职业教育从农村招生人数，为农民子弟真正融入城市社会奠定人力资源基础。

（刘　璐）

合肥市2012年度人力资源和社会保障事业发展统计公报

各县、区人民政府，市直各有关单位：

2012年，在市委、市政府的坚强领导下，在省人力资源和社会保障厅的精心指导下，全市人社系统紧紧围绕就业创业、人事人才、社会保险、劳动关系等重点，深入落实“讲大局、强责任、提能力、抓落实”要求，始终坚持在服务发展中找准定位，在把握规律中寻求突破，在提升效能中促进发展，开拓创新，扎实工作，圆满完成市政府与省厅下达的各项目标任务。

一、就业和再就业

2012年底，全市城镇非私营单位（以下统计口径相同）就业人员115.57万人。其中，在岗职工103.26万人，按注册登记类型分，内资单位就业人员58.72万人，港澳台商投资就业人员2.77万人，外商投资就业人员5.11万人。内资单位中，国有单位就业人员46.33万人，城镇集体单位就业人员2.65万人，股份合作单位就业人员1.34万人，联营单位就业人员0.19万人，有限责任公司就业人员41.49万人，股份有限公司就业人员12.11万人，其他内资单位就业人员3.58万人。城镇登记失业率为3.65%，控制在4.5%以内。

全年实现新增城镇就业13.98万人，下岗失业再就业4.59万人，就业困难人员再就业1.36万人。切实贯彻落实省、市有关帮扶困难企业的文件精神，针对困难企业实施缓缴社会保险费、降低四项社会保险费费率、给予岗位补贴等政策，2012年全市累计减收2.8亿元社会保险费；为36户困难企业办理缓缴手续，累计缓缴五项社会保险费3946.1万元、涉及职工1.6万人；为9718户企业调整了企业缴纳社会保险费基数，涉及38.8万人，累计减收金额1.53亿元；审批167户困难企业岗位补贴申请材料，涉及职工4.2万人、补贴资金7939.3万元；为企业引进技能人才1134人，发放职业介绍补贴34.02万元；帮扶229户企业开展新录用人员技能培训和岗位技能提升培训，培训结业人数4.7万人，发放补贴资金129.68万元。全市5个城区、37个街道、286个社区达到充分就业标准，充分就业社区达到全市社区总数的56%。帮助4201户“零就业家庭”、5644名家庭成员就业，实现了“出现一户、援助一户、稳定一户”的目标。充分发挥创业孵化基地、公益性岗位、街道劳务型服务公司和社区平台“四大抓手”作用，因人而异、分类施策。通过百帮创业基地，共帮助1.07万人实现创业和就业；通过公益性岗位，共帮助1.18万人实现就业；通过街道劳务型服务公司，共帮助4.11万人实现就业；通过社区平台，共帮助3.27万人实现社区“家门口”就业。在2012年7月份召开的全国就业创业工作表彰大会上，合肥市被国务院授予全国创业先进城市称号，市人社局也被国务院授予“全国就业先进工作单位”荣誉称号。

全市举办各类公益性专场招聘会500多场，近3万户企业进场招聘，30万人次求职者进场求职，近10万名求职者现场达成就业意向。认真做好就业登记和劳动合同备案工作，完成录用登记备案2.6

万户，就业登记11.8万人（其中流动就业登记7.1万人）。认真做好各类人员的档案托管、灵活就业人员参保等劳动人才事务代理业务，接转人事代理人员户籍5909人，归档材料7000余份；办理社保有关手续6500余人次；接转档案13851份，开具各类证明等材料9500余份；重新核定档案工资等6500人（次）；办理转正定级1100人；接转党员组织关系959人；考察、办理251名预备党员转正手续。积极宣传灵活就业人员社保新政策，不断完善就业人才事务代理管理制度和各项业务的操作流程，进一步提高服务水平。细化了劳务派遣的基础工作，进一步规范了劳务派遣业务流程；积极做好派遣单位、派遣员工的跟踪服务和协调工作。

2012年就业技能培训39108人，28939人取得职业资格证书或专项能力证书，取证率为74%，实现就业31678人，就业率达到81%，支付补贴资金1561.135万。

二、社会保险

（一）养老保险。2012年，全市共有132.42万名企业职工参加了基本养老保险。全年应征基金741409.92万元，实征基金733377.17万元（含清欠收入9572.18万元），基金征缴率98.9%；全年应发放养老金各项待遇492425.68万元，100%发放到位。2012年全市新增企业退休人员13021人，至年末，全市享受领取养老金的离退休人员达285672人，养老金社会化发放面达100%。全市企业退休人员社会化管理服务率达96.75%，其中社区管理服务率94%。

（二）失业保险。2012年，全市参加失业保险的职工人数为98.28万人，全年应征基金78003.81万元，实征基金77214.25万元（含清欠收入949.84万元），基金征缴率98.99%，全年基金支出30573.54万元。全年新增登记失业职工21751人，累计接收失业职工220846人，全年月平均领取失业救济金的失业职工12658人。

（三）工伤保险。2012年度全市参保职工109.5万人。全年征缴基金27122.11万元，21281人次享受了工伤保险待遇，支付15727万元。

（四）生育保险。2012年度全市参保职工92.98万人。全年征缴基金16629.94万元，24306人次生育女职工享受生育保险待遇，支付19088万元。

（五）医疗保险。

1．城镇职工基本医疗保险。2012年全市参保职工人数135.41万人。全年基金收入323555万元，支出228819.2万元，共有227699人次享受了定点医院诊疗、急诊抢救住院、异地转（诊）院和异地安置等医疗保障待遇，对10675人次实施医疗救助，发放救助金1711.7万元。

2．城镇居民基本医疗保险。全市参保173.38万人，全年基金收入45149.3万元，共有71654人次享受了医疗保险待遇，基金支出34416.9万元。

（六）城乡居民养老保险。2012年底，全市6个县（市、区）、102个乡镇开展了城乡居民养老保险工作，参保人数295.18万人。全年资金收入120745.16万元，支出65715.43万元，当年为77.2万名农民发放了养老保险金。

三、工资分配

2012年度全市城镇非私营单位就业人员年平均工资49712元。其中，在岗职工年平均工资50722元，比上年名义增长11.6%。按国民经济行业类别分，各行业就业人员年平均工资分别为农林牧渔业37139元、采矿业45780元、制造业49967元、电力、燃气及水的生产和供应业65925元、建筑业45481元、批发和零售业38868元、交通运输、仓储及邮政业55810元、住宿和餐饮业26795元、信息传输、计算机服务和软件业64656元、金融业91076元、房地产业40199元、租赁和商务服务业48875元、科学研究、技术服务和地质勘查业62953元、水利、环境和公共设施管理业38962元、居民服务和其他服务业39085元、教育50313元、卫生、社会保障和社会福利业53962元、文化、体育和娱乐业43988元、公共管理和社会组织52324元。按注册登记类型分，各类型单位就业人员年平均工资分别为内资48018元，港澳台商投资50831元，外商投资47624元。内资中，国有单位52583元、城镇集体单位37654元、股份合作单位61559元、联营单位43265元、有限责任公司44886元、股份有限公司59169元、其他内资40666元。

四、劳动关系

2012年度，全市共审核新签劳动合同136195份，建立全市统一的劳动合同信息管理数据库,合同信息入库1061079人，劳动合同签订率97.8%。全市10136家企业建立了工资集体协商和集体合同制度，覆盖职工65.55万人，其中单独签订集体合同的企业有4577家，区域性、行业性集体合同681份，覆盖企业5559家，全市已建工会企业工资集体协商建制率动态保持在90%以上，世界500强在肥已建工会企业工资集体协商建制率达91.6%，已签订的集体合同报审率和备案率均达到100%。全市全年共受理劳动争议案件4204

件，涉及劳动者4403人，结案4077件，结案率97%。

2012年全市各级劳动监察机构通过日常巡查、专项执法检查、举报投诉专查等执法活动，共为19505名劳动者追讨工资16060万元（其中，涉及建设领域农民工9177人，追讨金额9689万元）；清退风险押金54.866万元，涉及劳动者197人；责令用人单位签订劳动合同48986份；督促登记、缴纳社会保险费涉及劳动者3545人；共受理举报投诉案件3142起，结案率98%，参与处理突发事件80起，依法做出行政处理、处罚决定11份，罚款金额18万元。

合肥市人力资源和社会保障局
合肥市统计局
2013年5月30日

合肥市2012年国民经济和社会发展统计公报

合肥市统计局 国家统计局合肥调查队
2013年3月30日

2012年，在市委、市政府的坚强领导下，全市人民坚持以科学发展为主线，牢牢把握稳中求进的总基调，紧紧围绕“新跨越，进十强”的奋斗目标，深化改革，优化结构，提升效益，改善民生，全市经济保持平稳较快增长，各项社会事业取得新的进步，为打造“大湖名城、创新高地”奠定了良好基础。

一、综合

初步核算，全年生产总值（GDP）4164.34亿元，按可比价格计算，比上年增长13.6%。其中，第一产业增加值229.05亿元，增长5.4%；第二产业增加值2303.91亿元，增长15.4%；第三产业增加值1631.38亿元，增长12.3%。三次产业结构调整为5.5:55.3:39.2，其中工业增加值占GDP的比重为43.6%，比上年提高0.7个百分点。人均生产总值达到55186元（折合8742美元）。

全年居民消费价格上涨2.2%，涨幅比上年回落3.5个百分点。工业生产者出厂价格下降0.1%，工业生产者购进价格下降2.3%。

年末全市从业人员484.9万人，比上年增加8.6万人。其中，第一产业106.5万人，减少8.8万人；第二产业164.5万人，增加7.7万人；第三产业213.9万人，增加9.7万人。城乡私营企业从业人员和个体劳动者103.0万人，增加1.2万人。全年城镇新增就业14.0万人，下岗失业人员再就业4.5万人。年末城镇登记失业率为3.65%，比上年下降0.28个百分点。

2012年全市生产总值及其增长速度

单位：亿元

指　标	绝对数	比上年增长%
生产总值	4164.34	13.6
第一产业	229.05	5.4
第二产业	2303.91	15.4
工业	1813.91	17.0
建筑业	490.00	9.5
第三产业	1631.38	12.3
交通运输、仓储和邮政业	165.06	8.9
批发和零售业	320.62	11.5
住宿和餐饮业	55.38	9.3
金融业	214.56	17.6
房地产业	223.72	6.4
营业性服务业	264.69	16.6
非营业性服务业	387.35	12.8

2012年居民消费价格比上年涨跌幅度

单位：%

指　标	涨跌幅度
居民消费价格	2.2
其中：食品	3.0
烟酒	2.8
衣着	1.7
家庭设备用品及维修服务	2.4
医疗保健和个人用品	1.8
交通和通信	-0.3
娱乐教育文化用品及服务	2.8
居住	2.0

二、农业

全年农作物总播种面积为75.54万公顷，比上年增长0.6%。其中，粮食作物48.32万公顷，增长1.7%；棉花3.31万公顷，下降3.3%；蔬菜8.0万公顷，增长12.2%；瓜果2.3万公顷，增长0.2%；油料13.0万公顷，下降8.2%。

全年粮食总产量303.38万吨，比上年增加14.17万吨，增长4.9%。其中，稻谷243.27万吨，增长4.6%；小麦43.56万吨，增长6.8%。棉花产量3.36万吨，降低5.3%。蔬菜产量190.7万吨，增长19.5%。瓜果产量54.4万吨，增长4.3%。油料产量33.47万吨，增长35.9%。

全年生猪存栏量138.07万头、出栏量283.07万头，比上年分别增长2.8%和5.2%。肉类总产量47.21万吨，增长5.5%。禽蛋产量19.28万吨，增长6.6%。牛奶产量11.17万吨，增长6.7%。水产品产量21.57万吨，增长6.3%。

2012年主要农产品产量及其增长速度

单位：万吨

产品名称	绝对数	比上年增长%
粮食	303.38	4.9
油料	33.47	35.9
其中：油菜籽	26.05	47.2
棉花	3.37	-5.3
蔬菜	190.7	19.5
瓜果	54.4	4.3
肉类	47.21	5.5
其中：猪牛羊肉	24.09	5.2
牛奶	11.17	6.7
蛋类	19.28	6.6
水产品	21.57	6.3

年末全市农业机械总动力378.37万千瓦，比上年增长5.7%。农用拖拉机21.6万台，增长0.6%；排灌动力机械13.8万台，增长0.1%；农用运输车1.7万辆，下降1.2%。机耕面积631.34千公顷，占农作物播种面积的比重达83.6%，比上年提高2.9个百分点；当年机械播种面积99.95千公顷，占农作物总播种面积的13.23%，提高4.4个百分点；机械收割面积 424.03千公顷，占56.13%，提高3.6个百分点。农村用电量14.44亿千瓦时，增长4.0%。化肥施用量（折纯）31.42万吨，降低0.5 %。

全年农林牧渔业总产值401.18亿元，按可比价计算增长5.4%。

三、工业和建筑业

年末全市规模以上工业企业2087户，全年实现工业增加值1653.54亿元，比上年增长17.4%。其中，轻工业增加值653.28亿元，增长16.5%；重工业增加值1000.26亿元，增长18%。战略性新兴产业完成产值1598.74亿元，比上年增长24.6%。

全市36个工业行业增加值全部实现增长，六大主导产业实现增加值951.60亿元，比上年增长15.9%。其中，新型平板显示、新能源及光伏、食品及农副产品加工、装备制造产业增加值增长均高于工业平均增速。全年规模以上工业出口交货值419.79亿元，比上年下降1.9%。

主要工业产品产量中，房间空调器增长18.1%，微波炉增长18.5%，叉车增长9.5%，合成洗涤剂增长14.5%，水泥增长3.7%。

2012年六大主导产业增加值及其增长速度

单位：亿元

指　　标	绝对数	比上年增长%
六大主导产业	951.60	15.9
汽车	145.78	3.2
装备制造	288.84	19.7
家用电器	298.86	12.5
食品及农副产品加工	154.46	20.2
新型平板显示	33.96	44.2
新能源及光伏	29.71	41.3

规模以上工业企业主营业务收入6002.74亿元，比上年增长28.6%；利润总额358.55亿元，增长22.7%；亏损企业亏损额15.46亿元，下降35.1%。电气机械和器材制造业、通用设备制造业、专用设备制造业、金属制品业、汽车制造业等11个行业利润均超过10亿元，累计实现利润285.26亿元，占全部规模以上工业利润的79.6%。

全年全社会建筑业增加值490.00亿元，比上年增长9.5%。纳入统计范围的具有建筑业资质等级的总承包和专业承包建筑施工企业835户，比上年增加32户；实现利润总额81.56亿元，增长16.7%。全年房屋建筑施工面积16050.66万平方米，比上年增长14.3%，其中新开工面积6548.28万平方米，下降11.5%；房屋竣工面积5470.25万平方米，增长17.4%。年末建筑业从业人员72.34万人，比上年增长1.8%。建筑企业劳动生产率33.07万元/人，增长25.7 %。

四、固定资产投资

全年全社会固定资产投资4001.10亿元，比上年增长23.7%。分产业看，第一产业投资56.63亿元，增长77.0%；第二产业投资1579.02亿元，增长23.6%，其中工业投资1551.40亿元，增长23.5%；第三产业投资2365.45亿元，增长22.9%。分投资主体看，民间投资2292.40亿元，增长16.2%；国有投资1477.14亿元，增长34.1%；外商及港澳台商投资231.56亿元，增长43.3%。分行业看，食品及农副产品加工业、装备制造业、汽车制造业、家用电器制造业累计完成投资691.36亿元，占工业投资44.6%，比上年增长36.7%，高于工业投资增速13.2个百分点；六大高耗能行业完

2012年主要工业产品产量及其增长速度

产品名称	单位	绝对数	比上年增长%	产品名称	单位	绝对数	比上年增长%
卷烟	亿支	313.93	2.2	其中：轿车	万辆	13.73	-6.2
化学纤维	万吨	5.27	9.2	叉车	万辆	6.16	9.5
农用化肥（折纯）	万吨	11.15	-27.1	挖掘机	万台	1.40	-34.9
合成洗涤剂	万吨	48.20	14.5	变压器	万千伏安	3061.31	-9.5
橡胶轮胎外胎	万条	1853.04	0.3	彩色电视机	万台	414.34	4.0
塑料制品	万吨	47.87	10.3	其中：液晶电视	万台	412.95	8.3
水泥	万吨	1585.46	3.7	家用洗衣机	万台	1459.42	-9.4
生铁	万吨	149.03	2.1	家用电冰箱	万台	2271.61	-12.9
粗钢	万吨	161.07	-2.0	房间空气调节器	万台	1422.32	18.1
钢材	万吨	238.49	-15.9	微波炉	万台	37.15	18.5
汽车	万辆	49.86	-2.1	发电量	亿千瓦时	152.32	-3.3

成投资253.31亿元，增长13.3%，低于工业投资增速10.2个百分点。城市基础设施完成投资689.77亿元，增长24.1%。

全年房地产开发投资913.80亿元，比上年增长3.8%。其中，住宅投资578.50亿元，同比下降9.1%；商业营业用房投资142.02亿元，增长18.9%。商品房新开工面积1488.75万平方米，下降21.4%，竣工面积921.02万平方米，增长40.6%。商品房销售面积1242.48万平方米，下降0.3%，其中住宅销售面积1117.33万平方米，增长4.8%。商品房待售面积190.68万平方米，增长5.7%。全年实际新开工各类保障性住房75353套，竣工26077套。

全年投资施工项目4831个，比上年增加641个，施工项目计划总投资6336.88亿元，增长37.8%。其中，亿元以上项目852个，比上年增加139个，计划总投资4840.65亿元，增长30.5%。竣工项目3643个，比上年增加676个。

2012年房地产开发和销售主要指标完成情况及其增长速度

指标	单位	绝对数	比上年增长%
投资额	亿元	913.80	3.8
其中：住宅	亿元	578.50	-9.1
其中：90平方米及以下	亿元	230.15	57.5
房屋施工面积	万平方米	6071.64	7.5
其中：新开工	万平方米	1488.75	-21.4
房屋竣工面积	万平方米	921.02	40.6
商品房销售面积	万平方米	1242.48	-0.3
其中：住宅	万平方米	1117.33	4.8
其中：90平方米及以下	万平方米	414.74	53.7
本年土地购置面积	万平方米	476.41	5.9

五、国内贸易

全年社会消费品零售总额1293.62亿元，比上年增长16.7%。按消费形态分，商品零售额1191.61亿元，增长16.7%；餐饮收入102.01亿元，增长16.1%。按经营单位所在地分，城镇零售额1260.06亿元，增长17.0%；乡村零售额33.56亿元，增长6.5%。

年末全市限额以上批发零售和住宿餐饮企业1202户，实现零售额899.99亿元，比上年增长26.9%。其中，汽车类零售额236.61亿元，增长19.1%；家具类8.92亿元，增长43.4%；建筑及装潢材料类24.12亿元，增长31.5%。

全年共举办各类展览活动168场，比上年增长3%，展览面积150万平方米，增长7%。

六、对外经济和旅游

全年进出口总额176.42亿美元，比上年增长43.3%。其中，出口136.28亿美元，增长74.3%；进口40.14亿美元，下降10.6%。加工贸易出口额21.74亿美元，下降3.9%。机电产品出口49.90亿美元，增长87.7%。高新技术产品出口14.32亿美元，增长10.5%。

全年新批外商投资企业63户，实际

利用外资16.56亿美元，与上年持平。其中，外商直接投资16.01亿美元，增长23.1%。全年对外经济合作新签合同额12亿美元，完成营业额22.6亿美元，劳务合作年末在外人员1.5万人。年末境外世界500强企业在合肥投资设立42家外资企业，新增3家。

全年入境旅游人数37.5万人次，比上年增长13.0%，旅游外汇收入2.3亿美元，比上年增长11.9%。国内游客5360万人次，增长20.2%，国内旅游收入444.63亿元，增长20.0%。年末全市星级饭店达82家，其中五星级9家、四星级20家。共有A级旅游景点47家。

七、交通和邮电

全年交通运输、仓储和邮政业增加值165.06亿元，比上年增长8.9%。

全年旅客运输量3.44亿人，比上年增长18.0%。货物运输量3.37亿吨，增长15.1%。

2012年旅客运输量和货物运输量及其增长速度

指　标	单 位	绝对数	比上年增长%
旅客运输量	万人	34417.1	18.0
其中：公路	万人	31858	18.5
铁路	万人	2245.5	11.8
民航	万人	286.6	19.5
水运	万人	27	14.5
货物运输量	万吨	33720.1	15.1
其中：公路	万吨	31525	18.9
铁路	万吨	152.8	-16.5
民航	万吨	2.3	21.9
水运	万吨	2040	-21.5

年末民用汽车拥有量66.55万辆，比上年增长20.9%，其中私人汽车48.65万辆，增长28.1%。民用轿车拥有量38.84万辆，增长29.3%，其中私人轿车33.47万辆，增长33.2%，占轿车拥有量的86.2%。

全年邮电业务总量74.45亿元，比上年增长11.8%。其中，邮政业务总量5.29亿元，增长35.6%；电信业务总量69.16亿元，增长10.4%。年末固定电话用户190.69万户，比上年减少13.49万户。其中，城市128.89万户，减少12.29万户；农村61.80万户，减少1.20万户。移动电话用户615.47万户，增加40.78万户。基础电信运营企业计算机互联网接入用户93.39万户，增加5.99万户。

八、财政、金融、证券和保险

全年财政收入694.36亿元，比上年增长11.3%，其中地方财政收入389.50亿元，增长15.1%。财政支出572.10亿元，比上年增长20.5%。其中，社会保障与就业支出增长14.6%，教育支出增长48.5%。

年末全市金融机构人民币各项存款余额6913.84亿元，比上年末增加1157.54亿元，增长20.1%；其中城乡居民储蓄存款余额2065.57亿元，增长22.3%。金融机构人民币各项贷款余额6136.03亿元，比上年末增加879.1亿元，增长16.7%。其中，短期贷款余额1521.96亿元，增长12.7%；中长期贷款余额4370.36亿元，增长14.4%，中长期贷款中个人贷款余额1306.09亿元，增长12.9%。

2012年末金融机构人民币存贷款余额及其增长速度

单位：亿元

指　　标	年末数	比上年末增长%
各项存款余额	6913.84	20.1
其中：单位存款	4320.67	16.9
个人存款	2125.19	23.6
其中：储蓄存款	2065.57	22.3
各项贷款余额	6136.03	16.7
其中：短期贷款	1521.96	12.7
中长期贷款	4370.36	14.4

全年首发上市公司1家，融资8.5亿元。年末全市共有30家境内上市公司。全年债券融资236.55亿元。证券营业部59个，比上年增加12个，证券交易量4995.86亿元，从业人员2697人。期货营业部18个，比上年增加6个，期货交易量122188.26亿元，从业人员621人。

全年保险公司保费收入89.33亿元，比上年增长31.4%。其中，财产险保费收入40.02亿元，增长29.1%；人身险保费收入49.31亿元，增长33.4%。支付各类赔款及给付29.98亿元，比上年增长40.4%。其中，财产险赔款与给付20.11亿元，增长48.6%；人身险赔款与给付9.87亿元，增长26.4%。

九、教育和科技

全市各类高等院校60所，其中普通高校48所。普通高中113所，普通初中250所，小学964所。专任教师8.68万人，其中普通高校2.33万人、普通中学2.83万人、小学2.37万人。各类中等职业教育（不含技工学校）在校生14.09万人，特殊教育在校生964人。幼儿园在园幼儿20.54万人。高中阶段毛入学率106.31%，初中阶段适龄人口入学率117.76%，小学学龄儿童入学率102.3%。全市义务教育经费保障机制改革惠及学生64.3万人，其中城市25.5万人，农村38.8万人。

2012年全市各类教育发展情况

单位：人

指　　标	招生数	在校生数	毕业生数
研究生	11708	33226	8678
普通高等教育	132354	425137	113669
成人高等教育	33407	73664	24392
中等职业教育	45977	140926	50159
普通高中	53170	155976	47365
普通初中	73662	238768	95949
小学	69606	406715	74485

全年新认定国家高新技术企业120家，国家高新技术企业总数达615家。新增国家级重点新产品26个、省级高新技术产品410个。全市规模以上工业高新技术产业完成产值3533.74亿元，比上年增长18.9%；实现增加值895.81亿元，增长18.6%，占全市生产总值的21.5%，比上年提高1.3个百分点。

已建国家重点实验室7家，省部级重点实验室和工程实验室120家；国家级工程技术研究中心（含分中心）7家，省级工程技术研究中心87家；国家级企业技术中心18家，省级企业技术中心115家。

全年受理专利申请15142件，其中发明专利4748件，增长31.2%；授权专利9639件，其中发明专利1242件，增长63.4%。签订各类技术合同5160项，成交金额42.3亿元，增长26.9%。全市有6项成果获国家科技奖，其中国家自然科学二等奖3项、科技进步二等奖3项。

十、文化、卫生和体育

年末全市共有文化馆12个，公共图书馆9个，博物馆18个，各级各类档案馆12个。全国重点文物保护单位3处，省级重点文物保护单位39处，市（县）级重点文物保护单位245处。国家级非物质文化遗产项目4项，省级非物质文化遗产项目11项，市级非物质文化遗产项目59项。图书馆总藏量697.05万册（件），其中图书325.10万册，比上年分别增长42.0%和4.6%。各级国家档案馆馆藏档案资料214.42万卷，增长67.9%。电影院26家，全年票房收入1.85亿元，增长41.2%。各类动漫企业85家，具有原创能力和代表作品的企业35家。年末广播综合人口覆盖率和电视综合人口覆盖率均达100%。

年末全市共有卫生机构（含村卫生室）2100个，其中医院、卫生院260个，妇幼保健院（所、站）12个，卫生防疫和防治机构11个，社区卫生服务机构216个。卫生机构床位数3.72万张，其中医院、卫生院床位3.47万张。专业卫生技术人员4.04万人，其中执业（助理）医师1.53万人，注册护士1.82万人。每千人拥有卫生技术人员5.33人，拥有医院、卫生院床位4.58张。婴儿死亡率5.93‰，产妇住院分娩率99.98%。城市社区卫生机构覆盖率达95%，城乡居民新农合参合率达100.37%。

全年成功组织2项大型赛事和18项市级体育赛事。我市体育健儿参加各种赛事获得13枚金牌、5枚银牌和7枚铜牌。全市完成260个农民体育健身工程和70个全民健身苑工程建设。

十一、人口、人民生活和社会保障

年末全市常住人口757.2万人，比上年增加5.1万人。城镇化率为66.4%，比上年提高1.8个百分点。年末全市户籍人口710.5万人，比上年增加4.37万人，其中市区户籍人口222.2万人。全年人口出生率12.56‰，死亡率7.94‰，自然增长率4.62‰。

全年城镇居民人均可支配收入25434元，比上年增长13.2%。人均消费性支出18758元，增长19.5%。其中，食品支出增长7.6%，衣着支出增长6.0%，医疗保健支出增长6.0%，交通和通信支出增长36.3%，教育文化娱乐服务支出增长19.4%。城镇居民家庭恩格尔系数34.2%，比上年下降3.8个百分点。城镇居民人均现住房总建筑面积28.8平方米。

全年农村居民人均纯收入9081元，比上年增长15.5%。人均生活消费支出5253元，增长17.3%，其中，食品支出增长9.3%，衣着支出增长18.0%，居住支出增长40.5%，医疗保健支出增长25.0%，交通和通信支出增长23.5%，文化教育娱乐服务支出增长36.5%。农村居民家庭恩格尔系数45.0%，比上年下降3.3个百分点。农村居民人均住房使用面积34.2平方米。

市区最低月工资标准为1010元。年末参加企业职工基本养老、医疗、失业、工伤、生育保险人数分别为132.42万人、135.41万人、98.28万人、109.5万人和92.98万人。城镇居民基本医疗保险参保人数173.38万人，城乡居民养老保险参保人数317.1万人。

年末全市各类收养性社会福利机构188个，拥有床位3.09万张，收养人员2.31万人。城镇建立各种社区服务中心（站）463个，其中乡镇、街道及县

（市、区）级社区服务中心91个。农村五保户集中供养率为52.0%，城市“三无”人员全部纳入社会救助。城乡居民最低生活保障对象23.18万人，其中城市5.43万人，农村17.75万人；累计发放城市低保金2.28亿元，农村低保金2.95亿元。实施城乡医疗救助31.03万人次，发放救助金1.01亿元。全年销售社会福利彩票11.72亿元，筹集公益金1.23亿元，全市慈善组织募集各类善款1652.36万元。

十二、生态环保和安全生产

2012年末，全市共有市县（区）级环境监测站6个。区域噪声等效声级54.8分贝，道路交通噪声等效声级67.5分贝，保持稳定。全年有48天空气质量级别Ⅰ级（优），283天空气质量级别Ⅱ级（良），空气质量优良天数达331天，优良率90.4%。二氧化硫、二氧化氮均达到国家环境空气质量一级标准。巢湖西半湖及主要入湖河流水质总体保持稳定，部分河流有所好转，饮用水源地水质达标率100%。辐射环境质量良好。

年末城市公园48个，占地面积2276公顷，人均公园绿地面积12.8平方米；新增绿地面积990.28公顷，城市绿地率40.3%；绿化覆盖面积15288公顷，建成区绿化覆盖率达45.2%。污水集中处理率98.7%，生活垃圾无害化处理率100%。

全年发生各类道路交通事故2367起，造成380人死亡，2661人受伤；道路交通万车死亡人数为3.19人，比上年下降14.5%。亿元GDP生产安全事故死亡人数为0.105人，下降3.9%。工矿商贸企业从业人员十万人生产安全事故死亡人数为0.89人，下降3.3%。

注释：

1. 本公报数据为初步统计数。

2. 全市生产总值和各产业增加值绝对数按现价计算，增长速度按可比价格计算。

3. 恩格尔系数是指居民食品消费支出占全部消费性支出的比重。

合肥市民办教育机构情况登记表

序号	市、县（区）	教育机　构名称	办学　地址	学校负责人
1	蜀山区	合肥智慧树幼儿园	史河路16-1号气象苑小区	杨　云
2	蜀山区	合肥玉兰新村幼儿园	众邦路玉兰新村小区内	秦晓华
3	蜀山区	合肥365夜幼儿园	常青别墅A区B10栋	苍言霞
4	蜀山区	合肥花园城幼儿园	新加坡花园城小区	刘　燕
5	蜀山区	合肥嘉和苑·小森林幼儿园	嘉和苑小区内	徐文云
6	蜀山区	合肥碧雨幼儿园	水湖路17号碧雨花园	闫　芳
7	蜀山区	合肥绿城育华百合幼儿园	合作化南路27号绿城百合公寓	司湘萍
8	蜀山区	合肥光明幼儿园	贵池路光明小区内	许震霞
9	蜀山区	合肥欢乐谷广利幼儿园	合肥市贵池路广利花园内	李　纯
10	蜀山区	合肥安居苑　　幼儿园	安徽省合肥市蜀山区安居苑	李　纯
11	蜀山区	合肥蜀山园　　幼儿园	科学岛路与稻香路交口	顾海燕
12	蜀山区	合肥悉尼阳光幼儿园	潜山路盛世名城小区内	牛　艳
13	蜀山区	京狮·青阳路　幼儿园	淠河路88号	潘静莉
14	蜀山区	合肥奥林奕阳幼儿园	霍山路80号	李　丹
15	蜀山区	合肥金色摇篮金色池塘婴幼园	金色池塘小区内	程　梅
16	蜀山区	合肥海纳·翠庭幼儿园	合肥市政务区习友路	吴　敏
17	蜀山区	合肥汇林·欢乐谷幼儿园	笔架山汇林阁小区	李　纯
18	蜀山区	合肥贝乐国际花都幼稚园	休宁路南国际花都五期雏菊苑	周典静
19	蜀山区	合肥颐和花园幼儿园	青阳北路颐和花园小区内	刘　燕
20	蜀山区	合肥龙凤嘉园幼儿园	蜀山区潜山北路龙凤嘉园一期小区	金　玲
21	蜀山区	合肥朝阳幼儿园	安徽省合肥市蜀山区望江路朝阳小区内	沈　燕

接上表

序号	市、县（区）	教育机　构名称	办学　地址	学校负责人
22	蜀山区	合肥洪岗幼儿园	红园小区内	任　慧
23	蜀山区	合肥七彩阳光康居幼儿园	清溪路66号康居时代家园一期内	王燕平
24	蜀山区	合肥绿怡·小金豆幼儿园	绿怡居西区	胡锡莲
25	蜀山区	合肥翠竹园幼儿园	清溪路翠竹园中心区	姚　茹
26	蜀山区	合肥大地幼儿园	怀宁路宁溪家园内	解光荣
27	蜀山区	爱达华林幼儿园	黄山路459号	项小红
28	蜀山区	爱达·新华学府幼儿园	合肥市黄山路455号新华学府幼儿园	项小红
29	蜀山区	合肥欢乐谷庐阳佳苑幼儿园	淠河路庐阳佳苑幼儿园	李　纯
30	蜀山区	合肥明星金环花园幼儿园	金环花园望江西路160号	张广霞
31	蜀山区	合肥林旭幼育家家景园幼儿园	史河路与淠河路交口	周　娟
32	蜀山区	合肥晨曦幼儿园	长江西路蜀河路9号	陈　晖
33	蜀山区	合肥小森林·蜀新苑幼儿园	小森林蜀新苑幼儿园	徐文云
34	蜀山区	合肥小森林·黄山花园幼儿园	望江西路黄山花园小区	徐文云
35	蜀山区	汉嘉幼儿园	潜山路399号	李宜玲
36	蜀山区	合肥山湖苑经典幼儿园	新产业园区山湖苑小区	吴玉梅
37	蜀山区	爱达·维也纳森林幼儿园	黄山路669号	项小红
38	蜀山区	合肥学府名都幼儿园	望江西路269号华地学府名都	赵绛茜
39	蜀山区	合肥水岸茗都幼儿园	习友路与翡翠路交口水岸茗都999号	王道荣
40	蜀山区	合肥海之星希望路幼儿园	合肥市希望路8号	董笑彦
41	蜀山区	合肥东方剑桥天鹅湖畔幼儿园	政务区天鹅湖畔小区	吴　翠
42	蜀山区	合肥玉兰西湖花苑幼儿园	宋都西湖花苑小区	范晓玲
43	蜀山区	合肥林旭幼育香樟雅苑幼儿园	东至路8号香樟雅苑小区内	孔　亮
44	蜀山区	合肥海亚当代幼儿园	青阳北路与高刘路交口海亚当代小区内	吴媛媛
45	蜀山区	合肥快乐宝贝幼儿园	井岗镇十里店村624号	刘　敏
46	蜀山区	合肥永红幼教沃野幼儿园	田蚌路与甘泉路交口	任　慧
47	蜀山区	美禾·奥林幼儿园	奥林花园三期333号	侯　丽
48	蜀山区	合肥世纪星幼儿园	潜山路299号清源新村院内	胡钰娟
49	蜀山区	合肥贝乐幸福里幼儿园	望江西路123号华润幸福里小区内	曾　春
50	蜀山区	合肥吉乐优国际花都幼儿园	东流路与石台路交叉口	韩　梅
51	蜀山区	合肥安高·城市天地幼儿园	望江西路与合作化南路交叉口	单　琴
52	庐阳区	长城物业公司幼儿园	合肥市临泉路长城小区内	黄　明
53	庐阳区	合肥公交集团第四幼儿园	蒙城北路108号公交四公司小区	陈卫红
54	庐阳区	合肥栢景湾幼儿园	沿河路222号栢景湾小区内	李晓红
55	庐阳区	合肥都市清华幼儿园	合肥市临泉路都市清华小区内	高　蕾
56	庐阳区	合肥林旭幼育湖畔家园幼儿园	合肥市北二环四里河路湖畔家园小区内	彭静静
57	庐阳区	合肥林旭幼育幼儿园	沿河路可苑新村D区	李　林
58	庐阳区	合肥美菱新村幼儿园	合肥双岗街40号	冯晓梅
59	庐阳区	合肥明星荷塘月色幼儿园	庐阳区固镇路88号荷塘月色小区内	张广霞

接上表

序号	市、县（区）	教育机 构名称	办学 地址	学校负责人
60	庐阳区	合肥望城幼儿园	合肥市固镇路杏林小区东区	许业梅
61	庐阳区	合肥永红幼教百合园幼儿园	合肥市阜阳北路双岗街68号百合园小区内	任 慧
62	庐阳区	金鸟幼儿园	阜阳北路465号（临泉路交口）金鸟花园内	许前芬
63	庐阳区	祥源·上城国际幼儿园	合瓦路与凤台路交口	张震娅
64	庐阳区	合肥新华幼教元一滨水城幼儿园	颍上路元一滨水城小区内	葛瑞芬
65	庐阳区	合肥金都华庭幼儿园	砀山路金都华庭小区内	陈 芳
66	庐阳区	小天使幼儿园	亳州路亳州城6幢	史玉琴
67	庐阳区	合肥新华幼儿园	五河路新华印刷厂宿舍内40栋	朱纪云
68	庐阳区	合肥亳州路幼儿园	亳州城小区	李飞雪
69	庐阳区	合肥小红花幼儿园	庐阳区双岗双河新村	梁 萍
70	庐阳区	合肥前进幼儿园	沿河路111号可苑新村	张 莹
71	庐阳区	合肥星欣幼教星星幼儿园	阜阳路制气厂宿舍	黄 明
72	庐阳区	合肥金色童年丰大幼儿园	北二环砀山路丰大苑	王青华
73	庐阳区	幸福人家幼儿园	界首路幸福人家小区	于丽娟
74	庐阳区	合肥紫桐新村育童幼儿园	四里河路紫桐新村小区内	郑士英
75	庐阳区	合肥永红幼教十张幼儿园	合肥市大杨镇十张村盛和家园小区	张秀丽
76	庐阳区	合肥中铁建国际城幼儿园	清源路88号	虞晓婷
77	庐阳区	合肥星欣幼教安然绿洲幼儿园	四里河66号	黄 明
78	庐阳区	合肥林旭幼育世纪家园	合肥市亳州路1号世纪家园小区内	徐慧燕
79	合肥市瑶海区	合肥瑶海华业幼儿园	合肥市瑶海区铜陵路208号华业苑小区内	吴艳萍
80	合肥市瑶海区	合肥瑶海春芽幼儿园	合肥市瑶海区和平路200号	刘泽春
81	合肥市瑶海区	合肥瑶海三心幼儿园	合肥市瑶海区二里街	沈素芳
82	合肥市瑶海区	合肥鹤琴幼儿园	合肥市瑶海区当涂路花溪新村小区内	李春明
83	合肥市瑶海区	合肥小星星幼儿园	合肥市瑶海区滁州路212号	戴喜丽
84	合肥市瑶海区	瑶海龙岗智萌幼儿园	合肥市瑶海区龙岗孙大郢新村广德路旁	陈爱平
85	合肥市瑶海区	瑶海龙岗红苹果幼儿园	合肥市瑶海区龙岗新站居委会前100米	张 敏
86	合肥市瑶海区	合肥小铃铛幼儿园	合肥市瑶海区铜陵北路6号	王 娟
87	合肥市瑶海区	合肥红苹果幼儿园	合肥市瑶海区铜陵北路钱大塘	钱 芳
88	合肥市瑶海区	瑶海静安绿野仙踪幼儿园	合肥市瑶海区通达路静安新城小区内	项红琼
89	合肥市瑶海区	合肥贝乐君柳河畔幼儿园	合肥市瑶海区屯溪路65号君柳河畔小区内	周典静
90	合肥市瑶海区	合肥瑶海花冲苑幼儿园	合肥市瑶海区凤阳东路118号	方春霞
91	合肥市瑶海区	瑶海龙岗精英幼儿园	合肥市瑶海区龙岗开发区史城社区	汪小红
92	合肥市瑶海区	合肥瑶海福新幼儿园	合肥市瑶海区土山路2号	许 莉
93	合肥市瑶海区	合肥瑶海和平幼儿园	合肥市瑶海区裕溪路1288号	唐礼莉
94	合肥市瑶海区	瑶海静安瑞泰幼儿园	合肥市瑶海区临泉东路静安瑞泰小区	王义红
95	合肥市瑶海区	瑶海龙岗新村幼儿园	合肥市瑶海区龙岗开发区马岗村吴小郢组	方国军
96	合肥市瑶海区	合肥华英幼儿园阳光园	合肥市瑶海区大兴镇兴集路北	刘 晖
97	合肥市瑶海区	合肥瑶海华源幼儿园	合肥市瑶海区和平路110号华源国际城内	张 萍

接上表

序号	市、县（区）	教育机　构名称	办学　地址	学校负责人
98	合肥市瑶海区	合肥红星幼儿园	合肥市瑶海区三里街琅琊山路金环一号楼	杜玉萍
99	合肥市瑶海区	瑶海龙岗乐宝幼儿园	合肥市瑶海区龙岗综合经济开发区史城社区何坝院	戈　勤
100	合肥市瑶海区	合肥开元幼儿园	合肥市瑶海区长江东路855号	朱俊玲
101	合肥市瑶海区	瑶海龙岗欢乐幼儿园	合肥市瑶海区龙岗经济开发区	谢正琴
102	合肥市瑶海区	合肥瑶海和平家园幼儿园	合肥市瑶海区和平路纺织二村内	费亚敏
103	合肥市瑶海区	合肥小天鹅幼儿园	合肥市瑶海区花冲泗州路	吴小燕
104	合肥市瑶海区	瑶海龙岗西大街幼儿园	合肥市瑶海区长江批发市场西大街与新安江支路西50米	张桂花
105	合肥市瑶海区	合肥金色摇篮玉兰苑婴幼园	合肥市瑶海区长江东路玉兰苑小区内	程　梅
106	合肥市瑶海区	合肥金苹果幼儿园	合肥市瑶海区长江批发市场西侧朱小郢内	仇多爱
107	合肥市瑶海区	合肥瑶海国安幼儿园	合肥市瑶海区当涂路国安家园小区内	戴　燕
108	合肥市瑶海区	合肥瑶海园林都市幼儿园	合肥市瑶海区肥东路园林都市小区内	钱传芝
109	合肥市瑶海区	合肥瑶海大通路幼儿园	合肥市瑶海区大通路45号	许艺梅
110	合肥市瑶海区	合肥晓晓幼儿园	合肥市瑶海区长江东路115号	黄　燕
111	合肥市瑶海区	合肥裕园幼儿园	合肥市瑶海区合裕路1545号	完颜绍平
112	合肥市瑶海区	合肥瑶海京狮·九狮水岸幼儿园	合肥市瑶海区长江东路九狮水岸小区内	潘静莉
113	合肥市瑶海区	合肥瑶海恒通幼儿园	合肥市瑶海区长江东路170号	汪玉梅
114	合肥市瑶海区	合肥瑶海城市宝业幼儿园	合肥市瑶海区铜陵路88号	姚大忠
115	合肥市瑶海区	合肥天使幼教·天使幼儿园	合肥市瑶海区东七站塘路8号	凌必银
116	合肥市瑶海区	合肥圣智阳光幼儿园	合肥市瑶海区临泉路以南泗州路以西	雷如香
117	合肥市瑶海区	合肥瑶海幼儿园	合肥市瑶海区琅琊山路长淮新村A区内	何邦霞
118	合肥市瑶海区	合肥春蕾幼儿园	合肥市瑶海区七里塘镇板桥龙潭	王青华
119	合肥市瑶海区	合肥林旭幼育华阳幼儿园	合肥市瑶海区华阳路1号	张　静
120	合肥市瑶海区	合肥铂金时代幼儿园	合肥市瑶海区当涂路天使苑.铂金时代幼儿园	沈　燕
121	合肥市瑶海区	合肥香江金太阳幼儿园	合肥市瑶海区临泉东路香江世纪名城小区	周　丽
122	合肥市瑶海区	合肥江晨园幼儿园	合肥市瑶海区临泉东路江晨园小区内	吴艳萍
123	合肥市瑶海区	合肥天使幼教·森海豪庭幼儿园	合肥市瑶海区当涂路与临泉路交叉口处森海豪庭小区内	凌必银
124	合肥市瑶海区	合肥璟泰幼儿园	合肥市瑶海区当涂路站塘新村小区内	李大梅
125	合肥市瑶海区	合肥林旭幼育香格里拉幼儿园	合肥市瑶海区临泉东路香格里拉花园内	文　涛
126	合肥市瑶海区	合肥徽州家园幼儿园	合肥市瑶海区白龙路徽州家园小区	董树兰
127	合肥市瑶海区	合肥快乐主题幼儿园	合肥市瑶海区惠风小区内	李德芳
128	合肥市瑶海区	合肥林旭幼育美晨雅阁幼儿园	合肥市瑶海区临泉路美晨雅阁小区内	张洪胜
129	合肥市瑶海区	合肥银河幼儿园	合肥市瑶海区凤台路龙兴苑小区	吴艳萍
130	合肥市瑶海区	安徽氯碱化工集团有限责任公司幼儿园	合肥市瑶海区枞阳路仙居苑小区内	尹　春
131	合肥市瑶海区	合肥瑶海幸福花园幼儿园	合肥市瑶海区幸福路幸福花园小区	彭金梅
132	合肥市瑶海区	合肥万绿园幼儿园	合肥市瑶海区铜陵北路20号	何宜梅

接上表

序号	市、县（区）	教育机　构名称	办学　地址	学校　负责人
133	合肥市瑶海区	合肥瑶海中翔盛景幼儿园	合肥市瑶海区裕溪路中翔盛景小区内	刘俊
134	合肥市瑶海区	合肥瑶海长春都市花园幼儿园	合肥市瑶海区临泉路长春都市花园小区内	陈莉
135	合肥市瑶海区	合肥瑶海御景湾幼儿园	合肥市瑶海区芜湖路1号	许艺梅
136	合肥市瑶海区	合肥瑶海河畔雅居幼儿园	合肥市瑶海区临泉东路河畔雅居小区	付亚兰
137	合肥市瑶海区	合肥瑶海格林童话幼儿园	合肥市瑶海区龙岗开发区花都城市花园	崔春盼
138	合肥市瑶海区	合肥天使幼教牡丹幼儿园	合肥市瑶海区临泉东路牡丹园小区内	王琴
139	合肥市瑶海区	合肥元一名城幼儿园	合肥市瑶海区青龙路与嘉山路	董红
140	合肥市瑶海区	合肥东方剑桥银领时代幼儿园	合肥市瑶海区银领时代小区内	曾丽
141	合肥市瑶海区	合肥瑶海侨康幼儿园	合肥市瑶海区濉溪路侨康园小区内	闫忠兰
142	合肥市瑶海区	合肥瑶海博乐茗阳幼儿园	合肥市瑶海区龙岗大道嘉应茗阳水岸小区内	方春霞
143	合肥市瑶海区	合肥瑶海东景苑幼儿园	合肥市瑶海区长江东路与牡丹路交口正创东景苑小区	王广群
144	合肥市瑶海区	合肥七彩路怡和华庭幼儿园	合肥市瑶海区牡丹路大鹏怡和华庭小区内	彭慧
145	合肥市瑶海区	合肥瑶海裕东景园幼儿园	合肥市瑶海区裕溪路裕东景园小区内	王娟
146	包河区	合肥庆龄幼儿园	合肥市宿松路南园新村小区内	王少泉
147	包河区	合肥教师新村幼儿园	合肥市青年路57号教师新村小区内	冯晓梅
148	包河区	合肥明星太宁花园幼儿园	合肥市太湖东路2号太宁花园小区内	张广霞
149	包河区	合肥曙宏幼儿园	合肥市望江东路曙宏新村内	李云霞
150	包河区	合肥永红幼教青松园幼儿园	合肥市常青街道敬老院对面	王　琼
151	包河区	合肥明星·世纪阳光幼儿园	太湖东路世纪阳光花园小区内	吴敏
152	包河区	合肥烟墩小天使幼儿园	烟墩街道卫佃庄548号内	刘春琴
153	包河区	合肥林旭幼育·风和园幼儿园	合肥市马鞍山路风和园小区内	何　玲
154	包河区	合肥包河万振阳光伙伴幼儿园	合肥市太湖路59号万振阳光小区内	季文慧
155	包河区	合肥林旭幼育·太阳岛花园幼儿园	合肥市望江东路太阳岛花园小区内	薛　芳
156	包河区	合肥温馨家幼儿园	合肥市太湖东路5号温馨家园小区内	王道荣
157	包河区	小森林·包河苑幼儿园	合肥市包河工业区包河苑小区内	夏义娟
158	包河区	合肥七彩珠光幼儿园	合肥市马鞍山路珠光南苑小区内	郑永红
159	包河区	合肥永红幼教青年幼儿园	合肥市宁国南路青年小区西区内	张丽君
160	包河区	合肥贝乐柏林春天幼儿园	合肥市马鞍山南路柏林春天小区内	周典静
163	包河区	合肥建苑幼儿园	合肥市繁华大道包河花园建苑雅居小区内	闫兴芬
164	包河区	合肥国贸公寓幼儿园	合肥市马鞍山路988号国贸公寓小区内	娄开华
165	包河区	京狮·元一柏庄幼儿园	合肥市巢湖南路88号元一柏庄小区内	秦春华
166	包河区	京狮·创景花园幼儿园	合肥市曙光路69号创景花园小区内	赵　颖
167	包河区	合肥碧湖云溪幼儿园	合肥市当涂支路碧湖云溪小区内	鲁东霞
168	包河区	合肥永红幼教馨苑幼儿园	合肥市望江东路望江花园小区内	卫　兰
169	包河区	合肥永红幼教同和民康幼儿园	合肥市花园路同和民康小区	陈　敏
170	包河区	合肥包河花园幼儿园	合肥市包河工业园包河花园小区	徐文云
171	包河区	合肥滨湖和园幼儿园	合肥市滨湖新区滨湖和园小区	徐文云

接上表

序号	市、县（区）	教育机 构名称	办学 地址	学校负责人
172	包河区	合肥东方剑桥观湖苑幼儿园	合肥滨湖新区观湖苑小区	曾　丽
173	包河区	合肥滨湖明珠幼儿园	合肥市滨湖新区滨湖明珠小区	王少泉
174	包河区	合肥汇佳徽昌苑幼儿园	合肥市滨湖新区世纪城徽昌苑小区	王　宏
175	包河区	合肥林旭幼育阳光幼儿园	合肥市马鞍山路世纪阳光花园小区	蒋玉华
176	包河区	合肥明星金地幼儿园	合肥市马鞍山路金地国际城小区	张广霞
177	包河区	合肥凤巢园幼儿园	合肥市淝河路772号凤巢园小区	王　超
178	包河区	贝乐海顿公馆幼儿园	合肥市马鞍山路绿地海顿公馆小区	张二品
179	包河区	合肥滨江花园快乐公馆幼儿园	合肥市马鞍山路滨江月小区	张淑琴
180	包河区	合肥和地蓝湾幼儿园	合肥市马鞍山路和地蓝湾小区	汪雪莲
181	包河区	合肥金江苑幼儿园	合肥市望江东路365号金江苑小区	张　曦
182	包河区	合肥菱水苑・七彩鸟幼儿园	合肥市菱水苑小区	何　琦
183	包河区	合肥银杏苑幼儿园	合肥市徽州大道1158号银杏苑小区	沈　阳
184	合肥经济技术开发区	合肥港澳花园幼儿园	经开区芙蓉西路港澳花园小区内	左袁媛
185	合肥经济技术开发区	合肥童馨汇林幼儿园	经开区芙蓉东路汇林园小区内	刘永传
186	合肥经济技术开发区	合肥京狮名筑花园幼儿园	合肥市经开区莲花路999号	邵　华
187	合肥经济技术开发区	合肥永红幼教报业园幼儿园	合肥经济开发区翡翠路报业园小区	陈孝霞
188	合肥经济技术开发区	合肥清大小博士一里洋房幼儿园	经开区繁九路口一里洋房小区内	李　秀
189	合肥经济技术开发区	合肥世界外国语学校幼儿园	合肥市经济技术开发区繁华西路286号	邵忠德
190	合肥经济技术开发区	合肥东华园幼儿园	合肥经开区石门路388号	甘玉荣
191	合肥经济技术开发区	合肥海恒幼儿园	经开区海恒社区福禄园	高赛德
192	合肥经济技术开发区	京狮・江汽六村幼儿园	合肥市紫云路江汽六村小区内	许宗芬
193	合肥经济技术开发区	合肥浅水湾幼儿园	合肥经济技术开发区十八岗浅水湾小区	曹　梅
194	合肥经济技术开发区	合肥锦绣幼儿园	合肥经济技术开发区锦绣社区紫云花园小区内	王淮菊
195	合肥经济技术开发区	合肥繁华世家幼儿园	合肥经济技术开发区繁华大道繁华世家小区内	李春燕
196	合肥经济技术开发区	合肥乡村花园幼儿园	合肥经济技术开发区乡村花园小区内	王淮菊
197	合肥经济技术开发区	合肥明星南郡明珠幼儿园	合肥经开区紫云路79号	张广霞
198	合肥经济技术开发区	合肥锦绣社区幼儿园	经济技术开发区紫云小区内	李长芳
199	合肥经济技术开发区	合肥九溪江南幼儿园	合肥经济技术开发区芙蓉西路888号	刘　敏
200	合肥经济技术开发区	合肥枣庙小区幼儿园	经开区海恒社区福禄园3区134栋	丁桂菊
201	合肥经济技术开发区	合肥芙蓉社区幼儿园	合肥经济技术开发区芙蓉社区九龙园	孙静文
202	合肥经济技术开发区	合肥育红幼儿园	合经区莲花社区汇林东园49幢101	何菊容
203	合肥经济技术开发区	合肥海恒阳光幼儿园	经开区海恒社区福禄园南区	洪雯雯
204	合肥经济技术开发区	合肥欢乐谷天门锦城幼儿园	合肥经济开发区天门湖锦城小区	王　芯
205	合肥经济技术开发区	合肥方兴社区幼儿园	合经区紫云路方兴园A区	汤道芳
206	合肥经济技术开发区	合肥朝霞幼儿园	合经区莲花社区朝霞小区	李定翠
207	合肥经济技术开发区	合肥华宇小太阳幼儿园	经开区话语未来城13栋101室	陈明霞
208	合肥经济技术开发区	合肥永红幼教芙蓉幼儿园	合肥经开区芙蓉社区翠微北苑	汪梅娟
209	合肥经济技术开发区	合肥快乐幼儿园	锦绣社区蓬莱花园	刘仁和

接上表

序号	市、县（区）	教育机　构名称	办学　地址	学校负责人
210	合肥经济技术开发区	合肥小牛津名邦锦绣年华幼儿园	合肥经济开发区锦绣大道185号锦绣年华小区	卫　雨
211	合肥经济技术开发区	金星幼儿园	金星家园小区内	李　华
212	合肥经济技术开发区	合肥佳境枫情幼儿园	合肥经开区笔峰路358号	王　敏
213	合肥经济技术开发区	合肥玉兰康利幼儿园	合肥经开区观海路康利小区	范晓玲
214	合肥经济技术开发区	合肥童话名苑幼儿园	合肥经开区丹霞西路与翡翠路交叉口1861号	刘佳佳
216	合肥经济技术开发区	合肥滨湖时光幼儿园	合肥市经开区滨湖时光小区	高塞德
216	合肥经济技术开发区	合肥滨湖时光幼儿园	合肥市经开区滨湖时光小区	高塞德
217	合肥经济技术开发区	合肥翰林雅居幼儿园	经开区松林路267号	程　荣
218	合肥经济技术开发区	合肥玉兰莲花幼儿园	合经区天门路3#	范晓玲
219	合肥经济技术开发区	爱之舟文锦新城幼儿园	合肥经济开发区翡翠路文锦新城小区	王　莉
220	合肥经济技术开发区	合肥莲花社区幼儿园	经开区莲花新村12幢	刘永传
221	合肥经济技术开发区	合肥润安公学IB幼儿园	合肥经开区繁华西路292号	祝海燕
222	合肥经济技术开发区	合肥永红幼教始信幼儿园	合经区始信路始信花园内	张　瑶
223	高新区	合肥兴园幼儿园	高新区科学大道兴园小区	许　文
224	高新区	合肥小牛津城市风景幼儿园	高新区天柱路城市风景小区内	许欣欣
225	高新区	合肥欢乐谷梦园幼儿园	合肥市高新区梦园小区内	李鹤群
226	高新区	合肥绿城育华幼儿园	黄山西路绿城桂花园内	司湘萍
227	高新区	永红幼教拓基幼儿园	高新区天波路拓基城市广场	刘　坤
228	高新区	合肥昌河幼儿园	合肥市高新区玉兰大道3号	李　京
229	高新区	合肥高新区蜀南庭苑幼儿园	合肥市望江西路蜀南庭苑	徐　俊
230	高新区	合肥放飞鸟江南幼儿园	高新区玉兰大道一号	芮　华
231	高新区	园景天下幼儿园	高新区海关路66号园景天下	刘　燕
232	高新区	合肥林旭幼育和一花园幼儿园	高新区环湖东路386号	余　群
233	高新区	大地幼教·永和幼儿园	高新区永和家园小区内	解光荣
234	高新区	合肥贝乐澜溪镇幼儿园	高新区香樟大道与望江西路交叉口	吕　贤
235	高新区	合肥源林·环东幼儿园	合肥市高新区环东小区	巩　旭
236	高新区	合肥科西嘉幼儿园	合肥市高新区西蜀名苑小区内	张红梅
237	新站区	合肥新站合白路幼儿园	新站区三十头社区三十头社居委	苏红梅
238	新站区	安粮双景幼儿园	新站区龙门岭路	唐爱云
239	新站区	合肥新站春蕾幼儿园	三十头社区瓦岗社居委	任建琳
240	新站区	帝豪星港湾幼儿园	当涂路与星海大道交叉口	项小红
241	新站区	合肥红星幼教东湖山庄幼儿园	武里山路东湖山庄碧云阁内	韩成燕
242	新站区	合肥儿童之家幼儿园	武里山路无物流大道交叉口	吕玲琳
243	新站区	合肥华英幼儿园星海园	合肥市新站区方桥社区　　瑶海家园内	刘　晖
244	新站区	东方剑桥家天下幼儿园	龙门岭路与颍河路交叉口家天下小区	杨　芬
245	新站区	合肥新站金孔雀幼儿园	合肥新站三十头瓦岗社居委菜市场	刘学莲
246	新站区	金世纪幼儿园	新站区磨店乡	夏圣梅
247	新站区	晶晶幼儿园	新站区站北社居委	王向阳

接上表

序号	市、县（区）	教育机 构名称	办学 地址	学校负责人
248	新站区	合肥勤居苑幼儿园	双七路与文忠路交叉口勤居苑小区内	程莉莉
249	新站区	西湖花园幼儿园	瑶海西路西湖小区内	钱 芳
250	新站区	星火幼儿园	星火路与北二环交叉口兴海苑小区内	万明军
251	新站区	合肥林旭幼育原创生活幼儿园	合肥市经三路与包公大道交口原创生活小区内	姜 梅
252	新站区	新站小太阳幼儿园	新站区瑶海家园	施 群
253	新站区	合肥红星幼教巴黎春天幼儿园	芦岭路巴黎春天小区	韩成燕
254	肥东县	肥东亲亲双语幼儿园	店埠镇包公学府小区	黄 茹
255	肥东县	肥东店埠镇童乐幼儿园	店埠镇陈岗	许青霞
256	肥东县	肥东店埠镇小龙人幼儿园	店埠镇龙泉西路	张克勤
257	肥东县	肥东店埠镇花园幼儿园	店埠镇沿河东路	刘泽英
258	肥东县	肥东店埠镇好孩子幼儿园	店埠镇撮镇路	张 萍
259	肥东县	肥东店埠镇贝贝幼儿园	店埠镇老卫校对面	罗 洁
260	肥东县	肥东店埠镇朵朵花幼儿园	店埠镇包公大道	周会明
261	肥东县	肥东店埠镇塘杨新村幼儿园	店埠镇塘杨社区	席冬梅
262	肥东县	肥东店埠镇天天乐幼儿园	店埠镇军民巷	柳富芝
263	肥东县	肥东店埠镇苗苗幼儿园	店埠镇撮镇路	朱国琪
264	肥东县	肥东店埠镇乐乐幼儿园	店埠镇人民路	童月梅
265	肥东县	肥东店埠镇童童幼儿园	店埠镇古城路	王莉莉
266	肥东县	肥东店埠镇小神童幼儿园	店埠镇县总工会内	董书梅
267	肥东县	肥东福娃幼儿园	店埠镇合蚌路15号	王丽芹
268	肥东县	肥东店埠镇南幼儿园	店埠镇南苑新村	俞 莉
269	肥东县	肥东店埠镇北幼儿园	店埠镇北苑市场	陈 红
270	肥东县	肥东店埠镇小太阳幼儿园	店埠镇和平花园	李 琼
271	肥东县	肥东店埠镇青春幼儿园	店埠镇人民路67号	赵俊梅
272	肥东县	肥东店埠镇红星幼儿园	店埠镇沿河路	李 珍
273	肥东县	肥东汇景新城幼儿园	店埠镇汇景新城小区	单 琴
274	肥东县	肥东亲亲幼儿园·瑞士园	店埠镇瑞士花园小区	黄 茹
275	肥东县	肥东东方新城幼儿园	店埠镇东方新城小区	王海红
276	肥东县	肥东西山驿中心幼儿园	店埠镇西山驿居委会	梁丽玲
277	肥东县	肥东瑞景兰庭·童乐幼儿园	经开区瑞景兰庭小区	许青霞
278	肥东县	肥东亲亲幼儿园园·和顺园	经开区东方花园小区内	黄 丽
279	肥东县	肥东聚龙阳光幼儿园	经开区聚龙小区内	魏林桂
280	肥东县	肥东碧桂园童乐幼儿园	经开区碧桂园小区	许青霞
281	肥东县	肥东文一．瑞泰尚园幼儿园	经开区瑞泰尚园小区	王 健
282	肥东县	肥东撮镇电站幼儿园	撮镇镇振兴村	温永华
283	肥东县	肥东撮镇同心幼儿园	撮镇郑小郢	孙 艳
284	肥东县	肥东撮镇瑞琪幼儿园	合马路26号	郑 亮
285	肥东县	肥东撮镇富民幼儿园	撮镇南大街42号	袁金花

接上表

序号	市、县（区）	教育机　构名称	办学　地址	学校负责人
286	肥东县	肥东撮镇贝乐幼儿园	撮镇中学初中部旁	李经良
287	肥东县	肥东撮镇小街幼儿园	撮镇义和小区	丁　杰
288	肥东县	肥东龙塘舒心幼儿园	撮镇中心街23号	吴海琴
289	肥东县	肥东龙塘幼儿园	撮镇龙塘唐安街	赵克梅
290	肥东县	肥东长乐育英幼儿园	撮镇长乐北街	李克银
291	肥东县	肥东八斗镇育红幼儿园	八斗镇西大街	张红梅
292	肥东县	肥东八斗镇蓓蕾幼儿园	八斗镇子建路	崔　鑫
293	肥东县	肥东八斗镇世纪幼儿园	八斗镇花张村	潘玉华
294	肥东县	肥东响导乡启智幼儿园	响导乡街南	许继云
295	肥东县	肥东响导乡小天使幼儿园	响导乡响导街	郑　红
296	肥东县	肥东石塘镇红星幼儿园	石塘镇大街东头	周　燕
297	肥东县	肥东六家畈晨光幼儿园	长临河镇六家畈老街	王海燕
298	肥东县	肥东张集乡新星幼儿园	张集乡街东	陈荣芹
299	肥东县	肥东众兴乡小百灵幼儿园	众兴乡永安集8号	关堂琴
300	肥东县	肥东草庙兴苗幼儿园	民族乡草庙集街南	张　洁
301	肥东县	肥东白龙育苗幼儿园	白龙镇顺发街	李国英
302	肥东县	肥东古城镇岱山湖幼儿园	古城镇西大街	干　琼
303	肥东县	肥东梁园镇企鹅幼儿园	梁园镇太平北路31号	付青玲
304	肥东县	肥东王城乡贝贝幼儿园	八斗镇王城街	王　芳
305	肥东县	肥东高亮红太阳幼儿园	包公镇高亮村高二组	孙　馨
306	肥东县	肥东高亮小燕子幼儿园	包公镇高亮村	吴国华
307	肥东县	肥东龙山春燕幼儿园	古城镇龙山学区	仇春艳
308	肥东县	肥东古城镇成长幼儿园	古城镇黎明村	季冬梅
309	肥东县	肥东大魏双基幼儿园	陈集镇大魏村	魏小红
310	肥西县	肥西上派万龙幼儿园	上派工厂路	邹道荣
311	肥西县	肥西上派桥北幼儿园	包公路155号	周　媛
312	肥西县	肥西上派小明星幼儿园	三河路35号	颜成荣
313	肥西县	肥西上派阳光幼儿园	上磷路磷肥厂西30米	张明芳
314	肥西县	肥西上派新星幼儿园	卫星社区安置点	宣以琼
315	肥西县	肥西上派欣欣幼儿园	巢湖西路汽车站旁	许正华
316	肥西县	肥西上派创新幼儿园	上派青年北路	汪　惠
317	肥西县	肥西上派巢湖路幼儿园	中铁四局新运处院内	张　美
318	肥西县	肥西上派琛龙幼儿园	老中街30号	潘志英
319	肥西县	肥西上派小红星幼儿园	三河路408号	周先青
320	肥西县	肥西上派启航幼儿园	上派三岗村殷四组	张　霞
321	肥西县	肥西上派光明幼儿园	三河路烟草巷	鲁　燕
322	肥西县	肥西上派乐天幼儿园	包公路同心巷	吴红霞
323	肥西县	肥西新年余幼儿园	上派人民东路	袁晓梅

接上表

序号	市、县（区）	教育机 构名称	办学 地址	学校负责人
324	肥西县	肥西上派小天使幼儿园	三河路爱和巷	苏耘萍
325	肥西县	肥西上派新年余幼儿园二园	城东小区	胡跃霞
326	肥西县	肥西书香雅苑幼儿园	上派镇书香雅苑小区	王 琼
327	肥西县	肥西傲城贝贝幼儿园	上派镇泰来傲城小区	李文君
328	肥西县	肥西上派希望幼儿园	上派镇灯塔村小区	张 琼
329	肥西县	肥西严店天乐幼儿园	肥西县严店乡街道	邹立梅
330	肥西县	肥西严店红星幼儿园	严店街道144号	孙 莉
331	肥西县	肥西三河滨湖社区小太阳幼儿园	三河镇滨湖社区	房 琼
332	肥西县	肥西三河清平红太阳幼儿园	三河镇桥安村	汪 芳
333	肥西县	肥西丰乐新星幼儿园	肥西县丰乐镇双枣村	侯晓萍
334	肥西县	肥西丰乐程店小伙炬幼儿园	肥西县丰乐镇程店街道	曾申凤
335	肥西县	肥西新仓小天才幼儿园	丰乐镇新仓社区	唐翠芸
336	肥西县	肥西新仓小英才幼儿园	丰乐镇新仓社区	左 芳
337	肥西县	肥西董岗启蒙幼儿园	董岗粮站内	董菊华
338	肥西县	肥西董岗小星星幼儿园	董岗社区	汪家荣
339	肥西县	肥西花岗小明星幼儿园	花岗镇北街26号	赵 翠
340	肥西县	肥西县花岗福知娃幼儿园	合安路农技站宿舍	储 莉
341	肥西县	肥西花岗同乐幼儿园	花岗镇街道合安路168号	倪良菊
342	肥西县	肥西柿树金苹果幼儿园	柿树街道	毛桂林
343	肥西县	肥西柿树启智幼儿园	防虎街道	解 红
344	肥西县	肥西柿树界河街道幼儿园	柿树岗乡界河街道	邵 贵
345	肥西县	肥西山南春蕾幼儿园	山南街道	董迎春
346	肥西县	肥西山南金牛育才幼儿园	金牛街道	张成芹
347	肥西县	肥西官亭未来之星幼儿园	官亭街道	胡旺健
348	肥西县	肥西官亭大拇指幼儿园	官亭街道	马 芳
349	肥西县	肥西铭传童星幼儿园	铭传乡井王社区	童卫星
350	肥西县	肥西官亭金色童年幼儿园	肥西县官亭街道	张成能
351	肥西县	肥西官亭半店幼儿园	肥西官亭镇半店社区	吴婷婷
352	肥西县	肥西官亭启明星幼儿园	官亭镇江夏店社区	卫知莹
353	肥西县	肥西大柏阳光贝贝幼儿园	小庙镇大柏社区	赵 媛
354	肥西县	肥西小庙阳光心语幼儿园	拐岗社区	赵业梅
355	肥西县	肥西高刘蓓蕾幼儿园	肥西县高刘镇海棠路	
356	肥西县	肥西高刘桥北幼儿园	高刘沈塘小东郢新村	王 芳
357	肥西县	肥西高店红太阳幼儿园	高店乡高店中街	余 玲
358	肥西县	肥西高店爱心幼儿园	高店乡长镇街南	马文月
359	肥西县	肥西高店高升幼儿园	高店乡高升村	倪翠翠
360	肥西县	肥西高店童星幼儿园	高店乡高店南街	周 颖
361	肥西县	肥西桃花工业园学林雅苑幼儿园	翡翠路715号	李晓平

接上表

序号	市、县（区）	教育机 构名称	办学 地址	学校负责人
362	肥西县	肥西桃花工业园翡翠花园幼儿园	翡翠花园小区	刘付青
363	肥西县	肥西桃花幼儿园	合经区二十埠丹霞新村	李定翠
364	肥西县	肥西桃花·和顺家园幼儿园	桃花顺和家园小区	芮 华
365	肥西县	肥西桃花启航之星幼儿园	桃花镇幸福大街	朱传宝
366	肥西县	肥西紫蓬新星幼儿园	紫蓬镇农巨路口	刘 燕
367	肥西县	肥西紫蓬文博幼儿园	紫蓬镇上小路口	彭云凤
368	肥西县	肥西紫蓬新博幼儿园	紫蓬镇燎原社区	万 慧
369	肥西县	肥西紫蓬新港幼儿园	紫蓬镇烧脉村	余玉莲
370	肥西县	肥西柏堰科技园香樟花园幼儿园	合肥香樟大道155号	吕维明
371	肥西县	肥西小庙天天向上幼儿园	小庙镇将军街道袁中小学	夏 晗
372	肥西县	肥西小庙天辰幼儿园	小庙镇街道建设路	余学美
373	肥西县	肥西丰乐阳光宝贝幼儿园	肥西县丰乐镇四丰路	唐 燕
374	肥西县	肥西小庙曙光幼儿园	肥西县小庙镇合六路北侧	吴晓莉
375	肥西县	肥西高刘清韵幼儿园	肥西县高刘镇振举街道清韵商城	高 静
376	肥西县	肥西高刘洪店幼儿园	肥西县高刘镇洪店街道	陶 榕
377	长丰县	吴山小天使幼儿园	吴山镇涂郢村	邓祖瑜
378	长丰县	吴山金苗幼儿园	吴山镇庙东居委会	朱庆丰
379	长丰县	杜集幼儿园	杜集乡街道	许庆媛
380	长丰县	杜集小太阳幼儿园	杜集乡街道	杜兆贵
381	长丰县	杜集隆兴幼儿园	杜集乡隆兴街道	周 燕
382	长丰县	杜集沛河曙光幼儿园	杜集乡沛河街道	周言秀
383	长丰县	岗集蓝天幼儿园	岗集镇卧龙山社居委	赵玉兰
384	长丰县	岗集海贝临湖幼儿园	岗集镇临湖雅苑小区	俞小丽
385	长丰县	岗集私立幼儿园	岗集镇岗南路东段	朱守芳
386	长丰县	岗集中心幼儿园	岗集镇政府斜对面	胡慧文
387	长丰县	岗集海贝玉成幼儿园	岗集镇玉成明珠苑小区	汤金凤
388	长丰县	岗集红太阳幼儿园	岗集镇老街	闫晓燕
389	长丰县	陶楼小太阳幼儿园	陶楼乡镇街道	钱冬梅
390	长丰县	陶楼育苗幼儿园	陶楼乡镇街道	王云艳
391	长丰县	陶楼高塘星星幼儿园	陶楼乡高塘村街道	王 艳
392	长丰县	杨庙童星幼儿园	杨庙镇街道合淮路东	董发菊
393	长丰县	杨庙蓝天幼儿园	杨庙镇街道杨下路	李海珍
394	长丰县	庄墓小红星幼儿园	庄墓镇庄王居委会	孟红梅
395	长丰县	庄墓袁玲幼儿园	庄墓镇庄王居委会	袁 玲
396	长丰县	左店幼儿园	左店乡街道	朱启莲
397	长丰县	左店赵户幼儿园	原左店乡赵户小学	石卫国
398	长丰县	左店新校幼儿园	左店乡韩庄村松杨组	孔艳燕
399	长丰县	左店蓝天幼儿园	左店乡戴集街道	郑良翠

接上表

序号	市、县（区）	教育机　构名称	办学　地址	学校负责人
400	长丰县	义井福星幼儿园	义井乡苏庄村	杨翠波
401	长丰县	义井新星幼儿园	义井乡涂拐村街道	程龙娟
402	长丰县	朱巷庞古堆幼儿园	朱巷镇庞古堆村	程业芳
403	长丰县	朱巷育英幼儿园	朱巷镇朱巷街道	耿　静
404	长丰县	朱巷小天地幼儿园	朱巷镇朱巷街道	陶　菊
405	长丰县	朱巷育苗幼儿园	朱巷镇柘塘村	严继兰
406	长丰县	陶湖街道幼儿园	下塘镇陶湖街道	朱　兰
407	长丰县	陶湖万岗幼儿园	下塘镇万岗村	赵本颜
408	长丰县	水湖安琪儿幼儿园	水湖镇长淮路	康家山
409	长丰县	水湖金色童年幼儿园	水湖镇长寿路实验小学院内	杨　慧
410	长丰县	水湖星海幼儿园	水湖镇长丰路富华家园	黄贤乐
411	长丰县	水湖金太阳幼儿园	水湖镇长丰路146号4栋	费希玲
412	长丰县	水湖东方幼儿园	水湖镇长淮路连塘巷	杜凤
413	长丰县	水湖爱星幼儿园	水湖镇长丰路146号3栋	朱长云
414	长丰县	水湖贝贝乐幼儿园	水湖镇吴山路南段	杨友学
415	长丰县	水湖小博士幼儿园	水湖镇长淮南路杨老家巷内	徐　梅
416	长丰县	水湖金摇篮幼儿园	水湖镇长丰路逍遥巷	仇多茹
417	长丰县	水湖下塘路育苗幼儿园	水湖镇下塘西路	王　锐
418	长丰县	水湖新星幼儿园	水湖镇长丰路质监局院内	叶善珍
419	长丰县	水湖张祠红星幼儿园	水湖镇张祠村	张兴萍
420	长丰县	水湖童乐幼儿园	水湖镇岗城村	李如芳
421	长丰县	水湖童星幼儿园	水湖镇长寿路西段	钱爱林
422	长丰县	水湖育苗幼儿园	水湖镇政府大院	陈广凤
423	长丰县	水湖阳光幼儿园	水湖镇兴隆村江汽小学南	赵书燕
424	长丰县	双凤凤梅幼儿园	双凤凤梅社区	钱海燕
425	长丰县	双凤凤霞幼儿园	双凤凤霞社区	高　伟
426	长丰县	双凤阿奎利亚幼儿园	双凤徐桥社区	刘吉梅
427	长丰县	双凤建华幼儿园	双凤凤梅社区	李建华
428	长丰县	罗塘徐庙小星星幼儿园	罗塘乡徐庙街道	杨友芹
429	长丰县	罗塘禹庙幼儿园	罗塘乡禹庙村	樊桂侠
430	长丰县	造甲灵通幼儿园	造甲乡造甲街道	王学荣
431	长丰县	下塘金童幼儿园	下塘镇新民街	李广社
432	长丰县	下塘智能幼儿园	下塘镇建设街街88号	李同庚
433	长丰县	下塘智慧树幼儿园	下塘镇振兴路	汪　霞
434	长丰县	下塘贝贝乐幼儿园	下塘镇站西路	李凤玲
435	长丰县	下塘新星幼儿园	下塘镇新集村	张来余
436	长丰县	下塘钱集幼儿园	下塘镇钱集街道东	陈兆丰
437	长丰县	下塘钱集小博士幼儿园	下塘镇钱集街道西	阮后玉

接上表

序号	市、县（区）	教育机 构名称	办学 地址	学校负责人
438	长丰县	双墩扬帆幼儿园	双墩镇罗南居委会益民街道	葛利飞
439	长丰县	双墩同心幼儿园	双墩镇双三路中段	李银梅
440	长丰县	双墩花园幼儿园	双墩镇花园社区	王 芳
441	长丰县	双墩洪塘幼儿园	双墩镇洪塘社居委	张其芳
442	长丰县	双墩军港新村幼儿园	双墩镇军港社区	阮仁芸
443	长丰县	双墩育星幼儿园	双墩镇蔡塘路	黄志敏
444	长丰县	双墩阳光幼儿园	双墩镇双三路西段	李云霞
445	长丰县	双墩小博士幼儿园	双墩镇双墩路	王仲夏
446	长丰县	双墩精英幼儿园	双墩镇双三路东段	杨 琴
447	庐江县	庐江县庐城镇阳光幼儿园	庐城镇阳光花园	童玉霞
448	庐江县	庐江县汤池镇星星点点幼儿园	汤池镇中份村	韦红霞
449	庐江县	庐江县汤池镇阳光幼儿园	汤池镇马槽村	严菊香
450	庐江县	庐江县庐城镇新智慧幼儿园	庐城镇马厂附城	钟 娟
451	庐江县	庐江县庐城镇小天鹅幼儿园	庐城镇北苑新村	施寒梅
452	庐江县	庐江县同大镇金色童年幼儿园	同大镇古圩行政村	陈 姣
453	庐江县	庐江县盛桥镇安琪儿小天使幼儿园	盛桥镇街道	盛海群
454	庐江县	庐江县泥河镇叮咚幼儿园	泥河镇街道	张翠琴
455	庐江县	庐江县庐城镇城西新村幼儿园	庐城镇城西开发区	邢应超
456	庐江县	庐江县盛桥镇下关幼儿园	盛桥镇街道	夏玉莲
457	庐江县	庐江县白湖镇中心幼儿园	白湖镇裴岗街道中心商业区	刘玉荣
458	庐江县	庐江县庐城镇小百灵幼儿园	庐城镇老自来水厂	霍 丽
459	庐江县	庐江县乐桥镇智慧星幼儿园	乐桥镇老院社区唐院组	唐秀芳
460	庐江县	庐江县白湖镇杨柳中心幼儿园	白湖镇杨柳青帘村	宛飞东
461	庐江县	庐江县泥河镇百灵鸟幼儿园	泥河镇庐南高中	刘秀云
462	庐江县	庐江县庐城镇新星幼儿园	庐江县庐城镇	鲍 玲
463	庐江县	庐江县庐城镇第二新星幼儿园	庐江县庐城镇	鲍 玲
464	庐江县	庐江县庐城镇秀水亭多元智能幼儿园	庐江县庐城镇	张 静
465	庐江县	庐江县罗河镇希望幼儿园	庐江县罗河镇	汪方秀
466	庐江县	庐江县同大镇新渡幼儿园	庐江县同大镇	马如松
467	庐江县	庐江县龙桥镇聪聪幼儿园	庐江县龙桥镇	刘 娟
468	庐江县	庐江县龙桥镇汇佳幼儿园	庐江县龙桥镇	伍贵香
469	庐江县	庐江县盛桥幼儿园	庐江县盛桥镇	夏玉莲
470	庐江县	庐江县盛桥镇新苗幼儿园	庐江县盛桥镇	孙 艳
471	庐江县	庐江县石头镇小星星幼儿园	庐江县石头镇	彭 静
472	庐江县	庐江县郭河镇蓓蕾幼儿园	庐江县郭河镇	吴玉兰
473	庐江县	庐江县郭河镇育苗幼儿园	庐江县郭河镇	陈尤秀
474	庐江县	庐江县万山镇金色摇篮幼儿园	庐江县万山镇	徐飞飞
475	庐江县	庐江县乐桥镇幼儿园	庐江县乐桥镇	李海军

接上表

序号	市、县（区）	教育机 构名称	办学 地址	学校负责人
476	庐江县	庐江县汤池镇英豪幼儿园	庐江县汤池镇	余 闯
477	庐江县	庐江县庐城镇宝宝幼儿园	庐江县庐城镇	邢秀萍
478	庐江县	庐江县庐城镇欢欢幼儿园	庐江县庐城镇	宋亚莉
479	庐江县	庐江县庐城镇小太阳幼儿园	庐江县庐城镇	夏训聪
480	庐江县	庐江县庐城镇小太阳幼儿园	庐江县庐城镇	胡宗华
481	庐江县	庐江县罗河镇郑湾幼儿园	庐江县罗河镇	许成芝
482	庐江县	庐江县白山镇戴桥中心幼儿园	庐江县白山镇	王玲聪
483	庐江县	庐江县同大镇姚湾幼儿园	庐江县同大镇	刘文梅
484	庐江县	庐江县柯坦镇陈埠幼儿园	庐江县柯坦镇	吴俊红
485	庐江县	庐江县冶父山镇石山幼儿园	庐江县冶父山镇	高小荣
486	庐江县	庐江县白湖镇苗苗幼儿园	庐江县白湖镇	许克莲
487	庐江县	庐江县乐桥镇晨星幼儿园	庐江县乐桥镇	杨传玲
488	庐江县	庐江县庐城镇春光幼儿园	庐江县庐城镇	陈万娟
489	庐江县	庐江县泥河镇中兴幼儿园	泥河镇河东三岔口	刘东生
490	庐江县	庐江县同大镇常丰幼儿园	同大镇施丰村	马如松
491	庐江县	庐江县同大镇金色童年幼儿园（二园）	同大镇连河村	陈 姣
492	庐江县	庐江县同大镇新河幼儿园	同大镇新河村	张会萍
493	庐江县	庐江县白山镇天使幼儿园	白山镇张李村	吴子群
494	庐江县	庐江县白山镇小博士幼儿园	白山镇街道	赵翠霞
495	庐江县	庐江县冶父山镇阳光幼儿园	冶父山镇董院	柯文秀
496	庐江县	庐江县白湖镇喜洋洋幼儿园	白湖镇白湖花园	张建仙
497	庐江县	庐江县郭河镇新星幼儿园	郭河镇潘墩村	谷迎春
498	庐江县	庐江县乐桥镇陡岗幼儿园	乐桥镇陡岗街道	郑首东
499	庐江县	庐江县金牛镇小太阳幼儿园	金牛镇街道	汤明霞
500	庐江县	庐江县金牛镇小星韵幼儿园	金牛镇铺岗村	钟辉
501	庐江县	庐江县金牛镇金陵幼儿园	金牛镇古城社区	唐舒柳
502	庐江县	庐江县泥河镇小荷幼儿园	泥河镇沙溪街道	何凤莲
503	庐江县	庐江县泥河镇希望幼儿园	泥河镇西街	徐金芳
504	庐江县	庐江县金牛镇敬华幼儿园	金牛镇湖榜村	左静华
505	庐江县	庐江县同大镇永兴幼儿园	同大镇永兴村	唐宗丽
506	庐江县	庐江县石头镇欢欢幼儿园	石头镇街道	丁守芳
507	庐江县	庐江县庐城镇康乔幼儿园	庐城镇康乔家园	谈家新
508	庐江县	庐江县庐城镇宝宝幼儿园	庐城镇鲍井新村	丁 静
509	庐江县	庐江县汤池镇华厦未来幼儿园	汤池镇政务区	沈丽丽
510	庐江县	庐江县汤池镇启智幼儿园	汤池镇街道	万继红
511	庐江县	庐江县万山镇长岗幼儿园	万山镇长岗大市场	张兰英
512	庐江县	庐江县柯坦镇金凤幼儿园	柯坦镇沐庄路	周凤云

接上表

序号	市、县（区）	教育机　构名称	办学　地址	学校负责人
513	庐江县	庐江县柯坦镇欣欣幼儿园	柯坦镇葛庙街道	杨月萍
514	庐江县	庐江县柯坦镇新起点特色幼儿园	柯坦镇梅苑新村	陈金莲
515	庐江县	庐江县白湖镇乐乐幼儿园	白湖一中小区	刘同春
516	庐江县	庐江县庐城镇新星幼儿园	庐城镇罗埠街道	马祖珍
517	庐江县	庐江县庐城镇星星幼儿园	庐城镇五里路	洪良月
518	庐江县	庐江县石头镇蓝天幼儿园	石头镇黄蜀山村	付荣琴
519	庐江县	庐江县石头镇福娃幼儿园	石头镇芮岗村	汤荣权
520	庐江县	庐江县石头镇育才幼儿园	石头镇街道	何帮银
521	庐江县	庐江县同大镇农林幼儿园	同大镇农林村	刘苗苗
522	庐江县	庐江县柯坦镇梓树幼儿园	柯坦镇梓树村	陈　思
523	庐江县	庐江县白山镇冬雪路幼儿园	白山镇冬雪路	张咸应
524	庐江县	庐江县庐城镇众发名城幼儿园	庐城镇众发名城小区	董海涛
525	庐江县	庐江县龙桥镇马山新村幼儿园	龙桥镇马山新村	黄晓凤
526	庐江县	庐江县石头镇同心幼儿园	石头镇同心村白河	徐美玲
527	庐江县	庐江县冶父山镇大岗幼儿园	冶父山镇大岗村	赵其付
528	庐江县	庐江县庐城镇红星启智幼儿园	庐江县交警大队	吴　群
529	庐江县	庐江县龙桥镇杨泗幼儿园	庐江县龙桥镇	朱文浩
530	庐江县	庐江县石头镇亲亲宝贝幼儿园	庐江县石头镇	鲍晓欣
531	庐江县	庐江县白湖镇顺港中心幼儿园	庐江县白湖镇	宛绘红
532	庐江县	庐江县汤池镇百花村小太阳幼儿园	庐江县汤池镇	代雅芬
533	庐江县	庐江县白山镇同春晓庄幼儿园	庐江县白山镇	孔丽琼
534	庐江县	庐江县龙桥镇聪聪幼儿园二园	庐江县龙桥镇	刘　娟
535	庐江县	庐江县白湖镇东燕小新星幼儿园	庐江县白湖镇	高志玲
536	庐江县	庐江县白湖镇小天使幼儿园	庐江县白湖镇	王爱平
537	庐江县	庐江县庐城镇城西幼儿园	庐江县庐城镇	朱丽莉
538	巢湖市	欢乐谷幼儿园	小教办	邵玉婷
539	巢湖市	东方阳光幼稚	小教办	唐晓玲
540	巢湖市	阳光花园幼儿	小教办	侯芝秀
541	巢湖市	鹏程幼儿园	小教办	程玉琴
542	巢湖市	美欣幼儿园	小教办	黄金萍
543	巢湖市	小红花幼儿园	小教办	徐翠华
544	巢湖市	新都幼儿园	小教办	卢凤玲
545	巢湖市	新蕾幼儿园	小教办	徐爱平
546	巢湖市	圆润园幼儿园	小教办	江南萍
547	巢湖市	丽景幼儿园	卧牛	黄　明
548	巢湖市	西苑幼儿园	卧牛	吴忠秀
549	巢湖市	七色花幼儿园	卧牛	周　智
550	巢湖市	智汇园幼儿园	卧牛	刘天红

接上表

序号	市、县（区）	教育机　构名称	办学　地址	学校负责人
551	巢湖市	康乐幼儿园	卧牛	陶景云
552	巢湖市	春晖幼儿园	天河	何凤萍
553	巢湖市	金码头幼儿园	天河	杜　平
554	巢湖市	宝宝树幼儿园	半汤	孙梦乔
555	巢湖市	一一幼儿园	柘皋	孙二胜
556	巢湖市	爱心幼儿园	柘皋	王庭玉
557	巢湖市	网城幼儿园	槐林	郑秀霞
558	巢湖市	贝贝幼儿园	庙岗	方超
559	巢湖市	春芽幼儿园	散兵	施文丽
560	巢湖市	项山	散兵	项世宏
561	巢湖市	金辉朝阳幼儿	烔炀	徐丽萍
562	巢湖市	童的梦	远洲玫瑰园	汪卫东
563	巢湖市	慧心	苏湾包坊	尹惠萍
564	巢湖市	龙凤幼儿园	中埠	王小娟
565	巢湖市	彩虹幼儿园	亚父	程国祥
566	巢湖市	蓝天幼儿园	小教办	赵玉霞
567	巢湖市	宏华幼儿园	庙岗	钟三妹
568	巢湖市	代代红幼儿园	散兵	凌小毛
569	巢湖市	阳光幼儿园	坝镇	王　敏
570	巢湖市	电厂幼儿园	夏阁	周永江
571	巢湖市	天乐幼儿园	天河	陈家梅
572	巢湖市	金宝贝幼儿园	西峰	赵　玲
573	巢湖市	蓓蕾幼儿园	夏阁	董　琼
574	巢湖市	亲亲幼儿园	夏阁	李小琴
575	巢湖市	小天鹅幼儿园	坝镇	王亚男
576	巢湖市	娃哈哈幼儿园	坝镇	魏红平
577	巢湖市	马厂幼儿园	散兵	陈海波
578	巢湖市	明日之星幼儿园	苏湾	尹进三
579	巢湖市	苗圃幼儿园	苏湾	孙芳琼
580	巢湖市	苏湾中心幼儿园	苏湾	尹　珍
581	巢湖市	大志幼儿园	天河	姜　磊
582	巢湖市	乐宝宝幼儿园	天河	陈　莉
583	巢湖市	心心幼儿园	天河	王晓冬
584	巢湖市	新苗幼儿园	天河	张小玲
585	巢湖市	老骥幼儿园	天河	胡晓风
586	巢湖市	澳门新村幼儿	卧牛	司家萍
587	巢湖市	湖光幼儿园	卧牛	徐　慧
588	巢湖市	春蕾幼儿园	卧牛	李　会

接上表

序号	市、县（区）	教育机 构名称	办学 地址	学校负责人
589	巢湖市	小聪聪幼儿园	卧牛	汪维芳
590	巢湖市	启蒙幼儿园	小教办	陈 星
591	巢湖市	欣欣幼儿园	小教办	杨 欣
592	巢湖市	小燕子幼儿园	小教办	何凤萍
593	巢湖市	天乐幼儿园	小教办	钱 静
594	巢湖市	朝阳幼儿园	小教办	丁祥枝
595	巢湖市	灯塔幼儿园	小教办	俞维云
596	巢湖市	幸福幼儿园	小教办	周传英
597	巢湖市	五爱幼儿园	银屏	刘焕安
598	巢湖市	明星幼儿园	银屏	赵 敏
599	巢湖市	青苗幼儿园	银屏	王嘉林
600	巢湖市	启明星幼儿园	柘皋	牛娜娜
601	合肥市瑶海区	合肥少儿艺术学校	合肥市瑶海区长江东路1002号	张玉玲
602	肥东县	肥东陈集阳光小学	陈集大魏村	陈万霞
603	肥东县	肥东善源小学	八斗镇薛计村	赵玉霞
604	肥东县	肥东杨店向阳小学	杨店乡向阳村	管茂松
605	蜀山区	合肥西苑中学	合作化北路123号	林正泰
606	庐阳区	合肥英杰文武学校	三十岗乡原瞿嘴小学内	徐淑贞
607	庐阳区	合肥寿春中学	合肥市夏店路9号	吕道奎
608	合肥市瑶海区	合肥育英学校	合肥市瑶海区和平路与肥东路南100米	胡学海
609	合肥市瑶海区	合肥瑶海众望初级中学	合肥市瑶海区明光路387号	钱继和
610	合肥市瑶海区	合肥兴国实验学校	合肥市瑶海区龙岗开发区临泉东路与吴敬梓路交口	宋执松
611	包河区	合肥滨湖寿春中学	合肥市滨湖新区湖北路与紫云路交口	吕道奎
612	包河区	合肥包河大地学校	合肥市北京路1号	范良睿
613	新站区	新站中学	合肥市新站区新蚌埠路	朱光奇
614	肥东县	肥东尚真实验中学	店埠镇八斗路东	李文健
615	肥东县	肥东为民学校	包公大道与桥头集路交汇处	张延涛
616	肥东县	肥东志成双语学校	梁园镇民主村	刘能琐
617	肥东县	肥东树人学校	梁园镇镇东村	李长平
618	肥西县	合肥大地学校	肥西县上派镇青龙潭路	凌祥圣
619	肥西县	肥西行知实验学校	上派镇北张社区	汪庆奎
620	长丰县	合肥厚德中学	长丰县双凤开发区金川路30号	李长征
621	长丰县	长丰县海天中学	长丰县南二环	梁 峰
622	长丰县	合肥新桥中学	合肥北城岗集镇（派出所西侧）	鲁传让
623	庐江县	庐江县志成学校	庐江县柯坦镇	李本金
624	庐江县	庐江县庐州学校	庐江县庐城镇	计光中
625	庐江县	安徽省庐江庐南学校	庐江县泥河镇	夏江坪

接上表

序号	市、县（区）	教育机　构名称	办学　地址	学校负责人
626	巢湖市	汇文学校	民营经济园	周红兰
627	巢湖市	一鸣学校	苏湾	李琼琼
628	巢湖市	新星	官圩路老骥	陶德华
629	蜀山区	合肥瑞津外国语培训学校	长江西路306号和信大厦西座5楼	宋　健
630	蜀山区	合肥建人业余学校	长江西路3号春天大厦707、607	严思勇
631	蜀山区	合肥佳音艺术培训学校	合肥市水湖路26号	王　琦
632	蜀山区	合肥精英培训学校	长江西路200号置地大厦701室	费　然
633	蜀山区	合肥科普培训学校	合肥市黄山路446号	冉　清
634	蜀山区	合肥高升辅导学校	合肥市肥西路28号（安大东门）	邹成和
635	蜀山区	合肥乔登美语培训学校	合肥市长江西路130号-3F农大南门东侧科技长廊3楼	刘言乐
636	蜀山区	合肥现代企业管理培训中心	合肥市龙河路3号	龙中江
637	蜀山区	合肥兴达培训学校	合作化路南路15号	杨美萍
638	蜀山区	安徽黄山书画院	合肥市长江西路41号	张建中
639	蜀山区	合肥万国司法考试培训中心	长江西路321号彩虹家园1#801，802室	韩海涛
640	蜀山区	合肥新苑英语培训中心	合肥市蜀山区安居苑东村39栋	姜荟芬
641	蜀山区	合肥 英泽外语培训学校	望江西路与冬至路交口南100米	袁　磊
642	蜀山区	合肥正宏培训学校	合肥市陈村路100号	李正宏
643	蜀山区	合肥中皖外国语培训学校	合肥市蜀山区绩溪路361号	叶素英
644	蜀山区	合肥庐上书画院美术培训学校	合肥市琥珀山庄北村97幢106号	魏兴无
645	蜀山区	合肥英桥外语培训学校	长江西路彩虹家园1#502-502	李革生
646	蜀山区	合肥马丁音乐学校	合肥市长丰路铜锣湾广场423#、424#	闫怀兵
647	蜀山区	安徽省交通安全教育总校合肥分校	合肥市潜山路293号	魏常年
648	蜀山区	合肥新航英语培训中心	合肥市太湖路第69中学西侧	张晟春
649	蜀山区	合肥蓝宇外语进修学校	合肥市霍山路82号	蔡孟超
650	蜀山区	合肥鸣子孰语言文化培训中心	蜀山区长江西路3号合肥春天大厦1505室	倪国屏
651	蜀山区	合肥东方金子塔儿童潜能培训学校	蜀山区长江西路321号彩虹家园1#403-404室	贾书英
652	蜀山区	合肥卓越培训学校	长江西路304号鑫鹏大厦2205、2206、2208	徐景波
653	蜀山区	合肥万学教育培训学校	置地广场2501-2504室	胡兴元
654	蜀山区	合肥金融培训中心	合肥市槽郢路8号	沈家庆
655	蜀山区	合肥东方精英培训部	肥西路66号汇金大厦910室	高祥忠
656	蜀山区	合肥皖智教育培训中心	长江西路200好置地广场1401室	徐　坤
657	庐阳区	合肥新概念家庭教育培训中心	合肥市长江中路57号省委大院内省委俱乐部一楼	罗建华
658	庐阳区	合肥苗苗艺术培训部	亳州路天庆大厦A座801室	陈　伟
659	庐阳区	合肥幼林培训学校	阜阳路77号五环大山608	桂幼林
660	庐阳区	合肥伯乐马教育培训部	合肥市长江中路319号仁和大厦13楼1301室	王　芬
661	庐阳区	合肥立新菌种场培训部	合肥市阜阳北路邵大郢	沈思和

接上表

序号	市、县（区）	教育机　构名称	办学　地址	学校负责人
662	庐阳区	合肥韦博英语培训中心	庐阳区长江中路365号中央广场公寓楼5层	刘良辉
663	庐阳区	合肥阿斯顿语言培训学校	寿春路152号百花井平安大厦三楼	唐伟伟
664	庐阳区	合肥新芽少儿培训部	合肥科技咨询大楼3楼（阜阳路28号）	张敏华
665	庐阳区	安徽大学教育基金会（合肥）外语培训中心	合肥市荣事达大道70号振兴大厦12楼	黄小明
666	庐阳区	安徽青少年培训中心	长江中路419号	吕　鸣
667	庐阳区	安徽科协科技进修学校	合肥市花园街4号科技大厦606	张　彤
668	庐阳区	合肥奥星培训学校	蒙城北路正丰综合楼五楼	张　玲
669	庐阳区	合肥百分文化教育培训中心	濉溪路278号财富广场A幢1201-1204	周正霞
670	庐阳区	合肥创世纪外国语培训学校	长江中路97号	陆永红
671	庐阳区	合肥创智高考补习班	滨湖世纪城临滨苑写字楼14楼培训学校	崔传奎
672	庐阳区	合肥大卫培训中心	合肥市安庆路77号天徽大厦C座6A	汪贵林
673	庐阳区	合肥龙翔高复学校	合肥市农科南路40号省农科院内	程克南
674	庐阳区	合肥国艺艺术高考培训学校	合肥阜阳路28号	贾成功
675	庐阳区	合肥大舜补习学校	合肥市寿春路252号	王贤银
676	庐阳区	合肥妇女人才培训中心	合肥市六安路12号长安大厦三楼	梁　群
677	庐阳区	合肥哈佛培训中心	合肥市濉溪路287号金鼎国际广场B座2101室	余锦华
678	庐阳区	合肥朗文培训学校	濉溪路195号	朱海斌
679	庐阳区	合肥庐州书院补学校	桐城路158 号	越　静
680	庐阳区	合肥求新培训部	合肥市霍邱路151号十六所巷武警干休所内	张　杰
681	庐阳区	合肥小天使电子琴音乐培训学校	合肥市六安路华信大厦4楼	王　珏
682	庐阳区	合肥新动态英语培训中心	长江西路200号置地投资广场6楼（三里庵国购广场对面）	董　娟
683	庐阳区	合肥新航道语言培训部	市长江中路369号CBD写字楼5楼	李　涛
684	庐阳区	合肥英培教育培训中心	长江中路70号翠林苑宾馆7楼	胡媛媛
685	庐阳区	合肥英泰培训中心	合肥市濉溪路财富广场B座西楼501-512	徐　靖
686	庐阳区	合肥英之辅语言培训学校	合肥市庐阳区庐江路124号创元大厦5楼	马文文
687	庐阳区	合肥荧屏广播电视培训学校	荣事达大道114号	王　节
688	庐阳区	合肥宇杰会计培训中心	庐江路127号	刘成军
689	庐阳区	合肥中老年文化艺术培训中心	合肥市蒙城路87号老年大学内	洪心义
690	庐阳区	合肥欧华音乐艺术培训学校	益民街23号	张江华
691	庐阳区	合肥树人高考补习学校	阜阳路10号（省直电大5楼）	张宗尧
692	庐阳区	合肥万思培训学校	淮河路278号商会大厦四楼	张宗尧
693	庐阳区	合肥文雨少儿艺术培训学校	合肥市金寨路419号六楼（盛安大厦背面）	夏咏雯
694	庐阳区	合肥新技术培训学校	合肥农科南路40号	余晓梅
695	庐阳区	合肥新一代家长培训学校	庐阳区永红路（国税局旁）光明街道龚大塘社区服务中心二楼	秦丽珠
696	庐阳区	合肥101补习学校	永红路33号	张安礼
697	庐阳区	合肥英语之角外语进修学校	合肥市金寨路398号	李　霁

接上表

序号	市、县（区）	教育机 构名称	办学 地址	学校负责人
698	庐阳区	合肥华侨启智培训部	六安路14号长安大厦	黄 海
699	庐阳区	合肥爱生司培训学校	合肥市红星路143号	车 伟
700	庐阳区	合肥摆渡教育培训部	合肥市阜南路润安大厦A座5楼504室	何国平
701	庐阳区	合肥澳中英语培训学校	荣事达大道114号	项 翔
702	庐阳区	合肥中岸研修培训学校	钢苑商务楼312至316室	高怀存
703	庐阳区	合肥书香教育培训学校	政务区龙泉路与齐云山路交口国际花都二期门面07,08号	金继善
704	合肥市瑶海区	合肥朝晖培训中心	合肥市瑶海区长江东路879号	陆广武
705	合肥市瑶海区	合肥工人文化宫文化艺术培训学校	合肥市瑶海区长江东路1121号	陆俊
706	合肥市瑶海区	合肥旅游职业技术培训中心	合肥市瑶海区寿春路4号	王富媛
707	合肥市瑶海区	合肥全球通卓越外语学校	合肥市瑶海区站前路浙江商贸城E座5楼	王灏
708	合肥市瑶海区	合肥博宇艺术教育培训部	合肥市瑶海区凤阳路正泰大厦307室	廖松青
709	合肥市瑶海区	合肥艺美美术培训中心	合肥市瑶海区瑶海南村9栋401、501、601	陈宗青
710	合肥市瑶海区	合肥银杏青少年文艺培训部	合肥市瑶海区明光路5058号中房名都501室	蔡宗兰
711	合肥市瑶海区	合肥金榜高考辅导学校	合肥市瑶海区琅琊山路瑶海妇儿中心5楼	李春
712	包河区	合肥英才培训学校	合肥市屯溪路193号合工大西教学楼	丁丁
713	包河区	合肥三原色美术培训部	合肥市徽州大道231号	李光翠
714	包河区	合肥123音乐培训学校	合肥市美菱大道378号	王红梅
715	包河区	合肥百年愉快教学培训部	南园新村综合楼	韩贵平
716	包河区	合肥弼元教育文化培训中心	徽州大道231号银河菜场四楼	谷学珍
717	包河区	合肥超人教育培训部	徽州大道1158号银杏苑迎春居3楼	陈淳蔚
718	包河区	合肥二十一世纪外语培训部	屯溪路538号华地大厦四楼	要淑红
719	包河区	合肥翰林培训学校	合肥市南园新村综合楼三楼	李殿国
720	包河区	合肥砺智教育培训部	徽州大道488号	陈飞
721	包河区	合肥舒远培训部	合肥市包河区王大郢	刘勇
722	包河区	合肥惟智教育培训部	徽州大道449号新马大厦五楼	陈素芳
723	包河区	合肥新东方外语培训学校	合肥市金寨路118号	高亮
724	包河区	合肥新起点培训学校	合肥市徽州大道589号	刘萃
725	包河区	合肥新希望培训学校	合肥市徽州大道374号	程华锋
726	包河区	合肥良惠写作培训部	徽州大道231号银河四楼401	张建云
727	包河区	合肥银河培训中心	南二环东流路2号	郑邦达
728	包河区	合肥震宇培训中心	合肥市马鞍山路珠光南苑小区内	郑永红
729	包河区	合肥兴业财会培训中心	淝河路王大郢社居委206号	李新叶
730	包河区	合肥育苗培训学校	桐城路香港步行街西段A座3楼	朱文成
731	包河区	合肥开心英语培训学校	合肥市宿松路南园新村综合二楼	陈邦华
732	包河区	合肥顶新培训部	合肥市宣城路25号	韩庆会
733	包河区	合肥博飞特外语培训中心	芜湖路74号省图书馆主楼3楼	郑永生
734	包河区	合肥中山学校	合肥市曙光路3号水安股份大楼二楼	徐巍
735	包河区	合肥华文电脑培训中心	合肥市宣城路1号	马辉

接上表

序号	市、县（区）	教育机 构名称	办学 地址	学校负责人
736	包河区	合肥赛诺培训学校	马鞍山南路新都会环球广场15楼	葛玉峰
737	包河区	合肥福克斯培训学校	徽州大道636号安徽化工职工大学	李本飞
738	包河区	合肥龙川教育培训部	合肥市马鞍山路富成大厦	王晓茹
739	包河区	合肥朗迅培训中心	九华山路九华山庄	周本琪
740	包河区	合肥芳草地艺术培训部	金寨南路国元名都	田真
741	包河区	合肥创智培训学校	合肥市滨湖世纪城CBD写字楼14楼	崔传奎
742	包河区	合肥新视野文化教育培训部	合肥市金寨路1090号	马耀华
743	合肥市经开区	合肥超越培训学校	合肥市经开区翡翠花园2单元208	孙胜先
744	合肥市经开区	合肥汇佳英语培训部	合经区繁华西路碧湖兰庭商铺	耿新君
745	合肥市经开区	合肥樱花雨外语培训部	经开区丹霞西路翠湖苑商业街2-109	汪彩凤
746	合肥市经开区	合肥润安青少年培训中心	合肥经济技术开发区石鼓路东、翠微路北	王 娇
747	合肥经开区	合肥中科教育培训学校	合肥经济技术开发区繁华大道286号	毛 恩
748	合肥经开区	合肥对口高考辅导学校	合肥市经济技术开发区佛掌路6号	郭劲盘
749	合肥经开发区	合肥茁壮外语培训部	合经区耕耘路247号综合楼	肖凌燕
750	合肥经开区	合肥金葵花教育培训中心	合肥经济技术开发区翡翠路报业园A-22商	万明霞
751	合肥经开区	合肥少年宫经开区文化艺术培训中心	合肥市经济技术开发区紫云花园锦绣社区内	王淮菊
752	合肥经开区	合肥世纪中安培训学校	合肥市经济技术开发区玉屏路288号	杨仁付
753	合肥经开区	合肥旅游商务进修学校	合肥经开区繁华大道137号	张德金
754	合肥经开区	合肥万城高考补习学校	南湖春城商铺D段	葛守柱
755	合肥经开区	合肥新安补习学校	合肥经济技术开发区芙蓉路650号	李二宝
756	合肥市经开区	合肥飞航教育培训部	合肥经开区南湖春城19号106	陆昌球
757	合肥经开区	合肥新安美教育培训中心	合肥经计技术开发区桐山广场南楼三楼	庞红有
758	合肥经开区	合肥新科补习学校	经开区齐云路16号	黄 斌
759	高新区	合肥高新锦越青少年活动中心	高新区天达路71号	朱明献
760	高新区	合肥皖中少林文武培训学校	高新区桃园村	汤大礼
761	高新区	合肥小蝌蚪钢琴艺术中心	高新区天柱路19号	朱光琼
762	高新区	合肥吉的堡少儿英语培训部	合肥高新区梦园小区	徐 斌
763	高新区	合肥高新宝葫芦培训学校	合肥高新区华亿科学园	范守琴
764	高新区	合肥建筑业培训中心	高新区天波路1号	郭万琼
765	高新区	合肥学大教育培训部	长江西路669号	赵荣昶
766	高新区	合肥圣源培训学校	长江西路669号	叶子雯
767	新站区	合肥高新科技培训学校	合肥经济技术开发区芙蓉路668号	刘贤忠
768	新站区	合肥古玩收藏培训中心	合肥市新站区新蚌埠路4.3公里	王明会
769	肥西县	合肥机电学校	经开区紫云路121号	许绍得
770	肥西县	安徽合肥信息技术学校	紫蓬山管委会	王世骅
771	长丰县	合肥北少林职业技术学校	长丰县朱巷镇庞孤堆村	杜和杰
772	长丰县	合肥求实职业学校	合肥市双凤大道082号	张长缨
773	长丰县	合肥科工职业学校	合肥北城岗集镇（派出所西侧）	张德浩

接上表

序号	市、县（区）	教育机　构名称	办学　地址	学校负责人
774	长丰县	安徽合肥神行太保文武学校（安徽合肥神行太保职业技术学校）	合肥市双凤经济开发区双凤大道70号	齐元龙
775	合肥市	安徽红十字会卫生学校	金寨南路1085号	陈献军
776	合肥市	安徽经济贸易职业技术学校	长江西路365号	黄东辉
777	合肥市	合肥中山高等教育自学考试辅导学校	经开区云际路65号	朱华娟
778	合肥市	合肥兴安高等教育自学考试辅导学校	梅山路81号	毛光祥
779	合肥市	安徽合肥中澳自学考试培训学校	总商会大厦1801	黄　川
780	合肥市	合肥国华考试辅导学校	美丹路139号	马云峰
781	合肥市	安徽兴鹏科技学校	新蚌埠路219号	王宏翠
782	合肥市	合肥飞跃职业技术学校	阜阳路1305号	李守泉
783	合肥市	安徽兴安职业技术学校	美丹路139号	马云峰
784	合肥市	合肥高新科技职业学校	三元大道68号	章宗阳
785	合肥市	合肥白厦职业学校	职教城烈山咀	张杰
786	合肥市	安徽新科技职业学校	螺丝岗变电所傍	胡陆武
787	合肥市	安徽合肥当代职业学校	三元开发区	叶助太
788	合肥市	合肥八一职业技术学校	南岗镇	崔　军
789	合肥市	安徽明星科技中专学校	四里大道明星路1号	吴成明
790	合肥市	安徽商旅职业技术学校	环湖东路中段	刘红燕

合肥市社会团体一览表

序号	单位名称	序号	单位名称
1	合肥市体育总会	18	合肥市经纪人协会
2	合肥市建筑业协会	19	合肥市家政服务协会
3	合肥市职工技术协会	20	合肥市检察官协会
4	合肥种子商会	21	合肥人物研究会
5	合肥黄埔军校同学会	22	合肥市基督教协会
6	合肥市天主教爱国会	23	合肥市烟花爆竹行业协会
7	合肥市老科技工作者协会	24	合肥市粮食行业协会
8	合肥市佛教协会	25	合肥市新能源行业协会
9	合肥市健身舞蹈运动协会	26	合肥市苗木花卉协会
10	合肥市公共关系学会	27	合肥市老年书画研究会
11	合肥市图书馆学会	28	合肥市口腔医学会
12	合肥市新四军历史研究会	29	合肥市依法行政研究会
13	合肥市房地产业协会	30	合肥市书刊发行业协会
14	合肥市干部教育研究会	31	合肥市策划协会
15	合肥中华职业教育社	32	合肥市女检察官协会
16	安庆一中合肥同学会	33	合肥泉州商会
17	合肥海外联谊会	34	合肥市家用电器与电子信息行业协会

接上表

序号	单位名称	序号	单位名称
35	合肥市教育学会	73	合肥市殡葬协会
36	合肥市建筑装饰协会	74	合肥市国际税收研究会
37	合肥市广告协会	75	合肥市农村财政研究会
38	合肥市消费者协会	76	合肥市供货商协会
39	合肥市私营企业协会	77	合肥市家庭教育研究会
40	合肥市桑榆文学会	78	合肥市枣业协会
41	合肥市规划学会	79	合肥市老年协（学）会
42	合肥市化工行业协会	80	合肥市物流专业市场协会
43	合肥市化学会	81	合肥市武术运动协会
44	合肥市物理学会	82	合肥市音像业协会
45	合肥市地理学会	83	合肥市炒货行业协会
46	合肥市春芽残疾人互助协会	84	合肥市犬业协会
47	合肥市创造学会	85	合肥市门窗幕墙协会
48	东北大学合肥校友会	86	合肥市互联网上网服务业协会
49	合肥市老金融工作者协会	87	合肥市司法鉴定人协会
50	合肥市外商投资企业协会	88	合肥市工程机械商会
51	合肥市离退休教育工作者协会	89	合肥市航空航海车辆模型运动协会
52	合肥华夏西瓜甜瓜育种家联谊会	90	合肥市城建档案学会
53	合肥市基督教三自爱国运动委员会	91	合肥市科普工作者协会
54	合肥市土木建筑学会	92	合肥宁波经济促进会
55	合肥市电力行业协会	93	合肥市建设法制研究协会
56	合肥市化工学会	94	合肥市人大工作研究会
57	合肥市职工医院（所）管理协会	95	合肥市性学会
58	合肥市个体劳动者协会	96	合肥市物业管理协会
59	合肥市数学学会	97	合肥市美发美容行业协会
60	合肥市工商行政管理学会	98	合肥市光彩事业促进会
61	合肥市学校思想政治工作研究会	99	合肥福州商会
62	合肥市陶行知研究会	100	合肥医院协会
63	合肥市医学会	101	合肥市桥牌运动协会
64	合肥市经济学学会	102	合肥市奶业协会
65	合肥市统计学会	103	合肥无线电运动协会
66	合肥市科技开发协会	104	合肥市汽车汽配用品商会
67	合肥市群众文化学会	105	合肥市淮南商会
68	合肥市环境科学学会	106	中国国际商会合肥商会
69	合肥市餐饮烹饪行业协会	107	合肥市玻璃商会
70	合肥市船东协会	108	合肥市肉鸽业协会
71	合肥市著作者协会	109	合肥市无为商会
72	合肥市纪检监察学会	110	合肥市皖西商会

接上表

序号	单位名称	序号	单位名称
111	合肥市档案学会	149	合肥中华民族促进会
112	合肥市药学会	150	合肥市无偿献血者协会
113	合肥市野生动物保护协会	151	合肥市厨具协会
114	合肥市审计学会	152	合肥市收藏协会
115	合肥市珠算心算协会	153	合肥市环保产业协会
116	合肥市消防协会	154	合肥市保险行业协会
117	合肥市民防防护专业协会	155	合肥市庐江商会
118	合肥市心理学会	156	合肥市法官协会
119	合肥市护理学会	157	合肥市女法官协会
120	合肥市球迷协会	158	合肥市市情研究会
121	合肥市建材行业协会	159	合肥市市直机关文化体育协会
122	合肥市核学会	160	合肥市定远商会
123	合肥市财政会计学会	161	合肥市台球运动协会
124	合肥市卫生协会	162	合肥市百货流通协会
125	合肥市医药行业协会	163	合肥市桐城商会
126	合肥市广播电视学会	164	合肥市法学会
127	合肥市国际标准交谊舞协会	165	合肥三国历史文化研究会
128	合肥市中医学会	166	合肥市集邮协会
129	合肥市台湾同胞投资企业协会	167	合肥市钢铁贸易商会
130	合肥市警察协会	168	合肥市阜阳商会
131	合肥铸造协会	169	合肥市汽车摩托车运动协会
132	合肥锻造协会	170	合肥市心理咨询师协会
133	合肥电镀协会	171	合肥市抗癌协会
134	合肥热处理协会	172	合肥市新型墙体材料协会
135	合肥设备管理协会	173	合肥市老新闻工作者协会
136	合肥民间艺术研究会	174	合肥市包公精神传承研究会
137	合肥市哲学学会	175	合肥市合肥之友联谊会
138	合肥市残疾人劳动就业协会	176	合肥市酒类流通行业协会
139	合肥市风景园林学会	177	合肥庐江经济文化发展促进会
140	合肥市党建研究会	178	合肥市乳腺病学会
141	合肥市企业家协会	179	合肥市木业商会
142	合肥市企业联合会	180	合肥市农村专业技术协会联合会
143	合肥市房地产中介协会	181	合肥市赏石盆景根艺协会
144	合肥市光学学会	182	合肥市道学文化研究会
145	合肥市质量管理协会	183	合肥市民族音乐协会
146	合肥市交通运输协会	184	合肥市学术文化交流协会
147	合肥出国留学人员亲属联谊会	185	合肥市锁业协会
148	合肥市人像摄影协会	186	合肥市市场营销协会

接上表

序号	单位名称	序号	单位名称
187	合肥市休闲沐浴行业协会	225	合肥霍邱文化发展促进会
188	合肥市城市金融学会	226	合肥市安庆商会
189	合肥市鼠害与卫生虫害防制协会	227	合肥市台州商会
190	合肥市预防医学会	228	合肥市五金商会
191	合肥市信鸽运动协会	229	合肥市安全生产协会
192	合肥市卫生经济学会	230	合肥信用担保协会
193	合肥市北门职工体育协会	231	合肥市地方铁路协会
194	合肥市庐州诗词学会	232	合肥市乒乓球运动协会
195	合肥市包装技术协会	233	合肥地震学会
196	合肥市劳动模范协会	234	合肥市永康商会
197	合肥市资产评估协会	235	合肥市工会事业发展促进会
198	合肥市灯谜协会	236	合肥市蚌埠商会
199	合肥市新闻工作者协会	237	合肥市动物保健品协会
200	合肥市地方志年鉴学会	238	合肥市老年人体育协会
201	合肥市市政工程协会	239	合肥科学家企业家协会
202	合肥市公证协会	240	合肥市象棋运动协会
203	合肥成品油经营管理协会	241	合肥市黄山商会
204	合肥市慈善协会	242	合肥市市容环境卫生协会
205	合肥市计划生育协会	243	合肥市咨询业学会
206	合肥市城市规划行业协会	244	合肥市电梯行业协会
207	合肥市公路学会	245	合肥市阜亳商会
208	合肥市质量协会	246	合肥市池州商会
209	合肥博士联谊会	247	合肥市水泥行业协会
210	合肥市人民调解员协会	248	合肥市建材商会
211	合肥市燃气行业协会	249	合肥政策咨询协会
212	合肥市税务学会	250	合肥市巢湖文化研究会
213	合肥市林学会	251	合肥市服装商会
214	合肥市围棋运动协会	252	合肥市心理卫生协会
215	合肥市思想政治工作研究会	253	合肥市棉花协会
216	合肥市电影发行放映学会	254	合肥市茶叶行业协会
217	合肥市羽毛球运动协会	255	合肥市小额贷款公司协会
218	合肥市计量协会	256	合肥市生物学会
219	合肥市卡通爱好者协会	257	合肥市蔬菜协会
220	合肥市标准化协会	258	合肥市社会体育指导员协会
221	合肥市温州商会	259	合肥市莆田商会
222	合肥市太极拳研究会	260	合肥市不锈钢商会
223	合肥市旅游协会	261	合肥市城乡劳动力暨人力资源开发研究会
224	合肥市志愿者协会	262	合肥市建筑设备租赁商会

接上表

序号	单位名称	序号	单位名称
263	合肥市门球运动协会	286	合肥市水果协会
264	合肥对外贸易经济合作协会	287	合肥市青年创业者协会
265	合肥市豆制品协会	288	合肥市社会工作协会
266	合肥市包公文化交流协会	289	合肥市福建商会
267	合肥市青年美术家协会	290	合肥市银行业协会
268	合肥市城市科学研究会	291	合肥市市场管理研究会
269	合肥市女企业家协会	292	合肥市职业经理人协会
270	合肥市小城镇建设协会	293	合肥市畜牧兽医学会
271	合肥市内部审计协会	294	合肥市水产流通与加工协会
272	合肥市再生资源行业协会	295	合肥市渔业协会
273	合肥市食用菌协会	296	合肥市预防青少年犯罪研究会
274	合肥市禽业协会	297	合肥市商会
275	合肥市零售商业协会	298	合肥市机构编制管理研究会
276	合肥市机械行业协会	299	合肥市妇女文体协会
277	合肥市龙虾协会	300	合肥市信访学会
278	合肥市风筝运动协会	301	合肥市南安商会
279	合肥市机关党建研究会	302	合肥民间投融资商会
280	合肥市律师协会	303	合肥市亳州商会
281	合肥市广播电视行业协会	304	合肥企业家文化科技创意创业联合会
282	合肥市文化娱乐业协会	305	合肥市职工文化体育发展研究会
283	合肥市印刷协会	306	合肥市招标投标协会
284	合肥市夕阳红综艺协会	307	合肥市文化市场发展研究会
285	合肥市会展行业协会	308	合肥市品牌战略发展研究会

合肥市民办非企业单位一览表

序号	单位名称	序号	单位名称
1	合肥百花中学	12	安徽省新经典美容艺术有限公司美容美发培训学校
2	合肥大志高级中学	13	合肥新海职业培训学校
3	合肥剑桥学校	14	安徽安广科技专修学院
4	合肥科学岛实验中学	15	合肥蜂星生达培训学校
5	合肥高升学校	16	合肥市传迈职业培训学校
6	安徽兴鹏科技学校	17	合肥市远景营销咨询管理有限公司培训学校
7	合肥锐羽科技培训学校	18	安徽新安汽车专修学院
8	合肥国华考试辅导学校	19	合肥新安机动车驾驶员培训学校
9	合肥兴安高等教育自学考试辅导学校	20	合肥中建加美工程机械技术培训学校
10	安徽兴安职业技术学校	21	合肥经贸职业培训学校
11	安徽明星科技中专学校	22	合肥北方汽修培训学校

接上表

序号	单位名称	序号	单位名称
23	合肥经贸职业技术学校	60	合肥华地职业培训学校
24	合肥天马职业学校	61	合肥市世杰电脑培训学校
25	安徽红十字会卫生学校	62	合肥天择计算机培训学校
26	合肥兴华职业技术学校	63	合肥世宏职业培训学校
27	合肥中汇实验学校	64	安徽新华电脑培训学校
28	合肥庐阳中华职业学校	65	合肥皖江职业培训学校
29	合肥育才高等教育自学考试辅导学校	66	合肥中科金诺职业培训学校
30	安徽合肥当代职业学校	67	合肥大联合汽车职业培训学校
31	合肥金诚职业学校	68	合肥管中职业培训学校
32	合肥华兴职业高中（合肥华兴外语学校）	69	合肥百胜职业培训学校
33	合肥世杰高等教育自学考试培训学校	70	合肥市商务职业技能培训中心
34	合肥安轻职业学校	71	合肥皖建职业培训学校
35	合肥东方职业技术学校	72	合肥四季宣言色彩艺术职业培训学校
36	合肥润安公学	73	合肥四0四电脑培训学校
37	安徽新科技职业学校	74	合肥华工职业培训学校
38	合肥庐州中华职业学校	75	合肥春天职业培训学校
39	安徽星火成人中专学校	76	合肥智通职业培训学校
40	安徽新华学校	77	合肥市飞跃职业培训学校
41	合肥白厦职业学校	78	合肥北苑职业技术培训学校
42	安徽华夏旅游学校	79	合肥通用职业培训学校
43	合肥光华学校	80	合肥新健康职业培训学校
44	合肥新华中学	81	合肥宏博职业培训学校
45	合肥求实职业学校	82	安徽润华管理咨询有限公司职业培训学校
46	合肥世界外国语学校	83	安徽新东方烹饪专修学院
47	合肥环美亚国际教育交流培训中心	84	合肥立诚职业培训学校
48	合肥中山高等教育自学考试辅导学校	85	合肥皖商职业培训学校
49	合肥飞跃职业技术学校	86	合肥南方汽车职业培训学校
50	安徽商旅职业技术学校	87	安徽省播健职业培训有限公司职业培训学校
51	安徽合肥信息技术学校	88	合肥职工科技职业培训学校
52	安徽合肥华典职业学校	89	合肥文博职业培训学校
53	合肥新明中学	90	合肥当代艺术院职业培训中心
54	安徽合肥恒缘少林文武学校	91	合肥中科大国祯信息科技有限责任公司培训学校
55	合肥精华职业技术学校	92	合肥飞翔职业培训学校
56	合肥北少林职业技术学校 （长丰北少林武术学校）	93	安徽文达电脑专修学院
57	合肥文汇高等教育自学考试辅导学校	94	合肥东南职业培训学校
58	合肥科工职业学校	95	合肥宏图职业培训学校
59	合肥八一学校	96	合肥康源营养职业培训学校

接上表

序号	单位名称	序号	单位名称
97	合肥八一职业技术学校	135	合肥青鸟职业培训学校
98	合肥高新科技职业学校	136	合肥皖才职业培训学校
99	合肥美卡自学考试辅导中心	137	合肥兴业职业培训学校
100	合肥腾飞职业技术学校	138	合肥科教职业培训学校
101	安徽合肥中澳自学考试培训中心	139	合肥恒宇科技职业培训学校
102	安徽合肥华府自考助学中心	140	合肥环球美发美容培训中心
103	安徽经济贸易职业技术学校	141	合肥新职联职业培训学校
104	合肥铸信培训学校	142	合肥建科职业技术培训学校
105	肥东锦弘中学	143	合肥省职教社培训学校
106	合肥弘科自考辅导学校	144	合肥市时代美发美容培训中心
107	合肥新科补习学校	145	合肥砺志信息服务有限公司职业培训学校
108	肥东凯悦中学	146	合肥力合职业培训学校
109	安徽明珠成人中专学校	147	合肥金河职业培训学校
110	合肥机电学校	148	合肥市康泰职业培训学校
111	肥东圣泉中学	149	合肥中联职业培训学校
112	肥东职业高级中学	150	合肥安防技术职业培训学校
113	肥西实验高级中学	151	安徽万通汽车专修学院
114	合肥新城高升学校	152	合肥马安职业培训学校
115	肥西宏图中学	153	合肥新智达职业培训学校
116	安徽省半汤康复医院附属康复职业学校	154	合肥协同职业培训学校
117	合肥东南手外科医院	155	安徽合肥服务外包职业培训学校
118	天乐社区梦园社区卫生服务站	156	合肥力天科技职业培训学校
119	合肥中山医院	157	合肥工程科技职业培训学校
120	新站综合开发试验区红旗综合门诊部	158	合肥实用技能职业培训学校
121	合肥阳光消化病医院	159	合肥仙林职业培训学校
122	安徽省红十字会医院	160	合肥星火职业培训学校
123	合肥仁济肿瘤医院	161	合肥铜川职业培训学校
124	合肥益民机动车驾驶人健康体检站	162	合肥才富职业培训学校
125	合肥瑞康骨科医院	163	合肥新亚机动车维修职业培训学校
126	合肥市红十字会眼科医院	164	合肥东华职业培训学校
127	合肥现代妇科医院	165	合肥晟源职业培训学校
128	合肥和平医院	166	合肥东方书院职业培训学校
129	合肥同济泌尿专科医院	167	合肥东方天使职业培训学校
130	合肥丽人妇科医院	168	安徽美卡专修学院
131	合肥现代泌尿专科医院	169	合肥桐新服装职业培训学校
132	合肥和平创伤骨科医院	170	合肥市公共关系职业培训学校
133	合肥脑科医院	171	合肥翰子昂职业培训学校
134	合肥友好医院	172	合肥鼎盛职业培训学校

接上表

序号	单位名称	序号	单位名称
173	莲花朝霞社区卫生服务站	211	合肥博创职业培训学校
174	莲花丹霞社区卫生服务站	212	合肥建筑职业技能培训学校
175	锦绣天都社区卫生服务站	213	合肥市饮食服务业技术培训服务中心
176	海恒福禄园社区卫生服务站	214	合肥鸿飞营养职业培训学校
177	长淮街道胜利社区卫生服务站	215	合肥商务经济职业培训学校
178	芙蓉社区芙蓉南区社区卫生服务站	216	合肥知源职业培训学校
179	海恒社区福禄园三区社区卫生服务站	217	合肥现代机械职业培训学校
180	锦绣方兴社区卫生服务站	218	合肥金谷职业培训学校
181	海恒社区福禄园小区社区卫生服务站	219	合肥金算盘职业培训学校
182	安徽省台联中医骨伤门诊部	220	合肥捷成职业培训学校
183	合肥永兴中西医结合门诊部	221	合肥蓝海职业培训学校
184	合肥康丽中西医结合医院	222	合肥瑞中职业培训学校
185	芙蓉社区桃源小区社区卫生服务站	223	合肥金融理财职业培训学校
186	合肥经开区锦绣中西医结合门诊部	224	合肥科海信息技术职业培训学校
187	锦绣社区天门湖花园社区卫生服务站	225	合肥皆达职业培训学校
188	合肥远大医院	226	合肥新视点职业培训学校
189	合肥九洲泌尿专科门诊部	227	合肥商联职业培训学校
190	合肥康立医学检验所	228	合肥天姿美容美发职业培训学校
191	芙蓉社区方兴一园社区卫生服务站	229	合肥华美职业培训学校
192	芙蓉社区翠微北园社区卫生服务站	230	合肥八一驾驶员培训学校
193	合肥东南骨科医院	231	合肥安工职业培训学校
194	合肥市红丨字会山庄门诊部	232	合肥青文职业培训学校
195	合肥光明老年病医院	233	安徽东方酒店管理专修学院
196	锦绣社区蓬莱花园小区社区卫生服务站	234	合肥皖深科学技术培训学校
197	锦绣社区始信花园社区卫生服务站	235	合肥心启航职业培训学校
198	莲花社区汇林园东区社区卫生服务站	236	安徽动漫游戏专修学院
199	莲花社区红莲二区社区卫生服务站	237	合肥金凤凰职业培训学校
200	海恒社区南艳湾小区卫生服务站	238	合肥市刘大夫博爱女子职业技能美容美发培训学校
201	合肥名人眼科医院	239	合肥中誉职业培训学校
202	合肥九龙泌尿专科医院	240	合肥金杨科技职业培训学校
203	海恒习友社区卫生服务站	241	合肥华府职业培训学校
204	合肥瑞金肛肠医院	242	合肥陈晓红美容美发职业培训学校
205	合肥华澳临床医学检验所	243	合肥市联众职业培训学校
206	合肥康安中医药癫痫病研究所门诊部	244	合肥市明珠职业培训学校
207	合肥新站区皖江综合门诊部	245	合肥新科技计算机职业培训学校
208	合肥九久夕阳红医院	246	合肥庐丰印务职业培训学校
209	合肥新站区睿信门诊部	247	合肥市中南科技职业培训学校
210	庐江微创外科医院	248	合肥赛诺职业培训学校

接上表

序号	单位名称	序号	单位名称
249	合肥长江医院	287	合肥九久夕阳红职业培训学校
250	合肥新站区惠恩综合门诊部	288	合肥CG动漫职业培训学校
251	合肥东南肛肠医院	289	合肥新安人才网职业培训学校
252	合经区临湖新年社区卫生服务站	290	合肥皖华职业培训学校
253	合肥经开区海恒中西医结合门诊部	291	合肥金泰科技职业培训学校
254	合肥经开区滨湖前城中西医结合门诊部	292	合肥新春蕾职业培训学校
255	合肥子木园博物馆	293	合肥市锦绣教育咨询管理有限公司培训学校
256	合肥市美术创作院	294	合肥工业技术职业培训学校
257	合肥市民合唱团	295	合肥兴华培训学校
258	合肥市五月风书画艺术研究院	296	合肥漫流河职业培训学校
259	合肥市继先中医推拿研究所	297	合肥市安顿职业培训学校
260	合肥城乡土地规划设计研究所	298	合肥创元职业培训学校
261	合肥科凯峰电子技术研究所	299	合肥创睿职业培训学校
262	合肥市地质灾害防治与矿山生态恢复工程技术研究中心	300	合肥工达职业培训学校
263	合肥市齐民济生生物技术研究所	301	合肥市妇幼天使育婴师职业培训学校
264	合肥市化学农药工程技术研究中心	302	合肥申祥职业培训学校
265	合肥市水产良种工程技术研究中心	303	合肥蓝鲸职业培训学校
266	合肥市植物组织培养工程技术研究中心	304	合肥市时代职业教育培训学校
267	合肥市水务自动化工程技术研究中心	305	合肥市科华技术培训学校
268	合肥市污水处理工程技术研究中心	306	合肥中科机械职业培训学校
269	合肥市国隆超级杂交稻研究所	307	合肥市好妈妈职业培训学校
270	合肥华佗中医药研究所	308	合肥市皖信职业培训学校
271	合肥三美动漫文化研究院	309	合肥皖博职业培训学校
272	合肥市心怡康残疾人健康服务中心	310	合肥三联汽车职业培训学校
273	合肥仁志铁字书法艺术研究院	311	合肥市总商会职业培训学校
274	合肥学志规划研究中心	312	合肥市南门小学青少年体育俱乐部
275	合肥市华益助弱服务中心	313	合肥市业余体校青少年体育俱乐部
276	合肥市爱邻社会工作服务社	314	合肥市第四十二中学青少年体育俱乐部
277	合肥市家政服务网络中心	315	合肥体育运动学校青少年体育俱乐部
278	合肥市巢湖艺术馆	316	合肥一中青少年体育俱乐部
279	合肥市市民乐团	317	合肥市天星棋校
280	合肥科达职业培训学校	318	合肥市虹桥小学青少年体育俱乐部
281	安徽服装专修学院	319	合肥市跑乐体育俱乐部
282	合肥市腾飞电脑培训学校	320	合肥老鹰篮球俱乐部
283	合肥市科远职业培训学校	321	合肥先民游泳俱乐部
284	合肥白厦职业培训学校	322	合肥市四十五中学青少年体育俱乐部
285	合肥市自立残疾人职业技术培训学校	323	合肥市夕阳红老年护理院
286	合肥市红星职业培训学校		

本索引采取主题分析索引法，按索引词首字汉语拼音字母顺序排列，同声同韵字按声调、同音字按笔画顺序排列，若首字相同则按第二字音序排列，依次类推。索引词后的阿拉伯数字表示该词所在页码，数字后的英文字母a、b、c分别表示该页文字的左中右栏。

A

B

C

D

E

F

G

H

J

R

S

T

W

X

Y

Z

（吴海升）